中国石化
SINOPEC

中国石油化工集团公司

年　鉴

2018

《中国石油化工集团公司年鉴》编委会　编

中国石化出版社

图书在版编目(CIP)数据

中国石油化工集团公司年鉴．2018／《中国石油化工集团公司年鉴》编委会编．—北京：中国石化出版社，2018.10

ISBN 978-7-5114-5076-0

Ⅰ．①中… Ⅱ．①中… Ⅲ．①石油化工厂-中国-2018-年鉴 Ⅳ．①F426.22-54

中国版本图书馆 CIP 数据核字(2018)第 237522 号

中国石化出版社出版发行

地址：北京市朝阳区吉市口路 9 号

邮编：100020　电话：(010)59964500

发行部电话：(010)59964526

http://www.sinopec-press.com

E-mail：press@sinopec.com

北京科信印刷有限公司印刷

全国各地新华书店经销

*

787×1092 毫米　16 开本　43.5 印张　56 彩页　1368 千字

2018 年 10 月第 1 版　2018 年 10 月第 1 次印刷

定价：330.00 元

（如出现印装质量问题，请与我社读者服务部联系调换）

《中国石油化工集团公司年鉴》2018 年卷

编　委　会

《中国石油化工集团公司年鉴》2018 年卷
编 辑 部

地　　址：北京市朝阳区吉市口路 9 号

邮政编码：100020

电　　话：（010）59964576　59964575

传　　真：（010）59762279

电子信箱：chengqz@sinopec.com

The Editorial Department of
《CHINA PETROCHEMICAL CORPORATION YEARBOOK》

Add：9 Jishikou Road, Chaoyang District, Beijing China

P.C：100020

Tel：+86-10-59964576/59964575

Fax：+86-10-59762279

Email：chengqz@sinopec.com

编 辑 说 明

一、《中国石油化工集团公司年鉴》（简称《年鉴》）是中国石油化工集团公司正式对外公布一定时期生产、经营、财务状况及有关数据资料的权威性出版物，向国内外公开发行。《年鉴》从 1988 年问世至今，已出版 23 卷。2018 年卷《年鉴》为第 24 卷。

二、2018 年卷《年鉴》全面、系统地记述了 2017 年集团公司在生产经营、深化改革、科技创新和企业管理等各方面的基本情况和重大事项，图文并茂，直观反映了集团公司及其所属企事业单位的新变化、新成果，为各级领导科学决策和科学管理提供依据，为集团公司内部和社会各界人士了解集团公司提供翔实、可靠、可鉴资料。

三、2018 年卷《年鉴》将“审计与监察”栏目名称改为“内部监督”。全书共设 28 个栏目：大事记、总述、境内油气勘探开发、境内石油工程、炼油生产、化工生产、境内炼化工程、产品销售、国际化经营、重点工程建设、公用工程、安全生产、绿色低碳、科研开发与管理、企业改革与管理、财务资产管理、人事管理、物资采购与管理、“两化”融合、法律管理、内部监督、矿区（社区）建设、企业党建与企业文化、新闻与出版、企事业单位、人物、统计资料、附录。为便于读者查阅和检索，文前附中、英文目录，书后附企事业单位主题词索引和表题索引。

四、《年鉴》所收录的数据表中，空格表示该项统计数据不详，“—”表示无该项统计数据，“…”表示该项数据不足本表最小单位数。

五、《年鉴》中，“中国石油化工集团公司”简称“集团公司”，“中国石油化工股份有限公司”简称“股份公司”，两者统称“中国石化”。

六、《年鉴》中插图由各单位提供，图片版权归各单位所有。

七、在《年鉴》的编纂和出版过程中，承蒙有关单位领导、专家、管理人员的大力支持和帮助，在此，谨向为《年鉴》提供稿件和资料、对稿件进行审读把关以及给予《年鉴》各种帮助的人士，致以诚挚的谢意。对 2018 年卷《年鉴》存在的缺点和疏漏，诚请广大读者批评指正。

《中国石油化工集团公司年鉴》编辑部

2018 年 8 月

董事长致辞

2017年，是党和国家发展历程中具有里程碑意义的一年，也是中国石化付出艰辛努力、取得良好业绩的一年。这一年，党的十九大胜利召开，吹响了决胜全面建成小康社会集结号，开启了全面建设社会主义现代化国家新征程，汇聚起全党全国各族人民夺取新时代中国特色社会主义伟大胜利的磅礴力量。一年来，在以习近平同志为核心的党中央坚强领导下，公司各级领导班子团结带领干部员工，把迎接党的十九大胜利召开、学习宣传贯彻党的十九大精神转化为强大动力，认真落实新发展理念，坚持稳中求进工作总基调，统筹推进各方面工作，圆满完成了全年各项目标任务，取得了好于预期的经营成果，公司发展呈现出稳中有进、稳中提质、稳中向好势头。全年实现营业收入2.40万亿元、同比（下同）增长21.8%，实现利润582.05亿元、增长10%，实现税费3 623亿元、增长2.5%。

一年来，我们精心优化生产经营。国内上游初步扭转了油气储量替代率下滑和油气单位成本上升势头，生产原油3 505.36万吨，生产天然气257.38亿立方米；境外上游桶油现金操作成本进一步降低，海外权益油气当量产量4 372万吨。炼油和油品销售联手应对市场，市场攻坚战取得初步成效，加工原油2.40亿吨，境内成品油经营量1.78亿吨。化工结构调整成效显著，生产乙烯1 160.97万吨，生产对二甲苯462.5万吨，乙烯收率、三大合成材料高附加值比例均创历史新高；化工产品经营总量7 850万吨，取得历史最好水平。炼油销售市场份额进一步做大，天然气市场占有率进一步提高，润滑油高档产品比例进一步提高，催化剂出口进一步增长。

我们积极推进结构调整转型发展。涪陵页岩气百亿立方米产能全面建成，在新疆等地区获得一批油气新发现。中科炼化一体化等项目开工建设，上海赛科股权收购完成交割，中天合创煤化工项目实现商业运营。非油品业务实现量效大幅增长，易派客物资采购平台被列为金砖国家工商理事会2017年8项核心成果之一，石化e贸电商平台等新业态快速发展，地热业务融入雄安新区规划取得进展，金融业务发展稳步推进。积极参与“一带一路”建设，成功中标巴西海上2个勘探区块，一批项目取得进展，石油工程、炼化工程海外收入占比明显提高，国际贸易持续增长。重大关键技术攻关取得新突破，3项成果获得国家科技进步一等奖，2项成果获得国家技术发明二等奖，专利授权数量持续保持央企领先地位。

我们全面深化改革强化管理。“处僵治困”完成年度目标，国务院国资委重点督导的8家困难企业治理任务全部完成，全级次企业亏损面下降15.9个百分点。“瘦身健体”进展顺利，压减法人户数116户。“四供一业”分离移交框架协议签署完成总任务量的70%以上。公司制改制基本完成。石油工程完成定向增发，资本结构得到改善。销售公司股改上市工作稳步推进，新星公司地热业务混改方案初步形成。三项制度改革试点统筹推进，企业“三定”方案基本完成。中央企业首家共享服务专业化公司成立，推动了内部资源共享，为下一步服务社会奠定了基础。

我们扎实推进全面从严治党向纵深发展。学习宣传贯彻党的十九大精神取得初步成效，公司干部员工“四个意识”更加牢固、“四个自信”更加坚定。狠抓党建工作责任制落实和党建考核问题整改，推动全面从严治党向基层延伸，抓党建强党建的氛围更加浓厚。石化股份“党建入章”获99.96%的高票通过，其中持有132亿股的境外股东投票赞成比例为99.68%。落实新时期好干部标准，坚持正确选人用人导向，选优配强企业领导班子。持续深化中央巡视反馈问题整改，坚定不移反“四风”反腐败，建立领导人员廉洁情况“活页夹”，用好“四种形态”，发挥巡视利剑作用，强化监督执纪问责，风清气正、干事创业的政治生态正在形成。大力弘扬“三老四严”、精细严谨、求真务实等石油石化优良传统，深入开展宣传思想和舆论工作，唱响了主旋律，汇聚了正能量。

我们切实履行社会责任。坚决落实党中央精准脱贫要求，推进对口支援及定点扶贫工作，全年累计投入资金1.36亿元。积极参与社会公益事业，健康快车累计免费救治4万多名贫困白内障患者，“情暖驿站·满爱回家”公益活动服务数万名春节务工返乡人员。持续开展公众开放日活动，增进了公众与企业的沟通理解。坚持共建共享，努力为员工群众办实事，按照真困难真帮助原则抓好困难群体帮扶工作。针对冬季天然气供应异常紧张的形势，讲政治、顾大局、保民生，落实“压非保民”措施，全力增供保供，为群众温暖过冬做出积极贡献。圆满完成汽柴油质量升级任务，大力推进“2+26”区域大气污染防治，制订实施“绿色企业行动计划”，为打好污染防治攻坚战和蓝天保卫战做出了应有贡献。

2017年成绩来之不易。这是以习近平同志为核心的党中央坚强领导的结果，也是社会各界关心帮助的结果，是广大客户和消费者高度信赖的结果，是海内外合作伙伴支持协作的结果。在此，我代表公司董事会，向所有关心、支持和帮助中国石化的朋友们表示衷心的感谢！

2018年是贯彻党的十九大精神的开局之年，是改革开放40周年，是决胜全面建成小康社会、实施“十三五”规划承上启下的关键一年，也是中国石化成立35周年、集团公司重组20周年。站在新的历史起点上，我们以习近平新时代中国特色社会主义思想为指引，贯彻党的十九大打造世界一流企业的新要求，提出用“两个三年”和“两个十年左右”时间，分步推进世界一流企业建设。我们坚信，只要我们团结一心、坚定信念、矢志奋斗，就一定能够谱写出无愧于新时代的石化新篇章。让我们高举习近平新时代中国特色社会主义思想伟大旗帜，更加紧密地团结在以习近平同志为核心的党中央周围，全面贯彻落实党的十九大各项决策部署，坚持质量第一、效益优先，实施公司发展战略，贯彻“四个坚持”兴企方略和“改革、管理、创新、发展”工作方针，观大势、谋全局、干实事，推动全面可持续发展取得新成效，为决胜全面建成小康社会、夺取新时代中国特色社会主义伟大胜利做出新的更大贡献！

新时代的蓝图已经绘就，新征程中大有可为。中国石化期待与您携手共创更加灿烂美好的明天！

戴厚良

组织机构

（截至2017年底）

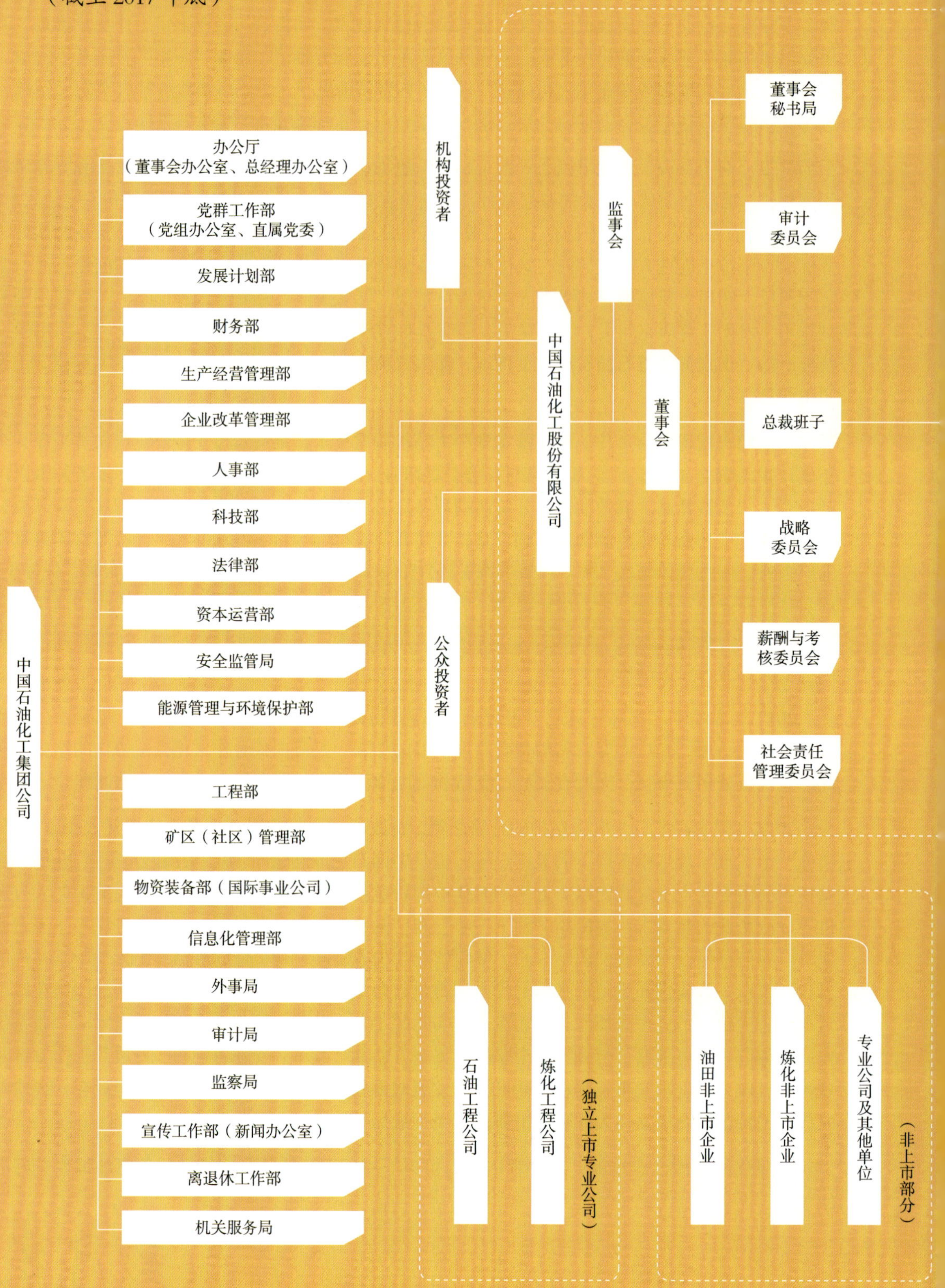

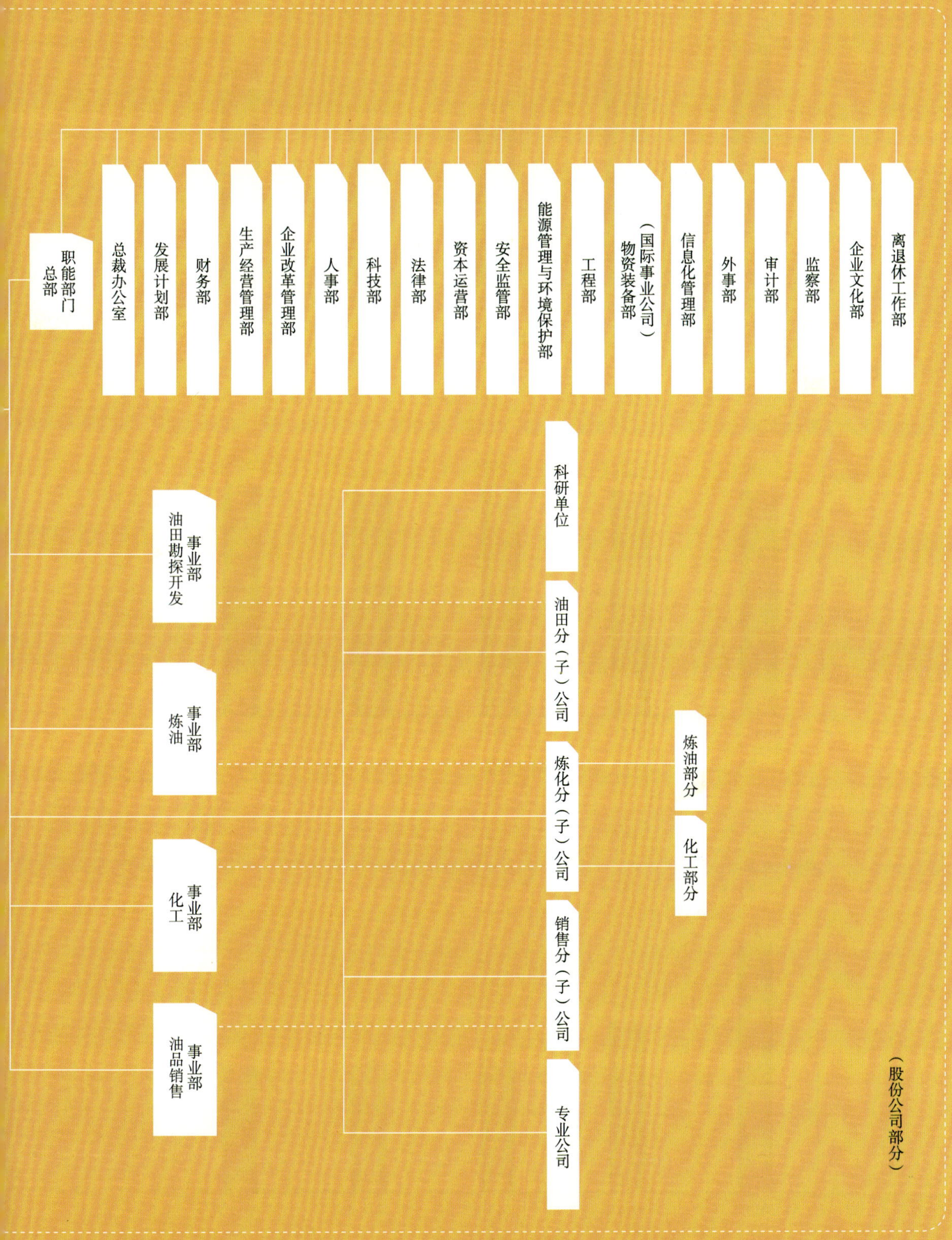
总部职能部门
总裁办公室
发展计划部
财务部
生产经营管理部
企业改革管理部
人事部
科技部
法律部
资本运营部
安全监管部
能源管理与环境保护部
工程部
物资装备部（国际事业公司）
信息化管理部
外事部
审计部
监察部
企业文化部
离退休工作部
油田勘探开发事业部
炼油事业部
化工事业部
油品销售事业部
科研单位
油田分（子）公司
炼化分（子）公司
销售分（子）公司
专业公司
炼油部分
化工部分
（股份公司部分）

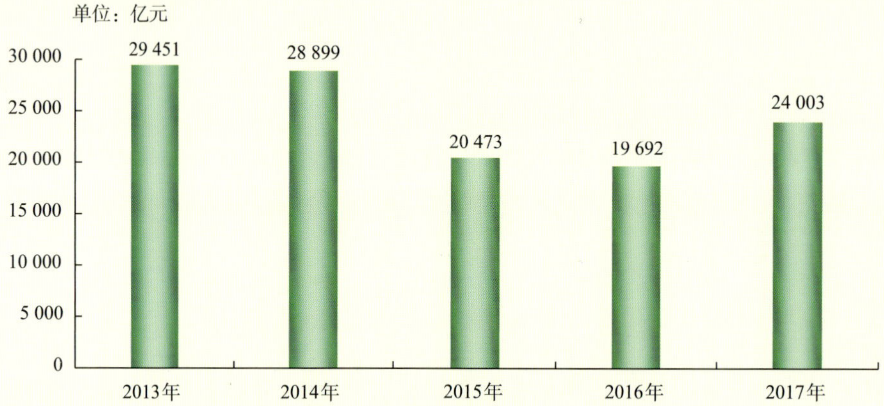

营业收入

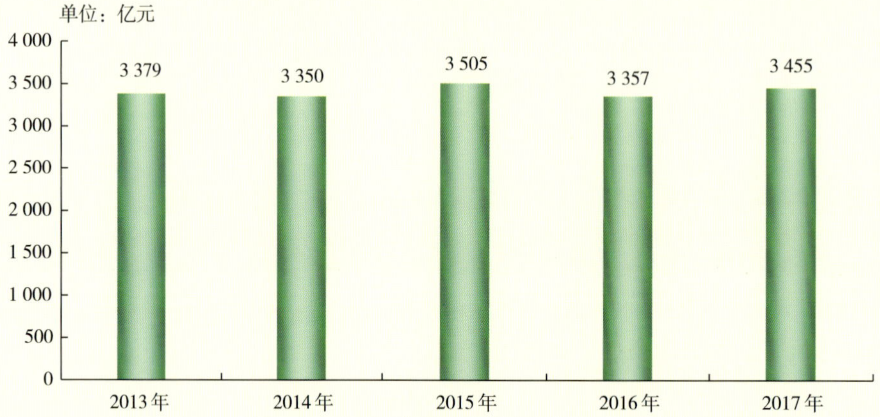

上缴税费

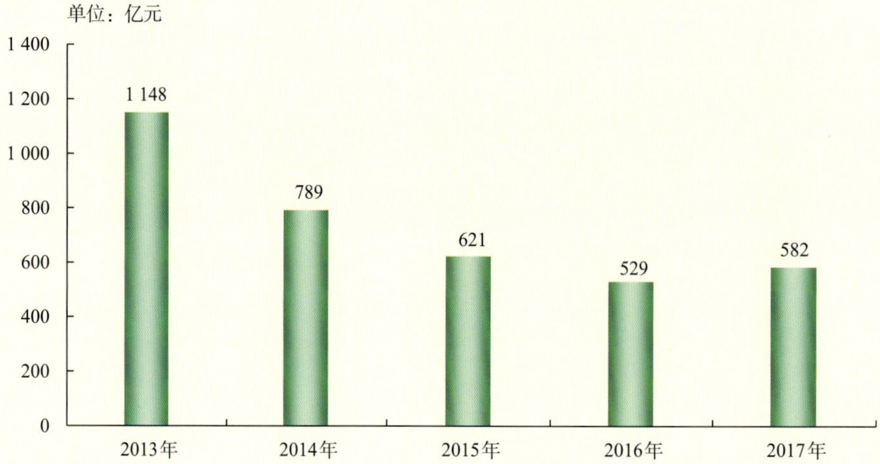

利润总额

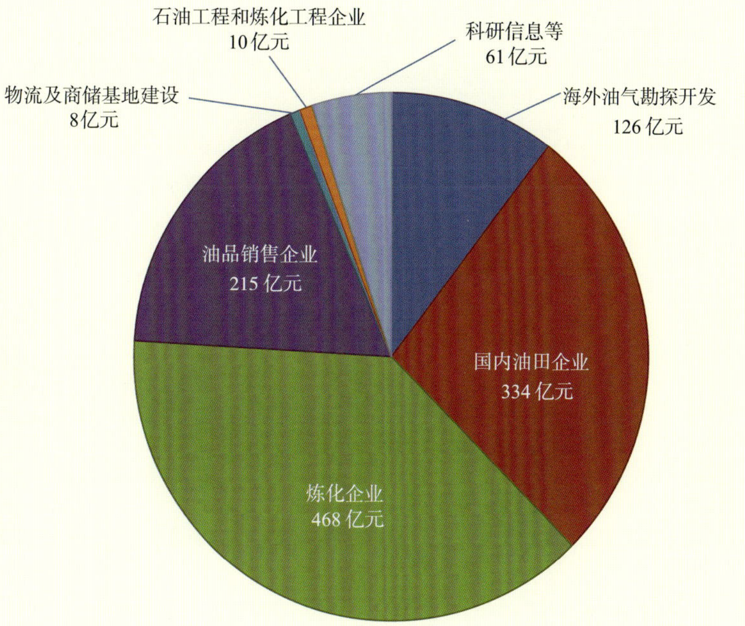

固定资产投资

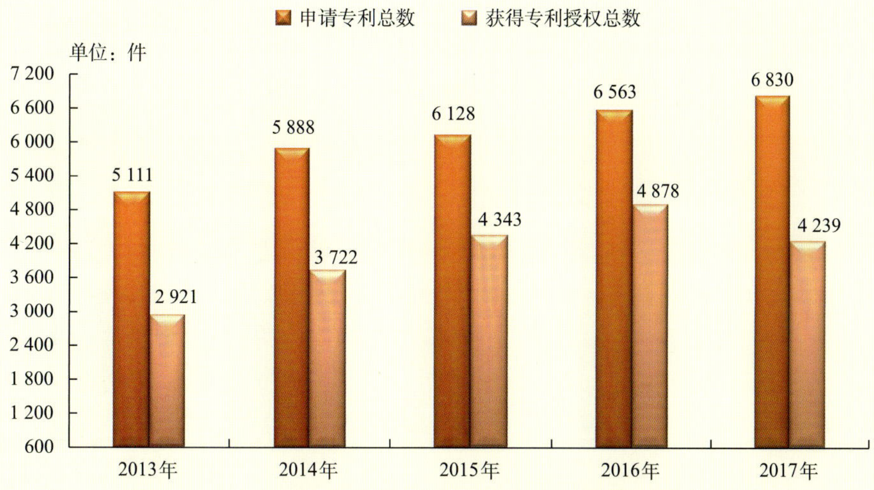

申请专利及获得专利授权总数

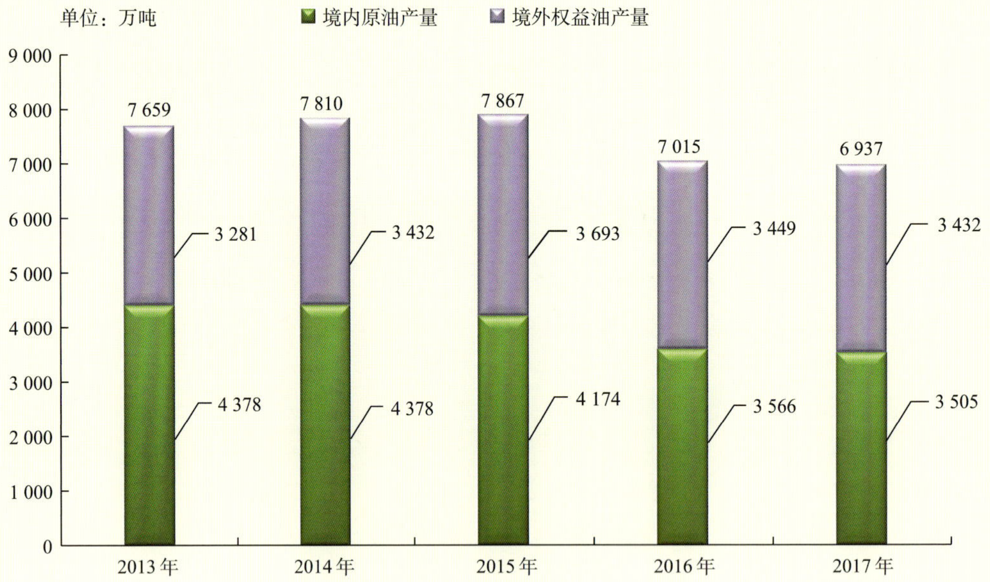

原油总产量

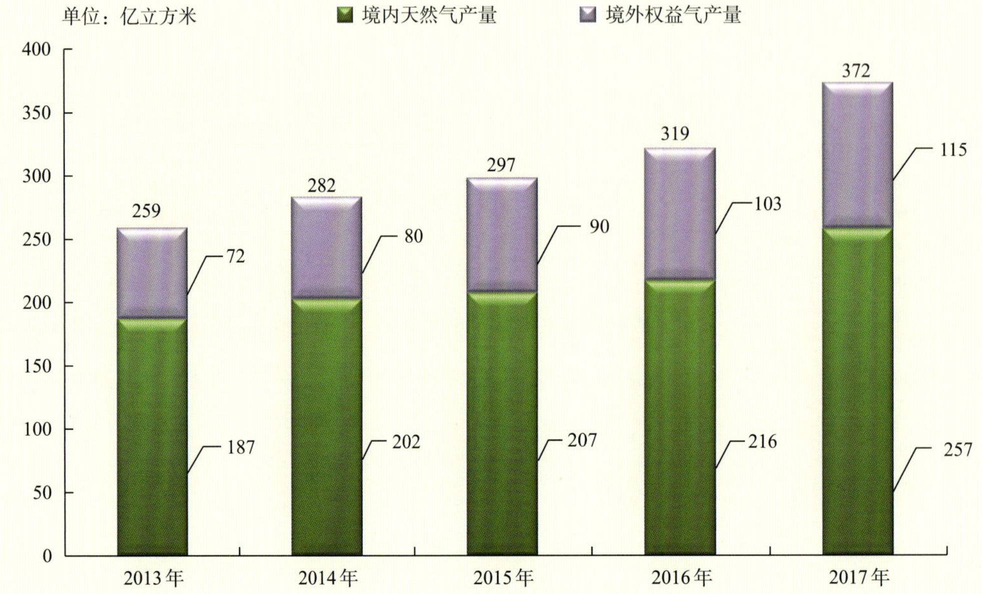

天然气总产量

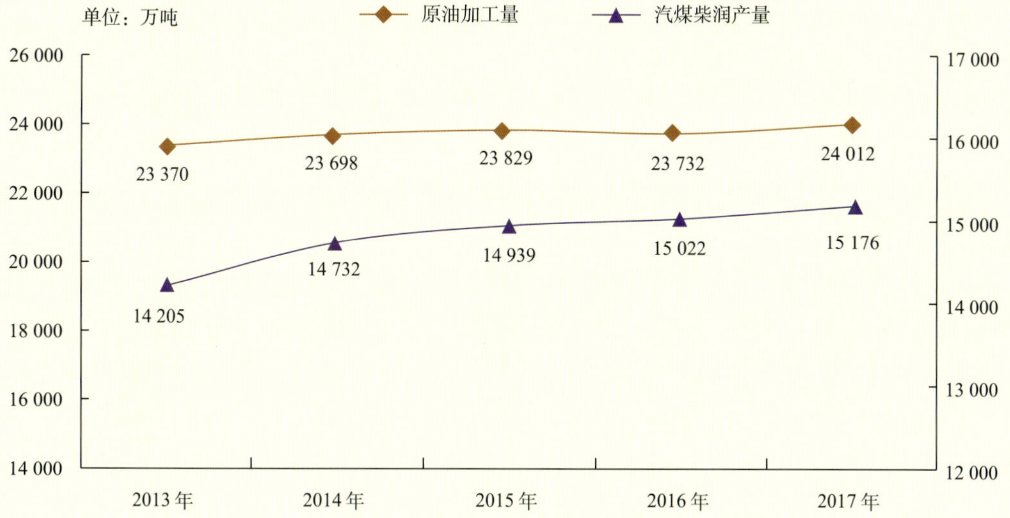

原油加工量及汽煤柴润产量

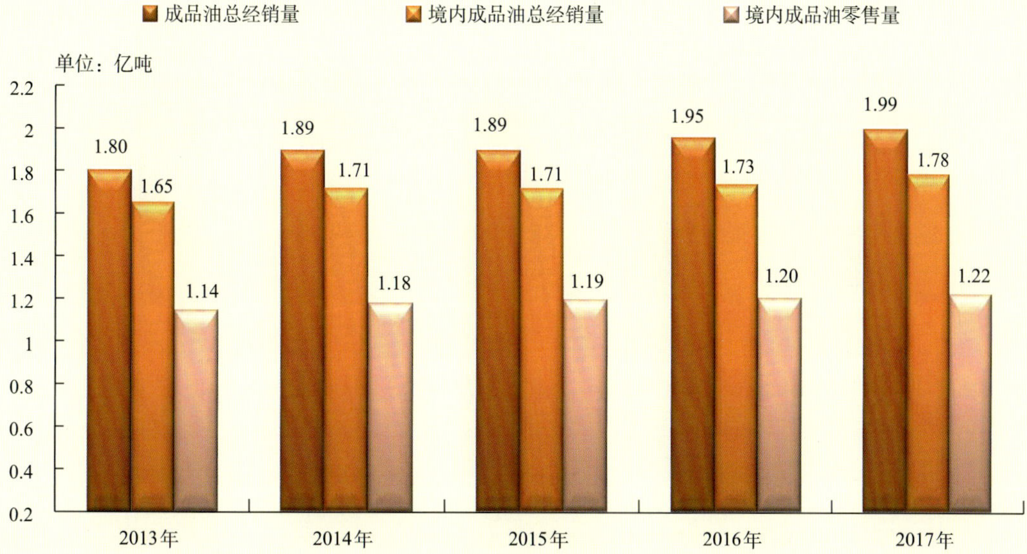

成品油经营量

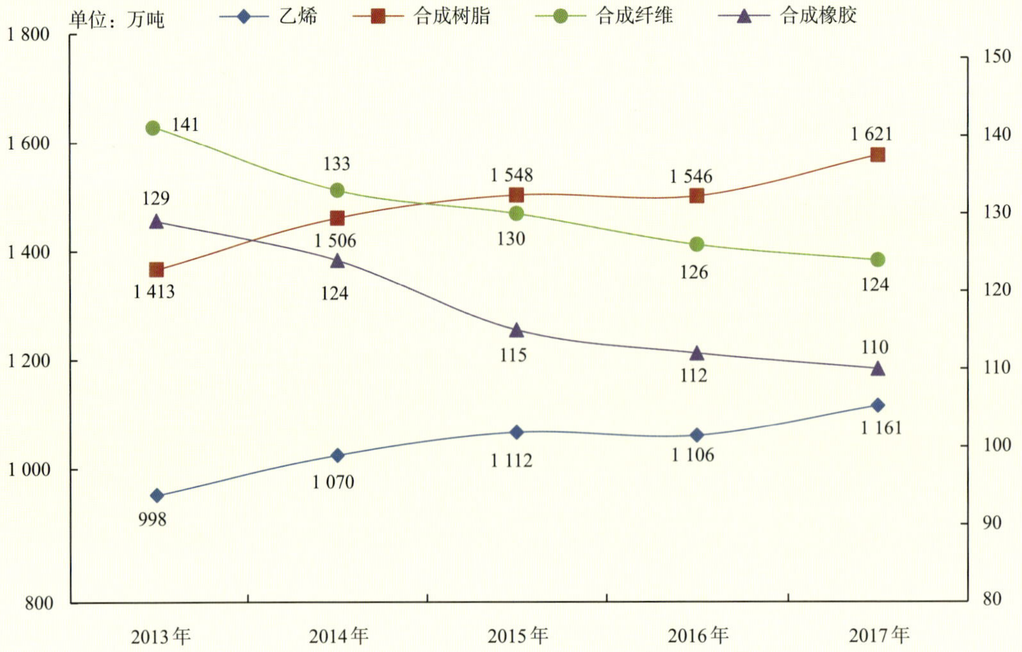

乙烯及三大合成材料产量

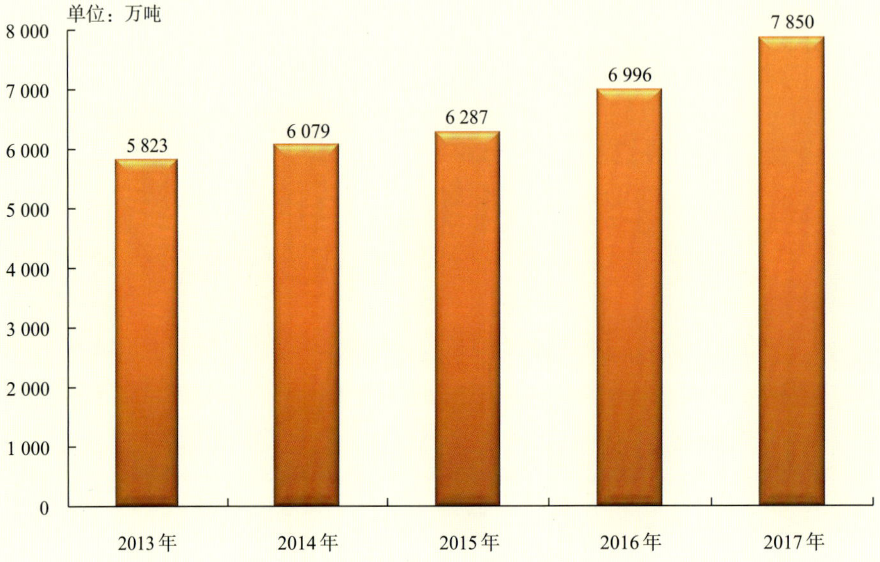

化工产品经营总量

2017 年，集团公司境内上游初步扭转油气储量替代率下滑和油气单位成本上升势头，油气勘探取得 3 项重要发现、14 项新发现和 20 项商业发现。天然气和原油效益开发创出新水平。全年新增石油控制储量 1.6 亿吨、天然气控制储量 2 511 亿立方米。图为中原油田勘探开发工作者在沙漠中进行钻探

2017 年，集团公司境内生产原油 3 505.36 万吨；生产天然气 257.38 亿立方米，上产 41.48 亿立方米。境外上游桶油现金操作成本进一步降低，全年实现权益油气当量产量 4 372 万吨。图为涪陵大型海相页岩气田高效勘探开发现场

2017 年，集团公司石油工程板块直面重重困难，推动主营业务做强做优做大，推进主辅业务分离，全力推进增收增效、降本增效、优化增效和改革增效，生产经营和改革发展取得一定成果。灵活调整境外业务经营策略，推动项目提质增效，全年新签合同额 24.12 亿美元，完成合同额 21.71 亿美元。图为涪陵页岩气项目焦页 190 平台进行试油、压裂作业施工

2017 年，集团公司炼油板块抓住国际油价“V”字型反转带来的创效好时机，协同销售共同应对市场，协同化工共同增收创效，发挥整体优势统筹推进各项工作，生产经营和改革发展取得优异成绩。全年加工原油 2.40 亿吨、增长 1.2%，生产成品油 1.51 亿吨、增长 1%。图为九江石化 800 万吨 / 年油品质量升级改造工程建成投产

2017 年，集团公司化工板块积极应对各种困难和挑战，全面落实各项工作，圆满完成年度各项目标任务，结构调整成效显著，生产经营再上新台阶。全年化工产品经营总量 7 850 万吨、增长 14.2%，取得历史最好水平；生产乙烯 1 160.97 万吨、增加 55 万吨。图为齐鲁石化烯烃厂

2017 年，集团公司炼化工程板块不断挖掘一体化优势，着力深化改革、优化资源配置、转变发展方式、狠抓生产经营、大力开拓市场、强化技术创新，各项工作取得显著成效。积极组织境外市场开发，协调项目执行与管理，做好境外分（子）公司布局，不断提升业务整体盈利能力和抗风险能力。全年新签合同额 15.29 亿美元，完成合同额 21.34 亿美元。图为项目现场正在进行吊装作业

2017 年，集团公司炼油销售市场份额进一步做大，天然气市场占有率进一步提高，实现成品油总经销量 1.99 亿吨，销售天然气 340 亿立方米、增长 27.9%。非油品业务实现量效大幅增长，全年实现交易额 519.5 亿元、增长 48%。图为河北石油分公司任各庄油库

2017 年，集团公司大力推进安全发展，着力提升安全工作的精细化和有效性，安全形势保持总体稳定。面对复杂严峻的全球安全形势，持续推进“预防性”境外公共安全管理工作，连续 10 年保持境外公共安全“零死亡”纪录。图为镇海炼化进行码头消防演习

2017 年，集团公司以生态文明建设为指导，统筹节能、减排、降碳一体化管理，切实加强环境风险防控，积极开展大气污染防治，稳步推进“能效提升”计划，持续夯实碳资产管理，能源环境工作成效持续提升。全年外排废水达标率 99.93%，有控废气外排达标率 99.84%，固废合规处置率 100%，4 项主要污染物全面完成国家下达的年度减排目标。图为九江石化污水处理厂

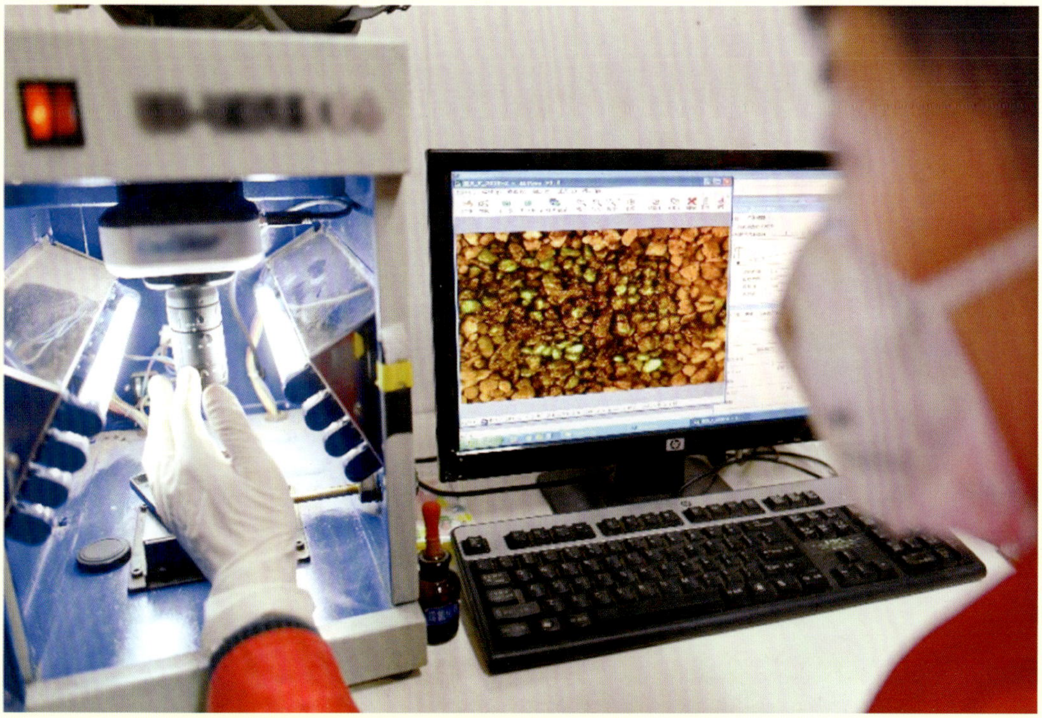

2017 年，集团公司深入实施创新驱动发展战略，积极推进科技体制机制改革和重大关键技术攻关，取得丰硕成果。全年申请专利 6 830 件，获授权 4 239 件；获国家科技进步一等奖 3 项、二等奖 1 项，国家技术发明二等奖 2 项，中国专利优秀奖 11 项。图为科研人员正在进行科学实验

2017 年，集团公司积极落实国家信息化战略要求，聚焦提质增效升级，强化信息化“六统一”管理，以“智能制造”和“互联网 +”为主攻方向，全面推进信息化“421 工程”建设，大力实施“深化应用创新创效行动计划”，积极推进“两化”深度融合。图为中国石化生产调度指挥中心

2017 年，集团公司着力抓改革、增活力、提素质、调结构、强基础，在领导班子和干部队伍建设，劳动用工、薪酬分配，人才队伍建设和培养开发等方面均取得积极进展。全年共组织脱产培训 81.2 万人次，开展基本功训练等岗位培训 96.3 万人次，参加远程培训系统总学时长达 2 095 万小时。图为中国石化 2017 年产业链金融技术比武现场

2017 年，集团公司紧紧围绕迎接学习宣传党的十九大，深入学习领会习近平新时代中国特色社会主义思想，扎实推动全面从严治党向纵深发展，为中国石化全面可持续发展提供坚强保证。图为集团公司企业党委书记学习贯彻党的十九大精神培训班

2017 年，集团公司深入贯彻全面依法治国战略部署，法治石化建设取得显著成效。着力提高审计质量和效率，有效发挥审计监督的保障和促进功能。持续深化中央巡视反馈问题整改，坚定不移反“四风”反腐败，发挥巡视利剑作用，强化监督执纪问责，风清气正、干事创业的政治生态正在形成。图为中国石化海外巡视工作推进会

2017 年，集团公司以供给侧结构性改革为主线，扎实推进深化改革，不断深化企业管理，全力提效率增活力打造竞争力。扎实推进企业办社会职能分离移交，持续推动经营业务提质增效，全力服务和保障民生，各项工作取得积极进展和明显成效。图为中原油田油城概貌

2017 年，集团公司主动投身社会公益事业，切实履行社会责任。继续开展“情暖驿站·满爱回家——关爱春节返乡务工人员”大型公益活动；持续推进爱心加油站——环卫驿站建设工作；努力做好定点扶贫及对口支援工作；积极参与抢险救灾；大力开展社会普法和法治宣传活动，弘扬法治精神；“健康快车”开进新疆喀什、吉林白山、广西桂林，共治愈白内障患者 3 126 人。图为加油站为返乡务工人员免费加油

目　录

大事记

总　述

境内油气勘探开发

境内石油工程

炼油生产

化工生产

境内炼化工程

产品销售

国际化经营

重点工程建设

公用工程

安全生产

绿色低碳

科研开发与管理

企业改革与管理

财务资产管理

人事管理

物资采购与管理

“两化”融合

法律管理

内部监督

内部审计

纪检监察

新闻与出版

新闻媒体

图书出版

企事业单位

人　物

统计资料

附　录

索　引

CONTENTS

Green & Low - carbon

Scientific Research, Development and Management

Corporate Reform & Management

Finance & Assets Management

Personnel Management

Material Purchase & Management

Integration of Informatization and Industrialization

Legal Affairs

Internal Supervision

Internal Audit

Discipline Supervision

企业形象宣传专版单位名称

封　底

雪佛龙菲利普斯国际化工公司

前　插　页

1：摩科瑞能源集团
2：中国工商银行
3：Eneos Italsing Pte Ltd
4：天津钢管集团
5：林德集团
6：瑞穗银行 MIZUHO
7：三菱东京银行 MUFG
8：大华银行 UOB
9：星展银行 DBS
10：三井化学株式会社
11：丸红(北京)商业贸易有限公司
12：上海化学工业区发展有限公司
13：南光(集团)有限公司

中　插　页

1：中国石化润滑油有限公司
2：中国石化江汉油田分公司
3：中国石化茂名分公司
4：中沙(天津)石化有限公司
5：中国石化上海石化
6：中国石化中原油田分公司
7：中国石化扬子石化公司
8：扬子石化—巴斯夫有限责任公司
9：中国石化石家庄炼化公司
10：中国石化山东石油分公司
11：上海石油化工研究院
12：中国石化催化剂有限公司
13：中石化南京工程有限公司
14：中国石化第五建设公司
15：中国石化财务有限责任公司
16：北京世纪天宇广告有限公司

大事记

2017 年

1 月

9 日 2016 年国家科学技术奖励大会在人民大会堂举行，中国石化获国家技术发明二等奖 4 项、科技进步二等奖 1 项。

2 月

28 日 国务院国资委党委决定，李云鹏任中国石油化工集团公司党组副书记、副总经理。

3 月

16 日 在国家主席习近平和沙特国王萨勒曼见证下，时任集团公司董事长王玉普与沙特基础工业公司董事长萨乌德在北京签署战略合作协议，旨在共同推进“一带一路”倡议与沙特“2030 愿景”。

4 月

1 日 国务院国资委党委决定，凌逸群、刘中云、李勇任中国石油化工集团公司副总经理。

21 日 以“探秘智慧能源”为主题的中国石化公众开放日活动第二季启动，中国石化发出“集约利用资源，绿色简约生活”倡议。

27 日 中国石化控股子公司高桥石化收购 BP 所持上海赛科公司 50% 股权。

5 月

8 日 集团公司修订并印发《中国石化科学技术奖励管理办法》，进一步强化科技创新激励。

19 日 文 23 储气库项目一期工程正式开工，对于保障国家能源安全、促进华北地区天然气管道平稳运行具有重要作用。

24 日 中国石化与中国中东集团签署战略合作框架协议。

6 月

13 日 集团公司与西藏自治区政府签署《“十三五”时期央企助力富民兴藏项目战略合作协议》，对于促进双方优势互补、互利共赢具有重要意义。

7 月

20 日 2017 年《财富》世界 500 强排名发布，中国石化位列第三。

27 日 “马永生星”命名仪式暨学术报告会在集团公司总部举行。

8 月

11 日 首届“中国石化杯”创新创业大赛暨“创新空间”平台上线启动仪式在北京举行。

25 日 2017 中国“两化”融合大会在北京举行，中国石化等 10 家单位获 2017 年“两化”融合突出贡献单位称号。

31 日 在金砖国家工商理事会 2017 年度会议上，易派客被列为 2017 年 8 项核心成果之一。

9 月

19 日 受中组部领导委托，中组部有关干部局负责人宣布党中央、国务院关于中国石油化工集团公司领导班子调整的决定：王玉普另有任用，戴厚良暂时主持中国石化全面工作。

10 月

24 日 在中国共产党第十九次全国代表大会上，集团公司总经理戴厚良当选为第十九届中央委员会候补委员。

11 月

14 日 健康快车 20 周年颁奖在北京举行，中国石化连续 13 年获光明功勋特别奖。

23 日 “第十三届中国企业 · 社会责任国际论坛”在北京召开，中国石化获 2017 年度责任企业称号，成为唯一一家连续 7 年获得该荣誉的中央企业。

28 日 两年一度的院士增选结果公布，中国石化总经理戴厚良当选中国工程院院士，中国石化科技部主任谢在库当选中国科学院院士。

12 月

26 日 古雷炼化一体化项目正式开工建设。该项目是海峡两岸最大的石化产业合资合作项目。

总　述

深化改革　稳中求进
推动转方式调结构攻坚战取得新突破

2017 年，是党和国家发展历程中具有里程碑意义的一年，也是集团公司付出艰辛努力、取得良好业绩的一年。这一年，党的十九大胜利召开，吹响了决胜全面建成小康社会集结号，开启了全面建设社会主义现代化国家新征程，汇聚起全党全国各族人民夺取新时代中国特色社会主义伟大胜利的磅礴力量。一年来，在以习近平同志为核心的党中央坚强领导下，公司各级领导班子团结带领广大干部员工，把迎接党的十九大胜利召开、学习宣传贯彻党的十九大精神转化为强大动力，认真落实新发展理念，坚持稳中求进工作总基调，统筹推进各方面工作，圆满完成全年各项目标任务，取得好于预期的经营成果，公司发展呈现稳中有进、稳中提质、稳中向好势头。

一、生产经营优化运行

国内上游初步扭转油气储量替代率下滑和油气单位成本上升势头，生产原油 3 505.36 万吨、天然气 257.38 亿立方米；境外上游桶油现金操作成本进一步降低，海外权益油气当量产量 4 372 万吨。炼油和油品销售联手应对市场，市场攻坚战取得初步成效，加工原油 2.4 亿吨，境内成品油经营量 1.78 亿吨，圆满完成汽柴油质量升级任务。化工结构调整成效显著，生产乙烯 1 160.97 万吨、对二甲苯 462.5 万吨，乙烯收率、三大合成材料高附加值比例均创历史新高；化工产品经营总量 7 850 万吨，达到历史最好水平。炼油销售市场份额进一步做大，天然气市场占有率进一步提高，润滑油高档产品比例进一步提高，催化剂出口进一步增长。公司全年实现营业收入 2.4 万亿元、同比(下同)增长 21.8%，实现利润 582.05 亿元、增长 10%，实现税费 3 623 亿元、增长 2.5%。

二、转型发展积极推进

涪陵页岩气百亿立方米产能全面建成，在新疆等地区获得一批油气新发现。全年新增石油、天然气经济可采储量分别为 4 106 万吨、205 亿立方米，新建原油、天然气产能分别为 200 万吨、41.2 亿立方米。中科炼化一体化等项目开工建设，上海赛科公司股权收购完成交割，中天合创煤化工项目实现商业运营。天津 LNG、仪长复线等储运设施建成，新发展加油(气)站 1 163 座，新建成品油管道 700 千米。非油品业务实现量效大幅增长，易派客物资采购平台被列为金砖国家工商理事会 2017 年 8 项核心成果之一，石化 e 贸电商平台等新业态快速发展，地热业务融入雄安新区规划取得进展，金融业务发展稳步推进。积极参与“一带一路”建设，成功中标巴西海上 2 个勘探区块，一批项目取得积极进展，石油工程、炼化工程海外收入占比明显提高，国际贸易持续增长。

三、科技创新成果丰硕

重大关键技术攻关取得新突破，深层碳酸盐岩、深层页岩气地质评价和勘探技术持续深化，塔河碳酸盐岩缝洞型油藏开发技术不断完善；沸腾床渣油加氢示范装置实现长周期运行，固体超强酸 C_5/C_6 异构化示范装置完成工业试验；合成气制乙二醇示范装置实现稳定运行，低挥发性车用聚丙烯等新产品实现工业化。“两化”融合持续深化，信息系统集成度进一步提高，智能化管线管理系统深化应用。涪陵大型海相页岩气田高效勘探开发等 3 项成果获得国家科技进步一等奖，烃类分子结构导向转化化工原料高效生产技术等 2 项成果获得国家技术发明二等奖。全年申请专利 6 830 件，获得专利授权 4 239 件，持续保持中央企业领先地位。

四、改革管理持续深化

处僵治困完成年度目标，国务院国资委重点督导的8家困难企业治理任务全部完成，全级次企业亏损面下降15.9个百分点。“瘦身健体”进展顺利，压减法人户数116户。“四供一业”分离移交框架协议签署完成总任务量的70%以上。公司制改制基本完成。石油工程完成定向增发，资本结构得到改善。销售公司股改上市稳步推进，新星公司地热业务混改方案初步形成。“三项制度”改革试点统筹推进，企业“三定”方案基本完成。中央企业首家共享服务专业化公司成立，有效推动内部资源共享，为下一步服务社会奠定基础。

五、党的建设更加有力

学习宣传贯彻党的十九大精神取得初步成效，公司干部员工“四个意识”更加牢固、“四个自信”更加坚定。狠抓党建工作责任制落实和党建考核问题整改，推动全面从严治党向基层延伸，抓党建强党建的氛围更加浓厚。股份公司“党建入章”获99.96%的高票通过，其中持有132亿股的境外股东投票赞成比例为99.68%。落实新时期好干部标准，坚持正确选人用人导向，选优配强企业领导班子。持续深化中央巡视反馈问题整改，坚定不移反“四风”反腐败，建立领导人员廉洁情况“活页夹”，用好“四种形态”，发挥巡视利剑作用，强化监督执纪问责，风清气正、干事创业的政治生态正在形成。大力弘扬“三老四严”、精细严谨、求真务实等石油石化优良传统，深入开展宣传思想和舆论工作，唱响了主旋律，汇聚了正能量。

六、社会责任积极履行

坚决落实党中央精准脱贫要求，推进对口支援及定点扶贫工作，全年累计投入资金1.36亿元。积极参与社会公益事业，健康快车累计免费救治4万多名贫困白内障患者，“情暖驿站·满爱回家”公益活动服务数万名春节务工返乡人员。持续开展公众开放日活动，增进了公众与企业的沟通理解。坚持共建共享，努力为员工群众办实事，按照“真困难真帮助”原则抓好困难群体帮扶工作。针对冬季天然气供应异常紧张形势，讲政治、顾大局、保民生，落实“压非保民”措施，全力增供保供，为群众温暖过冬做出积极贡献。大力推进“2+26”区域大气污染防治，制订实施“绿色企业行动计划”，为打好污染防治攻坚战和蓝天保卫战做出应有贡献。

回顾过去的2017年，面对严峻复杂的形势和艰巨繁重的任务，全体干部员工团结一心、砥砺奋进，取得了来之不易的成绩。2018年是贯彻党的十九大精神的开局之年，是改革开放40周年，是决胜全面建成小康社会、实施“十三五”规划承上启下的关键一年，也是中国石化成立35周年、集团公司重组20周年。站在新的历史起点上，我们将高举习近平新时代中国特色社会主义思想伟大旗帜，贯彻党的十九大打造世界一流企业的新要求，坚定信心、矢志奋斗，用“两个三年”和“两个十年左右”时间分步推进世界一流企业建设，奋力谱写出无愧于新时代的石化新篇章。新时代的蓝图已经绘就，新征程中大有可为。让我们更加紧密地团结在以习近平同志为核心的党中央周围，以习近平新时代中国特色社会主义思想为指引，全面贯彻落实党的十九大各项决策部署，坚持质量第一、效益优先，实施公司发展战略，贯彻“四个坚持”兴企方略和“改革、管理、创新、发展”工作方针，观大势、谋全局、干实事，全力推动全面可持续发展取得新成效，为决胜全面建成小康社会、夺取新时代中国特色社会主义伟大胜利做出新的更大贡献！

中国石化 SINOPEC

境内油气勘探开发

- ◇ 综述
- ◇ 油气勘探
- ◇ 油田开发
- ◇ 气田开发
- ◇ 采油气管理
- ◇ 油气集输
- ◇ 设备管理
- ◇ 基层管理

综　　述

2017年，油田板块认真落实集团公司党组的决策部署，紧密围绕“两个遏制”要求，把增加经济可采储量、低成本发展贯穿始终，勇于攻坚克难，锐意改革创新，“战寒冬、求生存、谋发展”取得积极成效，扭转了单位完全成本上升、石油经济可采储量负增长、油气产能接替规模下降的势头，生产经营形势持续好转，可持续发展基础得到改善，全面完成各项年度目标任务。

一、高效勘探取得新突破

突出战略突破、规模增储和储量经济可动用，瞄准“六大提升”，开展圈闭分级清理，加强基础研究，规范基础工作，设立风险勘探专项资金，加大三维地震和风险勘探力度，严把“两不定三不打”原则，取得了3项重要发现、14项新发现、20项商业发现，预探井、评价井成功率同比分别提高9.8个、10.2个百分点，控制储量发现成本比计划下降3.8元/吨。

二、效益开发创出新水平

天然气开发方面，页岩气：抓实涪陵二期江东、平桥产建方案优化和实施，平均单井日产气6.8万立方米，超方案设计0.4万立方米，新建产能30亿立方米，涪陵页岩气田累计建成产能100亿立方米。加强涪陵一期精细管理，优化开发技术政策，配套清管降输压等措施，抓好井网加密试验和上部气层开发评价，年产气60亿立方米、上产10亿立方米。常规气：抓好杭锦旗、川西东坡等产能建设，彭州气田评价试采进展顺利；积极推进普光、大牛地、元坝、松南、雅克拉等气田调整挖潜，加强动态分析和“一井一策”管理，加大排水采气、系统增压等措施增产力度，着力控水侵、控递减、延长稳产期。全年新建产能14.5亿立方米、产气194.3亿立方米、上产30.6亿立方米。煤层气：持续抓好延川南煤层气田精细排采，产气3亿立方米、上产1.2亿立方米。

原油开发方面，增量上加大效益产建力度，强化滚动勘探与油藏评价，加快落实商业开发阵地。聚焦提高产能效益、降低开发成本，更加突出油藏、工艺、工程方案一体化优化和设计、运行、施工全过程优化，高效实施顺北、济阳、苏北等重点产建工程，新建产能增加92万吨；新井当年产油171万吨，增加73万吨。存量上围绕老油田提质提效，加大精细油藏描述力度，覆盖储量2.5亿吨，规模应用低成本技术，积极推进注采输系统优化降耗，全年自然递减率10.8%、综合递减率6.5%，分别下降2.2个、2.5个百分点，创“十二五”以来最好水平。水驱油藏以一体化降本提效示范区为抓手，在提升水质、细分注水和精细注采调配上持续发力，加大流场流线调整力度，自然递减率和操作成本实现“双降”。塔河碳酸盐岩缝洞型油藏精细开发调整深挖储量动用潜力，扩大注水注气提高采收率技术应用规模，自然递减率控制在16%以内。稠油油藏抓好热效能管理，提高制汽、输汽、注汽全过程热效率，优化应用组合吞吐、分层注汽、封窜堵调等增效技术，热采年产量稳定在480万吨以上、油汽比保持在0.55以上。化学驱油藏持续开展井组个性化调整，狠抓驱油剂注入质量，优化驱油段塞和注采参数，年增油126万吨，吨聚增油同比提高1.1吨。

三、生产运行效率实现新提升

天然气产销创历史新高。紧抓天然气消费市场回暖的时机，加强不同季节产销优化，统筹区域开发生产部署，强化重点单位的运行监控，加快实施重点产能项目和检维修项目，做好川气东送、榆济线等管道产销协调衔接，加大自销气拓市增销力度，超前部署冬季保供，天然气月度产销始终保持计划水平以上，年产量超计划9亿立方米，年销量超计划10亿立方米，均创历史新高。西南油气田统筹抓好元坝气田检修与产销，加大拓市增销力度，全年产气60.7亿立方米、超计划5.6亿立方米。中原油田加强普光气田生产管理，全年产气59.8亿立方米、超计划7.2亿立方米。西北、东北、华东、上海等油田企业均超额完成计划任务。

原油产销超计划。紧抓油价回升的时机，全面落实效益稳产各项部署，细化生产计划，强化运行管理，提高油水井生产时率，提高钻井作业运行时效，加快效益复产，优选加大措施力度，原油生产起步稳、节奏快，一季度原油日产水平迅速回升2 390吨，全面把握了生产主动权，4月起月度产量保持在计划水平以上，实现均衡平稳运行。全年生产原油3 505.36万吨、超计划3.3万吨，遏制了2014年以来原油产量大幅下滑的势头。各企业共复产油井1 099口，增加产量27万吨。胜利油田积极做大效益产能，强化老区稳产基础，全年产油2 341万吨，充分发挥了产量“稳定器”作用。西北油田全力抓好顺北上产和塔河稳产，全年产油630万吨、上产36万吨。华东油气田加快南华201井区产能建设，加大二氧化碳驱增产力度，全年产油36万吨、超计划1.5万吨，上产3万吨。中原、江汉、华北、西南、上海等油田企业均超额完成计划任务。

工作量运行组织持续强化。实施投资工作量运行一体化管理，超前开展项目前期工作，加强重点工程的运行组织和现场督导，落实责任单位和部门，明确时间节点和进度要求，把工作量完成情况纳入“星旗榜”评比，定期通报考核。全面摸排顺北、涪陵二期、杭锦旗等重点项目建设和销售的“卡脖子”工程，积极协调推进，取得较好效果。胜利、西北、中原、华东、西南等油田企业投资计划完成率较高。

四、降本减亏取得新成效

坚持以低成本应对低油价，强化全过程降本、全价值链创效，同比大幅减亏。西北油田、江汉油田、东北油气田和勘探分公司 4 家企业盈利。

强化全过程降本减费和现金流管控。坚持“四全四硬四严四保”降本思路，成立重点成本费用管控项目组，建立全过程效益倒逼和成本预算管控机制，单位完全成本降低 57 元/吨。树立“现金为王”理念，严格“两金”占用管控，推进零库存管理，经营现金流、自由现金流大幅增长。

强化全方位挖潜增效。积极协调落实财政补贴和税费优惠政策，大力推进原油分储分销和天然气拓市增销；持续压减无效产液量和注水量，优化提升系统效率节能降耗，加强节电管理，严控高投入高风险措施，加大自营工作量；优化贷款结构、严控财务费用和非生产性管理支出，全年实现挖潜增效 28.6 亿元、超计划 0.34 亿元。

强化 SEC 储量管控。变事后算为全程管，深化影响因素分析，明确增储方向和措施，把增加经济可采储量的要求落实到生产运行、经营管理的各层级各专业，推进高效勘探、做大效益产能提产量，强化精细开发、提高运行质量降递减，多措并举、全要素管控降成本，实现 SEC 储量大幅增长。

强化投资质量管控。严把投资效益决策关，严格项目排队优选，加大部署和方案优化力度，投资质量持续提升。原油百万吨产能投资降低 15.9%，开发成本降低 7.6%。常规气 10 亿立方米产能投资降低 1.7%，开发成本降低 5.7%。

强化困难企业专项治理。总部成立扭亏脱困领导小组，明确目标责任和风险应对措施，加大帮扶力度，积极协调政策支持。4 家困难企业眼睛向内、找准症结、落实措施，提高发展质量、狠抓降本创效、加大改革力度，多管齐下减亏扭亏，华北油气田和东北油气田 2 家企业完成国务院国资委下达的治理任务，华东油气田、江苏油田 2 家企业完成阶段目标。

强化区块目标管理。加强“五到区块”管理，深化“三线四区”模型应用，以经营现金流和边际贡献为标准，开展区块效益评价和生产经营状况分析，“一块一策”治理高成本和无现金流区块，促进了无效变有效、低效变高效、高效再提效。73% 的开发区块实现经营现金净流入，增加 45 个。

五、关键技术攻关应用取得新成果

“涪陵大型海相页岩气田高效勘探开发”项目获国家科学技术进步一等奖。海相碳酸盐岩大中型油气田分布规律及勘探评价技术、特高含水油藏提高采收率技术、碳酸盐岩缝洞型油藏提高采收率关键技术等国家重大专项项目取得新进展。一批重大关键技术攻关取得新突破，顺北特深油气田断溶体精细刻画技术不断提升，深层页岩气压裂工艺攻关试验在江东和威荣现场见到较好效果，常压页岩气低成本开发攻关试验井隆页 2HF 井提速降本达到设计要求。积极推广套损井高效修复、短流程分水回注、不加热集输、污水余热利用、水平段一趟钻、电驱压裂等低成本技术，以及井下全通径无级滑套、可钻桥塞等国产化工具，降本提速效果明显。

六、QHSSE 管理得到新加强

以“识别大风险、消除大隐患、杜绝大事故”为主线，落实“六个必”“四带头”要求，层层压实主体责任，加快构建风险分级管控和隐患排查治理双重预防机制，企业党政主要领导承包本单位重大安全环保风险点全部到位。全力推进隐患排查整治，消除隐患 3 900 余处，降级重大风险 62 项。严格开展 HSE 大检查及井控、海上和设备专项检查，严抓普光水洗氯、元坝和松南气田净化厂检维修等重大工程安全监管。强化安全督察队伍建设，严格承包商监管，积极落实“2 + 26”城市大气污染防治部署，加强公共安全和职业健康管理，取得较好成效。持续推进“能效倍增”项目，全年节能 4 万吨标煤，万元产值综合能耗低于考核指标。强化油气生产质量管控，自产油气合格率 100%，全面完成考核指标。

（李　冰）

油 气 勘 探

【概述】 2017 年，集团公司各油田企业在常规油气勘探上取得 2 项重要发现、12 项新发现、18 项商业发现，新增石油控制储量 1.6 亿吨、预测储量 2.1 亿吨，新增天然气控制储量 2 511 亿立方米、预测储量 2 656 亿立方米，均超计划指标。截至 2017 年底，集团公司在全国 45 个盆地（坳陷或构造区）拥有勘查区块 211 块，面积 62.15 万平方千米（含页岩气增列区块）。

（许静华）

【常规勘探工作量】 2017年共完成二维地震1 304千米、三维地震5 991平方千米；完成预探井、评价井、滚动勘探与油藏评价井合计393口，进尺113.42万米。22口预探井获工业油气流，成功率30.6%。

（许静华）

【2项重要发现】 ①在塔里木盆地顺北5号断裂带2口探井均获百吨以上高产油流，勘探场面持续扩大，顺北一区累计新增控制储量1亿吨，落实了一期百万吨产建阵地。②持续加大济阳及滩海新类型、新领域潜山勘探力度，8口探井获高产油流，新增控制储量1 350万吨，开辟了低油价下成熟探区规模效益增储的新阵地。

（许静华）

【12项新发现】 石油预探方面取得7个新发现：①准中莫西庄地区勘探取得新发现，桩110井和桩109井在侏罗系三工河组试获工业油流；②准西缘春光探区新层系勘探取得新发现，春111井、春59井区在白垩系新增预测储量1 008.3万吨；③柴达木盆地大柴旦区块勘探取得新发现，山古1井试获工业油流，展现了马海东构造带古近系的良好勘探前景；④银额盆地拐子湖凹陷反向屋脊带勘探取得新发现，拐4井钻遇良好油气显示，正待试油；⑤东营南坡陈官庄地区孔店组红层勘探取得新发现，王古9井试获工业油流，新增预测储量102万吨；⑥苏北盆地新区带隐蔽油气藏勘探取得新发现，金湖凹陷的高X29A井和海安凹陷的台X19井均获工业油流；⑦南阳凹陷东庄地区勘探取得新发现，南153井试获工业油流。

常规天然气预探取得5个新发现：①川东南茅口组热液白云岩勘探取得新发现，泰来6井试获工业气流，新增预测储量1 115亿立方米；②龙门山前带侏罗系勘探取得新发现，羊100井试获天然气流；③杭锦旗地区奥陶系风化壳勘探取得新发现，J58P33T井奥陶系风化壳钻遇缝洞型气层并试获工业气流，拓展了杭锦旗下古生界勘探领域；④梨树凹陷北坡营城组勘探取得新发现，十屋311井和16井试获工业气流；⑤海域天然气勘探取得新发现。

（许静华）

【18项商业发现】 石油方面，塔河中深层石油勘探取得商业发现，新增控制石油地质储量2 556万吨；滩海地区石油勘探取得商业发现，新增控制石油地质储量1 979万吨；东营凹陷石油勘探取得商业发现，新增控制石油地质储量1 721万吨；沾化凹陷石油勘探取得商业发现，新增控制石油地质储量983万吨；高邮凹陷石油勘探取得商业发现，新增控制石油地质储量740万吨；准噶尔盆地西缘车排子地区石油勘探取得商业发现，新增控制石油地质储量666万吨；车镇凹陷石油勘探取得商业发现，新增控制石油地质储量526万吨；准噶尔盆地西缘春光探区石油勘探取得商业发现，新增控制石油地质储量508万吨；泌阳凹陷石油勘探取得商业发现，新增控制石油地质储量503万吨；济阳坳陷临南洼陷石油勘探取得商业发现，新增控制石油地质储量463万吨；济阳坳陷八面河地区石油勘探取得商业发现，新增控制石油地质储量321万吨；济阳坳陷潍北地区石油勘探取得商业发现，新增控制石油地质储量302万吨；白音查干凹陷达尔其石油勘探取得商业发现，新增控制石油地质储量211万吨；溱潼凹陷南华地区阜宁组三段石油勘探取得商业发现，新增控制石油地质储量211万吨。天然气方面，鄂尔多斯盆地杭锦旗地区天然气勘探取得商业发现，新增控制地质储量832亿立方米；川东北通南巴陆相须二段评价勘探取得商业发现，新增控制地质储量174亿立方米；海域评价勘探取得商业发现，新增控制地质储量167亿立方米；川东北分水岭构造长兴组天然气勘探取得商业发现，新增控制地质储量130亿立方米。

（许静华）

【勘探效益】 2017年共预探圈闭104个，完钻86个，有结论79个，新获工业油气流圈闭27个，圈闭预探成功率34.2%。平均每口探井控制油气地质储量（油当量）为165万吨，每米进尺控制油气地质储量542吨。

（许静华）

【非常规勘探开发工作量】 2017年完成二维地震742千米、三维地震392平方千米；完成钻井78口，进尺43.38万米。其中，完成页岩气探井7口，开发井71口，压裂试气66口，投产井21口。

（王 烽）

【页岩气勘探进展】 ①在涪陵二期部署的评价井全部获高产气流，新增探明储量2 202亿立方米，落实了江东和平桥2个商业开发区，涪陵页岩气田累计探明储量6 008亿立方米。②在四川盆地威荣负向构造带取得3 500米以深页岩气勘探重要新发现，5口评价井均获高产气流，新增控制储量1 206亿立方米，开辟了涪陵之外又一个页岩气规模产建阵地。③南川东胜构造页岩气勘探取得新发现，胜页1HF井在龙马溪组试获工业气流。④丁山地区页岩气勘探取得新进展，丁页4HF井试获工业气流，证实了丁山中深层为页岩气高产富集带。⑤荣昌—永川页岩气评价勘探取得新进展，永页6HF井获日产气7.2万立方米，新店子背斜永页7HF井钻遇良好油气显示。

（王　峰）

【涪陵页岩气田开发进展】 2017年，涪陵页岩气田新建页岩气产能30亿立方米，累计建成产能100亿立方米；实现年产气60.4亿立方米。江东、平桥产能建设积极推进，焦石坝主体上部气层评价和下步气层井网加密试验有序推进，全年开钻井86口，完钻井60口，完试井52口，投产井21口。截至年底，气田累计开钻井431口，完钻井374口，完试气井327口，投产井267口井，累计产气154.7亿立方米。

（王　峰）

【煤层气开发进展】 ①延川南气田产气效果逐渐显现，日产气量逐步上升。截至2017年底，气田排采井908口、产气井795口，其中千立方米井423口，日产气达103万立方米；2017年气田产气3.03亿立方米、销售气2.43亿立方米。②织金试验井组多煤层分压合采取得积极进展，区块累计钻井23口，试采井18口，日产气2.2万立方米，日销售1.8万立方米。其中，珠藏次向斜试验井组10评价井平均单井日产气1 300立方米。

（王　峰）

油 田 开 发

【概述】 2017年，油田板块坚持效益开发理念，强化滚动勘探与油藏评价，加大效益建产力度，狠抓老区精细开发，创新开发管理，进一步提升油田开发水平。

油田开发资源动用情况。截至年底，各油田企业投入开发油田219个，动用石油地质储量72.3亿吨，当年新增动用储量5 816万吨。井网、工艺条件下标定可采储量19.3亿吨，采收率26.7%。

油田开发现状。截至年底，共有油水井数68 352口，其中油井50 121口、注水井18 231口。油井开井37 404口，油井利用率87.8%，年均含水90.46%，平均单井日产油2.6吨，采油速度0.5%，剩余可采储量采油速度10.7%，采出程度22.2%。注水开井12 516口，水井利用率84.9%，平均单井日注水70.2立方米，年注水32 321万立方米，月注采比0.88，累计注采比0.82。

（姜颜波）

【原油产量】 2017年，集团公司原油产量3 505.4万吨，同比下降60.1万吨，降幅1.69%。各油田企业原油产量见表1。

（姜颜波）

表1　　**集团公司各油田企业原油产量**　　万吨

年份 油田	2017	2016	2015	2014	2013	2012
集团公司合计	3 505.40	3 565.50	4 173.70	4 378.50	4 378.00	4 318.20
胜利油田	2 341.60	2 390.20	2 710.00	2 787.10	2 776.20	2 755.00
中原油田	127.30	147.80	182.60	231.00	243.00	252.00
河南油田	156.50	169.10	231.00	241.00	235.00	226.00
江苏油田	120.10	133.00	155.50	171.00	171.20	171.00
江汉油田	69.70	73.90	88.50	97.50	98.20	96.90
西北油田	630.00	594.30	703.00	735.50	737.00	735.00
华东油气分公司	36.00	33.00	35.00	35.00	30.30	23.50
华北油气分公司	10.00	9.40	39.60	53.50	60.00	32.00
东北油气分公司	1.80	3.50	14.70	19.30	21.70	22.00

续表

油田 \ 年份	2017	2016	2015	2014	2013	2012
西南油气分公司	1.30	0.70	1.70	2.30	2.20	2.20
上海海洋油气分公司	11.00	10.50	12.00	5.20	3.20	2.60

【滚动勘探与油藏评价】 加强开发地震深化应用，强化基础研究和目标优化论证，千方百计拓展滚动增储新领域，把地质认识做深做全、把项目论证做细做优、把效益评价算准算实，在胜利东部断块岩性油藏、顺北地区断溶体、苏北盆地岩性油藏、准噶尔西缘稀油小砂体、江汉潭口断块油藏5个重点阵地取得新进展，全年落实商业开发储量5 542万吨。胜利东部在盘河、大王庄等16个重点增储区带落实商业开发储量2 110万吨，当年动用1 579万吨，建产能20.7万吨。顺北地区1号断裂带7口井试采产量保持稳定，日产油506吨、气21.5万立方米，建成25万吨产能阵地；SHBP3H次级断裂评建一体化取得良好效果，3口井获得近百吨的高产，展示了主断裂雁行式次级断裂的商业开发潜力；5号断裂带落实商业开发储量1 450万吨。苏北盆地南华201块滚动扩边含油面积不断扩大，落实主体区块商业储量286万吨。准噶尔西缘滚动发现苏1-7、苏1-21等多个稀油小砂体，新增商业储量208万吨。江汉潭口地区取得优质滚动发现，潭761块新增商业储量130万吨。

（姜颜波）

【产能建设】 持续推进“四个优化”，扩大产能建设规模，提高产能建设质量和效益。①加强基础地质研究，为效益开发提供有效支撑。转变大而全的油藏描述思路，围绕高效注采完善，精准定向韵律层、非主流线等剩余油富集类型，深化精细油藏描述，精准定量刻画剩余油分布。②抓好部署、方案、设计、实施过程4个层面的优化，加强勘探、开发、工程一体化，油藏、工艺、地面、经评、安全环保“五位一体”统筹优化，千方百计扩大产能建设阵地。③狠抓方案优化，降低工程建设成本。按照“提高单井产能、降低工程投资、降低开发成本”的工作思路，对产能建设方案进行深度优化，降低平衡油价。全年完钻开发井1 171口，投产油井1 465口，平均单井日产油5.7吨，同比提高0.1吨；新井单井产油从1 134吨提高到1 165吨，同比提高31吨。

（姜颜波）

【老油田精细开发】 ①持续改善水驱，夯实老区稳产基础。按“四个保持”的要求，盯住不同类型油藏增效的关键因素，围绕精细注水，持续提高“三率”。胜利油田以细分注水为核心，强化水质源头治理，加大测调一体化技术应用，实施提质增效等方案72个，稀油自然递减9.1%，比计划下降0.8个百分点。西北油田开展扩大注水、精细注水工作，年度老区自然递减率15.4%，再创历史最好水平。②围绕热效管理，持续提高热采稠油经济油汽比。实行制汽—输汽—注汽闭环式全过程保干管理，推广分层注汽、优化单井注汽量和燃气锅炉工况等，油汽比下降0.01。③个性调整，减缓化学驱区块产量递减。强化过程管控，实施差异化个性调整，年增油125.9万吨，比计划多增油7万吨，吨聚增油提高0.4吨。④持续攻关试验，大幅度提高采收率技术取得突破和进展。围绕可持续发展，瞄准难采储量效益开发、提高经济采收率目标，以创新增效益，以创新降成本，以创新拓空间，特高含水油藏深度堵调、强边底水稠油冷采、高温高盐油藏聚合物驱、微生物驱等技术攻关取得新进展。

（姜颜波）

【油田开发管理】 ①加强SEC储量管理。深化影响因素分析和评估结果应用，明确增储方向和措施，变“事后算”为“事前管”，把聚焦经济可采储量的理念要求贯彻落实到各专业，把目标任务细化分解到各层级，实现经济可采储量大幅增长。②提升开发信息化建设。进一步补充完善部署跟踪系统的项目跟踪分析功能，数据提取与单井数据库、月度开发数据库自动关联，跟踪数据准确率、完整率接近100%。开发项目库建设实现由未开发储量项目单一库到开发地震、滚动勘探、未开发、已开发项目4库一体化建设的转变，大幅度扩展项目库的应用范围。强化模型库建设，建立软硬件共享中心，加强建模数模一体化，加强人才队伍培养，夯实研究基础。

（姜颜波）

气田开发

【概述】 2017 年，气田开发坚持一切工作向质量效益聚焦，全力推动杭锦旗、川西东坡沙溪庙组气藏等重点产建工程，持续开展普光、大牛地、雅克拉等主力气田精细管理和综合调整，加强滚动勘探和气藏评价，强化技术创新及推广应用，实现天然气产量大幅增长，超额完成年度生产任务。

常规气田开发储量动用情况。截至年底，各油田企业投入开发气田(藏)144 个，累计动用天然气储量 15 399 亿立方米，储量动用率 53.44%，标定采收率 31.07%。其中，气层气动用储量 12 064 亿立方米，标定采收率 32.25%；溶解气动用储量 3 335 亿立方米，标定采收率 26.81%。全年新增天然气动用储量 313 亿立方米。

气田开发现状。截至年底，共有常规天然气生产井 4 527 口，开井 3 678 口，开井率 81.25%，平均单井日产气 1.7 万立方米，采气速度 1.8%。采出程度 19.4%，动用储量储采比为 9.5。2017 年度天然气储采平衡系数为 0.43。

（张　华）

【天然气产量】 2017 年生产常规天然气 194.3 亿立方米，同比增加 30.6 亿立方米。

（张　华）

【生产能力】 截至 2017 年底，油田板块常规天然气生产能力 217.3 亿立方米，其中气层气生产能力 206.9 亿立方米、溶解气生产能力 10.42 亿立方米。

（张　华）

【天然气开发管理】 持续推进杭锦旗致密低渗砂岩气藏产能建设。重点开展杭锦旗古地貌立体刻画、沉积相精细解剖、物探定性 + 定量化预测研究，明确有利储层展布范围。进一步完善致密低渗气藏气水识别方法，实现锦 58 井区低阻气藏气水层的有效识别。同时加强压裂完井工程方案优化，针对厚度大、含气性好的冲积扇主扇区气层，通过提高压裂改造规模，有效提升储层改造效果；针对多层叠合发育区，通过穿层压裂工艺技术攻关，实现多套气层同时动用。全年新钻水平井 57 口，试气 42 口，平均单井日配产 2.6 万立方米，新建产能 5.01 亿立方米。

川西东坡沙溪庙组气藏滚动建产开发效果较好。持续开展河道精细刻画和储层精细预测，强化气藏精细描述，部署新井 13 口井，完钻 11 口，试气 10 口，平均单井产能 2.4 万立方米，新建产能 1.50 亿立方米。

西北雅克拉凝析气田开发综合调整效果较好。持续加强气藏精细描述，优化开发层系；应用建模数模一体化技术，明确顶部遮挡、底部遮挡、层内和阁楼油 4 种剩余油富集模式，摸清剩余油气分布状况。部署 6 口开发调整井，实施效果较好，新建天然气产能 1.2 亿立方米、凝析油产能 3 万吨，为气藏持续稳产奠定基础。

滚动勘探与气藏评价取得积极进展。杭锦旗通过加强储层预测技术研究和气水关系研究，完钻评价井 14 口，平均储层钻遇率 87.1%，气层钻遇率 62.7%，进一步明确了有利储层的分布，落实了锦 58 井区滚动外扩有利区及锦 66 井区岩性构造气藏有利区，落实商业开发储量 207 亿立方米。川西东坡沙溪庙组气藏加大滚动勘探与气藏评价力度，落实商业开发储量 55.8 亿立方米。

（张　华）

采油气管理

【采油工程队伍】 截至 2017 年底，采油工程系统共有采油(气)厂 57 个、采油气服务中心 6 个、工程技术管理部(中心)11 个，合计总人数 124 625 人。其中，采油(气)厂 97 185 人，采油气服务中心 24 494 人，石油工程技术研究院 2 845 人。按队伍类型分，采油工程一线及辅助队伍(队站)共有 1 690 个、86 546 人，采油(气)厂科研单位 132 个、5 484 人。

（马玉生）

【重点工艺技术措施工作量及效果】 2017 年，各油田企业共实施油气水井大修作业 968 口，成功 920 口，成功率 95.0%，平均修井天数 33 天。从大修工艺类型上看，大修主要以套损井修复、井下落物打捞、管柱解卡、复杂故障修复等复杂工艺为主，共实施 826 口，占大修成功井数的 89.8%。共实施油气水井补孔改层措施 2 442 井次，有效 2 147 井次，有效率 87.9%；油气水井压裂 231 井次，有效 215 井次，有效率 93.1%；油气水井酸化 1 249 井次，有效 1 167 井次，有效率 93.4%；油井泵升级 843 井次，有效 673 井次，有效率 67.3%；油井防砂 1 486 井次，有效 1 297 井次，有效率 87.3%。

（马玉生）

【采油气工程综合管理】 2017年，采油工程系统始终坚持价值引领，立足算清效益账、多干效益活、多产效益油，在管理创新、技术创效、成本控制等方面取得一系列成果。①技术创新及推广效果显著。探索深度调驱控水增油提高采收率新技术，形成4种新型调堵体系，现场应用初见成效；完成焦石坝、平桥、江东4口井3 500米以深储层压裂改造，焦页69－3HF井获试气日产25.5万立方米；研发降黏冷采技术，在胜利、河南试验7口井见到明显增油效果；研制全通径无级滑套，创造不动管柱分30段压裂新纪录，获美国、俄罗斯等国授权发明专利；试验电驱压裂技术，平均单井降低施工费用166万元；开展页岩气井重复压裂试验，涪陵9－2HF井增产明显；推进精细注水技术应用，测调一体化技术在井2 300余井次，分注率达到46.8%的历年最高水平；推进稠油油藏提高热利用率技术应用，油汽比保持稳定，系统热利用率同比提高2.0%，单井吞吐注汽量减少25吨，药剂气体费用减少0.2万元/口；推进深层超稠油井复合降掺稀技术累计应用，节约稀油11.4万吨。②重点工作有序推进。全年完成井下作业31 319井次，费用基本与年度预算持平，措施年增油上升66.4万吨，单井增油上升31.6吨；开展套损井普查，编制3年治理计划，共计划治理2 126口井。废弃土地退出基本达到部署目标。全年共治理废弃井2 115口，安全环保工作进一步夯实。“抽油机实时智能分析评价优化技术”等6项工艺创新和集成应用技术获年度开发奖励。

（马玉生）

【井下作业工作量情况】 2017年，各油田企业共完成油气水井井下作业工作量31 319井次。其中，措施作业11 097井次，维护作业18 454井次，新井投产、投注1 660井次（口），分别占总作业工作量的35.43%、58.92%和5.67%。油气水井年作业频次0.55次/口（不含新井和投注），其中年措施作业频次0.21次/口，年维护作业频次0.34次/口。从生产井类型看，油井作业25 238井次，气井作业937井次，水井作业5 036井次，分别占油气水井井下作业总工作量的80.58%、2.99%和16.43%。

（马玉生）

【井下作业施工能力】 截至2017年底，各油田企业共有小修队伍591支，年施工能力21 709口；大修队伍28支，年施工能力560口；试油（气）队伍26支，年施工能力1 030口。

（马玉生）

【井下作业装备现状】 截至2017年底，各油田企业共有井下作业设备4 167台（套）、后勤场站64座。其中，油管厂23座，年检测油管3 612万米，年修复油管3 487万米；抽油杆厂11座，年检测抽油杆713万米，年修复抽油杆509万米；配液站4座，年配液能力25.2万立方米。

（马玉生）

油气集输

【概况】 截至2017年底，油田原油集输处理系统共建有联合站112座、油库11座、接转站251座、原油稳定装置41套，原油储罐库容146万立方米。设计原油稳定能力5 349万吨/年，原油外输能力5 855万吨/年。2017年稳定原油2 003.51万吨。

油田采出水处理系统建有污水处理站178座，设计含油污水处理能力53 862万米^3/年。2017年处理含油污水4.2亿立方米。

注水系统共有各类注水站754座、配水间2 844座，2017年实际污水回注3.23亿立方米，污水处理站出口水质达标率94.9%。

（刘峻峰）

【主要技术经济指标】 原油密闭率64.5%，输油泵平均运行效率51.3%，管网效率84.3%，集输系统效率43.2%；注水泵平均运行效率74.3%，注水系统注水管网效率74%，注水系统效率55%。

（刘峻峰）

【海上油气开采设施及生产】 截至2017年底，海上油田（自营区块）共有各类海上采油平台128座，其中中心平台6座、井组平台89座、单井平台33座；海底输油管线101条，总长612.94千米；海底输气管线15条，总长990.81千米；海底注水管线63条，总长105.09千米；海底电缆132条，总长432.6千米。海上油气水井共896口，开井799口。其中，油井553口，开井477口，年生产原油325.8万吨、天然气1.17亿立方米；气井77口，开井60口，年产气量13.04亿立方米；注水井266口，开井262口，年注水量1 610.1万立方米。

（马玉生）

设备管理

【概述】 截至2017年底，油田设备固定资产原值

442.21 亿元、净值 176.99 亿元，设备新度系数 0.36。设备管理人员 4 210 人，设备维修人员 5 313 人，装机总功率 950.89 万千瓦。共有主要专业设备 81 033 台(套)，设备资产原值 349.68 亿元、净值 140.07 亿元，新度系数 0.39。其中，钻采特车 2 417 台、注采设备 44 361 台、油气处理与集输设备 17 272 台、起重搬运机械 165 台、运输车辆 1 133 台、辅助专用车辆 1 656 台、动力设备 7 021 台、工程机械 787 台。综合完好率 99.34%，主要设备利用率 85.38%。

（王　飞）

【油田设备状况】 2017 年各油田企业主要设备平均新度系数见表 2。

表 2　2017 年各油田企业主要设备平均新度系数

单位名称	钻采特车	注采设备	天然气处理设备	运输车辆	动力设备	其他	合计
股份公司	0.41	0.37	0.42	0.34	0.46	0.40	0.39
胜利油田分公司	0.47	0.38	0.30	0.39	0.33	0.23	0.35
中原油田分公司	0.31	0.24	0.10	0.37	0.32	0.31	0.25
中原普光分公司	0.43	0.56	0.47	0.07	0.51	0.47	0.47
河南油田分公司	0.40	0.32	0.25	0.28	0.17	0.19	0.28
江苏油田分公司	0.37	0.41	0.38	0.42	0.39	0.26	0.39
江汉油田分公司	0.28	0.35	0.74	0.18	0.40	0.33	0.40
东北油气分公司	0.51	0.57	0.70	0.43	0.65	0.39	0.61
华北油气分公司	0.51	0.48	0.66	0.40	0.55	0.42	0.60
西北油田分公司	0.47	0.49	0.23	0.51	0.43	0.31	0.29
西南油气分公司	0.29	0.29	0.74	0.18	0.80	0.76	0.75
华东油气分公司	0.46	0.59	0.48	0.30	0.56	0.15	0.52

（王　飞）

【设备管理】 ①加强闲置设备物资调剂工作，优化存量资产。按照《闲置设备资产转让管理办法》要求，2017 年累计组织各单位设备物资转让 114 项，原值 2 841 万元、净值 1 862 万元。各油气田分公司内部调剂 560 项，原值 1.26 亿元、净值 7 431 万元。②组织开展油田板块年度设备管理检查，共检查出问题 364 项，均得到整改，提升了设备管理水平。③积极推广新型节能环保设备，累计推广网电修井机 102 套，年节约柴油 1 400 余吨，减少碳排放 4 200 余吨；推广作业井口机械化装置 140 余套，优化劳动用工 210 余人；推广大排量对置式注水泵，单台年节电 150 余万元。

（王　飞）

基层管理

【持续深化油公司建设】 总结推广西北油田、胜利新春和江汉涪陵 3 个层次的油公司特色管理模式。加快专业化改革，基本完成分公司层面电力、作业、维修、车辆、测试五大业务整合，从采油气厂剥离人员组建专业化队伍 36 支。完善市场化运行机制，编制完成 11 个专业 13 519 项内部市场服务定额，启动定额管理平台建设。持续推进机构精简整合，又压减 4 个采油气厂、15 个管理区。全力推进瘦身健体，压减法人企业 8 户，超总部下达任务 2 户。编制完成新“三定”方案，进一步加强用工管控，优化人力资源配置，妥善引导员工按政策离岗，鼓励专业化队伍开展系统内业务承揽和外闯市场。加快推进“两化”深度融合，完成 9 家企业 EPBP 推广建设、120 个采油气管理区生产信息化改造，勘探开发云管理平台上线，促进了专业协同、流程简化、资源优化，大幅提高管理运行效率，助推生产运行组织方式变革。

（新红兴）

【自主经营试点成效显著】 东北油气田积极落实集团公司党组自主经营试点的部署要求，大刀阔斧精简机构，将用工管理、基本薪酬调整等6项权限下放到采油气厂，考核“上不封顶、下不保底”，充分调动全员创新创效积极性，2017年扭亏为盈。江汉油田和河南油田的采油管理区承包经营也见到较好成效。

（靳红兴）

【推进矿权区块内部市场化流转改革】 积极推进鄂南致密油矿权区块的内部市场化流转改革试点，通过竞标在系统内择优选开发单位，把鄂南旬邑—宜君区块矿权由华北油气田流转至河南油田，在打破“画地为牢”格局，盘活储量资源、增强经营活力、提高创效能力上起到示范引领作用，也实现2家企业的双赢。华北油气田减轻了资产负担，为实现2018年扭亏为盈提供保障。河南油田轻装上阵，按照项目化运作、市场化运行、社会化服务和精干高效的原则，实行项目部自主承包经营管理，已复产68口井，累计产油1 222吨，推动鄂南旬邑—宜君区块进入效益开发新阶段。

（靳红兴）

【创新建立甲乙方合作创效模式】 出台《推进页岩气高效勘探开发运行机制建设的意见(试行)》，建立协调运行机制，完善激励约束机制，促进页岩气项目的高效实施。平桥页岩气产建项目采取石油工程公司大包建设模式。在胜利油田启动分公司与工程公司合作开发难动用储量试点，着力盘活资源，实现合作共赢。

（靳红兴）

【充分发挥考核“指挥棒”作用】 围绕建立突出效益导向的激励机制，更加突出对企业利润、单位完全成本等效益和可持续发展指标的考核，对企业天然气拓市增销、用工管控等创效增效举措进行专项奖励。加强过程管理，对油气开发、成本单耗、投资管理等指标进行季度“星旗榜”评比。加大对勘探开发高效增储、高效开发项目的奖励。加大工效联动力度，工效挂钩比例提高到板块工资总额的15%，进一步发挥考核导向作用。

（吕海峰）

【区块目标管理】 2017年，通过持续推进“五到区块”管理，大力开展区块投入产出分析、暂关区块及单井效益复产、无现金流区块治理等工作，实现区块目标管理工作运行平稳，油田气区块生产经营状况明显改善。①以“现金流为正”为原则，组织18个暂关区块及单井效益复产，全年累计复产油井1 099口，年产油26.98万吨。②开展区块经营现金流管理。落实做优增量增效、做实存量精细创效、信息化提升等举措，持续开展区块投入产出分析，开展区块现金流分析，组织无现金流区块治理，提高区块开发效益。③强化区块管理基础。结合年度油气田区块生产运行、新区投产等情况，核定油气田区块目标管理基本单元总数为189个，奠定分析管理基础；全面落实区块成本核算、预算管理到区块，“五到区块”工作进一步落实；按季度通报区块利润、边际效益等生产经营情况，为经营决策提供依据；开展区块分层级效益评价，对生产井、采油区、采油厂、油田区块经济效益开展分析评价。

（马玉生）

境内石油工程

◇ 综述

◇ 石油地球物理勘探

◇ 钻井工程

◇ 测井

◇ 录井

◇ 特种作业

◇ 油田地面工程建设

◇ 机械制造

◇ 设备管理

综　述

2017年是石油工程行业面临油价断崖式走低的第4年，是石油工程“战寒冬、求生存、谋发展”攻坚战中极其艰难的一年，国际油价低位震荡、市场竞争激烈，以及产能过剩严重、经营压力沉重，石油工程广大干部员工深入学习贯彻党的十九大精神和集团公司工作会议精神，扎实推进“两学一做”学习教育常态化制度化，直面重重困难，紧紧围绕“拓市战寒冬、改革破危局、创效求生存、严管上水平、创新谋发展”，攻坚克难，真抓实干，大力压缩过剩产能，推动主营业务做强做优做大；推进主辅业务分离，加快辅助业务重组整合、转型发展，并妥善分流安置富余人员；全力推进增收增效、降本增效、优化增效和改革增效，生产经营奋力走出低谷，经受住持续寒冬的严峻考验，在生产经营和改革发展上取得一定成果。

支撑保障能力极大提升。石油工程各单位与勘探开发单位建立定期交流协调机制，密切合作，优化配套措施，优选精兵强将和优良装备，服务上游商业发现、规模增储和效益开发。全面推进顺北特深油气田、西南天然气、鄂尔多斯致密油气田勘探开发，全力保障文23储气库、新气管道等重点工程建设。集成应用超深井钻井技术，连续创出顺北评1井8 430米、顺北评2井8 433米亚洲最深井纪录，支撑顺北油气田开发建设；持续完善页岩气工程配套技术，一趟钻取得良好效果，国产化多级射孔技术全面推广，为涪陵页岩气产能建设、外围深层页岩气勘探突破提供坚实保障；建强技术专家团队，推广应用高效钻井工具、油基钻井液、速封堵漏等技术，强化现场施工管理，有效缩短永川、威远钻井周期；狠抓故障复杂管理，强化鄂尔多斯致密油气藏防漏堵漏技术攻关，一次成功堵漏率达92%。

市场开拓取得新业绩。完善市场开发体系，建立市场例会制度，持续加大激励力度，全年市场开发及项目管理奖励2 516.55万元，奖励市场开发项目895个、优秀管理项目166个，评选表彰优秀创效项目40个、优秀项目经理40名、先进个人11名，形成全员拓市的良好局面，全年累计新签合同额532亿元，同比增加114亿元、增幅27.2%。国内外部实现新增长，主动对接客户需求，强化内部统筹，规范市场行为，站稳塔里木、长宁区块、浙江油田分公司等钻井市场，突破长庆油田市场，积极拓展地方市政、油气管道、成品油库等地面EPC工程，中标日照—京博管道项目、国储库建设项目等。全年新签合同额106亿元，增加44亿元；实现收入84.36亿元，增加8.57亿元。

深化改革激发新活力。成立集团层面的石油工程深化改革、扭亏脱困保市工作领导小组，确立目标方向，提供强力保障。以“去产能、调结构、激活力、创效益、谋发展”为主线，认真研究“三定”标准，完成2个层面的深化改革扭亏脱困方案，层层压实责任，严密组织运行，主辅分离、富余人员显化安置见到阶段性成效。实行“大部制”管理、“小机关”运作，推进两级机关建设，“瘦身健体”取得效果明显；重组整合辅助生产业务，推进辅助业务专业化队伍建设，探索建立承包经营机制，激励员工创业创新创效，落实责任，激发活力。严格“三定”方案，显现并妥善分流安置富余人员，组织员工成建制承揽社会化业务，输出人员突破3 000名，创收突破8 000万元。

科技创新迈出新步伐。深入实施创新驱动战略，全年申请专利494件，获得专利授权322件，16个项目获集团公司科技进步奖。所属单位参战涪陵大型海相页岩气田高效勘探开发，获国家科技进步一等奖。国家“863”计划“雷达成像测井样机研制”顺利通过国家科技部验收。“防斜PDC钻头”获国家专利优秀奖。钻气井、钻井液、定向井、测录井、连续油管等技术服务业务整合发展；油藏一体化业务、EPC业务持续推进；地下管网探测检测、土地确权、海洋测绘等业务快速推进；固废处置、土壤修复等节能环保业务积极拓展，新签合同额1.69亿元，增长133%。

从严管理取得新成效。层层分解挖潜增效目标，成立7个项目管理组、细化11项硬措施，苦练项目创效、降本减费看家本领，全年挖潜增效41.6亿元。制定实施石油工程投标项目决策办法、项目亏损责任追究办法，实行三级决策，优化管理流程，闭环核算分析，有效规避项目风险、遏制项目亏损，项目创效能力有效提升。狠抓安全环保管理，深入开展“安全生产月”“安全生产万里行”活动，开展安全生产“三项行动”，全面整治安全隐患。从严防控风险，落实法律风险防控责任制，强化重大风险评估，开展境外法律风险排查，严控分包行为，有效避免效益流失。统一组织重点工区项目管理效能监察，对10家重点亏损专业经营单位开展专项审计，逐一解剖17个严重亏损项目，规范经营行为，堵塞管理漏洞。

（汪映春）

石油地球物理勘探

【概述】 截至 2017 年底，集团公司共有陆地采集队伍 55 支，其中地震队伍 42 支、非地震队伍 9 支、VSP 与井间队伍 4 支。共有甲级队伍 41 支，乙级队伍 14 支。从业人员 7 460 人，其中正式职工 7 406 人、其他用工 54 人。

（李　佩）

【主要装备】 截至 2017 年底，集团公司共有可控震源 123 台，数字地震仪主机 67 台(套)，接收道数 33.23 万道，单分量数字检波器 1.68 万个，VSP 采集设备 4 套，运载设备 1 478 台。装备新度系数 0.28。

（李　佩）

【采集工作量及实施情况】 2017 年，共实施二维地震 13 578 千米、三维地震 9 456 平方千米。国内二维日均生产 187 炮，同比提高 6.25%；国内三维日均生产 662 炮，提高 23.50%；地震资料优良率 91.82%。

（李　佩）

【主要技术进步】 胜利油田开启三次三维地震勘探新时代。按照"全频带、宽方位、健全波场、单点接收"的理念，发展形成基于单点接收的高密度地震采集技术，并在胜利油田罗家地区三维地震采集项目中成功应用，地震剖面主频有较大提高、有效频带明显拓宽、中深层目的层段成像更加清晰、地质特征反映更加准确。项目采用 36 线 5 炮 620 道接收、面元尺寸为 6.25 米 ×12.5 米，是集团公司首个三次三维采集项目并首次全部采用高灵敏度陆用压电检波器单点接收、单炮接收道数最多、炮道密度最大、设备投入量最大、采集数据量最大、勘探精度最高的采集项目。项目的成功实施拉开东部老区油田新一代地震勘探的帷幕。

3 项新技术开展现场试验。围绕勘探开发技术瓶颈，大力攻关高精度、高效率、低成本物探技术，并在新疆地区开展 3 项新技术的现场试验，取得良好效果。在顺中工区开展可控震源高效采集技术试验，其中分布式自主扫描采集方法平均日效 10 354 炮、最高日效 13 322 炮、最高时效 714 炮，时变滑动扫描方法平均日效 4 053 炮、最高日效4 282 炮、最高时效 212 炮。在托甫台工区开展国内首个压缩感知技术试验，该技术对实现高效勘探、降低勘探投入具有重要意义。在托甫台工区开展集团公司首个光纤 VSP 测井试验，通过 0—5 000 米的整井段观测，采集完整、连续的井下地震波场。

装备与软件研发取得 3 项重要创新成果。新型宽频加速度检波器历经 3 年多的攻关研究，完成检波器样机的研制、应用技术研究和对比试验，取得 5 项创新成果，形成 3 项突破性原始创新，填补国际空白。浅海声学定位系统产品定型并逐步实现国产化，制造 1 200 只用于桩海项目浅海作业，打破国外技术垄断。SeisWay 软件系统进一步完善，开发了自主知识产权的高斯射线束正演照明分析软件，发展了面向复杂地质目标准确成像的观测系统优化设计与评价技术，可满足复杂地质目标区地震勘探采集工程技术需求，整体达到国际先进水平。

复杂地表地震勘探技术应用效果明显。四川盆地通江和新店子工区地表切割剧烈，城区建筑物密集区检波点位难以有效布设，连片煤矿及采空区激发干扰严重、安全风险高，疏松砂岩地表激发信噪比低、频带窄。针对上述难题，通过应用复杂地表观测系统优化设计、多震源联合激发、精细近地表综合调查、基于卫星地图的辅助变观等技术组合，实现精准设计激发因素、精准布设点位、精准防范安全风险。从处理剖面来看，通江工区采集资料信噪比、分辨率高、波组特征清晰，新店子工区背斜主体部位成像效果符合预期，主要目的层反射信噪比较高、连续性较好、波组特征较清晰，煤矿带来的影响小。

滩浅海高精度地震勘探实现海上大道数作业。通过近 3 年滩浅海装备、软件、技术的研发攻关与集成配套，滩浅海采集突破以往大道数限制，满足滩浅海高精度勘探的需求，在桩海三维地震采集项目中炮道密度首次突破百万道。与 2015 年实施的垦东东三维地震采集相比，整体施工能力和炮道密度都实现翻番，资料品质得到大幅改善。

2017 年，石油工程地球物理公司参加完成的"涪陵大型海相页岩气田高效勘探开发"项目获国家科技进步一等奖、"内蒙探区复杂地表地震勘探技术研究"成果获集团公司科技进步三等奖。"SeisWay 可视化目标采集优化设计技术""宽频加速度检波器研制"2 个项目经集团公司鉴定为国际先进水平。

（徐雷良）

钻 井 工 程

【概述】 2017 年，集团公司钻井业务主要分布在石油工程公司的胜利石油工程公司、中原石油工程公司、江汉石油工程公司、华北石油工程公司、华东石油工程公司、西南石油工程公司6个地区分公司和海洋石油工程公司等单位。钻井研究、专业技术服务及钻井施工单位共42个，其中陆地钻井公司21个、海洋钻井公司2个、钻井研究院3个、钻井技术服务公司9个、其他油田服务公司7个。钻井系统用工总量约5.2万人，其中合同制员工约3.9万人。

（黄立玫）

【主要装备】 拥有陆地钻机750台，其中电动钻机239台、机械钻机511台；海洋钻井平台13座，其中座底式3座、自升式9座、半潜式1座。各类顶驱294套；LWD（FEWD）103套，MWD252套；防喷器2 715台，其中单闸板576台、双闸板1 231台，环形防喷器908台；固井装备288台，其中水泥车262台、泥浆撬26台；欠平衡装备旋转防喷器49台；空气压缩机89套；钻机网电装置168台（套）。

（黄立玫）

【工作量】 2017年，平均动用钻机374.83台。全年开钻井2 881口，完井2 198口，其中集团公司内部市场完井1 890口、国内外部市场完井308口；完成钻井进尺588.01万米，其中集团公司内部市场497.22万米、国内外部市场90.79万米。

（黄立玫）

【重点工艺井应用】 完成深井、超深井钻井287口，其中超深井（6 000米以深）钻井93口；完成定向井服务1 191井次，其中水平井299井次；各类固井4 488井次；常规欠平衡井18口，其中气体钻井17口。

（黄立玫）

【主要技术进步】 页岩气钻井技术逐步完善。突破涪陵地区页岩气水平井“一趟钻”技术：通过优化钻头+螺杆复合钻进技术、三维定向井轨迹控制技术、水平井井眼延伸技术、水平段防漏堵漏技术，实现一开井段、三开造斜段和水平段“一趟钻”，提高钻井速度。形成1套完善的堵漏承压技术：浅表层恶性漏失的凝胶+水泥复合堵漏技术，中深部地层的桥浆+固结快速堵漏技术、恶性井漏联合堵漏技术和高失水固结承压堵漏技术，产层的油基钻井液非固结承压堵漏技术，减少井漏处理复杂时间。形成高防漏防气窜固井技术、泡沫水泥浆固井技术，提高固井质量。2017年完成涪陵页岩气井钻井43口，钻井进尺22.11万米，完成井平均井深5 000.77米，机械钻速7.16米/时，钻井周期88.24天。

超深井钻井技术趋于成熟。形成以井下工具+高效钻头为主的钻井提速系列技术及井眼轨迹控制技术、空气\雾化\泡沫钻集成技术、井精细控压钻井技术、长裸眼复杂地层井筒强化技术、随钻扩孔技术、长裸眼大温差固井技术、小间隙固井技术、小井眼取芯技术等特色技术，为四川和西北超深油气田的勘探开发提供可靠保障。2017年超深井完井93口，平均井深6 755.81米，平均机械钻速6.48米/时，钻井周期104.23天。

定向井技术工艺取得长足进步。发展超深小井眼水平井技术、短半径水平井轨迹控制技术、超深小井眼开窗侧钻技术、“井工厂”模式轨迹控制技术、多井水平井连通技术等，加快了西北地区、川南地区的勘探开发进程。顺北1－2井应用超深小井眼非均质地层定向钻井技术，定向钻井周期节约45.9%。

创造多项钻井新纪录。超深井钻井技术：顺北3井，由华北石油工程公司施工，四开侧钻井深7 608.50米，完钻井深8 120.24米，完钻垂深7 870.08米，创陆上钻井造斜点最深、垂深最深2项亚洲纪录。定向井钻井技术：SHBP2H井，由中原石油工程公司施工，完钻垂深7 589.12米，最大井斜87.3°/8 215.68米，水平位移951.66米，水平段长852米，创中国石化水平井最深纪录（8 433米）。固井技术：JPH－384井，由中原石油工程公司施工，采用直径177.8毫米技套固井，1.14/1.32/1.90克/厘米^{3}水泥浆分别封固井段0—1 800/—2 818/—3 280米，创超低密度固井水泥浆密度最低纪录（1.14克/厘米^3）。

（黄立玫）

测　　井

【概述】 2017年，集团公司有胜利测井公司、中原测井公司、江汉测录井公司、西南测井公司、华北测井公司、华东测井公司6家测井单位，测井、射孔队伍320支，其中裸眼井测井队188支、生产测井队46支、射孔队86支；分布在集团内部279支，国内外部26支，国外市场15支。用工总量5 660人。年经营收入15.32亿元。

（高瑞香）

【主要装备】 拥有测井设备1 223台（套），综合完好率99.33%，运转时率63.65%，新度系数0.35。其中，测井系统323套（成像测井120套、高精度测井77套、国产数控测井37套、射孔89套），其他设备900台(套)。拥有井下仪器7 196支，包括成像井下仪器843支、特殊井下仪器380支、常规井下仪器5 973支。

(张新华)

【工作量】 2017年，集团公司测井队伍累计完成各类测井10 965井次(不含射孔)、2.07亿标准米，同比分别增加2 824井次、4 792万标准米。其中，国内集团内部市场完成各类测井9 056井次，增加2 146井次；国内集团外部市场完成各类测井1 700井次，增加514井次。测井曲线优等品率91.8%。

(高瑞香)

【主要技术进步】 测井仪器方面：超高温高压测井技术继续完善。借助集团公司重大专项“特深层油气勘探开发工程关键技术与装备”项目支持，对SINOLOG900超高温高压小直径测井仪进行针对性完善，最高耐温230℃，耐压175兆帕；完成顺北评1H井、富源1井等重点井的测井施工任务，为深部油气勘探提供必要的技术保障。

新技术推广应用方面：偶极横波远探测技术在实践中探索完善，为精细刻画井周裂缝、溶蚀孔洞等地质异常体增加新的技术手段，已经在西北油田推广应用11口井。泵送桥塞射孔联作技术不断配套完善，更好地服务于甲方需要。研制配套深层页岩气射孔工艺设备，实现整套工具与器材耐压140兆帕、耐温175℃、泵送成功率达99%、施工成功率达98%，能满足垂深4 500米的泵送桥塞与多级射孔施工需要，已在焦页52平台、鄂宜页1HF井、焦页89平台、丁页4水平井等超深井推广应用，创井深最深5 924米、垂深最深4 224.81米、水平段最长2 400米、泵送压力最大84.4兆帕等多项涪陵工区施工纪录。生产井动态监测技术稳步推进。相继推出岩石激发极化电位测井技术、瞬变电磁法测井技术，在胜利油区推广应用10余口井，受到甲方认可，为提高老油田采收率提供技术保障。

解释评价方面：自有品牌LOGIK解释软件完成4.0版本测试，完善处理、显示模块，新增核磁、声电成像、生产测井等功能，提升了软件适应性、稳定性，已应用近100口井，并立项在中原和江汉扩大应用。针对页岩气、致密油气等复杂储层的解释评价技术日益完善。已构建不同探区不同类型储层的测录井评价技术体系，支撑顺北5井、泰来6井、永胜1井等重点探井获得发现，为区块储量申报及资源评价工作提供有力支撑。

(张新华)

录　　井

【概述】 2017年，集团公司录井系统共有9家服务商，分别为胜利地质录井公司、中原录井公司、江汉测录井公司、西南地质录井公司、华北录井公司、华东录井公司、胜利石油工程有限公司海洋钻井公司、西南石油工程公司临盘钻井公司、上海海洋石油局第三海洋地质调查大队。截至年底，共有队伍596支，其中综合录井队496支、气测录井队5支、地质录井队95支；分布在集团内部451支、国内外部87支、国外市场58支。用工总量5 064人。年经营收入8.77亿元。

(高瑞香)

【主要装备】 拥有主要录井设备861台，综合完好率97.04%，运转时率74.76%，新度系数0.27。其中，综合录井仪462台，新度系数0.29；气测录井仪23台，新度系数0.24；地质录井仪137台，新度系数0.42；其他设备239台。

(张新华)

【工作量】 截至2017年底，集团公司队伍累计完成录井2 630口、录井进尺666.01万米，同比分别增加886口、135.35万米。其中，国内集团内部市场完成录井2 086口，增加677口；国内集团外部市场完成录井436口，增加213口。完井资料合格率99.9%。

(高瑞香)

【主要技术进步】 ①开展“深海录井配套技术研究”工作。针对自主品牌录井装备面向深海及国外高端录井市场的不足，研发自动岩屑取样装置样机，并初步进行现场测试；制作深水冷泥浆气测系统样机，开展室内测试和现场实验；完成基于钻井液回流检测的井漏井涌预测技术研究，建立钻井液回流监测模型，形成钻井液回流检测系统模块。②开展“碳同位素录井技术在致密砂岩及页岩油气勘探开发中的研究与应用”研究。为实现碳同位素技术从实验室向现场的转移，解决致密油气“甜点”评价、储层连通性评价等难点问题，进行碳同位素技术转化研究。③不断拓展新技术应用水平及规模。SinoWSL－1综合录井仪推广应用工作：配套多组分气体分析、无线传感器等多项技术，通过现场应用进一步完善系统，达到进口水平。2017年有4台综合录井仪进入科威特市场，获得5+1年合同，1台销售到中国地质科学院，并以自有综合录井仪第1次中标中国海油南海项目，具有突破意义。继续深化水平井综合地质导向、开发选层及水淹层评价、地层压力随钻预监测、视频监控技术在井场安全监控方面的应用等项目推广工作。

（张新华）

特种作业

【概述】 集团公司井下特种作业系统主要为油气田勘探开发提供试油测试、储层改造、修井作业、海上作业、稠油开采等专业的石油工程承包和技术服务。截至2017年底，全系统拥有员工9 210人，专业队伍313支。

（曹　明）

【工作量】 2017年，完成井下作业5 144井次和试油气测试1 926层次。

（曹　明）

【主要装备】 拥有各类主要生产设备2 126台(套)，拥有2000型及以上泵车226台，主要资产原值68.5亿元，新度系数0.53。

（曹　明）

【主要技术进步】 针对高温、高压、高酸性和超深层的特点，围绕超深缝洞型碳酸盐岩、致密油气和页岩气勘探开发需求，进一步完善细分压裂、大型酸压、酸性气试气、高温高压油气井测试、水平井修井和连续油管作业6项专项技术的保障能力。形成以涪陵页岩气水平井压裂为代表的细分压裂技术；形成以塔河、普光、元坝等海相油气藏为代表的酸压技术；形成以普光、元坝等酸性气田为代表的酸性气试气技术；形成以塔里木、四川等盆地深层油气藏的勘探开发为代表的测试技术；集中攻关水平井修井技术，解决水平井修井存在的摩阻高、打捞解卡困难、井筒处理复杂等技术难题；连续油管作业技术不断完善，快速形成井深6 000米、水平段长2 000米井的页岩气、致密油气水平井射孔、钻塞、钻滑套、复杂情况处理、产出剖面测试等技术服务能力。

（曹　明）

【施工纪录不断刷新】 2017年刷新以下施工纪录：压裂施工水平段长度最长2 163米；水平井单井压裂最大液量达6.78万立方米，水平井单井一次压裂最多33段，水平井单井压裂最大排量20米^3/分，水平井单段一次压裂入井砂量最多130.4立方米，地面测试流动压力最高107.33兆帕，测试井段压力最高135.3兆帕，连续油管带压作业井口压力最高69.7兆帕，高压带压作业井口压力最高25.60兆帕。

（曹　明）

油田地面工程建设

【概述】 2017年，面对市场竞争激烈、现金流极度短缺等重重困难，认真贯彻集团公司决策部署，越是困难越向前，越有挑战越攻坚，整体呈现生产经营难中求进、深化改革创新作为、员工队伍和谐稳定的积极态势。油田地面工程建设全年完成合同额186.88亿元，其中系统内95.56亿元、系统外65.84亿元、海外25.48亿元。

（刘　芳）

【资质情况】 拥有的勘察设计及咨询资质：工程勘察综合甲级，海洋工程勘察乙级；石油天然气(海洋石油)、海洋行业(离岸工程)、建筑行业(建筑工程)、市政行业(给水、排水、城镇燃气、热力工程)工程设计甲级，环境(固体废弃物处理专项)工程设计甲级，市政行业(桥梁工程、道路工程、电力行业、环境卫生工程)、海洋行业(沿岸工程)、化工石化医药行业(化工工程)、机械行业(通用设备制造业工程、金属制品工程)、大气及水污染防治、环境工程(大气污染防治工程、水污染防治工程)专项设计乙级；石油天然气、港口河海工程、建筑、市政公用工程(热力、给排水、燃气、热力、通信信息、火电)工程咨询甲级，工程造价咨询甲级，特种设备设计许可证(压力容器)A1、A2、A3级，特种设备设计许可证(压力管道)GA类、GB类、GC类。

施工及制造资质：石油化工工程、建筑工程、公路工程、水利水电工程、市政公用工程施工总承包一级，机电工程、港口与航道工程、电力工程施工总承包二级，海洋石油工程、消防设施工程、钢结构工程、建筑装饰装修工程、防水防腐保温工程、地基与基础工程、公路路面工程、桥梁工程施工专业承包一级，建筑机电安装工程、输变电工程施工专业承包二级；A1、A2、A3级特种设备制造许可证(压力容器)；GA1甲级、GB1级(含PE管道)、GB2级、GC1级特种设备安装改造维修许可证(压力管道)，静设备、电气设备、仪表设备和控制系统、防腐类、绝热类等检维修资质，锅炉安装维修改造一级资质(参数不限)，电梯安装、改造、维修 A 级资质。

监理资质：建筑工程、石油化工工程、市政公用工程监理甲级，电力工程监理乙级。拥有生活污水、工业废水处理设施运行三级资质；工业固体废物无害化处理、有机废物处理、生活垃圾处理处置设施运行三级资质；地质灾害治理丙级勘察单位、乙级评估单位；通过 ISO 9001 质量管理体系、ISO 14001环境管理体系、QHSAS 18001 职业健康安全管理体系认证。

(刘　芳)

【市场开拓】 2017 年，在国内系统内市场主要服务胜利、中原、河南、江汉、江苏、西南、西北、华北、华东、东北等各油气田，以及天然气分公司、管道储运公司等专业公司及销售板块的华南、华中等公司；国内外部市场主要涉及中国石油、中国海油、中化、各地煤化气公司、国家储备库、城市燃气公司等单位，以及高速公路、城市管网、水利工程、房地产民用工程等社会市场。

坚持效益优先、科学发展原则，更加突出质量和效益。更新开发理念，创新建立“三三制”(即三全员——全员想市场、全员闯市场、全员保市场；三管制——主要领导总管、1 名领导分管、其他班子成员协管市场开发；突出抓好“三要素”：优良的施工业绩、突出的成本优势、良好的客户关系)开发体系，制定新的《国内市场开发奖惩办法》。建立“四项沟通机制”(即计划投资部门的源头介入，工程部门的政策支持，招标部门的策略支撑，项目业主的业务沟通)，积极落实党组领导提出的集团公司利益最大化，积极对接业主，及时掌握投资信息。完善投标前两级审核机制，根据权限，一般项目、重大项目和特大项目做到逐级把关、规范有序。集团内部市场在合作共赢中巩固扩大：对特大项目、重点项目，超前谋划，强化组织，取得项目投标主动权。EPC 项目大幅增长，全年累计新签 EPC 项目 41.11 亿元，同比增加 31.58 亿元、增幅达 331%。节能环保业务成为发展新的经济增长点，新签合同额 1.69 亿元，增加 0.42 亿元，增幅 33.3%。管道运维保业务持续增加，承揽川气东送、天津 LNG、销售华南分公司等运维保业务，输出 354 人。中标广西石油分公司南宁屯里油库项目，实现在销售系统承揽大型油库工程的新突破。

国内外部市场在激烈竞争中积极拓展：印发《单项目投标、退出、终止分级决策管理办法(试行)》，加强项目投标管理，严格投标审核程序，明确“五不干”(亏损项目、垫资项目、业主资信差的项目、自身能力不足的项目、容易出现疑难债权的项目不干)，既积极拓展国内外部优良市场，又避免外部市场的无序开发。石油工程设计中标日京管线 EPC 总承包项目 26.3 亿元，为最大的系统外项目；中原设计中标文 23 储气库 EPC 工程 8 亿元项目。

全年，国内新签合同额 161.4 亿元，增加 62.4 亿元。其中，集团内部 95.56 亿元，国内外部 65.84 亿元，同比均有较大提升，打赢了 2017 年国内市场拓展攻坚战。

(刘　芳)

【主要装备】 截至 2017 年底，拥有各类工程设备及仪器 3.2 万余台(套)，包括各类工程机械、起重搬运机械、焊接切割设备、工程勘察设备和仪器仪表等。滩浅海工程建设装备齐全，可建造浅海自升式平台、1 万吨级大型固定平台，铺管作业水深可达 100 米；带压封堵设备覆盖管径范围 300—1 016 毫米，满足国内大多数长输管道所采用的管道口径。年内重点安排唐山乐亭菩提岛海上平台项目、新疆戈壁明渠排水改造工程、常规施工设备更新改造等项目，购置大型带压开孔封堵设备、各类焊机等先进设备，增强高端化装备实力，为进一步开拓市场保供生产做好准备。

(刘　芳)

【科技成果】 2017 年共开展各级科研项目 200 余项，其中国家级 5 项、集团公司级 13 项、石油工程公司级 18 项；制订《技术科研体系建设框架方案》，组建工程勘察、阀门检测维修、土壤及固体废物污染防治 3 个技术服务中心，工程技术服务实力进一步提升。依靠技术优势承揽文 23 储气库、新气管道项目、日京输油管道等一批优质项目。塔河油田四号联合站及原油外输配套工程、埕岛中心三号平台及海上配套工程获国家优质工程奖；加纳西部走廊天然气工程获鲁班奖，成为集团公司首个获此殊荣的境外工程；获集团公司优秀勘察设计奖 21 项。截至 2017 年底，拥有施工工法 141 项，其中国家级 12 项、省(部)级 129 项。拥有授权专利 467 件，2017 年新申请专利 67 件，获得授权专利 54 件。

(刘　芳)

【重点工程】 2017 年，以单项目为核心，强化全过程管控，奋力打好“项目管控攻坚战”，大力开展“出精品、创品牌、提高客户满意度”专项行动，重点项目实行两级领导干部挂牌督导，确保重点项目平稳运行、始终在控。

设计管径最大、单管最重的海底输油管线——茂名石化新金明公司30万吨级单点系泊输油终端海底管线工程克服技术要求高、施工难度大、环境恶劣等困难顺利投产，大大提高茂名石化单点系泊的终端卸泊能力，有效保障茂名石化对进口原油的需求，受到业主高度赞扬。中国石化大连石油化工研究院项目顺利建成并投入使用，实现按计划顺利入驻。中天合创全厂生活水处理项目按期实现中交目标，极大地改善了职工生活用水条件。涪陵页岩气治理EPC项目成功处置焦页29号平台污水池絮凝沉淀物，实现废弃物无害化治理和资源化再利用。新疆排612燃煤注汽站工程锅炉提前40天投产出汽，得到业主的表扬和感谢。水平定向穿越长3 300米的飞云江定向钻工程成功完成导向孔穿越，创813毫米管径全国最长水平定向穿越纪录。文23储气库项目(一期工程)地面工程、潜江—韶关输气管道工程等大型项目顺利开工，为集团重点工程建设做出积极贡献。

(刘　芳)

【海洋工程建造与安装】 拥有分别位于胜利桩西内港和龙口胜利港的2处海工建造基地，以及胜利901铺管船、胜利902铺管船等海上施工专用船舶和装备。2017年，完成水深100.7米的NB22－1平台导管架初步设计，并启动详细设计，标志着集团公司进入中深水海洋工程市场；茂名海底管线EPC项目成功投产，创造亚洲最大海底输油管道纪录。

在胜利埕岛海域建成CB248—CB243A、CB246—CB248海底输油管线，中心一号平台新建生活楼等海上油气生产设施；完成CB246水下基盘吊装，CB246、CB248平台投产工作及10余个平台延寿、治理和海底管线治理项目。在系统外市场，完成唐山菩提岛300兆瓦风电海上升压站陆地建造和导管架装船工作。

(刘　芳)

机 械 制 造

【概述】 业务涵盖石油工程、油气开发、油气集输三大领域，形成钻井、修井、固井、压裂设备、特种作业设备、钻头钻具、完井工具、天然气压缩机、集输钢管等12类特色技术产品系列，建有国家认定企业技术中心、院士专家工作站、博士后科研工作站、全国钻采专标委固压设备标准工作部、中国石化石油机械装备重点实验室等科研平台，具备年产牙轮钻头4万只、金刚石钻头5 000只、螺杆钻具3 000根、固压装备300台(套)、钻修设备200台(套)、大型压缩机50台(套)、高压管汇20万件、钢管60万吨能力，市场覆盖全国各油气生产区域并出口40多个国家或地区，形成产品门类齐全、特色技术优势突出的石油石化装备研发、制造、销售和服务体系。

(田治明)

【“中国石化机械”品牌首次亮相CIPPE】 2017年3月20—22日，“中国石化机械”品牌在第17届中国国际石油石化技术装备展览会(CIPPE)首次亮相，系统展示钻井工程装备、采油采气工程装备、钻井及井下工具、油气集输装备最新科研成果。

(孙海涛)

【成功研制文23储气库天然气压缩机组】 2017年8月16—19日，石化机械公司自主研制的高压力大排量天然气压缩机组在河南濮阳中原油田文23储气库先导实验工程增注站内成功调试运行，在72小时运行中，该压缩机最高压力达35兆帕，日排量达100万立方米，达到设计要求，为中国中部最大的储气库——文23储气库建设的设备国产化提供有力支撑。

(吴丽华)

【压裂装备创多项国内页岩气压裂之最】 鄂阳页1HF井地处湖北省宜昌市复杂岩溶山地，储层埋深达3 600米，是中国地质调查局针对震旦系部署的首口页岩气探井，也是四川盆地外首次在寒武系牛蹄塘组获得页岩气流的探井。2017年8月29日，由石化机械公司全面提供的大功率成套压裂机组，圆满完成鄂阳页1HF井压裂施工任务，创下国内单井压裂段数最多(33段)、多级射孔段数最多(33段)、入井总液量最多(67 799立方米)、入井总砂量最多(2 818立方米)、单段加砂量最多(130立方米)、暂堵剂用量最多(6 525千克)、液氮用量最多(400立方米)、供水泵站最多(5级)、施工准备用时最短(32小时)等多项施工纪录。

(任文喜　庞　坚)

【国内首套160吨独立式海洋液压修井机完成首口井作业】 2017年9月19日，石化机械公司自主研制的国内首套160吨独立式海洋液压修井机，在渤海湾南部埕岛油田CB12A平台完成首口双管注水井修井作业，最大提升载荷260千牛，设备运行平稳、安全可靠、综合性能优异。该修井机具备结构简单、占地面积小、重量轻等特点，采用液压滑移底座和一体化井口装置，满足海洋平台丛式井作业和整体搬迁需求，填补国内海洋液压修井机高端装备空白，已取得国家专利 8 件。

（庞　坚　于大伟　蒋　晨）

【160 吨油气井带压作业装备成功应用】 2017 年 10 月 11 日，石化机械公司自主研制的 DYJ160/105 独立式油气井带压作业装备，在重庆南川水江焦页 200－3HF井带压下 2⅞英寸生产管柱作业，带压下管深度 3 950 米，最大作业压力 16 兆帕，装备运行平稳、安全可靠、综合性能良好。该装备突破国产带压作业机承载、承压不足，装备集成配套水平低等多项关键技术瓶颈，打破国外在高压、大吨位带压作业装备研制领域的技术垄断。该装备具备保护储层、零污染、不停产作业等优势，能够适应国内深层、非常规油气资源开发用高压、大吨位带压作业。系列产品出口委内瑞拉、泰国 7 台（套），解决超深、超高压力井的施工难题，整体技术水平与国外知名公司产品相当，在大吨位高效举升、下压及旋转系统集成技术方面具有领先优势，实现带压作业设备由进口到出口的突破。

（于大伟　庞　坚）

【50 型电动压裂橇工业试验成功】 2017 年 12 月 15 日，石化机械公司自主设计研发的 50 型电动压裂橇成功应用于涪陵焦页 193 号平台。这也是该公司电动压裂橇在涪陵页岩气田首次应用。与常规柴油驱动车载压裂设备联合作业，顺利完成多井口 9 段分段压裂施工，日平均作业时间 2—6 小时，施工压力 55—73 兆帕，装备施工排量 2.05 米^3/分，工业试验圆满成功。50 型电动压裂橇采用大功率交流变频电机，设备配置压力等级达 105 兆帕，最大作业功率达 4 500 水马力，相当于 2 台 2300 型常规柴油驱动压裂车，具有启动平稳、安全环保降噪、运行经济可靠、过载能力强、维护简单等优点，为国内深层页岩气高效率、低成本开发提供技术和装备支撑。

（孙海涛　赵　博　王云海　庞　坚）

【首台国产大功率电驱海洋固井装备通过模拟测试】 2017 年 12 月 20 日，石化机械公司与中海油田服务股份有限公司共同合作开发的中国首台大功率电驱海洋固井装备成功通过工厂模拟固井测试。该套电驱固井装备实现全流程远程自动控制，实现从柴驱到电驱的跨越，实现向绿色制造和智能制造的迈进，各项技术指标均达到国际先进技术水平，在噪声控制、绿色低碳低成本运行、操作舒适性和装备智能化控制等方面都取得突破性进展。该套电驱海洋固井装备模拟固井测试过程完全在远控操作室内进行，可实现设备本地操作平台无人值守，极大改善操作人员的工作环境。

（朱　岩）

【高效钻头钻具承钻亚洲最深井川深 1 井】 2017 年 12 月 30 日，石化机械公司新研制的孕镶 PDC 钻头配合耐高温等壁厚螺杆钻具，在亚洲最深井川深 1 井四开难钻地层沧浪铺组成功钻进，进尺 106.73 米、纯钻 160 小时，耐高温等壁厚螺杆累计使用 185 小时，较邻井原亚洲最深井马深 1 井同井段节约 2—3 趟钻，提速提效成效显著。

（李星杰　王　斌　全　兵　曹　川）

设备管理

【概述】 截至 2017 年底，石油工程系统拥有主要专业设备 15 478(套)，其中陆地石油钻机 743 台(套)，海洋石油钻井平台 13 座，测井设备 1 223 台(套)，录井设备 861 台(套)，钻采特车 1 849 台、地震物探设备 2 352 台(套)，工程机械 811 台，海洋工程船舶 11 艘。设备资产原值 440.7 亿元、净值 192.1 亿元，新度系数 0.38。设备管理人员 1 089 人、设备维修人员 1 527 人。

（张　军）

【主要设备技术指标】 2017 年，石油工程主要专业设备综合完好率 98.98%，运转时率 59.45%。各专业设备指标见表 1。

表 1　　2017 年石油工程主要专业设备技术指标

设备分类＼技术指标	设备数量/台(套)	综合完好率/%	运转时率/%	故障停机率/%	新度系数
钻井设备	755	99.70	62.98	0.01	0.45

续表

技术指标 设备分类	设备数量/台(套)	综合完好率/%	运转时率/%	故障停机率/%	新度系数
测井设备	1 223	99.33	63.65	0	0.34
录井设备	861	97.04	74.76	0	0.27
钻采特车	1 849	99.23	46.33	0.01	0.51
地震物探设备	2 335	98.66	81.65	0	0.23
工程机械	811	98.70	60.65	0	0.34
船　舶	213	98.72	45.81	0	0.59

（张　军）

【重大装备技术选型论证工作】 组织开展2017年度石油工程重大装备更新改造工作。组织开展西南工区威荣项目电动钻机、电动压裂设备需求分析，提出威荣项目装备保障方案和电动压裂设备配置建议。

（张　军）

【装备压减工作】 按照深化改革、扭亏脱困保市工作安排，强化去过剩产能，按照淘汰一批、处置一批、集中共享一批的原则，以2018年预测工作量和统一核定的专业队伍规模为基础，提出主要专业设备配置规模及优化调整建议方案。显现富余装备1 493台(套)，其中包括陆地钻机168台、测井地面系统149台、录井仪器47台、修井机28台。设备原值58.32亿元、净值16.06亿元，其中2017年拟淘汰装备901台(套)，设备原值26.73亿元、净值4.57亿元；拟处置装备203台(套)，设备原值17.75亿元、净值7.51亿元；拟集中共享装备389台(套)，设备原值13.84亿元、净值4.98亿元，净额3.98亿元。

（张　军）

【设备大检查】 开展2017设备大检查，对西北、华北、西南3个重点工区正在作业的钻井队进行专项检查，通过看资料、查设备、提问题等形式，重点抽查6家地区工程公司的27支钻井队，查出各类设备问题和隐患累计287项。将检查发现的所有问题向企业进行说明和对接，并跟踪落实各项问题的整改情况。

（张　军）

【装备挖潜增效】 组织开展装备租赁和修理的挖潜增效工作，2017年租赁费用和修理费用实现挖潜增效2.21亿元，超额完成下达任务指标的102%，其中租赁费完成挖潜增效1.48亿元、修理费完成挖潜增效7 357万元。各企业内部加大设备资产调剂与处置力度，调剂设备1 031台(套)、原值10.94亿元。

（张　军）

【设备检测评估】 组织开展2017年石油钻机、修井机井架底座和整机检测评估分级工作，根据设备整体检测评估计划，全年共完成钻机修井机井架底座检测275部(其中钻机井架底座216部、修井机59部)、各类整机检测评估92套。出具专业设备检测评估报告，全面分析设备的整体状况、存在问题、安全隐患并指导制定整改措施。通过检测工作的开展，进一步规范大型设备检测评估工作，健全大型设备档案资料，并为设备维修保养和判定报废工作提供基础和依据，切实提升设备运行效率和质量，确保设备的本质安全。

（张　军）

中国石化
SINOPEC

炼油生产

◇ 综述

◇ 工艺技术进展

◇ 装置达标和节能减排

◇ 设备管理

◇ 质量管理

◇ 原油资源及储运

综　述

2017年是炼油板块经营创效的又一丰收年，在上年基础上乘势而上再续辉煌，利润增加107亿元。一年来，在党组的正确领导下，面对复杂严峻的市场形势，炼油板块抓住国际油价“V”字型反转带来的创效好时机，协同销售共同应对市场，协同化工共同增收创效，发挥整体优势统筹推进各项工作，炼油生产经营和改革发展取得优异成绩。

加工总量取得重大突破。炼油板块首次完成原油加工量2.4亿吨。面对上半年成品油市场严峻的竞争态势，协同销售企业，紧贴市场需求，及时调控加工负荷，主动调整产品结构，通过增产汽油、压减柴油，成品油市场份额不断下滑的态势得到抑制；下半年抢抓柴油消费增长机遇，灵活调整柴汽比，全方位增供增效。全力增供化工原料做大总量，安排炼化一体化企业高负荷生产，优化原油采购，做好区域调配，统筹检修同步，千方百计鼓励企业增产增供化工原料，为炼油做大总量创造条件。

优化挖潜创效成果显著。优化生产运行增效，坚持“事先算赢”，持续开展PIMS和RSIM全流程优化模型应用，坚持加工量安排向吨油毛利较高的企业倾斜，全年优化生产运行增效35.5亿元。优化产品结构增效，采用LTAG技术、FCC增产汽油催化剂等措施增产汽油，生产柴汽比降至1.17。优化原油采购增效，合理安排采购节奏，灵活调整计价比例，利用商储资源优化库存运营，原油采购降本3.7亿元；加强船期优化和运行协调，原油滞期费同比降低48.8%。优化产品经营增效，完善激励机制，强化比价考核，不断增强市场掌控力和盈利能力。

安全环保形势持续好转。全年狠抓环保达标管理，强化环保意识与环保理念，把环保达标放在首要位置，所有炼油企业污染物排放全面达到GB 31570—2015标准，实现环保排放合规合法。积极响应国家各项环保要求，圆满完成京津冀及周边地区2017—2018年秋冬季大气污染综合治理攻坚行动、“2+26”城市大气综合治理等各项专项环保治理工作。大力推动环保风险管控，重大环保风险消减超过60%，22家企业完成石化行业排污许可证申领。

油品质量升级提前完成。面对油品质量升级多频次、多标准交叉推进的艰巨任务，严格执行国家《大气污染防治行动计划》，圆满完成5次油品质量升级目标。积极推进升级改造项目建设，完成国家八部委“普通柴油质量升级再提前2个月”的目标。组织落实异辛烷资源供应方案，提前完成供“2+26”城市国Ⅵ车用汽柴油质量升级任务。开设绿色通道，积极应对新标准油品升级，协同总部各部门集中审查、打捆批复，完成8套烷基化项目批复。提前研究异丁烯叠合技术、烷基化原料调整等措施，初步制订乙醇汽油在全国范围内推广实施的应对预案。

科技创新取得重要成果。转变发展理念，探索建立科技创新体系，加快推进重点科技项目研发与工业应用。组织金陵5万吨/年沸腾床渣油加氢示范装置试验，完成青岛炼化200万吨/年浆态床、金陵300万吨/年沸腾床工艺包评审。安庆RLG、长岭FD2G催化柴油转化工业化装置建成投产。组织茂名高档基础油攻关协调会9次，通过催化剂改进、原料优选、塔盘改造等措施，产品试产取得成功。清江催化烟气脱硫等实现工业运行，齐鲁硫黄尾气低硫排放技术作为标准化方案在36套硫黄装置成功应用。

深化改革管理扎实推进。认真贯彻党组决策部署，坚持以人为本、统筹兼顾，全面深化改革管理取得积极进展。杭州石化平稳关停退出、西安石化资产处置基本完成、南阳能化和中原油田石化厂富余人员安置效果显著，处僵治困完成年度目标。对照现状体现先进、对照标杆寻找差距、对照标准确保合规，统筹核定炼化板块“三定”工作，“瘦身健体”取得新成果。以效益为导向，聚焦问题矛盾，覆盖6项关键指标、3大约束性指标和13类专业管理指标的绩效考核体系初步建立。组织开展动态帮扶、精准帮扶，洛阳石化、沧州炼化、石家庄炼化、青岛石化、安庆石化等企业经营形势继续向好。成功举办催化裂化、加氢、重整、设备及环保专家班，培养一批炼油专家人才。

（孟宪强）

工艺技术进展

【常减压蒸馏】 截至2017年底，中国石化共有59套常减压装置，总加工能力为2.88亿吨/年。全年运行52套装置，加工原油2.4亿吨，同比增加280万吨。原油平均硫含量1.58%，平均酸值0.44毫克（氢氧化钾）/克，API平均29.89。常减压蒸馏工艺的技术进展主要集中在减压深拔、延长运行周期、节能降耗等方面。

装置运行经济技术水平。全年，加工原油中劣质原油比例为66.07%，降低2.08个百分点。一次平均轻收40.24%，降低1.57个百分点；总拔69.13%，增加0.15个百分点。装置能耗8.68千克标油/吨，下降 0.21 千克标油/吨。

装置运行周期。通过强化设备管理、开展工艺防腐、严格日常巡检、及时消除隐患，有效减少非计划停工。截至年底，有 7 套常减压装置实现“四年一修”的长周期运行目标。

新技术应用。持续推进原油在线调和技术的应用。

（林　崧）

【催化裂化】 截至 2017 年底，中国石化共有 50 套催化裂化装置，加工能力为 7 264 万吨/年。全年运行装置 48 套，加工原料 7 137 万吨，同比减少 15 万吨。截至年底，中国石化 200 万吨/年以上催化裂化装置达 15 套。与此同时，一批新技术、实用技术在催化裂化装置得到应用。

装置运行经济技术水平。全年，二次轻收中催化轻收为 18.50%，降低 0.59 个百分点。共生产汽油 3 204 万吨、减少 6 万吨，汽油收率 44.90%、提高 0.02 个百分点。装置平均能耗 47.08 千克标油/吨，降低 1.32 千克标油/吨。

新技术应用。年内，LTAG 技术被广泛推广应用，在中国石化石家庄炼化、青岛石化、洛阳石化公司、胜利油田炼油厂、燕山石化、武汉分公司、福建联合石化公司、安庆分公司、荆门分公司、金陵分公司、茂名分公司、齐鲁分公司和沧州分公司等炼油企业的 17 套催化裂化装置实施并投用，取得压减催化柴油、增产汽油的良好效果。

（林　崧）

【延迟焦化】 截至 2017 年底，中国石化共有 38 套延迟焦化装置，加工能力为 5 175 万吨/年。全年运行装置 36 套，加工原料 4 331 万吨，同比增加 111 万吨。年内，焦化装置进一步优化操作，降低循环比、提高反应苛刻度，总液收继续保持在较优水平。

装置运行经济技术水平。全年，焦化原料平均残碳由上年的 21.75% 提高到 22.32%，密度与上年基本持平。焦化装置的总液收达 62.92%，降低 0.55 个百分点。生焦指数 1.33，保持较好水平。装置能耗为 22.81 千克标油/吨，较上年高 0.03 千克标油/吨。

新技术应用。密闭除焦及废气治理技术在镇海成功应用，较好地解决除焦过程 VOCs 污染，有效改善焦化装置环境。

（林　崧）

【催化重整】 截至 2017 年底，中国石化共有 37 套催化重整装置，加工能力为 2 823 万吨/年。全年运行装置 35 套，其中连续重整 30 套，加工量 2 673 万吨、同比增加 29 万吨；半再生重整 5 套，加工量 120 万吨、增加 15 万吨。

装置运行经济技术水平。全年，连续重整装置平均“重整生成油 RON × 重整生成油收率”为 92.83，平均能耗 67.84 千克标油/吨；半再生重整装置平均“重整生成油 RON × 重整生成油收率”为 90.88，平均能耗 59.29 千克标油/吨。

新技术应用。石油化工科学研究院开发的 SR－1000新型重整催化剂及无需额外预硫化开工工艺在青岛石化、武汉石化、胜利油田和湛江东兴公司等企业 4 套重整装置实现工业化应用。

（林　崧）

【润滑油生产】 截至 2017 年底，中国石化共有 9 套糠醛精制装置，加工能力 327 万吨/年；13 套酮苯脱蜡装置，能力 289 万吨/年；8 套白土补充精制装置，能力 123 万吨/年；1 套加氢补充精制装置，能力 10 万吨/年；2 套糠醛精制—润滑油加氢—酮苯脱蜡—补充精制组合工艺装置，其中加氢改质总能力 50 万吨/年；1 套润滑油全加氢装置，其中裂化单元能力 30 万吨/年；1 套润滑油加氢异构装置，能力 40 万吨/年。全年基础油综合收率同比提高 1.66 个百分点，综合能耗降低 9.27 千克标油/吨基础油，综合物耗同比持平。

年内，自有技术生产高档基础油实现重要突破，成功实现Ⅲ$^{+}$类基础油稳定生产，打破国外技术垄断，丰富了中国石化高档基础油产品系列，促进了中国石化及长城润滑油品牌的提升。

年内，长城润滑油获得 GE 颜巴赫等 39 项国际认证，完成一重集团大连工程技术有限公司等推荐用油 56 项。全年投产润滑油新产品 52 个，新增国内授权专利 24 件，涉外授权专利 1 件；GF－6 0W/20 发动机油完成产品技术认证并商务中标广州丰田；75W－90 手动变速箱油实现通用五菱国内配套并同时配套应用于海外工厂；高铁齿轮油装车“复兴号”动车；作为中国第 1 家润滑油公司参与奔驰 2020 年新发动机油品开发项目；《Measuring Friction & Wear Properties of MTF Using SRV》标准通过 ASTM D02.L 会议审查并立项。

（林　崧）

装置达标和节能减排

【概述】 2017年，中国石化炼油企业轻油收率同比增加0.48个百分点，综合商品率增加0.17个百分点，加工损失率降低0.005个百分点。

（高 娜）

【炼油达标】 2017年，中国石化综合商品率、加工损失率、综合能耗、单因耗能、原油储运损失5项指标全部达到年度达标考核指标。

1. 专业达标

实现炼油专业保标的企业有26家，分别是燕山石化、天津石化、石家庄炼化、洛阳石化、齐鲁石化、济南炼化、长岭炼化、金陵石化、高桥石化、镇海炼化、广州石化、茂名石化、海南炼化、青岛炼化、安庆石化、九江石化、武汉石化、荆门石化、北海炼化、塔河炼化、湛江东兴公司、沧州炼化、江苏油田、泰州石化、青岛石化、河南油田。

2. 专业竞赛

大型炼厂排名第1至第6位的企业是青岛炼化、镇海炼化、齐鲁石化、金陵石化、海南炼化、广州石化；中型炼厂排名第1至第3位的企业是北海炼化、湛江东兴公司、洛阳石化；小型炼厂排名第1位的企业：沧州炼化。

3. 同类装置竞赛

常减压装置：52套运行的常减压装置参与同类装置竞赛，排名第1至第10位的是金陵4#、青岛炼化、茂名5#、天津3#、九江1#、广州3#、燕山4#、镇海3#、北海炼化、湛江东兴公司。

催化裂化装置：48套运行的催化裂化装置参与同类装置竞赛，排名第1至第10位的是镇海2#、齐鲁3#、青岛炼化、安庆1#、九江1#、上海2#、高桥2#、荆门2#、金陵2#、金陵3#。

加氢裂化装置：23套运行的加氢裂化装置参与同类装置竞赛，排名第1至第3位的是海南炼化、青岛炼化、燕山2#。

延迟焦化装置：36套运行的延迟焦化装置参与同类装置竞赛，排名第1至第6位的是镇海3#、九江石化、齐鲁3#、金陵3#、广州3#、齐鲁2#。

催化重整装置：30套运行的连续重整装置参与同类装置竞赛，排名第1至第3位的是镇海3#、高桥2#、广州2#。

半再生重整装置：5套运行的半再生重整装置参与同类装置竞赛，排名第1位的是武汉石化。

S－Zorb装置：28套运行的S－Zorb装置参与同类装置竞赛，排名第1至第3位的是青岛炼化、上海石化、石家庄炼化。

（高 娜）

【节能减排】 2017年，炼油单因能耗同比下降0.9%。炼油板块加大节能帮扶力度，以炼油综合能耗80千克标油/吨为红线确定帮扶对象，组织开展节能诊断和帮扶，提出节能优化措施180项，受帮扶企业综合能耗均取得不同程度的进步。

加大技措节能力度。全年节能三类投资项目282个，投资4.5亿元；石家庄炼化等企业充分利用检修机会组织实施节能项目，炼油综合能耗降低约5千克标油/吨；炼化板块恢复合同能源项目，通过与炼化工程公司下属节能服务公司进行项目对接，确定炼油板块于2018年计划实施的合同能源管理项目32个。

加强节能管理。完善能耗绩效考核办法，突出正负激励力度；针对检修企业多、不同企业检修开停工能耗差异大的问题，开展检修开停工用能优化工作，推广超级清洗、气相清洗、清洗钝化等技术，装置开停工吹扫蒸汽大幅度降低，千万吨级企业停工吹扫用蒸汽由10万吨左右降到6万吨左右。

（谢小华）

【环保治理】 2017年，炼油板块污染物排放全面达到GB 31570—2015标准，达到国家和各级地方政府要求。通过设立绿色通道，加大督促力度，以“2＋26”城市为重点的一批环保治理项目按期投运，顺利完成2017年7月1日环保提标任务。炼油企业按期完成排污许可证申领，VOCs治理稳步推进，企业环境风险意识显著增强。

“2＋26”方案落实到位。根据“2＋26”方案，梳理6项重点工作，积极推动落实，2017年10月底，7家炼油企业全部完成任务。根据《京津冀及周边地区2017年大气污染防治工作方案》和《京津冀及周边地区2017—2018年秋冬季大气污染综合治理攻坚行动方案》主要任务，组织多轮环保督察及“回头看”，7家炼油企业共查出问题155项，全部落实整改。

环保管理不断强化。开创“督察＋服务＋回头看＋见效”工作模式，组建7支队伍，共查找问题1 109项，实现“即查即改”223项，提出后续优化建议和解决方案886项。

排污许可按期取得。海南炼化、燕山石化、石家庄炼化等22家企业全部按照国家及地方要求，于2017年12月31日前取得石化行业排污许可证。其中，海南炼化不仅是行业首家申领成功的企业，同时也是中国首家申领成功的企业。镇海炼化、茂名石化、洛阳石化等 9 家企业全部按时限要求取得火电行业排污许可证。

VOCs 治理稳步推进。2016—2017 年，实施 VOCs 治理项目 133 项，投资 14.1 亿元，已建成投用 96 项。其中，高桥石化首次利用催化裂化装置处理 VOCs 气体；镇海炼化完成全国首套焦化装置密闭除焦及废气治理改造。自 2017 年 11 月 1 日起，炼油板块对新项目实行优于国家或地方政府的环保指标，达到最严的 VOCs 排放企业内控标准。其中，焚烧或氧化类治理设施，VOCs 浓度不大于 15 毫克/米^3；其他类治理设施，VOCs 浓度不大于 50 毫克/米^3。

大力推进环保风险识别、防控和治理。企业风险意识明显增强，各类风险基本受控，依规治企取得全面进步。199 项重大环保风险消减 65.3%，"三同时"遗留问题基本完成整改。

（佟玉文）

【节水减排】 2017 年，炼油企业工业水运行情况良好，加工吨原料油平均取新鲜水 0.47 吨，加工吨原料油排污水 0.19 吨，吨油取、排水指标均继续保持先进水平。

继续推进节水减排工作。增加雨水回用设施，减少新鲜水用量；工业水运行水平差的企业向先进企业取经，制定措施减少循环水质波动大等问题，取得良好的经济效益和社会效益。

（朱　哲）

设备管理

【概述】 2017 年，炼油板块设备总体上保持良好的运行状态，装置长周期运行管理稳步提高，达到国内领先水平；大检修管理工作高效完成，所有检修装置全部一次开车成功；设备完整性管理体系试点、腐蚀在线监测、自控提升、电力系统隐患治理等专项工作成效显著；烟机、加热炉、工业水等专业指标实现历史最好水平。

全年，29 家炼油企业（其中 11 家全厂大修）的 443 套生产装置完成检修工作，比上年增加 109 套，是历史上检修任务最繁重的一年。检修的 6 类装置中，实现"四年一修"的有 95 套，比上年增加 29 套；实现"三年一修"以上的装置共计有 122 套，占检修装置的 73.3%，比上年提高 0.6 个百分点。其中，济南炼化、清江石化、海南炼化和广州石化、金陵石化、茂名石化系列装置实现"四年一修"；石家庄炼化、沧州炼化、九江石化、长岭炼化等企业的检修装置实现"三年一修"。

年内，炼油板块严抓检修管理工作。持续开展全专业、全流程检修服务 31 次，协助企业提升检修质量。严抓施工管理，与公安系统联网查询，排查、清退高风险施工人员，对超龄、体检不合格人员，禁止办理入场证件；严格机具管理，施工机具检验合格发放"合格证"，禁止不合格设备进场；检修质量问题查找实行 1∶3∶9 三级管理模式。推广检修新技术，在海南炼化首次实施全厂装置法兰螺栓定力矩紧固技术，实现大锤不进装置、气密一次通过、取消热紧环节、VOCs 小于 200×10^{-6}；采用风险评估技术合理降低检修装置开盖率，减少维修作业总量和修理支出费用；应用检修管理平台等信息化手段提高检修问题处理、进度控制水平。

（吕　伟）

【设备防腐蚀管理】 2017 年，炼油板块设备腐蚀情况总体可控，因设备腐蚀导致的装置非计划停工 1 次，同比持平。

设备防腐蚀管理存在的主要不足有：设备腐蚀调查不全面，遗漏冷热介质混合点等易腐蚀部位；流程变更后工艺防腐措施调整不及时；部分企业设备制造质量不合格，焊缝及热影响区硬度超标，在湿硫化氢腐蚀环境中发生开裂泄漏；少数设备设计选材偏低。

炼油板块重视设备防腐蚀管理，积极推进炼油装置静设备腐蚀在线监测体系建设，截至年底，静设备腐蚀在线监测体系初步建成，投用后效果显著，累计发现、处理 73 起设备腐蚀减薄和泄漏隐患。严守原油加工设防红线，在原油采购、计划配置等环节严格控制，避免原油硫、酸超加工装置设防值。引入专业力量，开展设备腐蚀调查，提升设备腐蚀调查水平。持续开展设备防腐蚀管理人员培训工作，提升企业基层管理人员业务水平。针对催化再生烟气脱硫系统设备出现的腐蚀难点问题，开展研究工作，制定处理措施。

（吕　伟）

【加热炉运行情况】 2017 年，对燕山石化、天津石化、石家庄炼化、洛阳石化、齐鲁石化、济南炼化、青岛石化、青岛炼化、金陵石化、高桥石化、上海石化、镇海炼化、广州石化、茂名石化、海南炼化、北海炼化 16 家企业的 390 台加热炉进行测试，总运行负荷为6 392兆瓦，加权平均热效率达 92% 以上，为历史最优水平。

（朱　哲）

【催化烟机运行】 2017 年，集团公司共有催化烟机 47 台，其中故障停机 11 台次，比上年降低 14 台次，为历史故障停机次数最少的一年。

（朱 哲）

【电气专业管理】 针对外部电力线路不可靠、内部继电保护管理下滑和抗晃电措施配置不到位等大面积停晃电事故的重要原因，2017 年继续推进电力系统专项治理，要求企业深入吸取以往事故教训、完善继电保护、稳控和孤网运行措施。稳步推动洛阳、石家庄等电力系统专项治理，湛江中科和镇海 220 千伏变电站新建、金陵热电 110 千伏枢纽站电气隐患治理、武汉炼油结构调整项目电气改造。电气管理骨干培训班在管理干部学院开班，第 2 期继电保护技术骨干研讨班在天津石化培训中心开班。

2016—2017 年度电力系统专项治理完成率达 97.5%。2017 年，高桥石化、上海石化、沧州炼化、北海炼化、燕山石化等企业发生大面积停晃电事故，较上年的 11 起下降 54.5%。

（邢 劲）

【计量专业管理】 2017 年，组织炼化板块计量大检查，推动企业强化计量专业管理。金陵石化、天津石化、扬子石化、茂名石化等企业试点原油进厂动态监督计量。海南炼化在大修期间实施全厂计量仪表完善项目。

（邢 劲）

【加强原油储运损失管理】 2017 年，继续加大“比学赶超”力度，促进企业对照标杆找差距。抓好机械清罐专项工作，优化管输原油损耗结算指标，提高原油储运管理水平。全年原油储运损失率比上年下降 0.004 个百分点，减少原油损失 0.92 万吨。原油储运损失率进入“优秀”群组的有镇海炼化、茂名石化、燕山石化、金陵石化、青岛炼化、北海炼化、海南炼化、武汉石化、扬子石化、齐鲁石化、天津石化、九江石化 12 家企业。

（邢 劲）

质量管理

【概述】 2017 年，中国石化继续加强质量管理，始终坚持“每一滴油都是承诺”的社会责任，认真履行“质量永远领先一步”“质优量足，客户满意”的方针目标，确保出厂产品质量。年内，中国石化稳步推进产品质量升级工作，共完成车用汽柴油、普通柴油等 5 次质量升级工作。炼油产品质量总体保持稳定，通过严格产品内控指标管理和加强全过程产品质量控制，产品质量稳定满足标准和用户使用要求。在国家、各级政府部门质量监督抽查中，产品质量合格率均达 100%。

（李爱文）

【产品实物质量】 2017 年，炼油产品实物质量总体稳定。为确保各阶段质量升级工作的顺利完成，通过加快质量升级项目建设和临时接卸设施建设，提前组织相关炼油企业和销售企业就生产组织、系统置换、市场供应、应急处理等方面的工作进行对接，并落实实施进度与效果。1 月全面完成全国国Ⅴ车用汽柴油和京Ⅵ车用汽柴油质量升级，4 月和 9 月完成 2 次普通柴油质量升级，7 月 1 日实现“2 + 26”城市提前国Ⅵ质量升级。

车用汽油：按照《车用汽油》《车用乙醇汽油调和组分油》等国家标准、地方标准和出口汽油协议标准等产品标准生产车用汽油。

柴油：按照国家《车用柴油》《普通柴油》《军用柴油》等国家标准、军用标准和出口柴油协议标准等产品标准生产柴油。

（李爱文）

【产品质量管理】 2017 年，通过质量培训和质量检查，不断提高质量管理体系运行的有效性，全面提升企业质量管理水平。加强质量风险管理，严格企业产品内控指标管理，开展月度产品质量统计分析和质量情况通报，使炼油企业产品质量的管理控制水平得到提高。组织开展“质量日”活动和客户座谈会，全面提高质量意识和管理队伍的业务水平。各企业通过强化质量管理，狠抓全员、全过程质量培训和质量风险控制，炼油质量管理工作得到全面提高。充分利用实验室信息化管理系统（LIMS）和产品质量管理信息系统（QMS）等信息化手段，提高质量管理、质量控制的科学性与工作效率。

（李爱文）

原油资源及储运

【储运设施】 原油管道。2017 年，中国石化共拥有原油长输管道 7 860 千米（不含油田及炼化企业内部管线），其中在运行原油长输管道 6 994 千米、停用原油长输管道866千米，综合输油能力2.45亿吨/年，完成原油输送量1.82亿吨，同比增加376万吨。其中，管道储运公司负责运营管理的原油长输管道6 953千米(不含站内管线)，综合输油能力1.92亿吨/年，完成原油输送量1.38亿吨，增加467万吨；油田企业负责运营管理的原油长输管道497千米，综合输油能力2 050万吨/年，完成原油输送量1 369万吨，减少134万吨；炼化企业负责运营管理的原油长输管道410千米，综合输油能力3 250万吨/年，完成原油输送量3 045万吨，基本持平。

原油储罐。2017年，中国石化炼化企业在用原油储罐407座、共1 596万立方米，管道储运公司在用原油储罐167座、共1 234万立方米。

原油码头。2017年，中国石化共拥有货主、合资、合作原油深水码头14座(含岙山合作码头)，25万吨级以上原油泊位20座(岙山2座)，设计接卸能力3.51亿吨/年(含岙山3 000万吨/年)，共接卸中国石化原油资源2.09亿吨，增加696万吨。

(陈　栋)

【原油资源配置】 2017年，中国石化炼化企业共完成原油资源配置2.39亿吨，同比增加132万吨。其中，自产原油2 676万吨，减少26万吨；接收中国石油原油104万吨，减少18万吨；接收中国海油原油88万吨，减少145万吨；接收进口原油2.1亿吨，增加322万吨。中国石化2012—2017年原油资源完成情况见表1。

表1　中国石化原油资源配置完成情况　万吨

项目＼年份	2017	2016	2015	2014	2013	2012
原油资源总量	23 886	23 754	23 576	23 840	23 386	22 308
自产原油	2 676	2 702	2 977	3 261	3 384	3 466
中国石油资源	104	122	460	653	473	516
进口原油	21 019	20 697	19 730	19 536	18 971	17 641
中国海油资源	88	233	409	390	557	686

(陈　栋)

【原油资源运输】 2017年，中国石化炼化企业共完成原油资源进厂量2.4亿吨，其中管输与一程直靠进厂合计2.26亿吨，占原油资源总量的94.16%，其他方式运输进厂1 401万吨(含二三程水运、火车、汽车运输等)，占原油资源总量的5.84%。中国石化原油资源运输更加优化，基本实现"海外运输油轮大型化，国内运输管道化"目标。中国石化2012—2017年原油资源运输完成情况见表2。

表2　中国石化原油资源运输完成情况　万吨

项目＼年份	2017	2016	2015	2014	2013	2012
原油资源进厂量	23 985	23 739	23 889	23 709	23 390	22 309
一程直靠	4 378	4 346	4 679	4 663	4 590	4 415
管输进厂	18 206	17 863	17 630	17 533	17 359	16 160
管道储运公司	13 791	13 324	12 624	12 681	12 906	11 799
其他方式	1 400	1 530	1 580	1 513	1 441	1 734
国内水运	1 093	1 219	1 270	927	887	1 139
火车进厂	283	293	293	480	479	547
汽车进厂	24	18	18	107	75	48

(陈　栋)

【优化采购降低原油采购成本】 按照贴近加工量原则安排好原油采购，应对市场变化，调整原油计价结构，严格控制原油计价风险。加强市场研判，合理把握采购节奏，优化利用商储资源，从紧控制炼化企业原油库存，降低企业原油资金成本。加大对主力油种集中优化配置力度，在严控原油含硫、含酸不超装置设防值的前提下，按照宜烯则烯、宜芳则芳、宜油则油的原则优化主力油种配置。

（陈 栋）

【狠抓油轮滞期管理降本减费】 克服油轮集中到港、储运条件和设施制约瓶颈、地炼挤占公共码头等困难，采取各项管控措施，完善运行管控机制，在确保"安全接卸和资源保供"的前提下，2017 年滞期费同比减少 6 323 万美元、降幅 48.8%，滞期时间下降 18 205 小时、降幅 28.4%。

（陈 栋）

【优化国内运输降低运输成本】 充分发挥原油采购与国内运输一体化管理优势，优化国内原油配置计划，优化原油管网运行安排，努力提高甬沪宁管网、东黄复线、洪荆线输量，压减高成本的二程水运数量。2017 年，炼化企业原油管输进厂比例达 75.91%、同比提高 0.66 个百分点，二程水运量 768 万吨、降低 79 万吨，原油资源国内运输进一步优化。

（陈 栋）

中国石化 SINOPEC

化工生产

◇ 综述

◇ 有机原料

◇ 合成树脂

◇ 合成橡胶

◇ 合成纤维原料

◇ 合成纤维聚合物

◇ 合成纤维

◇ 煤化工

◇ 化肥

◇ 无机原料

◇ 生物及精细化工

◇ 质量管理

◇ 设备管理

◇ 达标管理与节能减排

综　述

2017年，化工板块认真贯彻党组决策部署，按照“稳中求进”工作总基调和“五稳五进”总要求，积极应对各种困难和挑战，全面落实强基础、降成本、拓市场、调结构、抓改革、强党建各项工作，全力保障“一带一路”高峰论坛、全运会、十九大等重大活动期间的安稳运行和产销平衡，完成年度各项目标任务，生产经营再上新台阶。

经济效益创历史最佳。坚持突出效益优先原则，紧紧抓住化工创效能力较好的时机，积极做大化工总量，努力抓好安全环保、产销衔接、优化运行、结构调整、降本减费等工作。全年化工板块营业收入创历史新高，继续保持市场竞争优势；ROCE达18.8%，提高5个百分点，达到世界先进水平。

生产经营实现稳定增长。坚持以市场为导向、以效益为中心，发挥3个月滚动计划作用，密切产销衔接，实行动态优化，狠抓“龙头”装置平稳运行，开展乙烯装置专项竞赛，消除装置隐患和瓶颈，确保效益好的装置“吃饱开足”。全年实现经营总量7 850万吨、增加854万吨，创历史新高(其中自营贸易量2 994万吨、增加588万吨)；生产乙烯1 160.97万吨、增加55.11万吨，创历史新高；芳烃装置总体保持高负荷运行，生产对二甲苯462.5万吨、增加29万吨；其他大类化工产品产量也实现增长。

成本费用得到有效控制。坚持把降成本作为持续健康发展的战略举措抓细抓实，本着“一切成本都可控”的理念，形成成本费用倒逼机制，深化细化全员成本目标管理。面对煤价大幅上涨的不利因素，组织开展节能技术服务，落实节能降耗措施，增加经营总量，万元产值能耗下降0.13%。吨产品完全费用连续多年保持下降态势。坚持低库存运行策略，“两金”占用降低，资产负债率下降4.98个百分点。

结构调整持续深化。坚持把结构调整作为经营创效的重要法宝常抓不懈，并在实践中总结提升，不断取得新进步。原料结构调整方面，以投入产出效益最大化为目标，实行动态优化，全年“乙烯”产品收率66%，创历史最好水平；吨“乙烯”原料成本同口径降低50元，降本6亿元。产品结构调整方面，以技术创新为支撑，深化产销研用结合，优化企业产品牌号分工，全年三大合成材料实现顶替进口21万吨，合成树脂新产品及专用料比例提高1.6个百分点，合成橡胶高附加值产品比例提高4.2个百分点，合成纤维高附加值产品比例提高3.7个百分点。装置结构调整方面，以产品链效益最优为原则，将重心由“停产减亏”转向“增产增效”，合理安排装置开停车，最多时停车17套，最少时停车仅5套。

市场引领力进一步提升。坚持产销研用相结合，增强一体化协同效应，强化市场研究，千方百计拓市扩销。全年统销产品直销率74.4%、提高1.7个百分点。化工销售通过推进“一品一策”“一户一案”，开展精细营销、精准服务，全年开发新客户942家。MPRC模式作用有效发挥，成立87个合成树脂新产品推广小组，开展430多次推广活动，加速新产品进入市场。拓展电商营销渠道，推进“石化e贸”升级建设，全年平台成交量122万吨、增加36万吨。积极开拓国际市场，醋酸乙烯等产品取得较大突破，高性能合成树脂连续2年出口澳大利亚和日本，全年出口化工产品135万吨、增加9万吨。

企业基础管理进一步加强。坚持和发扬“严细实”的优良传统，强化各项基础管理工作，为经营创效提供坚实保障。安全环保总体受控，安全检查实现常态化，风险识别和管控全面推进，隐患排查治理取得实效；推进环保达标提标改造，强化挥发性有机物(VOCs)综合整治，严格落实《京津冀及周边地区2017年大气污染防治工作方案》，各项任务目标全面完成。工艺技术管理继续深化，创新开展工艺专项检查，严肃工艺纪律执行，启动建设工艺技术管理平台，促进提高工艺本质安全水平。质量管理水平持续提升，开展化工产品质量稳定性评价，客观表征实物质量，满足客户需求；强化在线分析仪表管理，投用运行监管系统，实现总部集中管理，在线仪表投用率和完好率稳步提升。检维修管理进一步加强，组织开展大修技术服务，提高检修质量和安全水平。“三基”工作不断深化，与专业管理相互融合，推进基层组织“三标”建设；组织5个一类和14个二类专业培训班，累计培训616人次，举办首届丁二烯操作工技能竞赛，持续提升员工专业技术和技能操作水平。

企业提质发展稳步向前。坚持以供给侧结构性改革为主线，聚焦转方式调结构、提质增效升级，发挥科技创新的支撑引领作用。重点项目进展顺利，中天合创公司实现全面投产并转入商业运行，湖北化肥分公司合成气制乙二醇完成标定和项目“出龙”，仪征化纤万吨级聚酯研发装置、金陵亨斯迈公司PO/MTBE、茂名石化新环氧乙烷、巴陵资产分公司SEPS、镇海炼化裂解汽油抽提苯乙烯等项目相继建成投产，中沙石化聚碳酸酯、海南炼化第2套芳烃、中安联合公司煤化工、中科(广东)炼化公司、古雷炼化一体化等项目全面启动建设。精细化工业务积极推进，以体制机制创新为保障，促进提升质量效益，全年产量增长 5%，毛利增加 140%；对符合条件的 5 000 万元以下新项目首次实行放权管理，发挥企业的主动性和积极性。“两化”融合取得新进展，智能管线推广项目全部完成验收，智能工厂推广项目可研获批启动。

深化改革取得阶段成果。坚持从客观实际出发，因企施策，明确目标，细化措施，落实责任，全力打好三大改革攻坚战，统筹推进“三项制度”改革。“处僵治困”工作取得新进展。“压减法人”工作积极推进，超计划完成法人和亏损子企业的年度压减任务。“四供一业”移交顺利推进。“三项制度”改革稳步进行，炼化企业“三定”方案全部获批。

（张金萍）

有机原料

【概述】 集团公司有机原料主要产品有乙烯、丙烯、丁二烯、苯、甲苯、二甲苯、甲醇、丁醇、辛醇、环氧乙烷、环氧丙烷、环氧氯丙烷、苯酚、丙酮、丙烯酸和苯乙烯等。其中，乙烯、丙烯、丁二烯、苯、甲苯、二甲苯为基础有机原料，其余为主要中间原料。

集团公司主要有机原料产量见表 1。由表 1 可见，除甲苯、间二甲苯、辛醇和丙烯酸的产量同比有不同幅度的减少外，其余有机原料的产量同比增加。集团公司的乙烯、丙烯、丁二烯、对二甲苯等产品在中国大陆地区继续保持主导地位。

表 1　集团公司主要有机原料产品产量　万吨

产品名称 \ 年份	2017	2016	2015	2014	2013	2012
乙　烯	1 160.97	1 105.86	1 111.79	1 069.78	997.98	954.18
丙　烯	947.68	908.03	926.28	896.59	855.47	808.77
丁二烯	149.45	145.32	147.41	145.43	134.02	137.36
苯	415.55	400.08	402.81	399.54	374.53	351.72
甲　苯	113.06	115.25	145.67	133.46	100.80	92.67
混合二甲苯	175.71	149.15	166.41	174.80	189.85	183.09
邻二甲苯	54.52	47.31	51.07	52.95	54.12	55.05
间二甲苯	6.15	6.26	5.62	5.18	4.95	4.91
对二甲苯	462.52	433.14	440.25	479.14	447.79	440.55
甲　醇	393.51	115.17	121.13	106.76	53.22	64.90
丁　醇	26.60	26.48	28.18	33.99	35.11	37.05
辛　醇	22.43	26.56	24.89	27.55	29.32	33.08
环氧乙烷	105.07	94.81	97.44	111.73	86.79	70.12
环氧丙烷	43.41	30.54	31.64	26.51	29.66	29.47
环氧氯丙烷	2.21	1.81	2.31	1.22	3.07	4.68
苯　酚	70.90	61.29	68.89	62.97	59.72	59.66
丙　酮	43.70	37.71	42.29	38.97	37.08	37.02
丙烯酸	17.73	18.80	13.71	12.12	6.37	11.59
苯乙烯	246.37	223.77	225.76	208.37	214.51	204.22

（曾森洋）

【乙烯】 截至 2017 年底，集团公司生产乙烯的企业共 15 家。其中，燕山分公司、上海石化 2# 乙烯老区、齐鲁分公司、扬子石化、天津分公司、中原石化、上海赛科公司装置均采用美国 Lummus 公司专利技术，上海石化$2^{\#}$乙烯新区、广州分公司、茂名分公司乙烯老线、扬巴公司装置均采用美国S&W公司专利技术，燕化有限公司装置(2012年9月停产)采用意大利TPL公司专利技术，茂名分公司乙烯新线、镇海炼化、福建炼化、中沙石化装置均采用中国石化与Lummus联合开发的专利技术，中韩石化装置首次全流程应用中国石化自主开发的专利技术，中原石化、长城能化与中煤能源股份有限公司、上海申能股份有限公司、内蒙古满世煤炭股份有限公司投资建设的中天合创能源有限责任公司MTO装置采用中国石化自主专利技术。

2017年，集团公司乙烯业务继续围绕原料结构调整和生产运行优化开展工作，强化装置安稳运行，抓住市场有利时机，充分发挥装置可用产能，努力做大产品总量，在安排齐鲁、上海$2^{\#}$老区、扬子2条线4套装置大修的情况下，全年累计生产乙烯1 160.97万吨，同比增加55.11万吨、增长4.98%，创历史新高。各企业乙烯产量见表2。

表2　集团公司各企业乙烯产量　万吨

企业名称＼年份	2017	2016	2015	2014	2013	2012
集团公司合计	1 160.97	1 105.86	1 111.79	1 069.78	997.98	954.66
燕山分公司	79.32	69.58	78.60	77.63	72.30	75.07
上海石化	76.68	82.56	83.65	80.44	95.33	91.57
扬子石化	65.17	81.62	82.31	75.66	70.55	65.04
齐鲁分公司	71.59	87.09	86.19	80.07	72.30	80.10
广州分公司	22.61	22.13	20.16	22.21	22.50	22.42
茂名分公司	117.58	113.03	105.39	114.12	112.55	110.34
天津分公司	23.09	17.83	21.08	21.33	22.21	18.88
中原石化	29.72	27.11	23.46	23.58	24.86	20.91
镇海炼化	113.17	112.58	113.14	97.06	111.08	110.30
上海赛科公司	124.50	126.76	127.11	108.09	116.67	104.08
扬巴公司	79.83	80.54	69.89	76.68	71.90	67.71
福建炼化	120.06	110.01	106.64	102.11	71.41	84.96
中沙石化	111.61	96.61	108.81	107.71	108.64	94.34
中韩石化	86.69	72.89	85.34	83.09	25.67	—
长城能化	39.27	5.51	—	—	—	—
燕化有限公司	—	—	—	—	—	8.95

（曾森洋）

【丙烯】 集团公司丙烯产品分炼油丙烯和化工丙烯两大类。截至2017年底，生产丙烯的企业有38家，其中生产炼油丙烯的企业有23家，炼油丙烯由炼厂气分装置生产；生产化工丙烯的企业有7家，化工丙烯由蒸汽热裂解装置和MTO装置生产；同时生产炼油丙烯和化工丙烯的企业有8家。

2017年，集团公司实际生产丙烯947.68万吨，同比增加39.65万吨、增长4.18%。其中，炼油丙烯364.43万吨，减少1.05万吨、降低0.28%；化工丙烯583.24万吨，增加40.70万吨、增长7.50%。各企业丙烯产量见表3。

表 3　　**集团公司各企业丙烯产量**　　万吨

企业名称 \ 年份	2017	2016	2015	2014	2013	2012
集团公司合计	947.68	908.03	926.28	896.59	855.47	808.77
胜利油田分公司	5.87	4.87	5.58	4.52	3.04	3.16
河南油田分公司	—	0.60	0.85	0.82	0.82	0.96
中原油田分公司	0.71	2.63	3.13	2.70	3.32	3.33
江苏油田分公司	3.96	3.57	3.88	3.53	2.98	2.93
燕山分公司	51.48	44.44	52.26	50.57	46.69	51.47
天津分公司	17.32	13.32	16.64	16.60	18.18	13.94
中沙石化	56.81	48.90	56.27	56.60	55.03	48.26
石家庄炼化分公司	12.97	15.27	15.87	7.22	7.09	9.46
沧州分公司	4.95	6.15	4.70	6.58	5.19	6.09
上海石化	48.81	49.97	53.30	51.02	61.18	50.44
高桥石化	9.08	8.38	8.18	5.21	7.21	8.65
上海赛科公司	67.56	73.25	73.59	63.17	66.86	61.67
金陵分公司	32.77	33.08	35.71	31.16	35.06	18.76
扬子石化	38.65	48.18	49.51	46.91	41.80	39.48
扬巴公司	41.53	42.26	37.43	41.56	38.76	36.60
镇海炼化	85.73	82.94	86.39	77.27	88.03	88.07
安庆分公司	27.97	19.17	24.11	25.22	20.48	15.05
福建炼化	64.81	62.57	64.38	66.21	47.98	59.43
九江分公司	10.30	11.27	10.67	9.25	11.29	9.86
济南分公司	7.64	12.86	12.77	12.05	9.75	11.26
齐鲁分公司	48.31	56.84	57.16	50.16	43.76	46.47
青岛炼化	21.30	20.15	18.40	20.62	22.08	24.52
青岛石化	6.11	7.72	5.82	8.03	8.14	6.15
洛阳分公司	15.53	13.99	9.20	13.03	13.66	15.08
中原石化	18.84	17.52	16.73	16.39	17.10	13.42
武汉分公司	11.30	9.44	10.54	10.58	10.91	10.01
中韩石化	45.64	37.78	43.05	43.33	12.99	0.00
荆门分公司	11.78	11.70	11.67	10.61	13.01	13.00
长岭分公司	3.31	10.83	10.27	8.27	12.36	12.35
广州分公司	25.92	24.96	25.37	28.48	26.64	26.61
茂名分公司	66.29	64.92	60.51	64.44	62.02	53.18
湛江东兴公司	13.94	13.03	10.43	11.89	11.72	8.83

续表

企业名称 \ 年份	2017	2016	2015	2014	2013	2012
北海炼化	—	0.01	—	—	—	—
海南炼化	19.58	20.68	22.14	21.87	17.73	23.44
长城能化	42.75	5.56	—	—	—	—
西安分公司	—	—	0.50	2.73	3.36	2.85
巴陵资产分公司	8.01	9.23	9.26	7.97	9.24	9.70
燕化有限公司	—	—	—	—	—	4.27

（曾森洋）

【丁二烯】 截至2017年底，集团公司生产丁二烯的企业共有12家。其中，上海石化、扬子石化、福建炼化、广州分公司、茂名分公司和扬巴公司装置采用DMF工艺；镇海炼化、中沙石化和中韩石化装置采用乙腈工艺；燕山分公司的2套装置分别采用DMF和乙腈工艺，齐鲁分公司的3套装置分别采用NMF和乙腈工艺，上海赛科公司的2套装置分别采用NMP和乙腈工艺。

2017年，集团公司实际生产丁二烯149.45万吨，同比增加4.13万吨、增长2.84%。各企业丁二烯产量见表4。

表4　　集团公司各企业丁二烯产量　　万吨

企业名称 \ 年份	2017	2016	2015	2014	2013	2012
集团公司合计	149.45	145.32	147.41	145.43	134.02	137.36
燕山分公司	10.54	9.36	10.62	11.64	10.99	11.65
上海石化	9.84	11.10	11.23	10.56	12.95	13.30
扬子石化	8.68	10.83	10.47	10.53	10.45	12.57
镇海炼化	15.75	15.90	15.79	14.15	16.08	15.52
齐鲁分公司	8.95	10.81	11.70	10.93	9.71	10.88
茂名分公司	15.02	14.40	13.45	14.12	14.16	14.75
广州分公司	2.74	2.73	2.45	2.79	2.92	3.09
中韩石化	12.91	10.57	10.84	11.33	3.86	—
上海赛科公司	16.64	16.44	15.61	12.09	11.11	12.98
扬巴公司	11.51	11.60	10.14	11.49	10.68	10.76
福建炼化	15.41	14.43	14.85	15.53	10.85	12.93
中沙石化	21.40	17.16	20.26	20.27	20.26	17.61
燕化有限公司	—	—	—	—	—	1.35

（曾森洋）

【纯苯】 截至2017年底，集团公司生产纯苯的企业有29家。2017年，集团公司实际生产纯苯415.55万吨，同比增加15.47万吨、增长3.87%。各企业纯苯产量见表5。

表 5 **集团公司各企业纯苯产量** 万吨

企业名称＼年份	2017	2016	2015	2014	2013	2012
集团公司合计	415.55	400.08	402.81	399.54	374.53	351.72
燕山分公司	16.64	15.25	17.44	19.05	17.05	19.48
天津分公司	41.84	35.12	39.55	41.19	44.00	37.85
石家庄炼化分公司	4.49	4.58	4.63	1.67	0.76	0.79
上海石化	34.06	37.26	35.95	34.75	42.46	39.39
高桥石化	6.97	6.75	6.42	6.24	7.39	6.54
金陵分公司	14.24	6.09	7.07	12.15	20.24	18.21
扬子石化	35.22	41.59	39.21	38.35	36.95	33.01
镇海炼化	39.90	37.66	38.43	34.43	39.70	37.80
安庆分公司	6.36	4.39	5.23	4.79	0.69	—
九江分公司	4.61	8.02	5.80	4.22	4.36	2.17
济南分公司	1.76	2.11	2.08	1.27	—	—
齐鲁分公司	17.41	20.85	22.27	20.10	19.58	22.08
青岛炼化	0.22	0.15	—	—	0.17	0.27
青岛石化	0.68	0.89	0.58	1.08	1.09	0.58
洛阳分公司	8.53	7.34	6.88	8.96	10.46	10.33
中原石化	3.29	2.63	2.08	2.13	2.58	2.35
武汉分公司	0.89	0.56	1.07	1.32	1.35	1.16
荆门分公司	3.36	3.04	2.98	2.81	3.06	2.40
长岭分公司	3.67	3.81	2.19	1.44	2.24	2.44
广州分公司	11.54	11.16	10.26	10.83	10.01	10.00
茂名分公司	26.15	25.40	23.76	26.34	25.80	25.44
湛江东兴公司	5.85	5.21	3.68	4.64	3.10	2.60
北海炼化	3.12	2.66	3.00	2.53	2.31	2.20
海南炼化	14.65	14.63	15.53	17.97	4.41	6.34
塔河炼化	—	—	—	0.15	0.19	0.20
福建炼化	44.73	40.68	44.77	44.10	27.59	32.76
上海赛科公司	32.62	32.25	30.52	24.92	27.19	22.22
扬巴公司	16.28	15.92	13.26	14.03	13.74	12.79
中韩石化	16.49	14.08	18.07	17.56	5.19	—

（苏　莹）

【甲苯】 截至 2017 年底，集团公司生产甲苯的企业有 16 家。2017 年，集团公司实际生产甲苯 113.06 万吨，同比减少 2.19 万吨、降低 1.9%。各企业甲苯产量见表 6。

表 6 **集团公司各企业甲苯产量** 万吨

企业名称 \ 年份	2017	2016	2015	2014	2013	2012
集团公司合计	113.06	115.25	145.67	133.46	100.80	92.67
天津分公司	22.36	22.18	25.09	27.17	28.96	18.80
石家庄炼化分公司	5.73	3.98	4.18	2.39	2.16	2.09
金陵分公司	13.44	26.41	19.78	23.34	1.68	1.00
扬子石化	5.33	6.56	28.18	12.07	4.50	7.90
镇海炼化	—	0.05	1.89	1.53	13.01	16.97
九江分公司	—	—	—	—	—	0.28
齐鲁分公司	4.97	6.06	5.61	3.56	0.06	0.02
洛阳分公司	0.10	—	—	—	—	—
武汉分公司	—	—	0.25	0.93	1.36	0.62
长岭分公司	7.79	7.55	7.52	6.76	9.64	8.58
广州分公司	1.67	1.94	3.98	2.13	3.60	4.04
茂名分公司	10.20	9.07	9.59	10.87	10.95	11.19
海南炼化	8.77	1.99	10.65	14.34	—	—
上海赛科公司	15.68	14.67	14.32	12.98	13.39	11.73
扬巴公司	8.59	8.30	6.49	6.70	6.70	6.19
中韩石化	8.43	6.49	8.18	8.38	2.52	—

（苏 莹）

【混合二甲苯】 截至 2017 年底，集团公司生产混合二甲苯的企业有 19 家。2017 年，集团公司实际生产混合二甲苯 175.71 万吨，同比增加 26.56 万吨、增长 17.81%。各企业混合二甲苯产量见表 7。

表 7 **集团公司各企业混合二甲苯产量** 万吨

企业名称 \ 年份	2017	2016	2015	2014	2013	2012
集团公司合计	175.71	149.15	166.41	174.80	189.85	183.09
天津分公司	28.22	21.51	28.70	29.74	32.91	28.74
石家庄炼化分公司	8.93	4.22	8.05	2.91	1.78	1.88
高桥石化	—	—	3.46	6.18	7.01	7.33
金陵分公司	18.04	8.65	14.47	15.50	20.22	25.89
镇海炼化	1.00	1.10	0.81	4.12	5.94	7.56
安庆分公司	10.15	7.99	9.34	10.22	2.61	—
九江分公司	9.69	12.49	7.85	1.74	3.63	1.57
齐鲁分公司	17.05	16.94	17.18	21.24	22.65	20.37

续表

企业名称＼年份	2017	2016	2015	2014	2013	2012
青岛炼化	31.29	29.55	26.95	29.32	33.62	32.44
洛阳分公司	—	—	21.56	—	—	—
武汉分公司	—	—	0.31	0.78	1.31	0.69
长岭分公司	9.42	9.50	9.14	4.93	12.02	7.80
广州分公司	18.21	15.32	17.94	22.60	20.09	23.94
茂名分公司	3.67	2.69	3.67	4.31	4.74	6.42
湛江东兴公司	—	—	0.45	3.13	9.30	6.32
北海炼化	—	0.14	—	—	—	—
上海赛科公司	7.68	7.59	7.33	7.17	6.04	6.79
扬巴公司	6.09	5.85	4.68	4.65	4.39	4.19
中韩石化	6.28	5.61	6.10	6.26	1.59	—

（苏　莹）

【对二甲苯】 截至2017年底，集团公司生产对二甲苯的企业有9家。其中，海南炼化装置采用中国石化自主知识产权的SorPX成套技术，镇海炼化装置采用法国石油科学研究院(IFP)的工艺技术，天津分公司、上海石化、金陵分公司、扬子石化、福建炼化、齐鲁分公司、洛阳分公司7家企业装置均采用美国环球油品公司(UOP)的工艺技术。

2017年，集团公司实际生产对二甲苯462.52万吨，同比增加29.38万吨、增长6.78%。各企业对二甲苯产量见表8。

表8　集团公司各企业对二甲苯产量　万吨

企业名称＼年份	2017	2016	2015	2014	2013	2012
集团公司合计	462.52	433.14	440.25	479.14	447.79	440.55
天津分公司	32.26	26.04	31.03	33.88	43.54	35.49
上海石化	63.29	67.06	65.97	68.06	93.92	86.62
金陵分公司	62.45	36.78	40.89	55.86	73.39	74.39
扬子石化	83.54	90.87	73.98	88.17	85.52	93.78
镇海炼化	61.59	55.25	63.01	54.64	65.11	47.74
齐鲁分公司	5.50	4.90	7.21	8.24	8.33	9.71
洛阳分公司	15.07	13.58	11.59	16.48	22.32	23.44
海南炼化	60.93	66.48	67.54	76.46	—	—
福建炼化	77.89	72.18	79.04	77.35	55.66	69.38

（苏　莹）

【邻二甲苯】 截至2017年底，集团公司生产邻二甲苯的企业有6家。2017年，集团公司实际生产邻二甲苯54.52万吨，同比增加7.21万吨、增长15.24%。各企业邻二甲苯产量见表9。

表9　集团公司各企业邻二甲苯产量　万吨

企业名称＼年份	2017	2016	2015	2014	2013	2012
集团公司合计	54.52	47.31	51.07	52.95	54.12	55.05
金陵分公司	9.56	4.54	7.08	8.00	10.27	10.57
扬子石化	14.87	15.85	16.42	13.93	19.72	23.67
镇海炼化	16.74	14.37	16.93	15.16	16.51	13.60
齐鲁分公司	3.71	4.78	4.44	4.05	4.19	4.49
洛阳分公司	2.28	—	—	0.98	3.42	2.72
海南炼化	7.37	7.77	6.20	10.82	—	—

（苏　莹）

【间二甲苯】　截至2017年底，集团公司生产间二甲苯的企业只有燕山分公司，采用美国环球油品公司（UOP）的工艺技术，由吸附分离法生产对二甲苯改造为生产间二甲苯，目前使用中国石化生产的吸附剂。

2017年，集团公司实际生产间二甲苯6.15万吨，同比减少0.11万吨、降低1.75%。

（苏　莹）

【甲醇】　截至2017年底，集团公司生产甲醇的企业有川维化工公司（原四川维尼纶厂）和长城能化共2家。其中，川维化工公司采用瑞士卡萨利公司专利技术，长城能化分别采用丹麦托普索专利技术和鲁奇专利技术。

2017年，集团公司实际生产甲醇393.51万吨，同比增加278.34万吨、增长241.68%。各企业甲醇产量见表10。

表10　集团公司各企业甲醇产量　万吨

企业名称＼年份	2017	2016	2015	2014	2013	2012
集团公司合计	393.51	115.17	121.13	106.76	53.22	64.90
长城能化	306.13	46.33	52.03	38.33	—	—
川维化工公司	87.38	68.84	69.10	68.43	53.22	64.90

（曾森洋）

【丁醇】　截至2017年底，集团公司生产丁醇的企业有齐鲁分公司和扬巴公司共2家。其中，齐鲁分公司采用鲁奇专利技术，扬巴公司采用巴斯夫专利技术。

2017年，集团公司实际生产丁醇26.60万吨，同比增加0.12万吨、增长0.46%。各企业丁醇产量见表11。

表11　集团公司各企业丁醇产量　万吨

企业名称＼年份	2017	2016	2015	2014	2013	2012
集团公司合计	26.60	26.48	28.17	33.99	35.11	37.05
齐鲁分公司	4.29	5.51	5.36	5.21	5.14	6.26
扬巴公司	22.31	20.96	22.81	28.65	27.91	28.65
燕化有限公司	—	—	—	0.13	2.06	2.14

（曾森洋）

【辛醇】 截至2017年底，集团公司生产辛醇的企业只有齐鲁分公司，采用鲁奇专利技术。燕化有限公司(原东方石化)辛醇生产能力核销。

2017年，集团公司实际生产辛醇22.43万吨，同比减少4.13万吨、降低15.55%。各企业辛醇产量见表12。

表12 **集团公司各企业辛醇产量** 万吨

企业名称＼年份	2017	2016	2015	2014	2013	2012
集团公司合计	22.43	26.56	24.89	27.55	29.32	33.08
齐鲁分公司	22.43	26.56	24.89	26.64	23.09	27.29
燕化有限公司	—	—	—	0.91	6.23	5.79

(曾森洋)

【环氧乙烷】 截至2017年底，集团公司生产环氧乙烷的企业有10家，燕化有限公司(原东方石化)产能核销，茂名分公司新建环氧乙烷装置于2017年8月投产。

2017年，集团公司实际生产环氧乙烷105.07万吨，同比增加10.26万吨、增长10.82%。各企业环氧乙烷产量见表13。

表13 **集团公司各企业环氧乙烷产量** 万吨

企业名称＼年份	2017	2016	2015	2014	2013	2012
集团公司合计	105.07	94.81	97.44	111.73	86.79	70.12
燕山分公司	2.17	1.64	2.16	2.43	1.08	2.24
上海石化	14.64	14.84	18.29	27.56	20.89	16.18
扬子石化	12.63	14.69	15.07	21.36	17.61	9.74
茂名分公司	14.40	10.44	11.86	10.68	11.00	9.64
镇海炼化	16.72	16.81	15.58	12.37	10.66	11.88
天津分公司	4.73	4.18	4.74	4.97	4.97	4.08
中韩石化	15.31	12.14	13.68	13.79	2.84	—
扬巴公司	11.93	12.06	9.87	10.64	10.58	7.66
福建炼化	4.06	0.71	—	—	—	—
中沙石化	8.42	7.29	6.18	7.94	7.15	5.52
燕化有限公司	—	—	—	—	—	3.17

(曾森洋)

【环氧丙烷】 截至2017年底，集团公司生产环氧丙烷的企业有长岭分公司、镇海利安德化学有限公司(简称镇海利安德)和金陵亨斯迈新材料有限责任公司(简称金陵亨斯迈)共3家，其中金陵亨斯迈PO/MTBE装置于2017年7月投产。长岭分公司装置采用双氧水工艺，镇海利安德和金陵亨斯迈装置采用共氧化工艺，分别联产苯乙烯和MTBE。

2017年，集团公司实际生产环氧丙烷43.41万吨，同比增加12.87万吨、增长42.14%。各企业环氧丙烷产量见表14。

表 14　　集团公司各企业环氧丙烷产量　　万吨

企业名称＼年份	2017	2016	2015	2014	2013	2012
集团公司合计	43.41	30.54	31.64	26.51	29.66	29.47
镇海利安德	30.40	29.97	30.71	26.05	29.66	29.47
长岭分公司	1.49	0.57	0.93	0.46	—	—
金陵亨斯迈	11.52	—	—	—	—	—

（曾森洋）

【环氧氯丙烷】 截至 2017 年底，集团公司生产环氧氯丙烷的企业只有巴陵资产分公司。

2017 年，集团公司实际生产环氧氯丙烷 2.21 万吨，同比增加 0.41 万吨、增长 22.80%。各企业环氧氯丙烷产量见表 15。

表 15　　集团公司各企业环氧氯丙烷产量　　万吨

企业名称＼年份	2017	2016	2015	2014	2013	2012
集团公司合计	2.21	1.81	2.31	1.22	3.07	4.68
齐鲁分公司	—	—	—	—	0.74	2.03
巴陵资产分公司	2.21	1.81	2.31	1.22	2.33	2.64

（曾森洋）

【苯酚】 截至 2017 年底，集团公司生产苯酚的企业有 4 家，均采用异丙苯工艺。

2017 年，集团公司实际生产苯酚 70.90 万吨，同比增加 9.61 万吨、增长 15.68%。各企业苯酚产量见表 16。

表 16　　集团公司各企业苯酚产量　　万吨

企业名称＼年份	2017	2016	2015	2014	2013	2012
集团公司合计	70.90	61.29	68.89	62.97	59.72	59.66
燕山分公司	12.85	12.93	14.91	18.92	17.66	20.45
高桥石化	13.49	11.69	15.43	20.06	19.23	20.88
中沙石化	22.03	19.06	21.79	23.99	22.84	18.33
中石化三井化工	22.53	17.61	16.76	—	—	—

（曾森洋）

【丙酮】 集团公司丙酮均与苯酚在同一套装置中生产。截至 2017 年底，生产丙酮的企业有 4 家，均采用异丙苯工艺。

2017 年，集团公司实际生产丙酮 43.70 万吨，同比增加 5.98 万吨、增长 15.87%。各企业苯酚产量见表 17。

表 17　　**集团公司各企业丙酮产量**　　万吨

企业名称＼年份	2017	2016	2015	2014	2013	2012
集团公司合计	43.70	37.71	42.29	38.97	37.08	37.02
燕山分公司	7.75	7.79	8.99	11.52	10.79	12.58
高桥石化	8.37	7.31	9.59	12.57	12.07	13.01
中沙石化	13.72	11.83	13.47	14.89	14.22	11.44
中石化三井化工	13.85	10.78	10.26	—	—	—

（曾森洋）

【丙烯酸】 截至2017年底，集团公司生产丙烯酸的企业只有扬巴公司，采用巴斯夫技术。燕化有限公司(原东方石化)丙烯酸产能核销。

2017年，集团公司实际生产丙烯酸17.73万吨，同比减少1.07万吨、降低5.66%。各企业丙烯酸产量见表18。

表 18　　**集团公司各企业丙烯酸产量**　　万吨

企业名称＼年份	2017	2016	2015	2014	2013	2012
集团公司合计	17.73	18.80	13.71	12.12	6.37	11.59
扬巴公司	17.73	18.80	13.71	12.12	6.37	6.22
燕化有限公司	—	—	—	—	—	5.37

（曾森洋）

【苯乙烯】 截至2017年底，集团公司生产苯乙烯的企业有13家。其中，九江分公司干气制乙苯/苯乙烯装置于2017年4月投产，镇海炼化裂解汽油抽提制苯乙烯装置于2017年10月投产。齐鲁分公司、茂名分公司装置采用传统乙烯法制苯乙烯技术，镇海炼化2套装置分别采用裂解汽油抽提制苯乙烯技术和共氧化法生产环氧丙烷联产苯乙烯技术，安庆分公司、青岛炼化、巴陵资产分公司、湛江东兴公司、九江分公司装置采用气相干气制乙苯和乙苯脱氢制苯乙烯技术，广州分公司装置采用乙苯脱氢制苯乙烯技术(分别有1套乙烯法制乙苯和气相干气制乙苯单元)，燕山分公司、上海赛科公司均各有1套传统乙烯法制苯乙烯装置和1套裂解汽油抽提制苯乙烯装置，中沙石化装置采用裂解汽油抽提制苯乙烯技术。

2017年，集团公司实际生产苯乙烯246.37万吨，同比增加22.60万吨、增长10.10%。各企业苯乙烯产量见表19。

表 19　　**集团公司各企业苯乙烯产量**　　万吨

企业名称＼年份	2017	2016	2015	2014	2013	2012
集团公司合计	246.37	223.77	225.76	208.37	214.51	204.22
燕山分公司	6.98	6.54	3.79	3.74	3.10	0.05
齐鲁分公司	18.15	20.67	20.63	20.33	19.85	20.02
茂名分公司	13.10	11.37	12.81	12.30	11.34	12.22
广州分公司	9.41	7.18	8.65	9.73	9.23	8.82

续表

企业名称＼年份	2017	2016	2015	2014	2013	2012
安庆分公司	10.52	7.28	9.63	9.50	8.69	6.22
青岛炼化	8.94	7.96	6.93	8.37	8.50	9.60
湛江东兴公司	6.15	6.14	4.49	5.10	0.69	—
上海赛科公司	76.09	65.59	70.84	61.83	70.72	69.98
扬巴公司	12.15	13.16	11.46	13.00	11.33	12.57
镇海炼化	66.59	65.18	66.69	56.30	64.96	64.09
巴陵资产分公司	11.47	12.00	9.85	8.16	6.15	0.64
中沙石化	2.67	0.69	—	—	—	—
九江分公司	4.13	—	—	—	—	—

（曾森洋）

合成树脂

【概述】 2017 年，集团公司合成树脂产量为 1 621.49 万吨，同比增产 75.04 万吨，其中聚乙烯产量为 748.63 万吨、增产 21.48 万吨，聚丙烯产量为 716.31 万吨、增产 58.20 万吨。合成树脂分品种产量见表 20。

在合成树脂中，聚乙烯、聚丙烯两大品种占主导地位。2017 年，集团公司合成树脂装置运行稳定，聚乙烯、聚丙烯的技术经济指标保持在历史较好水平。齐鲁石化、扬子石化等企业顺利完成大检修，装置实现一次投料开车成功。

表 20　集团公司合成树脂分品种产量　万吨

产品名称＼年份	2017	2016	2015	2014	2013	2012
合成树脂合计	1 621.49	1 546.45	1 547.79	1 505.96	1 412.93	1 376.64
聚乙烯	748.63	727.15	733.33	711.13	659.66	620.23
LDPE	141.34	133.51	129.62	130.36	130.84	125.86
HDPE	251.84	261.92	268.89	261.75	234.43	227.12
LLDPE	355.44	331.72	334.83	319.00	294.25	265.73
聚丙烯	716.31	658.11	651.74	629.96	581.84	555.10
聚氯乙烯	62.94	58.76	58.46	64.87	66.54	67.16
聚苯乙烯	20.34	23.12	22.60	22.41	30.83	57.78
ABS 树脂	17.97	16.64	16.58	10.75	12.09	14.23
其他树脂	55.30	62.66	65.08	66.83	61.97	62.14

（刘志武）

【聚乙烯】 截至 2017 年底，集团公司有 33 套聚乙烯装置。其中，低密度聚乙烯（LDPE）装置有釜式法工艺 2 套、管式法工艺 8 套；高密度聚乙烯（HDPE）装置有淤浆法工艺 6 套、气相法工艺 4 套、环管加气相法工艺 1 套；线型低密度聚乙烯(LLDPE)装置有气相法工艺 12 套。

(刘志武)

【低密度聚乙烯】 2017 年，中天合创公司管式法装置、釜式法装置建成投产。截至年底，集团公司共有 10 套 LDPE 装置，分别是燕山分公司、上海石化、茂名分公司、长城能化各 2 套，齐鲁分公司 1 套、扬巴公司 1 套。其中，燕山分公司 1 套采用日本住友化学釜式法工艺、1 套为美国埃克森管式法工艺；上海石化 2 套均采用日本三菱油化管式法工艺；茂名分公司 1 套采用美国匡藤公司管式法工艺、1 套为 BASELL 工艺；长城能化 1 套采用美国埃克森釜式法工艺、1 套为美国埃克森管式法工艺；齐鲁分公司装置采用荷兰 DSM 公司管式法工艺；扬巴公司 1 套采用 BASF 管式法工艺。

2017 年，集团公司 LDPE 产量为 141.34 万吨，同比增产 7.83 万吨。各企业 LDPE 产量见表 21。

表 21　　集团公司各企业 LDPE 产量　　万吨

企业名称 \ 年份	2017	2016	2015	2014	2013	2012
集团公司合计	141.34	133.51	129.62	130.36	130.84	125.86
燕山分公司	38.03	32.65	34.70	28.19	32.37	29.56
上海石化	15.04	18.46	19.50	18.53	19.92	18.71
齐鲁分公司	12.85	18.70	18.52	17.81	13.47	16.46
茂名分公司	40.99	39.44	35.50	40.59	39.13	38.07
扬巴公司	23.69	24.25	21.25	24.54	24.30	20.38
长城能化	10.75	—	—	—	—	—
北京华美聚合物有限公司①	0	0	0.14	0.70	1.65	2.68

①北京华美聚合物有限公司为 EVA 装置兼产 LDPE 产品

(刘志武)

【高密度聚乙烯】 截至 2017 年底，集团公司共有 11 套高密度聚乙烯装置(燕化有限公司装置产能核减)，分别是扬子石化、燕山分公司、茂名分公司、上海赛科公司、福建联合石化公司、中沙石化、中韩石化各 1 套，齐鲁分公司、上海石化各 2 套。其中，燕山分公司、扬子石化装置均采用日本三井油化淤浆法工艺，齐鲁分公司 2 套、福建联合石化公司装置均采用气相流化床工艺，上海石化 1 套装置采用北欧化工环管加气相流化床反应器工艺技术，上海石化(合资企业)、茂名分公司装置均采用菲利浦环管淤浆法工艺；上海赛科公司装置采用 BP 公司气相流化床工艺；中沙石化、中韩石化装置均采用 INEOS 公司的双环管淤浆法工艺。

2017 年，集团公司 HDPE 产量为 251.84 万吨，同比减产 10.08 万吨。各企业 HDPE 产量见表 22。

表 22　　集团公司各企业 HDPE 产量　　万吨

企业名称 \ 年份	2017	2016	2015	2014	2013	2012
集团公司合计	251.84	261.92	268.89	261.75	234.43	227.12
燕山分公司	17.51	15.26	17.42	17.23	15.55	18.03
上海石化	32.09	34.64	34.06	35.05	40.21	40.88
扬子石化	22.91	28.53	28.09	24.09	21.61	25.95
齐鲁分公司	30.13	36.16	36.36	32.82	24.54	16.91

续表

年份 企业名称	2017	2016	2015	2014	2013	2012
茂名分公司	35.00	36.03	32.53	36.42	37.16	38.48
上海赛科公司	33.16	36.20	37.99	33.68	36.65	35.37
福建联合石化公司	22.01	23.60	22.25	28.00	23.24	26.36
中沙石化	30.20	27.20	32.44	27.87	27.23	24.69
中韩石化	28.83	24.30	27.74	26.59	8.24	—
燕化有限公司	—	—	—	—	—	0.45

（刘志武）

【线型低密度聚乙烯】 截至2017年底，集团公司共有12套LLDPE装置，分别是天津分公司、齐鲁分公司、中原石化、茂名分公司、广州分公司、扬子石化、福建联合石化公司、镇海炼化各1套，采用美国UCC公司气相流化床工艺；中沙石化、中韩石化、长城能化各1套；采用自主开发气相流化床工艺；上海赛科公司1套，采用BP公司的气相流化床工艺。

2017年，集团公司LLDPE产量为355.44万吨，同比增产23.72万吨。各企业LLDPE产量见表23。

表23　　集团公司各企业LLDPE产量　　万吨

年份 企业名称	2017	2016	2015	2014	2013	2012
集团公司合计	355.44	331.72	334.83	319.00	294.25	265.73
扬子石化	17.73	27.25	26.49	21.10	24.43	18.85
齐鲁分公司	10.16	12.27	12.45	11.80	9.10	8.72
广州分公司	19.69	20.95	19.44	21.58	22.21	21.22
茂名分公司	19.72	19.83	19.46	20.55	20.30	16.25
天津分公司	12.98	10.64	12.25	11.70	13.01	11.75
中原石化	23.86	27.06	24.08	24.49	26.08	21.78
上海赛科公司	37.35	39.32	38.63	33.80	36.97	27.06
福建联合石化公司	74.52	65.47	68.53	69.95	52.00	63.81
镇海炼化	49.50	49.87	48.44	41.57	48.80	47.99
中沙石化	32.88	28.58	34.53	31.25	34.49	28.30
中韩石化	30.17	26.56	30.53	31.21	6.86	—
长城能化	26.88	3.91	—	—	—	—

（刘志武）

【聚丙烯】 截至2017年底，集团公司共有41套连续法聚丙烯装置，生产工艺以环管法工艺为主。有25套环管法聚丙烯装置，占聚丙烯装置的62.50%，其中6套为引进海蒙特环管技术，单线能力最大为茂名分公司聚丙烯装置；19套为国产化环管技术，单线能力最大为镇海炼化聚丙烯装置。其他16套装置中，5套为三井油化釜式法聚丙烯工艺，6套为INEOS(原阿莫科)气相法聚丙烯工艺，2套为“NOVOLENE”气相法聚丙烯工艺，2套为"HORIZONE"气相法聚丙烯工艺，1套为BASSEL公司的多区反应聚合工艺。

2017年，集团公司聚丙烯产量为716.31万吨，同比增加58.20万吨。其中，连续法聚丙烯产量为694.36万吨，增加61.69万吨；间歇法聚丙烯装置产量为21.96万吨，减少3.45万吨。各企业聚丙烯产量见表24。

2017年，集团公司聚丙烯装置总体运行良好，能耗、物耗指标保持在国内先进水平。

表24　集团公司各企业聚丙烯产量　万吨

企业名称＼年份	2017	2016	2015	2014	2013	2012
集团公司合计	716.31	658.11	651.74	629.96	581.84	555.10
连续法聚丙烯	694.36	632.67	629.59	605.58	555.53	527.43
燕山分公司	47.73	42.38	48.26	44.54	38.11	39.80
上海石化	44.24	45.10	45.29	45.09	47.11	44.56
扬子石化	36.30	45.21	45.88	40.05	41.35	38.13
福建联合石化公司	61.88	58.47	58.55	60.69	42.63	52.88
齐鲁分公司	7.93	9.58	9.60	9.17	7.62	5.99
武汉分公司	11.84	9.21	11.02	11.21	10.47	9.96
九江分公司	10.22	11.18	10.53	9.23	11.16	9.74
济南分公司	7.54	12.11	12.01	11.63	9.40	11.14
荆门分公司	11.57	11.69	11.57	10.21	12.94	11.81
长岭分公司	11.34	14.31	13.88	10.93	14.72	14.25
广州分公司	33.37	21.44	20.05	21.56	22.18	21.16
天津分公司	6.99	6.10	7.19	7.08	7.29	6.54
茂名分公司	67.98	65.94	59.25	59.53	55.37	52.90
洛阳分公司	15.70	15.24	10.21	13.39	13.85	7.55
中原石化	19.10	18.22	17.13	16.51	17.08	13.27
镇海炼化	56.55	53.05	54.62	49.41	56.64	55.18
海南炼化	19.67	20.90	22.09	21.84	17.70	23.41
青岛炼化	20.59	19.54	17.80	19.88	21.44	23.82
湛江东兴公司	13.39	14.02	11.07	13.09	12.21	9.85
北海分公司	15.54	13.23	10.11	11.50	10.40	9.27
石家庄炼化分公司	13.49	16.17	15.19	2.25	—	—
上海赛科公司	27.20	28.11	28.14	26.16	27.71	24.57
中沙石化	50.77	43.23	49.32	49.55	46.28	41.65
中韩石化	41.47	34.41	40.84	41.08	11.87	—
长城能化	41.96	3.83	—	—	—	—
间歇式聚丙烯(总量)①	21.96	25.41	22.15	24.38	26.31	27.67

①间歇法PP含改性聚丙烯装置

（刘志武）

【聚苯乙烯】 截至2017年底，集团公司共有5套聚苯乙烯生产装置，均采用连续本体法工艺。其中，广州分公司、茂名分公司、上海赛科公司各1套，扬巴公司2套。

2017年，集团公司聚苯乙烯产量为62.94万吨，同比增产4.18万吨。各企业PS产量见表25。

表25 **集团公司各企业PS产量** 万吨

年份 企业名称	2017	2016	2015	2014	2013	2012
集团公司合计	62.94	58.76	58.46	64.87	66.54	67.16
广州分公司	6.46	5.66	6.06	6.91	6.35	5.83
茂名分公司	7.74	7.35	6.12	8.34	6.76	7.36
上海赛科公司	33.45	30.33	32.14	27.53	30.58	30.58
扬巴公司	15.30	15.42	14.13	22.09	22.85	23.39

（刘志武）

【聚氯乙烯】 2017年，集团公司生产聚氯乙烯的企业只有齐鲁分公司1家，产量为20.34万吨、同比减少2.78万吨。

（刘志武）

【ABS】 2017年，集团公司生产ABS树脂的企业只有高桥石化1家，产量为17.97万吨。

（刘志武）

【其他树脂】 集团公司生产的其他树脂包括乙烯醋酸乙烯共聚物（EVA）、聚碳酸酯（PC）等。2017年，集团公司其他树脂产量为55.30万吨。分品种产量见表26。

集团公司生产乙烯醋酸乙烯共聚物（EVA）的企业有扬巴公司、燕化有限公司（非上市）、燕山分公司、北京华美聚合物有限公司共4家。

（刘志武）

表26 **集团公司其他树脂产量** 万吨

年份 产品名称	2017	2016	2015	2014	2013	2012
其他树脂合计	55.30	62.66	65.08	66.83	61.97	62.14
乙烯醋酸乙烯共聚物	26.64	26.35	29.23	34.62	29.67	31.22
其他塑料或共聚物	28.66	36.32	35.85	32.21	32.30	30.91

合成橡胶

【概述】 2017年，高桥石化丁苯胶乳装置正式关停，巴陵资产分公司SEPS装置建成投产。全年，集团公司合成橡胶产量为110.10万吨（不含福橡化工公司），同比减少1.75万吨。在各大类橡胶产品中，乳聚丁苯橡胶是减产最多的品种，主要原因是齐鲁分公司丁苯装置年中检修、年底环保限产，产量大幅减少。集团公司合成橡胶各产品产量见表27。

表27 **集团公司合成橡胶各产品产量** 万吨

年份 产品名称	2017	2016	2015	2014	2013	2012
合成橡胶合计	110.10	111.85	115.05	124.02	129.22	124.15
丁苯橡胶	31.67	35.80	37.27	45.58	47.25	51.76
胶乳	—	3.64	5.28	5.23	6.28	7.99

续表

年份 产品名称	2017	2016	2015	2014	2013	2012
充油胶	6.65	7.12	8.38	13.90	16.38	18.51
软　胶	25.02	25.04	23.61	26.45	24.59	25.26
顺丁橡胶①	36.26	35.94	39.15	41.75	43.85	39.70
丁基/溴化丁基橡胶	1.27	1.18	1.36	2.61	3.50	3.24
SBS 热塑弹性体	24.98	26.82	26.95	27.36	28.69	24.42
SIS 橡胶	4.52	4.62	3.47	2.99	2.48	2.55
SEBS 橡胶	5.17	4.49	3.92	3.72	3.22	2.47
乙丙橡胶	6.17	3.01	2.94	—	—	—
异戊橡胶	0	0	0	0	0.24	—
SEPS 橡胶	0.07	—	—	—	—	—

①顺丁橡胶产量含锂系低顺橡胶产量和稀土顺丁含量

（徐忠亮）

【顺丁橡胶】 2017 年，镍系顺丁方面，茂名分公司与北京化工研究院进一步合作，通过优化工艺参数，顺丁透明性达到国内最好水平。锂系顺丁方面，燕山分公司完成间歇法低顺橡胶 LCBR－1302 工业试生产，工业产品的凝胶含量、色度等关键指标均优于世界同类产品；连续法低顺橡胶 LCBR－4506 完成中试技术开发，产品的 5% 苯乙烯溶液黏度大幅降低，在保证 HIPS 光泽度的同时，可显著提高抗冲击强度。稀土顺丁方面，完成高性能稀土催化剂的技术攻关，计划在 2018 年初进行新一代催化剂的工业化验证工作。

2017 年，集团公司共生产顺丁橡胶 36.26 万吨，同比增加 0.32 万吨，其中镍系顺丁橡胶 31.70 万吨、低顺橡胶 4.56 万吨。各企业顺丁橡胶产量见表 28。

表 28　　集团公司各企业顺丁橡胶产量　　万吨

年份 企业名称	2017	2016	2015	2014	2013	2012
集团公司合计	36.26	35.94	39.15	41.75	43.85	39.70
燕山分公司①	10.44	11.60	13.37	13.38	13.45	14.53
高桥石化②	4.56	8.42	12.21	14.46	15.66	15.21
齐鲁分公司	6.52	7.47	7.23	7.00	5.60	6.48
巴陵资产分公司	0	0	0	0	3.35	3.48
茂名分公司	9.70	8.46	6.35	6.72	4.69	—
扬子石化	5.05	0	0	0.19	1.10	—

①含稀土顺丁橡胶产量

②产品为低顺橡胶产量

（徐忠亮）

【丁苯橡胶】 2017 年，高桥石化丁苯胶乳装置正式关停。乳聚丁苯方面，齐鲁分公司利用 2017 年丁苯装置大检修的机会，实施完成二丁苯装置环保终止剂的技术改造，大检修开车后，一丁苯装置、二丁苯装置全部实现环保型 E 系列丁苯橡胶产品升级。溶聚丁苯方面，为下游轮胎客户定制的 SSBR－1107

牌号在燕山分公司实现工业化生产，该产品可在全钢载重子午线轮胎胎面中部分替代天然橡胶，提高耐磨性能。SSBR－1107产品已通过中策橡胶集团有限公司的认证，并实现批量应用。由北京化工研究院燕山分院开发的SSBR－2636已获得韩泰轮胎韩国本部原料准入认可，获得单独物料采购编号。

2017年，集团公司共生产丁苯橡胶31.67万吨，同比减少4.13万吨，其中油胶减少0.47万吨、软胶减少0.02万吨、胶乳减少3.64万吨。各企业丁苯橡胶产量见表29。

表29　　集团公司各企业丁苯橡胶产量　　万吨

企业名称＼年份	2017	2016	2015	2014	2013	2012
集团公司合计	31.67	35.80	37.27	45.58	47.24	51.76
齐鲁分公司	20.98	28.32	25.32	29.77	30.40	34.11
高桥石化	0.68	1.12	0.74	0.73	0.71	0.52
高桥石化控股公司	—	3.64	5.28	5.23	6.28	7.99
扬子石化	9.89	2.66	5.58	9.75	9.85	9.15
巴陵资产分公司	0.06	0	0.17	0.02	—	—
燕山分公司	0.06	0.05	0.17	0.09	—	—
胶　乳						
集团公司合计	—	3.64	5.28	5.23	6.28	7.99
高桥石化控股公司	—	3.64	5.28	5.23	6.28	7.99
充油胶						
集团公司合计	6.64	7.12	8.38	13.90	16.38	18.51
齐鲁分公司	5.13	6.64	6.70	10.05	12.73	14.41
扬子石化	1.45	0.43	1.64	3.84	3.65	4.10
巴陵资产分公司	0.06	0.05	0.04	0.01		
软　胶						
集团公司合计	25.03	25.04	23.61	26.45	24.59	25.26
齐鲁分公司	15.85	21.68	18.63	19.72	17.67	19.69
高桥石化	0.68	1.12	0.74	0.73	0.71	0.52
扬子石化	8.44	2.24	3.94	5.91	6.21	5.05
巴陵资产分公司	0	0	0.13	0.07	—	—
燕山分公司	0.06	0	0.17	0.02	—	—

（徐忠亮）

【SBS热塑性弹性体】 2017年，燕山分公司与北京化工研究院燕山分院共同完成沥青改性用SBS－4313牌号开发，该牌号可以确保在高温性能不降低的情况下，实现低温延度提高15%以上，解决沥青硬质化后的低温性能变差的问题，已经完成工业试生产。同时，星形—线形化学共混SBS牌号也已完成中试开发，具备工业试生产条件。共混产品用于道路沥青改性可以实现低温延度和高温软化点的平衡统一，满足不同地域、不同用户的市场需求。茂名分公司完成环保产品的全面升级，SBS产品由普通的F-675全面升级为不含壬基酚及壬基酚聚氧乙烯醚等成分的环保牌号F-875；8月，茂名分公司SBS装置完成后处理一线改造，正式恢复SBS干胶生产。新生产的F-501、F-503已经得到下游客户认可。巴陵资产分公司继续保持自己在SBS产品领域的优势地位，年内开发SBS新牌号12个，包括SBS环保产品、防水卷材和阻燃材料三大类，产销合计超过 1 万吨。

2017 年，集团公司共生产 SBS 24.98 万吨，同比减少 1.83 万吨。各企业 SBS 热塑性弹性体产量见表 30。

表 30　　集团公司各企业 SBS 热塑性弹性体产量　　万吨

企业名称 \ 年份	2017	2016	2015	2014	2013	2012
集团公司合计	24.98	26.82	26.95	27.36	28.69	24.42
燕山分公司	2.07	2.57	2.35	1.50	2.43	2.06
巴陵资产分公司	15.46	17.00	17.96	18.10	17.90	14.08
茂名分公司	7.46	7.24	6.64	7.76	8.36	8.28

（徐忠亮）

【SEBS 橡胶】 截至 2017 年底，集团公司只有巴陵资产分公司生产 SEBS 橡胶。2017 年产量为 5.17 万吨，同比增加 0.57 万吨，是连续保持产量增长的少数品种之一。

2017 年，巴陵资产分公司共开发 SEBS 新牌号 6 个，合计产销 942 吨，其中医用产品 474 吨。在向国内提供优质产品的同时，巴陵资产分公司也积极开拓海外市场，全年共计出口 SEBS 橡胶产品 6 364 吨。

（徐忠亮）

【SIS 橡胶】 截至 2017 年底，集团公司只有巴陵资产分公司生产 SIS 橡胶。2017 年产量为 4.52 万吨，同比减少 0.1 万吨。

（徐忠亮）

【SEPS 橡胶】 截至 2017 年底，集团公司只有巴陵资产分公司生产 SEPS 橡胶。装置于 2017 年四季度顺利投产，并通过集团公司科技部组织的技术鉴定。装置投产填充油膏牌号 2 个、弹性体改性牌号 1 个，产品性能与国外同类产品相当，部分指标优于国外同类产品实现批量供应，填补国内空白。2017 年产量为 0.07 万吨。

（徐忠亮）

【丁基橡胶】 截至 2017 年底，集团公司只有燕山分公司生产丁基/普通溴化丁基橡胶。2017 年共生产丁基/溴化丁基橡胶 1.27 万吨，同比增加 0.09 万吨。其中，普通丁基橡胶 0.53 万吨，减少 0.33 万吨；溴化丁基橡胶 0.74 万吨，增加 0.41 万吨。

（徐忠亮）

【乙丙橡胶】 截至 2017 年底，集团公司只有高桥石化具备乙丙橡胶生产能力。2017 年共生产乙丙橡胶 6.17 万吨，同比增加 3.16 万吨。

（徐忠亮）

【异戊橡胶】 截至 2017 年底，集团公司只有燕山分公司具备异戊橡胶生产能力。

（徐忠亮）

合成纤维原料

【概述】 集团公司生产的合成纤维原料有精对苯二甲酸(PTA)、精间苯二甲酸(PIA)、丙烯腈(AN)、己内酰胺(CPL)、乙二醇(EG)5 个品种。

2017 年，集团公司生产合成纤维原料 654.90 万吨，同比增加 7.19 万吨、增长 1.1%。集团公司合成纤维原料各品种产量见表 31。

表 31　　集团公司合成纤维原料各品种产量　　万吨

产品名称 \ 年份	2017	2016	2015	2014	2013	2012
合成纤维原料合计	654.90	647.71	634.80	572.46	626.33	606.25
PTA	224.82	249.37	226.69	247.61	294.69	312.53

续表

年份 产品名称	2017	2016	2015	2014	2013	2012
PIA	5.00	4.23	5.00	4.70	4.61	4.50
丙烯腈	97.89	95.18	98.97	73.68	70.32	61.32
己内酰胺	58.87	55.74	48.84	53.00	54.90	30.46
乙二醇	268.99	243.19	255.31	193.46	201.82	197.45

（朱　良）

【精对苯二甲酸】 截至2017年底，集团公司生产PTA的企业有5家。其中，扬子石化第1套PTA装置、仪征化纤第1套PTA装置和洛阳分公司PTA装置采用原美国阿莫科化学品公司的专利技术，上海石化PTA装置采用日本三井石油化学株式会社的三井—阿莫科专利技术，天津分公司PTA装置采用日本三井石油化学株式会社的专利技术，仪征化纤第2套PTA装置和扬子石化第2套PTA装置采用的是杜邦—ICI(英威达公司)专利技术。

2017年，集团公司PTA产量为224.82万吨，同比减少24.56万吨、降低10.92%。集团公司各企业PTA产量见表32。

表32　集团公司各企业PTA产量　万吨

年份 企业名称	2017	2016	2015	2014	2013	2012
集团公司合计	224.82	249.37	226.69	247.61	294.69	312.53
天津分公司	26.52	24.42	26.05	21.79	31.23	27.60
上海石化	32.90	31.02	29.54	31.27	35.81	40.35
扬子石化	55.06	71.38	59.12	69.74	92.21	109.53
仪征化纤	94.31	102.48	94.00	101.51	105.82	104.42
洛阳分公司	16.02	20.08	17.98	23.31	29.62	30.63

（朱　良）

【丙烯腈】 截至2017年底，集团公司生产丙烯腈的企业有4家。其中，安庆分公司第1套装置采用美国标准石油公司专利技术建设，后采用国内技术对原装置进行扩能技术改造，第2套装置采用国内技术；齐鲁分公司及科鲁尔公司采用上海石油化工研究院技术；上海赛科公司采用BP技术。

2017年，集团公司生产丙烯腈97.89万吨，同比增加2.71万吨、增长2.85%。集团公司各企业丙烯腈产量见表33。

表33　集团公司各企业丙烯腈产量　万吨

年份 企业名称	2017	2016	2015	2014	2013	2012
集团公司合计	97.89	95.18	98.97	73.68	70.32	61.32
上海石化	—	—	8.47	14.52	12.84	14.32
安庆分公司	23.64	18.07	22.51	22.45	18.07	7.72
齐鲁分公司(含科鲁尔公司)	21.14	24.84	22.37	10.99	10.65	10.27
上海赛科	53.10	52.28	45.62	25.72	28.76	28.99

（朱　良）

【己内酰胺】 截至 2017 年底，集团公司生产己内酰胺的企业有巴陵分公司和石家庄炼化分公司 2 家。其中，巴陵分公司分别采用荷兰国家矿业公司(DSM)专利技术和国内技术；石家庄炼化分公司采用国内氨肟化技术，另有 10 万吨/年无效产能待处置。

2017 年，集团公司生产己内酰胺 58.87 万吨，同比增加 3.13 万吨、增长 5.32%。集团公司各企业己内酰胺产量见表 34。

表 34 集团公司各企业己内酰胺产量 万吨

企业名称 \ 年份	2017	2016	2015	2014	2013	2012
集团公司合计	58.87	55.74	48.84	53.00	54.90	30.46
石家庄炼化分公司	7.25	7.10	3.67	2.89	11.24	9.84
巴陵分公司	51.62	48.64	45.17	50.11	43.66	20.62

（朱　良）

【乙二醇】 截至 2017 年底，集团公司生产乙二醇的企业有 12 家。其中，燕山分公司、燕化有限公司、扬子石化、上海石化、中韩石化和福建炼化装置采用美国科学设计公司专利技术，天津分公司、茂名分公司装置采用荷兰壳牌公司专利技术，扬巴公司装置采用巴斯夫专利技术，湖北化肥分公司装置采用中国石化拥有自主知识产权的国产技术。

2017 年，集团公司生产乙二醇 268.99 万吨，同比增加 25.80 万吨、增长 10.61%。集团公司各企业乙二醇产量见表 35。

表 35 集团公司各企业乙二醇产量 万吨

企业名称 \ 年份	2017	2016	2015	2014	2013	2012
集团公司合计	268.99	243.19	255.31	193.46	201.82	197.45
燕山分公司	4.79	4.31	5.71	5.97	3.71	5.91
上海石化	41.11	36.14	42.15	24.80	39.05	46.89
扬子石化	22.17	18.67	22.16	16.73	18.44	11.64
天津分公司	3.85	3.42	3.96	3.47	3.96	3.73
茂名分公司	5.88	3.93	4.00	3.17	4.56	6.80
湖北化肥分公司	12.20	8.34	5.14	3.47	—	—
扬巴公司	30.36	32.06	30.73	29.79	28.73	32.78
燕化有限公司	0	0	0	0	0	2.36
镇海炼化	43.79	46.17	51.89	45.06	52.45	54.57
中沙石化	37.64	27.76	35.37	37.68	40.55	32.76
中韩石化	21.87	18.70	22.66	23.33	—	—
福建炼化	45.32	43.71	31.54	—	—	—

（朱　良）

【精间苯二甲酸】 截至 2017 年底，集团公司生产精间苯二甲酸的企业只有燕山分公司，也是国内唯一一家生产 PIA 产品的企业。2017 年生产 PIA 产品 4.34 万吨，同比增加 0.12 万吨、增长 2.72%。

（朱　良）

合成纤维聚合物

【概述】 集团公司生产的合成纤维聚合物主要品种有聚酯（PET）、聚乙烯醇（PVA）、聚己内酰胺

(PA6)、聚对苯二甲酸丁二醇酯(PBT)。

2017年，集团公司生产合成纤维聚合物313.49万吨，同比增加10.93万吨、增长3.61%。集团公司合成纤维聚合物各品种产量见表36。

表36　集团公司合成纤维聚合物各品种产量　万吨

产品名称＼年份	2017	2016	2015	2014	2013	2012
合成纤维聚合物合计	313.49	302.56	285.39	284.29	328.79	334.13
聚　酯	272.28	269.87	255.57	258.78	298.75	301.76
聚对苯二甲酸丁二醇酯	8.72	8.60	8.39	5.69	5.94	5.45
聚乙烯醇	22.87	18.05	16.60	14.46	16.78	19.76
聚己内酰胺	9.62	6.04	4.83	5.36	7.33	7.18

(朱　良)

【聚酯】 截至2017年底，集团公司生产聚酯产品的企业有4家。其中，上海石化先期采用日本钟纺技术，后采用国产技术；仪化有限公司先期采用德国吉玛技术，后采用国产技术；天津分公司采用德国吉玛技术；洛阳分公司采用杜邦技术。

2017年，集团公司生产聚酯272.28万吨，同比增加2.41万吨、增长0.9%。集团公司各企业聚酯产量见表37。

表37　集团公司各企业聚酯产量　万吨

企业名称＼年份	2017	2016	2015	2014	2013	2012
集团公司合计	272.28	269.87	255.57	258.78	298.75	301.76
上海石化	41.26	41.56	39.47	40.12	49.09	59.41
仪化有限公司	198.54	198.92	190.52	191.94	194.72	174.58
天津分公司	21.74	18.89	16.27	16.38	29.10	26.00
洛阳分公司	10.74	10.50	9.31	10.33	12.91	19.72
仪征资产分公司①	—	—	—	—	12.93	22.05

①仪征资产分公司聚酯产能于2014年核销

(朱　良)

【聚乙烯醇】 截至2017年底，集团公司生产聚乙烯醇的企业有4家。其中，上海石化和川维化工公司采用日本东丽公司专利技术；燕化有限公司采用日本可乐丽公司专利技术，后采用国产技术进行技术改造；长城能化采用国产技术。上海石化和燕化有限公司以乙烯为原料，川维化工公司和长城能化以乙炔为原料。川维化工公司以天然气为原料生产乙炔，是集团公司唯一使用天然气为原料生产合成纤维聚合物和合成纤维的企业。长城能化以电石为原料生产乙炔。

2017年，集团公司生产聚乙烯醇22.87万吨，同比增加4.12万吨、增长18.3%。集团公司各企业聚乙烯醇产量见表38。

表38　集团公司各企业聚乙烯醇产量　万吨

企业名称＼年份	2017	2016	2015	2014	2013	2012
集团公司合计	22.87	18.05	16.60	14.46	16.78	19.74

续表

企业名称＼年份	2017	2016	2015	2014	2013	2012
上海石化	1.20	1.95	2.19	1.58	3.26	4.20
燕化有限公司	0	0	0	0	0.16	1.21
川维化工公司	15.75	14.13	12.37	12.79	13.36	14.32
长城能化	5.93	1.98	2.04	0.09	—	—

（朱　良）

【聚己内酰胺】 截至2017年底，集团公司生产聚己内酰胺的企业有石家庄炼化分公司和巴陵分公司2家，其中石家庄炼化分公司采用国产技术和意大利SINA技术；巴陵分公司采用国产技术与德国吉码技术。

2017年，集团公司生产聚己内酰胺9.62万吨，同比增加3.58万吨、增长37.2%。其中，石家庄炼化分公司生产聚己内酰胺1.53万吨，巴陵分公司生产聚己内酰胺8.09万吨。

（朱　良）

合成纤维

【概述】 合成纤维的五大品种是涤纶、锦纶、腈纶、维纶、丙纶，俗称“五大纶”。集团公司拥有涤纶、腈纶、维纶、丙纶和超高分子量聚乙烯纤维生产装置。

2017年，集团公司生产合成纤维124.01万吨，同比减少2.03万吨、降低1.61%。集团公司合成纤维各品种产量见表39。

表39　**集团公司合成纤维各品种产量**　万吨

产品名称＼年份	2017	2016	2015	2014	2013	2012
合成纤维合计	124.01	126.04	129.57	133.13	141.03	135.33
涤　纶	100.60	100.37	100.77	105.30	109.30	104.35
腈　纶	20.77	23.29	26.95	25.73	29.27	28.92
维　纶	2.05	1.83	1.34	1.62	1.79	1.42
丙　纶	0.36	0.36	0.37	0.35	0.57	0.53

（朱　良）

【涤纶】 截至2017年底，集团公司生产涤纶纤维的企业有4家。其中，上海石化短纤维装置先期采用德国吉玛技术，后期采用国产技术，工业长丝装置采用日本东丽技术；仪化有限公司先期采用日本东洋纺技术，后期采用国产技术；天津分公司采用纽玛格技术；洛阳分公司短纤维装置采用杜邦技术，长丝装置采用日本东丽技术。

2017年，集团公司生产涤纶纤维100.6万吨，同比增加0.23万吨，基本持平。集团公司各企业涤纶产量见表40。

表40　**集团公司各企业涤纶产量**　万吨

企业名称＼年份	2017	2016	2015	2014	2013	2012
集团公司合计	100.60	100.37	100.77	105.30	109.30	104.35
上海石化	4.58	6.47	6.40	7.74	8.64	8.59

续表

企业名称 \ 年份	2017	2016	2015	2014	2013	2012
仪化有限公司	76.45	74.89	75.05	76.48	77.33	68.33
天津分公司	8.99	8.65	10.20	10.88	11.53	10.31
洛阳分公司	10.58	10.36	9.13	10.19	11.80	17.13

（朱 良）

【腈纶】 截至2017年底，集团公司生产腈纶纤维的企业有3家。其中，上海石化采用国产技术，安庆分公司采用美国氰胺技术，齐鲁分公司采用美国杜邦技术。

2017年，集团公司生产腈纶纤维20.77万吨，同比减少2.52万吨、减少12.1%。集团公司各企业腈纶产量见表41。

表41 集团公司各企业腈纶产量 万吨

企业名称 \ 年份	2017	2016	2015	2014	2013	2012
集团公司合计	20.77	23.29	26.95	25.73	29.27	28.92
上海石化	13.19	14.05	15.97	15.49	16.62	16.57
安庆分公司	3.98	4.13	6.41	6.58	7.13	6.38
齐鲁分公司	3.59	5.11	4.58	3.65	5.51	5.97

（朱 良）

【维纶】 截至2017年底，集团公司生产维纶纤维的企业只有川维化工公司1家，采用国内技术，主要产品有维纶短纤维和维纶丝束（长丝）。川维化工公司还拥有水溶性维纶纤维产品、高强高模聚乙烯醇纤维产品。

2017年，集团公司生产维纶纤维2.05万吨，同比增加0.22万吨、增长10.7%。

（朱 良）

【高强高模聚乙烯纤维】 集团公司生产超高分子量聚乙烯纤维的企业只有仪化有限公司1家。2017年，集团公司生产高强高模聚乙烯纤维2 253吨，同比增加532吨、增长30.9%。

（朱 良）

煤化工

【概述】 截至2017年底，集团公司有12套煤气化装置运行，其中金陵分公司、齐鲁分公司、茂名分公司、九江分公司、南化公司、中天合创公司及长城能化（宁夏）共8套煤气化装置采用GE水煤浆气化技术，安庆分公司、巴陵分公司、湖北化肥分公司3套煤气化装置采用Shell干粉煤气化技术，扬子石化1套煤气化装置采用中国石化具有自主知识产权的SE干粉煤气化技术。

2017年，通过强化工艺技术管理，组织对标创标工作，开展技术攻关和技术交流，推广成熟的运行管理经验和技改技措项目，主要煤气化装置运行平稳。齐鲁分公司水煤浆气化装置自2015年3月30日检修开工后连续运行777天（截至2017年5月16日停工大修），再创长周期运行世界纪录，实现同类型装置运行481天、538天、777天的世界纪录“三级跳”；湖北化肥分公司煤气化装置自2016年5月检修开车后至2017年3月实现装置无大修累计运行300天，创投产以来最好水平。

2017年，湖北化肥分公司合成气制乙二醇示范项目技术攻关取得重大突破，全年实施设备隐患治理、工艺流程优化、新型催化剂应用、产品提质等26项技术改造，装置实现满负荷运行，装置运行技术经济指标优于设计值，产品在仪化有限公司的短纤、切片生产线应用达100%。2017年12月14日，集团公司“十条龙”攻关委员会批准该项目“出龙”。

（杨 砚）

化　　肥

【概述】 集团公司生产的化肥产品主要有合成氨、复合肥、硫酸铵、混配复合肥料 4 个品种。

2017 年，集团公司生产化肥产品总计 201.69 万吨，同比减少 4.86 万吨、降低 2.35%。各化肥产品产量见表 42。

表 42　　集团公司主要化肥产品产量　　万吨

产品名称＼年份	2017	2016	2015	2014	2013	2012
合成氨	110.12	114.95	96.90	95.50	115.94	126.43
复合肥	0.93	2.61	4.51	13.94	24.23	28.08
硫酸铵	87.68	86.20	77.56	84.78	96.26	57.28
混配复合肥料	2.96	2.79	3.11	4.53	4.77	4.27

（杨　砚）

【合成氨】 截至 2017 年底，集团公司生产合成氨的企业有 5 家。其中，安庆分公司、南化公司均采用托普索氨合成工艺；巴陵分公司、湖北化肥分公司均采用凯洛格氨合成工艺；川维化工公司采用卡萨利氨合成工艺。

2017 年，集团公司生产合成氨 110.12 万吨，同比减少 4.83 万吨、降低 4.20%。集团公司各企业合成氨产量见表 43。

表 43　　集团公司各企业合成氨产量　　万吨

企业名称＼年份	2017	2016	2015	2014	2013	2012
集团公司合计	110.12	114.95	96.90	95.50	115.94	126.43
安庆分公司	28.85	25.19	20.82	25.50	25.86	21.43
巴陵分公司	28.70	35.02	35.99	35.78	37.42	36.70
湖北化肥分公司	14.03	13.28	8.04	14.55	28.44	28.68
南化公司	24.68	29.88	25.38	19.29	22.73	25.34
川维化工公司	13.86	11.58	6.67	0.38	1.48	14.28

（杨　砚）

【复合肥】 截至 2017 年底，集团公司生产复合肥的企业只有南化公司 1 家。2017 年生产复合肥 0.93 万吨，同比减少 1.68 万吨、降低 64.37%。

（杨　砚）

【硫酸铵】 截至 2017 年底，集团公司生产硫酸铵的企业有石家庄炼化、巴陵分公司、安庆分公司、齐鲁分公司及宜昌资产分公司 5 家。2017 年生产硫酸铵（实物量）87.68 万吨，同比增加 1.48 万吨、增长 1.72%。

（杨　砚）

【混配复合肥料】 截至 2017 年底，集团公司生产混配复合肥料的企业仅有南化公司 1 家。2017 年生产混配复合肥料 2.96 万吨，同比增加 0.17 万吨、增长 6.10%。

（杨　砚）

无 机 原 料

【概述】 集团公司无机原料产品主要为“三酸一碱”4 个品种。2017 年，集团公司生产无机原料产品总计 160.39 万吨，同比减少 4.71 万吨、降低 2.85%。各无机原料产品产量见表 44。

表44　　集团公司主要无机原料产品产量　　万吨

产品名称＼年份	2017	2016	2015	2014	2013	2012
硫　酸	71.78	79.51	69.10	64.13	77.44	88.94
浓硝酸	20.04	15.99	15.52	19.12	21.34	20.41
盐酸(折31%)	16.75	17.23	17.74	23.67	27.15	32.21
烧　碱	51.82	52.37	49.84	52.49	61.06	82.63

（杨　砚）

【硫酸】 截至2017年底，集团公司生产硫酸的企业有南化公司、石家庄炼化、巴陵分公司、荆门分公司4家。2017年生产硫酸71.78万吨，同比减少8.23万吨、降低10.35%。

（杨　砚）

【硝酸】 截至2017年底，集团公司生产硝酸的企业仅有南化公司1家。2017年生产浓硝酸20.04万吨，同比增加4.05万吨、增长25.33%。

（杨　砚）

【盐酸】 截至2017年底，集团公司生产盐酸的企业有江汉油田分公司、巴陵资产分公司、南化公司及齐鲁分公司4家。2017年生产盐酸16.75万吨，同比减少0.48万吨、降低2.79%。

（杨　砚）

【烧碱】 截至2017年底，集团公司生产烧碱的企业有齐鲁分公司、江汉油田分公司、南化公司及巴陵资产分公司4家。2017年生产烧碱51.82万吨，同比减少0.55万吨、降低1.1%。

（杨　砚）

生物及精细化工

【概述】 2017年，集团公司按照“有资源、有市场、有技术、有人才、有竞争力”的原则，有序发展生物及精细化工业务，拥有表面活性剂、合成材料助剂、精细化工中间体、黏合剂和涂料、杀菌剂、特种聚合物、特种溶剂、油品添加剂、油气田化学品9类精细化工及生物化工产品，全年合计产量为44.56万吨(按照年末统计口径，不包括合资公司)。

（刘金胜）

【表面活性剂】 主要有脂肪醇聚氧乙烯醚、聚乙二醇(PEG)等产品，生产企业为上海石化，2017年产量为0.24万吨。

（刘金胜）

【合成材料助剂】 主要有橡胶防老剂系列产品，生产企业为南化公司，2017年产量为3.88万吨，同比增长10.96%，其中“兰花”牌橡胶防老剂已通过全球十大轮胎企业的采购认证，得到国际市场认可，产品包括防老剂4010NA、4020、TMQ等。高桥石化过氧化二异丙苯(DCP)业务按照地方政府的规划要求关停退出。

（刘金胜）

【精细化工中间体】 主要有异戊烯等产品，生产企业为上海石化，2017年产量为0.87万吨，同比下降9.20%。异戊烯采用自主知识产权技术生产，产品质量达到国际先进水平。

（刘金胜）

【黏合剂和涂料】 主要有环氧树脂、醋酸乙烯-乙烯共聚乳液(VAE)等产品，2017年产量为25.47万吨，同比增长8.29%。其中，环氧树脂生产企业为巴陵资产分公司，2017年产量为8.90万吨，同比增长13.42%，共有CYD型、E型、邻甲酚醛系列、双酚A酚醛系列、溴代、双酚F系列、水性、风力发电用、固化剂、稀释剂、增韧剂等多个类型共70多个品种，2017年成功开发UV涂料用128Y树脂、绝缘材料用128E树脂、地坪面涂用128F树脂等新产品，并完成出口用128S树脂试生产。

VAE乳液生产企业有燕化有限公司和川维化工公司，2017年产量为16.57万吨，同比增长5.73%。

（刘金胜）

【杀菌剂】 主要有漂粉精、强氯精(三氯异氰尿酸)

等产品，生产企业为江汉油田分公司盐化工总厂，2017 年产量为 6.62 万吨，同比增长 7.75%。其中，漂粉精采用先进的钠法生产工艺，产销量世界第一，质量稳定；强氯精单套装置规模国内第一，产品有效氯含量≥90%。

（刘金胜）

【特种聚合物及单体】 主要有聚醚多元醇(PPG)、聚合物多元醇(POP)等系列产品，生产企业为天津资产分公司，2017 年产量为 6.07 万吨，同比增长 13.30%。高桥石化聚醚业务按照地方政府的规划要求关停退出。

（刘金胜）

【特种溶剂】 主要有对二乙苯、戊烷等产品，2017 年产量为 1.26 万吨。其中，对二乙苯生产企业为扬子石化，2017 年产量为 0.56 万吨，同比增长 43.71%；戊烷生产企业为上海石化，2017 年产量为 0.70 万吨。

（刘金胜）

【油品添加剂】 主要产品为润滑油无灰分散剂，生产企业为扬子石化，2017 年产量为 1 273 吨。产品牌号有 T151、T154A 和 T161。

（刘金胜）

【油气田化学品】 主要有钻井助剂、注水压裂助剂和三次采油助剂 3 类 12 个产品，生产企业为南化公司。其中，钻井助剂包括聚胺抑制剂、极压减摩剂/极压润滑剂、高效润滑剂、油基钻井液用纤维类随钻堵漏剂、有机土、消泡剂、聚合醇封堵剂 7 个产品；注水压裂助剂包括注水用黏土稳定剂、压裂用黏土稳定剂、高温蒸汽用黏土稳定剂 3 个产品；三次采油助剂包括降压增注驱油用纳米乳液、耐温抗盐用表面活性剂 2 个产品。继 9 个产品在胜利、中原等油田单位进行先导试验或工业化应用后，2017 年钻井用发泡剂在西南石油工程公司进行现场应用，取得较好的应用效果，并完成 2 个钻井助剂产品评议。

（刘金胜）

【生物化工产品】 主要产品有碳十二/碳十三(C_{12}/C_{13})长链二元酸，生产企业为扬子石化(清江石化)，2017 年产量为 147 吨。

（刘金胜）

质量管理

【概述】 2017 年，化工板块贯彻落实集团公司年度工作会议精神，聚焦提质增效升级，调结构、拓市场，发扬“工匠精神”，牢固树立客户至上理念，强化质量管理体系有效性建设，夯实质量管理基础，持续提升产品质量和服务质量，打造质量过硬的品牌形象。

推进质量管理体系有效性建设。组织对茂名分公司、南化公司、镇海炼化和巴陵分公司质量管理体系运行有效性进行检查，检查发现问题 97 项，整改完成 90 项，整改完成率 92.78%。派遣观察员对广州分公司、燕山分公司、仪化有限公司和巴陵分公司 4 家企业质量管理体系第三方审核过程进行观察，监督审核机构的工作能力，了解企业质量管理体系运行情况。

开展“质量日”“质量月”活动。在中国石化第 7 个“质量日”活动期间，组织召开化工质量工作会，29 家化工企业、专业公司和北京化工研究院的 64 名负责质量工作的人员参加会议。会议总结 2016 年质量工作、部署 2017 年重点工作，表彰 2016 年度化工质量管理先进单位。在“质量月”活动期间，启动合成纤维产品实验室比对工作，总体评价各合成纤维生产企业实验室的检验能力和水平，查找差距，切实提高合成纤维检测水平。

提升化工产品质量稳定性。为了客观公正地评价化工产品实物质量状况，建立化工产品实物质量评价和考核体系，对三大合成材料质量指标、单产品和产品大类进行质量稳定性分析，并对各企业质量稳定性进行排名、通报。2017 年，集团公司合成树脂过程能力指数 0.71，为 2.13 西格玛水平；合成橡胶产品过程能力指数 0.80，为 2.4 西格玛水平；合成纤维产品过程能力指数 1.21，为 3.63 西格玛水平。组织开展《2017 年合成树脂稳定性研究》科研项目，对国内市场上存在的管材类聚乙烯树脂 PERT、管材类共聚聚丙烯树脂、薄膜类三元共聚聚丙烯树脂等 5 类 27 个产品的质量稳定性进行研究，对比中国石化和国内外同行企业的产品，查找不足，明确下一步质量攻关的方向。

推进质量控制在线分析仪表管理。启动“在线分析仪运行监控与管理系统”建设，监控各企业质量控制在线分析仪表的投用率和完好率。2017 年，纳入总部监控在线分析仪表 3 138 套，投用率 74.86%，完好率 73.65%。完成《中国石化化工在线分析仪表应用评价办法(试行)》，做好企业在线分析仪表的监控和考核。

（杨世飞）

【化工产品客户服务】 2017年，化工板块树立“客户的要求就是标准”的观念，进一步提升客户服务管理水平，为客户提供全流程解决方案，实现从卖产品到卖服务的转变。开展“合成树脂重点行业客户需求侧研究”科研项目，对中国石化合成树脂产品在包装、汽车、管材、医药四大行业的用户需求及满意度情况进行调查，建立服务质量指标评价体系。开展高压聚乙烯和精对苯二甲酸2个产品的客户满意度调查，以产品质量、使用性能、产品包装、产品交付、投诉处理和产品技术服务作为满意度指标；通过云客户关系管理系统（CRM）发放调查问卷，组织客户填写问卷；采用SWOT分析方法，分析整理满意度度调查结果，形成满意度调查报告，为企业新产品研发及质量攻关提供支撑，高压聚乙烯和精对苯二甲酸产品总体满意度分别为95.40分和88.18分。积极开展客户走访和技术服务，全年累计走访客户9 200余家次，为客户提供各类技术服务300余件次，通过客户走访和技术服务，加强了与客户的沟通和交流，有效地解决了客户生产中遇到的问题，在取得客户认可的同时，对装置排产和产品结构优化起到重要的促进作用。2017年，共接到用户投诉45件，同比减少5件；投诉处理完成率为100%，投诉处理时间为7.79天，同比减少2.21天。

（杨世飞）

【质量培训】 以中国石化“质量日”和全国“质量月”活动为契机，组织化工板块开展生动活泼、形式多样的质量专题活动，通过标语、电视、网络、报纸等宣传阵地，宣传中国石化的质量方针、质量目标和社会责任，营造人人关注质量、追求一流质量的企业文化氛围。组织25家企业的60名学员在管理干部学院举办化工分析检验及质量管理高级研修班；邀请国内知名质量管理及分析检验专家进行集中授课，采用现场教学、企业研修、交流答辩等教学方式，提高培训的针对性，提升企业人员专业技术能力。组织开展2期化工产品质量稳定性分析模块集中培训，进一步加深企业质量和工艺管理人员对化工产品质量稳定性分析的计算原理和系统功能操作的理解，提高化工产品稳定性分析能力和水平。特邀食品接触材料国家标准起草组专家对32家炼化企业及专业公司的63名质量、标准及销售业务管理人员进行食品接触材料新国家安全标准培训。

（杨世飞）

【化工产品等级品率完成情况】 2017年，合成树脂一级品以上比例91.37%，同比提高0.42个百分点（因质量管理系统升级，部分数据有偏差）。分品种来看，聚丙烯91.91%，提高1.41个百分点；高密度聚乙烯94.98%，降低0.38个百分点；低密度聚乙烯98.15%，提高0.26个百分点；线型低密度聚乙烯98.60%，提高0.82个百分点；聚氯乙烯96.83%，提高0.29个百分点。

合成橡胶一级品以上比例95.51%，降低1.40个百分点。分品种来看，丁苯橡胶（包括SBS、SEBS）98.03%，降低0.47个百分点；顺丁橡胶99.93%，提高1.70个百分点；丁基橡胶59.23%，降低15.30个百分点。

合成纤维一级品以上比例98.82%，同比持平。分品种来看，涤纶98.96%，降低0.54个百分点；腈纶99.93%，降低0.04个百分点；维纶100%，同比持平。

合成纤维原料一级品以上比例99.91%，同比持平。分品种来看，丙烯腈100%，同比持平；精对苯二甲酸99.96%，降低0.03个百分点；乙二醇99.88%，降低0.12个百分点；己内酰胺100%，同比持平。

合成纤维聚合物一级品以上比例98.56%，同比降低0.31个百分点。分品种来看，锦纶切片98.96%，降低0.45个百分点；聚乙烯醇92.68%，提高4.35个百分点；聚酯99.08%，降低0.62个百分点。

（杨世飞）

设备管理

【概述】 2017年，集团公司23家化工企业固定资产原值为2 898.50亿元、净值为1 509.70亿元，其中设备固定资产原值为2 476.37亿元、净值为816.51亿元，设备新度系数为0.33。

设备分类情况：塔类4 988台，反应器类2 748台，储罐类39 690台，炉类723台，换热设备类27 174台，通用机械类68 767台，动力设备类7 314台，电气设备类239 299台，自动控制及仪器仪表类1 124 438台，其他10 479台。关键机组1 021台，其中各类气体压缩机（250千瓦以上）661台（电机驱动的510台、蒸汽透平驱动的151台）、冷冻机（200千瓦以上）210台（电机驱动的187台、蒸汽透平驱动的23台）、发电机（3 000千瓦以上）148台、烟汽轮机（500千瓦以上）2台。在用压力容器31 972台，其中一类容器 12 913 台、二类容器 13 889 台、三类容器 2 645 台。GC1、GC2、GC3 类工业管道 9 921 151.55 米，其中 GC1 管道 677 191.76 米、GC2 管道 7 369 224.25 米、GC3 管道 1 874 375.54 米。

仪表及自动化设备总台数 1 025 792 台，其中完好总台数 1 021 365 台、完好率 99.57%，使用台数 1 013 151 台、使用率 98.77%；DCS 总套数为 570 套，PLC 总套数为 1 838 套，ESD 总套数为 312 套，在线分析仪表总套数为 10 469 套；总回路数 479 813 个，控制回路 110 816 个，联锁回路 92 875 个。

（方紫咪）

【召开设备专业会议】 针对电力系统隐患治理工作的经验和教训，召开炼化企业电气专业工作研讨会，要求进一步加强炼化企业电气专业管理，提升电力系统可靠性。

召开化工企业装置停工检修经验交流会，总结 2016 年的设备检修工作，分析设备检修和日常管理中存在的问题，督促 2017 年停工大修企业尽早部署、落实措施，并要求企业加强设备管理，抓好隐患治理。

针对空分装置发生的重复故障，召开大型空分装置保稳促优研讨会，结合企业故障案例，分析当前存在的问题，研讨治理方案和措施。

召开板式换热器使用管理技术交流会，总结板式换热器工艺操作、设备维护检修方面的经验教训，讨论板壳式换热器在设计、安装、使用范围、操作中需要注意的主要问题，介绍板式换热器设计、制造、检修维护技术及发展的最新科研成果。

（方紫咪）

【技术服务】 对 2017 年停车大修的上海石化、齐鲁分公司、扬子石化、海南炼化、巴陵分公司和南化公司等企业开展检修技术服务，帮助企业做好停工和检修方案的优化，检查企业的检修准备工作，督促安全保障措施的落实。

组织专家帮助企业分析设备故障，查找系统隐患，并提出相应的解决方案，为企业决策提供依据。针对广州分公司聚丙烯挤压机在高负荷运行时螺杆出现异响、螺杆及筒体有磨擦痕迹、机组滤网有较多金属碎屑等问题，召开专题研讨会，分析原因，制定措施。针对茂名分公司使用不满 2 年的裂解炉管相继出现焊缝开裂、母材开裂、严重减薄和熔融穿孔等故障，召开裂解炉操作技术及故障研讨会。针对镇海炼化裂解气压缩机 GB－201 汽轮机抽汽量波动的问题，召开裂解气压缩机透平抽汽阀故障分析会。针对湖北化肥外网波动导致乙二醇装置停工，组织治理方案的讨论，进一步提高供电的可靠性；针对空分装置增压机轴位移和止推瓦温度缓慢上涨的问题，组织专家分析原因，提出建议措施。针对上海石化 2# 烯烃装置丙烯压缩机联轴器侧径向瓦瓦温偏高、新区 2# 循环水系统 EA－2204 /EA－2264 水冷器泄漏的问题，组织原因分析，提出解决方案。茂名分公司南海精细化工有限公司 20 万吨/年环氧乙烷项目（总部“十条龙”科研项目）E－101 气－气换热器在运输途中发生交通事故而损坏，修复后准备投运，组织专家评估能否满足安全生产的要求，并对存在问题制定防范措施。组织专家参与中天合创鄂尔多斯煤炭深加工示范项目水处理开车服务，确保中天合创二线装置开车工作的顺利开展；针对中天合创合成气压缩机振动突然升高，合成段末级叶轮轮盘局部脱落的问题，召开合成气压缩机故障分析会；针对中天合创水煤气化装置 5#、4# 及 3# 气化炉陆续出现下降管和上升管损坏泄漏等问题，组织分析故障原因，提出措施和建议。

（方紫咪）

【编写《中国石化压力容器发展史》】 为总结石油化工行业压力容器的发展历程，展示石化设备领域取得的巨大成就，中国石化组织编写《中国石化压力容器发展史》，编写工作正有序进行中。

（方紫咪）

【专业培训】 为了进一步提升设备管理和检维修水平，培养一批具有较高专业技术水平、较强创新能力的设备高级专业技术人才，举办炼化装备及检维修技术骨干研修班、电气骨干培训班、仪表骨干培训班和公用工程高级研修班。

（方紫咪）

【工作调研】 2017 年共对 10 家企业的 96 台裂解炉进行资料检查和现场测试。96 台裂解炉总设计热负荷为 5 482.5 兆瓦，实际运行热负荷 4 841.2 兆瓦，负荷率 88.3%。实测加权平均热效率 93.65%，同比降低 0.2%；加权平均排烟氧含量 2.32%，升高 0.04%；加权平均排烟温度 125.3℃，升高 3℃；加权平均一氧化碳 17×10^{-6}；均达到《中国石化炼化企业加热炉管理规定》要求。烟气中污染物平均排放浓度：换算至基本氧含量 3% 时的二氧化硫含量为 13 毫克/米^3、氮氧化物含量为 99.5 毫克/米^3，符合 GB 31570—2015《石油炼制工业污染物排放标准》要求。其中，多数企业已进行低氮燃烧器的改造工作，氮氧化物降幅较为明显。

检查测试中发现的问题：部分裂解炉排烟氧含量和排烟温度偏高、DCS在线仪表误差较大、烟气组分中一氧化碳含量偏高、空气预热器积灰严重、炉体漏风、炉壁超温等。针对裂解炉检查发现的问题，要求企业认真查找裂解炉运行管理中的不足，制定措施加以整改，以后检查测试对此将进行跟踪检查。

（方紫咪）

【计量管理与监督】 ①狠抓石脑油途耗管理，督促企业采取有效措施降低石脑油途耗率。2017年，石脑油累计途耗率为0.02%，其中水运途耗率最高为0.21%。②开展炼化企业计量检查工作，对广州石化、洛阳石化和巴陵石化等12家企业的计量机构和制度建立、交接计量监管、计量器具管理、计量信息化应用和计量标准管理等内容进行检查，查出问题419项。③完成《化工产品交接计量管理规范》修订和审查验收工作。④参加《天然气高压大流量计量检定站系统技术研究》和《气体超声流量计远程诊断系统技术研究》项目验收会。

（杨世飞）

达标管理与节能减排

【达标工作组织】 化工达标管理工作按装置、专业等层次组织开展工作。装置达标方面，继续组织同类装置竞赛；专业达标方面，分乙烯专业、芳烃专业、基本有机化工专业、合成树脂专业、合成橡胶专业、合成纤维原料专业、合成纤维专业、碳一化工专业8类组织专业达标工作。

2017年，参与化工达标的企业共23家，包括镇海炼化、茂名分公司、齐鲁分公司等炼化一体化企业和南化公司、巴陵分公司等老企业。

（刘志武）

【专业达标】 采用价值量化方式进行各专业的达标核算，体现效益优先的专业管理思路。2017年，乙烯专业、芳烃专业、合成橡胶专业、合成纤维专业、碳一化工专业的达标率为100%，合成树脂专业、合成纤维原料专业的达标率分别为92.86%和90.90%。

（刘志武）

【装置长周期运行攻关】 围绕化工生产存在的薄弱环节开展攻关，在裂解气压缩机、聚烯烃造粒机等关键机组维护、电气及仪表现场管理、操作优化等方面持续进行改进，制定、落实保证长周期运行的专业管理措施。2017年，乙烯裂解、芳烃、LLDPE、PTA、煤气化等化工装置总体实现安全稳定运行。齐鲁石化煤气化装置连续运行777天，创同类装置长周期运行纪录。

（刘志武）

【同类装置竞赛】 2017年，化工板块有20类142套装置参加同类装置竞赛，通过对产量计划完成、物耗、能耗、安稳运行、质量、安全环保等指标的综合横向评定，共有48套装置获得竞赛奖励。其中，乙烯装置获得前3名的分别是镇海炼化、天津分公司、广州分公司；芳烃装置获得前3名的分别是镇海炼化、天津分公司、上海石化；乙二醇装置获得前3名的分别是扬子石化、茂名分公司、上海石化1#装置；苯乙烯装置获得第1名的是茂名分公司；苯酚丙酮装置获得第1名的是高桥石化；丁二烯装置获得前3名的是中韩石化、茂名分公司、镇海炼化；高压聚乙烯装置获得前3名的是茂名分公司1#、上海石化2#、燕山分公司2#；低压聚乙烯装置获得前3名的是齐鲁分公司2#、茂名分公司、中韩石化；线型聚乙烯装置获得前3名的是镇海炼化、天津分公司、广州分公司；化工连续法聚丙烯装置获得前3名的是燕山分公司1#、齐鲁分公司、上海石化1#；炼油连续法聚丙烯装置获得前3名的是海南炼化、九江分公司、湛江东兴公司；顺丁橡胶装置获得第1名的是茂名分公司；SBS装置获得第1名的是巴陵资产分公司；PTA装置获得前3名的是仪征化纤2#、上海石化、扬子石化3#；丙烯腈装置获得第1名的是安庆分公司2#；聚酯装置获得前3名的是仪征化纤1厂、仪征化纤2厂、洛阳分公司；涤纶短丝装置获得前3名的是仪征化纤1#、仪征化纤2#、上海石化；腈纶装置获得前3名的是上海石化(北)、上海石化(南)、上海石化金阳；己内酰胺装置获得第1名的是巴陵分公司；煤气化装置获得前2名的是金陵分公司、南化公司。

（刘志武）

【达标重点工作】 2017年，化工达标工作服务于装置安全稳定运行、增产增效、结构调整等化工板块重点工作，持续开展装置运行优化、操作优化工作，组织各化工装置进行提质增效攻关、脱瓶颈的增产攻关，化工板块圆满完成产量、三大合成材料结构调整、吨产品费用控制等生产经营任务。乙烯装置高附收率同比上升0.40个百分点；芳烃装置(燃动)

能耗下降 13.48 千克标油/吨；聚烯烃装置的能耗、物耗指标保持国内同类装置先进水平；PTA、己内酰胺的能耗、物耗进一步下降；煤化工主要装置实现长周期运行，能耗、物耗进一步下降。全年，化工装置总体运行平稳，技术经济指标先进，吨产品完全费用等成本指标受控良好。

强化《中国石化炼油化工工艺技术管理规定》的制度落地执行，进一步规范工艺技术管理，组织 2017 年度中国石化化工工艺技术专项检查，强化工艺技术管理的监督、检查、考核，狠抓工艺参数平稳控制，聚焦联锁报警及盲板的规范管理，深化现场操作、作业的风险识别分析，工艺技术管理工作得到切实加强。推广茂名分公司苯乙烯装置等先进基层经验，开展“比、学、赶、帮、超”活动和基层车间对标等工作，使基层单位“强基、固本”，确保完成各项年度工作目标。努力打造素质过硬的专业技术人才队伍、技能操作人员队伍，年内分别组织举办合成树脂、乙烯装置专家培训班，一批高级技术研修班及不同层次的专业技术人员、技能操作骨干培训班；加强岗位练兵，组织技能操作人员岗位培训和现场演练，提高操作人员专业技能和应对现场突发情况的处置能力。

（刘志武）

【节能减排】 2017 年，化工板块万元产值综合能耗为 1.456 吨标煤，同比降低 0.002 个单位，比计划低 0.004 个单位，节能率为 0.13%，节能量为 5.7 万吨标煤。化工托管企业万元产值综合能耗为 1.210 吨标煤，上升 0.034 个单位，比计划低 0.04 个单位，节能率为 -2.88%，节能量为 -15.5 万吨标煤。

深入开展燃动费用分析。专题召开吨产品燃动费用分析会，交流 6 家典型企业燃动费用分析经验，针对分析中发现的问题提出优化措施。开展天津分公司现场调研，与业务人员沟通燃料动力报表内容，分析核对财务和能源数据差异，结合管理需求和企业实际，研究制定事业部燃料动力明细表，推进深层次燃动费用分析，为燃动费用优化创造条件。化工吨产品燃动费用为 410.15 元，因燃料煤价格大幅上涨，同比升高 11%。

有效推进“能效倍增”计划。化工企业共完成 104 个“能效倍增”计划项目，投资 5.4 亿元，效益 3.4 亿元，实现节能量 64 万吨标煤，增加 37.8 万吨标煤，其中结构节能实现节能量 44.9 万吨标煤、技术节能实现节能量 12.5 万吨标煤。

持续抓好节能技术服务。坚持服务企业、挖掘潜力、促进交流、提升水平，为企业提供节能管理经验和技术支撑的优良做法，组织科研设计单位及生产企业有关专家，到现场帮助企业分析节能潜力，提出具体节能优化措施。节能技术服务组为上海石化提出 14 项具体措施、19 项方向性建议，初步估算通过挖掘节能潜力可增效 1.1 亿元。由抚顺石油化工研究院承担实施低温余热回收利用大系统构建、全厂用能优化、氢资源优化等多个科研项目，为企业节能挖潜提供技术支撑。

开展节能技术培训。4 月 13—26 日，在管理干部学院举办为期 15 天的化工节能技术骨干培训班，旨在提高化工企业节能管理水平，培养具有较高水平的专业技术人员。培训内容包含化工企业能源管理、节能统计、燃料动力费用分析、二氧化碳排放统计分析、蒸汽管网优化调度、蒸汽能级利用与乏汽回收、全厂合理用能与低温热利用、典型化工装置用能分析及能量优化利用、各企业节能案例交流研讨等，期间组织学员赴燕山石化现场参观交流节能新技术应用情况。

镇海炼化、茂名分公司、齐鲁分公司、天津分公司 4 家企业被评为 2017 年度化工节能先进企业。

（黄志壮）

中国石化
SINOPEC

境内炼化工程

◇ 综述

◇ 生产经营管理

◇ 技术创新

◇ 企业管理

◇ QHSE管理

综　　述

2017 年，炼化工程板块积极落实集团公司年度工作会议各项部署，全体干部员工齐心协力、攻坚克难，不断挖掘一体化优势，着力深化改革、优化资源配置、转变发展方式、狠抓生产经营、大力开拓市场、强化技术创新，各项工作取得显著成效。

生产经营任务全面完成。炼化工程板块积极应对市场形势，抓住机遇、精细管理、深化改革，全年累计实现营业收入 362.09 亿元，各项生产经营目标全面完成。

重点工程保障有力。炼化工程板块强化过程管理，全力保障集团公司重点工程项目顺利实施，项目质量、安全整体受控。

（刘红叶）

生产经营管理

【概述】 2017 年，面对经济发展新常态、国际油价新周期、市场竞争新形势、国企改革新任务，炼化工程板块直面困难与挑战，迎难而上、积极进取，坚持以能化为本、创新驱动、全球发展、价值聚焦“四大战略”引领发展创新，积极开拓市场，不断加强工程保障能力，优化业务结构和内部资源，实现稳中有进的发展态势。

（刘红叶）

【市场开发卓有成效】 2017 年，炼化工程板块发挥产业链、业务链和技术链的整体优势，以国家七大石化产业基地部分项目启动和中国石化打造 4 个世界级炼化基地为契机，加大市场开发力度，努力把握市场向好的机遇。全年境内新签合同额为人民币 290.70 亿元，同比增长 69.1%，其中中化泉州乙烯项目合同总额约为人民币 42.59 亿元、浙江石化炼化一体化项目合同总额约为人民币 37.13 亿元、大连恒力炼化一体化项目合同总额约为人民币 22.01 亿元、镇海沸腾床渣油加氢项目合同总额约为人民币 13.76 亿元、扬子石化 10 万吨／年 EVA 装置项目合同总额约为人民币 9.96 亿元、济南催化裂化项目合同总额约为人民币 6.80 亿元、长城能化宁夏合成气脱瓶颈项目合同总额约为人民币 3.58 亿元。

（刘红叶）

【重大项目顺利实施】 中安联合煤化一体化项目：2017 年 1 月，项目复工，截至 12 月 31 日，该项目整体进度过半。天津 LNG 项目：截至 2017 年 12 月 31 日，该项目已实现中交，处于配合业主开车状态。中化泉州乙烯项目：截至 2017 年 12 月 31 日，该项目已启动，各项工作正有序开展。董家口原油商业储备基地项目：截至 2017 年 12 月 31 日，该项目整体进度超 40%，部分罐体正在进行安装，总体进展受控。大连恒力炼化一体化项目：截至 2017 年 12 月 31 日，该项目炼油部分处于土建全面开工阶段，设计正在收尾，部分设备到场就位，装置桩基和一级地管施工基本完成，钢结构开始安装，总体进展受控；乙烯部分正在进行工艺设计。浙江石化炼化一体化项目：截至 2017 年 12 月 31 日，该项目处于土建前期，详细设计完成过半，现场处于土建施工阶段，主要是桩基、一级地管和基础施工，部分管廊钢结构安装开始，总体进展受控。

（刘红叶）

【工程保障能力不断加强】 2017 年，为保障项目更高效、有序、安全地执行，炼化工程板块大力推进资源整合，加强设计、分包和结算管理，确保项目顺利执行、生产经营目标顺利实现。①为加强设计管理，建立知识共享机制，总结大型建设项目设计工作经验教训，编制并发布工程实例图文并茂的《设计常见问题手册》，组织设计人员交流学习，进一步提升设计水平。②为全面提升项目管理水平，对标国际一流，采用国际通用的典型设计、采购、施工及开车 EPCC 项目的组织机构及角色设计，全面覆盖 EPCC 业务内容，开展国际项目管理指南编写。③为提高分包管理能力，降低成本、保证项目收益，建立并发布统一的施工分包管理体系和管理标准，对分包管理工作实行一体化的管理模式，进一步确保分包工程质量、安全受控。④持续强化风险管控，完善项目结算及存货管理工作机制，建立完整的项目存货管理数据体系；发挥合力，加强项目实施过程中的进度确认及时性，规范项目结算，提高项目效益。

（刘红叶）

技 术 创 新

【概述】 2017 年，炼化工程板块努力组织好重大技术合作和技术创新项目的实施，充分利用好研发中心工程技术开发的特色优势，不断加强与全球知名专利商的合作。

（刘红叶）

【技术研发工作稳步推进】 依托重点工程项目，重大技术研发工作稳步推进。全年承担的23个"十条龙"攻关项目按时完成阶段任务，湖北化肥煤制乙二醇、金陵沸腾床渣油加氢、高压交联聚乙烯绝缘料、由LCO生产高辛烷值汽油、RS－2200低成本国Ⅴ柴油、上海石化PAN基碳纤维6个项目完成攻关任务"出龙"。20万吨/年固体酸烷基化、重质原料增产低碳烯烃和BTX、2 000吨级清洁高效粉煤气化、气相聚丙烯产品VOC脱除、大通量等离子体处理VOCs共5个项目加入"十条龙"攻关。茂名环氧乙烷、天津LNG、石家庄烷基化等5套装置实现一次开车成功或中交。镇海水煤浆气化、海南二代芳烃、能效提升等课题完成阶段攻关目标。甲烷氧化偶联制乙烯、烷基化废酸制硫酸、污泥一体化处理技术、大型储罐外浮顶施工胎具、施工可视化交底项目等方面的技术改进与创新取得阶段成果。

（刘红叶）

【技术创新工作取得实效】 协同创新新局面初显。协同研发项目65项，完成24项，涉及炼油、化工、新型煤化工、生物能源、节能环保以及施工相关技术。

多项技术开发成果通过鉴定。2017年通过省部级以上技术鉴定及评议项目共7项，其中"降低催化烟气氮氧化物排放助剂的工业应用""现场腐蚀挂片监测及数据采集规范化研究"和"油田'三采'助剂对炼油装置腐蚀的影响"3个项目通过集团公司技术鉴定，"煤气化制乙二醇污水处理及回用研究及工业应用""煤气化制乙二醇综合污水A/O生化处理系统工艺包""催化裂化模拟优化软件升级及多产汽油工艺研究"和"高标准蒸汽管道保温技术开发"4个项目通过集团公司评议。

16项重点攻关项目取得进展。"第二代催化柴油转化制汽油组合工艺研究""移动床石脑油耦合甲醇生产高辛烷值汽油技术开发""延迟焦化装置降量加工优化工艺研究"等课题顺利完成试验考察，进入优化研究阶段。

（刘红叶）

【专利申请与获奖情况】 2017年，炼化工程板块突出重点，不断加强对新技术领域及核心技术成果的保护，专利质量不断提高。全年，完成新专利申请466件，其中224件为发明专利；获授权专利312件，其中134件为发明专利。技术进步再接硕果，全年共获省部级以上各类科技进步奖励95项(次)，其中"煤制油品／烯烃大型现代煤化工成套技术开发及应用""高效甲醇制烯烃全流程技术"2个项目获国家科技进步一等奖、"提高轻油收率的深度延迟焦化技术"获二等奖，"连续重整新型再生及配套技术""气液法流化床聚乙烯工艺成套技术"等16个项目获年度中国石化技术发明奖、科技进步奖，20个项目获中国石化年度优秀工程设计奖，11个项目获优质工程奖。

（刘红叶）

企业管理

【概述】 2017年，炼化工程板块按照"创建世界一流工程公司"的愿景，夯实基础、深化改革、突出创新，努力实现全面可持续发展，全面推进资源优化和改革重组。

（刘红叶）

【企业改革持续深化】 2017年，炼化工程板块持续挖掘一体化优势，推进内部资源的优化整合。组建土壤治理中心，打造土壤治理的专业团队，构建土壤治理业务的技术整合平台、市场开发平台和项目统筹平台；组建装备技术中心，推动制造业务实现高端化转型发展。持续推进创新发展，瞄准增量业务，寻找新的利润增长点。年内，完成上市后的首次兼并收购，成功收购中国石化咨询公司持有的中石化节能技术服务有限公司100%股权，旨在将该公司打造成为节能工程和技术资源的平台、合同能源管理项目的合同主体。

（刘红叶）

【节能环保业务不断拓展】 2017年，炼化工程板块注重节能环保市场开拓，通过整合自身技术优势，并与国内外知名技术专利商开展合作，业务范围覆盖烟气脱硫脱硝、VOCs治理、污水处理、污泥减量干化、土壤修复、二氧化碳回收利用、装置工艺流程及换热网络优化、装置间系统热集成优化、关键耗能设备先进技术优化、低温利用等多个分项领域。积极参与"碧水蓝天"和"能效倍增"计划，积极开展合同能源管理和探索合同环保管理新的业务模式，为企业提供节能诊断和优化服务，进一步开拓环保和节能业务。全年，新签环保类业务合同额为人民币12.34亿元，主要来自烟气脱硫脱硝项目；新签节能类业务合同额约为人民币3 674万元，主要来自节能改造项目。

节能业务开发方面，聚焦能源化工行业合同能源管理、节能工程服务、节能技术咨询与服务、节能领域投资、节能政策相关课题研究等，为客户提供一站式、整体节能技术服务。积极推动合同能源管理业务，成功实施多个合同能源管理项目，获得多项财政奖励及较大的税收减免，正推进几十项合同能源管理，部分项目已开展合同谈判。积极开展节能技术交流合作，进一步提升在节能服务领域的整体优势，努力将绿色低碳、节能减排的工作体现到数字化、智能化工厂的设计中去，促进能源与现代信息技术深度融合，推动能源生产管理和消费模式变革。

环保业务开发方面，持续推动土壤治理业务发展，正在开发国内多个土壤治理项目，部分已经完成中试；积极开拓新能源市场，开展生物质制汽油万吨级工业示范项目建设，开展生物乙醇项目交流合作；与合作伙伴开展百万吨级二氧化碳捕集利用合作，开展二氧化碳电化学转化利用工业化方案研究，为进入碳减排和碳交易市场打下基础。

（刘红叶）

【ERP 系统顺利建设和实施】 2017 年，炼化工程板块完成所有附属公司全部国内业务 ERP 推广上线，基本建成以 ERP 为核心的经营管理平台，ERP 建设模式的创新填补了国内工程行业 ERP 系统全业务链应用空白。ERP 项目全面覆盖工程技术研究、设计、采购、制造、施工的业务应用，项目级利润中心管理机制实现了在 ERP 系统执行建造合同核算，推进了项目主合同、分包合同、采购合同“一线牵”，推进了财务合同、项目合同、市场开发合同“紧耦合”，推进了项目进度检测与收入及成本确认“强挂钩”，推进了过程化项目进度、分包、采购、成本核算“硬关联”。ERP 建设成果显著，为其他大系统、大平台推广建设沉淀了技术、积累了经验，也为信息化发展奠定坚实基础。

（刘红叶）

QHSE 管理

【概述】 2017 年，炼化工程板块以长效机制建设为统领，以夯实“三基”管理和强化风险防控为主线，坚持以人为本，注重持续改进，重点抓好 QHSE 体系管理和质量安全主体责任落实，全力推进质量安全标准化建设和本质安全能力建设，通过组织多层次培训、深化设计本质安全管理、加强监督检查、深入开展质量提升活动等措施，不断强化 QHSE 管控，管理基础进一步夯实，质量、安全和境外公共安全形势总体受控。截至 2017 年 12 月 31 日，实现正在执行的项目未发生安全、质量、环境、职业卫生和境外公共安全等上报事故的目标，累计实现 197.64 百万安全人工时。

（刘红叶）

中国石化
SINOPEC

产品销售

- ◇ 天然气销售
- ◇ 加油（气）站产品销售
- ◇ 炼油自销产品销售
- ◇ 燃料油销售
- ◇ 化工产品销售

天然气销售

【概述】 2017 年，受国家经济回暖、工业产业发展形势好转、“煤改气”推动力度加大等因素影响，天然气需求出现恢复性增长态势。集团公司抢抓天然气发展的良好机遇，紧盯拓市扩量，聚焦管理创新，着力提质增效，狠抓安全生产，稳步推进工程建设，生产经营保持良好局面。

（林媛媛）

【资源经营】 2017 年，中国石化销售天然气 340 亿立方米，同比增长 27.9%、超出全国平均消费增幅 11 个百分点。其中，自产天然气 257.4 亿立方米。

（林媛媛）

【市场开拓成效显著】 加强市场研究，提前预判发展形势，理顺营销思路，强化市场开拓，销售量创年销售增长最高纪录。①注重市场调研，及时优化销售布局。建立市场前沿价格观测点，注重与专业机构合作，搜集实时信息，形成预判体系，及时调整营销策略；提前谋划市场布局，深入开展市场调研，锁定潜在客户。②突出因地制宜，持续抓好拓市扩量。在华北市场，采取宜气则气、宜液则液的方式，开展管道配套、保供方案等多项服务，优化巩固传统用户，开拓新生市场。在川气东送市场，划分川渝、华中、华东等不同区域，精准制定营销措施，注重合作共赢，经营效益明显提升。在华南市场，优化 LNG 液体销售流向，以有限资源撬动最大效益。③发挥自身优势，加快进入终端市场。同国内燃气企业就“煤改气”项目开展合作洽谈，与 7 家企业协商开展直供管道建设，23 个天然气发电、分布式能源项目达成供气意向，完成 35 个终端 LNG 点供项目、3 个区域城镇燃气项目的筛选工作。④采取多种措施，全力做好天然气市场保供。强化组织领导，及时启动三级应急预案，协调上游增产，加大进口力度，累计增加采暖期资源量超过 2.6 亿立方米；合理优化市场，稳定民生用气，基本满足所供区域的民生需求，得到地方政府和用户的肯定。

（林媛媛）

【工程项目建设扎实推进】 严格执行统筹计划，加强项目管控，加大组织协调，确保重点工程项目稳步实施。天津 LNG 接收站达到接气投产条件；配套管道累计焊接 567 千米。广西 LNG 接收站码头工程验收完毕并实现口岸正式开放；配套管道形象进度 98%，累计焊接 715 千米。文 23 储气库一期工程形象进度 36.3%，先导工程建成投产。金坛储气库工程一阶段形象进度 76.1%，累计造腔 155 万立方米。川气东送管道增压工程（一期）实现全面投产。山东 LNG 接收站新增 BOG 压缩机建成投用。川气东送管道、榆济管道、山东管道输气站场一期扩能改造全部完工。南川—涪陵管道、川气东送管道增压工程（二期）、茂名石化供气管道获得核准。新气管道湖广段、涪陵—王场管道增压扩能工程开工建设。温州 LNG、山东 LNG 接收站二期等项目正在组织专项论证。青宁管道等 13 个项目前期工作正在按计划有序推进。

（林媛媛）

【管网安全平稳运行】 加强管网运行状态监控分析，开展输气能力评估及工艺参数优化，提高了运行效率。增强管道巡护预警力度，形成“四位一体”的群策群防体系。狠抓检查及问题整改，确保井控设施安全。不断完善计量标准体系建设，定期开展计量仪表校验，严格控制输差。认真组织生产准备，保证文 23 储气库先导工程等项目投产成功。全面分解落实安全责任，确保安全管理“全覆盖、无盲区”。强化“三同时”管理，保障建设项目依法合规。开展承包商专项整治，切实落实甲方主体责任。开展碳排查和污染源排查，提高环境风险评估和管控能力。建立地质灾害长期排查机制，形成“汛前治理、汛中检查、汛后排查”的滚动循环防治模式。加强联防体系建设，进一步完善应急处置方案。

（林媛媛）

加油（气）站产品销售

【概述】 2017 年，国内成品油资源过剩持续加剧，市场再平衡和不公平竞争向纵深快速推进，经营创效压力前所未有。面对严峻形势，集团公司及时调整经营策略，坚持量效综合平衡，坚守市场底线，积极理性参与竞争，全力以赴扩销创效。全年成品油经营量 1.99 亿吨，其中境内成品油经营量 1.78 亿吨、同比增长 2.9%。

（戴　菲）

【油气经营】 立足一体化优势，积极应对市场再平衡，大力推进产销协同，及时反馈市场动态，依据消费变化调整资源配置，合理调控资源投放，用好外采调节功能，同时坚持科学制定采销策略，力争资源效益最大化。坚持以市场为导向、以客户为中心，细分市场区域，实施差异化营销策略，实现成品油经营量效稳步增长；运用全方位、立体式、协同化竞争策略，汽油零售上运用油非互促、升级消费等多种营销手段，切实提升扩销创效能力；柴油零售上，协助政府加强市场监管，强力推出“柴油联名专用卡”，开展“一卡在手、全国优惠”联动营销，实现发卡量超百万张和消费量超百万吨的“双百”目标。大力开发汽油直分销客户，发挥集采、成本和质量控制优势及石化品牌背书价值，向合资联营站和社会加油站发力，汽油直分销增幅明显。深化成品油实物流与价值流分离操作，推进全环节物流优化，运杂费大幅压减。

（戴 菲）

【非油品经营】 坚持“品牌+资本+商品+服务”的“四位一体”发展方式，实施“六个同步推进”工作思路，即坚持提高盈利和提升市值同步推进；坚持油促非和非促油同步推进；坚持引进来和走出去同步推进；坚持线上和线下同步推进；坚持自主经营和平台打造同步推进；坚持做强实体和拓展金融同步推进，非油品交易额增幅创2011年以来最好水平。加强自主商品开发和销售，推出长白天泉、易捷专销烟等新商品系列，以尾气处理液、卓玛泉、鸥露纸、赖茅酒等核心重点商品为主打，深入开展油非互促，不仅有效扩大非油品销售规模，还为油品经营提供重要的营销支撑。推进跨界合作和交叉营销，大力拓展汽服、广告、保险、“店中店”等新业态，加快提升综合服务能力，价值创造能力继续提升。运用互联网理念和大数据技术，开发测试CRM系统和APP应用，提前接入95388统一客服，研究制定会员积分管理规则，改善线上线下消费体验，微信关注人数、注册会员、绑卡客户激增。

（戴 菲）

【销售网络发展】 灵活采用长期保有和轻资产发展方式，加快发展加油（气）站终端网络。同时，统筹提量改造、隐患整改、环境治理、新业务建设等需求改造，完成双层罐和双层管线、加油（气）站形象改造2 000座以上，自营加油站保持在3.06万座以上。深化储运设施挖潜，建设优化储运设施，海南、川渝等管道顺利投营，制订实施脱瓶颈改造计划，优化调整汽柴油罐容。加快尾气处理液工厂和散装加注设备建设，确保满足经营增量需求。严格落实“2+26”节能环保政策，区内库站油气回收装置实现全覆盖，深化液位仪系统应用，综合成效明显。积极探索与国家电网、南方电网等电力企业合作模式，未雨绸缪应对替代能源挑战。

（戴 菲）

【改革重组】 规范销售公司资产权属，完成资产审计评估、签署关联交易协议和发起人协议、内外部审批等工作，积极推进股改上市进程；起草完成销售公司深化体制机制改革总体方案及配套办法，部分企业探索开展“三项制度”改革，取得较好成效。推进扭亏脱困、压减法人层级、“四供一业”移交等改革攻坚战，完成分离移交任务。

（戴 菲）

【基础管理】 围绕“扩销、增效、控费、防风险”，调整绩效考核分配体系，努力营造公平考核环境。认真践行“谁的业务谁负责，谁的属地谁负责”，分解落实HSE岗位职责，未发生较大及以上安全环保事故。严格落实国Ⅴ和“2+26”地区国Ⅵ汽柴油质量升级，实现国家及集团公司质量抽检100%合格；强化外采油前置式质量风险管理，加大供应商及相关企业约谈力度，确保油品质量零缺陷；推进科技创新创效，分批次提出销售建议，保障创效能力明显提升。建立“三基”工作协调推进和考核评价机制，组织“十佳匠人”和“一线工作法”经验评选，持续强化“三基”工作效能。统筹内控制度体系顶层设计，组织开展17家企业内审及3个专项审计，累计整理出15类94个环节的业务风险，组织销售系统对照整改。强化法律风险防控，妥善处置云南生物柴油等法律纠纷案件；积极补办环评手续和缺失证照，持续规范商标使用管理，加强对网络诈骗及侵权行为监控，有力维护企业合法权益。

（戴 菲）

炼油自销产品销售

【概述】 2017年，中国石化炼油自销产品（除汽油、煤油、柴油及化工轻油以外）合计销量5 956万吨，主要由炼油销售公司、化工销售公司等统一销售。通过统筹优化资源配置，细分产品、市场和客户，积极开拓市场，深化客户服务，专业化经营水平和能力不断提升，实现了自销产品量价齐升。

（羊依智）

【润滑油】 润滑油公司克服原材料价格持续走高、市场需求剧烈波动等不利因素，积极开发市场，精心组织生产经营，深化专业化管理，强化保障服务，营造良好环境，保持全年生产经营的安全平稳运行，为润滑油业务可持续发展创造良好条件。2017 年销售润滑油脂 108.9 万吨，同比增加 6.9 万吨。产品结构高端化程度不断提高，高档产品销量增长 5%。紧密结合国家发展战略，深化高端合作，成功与中国中车达成战略合作，高铁齿轮油系列产品实现国产标准动车组“复兴号”的装车应用。紧随“一带一路”发展倡议，海外市场实现新突破。聚焦行业龙头客户高端用油需求，高端工业油进一步得到市场认可，销量增长 92%。“技术 + 服务”的市场开发模式成果初步显现，市场开发逐步由产品替代向同步研发转变，成功参与奔驰、丰田等知名车企下一代发动机同步研发，全年取得国际认证 39 项，投产新产品 50 余项，行业影响力持续提升。

（羊依智）

【其他自销产品】 炼油销售公司加强市场研判、产销衔接、资源统筹、市场开拓、物流保障，2017 年实现产品经营总量 3 683 万吨，同比增加 287 万吨、增长 8.5%；吨产品费用降低 1.3 元。积极开拓工业液化气市场，维护民用液化气市场份额，全年销售液化气 984 万吨。细分石油焦产品及市场，开发优质战略客户，积极开拓西北市场，深挖市场潜力，全年销售石油焦 1 056 万吨。通过采取灵活的营销策略、优化物流仓储运作、多做工程项目、加大出口力度等多种手段加强沥青市场开拓，全年销售沥青 781 万吨，中标山西长临高速、广西桂三高速、甘肃肃航公路、宁波 F2 国际赛车道等项目，扬子石化、茂名石化、青岛炼化等企业年度销售出厂创出历史新高。紧盯国内与进口硫黄资源，积极与企业、战略客户沟通协调，加强市场开拓、区域联动和物流运作，全年销售硫黄 438 万吨。努力开发石蜡终端市场，全年销售石蜡 21 万吨。

（羊依智）

【品牌建设】 2017 年，润滑油公司持续强化品牌化经营的理念，坚持“高科技、高品质、国际化”的品牌定位，以打造世界一流品牌为己任，不断提升品牌形象，取得较好效果，获工业与信息化部润滑油行业黄金品牌称号。①坚持实施差异化品牌策略，打造航天科技的品牌个性。基于长城润滑油服务中国航天 60 年的技术和历史，将航天科技和航天文化转化为长城品牌的核心资产，把航天润滑科技打造成长城品牌的专属符号，提升了品牌的科技感和品质感。借助长征 5 号等重大航天任务时机，举办航天体验营 10 周年纪念活动及航天助威团活动，使“航天级润滑保护”的形象更加深入人心。②以故事化提升品牌传播力，强化高端品牌认知，组织策划“大国重器背后的隐形力量”的主题宣传，从航天、高铁、40 万吨大轮船等不同的角度解密高端装备、大国重器背后的润滑科技。结合国家“一带一路”高峰论坛等重大活动事件，与《人民日报》、新华社等中央媒体合作，集中报道长城润滑油与中资企业携手出海、共拓国际的品牌故事，生动展现“高端装备制造业支持者和参与者”“中资企业海外发展的支持者与创业者”的形象。在央视财经频道播出《厉害了，我的油》航天润滑专题节目，形象地展示航天润滑油的高品质。③积极尝试新型传播方式，最大化拓展品牌和产品推广渠道，争取影响更多的年轻人群。利用网络直播平台，将航天级润滑保护、金吉星原厂油、高端装备用油等信息以轻松娱乐的方式，传递品牌信息。

炼油销售公司着力规范“东海牌”沥青商标适用范围、授权管理的专业化管理，通过保证沥青产品质量，维护中国石化企业信誉，提升中国石化知名品牌价值。

（羊依智）

燃料油销售

【概述】 2017 年，集团公司燃料油销售实现经营总量 2 217 万吨，同比增长 16%。

（李登兴）

【国内业务】 推进专业化经营管理，争取石化资源 58 万吨，实现可观效益；自主调和资源 65 万吨，再创历史新高；船供油业务经营量 120 万吨、同比增长 11%，全年经营量 276 万吨。拓展原油配售和产品回购经营模式。成为沙特阿美 LPG 注册客户，为增加业务渠道打下基础。

（李登兴）

【保税业务】 通过产地多元化、调和常态化，有效控制资源成本。加强客户开发维护，终端销售比重达 48%，资源贸易突破 50 万吨，吨油价差有效提高。持续优化物流，吨油费用不断下降。坚持当进当销、实货纸货联动，严格规避风险。积极融入沿海自贸区建设，与舟山、大连等地方政府开展航运中心、大宗商品交易中心战略合作。全年保税油经营量 403 万吨、同比增长 38%，盈利能力大幅提升，市场占有率达33%、提高2个百分点。

（李登兴）

化工产品销售

【概述】 2017年，全球经济整体复苏，中国经济稳中向好，国际油价震荡回升，化工产能过剩严重，化工市场竞争异常激烈。面对复杂的经营环境，化工销售企业认真落实集团公司工作会议精神，紧紧围绕提质增效，坚持以市场为导向、以客户为中心，强化产业链研究，推动精细营销，维护稳定渠道，创新服务手段，加强基础管理，强化内部建设，积极适应新时代，大力推动创新发展，培育发展新动能，较好地完成年初布置的各项任务。全年实现经营总量7 850万吨、同比增长14.2%，其中自营贸易量2 994余万吨。

（武　晶）

【产业链研究】 深化细分产品的市场研究，组织一线销售人员“扫市场”调研，完善供应端和需求端数据库。全年立项开展28项市场研究，开展市场消费结构和占有率调研，为经营业务提供支持。开展各条线产品产业链研究，建设化工产业链信息平台，整合市场数据资源，探索分析预测方法，增强销售人员全产业链分析能力。在产业链研究基础上，深化价格预测系统应用，着力提升预测的准确性和科学性，促进预测成果切实发挥前瞻引领作用。

（武　晶）

【产品管理】 发挥产销研用（MPRC）一体化优势，全年成立118个MPRC小组，把客户需求作为生产“调度令”和研发“指挥棒”。与生产企业建立从基层工作人员到高层管理人员的定期交流机制，推动市场需求指导生产，及时解决问题和矛盾，提高产销衔接效率。按市场需求优化排产，与生产、科研单位共同开发新产品；三大合成材料逐步顶替进口，推动国内化工产品发展迈入中高端。以集中销售带动自营贸易，以自营贸易促进集中销售，两种资源“双轮”驱动，努力为客户提供稳定、优质的化工产品，展现中国石化品牌的影响力。

（武　晶）

【渠道管理】 加强与大客户全方位、多层次沟通合作，与恒力、澄星、金发科技、伊利等大客户建立战略合作伙伴关系，维护稳定、优质客户渠道。通过分产品、定制化的产品政策和客户政策，增强客户黏性，稳定主要渠道。强化客户评价和履约兑现，引导客户增强契约意识，稳定长期合作，实现合约比例和合同履约率“双提升”。

（武　晶）

【创新客户服务】 开发应用“一户一案”信息系统，推进客户分级，为客户量身打造需求保障方案，健全完善客户需求响应机制，提高定制化服务能力。不断深化95388客服应用，综合运用微信、网络等工具，提升线上服务水平。组织生产企业加强客户走访，推进产品包装、发货、计量等改进完善，促进“质量第一”真正落地。召开重点产品、重要客户技术服务专题会，深化网点触角和平台作用，客户依赖性不断增强。

（武　晶）

【平台经济】 在做好“石化e贸”平台运营基础上，全面开展“石化e贸”二期升级建设，制订平台规划、目标及配套体系方案，确定流程再造、支付平台、物流服务等16项专题内容，提升化工产品电商平台影响力。

（武　晶）

【期货业务】 稳步推进期货业务，开展制度建设和业务培训，制定大宗商品套期保值管理办法，从制度层面规范操作、管控风险，从业务角度系统培训、深入研讨，为下一步化工期货业务实操奠定良好基础。

（武　晶）

【合资合作】 创新营销模式，与大型民营企业开展营销合作。在取得国内民营企业资源代理业务基础上，俄罗斯西布尔合成树脂等代理业务取得重大进展，实现海外业务拓展，扩大了中国石化化工业务影响力。

（武　晶）

【安全环保】 坚守“发展决不能以牺牲安全为代价”红线，成立两级督察大队，持续开展隐患排查治理，完成6个一般措施及隐患治理项目竣工验收。加强自提业务管理，加大危化品管控力度，严格客户、供应商资质审核。组织151次安全事故应急演练，提升应急处置能力。详细制订特殊时期工作计划，保障全国“两会”“一带一路”高峰论坛、第十三届全运会、党的十九大期间的安稳运行。履行中央企业社会责任，主动适应国家安全环保政策趋紧。

（武　晶）

【物流优化】 从物流方案、运输方式等方面开展物流优化，突出优化重点，加强沟通衔接。加大物流新技术应用，合成树脂产品散装罐车运输取得突破。推进仓储网络布局优化，结合上年仓储布局优化项目课题的研究成果，选择外部单位为仓储战略合作伙伴，在多领域开展合作。组织协调内部企业间车辆调配，加强自备车管理，盘活存量资产，根据自备车现况和企业需求，解决部分企业的铁路运输问题。深入开展外贸物流管理，梳理现有制度，跟踪涉外项目物流。

（武　晶）

【物流服务商管理】 开展危化品水路运输服务商资质及体系运行审核，采取资料审查与现场检查相结合方式，促进物流服务商提高服务能力与水准，促进化工品物流行业规范、有序、健康发展。督促各物流服务商直面自身存在的问题与不足，立足于在提升内在服务能力与管理水平上下功夫。组织物流服务商宣贯新修订的《物流服务商管理体系文件》，督促物流企业落实主体责任，做好自查自改工作。召开第 3 次物流服务商大会，分析面临的机遇与挑战，并对优秀物流服务商授予"标杆"与"战略"物流服务商称号，促进物流服务商服务能力提升。

（武　晶）

【危化品物流管理】 持续推进危化品船舶检查认证，委托第三方机构实施检查。按照新下发的认证管理办法，组织危化品船舶评估，提高评估时效性。开展危化品船舶"四不两直"抽查，加强过程管控，夯实安全管理基础。落实危化品车辆检查认证，对逾期车辆和未经认证的车辆坚决实行停运措施，禁止其在生产企业提货，运输安全风险得到有效管控。

（武　晶）

【应急预案】 针对全国"两会""一带一路"高峰论坛、党的十九大期间北京地区交通限行管制，提前部署和办理危化品车辆通行证，安排人员在进京车辆检查站 24 小时值班，配合企业组织引领车辆安全进厂，顺利完成特殊期间物流、安全保障工作。进一步优化应急预案，组织各单位做好应急演练工作，不断提高应急处理水平。组织开展江阴化工库"船岸反恐—泄漏—灭火"联合应急演练、环氧乙烷运输泄露事故应急处置演练、丁二烯装船出现泄漏事故应急处置演练。

（武　晶）

【危化品延伸管理】 编制危化品自提承运商准入评估标准，与自提客户、配送供应商、自提承运商签订 HSE 管理协议，明确 HSE 管理责任及告知事项。下发《关于试行危化品自提业务物流服务商资源库的通知》，从 4 月 1 日起对危化品自提业务实施管控，不在资源库内的自提承运商不予开卡提货。

（武　晶）

【市场行情】 2017 年，中国化工行业结构性过剩与结构性短缺并存，高端产品供不应求，进口规模不断增加，低端市场竞争加剧。民营石化迅速崛起，成为市场供应的重要力量。北美、中东等新产能快速投产，成本低廉，中国传统化工企业面临竞争压力。美国页岩气产量将在较长时期内持续增加，且开采成本下降，廉价天然气价格对投资者有很持续的吸引力。化工原料路线多元化，需不断调整原料结构，加大装置改造升级力度，加强差异化发展优势。

有机化工产品。乙烯全年价格呈"V"字形，一季度受下游带动快速上涨，随后进入下行通道，四季度横盘整理。丁二烯年初震荡上行，下半年在橡胶和外盘市场影响下，价格跌至低谷。苯乙烯年初价格快速上涨，春节后逐渐回落，5 月中旬价格触底反弹，四季度横盘整理。酚酮市场价格整体呈震荡走高态势，苯酚价格全年低点出现在二季度，随着下游生产恢复及多套酚酮装置检修，价格持续回升；丙酮价格年初高位，二季度快速回落，三、四季度小幅反弹。

合成树脂产品。合成树脂规划产能部分项目推迟，增长不及预期。聚烯烃表观消费增加，主要是受废旧塑料限制进口及环保督察影响，新料需求明显增加。塑料制品、汽车、洗衣机、彩电等产量均低速增长；塑料制品、玩具等出口保持较高增幅，彩电小幅增长。国内 LDPE 产量增幅较大，进口 HDPE 增幅较大，各品种出口量均较少。

合成橡胶产品。合成橡胶市场价格大幅波动，市场走势强于天然橡胶，价格重心上移。国内合成橡胶产能较上年基本持平，进口量同比增加，出口有明显改观。全年表观消费量比上年有所增加。合成橡胶装置开工率较上年小幅提升。

合成纤维原料产品。合成纤维原料产品市场价格整体高于上年价格，二季度至三季度完成触底，之后震荡反弹。表观消费量、国内生产量、进口量均增加。进口依存度与上年持平。新增产能持续增长，PTA、MEG、CPL、PO共4种主要合成纤维原料产品新建装置投产11套。

合成纤维产品。聚酯产能增速有所放缓，部分瓶级切片装置因效益不佳或资金困难推迟开车，实际新投产聚酯装置6套。新增聚酯产能主要配套涤纶长丝和瓶片。腈纶装置开工率降低。聚酯切片产能有所回升，价格先抑后扬。半消光切片价格较上年上涨。有光与半光切片价差减小。涤纶出口增速放缓。

其他产品。MTBE价格波动趋缓，市场价格重心上移，进口量减少，出口基本持平。硫酸铵产能产量增加，整体开工略有恢复。硫酸铵产能产量增加，但产能释放不明显，产量增幅趋缓，开工率基本平稳。国际丙烷市场总体呈现回升态势，并在下半年呈现快速上涨行情，丙烯市场保持强势运行，国内丙烷脱氢制丙烯工厂保持较高的盈利水平。

（武　晶）

国际化经营

◇ 综述

◇ 对外经济合作

◇ 国际贸易

◇ 外事管理

综　述

2017年，面对瞬息万变的国际经营环境和严峻的安全形势，集团公司紧紧围绕“建设世界一流能源化工公司”的战略目标，发挥集团化、一体化优势，积极稳妥发展国际化经营业务。

（卫　东　孔子超　张清云）

对外经济合作

【境外油气勘探开发】 通过狠抓责任落实和节点运行，优化决策部署，HSSE风险管控继续强化，现金流紧张局面得到改善，勘探开发工作取得新进展，现有资产创效能力得到提升，海外上游事业呈现稳中向好的态势。全年在埃及Apache项目获得13项勘探发现，在加拿大、澳大利亚等获得3项勘探进展和2项勘探突破，探井成功率达76%，新增2P+2C储量851万吨油当量。安哥拉15/06东区提前2个月投产，全年权益油气产量4 372万吨油当量。降本增效工作成果显著，全年累计投资比计划节省35.7%。截至2017年底，在全球26个国家拥有50个油气勘探开发项目。

（卫　东　孔子超　张清云）

【境外石油工程服务】 面对国际油价持续低位震荡、全球油服市场竞争异常激烈、经营压力巨大等严峻形势，灵活调整经营策略，推动项目提质增效，努力破解生存发展困局。截至2017年底，集团公司在40余个国家执行项目845个，合同总额218.15亿美元。2017年新签合同额24.12亿美元，完成合同额21.71亿美元。

（高　扬　杨　硕）

【境外炼化合资合作】 继续积极稳妥地推进和发展境外炼化投资合作项目。一批已投资的境外炼化项目，如沙特延布炼厂项目、参股西布尔项目、阿联酋富查伊拉仓储项目、俄罗斯克拉斯诺雅尔斯克丁腈橡胶项目、新加坡润滑油脂项目、荷兰VESTA仓储项目等运营良好。重点推进雪佛龙南非及博茨瓦纳公司下游资产收购项目，已签署股权收购协议，正等待当地政府的有关审批；俄罗斯阿穆尔天然气化工项目、俄罗斯甲醇-MTO项目、沙特合成橡胶项目等一批境外炼化项目按计划积极推进前期工作。截至2017年底，集团公司在全球7个国家拥有6个炼油化工、仓储物流项目。

（张明华　李小飞）

【境外炼化工程服务】 2017年，炼化工程板块在境外13个国家共执行71个承包合同(50个项目)，合同总额107.66亿美元。全年新签境外合同额15.29亿美元，完成合同总额21.34亿美元。其中，与TECNIMONT在俄罗斯联合中标阿穆尔AGPP总承包项目，成为炼化工程板块首个在俄罗斯中标的EPC总承包项目。完工项目包括泰国IRPC公司聚丙烯总承包项目，沙特硫酸总承包项目、POM聚甲醛施工项目等项目。全年，境外项目管理和作业人员月均18 688人，其中中国石化员工1 283人、国内雇佣及分包人员7 923人、国外雇佣及当地分包人员9 482人，累计实现5 823.44万安全人工时。

（高　扬　杨　硕）

国际贸易

【概述】 2017年，集团公司原油贸易大力推行科学理性采购，强化市场分析，抓住市场有利时机，准确把握采购节奏，在保证生产经营、资源稳定供应的前提下，降低采购成本。全年进口原油2.10亿吨，增加384万吨；完成第三方贸易原油1.54亿吨，增加1 168万吨。根据国内成品油市场平衡情况，充分发挥两种资源、两个市场优势，在保证国内成品油供应的基础上，合理优化成品油出口结构，全年出口成品油2 000万吨、增加82万吨。

海外LNG进口561万吨，折合79亿立方米，增加32亿立方米，增长68%。

一般贸易紧紧围绕生产经营主业，全面强化风险防控，充分发挥各境内外公司的市场主体作用，进一步提高物资进口保供能力和产品出口保畅能力。物资装备全年实现石化产品、设备材料等国际贸易额27.22亿美元，增长77.68%；实现煤炭进口和第三国贸易3.98亿美元。化工销售加强海外终端市场和终端客户开发力度，发挥内外贸一体化优势，扎实推进外贸业务发展，全年进出口及第三方贸易量1 130多万吨，增长24%。催化剂销售努力参与国际合作和竞争，境外影响力不断扩大，销售品种与销售总量得以增加，全年出口各类催化剂增长4.2%。燃料油业务海外平台建设进一步加强，国际化经营能力进一步提升，全年实现海外经营量1 467万吨、增长26.8%。

（卫　东　孔子超　张清云）

外事管理

【概述】 2017年，集团公司认真贯彻落实党的十九大精神和国家外交大政方针，坚持以经济效益为中心，坚持“大外事”理念，寓管理于服务之中，发挥集团化、一体化优势，积极开展对外交流与交往，稳妥推进外事管理与服务工作，较好发挥了对国际化经营的支撑和保障作用。

（戚　鸣）

【重要外事活动和对外交流】 2017年，集团公司对外交往紧紧围绕中心工作，积极配合国家总体外交，主动融入“一带一路”建设，注重拓展和维护海外合作朋友圈，既保障公司国际化经营持续健康发展，又助力国家层面的双(多)边合作。全年，共安排集团公司高层外事活动400余场。

主动融入“一带一路”建设，推进“开放合作”战略的实施。根据业务发展需要，加深与相关资源国政府与合作伙伴的交往。年内，集团公司领导先后出访哈萨克斯坦、沙特、科威特、阿联酋、埃及、安哥拉、南非、泰国、缅甸、印尼等国，在“一带一路”沿线国家推动油气勘探开发，石油与炼化工程服务，炼化仓储，原油、设备材料及石化产品贸易等板块的海外业务发展。在“一带一路”国际合作高峰论坛期间及召开前后，公司领导先后会见菲律宾、印尼、阿联酋等国家政要。

积极履行央企责任，配合国家总体外交。年内，集团公司领导陪同国家领导人出席重要外交活动和出席国际会议保持较高频次。其中，王玉普董事长陪同李克强总理访问澳大利亚，出席中澳经贸合作论坛并在中澳首席执行官圆桌会议上发言；在习近平主席和沙特国王萨勒曼的见证下，与沙特基础工业公司签署战略合作框架协议。戴厚良总经理陪同张高丽副总理出访俄罗斯，出席中俄能源合作委员会第14次主席会议和中俄投资合作委员会第4次会议并发言；在美国总统特朗普访华期间，出席中美企业家对话会，并在中美两国元首见证下签署联合开发阿拉斯加LNG项目意向性文件。同时，积极做好公司参与多边组织和涉港澳台方面的工作，承担金砖国家工商理事会中方秘书处项下能源与绿色经济小组的日常工作，以及两岸企业家峰会能源石化装备产业合作推进小组陆方办公室的日常工作。

注重合作对象多元化，维护好海外合作“朋友圈”。一方面积极与资源国合作，不断加深与西亚北非、中亚、东南亚地区相关国家和公司的交往；另一方面重视技术、金融和新能源领域的合作和交流。集团公司与BP、壳牌、埃克森美孚等大型一体化能源公司，以及巴斯夫、哈里伯顿、荷兰帝斯曼、日本吉坤、摩根大通、法兴银行、高盛等专业公司和金融机构保持良好关系，积极与冰岛极地绿源、瑞士克莱恩、美国艾斯本、英国伍德麦肯兹、化险咨询等公司开展交流和合作。

大力拓展和维护公司权益，做好企业对外宣传。抓住公司高层担任金砖国家工商理事会理事的契机，主动宣传中国石化的易派客电商平台，推动将易派客打造成为金砖国家工商界服务的电子商务平台。圆满完成股份公司、石油工程公司和炼化工程公司等上市公司的年度和年中路演。组织中央媒体赴中国石化海外项目现场采风，深度报道公司参与“一带一路”建设成果。

积极组织业务板块交流，服务企业发展。结合能源发展趋势和热点问题，有计划地牵头组织针对性业务交流。全年开展业务交流20余场，涉及中长期能源展望、国际投资和经营风险管理、环境保护、工程服务、炼化技术、尖端材料技术、天然气业务等方面的议题。

（戚　鸣）

【因公出国(境)管理与服务】 2017年是集团公司因公出国(境)管理工作贯彻落实“八项规定”精神的第5年，也是全面实行因公临时出国(境)任务计划和费用预算“双锁”管理的第4年。全系统全年实际派出各类团组4 200余个、约22 000人次，团组数和人次数均略有增长，执行工程承包与服务、投资经营、国际贸易3类任务的团组仍是出访主体，在团组总数的占比均超过80%；按团组类型，临时出国(境)团组占团组总数的55%和总人次的35%。

加强调研检查，强化分类督导。将油田、石油工程和炼化工程板块的主要涉外业务单位列为外事调研和检查的重点对象，加强分类指导，专项检查其外事体制机制和制度体系建设、任务合规管理、证照管理、外事教育、计划和公示管理、外派人员动态管理等情况，让外事制度切实落地；根据公司业务发展需要，加大对部分炼化一体化企业的调研工作。

抓好专项工作，扩大管理的层和面。开展护照专项检查，对部分系统内企业进行护照互检。完成《因公出国(境)管理案例汇编》编撰，为丰富出国(境)行前外事教育内容、充实案例教学模式提供支撑。重视外事教育，通过境内行前培训、境外送课上门等方式，对出国团组、部分境外机构和人员开展外事教育12场，培训500余人次。抓好总结收缴，安排专人负责党组管理领导人员出国总结的收缴工作，收缴率100%。

重视执纪问责，严明外事纪律。以“管理不规范行为、服务于规范行为”为工作指导，对违规违纪情况坚决查处，绝不姑息。对2个违规增访团组进行通报批评，给予当事人一定期间内限制因公出国(境)和上收护照的追加处罚，警示全系统外事部门不得触碰外事纪律红线和外事管理底线。

优化证照服务，确保团组顺利出行。高效完成出国(境)团组护照签证办理工作。全年新办证照近5 000本，为近2 000个团组5 600余人办理签证(签注)。进一步加大APEC卡推广使用力度，全年新办和续办APEC卡200余张，保有总量居央企首位。

(戚　鸣)

【境外公共安全管理】 2017年，全球安全形势依然复杂严峻。集团公司在全球范围的机构、项目，分布在50多个国家和地区，用工总量约5.56万人。面对复杂严峻的全球安全形势，集团公司按照“保安全就是保市场，保安全就是保效益”的总体思路，坚持“以人为本、预防为主、安全发展”的理念，持续推进“预防性”境外公共安全管理工作，连续10年保持境外公共安全“零死亡”纪录，为公司国际化经营持续健康发展提供了有力支撑和坚强保障。

进一步提高境外公共安全风险意识。召开全系统境外公共安全工作视频会，组织制作“4·24”埃塞俄比亚遇袭事件10周年纪录片，开展“4·24”警示教育征文活动，全系统31家单位提交征文近300篇。

修订完善境外公共安全管理制度。组织修订《中国石化境外公共安全风险评估规范》，下发《境外陆上安保设施和安保力量配备规范》《境外员工健康风险评估指南(试行)》和《境外公共安全管理考核办法(试行)》，进一步规范境外机构/项目的安保配备要求，加强对境外员工的身心健康管理和境外公共安全的管理考核，在制度上实现对境外公共安全工作的闭环管理。

严格境外公共安全风险评估。组织公司业务涉及的65个国家(地区)层面的总体风险评估，编发2期《中国石化境外公共安全风险状况评估报告》；审核审批境外新设机构/新上项目风险评估报告150余份，备案境外项目动态风险评估报告200余份；主导开发并推广使用《境外公共安全风险评估信息系统》，录入69个国家(地区)安全事件4 877个、安全提醒信息2 733条，提升了境外公共安全风险评估水平。

加强境外公共安全培训。全年组织境内初训、复训班148期，培训5 000余人；赴沙特“送课上门”，举办培训班5期，培训200余人。派出专业安保人员为相关境外机构、项目的人员进行现场公共安全培训。开展培训基地资质审核工作(复审)和培训课件评优工作。

完善境外安保设施和安保力量配备。全年共向境外派遣安全官、安保顾问26人次，执行任务近2 000人·天；以北京培训基地为依托，组织制作安保设施和安保力量配备模型，进一步增强安全培训的实效。

提升境外员工身心健康管理。开展“境外员工身心健康管理提升年”活动。举办境外员工心理健康巡诊，赴现场为境外员工提供服务。举办境外急救人员培训班等。

推进境外应急能力建设。逐步完善境外远程应急通信系统，应急通信设备在尼日利亚、厄瓜多尔、南苏丹3个国家投入使用，并启动第2批设备布点工作；妥善处置多起因突发疾病、交通事故、生产事故等原因造成的人员伤亡事件，并成功组织中非共和国项目人员紧急撤离。

开展境外公共安全审计和考核。完成24家派出单位的审计和40个境外机构、项目的延伸审计，进一步压实管理责任，堵塞管理漏洞。

(戚　鸣)

【相关外事管理与服务】 集团公司全系统外事部门按照外事管理规定的要求，较好履行邀请外国人来华、国际会展、引智等各项外事管理职能，并进一步提升服务重大涉外项目的水平。

邀请外国人来华。根据新政策和新要求，将集团公司外国人来华邀请OA系统与外交部邀请函管理系统对接，及时向全系统更新发布《外国人来华邀请管理工作指南》。工作总体平稳有序。

国际会展。参加第22届世界石油大会，在大会上宣读论文3篇，张贴论文5篇；在大会展览区设立400平方米展台，面积为历届最大。主办承办多场专业性会议，包括第4届二氧化碳捕集利用与埋存国际研讨会、2017年北京CCUS论坛、山前带物探技术论坛、中国石化2017年国际物探技术交流会等。认真执行2017年度出国(境)会展计划，确保出国(境)参会参展有序进行。重点支持科研单位参加专业性国际会展，支持论文被采用的科研人员参会。重要的国际会议，由总部统一组团；有多个单位参加的专业性国际会议，指定牵头单位；重要国际展览，指定专业公司或业务单位牵头，相关单位共同参与，统一设立展台，既全面宣传中国石化，又整合了资源、降低参展成本。全年约 80 个会展团组统一组团，有效避免了多头组团、分散参会参展的情况。

引智工作。2017 年获国家外国专家局批复的引进国外技术、人才管理项目 3 个。全系统上报 2018 年度高端和重点外国专家项目 7 个，拟聘外国专家 100 余人次。

服务重大涉外项目。借助与相关国家部委和资源国驻华使馆的紧密联系，积极为重大涉外项目开展创造条件、解决困难。提前介入，靠前服务，为南非项目、哈萨克斯坦项目等重大涉外项目开展和人员便利往来创造条件、做好服务。

（戚　鸣）

中国石化
SINOPEC

重点工程建设

- ◇ 综述
- ◇ 油田地面建设工程
- ◇ 炼化项目
- ◇ 物流储运项目
- ◇ 工程建设管理
- ◇ 工程建设监管
- ◇ 工程建设企业管理

综　述

2017年，工程建设系统认真贯彻落实集团公司工作会议精神和党组的决策部署，紧紧围绕公司“五大发展战略”和“十三五”发展规划，以转方式调结构、提质增效升级为主线，大力弘扬“苦干实干”“三老四严”的石油精神，坚持稳中求进，不断完善工程建设“3557”管理体系，扎实抓好“五大控制”和7个专项管理，保重点工程项目建设，推进管理体制机制创新，提高工程建设国际化水平，突出质量和效益，为中国石化持续健康发展提供坚实保障。

重点工程有序推进。全年完成24套炼化装置、4条长输管道、6座油气储运设施建成投用；完成14家企业367套装置重点大修改造任务。油气田地面工程项目方面，排612产能建设地面工程、孤罗东和孤永东输油管道隐患治理项目顺利投产；埕岛油田西北部新区产能建设工程2座平台建成投产，SH201采修一体化平台达到开钻条件；东胜气田产能建设地面工程6座站场全部投用。炼化工程项目方面，金陵亨斯迈环氧丙烷、长岭和安庆催化柴油转化、荆门和金陵渣油加氢、镇海柴油加氢等装置按期建成投产，中天合创煤化工项目剩余装置全部顺利投产，产出效益；中科炼化一体化、中安联合煤化工、海南第2套芳烃正在全力推进项目建设，古雷炼化一体化项目正式开工建设，福建腾龙芳烃项目PTA装置开车成功，剩余装置正在有序开展检测与修复工作，镇海炼油老区结构调整提质升级、扬子石化EVA等项目积极推进。管道储运工程项目方面，仪征—长岭原油管道复线工程、日照—仪征原油管道增输工程、川气东送增压工程顺利投用；甬台温成品油管道具备投用条件，重庆涪陵LNG工厂建成中交，进入生产准备阶段；天津LNG接收站已达到接气投产条件，外输管道工程正在加紧施工；文23储气库项目正在全力推进建设。

埕岛中心三号平台及海上配套工程、塔河油田四号联合站及系统配套工程获国家优质工程奖。

安全质量管控有力。工程建设安全质量联合大检查取得实效，4个检查组共对14家企业、15个重点项目、24个建设工地进行安全质量联合大检查，范围涵盖油气田地面工程、炼化工程、储运工程和大修改造项目，共查出安全问题315项、质量问题722项；重点督导企业做好建设项目HSE管理体系文件的执行和落实，发布中国石化标准化工地建设指南，海南炼化及相关单位已开展实施应用，中安煤化工项目建成投用规范化的HSE实操培训基地。充分发挥监督、监检、监察、监测、检查“五位一体”质量管控体系作用，全年组织37次质量大检查，发现各类质量问题3 040项；组织12次质量监察，发现问题228项；质量监督系统在日常监督和检查中发现各类质量问题16 099项。约谈9家问题责任单位，督促深入分析问题原因，提高安全质量意识。

工程建设“3557”体系基本完善。除了境外项目管理路线图外，境内项目管理路线图和大修改造项目管理路线图体系建设基本完成。在总部工程部层级和建设单位层级大修改造项目管理路线图的基础上，组织编制施工单位层级、监理单位层级大修改造项目管理路线图文件。完成企业级工程项目管理路线图编写和项目管理手册的升级工作，企业级工程项目管理路线图包括程序文件190个、承包商管理规程217个。初步形成建设工程诚信考核细则，完成建设工程承包商考核办法初稿。修订印发16项工程设计管理标准。发布建设项目绩效考核管理办法(试行)，组织试点测试。组织中国石化主要工艺装置及公用工程定额工期编制工作，杜绝因不科学抢工期带来的安全质量风险。

（宋　铎）

油田地面建设工程

【胜利油田孤罗东、孤永东输油管道隐患治理项目建成投产】 该工程新建输油管道共计95.45千米，配套改造集贤中间站、永安中间站、孤岛原油库、东营原油库中相应设施。2017年1月20日，孤永东管道建成投产；5月27日，孤罗东管道建成投产。

（冯红民）

【胜利油田排612块产能建设地面工程建成投产】 该项目建设产能27万吨/年，包括春风2#联合站1座、增压泵站3座(2 000吨/日)、燃煤注汽站1座、35千伏变电站1座、注汽管线33.3千米、集油管线44.2千米等。其中，春风2#联合站、3座增压泵站、35千伏变电站、集油管线、注气管线已于2015年完工；燃煤注汽站于2017年11月底建成投产。

（冯红民）

【胜利油田埕岛西北部新区产能建设地面工程顺利推进】 该工程新建SH201采修一体化平台、CB248井组平台及12井式CB246井口平台，新建海底输油管线10.77千米、注水管线10.73千米、海底海缆12.24千米。其中，CB246井口平台及配套海底管道、电缆于2017年12月23日建成投产。截至年底，CB248井组平台已吊装就位，配套海底管道、电缆基本建成；SH201采修一体化平台已完成陆地预制，待出海吊装。

（冯红民）

【中原油田普光气田集气总站水洗脱氯项目顺利推进】 该工程新建2列天然气水洗脱氯设施和酸性水气提设施，每列装置规模75万米^3（标准）/时，新建综合用房及配套仪表、电气等，改迁原综合用房外部电缆和光缆等。截至2017年底，项目总体完成77.3%，其中2台氯洗塔已吊装就位。

（冯红民）

炼化项目

【中天合创鄂尔多斯煤炭深加工项目建成投产】 项目主要内容为建设以煤为原料的360万吨/年甲醇装置（中间产品）、35万吨/年的聚丙烯装置（环管）、35万吨/年的聚丙烯装置（气相）、12万吨/年的LDPE（釜式）装置、25万吨/年的LDPE（管式）装置及30万吨/年的LLDPE（气相）装置，另外包括为工艺装置配套的空分装置、配套的热电装置及辅助生产设施，还包括厂外渣场、厂外220千伏供电线路以及镫口取水站至厂区的厂外输水管线等厂外工程。煤化工一期工程总投资267.94亿元。2017年8月16日，180万吨/年MTO装置投料试车一次成功，标志着项目顺利建成投产，进入商业运营。

（宋　铎）

【金陵亨斯迈环氧丙烷项目建成投产】 项目包括新建PO/MTBE主装置，以及110千伏变电站、循环水场、污水预处理、事故水池和消防水池、地面火炬、全厂性仓库、原料产品罐区与中间罐区、控制室、办公楼等配套设施等20个单元工程。项目基础设计批准概算49.09亿元。项目于2017年7月8日投产成功。

（宋　铎）

【中科合资广东炼化一体化项目续建】 项目包括设计炼油能力1 000万吨/年、乙烯生产能力80万吨/年，主要装置包括30套工艺装置和4×450吨/时CFB锅炉、3×100兆瓦发电机组及相应配套公用工程；厂外工程包括码头和成品油管道，码头建在厂区北侧，共8个泊位。项目批复总投资352.4亿元。截至2017年底，常减压、催化裂化、催化烟气脱硫及蒸汽裂解等主装置及动力站、总变电站等公用工程进行桩基施工，码头围堰、疏浚、吹填工程完成98.0%。

（宋　铎）

【中安联合煤化工项目续建】 项目包括新建170万吨/年煤制甲醇装置（以产量计）、170万吨/年甲醇制烯烃装置和烯烃下游35万吨/年线型低密度聚乙烯装置、35万吨/年聚丙烯装置及专有铁路、取水口、码头、水厂、输配电、热电、空分等辅助及公用工程配套设施。项目批复总投资206亿元。截至2017年底，总进度完成58.0%，净化、甲醇合成、硫回收装置主要建筑物及构筑物上部结构施工完，烯烃各装置主要构筑物上部结构、大型设备基础施工。

（宋　铎）

【中沙石化聚碳酸酯项目新开】 项目包括新建2套13万吨/年聚碳酸酯生产线，每套生产线包括3万吨/年一氧化碳单元、5/11万吨/年碳酸二甲脂/碳酸二甲苯脂单元、12万吨/年双酚A单元、13万吨/年聚碳酸酯单元4个单元；配套建设循环水、空压站、110千伏变电站和35千伏变电站等公用工程和火炬系统、罐区、中央控制室、中央化验室、环监站等辅助设施。项目批复总投资107.1亿元。截至2017年底，已完成地基预处理34.8公顷（34.8万平方米），详勘、试桩全面展开。

（宋　铎）

【海南炼化第2套芳烃项目新开】 项目包括新建100万吨/年对二甲苯装置、5万米^3（标准）/时制氢装置及配套工程。其中，对二甲苯装置包括二甲苯分馏、吸附分离、异构化3套工艺装置及配套的公用工程，制氢装置包括原料气加压、原料精制、转化及余热回收、变换及变换气冷却、变压吸附氢提纯、锅炉给水及蒸汽发生及公用工程。项目批复总投资36.80亿元。截至2017年底，主体装置土建施工，给排水管道工程完成75.1%。

（宋　铎）

【镇海炼油老区结构调整提质升级项目新开】 项目包括新建260万吨/年沸腾床渣油加氢、15万吨/年硫黄回收（含130吨/时的酸性水气提）、2万米^3（标准）/时PSA氢气回收等装置；现有的2#催化裂化装置由300万吨/年改造至340万吨/年，以及液化气公路装车移位改造、罐区改造、热力管网改造以及电气仪表等相关系统配套内容。项目批复总投资36.83亿元。截至2017年底，渣油加氢和硫黄回收装置桩基施工完成，进行基础和钢结构安装施工。

（宋铎）

物流储运项目

【仪征—长岭原油管道复线工程（仪征—九江段）投产】 该工程设计输量2 000万吨/年，全长560千米，站场改扩建6座、新建1座，其中怀安支线和仪扬段共计58千米、1座站场已建成。在建502千米、6座站场，其中干线448千米、黄梅—九江段54千米。项目概算批复33.16亿元。工程于2015年4月3日开工，黄梅—九江支线工程于2016年6月13日投产。主干线工程于2016年12月16日完成中交验收，具备投油条件；2017年3月14日投产。

（侯志强）

【日照—仪征原油管道增输改造工程投产】 该项目主要内容为在现有日照、东海、淮安、观音、仪征5座输油站场预留位置增设必要的输油设备、配套工艺管道和设施，以及供配电、自控、通信、土建、消防、暖通等配套系统的扩容改造，使其达4 000万吨/年的设计输油量。项目概算批复5.21亿元，于2016年5月8日开工建设。2017年3月31日完成日照、东海、淮安站中间交接，4月25日完成观音站中间交接，4月27完成日仪增输投产条件检查，5月13日投产。

（侯志强）

【川气东送管道增压工程投产】 该项目主要内容为将已建的黄金、宜昌站扩建为压气站，同时新建武汉压气站，3座站场均设置3套电驱离心式压缩机组，两用一备；同时，对利川压气站、潜江压气站进行扩建，分别由两用一备、两用零备调整为三用一备离心压缩机组，并将黄金、宜昌压气站原站内放空立管改为放空火炬。项目批复投资15.47亿元，于2016年5月27日开工建设。其中，潜江站于2017年4月中交、10月投产，利川站于2017年4月中交、5月投产，黄金站、宜昌站于2017年5月中交、6月投产，武汉站于2017年11月中交、12月投产。

（侯志强）

【天津LNG项目收尾】 该项目分码头、接收站、输气管道3个部分。其中，一期建设规模300万吨/年，码头工程包括1座26.6万立方米LNG运输船码头（兼顾3万立方米LNG船装船功能），接收站内建设4座16万立方米LNG储罐及配套工艺处理设施。二期规模扩至1 000万吨/年，码头工程包括1座26.6万立方米LNG运输船码头（兼顾3万立方米LNG船装船功能）。输气管道线路全长580千米，输气能力136亿米^3/年，沿途设分输站10座、线路截断阀室31座。项目于2013年5月开始储罐桩基施工，其中邹平末站—团泊洼阀室于2016年12月29日投用。截至2017年12月底，接收站工程基本具备投产条件，输气干线工程累计焊接548.3千米，南港分输站—接收站段于2017年8月20日贯通。

（侯志强）

【甬台温成品油管道及配套油库工程收尾】 该工程管道全长430千米，共设6座站场、4座油库，设计输量460万吨/年。工程于2012年7月5日开工；2017年6月中交，7月完成投产条件检查，8月28日开始水联运。

（侯志强）

【重庆涪陵LNG工厂项目收尾】 项目设计总规模200万米^3/日，分2期建设，其中一期建设规模100万米^3/日（年产液化天然气22.66万吨）、二期建设规模为100万米^3/日。项目工程总投资44 669万元。主要工艺装置包括净化单元、液化单元、装储单元和公用工程。项目于2016年1月14日开工建设；2017年8月30日完成中交，11月2日完成原料天然气引入，12月21日全厂装置气密、干燥完成，所有设备露点达到投料要求。“三剂”装填到位，具备投料开车条件。

（侯志强）

【文23储气库工程开工建设】 项目主要内容为建设集注站1座（站内设110千伏变电所1座）、集气站6座、注采总井数77口（新钻井66口、老井利用11口）、多井井场8座及配套集输管网，设计工作气量32.67亿立方米。工程建设总投资62.92亿元，其中一期地面工程建设总概算批复为22.1亿元。2017年7月11日基础设计获得批复，10月30日项目开工，截至12月底总体完成5%。

（侯志强）

【潜江—韶关输气管道工程开工建设】 项目线路全长856千米，设置站场9座、阀室39座、维抢修中心1座；水域大中型穿跨越30处，山体隧道穿越13

处；年输气60亿立方米。项目总投资115.58亿元。2017年10月28日，长江定向钻穿越开钻，一标段于12月6号、二标段于12月11号、三标段于12月11号、四标段于12月20号、五标段于12月7号、六标段于12月16号开工建设。

（侯志强）

【荆门—襄阳成品油管道工程开工建设】 项目管道全线长度为130.4千米。设荆门首站和襄阳末站2座站场，及RTU线路截断阀室5座。项目概算批复3.8亿元，于2017年10月16日开工。截至12月底，总体完成22%。

（侯志强）

工程建设管理

【设计管理】 ①建设项目设计管理工作。组织和参与中科炼化、中沙石化、中天合创、中安联合、腾龙翔鹭、镇海炼化、海南炼化、武汉石化、中韩石化、天津石化、洛阳石化、扬子石化、文23储气库、新气管道（南段）、天津LNG、古雷一体化项目，以及汽柴油质量升级项目群等重点工程建设项目和重点检修改造项目的设计协调（50次），可研评估、工艺包审查、设计方案专题论证（21次）、总体设计和基础设计审查等。检查落实设计条件；协调装置（单元）界面关系，协调设计与采购、施工的界面关系；参与研究确定总体统筹控制计划的关键节点；检查、协调工程设计进度。②制度建设工作。贯彻集团公司"从严管理"要求，编制、修订相关设计管理工作标准和制度，印发《建设项目技术拿总单位职责规定》等16项工程建设管理标准。修订《建设项目设计管理规定》和制定《建设项目设计过程专项审查管理规定》等制度。③技术基础工作。在中科炼化一体化项目、镇海POX项目组织开展数字化交付试点工作。结合数字化交付国家标准的编制，制定项目化的数字化交付规定，并贯彻执行。组织数字化交付工作研讨，提出对建设单位和设计单位的相关要求。组织编制完成《中国石化管道通用材料等级库规定及使用说明》和《中国石化通用材料选用设计规定》2份文件的初稿。组织设计管理工作专题会，总结交流设计、质量、项目管理工作经验教训，研讨进一步提升设计管理水平的措施。组织涪陵页岩气地面工程项目设计回访、中安项目热电装置设计质量检查。参加大修改造项目管理调研、建设项目定额周期制定和炼化工程公司组织的设计本质安全大检查等工作。④设计评审机构工作。受国家质检总局委托，组织开展压力管道设计审批人员培训，开展压力容器、压力管道设计许可换证评审工作。完成18家企业压力容器设计许可换证评审，13家企业压力管道设计许可换证、增项评审；举办3期压力管道设计审批人员考核培训；组织压力容器压力管道设计评审机构年度工作会议。整合系统内设计骨干专家资源，通过现场鉴定评审工作中设计文件（静设备、配管专业）质量评审、整改等环节，促进换证设计企业提高专业技术水平和设计管理水平，了解、监测系统内设计企业质量管理状况，积累相关数据，为出台相关规范制度、加强建设项目设计管理提供依据。

（王永焕）

【生产准备与投料试车】 2017年，共有24套炼化装置，6座油气储运设施，4条原油、成品油、输气管线建成投用（见表1）。各企业按照《中国石化建设项目生产准备与试车管理规定》要求，认真做好组织、人员、技术、物资、资金、营销、外部条件7个方面的生产准备工作，做到生产准备与工程建设同步进行无缝衔接，加强对项目生产准备和投料试车全过程管理，认真进行投料试车条件检查，保证装置投料试车顺利进行。为保证投料试车一次成功，全年总部共组织总体试车方案审查会议15次，投料条件检查会议19次，开车队及开车专家组19批次，开车经验交流会议9次，各类研讨、总结及问题协调会议5次。

（谢国学）

表1　2017年新建炼油化工装置和油气储运设施投产计划完成情况

序号	装置名称	建设规模/万吨·年$^{-1}$	投料试车/建成投用时间
一	胜利油田		
1	排612产能建设地面工程	27	11月22日

续表

序号	装置名称	建设规模/万吨·年$^{-1}$	投料试车/建成投用时间
二	镇海炼化		
2	柴油加氢	300	3月28日
3	裂解汽油抽提	2.7	10月16日
三	九江分公司		
4	乙苯—苯乙烯	8	4月25日
四	长岭分公司		
5	催化柴油转化装置	100	7月21日
五	金陵亨斯迈		
6	环氧丙烷项目	24/74.2	7月8日
六	荆门分公司		
7	渣油加氢装置	200	7月14日
七	中天合创		
8	煤气化、净化装置(系列一)	26.8万米^3(标准)/时	3月27日
9	煤气化、净化装置(系列二)	26.8万米^3(标准)/时	3月10日
10	甲醇合成装置(系列一)	180	3月12日
11	硫黄回收装置(系列二)	2.6	3月12日
12	MTO装置一	180	8月16日
13	LDPE(管式)装置	12	4月27日
14	LDPE(釜式)装置	25	8月8日
八	金陵分公司		
15	渣油加氢装置	200	8月5日
16	异丁烷装置	60	6月18日
17	芳烃抽提装置	60	11月25日
18	连续重整提装置	150	11月30日
九	茂名分公司		
19	环氧乙烷装置	20	8月30日
十	安庆分公司		
20	催化柴油转化装置	100	12月4日
十一	湛江东兴公司		
21	S-Zorb装置	120	11月29日
十二	重庆石油分公司		
22	涪陵LNG工厂	100	12月20日
十三	催化剂公司		
23	上海丙烯氰催化剂项目	900	5月11日
24	北京脱硝催化剂生产装置	6 000米^3/年	12月30日
十四	扬子石化		
25	硫黄回收烟气提标项目	2套净化单元	7月15日
十五	管道储运公司		
26	仪征—长岭原油管道复线工程	2 000	3月14日
27	日照—仪征原油管道增输工程	4 000	5月13日
十六	天然气分公司		
28	山东LNG干线平度—莱西线	8.41亿米^3/年	5月19日
29	文23储气库先导增注站	200万米^3(标准)/日	8月28日

续表

序号	装置名称	建设规模/万吨·年$^{-1}$	投料试车/建成投用时间
30	天津 LNG 输气管道(南港—接收站)	40.5 亿米^3/年	11 月 5 日
31	川气东送增压站(武汉站)	150 亿米^3/年	12 月 24 日
十七	销售华南分公司		
32	江津—简阳成品油管道项目	500	5 月 26 日

【大修改造】 2017 年完成 14 家企业的 13 个重点大修改造项目(见表 2)，涉及 367 套生产装置大修改造，大修改造计划总费用 77.23 亿元。

重点大修改造项目中，全厂性停工大修改造共计 8 家(九江石化、济南炼化、长岭炼化、沧州炼化、扬子石化、石家庄炼化、青岛石化、海南炼化)。检修停工装置达 30 套以上的 5 家，包括济南炼化(31 套)、长岭炼化(35 套)、齐鲁石化(34 套)、上海石化(35 套)、扬子石化(58 套)。大修改造计划总费用达 5 亿元以上的有 7 家，包括长岭炼化、齐鲁石化、沧州炼化、上海石化、扬子石化、石家庄炼化、海南炼化。全年组织大修改造项目协调会、重大方案审查、检查调研共计 35 次。九江石化、西南油气分公司元坝净化厂、齐鲁石化、扬子石化被评为中国石化 2017 年度大修改造项目优秀管理团队。

2017 年完成施工单位版大修改造项目管理路线图的编制，初步完成监理单位版大修改造项目管理路线图。制定大修改造项目考核系统，并进行应用。

(王扶卷)

表 2　2017 年重点大修改造项目实施情况

序号	企业	大修装置范围	计划时间	总费用/亿元
1	九江石化	500 万吨/年常减压系列等 25 套主要生产装置	2 月 15 日—4 月 5 日	2.70
2	济南炼化	500 万吨/年常减压系列等 32 套主要生产装置	2 月 20 日—4 月 10 日	4.00
3	长岭炼化	800 万吨/年常减压系列等 35 套主要生产装置	3 月 9 日—5 月 9 日	5.03
4	元坝净化厂	净化厂 2 个系列大修	6 月 10 日—9 月 25 日	0.29
5	齐鲁石化	400 万吨/年常减压系列、乙烯系列等 40 套主要生产装置	5 月 15 日—6 月 25 日	10.99
6	沧州炼化	350 万吨/年常减压系列等 11 套主要生产装置	5 月 10 日—6 月 24 日	7.65
7	上海石化	800 万吨/年常减压、40 万吨/年乙烯等 22 套主要生产装置	4 月 13 日—5 月 27 日	7.50
8	巴陵石化	200 万吨/年常压、化工及化肥等 28 套主要生产装置	4 月 15 日—5 月 15 日	1.71
9	扬子石化	600 万、800 万吨/年常减压系列 、乙烯等 56 套主要生产装置	5 月 25 日—7 月 16 日	13.15
10	广州石化	800 万吨/年常减压系列等 21 套主要生产装置	6 月 1 日—7 月 23 日	4.21

续表

序号	企业	大修装置范围	计划时间	总费用/亿元
11	石家庄炼化	300 万、500 万吨/年常减压系列等 29 套主要生产装置	7 月 1 日—8 月 31 日	5.98
12	青岛石化	500 万吨/年常减压系列等 20 套主要生产装置	10 月 8 日—11 月 8	1.58
13	海南炼化	800 万吨/年常减压系列、60 万吨/年芳烃等 20 套主要生产装置	2017 年 11 月 18 日—2018 年 2 月 10 日	11.80

工程建设监管

【工程质量监督】 2017 年，石油化工工程质量监督总站(简称总站)及其分站认真履行监督职能，规范各方行为。①做好前期准备，针对大型石化重点建设项目，如中安项目、中科项目、新气管道项目等，总站成立直属监督组，统一平衡监督资源，进行协调管理。各分站负责监督的项目，认真做好前期策划，明确监督重点。②规范监督，在监督过程中，监督人员按照石油化工工程质量监督规范、石化工程质量监督工作程序以及监督计划书的要求，对参建各方质量行为和实体质量进行监督检查。通过规范参建单位的质量行为，尤其是建设单位和监理单位的质量行为，促进实体质量的提高。③重点抓好问题的整改，督促做好举一反三工作，确保整改效果。

（胡国勇）

【工程质量监察】 根据 2017 年工程质量监察工作计划的安排，结合石化建设项目的实际情况，总站及其分站恪守监察职责，完善管理体系，对中科合资广东炼化一体项目部等建设单位项目部和参建责任主体总部进行 12 次质量监察，共发现问题 228 项。各分站结合建设项目实际情况，积极开展各种形式的质量监察，对发现的问题督促整改关闭。质量监察工作的开展，规范了参建单位的质量管理行为，加强了参建单位总部对现场项目部的监管，有力地促进了各单位质量管理体系的健全与完善，提升了现场工程质量管理水平。

（胡国勇）

【特种设备检验】 2017 年，总站及其分站积极推进监检定检，保证安全质量。全年受理 85 项压力管道监督检验项目，完成压力管道监督检验 942.21 千米。各监检项目部加强对受监督检验单位质量行为、实体质量和有关文件资料的监督检查；采取停检点、必检点、巡检点等控制点检查及专项监督检验等方式，及时发现问题并通知受监督检验单位进行整改；加大对原材料、焊接实体质量抽查力度，采取硬度检查、光谱分析、焊口抽透、底片复审等手段，及时消除材料、实体质量隐患；加强对项目部监检工作的监督抽查，全年组织 6 次监督抽查，发现问题 126 项。

总站所属中石化(青岛)特种设备检验有限公司完成压力容器 1 623 台、工业管道 25.2 万米的定检任务。完成青岛市周边的检验任务及青岛石化部分定点测厚和安全阀校验工作。检验过程中，检验人员加强对现场检验的质量控制，发现了设备及管线中存在的缺陷，并及时通知受检单位进行整改。通过消除设备材料的质量缺陷，为装置的安全运行提供保障。

（胡国勇）

【工程质量检查】 总站及其分站积极开展各种检查，消除质量隐患。①组织修订石化工程质量检查大纲，使检查程序更规范、依据更准确、内容更全面，提升检查功效。②组织各种形式检查，取得良好效果。总站组织对茂名分公司 20 万吨/年环氧乙烷装置等项目进行 37 次质量大检查，发现各类质量问题 3 040 项；各分站、监督组在日常监督和质量检查中共发现各类质量问题 16 099 项，问题得到整改关闭。③对出现严重问题或苗头的单位及时进行约谈警示。2017 年，总站约谈 9 家参建单位，管道储运分站约谈 3 家参建单位，督促其提高质量意识，分析问题产生原因，进一步采取有效措施，加强现场的质量管理。

（胡国勇）

【工程质量监测】 做好质量监测，为质量监管提供技术支持。①圆满完成长城能化等项目的监测工作，运用各种手段对设备材料和实体质量进行抽查，对监测中发现的问题及时通知建设单位进行整改；②积极开展相控阵、C扫、导波等技术应用，缩短了检测时间，提高了工作效率，确保了检测效果；③在古雷项目开发检测信息管理系统，实时监控检测工作动态，获取即时的检测检验信息，实现信息公开、透明、同步，为外部监察机构、建设单位提供很好的技术支持。

（胡国勇）

【招投标管理】 2017年，中国石化建设工程招标投标管理委员会办公室依法依规履行工程招投标监管职责，结合中国石化工程项目的特点，持续完善工程招标监督管理体制机制，维护中国石化整体利益。直接监管总投资3 000万元以上的建设项目中工程、服务共690个标段，中标金额约为176.8亿元人民币，其中公开招标标段数568个，占比82.3%；公开招标金额约为138亿元，占比78.1%。

为提高参与工程建设的各方依法建设的法律意识，提升业务素质，强化职业操守，建立健全工程建设培训机制，广泛开展相关制度宣贯及业务培训工作。年内，共组织培训17场，培训1 254人，其中组织招标人培训6场，共培训512人；培训投标人10场，共培训669人；培训招标代理人1场，共73人。

（宋　铎）

【招标工作】 2017年，招标公司组织完成招标715个标段，累计中标金额224.49亿元。其中，工程总承包(EPC)招标27项、120.14亿元，工程设计招标42项、4.54亿元，工程监理招标113项、4.55亿元，施工招标360项、87.37亿元，工程造价咨询等其他类招标173项、7.89亿元。项目招标工作实现零投诉。

电子招标投标交易平台建设和应用成果显著。截至年底，中国石化系统内共有117家企事业单位在电子交易平台开展工程采购，上线率接近100%。系统注册市场主体10 785家，评标专家在册7 056人，在线运行采购项目22 338个、标段24 004个，完成标段11 422个，总合同成交额496.21亿元。与国家公共服务平台的数据交互量近5万条。

稳步推进全流程电子化招投标。全面开展招标标准文件的修订升版工作，结合国家最新相关规定和电子交易平台特点，发布实施136套标准文件，满足全流程电子招标要求。截至年底，全流程电子招标项目463个。积极推进分包发包业务上线，全年在线运行分包标段625个，分包中标金额14.14亿元。

（杨东成）

【标准管理】 2017年，石油化工工程建设标准化工作坚持立足行业、服务企业、国际接轨，顺应标准化改革要求，调结构、强基础，全面落实各项工作任务。

积极参与强制标准体系构建，服务于可持续发展。经国家相关部委论证，石化行业承担6项强制规范的研编任务，包括《炼油化工》《石油库》《加油加气站》《地下洞库》4项项目类规范和《工业电气设备抗震》《炼油化工工程通用》2项通用类规范。2017年，按照住建部和工信部的要求，组织编制完成《石油化工工程建设标准体系"十三五"规划》，该体系规划已成为"十三五"期间石化行业工程建设标准化工作的重要依据。完成《中国制造2025(石化工程建设篇)》，按照以标准为引领、以项目为依托，助力于制造业的兴盛，服务于"一带一路"倡议。

重视行业标准立项工作。全年，为适应国家暂停推荐性国家标准立项的新形势、新要求，改变惯性思维，改进工作方法，在行业标准立项竞争变得十分激烈的情况下，申报行业标准立项计划33项。在申报工作中，开展全面的标准复审，注重相关标准的精简整合，紧扣质量、安全、环保和公众利益主题，突出标准的必要性、紧迫性、先进性，避免标准间的重复与矛盾。经工信部评审，最终29项计划获得通过。

工程建设标准制修订。①国家标准和行业标准。全年，在编标准82项，其中国家标准14项、行业标准68项。国家标准《工程数字化交付标准》完成审查和报批，其前瞻性和创新性获得行业普遍好评，技术水平处于国际先进，并在中科、中沙、古雷炼化一体化等项目上开始应用，为中国石化数字化工程和智能工厂建设提供有力支撑。已报批的国家标准《烟气二氧化碳捕集纯化工程设计标准》，技术水平处于国内领先。年内，工信部公告的行业标准共2批、55项(见表3)。②企业标准修编工作。全面启动SDEP标准体系的修订完善工作，推进21个专业212项SDEP企业标准的修编工作，截至年底，部分专业已完成征求意见稿；启动并编制完成企业标准《中国石化标准化工地建设指南》，并在中国石化工程建设项目试行；鉴于中国缺少集液化烃(尤其是乙烷)接卸、运输和仓储为一体的专项工程标准，紧急开展调研并成立编制组，在较短的时间内启动并基本编制完成《液化烃储运工程技术规范》。

表 3　　2017 年报批国家标准、行业标准汇总

序号	标准编号	标准名称
1	SH/T 3008—2017	石油化工厂区绿化设计规范
2	SH/T 3023—2017	石油化工厂内道路设计规范
3	SH/T 3024—2017	石油化工环境保护设计规范
4	SH/T 3033—2017	石油化工企业汽车、叉车运输设施设计规范
5	SH/T 3038—2017	石油化工装置电力设计规范
6	SH/T 3055—2017	石油化工管架设计规范
7	SH/T 3057—2017	石油化工落地式离心泵基础设计规范
8	SH/T 3062—2017	石油化工球罐基础设计规范
9	SH/T 3066—2017	石油化工反应器再生器框架设计规范
10	SH/T 3067—2017	石油化工钢筋混凝土冷换框架设计规范
11	SH/T 3086—2017	石油化工管式炉钢结构工程及部件安装技术条件
12	SH/T 3087—2017	石油化工管式炉耐热钢铸件工程技术条件
13	SH/T 3090—2017	石油化工铁路设计规范
14	SH/T 3097—2017	石油化工静电接地设计规范
15	SH/T 3101—2017	石油化工流程图图例
16	SH/T 3102—2017	石油化工采暖通风与空气调节设计图例及代号
17	SH/T 3108—2017	石油化工全厂性工艺及热力管道设计规范
18	SH/T 3114—2017	石油化工管式炉耐热铸铁件工程技术条件
19	SH/T 3116—2017	石油化工企业用电负荷计算方法
20	SH/T 3123—2017	石油化工钢制储罐地基充水预压监测规程
21	SH/T 3128—2017	炼油装置火焰加热炉陶瓷纤维衬里技术规范
22	SH/T 3133—2017	石油化工企业现状图图式
23	SH/T 3183—2017	石油化工动力中心自动化系统设计规范
24	SH/T 3184—2017	石油化工罐区自动化系统设计规范
25	SH/T 3185—2017	石油化工煤贮运建(构)筑物设计规范
26	SH/T 3186—2017	石油化工自动化立体仓库设计规范
27	SH/T 3187—2017	石油化工工厂数字总图技术规范
28	SH/T 3188—2017	石油化工 PROFIBUS 控制系统工程设计规范
29	SH/T 3189—2017	煤化工原(燃)料煤制备系统设计规范
30	SH/T 3190—2017	石油化工整体齿轮离心式空气压缩机工程技术规范
31	SH/T 3191—2017	石油化工气动隔膜泵工程技术规范
32	SH/T 3192—2017	石油化工装置照明设计规范
33	SH/T 3193—2017	石油化工湿硫化氢环境设备设计导则
34	SH/T 3194—2017	石油化工储罐用装配式内浮顶工程技术规范

续表

序号	标准编号	标准名称
35	SH/T 3195—2017	地下水封石洞油库水文地质试验规程
36	SH/T 3196—2017	石油化工企业建筑物分类标准
37	SH/T 3197—2017	焦炉煤气制甲醇工程技术规范
38	SH/T 3405—2017	石油化工钢管尺寸系列
39	SH/T 3411—2017	石油化工泵用过滤器选用、检验及验收规范
40	SH/T 3412—2017	石油化工管道用金属软管选用、检验及验收标准
41	SH/T 3414—2017	石油化工钢制立式储罐用采样器选用、检验及验收标准
42	SH/T 3427—2017	石油化工管式炉高强低导浇注料工程技术条件
43	SH/T 3503—2017	石油化工建设工程项目交工技术文件规定
44	SH/T 3510—2017	石油化工设备混凝土基础工程施工质量验收规范
45	SH/T 3515—2017	石油化工大型设备吊装工程施工技术规程
46	SH/T 3522—2017	石油化工绝热工程施工技术规程
47	SH/T 3538—2017	石油化工机器设备安装工程施工及验收通用规范
48	SH/T 3543—2017	石油化工建设工程项目施工过程技术文件规定
49	SH/T 3559—2017	石油化工循环流化床锅炉施工及验收规范
50	SH/T 3560—2017	石油化工立式圆筒形低温储罐施工质量验收规范
51	SH/T 3561—2017	液化天然气(LNG)全容式钢制内罐组焊技术规范
52	SH/T 3562—2017	石油化工管道工厂化预制加工及验收规范
53	SH/T 3563—2017	石油化工电信工程施工及验收规范
54	SH/T 3564—2017	全容式低温储罐混凝土外罐施工及验收规范
55	SH/T 3903—2017	石油化工建设工程项目监理规范

发布集团公司级工法。继续组织集团公司级工程建设工法的评审、发布工作，以促进企业树立“工匠”精神，推动工程实践的总结和技术提升。年内，组织2015—2016年度集团公司级工法申报和评审，发布集团公司级工法40项。

加强信息化建设，提升业务管理和服务能力。开发完成“工程建设标准化信息管理系统”，实现标准化成果的查询和维护管理的信息化，内容包括工程建设标准体系、工程建设标准执行表、工程建设相关法规、集团公司有关管理制度等。该系统可通过互联网授权访问，可与其他信息系统集成，为企业提供增值服务。

技术交流、标准宣贯。主办2017年全国石油化工机泵会议，150余家单位的280多名代表参会。全年举办新版石油化工工程标准宣贯培训5期。

（葛春玉）

【炼化工程造价管理】 2017年，炼化工程造价管理主要开展石油化工工程建设EPC固定总价清单计价模式的研究和探索、深化计价体系文件的改革和修编、及时进行计价文件的动态调整及设备材料价格信息发布、加强信息化建设、为工程建设项目管理提供造价专业技术支持以及工程造价人员业务培训及资质资格管理等工作。

合同计价模式的研究和实践取得突破。组织开展多种计价模式研究，分析各种计价模式的适用条件和优缺点，确定以中沙项目、中科项目建设为契机，推行EPC固定总价清单计价的承包模式，从而转变以往概算降点方式计价的单一模式，逐步与国际通行的合同计价模式接轨。为保证新的计价模式顺利实施和推广，成立清单计价工作领导小组和5个工作小组，组织编制并发布《EPC固定总价清单计价工作指南》，涉及清单编制、投标报价等招投标过程中的重点内容，供建设单位在招标过程中使用。

定额管理贴近实际，稳步推进计价体系文件的修编。①完成石油化工安装定额及检修定额脚手架搭拆费的动态调整，为石油化工工程建设脚手架搭设标准的实施和安全生产提供资金保障。在总结分析中天合创、武汉乙烯项目实测数据的基础上，确定《石油化工安装工程预算定额》脚手架费用水平由占安装费的 6.23% 上调至 9%；根据 6 家企业检修工程调研和实测情况，修订《石油化工行业检修工程预算定额》中脚手架搭设与拆除项目，发布《关于 2017 年动态调整石油化工安装定额及检修定额脚手架费用的通知》，阶段性地解决长期以来安装定额及检修定额脚手架费用不足的问题。②开展《石油化工安装工程概算指标》《石油化工安装工程主材费》修编工作。全年共开展 6 次专项调研和资料采集，召开 5 次专题会议，协调、解决修编中的重大技术问题。组织编制和审查指标修编统一规定及修编细则，为修编工作奠定坚实的基础。③受神华集团委托，编制完成《神华煤制油化工装置检修工程预算定额》和《神华煤制油化工装置检修工程计价规则》报批稿，并以此为契机，为中国石化检修定额补充煤制油和煤化工装置子目，扩大了检修定额的应用范围。④启动《石油化工建设工程工程量清单计价办法（2011）》修编准备工作。遵循国家 2013 版清单计价规范的原则，总结 2011 年版的应用经验，对存在的问题进行研讨，明确修编思路，为下一步清单计价模式改革和清单计价办法修编打下扎实的工作基础。

及时发布工程建设设备材料价格信息。动态跟踪、调整、发布 6 期"石油化工安装工程主材费"调整系数和 6 期"非标准设备价格信息"，动态发布 3 期《石油化工建筑工程概（预）算定额》A 类材料（107 项）价格信息，包括含税价格和除税价格，为项目投资估算、概算的编制提供设备材料价格信息。

加强信息化建设，提升了业务管理和服务能力。利用"工程经济信息网"及"工程定额管理站网"，及时发布国家和石化行业的政策、法规及有关建设项目、工程造价、设备材料价格、造价人员资质管理、业务培训、业务咨询等信息，并得到用户的广泛认可。"工程经济网会员"和"概算中心造价"微信群，实名认证人数已达 2 600 余人。推出"中石化定额站"微信公众号，提升了信息的实效性和便利性。信息化措施有利于造价人员在工作中相互交流、信息共享和提升业务能力。

概预算中心站结合"营改增"的实施及工程建设计价依据的调整，及时完成概算应用软件、清单计价软件的调整和发布。

积极参与、主动服务重点工程建设项目管理。为了贯彻集团公司工程建设计价模式改革精神，推动工程量清单计划合同模式的实施，根据中沙项目和中科项目工程量清单计价工作需要，参加 EPC 合同文本及招标文件的评审，提出计价方面的指导意见。对中科项目开展工程造价管理工作调查，对 EPC 清单计价工作开展情况、项目编制施工图预算或详细设计概算的必要性及建立工程量和工程造价数据库的意义和方式等方面，进行专题讨论。在为项目提供服务的同时，也为如何加强集团公司工程造价管理积累了经验。

发挥行业管理职能，细致开展资质资格管理。年内，对工程预算和概算专业工程造价从业人员进行资格复检，对复检合格的预算专业 4 018 人、概算专业 1 577 人换发或颁发资格证书及印章。完成中价协委托管理的注册造价工程师 600 余人及 20 家甲级造价咨询单位的资格、资质管理工作。

（蒋　炜）

【石油工程造价管理】　定额管理。①圆满完成油气生产内部专业化服务定额编制工作并发布实施。先后组织 11 个分公司的 200 多人，历时 1 年多，分 2 批编制完成 11 个专业 1 656 项、13 519 个细项的定额（价格），填补定额体系一项空白。②物探定额编制完成并正式发布实施。对地貌、地类、工序进行了重新划分和细化，按 2 种勘探方式、3 种激发方式，对应形成 6 种基础施工类型；将地貌划分为 11 种类型，再细分为 32 种地类和 22 种岩性；将地震采集施工全过程规范为 3 个阶段、16 道工序，按工序分别确定人、材、机消耗量。构建 80 多组定额测定数学模型，编写 2 600 多个定额计算公式，可适应不同装备和工艺组合。注重与现场结合、与甲方和乙方结合。先后实地调研 4 个三维施工现场，取得第一手资料。③圆满完成苏北地区石油工程定额整合。江苏油田和华东油气田因历史原因在苏北地区石油工程施工执行的定额标准存在差异，给招投标及工程预结算工作带来一定影响。在认真分析 2 套定额差异的基础上，采集大量钻完井和结算的统计资料进行分析、研究，及时组织推进定额标准的整合、调整工作，有效减少甲乙双方分歧，实现同一区域定额标准的统一。④紧跟重点勘探部署，组织完成涠西、永川、威远、涪陵二期、顺北、彭州 6 个重点勘探新区块的钻井定额编制工作，并全部发布试行。⑤油气生产信息化安装定额完成并发布实施。该定额是配合油公司体制机制运行的一项基础工作。项目组历时 7 个月，克服无基础资料的困难，组织 6 个现场写实小分队，采集大量的第一手资料，编制过程中创新探索定额图例化应用，采用现场写实法、分析计算法等编制方法，完成8类666项定额、6 143项消耗量子项定额。该定额的发布实施，填补了油建工程定额领域的一项空白，为促进油气生产信息化建设以及油公司体制机制优化提供了支撑。⑥天然气长输管道估、概算指标编制完成并通过评审。项目组以大量调查统计的已建项目资料作为基础依据，历经8个月，编制完成DN500、DN600等5个管径，水网、山区、戈壁等5种地形，线路、站场工程等3个工程类别，满足估算和概算编制需要的2级指标体系，构建一级清单200项、二级清单264项，对应设置指标项目7 741项，编制估算指标综合单价1 131项、概算指标综合单价6 610项，取定材料设备价格4 160项。新编指标为天然气长输管道项目投资估算编制提供了可靠的依据。⑦完成油气田地面工程二、三类费计费标准研究。为满足上游项目可研性研究等阶段投资估算编审需要，规范二、三类费用的计取，梳理油气田地面工程和长输管道工程二类费用项目共计40项，重点对12项进行写实采集，组织采集样本项目209个，采用统计分析法、模拟曲线对比法，对费用计取方法和费率进行研究，并与同行业规定进行对比分析，确定各项费用取费费率，为后续制定标准奠定基础。⑧完成油气田地面建设工程估算指标集中增补。该指标于2015年编制完成，针对使用过程反映出的指标不全、政策性调整等问题，组织10个分公司，补充估算指标483项，修编估算指标373项，各油田估算指标更新材料和设备价格4 600多项并完成“营改增”政策调整。⑨完成油田板块勘探开发软硬件资源共享服务价格编制。编制完成26种专业共享软件收费价格和CPU、GPU资源使用价格，通过专家验收，有利于推进软硬件资源共享的集中建设和推广。

预算价格管理。①制定发布集团公司《石油工程预算价格管理规定》，为预算价格的规范化管理打牢基础。明确分级管理、定价机制、管理流程，统一石油工程造价中人工单价、材料预算价格、施工机械使用价格、技术服务价格的编制方法，规范管理职责、分级管理权限。开展专题宣贯培训，召开专题工作会交流经验，集中调研各分公司执行情况，有效推进规定落地。针对各分公司价格管理工作不均衡的情况，推动分公司层面完善管理机构，职责基本到位。②建立预算价格管理系统，实现信息化管理目标。精心谋划、措施得力，实现系统上线运行。该系统按照预算价格管理规定，统一物资的运杂费、管理费计价模式，制定年度执行标准；按小类核算采购物资的运杂费、管理费，管理费统一按费率计取；实现基于BW数据库的源头数据自动采集，打通采购价格信息通道。③扩大造价中心直管材料品种。在直管的油管、套管、成品油及重晶石粉4类主要材料的基础上，新增抽油杆和油井水泥2类品种。自二季度起，成品油预算价格的调整由季度改为随中国石化财务部发布的企业自用成品油价格变动而相应调整，全年共发布预算价格12批次。除成品油外，全年共发布调整4批次直管材料预算价格，涉及11个油区、25个转运站、23个施工工区、1 283项品种。

清单计价体系建设。①全面完成工程量清单构建。根据各专业特点，按工序分3个层级构建标准化、通用化的工程量清单模板。共完成基础清单项目构建1 593项，其中物探采集28项、钻井719项、测井138项、录井96项、井下作业612项。②完成全部清单项目综合单价编制。以现行预算定额为基础，梳理拆分消耗量及费用，按现行技术标准及定额组价要求，对消耗量及费用进行细化、整合，形成综合单价，实现量价分离。与工程量清单相对应，共编制基础清单项目综合单价1 593类，覆盖各油田各个区块，整理入库消耗量定额及配套信息共计约56万条记录。③完成4项造价应用功能开发建设。基于清单计价的造价应用功能包括设计预算、拦标价(投标最高限价或招标控制价)、投标报价、变更和结算4项。在应用功能开发建设中，重视需求方案的编制，先后3次组织各企业集中研讨，对方案进行很好的补充完善，使得应用功能的开发建设符合实际。

造价管理。①积极配合总部投资管理，有效发挥专业支撑作用。配合做好“四供一业”移交项目审查工作。全年完成36个移交改造工程项目可研报告审查，在上报投入估算16.1亿元的基础上审减3.1亿元，为“四供一业”分离移交项目投资优化发挥把关作用。配合做好塔河油田天然气外输管线完善工程等10个重点项目投资审查，在上报可研估算110.85亿元的基础上审减2.79亿元。配合做好14口重点井的投资测算和5个项目可研审查工作，累计审减投资1.5亿元。②各油气分公司加强预结算管理，严格造价审核。各分公司加强“三算”管理，为投资优化和财务管理提供准确依据。据统计，分公司层面共审核结算378.2亿元，其中物探21.9亿元、钻井173.8亿元、测录井17.4亿元、井下作业63.2亿元、试油气27.5亿元、油建74.4亿元。

（王　珞）

工程建设企业管理

【施工企业资质管理】 截至 2017 年底，石化建设分会有施工资质的会员企业共 72 家，其中施工总承包特级 1 家、一级 29 家、二级 24 家、三级 6 家，专业承包一级 8 家、二级 4 家；有特种设备无损检测机构核准证的会员企业共 18 家，其中 A 级 9 家、B 级 8 家、C 级 1 家。

（张虹薇）

【工程建设监理】 截至 2017 年底，石化建设分会有监理资质的会员企业共 48 家，其中监理综合资质 2 家、甲级资质 44 家、乙级资质 2 家。

全年，组织 2 期石油化工监理工程师培训，培训人数 162 人，其中 114 人取得石化监理工程师证书。年内首次开展石油化工监理工程师网络继续教育培训。通过石化远程培训系统，70 人在完成网络继续教育学习后进行石化监理工程师延续注册。

年内对石化建设分会的 48 家监理会员企业人员持证情况进行调查。截至 2016 年底，持有各类监理证书人员 6 058 人，其中持有国家注册监理工程师证书 1 882 人、持有石化监理工程师证书 1 817 人、持有其他监理工程师证书 1 024 人、持有监理员证书 1 335 人。

（张虹薇）

【勘察设计企业资质管理】 截至 2017 年底，协会共有 45 家勘察设计会员企业，其中工程勘察综合甲级资质 3 家(勘设合一 1 家)、专业甲级资质 6 家(勘设合一 3 家)、乙级资质 3 家(勘设合一 3 家)；工程设计综合甲级资质 4 家、行业甲级资质 21 家、专业甲级资质 14 家、专业乙级资质 1 家。

根据国家住房和城乡建设部《关于印发〈工程设计资质标准〉的通知》《关于印发〈建设工程勘察设计资质管理规定实施意见〉的通知》《关于工程勘察设计资质实行网上申报和审批的通知》及《关于做好取消建设工程企业资质和个人执业资格初审事项后需衔接工作的通知》等有关文件精神，结合集团公司所属工程勘察设计企业体制改革的具体情况，继续开展会员企业工程勘察设计资质的延续、升级、增项、更名及咨询活动。2017 年共组织完成 6 家(直属企业 3 家、改制企业 3 家)工程勘察设计企业资质申请材料的初审与上报工作，截至年底，共有 3 家企业通过建设部组织的专家审查，顺利取得工程设计资质证书，其中工程设计资质延续 2 家、更名 1 家。另外完成 3 家企业有关工程设计资质升级、延续的咨询工作。

（胡瑞玲）

【勘察设计“四优”评选】 完成集团公司 2014—2015 年度优秀工程勘察设计评选工作，评优活动共收到 18 家勘察设计企业的 67 项申报评优项目。经集团公司优秀工程勘察设计评审委员会审议，共评出 50 项获奖项目，其中优秀工程设计 44 项(一等奖 10 项、二等奖 17 项、三等奖 17 项)；优秀标准设计 2 项(二等奖 2 项)；优秀工程勘察 4 项(一等奖 1 项、二等奖 2 项、三等奖 1 项)。发文表彰获奖项目涉及的各有关企业及个人，同时颁发企业和个人获奖证书。

（胡瑞玲）

【优质工程评选】 组织完成 2017 年度集团公司优质工程奖评审工作，共 16 项工程获奖(见表 4)。

（李国之）

表 4　2017 年度集团公司优质工程

序号	工程名称	申报单位
1	广西液化天然气（LNG）项目码头及接收站工程	中国石油化工股份有限公司天然气分公司
2	济南—青岛输气管道二线工程	中国石油化工股份有限公司天然气分公司
3	国家石油天然气大流量计量站武汉分站工程	中国石油化工股份有限公司天然气分公司
4	涪陵页岩气田焦石坝区块一期工程南区产能建设项目地面工程	中国石油化工股份有限公司江汉油田分公司
5	涪陵页岩气田焦石坝区块一期工程中区产能建设项目地面工程	中国石油化工股份有限公司江汉油田分公司

续表

序号	工程名称	申报单位
6	1 000 吨/年高性能聚乙烯纤维干法纺丝项目	中国石化仪征化纤有限责任公司
7	滨37 块、滨644 块老区产能建设地面工程	中国石油化工股份有限公司胜利油田分公司滨南采油厂
8	南京金陵亨斯迈新材料有限公司环氧丙烷项目 PO/MTBE 主装置	中石化南京工程有限公司
9	中原—开封输气管道(濮阳段、东明段、开封段)工程	中国石油化工股份有限公司天然气分公司
10	九江分公司 8 万吨/年乙苯—苯乙烯装置	中国石油化工股份有限公司九江分公司
11	齐鲁分公司汽柴油国Ⅴ质量升级技术改造项目	中国石油化工股份有限公司齐鲁分公司
12	元坝气田 17 亿米^3/年滚动建产工程地面集输工程	中国石油化工股份有限公司西南油气分公司
13	元坝气田采出水零排放综合处理工程	中国石油化工股份有限公司西南油气分公司
14	绍兴—萧山成品油管道工程	中国石化销售有限公司浙江石油分公司
15	120 万吨/年 S-Zorb 催化汽油吸附脱硫装置	中国石油化工股份有限公司长岭分公司
16	安庆炼化曙光丁辛醇化工有限公司 25 万吨/年丁辛醇项目	中石化上海工程有限公司

中国石化 SINOPEC

公用工程

◇ 热电

◇ 水务

热　　电

【概述】 2017年，热电业务认真贯彻落实集团公司党组决策部署，不断深化热电专业化管理，全面落实安全生产、绿色低碳发展要求，持续提升装置运行质量，全力服务保障主业，为集团公司提质增效和持续健康发展做出积极贡献。

（胡海翔）

【持续提升热电保障能力】 在满足主业用热需求的基础上，坚持效益优先原则，提高热电装置运行平稳率，积极增加机组发电量，保证主业用电用热需求，全年完成发电量381.09亿千瓦·时，供热量3.43亿吉焦。按照"识别大风险、消除大隐患、杜绝大事故"总体要求，全面推进热电装置安全生产工作，严格运行操作和缺陷管理，提高设备检修质量，控制各类非计划停工，全年热电机组非计划停工次数同比减少18%。镇海炼化细化锅炉运行调整，成功应用防磨技术延缓水冷壁磨损，CFB锅炉运行周期达614天，创历史最好水平。

（胡海翔）

【成本控制成效显著】 持续推进热电全员成本目标管理，以煤炭降本和生产优化为抓手，持续强化煤炭采购、储运和使用全过程管控，优化配煤掺烧，消化煤价上涨因素，全年实现内部利润13.20亿元。通过严把煤炭入厂验收关，规范煤炭数量、质量验收方法和流程，全年入厂入炉煤热值差为151.04千焦/千克，处于行业先进水平。川维化工公司加强进厂煤质监控，创新煤炭掺杂无烟煤、炭黑和石油焦的检测方法，为优化燃烧和提高炉效提供依据。齐鲁石化热电厂锅炉全年掺烧固废1.92万吨，减少处置费用约1 336万元。

（胡海翔）

【按期实现超低排放环保目标】 严格按照国家及地方政府的要求，集团公司从严要求，着力提升脱硫脱硝除尘等设施安全稳定运行水平，优化超低排放改造技术路线，确保燃煤锅炉按期达到超低排放环保标准。

（胡海翔）

【稳步推广热力系统整体优化技术】 热电业务聚焦能耗指标控制，实施跟踪督导，降耗成效明显。胜利油田和茂名石化联合开展供热机组热力系统整体优化攻关，率先取得突破，探索形成具有石化企业特色的机组全流程经济性诊断技术，成为全系统可共享的节能挖潜措施，川维化工公司、巴陵石化、镇海炼化、茂名石化等15座电站机组供电标煤耗优于310克/(千瓦·时)的国家煤电能耗目标。巴陵石化持续优化机组运行，不断完善考核机制，强化节能技术监督，2座热电站供电标煤耗指标均低于300克/(千瓦·时)，处于全系统先进行列。茂名石化持续提升机组稳定运行水平，实施节能技术改造，供电标煤耗2年累计下降15克/(千瓦·时)以上。

（胡海翔）

【专业指导和现场技术服务更加深入】 总部加强热电专业指导，紧盯问题短板，着力提升安全稳定运行水平，重点抓锅炉、汽机与供电系统可靠性分析，定期开展现场技术服务，有力促进企业提升专业管理水平。组织开展燕山石化长周期运行专题技术服务，提出发展规划、安全生产、长周期运行等改进措施。组织系统内专家进行现场对接，综合测算机组能耗、环保减排、发电效益等关键条件，优化调控发电负荷，明确节能提效方向和路径，制订能耗达标技术方案。

（胡海翔）

【启动超期服役机组治理工作】 依据国家关于机组服役期等相关政策要求，部分企业服役期届满的机组被能源监管机构公示注销发电业务许可证。为保障石油石化装置稳定生产和热电机组依法合规运营，集团公司成立治理工作领导小组，严格按照国家产业政策和节能减排标准要求，落实延寿安全评估、替代改造等措施，全面推进热电机组超期服役治理工作。

（胡海翔）

【建立专业对标长效机制】 定期统计分析企业热电专业管理考核指标完成情况，开展年度综合考评并通报排名，建立对标长效机制，始终把对标管理贯穿于各环节、各岗位，分析原因，制定措施，强化管理，落实责任，进一步提高机组运行水平。

（胡海翔）

【电改红利充分落地】 通过大用户电力直接交易、优化调整基本电价计费方式等措施，企业购电成本稳步下降。通过直接与发电企业电力交易、委托售电公司购电等方式，2017年全系统市场化交易电量达127亿千瓦·时。通过优化基本电费计费方式，降低基本电费支出。南化公司争取直购电优惠政策，积极参与电力市场竞价交易，获取优惠电量约 10 亿千瓦·时。茂名石化与发电企业建立战略伙伴关系，节约购电成本。

（胡海翔）

【推进增量配电业务改革试点】 研究国家电力体制改革政策，结合企业实际，及时与国家部委及地方政府沟通协调，积极推进中国石化增量配电业务改革试点工作。上海石化和江汉油田分别被列为国家第 1 批、第 2 批增量配电业务改革试点单位。

（胡海翔）

【对外市场开拓成效明显】 胜利油田发挥专业优势，加大运行诊断、优化调试等对外技术服务力度。齐鲁石化发挥热电联产优势，拓展周边供电供热市场，对外供汽供电项目获取稳定收益。仪征化纤热电机组被纳入仪征市热电联产整体规划。茂名石化、仪征化纤、川维化工公司等企业向周边工业园区扩展供热区域。

（胡海翔）

【加强专业队伍建设】 2017 年，举办配售电业务研讨班，组织 27 家企业学习交流电力体制改革、电价改革、电力市场化交易等政策，研讨增量配电业务工作。结合企业用煤管理要求，举办煤炭采制化岗位资质取证班，组织 26 家企业的 138 名学员进行业务学习和取证考核。

（胡海翔）

【信息化应用取得阶段性成果】 热电生产营运管理信息系统逐步完善，新增宁夏能化等 5 家用户，实现计划、运行、燃耗、成本、可靠性等信息在线采集和分析。厂级监控信息系统(SIS 系统)得到成功应用，该系统监控和分析诊断全厂生产情况，最大限度发挥机组性能，是集过程实时监测、优化控制及生产过程管理为一体的厂级自动化信息系统。胜利油田、宁夏能化等企业通过投用 SIS 系统实现全厂机组整体性能指标在线监控和实时优化，有效提高电厂安全经济运行水平，提升了电厂竞争实力。

（胡海翔）

【持续开展热电专业竞赛】 总部抽调企业专家组成检查组，对油田和炼化企业开展热电专业现场考评工作。重点检查《防止电力生产事故的二十五项重点要求》《动力煤炭验收技术规程》等法规标准执行情况，积极推进热力系统整体优化、超低排放改造等重点工作，专题调研锅炉长周期运行、电力业务降本减费等问题。根据集团公司相关制度规定，经综合评定，胜利油田、巴陵石化、茂名石化、镇海炼化、川维化工公司、广州石化、天津石化、齐鲁石化、燕山石化、安庆石化、上海石化 11 家企业分获 2017 年度热电专业竞赛综合竞赛优胜奖，青岛炼化、巴陵石化、胜利油田、天津石化获得锅炉、汽机、燃料、电气、环保单项优胜奖。

（胡海翔）

水　务

【概述】 2017 年，面对生产装置负荷高、保效益保增长任务重和环保管控压力大等情况，水务系统认真贯彻落实集团公司工作会议和热电水务专业工作会议的要求和部署，克服部分设备老化、工艺落后、不能停车检修和交叉作业多等困难，以安稳保供和服务绿色低碳发展为目标，积极开展水务系列标准宣贯，持续优化运行和降本减耗，全面推进污水系统提质提效，为集团公司增产增效做出应有贡献。

（张　晗）

【保供能力不断增强】 全面完成生产任务，保障主业增产增效。围绕主业生产，全力保证供水需求，全年取水量 12.01 亿立方米，同比持平；供循环水 270.80 亿立方米，增长 1.58%；产化学水 2.72 亿立方米，增长 1.15%。镇海炼化发挥“大系统”优势，全年工业水重复利用率 98.3%，吨油取水 0.319 立方米，吨油排水 0.052 立方米，用水效率处于行业领先水平。茂名石化环氧乙烷装置配套循环水场顺利建成投产，供水品质持续提升，水质综合合格率保持较高水平。

装置稳定运行水平明显进步。各企业持续强化水务设施检修、在线仪表维护和设备更新工作，保障生产装置长周期稳定运行。依据《水务管理技术要求》系列标准，规范水质监测，集团公司新鲜水、化学水、外排水等水质综合合格率达 99% 以上。齐鲁石化开展水务装置运行可靠度评估，完成 36 台高耗能及淘汰设备的更新，211 台水质在线分析仪表保持稳定运行，66 套水务装置运行可靠度大幅提高。洛阳石化完善在线油监测仪，加强循环水水质管理，及时发现焦化、二催化等装置水冷器泄漏点，处理物料泄漏 13 次，确保生产装置的连续运行和稳定供水。

安全风险管控水平不断提升。水务系统安全风险总体受控，全年未发生上报集团公司安全环保事故。茂名石化认真落实安全环保责任，直接作业环节违章率下降39.2%；编制实施《巡检导则》，排查整改各类隐患116项，避免较大安全生产事故事件51起。天津石化持续开展“全员安全做诊断”活动，对474项影响循环水、化学水稳定供给和存在水体污染风险的隐患进行专项治理，实现安全生产无事故。

（张　晗）

【运营水平持续提升】 主要技术经济指标创历史最好水平。水务专业以节能降耗和节水降损为抓手，积极推进系统提质提效工作，持续提升技术经济指标水平。全年供水单位电耗为5.38千瓦·时/(千米^3·米)、自用损失率7.61%，同比分别降低3.97%和6.16%；循环水单位电耗为4.45千瓦·时/(千米^3·米)、标准补新水率11.27‰，分别降低2.17%和1.72%；11项技术经济指标总体进步1.19%。南化公司狠抓现场考评问题整改，完善新鲜水水质在线监测，提升操控水平，供水自用损失率下降23.24%。高桥石化对炼油区3#循环水场进行节能改造，年节电374万千瓦·时，循环水单位电耗下降7.14%。

成本控制成效显著。持续推进水务全员成本目标管理，层层压实目标责任，深挖压降药剂、酸碱和用电等物耗、能耗潜力，新鲜水、循环水和化学水的单位现金操作费用分别完成0.70元/米^3、0.16元/米^{3}和2.79元/米^3，分别降低5.36%、1.20%和0.59%，实现内部利润10.16亿元。青岛炼化积极开展班组小指标竞赛，月耗水量、酸碱耗量及指标合格率得到稳步提升。九江石化层层分解各项成本指标，按员工对指标的贡献程度进行奖励，形成人人关注指标、人人追赶指标的全员参与局面。

（张　晗）

【专业化管理不断强化】 现场考评与专业管理突出实效。持续推进运行层面“大系统”重组整合，上海石化完成循环水、化学水集中管理，巴陵石化正在推进水务专业整合，纳入水务专业化管理范围的31家炼化企业，有29家总体完成专业化重组。茂名石化、镇海炼化和齐鲁石化等企业，水务管理规范精细，服务保障能力不断提高，专业化管理优势进一步显现。结合年度重点工作，按照国标企标等新要求，开展水务专业年度现场考评工作，共发现问题516项，提出整改建议399条，促进专业管理水平进一步提升。

专业指导和现场技术服务更加深入。水务专业不断提高技术指导的针对性，组织专家团队进行个性化现场服务。针对循环水排污及化学水中和废水治理难题，指导安庆石化等企业采用高效生化处理技术，开展源头治理；针对宁夏能化存在的循环水水质不稳定、污水单元处理效率低和回用系统“盐路”不畅等突出问题，与企业共同研究制定整改措施。

建章立制和专业贯标持续推进。发布《循环水处理效果监控方法 第1部分：监测换热器法》和《化学水系统综合治理工艺技术要点》，通过组织学习和现场督导，持续开展专业贯标。各企业按照《水务专业化管理指导意见》《水务管理技术要求》和《污水系统提质提效工艺技术要点》等文件要求，制定实施办法、细则、规程和改造方案，规范化、标准化管理制度体系不断完善。

信息化应用取得阶段性成果。推进数字水场、智慧水务建设，开展齐鲁石化、茂名石化和金陵石化等6家企业的信息化现场调研，水务生产营运管理信息系统（二期）项目可研报告获得批复。南化公司实施主要水务装置DCS改造，提高自控水平和劳动生产率；北海炼化集成DCS、ERP、MES和LIMS等信息系统，实现信息共享和快捷操作。

持续加强专业队伍建设。举办集团公司水务专业培训班，为企业开展污水提标改造和循环水系统运行优化培训技术人才，为企业“大系统”水务管理培养复合型专业人才。各企业按照集团公司《关于加强和改进基本功训练工作的意见》，大力开展全员基本功训练。

（张　晗）

【专项治理工作取得显著效果】 循环水系统整体优化持续深入。巩固专项治理效果，持续开展运行调优工作，系统调整能力和综合效率显著提高，平均节电率保持在20%以上。川维化工公司三循通过节能综合改造，2017年节电率达34%以上。扬子石化完成芳烃厂五循等3套循环水装置的整体优化改造，年节电量达4 000万千瓦·时。青岛炼化优化动力中心循环水系统，平稳运行2年多，节电率保持在30%以上。

水平衡测试和查漏实现动态化、常态化。加大管网巡检力度，及时更新严重腐蚀管段和消除漏点，全年减少漏失水量约288万立方米。胜利发电厂、中原油田普光分公司、金陵石化等10家企业开展水平衡测试，查出并消除漏点90多处，减少漏损约

243 米^3/时。天津石化严格执行本企业循环水泄漏管理考核细则，完善泄漏预警、泄漏判定标准和内部不同专业相互协作机制，编制循环水水质异常的辨别与处理指导书，攻克烯烃循环水在高浓缩倍数下带漏运行的难题。

（张　晗）

【针对水务重点难点问题开展技术攻关】 污水达标升级技术攻关取得新进展。面对越来越严的外排水标准，各企业积极探索研究污水处理新技术。针对高盐、低浓、难降解的废水，天津石化积极承担集团公司“十条龙”攻关项目，烯烃污水提标改造以处理循环水排污、化学中和废水和反渗透浓水为主，采用 ABR 高效生化处理技术，实现达标排放。安庆石化推进水务装置源头治理工作，完成腈纶Ⅰ循排污水污污分治技术现场试验。巴陵石化积极研究污染物的“以废治废”等关键技术，将鹰山污水处理装置的高氮磷废水输送到云溪污水处理场，既减少了鹰山区的高负荷污染，又弥补了七里山区生化处理的营养不足，实现两区外排水总氮、总磷达标。

水质监控和查漏技术得到新应用。结合总部标准编制工作，洛阳石化完成智能型在线监测换热器的安装、运行调试和数据收集整理等工作，同时在感官评价法、游离氯法等基础上，应用在线油分析仪等技术，提高查漏效率，对循环水水质监控发挥重要指导作用。针对新鲜水系统漏水发生随机性大和漏点较难发现的问题，镇海炼化在传统查漏方式基础上，采用新技术和创新管理模式，供水自用损失率进一步下降。

（张　晗）

【环保升级改造加快推进】 各企业按照《污水系统提质提效工艺技术要点》要求，完善总氮、总磷等指标分析项目，积极推进污水限期达标工作，34 家企业外排水化学需氧量、总氮等关键指标已实现总体达标。燕山石化新增加药设施，改造污泥后处理系统，完善在线水质监测，确保外排水达标。齐鲁石化十大重点工程之一的污水场改造项目按期投用，外排污水已按新标准实现连续稳定达标。

（张　晗）

【开拓外部市场取得积极成效】 中原油田等 7 家企业对外开拓污水处理和供水业务，全年处理污水 2 234.4 万立方米、供水 4.7 亿立方米，创收 3.9 亿元。扬子石化稳固扬巴公司和化工园区的水务市场，全年供水 2 570.4 万立方米、回用水 221 万立方米、处理污水 534.2 万立方米，创收 1.2 亿元；茂名石化外拓市场创收 5 800 万元。

（张　晗）

安全生产

◇ 综述

◇ 安全监督管理

◇ 安全文化建设

◇ 公共安全与职业健康

综　　述

2017 年，集团公司认真贯彻落实党中央、国务院决策部署，围绕迎接党的十九大、学习宣传贯彻党的十九大精神，大力推进安全发展，以“识别大风险、消除大隐患、杜绝大事故”为工作主线，着力提升安全工作的精细化和有效性，集团公司安全形势保持总体稳定。

（程敬博）

安全监督管理

【推进风险管控和隐患排查治理工作】 制定下发《中国石化安全风险评估指导意见》，指导企业在生产经营活动中规范运用安全风险矩阵标准和风险评估工具，开展安全风险的识别、分析和评价，建立各级安全风险清单，实现基于风险的安全管理，企业风险管控意识进一步增强。持续推进罐区隐患整治，江汉油田、高桥石化、销售华南分公司等 30 家企业全部完成整改。

（程敬博）

【开展危险化学品安全综合治理】 下发《危险化学品安全综合治理实施方案》，推进危化品装卸运输、罐区隐患等 13 项专项整治，计划利用 3 年时间，全面提升危化品安全管理水平。下发《危险化学品泄漏安全管理办法》，从泄漏风险、源头控制、应急处置等方面提出明确要求。加强泄漏安全管理经验交流，征集系统内外 40 多家企业 100 余篇专题论文，促进了企业泄漏安全管理水平提升。

（程敬博）

【从严承包商安全管理】 从严修订承包商安全管理办法，明确部门职责界限，强化监理单位安全责任。聚焦漠视制度规定、建设方监管责任缺失、安全交底不清、脚手架违章等问题，实施承包商施工现场专项提升行动。各企业结合实际制定相应措施，从严承包商管理。

（程敬博）

【从严用火作业管理】 制定下发《关于加强用火作业安全管理规定的紧急通知》，从责任分工、措施落实、集中用火等方面严格管理。各企业认真落实要求，制定措施，用火作业管理得到加强。

（程敬博）

【从严管控非常规作业】 临时采样、清焦除渣、污水井清淤疏通等非常规作业，因工程量小容易受到忽视。集团公司专门下发《关于加强非常规作业安全管理的通知》，加强非常规作业的安全管理。

（程敬博）

【全面提升应急救援能力】 ①加强应急预案建设。编制完成覆盖上中下游的情景构建预案。组织对 1 500 多个预案开展企业间交叉互评，编制现场应急处置模板，提高应急预案的针对性和有效性。②积极开展各层级应急演练。与地方政府联合开展页岩气田井喷及硫化氢泄漏应急演练，会同中国石油、中国海油等单位开展大型原油储罐爆炸着火桌面推演，达到检验预案、磨合机制、锻炼队伍的目的。各企业按照“不打招呼、不编方案”的要求，开展各类各层次应急演练。全年，中国石化参与 1 200 余起各类外部事故救援。青岛炼化消防队成功处置“7・26”青兰高速液化天然气罐车泄漏事故，受到国家安全生产应急救援指挥中心和地方政府表彰。

（程敬博）

安全文化建设

【安全生产长效机制建设】 落实党组对安全工作“严抓、常抓、实抓”的要求，调研借鉴安全业绩优秀企业的经验做法，坚持标本兼治，制定针对性举措，计划用 3 年左右时间，建设风险管理、过程管控、体现责任关怀、与国际先进实践接轨的安全生产长效机制，使“生命至上、安全发展”的理念深入人心，提升全员安全意识和能力，使安全成为中国石化的核心竞争力。

（程敬博）

【建立 HSE 月度例会制度】 集团公司建立 HSE 月度例会制度，各事业部（管理部、专业公司）认真落实专业安全责任，有效解决一些重点难点问题。各直属单位建立一把手主持召开的月度例会制度，搭建常态化工作推进平台。西北油田将重点井、重点施工、重点工序和高风险作业作为单位的“三重一险”，在月度例会上持续推进，加强领导带班和现场管控，确保安全平稳运行。

（程敬博）

【大力夯实安全“三基”工作】 制定下发《安全“三基”工作指导意见》，指导企业建设基层安全体系，强化工艺纪律、操作纪律和劳动纪律，严格交接班制度、巡检制度和设备维护保养制度。胜利油田在安委会季度会上组织专题研讨，制定强化安全“三基”工作措施。广东石油分公司开展现场标准化专项整治，选树典型，建设样板，打造了200座综合样板站。

（程敬博）

【创新基层安全培训工作】 ①启动安全培训与上岗晋级挂钩试点。选取不同板块企业开展试点，明确党政管理、专业技术、技能操作和安全管理4类人员的安全能力要求，建立通用和专业知识题库，制定“安全培训不合格不发证、没有合格证不上岗、考试不达标不晋级”的硬标准。②以视频、案例等职工喜闻乐见的形式开展安全培训。开通“安全石化”栏目，制作分享事故案例和高风险作业教学视频，开辟隐患“随手拍”等栏目。

（程敬博）

【持续开展全员安全诊断】 2017年共有50余万人次参与全员安全诊断，提出积极有效建议，基层员工排查身边隐患的意识显著增强。

（程敬博）

【扎实开展安全生产月和安全生产万里行活动】 组织开展新闻发布会、专家访谈和公众开放日等实效性强的系列活动；各单位一把手示范引领，186人次写文章、上讲台，对5万余人次进行安全教育培训，营造了全员重视安全的氛围。活动得到国务院安委会的肯定和表扬，中国石化被评为优秀组织单位，西南石油局被评选为活动先进单位。

（程敬博）

【全力推动科技强安工作】 加强安全科技管理和科技成果推广应用。启动安全科技3年规划编制，系统筹划安全科技的重点攻关推广方向，初步明确安全评估、检测检验、应急救援、工艺配套等方向重点。成功举办中国石化第二届安全科技成果交流展示会，45家单位展示200余项安全新技术、新产品。

推进安全管理自动化、信息化、可视化。各企业积极推动“两化”融合，提升安全管理效率效益。油田企业配备160多套无人机，实现山区等复杂自然环境的有效巡线，实现酸性气田和海上开发的远程监控与紧急关断。加强管道智能化建设，助力安全生产，已完成3.4万千米长输和厂际管道智能化建设，强化在线监测等技术手段。

（程敬博）

公共安全与职业健康

【强化重大活动安保】 ①着力抓好重大活动期间安保工作。下发《党的十九大期间反恐防范及安全保卫工作督导检查方案》，对新疆及北京周边18家单位的油库、加油站、危化品库区安保防范情况进行“四不两直”检查。厦门金砖会议期间，驻闽企业提前进入动员备战状态，强化“三防”措施，密切企地协作，顺利完成安保工作。中国石化反恐工作受到公安部和国家反恐办的充分肯定。②持续打击涉油案件。多条长输管道实现“零打孔、零污染、零占压、零事故”目标。

（程敬博）

【加大劳动保护监督】 严控员工职业危害接触风险，加强危害源头控制，全面禁用石棉及其制品；加强职业病防护设施“三同时”管理，加强对作业点的毒物、粉尘等职业危害进行检测和监测。加大劳动保护监管力度，开展劳动用品专项督察，现场检验空气呼吸器质量，对劳保服装、劳保鞋、安全帽和安全带进行质量抽检。

（程敬博）

中国石化 SINOPEC

绿色低碳

◇ 综述

◇ 能源管理

◇ 环境保护

◇ 应对气候变化

综　述

2017年，中国石化全面贯彻落实党的十八大、十九大精神，以生态文明建设为指导，秉承"绿色低碳发展"的理念和"节约优先、环保优先、预防为主"的原则，统筹节能、减排、降碳一体化管理，切实加强环境风险防控，积极开展大气污染防治，稳步推进"能效倍增"计划，持续夯实碳资产管理，能源环境工作成效持续提升。

全年，集团公司万元产值综合能耗为0.532吨标煤，同比下降1.43%，实现节能量130万吨标煤；工业取水量9.36亿立方米，下降1.27%；外排废水达标率99.93%，有控废气外排达标率99.84%，固废合规处置率100%；4项主要污染物化学需氧量、氨氮、二氧化硫、氮氧化物全面完成国家下达的年度减排目标。

年内，中国石化获中国社会责任杰出企业奖、中国最具影响力绿色企业品牌奖、中国低碳榜样称号。镇海炼化、青岛炼化获石化联合会颁布的能效领跑者标杆企业称号；镇海炼化、九江石化获国家工信部评选的2017年第1批绿色工厂称号，江苏油田、海南炼化等6家企业获石化联合会评选的石油和化工行业绿色工厂称号；镇海炼化被国家发改委、工业和信息化部等四部委评选为"水效领跑者"企业，成为全国乙烯行业唯一"水效领跑者"企业。

胜利石油管理局等24家企业被评为2017年度集团公司节能工作先进单位，江苏石油勘探局等24家企业被评为2017年度集团公司环境保护先进单位，燕山分公司等22家企业被评为2017年度集团公司降碳工作先进单位。河南油田分公司牛磊等249人被评为2017年度集团公司节能工作先进个人，李东海等95人被评为2017年度集团公司环境保护先进管理者，王智晓等260人被评为2017年度集团公司环境保护先进个人，任成等131人被评为2017年度集团公司降碳工作先进个人。

（刘兆鑫）

能源管理

【完善能源环境一体化管理体系】 ①建立企业能源环境绩效考核体系。从企业能源环境的结果性指标、过程性指标、加分奖励指标、扣分指标4个方面，规范企业节能环保低碳管理行为，提升企业能源环境管理水平，实现节能环保降碳目标。②开展能源审计。依照国家节能相关法规和标准，开展能源审计工作，对企业从能源利用状况到财务结算过程进行检验、核查和分析评价。③推进能源管理体系建设，初步建成符合国家要求、与企业一体化管理衔接的能源管理体系。

（刘兆鑫）

【稳步推进"能效倍增"计划】 2017年共实施项目452项，实现年节能94.9万吨标煤，效益9.2亿元。①加大考核力度，坚持月检查、季讲评、年考核，确保"能效倍增"计划有效推进。②做实"能效倍增"计划项目，各单位加强项目论证和比选，确保项目数量和质量。③加强沟通协调，做好项目立项和投资计划编制工作。④对于已经落实资金的项目，创造条件，加快实施进度。⑤分板块、分片区组织"能效倍增"计划工作经验交流，发挥标杆引领作用，营造"比、学、赶、帮、超"的良好氛围。⑥开展能耗对标工作及能效"领跑者"活动。

胜利油田节能降碳工作紧紧围绕"三转三创"活动要求，以抓实"能效倍增"工作为主线，细化责任目标考核，持续推进精细管理，狠抓项目过程管控，强化节能科研攻关，完成各项目标任务。①持续推进"能效倍增"计划实施。强化"能效倍增"项目运行和监督管理，确保项目顺利实施。2017年投入资金1.59亿元，新建节能能力1.11万吨标煤。②开展油田节能降碳基础现状大调查，研发源头数据统计系统、建立数据库，摸清油田节能降碳潜力点。③修订《能源节约与碳资产管理办法》等3项制度，规范节能降碳工作管理；制订《胜利油田"能效领跑者"活动实施方案》，启动主要用能单位、管理区、站队的能效对标实践活动。④加大节能降碳工作考核力度。修改完善《油田节能、质量风险管控考核办法》，建立节能降碳千分制考核体系，全年对23家节能降碳先进单位奖励3 114万元，对排名靠后的11家单位分管节能领导进行约谈。⑤开展能源管理体系内部审核，以注、采、输三大生产系统用能管理为重点，发现并逐一落实整改能源目标指标管理、能源监视测量等方面284项问题，促进体系高效运行。⑥抓好节能降碳先导试验与示范区建设。完成郝现能管中心建设试点工程，7—12月优化油井工况50井次，日节电663千瓦·时，增油512吨。⑦开展《注水开发油田注采系统能耗结构与降耗潜力评价》和《油气集输全流程能效测试与优化调控技术研究》，为注采、集输系统能效分析与节能提供技术支撑。

镇海炼化践行绿色低碳发展战略，全力推进"能效倍增"计划实施。通过"区域联合、源头控制、存量优化、能源 TPM、优化能源结构”五大措施，全员、全方位、全时空抓好能效提升工作。①突出“大平稳”理念，专门成立优化攻关组、专家组查找装置长周期运行和效能提升的着力点，解决乙烯裂解炉对流段腐蚀等问题。②开展乙烯蒸汽管网优化，降低乙烯蒸汽系统损失。③启动乙烯装置在线优化镇海炼化二期试点项目，继续实施先进工艺控制系统（APC）、实时优化系统（RTO），实现裂解炉高效益点卡边运行、裂解炉氧含量平稳控制、急冷单元能量优化、精馏塔卡边操作等自动优化控制功能，降低了单位产品能耗，年增效 4 000 万元左右。④开展平稳率考核，形成“公司管平稳、基层抓平稳、岗位促平稳”的局面。⑤通过完善“低头捡黄金”的即时奖励制度，使员工主动找问题，提前想问题，将事故消灭在萌芽状态。⑥以 5S 活动为突破口，整治现场“跑、冒、滴、漏”和“脏、松、缺、锈”，提高设备可靠性，实现全年不发生非计划停工的目标。

青岛炼化在保证生产平稳安全运行的前提下，采取“强化节能管理、优选节能技术、用好信息系统”的“三位一体”管理方式，进一步提升能效管理水平。①推进能源管理信息系统的深化应用，搭建能源管理信息平台，驱动能效对标智慧化，实现能源日报与台账的自动生成，建立起能源数据库。②持续完善能源管理体系运行并组织评审，组织修订《青岛炼化能源管理控制程序》《青岛炼化能源评审控制程序》，进一步细化完善制度；组织开展能源评审工作，确定全年的能源绩效参数，实施能源管理方案，编制公司及 22 套装置的能源评审报告，制订能源改进方案并组织落实，实现装置能耗的持续降低。③加强蒸汽系统优化管理，改造并投用 B 列汽提低低压蒸汽跨线，督促作业部按计划冲洗空冷，制订夏季蒸汽系统优化方案并加强运行监控、根据气温及运行工况变化对蒸汽系统开展实时优化，通过强化管理，动力中心外供蒸汽降低 10 吨/时，蒸汽放空减少 3.5 万吨。④加大对能效提升项目的推进力度，每月组织召开项目进展协调会，尽早发挥节能效果；对实施完成的项目组织进行项目验收和总结。

（刘兆鑫）

【持续推进能源管理信息系统建设】 完成能源管理信息系统一期项目建设和验收，燕山石化、扬子石化等 9 家炼化企业完成能源管理信息系统建设，实现能源计划、能源运行、能源统计、评价分析和能源优化五大功能，尤其在瓦斯、蒸汽、氢气优化模块使用中，仅通过蒸汽优化模型对热电厂运行进行在线优化，获得效益 7 700 余万元。

（刘兆鑫）

【强化建设项目节能审查】 ①把住建设项目报批关。编写印发《固定资产投资项目可行性研究报告节能专篇编写要求》，提高建设项目可行性研究报告节能章（节）的编写质量，确保从源头控制能源消费。②把住建设项目基础设计关。认真履行项目设计过程中的节能管理责任，明确把节能审查意见作为基础设计批复的前置条件，严格建设项目基础设计节能审查关。③强化建设项目全过程节能管理，确保节能措施有效落实。

（刘兆鑫）

【节能专项工作稳步推进】 ①开展技术服务和数字化平台建设。全面梳理系统内节能技术、装备和材料，建立数字化技术信息共享平台，推广成熟适用的节能新技术。组织召开节能技术交流会，广泛征集、交流企业好的技术和管理经验。②持续开展节能、节水检测工作。截至 2017 年 12 月，完成 17 家炼化企业的大机组、主要动力设备/系统的检测工作，挖掘节能潜力 31.5 万吨标煤；完成 4 家炼化企业水平衡测试工作，减少用水损失 219 万米^3/年，为企业节能、节水技改技措提供科学依据和数据支撑。③推进节能、节水标准制定工作。开展《石油炼制企业及装置用水控制标准》《蒸汽透平能耗测试和计算标准》《泵机组能效评价标准》《通风机能效测式评价方法》《压缩机组及供气系统能耗监测方法》等标准制定工作，为企业实施对标，比较分析装置节能、节水潜力提供参考，为企业实施技术改造提供数据和方法支撑。

（刘兆鑫）

【加大资源综合利用】 ①在油田板块，加大油气田低压放空天然气等资源回收利用，加强伴生气凝液的回收处理；推广压裂返排液及采油污水深度处理回用技术；继续推进“以污代清”注水工程实施，减少新鲜注水和“二次注水”；优选钻井泥浆添加剂，推广钻井废液不落地技术，实现油基岩屑再利用。②在炼化板块，发挥炼化一体化优势，从全工艺流程深入挖掘资源循环利用潜力，推广热联合、余热余压利用新技术；提高炼厂副产品利用率和烟气处理副产物等的产品化率；加快炼化废催化剂、油泥、剩余活性污泥综合利用示范工程建设。③在工业节水方面，加强污（废）水回收利用水平，充分利用凝结水、再生水、矿井水、海水等非常规水资源，推进企业工业水重复利用率、蒸汽冷凝水回收率、污(废)水回用率、用水综合损失率等指标达到节水型企业标准。

(刘兆鑫)

【强化用水系统管理】 坚持"水是稀缺资源"的理念，持续推进节水型企业建设，控制工业取用水总量、减少新鲜水用量，提高用水效率和污(废)水回用比例，拓宽可利用水资源范畴，减少生产用水。①实施用水计划和目标管理。严格取水总量计划管理，建立全口径工业取水量目标，下达年度企业工业取水量指标，对取水总量增长过快的企业、板块、地区和业务及时预警调控并通报考核。②根据国家发改委《水效领跑者引领行动实施方案》要求，组织企业开展水效对标活动，参与国家"水效领跑者"企业评选活动。③加强节水管理，提高用水效率。通过加强生产全过程节水管理，减少和避免生产及辅助生产过程中水的损失和浪费，不断提高工业水重复利用率，降低用水综合损失率，实现高效、合理利用水资源。④提高废(污)水回用比例，减少新水用量。油田企业优化开发方案，采取储层改造、优选回注层位、"以污代清"、建设采油污水深度处理工程等措施，提高回注效率；加强钻井作业废水、压裂返排液处理能力，处理后水质达到回注水质标准，提高污水回注率。炼化企业结合污水处理场提标改造，深入挖掘污水回用潜力，分期分批建设水回用设施，并不断提高回用水设施的运行负荷，减少新水用量；开展对城市污水处理厂再生水及海水、微咸水的非常规水资源利用，拓宽用水范畴。

(刘兆鑫)

环境保护

【大力推进清洁生产】 ①积极推进京津冀及周边地区大气污染防治工作。对"2+26"区域内企业进行现场专项检查，汇总梳理整治项目清单，加快项目审批进度。按月跟踪项目进展情况，积极与国家环保部、国务院国资委等沟通问题和难点。②持续提升炼化企业达新标水平。2017年针对国家石油炼制、石油化学等工业污染物排放新标准，严格污染物排放管理，组织相关企业对排放系统进行升级改造，加强现场督导，对存在达标风险的排口提出管控方案和要求，开展监督性监测，并建立督办机制，按月通报达新标工作进展，确保企业排放达到新标要求。③全面推动VOCs综合整治工作。组织开展专项督察、环保大检查，逐家梳理排查，对发现的问题组织企业抓紧落实整改，将部分VOCs治理项目纳入重点工程项目，推动综合整治工作逐步落实。④深入开展危废处理处置排查工作。开展重点板块危废管理情况排查，并对部分油田、炼化企业进行现场调研，了解企业固废台账管理、危废临时贮存、处理处置等情况。组织召开危废管理工作专题座谈会，梳理集团公司各企业危废管理的共性问题，提出下一步工作措施和要求。

(刘兆鑫)

【全面加强环境风险防控工作】 加强过程跟踪与督导，对重大环境风险开展现场调研，组织风险管控研讨，分板块提出环境风险隐患排查工作重点，开展现场调研。2017年，集团公司重大环境风险源削减率30.3%，未发生上报突发环境污染事件。

(刘兆鑫)

【全面开展排污许可申报工作】 组织火电和石化行业技术规范培训，编制《中国石化自备电厂(站)排污许可申请填报细则(试行)》。组织专家开展现场技术服务，集团公司所属29家自备电厂全部按期取得排污许可证，海南炼化等22家企业在国家和地方要求的期限内取得石化行业排污许可证。

(刘兆鑫)

【严格规范建设项目节能环保管理】 强化过程管理，认真履行项目批建过程中的节能环保管理责任，组织专家对部分一类建设项目可研节能环保进行专项论证，严格项目节能环保评估审查和把关，确保节能环保措施"三同时"；积极参与项目投产前和建设过程中节能环保关口，保证环保措施有效落实。

(刘兆鑫)

【编制绿色企业行动计划】 根据集团公司年度工作总体部署，组织科研院所、相关单位，编制完成《中国石化绿色企业行动计划》，同时开展"绿色企业指标体系"和"绿色企业评价办法"2个课题研究。

(刘兆鑫)

【加快环保信息系统建设】 完成环境保护信息系统(一期)项目验收，初步建立总部、企业上下一体的环保管控平台，完善风险管控、总量控制、污染治理及建设项目环保管理四大预警机制，实现总部对企业环保管理工作的统筹监管，提升了企业环保业务规范化、精细化管理水平；启动环境保护信息系统(二期)项目实施，对在线监测、环保统计等已建模块进行功能提升，同时针对国家新要求，开展排污许可、污染源普查等新模块开发。

（刘兆鑫）

【规范环保教育培训】 组织研究国家环保新政，定期编制环保政策动态参考，指导企业及时研判环境政策动态，识别环境政策风险，有针对性地开展环保工作；组织环保培训，提高环保从业人员履职能力和专业水平；研究建立集团公司环保长效机制，补齐本质环保短板。

（刘兆鑫）

应对气候变化

【强化碳资产管理基础建设】 ①组织开展碳盘查核查、碳资产管理等培训，初步形成1 100人左右的碳资产管理队伍。②继续完善碳资产管理信息系统。开展信息系统企业客户端建设工作，茂名石化、九江石化、扬子石化3家企业启动“碳资产管理信息系统企业客户端”模型搭建、验证、调试运行工作。③完成航煤、沥青、润滑油、己内酰胺全生命周期产品碳足迹研究，建立石化产品碳足迹研究方法。④完成炼油、乙烯、芳烃、精对苯二甲酸、乙二醇等产品碳配额分配基准线研究。

（刘兆鑫）

【做好二氧化碳减排技术研究储备】 先后完成“炼化企业主要装置二氧化碳减排及应用研究”和“不同油价下二氧化碳驱油经济可行性研究”等研究课题。

（刘兆鑫）

【持续开展二氧化碳捕集、甲烷回收工作】 ①持续开展油田、炼化企业二氧化碳捕集回收利用。2017年，炼化企业捕集二氧化碳27万吨，油田企业用于驱油19万吨。截至年底，炼化企业累计捕集二氧化碳144万吨，油田企业累计注入地下用于驱油320万吨。②加强油田伴生气、试油试气、原油集输系统等甲烷回收利用，全年共回收甲烷约2.2亿立方米，相应减少温室气体排放约330万吨二氧化碳当量。

（刘兆鑫）

【积极参与碳交易】 26家碳交易试点企业制订合理的履约方案和交易计划，均按时完成2016年度碳配额履约。集团公司2017年碳交易量316万吨、交易额4 000万元，累计碳交易量952万吨、交易额2.2亿元。

（刘兆鑫）

中国石化
SINOPEC

科研开发与管理

- ◇ 综述
- ◇ 科技成果
- ◇ 知识产权
- ◇ 技术监督
- ◇ 国际科技合作

综　　述

2017 年，集团公司认真贯彻党的十九大精神，深入实施创新驱动发展战略，积极推进科技体制机制改革和重大关键技术攻关，取得丰硕成果。

解放思想，科技改革试点取得新进展。2017 年是科技改革的攻坚之年，在进一步深化科技项目、科技经费、科技成果转化推广与激励等改革的基础上，大力推进引领型研究院和创新型企业建设，持续深化开放创新，加快科技孵化器建设，充分激发创新活力。①推进引领型研究院建设。完善直属院“基础 + 可变”经费管理模式，强化竞争获取机制。着眼引领未来业务发展，研究提出 10 个重点发展的前沿技术领域，提高直属研究院前沿技术研究目标任务考核比重，推动技术研发储备。②推动创新型企业建设。完善创新型企业标准，评选出第 3 批创新型企业 10 家。完善企业研发支出视同利润考核机制，进一步调动企业科技创新的积极性。③进一步深化开放创新。邀请国内外 50 余所大学与科研院所的院士、专家，成功召开中国石化首届产学研座谈会，深化交流与合作。组织召开第 3 届科技委第 3 次外部委员咨询会议，邀请相关院士、专家对集团公司产业和科技发展建言献策。④强化创新成果转化激励机制。进一步加大直属院、工程设计单位科技成果转化奖励力度，并首次对生产企业进行成果转化奖励，提高奖励金额，进一步激发科研人员的创新积极性。落实重大科技项目过程激励机制，对首批项目实施奖励。试点实施岗位分红激励机制。设立优秀青年创新基金，授予首批 6 位课题负责人集团公司优秀青年科技创新人才称号，支持优秀青年人才围绕科技前沿进行探索。⑤加快科技孵化器建设。印发《关于建设中国石化科技孵化器的试行方案》《关于鼓励科技人员创新创业、加快建设中国石化科技孵化器的指导意见(试行)》，推进以“创新空间”“新领域培育”“创新企业孵化器”为主要内容的科技孵化器建设。举办首届“中国石化杯”创新创业大赛，共征集创新创意项目 561 项，评选出一等奖 3 项、二等奖 7 项、三等奖 10 项。向 10 家科技孵化器试点单位征集“新领域培育”方案和计划。探索在试点单位设立新材料、新技术、新商业模式的创新公司。

以重大问题为导向，强化科技攻关的顶层设计与布局。积极承担“大型油气田及煤层气开发”国家科技重大专项任务。5 个国家重点研发计划项目获批立项并启动实施。持续推进“十条龙”科技攻关，共有在研项目 22 个。8 个项目被列入 2017 年集团公司重大科技攻关项目(试点)计划。

知识产权工作取得新进展，专利申请与授权数量继续保持央企领先。贯彻“数量布局，质量取胜”的专利管理理念，持续加大专利申请质量管控力度，建立专利申请质量评估系统；开展专利价值分析评估，放弃低价值专利，优化维护成本。针对热点、活跃领域，推进 24 项知识产权战略研究。印发《中国石化对外技术许可清单(2017 版)》，鼓励推广转化科技成果，技术贸易工作持续提升。“马永生星”获批命名。获得国家科技进步一等奖 3 项、二等奖 1 项，国家技术发明二等奖 2 项。戴厚良、谢在库分别当选中国工程院、中国科学院院士。

质量管理取得新进展，标准化、计量工作进一步夯实。制定《中国石化 2017 年度质量工作要点》。组织开展中国石化“质量日”活动和全国“质量月”活动。进行质量风险和隐患排查，开展质量管理体系有效性检查，促进企业质量管理水平的提高。中国石化客服电话 95388 实现全覆盖上线运行，提升了服务质量。组织开展计量大检查，涵盖油田、炼化和销售板块的 59 家企业。

（林　源）

科技成果

【概述】 2017 年度，国家授予集团公司“涪陵大型海相页岩气田高效勘探开发”“高效甲醇制烯烃全流程技术”和“煤制油品/烯烃大型现代煤化工成套技术开发及应用”3 项成果科学技术进步奖一等奖，授予“提高轻油收率的深度延迟焦化技术”1 项成果科学技术进步奖二等奖；授予“海相碳酸盐岩缝洞型油藏精细描述、数值模拟及高效注水开发技术”和“烃类分子结构导向转化的化工原料高效生产技术”2 项成果技术发明奖二等奖。

集团公司授予“新型抗静电材料结构调控原理与制备技术”等 2 项成果前瞻性基础性研究科学奖一等奖、“天然气水合物钻探取样技术”等 2 项成果前瞻性基础性研究科学奖二等奖、“加氢催化活性氧化铝材料物性深度调控的关键技术”等 5 项成果前瞻性基础性研究科学奖三等奖。授予“井下全通径无级滑套系统研发及应用”等 3 项成果技术发明奖一等奖、“连续化微球型大孔载体制备技术开发”等 5 项成果技术发明奖二等奖、“烃类的垂向微运移与近地表检测技术”等 5 项成果技术发明奖三等奖。授予“沾化凹陷油气成藏再认识及勘探技术”等 16 项成果科学技术进步奖一等奖、“海相碳酸盐岩超深层油气井井筒关键技术与工业化应用”等30项成果科学技术进步奖二等奖、“动态负压射孔技术”等60项成果科学技术进步奖三等奖。

（李铁军）

知识产权

【概述】 2017年度，中国石化知识产权工作继续保持央企领先地位，全年共申请专利6 830件，获得授权专利4 239件。在确保专利申请量及授权量稳步增长的基础上，稳步推进专利战略研究工作，提高专利战略研究的水平；继续加强专有技术保护工作，对成套技术创新成果进行专有技术梳理和保护，对多家单位进行专有技术认定。在2017年中国国家知识产权局举办的第19届中国专利奖评选中表现突出，共获得专利优秀奖11项。

在国务院国资委2016年中央企业专利情况排名中，中国石化累计有效发明专利拥有量排名第一；在当年发明专利授权量、当年累计拥有有效专利总量、当年发明专利申请量3项指标中排名第二，继续处于央企领军地位。

（张洪波）

技术监督

【质量管理与监督】 制定下发《中国石化2017年度质量工作要点》。下发《关于表彰2016年质量管理奖先进单位和先进个人的决定》，表彰质量管理先进单位24家、先进个人81名，计量管理先进个人26名。

组织对中国石化准入的12家质量管理体系认证机构进行年度评价，召开年度工作会议，通报评价结果并提出管理要求。4月7日组织开展中国石化第7个“质量日”活动，9月组织开展“质量月”活动。

组织召开4次质量工作例会。加强质量风险管理，组织对所属12家油田企业、33家炼油企业、27家化工企业、35家油品销售企业开展重大质量隐患全面排查治理，没有发现存在集团公司级重大质量隐患，按照边排查边治理的原则，各企业针对质量隐患和风险采取有效的防控措施。

开展质量专业培训。举办第13期企业质量处(科)长岗位培训班，49人参加培训。举办1期提高质量管理体系有效性研讨班，研讨推进企业质量管理体系有效性的具体措施，各事业部(管理部)和部分企业的质量专家来自17个单位共计40人参加培训和研讨。

组织对催化剂公司、上海石油化工研究院、石油勘探开发研究院3家单位质量管理体系进行有效性检查。

推进95388客服电话的应用，实现业务全覆盖。

组织开展产品质量监督抽检工作。下发《关于2016年石油和石油化工产品质量监督抽查结果的通报》和《关于2016年油田企业采购物资质量监督抽查结果的通报》。召开质量监督检验中心工作会议，制订并下发中国石化2017年度质量监督抽查计划。组织开展对“2+26”城市油品质量监督抽查。按照《关于做好“2+26”城市提前供应国六(Ⅵ)标准油品有关工作的通知》要求，2017年9月底前，“2+26”城市全面供应符合国六(Ⅵ)标准的车用汽油(含E10乙醇汽油)、车用柴油(含B5生物柴油)。集团公司于10月下发《关于开展对“2+26”城市油品质量监督临时抽查的通知》，对9家炼油生产企业和“2+26”城市所在地区加油站、油库的国六(Ⅵ)油品进行监督抽查，抽查合格率100%。

组织开展合成纤维产品实验室比对。

（赵　巍）

【计量管理与监督】 完成国家质检总局交办的工作。向国家质检总局计量司提交中国石化2016年计量工作总结及2017年重点工作任务；开展第2届“我身边的计量人”典型人物评选工作，其中天津分公司崔广伟代表中国石化首次入选“我身边的计量人”全国25名典型人物；组团参加第6次中俄能源计量分组会议暨中俄计量制度说明会，介绍HPPP原级计量标准装置。

组织开展2017年度计量检查。检查采取企业自查与检查组现场检查相结合的方式，其中油田、炼化企业现场检查采取抽查方式，油品销售企业为普查方式。检查内容涉及计量机构与职责、人员资质与培训、计量标准管理、计量器具管理、计量数据管理、计量信息化建设、贸易交接计量、计量监督，以及销售企业质量管理等多个方面。油田、炼化、油品销售3个板块成立17个检查组(共133人)，深入一线，对59家单位开展现场检查。其中，油田板块组织3个检查组对勘探开发、石油工程、天然气3个业务板块的11家单位进行检查；炼化板块组织4个检查组对12家企业进行检查；油品销售板块组织10个检查组对36家销售企业进行检查。8月22日，下发《关于2017年计量工作检查情况的通报》，通报被检企业排名情况、计量工作好的经验和做法及存在的问题，取得良好的效果。

开展计量科研工作。3—10 月，组织专家对“油田企业计量管理信息系统研究”“天然气高压大流量计量检定站系统技术研究”“气体超声流量计远程诊断系统技术研究”和“体积管检定系统过程控制关键技术研究”项目进行验收；9 月，天津分公司和青岛安全工程研究院编写的国内首套系统、专业的《可燃和有毒气体检测报警器计量培训教材》正式出版发行。共有 6 个计量科研项目立项，分别为胜利油田分公司、茂名分公司和销售华北分公司“修订《计量管理与考核规范》”、中原油田分公司“油田企业温度、压力计量器具现场检测技术研究”、天然气分公司“压力条件对超声和涡轮流量计计量性能影响研究”、茂名分公司和镇海炼化“铁路罐车检尺计量影响因素研究”、销售华北分公司“《油品销售企业油库油罐自动计量系统应用技术规范》编制研究”项目。

开展计量人员培训工作。根据 2017 年集团公司培训计划，4 月，在燕山石化教育培训中心举办测量管理体系内审员培训班，22 家单位的 59 名学员参加培训并取得测量管理体系内审员证；9 月，在燕山石化教育培训中心举办第 15 期计量处科长岗位培训班，油田、炼油化工、油品销售、石油工程企业的 47 位计量管理人员参加培训；11 月，在天津分公司举办可燃及有毒气体报警器取证培训班，共有 154 名学员参加培训并取得集团公司计量检定员证；11 月，在胜利油田高级人才培训中心举办原油交接计量技术培训班，来自油田、炼油化工的 46 位计量人员参加培训。

（毕海鹏）

国际科技合作

【概述】 与美国勘探地球物理学家学会、法国科学院、科罗拉多矿业学院、塔尔萨大学、德克萨斯大学达拉斯分校、英国帝国理工大学、卡尔加里大学、英国 Heriot－Watt 大学就油气勘探开发技术进行合作；与战略联盟伙伴 Phillips 66 公司和 UOP 公司就炼油技术开展交流与合作；与日本丰田公司在成品油和润滑油等领域进行技术交流与合作；与美国化学工程师学会（AIChE）开展化工过程安全技术合作。

（柳江琳）

中国石化 SINOPEC

企业改革与管理

◇ 综述

◇ 体制改革

◇ 企业管理

◇ 内控与风险管理

◇ 资本运作

◇ 股权管理

综　　述

2017 年，集团公司认真贯彻落实党中央、国务院关于全面深化国有企业改革的一系列决策部署，坚持稳中求进工作总基调，以供给侧结构性改革为主线，扎实推进深化改革，不断深化企业管理，全力提效率增活力打造竞争力。

深化改革扎实推进。印发《关于中国石化深化改革的实施指导意见》，明确集团公司深化改革的总体思路、原则、主要目标和九大领域改革任务，研究制订 2017—2020 年深化改革工作计划，初步建立集团公司全面深化改革框架体系。完善建立常态化工作机制，加强对“处僵治困”重点企业的帮扶指导，国务院国资委重点督导的 8 家困难企业治理任务全部完成，杭州石化完成关停退出，浙江金甬注销清算完成职工签约，东方石化等 7 家企业提前完成治理任务。全级次亏损企业治理成效明显，企业亏损面下降 15.9 个百分点。“瘦身健体”进展顺利，压减法人户数 116 户。公司制改制基本完成，113 家单位完成改制。“四供一业”分离移交框架协议签署完成总任务量的 70% 以上，其他办社会职能移交稳步推进。石油工程公司完成定向增发，资本结构得到改善。销售公司股改上市工作稳步推进，新星公司地热业务混改方案初步形成。“三项制度”改革和相关试点统筹推进，人力资源优化配置不断深化。共享服务公司正式成立，资源共享作用进一步发挥。东北油气分公司自主经营试点初见成效，油气区块内部流转实现突破。存续经营性业务分类改革有序推进。

企业管理不断深化。修订发布“三基”工作指导意见并推动实施，完善“三基”工作评价标准，以石油工程公司为试点初步形成基层岗位操作手册和基层岗位管理手册编写应用模板，总结推广基层单位经验，不断提升企业基础管理水平。修订发布绩效考核管理办法，更加注重差异化分类考核，绩效考核导向作用进一步发挥。修订发布制度管理办法，推进制度表单化流程化建设，加强制度审核把关，督促指导企业制度建设，制度执行力持续强化。修订发布 2017 年版总部和企业内部控制手册，重大重要风险实施动态监控，加强境外投资风险管理，督促企业问题整改，不断提升公司风险防控能力。

（赵　楠）

体 制 改 革

【印发集团公司深化改革实施指导意见】 贯彻落实党中央、国务院关于深化国有企业改革决策部署和国务院国资委工作要求，根据《中共中央国务院关于深化国有企业改革的指导意见》的精神，组织研究中央改革政策和要求在集团公司的落地措施，2017 年 1 月9 日印发《关于中国石化深化改革的实施指导意见》，明确深化改革的总体思路、基本原则、主要目标，以及“推进管控模式优化，提升公司治理能力”等九大领域改革任务。

（王俊瑶）

【集团公司公司制改制】 按照《国务院办公厅关于印发中央企业公司制改制工作实施方案的通知》关于公司制改制工作的总体部署，2017 年 9 月 15 日，集团公司向国务院国资委上报《中国石油化工集团公司关于公司制改制的请示》。10 月 23 日，国务院国资委下发《关于中国石油化工集团公司改制有关事项的批复》，同意集团公司公司制改制方案。

（邢新丽）

【全民所有制子企业公司制改制】 2017 年 8 月 3 日，集团公司下发《关于转发〈国务院办公厅关于印发中央企业公司制改制工作实施方案的通知〉的通知》，在摸清底数的基础上，加强组织领导，细化工作目标，分层次推进所属全民所有制子企业公司制改制工作。直属企业改制（注销）方案由集团公司组织审批，直属企业所属的全民所有制子企业改制（注销）方案由集团公司授权直属企业组织审批。经统计，除集团公司本级外，共有所属 112 家全民所有制子企业被纳入改制或注销范围。

直属企业层面。直属全民所有制子企业共 25 家，截至 2017 年底，中国石化集团中原石油勘探局等 23 家直属企业完成公司制改制，中国石化集团河南石油总公司完成工商注销，广东省石油企业集团公司注销工作正在推进。其中，中国石化集团中原石油勘探局更名为中国石化集团中原石油勘探局有限公司；中国石化集团江苏石油勘探局更名为中国石化集团江苏石油勘探局有限公司；中国石化集团西北石油局更名为中国石化集团西北石油局有限公司；中国石化集团江汉石油管理局更名为中国石化集团江汉石油管理局有限公司；中国石化集团华北石油局更名为中国石化集团华北石油局有限公司；华扬石油天然气勘探开发总公司更名为华扬石油天然气勘探开发有限公司，出资人由中国石油化工集团公司调整为中国石化集团华东石油局；中国石化集团东北石油局更名为中国石化集团东北石油局有限公司；中国石化集团河南石油勘探局更名为中国石化集团河南石油勘探局有限公司；中国石化集团胜利石油管理局更名为中国石化集团胜利石油管理局有限公司；中国石化集团上海海洋石油局更名为中国石化集团上海海洋石油局有限公司；中国石化集团中南石油局更名为中国石化集团中南石油局有限公司，出资人由中国石油化工集团公司调整为中国石化集团西南石油局；中国石化集团西南石油局更名为中国石化集团西南石油局有限公司；中国石化集团滇黔桂石油勘探局更名为中国石化集团滇黔桂石油勘探局有限公司，出资人由中国石油化工集团公司调整为中国石化集团西南石油局；中国石化集团石油工程技术研究院更名为中国石化集团石油工程技术研究院有限公司；中国石化集团四川维尼纶厂更名为中国石化集团重庆川维化工有限公司，将中国石化集团资产经营管理有限公司重庆天然气化工分公司所有土地及房屋资产权属转移、变更到中国石化集团重庆川维化工有限公司，在完成相关手续后，注销中国石化集团资产经营管理有限公司重庆天然气化工分公司；中国石化集团茂名石油化工公司和中国石化集团资产经营管理有限公司茂名石化分公司 并改制为中国石油化工集团公司作为唯一出资人的有限责任公司，更名为中国石化集团茂名石油化工有限公司；中石化工程质量监测中心更名为中石化工程质量监测有限公司；中国石化集团管道储运公司更名为中国石化集团管道储运资产管理有限公司；中国经济出版社更名为中国经济出版社有限公司；中国石化咨询公司更名为中国石化咨询有限责任公司；中石化百川经济贸易公司更名为中国石化集团百川经济贸易有限公司；中国石化销售华北公司更名为中国石化销售华北有限公司，出资人由中国石油化工集团公司调整为中国石化集团销售实业有限公司；中国石化集团辽宁经济开发公司更名为中国石化集团辽宁经济开发有限公司，出资人由中国石油化工集团公司变更为中国石化集团销售实业有限公司。其他子企业层面。直属企业所属的子企业87家，拟改制59家、拟注销28家。截至2017年底，基本完成公司制改制工作。其中，59家子企业完成工商变更登记；12家子企业完成注销，其他16家子企业注销工作在推进中。

（邢新丽）

【“僵尸企业”处置及特困企业专项治理】 根据党中央、国务院和国务院国资委关于中央企业“僵尸企业”处置及特困企业专项治理工作部署，集团公司成立党组主要领导任组长的困难企业扭亏脱困领导小组，构建分工负责的工作推进机制，扎实推进工作。2017年1月8日，集团公司下发《关于中国石化困难企业扭亏脱困的指导意见》，明确“四个一批”路径，健全责任体系；严把方案编制关，规范方案论证、审批和报备程序，打牢“处僵治困”源头和基础；坚持定期例会、月度报告、动态跟踪等长效工作机制，强化考核导向作用，抓实抓细过程管控措施。全年安排8户企业，实际完成16户、超计划8户。其中，“僵尸企业”5户，杭州石化、浙江金甬、东方石化完成关停，承德江钻石油机械公司完成法人注销，宜昌资产分公司扭亏为盈；特困企业11户，扬子石化橡胶、洛阳石化、沧州炼化、仪征化纤、川维化工公司、东北石油局6户扭亏为盈，华北油气分公司、巴陵石化、荆门资产分公司、沧州资产分公司、仪征资产分公司减亏50%以上。

（邢新丽）

【压缩法人管理层级和产权层级】 按照国务院国资委压缩法人管理层级和产权层级工作部署要求，集团公司提出“争取在3年内，将集团公司法人管理层级控制在3—4级以内，法人产权层级控制在5级左右”的工作目标。纳入“压减”范围的1 458户并表法人单位中，需调整法人管理层级的79户、法人产权层级的28户。2017年，通过将法人子企业管理（投资）主体上移、变更性质、注销登记等措施，调整法人管理层级77户、法人产权层级10户，完成年度任务。

（邢新丽）

【制定直属机构与法人单位设立变更撤销管理办法】

为规范公司机构设立、变更、撤销管理，提高工作效率与效益，2017年2月3日，集团公司下发《关于印发〈中国石化直属机构与法人单位设立变更撤销管理办法〉的通知》，对集团公司直属机构与法人单位设立、变更、撤销实行归口管理，并进一步明确职责分工与工作流程。

（邢新丽）

【设立保密委员会办公室】 根据《中共中央关于加强和改进保密工作的意见》有关要求，为进一步加强保密工作，健全保密工作机构，完善相关工作机制，2017年4月6日，集团公司下发《关于设立保密委员会办公室的通知》，设立保密委员会办公室，与办公厅合署办公。

（邢新丽）

【调整完善党组巡视工作领导小组办公室】 为贯彻落实中央巡视工作方针，加强监督，健全机构，完善工作机制，2017 年 5 月 11 日，集团公司下发《关于调整完善党组巡视工作领导小组办公室职责与机构设置的通知》，对党组巡视工作领导小组办公室职责与机构设置进行调整，明确党组巡视工作领导小组办公室作为党组工作部门单独设立，监察局（党组纪检组、监察部）不再承担党组巡视办工作。

（邢新丽）

【组建共享服务公司】 为推进财务、人力资源、IT 等职能转型，增强风险管控能力，促进资源优化与降本增效，2017 年 5 月 20 日，集团公司下发《关于组建共享服务有限公司的通知》，决定设立中国石化集团共享服务有限公司（简称共享服务公司），相应撤销原中国石化集团财务共享服务中心机构。共享服务公司作为专业化服务机构，将公司内部规模型、事务型、可标准化的业务纳入集中处理，与服务对象签订服务水平协议，依据协议收取费用。

（邢新丽）

【设立股份公司南非项目部】 2017 年 4 月 10 日，股份公司下发《关于设立中国石油化工股份有限公司南非项目部的通知》，设立中国石油化工股份有限公司南非项目部。南非项目部作为内部管理机构，代表中国石化协调雪佛龙南非公司和博茨瓦纳公司接收工作。

（邢新丽）

【设立中国石化中东研发中心】 为进一步拓展中国石化在中东地区的石油工程和技术服务市场，扩大品牌效应，2017 年 5 月 12 日，股份公司下发《关于设立中国石化中东研发中心的通知》，由中国石化海外投资控股有限公司全额出资设立石油工程技术研发中心。公司中文名称为中国石化中东研发中心，英文名称为 Sinopec Tech Middle East LLC，注册地沙特阿拉伯，注册资本 2 400 万美元。该中心是中国石化在中东地区石油工程业务发展的技术研发中心、技术支持中心和对外技术交流与合作的窗口。

（邢新丽）

【完善休斯顿研发中心体制机制】 为进一步完善休斯顿研发中心职能定位和管理体制，建立有效运行机制，2017 年 11 月 15 日，党组会审议通过休斯顿研发中心体制机制框架方案，明确休斯顿研发中心按股份公司直属单位管理，是集团公司境外研发平台和科技前沿窗口，是集研发、制造、技术服务、科技信息为一体的高科技创新中心，是美洲业务发展的技术支撑与服务中心，为集团公司国内业务发展提供高端技术支撑与服务。

（王俊瑶）

【明确新星公司业务定位】 集团公司明确新星公司是以“地热＋”为主营业务的绿色清洁能源公司。依托集团公司整体优势，以综合能源服务为发展方向，努力拓展“地热＋”业务，做专做精做强做大清洁能源业务，逐步形成多元、综合的清洁能源完整产业链和产业体系，逐步将新星公司培育成清洁高效、绿色低碳、协同发展的综合能源服务专业化公司。

（王俊瑶）

【注销中国石油化工股份有限公司塔河分公司】 2012 年，为落实中央新疆工作会议精神，推进“产业援疆”工作，股份公司以评估后的塔河分公司全部净资产出资，与阿克苏地区按 99∶1 的比例成立中国石化塔河炼化有限责任公司。鉴于塔河分公司国税、地税税务登记已注销，2017 年 11 月 28 日，股份公司下发《关于注销中国石油化工股份有限公司塔河分公司的批复》，决定注销中国石油化工股份有限公司塔河分公司。

（邢新丽）

【调整石化机械公司管理关系】 为进一步深化改革，推进石油工程公司和石化机械公司扭亏脱困工作，2017 年 9 月 15 日，集团公司下发《关于调整石油机械股份有限公司管理关系的通知》，将石化机械公司从石油工程公司管理序列单列，纳入集团公司直接管控的分（子）公司管理序列。物资装备部（国际事业公司）对石化机械公司委托管理，在保证上市公司独立性的前提下，指导协调石化机械公司市场开发、采购及生产管理等日常生产经营工作。

（邢新丽）

【调整中国石化长城能源化工有限公司法人治理结构】 为进一步完善管理体制，提高经营效率，2017 年 6 月 13 日，股份公司下发《关于调整中国石化长城能源化工有限公司法人治理结构的通知》，决定调整中国石化长城能源化工有限公司法人治理结构，不再设置董事会、监事会，设执行董事兼总经理

1 人、监事 1 人，法定代表人由执行董事担任。

（邢新丽）

【调整中国石化催化剂有限公司法人治理结构】 为进一步完善管理体制，提高经营效率，2017 年 7 月 1 日，股份公司下发《关于调整中国石化催化剂有限公司法人治理结构的通知》，调整中国石化催化剂有限公司法人治理结构，不再设置董事会、监事会，设执行董事兼总经理 1 人、监事 1 人，法定代表人由执行董事担任。

（邢新丽）

企业管理

【修订完善“三基”工作指导意见】 2017 年，集团公司修订完善并印发《关于强化提升中国石化“三基”工作的指导意见》。为推动指导意见落实落地，在《中国石化报》上对包括清晰界定基层单位、加强基层党建工作、明确责任分工、加强各级机关“三基”工作、坚持“四个结合”指导原则、融入日常管理和各项专业工作、落实培训经费保障 7 个方面内容进行解读，并对涉及的基本概念和特定术语进行系统解释说明。

（朱好生）

【总结提炼和推广基层管理经验】 2017 年，集团公司重点总结推广胜利采油厂注采 402 站价值积分管理、西北油田采油一厂“一根针”管理、西南油气分公司川西采气厂绵竹采气大队“日月圆图”管理、江苏油田工程技术服务中心侧钻一队班组精细化管理、镇海炼化炼油五部“三标”班组管理、茂名石化化工二部苯乙烯车间标准化管理、九江石化炼油运行二部“四化”岗检工作法、浙江温州石油分公司加油站员工体验式管理、江苏徐州石油分公司“特色培训”、广东肇庆石油分公司的“互联网 + 三基”、江汉石油工程井下测试公司“标准化 + ”强“三基”等基层单位的经验做法，并将部分经验做法上升为板块管理制度和管理标准。

（朱好生）

【组织开展基层岗位操作手册和基层岗位管理手册编写应用】 为进一步规范现场管理，落实岗位责任，集团公司以石油工程公司为试点组织开展“两册”编写应用，采用自下而上量化写实方法，明确基层操作人员的岗位职责、操作标准、操作流程和基层管理人员的管理权限、工作内容、工作标准等，分类形成钻井、压裂、测试等 15 个基层队的“两册”编写应用模板，逐步形成简捷、易懂、易操作的岗位随身卡和口袋书。

（朱好生）

【开展“三基”工作评价】 集团公司进一步完善“三基”工作评价标准，明确评价范围、条件、程序。企业层面主要从组织管理体系、工作规划计划、岗位责任落实、现场管理、标杆选树、经验交流等方面进行评价；基层单位层面主要从基层领导班子建设、基层党组织建设、班组管理、岗位责任落实、基本功训练、生产经营指标完成等方面进行评价；先进个人层面主要从业务素质、典型经验总结应用、标杆单位选树培育、管理创新、创效业绩和改善经营管理等方面进行评价。2017 年，表彰先进组织单位 15 家、先进基层单位 99 家、先进个人 83 名。

（朱好生）

【持续推进管理现代化创新】 围绕转方式调结构和提质增效，集团公司明确“三基”管理、制度管理、“三项制度”改革、转型发展、降本减费、管理优化、绩效管理、扭亏脱困、管理信息化、风险管控、项目管理、品牌营销与创新等 2017 年度管理创新重点，并从参选成果中评出 246 项创新成果，其中一等成果 37 项、二等成果 93 项、三等成果 116 项。

（朱好生）

【完善绩效考核机制】 2017 年，集团公司修订印发《中国石化绩效考核管理办法》。新办法坚持效益优先、兼顾公平原则，调整完善考核指标体系，突出差异化分类考核，加强影响可持续发展和市场竞争力的关键要素考核，突出党组或上级机关交办重点工作和重大风险管控考核，实行适度还原考核，强化分级考核兑现，加大考核结果应用力度。

（刘向荣）

【修订印发《中国石化制度管理办法》】 为进一步强化制度“含金量”和执行力建设，集团公司修订印发《中国石化制度管理办法》，重点优化制度体系架构，完善制度管理机制，突出制度表单化、流程化、信息化和时效性要求。新办法下发后，对总部各部门和 135 家企业进行宣贯培训。

（李召雪）

【规范企业“三重一大”制度建设】 为提高企业决策水平，防范决策风险，集团公司加强对企业“三重一大”制度建设的规范指导，重点规范“三重一大”决策事项范围，党委(常委)会、董事会和领导班子会的决策方式和决策程序，促进党的领导与公司治理的有机统一。改进对企业“三重一大”制度的审核方式，完成24家企业“三重一大”制度的审核批复工作。

(李召雪)

内控与风险管理

【持续完善内控制度体系】 结合集团公司章程修订、反映党建工作要求，以及投资决策、“三重一大”等制度变化，对2017年版《集团公司总部内控手册》《股份公司总部内控手册》中权限指引及权限管理规定部分内容进行修订，对涉及企业部分业务权限事项在《企业内部控制手册》中做相应调整，确保内控制度适应经营管理需要。

(王　蕾)

【遵循监管规定对外披露与报告】 通过责任部门(企业)定期测试、风险(内部控制)部门日常管理、审计综合检查的风险防控“三道防线”，集团公司将总部及各企业全部纳入内控检查评价范围，并对检查发现问题进行跟踪整改。编制股份公司内部控制评价报告，经审计委员会、董事会审议后，按照境内外监管规定对外披露。编制集团公司内部控制评价报告，经审计与风险委员会、董事会审议后，报告国务院国资委。

(王　蕾)

【督导企业内控问题整改】 针对国有企业监事会工作办公室出具的提醒函，集团公司组织总部相关部门研究确定整改要求，督导石化机械公司问题整改，全程跟踪并赴现场验证整改效果。同时举一反三，组织对四川美丰等4家单位开展专项检查。有关情况形成专题报告向党组领导、国有企业监事会工作办公室汇报。

(王　蕾)

【开发建设内控评价系统】 在ERP系统与内控要求充分融合的基础上，集团公司以提升检查效率为目标，在岗位职责分离、关键岗位授权、关键系统配置、保障线上业务操作准确规范等系统控制要求方面，开发完成内控检查评价系统，部分实现ERP系统IT控制点的全局检查、实时动态检查、自动判断结论、事前技术防范等功能，有效提高内控检查的精度和深度。

(王　蕾)

【加强重大重要风险管理】 集团公司连续11年组织开展全面风险评估，全面梳理识别公司面临的各类内外部风险，来自总部和企业的1 912人参与问卷调查，确定境外投资风险、跨国经营风险等重大重要风险29项，其中重大风险11项。针对各类重大重要风险，研究制定风险管理策略和措施，落实管理责任，加强风险应对和监控。结合风险因素变化，及时调整风险应对策略和措施，有效规避和防范各类风险损失。编制年度、季度全面风险管理报告，建立风险信息沟通报告机制。

(高海军)

【组织开展境外投资经营风险管理调研】 结合内外部检查发现的问题，选取国勘公司塔里斯曼北海油田项目、哈萨克斯坦CIR项目、阿根廷项目、加拿大PNW项目，石油工程巴西第三化肥厂项目、沙特SWCC输水管线项目等，炼化工程哈萨克斯坦项目，组织对国勘公司、石油工程公司、炼化工程公司进行境外投资经营风险管理调研。通过访谈、查阅尽职调查报告、可行性研究报告、相关签报及审批文件、会议资料、项目后评估报告等方式，了解项目决策及经营过程风险管理情况，分析存在的问题，对境外投资风险管理政策制定、管理机制完善和管理职能明晰等方面提出意见建议。

(高海军)

资本运作

【概述】 2017年，集团公司资本运作和上市公司管理工作认真贯彻落实集团公司工作会议精神，以持续推进销售公司混合所有制改革、加强控股上市公司日常监管为重点，综合运用资本运作和资本市场各种工具，有效服务于集团公司深化改革、结构调整等项工作，努力为公司实现跨跃式发展、提高国际竞争力和可持续发展能力提供支撑。

(郑子翔)

【持续深化销售公司股改上市工作】 根据集团公司整体工作部署，持续深化销售公司混合所有制改革，推进股改上市工作。①妥善解决资产权属规范等问题，并组织开展审计评估、签署关联交易协议、发起人协议、修订章程等项工作。②履行内部审批程序。2017 年 2 月 17 日，集团公司第二届董事会第十二次会议审议通过启动销售公司股改上市相关议案；4 月 11 日，集团公司第二届董事会第十五次会议审议通过销售公司股份制改造并分拆上市整体方案；6 月28 日，股份公司 2016 年年度股东大会、2017 年第一次 A 股类别股东大会及 2017 年第一次 H 股类别股东大会审议通过销售公司境外上市方案等相关议案。③履行外部监管报批程序。2017 年 2 月，向监管机构报送《中国石油化工集团公司关于中国石化销售有限公司股份制改造并分拆上市的请示》等相关材料，同时积极向相关监管部门沟通汇报，并根据要求上报《中国石油化工集团公司关于中国石化销售有限公司股份制改造、剥离成品油管道资产和分拆上市的补充请示》，拟待获得批准后再具体推进实施。

（郑子翔）

【石化油服通过资本市场融资助力扭亏脱困】 为了缓解石化油服经营压力，改善资本结构，同时调动广大员工的积极性，压实管理责任，石化油服研究制订向集团公司及其他投资者同时进行 A 股和 H 股非公开发行募集资金的方案，其中石化油服部分员工本着自愿原则，同期同价参与认购。经履行内外部审批程序，集团公司向监管机构上报石化油服非公开发行 A + H 股股祟申请文件（中国石化资〔2017〕492 号）。2018 年 1 月 16 日、1 月 18 日，石化油服发行 H 股、A 股分别获得中国证监会核准（证监许可〔2018〕130 号、142 号），共发行 A 股 1 526 717 556 股、H 股 3 314 961 482 股，合计募集资金 76.88 亿元人民币。

（郑子翔）

【启动新星公司清洁能源板块混改工作】 为了贯彻落实党中央、国务院关于积极推进国有企业混合所有制改革的有关精神，集团公司研究制订新星公司清洁能源板块混合所有制改革初步方案，拟通过对新星公司清洁能源板块相关资产、业务和人员进行重组，其后再引入有技术、有资源、有市场的外部战略投资者和各类社会资本，通过实施混改，促使企业转变体制机制，增强企业活力，做强做大清洁能源业务，努力打造国际知名的绿色能源公司，支持雄安新区规划建设，为中国石化实现绿色低碳发展起到示范作用。按照上述目标，集团公司向相关部门上报《中国石油化工集团公司关于新星公司清洁能源板块纳入混合所有制改革试点范围的请示》文件，集团公司有关部门正在细化制订具体实施方案，有序推进相关工作。

（祝晋东）

【稳妥开展保定石化调整转型工作】 保定石化调整转型是集团公司贯彻落实党中央、国务院关于深化国有企业改革和推进供给侧结构性改革有关精神的一项重要工作。①深入企业调研，组织企业研究制订工作计划，按季、按月细化分解工作目标和措施，明确责任单位和责任人，建立简报通报机制，强化督导，狠抓落实。定期组织召开工作例会，及时协调解决工作过程中遇到的困难和问题，统筹推进各项工作。②多次赴保定市委、市政府，就保定石化调整转型涉及人员分流安置、信访稳定和装置拆除过程中安全环保等问题进行多次协商。③在对企业业务、资产、人员情况进行反复摸底调查和测算的基础上，组织研究制订保定石化调整转型“1 + N”方案，并明确保定石化调整转型工作目标。2017 年 6 月，保定石化调整转型工作总体方案完成报审及备案工作，相关工作正在有序推进。

（祝晋东）

【加强控股上市公司监管】 ①持续加强控股上市公司监管工作，组织开展对上海石化、石化机械、泰山石油、岳阳兴长、四川美丰等控股上市公司的专项调研工作。②指导石化机械完成所属分、子公司内部重组工作。将石化机械全资子公司石油工程机械公司所持 6 项长期股权投资和 4 家分公司业务、资产、负债及人员通过协议转让方式整体重组剥离至石化机械，同时将石化机械下属 3 家分公司业务、资产、负债及人员通过增资方式重组注入其全资子公司江钻国际贸易（武汉）有限公司。通过实施内部重组，压减法人层级，理顺管理关系，优化资源配置，实施专业化管理，规避法律风险，提高了运营效率。③初步建立“两库三台账”，进一步夯实上市公司管理基础工作。对 9 家控股上市公司基本情况、财务信息、股权结构、五项测试、关联交易等数据信息收集整理，建立“上市公司数据库”，对过往资本运作项目相关资料进行汇集整理，建立“资本运作项目库”。结合工作需要，建立上市公司“内部重组”“授权管理”“重大事项管理”3 本台账。④结合 9 家控股上市公司的定期报告和对外披露信息，认真做好国务院国资委国有控股上市公司信息系统填报和维护工作，确保信息数据及时、准确。

（祝晋东）

【集团公司休斯顿研发中心重组注入股份公司】 根

据集团公司整体部署，围绕中国石化发展战略，结合非上市经营业务重组整合、集团公司内部结构调整等工作要求，完成集团公司休斯顿研发中心重组注入股份公司，5 月签署交易协议，6 月获得国家发改委的项目备案。休斯顿研发中心由集团公司重组注入股份公司，理顺了休斯顿研发中心经费和投资渠道。

（李　果）

股 权 管 理

【概述】 2017 年，集团公司股权管理工作认真贯彻落实集团公司工作会议精神，以质量和效益为核心，以提升股权投资价值为目标，不断强化股权投资运营和流转管理，切实防范投资风险，总体投资收益水平显著提高，为集团公司改革发展做出积极贡献。

（孙彦强）

【完善股权管理制度】 不断加强股权管理工作体系建设，认真研究贯彻落实《企业国有资产交易监督管理办法》，修订完善《中国石化企业国有资产交易监管实施办法》，并充分征求企业、总部相关部门、产权交易中介机构等从事产权管理工作的专家意见。其中，《中国石化企业国有资产交易监管实施办法》反复修改，十易其稿，待根据专家意见进一步修订完善后履行审批程序下发企业执行。

（孙彦强）

【强化股权运营管理】 研究制定沧州东丽等长期亏损股权投资单位扭亏脱困措施，并定期督导落实。组织所属企业对 89 家连续 3 年未分红股权投资单位存在问题进行认真分析，督促企业制定整改措施，落实现金分红政策。加强股权投资单位重大事项管理，全年审核重大事项 148 件，办理相关授权手续 42 次，在股权投资单位重大事项决策上切实贯彻股东意志，依法行使股东权利。规范履行控股上市公司“党建入章”相关程序，进一步明确党组织在公司治理结构中的法定地位，同时指导石化油服、炼化工程推出股权激励计划。

（苏云峰）

【积极推动股权流转】 组织企业研究制订新星北京公司、武汉天隆、新疆维美、济南质监分站等 15 项股权公开进场挂牌转让、增资扩股和协议转让的实施方案，并指导企业具体实施。完成金陵斯泰潘公司清算注销事项的审核、报批工作。通过积极推动股权流转，防范了投资风险，提升了股权价值。

（苏云峰）

【创新探索股权融资新模式】 多渠道筹集资金用于集团公司改革发展，在前期工作基础上，不断细化完善“东海项目”具体工作方案，履行集团公司党组会、董事会等内部程序后，向国务院国资委上报“东海项目”请示文件。多次赴国务院国资委、证监会沟通汇报，及时跟进批复进度，“东海项目”已获得国务院国资委批复文件，上报证监会批准，是迄今为止国务院国资委批准的中央企业最大规模可交换债券发行事项。

（孙彦强）

【积极推动内部整合】 按照集团公司工作部署，研究制订中石化节能技术服务公司（简称节能公司）“整体改制 + 协议转让”实施方案，指导炼化工程公司就新节能公司未来发展定位、市场化运作相关问题进行认真研究；组织商定股权协议转让交易对价，完成股权交割及信息披露等相关工作。新节能公司进入炼化工程公司后，由 1 家依托经济技术研究院（咨询公司）的研究型费用机构转型为 1 家市场化经营、自负盈亏的真正公司制企业，有助于炼化工程公司整合内部节能工程和技术资源，拓展节能工程市场，发展并做强做大节能工程业务。

（孙彦强）

财务资产管理

◇ 综述

◇ 预算管理

◇ 资金管理

◇ 会计管理

◇ 资产管理

◇ 土地管理

◇ 税务管理

◇ 价格管理

◇ 保险管理

◇ 年金管理

◇ 总部机关财务管理

◇ 财务战略管理

◇ 财会队伍建设

◇ 财务状况

综　　述

2017年，面对地炼产能扩张、国内成品油市场竞争持续加剧的严峻形势，以及国际油价上涨、化工市场景气程度上扬等带来的机遇，财务系统深入学习贯彻党的十九大精神，认真落实党组各项决策部署，坚持“五个一以贯之”总体布局，加快推进“一体两翼”财务管理架构建设，引领价值管理，强化财务管理，勇于担当、真抓实干，圆满完成财务绩效体系构建、挖潜增效、现金流管控、资产分类管理、法人户数压减、金融业务培育等各项工作任务目标，为集团公司全面可持续发展做出积极贡献。

（巩祎昌　叶文峰）

预算管理

【发挥价值引领作用】　坚持把完成公司效益目标作为财务工作的重中之重，积极发挥预算的价值引领作用，推动公司效益目标实现。根据2016年预算执行情况，对照“十三五”规划，坚持“量入为出、债务不发散、发展可持续”的原则，编制2017—2019年3年滚动财务预算，提出2017—2019年公司利润、现金流、财务状况预测目标，积极推动公司中长期发展规划落地。利用预算对接、财务工作会等形式，将2017年利润、成本费用、资金等各项财务预算目标，层层分解落实到各板块各企业，形成全员抓落实创效益的生动局面。全面推行月度弹性预算和效益配产，注重与市场变化和生产经营安排良性互动，通过公司月度经济活动分析会，持续对月度和未来3个月生产经济指标和财务绩效指标进行滚动安排，业财融合度、资源配置效率进一步提升。坚持目标导向和问题导向，不断深化财务预算执行分析，加强生产经营价值链全过程管理，特别是与中国石油进行对标分析，深入分析生产经营中存在的问题和短板，有针对性地制定改进措施，有力地促进公司经济运行质量的提升。2017年，在大幅计提资产减值、消化改革成本、处理历史遗留问题的情况下，公司实现利润582.05亿元，同比增长10%。

（巩祎昌　叶文峰）

【持续推进全员成本目标管理】　坚持眼睛向内、苦练内功，持续推进全员成本目标管理，不断提升成本精益化管理水平。组织制定下发《2017年全员成本目标管理工作要点》，从增产增效、优化增效、降本增效、改革增效等不同维度，研究确定挖潜增效的具体路径和措施，细化工作安排；利用预算管理手段，将挖潜增效目标任务分解落实到各板块各企业，切实将成本管控目标和管控责任落实到每一个层级每一个岗位。坚持“抓两头带中间”，组织各事业部专业公司多次深入企业进行现场督导，对先进企业经验进行总结，对工作落实不到位的企业进行督导帮扶。制订《2017年生产经营资源优化和挖潜增效工作考核方案》，严考核、硬兑现，不断加大考核奖惩力度，有效调动企业挖潜增效的积极性。2017年，集团公司实现挖潜增效246亿元，各板块成本费用总体控制在预算范围之内，炼油、化工板块单位成本指标及国勘桶油操作成本比预算指标明显下降。

（巩祎昌　叶文峰）

【构建形成财务绩效指标体系】　紧紧围绕价值引领目标，加快推进财务绩效指标体系建设，财务绩效指标体系指导预算、综合评价、优化考核作用进一步发挥。制定《构建完善财务绩效指标体系指导意见（试行）》，从工作目标、构建原则和建设思路、组织领导、工作要求等方面对构建完善财务绩效指标体系工作进行安排。坚持问题导向、科学客观、分级分类、持续完善的原则，强化顶层设计，实施分层管理，突出业财融合，构建形成总部—事业部（专业公司）—企业3个层面的集团公司财务绩效指标体系。其中，集团总部层面确定盈利能力、发展能力、运营能力、管控能力、抗风险能力5个维度，包括营业收入增长率、利润总额、EVA、净资产收益率、总资产报酬率、总资产周转率、自由现金流、所得税费用率等11个绩效指标。各板块、各企业结合各自业务特点和实际设置财务绩效指标。总部坚持逐月对所属企业的主要财务绩效指标进行排名通报，较好地发挥财务绩效指标体系的作用，企业找短板、挖潜力、提质量、创效益的积极性和主动性进一步增强。

（巩祎昌　叶文峰）

【推进亏损子企业治理】　公司上下坚持把亏损子企业治理作为提质增效的重要工作来抓，综合采取清理注销、扭亏减亏等措施，狠抓任务落实。全面摸排基本情况，下发《关于对全级次亏损子企业进行摸底调查的通知》，组织各单位对全级次亏损企业户数、亏损金额、亏损原因、治理定位等情况进行梳理，基本摸清集团公司亏损子企业的基本情况。实施分类治理，针对不同亏损企业的不同情况分别制定不同的治理措施，对阶段性亏损子企业，强化创效管理，确保2017年底前实现盈利；对纳入"僵尸"和特困企业治理范畴的企业，年内完成治理任务；对纳入减少法人户数专项工作范畴的企业，加快清理注销力度；对处于停业状态的企业，加快业务退出；对亏损面超过40%的企业，强化工作督导，努力多完成减亏目标；2017年内确实无法扭亏的经营性亏损单位，千方百计挖潜增效，降低亏损绝对额。强化工作运行，总部和各事业部坚持通过召开亏损子企业治理专题会、每月通报分析治理情况、对重点企业进行督导帮扶等方式，全面开展亏损子企业治理工作，亏损子企业治理工作取得明显成效。2017年底，集团公司上报国务院国资委口径全级次企业亏损面降至26.7%，比2017年6月末下降13个百分点。

（巩祎昌　叶文峰）

资金管理

【深化现金流管理】 高度重视现金流管理，将现金流指标纳入企业领导班子绩效考核指标，利用预算管控、考核通报等措施，提高企业创现意识，公司自由现金流盈余创历史新高，集团公司全年实现资金盈余首次突破千亿元。加大资金预算管控力度，以资金年平衡、月预算、日计划为抓手，在3个月资金滚动预算基础上，逐月下达现金流管控指标，确保年度预算目标的落实。强化资金预算执行，按月对各企业资金预算执行情况进行通报，密切跟踪预算进度，逐月提出强化和改进现金流管理要求。严格境内资金集中管理，充分发挥境内外资金池作用，严格执行可归集银行账户日限额管理制度，确保资金及时上划回流，提高系统内资金使用效率。下发《关于强化境外资金集中管控的通知》，从加强境外资金收支集中管控、境外银行账户管理、境外融资授信管理、外汇业务集中管控4个方面，强化境外资金集中管理，规范境外资金运作。

（巩祎昌　叶文峰）

【加强"两金"占用管控】 面对新常态低油价下"两金"占用居高不下的实际，不断加大清理工作力度，年末"两金"占用规模控制在国务院国资委下达的管控目标之内。加大组织运行力度，在对公司"两金"占用情况全面梳理的基础上，制订压控方案和清理专项工作措施，从严设定"两金"控制目标，积极清理"两金"存量。分单位制定2017年系统外应收款项年度清理目标，将系统外应收款项逐项打开、逐笔分析、逐个制订清收方案，并将清收目标落实到具体责任人，形成公司上下齐抓共管、全力抓清欠的良好格局。加大监督考核力度，将"两金"占用指标作为财务风险管控指标纳入企业领导班子绩效考核体系，对重点难点清欠项目实施专项挂牌督导，企业对"两金"占用管控重视程度进一步提升。与中国石油建立往来清理长效工作机制，对逾期账款进行集中清理，累计清理4.53亿元，其中逾期1.33亿元。加强内部关联交易结算，细化石油工程服务业务关联交易结算管理措施，将关联交易资金结算由每月1次调整为每月5日、20日2次结算，进一步提高结算效率。组织石油工程公司开展应付账款重组，全年累计完成应付账款重组签约4亿元。调整内部工程建设领域质保金管理方式，通过保函替代工程质保金的方式，释放工程企业被占用资金，提高资金使用效率。

（巩祎昌　叶文峰）

【强化筹融资管理】 面对资金流动性趋紧、资金成本上升带来的挑战，优化筹融资安排，充分发挥2个资金平台作用，利用发行美元债、争取中国进出口银行"一带一路"优惠贷款、油品质量升级项目国家财政贴息贷款、开展银行结构性存款等形式，积极筹措低成本资金，实现债务的平稳接续和融资成本的有效控制。全年筹措资金1 033亿元、综合融资成本率3.09%，保持行业领先水平。其中，4月和9月分2次组织发行美元债合计66.5亿美元，平均年期8.4年，年化融资成本率3.03%，在美联储加息预期不断强化的情况下，发行成本控制在较低水平。争取"一带一路"贷款49.3亿元，比同年期银行贷款基准利率低41%。争取油品质量升级项目国家贴息贷款，降低资金成本3.2亿元。

（巩祎昌　叶文峰）

【加强投资项目财务管控】 发挥财务监督作用，加强对投资项目的投前、投中和投后的财务管控。强化源头介入，根据公司自有资金来源和付息债务情况，测算年度财务承受能力，确定投资规模上限。加大投资项目效益评价力度，严格审核投资项目可行性研究报告，严把项目审查关，财务参与投资管理的力度明显加大，投资管控效果不断显现。根据财政部《国有企业境外投资财务管理办法》，针对境外投资财务管理现状，下发《中国石化境外投资财务管理办法(试行)》，明确境外投资财务管理职责，提出境外投资决策、投资运营的财务管理要求，进一步强化境外投资财务管理，防范境外投资财务风险。

（巩祎昌　叶文峰）

【加强资金风险管理】 将防控资金风险作为重中之重工作来抓，通过加强检查、梳理风险、制订预案等方式，确保公司资金流转顺畅，未发生资金风险事件。下发《关于开展资金管理工作自查的通知》，组织企业开展资金安全自查，对境内外银行账户进行专项清理。按照国务院国资委降杠杆减负债工作要求，下发《关于下发集团公司降杠杆减负债工作实施方案的通知》，组织企业结合各自特点制订具体实施方案，防范债务风险。下发《关于做好 2017 年利率汇率管理工作的通知》，从提升风险防范意识、强化风险识别、深化境外资金集中管理、优化外币资产负债结构、控制利率风险敞口 5 个方面提出利率汇率风险管控年度工作目标和要求。组织召开利率汇率风险防范对接会，提出有针对性和可操作性的利率汇率风险防控方案。组织开展融资性贸易、集资风险排查，对发现的潜在风险，督导各企业及时进行整改，确保不发生实际损失。

（巩祎昌　叶文峰）

会 计 管 理

【完成 2016 年度财务决算】 高度重视，精心组织，按时圆满完成 2016 年决算审核、汇总、编制、报送工作。会计师事务所对集团公司所属各级次共 605 家企业（含股份）进行了审计，所有企业均取得标准无保留意见的审计报告。集团公司及所属全级次子公司的财务决算，一次性顺利通过财政部、国务院国资委 2016 年度财务决算审核。2016 年集团公司财务决算再次受到国务院国资委通报表扬。

（巩祎昌　叶文峰）

【举办集团公司第 2 届会计大赛】 精心组织，周密安排，成功举办集团公司第 2 届会计大赛，共有 99 家单位的 789 名个人赛选手和 86 支团体赛队伍参加。通过赛区选拔赛和总决赛的激烈争夺，最终北京石油分公司、共享服务公司濮阳服务部、胜利石油工程公司、共享服务公司东营分中心、胜利油田、安徽石油分公司 6 支代表队获得团体奖；50 名选手获得个人优秀奖，其中 21 名选手获得金、银、铜奖。比赛组织有序、节奏紧凑、内容丰富、气氛热烈、效果显著，达到提升士气、锻炼队伍、提高技能、选拔人才的目的，受到财政部、国务院国资委及总部领导的高度认可。赛后，组织对总决赛选手资料进行梳理分析，建立会计大赛人才库，根据大赛结果进行多维度的数据分析和经验总结。

（巩祎昌　叶文峰）

【强化会计基础管理】 修订完善《会计手册》（2017 版），对集团公司、股份公司的会计政策进行全面梳理和比对，更新政府补助、长期股权投资、油气资产业务等 55 项内容，完善会计手册的业务范围，保证会计核算标准的进一步统一。组织新会计准则的政策研究，针对 2017 年财政部先后修订政府补助、收入、金融资产等若干准则，组织多轮研讨，制订衔接转换方案，推动 2018 年新准则执行。深化会计集中核算应用，对 AIC 系统进行功能扩展，实现“OCR 发票识别、会计工厂、电子影像化”等功能，提高企业和共享服务公司工作的准确度和效率，降低工作强度。启动 AIC 系统 3 期项目建设，通过初步评审，正在组织实施。

（巩祎昌　叶文峰）

【深入整改内审外查发现问题】 6 月 12 日，国务院监事会启动对集团公司的集中重点检查。在集中重点检查中，配合做好资料提供、解释汇报、沟通协调等迎检工作，保证检查工作顺利进行。针对国务院监事会提出的问题、国务院国资委决算批复问题及年报审计机构提出的审计问题，及时与相关企业沟通了解情况、分析问题原因，依据会计准则、集团公司管理制度和会计手册要求，提出整改意见，全程跟踪督导整改结果，实行问题销号管理，组织企业深入整改问题。

（巩祎昌　叶文峰）

资 产 管 理

【推进法人户数压减】 落实压减责任，狠抓工作落实，综合采用季度例会推进、挂牌警示、领导约谈、专项督导等措施，全力推进法人户数压减工作。持续细化压减计划安排，先后下发《关于下达集团公司压缩管理层级减少法人户数工作计划安排的通知》《关于推进压缩管理层级减少法人户数工作的通知》，对减少法人户数工作进行统一部署安排，同时狠抓压减计划和责任落实，逐户落实压减进度，逐项明确退出方式和退出时间。不断完善压减工作运行机制，建立压减工作季度例会制度，每月通报工作进展，对未踏上压减计划的单位提出工作要求，对始终处于第一阶段和连续 2 个月工作无进展的项目分别予以红牌、黄牌警示，对工作推进不力的单位进行约谈，加快推进压减工作。加强与国务院国资委的沟通汇报，就“一体化管理压减方式”积极争取国务院国资委的理解支持。2017 年，集团公司圆满完成国务院国资委下达的第一阶段压减 8% 的任务目标，压减法人户数116 户。第二阶段压减工作有序推进，截至2017 年12 月31 日，完成压减49 户，剩余项目全部进入具体实施阶段。

（巩祎昌　叶文峰）

【加强资产分类管理】 坚持以提高资产创效能力为核心，通过开展资产分类评价、揭示存在问题、制定有效措施，加快低效无效资产盘活处置，全面提升资产质量和资产创效能力。制定下发《关于加强资产分类管理提高资产运营效率的指导意见》，明确工作目标、实施原则和职责分工，细化工作内容和工作要求，全面启动资产分类创效评价工作。制定下发《直管企业资产分类标准及实施细则》，统一分类评价指标和标准，明确指标计算方法，制定分类评价结果统计表格。倒排时间节点，加强沟通衔接，精心组织试点，成功实现集团公司资产调剂平台的试点上线。制定下发《中国石化资产调剂管理办法》，明确资产调剂工作职责分工、总体原则、可调剂资产范围、调剂方式、调剂实施流程、调剂支持政策，确保资产调剂业务规范开展，调动企业资产调剂的积极性。

（巩祎昌　叶文峰）

【加强产权登记管理】 组织对集团公司产权投资项目进行年度检查与核实，对集团公司全口径长期股权投资的级次分布、持股比例、所处行业、经营状况等进行整理，对长期股权投资的产权登记情况进行梳理分析，对集团公司产权图谱进行更新，全面掌握集团公司长期股权投资分布。做好国务院国资委产权登记核查迎检工作，全力配合国务院国资委及会计师事务所做好现场核查工作，根据国务院国资委核查工作专项通报，集团公司产权登记项目完整率达99.9%，准确率达95%，各项基础管理工作均达到国务院国资委工作要求。细化完善基础工作，建立集团公司各级投资产权登记办理管理台账，对长期股权投资逐项明确产权登记办理状况，跟踪在办业务所处环节，产权登记工作实现动态全过程掌握。

（巩祎昌　叶文峰）

【组织开展专项清查】 组织对集团公司房产进行全面清查，全面摸清集团公司房屋建筑物“家底”，对清查发现的问题，明确整改措施，制定工作措施，对问题整改和闲置房产盘活处置提出具体要求。截至2016 年12 月31 日，集团公司共拥有房屋建筑物96 913 项，建筑面积5 661 万平方米。组织对集团公司长期租赁业务进行清查梳理，对租入资产范围、租赁协议、租金水平、财务核算等予以强调，提出具体管理要求。截至2017 年6 月30 日，集团公司长期租入资产11 282 项。

（巩祎昌　叶文峰）

【积极参与资本运作】 积极参与集团公司各项资本运作、资产重组工作，包括销售公司股份制改造、南化公司所属无损检测公司增资扩股、中石化节能技术服务公司股权重组、经济出版社所属进出口公司划归国际事业公司可行性论证、高桥石化收购BP所持上海赛科公司股权、管道储运公司重组、东方石化扭亏脱困及东方化工厂搬迁、齐鲁石化安全咨询与培训业务合资合作等。

（巩祎昌　叶文峰）

土地管理

【加强土地盘活处置】 坚持经营土地理念，利用争取政策支持、土地置换等方式，加大土地盘活处置力度，努力实现土地效益最大化。制定《中国石化“处僵治困”土地盘活处置指导性意见》，加大集团公司土地管理政策方针的宣贯力度，积极推进企业转型发展及关停并转涉及的大宗土地盘活处置。其中，东方石化调整转型利用4 宗1 956 亩（130.4 万平方米）土地，谈判争取有增值收益的补偿41 亿元，实现土地增值27 亿元；杭州炼化整体关停并转利用6 宗475亩（31.67 万平方米）土地，谈判争取有增值收益的补偿18.8 亿元，实现土地增值15.6 亿元。制订下发《2017 年土地盘活处置计划》，对企业待用土地盘活处置工作进行安排，确定土地盘活处置收益目标，将目标分解到专业公司、事业部及所属相关企业。坚持土地盘活处置效益最大化原则，深入企业现场调研30 多次，积极筹划土地盘活处置方案，履行土地盘活处置程序，全年盘活处置土地315 宗1 033.15 万平方米，调整置换加油（气）站等土地36 宗14.31 万平方米，节约新增建设用地投资3.5 亿元。严格执行土地管理办法和内控制度，严格工作程序，采用聘请国家A 级资质中介机构专家预审、疑难个案会诊等方式，严格审核土地评估报告，全年审核企业土地评估备案报告78 份，备案63 份。

（巩祎昌　叶文峰）

【基本完成土地权证登记工作】 结合中国石化土地管理信息系统“账实相符”核查工作，对中国石化自有土地进行重新梳理，认真研究分析无证土地的类别和形成原因，督促企业认真核查地藉资料和土地来源证明材料，加快办理权证，无证土地宗数比例从2009年的23.65%下降到2017年的3.31%。对无法办证土地，逐宗进行核实，逐项分析原因，无证土地虽不具备办证条件但不影响正常使用，可保持现状。至此，无证土地相关审计事项基本整改完毕，权证办理工作取得阶段性成果。

（巩祎昌　叶文峰）

【完成土地管理信息系统升级完善】 经过验收测试，中国石化土地管理信息系统升级完善项目顺利通过验收。在原有地籍管理信息系统的基础上，优化地籍管理指标，将128个地籍字段中的40个进行完善，将13个必填项扩展为25个必填项。建立地价管理体系，实现重要区域基准地价到街区、其他区域基准地价到县区，实现土地信息系统与财务管理信息系统的联通，建立土地资产的账物对应关系，实现土地“账实相符”的全过程管理，解决土地“信息孤岛”问题，充分实现土地信息共享、资源共通。系统升级完善后，土地基础管理更加扎实高效，年度土地统计分析更加精确，土地价值管理手段更加丰富，公司土地管理水平迈上新台阶。

（巩祎昌　叶文峰）

税务管理

【落实争取税收优惠政策】 加强与财政部沟通，初步争取到资源税改革方案中保留对低丰度油气田、高含硫天然气、页岩气等项目的减免税政策。加大成品油消费税政策的研究和争取力度，理顺粗白油、白油料、工业白油等消费税管理，争取到对混合芳烃、稀释沥青等部分进口化工产品进行监管，减轻地炼对市场冲击和对中国石化的影响。争取到2017年度石脑油定点直供计划的批复政策。完成2017年度自用成品油退税批复政策，全年退税4.6亿元。争取到2017年度企业所得税退税政策，及时落实退税资金19.6亿元。组织税收优惠政策现场经验交流和推介研讨座谈会，总结推广企业节税成功案例，加大对企业税收工作的指导和服务力度，企业节税积极性和主动性不断增强。

（巩祎昌　叶文峰）

【规范内部税务管理】 加强顶层设计，在集团层面优化设立财税管理机构，充实财税管理力量。研究制定《中国石化区域财税协调管理办法》，下发《关于设立区域财税协调小组有关事项的通知》，首批设立16个区域财税协调小组，确定22家牵头单位，国内区域财税协调机制初步建立。服务企业，协调涉税争议，重点协调洛阳石化2.08亿元航煤组分油争议，多年涉税争议得到彻底解决；协调解决中原油田普光气田2亿元资源综合利用及硫黄资源税、矿补费争议，减少纳税支出1.1亿元。协调争取西南油气田元坝高含硫天然气资源税政策，税企关系不断改善；协调沧州炼化白油原料税企争议处理；协调完成塔河炼化退税工作，实现退税6 400万元；协调重庆石油分公司所得税退税；成功协调北京石油分公司5亿元土地增值税；协调办理山西石油分公司增值税预征率调整政策。

（巩祎昌　叶文峰）

价格管理

【积极争取价格政策】 组织合理测算油品升级成本，推动主管部门及时出具成本监审意见，积极加强与国家发改委沟通，争取尽快确定国(京)Ⅵ汽、柴油优质优价政策。坚持公司效益最大化，立足公司天然气产业现状，加大与国家发改委和地方物价部门的沟通力度，推动合理确定天然气管输价格和门站价格，减少门站价格大幅下调对公司效益的影响，避免川气东送引资后投资者的质疑。配合国家发改委调研天然气储备实施情况，梳理公司天然气储气库和LNG接收站建设和运行情况，规划未来储气库和LNG接收站的建设目标，对现行天然气行业法律法规提出修改意见，建议国家参照“十二五”期间所得税返还政策，对储气设施建设给予财税政策支持。

（巩祎昌　叶文峰）

【推动完善内部互供价格政策】 成立以党组主要领导为组长的内部市场化领导小组，制订完善内部市场化运作机制方案，明确运行管理架构、部门职责分工、管理层级划分、工作流程、重点工作，统筹推进市场化运作工作。根据公司天然气产销情况和市场形势判断，动态完善天然气内部结算价格机制，出台量价联动考核机制，天然气分公司国产天然气销售实现盈利，开拓市场积极性进一步提高，上游企业产能得到有效释放，单位生产成本有所降低，公司天然气产业链整体效益得到大幅提升。面对地炼及民营加油站的严重冲击，深入一线调研成品油市场情况，完善汽、柴油价格机制，研究制定内部炼油企业减产、销售公司增加外采和降低炼油交销售汽、柴油出厂价格等系列政策措施，销售公司市场份额实现稳步回升，炼油产能得到有效释放，公司一体化优势得到充分发挥。按照调动供需双方积极性、实现公司效益最大化原则，公平合理协调解决各种内部价格纠纷，优化调整区域内资源价格，协调解决原油杂费结算、成品油出口改为来料加工模式等过程中的矛盾和问题，实现公司整体效益最大化。

（巩祎昌　叶文峰）

保 险 管 理

【推进保险集中管理】　稳步推进境内保险业务集中统筹管理，积极开展国内合资公司保险业务统筹工作，利用现场调研、座谈会、电话会等各种方式，加强与扬巴公司的沟通协调，最终实现扬巴公司保险服务由中石化保险经纪公司和外部公司联合提供。组织保险经纪公司与石油工程公司、7 家保险公司签署《保险框架协议》，实现车辆保险统筹管理，完成胜利油田保险集中采购。通过采取加强与作业者沟通交流、主动走访客户、组织保险培训等方式，将国勘公司相关区块纳入保险统筹范围，境外保险业务集中度进一步加强。2017 年末，自保公司境外保险业务覆盖率达 90%，保险经纪公司境内保险业务覆盖率达 85%。

（巩祎昌　叶文峰）

【强化保险业务监督管理】　根据中国石化保险管理办法相关规定，自 2017 年起对企业保费支出实行预算管理，为控制保费支出、优化保险方案提供有利条件和支撑。2017 年，集团公司下达企业年度保费支出预算 11.47 亿元，实际预算执行 10.58 亿元。研究确定中国石化境内业务合作保险公司选聘范围，加强合作保险公司选聘管理，提升保险服务质量。加强对自保公司和保险经纪公司内部制度、供应商管理、风险查勘计划等的审批监督，自保公司和保险经纪公司风险管理意识进一步增强。坚持按月对自保公司和保险经纪公司进行经济活动分析，掌握运营、管理动态和风险隐患，推动各项业务有序开展。

（巩祎昌　叶文峰）

【加强巨灾险及综责险管理】　组织安监局、自保公司和保险经纪公司成立专项工作小组，共同制订 2017 年保险专项工作方案，明确巨灾险及综责险管理内容和工作计划。强化工作运行，稳步推进集团公司自留风险精算、保险方案设计、路演摸底、境内外保险公司比价、策略性谈判等各项工作，顺利完成 2018 年巨灾险及综责险招标工作，保险方案及报价得到进一步优化。2018 年巨灾险及综责险保费实现降费增效 2 300 万元，免赔额由 5 000 万元降至 3 000 万元。

（巩祎昌　叶文峰）

年 金 管 理

【强化年金投资收益预算管理】　坚持稳健运营、追求绝对收益的投资理念，把年度收益预算作为投资运营管理抓手，加强与各投管人对接，确定 2017 年度各组合收益预算安排，落实各投管人收益目标、资产配置结构、投资策略安排。在投资监管过程中，以年度预算为抓手，加强对投管人投资运营的过程控制，出现问题及时纠偏，对收益进度与目标差距较大的投管人进行约谈，查找收益率偏离的主客观原因，通过减资、限制风险资产投资比例、更换基金经理等措施，调整优化资产配置结构，确保整体收益目标实现。2017 年年金收益率为 5.39%，完成年度预算收益目标。

（巩祎昌　叶文峰）

【优化年金资产配置结构】　紧密跟踪研判市场形势，适时优化调整资产配置结构，推动年金收益目标实现。将年金基金中到期的存款、债券等存量资产及新增缴费资金，优先配置到稳定收益类资产，提高收益率，全年配置各类存款总额 74.96 亿元。搭建产品比选平台，择优配置信用风险低、担保效力强、收益率较高的债权计划、信托等资产，累计新增非标类资产 36 亿元，为稳定年金收益奠定较好基础。在紧货币、严监管、去杠杆的大背景下，将加强债券风险管理放在重要位置，控制债券持仓规模，优化债券持仓结构，年末债券整体规模比年初下降 2.35 亿元，结构得到进一步优化。坚持对股票仓位从紧控制，根据市场变化灵活调整股票仓位，11 月 20 日专门发函要求投管人将股票仓位降至 5% 以内，成功消除股市大幅下跌带来的负面影响。

（巩祎昌　叶文峰）

【加强年金风险管控】 面对市场波动风险，通过制度建设、风险排查、减持资产等方式，全面防控风险。对纳入集团年金投资范围的资产进行严格约定，定期全方位审视偿债主体、担保主体、持仓比例、信用评级和到期收益率等要素，严格审批程序，规范投前、投中和投后管理，规避信用风险。组织对债券和非标产品进行风险排查，委托第三方机构开展独立评估检视3次，提高集团年金风险排查的有效性，全年共减持潜在风险资产2.54亿元。高度关注万达、安邦等热点事件对年金投资的影响，全方位了解情况，获取第一手信息，要求投管人采取提前赎回等措施全力规避违约风险。针对市场传言的地方政府撤回对企业项目担保事项，要求投管人排查非标产品涉及政府担保项目情况，妥善防范担保风险。

（巩祎昌　叶文峰）

【加强年金运营精细化管理】 定期对各组合流动性资产的结构及收益情况进行分析，通过资产置换等手段，调整部分收益较低的流动性资产结构，提升资金效率和收益水平。组织对各组合正回购情况定期开展检查评估，重点检查融资综合成本、融资目的、投资标的收益率等指标，避免低效无效融资。组织对投管人股票网上打新和网下配置情况进行检查，对个别不积极、不重视新股申购的投管人进行督促改进，使新股申购成为年金收益贡献的稳定来源。组织对同业存单的投资风险进行评估，对部分资质较弱的银行存单进行清退。配合年金审计开展现场稽核工作，深入了解内部风控、投资政策落实、非标产品管理等情况，投资监管的针对性和有效性进一步增强。

（巩祎昌　叶文峰）

总部机关财务管理

【总部财务共享和财务费用报销系统上线运行】 按照财务共享的理念和标准，全力投入，攻坚克难，先后完成方案设计、需求调研、业务对接、流程设置、用户培训、系统优化及试点运行等工作，总部财务共享与费用报销于2017年7月7日全面成功上线运行。在上线运行过程中，梳理业务场景507个、21项流程及系统优化提升需求，对京外审计分局等4个核算主体进行合并，完成总部员工主数据和部门业务审批流的确认和配置工作，制作操作手册和培训视频，确保上线顺利进行。总部费用报销系统的上线简化了单据提报、审核等系统操作界面，提高了数据集成度及自动计算率，减少了手工输入工作量，系统易用性进一步提升。

（巩祎昌　叶文峰）

【完成2016年总部机关财务决算和2017年预算编制】 提前做好决算前的各项准备工作，妥善解决决算中遇到的问题，及时协调审计调整事项，按期完成2016年总部机关财务决算工作。坚持保证总部机关正常运转和严格控制费用支出的原则，认真审核总部机关各部门工作经费和专项费用预算，按时完成2017年总部机关经费预算编制工作。坚持按月向机关部门提交部门工作经费预算执行情况表，对费用支出过程中存在的问题进行通报，严格执行总部机关内部控制制度，严格预算管理和标准控制，2017年总部机关经费支出控制在预算范围内。

（巩祎昌　叶文峰）

财务战略管理

【制定“五个一以贯之”财务总体发展思路】 在全面分析集团公司发展对财务工作提出的新要求和财务工作面临的新形势和新挑战的基础上，对照公司“十三五”发展规划，坚持以新发展理念为指导，制定“五个一以贯之”的财务工作总体发展思路，对“十三五”期间的财务重点工作进行部署和安排，公司未来发展总体部署更加清晰，强化管理的路径更加明确。一以贯之地把握好财务发展目标，坚定不移地把“建设国际一流财务”作为财务工作的发展目标，从建成国际一流的财务管控体系、打造国际一流的财务管理水平、创造国际一流的财务绩效入手，加快推进国际一流财务建设，努力用高水平的财务工作助力公司改革发展。一以贯之地把握好财务工作总要求，坚持用“转观念、强管理、重创效、防风险、提素质”来统领当前和今后一个时期的财务工作。一以贯之地把握好财务工作总基调，坚持稳中求进，实现“四稳四进”，确保公司效益增长稳定、财务状况稳健、供给侧结构性改革稳步推进、财务根基稳固，推动资产创效能力实现新提升、成本管控水平实现新提升、财务管控体系完善实现新提升、财务队伍素质实现新提升。一以贯之地深化财务转型，坚定不移地推动财务向价值管理转型，尽快实现财务会计向管理会计转型、资产管理向资本运营转型、财务管理向价值引领转型、决策执行向决策支撑转型。一以贯之地优化完善财务管理架构，加快构建以经营财务为主体、以财务共享和金融业务为两翼的“一体两翼”财务管理架构。经营财务要围绕公司发展战略，强化与生产经营的深度融合，实现财务和业务的一体化运作，为经营管理提供主体支撑；财务共享负责财务信息的集中处理，做到标准、高效、合规；金融业务整合公司金融资源，专注拓展符合集团公司产业定位的金融投资和服务业务，实现产融结合，助推产业发展。

（巩祎昌　叶文峰）

【推进“一体两翼”财务管理架构建设】 把加快推动财务共享服务建设和金融业务建设作为全年工作重点，全力推进“一体两翼”财务管理架构建设。不断深化财务转型，把工作重心向业务端延伸、向价值管理聚焦，深度融入投资、生产经营全过程管理，业财融合度进一步提高，公司上下经营财务的理念得到进一步强化和贯彻。全面梳理分析主业和产业链金融需求，积极征求外部专家意见，反复讨论，研究制订金融业务发展规划总体框架，初步确定“做强做优做大内部金融业务、积极稳妥发展产业链金融业务、扎实推进金融投资业务”的金融业务发展路径，进一步推进金融业务更好为主业服务，使公司主业和金融业务实现战略协同、业务协同和资本协同，助推公司产业迈向更高端。稳妥推进金融业务，组织制订统一支付平台支付功能整体解决方案，完成第一阶段上线运行任务，解决外部企业在电商平台的线上支付问题；组织对中加基金、邮储银行优先股等项目进行分析评价，提出投资入股建议，履行内部决策程序后实施；开展金融业务调研，分赴中油资本、浙石期货和太平租赁等企业调研金融业务发展情况。同时，结合公司金融业务发展实际，对4家银行和1家保险公司进行专题分析，提出意见建议；协调太平石化租赁制订胜利工程售后回租方案，降低石油工程公司融资成本、增加现金流。

（巩祎昌　叶文峰）

财会队伍建设

【修订总会计师工作职责规定】 高度重视总会计师队伍建设，注重从制度层面强化总会计师工作职责。根据国务院国资委关于强化总会计师职责管理的有关要求，结合《进一步强化总会计师工作职责规定（试行）》实施情况，在反复征求企业意见的基础上，历经7个月时间，对文件进行修改完善，并且以“中国石化人〔2017〕682号”的形式进行印发。新修订的规定从强化岗位责任、风险防控、权责对等、任职排序等方面，明确总会计师职责管理必须坚持的4项基本要求；从财金业务管理、参与经营决策、内控制度建设、重要事项报告等方面，梳理形成总会计师5个方面工作职责；在继续履行重大决策事项参与权、重大财务事项主导权、重大经营事项签批权和相关重大事项监督权的基础上，对总会计师财会人员配备权进行充实；强化对总会计师的履职管理，增加现场述职、专项报告及责任豁免、责任认定方面的内容。

（巩祎昌　叶文峰）

【建立总会计师述职制度】 根据国务院国资委《关于在中央企业开展总会计师委派试点工作的意见》，结合公司实际，建立企业总会计师述职制度，明确总会计师必须定期向总部报告履职情况。报告方式包括年度述职、现场述职和专项报告，其中年度述职结合工作职责和集团公司管理要求，向总部书面报告年度履职全面情况，报告内审外查发现的违反财经法规的重要问题及整改情况，并对本人在企业经营管理中发挥的作用进行自我评价，提出下一年度工作思路、工作措施和工作建议。2017年，企业总会计师以书面的形式积极向总部报告一年来所在企业的生产经营情况、个人履职情况和下一步工作打算等，总部全面掌握企业生产经营、改革发展及总会计师履职情况。现场述职结合集团公司年度工作安排和企业财务绩效情况，全面报告本人在推动本单位财务工作进展过程中的履职情况，存在的问题及针对性解决建议。2017年，总部分别在北京、厦门、上海举办企业总会计师现场述职会，59位总会计师参加述职，通过现场述职，企业总会计师的履职意识进一步增强，企业总会计师履职管理明显加强。专项报告是指企业发生财务危机、重大资产损失、系统性财务违规违纪事件、会计信息严重失真、内部控制重大缺陷、财务基础管理混乱等，企业总会计师及时向集团公司提交专项履职报告。2017年，公司未发生此类事件或情况。

（巩祎昌　叶文峰）

【加强财务人员培训】 在厦门和上海国家会计学院分别举办集团公司高级财会人员培训班，学习内容包括投资评价、互联网商业模式、宏观经济金融形势、金融创新与金融衍生品管理、财务风险防控等内容，对提升公司总会计师的履职能力、决策支持能力和创效能力发挥重要作用，共培训企业总会计师、财务负责人94人。总部举办资金、土地、资产、会计集中核算等各类培训班 24 个，培训人员 2 145 人次。各企业结合自身实际，开展丰富多彩的技能比武和学习培训，提高财务人员素质。

（巩祎昌　叶文峰）

财 务 状 况

【概述】 2017 年，集团公司合并报表实现营业收入 24 003.18亿元，实现利润 582.05 亿元，实现利税 3 831.05亿元，实现净利润 389.60 亿元(其中归属于母公司净利润 103.93 亿元)。截至年末，集团公司合并报表资产总额 22 566.98 亿元，负债总额 11 781.32 亿元，所有者权益 10 785.66 亿元(其中归属于母公司权益 7 404.82 亿元，占所有者权益的 68.65%)。资本负债率 30.99%，比年初下降 0.61 个百分点；资产负债率为 52.21%，比年初增加 1.89 个百分点。

集团公司合并会计报表见表 1 和表 2。

（张镇远）

表 1　　**利润表**　　百万元

项　目 \ 年　份	2017	2016	2015
营业收入	2 400 318.21	1 969 219.82	2 047 271.91
营业总成本	2 358 007.16	1 934 382.26	1 997 461.86
营业成本	1 920 377.43	1 528 839.65	1 598 235.90
营业税金及附加	239 627.09	237 977.64	241 696.41
销售费用	57 832.63	51 197.87	48 615.15
管理费用	81 777.81	77 905.46	75 743.69
勘探费用	11 120.18	11 047.45	10 456.05
财务费用	4 182.80	8 402.14	13 110.54
资产减值损失	43 089.23	19 012.04	9 604.13
加：公允价值变动收益	-8.73	-209.04	728.91
投资收益	13 093.45	16 818.97	6 207.18
资产处置收益	-2 221.77	-1 182.78	197.56
其他收益	5 334.94	—	—
营业利润	58 508.95	51 447.50	56 746.13
加：营业外收入	3 546.35	7 604.09	10 324.12
减：营业外支出	3 850.29	6 148.12	4 948.51
利润总额	58 205.01	52 903.46	62 121.74
减：所得税费用	19 245.04	24 704.68	18 027.51
净利润	38 959.97	28 198.78	44 094.23
减：少数股东损益	28 566.84	19 841.85	21 502.88
归属于母公司所有者的净利润	10 393.13	8 356.93	22 591.35

注：依据财政部 2017 年发布实施的《企业会计准则第 16 号—政府补助》《企业会计准则第 42 号—持有待售的非流动资产、处置组和终止经营》和《关于修订印发一般企业财务报表格式的通知》要求，新增“资产处置收益”和“其他收益”项目，并对“资产处置收益”“营业利润”“营业外收入”和“营业外支出”项目进行追溯调整列式

表2　　资产负债表　　百万元

项目 ＼ 年份	2017	2016	2015
流动资产：			
货币资金	195 941.37	164 674.77	94 232.19
应收票据	20 186.08	16 542.02	13 524.00
应收账款	73 956.49	63 343.36	56 215.51
预付款项	12 996.71	10 785.00	8 613.41
其他应收款	25 226.91	27 640.55	31 320.31
存　货	263 249.59	251 050.09	232 258.95
一年内到期的非流动资产	79 632.86	68 961.43	65 851.81
其他流动资产	124 227.52	56 967.79	49 448.42
流动资产合计	795 417.54	659 965.02	551 464.58
非流动资产：			
可供出售金融资产	18 666.87	23 780.40	21 569.78
长期应收款	37 031.72	36 750.34	33 240.35
长期股权投资	128 166.34	120 215.52	102 703.37
固定资产	590 057.34	590 797.38	611 778.98
油气资产	171 898.03	215 240.03	239 085.33
工程物资	107.40	43.37	32.17
在建工程	134 539.17	151 260.87	173 908.36
无形资产	124 385.50	110 494.67	107 291.92
商　誉	10 818.77	8 537.35	8 455.69
长期待摊费用	18 514.19	17 408.51	17 733.29
递延所得税资产	16 740.38	8 331.61	8 662.78
其他非流动资产	210 354.52	216 566.37	182 581.09
非流动资产合计	1 461 280.22	1 499 426.43	1 507 043.12
资产总计	2 256 697.76	2 159 391.45	2 058 507.70

续表

项目 \ 年份	2017	2016	2015
流动负债:			
短期借款	145 496.76	116 268.59	140 833.16
应付票据	11 905.81	10 087.69	8 174.78
应付账款	247 030.48	225 600.03	179 528.14
预收款项	149 295.20	126 054.32	117 818.57
应付职工薪酬	10 200.19	5 386.87	2 938.19
应交税费	77 417.95	60 020.40	41 515.15
应付利息	2 846.72	3 117.80	2 787.58
其他应付款	78 373.32	58 461.26	68 625.21
一年内到期的非流动负债	76 838.07	71 976.97	20 223.40
其他流动负债	43 023.75	51 113.96	74 065.09
流动负债合计	842 428.25	728 087.89	656 509.28
非流动负债:			
长期借款	37 676.58	66 306.44	76 006.24
应付债券	218 537.45	216 687.70	206 007.51
长期应付款	15 891.47	16 106.37	14 206.40
长期应付职工薪酬	2 348.52	2 418.70	2 482.19
预计负债	40 280.62	39 619.79	33 492.30
递延所得税负债	6 704.71	8 079.05	8 757.34
其他非流动负债	14 264.39	9 184.93	8 067.42
非流动负债合计	335 703.75	358 402.97	349 019.39
负债合计	1 178 132.00	1 086 490.86	1 005 528.67
所有者权益:			
实收资本	326 374.05	325 907.53	319 898.03
资本公积	96 983.53	97 561.40	97 537.98
其他综合收益	-24 995.44	-23 850.48	-38 583.83
专项储备	1 260.23	1 090.80	1 041.76
盈余公积	209 414.82	205 373.07	204 976.95
一般风险准备	1 459.93	1 327.72	876.51
未分配利润	129 984.55	132 869.39	144 490.62
归属于母公司所有者权益合计	740 481.67	740 279.43	730 238.03
少数所有者权益	338 084.08	332 621.17	322 741.01
所有者权益合计	1 078 565.76	1 072 900.59	1 052 979.03
负债和所有者权益总计	2 256 697.76	2 159 391.45	2 058 507.70

人事管理

- ◇ 综述
- ◇ 领导班子和干部队伍建设
- ◇ 人才队伍建设
- ◇ 劳动与薪酬管理
- ◇ 人才培养开发
- ◇ 总部机关人事管理
- ◇ 人力资源管理改革与提升
- ◇ 自身建设与档案管理
- ◇ 信息共享服务
- ◇ 离退休人员管理

综　述

2017 年，集团公司人事工作着力抓改革、增活力、提素质、调结构、强基础，在领导班子和干部队伍建设，劳动用工、薪酬分配，人才队伍建设和培养开发等方面均取得积极进展。

领导班子和干部队伍建设。研究起草《关于进一步规范和加强直属单位领导人员年度绩效考核工作的意见》，修改完善《关于进一步提高党员领导干部民主生活会质量的意见》《领导人员异地交流若干规定》，干部管理相关制度进一步完善。首次开展职业经理人选聘，领导人员竞争性选拔和职业经理人选聘工作进一步推进。开展领导班子和领导人员考评数据库建设，为多维度考评、多途径了解领导班子和领导人员提供有效依据和支撑。推进干部考察纵深拓展，推进领导人员能上能下，干部队伍结构得到一定程度优化，选人用人满意度创新高。严格直属单位中层机构和职数管理，健全完善干部监督体系，选人用人监督相关经验做法得到中组部肯定，作为干部监督成果予以宣传。

劳动用工、薪酬分配、改革统筹。制定和完善机构和定员标准，组织全面开展对标先进严格“三定”工作。建立工效联动的增补用工核定机制，推进年度用工控制计划、毕业生招聘和成熟人才引进计划一体化优化。修订《用工总量管理办法》，调整完善专项激励等政策。完善人力资源统筹配置平台，加强用工内部统筹配置。修订印发《人工成本管理办法》，完善人工成本预算机制和人工成本与效益联动机制，强化整体薪酬理念，改进人工成本调控机制。强化效益效率分配导向，改进工资总额预算办法。完善薪酬分配制度体系，提出党组管理领导人员薪酬制度调整思路。探索市场化薪酬管理办法，为强化薪酬分配市场化机制打好基础。起草完善《海外人工成本预算管理办法》《海外员工薪酬福利管理办法》等制度，选择国际化经营单位进行试点。落实《科技成果转化推广与激励管理办法》，科技人员科技成果转化收益较大幅度提高。研究制订统筹开展“三项制度”改革和深化人才发展体制机制改革 2 项改革试点工作方案，明确 6 个方面改革重点任务、28 个重点改革项目。积极推进试点工作，组成调研督导服务组及时跟进指导。江苏石油分公司、东北油气田等单位“三项制度”改革取得显著成效，销售公司整体改革方案得到党组充分肯定。新项目人力资源管理新模式、岗位管理等方面试点取得较好成效。

人才队伍建设与培训开发。进一步拓宽人才发展空间、畅通发展通道，建立纵向畅通、横向贯通的职位发展体系。印发《中国石化专业技术职务任职资格评审工作管理规定》《中国石化专业技术职务任职资格评审组织建设管理办法》《中国石化教授级（正高级）、高级专业技术职务任职资格评审办法》《中国石化教授级（正高级）、高级专业技术职务任职资格评审条件》《业务竞赛管理办法》《业务竞赛奖励办法》，推进职称评审与业务竞赛管理的体系化建设。加大高端人才选聘力度，推动高端人才作用发挥。打破内外部人才流动配置壁垒，推进人才引进使用多元化。印发《出国（境）访问学者选派管理办法》，起草《加强基本功训练工作的指导意见》，推动岗位培训课程体系开发，培训基础建设取得积极进展。优化毕业生引进考试方案，指导开展“优才”毕业生进行跟踪回访，改进优化毕业生引进工作。强化机构编制、定员管理和职能梳理，修订印发《总部机关处级领导人员选拔任用实施办法》，加大总部机关人才队伍建设力度。

信息共享服务工作。完成共享服务建设、员工自助服务建设、HR 系统深化应用、专项业务信息化建设应用等主要工作。圆满完成业务共享扩大试点，完成 25 家单位上线实施。推动业务标准化、规范化建设，推动电子考勤系统试点应用。组织起草《人力资源信息应用管理办法》《员工自助运行管理办法》《知识库管理办法》3 项制度办法。推动知识库建设，进一步优化提升系统功能。推动一体化员工自助服务体系建设，总部机关试点工作稳步推进。加强数据质量建设，优化系统功能，加强信息集成和系统间业务互联互通。建成人力资源优化配置平台，全面推广职称评审系统上线，启动专家遴选系统开发工作。

离退休人员管理。加强对老领导老同志的充分尊重和亲切关怀，制定印发集团公司《关于进一步加强和改进离退休工作的实施意见》和《关于进一步加强和改进离退休工作的实施意见》。持续加强离退休人员思想政治工作。加强敬老文化、养老文化建设，坚持开展“敬老月”活动和丰富多彩的老年文体活动，召开集团公司老年大学建设管理工作座谈会，使离退休老同志文化生活更加丰富多彩。

（张旭升）

领导班子和干部队伍建设

【常态化考察机制】 2017 年，共考察 110 家单位（部门），其中全面考察 24 家。定期开展领导班子分析研判，在对全系统干部队伍状况整体分析的同时，注重分板块、有重点地对部分领导班子进行重点剖析，并聚焦科研板块、国勘板块开展领导班子全面考察，查找问题、精准施策，选人用人满意度创新高，在中组部组织的中央企业选人用人工作“一报告两评议”中，集团公司总体评价“满意+基本满意”率达96.35%。在考察工作中，遵循领导班子建设规律，构建常态化考察机制，努力克服应急式、赶会式考察弊端，坚持好干部标准，把从严管理干部要求贯彻落实到选拔任用全过程，不断提高领导人员选拔任用工作质量，防止用人失察和带病提拔。

（牟蔚亭）

【直属领导班子配备】 坚持以“支撑战略、服务发展”为主线，聚焦转方式调结构、提质增效升级中心任务，选好干部，配强班子。先后10次提请党组会研究干部调整配备方案，涉及党组管理领导人员516人次，干部队伍结构得到一定程度优化，部分直属领导班子缺员严重的问题得到缓解。根据班子职数设置意见，对55家单位正职、96家单位副职进行调整完善，重点对正职空缺或主体专业副职、党群副职、总会计师缺配的班子进行集中补充。根据集团公司整合财务、人力资源、IT等一体化服务职能需要，及时配备共享服务公司本部及东营、南京2个分公司领导班了；根据股份公司收购雪佛龙南非和博茨瓦纳下游资产项目需要，及时组建南非项目部领导班子；根据上海赛科公司股权结构变化，及时提出其董事会、监事会、党政领导班子职位安排意见；为全速推进茂湛一体化基地建设，统筹优化茂名石化、中科炼化、湛江东兴公司领导班子配备；结合煤化工企业运行实际，进一步充实宁夏能化、中安联合等班子配备。配合国务院国资委纪检组完成党组纪检组副组长、监察局局长提名人选谈话考察及履职；统筹优化监察局及北京、成都、广州监察分局领导力量；进一步充实党组巡视工作力量。做好股份公司董事人选增补、监事会主席人选调整事宜，及时完成股份公司职工代表监事人选民主程序。落实国务院国资委关于部分中央企业公司制改制工作座谈会精神，完成胜利石油管理局等19家直属改制企业的执行董事、监事及总经理聘任工作。按照《领导班子后备干部工作规定》，启动新一轮后备干部集中选拔调整工作。立足班子长远建设需要，严格后备干部年龄、专业结构，集中审核并汇总132家直属企业副职后备干部推荐结果，初步建立起1 000人左右的党组管理副职领导人员后备库。加大年轻干部培养力度，选调50名“70后”中青年干部参加为期70天的集中培训，为下步优化干部队伍结构奠定基础。

（牟蔚亭）

【干部人事制度改革】 认真落实集团公司“三项制度”改革要求，进一步加大干部管理制度建设力度，干部能上能下在全系统取得初步突破，职业经理人选聘在总部层面实现首次破题，领导班子综合考评首次在全系统铺开，干部工作的科学化、规范化水平稳步提升。完善干部管理相关制度，研究提出2016年未核定职数的17家直属单位领导班子职数设置意见。制定出台《关于进一步提高党员领导干部民主生活会质量的意见》，从会前准备、会上批评与自我批评、会后问题整改等环节对民主生活会进行规范。启动首次直属领导班子集中综合考评工作，开展直属领导班子集中考评，对领导班子进行多维度测评。综合考评采用网络信息技术，大大提高工作质量和效率。积极推进领导人员能上能下，突出能力业绩导向，加大对不干事、干不成事干部的调整力度，在推动干部能“下”上下功夫。2017年，重点聚焦领导人员不能为、不愿为、不善为问题，先后对多家整体合力不强、经营业绩下滑、扭亏脱困不力的单位领导班子进行组织调整，积极推进竞争性选拔和职业经理人选聘工作，拓宽选人用人视野，在全系统和石化盈科公司范围内公开招聘石化盈科首席执行官。集团公司首次在党组管理领导人员层面开展职业经理人选聘。

（牟蔚亭）

【全面从严治党】 认真贯彻落实党组部署要求，提高站位，找准定位，从严从实抓好管党治党责任落实。①坚持不懈强化理论武装。分8期组织1 000多名党组管理领导人员进行十八届六中全会精神轮训；启动党的十九大精神轮训，2017年举办企业党委书记和行政正职2期培训。开办新任领导人员培训班和领导人员党校班，110余名领导人员全面系统地接受党史党章党规等党性教育。根据中组部和国务院国资委年度调训安排，推荐61名领导人员（党组领导5人）参加调训。②积极推进党委换届工作。把抓好党委换届作为落实管党治党责任的重要抓手，定期梳理分析直属单位党委换届情况，统筹安排，强力推进，全年有20家直属单位召开党代会。自2015年下半年至2017年底，共计97家直属单位党委完成换届选举，基本做到“应换必换”，党委换届常态化机制初步形成。③进一步规范和改进党内政治生活。汇总分析166家单位（部门）“两学一做”专题民主生活会召开情况，印发《关于 2016 年度直属单位党员领导干部民主生活会情况的通报》，在《中国石化报》头版头条刊发。严格落实党委理论中心组学习、职代会民主评议等班子自身建设制度，主要领导人员“三述”工作实现全覆盖。认真落实中央有关文件精神，印发《关于中国石化直属领导班子成员分工调整报备有关问题的通知》，对直属单位领导班子分工调整工作予以规范。

（牟蔚亭）

【干部监督】 加大信访举报查核力度，全年受理信访举报 61 件(重复件 14 件)，办结 48 件，处理 4 名中层以上干部。用好监督执纪“四种形态”，做到严管与厚爱相结合，全年全系统开展提醒 3 401 人次、函询 88 人次、诫勉 360 人次。持续发挥领导干部个人有关事项报告重要作用，下发《关于做好 2017 年领导干部报告个人有关事项工作的通知》，组织集团公司 1 169 名党组管理领导人员(含党组委托人事部管理领导人员)填报个人有关事项并录入信息系统。全年共查核 429 名领导人员的个人有关事项，其中根据工作需要，对 310 名领导人员进行重点查核，分别为按照“凡提必核”要求对 210 名拟提拔领导人员进行查核，根据地方换届选举及办理调京工作需要对 98 名党组管理领导人员进行查核，根据信访、巡视等工作需要对 2 名党组管理领导人员进行查核；经党组主要领导核准，按 10% 的比例随机抽取 119 名领导人员进行随机查核。依据查核结果先后批评教育 84 人，限期整改 8 人；诫勉处理 17 人，取消提拔资格 6 人。

（王显达）

【选人用人监督】 推进《监督检查办法》和《责任追究办法》2 项制度宣贯落地，充分发挥巡视选人用人检查效能，督促完成 2016 年度党组巡视单位选人用人问题整改，30 家单位针对 161 个问题共提出整改措施 345 条，对典型案例进行梳理剖析通报，对 1 家问题严重单位进行全系统通报并追责。成立 17 个检查组，对 24 家单位开展选人用人专项检查，共查阅资料 3 818 份，个别谈话 143 人次，发现具体问题 264 个，提出整改建议 91 条，现场查核信访举报 7 件；成立 2 个检查组，首次对境外 5 家企业开展选人用人专项检查，填补海外选人用人监督空白，选人用人专项检查做法得到中组部的肯定，在《干部监督工作通讯》第 6 期刊发《中国石化大力推进结合巡视开展选人用人专项检查工作》，作为十八大以来干部监督成果予以宣传。结合党建考核和领导班子综合考评对 135 家直属单位同步开展“一报告两评议”工作，总体评价“好 + 一般”均在 91.94% 以上，平均值为 99.14%，同比提高 1.23%，实现连续 3 年稳步提升；从严监督管理领导人员的情况首次作为评价指标，满意度达 99.18%，列 7 项指标之首。严把破格提拔、中层延迟退出和大规模提拔调整干部事项审核，全年批复 71 名领导人员破格提拔、201 名中层干部延迟退出现职，及时规范 4 名因新提拔形成的党组管理领导人员配偶系统内从业情形，有效防控选人用人违规违纪风险。

（王显达）

【中层机构和中层领导人员职数管理】 聚焦服务改革发展，积极推进“瘦身健体”，结合“三定”工作，完成直属单位中层机构和中层干部职数总量核定，取得 9 个方面积极成效，为实现组织结构、干部结构两优化和运营效率、队伍素质两提升奠定基础。①管理层级进一步压缩，均控制在 3 级以内，部分先进单位实现 2 级管理和 1 级管理。②职数总量大幅精简，核定 140 家直属单位中层机构控制总量 3 717 个，同比减幅 14%；中层干部职数总量 11 989 个，减幅 10%。③组织结构更加优化，机关部门占中层机构总量的比例由 49% 降至 44%。④党群机构设置和干部配备更加规范，批复 80 家单位加挂 231 个党群机构牌子，并做到每个业务线条有 1 名中层干部负责。⑤做实基层的导向较好体现，调整海南石油分公司等 12 家单位的机构管理规格，充实基层管理力量。⑥同类型、同规模企业做到公平公正、平衡对标，基本解决企业之间机构和职数设置不平衡等问题。⑦干部身份管理上的思想桎梏得到突破，拿出 260 个中层岗位探索实行外派非并表合资公司中层干部由身份、级别管理向岗位管理转变。⑧精干职数与优化干部队伍年龄结构之间的矛盾有效化解，允许企业在确保总量递减的前提下，采取先进后出、少进多出等方式加快年轻干部培养。⑨副总师级干部超配、中层职位设置不规范等历史遗留问题得到有效解决。

（王显达）

人才队伍建设

【人才成长通道】 全面推进完善人才成长通道建设工作，批复 117 家单位的总体完善方案、配套制度办法和职数。首次组织选聘 3 名安全管理专业和 1 名井控专业集团公司高级专家，对首批 18 名集团公司技能大师开展聘期考核。截至2017年底，在聘3名集团公司首席专家、128名集团公司高级专家和85名直属单位首席专家、18名集团公司技能大师和87名直属单位首席技师。

（李　康）

【高层次人才选拔培养】 2017年，集团公司总经理戴厚良当选中国工程院院士，集团公司科技部主任谢在库当选中国科学院院士。评选产生100名突出贡献专家、199名闵恩泽青年科技人才奖人选。

（许　斌）

【人才配置】 加强人才引进配置和招聘计划、过程管控，升级人力资源优化配置平台，全年通过平台发布308个岗位的191条招聘公告，优化配置各类人才366人，其中面向系统外引进83人、在京单位从系统内引进91人。

（邓　勇）

【职称评审】 修订印发《中国石化专业技术职务任职资格评审工作管理规定》等4项制度。向全系统推广使用职称评审信息化平台，60余家直属单位实现线上运行。243人通过教授级（正高级）职称评审，4 552人通过高级职称评审，9 293人通过中、初级任职资格评审。

（许　斌）

【博士后工作】 截至2017年底，集团公司共有博士后工作（流动）站30个，在站219人；2017年出站61人，有44人出站后留在中国石化工作。承担省部级科研课题81项，博士后科研成果获省部级奖17项，申请专利195件，在核心期刊发表论文133篇。印发《中国石化博士后管理工作规定》，石油勘探开发研究院和中原油田2个博士后工作站取得独立招收博士后资质。选拔4名博士服务团成员支援西部大开发工作。

（邓　勇）

【职业技能鉴定】 适应职业资格制度改革，组织召开技能鉴定座谈交流会，完善职业技能等级认定政策。在理论知识考试中全面推广智能化考试平台，完成炼油专业55个工种题库修订，统一组织高级技师综合评审。全年共鉴定8.11万人，通过4.79万人。合同制员工中技能操作人员持证率为79.3%，高技能人才占技能操作人员比例为47.8%。

（丁新兴）

【业务竞赛】 修订完善业务竞赛管理规定，组织开展会计等10项一类竞赛和6项二类竞赛，90家单位的1 537名选手参加决赛，240人获得金、银、铜奖，56个单位获团体奖，20个单位获优秀组织奖，25人被授予中国石化技术能手称号。集团公司参加“嘉克杯”国际焊接大赛获团体铜奖；燕山石化、扬子石化、镇海炼化选派的5支代表队，参加国家二类竞赛“第9届石油和化工行业职业技能竞赛”，有4支代表队获得团体一等奖；石油工程建设公司代表集团公司组队，参加国家二类竞赛“第13届全国工程建设系统职业技能竞赛”，获团体第3名。

（丁新兴）

劳动与薪酬管理

【用工总量管理】 坚持严把入口，建立工效联动的增补用工核定机制，审核下达2017年用工计划，积极推进年度用工控制计划、毕业生招聘和成熟人才引进计划一体化优化和统筹安排。对各板块及单位2016年优化用工情况进行评价，组织开展优化用工专项奖励。修订《用工总量管理办法》及配套制度文件，进一步突出效益效率导向，细化企业分类管理，加大激励约束力度，增强人工成本牵引功能，构建类别化、差异化的用工总量管控体系，促使企业自觉减少用工总量、提高劳动生产率和人工成本投入产出效益。2017年末用工总量72.6万人，减少2.6万人。

（祝君光）

【“三定”工作】 印发集团公司《对标先进实施“三定”工作方案》，牵头组织各板块科学合理定标准，分类分层树标杆，召开全系统对标先进实施“三定”工作推进会，指导企业转变观念，科学“三定”。组织开展企业“三定”方案审核工作，明确企业愿景目标定员，分解落实各阶段规划目标和实施路径，强化“三定”结果应用，完善考核激励配套措施，“三定”工作取得突破性进展。

（祝君光）

【人力资源优化配置】 进一步完善系统内人力资源优化配置平台建设，协调组织系统内有用工需求的22家单位通过平台对东方石化、河南油田、中原油田等单位开展专项招聘。加强统筹协调，组织上下游企业跨板块推进人力资源优化配置，在系统内协调解决中科炼化公司、中安联合等新建项目用工需求。积极探索系统外人力资源盘活优化，推动中原油田与新疆建设兵团天盈石化签署人力资源输出合作协议。加强人力资源统筹配置激励政策的研究，修订完善相关政策，破除阻碍人员流动和优化配置的藩篱，促使企业带领员工走出去。

（祝君光）

【离岗人员分流安置】 围绕转方式调结构、“处僵治困”、企业办社会职能移交等改革攻坚工作，坚持“员工有出路、保障有托底”原则，持续完善离岗人员分流安置政策措施，研究制定《关于分离部分企业办社会职能工作中人员分流安置的意见》，梳理形成《离岗人员分流安置渠道一览表》，明晰各类安置渠道的政策要点和鼓励约束措施，为企业推进分流安置工作积极提供政策支持。指导相关企业做好人员分流安置方案编制，全面完成东方石化、杭州石化、宁波金甬公司、河南油田炼油厂、中原油田炼油厂等关停单位人员分流安置工作，并以宁波金甬公司为试点，积极推进市场化退出取得突破性进展。

（祝君光）

【人工成本管理】 按照从严控制人工成本的要求，修订印发《人工成本管理办法》，加强人工成本管理。完善人工成本预算机制，将人工成本预算融入财务预算，同步编制、同步审核，提高预算编制质量。完善人工成本与效益联动机制，依据企业利润目标、劳动生产率、人工成本利润率合理确定人工成本。强化整体薪酬理念，引导企业综合运用薪酬、福利、保险、培训、休假、疗养等货币与非货币、当期与中长期激励手段，提高成本使用效能。

（董岚峰）

【工资总额管理】 进一步强化效益效率分配导向，在主要依据年度绩效考核结果体现分配差距的基础上，按照企业利润目标盈利或亏损情况、增减幅度等因素，分档预算工资总额。同时根据完成利润、人均劳效领先和进步程度，对先进单位实施工资总额奖励。2017 年全系统工资总额增幅创新高，员工收入获最大增幅。建立工资总额储备金制度，赋予事业部（专业公司）及直属单位在不同年度之间适度调剂使用工资总额的权力，提高了工资总额使用的灵活性和有效性。

（董岚峰）

【薪酬分配制度体系】 扎实开展薪酬结构调整工作，员工收入构成得到优化，员工基本薪酬得到较大幅度提高，基本薪酬占全部收入的比重保持相对合理与基本稳定。优化领导人员薪酬福利管理，按照突出薪酬结构调整、建立正常增长机制的原则，实施领导人员基薪晋档。按照推进“三项制度”改革试点总体安排，组织单位重点探索市场化薪酬管理办法及方式、差异化分配制度及形式、灵活多样的福利待遇管理体系，批复 10 余家试点单位薪酬分配制度改革试点方案。开展薪酬调研工作，选取油田、炼化、销售、工程和科研 5 个板块的 12 家代表性企业，组织 5 个调研组进行专题调研，全面梳理分析薪酬管理现状，研究提出总体思路和对策建议。组织开展薪酬对标管理，系统调查外部市场薪酬数据，全面摸底各板块、各企业、各类人才的薪酬竞争力，并结合对标情况，推进收入分配政策的调整优化。

（董岚峰）

【核心人才激励机制】 与完善人才成长通道建设相结合，较大幅度提高高层次专业技术和技能人才的收入水平。落实国家科技创新激励政策和集团公司《科技成果转化推广与激励管理办法》，使科技人员可享受转化收益 50% 以上的激励报酬，提高了科研人员获得感。制定《非上市科技型企业分红激励管理办法》，报经国务院国资委同意后，组织南化研究院等科技型企业制订分红激励方案。组织石油工程公司、炼化工程公司等上市公司实施“股票期权激励”计划，探索推进中长期激励机制。将核心人才的创新创效与企业中长期发展紧密结合，逐步实现个人与企业利益共享、风险共担，强化激励约束。

（董岚峰）

【职工社会保险体系】 积极落实国家剥离企业办社会职能要求，推进胜利油田、中原油田等 7 家单位将自行管理的社会保险移交地方管理，先后召开2 次督导推进会，明确工作目标，建立日常工作机制、问责机制和督导机制，2017 年齐鲁石化、江苏油田 2 家单位率先完成移交工作。根据国家和新疆自治区的要求，积极推进西北石油局养老保险转制工作，将西北石油局职工纳入企业职工基本养老保险体系。

（李伟光）

人才培养开发

【培训管理】 按照中组部要求，中国石化系统总结党的十八大以来干部教育培训工作情况及典型案例，对照“好干部”标准开展干部核心能力培训的做法入选全国干部教育培训工作特色做法100例。修订印发《出国(境)访问学者选派管理办法》，组织开展出国(境)访问学者人选推荐工作。根据集团公司工作会及企业改革管理会精神，研究加强基本功训练工作的指导意见，编印基本功训练典型案例。组织对全系统培训经费使用情况进行调研分析。全系统共组织脱产培训81.2万人次，开展基本功训练等岗位培训96.3万人次。

（任军辉）

【重点人才培训】 围绕集团公司发展战略和年度重点工作，总部培训重点人才3 663人次。培训党组管理领导人员1 655人次；着眼系统把握全面从严治党思想整体性，举办党组管理的领导人员学习贯彻十八届六中全会精神轮训班8期，培训1 022人；举办企业党政正职学习贯彻十九大精神轮训班2期，培训271人。举办新任领导人员培训班、领导人员党校班和直属单位纪委书记、领导人员创新发展等培训班。开展高级财务、成品油经营、非油品业务等分管领导业务培训班。开展中青年干部核心能力培训，促进了年轻干部的思想成长和能力提升。培训高层次专业技术人才1 160人次，组织开展油气勘探开发、石油工程领域领军专家高级研讨班和催化裂化、连续重整、加氢、合成树脂等装置专家等中长期培训项目。举办安全、物流、综合商务、营销能力等高级专业人才培训班。开展随钻压力评价体系建设、乙烯装置应急预案优化等4期行动学习项目。培训高技能人才230人次，重点开展首席技师培训班和拔尖技能人才培训班，举办首席技师、油气集输工、石油钻井工、催化裂化装置操作工等12期高技能人才培训班。培训国际化人才618人次，举办海外项目经理思想政治轮训班3期、炼化板块海外项目经理管理能力提升培训班1期。举办国际化经营实务英语和经营管理实务系列培训、关键岗位外籍员工培训等7期培训班。研究“一带一路”背景下国际化人才培训培养思路，海外项目经理思想政治、跨国经营管理、风险防控等方面培训进一步加强。

（任军辉）

【培训基础建设】 举办培训课程体系构建研讨班，推动油田、炼化板块岗位培训课程体系开发工作。举办班组长培训师资班、示范班和基本功训练指导老师培训班，指导各企业认真落实班组长培训大纲。协调组织远程培训系统三期建设功能开发和应用试点，实现上线试运行。2017年远程培训系统总学习时长为2 095万小时，总登录达855万人次，课程学习次数、培训班举办期数、移动课程学习时长等均明显增加。

（任军辉）

【毕业生引进工作】 强化政策引领，完善服务措施，毕业生招聘工作平稳高效运行，2017年共121家招聘单位接收毕业生3 241人。召开2015—2016年度引进的博士及“优才”毕业生座谈会，了解毕业生学习工作情况，不断完善“优才”引进政策。对各单位员工队伍结构进行逐一分析，研究提出2018年度毕业生引进建议计划和10项优化措施。

（邹　强）

总部机关人事管理

【概述】 截至2017年底，总部直接负责人事管理的26个部门内设处室213个，处级及以下定员1 298人，其中处级领导职数449人、业务岗位849人。共有处级及以下员工990人，其中处级领导人员352人、其他处级人员52人、专家99人、业务人员487人。人员平均年龄42.9岁，其中35岁以下占19.2%、36—45岁占40.1%、46—55岁占38.3%、56岁以上占2.4%。从学历结构看，博士研究生占6.7%，硕士研究生占39.9%，大学本科占51.5%，大专及以下占1.9%。从职称结构看，教授级占9.7%，高级占65.4%，中级及以下占24.9%。总部机关部门派出机构有4个审计分局、5个监察分局和南京项目管理中心，内设处室44个，定员384人。有处级及以下人员263人，其中处级人员76人、部门专家16人、业务人员171人。

（冯洪祥）

【机构编制管理】 根据集团公司党组关于总部机关职能梳理有关部署，研究职能梳理工作原则及初步计划安排，研究拟定处室职责、岗位职责清单。根据改革发展实际和部门工作需要，对生产经营管理部、集团财务部、科技部、工程部、监察局(部)、股份财务部内设机构及编制定员进行优化调整。

（冯洪祥）

【处级干部选聘管理】 加强制度建设，规范工作管理，印发《总部机关处级领导人员选拔任用实施办法》。树立正确用人导向，严格干部选拔工作标准、程序，坚持“好干部”标准，加大“75后”“80后”干部培养选拔力度，注重发挥各年龄段干部的积极性，认真做好总部机关处级干部选拔聘任工作。组织部门开展处级干部选拔工作 26 次，涉及 14 个部门的 89 个处级领导岗位。进一步拓宽选人用人视野，通过组织选调、公开招聘，从直属企业、派出机构选拔 11 名处级干部到总部机关任职。

（冯洪祥）

【推进人才成长通道建设工作】 与总部机关各部门对接主要业务领域和专业分类情况，对总部机关专业技术通道的职类、职群、职种进行划分。按照通道建设实施方案，积极推动总部机关部门首席专家、高级专家、专家及业务人员聘任工作，确保总部机关人才纵向晋升有空间，横向流动有机制。新聘任专家 106 人；在生产经营管理部、集团财务部、油田勘探开发事业部、炼油事业部、化工事业部启动部门首席专家选聘工作；新聘任业务岗位人员 302 人。

（冯洪祥）

【人才培训开发工作】 进一步完善总部机关职称评审管理办法。推荐教授级职称参评人员 19 人、高级职称参评人员 15 人参加集团公司评审。完成总部机关高级职称和中级职称参评人员 130 人评审材料复审工作。突出思想政治素质、业务能力提升，继续推进总部机关员工培养，举办 2 期处级干部培训班、2 期处级以下员工素质提升班，参加培训共计 349 人，占总部机关员工总数的 35.3%。继续做好总部机关员工交流挂职工作，选派 3 名干部到集团公司定点扶贫县挂任副县长，选派 5 名干部到直属企业挂职锻炼。

（冯洪祥）

【薪酬保险工作】 印发《中国石化总部机关激励性年金实施办法》，规范评选程序、标准，组织做好 2016 年度激励性年金人选推荐评选工作，总部机关部门共推荐 351 人。根据工资总额安排和考核结果，做好总部机关员工工资、资金发放和基本薪酬晋档工作。积极做好保险、住房公积金和年金管理日常工作，切实保障员工利益。落实《总部机关外地调京人员住宿相关待遇管理暂行办法》有关规定，组织总部机关易地调京人员申请周转住房、易地流动综合补贴，并做好周转住房安排和补贴发放工作。

（冯洪祥）

人力资源管理改革与提升

【统筹"三项制度"改革试点】 统筹开展"三项制度"改革和深化人才发展体制机制改革试点，确定推动管理人员能上能下、推动收入能增能减、推动员工能进能出、完善绩效考核管理、完善人才开发和使用机制、推进人才发展体制改革 6 个方面改革任务、28 个重点改革项目，确定 5 家综合试点单位和 27 家重点项目试点单位，区分重点探索、夯实基础、持续深化 3 种类型针对性开展试点。试点单位在岗位管理、任职资格体系、员工绩效考核与"三能"机制结合、薪酬总量调控机制、差异化薪酬及福利制度、科技成果转化奖励政策落地、柔性引才引智等方面进行较好尝试，江苏石油分公司、东北油气田等单位在"三能"机制建设上取得突破性进展，在总结试点的基础上开展"三项制度"改革顶层设计。

（姚　旭）

【人力资源管理课题专题研究】 印发《关于进一步加强人力资源开发研究工作的通知》，以课题研究为载体，加强系统内部人力资源研发力量整合，组织开展人力资源管理效能指标体系研究、员工绩效管理、高层次人才成长规律及培养措施建议、任职资格体系建设工作的总结及推广、共享模式下企业端人力资源管理转型研究、大数据在人力资源管理中的应用 6 个研究课题。组织做好加强海外人力资源管理、炼化板块境外项目人员管理体制、集团金融业务发展人力资源支持等重大体制改革、业务发展人力资源政策专题研究。

（姚　旭）

【新项目人力资源新模式探索】 按照项目管理、智能提升、业务外包、共享服务的理念，组织江汉油田涪陵页岩气公司、胜利油田新春公司、中科炼化公司，积极探索并实施突出价值创造导向、效益效率导向的人力资源管理新模式。新项目建立人力资源管理新模式的探索实践成果被审定为集团公司管理现代化创新一等成果。

（姚　旭）

【办社会职能分离移交人员分流安置】 配合推进"四供一业"及其他办社会职能分离移交，指导企业做好人员分流安置。根据联审流程，对 45 家单位 168 个"四供一业"分离移交项目人员分流安置方案进行审核。

（姚　旭）

【岗位管理体系建设】 按照岗位管理"四统一"目标（统一岗位设置原则和办法、统一岗位管理流程、统一岗位评估办法、统一岗位分类分级框架），组织中原油田、西南石油局等8家单位开展岗位管理体系建设试点，初步形成1套岗位管理办法、岗位评估技术。中原油田开发"三单递进"岗位梳理工具、ARPCI岗位分析工具、"五维融合"岗位诊断验证工具、岗位评价刻度尺和岗位评价要素权重分析工具5项专业工具。西南石油局建立包括专业知识与技能、沟通协作能力、工作复杂程度、劳动强度、工作环境、特定安全风险、贡献系数7个维度的技能操作岗位价值体系。

（姚 旭）

【人力资源优化配置试点】 组织上游企业向销售企业输出人力资源试点，支持上游企业转型发展，部署安排石油工程公司3家所属单位通过业务承揽、调动(阶段性调动)等方式输出用工200余人到销售企业，协调江汉油田等3家单位开展外部人力资源优化配置激励政策试点。

（姚 旭）

自身建设与档案管理

【组织人事部门自身建设】 ①开展中国石化组织人事系统学习十九大活动。举办组织人事干部学习十九大学习培训班，编发相关人事工作通讯、学习简报、组织人事处长心得体会，网页刊登组织人事处长心得体会，100余家单位组织人事干部在系统内率先掀起学习高潮。②举办组织人事处长工作会，总结组织人事系统2017年工作，安排部署2018年重点工作，140家单位的组织人事处长参加会议。③加强人事部内设处室机构管理，人力资源共享服务中心划出到共享服务公司。④加强内部队伍建设。组织实施通道建设方案，持续推进"挂职、交流、实习、培训"4个常态化。⑤加强内部制度建设，优化完善督办平台，制定实施《中国石化组织人事工作督察检查实施办法》。

（党玉涵）

【人事档案工作】 2017年，按照中组部全面落实从严治党、从严管理干部要求，重点抓好干部人事档案专项审核等工作。在完成党组管理领导干部和处级领导干部档案专项审核工作的基础上，在系统内全面铺开、深入推进干部档案专项审核工作，推动专项审核工作向一般干部延伸，共指导139家直属单位完成205 293名一般干部档案专项审核工作，基本实现"审核全覆盖、监管不落空"。为做好档案专项审核"回头看"工作，检验企业专项审核工作质量，对37家直属单位开展干部人事档案专项审核工作情况和日常管理工作进行全面检查，确保专项审核工作成果得到及时应用。

（栾志青）

信息共享服务

【共享服务建设】 ①圆满完成业务共享扩大试点。完成25家单位上线实施，业务处理准确率达100%。②推动业务标准化、规范化建设。发布《HR系统薪酬在线计发业务操作规范》，对企业薪酬计发问题进行整改，累计整改薪酬计发规则1 721套，归并整合考勤工资项391个。部署对2018年实施的85家企业进行薪酬规范化整改，已完成71家单位整改工作。③加强队伍建设，着力提升服务质量。累计开展岗位培训1 072人次，培训新招聘员工238人次，人均培训超过56学时，员工业务能力和服务水平进一步提升。④推动电子考勤系统试点应用，在胜利油田、南化公司试点应用，实现考勤全过程在线管理，提高工作效率50%以上。⑤形成9类38项158个业务活动，统计报表、学历学位认证业务已随业务共享实施同步在25家试点企业上线。社保管理业务在南化公司试点上线，完成社保关系办理89人、退休申报审批382人。⑥推动制度建设，起草《人力资源信息应用管理办法》《员工自助运行管理办法》《知识库管理办法》3项制度办法初稿。

（李堂亮）

【员工自助服务建设】 ①提前完成在江苏、山东片区25家企业上线应用，员工自助系统(含移动APP)登录人数5.1万人，累计访问56.35万人次，解答员工提问4 404条(其中在线726条)，访问自助终端机5 546人次，打印收入和身份证明1 823份，员工满意度明显提高。②推动知识库建设，累计收集整理国家、集团公司、地方政府和直属企业4个层面制度文件425份，形成近1.3万条、159万余字的自有知识库文章。③进一步优化提升系统功能，在多次组织研讨会征求用户和分中心意见的基础上，制订功能优化方案，实现企业年金查询、系统登录、功能访问、问题建议统计、经验分享、小常识、通讯录页面优化等功能。推动一体化员工自助服务体系建设，初步实现手机APP改版，形成PC端一体化建设方案。④总部机关试点工作稳步推进。3月召开总部机关员工自助系统试点启动会，实现总部机关集团和股份财务、人事、信息 4 个部门上线试运行。推动总部机关员工自助服务区建设，实现在终端机个人信息、薪酬信息、证明打印、身份证复印和政策指南 5 项功能应用，夯实在总部机关全面上线和手机 APP 应用的基础。

（李堂亮）

【HR 系统深化应用】 ①按时完成定期报表统计、专项统计及国务院国资委人才资源统计报表工作。②加强数据质量建设，部署 HR 系统 128 项常用信息检查完善工作，督促企业开展数据问题自查整改。③优化系统功能，组织对 2018 年拟上线单位进行业务规范化调整配置，优化定期报表批量提取、数据批量维护等批量操作功能，研究共享推广实施后的 HR 系统权限管理方案。④加强信息集成和系统间业务互联互通。完成经营指标、人工成本结构数据从 AIC、FIRMS 等财务系统到 HR 系统的集成，自 2017 年 7 月起实现按人事单位口径自动生成人工成本表相关数据。研究按财务单位口径将用工人数、实发工资等数据由 HR 系统向财务系统集成的方案。优化 HR 系统薪酬记大数过账功能，促进人事、财务业务全流程标准化。

（李堂亮）

【专项业务信息化建设应用】 ①人力资源优化配置平台建成应用。完成平台总体架构和功能界面设计，及专项招聘、公开招聘主体功能开发，实现员工简历信息从 HR 系统自动集成，满足企业间人才招聘配置需求。②职称评审系统全面推广。在 2016 年总部机关职称评审信息化试点的基础上，上半年组织开发覆盖集团公司全部直属单位的职称评审信息系统。③启动专家遴选系统开发工作。按照将集团公司突出贡献专家、闵恩泽青年科技人才奖、优秀技能人才评选在线申报总体思路，研究制订专家遴选信息化建设方案，完成系统初步开发。

（李堂亮）

离退休人员管理

【概述】 截至 2017 年底，集团公司共有离退休人员 439 216 人，其中离休干部 3 449 人、退休干部 142 160 人、退休工人 293 607 人；另有内退人员 27 621 人。离退休人员和内退人员总计 466 837 人。离退休人员党员 145 461 人（含内退人员党员 8 219 人），设有 86 个离退休人员党委、215 个党总支、3 403 个党支部。专职离退休工作人员 4 357 人，兼职工作人员 1 141 人。认真贯彻落实党和国家有关离退休工作的方针政策，全面做好各项服务管理工作，重点抓好贯彻落实中办发〔2016〕3 号文件并制定印发集团公司的实施意见、组织离退休老同志深入开展为党的事业和企业发展增添正能量活动、提升基层离退休人员党支部建设和思想政治工作水平、推进敬老文化和养老文化建设、做好关心下一代工作、强化部门自身建设等工作。

（崔文生）

【制度建设】 开展中办发 3 号文件贯彻落实自查工作，到部分单位进行督察，通过 7 个离退休片区会议听取各单位开展自查工作的情况汇报，推动基层的贯彻落实；在广泛调研的基础上，结合石化系统实际，印发《关于进一步加强和改进离退休工作的实施意见》。

（崔文生）

【开展活动】 按照中央部署和集团公司党组要求，组织全系统离退休老同志开展“畅谈十八大以来变化、展望十九大胜利召开”活动和“建言十九大”调研活动；加强督察保证活动扎实开展，推动“畅谈”和“建言”活动不断向纵深开展；承办中组部老干部局召开的部分国有企业“畅谈”和“建言”活动督察会，并做交流发言；加强宣传引导，在《石化老年》《离退休工作信息》设置“畅谈、展望”活动专栏，宣传交流各单位开展“畅谈”和“建言”活动情况，为喜迎十九大胜利召开营造良好氛围。

（崔文生）

【敬老文化、养老文化建设】 组织开展好“敬老月”活动，召开集团公司“为党的事业和企业发展增添正能量”活动先进代表座谈会，开展丰富多彩的老年文体活动。组织召开集团公司老年大学建设管理工作座谈会，总结工作，交流经验，部署下一步工作，进一步推进全系统老年大学建设管理工作。

（崔文生）

【关心下一代工作】 按照中国关工委工作要求，就开展党史国史教育、“传帮带”活动、家庭教育以及加强关工委自身建设等方面开展调研，总结形成一批新成果新经验；继续开展创建基层“五好”关工委活动，对 193 个基层“五好”关工委先进集体进行表彰；指导销售公司进一步加强关工委的组织建设，促进销售企业关工委工作开展。

（崔文生）

中国石化 SINOPEC

物资采购与管理

◇ 综述

◇ 保供降本

◇ 集团化采购

◇ 招标采购

◇ 电子化采购

◇ 物资管理

综　　述

2017 年，物资供应系统认真贯彻落实集团公司党组决策部署，致力保供降本提质增效，持续优化供应管理，坚持依法合规采购，创新推进平台建设，转观念、勇担当、创效益，为集团公司持续健康发展提供了坚实的物资保障。

物资供应保障展现新作为。聚焦集团公司提质增效升级，持续优化供应保障机制，加强重大项目物资采购过程控制，出色保障了集团公司生产建设物资供应。推进重大装备国产化，依托重点工程项目，开展大型挤压造粒机组、大型绕管换热器等重大设备的国产化攻关，打破国外厂商垄断，消除瓶颈制约。加强物资供应全过程质量管理，大力实施关键设备监造，提升安全供应能力。

集团化采购再上新台阶。持续优化集团化采购目录，完善集团化采购业务流程，充分发挥总部集中决策职能和企业专业采购人力资源优势，集团化采购统一对外、集中决策、上下协同、分层操作的运行机制更加优化。强化集团化采购策略编制与应用，加强框架协议采购管理，不断提高集团化采购决策水平和效率。

招标采购取得新进展。坚定不移落实应招必招、能招尽招，推进公开招标，充分激发竞争，物资采购招标率持续提高。夯实招标基础工作，修订完善招标文件、评标办法和资格审查模板，完善招标操作规范，招标标准化水平进一步提高。全面推行电子招标，实现全程在线电子招投标，招标更加阳光、规范、经济、高效。开展招标管理提升对标，强化招标考核，企业依法合规招标意识进一步增强。

电商平台建设获得新成果。围绕提升易派客平台体验，优化物料编码，强化系统集成，完善过程控制，增强网上采购功能，采购信息化水平持续提升。聚焦法人信用、产品质量、履约能力、市场业绩，打造易派客标准体系，营造诚实互信商业新环境。敞开大门、放开平台、公开规则，“互联网 + 供应链”理念全面树立，全商品上线、全系统推广快速推进，中国石化物资采购步入“互联网 +”时代。

物资供应管理实现新提升。持续深化物资供应“七统一”管理，发布物资供应管理体制建设标准，建立覆盖各板块企业的物资供应统计、绩效考评体系，规范境外采购业务，加强集团外承包商采购管理，着力物资供应管理协调发展。加强供应资源管理、物资质量管理、储备管理，推进物资供应队伍建设，强化采购权力监督，物资供应管理水平持续提升。

（戴光辉）

保 供 降 本

【概述】 2017 年，物资供应系统以提高发展质量和效益为中心，全力以赴组织供应资源，多措并举降低采购成本，全年采购化工原辅料、煤炭、设备、材料等物资 1 960 亿元，节约采购资金 114 亿元，采购资金节约率 5.8%，有力保障了集团公司生产建设物资安全、及时和经济供应。

（戴光辉）

【保障生产建设物资供应】 面对供给侧结构性改革持续深化，大宗物资价格波动，物资供需结构性矛盾凸显，资源紧张、供应风险增加的严峻形势，物资供应系统强化责任担当，增强服务意识，密切跟踪市场，优化采购策略，精心组织资源，全面保障了集团公司生产建设物资供应。全力服务集团公司加快结构调整需要，为 35 项重点工程建设项目、375 套企业大修改造装置、34 项炼化装置和油气储运设施提供有力的物资保障。高效保障生产应急需求，加快天然气产能和储运设施建设，保障民生用气。在事故抢修等突发事件应急保供中，物资供应部门坚持靠前服务，第一时间赶赴现场、了解需求、协调资源，保证装置顺利投产，充分展现负责任、能担当、善作为的良好形象。

（戴光辉）

【降低物资采购成本】 强化物资供应全员成本目标管理，优化物资采购操作，着力优化整合物资需求，加强市场研判，细化成本分析，优化采购策略、采购方式和物流方案，深挖采购降本潜力。化工专业采取合理设置最高限价、按区域科学分包、优化评标办法等措施，实现柴油抗磨剂采购价格同比下降 5.5%、节约采购资金 1 600 万元，火工产品价格下降 4.5%、节约采购资金 1 336 万元。材料专业优化规划区域供应资源布局，降低油套管的物流与仓储成本，建立动态调价机制，有效控制框架协议采购价格涨幅。煤炭专业采取长约采购、招标采购、提高基地配煤比例、压降基地物流成本等措施，大力压降采购成本，采购资金节约率达 5.2%。设备和电仪专业发挥专家采购优势，合理设置招标商务报价基准价和资格审查条件，统一技术规范，合理分包，加大淘汰比率，实现采油类工具采购价格降低6%、节约采购资金3 360万元，通用工艺阀门采购价格下降11%、节约采购资金近1亿元。

（戴光辉）

集团化采购

【概述】 2017年，集团化采购规模逐步提高，集团化采购率达86.5%，同比提高1.3个百分点。集团化采购水平进一步提升，框架协议采购质量持续改善，为集团公司保增长保效益提供了有力支撑。

（戴光辉）

【优化集团采购目录】 充分发挥总部与企业2个层面积极性，按照统一对外、集中决策、上下协同、分层操作的原则，将十六烷值改进剂等18个品种由总部组采调整为总部直采，将工业机器人由企业集中采购调整为总部直采，将金属制包装用品等3个品种的企业集中采购调整为总部组采，进一步扩大集团化采购范围。

（戴光辉）

【提高集团化采购质量】 加强采购策略编制与应用，科学编制年度集团化采购策略，合理安排集团化采购工作进度，提高需求响应能力。加强需求分析、市场研究、资源搜寻，优化采购预案和招标方案，全面实施专家采购、行家招标，提升集团化采购决策水平，提高集团化采购效果。对重点工程项目，督促企业(项目部)编制项目物资采购策略，组织专家审查，提高重点项目物资采购的计划性和科学理性采购水平。组织企业编制年度采购策略，强化市场分析，优化采购实施、过程控制、储备管理等策略内容和要素，提高采购策略的可操作性，促进集团化采购框架协议的刚性执行。开展集团化采购运行效果评价，加强组采委托业务的管理、协调、监督、考核，建立组采牵头单位动态调整机制，充分调动企业积极性，提高集团化采购的工作质量。规范框架协议签订发布程序，建立完善框架协议接续机制，统筹开展框架协议签订工作，加强协议有效期前预警和延期管理，严格控制延长协议有效期，确保新旧协议无缝衔接，防范法律风险和供应风险。

（戴光辉）

【推进标准化采购和重大装备国产化】 全年完成57项新标准的评审，正式发布72项标准，累计完成161项标准编制，采购标准化体系初步建立。各企业按物资品类编制采购技术标准，推进采购技术文件和物资需求标准化，有效提高企业标准化采购水平。推进重大装备国产化，依托中科炼化一体化、海南第2套芳烃、文23储气库工程等重大项目，开展35万吨/年聚丙烯装置挤压造粒机组、异构化进料大型缠绕管换热器、4 500千瓦注气压缩机组、超高压管道合作制造等10项重大装备的国产化研制攻关，替代进口降低成本。文23一期工程6台地下储气库注气压缩机组，同比进口机组节约采购资金9 570万元，采购资金节约率达55.8%，交货期缩短5个月，大幅降低采购成本、缩短采购周期。

（戴光辉）

招标采购

【概述】 2017年，集团公司持续强化依法招标采购，坚定不移落实应招必招、能招尽招，推进公开招标，充分激发竞争，全年物资招标规模达999.8亿元，同比增长13.8%；招标采购率77.2%，提升3.4个百分点；依法公开招标率100%。

（戴光辉）

【加大招标采购力度】 加强招标采购的指导与监管，严格招标事项审批，确保应招必招、能招尽招。加大集团公司党组巡视、内控审计成果的应用，开展招标管理提升对标，细化指标体系，强化招标考核，开展企业自查与互查，树立招标先进典型，进一步加大招标采购力度，企业依法合规招标意识进一步增强。

（戴光辉）

【提升招标采购水平】 夯实招标基础工作，全面推进招标标准化建设，修订招标文件模板12套、评标办法模板465套、资格审查模板465套、评标办法3 868项，编发招标业务操作规范23项。完善评标专家的申请、审核、使用和退出机制，积极引入外部优秀技术、商务专家，进一步优化评标专家库结构。加大招标人员的专业培训，开展招标工作经验交流，建立企业之间的沟通平台，全面提升行家招标水平。

（戴光辉）

【全面推行电子招标】 践行“互联网+”招标采购，全面建设中国石化电子招标投标平台，于2017年8

月30日通过中国信息安全认证中心认证，获得三星级的最高级别证书，实现全程在线电子招投标，招标更加阳光、规范、经济、高效。加强电子招标平台应用，大力推行在线电子招标，规范招标业务。积极推进远程在线开标、评标，推进投标商资质文件电子化数据共享，提高招标工作效率，降低招投标工作成本。

（戴光辉）

电子化采购

【概述】 物资供应系统创新推进电子化采购和大数据应用，借助信息化手段持续提升物资采购管理水平。加快电商平台采购发展步伐，大力推进国际平台建设，全面推进易派客标准体系，电商平台建设获得新成果。

（戴光辉）

【持续深化信息化应用】 优化提升现有信息系统功能，提高采购工作效率。优化物料编码，强化系统集成，完善过程控制，增强网上采购功能，2017年集团公司网上采购率达96.6%，连续10年保持在95%以上。石油工程公司、炼化工程公司、石化机械公司等专业公司上线运行ERP物资采购业务标准模块，采购信息化水平持续提升。胜利油田开发应用标签编码及库位标签读写器、仓储和车载视频监控等物联网技术，加强对实物从入库、出库到使用的全过程动态管理。广州石化将必检目录、检验项目、检验比率、检验标准等嵌入系统，实现物资到货检验在线控制和线上追溯。

（戴光辉）

【加快推进易派客平台建设】 全面推进国际平台建设，在易派客中文站基础上创新建立易派客国际业务平台，于2017年4月18日正式上线。优选国内外优质资源，拓展精品化、差异化、高端化、互补化产品的跨境电子商务，畅通石化产品和机械装备的融通渠道，全力打造全球工业品展示推介平台、服务支持平台、贸易融通平台，助力中国制造走向国际，集聚世界精品进入中国，促进工业贸易互融互通。大力推进电商平台采购，全面推进直采、组采物资上平台，最大推动企业集中采购物资上平台，逐步有序推进集团下属所有企业、所有物资采购业务融入易派客平台，39家企业易派客平台应用率达100%，2017年集团公司易派客平台采购1 114亿元，同比增长189%，中国石化物资采购步入“互联网+”时代。推广应用在线支付功能，全年平台在线支付393亿元，推进供应链物流、信息流、资金流融合，采购结算更加便捷。贯彻国家加快构建社会信用体系的部署，服务高质量发展，聚焦法人信用、产品质量、履约能力、市场业绩，打造易派客标准体系，加速产品品质提升、产业提质增效，树立行业标杆、产品标准和市场标尺，营造公平公正、诚实信用的平台生态。

2017年6月5日，金砖国家工商理事会确定将易派客平台作为服务金砖国家的工业品电子商务平台。7月3日，国家工信部确定易派客平台为2017年制造业与互联网融合发展试点示范项目。9月1日，金砖国家工商理事会2017年度会议将易派客电商平台列为金砖国家合作2017年8项核心成果之一。12月19日，易派客平台被联合国全球契约中国网络评为“实现可持续发展目标2017年中国企业最佳实践”。

（戴光辉）

物资管理

【概述】 2017年，物资供应系统进一步强化物资供应管理，扎实推进采购管理对标，巩固物资供应管理体制，完善管理制度体系，加强供应资源管理，不断强化质量管理、储备管理，从严加强物资采购监督检查，继续开展队伍培训和“走出去”学习，持续提升物资供应管理水平。

（戴光辉）

【扎实推进采购管理对标】 将落实执行物资供应“十三五”发展规划，与国务院国资委采购管理提升对标工作密切结合，按照重在实效、重在提高的原则，认真开展提升对标工作，细化提升措施，建立采购管理持续提升的长效机制。加强对管理薄弱企业的重点帮扶和指导，促进快速跟上物资供应工作发展步伐。加强物资供应全口径统计管理，科学设置各板块企业采购管理绩效标准，进一步强化绩效引导，推动中国石化采购管理整体水平持续提升，与国际先进水平接轨。在国务院国资委2017年采购管理提升对标评估中，中国石化连续第3年位于中央企业前列。

（戴光辉）

【坚持集中统一的物资供应管理体制】 持续深化物资供应“七统一”管理，坚持物资供应资源一体化统筹、专业化管理，继续巩固已经取得的物资供应管理体制建设成果。发布物资供应管理体制建设标准，建立覆盖各板块企业的物资供应统计、绩效考评体系，将境外采购、集团外承包商采购纳入统计监控，规范境外采购业务，加强集团外承包商采购管理，着力物资供应管理协调发展。对物资供应管理体制不到位、整改不积极的企业，加大通报、考核和督导力度，确保体制推进到位。燕山石化将物资供应管理职能从机械动力部调整至物资装备中心，巴陵石化将大宗化工原料采购由供销部转划到物资供应中心，石油化工科学研究院明确由一位院领导分管、由条件技安处归口物资供应管理和集中采购，物资供应管理体制建设取得实质性突破，集中统一的物资供应管理体制进一步得到巩固。

（戴光辉）

【完善管理制度体系】 以加强制度建设、强化制度执行为抓手，全面推进物资供应“严细实”管理。从严制(修)订集团公司物资供应管理制度，全年共新制定2项、修订4项管理制度。完善内控流程，强化制度刚性约束，将制度的规范要求嵌入信息系统，物资供应管理进一步规范，管控、决策、招标、执行四分离运行机制不断优化。推进企业对照集团公司制度，做好企业层面的制度梳理承接和修订完善工作，提高制度的覆盖面和管控力。加强制度的宣贯执行，切实认识到制度的生命力在于执行、制度的权威也在于执行，以严的要求、严的标准、严的措施，把制度落实好，营造依法办事、违规问责的氛围，强化制度的权威性和严肃性，使集团公司物资供应管理要求全面落地生根，确保物资供应工作科学、合规、高效运行。

（戴光辉）

【强化供应资源管理】 严格供应商资格审查，发布257个主要物资品种供应商资格审查标准。严守“见工厂、见装备、见产品、见管理、见业绩”，共组织对1 023家供应商开展现场审查，从源头防控物资采购风险。完善动态量化考评体系，加大供应商产品质量和服务情况的跟踪评价力度，全方位、全过程动态考评供应商绩效。发布易派客电商平台运营白皮书，按月公开通报供应商违约处理情况，加大违约供应商处罚和公开曝光力度，全年处理违约供应商53家，严惩不诚信、不廉洁的供应商，加大违约违规处罚和索赔力度，持续净化供应环境，打造诚信健康的物资供应生态。

（戴光辉）

【加强物资质量管理】 牢固树立物资采购质量优先、安全可靠的意识，加强物资采购全过程质量控制。加大质量问题处理力度，实行物资质量问题分析、措施整改、效果评估、质量标准完善的闭环管理。加强物资质量问题排查处理，完善必检物资目录，将质量风险高的物资品种纳入监造目录，进一步扩大监造物资品种范围。全面开展关键设备监造，加强质量监督检查，严格物资出厂和到货质量验收检验，严控到货物资质量风险。2017年，A类物资监造率为100%，物资入库验收合格率为99.98%，对3 417台A类设备、5 800余台关键阀门实行现场监造，整改240项问题，严控质量和进度风险，确保生产建设物资安全供应。

（戴光辉）

【加强储备管理】 组织开展清仓查库工作，全面盘查实物库存，核对账实相符状况，摸清库存物资数量、质量及使用方向。加大积压物资、废旧物资处置力度，会同财务部门，畅通调度调剂、减值报废处置流程，盘活低效无效库存。压实库存责任，持续优化库存结构，加大改代利用，积极处置积压，扩大储物于商品种范围，在生产建设物资需求大幅增加的情况下，有效控制库存规模，降低积压占用。截至2017年底，集团公司同口径统计物资库存总额为75.4亿元，降低5.6%；积压物资为7.3亿元，降低2.6%。

（戴光辉）

【加强采购权力制约监督】 推进公开透明采购，坚持开门采购，强化内外部监督和网上巡视监察。组织对20家企业开展物资供应管理专项检查，组织5个检查组对15家企业开展油田化学剂和炼化“三剂”采购及使用管理、集团化采购及招标采购执行管理专项治理检查，对采购工作实行全方位立体监督，深入推进中央巡视反馈意见整改落实情况、国务院国资委监事会监督检查发现问题自查自纠，督促企业整改问题，采购权力的制约和监督进一步加强。加强需求计划管理和考核，减少临时紧急采购和非标采购，坚决治理指定采购和独家采购，坚持以竞争方式选择供应商，防控采购风险，防范效益流失，全面提升物资采购工作规范化水平。

（戴光辉）

【推进物资供应队伍建设】 加强内部培训、岗位练兵、远程教育和“走出去”学习交流，提高不同岗位从业人员综合素质，进一步激发供应队伍的活力。

分层次、分板块开展物资供应管理培训，加强供应链前沿理论学习，推进采购管理创新，强化规章制度、业务操作和专业技能等方面培训。组织 4 期物资供应处级干部培训班，共 89 家企业的 144 人参加培训。组织物资供应管理科长培训班，共 101 家企业的 105 人参加培训，促进学习供应链管理前沿理论和最佳实践，加深对集团公司物资供应管理的理解。举办油品销售企业物资供应人员培训班，共 34 家销售企业的 54 人参加，促进油品销售企业物资供应人员提高基本业务技能。开展物资统计、采购技术标准、招标采购、信息系统应用等多轮次专业培训，举办供应链管理专题讲座，深入中原油田、青岛炼化、西南油气田等企业开展现场培训，宣贯集团公司物资供应管理要求。广泛开展对外交流，中国石油、鞍钢集团、中国化学工程集团、中国华能、俄罗斯西布尔集团、国电物资集团、中国铁建投资公司、大唐集团等多家单位到访，学习中国石化物资供应管理先进经验。同时，主动走出去赴中国石油、中国海油、中国铝业、中盐公司、中国宝武等中央企业，学习交流采购管理的前沿理论和先进经验，物资供应管理水平持续提升。

（戴光辉）

中国石化 SINOPEC

“两化”融合

◇ 综述

◇ 四大平台建设

◇ 智能制造

◇ “互联网+”新业态

◇ 网络安全管理

◇ “两化”融合管理

综　　述

2017年，中国石化积极落实国家信息化战略要求，聚焦提质增效升级，强化信息化“六统一”管理，以“智能制造”和“互联网+”为主攻方向，按照“统筹推进、融合发展，集成共享、协同智能”工作方针，全面推进信息化“421工程”建设，大力实施“深化应用创新创效行动计划”，积极推进“两化”深度融合。年内，智能制造试点示范、统一电子商务推广应用、经营管理平台集中集成、一体化共享服务、互联网出口集中管控、网络与信息安全管理等信息化工作取得新进展，在管理创新、优化增效、拓市扩销、安全环保等方面发挥重要作用。中国石化“两化”融合工作成效得到国家部委的充分肯定，被评为2017年度“两化”融合突出贡献单位、国家网络与信息安全通报机制先进单位，在国务院国资委召开的2017年中央企业网络安全和信息化工作会议上做交流发言，在中央企业网络安全技术大赛奖中获团体三等奖。

（姚　剑）

四大平台建设

【经营管理平台】　集团直属单位ERP建设取得重要突破。炼化工程公司ERP在境内11家单位全面推广上线，在线管理项目9 175个，实现炼化工程业务管理全覆盖；石油工程公司完成ERP模板建设并完成本部机关和5家试点企业实施上线。

股份公司ERP大集中推广应用取得新成效。通过组织ERP大集中上线“回头看”活动，为企业解决跨系统集成共享、跨模块业务协同等应用问题479个。总结提炼典型应用方案并进行推广，其中油田板块推广成本结转方案、炼化板块推广装置成本分析方案、销售板块推广月结数据异常监控方案，实现流程优化、效率提升。

构建股份公司新报表体系。完成财务指标报告管理系统（FIRMS）建设和全面推广，企业会计报表运算时间从4小时缩短为0.5小时；建成财务专属模型、财务指标库和新报表工具，实现国内、国际财务报告自动出具和指标化财务分析，有效支撑财务管理和经济活动分析工作。集团“票据池”全面投用，防范了票据风险，加快了票据贴现和内部流转效率。

持续深化数据仓库应用。建成股份公司价值指标体系，实现总部财务部、事业部的关键财务指标KPI应用展示；提升税费分析、递延所得税及税务风险管控等功能，进一步增强税务和资金等经营风险防范能力。结合ERP大集中推广，进一步完善分析模型，实现物资采购超平均价预警、油田经营分析按区块出具成本利润报表等新应用。

加强合同、HR、法务、审计等系统深化应用。完成境外22家机构合同管理系统实施上线，实现集团内单位间电子合同全流程贯通。进一步强化HR与ERP等系统集成，实现从HR向ERP、会计集中核算系统的自动薪酬过账。法律系统实现纠纷处理、中介选聘、合同签订等多种业务处理贯通。审计系统有效支撑全集团千余个审计项目的查证工作，累计形成审计线索近万条，促进审计工作降本增效。

推动共享服务平台、费用报销系统推广应用。提升共享服务技术平台，完成费用报销系统推广实施，支持财务共享服务完成64家企业推广、人力资源共享服务完成25家单位试点上线，组建IT共享服务中心，推动一体化共享服务建设。

实现工程电子招投标交易平台推广应用。直属企业上线率、必招项目上线率均达100%，规范了工程采购招标投标行为，提高了招标投标监管水平，2017年共支持完成8 061个采购标段招标任务。中国石化电子招标投标交易平台已通过国家检测认证，并获得最高等级“三星”证书。

建成党群管理、督办等系统。党群工作管理信息系统上线运行，实现党建关键业务信息化，为全集团46万名党员、3万多名党务工作者提供统一的学习交流、日常办公的党务工作管理平台。督办系统全面推广应用，实现集团级任务督办在总部机关和直属单位的全覆盖，为确保公司各项决策的贯彻落实、提高工作效率和质量提供技术支撑。提升公文管理系统功能并深化应用，提高公文审批效率、会签效率和移动签批率。

（姚　剑）

【生产营运平台】　改造升级总部生产营运指挥系统。综合监控上中下游重点探井、炼化装置、加油（气）站等近6万类生产数据、20余万路现场视频，实现日常监控、预测预警、应急指挥、综合展示等多种应用，支持跨板块业务的协同、资源优化配置及异常预警分析，为总部及时掌握生产动态、统筹调度、应急指挥提供重要支撑。

推进油田企业生产数字化建设。120个采油气区完成生产信息化改造，推广建设油气生产指挥系统（PCS），实现设备运行状态实时监控、油水井远程启停、设备参数远程调控，提高了生产运行效率。在西南油气田、江汉油田等8家企业完成勘探开发业务协同平台(EPBP)推广工作，支撑业务协同、数据共享，业务管控更加精细。勘探开发云共享管理平台上线运行，发布地震处理、综合解释、地质建模等7类27个软件的许可共享应用，为企业提供远程处理服务和软件共享服务。

推进能源、环保等系统推广建设。在9家炼化企业推广能源管理系统，企业通过能源在线优化实现增效6 000余万元。在炼化企业全面开展泄漏检测与修复(LDAR)模块实施，完成1 000多万个密封点泄漏检测数据入库；在油田企业102个勘探开发新区实现环境敏感目标识别与分析，为绿色生产、降低排放提供支撑。完成工艺管理系统的功能研发，开展茂名石化、九江石化等4家企业试点建设。开展安全管理系统深化应用，支撑1 000余项企业级“十大风险”、30余万条二级单位检查发现的问题跟踪管理。完成操作管理系统在11家企业推广建设，装置操作平稳率提高2%；投用先进控制系统(APC)26套，累计覆盖生产装置196套，年增效2.76亿元；炼化板块利用生产计划优化系统，实现原油采购、产品结构等整体优化，全年增效4.9亿元。

推进科研单位信息化建设。开展课题研究管理、电子实验记录、实验室设备管理等系统建设；完善提升知识管理系统，实现前期知识成果在勘探开发研究业务中的应用，建成知识管理平台和勘探开发知识库，提升了知识服务能力和上游科研工作效率；完成智能化研究院建设规划和方案设计。

推进工程单位信息化建设。石油工程公司推广工程数字化集成设计系统(SIES)，形成数字化、模块化、网络化的工程设计管理模式。炼化工程公司统筹管理、优化配置各类软件资源，深化智能化专业软件应用，创新工程设计模式和管理理念，提高了工作效率和设计质量。

(姚　剑)

【客户服务平台】 油品销售企业加强微信、APP等线上营销融合应用。油品销售企业通过统一微信营销平台，全年开展营销活动1 481次，超过860万人次参与，实现销售线上线下良性互动，改善了客户消费体验。截至2017年底，油品销售板块微信关注人数超过6 300万人，注册会员超过3 400万人，绑卡会员超过1 400万人，为打造差异化竞争新优势奠定基础。

加快推进统一电子商务建设。迭代更新系统功能，不断丰富线上服务，有效支撑“易派客”“石化e贸”等业务拓展。

推进统一支付系统建设。建立多种支付结算方式，覆盖B2B各类业务，实现订单流与资金流的线上闭环，加强了在统一电子商务上的推广应用，“易派客”全年统一支付交易流水超过700亿元。

推进供应链与物流系统建设。初步搭建供应链与物流管理基础平台；完成一体化现代物流系统整体设计，启动华南区域成品油物流试点工作；完成润滑油物流管理系统建设，实现物流业务网上竞标、产品流向跟踪等创新应用上线运行，促进运输业务成本降低2.47%。

(姚　剑)

【技术支撑平台】 推进数据中心建设。完善沙河数据中心技术方案，开展南京云数据中心规划设计。完成ERP大集中等10个应用系统灾备建设，开展ERP等系统灾备演练。完善数据备份集中管理系统，提高了备份数据的可靠性和安全性。

提升基础设施服务能力。初步建成从总部、区域中心到企业的一体化石化私有云，规模达5.6万多核CPU、8PB存储，支撑300多个应用平稳运行。扩充主干网络带宽，总带宽达21G。强化互联网出口集中管控，关停江苏、湖北等地38家企业的所有互联网出口；对全网接入单位的主干网防火墙进行国产化更新。

开展境外机构应急通信建设。完成境外应急通信平台建设，实现尼日利亚、南苏丹、厄瓜多尔等重点地区派出机构与总部的应急通信；完成境外视频监控平台部署，实现与国家商务部的无缝对接。

加强IT基础设施运行维护管理。深化总部IT运维平台应用，实现IT设备的全生命周期管理；完善运维服务标准规范，进一步提高运维效率和服务质量。全年共处理各类服务请求58 741件，累计保障无纸化会议、视频会议974次。企业IT运行管控平台在茂名石化、九江石化上线运行，提高了运维能力和精细化管理水平。全面排查总部统管数据中心IT设备运行安全，狠抓隐患治理，开展应急演练，实现全年各应用系统平稳运行，无重大运行故障发生。

(姚　剑)

智能制造

【智能工厂建设】 推进炼化企业智能工厂建设。完成智能工厂2.0版方案设计，成功研发智能制造工业云平台——石化智云(ProMACE)，开创“平台+服务”的工业互联网应用新模式。完成国家“石化智能工厂标准”5 项标准草案编制。按照新方案、新模式在镇海炼化、茂名石化等试点企业和中科炼化等 7 家推广企业开展实施工作。4 家智能工厂试点企业持续加强深化应用，促进了生产优化、效益提升。镇海炼化应用仪表健康管理系统，监控 1.8 万个重要控制点，及时发现设备仪表故障，提前预知运行风险，保障装置长周期安稳优运行。茂名石化智能工厂试点入选 2017 年国家智能制造试点示范项目，通过日效益计算、日优化应用，提升装置负荷率，增效 1 600万元。“大型国产化芳烃智能工厂建设项目”入选 2017 年国家智能制造新模式应用项目。

（姚　剑）

【智能化管线管理系统建设与深化应用】 加强智能化管线管理系统深化应用，开展技术比武活动，提高了系统应用水平。研发系统 2.0 版并推广应用，实现对 1.5 万余处风险隐患的分类分级管理，支撑“总部—企业—现场”三级立体应急响应，提高了管线运行管理和风险隐患监管水平，在防范处置“10·11”川气东送湖北恩施段、“10·19”江汉油田建万输气管道等地质灾害和外力破坏事件中发挥重要作用。

（姚　剑）

【智能油气田建设】 智能油气田建设前期基础工作稳步开展，完成云平台技术架构、业务架构和数据架构设计，启动油气藏—井—管网一体化模型构建、智能调配产、设备故障诊断与预测等智能化应用技术研究。中原普光气田智能气田试点入选 2017 年国家智能制造试点示范项目。

（姚　剑）

“互联网+”新业态

【易派客(工业品采购电商)】 易派客电商平台新增国际服务(英文站)功能，增强了国外市场开拓能力，增加了定制采购、服务指数评价等业务。持续强化推广应用，平台年交易额突破 1 300 亿元，被列为金砖国家工商理事会 2017 年 8 项核心成果之一，获评国家 2017 年制造业和互联网融合发展示范项目。

（姚　剑）

【石化 e 贸(化工品销售电商)】 实现集团内部上下游一体化、生产运营销售一体化、物流资金流一体化。截至 2017 年底，平台拥有 5 869 家客户，其中纯电商客户 542 家。2017 年实现网上现货和竞拍交易量 51 万吨，成交量快速增长。

（姚　剑）

【客户关系管理系统建设】 加强统一客户关系管理系统推广应用。完成 95388 统一客服应用建设，实现加油卡、化工品销售、润滑油、易派客等客户服务统一受理，受理电话呼入 27 万余次、发送短信 592 万条。完成化工销售、炼油销售 CRM 系统建设，生成销售订单近 110 万条。油品销售 CRM 系统完成部署，并与微信、APP、网厅、电子券等前端入口实现互联互通，通过 CRM 系统开展全系统的“油非”互促活动，带动了油品和非油品的经营。

（姚　剑）

网络安全管理

【网络安全建设】 通过网络安全运营平台建设，加强各级协同防御，及时处置高等级安全风险 106 个；推广统一身份管理系统，实现全集团 70 多万用户集中管理；加强网络准入控制、防病毒、桌面安全管理的推广应用，系统安装率超过 90%，有效保障总部和企业终端设备安全。

（姚　剑）

【强化责任落实和“三同步”管理】 组织各级各单位签订《十九大网络安全保障责任承诺书》、三级系统网络安全责任书，将网络安全责任细化落实到部门、岗位和个人；总部新建系统全部实行“三同步”管理，形成系统上线前必须签订责任书、必须进行安全检查的常态化机制。累计完成总部现有 133 个存量系统的等保定级工作。

（姚　剑）

【开展宣传培训、定向帮扶和检查评价】 在总部和企业举办多层次的网络安全法、安全态势专题讲座，开展网络安全宣传周活动，通过视频、海报、微信、竞答等多种形式，广泛宣传网络安全法、网络安全知识，覆盖企业员工 55 万人。组织到 20 家企业开展“送技术到企业、送服务到现场”的定向帮扶活动，深入一线对存在的安全隐患和问题逐项排查，并协助企业整改。组织开展年度网络安全检查工作，对 116 家企业网络安全水平进行检查评价，共评出 A 级 13 家、B 级 57 家、C 级 45 家、D 级企业 1 家。

（姚　剑）

【健全网络安全保障与应急响应机制】 完善网络安全通报机制，建立信息联络员制度，全年共发布网络安全通报53份、下达整改通知书300余份。建立应对重大网络安全事件的应急响应机制，采取部门领导带头值班、技术团队24小时值守、企业零报告制度等多项措施，成功应对席卷全球的"勒索"病毒入侵，完成"两会"、十九大等重要时期的网络安全保障任务。

（姚 剑）

"两化"融合管理

【加强组织领导】 定期召开信息化领导小组会议，审议年度信息化工作安排，研究推进共享服务建设、网络安全管理、大数据分析应用等重大信息化事项；党组领导牵头推进直属单位ERP建设、各板块智能化建设、统一电子商务等重点项目建设。成功召开集团公司信息化大会，进一步明确信息化统筹管理、推进"两化"深度融合的工作思路和目标任务。

（姚 剑）

【加强顶层设计和统筹管理】 加强规划计划的统筹管理。完善由信息化领导小组审议年度计划和费用预算的管理机制，进一步规范信息化计划管理流程；统一组织收集各方面需求，建立集团信息化项目库，统筹组织一体化共享服务、大物流、智能工厂2.0等重点项目的规划编制和方案设计；开展信息化费用分摊工作。

完善信息化管理制度。根据集团公司信息化大会要求，本着实用、管用、好用的原则，制修订信息化项目计划与立项管理办法、互联网出口管理办法等11项制度。

（姚 剑）

【持续推进深化应用创新创效行动计划】 加强统一组织、分类指导。总部统一印发《深化应用创新创效行动计划实施方案(2017—2018)》等文件，召开行动计划启动大会，组织8期宣贯培训班，按板块进行企业方案对接，指导企业结合实际细化落实方案，95家单位共制定工作任务2 827项。

加强帮促交流、检查监督。对15家单位进行现场帮扶，为企业解决问题381项；召开推进工作交流会，组织企业进行经验交流和成果分享；加强对企业系统应用的远程监控和专题分析，每月进行问题通报，督促落后企业加强整改，全年共整改问题1 500余个；组织跨企业多系统联合应急演练，提升了系统应急处置能力。

加强示范引领、比学赶超。通过扎实推进计划实施，涌现出胜利油田、镇海炼化、齐鲁石化、广东石油分公司等一批深化应用典型企业，发挥了示范带动作用。各企业规范应用、协同应用、集成应用水平进一步提高，形成可推广案例67项，有效提升生产经营、资源优化、安全环保等方面管理水平。

（姚 剑）

【加强队伍建设】 组织常态化培训，全年共培训信息处长、技术骨干1 000余人次。组织人工智能、区块链等新技术应用交流。举办"创新创效综合应用"竞赛，78家企业的近2万名员工参加技能培训、岗位练兵，提高了广大员工的信息化应用水平。开展企业信息化人员情况调研，形成加强信息化队伍建设的建议方案。

（姚 剑）

【推进"两化"融合】 组织企业开展"'两化'融合管理体系"贯标工作，其中胜利油田、燕山石化等4家企业通过贯标认定，上海石化、天津石化等4家企业获评全国"两化"融合贯标示范单位，西北油田、高桥石化等10家企业入选全国2017年贯标试点名单。全公司贯标企业累计达42家，在央企中名列前茅。

（姚 剑）

【自主知识产权软件研发与正版化管理】 生产执行协同优化套件、信息安全管控平台等一批自主研发软件取得著作权，"石化行业智能工厂解决方案"入选国家"2017年制造业和互联网融合发展试点示范项目"，石化盈科公司被选入全国第1批智能制造系统解决方案供应商推荐目录。

（姚 剑）

中国石化 SINOPEC

法律管理

综 述

2017年，法律系统以习近平新时代中国特色社会主义思想为指引，认真学习党的十九大精神，深入贯彻全面依法治国战略部署，积极落实集团公司工作会议、国务院国资委中央企业法治建设会议要求，完善法治体系，防范法律风险，强化依法治企，培育法治文化，法治石化建设取得显著成效。

法治建设体制机制有效健全完善。集团公司党组充分认识全面推进依法治国的重大意义，制定出台《企业主要负责人履行推进法治建设第一责任人职责实施办法》，法治建设主体责任有效落实。总法律顾问制度全面建立，总法律顾问述职常态化开展，241人通过司法部公司律师注册，专业化法律队伍有效建设。直属单位领导班子依法合规专项考核指标纳入集团公司绩效考核体系的构成部分，依法合规经营理念扎实深入。

决策法律把关和项目服务保障作用全面发挥。各级总法律顾问、法律机构负责人全年参与各类决策会议3 800多次，审议决策事项7 500多个，“三重一大”决策事项法律审核把关机制全面落实。编制发布《“三大改革攻坚战”相关工作法律要点和风险提示》，全程参与多个重大项目，为公司全面深化改革和重大投资项目提供法律服务保障。完成集团公司章程等78项管理制度合法性审核把关，对安全环保领域违法违规、海外合规调查等重点业务领域加强法律监督，提出整改要求并督促落实。

法律纠纷案件处置取得较好成效。全年共处理案件1 988起、涉案金额163.2亿元，其中办结案件1 013起、避免和挽回损失56.1亿元。成功处置己内酰胺技术秘密侵权案、成安渝高速BOT等一批重大纠纷案件。对境外重点纠纷案件，成立专案工作组，强化统筹协调，有效防控境外法律风险和社会舆情风险发散。运用法律手段推进“两金”清理，有效清收债权209笔，收回6.55亿元。对涉法涉诉信访案件妥善处理，为公司深化改革和维护稳定做出积极贡献。

法律风险防控体系建设逐步完善。积极推进全系统法律风险防控进制度、进流程、进岗位、进职责，共完成1 105个业务流程“四进”工作，法律风险防控责任制全面实施。编印《年度法律风险清单指引》《年度法律风险管理报告》等法律工作指引，日常法律风险防控工作得到有效加强。对境外合规、投资、融资、贸易等领域已发生案件和项目合同中潜在的法律风险进行全面排查梳理，按照“一案一策”要求制定应对措施，对存在重大法律风险的重要项目实行挂牌督办。

法律基础工作水平不断提升。积极制定《标准合同示范文本管理规范》，开发完善文本管理模块，持续提升合同管理水平，全年签订合同55.5万份，线上法律审核率保持100%。电子合同应用全面推广，合同管理信息系统二期项目圆满验收，法律综合管理系统二期提升完成需求调研、可研编制和前期开发工作，为法律工作规范化、流程化、信息化建设奠定坚实基础。积极开展境内外法律研究，承担国家能源局委托的《石油天然气法》立法课题项目研究，同时完成俄罗斯、哈萨克斯坦、阿联酋、科威特等国别研究报告。深入开展法人户数清理，形成《中国石化法人架构及分支机构情况分析报告》，对仿冒中国石化商标的行为积极维权，有效维护公司形象和利益。

法治文化建设的导向作用着力彰显。根据党的十九大提出的“加大全民普法力度，建设社会主义法治文化”的要求，积极推进法治宣传教育工作。各企业结合实际广泛开展安全生产、环境保护、产品质量、知识产权等专项法治宣传教育，有效落实“谁的业务谁普法”工作责任制。通过确定季度学法主题，举办月度《普法讲坛》，编发《边学边练》等多种形式的分类施教方法，实现法治宣传教育全员参与、全面覆盖的良好氛围。积极举办H5法治宣传作品大赛，连续第3年组织面向社会公众的“与法同行，油中感谢”微信答题活动，不断推动法治文化建设的创新实践。

（许英韬）

法治建设

【落实法治建设第一责任人职责】 认真贯彻落实十八届四中全会提出的“党政主要负责人要履行推进法治建设第一责任人职责”要求，按照国务院国资委规定，集团公司党组制定《中国石化企业主要负责人履行法治建设第一责任人职责实施办法》，积极推动党组（党委）书记、董事长、总经理切实履行依法依规治企重要组织者、推动者和实践者职责，全面落实各层级的主要负责人法治建设主体责任。

（杨 亮）

【依法合规管理】 加强重点业务领域法律监督和指导，下发《关于加强合规管理和法律监督几项重点工作的通知》，对法律环境变化风险提示警示、企业信用信息公示管理、改革事项的法律论证、反垄断合规管理、海外反腐败调查风险应对、安全环保领域违法违规问题协同整改等工作提出明确要求。严把制度合法性审查关，共审核集团公司章程、董事会授权管理办法、“三重一大”决策制度实施办法、制度管理办法、标准化管理办法、品牌架构管理办法、直属机构与法人单位设立变更撤销管理办法、绩效考核管理办法、科学技术奖励管理办法、保密工作管理办法等规章制度 78 项。

（孙有强）

【总法律顾问制度落实】 按照国务院国资委和中国石化党组要求，法律业务管理的 123 家直属单位均设置总法律顾问岗位，其中 10 家单位因工作调整暂时空缺。通过观看中央企业法治讲座视频、领导干部季度学法主题学习、远程培训系统专题讲座和总法律顾问培训等方式，提升总法律顾问的法律知识和业务水平，引导总法律顾问履职尽责，积极推进本单位法治工作。通过书面述职和现场述职相结合的方式，推进总法律顾问述职常态化开展，2017 年直属单位述职率达 100%，法律素养和业务能力进一步提升。

（杨　亮）

【队伍建设】 加强内外部律师队伍建设与管理。贯彻落实中办、国办《关于推行法律顾问制度和公职律师公司律师制度的意见》，召开集团公司律师管理研讨会，讨论建立《中国石化关于加强公司律师队伍管理的意见》。全年 241 人通过司法部公司律师注册审核，队伍专业化建设取得新突破。

举办法律事务技术比武活动（集团公司一类竞赛），通过岗位练兵、单位选拔、集团公司层面的复赛和决赛，417 名复赛选手中有 120 名选手进入决赛。中原油田、胜利油田、齐鲁石化、广东石油分公司、河南石油分公司分获团体第 1 名至第 5 名，21 名参赛选手获得个人金、银、铜奖。

（孙有强　杨　亮）

【共享平台建设】 法律综合管理信息系统（LIMIS）改造升级工作稳步推进，系统涵盖项目、工商、授权、中介、法律风险、纠纷等 10 个业务模块，有效集成日常业务的台账管理、过程管理、资料归档、项目总监、信息共享和经验传承等功能。通过对 LIMIS 系统提升改造，实现法律业务在线化处理，统一标准流程，规范文档运行，实现数据集成，强化成果共享，形成在线办公、过程控制、业务协同、数据集成、统计检索、考核评价等多项功能于一体的知识管理和共享平台。

（许英韬）

【中介机构管理】 完善法律中介资源库，更新维护法律中介资源库律所 159 家，全系统入库法律中介机构 791 家。严格公开选聘中介机构，签订 1 083份法律服务合同，通过公开比选，压降中介费用 5 980 万元。组织开展常年法律顾问律所述职，加强法律中介机构管理，充分发挥“外脑”作用，为中国石化法治建设争取更广泛、更专业的“智库”支持。

（许英韬）

【交流活动】 参加国务院国资委有关活动，与四川省国资委、中国银行等开展交流。先后与中国石油、大唐电力、IBM 公司等企业会晤交流法律信息化建设工作。加强与国内外知名律师事务所相互往来，全年共有 30 家律所 90 余人次来访，增进相互了解，交流法律业务经验。

（许英韬）

合同项目

【重大合同项目法律服务及风险防控】 参与集团公司和股份公司境外发行美元债、收购雪佛龙南非炼厂资产、阿拉斯加 LNG、海外 LNG 谈判、俄罗斯天然气制甲醇合资、腾龙翔鹭修复及重组、太平保险合作、BP 转让上海赛科公司股权、入股九州证券、华泰保险股权转让、长春燃气合作、联合置地 2 号楼、国勘公司融资反担保、陕西富县牛武区块合作、长城能化宁夏越华氨纶、胜利油田宁夏惠安堡、荣昌永川区块页岩气合资、平湖及东海西湖油气、武汉炼油厂并入中韩石化、仪征化纤绍兴华彬股权收购、扬子石化清江码头合资、巴陵石化收购壳牌持有的煤气化公司股权、镇海炼化设立扩建合资、中天合创项目融资等 100 余个合资合作、并购重组、投资融资项目，提供法律服务，开展法律论证，出具法律意见书，有效防控重大合同项目法律风险。

（程大庆　孙有强）

【固定资产投资合法合规性论证】 制定《中国石化项目投资合法合规论证管理办法》，积极参与到项目的投资决策阶段，与技术论证、经济论证同安排、同部署、同运行，并出具法律论证意见。两级法律部门对中科炼化一体化配套管道、涪陵页岩气田产能建设、中韩(武汉)乙烯扩能项目、鄂安沧输气管道一期等75个固定资产投资一类项目进行合法合规性论证。

(程大庆)

【合同基础管理】 全年签订合同55.5万份，线上合同法律审核保持率100%。对合同管理存在不足的3家企业领导班子进行依法合规经营绩效考核扣分，有效确保了合同签订规范性。举办机关合同管理培训班，系统讲授法律知识、合同管理办法及CMIS系统操作方法。加强机关合同专用章使用管理业务指导，根据职能调整将资产公司合同专用章及管理职责移交资本运营部，基础合同管理水平有效提升。制定《标准合同示范文本管理规范》，开发完善文本管理模块，并全面启动企业文本的梳理和回顾，合同文本的合法性、规范性、适用性不断提高。

(程大庆)

【CMIS系统建设及应用】 CMIS二期系统完成合同应用评价平台监控指标调整及开发上线，合同系统被纳入集团公司信息系统创新创效综合应用评价指标体系。石油工程公司境外4家子公司、共享服务公司等一批新增单位顺利上线，境内上线单位达142家，境外上线单位达26家。内部电子合同功能全面推广，打通内部单位之间合同线上管理“最后一公里”障碍，实现内部合同无纸化办公，大大提高合同办理效率。

(程大庆)

法律纠纷

【纠纷案件管理】 ①成功处置一批重大法律纠纷案件。己内酰胺技术秘密侵权案7名犯罪嫌疑人被提起公诉，与侵权企业达成技术许可协议；“1009”打孔盗油案追回涉案款项2亿元；益马高速服务区经营权纠纷收回赔偿款1.08亿元；成安渝高速BOT案终审判决对方赔偿9.81亿元；国事美国公司成功收回委内瑞拉钢材欠款1.43亿元。②有效应对新型法律纠纷案件。齐鲁分公司环境侵权案原告撤诉，南化公司环境公益诉讼和解结案，海南实华嘉盛苯乙烯焦油环境刑事案件调查撤销，云南石油分公司生物柴油拒绝交易案终审胜诉，西南石油局长沙职工住房项目纠纷和解复建。③加大境外法律纠纷案件处理力度。针对境外重点纠纷案件，成立专案工作组，强化统筹协调，妥善处置海外合规调查、上游区块收购、炼化工程项目、基础建设项目、成品油仓储项目等引发的纠纷案件，防控法律风险和社会舆情风险发散。④积极参与“两金”清理和依法治访。运用法律手段推进应收账款回收，全年清收债权209笔，金额10.45亿元，收回6.55亿元。加强涉法涉诉信访案件处理，为公司推进改革、维护稳定做出积极贡献。

(廉　明)

【法律风险防控】 积极推进法律风险防控“四进”工作，努力在“全面”上下功夫，在“做实”上用力气。①法律风险防控责任制全面实施。共完成1 105个业务流程“四进”工作，识别出法律风险点8 947个、风险岗位1 636个，对规章制度、内控流程提出增修建议711条，完善法律风险清单490条。②日常法律风险防控工作扎实推进。编印《年度法律风险清单指引》《年度法律风险管理报告》《法律风险管理专刊》《典型案例汇编》，完成环境保护、专利和技术秘密保护、海外工程纠纷、海外反腐败等法律工作指引，日常法律风险防控工作有效加强。③开展境外法律风险专项排查处置工作。全面排查境外合规、投资、融资、合资、工程、贸易等领域已发生案件和项目、合同潜在法律风险，梳理汇总10类208条重大重要法律风险点，按“一案一策”要求制订应对预案。对标的金额5 000万元以上的案件和存在重大重要法律风险的项目实行挂牌督办。

(江　渊)

【劳动用工】 做好企业改革发展中涉及的劳动用工法律问题研究，完成《石油工程公司优化用工配置和离岗人员分流安置协议文本及使用指引》。组织编写典型案例汇编，编印《劳动争议处理法律工作指引》，指导企业办案。

(姚天健)

【环境保护】 印发《关于做好环境保护法律风险防控及案件处理工作的通知》。组织专家组编写印发《环境民事公益诉讼案件处理法律提示》《中国石化五大板块环境保护法律风险提示》，有效加强环境保护法律风险防控工作。

(马继亮)

【知识产权保护】 组织专家组编写印发《中国石化专

利与技术秘密法律保护工作指引》。知识产权法律专家组撰写的《开展知识产权法律保护促进企业集团技术创新》获集团公司第 26 届管理现代化创新二等奖。对己内酰胺、丁基橡胶等技术秘密案件加大维权力度，取得积极进展；全程为丙烯腈技术合资及对外许可项目提供高效法律保障服务。

（姚天健）

公司事务

【法律研究】 围绕国家立法认真组织研究、论证，结合企业实际并征询相关部门、企事业单位的意见，就《能源法》《土地污染防治法》《水污染防治法》《耕地占用税法》《标准化法》《地下水管理条例》《海洋石油勘探开发环境保护条例》《安全生产法实施条例》《反走私工作条例》《外国人永久居留管理条例》《企业年金办法》《中央企业主要负责人履行推进法治央企第一责任人职责规定》《能源行业市场主体信用评价管理办法》《油气行业企业信用评价体系》《滥用知识产权反垄断指南》15 部法律法规进行研究，共提出 50 余条意见建议，分别向全国人大法工委、国务院法制办、国家能源局、国务院国资委政策法规局等单位进行反馈。承担国家能源局《石油天然气法》立法项目石油立法子课题，积极组织行业专家、高校学者分工研究，形成研究报告和法律建议条款，得到充分肯定。编发法治简报 45 期，解读分析最新政策、法律热点问题，预警风险，提出建议。深化国别法律研究，注重专题研究应用。组织开展俄罗斯、哈萨克斯坦、阿联酋、科威特国别法律环境研究，开展境外调研活动，形成专题研究报告。

（孙有强）

【资本运作】 积极参与集团公司及下属企业公司制改制、销售公司股改及成品油管道剥离、炼化工程公司股权激励、石油工程公司扭亏改革、原油管道业务重组、博奇公司增资等各类合资合作、并购重组、改革改制、长期股权投资管理项目共 100 余项，出具法律意见书 24 份，通过电话沟通、邮件反馈等方式发表相关意见百余条。审核集团公司土地处置方案 30 项。组织编写 11.6 万余字的《“三年改革攻坚战”相关工作法律要点和风险提示》，指导企业开展压减法人户数、处僵治困、分离移交企业办社会功能相关法律工作。

（孙有强）

【工商、授权、商标管理】 总部层面共办理工商业务 482 项，完成集团公司和股份公司“多证合一”营业执照换领、2016 年度报告填报及迎检，集团公司改制名称变更核准，集团登记证“中国石化集团”简称登记，股份公司经营范围变更登记；协调工商总局完成集团公司下属全民所有制企业法人改制名称变更核准，组织相关单位配合团结湖工商所抽检；为系统内多家单位办理党建进章程后备案登记提供支持。进行全系统法人及分支机构摸排调查，梳理各级全资、控股法人单位共有 1 788 户、各类分支机构共有 29 893 户，完成《中国石化法人架构及分支机构情况分析报告》。严把授权审核关，全年办理授权委托 172 项。

协调商标审查协作中心建立商标侵权沟通防范机制，对“桂中石化”第 37 类注册申请开展异议维权。办理“SINOPEC”“SINOPEC 中国石化及图形”2 个标识在香港的复活、续展和补证。在南非、博茨瓦纳申请“SINOPEC”“SINOPEC 中国石化及图形”“满天星”注册。

（孙有强）

法治宣教

【落实普法责任制】 编制完成部门普法责任制清单，严格落实“谁的业务谁普法”工作责任制。积极开展安全生产、环境保护、产品质量、知识产权等专项法治宣传教育，重点加强“安全生产万里行”活动法治宣传，编发《释义和案例：〈安全生产法〉刑事法律责任》口袋书。组织开展年度普法考核评价工作，推广典型经验，推动形成权责明确、上下联动、部门协同、全员参与的法治宣传大格局。

（杨　亮）

【法治教育培训】 法治宣传教育注重分类施教，坚持关键少数、惠及广大多数的宣传教育理念，针对领导干部，按季度确定环境公益诉讼、国企违规经营投资责任追究等学法主题；针对经营管理和专业技术人员，通过远程教育系统举办月度普法讲坛，学习量超过 100 万人次；针对广大一线员工，以依法合规意识教育为主题，分板块编发《边学边练》系列教材，并开展“安全生产法规‘边学边练’”答题活动，法治宣传教育工作成效显著。

（杨　亮）

【新媒体宣传】 通过举办 H5 法治宣传作品大赛，

连续第3年组织面向社会公众的“与法同行，油中感谢”微信答题活动，积极推动法治文化建设的创新实践。利用《中国石化报》、法治石化官微等媒体平台，开展形式多样的法治宣传报道，充分展现中国石化全面依法依规治企良好形象，得到广泛认可和好评。

（杨　亮）

内部监督

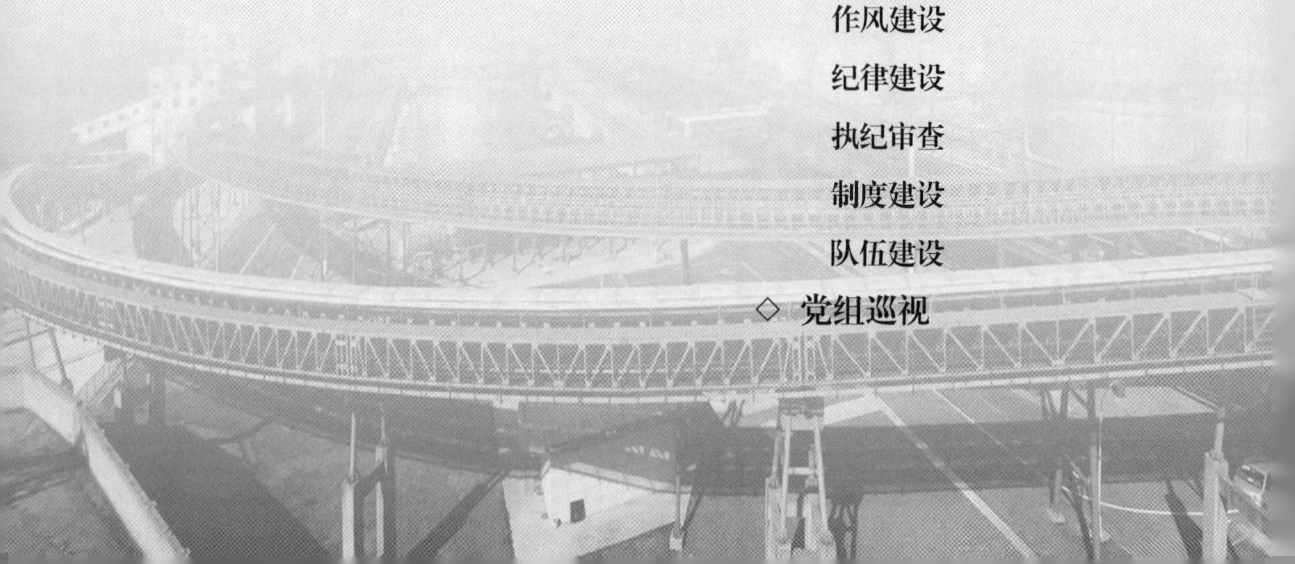

内部审计

综　　述

2017年，审计部门深入学习贯彻党的十九大精神，在党组的正确领导下，认真贯彻落实党组决策部署，坚持以问题和风险为导向，突出重点，紧紧抓住“推进供给侧结构性改革”主线和制度执行力开展审计监督工作，着力提高审计质量和效率，有效发挥审计监督的保障和促进功能。全年共开展各类审计项目1 100项，深入揭示违反财经法规和公司规章制度等问题，促进增收节支12.54亿元(含工程审减成本9.79亿元)，提出审计意见和建议并被采纳3 686条，补办各种手续或完善相关制度1 042项，审计在促进公司加强和规范经营管理、提高经济效益、助力改革发展等方面发挥了重要作用。

(李青山)

管理和效益审计

【概述】 2017年，审计部门紧紧扭住党组关于供给侧结构性改革的相关部署和企业领导关心关注的问题，开展专项管理效益审计或审计调查370项，有力促进了相关改革工作的落实和推进。

(李青山)

【总部组织实施的管理和效益审计】 总部采取统一审计方案、组织企业自查和分局重点抽查的方式，集中开展困难企业扭亏脱困政策措施落实情况、企业矿区(社区)“四供一业”分离移交情况、工程招标及发(分)包管理情况和油品销售企业外采成品油情况等专项审计或审计调查。通过专项审计和审计调查，揭示和反映部分企业相关业务管理中存在的体制性障碍、制度性缺陷和管理漏洞，及时向党组提交专项审计报告和专项审计调查报告，并提出切实可行的建设性意见和建议，引起党组领导和总部有关部门的高度重视，为领导全面深入掌握情况和实施正确决策提供了可靠依据，也为保障和促进公司重大决策部署落实、依法合规经营、加强风险防控、提质增效发挥了重要作用。

在立足监督和掌握大量一手资料的基础上，为进一步扩大审计成果、提升审计价值，推动公司、企业提高整体管理水平，总部还注意抓住审计中发现的一些具有普遍性、倾向性、规律性问题，通过深入开展审计调研和分析，积极以《审计要情反映》或专题审计报告方式向公司高管层反映，当好公司领导的“眼睛”“耳朵”和参谋助手。

(李青山)

【企业组织实施的管理和效益审计】 企业审计部门紧紧围绕中心，抓住影响效益的关键领域和环节，大力开展管理和效益审计，取得明显成效。油田企业开展的旧油管修复管理审计成果跟踪、内部外委业务等专项审计，炼化企业开展的库存物资清理、修理费等专项审计，油品销售企业开展的安全隐患治理、油品溢价管理情况等专项审计，均收到较好的审计效果，促进了企业增收节支和精益管理。

(李青山)

经济责任审计

【概述】 2017年，审计部门认真执行企业领导人员经济责任审计制度，不仅把领导干部履行经济责任作为审计重点，而且关注影响和制约企业管理发展的重大问题，全年开展经济责任审计298项，查出一些违规违纪问题，促进增收节支2.45亿元。

(李青山)

【总部组织实施的经济责任审计】 总部对53家企业原主要负责人和2家企业现任主要领导分别开展离任和任中经济责任审计。通过审计核实企业资产、负债及损益情况，对企业负责人履行经济和社会责任做出较为全面和客观的评价，促进了领导人员进一步增强大局意识和依法治企、从严管理、认真履行经济责任的观念，为人事组织部门客观公正地考核评价经营者提供了重要依据。同时，切实改进和深化经济责任审计工作，积极实行主题审计和开放透明审计，进一步扩大审计成果，有效发挥了审计的监督与服务作用，审计在促进公司提升经营管理水平方面发挥了重要作用。

(李青山)

【企业组织实施的经济责任审计】 企业审计部门认真按照“有离必审”原则，进一步强化经济责任审计工作，还创新探索开展对关键处室负责人、建设项目部负责人等履职情况的审计，有力促进了企业领导及关键岗位人员依法依规经营和管理，维护了法规制度的权威性和严肃性。如管道储运公司等企业创新开展对建设项目部负责人的履职情况审计。

(李青山)

内控审计评价

【概述】 2017 年，审计部门以促进公司控制力、企业执行力的提高为目标，对照《内部控制手册》和相关监督办法，开展内控独立审计评价 82 项，提出审计意见和建议并被采纳 201 条。

（李青山）

【总部组织实施的内部控制审计评价】 总部重点对 9 家企业开展内部控制独立审计评价工作，重点检查公司层面控制、货币资金、期间费用、物资采购等 10 余项业务流程的设计和执行情况，提出改进内部控制的审计意见和建议，促使相关部门和企业进一步完善内控制度，改进优化季度测试方案等。从结果看，企业的风险管理控制意识和能力进一步提高，内部控制的“免疫系统”功能较好地发挥了作用。

（李青山）

【企业组织实施的内部控制审计评价】 为促进企业有效执行内部控制制度，防范经营管理风险，2017 年企业组织开展内部控制审计评价 73 项，结合自身实际选择主要业务流程，分别按季度、半年度开展独立审计评价工作，实事求是地提出审计评价意见和建议，促进了内控制度的有效执行和完善。江汉油田、河北石油分公司、广东石油分公司等企业还组织开展风险管理审计，促进了企业风险管理体系的建立和风险管理文化建设。

（李青山）

工程投资审计

【概述】 2017 年，审计部门以促进企业不断规范投资行为、提高投资效益为目标，全年开展固定资产投资项目审计 304 项，审计工程预结算单 88 916 份，审减工程投资金额 9.79 亿元，为公司控制投资成本、提高投资效益做出贡献。

（李青山）

【总部组织实施的工程投资审计】 总部组织对天然气分公司济南—青岛输气管道二线工程等 22 个重点工程开展竣工决算审计，重点对建设程序的合规性、投资成本控制、工程招投标及发（分）包、工程质量管理等情况进行检查，深入揭示了工程投资及建设管理中存在的问题，并全力推进竣工验收专项治理工作。

（李青山）

【企业组织实施的工程投资审计】 企业审计部门前移审计关口，加强过程监督，在完成总部授权审计任务的同时，积极开展工程结算审计。如胜利油田、上海石化、江苏石油分公司、湖南石油分公司等 11 家企业工程审减额在 3 000 万元以上。

（李青山）

财务收支审计

【概述】 2017 年，审计部门以维护企业合法权益和促进企业严格财务管理、提高会计信息质量为目标，改进审计方法，深化财务收支审计工作，全年开展财务收支审计 37 项，促进增收节支 174 万元。

（李青山）

【总部组织实施的财务收支审计】 总部坚持各项审计监督工作都要从内控审计入手并以财务收支审计为基础，将传统的财务收支审计与管理效益审计、经济责任审计等相结合，进一步增强服务全局的意识和能力。同时，针对财务管理和会计核算方面存在的薄弱环节和风险，进一步深化对税收计缴、费用开支等成本核算与管理以及重大资金、资产处置的审计，把常规审计与主题审计结合起来，进一步增强审计的威慑力，提升了常规审计的效果。

（李青山）

【企业组织实施的财务收支审计】 为核实下属单位财务收支的真实性、合法性及合规性，严肃财经纪律，加强内部管理，企业审计部门不断加强财务收支审计。胜利油田将年度承包经营审计作为财务收支审计的主要抓手，成立领导小组和办公室，组成多个审计组，对与油田签订内部经营目标责任书的二级单位进行审计，并根据审计结果，严考核硬兑现，大大强化了各单位的依法依规、诚信经营意识。中原油田对所属二级单位进行财务收支审计，为油田考核单位提供了可靠依据等。

（李青山）

涉 外 审 计

【概述】 2017 年，审计部门以促进涉外企业（项目）

管理、防范投资风险和维护资产安全为目标，加大涉外企业审计力度，全年开展涉外企业(项目)审计9项，有效防范境外企业的经营风险，维护了境外国有资产的安全、完整和有效。

(李青山)

【总部组织实施的涉外审计】 根据国务院国资委加强境外资产监管的要求，结合公司国际化战略部署，总部进一步加大对涉外业务及资产的审计监督。2017年，总部对5家境外企业(项目)开展审计，揭示了涉外企业(项目)在存货、安全、投资、资金、工程承包等管理方面存在的问题和风险隐患，助力公司不断强化对涉外资产及其运营的监管，严格规范管理，防控化解风险。境外审计工作不仅揭示反映了境外业务管理中存在的不足，防范了经营风险，维护了境外国有资产的安全、完整和有效，而且为党组加强境外投资的科学决策发挥了很好的参谋助手作用，扩大了审计效果。

(李青山)

【企业组织实施的涉外审计】 企业审计部门进一步加大境外企业或项目的审计监督，促进了海外市场的持续健康发展。如炼化工程公司等企业对相关海外项目进行财务收支或管理效益审计，把揭示问题与分析不足、总结经验相结合，为今后海外项目的顺利实施发挥了参谋作用。

(李青山)

审计基础管理

【概述】 2017年，审计部门眼睛向内，苦练内功，以夯实基础管理为重点，不断加强审计队伍能力建设，推动各项管理工作迈上新台阶。胜利油田、中原油田、浙江石油分公司等8家企业审计处和4名个人分别获评全国内部审计先进集体和先进工作者。

(李青山)

【深入推进依法依规和科学审计】 2017年，总部通过广泛宣贯、加强培训、深化现场指导等措施，大力推进审计规范和法规制度在审计实务中的执行；积极研究并初步制(修)订《内审外查问题整改销号管理办法》等8项制度；通过强化“三级”审理责任机制、建立内部通报制度、强化考核等措施，促使审计项目质量进一步提升。企业审计部门注重发挥兼职审计专家的作用，前移审理关口，强化过程管理和质量控制。审计部门审计查证深度、审计报告质量、审计促进问责追责力度明显提升。

(李青山)

【大力提升审计工作效率和信息化手段应用】 2017年，总部按照“提级监督、整合资源”的原则，积极采用“联合审、交叉审、委托审、指派审计组长”等组织管理模式，不断优化审计资源调配，充分发挥审计系统的整体功能。针对性完善AIS、审计集成、审计预警等信息系统功能，加大远程在线支持和培训力度，线上推送审计线索近万条。组织开展审计信息化“双十佳典型”评选工作，编制下发《审计信息化查证参考手册》等，有效支撑了全系统审计项目的查证工作，促进了审计工作的效率提升。审计预警系统获2017年度集团公司科技进步三等奖。

(李青山)

【切实加强与内部监督部门的协同联动与配合】 2017年，总部积极主动加强与相关监督部门的信息沟通、成果共享和工作联动，及时交流审计中发现的重要情况和重大问题，共向纪检监察部门移交问题线索等44件；派出业务骨干277人(次)协助纪检监察、巡视、法律等部门开展各类监督检查160余项；积极配合纪检部门建立领导人员廉洁情况“活页夹”，共为89位党组管理的企业在任领导人员提供“建夹画像”审计方面的资料，监督合力明显增强。

(李青山)

【扎实推进审计理论创新和经验传承】 2017年，总部组织开展“审计如何在防范风险和提高效益方面发挥作用”“审计如何践行‘三个区分开来’重要思想”等课题研讨和优秀审计项目评选等工作，其中有4项研讨成果在全国内审理论研讨评比中获奖，提升了中国石化审计工作的影响力。围绕近年来发现的各类典型性问题，组织编写《学思践悟审计案例100篇》，供审计人员学习、借鉴和推广。

(李青山)

【加强基层党建工作和审计队伍建设】 2017年，总部认真学习贯彻党的十九大精神，用习近平新时代中国特色社会主义思想武装头脑，不断增强“四个意识”“四个自信”，始终同党中央保持高度一致。坚持加强廉洁从业教育，落实廉洁建设责任，自上而下逐级签订《廉洁执业责任书》，认真落实审计项目监督举报等制度。坚持开展多层次、多形式的审计业务培训，共组织各类培训班6期，培训人员600余人

(次)。胜利油田、齐鲁石化等企业审计部门着力建立健全员工激励约束机制，探索推行审计员工价值积分管理、月度工作清单办法、分类量化考核指标等措施，有效调动了干部员工的积极性，营造了干事创业的浓厚氛围。

(李青山)

其他工作

【协调配合国家审计署和国务院监事会的审计检查工作】 2017 年，国家审计署对集团公司开展涉企收费专项检查等工作；国务院监事会对集团公司及胜利油田、联合石化公司等 10 家企业开展集中重点检查等工作。按照党组领导的要求，审计部门把问题整改和迎检工作作为重中之重，周密部署，认真整改存在的问题，全力配合现场检查，积极营造良好环境，切实加强日常沟通和协调，维护了公司的良好形象。

(李青山)

纪检监察

综　　述

2017 年，在以习近平同志为核心的党中央坚强领导下，集团公司党组和党组纪检组认真落实党中央、中央纪委和国务院国资委党委的部署，针对中国石化具体实际和突出问题，围绕迎接学习贯彻党的十九大这条主线，提出并践行党风廉洁建设和反腐败“一二三四五”工作思路，以打造风清气正、干事创业的一流政治生态为突破口和主抓手，勇于担当，蹄疾步稳，坚持不懈抓思路、抓改革、抓问责、抓巡视、抓作风、抓制度、抓教育、抓队伍，推动全面从严治党向纵深发展，党风廉洁建设和反腐败工作成效显著，许多长期想解决而没有解决的问题得到解决或正在解决，许多过去想办而没有办成的事情已经办成或正在办理，开创政治生态继续向好的新局面。

(杨军山)

落实两个责任

【概述】 集团公司各级党组织认真组织开展党的十八届六中全会、“7 · 26”重要讲话、党的十九大精神和党章党规党纪的学习宣传贯彻工作，广大党员干部的“四个意识”不断增强，维护以习近平同志为核心的党中央权威和集中统一领导更加坚定，用习近平新时代中国特色社会主义思想武装头脑、指导实践、推动工作更加自觉。严守政治纪律和政治规矩，全力肃清周永康、苏树林、王天普等腐败分子流毒影响。党组和党组纪检组认真履行管党治党主体责任和监督责任，通过会议部署、制度规范、党建考核、述职评议、问责追责等，层层压实管党治党责任，体现了强烈的政治自觉和责任担当。全年党组成员就落实管党治党责任约谈部门和直属单位负责人 600 余人次，党组主要领导和党组纪检组组长与新提任党组管理的干部廉洁谈话全覆盖，各直属单位班子成员约谈所属单位负责人 7 596 人次，11 名领导人员因落实党风廉洁建设责任不力被问责，有力推动了管党治党责任落实。

(杨军山)

体制机制改革

【概述】 立足推进治理体系和治理能力现代化，根据国家监察体制改革精神，创新监督理念和方法，按照“双重领导、垂直管理、提级监督、整合资源”的思路，积极构建大监督格局，努力推动形成决策科学、执行高效、监督有力的公司治理机制。成立集团公司监督委员会，并在试点基础上推动直属单位成立监督委员会，整合纪检监察、巡视、审计、监事会、干部监督、民主监督等资源，形成对所有行使“公权”人员的监督全覆盖，增强大监督的相对独立性、权威性、有效性。调整总部纪检监察内设机构和职责，加强日常监督，形成“3 + 7 + 1”监督力量配置，即 3 个综合管理处室、7 个日常监督机构、直属纪委；将党组巡视办单独设立，增设海外巡视组和 2 个专项巡视组，加强巡视监督力量。实践中，通过汇集各类监督信息、整合各类监督资源、统筹各类监督力量、创新监督方式方法，有效提升监督效能，推动一批历史积案的突破和问题的整改。

(杨军山)

作风建设

【概述】 坚持全面准确把握中央精神，历史辩证地对待问题，按“绿灯”“黄灯”“红灯”区分不同阶段进行量纪处理，做到宽严相济，越往后越严。总部机关和各单位坚持越往后标准越高，越往后执纪越严，贯彻中央“八项规定”精神成果进一步巩固拓展。严格执行并及时修订贯彻落实中央“八项规定”精神实施细则，为广大党员干部改进作风划出底线、立起标尺。加强日常监督并在逢年过节等重要时间节点，以多种方式提醒警示，开展机动灵活的明查暗访，依靠群众监督，驰而不息反“四风”。围绕解决部分干部“不思进取、不接地气、不抓落实、不敢担当”和“浮拖懒粗散软”等问题，推动各级机关不断改进作风。开展对违规用公款购买消费高档白酒问题的整治，开展对违规为领导人员及其亲属报销医药费、餐费、服装费、休假费问题的专项治理，进一步铲除“四风”滋生蔓延的土壤。全系统共查处违反中央“八项规定”精神问题41件、处理85人，对23起典型问题、47人点名道姓通报曝光。在坚决反“四风”的同时，认真落实广大职工应该享有的福利待遇，体现了责任担当，传递了组织温暖。

（杨军山）

纪律建设

【概述】 加强纪律教育，开展“加强纪律性、提高执行力”反腐倡廉教育月“五个一”活动，组织党风廉洁建设法规知识网络答题，编发违纪违法案件忏悔录，用身边事教育身边人，广大党员干部的纪律意识不断增强。建立领导人员廉洁情况“活页夹”，1 092 名党组管理干部、1.44万余名中层干部“活页夹”基本建成，为把握“树木”与“森林”关系、把好选人用人政治关廉洁关形象关发挥重要作用。深化运用监督执纪“四种形态”，全系统监督执纪共处理2 035 人次，其中第一种形态1 323人次、占65%，第二种形态497人次、占24%，第三种形态137人次、占7%，第四种形态78人次、占4%。要求领导干部在民主生活会上就受到约谈函询、组织处理、纪律处分、配合专案调查等情况逐一做出说明或检查。“四种形态”特别是第一种形态的有效运用，充分体现“失责必问、问责必严”与“惩前毖后、治病救人”、严管与厚爱的有机统一，体现抓早抓小、动辄则咎，用纪律管住绝大多数。

（杨军山）

执纪审查

【概述】 集团公司各级纪检监察机构坚持标本兼治，以治标促治本，在把握执纪尺度上创新提出“绿灯”“黄灯”“红灯”处理思路，既释放了“越往后执纪越严”的强烈信号，又解除了部分干部“不愿为、不敢为”的思想包袱和担心干事出错的顾虑。通过加大信访举报和问题线索处置力度，大幅减少存量，遏制了增量。全系统信访举报同比下降28.6%。坚持有腐必反、有贪必肃，保持惩治高压态势。全系统共立案498件，665人受到党纪政纪处分。注重发挥查办案件的治本功能，对一批严重违纪违法案件、“小官巨贪”“微腐败”等典型案例进行通报，发挥了查处一个、警示一片的作用。根据案件暴露出的问题，加强源头治理，深化领导人员亲属做中国石化生意问题整治，开展成品油外采、油田化学剂和炼化“三剂”采购及使用管理、物资集团化采购和招标采购、工程项目招标及发(分)包等专项治理检查，切断利益输送链条，堵塞经营管理漏洞，促进内控制度、权力运行更加规范。

（杨军山）

制度建设

【概述】 把补齐制度短板、扎紧制度“笼子”作为全面从严治党的基础工程，坚持问题导向，坚持与时俱进，不断健全监督执纪问责制度体系。落实“制度建设年”计划，制定和修订贯彻落实《中国共产党问责条例》实施办法、进一步贯彻落实中央“八项规定”精神实施细则、领导人员容错纠错实施办法、党组巡视工作办法、运用监督执纪“第一种形态”开展谈话工作实施办法、纪律检查机构监督执纪工作办法、纪检监察机构受理问题线索归口管理办法、直属单位纪委书记履职专项考核评价暂行办法等制度，为加强日常监督、深化从严治企、规范执纪问责提供依据和规范。

（杨军山）

队伍建设

【概述】 以忠诚干净担当为根本标准，结合“两学一做”学习教育常态化制度化，组织纪检监察干部深入学习习近平新时代中国特色社会主义思想，始终做到在政治立场、政治方向、政治原则、政治道路上同以习近平同志为核心的党中央保持高度一致。坚持刀刃向内解决“灯下黑”问题，严肃查处党组纪检组原副组长、监察局原局长严重违纪问题，全系统共查处 9 名纪检监察干部违纪问题，多名履职不力的干部被调离纪检监察系统，彰显了打铁必须自身硬的坚强决心。坚持把立规矩作为带队伍之本，建立直属单位纪委书记、副书记备用人选库，规范重大事项决策特别是纪检监察干部选拔任用程序，把监督执纪问责的权力关进制度笼子。坚持优进优出、科学流动，注重从干部队伍“大池子”里选配纪检监察干部，配齐配强党组纪检组、监察局、党组巡视办领导班子，充实巡视组组长、副组长，调整配备部分直属单位纪委书记，一批年富力强的“70 后”“80 后”干部走上领导岗位，优化了纪检监察队伍结构。建立党组纪检组中心组（扩大）学习制度并坚持每月集中学习，加强纪检监察干部培训，举办直属单位纪委书记和党组巡视组负责人研讨班、直属单位纪检监察机构负责人培训班等各类培训班 456 期，培训 6 176 人次。开展“打铁必须自身硬”专题教育，组织直属单位纪委书记履职专项考评，将考评结果与个人绩效、职级晋升等挂钩，督促纪委书记全面履责、改进作风、提升能力。

（杨军山）

党组巡视

【加强巡视机构建设】 2017 年 5 月 11 日，集团公司党组印发《关于调整完善党组巡视工作领导小组办公室职责与机构设置的通知》，明确党组巡视办主要职责，调整机构设置，将党组巡视办作为党组工作部门单独设立。年内，党组不断扩大巡视组规模，成立 9 个巡视组，巡视组人员达 173 人。

（王向辉）

【巡视利剑作用充分彰显】 集团公司党组客观分析党风廉洁建设和反腐败工作形势，突出政治巡视，确定“一个目标、四个聚焦”的巡视工作总体思路，即以打造风清气正、干事创业的政治生态为目标，聚焦“管党治党”“风清气正”“干事创业”“上级关切、职工关注”等方面存在的突出问题。年内，对 51 家单位开展巡视，其中常规巡视 36 家、机动巡视 6 家、专项巡视 4 家、“回头看”5 家，共发现问题 989 个、线索 349 个，提出意见建议 304 条。

（王向辉）

【海外巡视破局见效】 成立海外企业巡视组，负责开展境外业务专项巡视。2017 年 10 月 10 日，召开海外巡视工作推进会，推动海外企业巡视。海外巡视组严肃监督检查海外企业存在的突出问题，摸清境外机构及境外项目的情况底数，全面掌握风险情况。完成对 6 家驻港企业的巡视全覆盖，对个别项目进行“解剖麻雀”式巡视，共发现问题线索 227 个，提出整改意见 62 条。向国勘公司派出专项巡视组开展巡视，发现问题 16 个，提出整改意见 8 条。

（王向辉）

【住房巡视层层推进】 针对群众反映较多、干部职工高度关注的住房问题，组织开展住房专项巡视，完成对京内外 161 家单位（部门）1 100 多名党组管理干部（含退休）的住房巡视工作，并对在京单位处级及以下干部的住房问题进行延伸巡视，部分干部主动退房，补缴或退还各类款项 1 347 万元，为进一步研究政策、规范管理、解决历史遗留问题打好基础。组织开展企业驻京办专项清理整顿，对 76 家企业设立的 78 个驻京办摸清底数，有利于盘活资源、防范廉洁风险。

（王向辉）

【改进巡视方式方法】 在开展常规巡视的同时，根据需要灵活安排专项巡视、机动巡视、“回头看”，派纪检“小分队”开展专项核查等，增强巡视的实效和威慑力。巡视组对 51 家单位的 278 名党组管理领导干部做出廉洁“画像”。

（王向辉）

【深化巡视整改工作】 按照“止损挽损、倒逼改革、问责追责”的要求，各巡视组对巡视发现的问题，紧盯不放，督促被巡视单位抓好巡视反馈问题的整改。结合巡视发现的问题，集团公司党组对有关单位领导班子进行调整，对相关领导人员给予组织处理和纪律处分。

（王向辉）

幸福
分期
工银信用卡
幸福分期是工银信用卡分
期付款业务的统一品牌。
让幸福来得早一点！

工银金行家
如意送金来

150 years of business.

One guiding philosophy.

南光(集團)有限公司
NAM KWONG (GROUP) COMPANY LIMITED

1949年8月，南光（集团）有限公司的前身南光贸易公司在澳门成立，从此揭开了中资企业在澳门的奋斗历程。1984年以前，南光实行政企合一体制，与新华社澳门分社（现中联办）属同一机构，后隶属于对外贸易经济合作部管理；1999年，南光划归中央大型企业工作委员会管理；2003年起，成为国务院国有资产监督管理委员会直接管理的中央企业。

南光自创立之始，就始终以根植澳门、服务民生为己任，对澳门的非博彩经济和社会发展有着举足轻重的作用，为澳门的经济繁荣和社会稳定做出了重要贡献。全国政协副主席何厚铧在南光成立60周年讲话中指出：“60年前，南光公司代表伟大的祖国，肩负起神圣的使命，在澳门扎根和奋斗。在一段漫长的岁月中，南光公司领导驻澳中资机构，团结澳门各界人士，供应社会生活所需，推进爱国爱澳事业，让广大澳门同胞时刻感受到祖国的支持与关怀，为澳门最终顺利回归祖国，做出了无可代替、实至名归的贡献”。

2015年，随着中央企业重组步伐不断加快，经国务院批准，南光与珠海振戎公司实施了重组。珠海振戎是1994年成立的国有重点企业，当时直属国防科工委（现总装备部）管理，1999年，划归中央大型企业工作委员会管理；2003年起，成为国务院国有资产监督管理委员会直接管理的中央企业。珠海振戎以保障国家能源安全为己任，执行国家军品专项任务和政府间能源贸易协定，在我国对外交流合作中发挥了重要作用。2017年9月，整合后的南光（集团）有限公司[中国南光集团有限公司]正式注册成立。

南光集团业务范围涉及原油、成品油贸易、日用消费品贸易、酒店（含旅游）、地产开发经营和综合物流服务等方面，目前已经具有“六个较大”：是澳门较大的综合性企业、较大的中资企业、较大的能源产品供应商（占澳门能源供应量的70%）、澳门陆路公共交通较大运营商（占澳门陆路公共交通的67%）、澳门电力公司大股东（持有42.23%股权）、拥有澳门较大的内港码头和干冻仓库；拥有澳门油气储存设施、航煤供应设施、是澳门天然气管网建设和运营商、是澳门地区办理“港澳居民来往内地通行证”和“台湾居民来往大陆通行证”的指定单位；“三个专营”：拥有供应澳门活畜禽配额（2家企业之一）、对澳门开展劳务合作业务经营（17家获得资质企业之一）、拥有国家特许并在世贸组织备案的原油进口资质的单位（珠海振戎是4家原油进口商之一）。此外，南光集团还分别在澳门、内地、境外投资拥有7家星级酒店，在澳门、上海、无锡、海口等地开发了地产项目，在珠海保税区、珠澳跨境工业区建设有大型仓储设施。

今天的南光集团，在习近平新时代中国特色社会主义思想指引下，秉持“用最好的回报社会”企业宗旨，继承和发扬爱国、爱澳的优良传统，大力支持澳门特区政府的依法施政，坚决贯彻“一国两制”方针和《澳门基本法》，紧紧围绕澳门特区打造“一中心、一平台”、加快智慧城市建设、促进区域融合、推动经济适度多元发展，深度参与粤港澳大湾区建设，助力国家“一带一路”倡议，继续为澳门的繁荣稳定做出新贡献。

澳门罗理基博士大马路南光大厦十六楼 Tel: (853) 83911600 Fax: (853) 28330853 http://www.namkwong.com.mo

中国石化 SINOPEC

矿区（社区）建设

◇ 综述

◇ 分离移交办社会职能

◇ 经营管理

◇ 社区建设

◇ 服务和保障民生

综　　述

2017 年，矿区(社区)板块紧紧围绕改革发展主线，务实求进，主动作为，真抓实干，扎实推进企业办社会职能分离移交，持续推动经营业务提质增效，全力服务和保障民生，各项工作取得积极进展和明显成效。

分离移交企业办社会职能成效显著。党组高度重视分离移交企业办社会职能工作，不仅将分离移交作为"三大改革攻坚战"进行安排部署，还列为集团公司 2017 年重点工作严格督办。分离移交工作领导小组靠前指挥统筹推进，协调解决重大问题，为分离移交工作把关定向。集团公司分管领导组织推动狠抓落实，按照党组对分离移交工作"吃透政策、摸清家底、突出重点、平稳推进"的总体要求，组织研究国家、集团公司有关政策文件，为分离移交工作提供政策支持。针对制约分离移交工作推进的瓶颈问题，5 个专项工作组各担其责，密切配合，协调联动，在大量调查研究、专题研讨工作的基础上，聚焦、聚神、聚力推动问题解决。抽调人员专门成立分离移交运行工作组，制定月度计划运行大表，编发工作运行简报，逐月逐项跟踪推进，像抓生产运行一样抓分离移交。各企业坚决落实主体责任，进攻重点，不断加大力度，加快节奏。年内，集团公司全面完成"四供一业"分离移交年度工作计划，完成框架或正式协议签订达总任务量的 77%，超额完成国务院国资委确定的 70% 的目标任务。市政、社区管理和消防等其他办社会职能已全部向地方政府提出移交申请，完成分离移交框架或正式协议签订达总任务量的 43%。

存续经营业务改革取得新进展。不断优化经营业务结构，稳步推进分类施策，经营业务亏损面降至 30% 以下，实现 8 家子企业扭亏为盈，较好地完成板块扭亏脱困任务。在深入 11 个省市、17 家企业摸底调研的基础上，提出一体化管理、专业化发展、优化盘活、退出处置 4 条基本路径，编制完成油田存续企业经营业务优化结构提质增效实施方案和改革框架方案。以热电、水务、城市燃气、绿色农业、物业服务、宾馆酒店、二氧化碳、现代物流、信息通信技术服务、环保技术服务 10 项业务为突破口，召开试点工作推进会，选择胜利油田等企业启动改革试点，先试先行培育"龙头"。纳入集团公司公司制改制计划共 35 家单位全部完成公司制改制。按照培训机构"合一批、转一批、扶一批"、疗养机构"关一批、转一批、卖一批"的改革思路，编制上报培训疗养机构改革方案(预案)，得到国务院国资委高度评价。

生产生活保障有力。不断加强"生产经营计划、投资计划和财务预算"与分离移交深度融合，既保障生产服务生活，还优化经济指标，推动创效能力提升。抓细生产运行，紧跟分离移交工作进度，精心安排月度和季度生产经营计划，各项业务均保持平稳运行。抓严投资成本，严格控制投资规模，优化 6.65 亿元，千方百计降本减费创效，比年度计划减亏 4.08 亿元。抓实 HSSE 工作，梳理出矿(社)区十大安全环保风险，组织年度 HSSE 大检查和冬季防火安全专项检查，隐患问题整改率达 93%；狠抓"四供一业"分离移交改造项目承包商、现场直接作业环节监管，以及重点时期和节假日期间安全管理，实现板块全年安全生产无事故，为矿(社)区生产经营、居民生活保驾护航。落实集团公司"绿色企业行动计划"，纳入"2 + 26"大气污染防治计划的 3 个燃煤锅炉清零改造项目、9 个"能效倍增"项目全部按期完成，工业万元产值综合能耗、工业综合能源消费量等指标均控制在目标进度之内。

管理服务持续加强。紧密结合改革发展形势，强化矿(社)区专业管理，管理水平和服务品质不断提升。深化矿(社)区体制机制调整，与分离移交工作一道，督促指导企业进一步理顺矿(社)区管理和服务职能，推进社区管理幅度和规模更趋合理。五大老油田基本完成社区管理体制机制调整；其他企业全部完成物业集中管理或物业服务规范化、市场化，实现管服分离，为下步物业管理职能移交创造条件。深化社区管理。以信息化手段助力社区管理水平提升，矿(社)区管理信息系统一期试点顺利通过验收，支持企业打造"胜利管家""幸福中原"、燕山石化"星生活"等手机 APP 平台，"智慧社区"建设持续推进；以举办首届集团公司物业管理技术比武大赛为抓手，持续推动社区服务标准化、规范化，不断提升物业管理水平，社区服务满意率连年保持在 90% 以上。

和谐稳定势态良好。切实发挥社区维稳第一道防线作用，针对"四供一业"分离移交过程中出现的不稳定因素，认真做好风险研判，加强形势任务宣传，教育引导广大干部员工和社区居民关心改革、理解改革、支持改革。全力配合维稳办做好进京上访接待，重点做好十九大、全国两会等重大活动及节日期间的信访稳定工作，信访秩序和稳定形势持续向好。积极协调、指导企业做好民生项目遗留问题处置工作，经过总部相关部门、企业上下共同努力，西南油气田"鸿运佳苑"项目停工 2 年后恢复建设，东北油气田“愿景都城”项目历时1年终于完成三方协议签订，荆门石化老职工居住安置、福建石油分公司职工集资建房风险管控等项目处置工作积极稳妥推进，保持了和谐稳定的良好局面。

（孟凡密）

分离移交办社会职能

【概述】 2017年，按照国务院国资委的统一部署，在全面推开国有企业职工家属区“三供一业”分离移交工作的基础上，集团公司启动市政、社区管理、消防分离移交和教育、医疗机构深化改革工作。按照“吃透政策、摸清家底、突出重点、平稳推进”的总体思路，研究政策文件、完善配套政策、优化工作流程、组织交流培训、强化运行管理，确保分离移交工作有序平稳推进。确定73家企业设置分离移交项目1 500项，涉及“三供一业”1 238项、市政184项、社区管理64项、公共消防14项。

（汪海洋）

【全力攻关分离移交重点难点】 2017年，集团公司印发《中国石化“四供一业”分离移交项目相关审计事项的工作意见》《中国石化职工家属区物业管理职能分离移交工作指导意见》《关于分离部分企业办社会职能工作中人员分流安置的意见》，进一步完善配套政策；编制《中国石化企业办社会职能分离移交工作“100问”》，邀请国务院国资委改革局领导进行政策宣讲培训；组织召开北京地区、销售板块、非供暖区域企业及市政、社区管理分离移交和消防机构分类处理工作推进会。分离移交运行工作组制定月度计划运行大表，编发工作运行简报，逐月逐项跟踪推进，像抓生产运行一样抓分离移交，督导企业加快节奏、推进分离移交工作。5个专项工作组聚焦难点、聚力推动问题解决：政策宣传组完成中国石化物业采暖收费现状报告和部分中央企业物业采暖收费情况调研报告供集团公司领导决策，制定下发物业管理职能分离移交指导意见，为全面推进物业管理职能移交提供支持；供暖专业组形成非供暖区域社会化市场化工作初步意见，为非供暖区域企业多路径实现供暖业务移交提供依据；供水供气专业组形成边远零星小区业务移交工作情况报告并签报集团公司领导；供电专业组协调胜利油田成立售配电公司取得积极进展。人事部制订下发人员分流安置方案，有效确保员工队伍稳定；集团财务部及时申请、拨付补助资金，为移交改造工作提供资金支持。各有关职能部门还多次向国务院国资委有关部门汇报沟通，最大程度争取政策支持，为加快推进分离移交提供有力保障。

（汪海洋）

【落实企业主体责任成效明显】 集团公司将2017年分离移交工作完成情况作为硬指标进行硬考核、硬兑现，并作为专项考核指标对企业领导班子进行考核。特别是抓住任务重、进度慢的重点企业，严督实导，充分发挥考核的激励导向作用。各企业转变观念，不等不靠，力度明显加大，节奏明显加快。胜利油田作为国务院国资委独立工矿区剥离办社会职能综合改革试点，克服体量大、人员多、任务重等困难，整体完成“四供一业”分离移交框架或正式协议签订比例达总户数的80%，得到国务院国资委充分肯定；其他老油田企业自加压力、奋勇争先，中原油田、河南油田分别完成“四供一业”分离移交框架或正式协议签订比例达总户数的85%和100%，江苏油田“四供一业”分离移交实施方案上报已经过半，中原油田全部完成市政、社区管理和消防机构移交框架或正式协议签订。齐鲁石化、金陵石化等企业积极作为，充分发挥主观能动性，妥善解决外墙节能改造、供电改造费用过高等难点问题；抚顺石油化工研究院、湖北化肥大胆探索，创新实践，完成物业管理职能分离移交试点，为集团公司全面推进积累经验；销售公司、炼化工程公司切实发挥板块牵头抓总作用，统筹组织、集中审核、整体推进，提高了效率、加快了节奏。河南油田、华北石油局、东北石油局、茂名石化、仪征化纤、南化公司、洛阳石化、荆门石化、九江石化、宜昌资产分公司、沧州炼化、西安石化、上海石油分公司、江苏石油分公司、福建石油分公司、江西石油分公司、河南石油分公司、南京工程公司、第五建设公司、第十建设公司、管道储运公司、石油工程技术研究院、石油化工科学研究院、抚顺石油化工研究院、催化剂齐鲁分公司25家企业全部完成“四供一业”分离移交框架或正式协议签订，分离移交工作取得实质性进展。

（汪海洋）

经 营 管 理

【概述】 集团公司矿区(社区)经营业务主要包括供(产)水、供电、发电、通信、仓储物流、产品生产、商品贸易、宾馆酒店、住房建设、工程服务、租赁、劳务输出等 16 类业务。截至 2017 年底，用工 2.04 万人，其中合同制员工 1.96 万人；资产总额 181 亿元。2017 年，经营业务实现收入 196.5 亿元。经营业务亏损面降至 30% 以下，8 家子企业实现扭亏为盈。

（杨思湘）

【推进专业化发展】 按照先专业化，后市场化、社会化的思路，胜利油田的电力、天然气、生产用车等业务，江苏油田的电力与信息技术服务、盐化工、旅游农业等业务相继实施企业层面专业化整合，实现一体化运作，提升了效率与效益，江苏紫京整合农场、旅游资源后，扭亏 1 100 万元。

（杨思湘）

【开拓外部市场】 各单位跳出油田谋生存，凝聚合力闯市场，转型升级创市场，苦练内功赢市场。中原油田公共服务系统发挥专业互补优势，紧跟油气生产步伐，整体承揽服务项目，实现外部创收 3.9 亿元，外部用工 2 028 人。持续深耕特色专长，江汉油田农业深加工项目助力农业板块实现收入 5 900 万元，华东油气田二氧化碳综合利用形成回收、驱油、碳资产管理等多元发展的技术体系，西北油田放空气回收项目实现“轻资产轻人员”运作。

（杨思湘）

【内部自有产品共享】 坚持一体化统筹，加强内部产品互供与市场共享。举办“自有产品推介暨市场开拓经验交流会”，集中展示 160 余种产品，现场签约 2 431 万元。推进“易捷进企业进社区”，油田已有 21 家易捷便利店开业，实现收入 2 100 万元。联合举办“2018 年石化自有产品品鉴推介会”与一系列企业团购活动，进一步扩大产品影响力。矿（社）区 10 类自有产品已进入内部各类平台，实现收入 730 万元。开展自有产品“品牌创优”活动。

（杨思湘）

【挖掘资源价值】 不断加强人力资源、资产调剂、市场信息三大共享平台建设，以价值引领促进资源有效利用。胜利油田盘活用工“动起来”9 969 人，外闯市场“走出去”8 486 人。中原油田出台人员借聘配套政策，打破行业、单位之间的界限。西南油气田统一管理资产，出台资产经营管理实施细则，多措并举优化创效 5 000 万元。上海海洋石油加大房屋土地租赁力度，对外租赁收入占总收入的 67%。

（杨思湘）

【退出一批业务与资产】 坚决退出一批与主业关联度小、扭亏无望的业务，对低效无效资产进行规范处置。有序清理退出闲置、占用、无使用价值的土地，降低土地持有成本 5 200 余万元。相继完成胜利油田东营富民商业街改造建设公司，华东石油局测井站、扬州办事处、中扬石油天然气勘探开发总公司、第六普查勘探大队、第六物探大队，西南石油局湖南中南石油工程建设公司，东北石油局吉林新星液碳有限公司 8 家法人单位压减工作。

（杨思湘）

社区建设

【社区概述】 中国石化矿（社）区业务主要有物业服务、民用水电气暖供应、市政、学前教育、医疗卫生、文体培训等。截至 2017 年底，社区从业人员 5.6 万人，其中正式职工 3.6 万人。服务管理居民小区 830 个、住房 81 万套，服务社区居民 230 万人。全年供水 1.07 亿立方米，供电 12.54 亿千瓦·时，供气 2 096 万立方米，供暖面积 6 206 万平方米，物业服务面积 6 888 万平方米。管理公园共 75 个、面积 592 万平方米，广场 92 个、面积 126 万平方米，市政道路 146 千米、面积 868 万平方米，文体设施场所 494 个、面积 114 万平方米，职工公寓床位数 4 万个、建筑面积 80 万平方米，职工食堂餐位数 4.9 万个。直接承办和管理的幼儿园 147 个、在园幼儿数 3 万人，管理和服务非在职群体 59 万人，管理离退休活动场所 735 个、59 万平方米，医疗卫生服务机构 166 个，其中医院 47 所。有非工业污水处理站 24 个，市政监察队 14 个，居委会 262 个。

（杨识文）

【持续深化文明和谐示范小区创建】 按照社区服务社会化管理和市场化运作的要求，充实完善创建内容，调整完善创建考评标准、管理制度、工作流程和评价方法，积极探索分离移交后的创建新模式。充分调动各方积极性，把平安幸福、真情服务、环境优美、健康快乐、文明和谐的创建理念，逐渐融入到社区服务体系之中，增强创建合力，确保社区管理服务质量不降，推动“五型”社区建设与社区改革同步推进、同步发展，打造共驻共建共享的良好局面。截至 2017 年底，中国石化创建 4A、5A 级文明和谐示范小区总数达 221 个（含 5A 级小区 32 个）、占自管小区总数的近 1/3，另有 6 家企业社区获得全国安全社区称号（其中 1 家企业社区获得国际安全社区称号)、52个小区获得国家级物业管理示范小区称号。

(杨识文)

【持续加强绿化管理】 集团公司始终秉承绿色发展理念，以建设绿色文明社区为目标，大力倡导科学绿化、科技兴绿，用“绿色品质”提升“社区气质”。截至2017年底，集团公司绿地总面积约2.3万公顷，绿化覆盖率30%，年新增绿地230公顷，每年40余万人参与义务植树活动，绿化工作走在央企前列，有15家单位被授予全国绿化模范单位、全国绿化先进集体称号。

(杨识文)

服务和保障民生

【老旧小区综合治理工程圆满收官】 截至2017年底，老旧小区综合治理工程全部完工。5年来，累计完成投入40.2亿元，改造老旧小区460个、道路293万平方米，场地绿化472万平方米，外墙出新415万平方米，新增停车位11.2万个。其中，2017年投入3.75亿元。通过改造，职工的生活环境得到改善，小区服务功能得以提升，石化物业管理的品牌受到普遍认可，员工房屋资产价值都有不同程度的增长，切实享受到了中国石化多年来改革发展成果，社会和经济效益显著。

(李玉洁)

【全面落实棚户区改造任务】 按照国务院国资委对中央企业棚户区改造工作要求，加强棚改项目督导落实，做好棚户区改造国有资本经营预算补助资金执行情况报告。截至2017年底，共实施棚改项目17个，新建安置房19 320套。顺利完成巴陵石化金盆四区棚改项目189户的回迁安置工作。

(黄　萍)

【加强和规范自住房建设管理】 指导企业积极稳妥开展职工住房建设，职工住房条件持续改善。全年新开各类职工自住房建设4 172套，续建2 218套，竣工交付4 008套，改善了居住环境，提升了员工群众的幸福指数，传递了党组的关怀和温暖。

(黄　萍)

中国石化 SINOPEC

企业党建与企业文化

◇ 企业党建

综述

党建工作

群团工作

◇ 企业文化

综述

思想教育工作

企业文化建设

新闻宣传工作

品牌建设

社会公益

企业党建

综　述

2017 年，集团公司党组紧紧围绕迎接学习宣传党的十九大这条主线，深入学习领会习近平新时代中国特色社会主义思想，坚持思想建党与制度治党相结合，坚持党的领导与公司治理相统一，坚持党建工作与企业生产经营深度融合，坚持抓基层打基础，扎实推动全面从严治党向纵深发展，充分发挥各级党组织和广大党员作用，为中国石化全面可持续发展提供坚强保证。

（章　鸿）

党建工作

【学习宣传贯彻党的十九大精神】 集团公司党组坚持把学习宣传贯彻党的十九大精神作为首要政治任务，在学懂弄通做实上下功夫，多形式、多层次、多方位组织开展学习宣传贯彻工作。①坚持以上率下，层层示范带动。党的十九大胜利闭幕后，公司党组于 10 月 25 日晚召开扩大会议，传达学习党的十九大精神，研究部署学习宣传贯彻工作；11 月 7 日，党组印发《关于认真学习宣传贯彻党的十九大精神的通知》，对全系统学习宣传贯彻工作做出具体部署；11 月 30 日，召开学习贯彻党的十九大精神专题研讨会；12 月 11 日，启动党组管理领导人员专题轮训，截至 2017 年底，已举办 2 期、培训 271 人次。公司党组成员坚持先学一步、深学一层，积极开展专题学习研讨，到基层单位和所在党支部宣讲宣传、座谈交流、上党课，为干部员工做出表率。在党组的示范带动下，各级党员领导干部带头学、带头讲、带头干，各级党组织利用中心组学习、“三会一课”、员工政治学习等平台，推动党的十九大精神进车间、入班组、到岗位，在全系统掀起学习宣传贯彻党的十九大精神的热潮。②紧密联系实际，做到“三个结合”。结合中国石化用党的创新理论武装头脑、指导实践的进展和成效，准确把握习近平新时代中国特色社会主义思想的时代背景、历史地位、科学体系、精神实质、基本方略、实践要求，以高度的政治认同、思想认同、理论认同、情感认同，把习近平新时代中国特色社会主义思想贯彻到中国石化改革发展全过程、党的建设各方面；结合中国石化改革发展和党的建设的成果，从历史看发展，从身边看变化，深刻理解党的十八大以来取得的历史性成就、发生的历史性变革，进一步坚定做强做优做大中国石化的信心和决心；结合中国石化“十三五”规划和未来发展的愿景，深刻理解中国特色社会主义进入新时代的新论断、中国社会主要矛盾发生变化的新特点、“分两步走”全面建设社会主义现代化强国的新目标、党的建设的新要求，在党和国家工作全局中找准定位，立足当前谋长远，着眼长远抓当前，更加有效地破解难题、推进发展。③强化舆论引导，营造浓厚氛围。在公司内部“报、刊、台、网、端”开设《学习宣传贯彻党的十九大精神》《新时代新气象新作为》等专题专栏，及时刊播党的十九大精神解读文章、学习贯彻工作动态、干部员工的体会认识和实际行动；组织开展发展成就展、网上在线答题、“唱响十九大”文体活动、“学习十九大”党日团日活动等形式多样的主题宣传，参加十九大知识网上答题的干部员工达 73 万人次，营造了学习十九大、拥抱新时代、踏上新征程、再做新贡献的舆论环境。

（章　鸿）

【推进“两学一做”学习教育常态化制度化】 集团公司党组贯彻落实党中央有关精神，研究制订《推进“两学一做”学习教育常态化制度化实施方案》，明确 8 个方面的主要方式和举措，抓住关键少数，抓实基层支部，确保“两学一做”融入日常、抓在经常。①强化理论武装。党组带头落实中心组学习制度，坚持集中学习研讨和个人自学相结合，重点学习贯彻习近平总书记系列重要讲话和治国理政新理念、新思想、新战略，不断增强贯彻落实中央决策部署的思想自觉、政治自觉和行动自觉。连续举办 8 期专题培训班，对党组管理的 1 022 名领导人员进行集中轮训，并督促指导直属单位开展中层管理人员轮训，加深各级领导干部对习近平总书记系列重要讲话和十八届六中全会精神的理解和把握，真正做到思想认同、政治看齐、行动紧跟。②严格组织生活。党组成员带头到有关直属单位参加并指导领导班子民主生活会，参加组织关系所在党支部的“三会一课”、组织生活会，赴多家企业调研指导推进“两学一做”学习教育常态化制度化工作。各级党组织严格落实党支部“三会一课”等基本制度，推行主题党日，突出政治学习和教育，突出党性锻炼，切实解决组织生活不经常、不认真、不严肃等突出问题，着力提高组织生活的政治性时代性原则性战斗性。全系统 2.2 万多个党支部按要求召开专题组织生活会，党支部平均查找问题 5 条以上，党支部书记平均查摆问题 4 条以上。③发挥党员作用。广泛搭建党员立足岗位创先争优的平台和载体，以企业生产经营为主战场，深化党员责任区、党员示范岗等制度，开展劳动竞赛、“比学赶帮超”等活动；在服务部门、窗口单位，深化党员“三亮三比三评”，引导广大党员大力弘扬石油石化优良传统和作风，践行“四讲四有”标准，争做“四个合格”党员，在企业改革发展各项事业中充分发挥党员的先锋模范作用，汇聚干事创业的正能量。

（章　鸿）

【推动党的领导与公司治理有机统一】 落实“两个一以贯之”要求，积极稳妥推进“党建入章”工作并如期完成。其中，股份公司“党建入章”议案获得境外投资者 99.68% 的高票通过，在上市公司中发挥了示范引领作用。同时，针对不同类型公司治理结构，研究提出党委有效参与企业重大问题决策的基本路径和实现方式，对各直属单位“三重一大”决策制度实施办法进行审核把关，推动党委参与决策制度化、流程化。

（韩冬笑）

【召开集团公司基层党支部建设工作会议】 2017 年 6 月 26—27 日，集团公司党组召开基层党支部建设工作会议，认真贯彻落实以习近平同志为核心的党中央关于推动全面从严治党向基层延伸、推进“两学一做”学习教育常态化制度化的总体要求，动员各级党组织和广大党员干部提高政治站位、落实政治责任。会议表彰 35 名优秀基层党支部书记，部分企业党委和优秀党支部书记做了交流发言。经会议讨论完善后下发的《关于在深化改革中进一步优化基层党支部设置和运行的若干意见（试行）》等 3 项制度，为企业建强支部堡垒、抓好“三基”工作、规范党组织工作经费使用与管理提供了制度保障。通过汇编优秀案例，推广分类定级，有力促进了基层党建工作全面进步、全面过硬。

（韩冬笑）

【持续开展全系统党建工作考核】 连续第 4 年开展覆盖全系统的党建考核。抽调 150 余人组成 22 个考核组，对全系统 135 个直属单位的党建工作进行年度考核。考核内容上，按照党的十九大提出的新时代党的建设总要求，将政治建设、思想建设、组织建设、作风建设、纪律建设作为基本框架；首次设置“升档项”“限档项”“否决项”，与企业效益、安全环保、科技创新、廉洁从业、队伍稳定等关键指标挂钩，引导各单位融入中心抓好党建。考核组织上，首次与直属单位领导班子综合考评结合进行，使党建考核向班子建设延伸，更有力地督促各单位领导班子及班子成员全面履职尽责。考核方式上，坚持以访谈为主，综合运用多种方式，努力把真实情况摸上来；针对重点问题刨根问底、穿刺考核，不仅看做了没有，更深究做得怎么样，是否取得实际效果。结果运用上，按成绩将所属单位分为 A、B、C、D 共 4 档，与干部使用、领导班子绩效考核、评先选优等挂钩。考核意见以书面形式逐家反馈，重点指出问题和不足，并提出整改要求。对排名靠后的单位进行挂点帮扶，推动工作尽快取得实质性进步。

（韩冬笑）

【启动基层党支部书记集中轮训】 按照集团公司基层党支部工作会议部署，精心准备培训大纲，统筹培训基地、师资，启动基层党支部书记集中轮训。全年共办班 27 期，培训学员 1 728 人。

（韩冬笑）

【开展党建课题实践性研究】 针对党建工作中的重点难点问题，协调组织 50 多家直属单位党委开展 8 个专题的实践性课题研究，初步形成一批可复制、可推广的制度机制性成果。同时，组织完成中组部“强化基层党组织政治功能”课题研究和国务院国资委“工人党员数量与质量”专题研究，得到上级部门肯定。

（韩冬笑）

【迎接中央企业党建工作考核评价】 首次迎接国务院国资委党委开展的 2017 年度中央企业党建工作考核评价。

（韩冬笑）

【开发应用党群工作管理系统】 中国石化党群工作管理系统（一期）于 2017 年 9 月 1 日全面上线运行，系统遵循“统一平台、统一标准、分级授权、分级负责”的原则，搭建资源共享、工作管理、统计分析、服务基层 4 个平台，覆盖公司各层级党组织和全体党员，打通了公司党组、直属单位党委、基层党委（党总支）和基层党支部穿透式管理，实现党委班子成员履行党建工作责任、党支部“三会一课”、党组织和党员信息统计等党建业务信息化，为进一步加强党建工作系统化管理、推动全面从严治党向基层延伸提供了信息化工具。

（章　鸿）

【召开直属第三次代表大会】 2017年5月24日，中国共产党中国石油化工集团公司直属第三次代表大会在总部召开，会议总结了直属党委、直属纪委过去5年的工作，审议通过直属第二届党委、纪委工作报告，研究部署未来5年直属党委、直属纪委工作的总体要求和主要任务，选举产生中共中国石化集团公司直属第三届党委委员、纪委委员。

（刘 畅）

【推荐提名十九大代表候选人】 按照代表条件和产生办法，直属党委组织60个选举单位、1 000多个党组织、1.8万多名党员广泛参与，严把人选政治关、廉洁关，经过“三上三下”推荐遴选，高质量完成中国石化（在京）党的十九大代表候选人推荐和出席央企系统党代会代表选举工作。

（刘 畅）

【表彰先进党组织和个人】 在庆祝中国共产党成立96周年之际，直属党委表彰了一批先进党组织和个人，分别授予15个基层党组织、141名共产党员、54名党务工作者中国石油化工集团公司直属党委先进基层党组织、优秀共产党员、优秀党务工作者称号。

（刘 畅）

【推行总部机关部门党组织书记抓党建工作述职】 2017年12月27日，召开总部机关党组织书记抓作风建设述职会，集中听取4个机关部门党组织书记围绕作风建设抓党建工作述职，党组领导点评提问，述职人现场回答，述出了责任，评出了压力，进一步增强了抓作风、转作风的紧迫感和责任感。其余23个部门党组织书记分别在党员大会上进行抓党建工作述职，直属党委委员、纪委委员现场督导并点评提问。

（刘 畅）

【启动直属机关党支部书记和党员3年轮训】 按照分层分类、联系实际、统筹安排、资源共享的原则，利用3年时间，有计划地对直属机关党支部书记和总部机关党员进行轮训。2017年，举办3期党支部书记培训班、2期党员培训班，合计培训340余人次。

（刘 畅）

【推进统战工作系统化管理】 以深入推进中央统战工作领导小组反馈意见整改落实为主线，首次将统战工作纳入党建工作考核内容。加强统战干部队伍建设，组织开展统战干部培训研讨。开展党外人士理论培训，组织统战代表人士座谈，强化系统化、规范化管理。

（刘 畅）

【推行总部机关外出开展党日活动】 印发《关于规范总部机关党组织外出开展主题党日活动的通知》，对活动如何开展提出8项要求，规范时间地点，明确划定红线，强化纪律规矩，抓好方案审核，确保活动严肃认真、规范有序、党性鲜明、取得实效。2017年，总部机关1 300多人次分别到井冈山、嘉兴南湖等红色教育基地，回顾党的历史，重温入党誓词，学习优良传统，传承红色基因，增强党性观念，探索组织生活新形式，在机关党建载体创新上迈出重要一步。

（刘 畅）

群 团 工 作

【民主管理】 尊重职工主体地位，维护职工合法权益，职工的知情权、参与权、表达权和监督权得到有效落实。全系统职代会制度普遍建立，专业化公司职代会制度建设取得突破，职代会各项职权得到较好落实，2家企业被授予全国厂务公开民主管理示范单位称号，4家企业被授予全国厂务公开民主管理先进单位称号。积极引导职工为企业发展建言献策，2017年共征集职代会各类提案6 893条，其中立案3 107条、落实3 061条；职工代表提合理化建议9 366条，被采纳实施5 373条。主动源头参与，严格履行民主程序，确保东方石化、浙江金甬、杭州石化等企业的处置和一些困难企业的扭亏脱困等重大改革措施顺利实施，做到“转岗不下岗”，职工主人翁地位得到较好体现。

（公庆江）

【走访活动】 坚持党政所需、职工所盼、工会所能相结合，深入开展“走基层、访万家”活动，在服务基层一线、服务职工群众中彰显作为、体现价值。2017年各级干部走访1.2万多个班组、近20万名员工，解决实际问题8 000多个，帮扶救助各类困难群体23万人次。青工委组织开展“走基层、访青年、寻最美”工作，全系统3万余名团干部走访一线青工35万人次，走访基层支部9 860个、青年小组790个，解决实际问题上万件，寻找和选树各级各类“最美青工"1.7 万余名。

（公庆江　王　彬）

【主题劳动竞赛】 持续深化"当好主力军、奉献在岗位、建功十三五"主题劳动竞赛，推动打造一支"听党话跟党走、有技术会创新、能担当善作为"的职工队伍取得新成效。2017 年，全系统共开展创新创效竞赛 2 658 场次、44.6 万人次参与，专项劳动竞赛 2 482 场次、61.1 万人次参与，班组"三标"竞赛 3 118场次、31.9 万人次参与，素质提升竞赛 3 165 场次、32.8 万人次参与，安全环保竞赛 2 783 场次、60.3 万人次参与。有 4.9 万人实现技能晋级、606 人在各类省部级以上职业竞赛中获奖，职工提合理化建议 20.7 万条、技术革新 1.5 万项，申请发明专利 4 481 件。主题劳动竞赛已逐渐成为一项长期坚持、党政认可、职工满意的工会工作品牌。

（公庆江）

【文体工作】 坚持重心下移、力量下沉，加强顶层设计，深化工作平台建设，不断满足职工日益增长的精神文化需求。与中华文学基金会、中国石油、中国海油共同组织举办第 4 届中华铁人文学奖，中国石化 6 部作品获中华铁人文学奖、5 部作品获提名奖，2 名作者获个人奖。组织中国石化"朝阳"文艺志愿服务团走进茂名石化、中安联合开展文艺志愿服务活动，丰富基层一线职工精神生活。推荐《新时代工人走起来》等 7 首歌曲、《红红的红丝线》等 2 部文学作品，参加中央企业第 3 届精神文明建设"五个一工程"评选活动。成功举办中国石化"仪征化纤杯"职工游泳邀请赛和"天津石化杯"职工门球邀请赛。在《中国石化报》三版设立"快乐工作 健康生活"专题，介绍中国石化文联体协 5 年工作情况，展现石化职工昂扬向上精神风貌。首次在全系统开展中国石化群众文化体育工作先进单位和先进个人评选，表彰 165 个先进集体和 293 名先进个人，引领职工群众自觉、便利、科学、文明参与文体活动。举办总部机关春、秋两季健步走比赛，党组领导带头参加活动，总部机关 38 个部门和单位的 4 000 多名员工和家属积极参加比赛。

（公庆江　王　彬）

【团员青年政治轮训工作】 为贯彻落实党的群团工作会议精神，履行共青团组织的政治责任，以青工政治轮训为抓手，加强青年思想政治教育，强化团员青年的理想信念和责任担当。青工委举办青工政治轮训示范班，加强对青年思想政治教育工作的检查督导，要求各级团组织在"十三五"期间对 40 岁以下青年轮训一遍。各直属单位团委结合业务工作实际，主动融入生产经营，广泛开展青年政治轮训工作，2017 年，共 133 家直属单位开展青年政治轮训工作，轮训青年 10.3 万人。

（王　彬）

【助力青年人才培养工作】 贯彻落实集团公司"十三五"人力资源发展规划和有关制度精神，统筹推进青年人才队伍整体建设，以深化"师带徒"工作为切入点，通过带思想促进步、带技术促成长、带作风促凝聚、带队伍促发展，充分发挥共青团组织在青年人才培养中的重要作用，形成常态化的青年人才培养机制，为中国石化全面可持续发展提供坚实的人才支撑。青工委联合人事部下发《关于深化"师带徒"工作的通知》，为青年分级分类配备"导师"，加快素质提升，强化跟踪培养，促进青年健康成长。

（王　彬）

企业文化

综　述

2017 年，集团公司认真贯彻党中央和国务院国资委党委要求，以迎接宣传贯彻党的十九大精神为主线，围绕中心、服务大局，内聚人心、外塑形象，为公司持续健康发展提供了有力的思想引领、舆论支撑、精神动力和文化保证。

（刘纯斌）

思想教育工作

【理论武装扎实有效】 抓好思想理论建设这个根本，采取多种学习方式，抓好十九大精神和习近平新时代中国特色社会主义思想的学习宣传贯彻，坚持用习近平新时代中国特色社会主义思想武装头脑、推动工作、指导实践。广大干部员工在思想上、政治上、行动上与以习近平同志为核心的党中央保持高度一致，"四个意识"更加牢固，"四个自信"更加坚定。抓实党委中心组学习，制定下发《直属党委中心组学习规则》和《2017 年学习计划》，学习重点更加突出，提升了党委中心组学习的制度化、规范化水平。创办“党委中心组集体学习研讨上报平台”，在线督察学习情况，各单位全年平均月度学习率达94%，保证学习制度的有效落实。加强思想政治工作研究，办好《石化政工研究》，集团公司3项政研成果在中央企业获奖，集团公司政研会获评中央企业2017年度课题研究优秀组织单位。

（刘纯斌）

【“转观念、勇担当、创效益”专题讨论取得实效】 为进一步巩固“两学一做”学习教育成果，把干部员工的思想和行动统一到中央重要指示和集团公司工作会议精神上来，集团公司围绕改革发展的中心任务，在全系统开展“转观念、勇担当、创效益”专题讨论，教育引导干部员工进一步强化对党忠诚、主动进取、市场竞争、做强做优、改革攻坚、一体化、精细管理、创新创效8个意识，教育引导党员干部勇于担当、善于担当、乐于担当、廉洁担当，调动干部员工积极性和创造性。各单位紧紧抓住“转观念”这个关键，引导干部员工查摆落后观念，积极树立适应形势发展需要的新观念，强化责任担当，勇于创新创效，干部员工进一步认清严峻形势，大局意识、市场意识、竞争意识、效益意识、安全环保意识等进一步强化，增强了工作的使命感和责任感。

（刘纯斌）

【思想政治工作扎实推进】 加强形势任务教育，编发形势任务教育读本4期6万册，以图文并茂、生动活泼的方式，对集团公司工作会议、年中工作会议、“十三五”发展规划等进行生动解读。着力抓好员工思想动态调研，针对扭亏脱困、“瘦身健体”、移交办社会职能等改革任务，及时了解基层员工思想动态，撰写专题报告，为领导决策提供参考。坚持解决思想问题同解决实际问题紧密结合，各级党政干部深入基层一线，面对面倾听职工呼声，解决职工实际困难，促进员工队伍的稳定。注重人文关怀和心理疏导，在全系统大力推广实施员工帮助计划（EAP），举办EAP专题培训班，培养一批业务骨干，公司在“2017中国EAP行业峰会”上获中国EAP行业杰出组织实践奖。运用“互联网+”做好思想政治工作，建成央企最大的微信企业平台——“奋进石化”，关注人数接近60万人。借助平台开展要闻传递、思想动态调查、知识答题、热点解答、心理健康咨询等服务，生动快捷地把党组的声音和关怀传递到基层，受到员工的普遍欢迎。

（刘纯斌）

【典型选树工作成效显著】 加强和改进典型选树宣传工作，继续做好“老重大”典型学习宣传，推荐中原油田宋丽萍为央企楷模、江苏油田田明为全国岗位学雷锋标兵。同时积极推介新典型，推荐茂名石化张恒珍为央企重大典型，中华技能大师卢建强的故事《草根发明家》获评中央企业“十大故事”。“宋丽萍爱心志愿服务队”“光明号健康快车公益活动”“中原油田第八社区管理中心盟城社区”和“茂名石化公司乙烯社区”等获2016年度全国志愿服务“四个一百”称号。特别是四川石油分公司三里半加油站员工不顾危险，成功化解1起人为纵火事故，被集团公司授予“临危不惧、忠于职守”先进集体称号，其灭火视频在微博中点击量超过1 000万次。

（刘纯斌）

企业文化建设

【强化专项文化建设】 分阶段有重点地推动安全、环保、质量、法治、廉洁等专项文化建设，促进企业文化融入业务管理，提高企业基础管理水平。各专项文化积极推进，取得较好成效，部分专项文化还结合工作实际，出台相关指导意见，形成具有公司特色的专项文化建设工作体系，为企业文化工作融入企业经营管理起到重要推动作用。特别是在安全文化建设方面，各企业借“安全生产月”活动，进一步加大“安全高于一切，生命最为宝贵”等安全文化理念的传播，进一步做实安全文化建设，推动安全文化与安全管理有机融合，提升企业本质安全能力。探讨完善集团公司安全文化建设工作思路，形成《中国石化安全文化建设指导意见》。

（刘纯斌）

【抓好基层文化建设】 集团公司把抓好做实基层文化，作为带好基层队伍、改善提升基层管理水平的重要途径，推动“苦干实干”“三老四严”“精细严谨”等石油石化精神和“严细实”的企业作风在基层落地。积极探索公司核心价值理念在基层落地的有效途径，着力推进基层文化建设。

（刘纯斌）

【加强跨文化管理】 集团公司在国际化发展过程中，始终坚持践行理念内涵，维护公司使命及相应价值准则，努力促进业务所在国的经济、环境、社会和谐发展。2017年，集团公司印发《企业文化建设纲要（英文版）》，为涉外企业文化建设和传播工作提供政策依据。

（刘纯斌）

【加强企业文化考核】 印发《企业文化建设考核评价办法(试行)》，从组织管理、工作落实、工作效果3个方面15项内容对各单位企业文化建设情况提出较为量化的考核标准，要求各单位每年进行自我检查评价，并根据评价结果调整企业文化建设内容。根据考核情况，2017年初首次评选企业文化建设先进单位20家、先进个人155名。

（刘纯斌）

新闻宣传工作

【新闻影响力不断增强】 制定实施《集团公司新闻宣传考核办法(试行)》，促进全系统新闻宣传工作的规范化、系统化建设。加强组织策划，抓好正面传播，以"砥砺奋进的五年"为主题做好迎接党的十九大的宣传，大力展示党的十八大以来集团公司在生产经营、深化改革、党的建设和履行社会责任方面取得的丰硕成果，营造昂扬向上的舆论氛围。主动设置议题，先后组织践行"一带一路"倡议、混合所有制改革、涪陵页岩气建成100亿立方米产能、四大世界级炼化基地建设等重大题材的对外专题报道，取得很好的传播效果。坚持开门开放办企业，启动第2季、第3季"公众开放日"活动，全年举办491场，邀请2.5万名社会公众走进中国石化，增进了外界对中国石化的了解和理解。

（刘纯斌）

【海外传播在探索中积极推进】 加强国际传播，紧紧抓住国家重大事件和国际热点焦点，借势传播参与"一带一路"建设成果，增强中国石化品牌海外影响力。《人民日报》、中央电视台、新华社、CNBC等国内外重要媒体报道中国石化20余次，报道阅读量超200万人次。组织"国际媒体看石化"活动和媒体沟通会，与国际媒体开展广泛交流。将海外新媒体账号打造成海外"代言人"，官方脸谱账号关注人数从上年的约1万人增长到近60万人，推特账号关注人数从2015年的2 000人增长到近2万人。中国石化获国家外文局评选的能源行业最佳海外形象企业称号，海外传播能力排名中央企业第6位。

（刘纯斌）

【舆论环境实现持续好转】 突出舆情闭环管理，推动舆情管理升级，小舆情当成大舆情处置，全年共处置冠德高管被国际刑警组织"红色通报"、燕山石化"搬迁"、茂名石化化工分部火灾事故、云南生物柴油案二审、国勘Addax公司"高管被关押"、中国石化拟赔本出售阿根廷油气资产、中国石化南非雪佛龙项目被嘉能可"截胡"等系列舆情共200余起，实现负面舆情连续"六连降"(从2012年的42.6%下降至2017年的5.9%)，党的十九大期间不发生重大负面舆情的目标。加强新媒体管理运营，推进官方微博、微信品牌化建设，实现官微带动、提档升级，打造中国石化官方微矩阵。

（刘纯斌）

品牌建设

【实现品牌管理工作的系统化】 梳理集体公司母子品牌架构，通过调研和系统梳理，反复征求意见，制定中国石化品牌架构总览图，明确"主品牌+少量优质子品牌"的品牌架构策略，解决缺少品牌使用、授权管理原则的现状。下发《中国石化品牌架构管理办法》，明确相关部门的主要职责，规范品牌架构管理的审批流程，从源头有效控制子品牌的数量。下发《中国石化品牌视觉形象规范管理办法》和《中国石化新媒体VI规范》，进一步规范品牌标识的应用和管理。

（刘纯斌）

【全面推行VI标准化管理】 完善修订公司视觉形象系统(VI)，编制并下发新版《中国石化品牌视觉形象规范管理系统》，包括《中国石化品牌视觉识别集团手册》《中国石化视觉识别海外VI手册》《中国石化品牌架构管理手册》。VI手册已成为央企中的标杆。设计编发员工阅读版VI科普手册，大力普及品牌管理知识，让广大员工人人关心石化品牌、人人维护石化品牌。搭建完成VI管理队伍，积极推进品牌标识标准化管理的专业培训。组织VI宣讲团，以全面VI宣贯为抓手，导入品牌专业知识培训，提升全员品牌意识。各单位标识整改工作全面展开，有效树立VI管理人员对品牌建设和管理工作的观念，提高了品牌标识应用的统一性和规范性，实现VI管理人员的专业化上岗。

（刘纯斌）

【培育和打造中国石化优质子品牌】 指导石化机械公司下属5个子品牌整合，成立"中国石化机械"品类品牌，有效提升在行业中的品牌竞争力，企业经营状况明显改善。针对易捷、易派客等品牌进行品牌定位梳理和营销模式的研讨，为进一步发挥专业优势，做强品牌，做大市场提供专业支持。按照集团公司品牌战略落地计划和子品牌发展规划，开展品牌创优活动，提升全员品牌意识，营造创优氛围。

（刘纯斌）

社会公益

【健康快车】 2017年，“中国石化光明号”健康快车驶入新疆喀什、吉林白山、广西桂林三地，免费治愈3 126名白内障患者。截至年底，中国石化累计捐资超过1.4亿元，建造1列健康快车、1所显微眼科手术培训中心及18所健康快车/中国石化白内障治疗中心，先后开进新疆、青海、宁夏、西藏、四川等18个省区、33个地区，共停靠38站次，免费救助超过4万名贫困白内障患者。连续13年获中华健康快车基金会颁发的光明功勋特别奖，并获评中宣部全国最佳志愿服务项目和中央企业优秀志愿服务项目。

（鉴 编）

【情暖驿站·满爱回家】 2017年，集团公司继续在广东、广西两省（区）所属的238座加油站建立“情暖驿站”，免费为车主提供1万份加油“爱心红包”（1次免费加油资格、1份太平短期意外保险、1套安全防护衣物、1份易捷福袋），为返乡摩骑免费邮寄1万份“爱心速递”，继续免费开通15条“爱心大巴”线路，依旧为数百万春运返乡车主提供“1 + 10 + X”免费服务，为车主提供2万张“100减50”电子抵扣券。

（鉴 编）

【爱心加油站】 中国石化精心打造“爱心加油站”志愿服务品牌，标志着公司志愿服务活动向规范化、常态化、品牌化的趋势发展，更加彰显公司的品牌形象，更好地传递社会正能量。中国石化江苏石油分公司持续推进爱心加油站——环卫驿站建设工作，截至2017年底，共设立环卫驿站171座，累计接待环卫工人1.34万人次。

（鉴 编）

【支持社会普法】 2017年，集团公司连续第6年向中国法律援助基金会捐赠资金，支持“1 + 1”中国法律援助志愿者行动项目。截至年底，累计向中西部地区的392个县（区）派出1 300余人次法律援助志愿者，共办理法律援助案件5.4万余件，开展普法宣传和法治讲座超过1.8万场，直接受益群众达1 570万人，为受援群众挽回经济损失近30亿元。年内，中国石化获评法律援助基金会20周年法律援助公益事业突出贡献单位称号。

（鉴 编）

【服务农忙】 2017年，为保障“春耕”“三夏”“三秋”等农忙期间农业生产顺利进行，集团公司积极加大资源投放，优化资源调运，制定惠农便农措施，切实做好农业用油供应与服务工作，保障农业丰产丰收。

（鉴 编）

【抢险救灾】 2017年6月，四川茂县发生高位山体垮塌事件，集团公司全力保障油品供应，将10个罐装油桶（共计2 160升柴油）、2 400瓶卓玛泉和15箱方便食品送达救援现场。8月，四川阿坝州九寨沟县发生7.0级地震，集团公司开通绿色通道，确保救援车辆随到随加，设置救灾援助点，免费为救灾人员提供水和食物。

（鉴 编）

【志愿服务】 集团公司积极开展志愿服务活动，传递社会正能量，提升员工自豪感。截至2017年底，集团公司注册志愿者20余万人、志愿服务队1 500余支，建立各种志愿服务基地2 000余个。2017年，中原油田第十社区管理中心社区居民调解员兼志愿服务站站长宋丽萍当选中央企业首届“央企楷模”。中国石化销售浙江宁波石油分公司连续第5年开展“爱在培智”志愿活动，为患有自闭症、孤独症、唐氏综合症等特殊儿童送爱心、送温暖。直属机关开展“爱心加油站——捐衣换书”活动，共受捐衣服1.28万余件，统一捐赠到贫困地区。

（鉴 编）

【定点扶贫及对口支援】 定点扶贫：2017年，集团公司在安徽岳西县和颍上县、湖南凤凰县和泸溪县、甘肃东乡县、新疆岳普湖县6个定点扶贫县实施44个扶贫项目，投入扶贫资金9 292万元，受益贫因户7 929人，受益贫困人口28 484人；与中国扶贫基金会合作，在湖南凤凰县、泸溪县和甘肃东乡县实施3个美丽乡村旅游开发扶贫项目，投入资金1 600

万元。

对口支援：集团公司承担西藏班戈县、青海泽库县的对口支援任务。投入援藏资金 3 289 万元，在西藏班戈县实施合作社运输、资助贫困大学生、扩建医疗卫生服务中心等援藏项目 11 项；援助青海泽库县 1 045 万元，受益人口 4 602 人。创新发布《中国石化在西藏(2002—2017)》白皮书，是中央企业发布的首部援藏白皮书。

（鉴　编）

中国石化 SINOPEC

新闻与出版

◇ 新闻媒体

◇ 图书出版

经济管理类

石油石化类

新闻媒体

【概述】 2017年，中国石化各媒体坚持把“迎接、学习、宣传、贯彻党的十九大”作为贯穿全年的重大政治任务，牢牢把握中国石化“推进供给侧结构性改革、扎实推进全面从严治党”这一主线做好新闻宣传，不断增强党报党媒意识、提质提效意识、融合发展意识、争创一流意识，努力当好中国石化学习贯彻习近平新时代中国特色社会主义思想的记录者传播者、中国石化打赢转方式调结构提质增效升级攻坚战的记录者传播者和中国石化做强做优做大的记录者传播者。全年各媒体期均发行量分别为：《中国石化报》12.60万份，《中国石化》杂志2.75万份，《车友报》周三刊41.37万份、周五刊38.85万份，《中国石化手机报》1.82万份。中国石化新闻网日均浏览量(PV)3万次左右。截至年底，石化新闻客户端累计下载量10万余人次。

（庞　炜）

【《中国石化报》】 2017年，《中国石化报》分时间节点稳步推进党的十九大的宣传报道，开设《砥砺奋进的五年》《十九大时光》《新时代新气象新作为》等专栏，全文刊登十九大报告、新修订的党章和中央关于认真学习宣传贯彻十九大精神的决定，及时报道戴厚良总经理传达宣讲党的十九大精神等重要内容，掀起公司上下学习宣传贯彻十九大精神的热潮。牢牢把握“推进供给侧结构性改革”这一主线，开设《转观念、拓市场、抓改革、促管理、强党建》《“转观念、勇担当、创效益”大讨论》等专栏，把报道的重心放在集团公司贯彻落实新发展理念，聚焦提质增效升级上。在典型报道上，报道党的十九大代表、全国优秀共产党员、全国五一劳动奖章获得者、集团公司优秀党支部书记、“感动石化”人物等近500位先进人物的典型事迹，刊发中原油田好人辈出现象等特稿。坚持开展“走基层、转作风、改文风”活动，推出江苏石油分公司、东北油气田、地球物理公司、胜利石油工程公司、天然气分公司、湖北石油分公司、安徽石油分公司、吉林石油分公司等单位改革管理，激发活力，推动经营管理再上新水平的报道；推出润滑油迈向中高端、打造一流品牌的报道；特别是十九大会议闭幕不久，一版推出一组“川气东送——气化长江经济带”系列报道，受到集团公司党组领导的高度评价。

全年，《中国石化报》微信公众号推送文章736篇，其中阅读量最高的文章点击量达3.9万次。截至年底，微信关注人数为19 924人。

（庞　炜）

【《中国石化》杂志】 2017年，《中国石化》杂志在指导思想上更加突出政治导向，增加对党和国家大政方针政策的报道，如“一带一路”建设专题报道、学习十九大精神专题报道等。增设《调结构·转方式》栏目，报道中国石化推进供给侧结构性改革，打赢转型发展攻坚战的情况。加大深度专题报道的力度，推出7个重点深度专题报道，包括做大做强非油品业务、低油价下煤化工发展之路、化工产业转型发展之路、中国石化精准扶贫、天然气大发展、加快发展平台经济、中国石化基层党支部建设，展示中国石化改革发展的亮点。加强对二级单位工作业绩和经验的报道，促进工作交流，展示企业良好形象。注重对石油石化行业动态、趋势、热点、焦点、难点问题的报道，发表大量观点鲜明的深度分析文章，展现和分析行业动向趋势，提升了杂志行业影响力。从4个方面入手发展高端作者，讨论高端话题，发表高质量文章，推动杂志向高端领域发展：①稳定原有专家作者和研究机构；②尝试通过新媒体方式采访专家；③鼓励编辑多参加行业学术会议，了解前沿信息，接触认识高端专家；④发展内部高端作者，发展二级单位的领导写稿，或者对其进行访谈。

（庞　炜）

【《中国石化新闻联播》(电视)】 2017年，中国石化共制作电视新闻《中国石化新闻联播》244期，每期时长从20分钟缩短为15分钟，对节目加大精编力度，在保持新闻条目不变、信息量不变的前提下，节奏加快，画面更富冲击力。开设《砥砺奋进的五年》《厉害了我的石化》《十九大时光》《拥抱新时代，担当新使命》《新时代、新气象、新作为》等专栏，展示十八大以来的辉煌成就，报道各企业学习贯彻十九大精神的生动实践。围绕“推进供给侧结构性改革”主线，做好《转方式调结构，提质增效升级》《转观念、勇担当、创效益》专栏，加大对企业落实降成本、拓市场、调结构、抓改革、强基础等工作的报道力度。同时做好《感动石化人物展播》《在基层》《身边的共产党员》《劳动者之歌》等重点栏目的报道，对各企业涌现出的典型人物和事例进行集中推介，扩大先进典型的社会影响力。在新闻制作中，针对专业性强、术语晦涩、观众不易理解的新闻，加强图片、图表、动画等多种元素的灵活使用，将枯燥的数字、专业的术语，转化为更易被接受的视觉符号。对重大新闻报道、连续报道和系列报道，配发“本台短评”“记者观察”，或者增加新闻链接，使报道有说服力。

中国石化网络视频全年发稿量总计4 800条。

（庞　炜）

【中国石化新闻网】 2017年，根据《互联网新闻信息服务管理规定》，中国石化新闻网完成国家网信办的资质审核，取得新版国家《互联网新闻信息服务许可证》，该许可证主体包括中国石化新闻网及“两微一端”。中国石化新闻网成为首批获得互联网站、应用程序（石化新闻客户端）、公众账号（中国石化新闻网微博、《中国石化报》微信）新闻信息发布资质的行业新闻网站。中国石化新闻网还获得属地公安局分配的新的京公网安备案号。年内，中国石化新闻网进行了改版，优化了频道设置，设有热点推荐、新闻频道、企业频道、人物频道、生活频道、英文频道共6个频道。重新梳理编辑流程，实现重要新闻当晚或次日8时以前完成更新。

中国石化新闻网微博（中国石化报社官方微博）定位为中国石化全媒体精华内容的推荐和导读。截至年底，新浪微博关注人数为5万余人，全年发布微博1 500余条，阅读总量约为1 100万次；人民微博关注人数为47万余人，全年发布微博1 000余条。

（庞　炜）

【石化新闻客户端】 截至年底，累计下载量10万余人次。2017年8月，由中国石化、方正、盈科联合打造的石化新闻客户端3.0改版项目启动。新版客户端主要由“头条号”和“石化号”两大新闻板块构成。“头条号”用手机专题、图解、直播、H5微页面等原创作品精准传递新闻信息，产出《香港回归20年，中石化的一份“述职”报告》《砥砺奋进的五年》《援藏15年，从起点出发，在途中回望》等热点新闻；“石化号”尝试利用大数据抓取信息，吸引中国石化全系统内多家权威自媒体入驻，成为中国石化权威自媒体新闻信息平台之一。新版客户端同时保留《读报》《视频》《直播》《专题》等经典栏目，于2018年1月上线。

（庞　炜）

【《中国石化手机报》】 2017年，《中国石化手机报》出刊248期，新用户库投用，用户1.82万人。进一步加大特刊和专题策划力度，其中集团公司工作会议特刊2期、年中工作会议特刊1期、“感动石化”人物特刊1期，推出专题73个。增强理念引导，加大《高层声音》刊载力度，全年发稿60余条。

（庞　炜）

【《车友报》】 2017年，《车友报》开设《细学深悟十九大，美好生活大家谈》专栏，从车友视角直接对十九大精神进行宣传。对有特色的企业进行系统化报道，先后以专刊形式报道四川石油分公司、湖北石油分公司，同时还对安徽石油分公司等进行专题报道。配合中国石化销售有限公司综合服务站建设，开设专栏进行报道。继续大力推广易捷重点商品，推出长白山天泉水特刊和专题报道。在成品油宣传领域，一方面加强对高标号汽油的宣传，另一方面加强对柴油卡的宣传，对推广起到促进作用。与易捷公司联合主办“融入自驾游，把握新风口”第2届易捷发展论坛。

《车友报》微信公众号成功入驻搜狐、腾讯、新浪、一点资讯等多家媒体平台，阅读量破10万次的稿件达20余篇，阅读量破万次的稿件达60余篇。《车友报》微信公众号还被提名为搜狐汽车类年度十佳自媒体。

（庞　炜）

【中国石化新闻图片网】 2017年，中国石化新闻图片网为石化系统各类期刊、年报、社会责任报告、官方微博、微信、手机客户端等多种媒体提供图片数千余张，为中国石化报社各媒体提供并刊登图片万余张，日均来稿100余组图片。截至年底，网站注册用户达11 012人，图片总数共20万余组、55万余张。

（庞　炜）

图书出版

经济管理类

【《中国上市公司并购重组案例精编（上、下卷）》出版发行】 该书精选并收录共512个并购重组案例。重点呈现重组过程中的重要事件、重组前后的财务分析、重组过程的资本运作分析、重组中涉及的相关法律法规问题、重组的投入产出分析等内容，并对从案例中所能得到的经验与启示进行探讨。该书是中国资本市场并购重组案例研究的集大成者，填补了国内并购重组研究的空白，是并购金融研究人士必备的“兵书战策”，特别是在并购浪潮全面兴起的时刻，具有独特的公共价值和历史意义。

（教育分社）

【《新零售：零售行业的新变革与新机遇》出版发行】 该书作者多年研究商业，非常了解中国零售业的变革，针对"新零售"做了系统的研究，包括什么是新零售、中国未来零售市场的主要发展趋势、新零售业态下消费者的特点与变化、传统零售企业如何突破、电商如何与实体融合、线上线下如何统一、如何利用场景零售、如何构建全渠道零售运营模式、如何利用大数据精准营销、如何给消费者完美购物体验，等等。基于零售业的新变革，作者大胆预测实体零售业新一轮发展的春天正在来临。该书运用了大量的国内外零售巨头的商业案例，非常具有参考价值，值得零售业和相关行业的从业人员阅读。

（教育分社）

【《2017 年初始条件注册会计师培训指定用书》出版发行】 该套初始条件注册会计师培训指定用书的编写组汇集了尚德机构狐逻财经学院财经教研组精英讲师，有丰富的零基础教学经验，并实践出一套成熟的教学体系。该丛书在内容上与专业性上较同类财会考试用书优势明显，获得数万考生的青睐和倾力推荐。

（教育分社）

【《第四次金融浪潮：互联网金融与中国国运》出版发行】 该书梳理了前 3 次金融浪潮与英国、美国崛起的关系，提出互联网金融是金融发展史上的第 4 次浪潮，为中国的崛起提供了必须的金融支撑。该书获评财资一家 2017 年度十大经管好书。

（经管分社）

【《大变革——全球价值链与下一代贸易治理》出版发行】 该书提出面向全球价值链的下一代贸易规则与治理的总体思路和实施路径建议。作为一个开放性的命题，该书希望"抛砖引玉"，引起更深入的思考和更广泛阶层的参与与推动。

（经管分社）

【《2017 年中国信托公司经营蓝皮书》出版发行】 该报告是中国人民大学信托与基金研究所精心打造的系列报告，已经连续出版 13 部。2017 年的报告，在总结前 12 部经验的基础上，进一步改进和提升实证分析模型和研究分析的方法和手段。强调横向分析与纵向比较相结合，通过财务状况实证分析、经营成果实证分析、盈利能力与收益水平分析、经营效率与经营质量及风险分析等多个方面几十个具体指标进行系统、全面、深入、规范、客观、真实的归纳、汇总、概括、提炼、分类、排序和分析。报告突出运用实证分析的方法，客观公正地反映当前中国信托公司较为完整的概貌，力求为各信托公司和广大投资者及监管部门提供一部系统全面、客观真实的研究报告和数据体系。

（经管分社）

【《中国环境质量综合评价报告 2017》出版发行】 该书首先选取 2001—2015 年的样本，对 21 世纪初的中国环境质量做重点分析，注重中国环境质量近年来的最新演变情况；其次，进一步完善综合评价体系，将评价指数分为绝对指数和平减指数 2 类，将污染、吸收、总量、强度、人均、面积 6 项不同视角、不同维度的评价指数全部纳入综合评价体系范畴，更加全面、系统、综合地进行评价和分析；最后，加入典型性案例分析，主要内容由 2 个研究成果组成：陕西省城市大气污染负荷及防治对策研究、西安市大气环境治理政策效果评估及完善对策研究。

（财金分社）

【《中国商贸物流银行研究暨行业发展报告 2017》出版发行】 该书特别强调业务闭合化、交易信息化、收入自偿化、管理垂直化、风险结构化和声誉资产化对于商贸物流银行风险管理的重要意义。书中指出，在该原则下，商贸物流银行争取能用较低成本进行风险定价，探索降低金融活动的运营成本，以此拓展服务边界。而且供应链企业之间的交易背景与交易数据，为形成多主体博弈决策的完美信息及风险分析与风险预警的风险实时系统开发提供支持，为降低违约概率与资产损失提供数据、模型、分析和决策基础。该书的出版有助于国内外商贸物流银行的研究者、管理者和从业者了解商贸物流银行的基本问题，比如商贸物流银行业的生长基础、发展机制、行业生态、竞争格局、前景趋势等。

（财金分社）

石油石化类

【《延迟焦化工艺与工程》（第二版）出版发行】 该书论述了当代延迟焦化工艺和工程的理论与实践。内容包括焦化原料与产品、重质油热转化化学、焦化工艺流程与操作参数优化、焦化加热炉、焦炭塔和主分馏塔、焦化水力除焦、装置安全生产技术及 QHSE、焦化环境保护工程和技术经济分析等。注重反映焦化技术的进步，同时对延迟焦化历史和未来发展趋势进行阐述。该书内容比较系统、完整，具有较高的理论水平和实际应用价值。可供炼油、石化行业从事生产、科研、设计和管理工作的广大工程技术人员及高等院校有关专业师生阅读参考。

（炼油化工编辑室）

【石油炼制工程师手册丛书第二卷、第三卷出版发行】 《炼油装置工艺与工程》为石油炼制工程师手册丛书中的第二卷。该书系统地总结了炼油厂各工艺过程技术的发展、科研成果、设计经验和工业实践。内容包括：原油蒸馏工艺、流化催化裂化工艺、焦化和减黏裂化工艺、重油加氢处理工艺、氢气回收与制氢工艺、催化重整工艺、芳烃生产工艺、炼油厂气体加工工艺、润滑油基础油生产工艺、石蜡生产工艺和硫回收工艺；还对与各工艺过程有关的静(动)设备、加热炉、装置平面布置及工艺管道、仪表及自动控制和投资估算与财务评价进行阐述。该书读者对象为石油和石油化工厂广大科技工作者，包括科研、设计、生产、管理和基本建设方面的专业人员，也适用于大专院校的师生。

《石油炼制工艺基础数据和图表》为石油炼制工程师手册丛书的第三卷，是《石油化工工艺计算图表》(1985 年)的修订版。基于方便查阅资料，对原书更新和补充大量图表和计算公式，力求满足当今炼油工艺基础数据的应用需求。全书共分 13 章，内容涵盖烃类、石油馏分和常用物质的物性数据，特性性质、热力学性质、相平衡和传递性质等的数据、图表、计算公式和推算或估算方法。该书可供从事炼化工艺技术研发和工程设计人员阅读和参考，也可供从事炼化生产、管理和教学相关人员人士参考和应用。

（炼油化工编辑室）

【中国工程院院士传记《王基铭传》《关兴亚传》出版发行】 王基铭，中国工程院院士，集团公司原党组成员、副总经理，股份公司原总裁，中国石化大型装备国产化的杰出推动者、重大贡献者。《王基铭传》融合了王基铭院士家人、同事、弟子的回忆，收录了王基铭院士的讲话等素材，配以大量珍贵的历史图片，以小说 + 史记的手法，以丰富的史料、朴实的语言全面再现王基铭院士的生活经历和奋斗历程，讲述以王基铭为代表的石化人的中国梦。

关兴亚，中国石油化工专家，是中国丙烯腈催化剂及成套工艺技术的开拓者和奠基人之一。《关兴亚传》叙述和反映了关兴亚院士的主要经历，包括求学、工作和家庭情况，重点描写关兴亚院士从事石化科学技术事业的奋斗历程，突出反映其为中国丙烯氨氧化制丙烯腈成套技术开发所做出的贡献。

（炼油化工编辑室）

【《石化与生活》系列科普丛书出版发行】 该丛书共有《走进石化》《石化与安全》《石化与环保》《石化与节能》《石化与健康》5 个分册。丛书从广大石化员工的角度出发，重点结合国家经济社会发展和石油化工行业环境变化，以问答的形式科学普及与石油化工及其员工相关的安全、环保、节能、健康等基本知识，同时注重新的安全、环保法规与管理办法、成品油质量升级、应急预案与救援等内容的融合，旨在让石化知识得到系统、全面地普及和推广，让石化行业的员工、家属以及社会公众能更多地了解石化、关心石化、热爱石化、宣传石化，正确认识石化行业、学习科普知识、纠正错误观念、传播石化“正能量”，建设和谐石化社区，营造石油化工健康、绿色、和谐发展的氛围。

（炼油化工编辑室）

【《催化裂化装置技术手册》出版发行】 该书在国内外大量科学探索和工程实践的基础上，系统全面地介绍了催化裂化装置工艺、设备、催化剂(助剂)、流态化、反应过程、操作控制、腐蚀防控、环境保护、事故处理等方面的理论研究、技术开发、应用成果和发展趋势，并列举大量实例。内容注重理论、贴近实际，有较强的技术性和实用性，可供从事炼油行业科学研究、技术开发、运行管理的科技工作者、装置操作技能人员和大专院校师生参考。

（炼油化工编辑室）

【《润滑油脂装置技术手册》出版发行】 该书介绍了矿物润滑油脂和合成润滑油脂生产工艺、调和工艺及装置的机理、特点、作用和应用，同时对润滑油脂分析评价方法及设备和生产装置的 HSE 技术进行说明。在结合生产实际分析不同装置和设备对产品性能影响的同时，对装置辅助设备、影响因素和不同工艺技术经济性也做了较为详细的介绍。同时，还对日常生产中发生的一些事故进行了分析，并提出应对措施和应急方案。该书对从事润滑油脂的生产技术管理人员有很强的指导意义，对生产现场操作人员也有很好的实用价值，对从事与润滑油脂相关的科研设计人员和院校相关专业师生也是很有用的参考资料。

（炼油化工编辑室）

【《炼油与石化工业技术进展》(2017 版)出版发行】 该书以专题形式，按热点问题分为综述、炼油工艺与产品、化工工艺与产品、“三剂”、装备技术与信息化、装置运行与管理、减排节水节能与安全环保7个栏目。全书收录有代表性的文章近100篇，由中国石化、中国石油、中国海油等公司所属炼化企业、研究院所和国内其他石油化工相关企事业单位的200多位专家和工程技术人员撰写。文章具有紧密联系企业生产实际，涉及众多炼化行业所关注的热点、难点问题的特点，对炼化企业从事生产经营和管理，以及科学研究的技术人员和管理人员有重要的参考价值。

（炼油化工编辑室）

【《化工设备英汉图解手册》出版发行】 该书由中国石化、中国石油、中国海油所属多家石化企业、研究院、工程公司和辽宁石油化工大学联合编写，以图示形式讲解各种石油化工设备的结构和主要零部件，同时给出相应的中英文名称，便于读者学习对照；内容涵盖反应设备、塔设备、加热炉、换热设备、容器与储罐、泵、压缩机、专用阀门和其他石油化工设备等，体现了专、全、精、准、新的特点。可供石油化工企业设备工程技术人员和管理人员使用，也可以供从事石油化工工程设计、贸易的技术人员，以及高等院校相关专业的师生参考。该书是已出版的《炼油设备英汉图解手册》的姊妹篇。

（装备综合编辑室）

【《石油石化现场作业安全培训系列教材》出版发行】 该系列书由中国石油化工集团公司安全监管局和中国石油化工股份有限公司青岛安全工程研究院组织编写，包含《动火作业安全》《受限空间作业安全》《高处作业安全》《吊装作业安全》《临时用电作业安全》《盲板抽堵作业安全》《动土作业安全》《断路作业安全》8个分册，内容涵盖动火作业、受限空间作业、高处作业、吊装作业、临时用电作业、盲板抽堵作业、动土作业和断路作业所涉及的安全知识，包括各项作业的定义范围、安全规章制度、危害识别、作业过程管理、安全技术措施、安全检查、应急处置、典型事故案例及常见违章行为等。系列书采用口袋书的形式、彩色印刷，为石油石化企业员工提供了一套直观易懂的安全培训教材。

（装备综合编辑室）

【《设备润滑诊断与管理》出版发行】 该书全面、系统地阐述设备润滑涉及的相关知识、监测诊断分析方法及企业润滑管理知识等，并结合大量润滑监测诊断、润滑管理案例介绍解决企业润滑问题的方法及取得的成果。该书由国家机械行业技术归口单位之一、在润滑领域居国内先进水平的广州机械科学研究院编写，内容系统权威，案例丰富翔实，具有很强的实用性、指导性和可操作性。可供从事设备管理、设备维护的管理人员、科研人员或工程技术人员阅读使用或作为培训教材，也可作为高等院校相关专业师生的学习参考书。

（装备综合编辑室）

【210 项石油化工标准出版发行】 石化出版社负责国家相关部门发布的石油化工行业标准的出版与发行，包括由国家能源局发布的石油产品及试验方法行业标准，工业和信息化部发布的石油化工产品及试验方法行业标准、石油化工工程建设行业标准。同时，出版与发行中国石化企业标准。2017年，石化出版社共出版石油化工标准210项，包括石油化工产品行业标准42项、石油化工工程建设行业标准24项、中国石化企业标准144项。

（装备综合编辑室）

【《改革发展之路——中国石油化工集团公司“十二五”成就回顾》出版发行】 “十二五”时期，中国石化在转方式、调结构、提质增效升级过程中取得重大发展成绩和宝贵经验。该书通过9个篇章及综述和大事记，图文并茂，客观真实地记录了中国石化充满挑战的5年改革发展历程，全面系统地回顾了中国石化5年来所取得的重要成绩，深刻总结了5年工作的经验和认识，对“十三五”工作乃至今后更长一段时期的工作具有一定的借鉴和参考作用。

（年鉴编辑室）

【《原油地面工程设计》(上、下卷)出版发行】 该书系统介绍了原油集输及处理的基本原理和实用技术，从原油基础知识、原油矿场集输、原油长输管道设计及油田采注水工程4个方面进行重点介绍，包括油气分离、原油脱水、原油稳定、油田污水处理、矿场油气集输管道等原理和实用技术内容。力求为从事原油地面开发、设计的专业人员和工程技术人员提供一部较为实用的工具书，也为高等院校相关专业的师生提供一部较为全面的参考书。

（勘探开发编辑室）

【《钻井工程技术手册》(第三版)出版发行】 该书在第二版的基础上补充新型钻井设备、钻井管材、钻头与破岩工具、完井方法与新工艺、导向仪器与工具、震击器、井控装置、侧钻工具等内容，完善了油气上窜速度、压井、固井等的计算方法，同时删除部分过时的工具、钻具、材料等的介绍，全面系统介绍了随着钻井技术发展而配套应用的以钻井管材、工具与仪器、钻井设备、基础数据与计算等内容。该书内容全面、取材广泛、实用性强，是一本供广大钻井技术人员、管理人员、监督人员和工人使用的工具书，同时又可作为钻井科研机构、石油院校的参考资料，也是勘探、开发等与钻井技术关系密切行业人员的参考用书。

（勘探开发编辑室）

【《中国油气产业发展分析与展望报告蓝皮书（2016—2017）》出版发行】 该书是全面研究中国油气产业发展现状和趋势展望的分析报告，由中国石油企业协会和中国石油大学中国油气产业发展研究中心共同合作完成，相关参编单位有中国石化经济技术研究院、中国石化勘探开发研究院、中国海油经济研究院等。该书是“十三五”国家重点图书出版规划项目。全书共分国际篇、国内篇、合作篇、专题篇、附件5个部分。蓝皮书以文字分析为主，辅以必要的图表数据，分析与展望强调逻辑性、高度性、权威性，同时对产业热点问题坦率提出看法和观点，具有较强的可信度和一定的权威性，力求对相关部门和油气企业实际工作起到指导作用，对油气行业理论研究者和实际工作者均具有一定的参考价值。

（教育编辑室）

【《中国石化上游“十二五”科技进展》出版发行】 该书针对中国石化在“十二五”期间取得的主要勘探开发及工程配套技术成果，从技术研发背景、研发目标、形成的技术内容及技术指标、应用效果和知识产权等方面，对每一项技术进行系统梳理，对已取得的成果进行总结和量化，标定相关技术成果在“十二五”末达到的水平，为今后科技创新工作提供攻关起点和参照标准，能够有效提高科技创新水平和科技投入效益。

（教育编辑室）

【《中国石化公文处理实务手册》出版发行】 该书以《党政机关公文处理工作条例》为蓝本，以《中国石化公文处理办法》为依据，对中国石化一直以来的公文工作进行系统而严密的梳理，从拟制、传递到印制、定密等各个流程均有指导性说明，全面总结日常办公所涉及的所有公文的标准格式、行文技巧与注意事项，是一本帮助员工规范公文处理习惯的权威指导用书。

（教育编辑室）

中国石化 SINOPEC

企事业单位

◇ 油田企业

◇ 炼化企业

◇ 油品销售企业

◇ 科研单位

◇ 专业公司及其他单位

胜利油田

【概况】 胜利油田是中国石化集团胜利石油管理局有限公司(简称胜利石油管理局)和中国石油化工股份有限公司胜利油田分公司(简称胜利油田分公司)的统称，业务主要以油气生产为主，涵盖油气勘探开发、石油炼制，发供电、供水、供热以及矿区服务等。工作区域分为东部和西部，东部主要分布在山东省东营、滨州、德州等8个市28个县(区)，主体部分位于东营市黄河尾闾西侧，包括渤海湾盆地的济阳、昌潍等5个坳陷；西部主要分布在新疆、青海、甘肃、宁夏4个省(自治区)，涉及准噶尔、吐哈等5个盆地。胜利油田总部位于东营市济南路125号。

胜利油田是在20世纪50年代华北地区地质普查和石油勘探的基础上发现并发展起来的。1961年4月，位于东营构造上的华8井首获工业油流，标志着胜利油田的发现。1964年1月，中共中央批准组织华北石油勘探会战，胜利油田勘探会战和开发建设拉开序幕。1972年8月，改称胜利油田会战指挥部。1989年8月，更名为胜利石油管理局。1998年6月，国家进行石油石化大重组，胜利石油管理局由中国石油天然气总公司划转给中国石油化工集团公司管理，更名为中国石化集团胜利石油管理局。2000年5月，胜利油田油气主业部分重组改制为中国石化胜利油田有限公司；2006年1月，变更为胜利油田分公司。2013年1月4日，胜利石油工程有限公司挂牌成立，隶属于石油工程公司。2017年11月,中国石化集团胜利石油管理局改制更名为中国石化集团胜利石油管理局有限公司。

截至2017年底，胜利油田有二级单位60个、三级单位713个。其中，胜利石油管理局有二级单位30个、三级单位293个；胜利油田分公司有二级单位30个、三级单位420个。用工总量11.79万人，其中合同制员工10.63万人。拥有高级技术职称(含正高级)的1.52万人、中级技术职称的1.38万人。

胜利油田共有探矿权区块33个，面积10.05万平方千米；有采矿权区块71个，面积6 501.82平方千米。石油资源量153.47亿吨，天然气资源量1.29万亿立方米。发现油气田81个，累计探明石油地质储量54.84亿吨；投入开发油气田74个，累计生产原油11.76亿吨，井口累计生产天然气577.54亿立方米。

胜利油田主要技术经济指标和主要生产建设指标分别见表1和表2。

(兰　峰)

【高效勘探取得重要进展】 2017年，胜利油田勘探聚焦效益增储、高效动用，深化基础研究和潜力评价，区带动态论证井位部署，加快落实经济规模阵地，取得10个商业发现的勘探成果，新增控制储量在油价60—70美元/桶条件下可全部开发动用。全年新增控制石油地质储量6 641.63万吨，新增预测石油地质储量8 040.35万吨。油田东部探区实现规模增储，对地震资料质量重新进行梳理评价，加强地质研究，优化勘探部署，由“块单元”向“层单元”细化油气勘探潜力研究，埕岛周缘第三系及潜山、东营凹陷北带、沾化凹陷超覆带等发现规模储量阵地，东营南坡孔店组红层取得新发现，展示了东部老区较大的增储潜力。年内，油田东部探区新增控制储量5 974.95万吨，预测储量4 168.64万吨；油田西部探区资源阵地不断拓展，强化成藏关键因素和地质作用过程研究，新增控制储量666.68万吨、预测储量3 871.71万吨，进一步拓展了西部上产的资源潜力。

(侯　飞)

【柴达木盆地马海东构造带取得油气新发现】 2017年，胜利油田部署在柴达木盆地马海东构造带的山古1井日产油3.65吨，新增预测储量1 073.28万吨，实现了柴达木胜利探区油气新发现。这是胜利油田首次在准噶尔盆地以外区块发现的规模储量，开拓了油田西部探区增储新阵地。

(侯　飞)

【效益开发实现稳中提质】 胜利油田强化油藏经营管理，坚持算清效益账、多干效益活、多产效益油，可持续发展基础得到改善。2017年，新增经济可采储量2 532万吨、替代率110%，生产原油2 341.61万吨、超产1.61万吨，生产天然气4.07亿立方米、超产0.37亿立方米。注重效益建产。加快油藏评价和滚动勘探，在排10西、孤北断裂带、义和庄潜山等区块落实上报商业储量2 288万吨。加强产能方案一体化优化，下放零散井、更新井、侧钻井审批权限，建立采油厂承包、与胜利石油工程有限公司合作2种难动用储量开发模式，做大增量规模，全年新建(增)产能110.50万吨、比计划增加20万吨，项目开发成本由12.40美元/桶降到11.80美元/桶。加强老区开发提质增效。盘活存量价值，严控低效无效工作量，全年治理低效单元16个、扶停油水井760口、恢复产能22.70万吨。完善稳产投入长效机制，抓实水驱油藏水质治理、细分注水，推进化学驱个性注入调整，加强稠油开发全过程热能管理，不断改善开发技术指标，稀油自然递减率 8.80%，夯实了稳产基础。

（姬　光）

【产能建设实现高质高效】 2017 年，胜利油田针对年初效益建产阵地不足的局面，全方位转观念、转方式，依靠工艺技术突破提产能，依靠机制创新降成本，努力做大做优产能建设，在 50 美元/桶、内部收益率 8% 条件下，全年新建(增)产能同比增加 53 万吨，扭转了低油价以来产能接替规模持续下降的态势。埕岛油田西北部、北区产能建设和孤岛油田东区馆 3-4 东部低效水驱转热采开发调整 2 个项目获中国石化规模增加经济可采储量项目一等奖。

（姬　光）

胜利油田东部陆上最大的丛式井组——滨南采油厂白鹭湖丛式井组 （刘家辰　摄）

【矿区保障服务创效能力不断增强】 2017 年，胜利油田发供电系统加强机组安全环保经济运行和电网精细管理，完成发电厂 5 台机组超低排放改造和煤场封闭改造，拓展大用户交易范围，购电成本进一步降低，发电煤耗、电网综合损耗分别下降 0.60%、0.30%。供水系统强化水质提升、降漏减损、市场拓展，做大产品销售、水务技术及工程管理服务，外销水量比例达 71.30%。供热系统扎实推进热源结构调整、环保设施改造和供热基础配套，彻底结束油田燃油供暖历史，室温达标率保持在 98.20% 以上。胜大产业发挥集群优势，做强超市、胜明玻璃等优势业务，推动绿色农业、生态养殖业一体化发展，经营状况持续改善。运输业务突出通勤车管理和危化品运输品牌建设，推进专业化、标准化发展，外部市场收入占比达 43%。社区服务创新工作思路举措，完善服务标准体系，提升物业服务质量，“一号通”集中呼叫平台和“胜利管家”服务平台成为员工群众的生活助手，省级幼儿园比例达 85%，公共卫生服务达到省级优秀水平，社区服务满意率保持集团公司第 1 名。

（刘云鹏）

【QHSE 管理持续加强】 2017 年，胜利油田坚持问题导向，狠抓主体责任分解落实，建立安全环保管理、监督、督察、考核四大体系，完善风险分级管控和隐患排查治理双重预防体系建设，严格落实安全承包点制度，强化井控管理，安全管控水平不断提升。坚持向高标准看齐，开展硫化氢、燃煤燃油锅炉等 12 个专项整治，治理含硫化氢集输站库 39 座、油井 469 口，对 564 台燃煤加热炉、158 台注汽锅炉进行改造，提前完成“2+26”攻坚整治任务。扎实开展黄河三角洲国家级自然保护区及涉海环保整改工作，主动关停退出陆上生产设施。全年实施“能效倍增”项目 49 项，新建节能能力 2.03 万吨标煤，分公司能耗总量实现“三连降”。持续强化油气产成品、钻井作业、工程建设、物资采购等质量监督，职业病分级管控、员工健康查体有效落实。

（兰　峰）

胜利发电厂推进煤场封闭，确保清洁生产 （李建强　摄）

【油田改革创新取得突破性进展】 2017 年，胜利油田持续深化油公司建设，进一步厘清分公司、采油厂、管理区职能定位，做实各级责任主体，不断完善以油藏经营为核心的管理体系和运营机制，建成新型采油管理区 21 个。专业化管理全面推进，加快剥离非注采输核心业务，推进生产辅助业务向油田层面专业化整合，完成生产用车、电力管理、天然气、井下作业、物业服务等专业化调整，整合人力资源 3 万人，服务创效能力进一步提升，降低生产成本 7 亿元。根据发展需要，完成油公司“一县一企一管理”体制调整。

（刘云鹏）

【企业办社会职能分离移交稳步推进】 2017年，胜利油田作为独立工矿区剥离企业办社会职能综合改革试点，坚持政府主导、职能要交、市场要留、队伍要稳，统筹推进，抓好政策研究、资产清查、人员调查、信息平台建设等基础工作，以项目管理的方式抓落实，以生产运行的力度抓推进，分离移交试点工作扎实开展。“四供一业”分离移交取得重大进展，家属区供水、供气、供暖及物业管理分离移交框架协议全部签订，与国家电网山东省电力公司、东营市政府合资成立配售电公司，拓展了家属区供电分离移交新路径。其他企业办社会职能分离移交有序推进，仙河社区消防机构移交地方政府，市政和社区管理职能分离移交顺利推进，医疗卫生、学前教育分离移交在东营市河口区域取得突破。

（刘云鹏）

【科技创新取得新进展】 2017年，勘探上，胜利油田东部油区提出成熟层系构造转换带、沉积结合部和地层突变带等潜力区油气成藏新认识，西部油区在大型油气田形成的基本地质条件上取得新认识，配套完善复杂圈闭精细评价等技术序列，推动成熟探区精细勘探和西部新区资源拓展。开发上，关键技术先导试验取得进展，樊142-7井组低渗油藏二氧化碳混相驱先导试验取得突破，采收率提高17.10%。一批成熟适用技术得到推广，精细分注、测调一体化技术应用不断扩大。深化“两化”融合，推进勘探开发业务协同平台（EPBP）建设，探井管理、开发方案实现全流程网上运行，建设生产、安全、综治、社区各类视频集成应用平台，“四化”改造覆盖87个管理区，通过国家“两化”融合管理体系贯标认证。年内，胜利油田共实施各类项目323项，其中国家项目8项、中国石化项目82项。取得科技奖励成果155项，其中省部级16项，获中国石化科技奖励13项、山东省科技进步奖3项。申请国家专利605件，其中发明专利311件；获得专利权395件，其中发明专利105件。“一种用于稠油井的微生物和CO_2复合单井吞吐采油的方法”“一种两性离子表面活性剂在三次采油中的应用、该表面活性剂的制备方法及应用方法”获第19届中国专利奖优秀奖。

（邹 斌）

【管理创新持续加强】 2017年，胜利油田进一步优化调整经营预算管理，统一预算口径、分摊标准和考核政策，完善经营核算体系，对油田全部单位实行利润考核。构建“1+2+2”绩效考核体系（1个办法：《胜利油田绩效考核办法》，2个细则：《胜利油田经营业绩考核细则》《胜利油田风险管控责任考核细则》，2个意见：《胜利油田人力资源优化配置指导意见》《胜利油田存量资产优化配置指导意见》），完成目标保基本薪酬、多创效益挣绩效工资，逐级建立“经营绩效+风险管控责任”绩效考核引领机制，全年挖潜增效28.40亿元。搭建人员、资产、外委业务三大平台，推动人力资源由“管控”向“激活”转变，全年清退外包用工4 164人，盘活用工“动起来”9 969人、外闯市场“走出去”8 486人、员工自愿“退下来”5 804人。推进“轻资产、轻量化”运营，减少“自营、自修”业务外委，调剂盘活资产3 736项、清退土地993.33万平方米，节约投资7.42亿元。从严规范经营管控，成立油田监督委员会，建立审计、效能监察、内控、财务稽核、法律合同“五位一体”监督管理模式和运行机制，完善招投标、合同、采购、投资等内控流程，规范生产经营运行。不断夯实基层管理，梳理修订《基层安全操作手册》，强化“三标”建设、基本功训练、岗位责任落实，持续提升基层管理水平。

（刘云鹏）

2017年3月31日，胜利油田现河采油厂首批干部员工赴新疆闯市场 （刘 铁 摄）

【管理创新成果】 2017年，胜利油田围绕改革管理重点难点，评出局级优秀管理创新成果192项，其中一等奖28项、二等奖78项、三等奖86项。“油田经济配产管控机制的构建与实施”等15项成果被评为集团公司管理现代化创新成果。油田二级单位职工提报建议2.28万项，立项1.65万项，执行实施9 222项。

（杨志诚）

【技能人才队伍素质和结构持续优化】 2017年，胜利油田持续提升培训质效，在油田层面举办安全生产、高技能人才、油公司班站长等培训项目 690 期、培训 4.3 万人次。推进人力资源优化配置转岗培训，培训 205 期、培训 9 837 人。举办 15 期一专多能培训，培训员工 287 人次，打造了“一岗精、二岗通、三岗会”多面手。推进基层岗位培训和基本功训练，开展“师带徒”和大师带徒工作，引导学员立足岗位、创新创效。推进高技能人才队伍建设，合理设置胜利油田高技能岗位及职数，在采油采气、集输、井下作业、工程施工、供发电、炼油化工 6 个职业领域开展油田首席技师和技能大师竞聘工作，评选产生 5 名油田首席技师、21 名油田技能大师。结合胜利油田信息化建设、油公司改革和专业化队伍建设进程，推行“大工种、大岗位、一岗多责、一专多能”管理模式，将采油管理区各工种及集输专业化队伍各工种整合为采油工(信息化)和集输工(信息化) 2 个大工种，推动改革落地。组织 8 843 人参加职业资格评价鉴定，6 236 人晋升 1 个职业技能等级，其中 283 人晋升为高级技师、431 人晋升为技师。承办并参加集团公司井下作业工具工业务竞赛，获团体第 1 名和个人 2 金、2 银、2 铜的成绩，被授予集团公司竞赛优秀组织单位称号。全年 4 人被评为齐鲁首席技师、2 人被评为集团公司技术能手、10 人获油田技能大奖、120 人被评为油田技术能手。

（董　伟）

【和谐稳定发展环境更加巩固】 2017 年，胜利油田持续改造提升基层单位软硬件设施，实施 23 个老旧小区综合改造治理，建设改造绿地 121 万平方米。“走基层、访万家”活动实现全覆盖，为 8.20 万名离退休人员和 4.70 万名劳动家属调增养老待遇，向离退休、劳动家属、协解等非在职人员发放慰问金、生活补助 2.56 亿元。帮扶救助困难群众 4.80 万人次，发放慰问金和慰问品 3 870 万元、救助金 2 350 万元。放宽公积金提取、贷款政策，分区域设立便民网点，方便和支持员工改善住房条件。深化厂务公开和民主管理，尊重基层创新创造，推进劳动关系和谐企业创建，有效维护员工群众权益。广泛开展劳动竞赛、青工创效、QC 小组等群众性挖潜增效活动，工会、共青团、统战桥梁纽带作用充分发挥。严格落实信访稳定责任制，全力做好十九大期间维稳工作，抓实油区治理、社区治安防范、反恐维稳，开展“两打一整治”等专项行动，144 个小区实现可防性刑事案件零发案。

（兰　峰）

【党建和思想文化工作持续改进提升】 2017 年，胜利油田持续深化全面从严治党。强化政治引领，深入学习贯彻党的十八届六中全会、十九大精神，推进“两学一做”学习教育常态化制度化，党员干部队伍“四个意识”持续增强。推进领导班子全面考核，加大干部交流调整力度，培养选拔优秀年轻干部，干部队伍结构不断优化，各级领导班子整体效能进一步提升。全面实施党建考核，创新开展局、处两级党员领导干部“三点”示范工程和“党员政治生日”活动，深化示范党支部书记行、党建专家组基层行，促进基层党建全面进步、全面过硬、全面夯实。层层压实“两个责任”，加快构建“大监督”工作格局，从严推进二级单位、机关部门巡察，抓实执纪审查、正风肃纪、教育预防、廉洁谈话，开展“倡清廉、转作风”专项清理，风清气正、干事创业的政治生态和企业管理生态持续优化。持续强化宣传思想文化工作，加强意识形态管理，扎实开展“转观念、勇担当、创效益”专题讨论和“三转三创”主题活动，组建讲师团、报告团、宣讲队，进班站、进井场、进社区开展形势任务教育，深入宣传改革调整、外闯市场、创新管理等方面的典型和经验，集成实施“全家福”文化行动，不断增强干部员工转变观念、创新实践、推动发展的思想自觉行动自觉。

（孙光明　谢　俊）

表 1　　**胜利油田主要技术经济指标**[①]　　亿元

指标名称 \ 年份	2017	2016	2015	2014	2013	2012
工业总产值	688.53	605.16	758.51	1 223.81	1 261.68	1 588.92
工业增加值	380.60	237.30	428.37	991.55	1 040.44	1 177.47

续表

指标名称 \ 年份	2017	2016	2015	2014	2013	2012
资产总计	1 414.71	1 660.67	1 766.07	1 795.40	1 784.91	1 950.19
流动资产	162.01	160.25	103.36	95.09	169.68	384.04
固定资产原值	3 801.52	3 705.45	3 631.62	3 464.62	3 214.96	3 104.86
固定资产净值	1 153.24	1 444.09	1 558.06	1 566.41	1 513.77	1 461.59
销售收入	797.27	591.19	784.92	1 195.85	1 401.56	1 821.80
实现利税	-123.49	-139.14	33.55	604.52	684.32	942.81
税金(费)	151.33	112.84	141.67	431.30	464.57	563.48
综合能耗②/吨标煤·万元$^{-1}$						
胜利石油管理局	3.758	3.763	3.91	3.91	3.97	0.92
胜利油田分公司	0.308	0.313	0.31	0.34	0.32	0.30

①2013 年起，因统计口径变化重新调整(扣除石油工程部分)
②2016 年起，综合能耗指标按行业惯例，保留小数点后 3 位

表 2　　胜利油田主要生产建设指标①

指标名称 \ 年份	2017	2016	2015	2014	2013	2012
原油产量/万吨	2 341.61	2 390.19	2 710.03	2 787.14	2 776.24	2 755.00
天然气产量/亿立方米	4.07	4.04	4.57	5.00	5.00	5.00
新增原油生产能力/万吨	115.60	68.43	145.70	253.20	298.30	313.10
新增天然气生产能力/亿立方米	0.68	0.31	0.43	0.52	0.95	1.32
新增探明石油地质储量/万吨	3 458.90	2 989.19	1 090.72	2 012.24	3 091.41	13 232.50
新增探明天然气地质储量/亿立方米	11.95	6.94	4.25	—	12.53	89.68
二维地震/千米	431.00	888.32	1 015.77	650.19	1 273.00	7 635.00
三维地震/平方千米	1 375.00	964.49	1 016.00	1 142.00	1 348.00	7 516.00
石油钻井/口	1 043	676	1 149	2 268	2 602	2 362
钻井进尺/万米	240.62	157.30	256.80	500.33	590.00	557.36
勘探投资/亿元	37.47	32.37	33.42	36.12	45.75	50.73
开发投资/亿元	74.42	44.99	96.42	194.45	240.57	216.28

①2013 年起，新增探明石油地质储量数据因统计口径变化重新调整；指标为胜利油田分公司投资口径

中 原 油 田

【概况】 中原油田为中国石化集团中原石油勘探局有限公司(简称中原石油勘探局)和中国石油化工股份有限公司中原油田分公司(简称中原油田分公司)的统称。中原石油勘探局主营“四供一业”、文教卫生、市政公益、社会保障等业务;中原油田分公司主要从事石油天然气勘探开发、工程技术服务、油气销售等业务,主要勘探开发区域包括东濮凹陷、普光气田和内蒙古探区。

1975 年 9 月 7 日,濮参 1 井喷出工业油气流,发现中原油田;1982 年 3 月,成立中原石油勘探局;1998 年,由中国石油天然气总公司划归中国石油化工集团公司管理;2000 年 1 月,中原石油勘探局和中原油田分公司分设分立;2012 年 9 月—2013 年 9 月,完成中石化中原油田石油工程专业化重组;2017 年 11 月,中原石油勘探局进行公司制改制,更名为中国石化集团中原石油勘探局有限公司。截至 2017 年底,中原油田设置机关职能处(部)室 25 个、所属单位 55 个。拥有合同制用工总量 46 878 人(含合资公司员工 9 544 人)。其中,分公司设置机关职能处(部)室 22 个、所属单位 27 个,用工总量 32 815 人(含合资公司员工 4 903 人);勘探局设置机关职能处(部)室 3 个、所属单位 28 个,用工总量 14 063 人(含合资公司员工 4 641 人)。中原油田资产总额 334.97 亿元,负债总额 170.63 亿元。

2017 年,中原油田拥有油气资源探矿权、采矿权 46 个,面积 4.10 万平方千米。其中,探矿权 26 个,面积 3.95 万平方千米;采矿权 20 个,面积 0.14 万平方千米。完成投资 22.26 亿元,同比增加 40%;新增控制石油地质储量 1 323 万吨,生产原油 127.27 万吨、天然气 59.76 亿立方米、硫黄 158.79 万吨,油气当量 724.87 万吨;加工原油、轻烃 22.34 万吨。获省部级科技进步奖 9 项、技术发明奖 1 项。申请专利 132 件,获授权 99 件。年内,中原油田保持全国文明单位称号,获集团公司安全环保先进单位称号。5 个单位被评为股份公司红旗厂、优胜厂,32 个基层单位被评为金牌队。

中原油田主要技术经济指标和主要生产建设指标分别见表 1 和表 2。

(李　丽　张　雨)

【高效勘探取得重大成果】 2017 年,中原油田勘探工作围绕普光探区主体外围礁滩相、内蒙古银额新区拐子湖中洼、东濮富油气区等重点区带与领域,深化基础研究与目标评价,细化部署运行,对 40 余个勘探目标进行圈闭评价与优化,落实井位目标 11 个,部署探井 10 口。年内,完成三维地震采集 284 平方千米、二维地震采集 150 千米,部署探井 10 口,完井 9 口,分 3 井取得商业发现,翁 7 井、卫 453 井获工业油气流;上报油气地质储量 1 323 万吨,预测油气地质储量 3 269 万吨,分别完成年度计划的 189% 和 251%。

(李　丽　张　雨)

【东濮老区精细勘探扎实推进】 2017 年,中原油田在东濮凹陷加强基础研究,5 300 多平方千米的东濮凹陷地质区域清晰展现,通过开展“三新”领域勘探,实施滚动勘探,取得新成果。油田围绕富油气构造带开展源藏关系研究,深化成藏与富集条件认识,依据烃源岩发育及近源成藏规律,确定东濮凹陷 10 个运聚单元;按照在富油洼陷里找构造集群、围绕主力层系开展效益勘探的思路,优选埋藏浅的濮卫、马寨运聚单元进行精细评价。基于“多期成藏,叠合连片”成藏认识,对卫城北翼细分层系进行评价,卫 452 井、卫 453 井相继获工业油流,上报控制石油储量 108 万吨;对马寨地区进行油气成藏规律研究,分别在卫西次洼和马寨次洼部署 2 口评价井,卫 455 井已见到油显示 71 米共 30 层,明确了富油气区周边的增储潜力与下一步勘探方向。

(李　丽　张　雨)

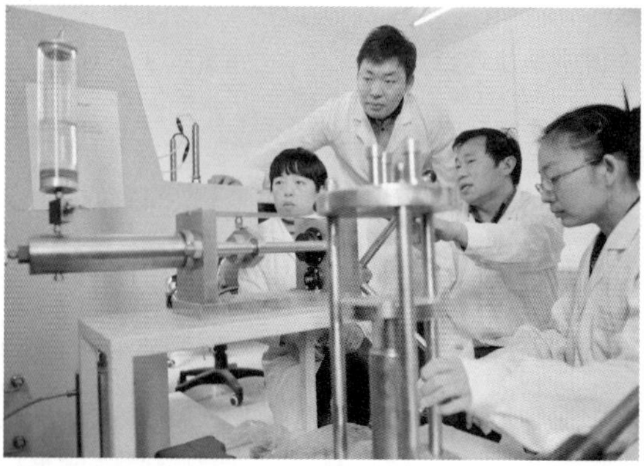

2017 年 4 月 24 日,中原油田技术人员成功研发出新型压井液体系　(仝　江)

【东濮老区持续稳产】 2017 年,中原油田实施提高东濮老区采收率工程,动态调整配产,超额完成生产任务,SEC 储量替代率 165%。采油厂、勘探开发研究院、石油工程技术研究院加强精细注水和自然递减分因素管控,有效应用“三线四区”经济运行模型，综合治理8个重点单元，自然递减减缓4.32个百分点，减少无效液量26.2万吨、无效注水量143万立方米，降本提效9 629万元。推进气驱提高采收率先导实验，优化调整注气工艺和参数，二氧化碳驱示范区增加井组4个，天然气驱示范区增加井组2个，气驱效果进一步显现。实现产能增量增效，评价研究34个目标区块，实施滚动评价井9口，新增商业开发储量150万吨；实施产能建设井13口、老井侧钻井57口，新增(恢复)产能7.05万吨。

（李 丽 张 雨）

【普光探区实现商业发现】 2017年，普光探区扎实开展地质构造研究，带动海相勘探取得认识上的突破。中原油田按照“拓展富气层系、准备接替领域”的思路，开展普光探区主体外围礁滩相识别、储层储测技术及成藏条件研究，深化长兴—飞仙关组富气层系礁滩相地质认识，准备深层震旦—寒武系接替层系，完成分水岭、大湾构造带整体评价。实现分水岭构造带长兴组天然气勘探商业发现，取得陆相须家河组勘探新认识，上报控制天然气地质储量131亿立方米、预测天然气地质储量181亿立方米。年内，中原油田在集团公司勘探工作会上获中国石化2017年勘探商业发现二等奖。在此基础上，油田应用新资料开展长兴组两期礁滩体刻画，识别早期缓坡礁体及晚期礁滩体共27个、面积124平方千米、资源量776亿立方米。以落实长兴礁滩相认识、实现规模增储为目的，在分水岭构造带部署钻探分3井。分3井多层系见显示，电测解释气层415.60米共81层，其中长兴组连续显示井段560米、电测解释气层312.80米共65层。分3井证实长兴组台缘礁多期叠置与点礁、生屑滩分带连片分布的沉积模式，新增控制含气面积9.40平方千米、控制天然气储量131亿立方米，新增预测含气面积14平方千米、预测天然气储量101.70亿立方米。须家河组新增预测天然气含气面积44.58平方千米、天然气储量79亿立方米，证实陆相致密储层存在“甜点”，具备勘探潜力。

（李 丽 张 雨）

【普光气田稳产增效】 2017年，中原油田普光分公司优化生产组织，加强产销衔接，推动产能释放，实现普光气田稳产增效。跟踪研究水侵状况，强化“控、排、堵”相结合的控水治理，液气比整体平稳，气藏水侵速度得到有效控制。推进产能建设，毛坝504－1H井完钻，新建产能2.64亿立方米。强化生产运行，推进智能气田一体化业务协同平台建设，实施《不同负荷工况下节能经济生产方案》，集输设备综合完好率99.41%，较计划指标提高1.41个百分点；净化装置平均负荷率93.97%、提高5.22个百分点，创历史最好水平。全年生产混合天然气76.53亿立方米、净化天然气57.67亿立方米、商品天然气54.3亿立方米，商品气超产7.49亿立方米，SEC储量替代率由负转正，保持100亿米^3/年混合气生产能力。

（李 丽 张 雨）

2017年1月17日，国内最大硫黄料仓——普光气田天然气净化厂1号料仓完成首次全面检修（祝广影 摄）

【国内首口高含硫气井永久性封井】 大湾405－3井是普光气田大湾区块一口高产井。2015年，技术人员通过取样化验发现硫化氢气体进入油管与套管之间的环形空间，存在高浓度硫化氢气体腐蚀油层套管，导致硫化氢气体泄漏的风险。集团公司综合分析、反复论证，决定把该井定为集团公司挂牌督办的重大安全隐患，并对其实施永久性封井。普光分公司组织科技人员加强技术攻关，历时1年，确定“先封堵气层，再打捞采气管柱，最后封堵井筒”的施工方案。同时，按照国家“十三五”重大专项研究安排，在封堵过程中，同步开展高含硫气层封堵、永久性封隔器套磨铣打捞、套变检测等重大科技攻关现场试验。2017年8月10日，普光气田大湾405－3井简易井口安装完成，各项完井数据达到高含硫气井弃置标准，标志着国内首口高含硫化氢开发井永久性封井施工结束。截至封井前，该井日均生产天然气30万立方米，累计生产混合天然气4亿立方米，为普光气田创造了可观的经济效益。通过此次施工，普光气田掌握了低压气井平衡压井、长井段气层压力剖面凝胶调剖、连续油管超细水泥封堵气层、镍基合金井下工具磨铣打捞、井筒完整性评价测试、高含硫气井大修井控技术6项高含硫气井封井关键技术，为下一步做好同类气井管理和气井安全风险管控积累了经验。

（李　丽　张　雨）

【普光分公司入选 2017 年工信部国家智能制造试点示范项目】 2017 年，中原油田普光分公司根据《工业和信息化部办公厅关于开展 2017 年智能制造试点示范项目推荐的通知》要求，组织申报“智能气田试点示范项目”，通过在四川省 13 家申报单位的筛选，成功入选工信部 2017 年智能制造试点示范项目。该次申报全国入选单位共有 97 家，其中能源行业 16 家、石油石化行业 3 家。普光分公司成为中国石化上游板块首家智能油气田试点示范入选单位，为普光智能气田 2.0 起步创造良好环境。

（李　丽　张　雨）

【国内首个高含硫气田培训基地诞生】 高含硫气田因生产现场危险性高、操作流程复杂，对培训基地的设备流程和操作场景有特殊要求。2017 年，中原油田在整合普光分公司采气厂“实训基地”“王红宾学习创新工作室”“赵延平学习创新工作室”及采气厂原职工学习创新园的优质软硬件资源基础上，加强授课教师配备，健全培训基地管理办法和制度，提升软硬件水平，形成新的培训基地，具备员工实操实训、职工交流攻关、职业技能鉴定、职工练兵竞赛、油田外闯市场队伍培训五大功能。8 月 18 日，“中原油田高含硫采气专业培训基地”在普光分公司采气厂原职工学习创业园挂牌，标志着中国石化乃至全国范围内首个高含硫采气专业培训基地诞生，填补了该专业培训领域的空白。

（李　丽　张　雨）

【内蒙古探区取得新成果】 2017 年，内蒙古探区银额盆地拐子湖凹陷勘探取得新进展。油田评价反向屋脊带，部署拐 4 井、拐 3 井，其中拐 4 井发现 4 套含油气层，上报预测石油地质储量 1 160 万吨；利用拐参 1 井、拐 4 井资料，在拐子湖中洼开展叠前三维地震属性反演，落实岩性层圈闭 5 个，资源量达 5 181万吨；在反向屋脊带高、低部位分别部署评价井拐 6 井、拐 7 井。内蒙古“两干”地区近源勘探取得新进展。在白音查干凹陷开展洼陷—斜坡带沉积体系与储层发育规律研究，部署翁 7 井，上报控制石油地质储量 212 万吨；明确洼陷带内德 1 南、查 1 北等二级断层控制的构造—岩性圈闭是重要的富集区，评价有利勘探面积 100 平方千米，资源潜力为 1 500万吨。查干凹陷为探索该带巴音戈壁组油气富集特征及基岩潜山新领域，部署预探井意 22 井，落实含油气面积 6.2 平方千米，上报预测石油地质储量 633 万吨。

（李　丽　张　雨）

2017 年 3 月 18 日，内蒙古探区银额新区拐子湖凹陷南洼重点探井——拐 2 井完成中完裸眼测井作业　（白国强　摄）

【拐子湖勘探重大突破入选 2016 年度中国地质科技十大进展】 近年来，中原油田科研人员通过对内蒙古西部银额盆地石炭—二叠新层开展野外调查和室内综合研究，建立石炭系—二叠系地层架构，编制主要地层单元沉积相图，确认银额盆地为中国北方重要的石炭系—二叠系含油气盆地，并通过构造改造与热演化史研究，查明主要烃源岩的分布与地球化学特征，提出存在石炭系—二叠系含油气系统的新认识。在此基础上，科研人员从盆地的基础地质研究着手，优选区块和凹陷，部署 3 期二维地震测线，开展综合地质评价和构造研究，落实拐子湖凹陷的基本规模和构造特征，在拐子湖凹陷中洼西部斜坡带部署拐参 1 井。该井完钻后获高产油气流，实现了银额盆地油气勘探的重大突破。2017 年 2 月 22 日，中国地质调查局、中国地质科学院联合发布 2016 年度地质科技十大进展评选结果，由中原油田勘探开发研究院和西安地质调查中心承担完成的“基础地质认识创新引领银额盆地拐子湖油气勘探重大突破”入选 2016 年度中国地质科技十大进展。

（李　丽　张　雨）

【国内最大储气库开工建设】 2017 年 5 月 19 日，集团公司举行文 23 储气库一期工程开工仪式，标志着国内最大天然气储气库——文 23 储气库正式开工建设。文 23 储气库项目是国家“十三五”重点建设工程，承担着为大华北地区“五省二市”供气的任务。该储气库由中原油田文 23 气田主块改建，设计库容 104 亿立方米，建成后有效工作气量 40 亿立方米以上。

（李　丽　张　雨）

【文88块实现三大配套技术国产化】 2017年，中原油田采油四厂根据“文88块扩大注气规模”项目统一部署，在文88块沙三中8、沙三中9、沙三中10注气基础上，新增文72-108井、文72-114井2口注气井，实现三大配套技术国产化，建立文72注气新站，标志着注气工作又进入一个新阶段。该项目以中原文88块为目标油藏，创新形成挥发性油藏天然气驱提高采收率技术体系，打破国外公司技术封锁，形成超高压压缩机安全运行技术，关键设备国产化研制并应用，高压气密封井口及注气管柱技术，实现高压气密封井口、工具、油管国产化，高压大流量天然气计量研发技术，研发并安装国内若干套国产35兆帕注天然气压缩机组。该项目申请专利18件，已获授权发明专利6件、实用新型专利12件，发表核心论文期刊6篇，“挥发性油藏天然气驱提高采收率技术及关键设备国产化研究”项目获中国石化科技创新成果二等奖。年内，文88块累计注入天然气2 554万立方米，累计增产原油0.32万吨。

（李　丽　张　雨）

【“中原服务”年度市场开发目标完成】 2017年，中原油田公共服务各单位实施“走出去”战略，紧跟油气主业和外部市场需求，优化资源配置，全力拓展外部市场，打造“中原服务”品牌。根据油田外部市场管理办法和绩效考核相关政策，把年度外部创收指标量化分解至各基层单位，实行季度综合考核排序，以效益论英雄，以市场论成败，以贡献定绩效，为“中原服务”各单位营造创效益、谋发展、增收入、得实惠的局面，激发全员闯市场的积极性。同时，在油田搭建的人力资源、设备资产和外委项目公示审查4个共享平台的基础上，打破行业、单位之间的界限，实现人力资源、设备和信息跨界流动，为公共服务各单位外闯市场提供有力支撑。在市场开发方面，围绕“做精西南、做优西北、做实‘天分’、做活本部(周边)、开发新兴市场”的市场定位，坚持以信誉开拓市场，以实力巩固市场，以品牌做大市场，不断拓展市场空间。“中原服务”各单位充分发挥集成优势，根据甲方需求和市场规模，采取“劳务+技术”、项目总承包等模式，推进区域化管理、一体化统筹，充分利用油田资源共享和公共服务成龙配套优势，做到“抱团取暖”、整体联动，并探索“轻资产、重技术、高端化”的外部创效模式，提升全业务链服务能力，增强市场竞争力。截至年底，“中原服务”运行外部项目98个，其中新增天津LNG接收站水务运维、重庆天然气管道通信运维等项目29个，实际创收4.7亿元，外部市场员工达2 200人，市场规模与经济效益持续同步增长。

（李　丽　张　雨）

【光伏发电迈向规模化】 2017年，中原油田推进光伏发电项目规模化发展，重点实施钻井社区光伏发电项目和黄河水源厂光伏发电项目。其中，钻井社区光伏发电项目位于濮阳市清丰县瓦屋头镇中原油田原第三社区，该项目总装机容量7.20兆瓦，分为2期建设。1期装机容量3.20兆瓦，12月底基本完工；2期装机容量4兆瓦，施工场地“三通一平”(水通、电通、路通、场地平整)已经完工。黄河水源厂光伏发电项目位于濮阳市范县中原油田供水管理处黄河水源厂，该项目装机容量13.46兆瓦，分为4期建设，厂区“三通一平”工作进行中。同时，油田进一步扩大光伏发电项目实施范围，采油一厂花园小区、采油二厂濮城增压站光伏发电项目，基地水站光伏发电示范项目前期调研论证已全面展开。截至2017年底，濮东采油厂桥口、马厂光伏发电项目累计发电423.33万千瓦·时，减少二氧化碳排放超过3 000吨，节约电费92.29万元。

（李　丽　张　雨）

【深化改革稳步实施】 2017年，中原油田油公司建设迈出新步伐，专业化配套机制更加完善，降本增效5.75亿元，供电、监测、维修等涉及重组的单位实现盈亏平衡。①深入开展降本增效，细化落实42个项目，采油厂抛荒地退耕6.15万平方米(合9 218亩)，每年减少青苗赔偿费1 232万元。物资供应实施网上标准化招标采购，节约资金8 900万元。工程建设项目强化全流程管控，节约资金3 174万元。供电实现大用户直购电，优化电网运行，节约电费7 900万元。编制《石油化工总厂扭亏脱困专项治理总体方案》，与中原乙烯产业重组，区域产业优势得到发挥。全年亏损同比减亏22.54亿元。②争取地方政府支持，确保移交依规、合法、平稳，供电、供水、供热、燃气业务与濮阳市政府指定企业签订移交协议，市政、社区管理职能与濮阳市政府签订移交协议，明苑小区、祥苑小区和玉兰小区办社会职能与属地政府签订移交协议，移交市政道路9条22.5千米、农贸市场4个，超额完成集团公司年度分离移交工作任务。③实施中原石油勘探局公司制改制及供电、通信公司化改造，法人治理结构更加清晰。压减中层机构8个，其中机关职能部门实施合署办公，减少机关处室 2 个；整合采油五厂、采油六厂，组建濮东采油厂；整合前线 7 个社区，组建采油、钻井 2 个社区管理中心，社区管理机构压减 50%。

（李　丽　张　雨）

【中原油田完成 18 个采油(气)区信息化建设】 2017 年，中原油田推进采油区生产信息化项目实施，加强节点管理，严格工期考核，加强人员配备和安全监管，严把施工质量关，在确保施工安全与质量的前提下，加快施工进度。上半年，11 个采油管理区完成生产信息化建设项目，覆盖油井 1 549 口、站场 276 座。下半年，油田启动剩余 9 个采油管理区的生产信息化建设，经过前期可研编制、审查批复、投资下达、施工设计等工作，各单位已完成部分供料采购、生产指挥软件平台招标等，采油二厂、采油四厂完成项目施工招标，采油一厂施工招标方案在电子招标系统等待集团公司总部审批。截至 2017 年底，现场施工前期准备全部完成，完成投资 3 000 万元，有 18 个采油(气)区完成信息化建设，完成比例 67%。其中，东濮老区已实施信息化建设的 13 个采油管理区的用工人数由 6 130 人优化到 3 617 人，减少 40% 以上，并建立科学高效的人力资源优化配置机制；生产时率由 97.20% 提高到 99.50%，人均管理井数由 0.85 口提高到 1.80 口，形成"电子巡井、中心值守、人机联动、快速响应"的组织形式。

（李　丽　张　雨）

【完成公司制改制工作】 2017 年，中原油田加强组织领导、制订运行计划、倒排工作进度、强化沟通协调，全面完成中原石油勘探局、南方经济开发中心及电信工程中心工商变更登记工作。对南方经济开发中心，增加电能的销售、购电、售电等业务，逐步转变为电力业务经营有限公司，实现可持续发展。对电信工程中心，根据国家工商行政管理局企业名称登记管理规定和《电信业务经营许可管理办法》中"企业注册资本最低限额为 1 亿元人民币"规定，将电信工程中心注册资本由 952.60 万元增加到 1 亿元，满足公司制改制后相关经营资质申办或者升级对注册资本的要求，实现电信业务跨越式发展。

（李　丽　张　雨）

【中国石化财务共享服务中心濮阳区域服务部相关业务成功上线运行】 2017 年 4 月 8 日，根据集团公司加快推进财务共享服务的整体部署，中国石化财务共享服务中心濮阳区域服务部相关业务成功上线运行。濮阳区域服务部主要为中原石油勘探局、中原油田分公司和中原石油化工有限责任公司 3 家单位提供服务。截至年底，财务共享服务中心濮阳服务部完成扫描 25.50 万笔，形成影像 184.40 万张，归档 8 686 册，编制凭证 6.80 万张，编制报表 3.60 万张。

（李　丽　张　雨）

【风险管理成果获国家级管理成果二等奖】 近年来，中原油田深入研究并遵循 ISO 31000 标准的原则和理念，借鉴其技术标准并吸收消化再创新，通过"嵌入式"风险管理方法在各层级、各领域的决策、运营、项目管理中的"主动性"应用，促进全面风险管理与日常经营管理的深度融合。以解决实际问题为导向，制定标准化的《风险评估调查表》和《风险应对与监控表》，通过"点对点"的方式全面开展年度风险评估，有效解决各层级间的实际问题，取得实实在在的成效。"基于 ISO 31000 标准的嵌入式风险管理"项目是中原油田在推进全面风险管理工作业务常态化实施过程中形成的全新管理模式，嵌入式的风险管理成果为石油石化乃至于其他领域的企业提供很好的范例，可以作为管理提升、管理改善、管理精细化的一种有效的管理工具，具有广泛的应用范围和推广价值。2017 年 3 月 25 日，全国企业管理创新大会在北京举行，发布和推广国家级企业管理现代化创新成果 243 项，中原油田申报的"基于 ISO 31000 标准的嵌入式风险管理"获二等奖。

（李　丽　张　雨）

【第 5 次获全国文明单位称号】 2017 年，面对发展新形势、全国文明单位创建新变化，中原油田始终坚持把创建工作作为一项民心工程来抓，把职工群众呼声作为第一信号，把职工群众需求作为第一目标，把职工群众满意作为第一标准，加大硬件投入力度，优化公共环境，持续改善基础设施的同时，以培育践行社会主义核心价值观为统领，深化特色活动，广泛开展培育好家风、家风家训微故事征集等一系列学习教育活动，组织社会主义核心价值观考核和核心价值观进社区、进家庭、进单位、进班组"四进活动"，培育文明风尚，使创建工作既有深度内涵也有广度延伸。全力推进志愿服务工作升级，加强志愿服务，各级志愿服务团体以"相互关爱、服务社会"为主题，在雷锋月、春节、端午节、重阳节等传统节日和重大节日，组织开展"三关爱"、邻里守望、服务大集、文明交通等活动 300 余场次，志愿者服务总时长达 15.7 万小时，以独具油田特色的志愿服务工作助推全国文明单位(城市)创建。12 月 27

日，油田接到中央精神文明建设指导委员会颁发的“全国文明单位”复查合格证书，这是中原油田继2005年、2008年、2011年、2014年获得全国文明单位称号后第5次获该荣誉。

（李 丽 张 雨）

表1 **中原油田主要技术经济指标** 亿元

指标名称 \ 年份	2017	2016	2015①	2014	2013	2012
企业总产值	157.64	124.13	188.72	292.58	303.13	440.61
企业增加值	68.34	58.33	89.17	137.82	173.03	373.58
资产总计	334.97	370.33	460.55	523.61	543.28	674.15
流动资产	41.98	40.65	54.54	70.87	73.17	132.87
固定资产原值	398.72	396.88	389.42	380.62	368.40	1 044.33
固定资产净值	170.06	203.53	215.54	228.09	228.09	487.91
销售收入	174.05	154.40	212.64	305.52	323.78	490.79
实现利税	-31.95	-91.44	6.31	93.02	89.62	109.62
税　金	21.59	27.08	49.08	59.31	57.95	82.35
综合能耗/吨标煤·万元$^{-1}$						
中原石油勘探局	0.53	0.56	5.19	6.00	6.00	0.57
中原油田分公司	0.56	0.48	0.47	0.52	0.53	0.48

①2015年数据统计口径发生变化

表2 **中原油田主要生产建设指标**

指标名称 \ 年份	2017	2016	2015	2014	2013	2012
原油产量①/万吨	126.42	146.67	182.64	231.00	243.00	252.01
天然气产量/亿立方米	59.76	39.97	58.53	83.05	85.42	80.12
新增原油生产能力/万吨	5.71	0.40	1.53	14.80	13.05	19.50
新增天然气生产能力/亿立方米	3.97	0.12	0.08	2.54	0.23	23.37
新增探明石油地质储量/万吨	0	0	0	251.00	285.00	981.45
新增探明天然气地质储量/亿立方米	0	0	0	0.31	2.58	21.70
二维地震/千米	150.00	0	260.00	325.00	600.00	203.00
三维地震/平方千米	254.00	427.00	161.00	192.00	123.00	201.00
探井②/口	17	9	15	23	40	38
开发井②/口	13	0	5	30	82	161
勘探投资/亿元	5.73	3.72	5.17	5.29	6.11	8.13
开发投资/亿元	9.04	5.14	4.06	10.10	16.04	24.36

①2015年以后原油产量不包含中原石油工程公司

②探井、开发井均为完井口数

河 南 油 田

【概况】 河南油田为中国石化集团河南石油勘探局有限公司(简称河南石油勘探局)和中国石油化工股份有限公司河南油田分公司(简称河南油田分公司)的统称。其前身组建于 1972 年 5 月 1 日。1998 年,河南油田由中国石油天然气总公司划归集团公司。2000 年 1 月,河南石油勘探局和河南油田分公司分设分立。2012 年 9 月—2013 年 9 月,河南油田钻井公司、物探公司、油建公司等 7 个二级单位完成石油工程专业化重组,划归石油工程公司管理。2017 年 9 月,中国石化集团河南石油勘探局改制更名为中国石化集团河南石油勘探局有限公司。

河南油田是以油气生产为主,集油气勘探、开发、炼油化工、施工作业、辅助生产和社会服务于一体的国有大型Ⅰ类企业;矿权范围地跨河南省南阳、驻马店、洛阳、周口、漯河、许昌,陕西省咸阳、铜川、延安和新疆巴音郭楞蒙古族自治州、奎屯市、伊犁地区 12 个市(州、区)。本部设在河南省南阳市宛城区油田五一村,其所属新疆采油厂位于新疆维吾尔自治区巴音郭楞蒙古自治州焉耆回族自治县城。截至 2017 年底,河南油田拥有探矿权区块 7 个、面积 1.48 万平方千米,采矿权区块 7 个、面积 2 047.04 平方千米。油气资源总量达 25.80 亿吨,已发现 17 个不同类型的油气田,累计探明石油地质储量 3.85 亿吨、天然气地质储量 129.30 亿立方米,已投入开发 16 个油气田,累计生产原油 8 610.15 万吨、天然气 27.67 亿立方米。

河南油田实行勘探局、分公司—二级厂(处)—矿(大队)三级管理体制。截至 2017 年底,河南油田设机关职能处室 22 个,直属二级单位 21 个,其中分公司下属 12 个、勘探局下属 9 个。共有 170 个矿(大队)基层单位。全油田有直属党委 24 个,其中勘探局、分公司单位党委 21 个、改制企业党委 3 个,党总支 56 个,党支部 630 个,党员 1.68 万名。有合同制员工 1.38 万人(分公司 1 万人),其中拥有教授级职称的 70 人、高级职称的 1 997 人、中级职称的 2 703人、初级职称的 1 603 人;享受政府特殊津贴的 6 人,集团公司突出贡献专家 10 人,获闵恩泽青年科技人才奖的 19 人,学术、技术带头人 13 人。

河南油田主要技术经济指标和主要生产建设指标分别见表 1 和表 2。

(韩 伟 郭运平)

【完成油气生产任务】 2017 年,河南油田新建产能 14.52 万吨,新增 SEC 经济可采储量(现有经济和操作条件下的剩余经济可采储量)172 万吨。生产原油 156.50 万吨,其中老井自然生产 134.59 万吨、新井生产 11.40 万吨、措施增产 10.47 万吨。生产天然气 8 102 万立方米,其中溶解气 2 512 万立方米、气层气 5 590 万立方米。年末综合含水率 91.95%,自然递减率 18.96%,稠油热采吞吐油汽比 0.20。“春光中南部稀油小砂体及泌阳凹陷岩性油藏滚动勘探”项目获股份公司油气高效滚动与评价二等奖,“古城油田泌 123 区块普通稠油聚合物驱”项目获股份公司规模增加经济可采储量二等奖。

(韩 伟)

2017 年 10 月 26 日,河南油田采油二厂集输大队稠油联合站管线改造施工现场(单朝玉 摄)

【控制储量完成情况】 2017 年,河南油田计划新增控制储量 1 000 万吨,实际完成 1 012.05 万吨。新增储量的春光油田春 106、春 110 等井区新近系沙湾组,春 114、春 20、春 79 等井区白垩系油藏划分为 13 个计算单元,新增计算含油面积 7.99 平方千米,控制石油地质储量 508.35 万吨,技术可采储量 115.70 万吨;下二门油田泌 426、下 T4－2213 等井区古近系核桃园组油藏划分为 9 个计算单元,新增计算含油面积 5.29 平方千米,控制石油地质储量 256.22 万吨,技术可采储量 39.27 万吨;双河油田泌 425 井区古近系核桃园组油藏划分为 3 个计算单元,新增计算含油面积 1.40 平方千米、控制石油地质储量 79.55 万吨、技术可采储量 11.93 万吨;古城油田泌 424、泌 427 等井区古近系核桃园组油藏划分为 3 个计算单元,新增计算含油面积 1.59 平方千米、控制石油地质储量 64.53 万吨、技术可采储量 12.91 万吨;王集油田 E 王 53、E 王 56 等井区古近系核桃园组油藏划分为 4 个计算单元,新增计算含油面积 2.17 平方千米、控制石油地质储量 103.40 万吨、技术可采储量18.60万吨。春光探区勘探发现获股份公司春光探区石油勘探商业发现三等奖，泌阳凹陷油气勘探发现获股份公司泌阳凹陷油气勘探商业发现三等奖。

（郭运平）

【获鄂南旬邑—宜君区块勘探开发权】 2017年，根据集团公司石油勘探开发区块内部流转政策，河南油田通过投标，获鄂南旬邑—宜君区块勘探开发权。区块面积2 029平方千米，石油资源量4.08亿吨，天然气资源量2 000亿立方米，探明储量与控制储量合计1.06亿吨。11月27日，河南油田分公司和华北油气分公司正式签署交接明细；12月1日，区块归属河南油田管理开发。截至年底，接收开发地质资料8 110余项，复产13个井台的43口油井，开井23口，累计产液567.30吨、产油367.50吨。实现了平稳交接和安全复产。

（韩 伟）

【能源化工生产情况】 2017年，河南油田能源化工加工原料油20.03万吨，生产特种蜡10.36万吨，销售特种蜡9.88万吨，实现经营收入10.68亿元，经营性资产盈利827万元；综合商品率96%，加工损失率0.52%；炼油能耗47.32千克标油/吨，单位因数耗能11.35千克标油/(吨·因数)；开发NYTP－201号喷涂蜡、新ZF－5016型橡胶防护蜡、NYTZ－304和NYTZ－303号复合蜡4个特种蜡新产品，特种蜡产品达38个品种、113个牌号。

（郭运平）

2017年8月24日，河南油田南阳能源化工有限公司煤粉锅炉超低排放改造工程脱硫塔加高部分安装现场 （蒋永明 摄）

【科技创新成果】 2017年，河南油田开展科技项目143项，其中国家级3项、集团公司级10项；完成科技项目86项。“春光探区排10井区地震资料高分辨率处理解释方法研究及应用效果”“油田注水开发后期细分开采关键技术”“特高含水高温油藏三元复合驱技术研究与应用”3个项目获集团公司科技进步三等奖；评出河南油田科技进步获奖项目56项。申请专利93件，获授权64件。被命名为中国石化创新型企业。

（韩 伟）

【安全环保形势稳定】 2017年，河南油田以风险管控和隐患治理双重预防机制为核心，全面落实安全环保主体责任，加强标准化建设，贯彻“六个必”工作要求，全年未发生上报集团公司事故，连续6年实现零死亡目标，各项HSE指标均控制在集团公司要求之内。积极履行环保社会责任，完成“采油一厂联合站储油罐、消防水罐等安全隐患整改工程”“采油二厂稠油联合站消防系统隐患整改工程”“新疆采油厂原油罐区安全隐患治理工程”等7项集团公司批复安全环保基金项目，投资3 214万元；完成“采油一厂双河采油管理区气站阀组至双联输油干线隐患治理工程”“采油二厂雨棚式配电系统隐患治理工程”“采油气工程服务中心油管修复线降噪改造工程”等12项安全环保成本列支项目，投资1 041万元；完成“南阳能源化工有限公司75吨燃煤锅炉超低排放烟气治理工程”“采油二厂污泥堆放场地配套改造工程”“双河供热站烟气排放提标改造工程”等5项环保隐患治理项目，批复投资2 395万元。河南油田被评为集团公司安全生产、环境保护先进单位，职业健康、公共安全先进集体，优秀消防队。

（韩 伟）

【“四个增效”提升经营业绩】 2017年，河南油田成立10个“保效增效”项目组，全面推进“四个增效”工程。在优化增效上，优化评估参数，分14个开发区块评价剩余经济可采储量，减少折耗费2亿元；坚持“自己能干的活自己干”，减少外委费6 098万元。在改革增效上，实施自主承包采油经营区块8个，增效5 000万元；加大改革调整力度，整合单位、精简机构，增效1 500万元。在管理增效上，完善内部定额管理体系，发挥价格杠杆作用，井下作业定额下降47%，各采油厂实施有效措施作业500井次；整合内部普通印刷业务，降低印刷费200万元。在增收增效上，外创市场实现收入3.56亿元，增长48%；焉耆原油价格提高132元/吨，天然气价格提高400元/万米^3，实现增收965万元。

（郭运平）

【节能工程】 2017年，河南油田按照转方式调结构、提质增效升级工作要求，运用管理节能、技术节能、工程节能、结构节能等方法，在机采、注水(聚)、注汽、集输、公用等系统，实施“优化注采调整，降低无效排液”“边远区块低耗节能技术集成应用”“应用CO_2辅助吞吐工艺提高春光油田稠油开发蒸汽利用率”等节能技术措施项目47项，完成节能量1.87万吨标准煤(等价值)，顺利完成年节能目标。

(郭运平)

【工程技术低成本改造升级活动】 2017年，河南油田开展工程技术低成本改造升级活动，按照针对性更强、效益更好、成本更低、应用更广的技术要求，实施“低成本化学封堵”“乳化油泥不动管柱调剖”“不动滤砂管解堵”“作业联作”等技术45项、1 576井次，阶段增油5.70万吨，降本5 936万元。

(韩 伟)

2017年11月11日，河南油田石油工程技术研究院技术人员在春光油田推广应用稀油小砂体边水抑制技术施工现场 (赵 亮 摄)

【二氧化碳强化采油技术研究应用】 2017年，河南油田二氧化碳强化采油技术在杨楼油田中深薄层水平井试验取得成功的基础上，通过深入研究，实现中深井向中浅井、水平井向直井、稠油单一降黏向压水锥复合降黏领域扩展。应用92井次，阶段产油3.26万吨，增油1.46万吨；油汽比从0.22提高至0.40；操作成本从1 350元/吨降至767元/吨，降低43%。

(韩 伟)

【体制机制调整改革】 2017年，河南油田进行专业化重组，将生产准备、维修、特车等业务整合纳入采油气工程服务中心，实现了集中管理；将物探研究院整合重组到勘探开发研究院，增强了科研力量。完成公司制改制工作，改制单位成为独立的市场经营主体。中国石化集团河南石油勘探局改制更名为中国石化集团河南石油勘探局有限公司，于10月31日取得营业执照。河南石油勘探局压力容器检验所有限公司于11月9日取得营业执照；北京翔龙宾馆有限公司和河南石油勘探局无锡石油技术研究有限公司于11月30日取得营业执照。

(韩 伟)

【矿区(社区)重组移交】 2017年，河南油田进行矿区(社区)专业化重组，推进矿区(社区)业务由服务保障型向经营管理型转变。撤销五一、涧河、双河、南阳4个社区服务中心，组建以物业服务为主业的物业服务中心、以社区管理和居民服务为主业的社区服务中心及以市政管理为主业的基地(市政)管理中心。推进企业办社会职能分离移交，完成河南油田双河社区唐河基地小区供水、双河区域污水处理、中心区污水处理等4个项目移交。

(韩 伟)

【能源公司扭亏脱困成效显著】 2017年，河南油田开展能源公司扭亏脱困专项治理工作。关停燃料生产系统，退出炼油业务，集中发展特种蜡优势业务，特种蜡国内市场占有率接近40%，凸显了蜡主营业务效益；通过剥离不相关业务和资产，资产净值减为1亿元；开展人力资源优化配置，通过外部上岗、内部竞争择优上岗、停岗留薪等方式，员工由1 430人减至648人；实施降本增效项目30项，增效2 905万元；扩大外创市场业务范围，实施项目共4类、9项，增收1 012万元。全年实现经营性资产盈利827万元。

(韩 伟)

【成立河南明珠电力销售有限公司】 2017年，河南油田成立河南明珠电力销售有限公司，与电力企业实现战略合作，培育转型发展新业态。8月8日，在河南省工商局完成工商注册登记，注册资金2.10亿元，办公地点为郑州市金水区人民路6号。主营业务包含电能购售，配电网投资、建筑、检修和运营业务管理，电力节能技术的投资、研发和服务等。10月29日，在河南电力交易中心完成电力交易许可注册，获得电力销售经营权；10月30日，正式投入运营。与中原石油化工有限责任公司签订售电量达3.20亿千瓦·时的售电业务交易合同。

(郭运平)

【"三比三创"主题活动】 2017年，河南油田开展"三比三创"（比实干、比指标、比贡献，创新、创业、创效）主题活动。组织宣讲53场次，参加人数2万余人次；组织员工参观油田文化馆2万余人次；开展大讨论38场次，参加人数1.20万余人次。通过"讲"清形势，促进了干部职工观念的转变，激发了"越是困难越向前，不靠油价靠作为"的工作精神。层层组织"比先进指标""比先进人物"，按照基础指标、提升指标、奋斗指标3个层次，提出35项指标，制定231条切实可行的方法措施。通过"对标先进，争创一流"，实现挖潜增效、降本减亏2.50亿元；实施外创市场项目139项，同比增加创效7 895万元；海外市场承揽国际勘探公司Addax加蓬项目等14个项目，签订合同额3 069万元。

（韩　伟）

【"油·点子"大赛活动】 2017年，河南油田为加强青年人才的培养与选拔，提高其分析解决问题、组织协调、应急处置等方面的能力，举办第2届"油·点子"大赛暨青年人才才能展示赛活动。450余名40岁以下青年参加油田、厂两级比赛，比赛内容涉及改革发展、生产经营、党建思想政治工作重点和难点问题等，评选出金奖4名、银奖6名、铜奖6名。

（郭运平）

【职业技能培训】 2017年，河南油田共举办181期各类职业技能培训班，集中培训7 943人次，完成年度计划的141%。其中，转岗培训606人，高技能人才培训96人，关键岗位培训92人，岗位提高性培训733人，特种作业岗位培训6 416人次。二级单位开展外创市场人才培训和基本功训练工作，其中培养采油化验工、采（输）气仪表工等104人，培训锅炉操作资质取证65人、采气工67人；分类分层开展基本功实际操作训练，提升了员工正确操作、规范操作、熟练操作的能力。

（郭运平）

【业务竞赛】 2017年，河南油田开展多种业务竞赛。专业技术人员的技术比武，设注水、会计、智能化管线系统应用等5个专业；技能操作人员的技能竞赛，设井下作业工具工、采油工、集输工等5个工种。经过各单位层层开展岗位练兵和培训选拔，384名选手参加总决赛，56名选手分获竞赛各专业和工种各项名次。优选30名选手参加集团公司举办的公司法律事务、注水2个专业和井下作业工具工1个工种的竞赛，取得注水专业金奖1枚、铜奖1枚，公司法律事务专业铜奖1枚，井下作业工具工金奖1枚、银奖1枚、铜奖1枚的成绩。25名选手被授予河南油田技术能手称号。

（郭运平）

【困难群体帮扶救助】 2017年，河南油田向106户特困家庭发放生活补贴71.28万元，为784名职工家属发放大病救助479.92万元，对10户困难家庭实施7.40万元的灾难救助，为特困（困难）家庭、非在职劳动模范、离岗劳动家属及离退休人员发放慰问金961.03万元，为139名特困（困难）家庭子女发放助学金26.97万元；继续实施"一助一"扶贫帮困工程。全年油田困难帮扶中心共支出各类帮扶资金1 546.60万元。

（郭运平）

表1　　河南油田主要技术经济指标　　亿元

指标名称＼年份	2017		2016		2015		2014		2013		2012	
	勘探局	分公司	勘探局	分公司	勘探局	分公司	勘探局	分公司	勘探局	分公司	勘探局	分公司
工业总产值①	1.93	47.28	3.35	45.24	3.89	70.48	2.32	129.39	2.32	136.12	29.39	139.45
工业增加值	1.07	8.43	1.03	0.83	1.25	28.16	1.20	80.86	1.01	86.87	10.93	85.33
资产总计	20.39	84.64	23.24	113.59	23.27	140.23	21.84	162.39	21.19	157.04	61.00	147.00
流动资产	5.02	9.52	5.39	11.41	3.38	12.26	2.44	25.22	2.96	29.64	21.18	35.60
固定资产原值	28.08	342.20	27.15	320.61	26.52	312.83	23.15	299.47	21.28	276.72	19.00	241.58
固定资产净值	13.80	62.16	15.22	95.81	17.16	113.01	14.23	116.98	14.85	241.58	34.00	93.00
销售收入	13.08	47.22	15.54	43.98	17.16	62.74	16.64	111.87	16.47	119.53	61.85	127.55
实现税费	1.21	7.08	1.19	8.38	1.49	12.23	1.36	37.56	1.17	—	5.22	44.41

续表

指标名称＼年份	2017		2016		2015		2014		2013		2012	
	勘探局	分公司	勘探局	分公司	勘探局	分公司	勘探局	分公司	勘探局	分公司	勘探局	分公司
综合能耗/吨标煤·万元$^{-1}$	0.214	0.619	0.316	0.543	0.39	0.55	0.31	0.56	0.30	0.52	0.49	0.53

①2013 年数据不包含工程板块拆分重组单位

表 2　　河南油田主要生产建设指标

指标名称＼年份	2017	2016	2015	2014	2013	2012
原油产量/万吨	156.50	169.07	231.00	241.00	235.00	226.00
天然气产量/亿立方米	0.80	0.67	0.51	0.51	0.57	0.59
新增原油生产能力/万吨	14.52	7.90	11.26	26.75	27.76	27.60
新增天然气生产能力/亿立方米	0.01	0.21	0.01	0.29	0.02	0.03
新增探明石油地质储量/万吨	0	77.68	440.10	544.66	101.53	1 557.00
新增探明天然气地质储量/亿立方米	0	—	—	—	—	129.30
二维地震/千米	—	—	—	200.00	400.00	2 614.00
三维地震/平方千米	100.00	137.00	320.00	200.00	220.00	300.00
石油钻井/口	121	76	145	302	323	316
探　井	43	45	62	43	59	88
开发井	78	31	83	259	264	228
钻井进尺/万米	21.60	13.69	17.10	33.22	49.25	49.78
勘探投资①/亿元	5.95	4.68	5.78	5.13	6.16	11.10
开发投资/亿元	4.63	3.00	5.48	21.30	26.26	18.17

①勘探投资含滚动勘探投资部分

江汉油田

【概况】 江汉油田为中国石化集团江汉石油管理局（简称江汉石油管理局）和中国石油化工股份有限公司江汉油田分公司（简称江汉油田分公司）的统称，是以油气勘探为主、盐卤化工配套发展的国有大型企业。江汉石油管理局组建于 1972 年 5 月，1998 年划归集团公司。截至 2017 年底，下属二级单位 28 个，主要分布在湖北潜江、武汉、荆州，重庆涪陵、万州，山东寿光，陕西安塞等地。主要基层单位有采油队 23 个、采气队 3 个、输油（气）队 11 个、化工车间 26 个。资产总额 337.14 亿元，固定资产原值 613.79 亿元、净值 250.43 亿元，流动资产 18.36 亿元。

2017 年，江汉油田以供给侧结构性改革为主线，全力保安全、稳增长、降成本、拓市场、抓优化、强管理，深化改革创新，加强党的建设，打好“战寒冬、求生存、谋发展”攻坚战，开创可持续健康发展新局面。全年生产油气当量 608 万吨，再创历史纪录。实现收入 140.47 亿元、同比增长 12.7%，其中油气业务收入 113.57 亿元，盈利 1.95 亿元、名列油田板块第二；盐化工扭亏为盈；江汉石油管理局收入 17.72 亿元，亏损 4.11 亿元、减亏 0.25 亿元。合计上缴税费 18.5 亿元。江汉油田第 3 次获全国文明单位称号。

江汉油田主要经济指标和主要生产建设指标分别见表 1 和表 2 。

（罗秋林）

【油气勘探】 热液白云岩泰来6井正在试采，组织开展涪陵地区陆相页岩气整体评价会战；宜昌区块完成地质评价和三维地震部署，积极争取新增矿权。盐间页岩油攻关研究取得新进展，评价井蚌页油2井开钻，王99井压裂获日产30立方米自喷油流。老区勘探新增控制储量484万吨、预测储量720万吨。八面河地区岩性油藏勘探获股份公司规模储量商业发现三等奖。

（罗秋林）

【油田老区递减趋势得到控制】 滚动勘探落实商业开发储量214万吨，潭761区块获股份公司油气高效滚动与评价项目一等奖。新建产能7.4万吨、同比增加4.6万吨，开发成本下降1.0美元/桶。生产原油119.2万吨、超产2.3万吨，生产常规天然气1.3亿立方米。原油自然递减率13.1%、创近10年最好水平，综合含水保持稳定，产量下降幅度从2016年的16.6%降至5.6%。全年新增石油经济可采储量305万吨、储量替代率290.3%，扭转连续2年负增长势头。

（罗秋林）

【盐化工实现盈利】 全年收入9.18亿元，同比增加2.8亿元、增幅43.6%，盈利49万元。主要产品市场竞争力、市场占有率明显提升，保持旺销势头，氯碱销量增长10.5%、收入增长64.1%，漂粉精销量增长17.3%、收入增长17.8%，俄罗斯市场订单首次突破1万吨；食用盐畅销10多个省市，销量2.7万吨、增长42.4%。

（罗秋林）

【技术服务市场不断拓展】 开拓重庆涪陵LNG工厂运行项目、洪荆输油管线消防业务，合同金额1 400万元，输出人员近百人。巩固拓展湖北新捷LNG技术服务、海南福山油田和吉林腰英台油田采油管理服务市场，输出人员396人，创收3 727万元。中标新疆煤制气管道工程建设项目潜江—株洲段仓储物流服务，合同金额1 300万元。承包财务共享档案信息化业务和新气管道南段档案整编项目，合同金额1 040万元。开发扬子石化、中国石油管道局、广西北海管道分公司等技能和业务培训新型市场，培训业务对外创收2 073万元。

（罗秋林）

【特色业务】 管理局经营业务实现收入10.71亿元、同比增收0.67亿元，盈利1 020万元、增利501万元。供电、供水、农业、物业、信息通信5项业务被列为集团公司油田存续经营业务改革调整提质增效试点，供电业务成功入围国家第2批增量配电业务改革试点。生态农业产业化、标准化、品牌化转型发展初见成效，2 000亩(133.33万平方米)虾稻共作立体示范项目积极推进，农产品初精加工和综合利用能力增强。物业服务承揽周边多个项目，合同金额932万元。信息化工程及运维服务业务市场扩大，创收240万元。成品油零售对外创收5 060万元。

（罗秋林）

【矿区生活服务】 老旧小区综合治理、水杉公园环境整治、219省道安全治理等工程全面完成，配套服务设施日益完善。安全供电9.4亿千瓦·时，优质供水1 845万立方米，处理生活污水603万立方米。植树9.4万余株，矿区绿化覆盖率达43.3%。实施供暖热源及配套管网、电力线路改造，较好解决因环保要求拆除锅炉后的矿区冬季供暖问题。开展居民服务诉求季度收集化解，做好保洁、保安、保修、绿化养护等物业服务。深化亲情服务、互助养老、志愿服务，建立居民健康档案，推进老年活动配套设施建设，获第2届全国敬老文明号称号。

（罗秋林）

【HSSE管理】 发布江汉油田HSE管理手册，加强专业分委员会设置，制定“八个必”实施管理办法，HSE体系进一步完善。持续深化“最不放心的五件事”排查整改和全员安全环保诊断，重点风险得到管控，一批隐患得到治理。强化开工验收管理，加强安全督察，狠抓“三项纪律”执行，推进安全“三基”工作，加强承包商监管，现场管理水平不断提升。完善应急管控体系，推进应急指挥平台建设，有效应对汉江特大秋汛，配合组织完成涪陵页岩气田井喷及硫化氢泄漏企地联动应急演练，应急处突能力不断提高。全面完成生产单位清洁生产审核验收、汉江红旗码头饮用水源保护区专项整治，20蒸吨(14兆瓦)以下燃煤锅炉全部淘汰。实施职业健康体检和职业危害因素识别与治理，关注员工身心健康，营造健康、快乐工作环境。抓好平安油区建设，开展矿区综合整治，公共安全管理不断强化。

（罗秋林）

【改革调整】 矿区业务整合稳步实施，按专业化管理组建物业服务公司、基地服务中心、社区事务管理中心。公务用车集中管理全面完成。中心矿区23项企业办社会职能、外围社区19个“四供一业”项目全部签订分离移交框架协议。“三定”方案得到总部批复，机关职能调整有序实施。江汉石油管理局公司制改制率先在集团公司直属企业中完成，泰兴隆盛、江钻天祥 2 家合资公司处置工作全面完成。采油厂整体承包、采油管理区经营承包、项目承包试点稳步展开；持续深化采油气工程技术服务专业化建设，积极探索开发管理与现场管理市场化运营模式、区域一体化运行模式，专业服务能力和运行效率进一步提升。

（罗秋林）

【科技创新】 参与的"涪陵大型海相页岩气田高效勘探开发"项目获国家科技进步一等奖。牵头"涪陵页岩气开发示范工程"国家重大专项，承担"中国典型盆地陆相页岩油勘探开发选区与目标评价""中扬子地区海相层系油气成藏条件与勘探评价""页岩气区带目标评价与勘探技术"国家重大专项子课题。"涪陵页岩气田焦石坝区块稳产技术"项目被列入股份公司"十条龙"计划。承担股份公司级项目 34 项，申请专利 48 件、获得授权 29 件，获省部级科技进步奖 8 项。涪陵页岩气院士专家工作站被评为国家示范院士专家工作站。创新科研体制机制，完善科技管理制度，深化重大科研攻关项目化管理，推行科研项目市场化运行，探索协同攻关"创客模式"，推进开放式科研，激发科研创新活力。"两化"融合管理体系通过终审，EPBP 项目上线运行，5 个采油管理区完成生产信息化改造。涪陵智能气田试点建设加快推进。群众性创新创效获全国职工技术创新成果一等奖 2 项、三等奖 1 项。

（罗秋林）

【企业管理】 推进"三大计划"融合，做实"事价分离、纵向到底、横向到边"的全面预算管理体系，强化月度预算异常分析和动态管控，深化全员成本目标管理，狠抓挖潜增效，保障全年经营目标实现。完善效益导向的绩效考核机制，实行单位联动、上下联动的差异化考核，绩效激励导向作用有效发挥。加大风险管控力度，修订内控实施细则，加强审计监督、效能监察、法律审核，配合做好国务院监事会集中重点检查，实现对外付款业务网上公开，全面排查、梳理生产经营中的不规范行为，积极抓好问题整改，依法合规经营水平进一步提升。加强质量管理，坚持月度质量通报制度。加强"三基"工作，推进"三标"建设和"五型班组"创建，完善"四个清单"、编制"三本手册"。江汉油田在股份公司"五项劳动竞赛"评比中创历届最好成绩，获评先锋采油厂 1 个、红旗采油厂 2 个、优胜采油厂 1 个、金(银)牌队 22 个。

（罗秋林）

【人才队伍建设】 选拔调整中层领导人员 93 人，竞争性公开招聘 3 名优秀年轻干部，新提拔中层副职 40 岁以下干部占比为 35%。《完善人才成长通道建设实施方案》获集团公司批复，制定完善各类专家、专业技术和技能操作职位管理办法，促进三支人才队伍跨序列职业发展。举办各类培训班 249 期、培训 1.1 万人次。在集团公司注水专业和井下作业工具工竞赛中，个人获 2 金、1 银、2 铜，团体获第 2 名，物业管理技术比武获金奖。油田 5 个集体分获省部级五一劳动奖状、工人先锋号、青年文明号等称号，1 人获全国五一巾帼奖，4 人获省部级五一劳动奖章，1 人被评为"荆楚工匠"。

（罗秋林）

【党的建设和思想政治工作】 层层签订党建工作责任书，持续开展党委工作检查考核和党委书记抓党建工作述职评议，推进"两学一做"学习教育常态化制度化，持续深化党员责任区、"双重管理""联创共建"等工作，油田党建工作组织在中央党建工作领导小组秘书组、国务院国资委党委召开的调研座谈会上交流；油公司党员责任区的工作经验在集团公司基层党支部建设工作会上做介绍。宣传思想工作扎实有效，被集团公司评为企业文化建设先进单位。党风廉洁建设取得新成效。压实"两个责任"做法在湖北省国有企业党风廉政建设和反腐败工作会上做经验交流。

（罗秋林）

【涪陵页岩气田建成 100 亿立方米产能】 新增探明储量 1 659 亿立方米、累计探明储量 5 465 亿立方米，涪陵页岩气田成为北美之外最大的页岩气田，获股份公司规模储量商业发现特等奖；新建产能 23.5 亿立方米，累计建成产能 100 亿立方米。全年产气 60.04 亿立方米、销售 57.63 亿立方米，产销量同比增长 19.2%，成为中国石化当年产气量最高的气田，累计产气突破 150 亿立方米，入选 2017 年度中国石油行业十大新闻。《人民日报》、中央电视台、新华社等多家国内主流媒体多频次、集中报道气田开发建设成果。

（罗秋林）

表 1 **江汉油田主要经济指标**① 亿元

指标名称 \ 年份	2017	2016	2015	2014	2013	2012
工业总产值	110.90	97.28	89.81	99.14	84.62	201.77
工业增加值	83.72	92.29	53.74	72.44	53.82	98.43
资产总计	337.14	382.23	360.40	266.67	208.85	291.34
流动资产	18.36	28.61	17.87	12.66	24.38	87.94
固定资产原值	613.79	568.95	505.77	396.81	313.25	344.65
固定资产净值	250.43	290.40	271.81	209.91	156.20	177.43
销售收入	137.56	126.48	114.78	138.38	125.85	253.09
实现利税	8.94	35.91	-9.44	-3.38	8.41	26.72
税　金	11.10	39.35	3.62	14.92	20.28	31.67

①2013 年油公司体制改革后数据仅包含改革后江汉石油管理局、江汉油田分公司相关数据

表 2 **江汉油田主要生产建设指标**①

指标名称 \ 年份	2017	2016	2015	2014	2013	2012
原油产量/万吨	119.18	126.34	151.50	164.53	164.92	163.40
天然气产量/亿立方米	61.34	51.72	33.07	12.31	3.14	1.70
新增原油生产能力/万吨	7.09	4.79	6.70	17.60	16.07	20.06
新增天然气生产能力/亿立方米	23.50	20.17	25.00	20.30	5.00	0.20
新增探明石油地质储量/万吨	0	0	46.71	69.11	305.99	1 116.23
新增探明天然气地质储量/亿立方米	0	0	3 805.98	0	0	63.88
二维地震/千米	550.00	180.00	680.00	636.83	2 059.50	1 999.03
三维地震/平方千米	200.00	638.48	1 354.76	303.60	1 220.27	825.25
石油钻井/口	162	117	281	368	436	320
探　井	24	29	34	32	44	54
开发井	138	88	247	336	392	266
注水井	5	3	9	18	60	45
钻井进尺/万米	38.54	50.65	98.55	109.65	86.53	63.29
勘探投资/亿元	5.31	11.20	14.41	11.60	14.63	13.14
开发投资/亿元	25.67	56.11	117.66	99.36	41.34	24.14

①2013 年油公司体制改革后数据仅包含改革后江汉石油管理局、江汉油田分公司相关数据

江苏油田

【概况】 江苏油田是中国石化集团江苏石油勘探局有限公司(简称江苏石油勘探局)和中国石油化工股份有限公司江苏油田分公司(简称江苏油田分公司)的统称，是以油气勘探开发为主、石油炼制和盐卤盐硝开发生产综合发展的国有大Ⅰ型企业。江苏油田前身组建于1975年4月23日；1998年3月，划归集团公司；1998年11月，安徽油田并入江苏油田；2000年1月，设立江苏石油勘探局、江苏油田分公司；2012年12月，剥离石油工程业务，设立江苏石油工程有限公司并独立运行；2017年9月，中国石化集团江苏石油勘探局更名为中国石化集团江苏石油勘探局有限公司。主力油区主要分布在江苏、安徽、广东3个省的7个地市15个县(市、区)68个乡镇内。油田机关及主要科研单位设在扬州市经济开发区。

江苏油田实行江苏石油勘探局(江苏油田分公司)、二级单位、基层单位三级管理体制。截至2017年底，共有二级单位18个，在岗合同制员工11 018人，派遣制员工887人，非全日制用工776人，离退休人员9 965人，家属3 332人。总资产82.59亿元，其中固定资产净值46.93亿元。江苏油田分公司有油气勘查、开采区块28个，总面积4.05万平方千米。其中，探矿权项目区块8个，面积3.92万平方千米；采矿权项目区块20个，面积0.12万平方千米。共探明油气田37个，面积252.64平方千米，累计探明石油地质储量2.85亿吨、天然气地质储量92.83亿立方米(含溶解气)，累计生产原油4 433.34万吨、天然气14.30亿立方米。

2017年，江苏油田新增经济可动用储量105万吨、控制储量740万吨、预测储量1 355万吨；生产原油120.1万吨、天然气4 258万立方米，吨油完全成本5 653元；实现收入58.58亿元、利税总额－52.59亿元。其中，分公司实现收入43.17亿元、利税－50.03亿元，勘探局实现收入15.41亿元、利税－2.56亿元。

江苏油田主要技术经济指标和主要生产建设指标分别见表1和表2。

(屈传刚)

【领导班子调整】 2017年10月17日，集团公司决定：李东海任江苏石油勘探局执行董事兼总经理；钟志国任江苏石油勘探局副总经理(兼)；肖国连任江苏石油勘探局副总经理；向谷峰任江苏石油勘探局监事。

(屈传刚)

【油气勘探】 2017年，江苏油田分公司勘探投资2.73亿元，完钻探井21口，11口井试获工业油流，探井综合成功率48%。针对高邮凹陷埋藏浅、物性好、产量高区块，加强联合攻关力度，实施永X48、黄X166、邵X23和肖X15共4口探井，均钻获厚油层，其中肖15块新增控制、预测石油地质储量超千万吨。积极推进金湖、海安凹陷隐蔽油藏勘探，钻探台X19、高X29A获得成功，新增预测储量256.1万吨，打破外围凹陷隐蔽油藏勘探多年沉寂局面。加大天然气勘探挖潜力度，开展永安、联盟庄等地区中浅层天然气老井复查，永7-27井重新测试获得成功，肖X15井日产气2.2万立方米。

(屈传刚)

【油田开发】 2017年，江苏油田实施低成本、高效益、稳基础开发策略，实施各类流场调整工作量950井次，年增油4万吨以上，主力油田开发态势明显改善，自然递减率、综合递减率分别控制在9.04%和4.28%，创近年来最好水平。强化滚动、评价、建设一体化攻关，实施滚动勘探井7口，新增经济可动用储量105万吨；投产侧钻井21口，年增油1.4万吨。规模应用生物防腐、二氧化碳吞吐、油井常温输送等低成本技术1 878井次，累计降本3 300万元。实施风险合作开发井108口、合作区块3个，年增油超2万吨。

(屈传刚)

【安全环保】 2017年，江苏油田严格落实安全环保主体责任，建立HSE月度例会制度，增设消防安保分委员会，按照实战标准组织应急演练118次，增强突发情况应对能力。开展安全风险识别评估，发布十大安全风险清单，投入3 027万元实施33个安全隐患治理项目。加强承包商安全监管，将承包商39套现场移动视频接入油田安全视频监控系统，做到全天候、全覆盖现场监管。整合HSE督察大队、石油工程监督、质量监督和生产运行等，采取巡回督察、专项督察、视频督察等手段，及时发现、曝光并消除安全环保隐患。

(屈传刚)

【环境保护】 2017年，江苏油田组织清洁生产示范点创建、申报和核准工作，编制上报中国石化《油气田企业清洁生产评价指标体系》，制定下发《江苏油

2017 年 6 月 28 日，江苏油田采油二厂崔庄联合站开展消防演练 （王 禄 摄）

田含油污泥清理、处理管理程序》。开展环保隐患治理，实施常温输送、注水系统改造、空气（水）源热泵换热、高耗能设备淘汰等 22 个中高费方案，节约能源折合标准煤 8 216 吨。抓好员工职业健康监护检查，职业病危害因素监测率、防护合格率均为 100%。加强环境风险动态精准管控，完成污染源监测 671 点位，环境风险得到有效防范。江苏油田连续 13 年获中国石化环保先进单位称号，是中国三大石油公司中唯一获国家绿色工厂称号的企业。

（屈传刚）

【经营管理】 2017 年，江苏油田加强重点费用管控，成立 SEC 储量（剩余经济可采储量）管理、合作开发、信息化建设、资产优化、人力资源优化、“四供一业”分离移交 6 个项目组，综合施策、精准发力，累计增效 1.3 亿元。推进革命性降本举措，采取常温输送、修井机钻井、管杆泵整体回收等新技术，动力费、作业费等重点操作成本明显下降。建立油田闲置设备调剂平台，推动各类设备设施跨区域、跨单位、跨油田流动，实现创效 996 万元。加强房屋等闲置资产管理，利用优质房产开展经营或对外租赁，实现增收 7 357 万元。完善原油弹性销售策略，推进天然气提价增量，实现创效 4 500 余万元。积极争取总部政策支持，报废减值低效无效资产 26.1 亿元。持续推进“全员挖潜、大众创新”主题劳动竞赛活动，累计创效 3 000 余万元。

（屈传刚）

【产业升级】 2017 年，江苏油田认真落实产业转型行动计划，选择矿业开发、生活后勤服务、盐化工、危化品运输作为勘探局四大支柱产业，采取多种措施做大做强，合计经营收入占勘探局总收入的近 70%。电信业务成功取得电子工程、建筑智能化等 7 个资质，承揽多项油田生产信息化建设任务，开启全新转型之路；炼油化工开展专用催化剂工业试验，高附加值产品收率创历史新高；教育培训稳步拓展新疆、北京、南京、扬州四大区域市场；物资供应打造仓储、贸易、采购、服务“四位一体”产业链，逐步由内部供应商转型为社会供应商，各具特色、多极增长态势基本形成。

（屈传刚）

【市场开拓】 2017 年，江苏油田鼓励下属各单位充分发挥自身优势“走出去”。物探技术研究院完成对外技术服务合同金额 759.68 万元，签订技术服务合同金额 1 023.2 万元；勘探开发研究院完成国勘埃及公司可研项目金额达 300 万元；物资供应处积极拓展对外贸易销售、招投标服务培训、闲置场地出租等项目，对外创效 600 万元。分公司、勘探局对外创收同比分别增加 3 227 万元和 4 797 万元，增加比例分别为 120% 和 5.7%。

（屈传刚）

【改革调整】 2017 年，江苏油田加快改革调整步伐，推出一系列提效率增活力改革举措。全面完成公司制改制任务，勘探局真正成为独立的市场竞争主体。推进油田机关大部制改革，31 个机关部门整合为 16 个处室和 3 个直属单位。推进紫京集团与洪泽农场整合重组，打造从田间到餐桌的一条龙产业链条，同比减亏 1 100 万元。剥离采油厂非采注输业务，组建油气生产服务中心，构建精干高效油公司模式。组建车辆管理中心、社区管理中心，优化整合现有车辆、房产资源。开展采油厂自主经营承包试点，推行大班组、大岗位、大工种设置，提高生产运行效率。推进“四个一千”计划，分流安置员工 1 259 人，完成第 2 个千人转移任务。加快“四供一业”分离移交步伐，供气、供电业务全部完成，供水业务深入推进，社区、物业管理业务超前启动，金湖县油田职工家属区相关移交协议正式签订，是中国石化在江苏省企业的第 1 家。油田基本医疗、工伤、失业、生育 4 项社会保险纳入扬州市统筹管理。

（屈传刚）

【科技创新】 2017 年，江苏油田安排科技经费 4 089 万元；申请国家专利 85 件，获授权 52 件；48 项成果通过集团公司和油田验收，其中 1 项达到国际先进水平，江苏油田获中国石化创新型企业称号。首个试验区项目——“‘三高’原油拟乳状液采输技术”正式启动，打通科技成果向现场转化的“最后一公

2017 年 3 月 21 日，江苏油田油气生产服务中心正式挂牌运行，标志着江苏油田专业化发展迈出重要一步 （钱云霞　摄）

里”。不断完善 EPBP 功能模块建设，市场管理、资产调剂、人力资源优化配置平台投入使用，输卤管线巡检、作业工程结算等应用上线运行，信息化管理手段更加丰富、快捷。完成中国期刊全文数据库更新 2 213GB，更新外刊数据 55 481 条，编辑发布电子期刊《石油情报》60 期、《油气勘探开发科技周刊》50 期、《非常规油气勘探开发专辑》24 期。

（屈传刚）

【队伍建设】 2017 年，江苏油田制定出台干部选拔培养、管理监督、激励约束等 8 项制度，形成能者上、平者让、庸者下的用人导向。组织 5 个专业领域油田专家职位竞聘，首次聘任 3 名管理类专家，充实专业子序列高层级人才队伍。推进科级干部公开招聘，5 个二级单位共遴选出 15 个科级干部岗位，促进优秀人才在单位间合理流动。推行科研项目内部竞聘，为广大科研人员施展才华搭建舞台、拓展空间。加强博士后工作站建设，修订完善博士出站留用细则，江苏油田博士后工作站获江苏省十佳博士后示范站称号。开展经常性岗位练兵、业务比武和技能竞赛活动，在集团公司业务竞赛中获 1 金、2 银、2 铜的成绩。

（屈传刚）

【党建和思想政治工作】 2017 年，江苏油田开通“学习十九大 · 宣传十九大 · 贯彻十九大”专题网，开展“转观念、勇担当、创效益”专题讨论，推进形势任务教育进班组、入岗位、到人头，提升干部员工精气神。落实全面从严治党要求，推进“两学一做”学习教育常态化制度化，开展“战寒冬、攻难关、解难题”党员攻关月活动，基层党组织凝聚力、战斗力进一步增强。深化党支部分类定级动态管理，推进基层党建示范点创建，探索油公司模式下基层党建工作方式。认真履行党风廉洁建设责任制，严格执行中央“八项规定”精神，把握运用监督执纪“四种形态”，加大监督执纪问责力度，营造风清气正、干事创业浓厚氛围。江苏油田继续保持全国文明单位称号。

（屈传刚）

【民生工程】 2017 年，江苏油田认真做好民生工作，按照既量力而行又尽力而为原则，开展“走基层、访万家”活动，基本实现基层班组、员工家庭全覆盖。加大困难群体帮扶力度，向职工家属、离退休人员发放帮扶基金 278 人次 340 万元。加快房改房产权办理进度，为职工办理发放房产证 2 500 本。全年发放贷款 381 户 1.39 亿元，提取住房公积金 2.92 亿元，为职工购买住房提供有力保障。深化文明和谐示范小区建设，不断改进社区管理服务，确保分离移交过程社区环境不乱、服务质量不降。

（屈传刚）

表 1　　江苏油田主要技术经济指标　　亿元

指标名称 \ 年份	2017	2016	2015	2014	2013	2012
工业总产值	37.74	32.40	40.88	72.03	78.66	104.17
江苏石油勘探局	5.96	5.22	5.26		2.73	23.41
江苏油田分公司	31.78	27.18	35.62	72.03	75.93	80.76
工业增加值[①]	19.60	11.55	20.83	53.53	69.17	79.00
江苏石油勘探局	2.89	2.19	2.36		6.87	10.28

续表

指标名称 \ 年份	2017	2016	2015	2014	2013	2012
江苏油田分公司	16.71	9.36	18.47	53.53	62.30	68.72
企业总产值②	15.41	13.76	17.93	16.62		
江苏石油勘探局	15.41	13.76	17.93	16.62		
企业增加值②	6.91	7.51	8.30	8.52		
江苏石油勘探局	6.91	7.51	8.30	8.52		
资产总计	82.59	129.14	153.27	168.12	166.74	183.80
江苏石油勘探局	21.08	22.97	25.65	27.65	23.87	57.02
江苏油田分公司	61.51	106.17	127.62	140.47	142.87	126.78
流动资产	16.80	19.36	8.91	15.04	21.69	32.82
江苏石油勘探局	6.11	4.96	6.81	8.58	5.32	19.59
江苏油田分公司	10.69	14.40	2.10	6.46	16.37	13.23
固定资产原值	295.43	303.71	299.22	286.96	263.20	265.48
江苏石油勘探局	26.78	28.40	28.30	25.24	20.90	50.07
江苏油田分公司	268.65	275.31	270.92	261.72	242.30	215.41
固定资产净值	46.93	103.45	134.50	138.49	131.96	137.03
江苏石油勘探局	14.56	16.48	17.41	15.85	13.54	30.65
江苏油田分公司	32.37	86.97	117.10	122.64	118.42	106.38
销售收入	58.58	51.56	66.57	104.24	109.04	149.18
江苏石油勘探局	15.41	13.76	17.93	16.62	16.38	55.32
江苏油田分公司	43.17	37.80	48.64	87.62	92.66	93.86
实现利税①	-52.59	-32.44	-2.86	33.26	40.66	46.41
江苏石油勘探局	-2.56	-0.38	0.39	1.57	1.04	2.50
江苏油田分公司	-50.03	-32.06	-3.25	31.69	39.62	43.91
税　金①	11.31	9.93	11.76	27.07	28.35	30.05
江苏石油勘探局	1.32	1.10	1.65	1.69	1.56	5.05
江苏油田分公司	9.99	8.83	10.11	25.38	26.79	25.00
综合能耗/吨标煤·万元$^{-1}$						
江苏石油勘探局	0.525	0.59	0.48	0.49	0.48	0.40
江苏油田分公司	0.312	0.30	0.30	0.36	0.35	0.29

① 2015 年工业增加值总额和分公司工业增加值、实现利税总额和分公司实现利税、税金总额和分公司税金有调整

②自 2014 年起，企业总产值和企业增加值为江苏石油勘探局统计项目

表 2　　江苏油田主要生产建设指标

指标名称 \ 年份	2017	2016	2015	2014	2013	2012
原油产量/万吨	120.10	133.01	155.50	171.00	171.20	171.02
天然气产量/亿立方米	0.43	0.23	0.37	0.52	0.51	0.57

续表

指标名称 \ 年份	2017	2016	2015	2014	2013	2012
新增原油生产能力/万吨	4.67	2.27	9.51	23.00	24.54	25.00
新增探明石油地质储量①/万吨	105.00	165.10	117.62	247.02	228.00	1 079.00
新增动用石油地质储量/万吨	67.80	—	134.14	209.64	515.00	
二维地震②/千米	30.00	—	600.71	321.00	843.44	5 059.01
三维地震②/平方千米	170.00	162.00	211.51	372.00	242.66	888.30
完井③/口	50	36	90	363	389	375
探　井	30	26	32	73	79	93
开发井	20	10	58	290	310	282
钻井进尺③/万米	12.54	10.23	22.27	61.58	101.56	96.38
勘探投资/亿元	2.73	4.49	5.59	7.41	7.72	8.12
开发投资/亿元	4.96	0.92	3.76	18.65	20.11	19.01

①新增探明石油地质储量自2013年起按中国石化新的储量管理办法和储量计算细则，为经济可动用储量

②二维、三维地震工作量自2013年起只统计分公司工作量

③完井、钻井进尺自2014年起只统计分公司工作量

上海海洋石油

【概况】 中国石化集团上海海洋石油局有限公司(简称上海海洋石油局)和中国石油化工股份有限公司上海海洋油气分公司(简称上海海洋油气分公司)统称上海海洋石油，位于上海，是集团公司下属主要从事海洋油气勘探开发及工程服务的上游油田企业。上海海洋石油局主要承担油田企业基地、码头、房产的经营管理以及公共服务职能，是矿区业务的利润中心和管理中心；上海海洋油气分公司主要在东海、南海、黄海等海域开展自营勘探，并承担中国石化部分海外海域油气资源勘探开发项目的评价研究，同时代表中国石化参与管理东海平湖油气田、西湖油气田的开发生产。

上海海洋石油的前身为地质矿产部上海海洋地质调查局，组建于1973年4月，1997年1月整体归入中国新星石油公司，2000年3月随中国新星石油公司整体并入集团公司，2002年7月分别直属集团公司和股份公司管理。2009年，按照集团公司要求，上海海洋石油局、上海海洋油气分公司实行“一体化”管理。2014年，上海海洋石油局有关海洋石油工程业务整合成立中石化海洋石油工程有限公司，随石油工程公司上市。上海海洋石油局直属集团公司管理。上海海洋油气分公司直属股份公司管理，负责上游勘探开发业务。上海海洋石油局、上海海洋油气分公司实行一体化集中管理、专业化集约发展模式。

截至2017年底，上海海洋石油下设15个机关综合管理部门、3个专业管理部门、10个二级单位，其中3个兼有管理职能的专业化服务单位；拥有从业人员419人，在岗合同制员工396人，其中经营管理人员110人、专业技术人员222人，具有高级专业技术职称138人。上海海洋油气分公司拥有矿权区块34个，所属探区主要分布在东海、南海、南黄海等海域，自营和联合矿权区块面积10.03万平方千米；自营探区拥有石油总资源量4.47亿吨，天然气总资源量5.31万亿立方米。合作探区拥有石油天然气三级地质储量1.03万亿立方米气当量，其中探明储量3 714.9亿立方米气当量。已探明油气田16个，其中自营油气田1个(涠洲油田)、合作油气田15个。

2017年，上海海洋油气分公司生产份额原油11.02万吨、份额天然气5.60亿立方米；实现销售收入13.40亿元，投资收益0.17亿元，利润总额亏损13.20亿元。上海海洋石油局实现营业收入0.69亿元，实现利润总额0.02亿元。

上海海洋石油主要经济指标见表1。

(林雪梅)

【领导班子调整】 2017年7月20日，上海海洋石油局召开领导班子会，坚决贯彻落实集团公司有关要

求，由上海海洋石油局党委书记张旭临时负责上海海洋石油局、上海海洋油气分公司、海洋石油工程公司3个板块的全面工作；现有领导制度、运行制度、规章制度、业务流程保持不变，需由局长(总经理)办公会决策的有关事项暂由领导班子会代替决策。行政主要领导审批权由张旭临时代管。由张旭临时行使西湖合作项目中国石化代表的权力，临时代理上海石油天然气有限公司副董事长行使权力。10月19日，经中国石化党组研究，决定张旭任执行董事兼总经理，李上卿、刘望军、粟开喜、陈新华4人任副总经理，王雯任总会计师；刘振东任监事。

(林雪梅)

【自营探区勘探开发取得新进展】 2017年，上海海洋油气分公司在南海北部湾涠西探区完成滚动评价井涠6-2井钻探以及360平方千米三维地震资料重处理。经2层测试，不仅揭示了涠三段W3I砂组油层，还新发现涠四段Ⅱ砂组油层，落实涠11-5M、涠9S南等一批实现增储上产的有利目标，年内额外提交控制加预测石油地质储量858.85万吨；涠洲油田产能建设开发方案通过中国石化审查，可行性研究方案的编制工作全面启动。

(林雪梅)

【合作探区深层勘探取得新突破】 2017年，东海西湖西斜坡深层花港组勘探取得突破，冷泉亭1(S)井在斜坡带深层花港组钻遇多套含气厚砂体，试获日产天然气7.3万立方米，进一步证实斜坡低带4 000米以下深层，花港组仍能发育多套厚气层，展现了其广阔的勘探前景；东海西湖平湖构造带构造岩性勘探取得重要进展，武云亭2井在4 300米以下深层—超深层试获高产油气流。年内合作探区提交天然气控制地质储量334.9亿立方米、原油控制地质储量375.93万吨。

(林雪梅)

【安全环保持续加强】 2017年，上海海洋石油践行“零事故、零伤害、零污染、零滞留”的HSE管理目标，年内安全环保保持平稳态势，未发生上报集团公司等级责任事故和环境污染事件。加强现场安全监管，对检查出的问题实行周通报、月汇总、季分析的运行机制，全年共发现各类隐患及问题853项，整改率96%。加强应急演练，全年举办公司级综合应急演练2次、基层演练733次，参演达13 442人次；举办各类安全培训47期，参训1 816人次。加强节能环保管理，推进清洁生产，保护蓝色海洋。外排废水达标率、钻井和作业废水回收处理达标率、危险废物妥善处置率均达100%。

(林雪梅)

【科技研究成效显著】 2017年，上海海洋石油承担国家重大科技专项子课题4个、集团公司科研项目6个和局级项目15个。“深水井场地质灾害调查技术与评价方法”获国家海洋工程科学技术奖二等奖，该项研究成果整体达到国际先进水平，已应用于中国石化琼东南和尼日利亚JDZ-2深水区块。“东海西湖凹陷深层油气勘探潜力与目标评价”获中国石化科技进步三等奖，该项目提出了深层宝石组发育优质烃源岩、平湖组中北部与南部均发育有效烃源岩的新理论，获得了花港组中北部发育北东、北西向长轴大型沉积体系、深层存在甜点的新成果。国家重大科技专项“钓北、福州和钱塘凹陷油气资源潜力评价”形成了一套适合研究区深层较高品质地震成像资料的处理技术流程。集团公司涠西项目群研究取得成效，指明了有利目标储层展布特征和有利含油气区，为区带与勘探目标评价提供了基础资料，同时形成了一套适合涠西区块勘探开发的安全高效的钻完井工艺技术。

(林雪梅)

【孔雀亭建设工程获股份公司二等奖】 2017年6月，由上海海洋油气分公司承担的孔雀亭平台建设工程被评为中国石化油气田地面工程优秀项目二等奖。该项目采用一体化建造工艺，大幅减少高空电焊、安装及油漆作业时间；项目采用的滚装装船方案，有效解决了场地滑道要求并节省了装船时间，保证了施工安全及项目工期，对其他海上油气平台建造工程具有较好的借鉴意义。

(林雪梅)

【企业管理水平不断提升】 2017年，上海海洋石油加强全员成本目标管理，严控非生产性费用支出，6项费用均控制在预算指标内，全年完成降本减费931万元。加强人工成本管理，坚持效益导向，形成年度工资总额调控方案，人工成本得到有效压减和控制。突出抓好管理创新，推行授权承诺制，理顺机关处室内部职责分工，将授权承诺与个人绩效考核相挂钩，有效调动了机关工作人员的积极性和主动性。突出抓好制度体系建设，全面梳理制度清单，深入推进以项目管理为核心的六大制度体系建设。突出抓好投资流程管理，规范了投资项目全过程管理，努力实现效益投资。突出抓好招投标和市场准入工作，推进市场管理专业化、规范化，更好服务于企业生产经营。突出抓好风险管理，调整了风险管理机构组成人员，并成立监督委员会，整合监督资源，构建起集中统一、权威高效的“大监督”工作格局，有效防范各类经营风险，确保了企业健康发展。

（林雪梅）

【深化改革初见成效】　2017 年，上海海洋石油成立全面深化改革领导小组，负责改革的总体设计、统筹协调、整体推进、督促落实。年内完成公务用车改革，实现公务用车集中统一专业化管理；制订矿区改革实施方案，整合六号桥、朱家浜、外高桥、大场4个基地，实现集中统一管理；深化薪酬制度改革，打破大一统的薪酬体系，提升绩效考核在薪酬分配中的决定性作用；研究制订机构改革方案，通过合并组合，优化机关部门和二级单位设置，精干两级机关，催生“三位一体”模式下机关效能最大化。

（林雪梅）

【完成公司制改制】　2017 年 9 月 30 日，集团公司下发“关于中国石化集团上海海洋石油局公司制改制方案的批复”，同意上海海洋石油局改制为集团公司作为唯一出资人的有限责任公司，公司名称为中国石化集团上海海洋石油局有限公司。注册资本 1 亿元人民币，设执行董事 1 人、总经理 1 人、副总经理若干人、监事 1 人，执行董事为公司法定代表人。年内完成工商注册、银行账户、社会保险、资质变更等工作。

（林雪梅）

【党建思想文化工作扎实有效】　2017 年，上海海洋石油坚持从严治党，党委政治核心作用得到有效发挥，形成主要领导统揽全局、充分授权，分管领导主动作为、敢于担责的良好局面。坚持融入中心，基层党建工作成效显著，通过开展“转观念、勇担当、创效益”大讨论，引导干部职工在思想上实现“三个转变”“两个破除”，在行动上为企业出谋划策、分忧解难；通过开展“强党固基、对标升级”党建主题活动，基层党建融入中心、服务大局的意识有较大提升，基层支部在生产经营中发挥了更大作用。坚持党管干部、党管人才，队伍建设明显增强，持续优化干部“选育管用”制度体系，增强了干部管理的科学性和实效性；实施基层领导干部退出现职机制，推进新老干部有序接替，优化了干部队伍结构；积极推进“三定”工作，从严控制用工总量，保持队伍精干高效；加强培训工作，全年共举办培训班次 62 个，培训人次达 2 408 人，取证人数 1 343 人，培训总量创近 4 年新高。坚持发挥桥梁纽带作用，群团工作注重实效，全年走访基层班组 235 个、职工 1 895人次，发放走访慰问金共计 38 万元；慰问困难职工 65 人次，发放慰问金 8 万元。

（林雪梅）

【健步走活动在浦东开展】　2017 年 1 月 13 日，上海海洋石油近 500 名职工汇集在浦东滨江森林公园，参加“迎新春健步走暨体育嘉年华”活动，展现了全局干部职工昂扬向上、阔步向前的风采风貌，领导干部身先士卒、率先垂范的拼搏气魄，全体职工团结协作、奋勇争先的精神状态，以及上海海洋石油人关键时刻站得出、打得赢的铁军精神。活动分为竞速跑（健步走）和体育嘉年华 2 个环节。物探分公司获团体总分第 1 名，机关、研究院分获第 2 名、第 3 名。

（林雪梅）

健步走活动在浦东开展

表 1　　上海海洋石油主要经济指标　　亿元

指标名称＼年份	2017	2016	2015	2014	2013	2012
企业增加值	1.91	2.53	1.37	2.67	12.47	2.33

续表

年份 指标名称	2017	2016	2015	2014	2013	2012
上海海洋石油局	0.43	0.29	0.60	0.56	10.00	8.44
上海海洋油气分公司	1.48	2.24	0.77	2.11	2.47	-6.11
资产总计	164.33	166.37	148.72	114.21	121.04	96.85
上海海洋石油局	2.13	2.19	1.81	1.65	43.31	38.19
上海海洋油气分公司	162.20	164.18	146.91	112.56	77.73	58.66
流动资产	43.55	31.38	22.12	9.76	20.29	15.28
上海海洋石油局	0.50	0.49	0.50	0.29	5.64	4.29
上海海洋油气分公司	43.05	30.89	21.62	9.47	14.45	10.99
固定资产原值	16.07	16.73	3.18	3.11	52.82	37.51
上海海洋石油局	15.48	16.22	2.61	2.61	52.40	37.15
上海海洋油气分公司	0.59	0.51	0.57	0.50	0.42	0.36
固定资产净值	1.77	1.81	1.49	1.54	35.96	22.77
上海海洋石油局	1.59	1.65	1.27	1.34	35.82	22.68
上海海洋油气分公司	0.18	0.16	0.22	0.20	0.14	0.09
销售收入	14.09	12.80	13.72	8.85	22.91	19.92
上海海洋石油局	0.69	0.61	0.77	0.84	16.01	13.82
上海海洋油气分公司	13.40	12.19	12.95	8.01	6.90	6.10
实现利税	-12.53	-7.09	-6.63	-3.70	-0.31	-8.18
上海海洋石油局	0.06	0.09	0.26	0.13	3.93	2.84
上海海洋油气分公司	-12.58	-7.18	-6.89	-3.83	-4.24	-11.02
税　金	0.65	0.72	0.84	0.57	0.92	0.82
上海海洋石油局	0.04	0.05	0.12	0.12	0.53	0.48
上海海洋油气分公司	0.61	0.67	0.72	0.45	0.39	0.34

西北油田

【概况】 西北油田是中国石化集团西北石油局(简称西北石油局)和中国石油化工股份有限公司西北油田分公司(简称西北油田分公司)的统称，位于新疆维吾尔自治区，是中国石化上游油田企业之一，主要从事油气田勘探开发与油气销售业务。本部机关设在新疆维吾尔自治区首府乌鲁木齐，在巴音郭楞蒙古自治州轮台县建立了前线生产指挥基地。主力油田——塔河油田位于塔里木盆地北部沙雅隆起阿克库勒凸起南部，地处库车县和轮台县境内。

西北油田的前身是组建于1955年的华北地质局二二六队，1997年1月整体归入中国新星石油公司，2000年3月随中国新星石油公司整体并入集团公司，并于2003年6月整体划归集团公司、股份公司直属。2008年5月，与勘探西北分公司整合重组，组合成新的西北油田分公司。

截至2017年底，西北油田建有1个党委、2套行政领导班子(共11人)，下设20个机关处室、6个兼有管理职能的专业化服务单位、2个科研单位、4个采油气厂、10个专业化单位；拥有职工3 981人，其中管理人员930人、专业人员2 546人、技能操作人员505人，博士研究生31人、硕士研究生449人、大学本科2 368人、大学专科554人、中专及以下579人；具有正高级职称的36人、副高级职称的790人、中级职称的1 368人、初级职称的927人。

截至2017年底，西北油田在塔里木盆地拥有探矿区块27个，面积9.65万平方千米。其中，勘查区块21个、面积9.18万平方千米，主要分布在塔北、塔中和巴麦地区；开采区块 6 个、面积 0.47 万平方千米，主要分布在塔河、天山南和巴楚地区。全年区块新部署探井 11 口，其中预探井 8 口、评价井 1 口、风险探井 2 口。区块采油井总数 1 983 口，开井 1 467 口，其中自喷井开井 404 口、机抽井开井 1 063 口；综合含水 48.89%，采油速度 0.64%，采出程度 10.16%，老井自然递减 15.44%，综合递减 7.66%。区块累计探明原油地质储量 14 亿吨，动用原油地质储量 10.01 亿吨，可采储量 1.68 亿吨，采收率 16.8%。油田累计采油量 9 944.8 万吨，剩余可采储量 6 930 万吨，已探明未动用储量 4.55 亿吨。

西北油田主要经济指标和主要生产建设指标分别见表 1 和表 2。

（王登高　邓兴汉）

【领导班子调整】 2017 年 5 月 3 日，股份公司决定：梁尚斌任西北油田分公司副总经理。12 月 1 日，经股份公司研究决定：聘任贺小滔为西北油田分公司总会计师。

（王登高　邓兴汉）

【经营指标全线飘红】 2017 年，西北油田生产原油 630.03 万吨，同比增加 35.73 万吨；生产天然气 16 亿立方米，增加 2 亿立方米；轻烃、液化气均超产超销 1.99 万吨。实现总收入 135.26 亿元，利税 26.83 亿元，总资产 353.62 亿元。其中，西北油田分公司实现收入 133 亿元，利税 26.49 亿元，总资产 341.28 亿元；西北石油局实现收入 2.26 亿元，利税 0.34 亿元，总资产 12.34 亿元。

（王婷玉）

【第四次党员代表大会】 2017 年 8 月 27—29 日，中国共产党西北石油局第四次党员代表大会在乌鲁木齐召开，大会通过民主选举产生中国共产党西北石油局第四届委员会和第四届纪律检查委员会，选举刘宝增为中国共产党西北石油局第四届委员会书记、王保生为中国共产党西北石油局第四届纪律检查委员会书记。

（王登高　邓兴汉）

【高效勘探成果丰硕】 2017 年，西北油田勘探工作取得“1 个重大商业发现、1 个商业发现、1 个重大发现、7 项地质认识、2 项技术进步”成果。1 个重大商业发现：顺北 5 井取得顺北 5 号北北西向主干走滑断裂带重大油气突破，证实北北西向主干走滑断裂带也是储层发育、油气富集的有利部位，勘探开发一体化评价提交控制石油地质储量 4 718.7 万吨油当量。1 个商业发现：滚动评价鹰山组内幕隐伏深断裂获商业发现。勘探开发一体化部署在塔深 3 井西部地区的 TS3－3井等 4 口井获高产油流，证实塔河鹰山组内幕隐伏深断裂具有良好的勘探潜力。TS3－3 井区落实控制石油储量 2 556 万吨。1 个重大发现：顺北 3 井实现新目标类型油气突破，证实主干走滑断裂带之间的次级断裂带也具有良好的勘探潜力，展现顺北奥陶系整体含油气的格局，拓展了勘探领域。7 项地质认识：①深化塔里木盆地海相优质烃源岩发育模式，指出顺托果勒低隆起发育寒武系下统玉尔吐斯组陆棚—斜坡相受上升洋流控制形成的优质烃源岩，在低地温条件下喜山期生烃、形成原生轻质油气藏，奠定顺北大油田形成的资源基础；②深化海相碳酸盐岩油气富集规律认识，指出台盆区加里东—海西期发育的深大走滑断裂体系对下古生界碳酸盐岩储层发育、油气运聚和成藏具有重要的控制作用，建立深大走滑断裂带“控储、控藏、控富”油气成藏模式，明确勘探的有利目标和方向；③持续强化顺北奥陶系油气藏三大关键地质因素“储层、断裂、成藏”研究，指出顺北下古生界碳酸盐岩油气藏是受深大走滑断裂带控制的、特深高温常压轻质—挥发性油藏，具有整体含油气、油柱高度大特点，建立顺北特深断溶体油气藏“寒武供烃、垂向运聚、晚期成藏、断裂控富”成藏模式，明确走滑断裂带主断面是油气最富集的部位，为顺北油气田勘探开发评价指明方向；④深化塔河深大走滑断裂带与油气藏的关系，明确晚期继承性活动的深大走滑断裂带对油气成藏具有重要的控制作用，建立“原地生烃、垂向运移、区盖控藏”成藏模式，指出于奇中部地区寒武系具备良好的油气成藏条件，是下步勘探的重要领域；⑤深化顺南蓬莱坝组储层认识，指出蓬莱坝组白云岩储层发育受断裂活动、层序界面及后期热液溶蚀改造作用控制，储层规模较大，优选论证部署顺南蓬 1 井，力争实现新领域突破；⑥持续强化中央隆起带走滑断裂带与储层、成藏关系研究，指出北东向走滑断裂发育区具备晚期油气充注条件，是有利的勘探地区，提出有针对性的勘探部署方案；⑦新和—三道桥地区中新生界断裂构造带为库车坳陷陆相油气向南运移的重要条带，白垩系巴西盖组、古近系库姆格列木群具备较好的成藏条件，在三维地震重新处理的基础上发现落实一批低幅度构造及岩性圈闭，优选部署星火 5 井，力争实现油气新发现。2 项技术进步：顺北特深断溶体油气藏勘探目标精细成像与预测技术；“长排列、宽方位、高密度”观测系统为基础的沙漠区可控震源地震采集技术。

（王登高　邓兴汉）

【效益开发稳扎稳打】 2017年，西北油田按照中国石化分类管理标准，科学分析、深入研究，油田区块目标管理取得阶段性成果。按年产量规模分类：大型油田有塔河油田10区等3个区块，年产油量406万吨，占油田全年产量的69.25%；中型油田有塔河油田1区三叠系等8个区块，年产油量128万吨，占油田全年产量的21.28%；小型油田有塔河油田2区三叠系等19个区块，年产油量69万吨，占油田全年产量11.47%。按开发方式分类：天然能量开发主要有塔河油田1区等6个区块，动用储量3 385万吨，占动用储量的3.43%；衰竭式开发主要有塔河油田2区等10个奥陶系油藏，动用储量8.67亿吨，占动用储量的87.83%；人工注水开发主要有塔河3区石炭系等8个区块，动用储量8 636万吨，占总动用储量的8.74%。按采收率高低分类：属高采收率的油藏有塔河1区、塔河9区2个区块；属中高采收率的油藏有塔河2区三叠系等3个区块；属中低采收率的有KZ1区等5个区块；属低采收率的主要是塔河3区石炭系等6个区块及塔河其他奥陶系油藏区块。按储层渗透率分类：属中、低渗的为塔河3区石炭系等3个区块；属高渗、特高渗的为塔河1区等4个碎屑岩油藏及塔河碳酸盐岩缝洞型油藏。按油田开发管理单元分类：将已开发油田逐级划分为EOR采油开发管理单元、特殊流体开发管理单元、特殊岩性开发管理单元、低渗透砂岩开发管理单元、中高渗透复杂断块开发管理单元、中高渗透整装开发管理单元6类。按可采储量采出程度分类：属可采储量高采出程度的有塔河2区三叠系等9个区块；属中采出程度的有塔河1区等15个区块；塔河5区等6个区块油藏属低采出程度油藏。按油田综合含水分类：含水低于20%的有顺北区块及TK7226H井区三叠系2个区块；含水率在20%—60%之间的有塔河6区等8个区块；含水率在60%—90%之间的有塔河1区等19个区块，含水大于90%以上的只西达里亚1个区块。按剩余可采储量采油速度分类：属于低采油速度的有塔河1区等10个区块；属于中采油速度的有塔河3区石炭系等7个区块；属于高采油速度的有塔河2区东等13个区块。按自然递减分类：自然递减率低于10%的有塔河2区三叠系等12个区块；属于中自然递减油藏的有塔河2区奥陶系等6个区块；其余油藏均为高自然递减油藏。

（王登高　邓兴汉）

【油公司建设扎实推进】 2017年，西北油田按照“老区激活力、新区新模式”思路，组建勘探开发一体化的顺北项目部，并在顺北片区的特深油气田探索推进改革新模式；深化科研体制机制改革，配套完善“五项机制”和搭建成果转化平台，油公司升级版初步形成。落实集团公司和自治区政府改革要求，稳妥、渐进、有序推进“四供一业”分离移交，平稳实现员工养老保险“事转企”，高效完成公司制改制任务；实施全员人才盘点工程，共减少科级机构43个，优化调整14个科级机构运营机制，形成油公司“7化”岗位管理体系，完成集团公司岗位管理试点任务；建立“1+7”KPI关键绩效指标管理机制，推进员工绩效价值管理，形成考核兑现、总体均衡的绩效格局，油公司建设被集团公司树立为“标杆”，4个采油气厂被评为红旗采油厂，“三级扁平、四轮驱动”的现代油公司模式稳步推进。

（王登高　邓兴汉）

【科技创新强力支撑】 2017年，西北油田加快实施创新驱动战略，不断攻克瓶颈技术难题，充分发挥科技助推作用，在下古生界碳酸盐岩勘探技术上取得六大认识：①顺北地区断裂控储控藏作用明显，油气富集与储层发育程度有关。②顺北地区发育受断裂带控制的多成因裂缝—洞穴型规模储集体，断裂带是控制储层发育的关键因素，主干断裂带是规模储层发育的有利部位。③巴麦地区发育NE向走滑断裂体系、加里东中期Ⅲ幕逆冲断裂体系和喜山期北西向基底卷入逆冲断裂体系。④玉北地区奥陶系碳酸盐岩存在多期成藏与调整改造，油气性质复杂多样，其中中西部地区以喜山期成藏、形成轻质油—天然气藏为主，东部以加里东晚、海西晚期成藏形成中质—重质油藏为主。东部断隆带高部位主要为海西晚期充注、后期改造残留油藏。⑤深化塔河地区南部上奥陶统巨厚泥岩覆盖区鹰山组内幕储层发育模式，以加里东中期Ⅰ幕和Ⅱ幕大气淡水深缓流带岩溶作用为主，受控于北北东向—北北西向共轭走滑断裂和古构造，并经历了后期埋藏流体溶蚀改造。⑥深化塔河地区鹰山组内幕油气成藏认识，提出塔河地区南部奥陶系油气纵向运聚模式，喜山晚期寒武系烃源岩直接供烃，沿北北东向和北北西向主干断裂带向上输导，形成“纵向运移，侧向分配”的“多层楼”成藏模式，为塔河深层勘探部署提供依据。建立古生界碳酸盐岩油藏地震勘探关键技术：初步完成断裂模型的物理模拟地质模型建立，通过二维采集处理，深化断裂地震响应特征模式。形成石油工程技术十大创新技术：顺北优快钻井技术、塔中安全钻井技术、智能控水完井技术、体积酸压技术、深部酸化技术、碎屑岩水侵控制技术、碳酸盐岩流道调整技术、流体自动监测技术、腐蚀防控技术、腐蚀整治技术。

（邓兴汉　张　莉）

【"访惠聚"工作深入开展】　2017 年，西北油田分公司选派优秀骨干 32 名，组建第 4 批驻村工作组，分成 4 个驻村工作队赴柯坪县开展"访惠聚"工作，在当地政府及人民群众的积极配合下，"访惠聚"工作进展顺利。开展"亮剑发声、重拳出击、打防结合"整治工作；全面组织启动"揭盖子"工作，向"三股势力"、暴恐分子和宗教极端势力宣战；对传播宗教极端思想的人员、被收押(羁押)人员及其他案件线索进行再梳理、再摸排和再甄别；对"严打态势下潜藏蛰伏群体"攻坚深挖，通过走访、摸排、交叉和串并联分析，力争绝不漏掉一人；对流入人员，切实做到流入及时登记、离开及时注销、动态及时掌握。开展走访入户排查摸底工作。全年累计走访入户 10 394户次；发现异常隐患 235 项，发现未打码或打码模糊刀具 542 把；搜集情报信息 286 条，参加重要信息研判 161 条；排查空置房屋 517 处，机电工具 62 件，运输车辆 49 辆；没收管制刀具 376 把，废旧煤气罐 131 个；对特型车辆实行统一管理，对机电工具集中保管，对危爆物品彻底收缴，做到危险源全方位可控。开展"理清两笔账，感恩共产党"专项整顿，即算好"党和政府对农村的公共投入账"和"农户家庭惠民补贴账"2 笔账。派驻的 4 个村清算完成 1 576户，共计 81 项，其中涉及村级公共投入(2012—2016 年度)共计 47 项、3 248 万余元；涉及村民享受各类惠民补贴统计(2012—2016 年度)共计 34 项、7 565 万余元。通过理清 2 笔账，让村民知晓惠从何来、惠在何处、惠有多少，切身体会"吃水不忘挖井人"，切实做"感党恩、听党话、跟党走"的笃行者。建立主题党日制度，健全党组织生活。积极开展"每日一学""农牧民夜校""周一升国旗宣讲""九讲一问一策""与法同行"等系列思想教育活动，确定每月 25 日为党员活动日，全年组织党员活动日 32 次，参加党员 1 231 人次。召开支部委员会议 83 次、参加党员 705 人次，召开党员大会 73 次、参加党员 3 067 人次。截至年底，4 个村提交入党申请书人员 323 名、积极分子 157 名，通过考察、表决已发展预备党员 23 名。实施驻地安民惠民、凝心聚力工程。开展"民族团结一家亲"结对认亲活动，完成结亲、探亲、"双收"(收押、收教)人员家庭思想教育 625 余户次；推进"兴科服饰"项目落地，通过宣讲、培训、意向调查等各项努力，70 余名村民实现当地就业；牵头组建农业合作社，推动"柯坪羊肉上餐桌"，全年为优质柯坪本地羊 10 批次、共计 14 吨羊肉找到销路，惠及贫困家庭 130 余户；深化 100 名党员志愿者与 100 个贫困家庭结对子、100 名团员志愿者与 100 名贫困学生手拉手的"两个一百"主题活动，双百搭台，"扶贫羊""脱贫鸡""致富鸽""唱戏"，解决 30 个贫困户庭院经济发展难题。年内，西北油田"访惠聚"工作得到自治区党委、驻地政府和当地百姓的充分肯定。7 月获评阿克苏地区先进基层党支部；11 月获评自治区"三仗一战"先进集体；派驻的 3 个工作队获自治区 2017 年度"访惠聚"先进工作队称号；西北油田被自治区评为"访惠聚"工作优秀组织单位。

（王登高　邓兴汉）

【从严治党落地压实】　2017 年，西北石油局党委按照党的十九大提出的党的建设总要求，以加强党的长期执政能力建设、先进性和纯洁性建设为主线，推进政治建设、强化政治功能，推进深度融合、强化党组织功能作用发挥，全面严治党向纵深发展，使党建工作成为西北油田改革发展进步的压舱石。持续推进党建责任，落实"三化"管理。强化对基层党委党建工作的考核，分层、分级开展党委书记、行政正职、党群办主任述职评议。持续推进基层组织建设。结合西北油田实际，开展专题调研，立足于落实"五项主要任务"，下发《关于新形势下进一步优化党支部设置运行的指导意见》。17 个基层党委皆完成对支部的优化调整，48 名处级领导干部兼任党支部书记。持续推进党员教育管理。组织开展基层党委书记、党支部书记、党务政工干部培训班，全年共培训200 余人次。严格对党员的管理，针对发展程序不规范等 8 项普遍性问题，集中整改，形成机制。组织召开庆祝建党 96 周年总结表彰大会，对先进党组织和优秀党员进行表彰和典型经验进行推广。先后推荐、选树感动石化人物斯尔江·托合提木拉提、科技创新功勋曹自成、银牌女技师高珊珊等 50 余名先进典型代表。持续推进党建信息化。顺利上线运行集团公司党群工作管理系统。截至 2017 年 12 月，西北油田 2 245 名在职党员和 502 名离退休党员及各级党组织的完成系统录入。党委会、中心组学习、"三会一课"、组织关系转接等基础工作均实现线上查询和管理。持续推进党建深度融合。按照集团公司统一安排部署，与茂名石化等 6 家单位组成党建工作实践性协作组，提出探索建立组织架构、战略目标、科学决策、制度体系、活动载体及绩效考核"六个融合"机制。积极开展组团式共建、区域化联建、网络化促建促进融合，油区内 200 余家承包商队伍全部参与共建。通过区域化联建，打造出"项目组方式运作”“产业链一体化”“共享式服务”等特色品牌。通过“互联网＋党建”网络化促建，实现在生产、科研、后勤保障等不同领域党建工作生产经营无缝对接。持续推进“三项重点”工作。在“两学一做”学习教育中，制订《局、分公司推进“两学一做”学习教育常态化制度化实施方案》，设计42项具体工作清单。在“学讲话、转作风、促落实”专项活动中，两级党委共开展政治理论学习120余次，开展领导讲坛、干部论坛、专题党课70余次。两级党委班子成员累计查摆各类问题120余项，制定整改措施210余条。在“转观念、勇担当、创效益”专题讨论中，围绕“严峻形势怎么看”“优势到底有哪些”“目标任务是什么”“撸起袖子怎么干”等主题开展全员大讨论。持续抓好宣传思想工作。组织开展意识形态工作专项调研，共调研12个基层单位，形成专项调研报告。开展民族宗教知识培训、召开少数民族职工座谈会、举办发声亮剑宣誓会。先后启动2个企业文化教育基地建设，其中沙48井教育基地已经建成投入使用、705教育基地建设已进入收官冲刺阶段。截至年底，《西北石油》报共出报46期，刊发各类稿件2 600余篇；手机报90期；“塔河风”微信平台关注人数超过3.76万人，月均阅读量超过20万；在《中国石化报》发稿超过600篇，同比增加15%；在《人民日报》《工人日报》等媒体发稿220篇，增加10%；中国石化新闻、新疆电视台共播发视频新闻近150条；特别是组织拍摄的《塔河奇迹》在央视播放，形成较大的影响力，《先心病儿童救治行动》在腾讯视频网播出后，达到15.5万次点播量。

年内，西北油田在集团公司年度党建工作考核中蝉联A档；在年度宣传思想工作模范先进表彰中，获集团公司企业文化建设先进单位称号。

（王登高　邓兴汉）

表1　西北油田主要经济指标①　亿元

指标名称＼年份	2017	2016	2015	2014	2013	2012
资产总计	353.62	379.44	412.63	451.02	444.26	393.24
西北石油局	12.34	12.22	11.67	12.33	12.66	12.16
西北油田分公司	341.28	367.22	400.96	438.69	431.60	381.08
流动资产	15.80	19.37	14.26	17.94	18.49	19.32
西北石油局	1.90	1.63	1.01	1.87	1.77	1.97
西北油田分公司	13.90	17.74	13.25	16.07	16.72	17.35
固定资产原值	968.63	942.35	902.03	845.20	741.13	615.09
西北石油局	13.01	13.05	10.93	10.73	10.50	10.78
西北油田分公司	955.62	929.30	891.10	834.47	730.63	604.31
固定资产净值	300.20	330.40	358.46	376.71	344.10	281.38
西北石油局	8.59	9.06	7.49	7.80	8.22	9.35
西北油田分公司	291.61	321.34	350.97	368.91	335.88	272.03
总收入	135.26	93.02	115.70	265.45	281.94	291.96
西北石油局	2.26	2.30	2.73	3.06	3.23	2.54
西北油田分公司	133.00	90.72	112.97	262.39	278.71	289.42
实现利税	26.83	－21.93	－2.89	165.02	189.66	197.03
西北石油局	0.34	0.37	0.04	0.39	0.24	0.17
西北油田分公司	26.49	－22.31	－2.93	164.63	189.42	196.86
税　金	25.04	11.23	15.41	67.65	71.24	73.76
西北石油局	0.29	0.27	0.03	0.39	0.24	0.20
西北油田分公司	24.75	10.96	15.38	67.26	71.00	73.56

①因小数点进位原因，部分分项相加不等于总项

表 2　　　　西北油田主要生产建设指标

指标名称＼年份	2017	2016	2015	2014	2013	2012
原油产量/万吨	630.03	594.30	703.00	735.50	737.00	735.00
天然气产量/亿立方米	16.00	14.00	16.00	16.30	16.40	16.45
新增原油生产能力/万吨	82.70	45.90	62.30	83.61	105.00	159.60
新增天然气生产能力/亿立方米	2.61	2.86	1.69	2.53	1.85	2.17
新增探明石油地质储量/万吨		1 474.87	5 339.07	1 184.77	2 838.24	9 594.94
新增探明天然气地质储量/亿立方米		74.65	35.80	31.45	44.03	24.43
二维地震/千米					2 159.00	3 146.00
三维地震/平方千米	1 540.00	2 119.00	892.00	1 983.00	1 009.00	2 519.00
石油钻井/口	90	95	104	256	318	310
探井(含侧钻)	23	15	16	22	30	39
开发井	67	80	88	234	288	271
钻井进尺/万米	54.93	46.14	62.78	97.00	156.21	165.82
勘探投资/亿元	20.19	17.77	14.90	24.49	22.96	35.04
开发投资/亿元	27.79	24.88	30.39	63.54	99.20	92.45
综合能耗/吨标煤·万元$^{-1}$	0.35	0.34	0.33	0.33	0.34	0.34

西南油气田

【概况】 西南油气田是中国石化集团西南石油局有限公司(简称西南石油局)和中国石油化工股份有限公司西南油气分公司(简称西南油气分公司)的统称。西南石油局负责西南油气田矿区(社区)管理与服务，西南油气分公司负责西南地区油气勘探开发业务。队伍主要分布在四川、重庆、贵州、云南、广西、湖南等地。机关设在四川省成都市高新区吉泰路688号中国石化西南科研办公基地。

西南油气田的前身是组建于1976年的国家地质总局四川石油普查勘探指挥部，1983年3月更名为地质矿产部西南石油地质局，1997年1月更名为中国新星石油公司西南石油局，2000年3月随中国新星石油公司整体并入集团公司，并于2003年5月调整为集团公司西南石油局和股份公司西南分公司。2007年3月，西南石油局和西南分公司与中南石油局、中南分公司、滇黔桂石油勘探局、南方勘探开发分公司整合重组，组成西南石油局、西南油气分公司、石油工程西南公司。2009年12月，石油工程西南公司划归西南石油局。2012年12月，西南石油局石油工程物探单位全部划入中石化西南石油工程有限公司和地球物理勘探有限公司。2017年9月30日，中国石化集团西南石油局改制为中国石化集团西南石油局有限公司。

截至2017年底，西南油气田机关职能部门20个，直属单位30个，用工总数9 186人(正式职工5 558人)，其中拥有教授级高级职称47人、高级技术职称857人。西南油气分公司拥有勘探区块14个，勘探面积1.73万平方千米，开采区块25个，开采面积3 640.49平方千米。累计提交天然气探明地质储量8 325.87亿立方米(含勘探分公司勘探、西南油气分公司开发的区块内探明天然气储量2 583.87亿立方米)、原油探明地质储量1 560.53万吨。拥有气田23个，共有气井1 692口，开井1 560口，累计生产天然气593.87亿立方米；共有油井126口、水井68口，油、水井均全年关停，年产凝析油1.29万吨，累计生产原油171.35万吨。

西南油气田主要技术经济指标和主要生产建设指标分别见表1和表2。

（付承生）

【主要指标任务全面完成】 2017年，西南油气田新增天然气控制储量1 207亿立方米，完成年计划的161%；提交天然气预测储量1 089亿立方米，完成年计划的109%；新增天然气经济可采储量49.5亿立方米，储量替代率82%；新建(增)天然气产能1.75亿立方米，完成年计划的104%；生产天然气60.68亿立方米，销售天然气56.03亿立方米，均同比增长10%；油气单位完全成本1 110元/吨，较计划降低191元/吨。西南油气分公司自营部分实现利润2.39亿元，减亏11.62亿元；西南石油局实现利润286万元。全面完成增产天然气5亿立方米、增销天然气4.4亿立方米和实现减亏4亿元的奋斗目标。西南油气分公司完成投资34.2亿元，西南石油局完成投资0.22亿元，均控制在计划之内。

（付承生）

【油气资源勘探成果持续获得】 2017年，西南油气田油气勘探成果丰富，资源基础持续夯实，完成三维地震752平方千米，实施探井16口，完成测试7口，探井成功率71.4%，取得2项商业发现、2项新发现、4项好苗头的油气资源勘探成果。威荣页岩气田勘探取得商业发现，新增天然气控制储量1 207亿立方米，获股份公司商业发现特等奖。川西坳陷东坡侏罗系勘探持续获得商业发现，落实天然气控制储量296亿立方米。永川探区北部向斜区页岩气勘探取得新发现，永页2井、永页6井在龙马溪组均获日产天然气7.3万立方米，落实预测储量782亿立方米。川西二叠系火山岩勘探取得新发现，在永胜1井钻遇178米火山碎屑岩储层。在川深1井茅口组和洗象池群钻遇良好油气显示，金页2H井在灯影组钻遇储层203米，邑深1井在雷口坡组测井解释气层71.8米，永页7HF井在宝塔组和龙马溪组钻遇良好油气显示。

（付承生）

【油气开发产量规模不断扩大】 2017年，西南油气田油气开发成效突出，产量规模不断扩大，部署实施开发井39口，投产新井37口(含续建)，取得2项显著效果、1项重大突破、1项新进展，天然气产量突破60亿立方米。两大主力气田稳产效果显著，元坝气田天然气日产量保持在1 000万立方米以上，年生产工业气33.5亿立方米、增长31.4%，气田低部位水侵受控，地层压降控制在合理范围，元坝27－4井投产测试天然气日产81万立方米，夯实了稳产基础；中江气田评价及建产效果显著，新发现4层10条河道，评价落实天然气商业储量63亿立方米，年新建天然气产能1.5亿立方米，连续稳产7亿立方米以上，获股份公司油气高效滚动与评价一等奖。威荣页岩气田开发评价取得重大商业突破，首批5口评价井全部完成测试，平均无阻流量25万米^3/日，落实商业开发储量852亿立方米，编制完成30亿立方米产能建设方案。彭州气田雷口坡组气藏开发评价取得新进展，彭州115井、113井顺利完成评价，鸭深1井投入试采，气藏地质认识进一步深化，落实彭州气田主体构造圈闭面积152平方千米、商业储量1 055亿立方米，30亿立方米开发方案编制工作有序推进。

（付承生）

【配套工程保障有力】 2017年，西南油气田油气勘探开发配套工程保障有力，支撑作用持续强化，新开钻53口，完钻58口，钻井进尺22.1万米，储层改造63井次488井段，试气47口48层，创44项新纪录；新建井口装置17座、扩建流程12座、建设管线32千米，完成措施作业208井次，有力保障油气勘探开发目标的实现。及时优化调整永胜1井、彭州113井、彭州103井井身结构，实现专层专打，深化了地质、工程认识。川深1井年底钻达7 625米，同比马深1井钻井周期缩短90天；永胜1井165天钻至6 000米，创川西海相深井最快纪录；永页1－3HF井、威页23－1HF井实现100天完钻，深层页岩气水平井钻井提速取得阶段性成果。在川西中浅层，“无级滑套”精细分段压裂技术全面替代常规工艺，单井产量提高22.2%。元坝气田解堵工艺不断完善，天然气复产130万米^3/日，保障气井正常生产。完成鸭深1井、威页23－1HF等7口井试采配套建设，支撑彭州海相、页岩气开发评价；完成元坝气田10个集输站场、2套净化装置的检维修，实现“安稳长满优”运行。

（付承生）

【产销运行实现优化】 2017年，西南油气田优化产销运行一体化管理，增收效果显著，再创历史新业绩。坚持产运销一体化统筹，强化“大运行”，紧盯“细调控”，统筹线上跟踪、自动预警和月度考核，有效提升运行效率。井位超前部署，手续办理紧密跟进，施工节奏持续加快，永川、威荣、彭州、元坝等区块重点工程项目平稳有序推进。完成“黄金线”、元坝首站与中国石油管网的互联互通，天然气串换能力达 400 万米^3/日，增销元坝天然气 4 亿立方米，川西增供天然气 2 亿立方米；采取“照付不议”方式，销售天然气 2.2 亿立方米；提高“煤改气”供气份额，增销天然气 0.2 亿立方米；用活价格策略，旺季推价增收 1.08 亿元，淡季“量价结合”增销天然气 0.35 亿立方米，有效稳定市场，实现增销增效。西南油气分公司天然气增销 5 亿立方米，销售原油 1.3 万吨、硫黄 27.8 万吨，回款率 100%；西南石油局销售天然气 4.7 亿立方米、液化气 18.1 万吨，取得较好销售效益。

（付承生）

【安全环保态势平稳】 2017 年，西南油气田安全环保工作抓实落地，总体态势保持平稳，未发生安全环保上报事故，获集团公司环境保护先进单位，首次获全国“安全生产月”“安全生产万里行”先进单位、全国“安康杯”竞赛安全文化宣传工作先进单位。推进 HSE“六大管理体系”建设，新建、修订制度 56 项，做实 6 个专业安全分委员会，健全五级监管网络的责任体系和监督检查体系。推行 HSE 清单化管理，全年共梳理 HSE 责任清单 226 项、“低老坏”问题清单 307 项、“违章必停”问题清单 65 项、违法违规清单 309 项、职业病危害清单 27 项和各层级“十大安全风险清单”，标准化管理水平进一步提升。强化风险识别与管控，建立六级风险识别管控体系，开展重点场站安全专项分析，推行风险提示制度，严防直接作业环节、井控、硫化氢泄漏中毒等风险，及时发现元坝净化厂蒸汽透平设计超温、联络线山体滑坡等重大隐患，避免安全事故的发生。深化全员安全诊断活动，全年上报建议 29 031 条。加强承包商管理，严把“六道关”，实行“五统一”，执行“三双”管理，否决 35 家承包商安全资质准入，对 103 家承包商进行积分考核，开出罚单 20 余份。依法合规开展环保工作，完成元坝气田滚动建产采输工程、净化厂工程竣工环保验收，固废减量化取得实质性进展，元坝危废减量约 50%，岩屑烧砖、制水泥进入工业试验阶段，各项环保指标均控制在集团公司下达的范围内。认真做好劳动保护、健康体检、职业病防护工作，有效维护员工职业健康。细化落实“能效倍增”计划，推广应用井下节流工艺、站场优化等措施，西南石油局万元产值综合能耗 0.043 吨标煤，西南油气分公司工业万元产值综合能耗 0.9 吨标煤，吨油综合能耗 121.3 千克标煤，控制在集团公司下达的指标内。

（付承生）

【科技创新取得突破】 2017 年，西南油气田科技创新取得突破，驱动效力明显增强。复杂窄河道高效勘探开发、深层页岩气地质综合评价等关键技术持续提升，元坝含硫气井解堵、多级增压等采气配套技术不断进步，深层页岩气高性能水基钻井液体系、喷封压一体化工具、海相高效钻井配套等前瞻技术创新发展，成果转化效果显著。同时，涌现出大批代表性科技成果，“井下全通径无级滑套系统”“中江气田天然气富集规律及勘探开发关键技术”2 项成果分别获中国石化技术发明和科技进步一等奖，3 项成果获中国石化首次实施新技术奖酬，4 项成果获科技成果转化奖励。专利质量数量再创新高，全年申请专利 94 件，其中发明专利 41 件，完成集团公司下达任务的 188%；新增授权专利 43 件，其中发明专利 6 件、美国发明专利授权 1 件。西南油气分公司获集团公司第 2 批创新型企业称号。

（付承生）

【经营管理持续优化】 2017 年，西南油气田聚焦发展质量和效益，不断优化经营管理，加强投资管控，完成“三年滚动计划”编制，建立项目资源储备库，严格项目效益评价排队，狠抓方案设计和工程工序优化降本，川西 10 亿立方米产能建设投资下降至 31 亿元、下降 3%；持续完善工程清单计价体系，推进工程造价全过程优化，全年审核预算 464 项、金额审减率 7.7%，审核结算项目 375 个、金额审减率 7.6%。践行低成本发展，突出资金优化运作和现金流管理，严格“两金”占用管控，加快应收款项清收，节约财务费用 3 039 万元，取得委托贷款收益 1 374 万元，实现自由现金流 7.62 亿元，用好财税优惠政策，节税增效 5 647 万元；突出物资供应优化，框架协议采购率 84.4%，招标采购率 98%，分别提高 2.5%、12.5%，采购资金节约 9.1%；突出业务外包优化，推进主营业务外包由用工向用服务转变，业务外包费用降低 1 873 万元。加强风险识别与管控，修订完善“三重一大”决策制度和内控实施细则，强化执行与过程监督，实现风险防控全面覆盖；大力推进依法依规治企，着力保障重大决策事项、规章制度和经济合同的合法合规；强化审计监督，圆满完成集团公司工程项目招投标及转分包专项审计、元坝气田地面工程项目竣工决算审计，完成内部审计项目62项，促进增收节支1 920万元，工程结算审减4 026万元、审减率4%。信息化提升成效显著，专业软硬件实现与总部资源共享，石油工程业务智能管控平台实现推广应用，综合研究业务支持平台初步建成，生产安全监督管理平台建设加快推进，个人工作台成功上线，实现从理念到应用、支撑运行机制的优化调整，推进业务流程再造，有效提升管理水平。

（付承生）

【企业改革不断深化】 2017年，西南油气田改革工作持续深化，对标先进开展“三定”，完成机关职能部门和部分二级单位整合调整，中层机构从现有的55个减少到49个，基层机构从438个减少到417个。出台《优化人力资源配置管理办法》，明确人力资源统筹配置和优化安置渠道，全年优化配置533人、盘活用工228人。探索创新岗位价值评价体系，开发技能操作岗位价值评价工具，推进岗位管理逐步向价值评估和薪酬激励转变。成立资产经营管理部，平稳完成经营型业务和保障型业务分离改革，有序推进存量资产经营的专业化管理、市场化运作、规模化经营。内部模拟市场建设有序推进，初步构建运行、结算2个平台和价格、计量质量、考核3个体系。完成西南石油局等4家全民所有制企业的公司制改制，关停、注销中扬置业、中南油建等企业，法人企业清理整顿取得积极进展。持续推进公务用车改革，实现片区车辆统一集中管理，车辆利用率提高14.5%；公开挂牌拍卖54台老旧车辆，成交增值257%。完成赤水地区供水、供气分离移交可研方案，签订资阳社区“三供”分离移交框架协议，“三供一业”分离移交有序推进。

（付承生）

【和谐建设有效推进】 2017年，西南油气田扎实有效地推进和谐建设，发展环境日益改善，以护航十九大为主线，扎实做好稳定工作，连续7年实现“四个不发生”和“一个为零”工作目标。践行“三个不让”，帮扶困难人员515人次、181万元，金秋助学369人、97万元，帮扶协解已退休人员4 126人、1 831万元，协解未退休人员非全日制再就业3 545人、6 558万元。认真做好离退休管理服务工作，“两项待遇”有效落实。积极开展“走基层、访万家”、文艺小分队一线巡演等活动。推进文明和谐示范小区建设，3A以上小区占比28%。优化调整员工薪酬结构，坚持向基层一线、重点关键岗位倾斜，让发展成果惠及职工群众。强化与资源地政府的战略合作，巩固与合资方的协作关系，积极参与精准扶贫，向四川省苍溪县和沐川县捐赠130万元。努力做好民生保供，关停中京燃气，压减美丰用气，调减外部工业用气，较好履行了社会责任。

（付承生）

【党建工作不断创新】 2017年，西南油气田不断创新提升党建工作，全面贯彻落实集团公司党组部署，以迎接、学习、宣传党的十九大为主线，把准坚持党的领导、加强党的建设主题，强化落实管党治党责任，推进党建工作与中心工作深度融合，保障作用充分发挥。健全明责、督责、考责、问责的党建闭环管理体系，认真落实“一岗双责”，党建责任进一步压实。健全、实施选人用人管理制度，完善人才成长通道建设，加强教育培训、实践锻炼、监督考核，领导班子和干部人才队伍进一步建强。健全优化各级监督机构，严抓中央“八项规定”精神落实，充分发挥党委巡察政治功能，综合运用监督执纪“四种形态”，落实全面从严治企要求，纪律规矩进一步严明。坚持大抓基层，持续推进“两学一做”学习教育常态化制度化，有序推进“党建入章”，扎实开展党支部分类定级实践，创新“支委团队工作法”，大力提升支部书记素质能力，基层组织进一步强化。狠抓意识形态工作责任落实，加强形势任务教育，大力弘扬劳模精神，扎实开展“转观念、勇担当、创效益”专题研讨，制定发布《“心气文化”建设手册》，推动“心气文化”建设“九个一”工程抓实落地，统筹抓好新闻宣传，深入开展党建思想文化工作研究，企业文化进一步繁荣。深入开展系列立功劳动竞赛，推动群众性“创新创效创优”，深化“一团一品”“走访寻”等青字号品牌活动，队伍活力进一步激发。西南油气分公司川东北采气厂元坝采气管理区获全国工人先锋号，西南石油局、西南油气分公司元坝净化厂分别获全国“安康杯”竞赛安全文化宣传工作先进单位，西南石油局获四川省厂务公开民主管理示范单位，西南油气分公司石油工程技术研究院获四川省五一劳动奖状，1人获四川省五一劳动奖章，1个职工技能人才创新工作室获第3批四川省劳模（职工技能人才）创新工作室。

（付承生）

表 1 西南油气田主要技术经济指标 亿元

指标名称 \ 年份	2017	2016	2015	2014	2013	2012
工业总产值						
西南油气分公司	73.44	68.63	73.15	49.78	45.42	39.81
工业增加值						
西南油气分公司	41.69	38.96	43.76	17.78	10.24	5.29
资产总计						
西南石油局	26.95	26.69	27.62	28.38	30.05	61.77
西南油气分公司	360.30	389.47	404.31	389.31	340.92	271.85
流动资产						
西南石油局	9.08	8.10	8.90	9.23	8.03	37.29
西南油气分公司	2.79	2.62	2.38	6.54	17.02	3.20
固定资产原值						
西南石油局	21.14	20.96	20.62	20.18	21.78	17.96
西南油气分公司	571.70	550.87	454.74	304.71	271.20	222.28
固定资产净值						
西南石油局	13.11	13.56	13.67	13.76	16.31	17.22
西南油气分公司	289.37	304.35	239.31	113.85	109.75	85.29
销售收入						
西南石油局	21.76	19.87	22.82	27.95	28.67	35.47
西南油气分公司	77.05	68.75	73.22	49.88	45.40	39.82
实现利税						
西南石油局	1.01	1.51	2.35	2.78	2.31	1.03
西南油气分公司	10.38	7.72	17.57	-18.06	-27.96	-18.07
税　金						
西南石油局	1.41	1.85	1.39	1.58	1.37	1.41
西南油气分公司	7.99	5.86	4.49	2.65	2.65	2.32
综合能耗/吨标煤·万元$^{-1}$						
西南石油局	0.04	0.045	0.04	0.03	0.03	—
西南油气分公司	0.90	0.87	0.79	0.57	0.57	0.57

表 2 **西南油气分公司主要生产建设指标**

指标名称＼年份	2017	2016	2015	2014	2013	2012
完成二维地震采集量/千米	—	—	—	341.61	—	4 840.00
完成三维地震采集量/平方千米	882.00	264.53	700.08	646.76	799.48	2 538.00
完成钻井数/口	58	42	62	112	183	384
完成进尺数/万米	22.13	14.75	17.02	33.77	49.54	120.33
原油产量/万吨	1.29	0.75	1.72	2.28	2.23	2.20
天然气产量/亿立方米	60.68	55.10	48.25	34.18	32.25	29.61
新增原油生产能力/万吨	—	—	—	0.22	0.32	0.30
新增天然气生产能力/亿立方米	1.75	4.55	18.11	22.50	7.41	6.50
新增天然气地质储量/亿立方米	1 206.58	1 538.11	2 403.65	2 062.42	4 430.57	2 060.16
勘探开发投资额/亿元	34.28	31.11	46.29	78.98	78.92	83.03

东北油气田

【概况】 东北油气田是中国石化集团东北石油局有限公司(简称东北石油局)和中国石油化工股份有限公司东北油气分公司(简称东北油气分公司)的统称，是中国石化在东北地区唯一一支从事石油天然气勘探开发研究的主体专业化油公司。本部机关位于吉林省长春市西安大路 4936 号。其前身成立于 1977 年，2000 年并入中国石化。2008 年 1 月 9 日，中国石化将原东北分公司、东北石油局、勘探北方分公司、华东分公司吉林项目部腰英台油田重组为新的东北石油局暨东北油气分公司，按大Ⅰ型企业管理，实行“一套班子、两块牌子”的管理体制。2017 年 9 月，中国石化集团东北石油局名称变更为中国石化集团东北石油局有限公司。

截至 2017 年底，东北油气田下设 8 个综合管理处室、4 个专业管理部门、4 个专业化单位、2 个科研单位和 4 个采油气厂；共有正式职工 1 081 人，其中在岗 1 021 人；拥有高级技术职称的 254 人(其中教授级 20 人)，中级技术职称的 352 人。东北油气分公司辖有油气勘查与采矿区块 27 个，总面积约 4.39 万平方千米，分布在黑龙江省、吉林省、辽宁省和内蒙古自治区。其中，油气勘查区块 15 个，勘查面积约 4.26 万平方千米；采矿区块 12 个，开采面积约 0.13 万平方千米。油气总资源量 26.14 亿吨油当量。已获得累计石油探明储量 1.09 亿吨，累计天然气探明储量 817.64 亿立方米。

东北油气田主要技术经济指标和主要生产建设指标分别见表 1 和表 2。

(吴　瑶)

【领导干部调整】 2017 年 8 月 16 日，鉴于年龄原因，集团公司党组征得中共吉林省委员会同意，免去唐黎明的中共中国石化集团东北石油局委员会委员职务；解聘其东北油气分公司副总经理职务，任调研员。

(吴　瑶)

【自主承包经营成效明显】 2017 年，东北油气分公司按照集团公司印发的《东北油气分公司自主经营试点工作方案》，全面实施自主承包经营。按照“一厂一策，一个单位一策”的方式，下放权力，配套各项支持政策，确定承包经营方案，明确由各二级单位领导班子集体承包，党政主要领导负总责，全员参与的管理运行体制，建立权责清晰、责任明确、运转高效的经营管理体系，公司同承包单位签订经营责任书，全面考核效益类、管理类和约束性指标。在自主承包经营模式下，取得丰硕的经营成果。全年销售天然气首次突破 8 亿立方米、达 8.1 亿立方米，销售原油和凝析油 1.79 万吨，油当量首次突破 80 万吨。天然气综合单价同比增加 23 元/千米^3，全年实现收入 11.86 亿元。单位完全成本 1 284 元/吨，较预算指标下降 208 元/吨。东北油气分公司在没有借助总部政策支持并消化历史负担的情况下，实现利润 1 652 万元，在股份公司上游企业中排名第三；东北石油局实现利润 36 万元，实现整合重组 9 年来首次全面盈利，甩掉亏损企业的帽子，提前完成处僵治困治理目标，闯出低油价下生存发展的新路子，发展步入良性发展轨道，为完成 3 年自主经营目标、实现可持续有效益发展打下良好基础，进入全新发展阶段。该典型做法被国务院国资委《国企改革简报》刊用，并推广到各中央企业。

（吴　瑶）

东北油气分公司与承包单位现场签订承包经营责任书

【组建项目团队实现科技创新突破】 为实现勘探、开发、工程技术、经济评价一体化，达到有效的勘探突破和高效开发建产，东北油气分公司创新组建长岭“三新”领域、新区勘探、梨树一体化、长岭一体化、油田开发三年统筹规划、储层及含油气性预测攻关、有效储层改造技术攻关 7 个项目团队。各团队强化技术攻关和理论创新，开展大量的基础研究工作，取得创新性的认识和技术突破，有力支撑油气勘探开发生产：基础研究得到进一步强化，长岭、梨树断陷的构造、沉积及成藏规律认识得到深化；形成多信息融合的复杂气藏精细刻画技术，建立机构—期次—流动单元三级火山地层格架和分级控储机制，为火山岩气藏高效勘探开发奠定基础；研究致密含气层品质因素测井评价技术，使梨树老区储层和流体识别的准确率超过 90%，有效解决梨树地区致密储层评价难题；针对松南致密薄储层，形成“气砂敏感因子”预测技术，提升储层预测的精度，有效支撑龙凤山气田开发建产；提出暂堵式压差滑套封隔器、可取式插管封隔器 + 回插管两套水平井不压井投产技术方案。

（吴　瑶）

【油气勘探取得良好成果】 2017 年，东北油气分公司按照“优先加快发展天然气”战略部署，勘探上不断强化地质基础，深化地质规律认识，重点围绕突破火山岩目标、下洼寻找原生油气藏、精细刻画评价浅层圈闭 3 类目标展开部署，取得“1 个新突破、3 个新进展和 1 个新苗头”的好成果：长岭断陷查干花南洼天然气勘探取得新突破、长岭龙凤山火石岭组火山岩勘探取得新进展、梨树断陷北部斜坡带营城组天然气勘探取得新进展、梨树中浅层天然气勘探取得新进展、兼探新矿种见到新苗头，其中梨树北部斜坡带营城组天然气勘探新发现获股份公司油气发现三等奖。新增天然气探明储量 32.18 亿立方米，新增天然气预测储量 241.91 亿立方米，超额完成下达的年度任务指标。

（吴　瑶）

【油气开发稳产建产取得丰硕成果】 2017 年，东北油气分公司油气开发上深挖细查落实评价与产建目标，持续摸排实施老气田稳产与增产措施，一方面抓现实产能增长，另一方面抓储量准备，通过未动用储量再评价、零散见气点再认识、已开发气田再外扩、老气田再挖潜，4 个主力气藏开发效果良好：松南气田火山岩气藏采收率提高到 60%，龙凤山气田凝析气藏天然气产量达 1 亿立方米，伏龙泉气田在高采气速度、高采出程度情况下保持稳定生产，梨树老区天然气产量增长 1 倍。全年天然气商品量较 2016 年增加 7 200 万立方米，天然气 SEC 储量替代率 103.7%，实现储采平衡。

（吴　瑶）

【工程工艺持续提速提质提效】 2017 年，东北油气分公司完善水平井优快钻完井技术，机械钻速同比提高 3.79%，钻井质量优良率提高 8%，龙凤山水平井每米成本降低 14.05%；配套松南火山岩控水压裂工艺技术，完善龙凤山水平井大规模穿层分段压裂工艺技术，创新定向不等量射孔压裂工艺技术，实现增产增效；优选井下作业措施，千立方米气措施成本降低 50 元，优化中低压气井集气工艺和集气增压工艺，提升了生产时效。

（吴　瑶）

【天然气增效增销明显】 2017 年，东北油气分公司把天然气生产销售工作作为重中之重，每周召开天然气生产销售专题会议，谋划和紧盯市场，全力拓市增销。对50多家天然气用户分类管理，分户施策。重点拓展可压减、可调峰的优质工业用户，通过跟踪行情、总结用气规律，对LNG企业的成本构成、市场规模深入研究，启动价格杠杆，夏季LNG总销量占比天然气外输量近60%，日均输气180万立方米以上，实现天然气市场淡季不淡，冬夏峰谷差首次控制在1.5以内，达到历史最优。全面落实党组领导“讲政治、顾大局、保民生”的批示精神，按照既讲效益更讲政治的原则，重点保障民生用气，针对城市居民用气市场特点，制定天然气保供措施，城市燃气供气量较上年同期增加16%。年内超计划销售天然气4 000万立方米，增效3 050万元。

（吴　瑶）

【松原采气厂装置检修高效完成】 东北油气分公司松原采气厂集输处理装置部分系统及设备出现不同程度的老化、效率降低、故障频发等问题，为了保证装置“安稳长满优”运行，东北油气分公司用38天时间对装置进行全面检修。完成电气、给排水、远传仪表、自控系统、冷却系统、净化处理、集输系统共七大系统检修内容，解决问题256项，处理安全隐患35项，完成DCS升级等6项技改项目、变压器降容等4项平行项目，有效提升装置自动化程度、安全可靠性、处理能力、产品质量和人员技术水平，全面降低装置的安全隐患和操作强度，实现装置内工艺参数全面优化。检修期间严格执行一人施工、一人监护、一人检查的“三个一”工作法，高风险施工作业安全平稳竣工。检修后，装置恢复到原设计能力，含碳量下降1.1%，为天然气稳定生产奠定基础。

（吴　瑶）

【全面推行价值积分管理】 2017年，东北油气田全面推行员工价值积分管理，即依据工时定额标准、工作质量标准、现场操作规范和具体管理实际，对员工各项工作量化赋分，调动员工积极性、主动性、创造性，实现员工效率最大化、价值公平化、贡献差异化，促进公司管理水平强化提升。

（吴　瑶）

【信息化建设逐步推进】 按照集团公司部署，东北油气分公司大力推进EPBP建设，累计录入各类数据30余万条，日增数据7 000多条，实现采油气、集输、销售、井下作业、测井、生产运行等业务和数据全部在EPBP线上提报。推进无纸化办公，应用无纸化会议室模块，增加会前研究资料的时间，提高决策效率，减少办公费用。完成财务共享上线，会计业务的工作方式发生较大变化，财务管理水平得到提升。启用督办系统，有效提升各层级执行力和工作效率，促进公司各项决策有效落实。完成管理类文件归档范围的确定，为规范档案管理，实现资料共享打下基础。开发移动办公APP平台，集成公文管理、费用报销等6个系统与模块，实现各级待办事项随时随地审批与流转，提高了办公效率。

（吴　瑶）

【制度基础建设进一步夯实】 2017年，东北油气田为实现科学高效管理，提高劳动生产率和经济效益，使规章制度有效适用于承包经营、适应于深化改革，保障生产经营活动的顺利进行，采取制定、修订、合并、废止等方式，进行制度完善和流程的梳理，共修订制度159个、合并11个、新增22个、修改流程121个、新增加流程70个，依法合规经营、按制度程序办事的行为得到规范，为从严管理奠定坚实的制度基础。

（吴　瑶）

【党的建设坚强有力】 2017年，东北石油局党委认真贯彻落实党的十九大精神，牢牢把握全面从严治党的根本要求，层层压实管党治党责任，加快推进政治优势转化，为中心任务的全面完成提供坚强的思想、政治和组织保证。①强化理论武装，党的十九大精神入脑入心。分层次组织学习研讨，采取请进来、走出去、听宣讲、搞培训等方式方法，深刻学习领会十九大精神实质、核心要义。②推进党建工作与中心工作深度融合。修订下发党建工作责任制实施细则，构建“3+1+1”党建考核评价体系，健全完善党建工作责任制运行和保障机制。抓实党组织书记述职评议和党支部分类定级，强化结果运用和帮带提升，党建工作机制得到充分落实。推行支部结对共建和“主题党日”活动，落实“两学一做”学习教育常态化制度化要求，提升党内政治生活质量，抓住关键少数，发挥示范带动作用。全面落实意识形态工作责任制，抓好政治理论学习、形势任务教育，广泛开展“转观念、勇担当、创效益”大讨论，统一思想、凝聚力量。③推进全面从严治党向纵深发展。积极推动监督体制机制改革，成立监督委员会，形成“大监督”格局。修订完善党风廉洁建设相关制度13项，进一步扎紧制度的笼子。持续加强对落实“八项规定”的监督，巩固反“四风”成果。大力开展党规党纪宣贯、正反典型教育和反腐倡廉教育月活动，不断提升党员领导干部廉洁自律意识，构建不想腐的思想防线。

（吴　瑶）

表1　东北油气田主要技术经济指标　亿元

指标名称＼年份	2017	2016	2015	2014	2013	2012
工业增加值	5.35	7.36	8.11	7.05	10.70	5.46
东北油气分公司	5.35	7.36	8.06	6.91	8.63	5.20
东北石油局	0	0	0.05	0.14	2.07	0.26
资产总计	51.62	57.68	57.43	66.73	72.71	63.85
东北油气分公司	49.65	55.71	55.41	64.48	70.73	61.22
东北石油局	1.97	1.97	2.02	2.25	1.98	2.63
流动资产	1.73	4.42	1.56	2.53	2.93	3.22
东北油气分公司	0.67	3.40	0.52	1.31	1.90	1.59
东北石油局	1.06	1.02	1.04	1.22	1.03	1.63
固定资产原值	126.42	122.56	118.43	112.10	100.56	77.47
东北油气分公司	125.26	121.39	117.42	110.92	99.52	76.43
东北石油局	1.16	1.17	1.01	1.18	1.04	1.04
固定资产净值	44.66	45.81	46.02	49.08	46.77	29.20
东北油气分公司	44.26	45.38	45.55	48.56	46.35	28.74
东北石油局	0.40	0.43	0.47	0.52	0.42	0.46
销售收入	11.92	10.93	14.96	20.77	22.03	22.11
东北油气分公司	11.87	10.87	14.96	20.17	19.96	19.65
东北石油局	0.05	0.06		0.60	2.07	2.46
实现利税①	0.80	-0.47	-4.80	-3.21	-0.35	-1.93
东北油气分公司	0.78	-0.47	-4.82	-3.22	-0.59	-1.95
东北石油局	0.02	0.01	0.02	0.01	0.24	0.02
税　金	0.63	0.59	0.86	2.37	2.75	1.06
东北油气分公司	0.62	0.57	0.84	2.28	2.52	0.85
东北石油局	0.01	0.02	0.02	0.09	0.23	0.21
综合能耗/吨标煤·万元$^{-1}$	0.54	0.71	0.53	0.69	0.69	0.65

①2016年度东北油气分公司实现利税调整至-0.47亿元

表 2 东北油气分公司主要生产建设指标

指标名称＼年份	2017	2016	2015	2014	2013	2012
原油产量/万吨	1.84	3.51	14.29	19.31	21.69	22.00
天然气产量/亿立方米	8.40	7.81	6.15	6.62	6.00	5.10
新增原油生产能力/万吨	0.36	0.06	1.96	1.26	4.32	5.33
新增天然气生产能力/亿立方米	0.95	0.86	2.00	—	1.47	1.51
新增探明石油地质储量/万吨	—	—	97.95	60.36	261.17	1 022.66
新增探明天然气地质储量/亿立方米	—	—	51.56	—	7.89	—
二维地震/千米	—	—	—	1 025.95	914.44	2 555.06
三维地震/平方千米	—	20.13	152.00	204.00	660.34	295.41
油气钻井/口	22	23	26	43	151	132
探　井	9	11	9	21	43	52
开发井	13	12	17	22	108	80
钻井进尺/万米	5.56	8.30	8.71	10.46	33.98	33.92
勘探投资/亿元	1.04	1.38	1.88	4.34	8.57	10.26
开发投资/亿元	2.24	2.94	2.23	3.92	11.24	12.20

华北油气田

【概况】 华北油气田是中国石化集团华北石油局有限公司(简称华北石油局)和中国石油化工股份有限公司华北油气分公司(简称华北油气分公司)的统称，位于河南省郑州市，是中国石化上游油田企业之一。其前身为组建于1975年5月的地质矿产部第二石油普查勘探指挥部，1997年1月并入中国新星石油公司，2000年3月随中国新星石油公司整体并入集团公司，2002年5月，根据集团公司重组改制总体部署，华北石油局组建中国石化新星公司华北石油局和中国石油化工股份有限公司新星华北分公司，2003年7月分别划归集团公司、股份公司直接管理。2013年1月，按照集团公司关于石油工程专业化重组和矿区(社区)管理体制调整的总体部署，对石油工程和社区板块进行分离，成立华北石油工程有限公司，实现油公司、工程公司和社区业务“三分开”。2015年3月，中国石油化工股份有限公司华北分公司更名为中国石油化工股份有限公司华北油气分公司。2017年9月，中国石化集团华北石油局完成公司制改制工作，公司名称变更为中国石化集团华北石油局有限公司。

华北石油局主要负责社区管理，拥有郑州、新乡、咸阳、榆次、须水5个社区管理服务中心。华北油气分公司主要从事油气勘探开发、生产和销售业务，油气生产基地位于陕西省榆林市、延安市、铜川市、咸阳市，内蒙古鄂尔多斯市，宁夏盐池县和甘肃省庆阳市、平凉市等地区。

截至2017年底，华北油气田配备有1套党政领导班子(成员共7人)，下设22个职能(处室)部门、12个二级单位。拥有正式职工3 234人，其中拥有教授级高级职称的23人、高级技术职称的564人。拥有油气勘探开发区块19个，总面积3.82万平方千米。其中，鄂尔多斯盆地13个，合计面积2.21万平方千米；渭河盆地1个，面积2 930.226平方千米；沁水盆地1个，面积5 413.488平方千米；南华北盆地1个，面积7 055平方千米；二连盆地2个，面积541.312平方千米；巴丹吉林盆地1个，面积102.096平方千米。已获累计石油探明储量2.42亿吨、控制储量1.74亿吨、预测储量2.97亿吨，累计天然气探明储量5 892.10亿立方米、控制储量

6 870.61亿立方米、预测储量 3 282.55 亿立方米。

华北油气田主要技术经济指标和主要生产建设指标分别见表 1 和表 2。

（张新悦）

【年度各项目标任务全面完成】 2017 年，华北油气田生产天然气 37.27 亿立方米、销售 35.78 亿立方米；生产原油 10 万吨、销售 9.91 万吨；完成投资 18.99 亿元（分公司 18.56 亿元），新建天然气产能 6.09 亿立方米，新增天然气经济可采储量 43.69 亿立方米，完成计划的 106%，储量替代率达 117%；实现销售收入 48.4 亿元，实际形成账面利润 -10.78 亿元。

（龙利平　张新悦）

【天然气勘探取得新进展】 2017 年，华北油气分公司聚焦上古优质储量，深化成藏规律认识，坚持勘探开发一体化探评，东胜气田新增控制储量 832.19 亿立方米、完成计划的 184%，预测储量 467.11 亿立方米、完成计划的 234%，控制储量发现成本 0.57 元/万米^3。积极探索下古新层系，J58P33T 井奥陶系马四段钻遇缝洞型气层，试获 3 万米^3/日工业气流。2 项勘探成果分获股份公司商业发现、重要发现一等奖。完成三维地震采集 685 平方千米，全方位质控体系发挥显著成效，整体施工质量迈上新台阶，全盆地有利区带基本实现三维全覆盖，为持续深化研究、推动增储上产提供了资料保障。

（龙利平　张新悦）

【油气开发成果显著】 2017 年，东胜气田产能建设顺利推进，建成盆缘首个规模气田。首次采用多期次滚动建产模式，方案部署质量和效果明显提升，三期方案累计建产 5.01 亿立方米，平均单井配产 2.66 万米^3/日，较方案设计指标提高 5 个百分点；锦 58 井区一期产建获股份公司高效开发一等奖，气田保有产能突破 10 亿立方米，实现了“走出大牛地、开拓杭锦旗”的战略目标。

（龙利平　张新悦）

【大牛地硬稳定工程取得成效】 2017 年，华北油气分公司全面实施老井综合治理，全年治理 231 口井，累计增产 1.17 亿立方米，综合递减率控制在 11% 以内。动用储量择优建产、老区加密调整优化建产相结合弥补递减。紧盯煤系地层未动用储量潜力，优选太 2、山 1 有利区带滚动建产 1 亿立方米，9 口完钻井显示砂岩钻遇率同比提高 10 个百分点，3 口试气井平均无阻流量达 9.89 万米^3/日；细分层系深挖老区剩余储量潜力，DK13 井区率先开展加密调整试验，5 口完钻井上古平均钻遇气层 16.1 米；D8 - D10 井区编制完成高效调整方案，老区全面精细调整迈出坚实步伐。积极推进下古含硫气井产能释放，11 口低微含硫气井全面应用井筒除硫工艺，释放产能 10 万米^3/日，年贡献产量 2 238 万立方米；积极推进较高含硫气井地面、井筒除硫工艺配套，完成 10 口井综合治理方案编制报批，为存量产能释放和含硫气藏增量效益建产创造了有利条件。加强下古成藏机理及富集规律研究，优选评价目标实施钻探寻求新突破，大 122 井奥陶系马四段钻遇 10 米气层，揭示了下古“内幕”良好勘探前景，拓展了大牛地未来增储空间。

（龙利平　张新悦）

【深化改革助推南部油气可持续发展】 2017 年，宁东油田一体化自主承包经营试点顺利启动，运行 4 个月实现减亏 380 万元；富县区块混合所有制改革取得实质性突破，合资公司完成登记注册，勘探评价开始整体推进，低品位储量效益动用新模式得以顺利启动；积极配合完成旬邑—宜君区块流转，剥离低效资产原值 17.01 亿元、净值 5.6 亿元，减少折旧折耗 1.15 亿元/年，原油资产实现进一步轻量化，为鄂南油田早日步入效益开发争取了主动。

（龙利平　张新悦）

【从严提级抓牢安全环保工作】 2017 年，华北油气田深刻吸取“1·2”事故教训，以“识别大风险、消除大隐患、杜绝大事故”为主线，全面落实“六个必”“四带头”要求，企业重大安全环保风险点全部承包到位，开展承包活动 320 次，创新实施领导承包活动“七问”“四查”“两看”“一练一听一答”标准化管理；开展安全检查 41 次，查出问题 3 290 项；坚持月度例会通报问责机制，强化考核排名、跟踪督办，在二级单位推行行政正职直管安全，安全环保主体责任进一步落实。制定局、分公司四级风险清单，全面落实风险管控责任；“十大安全风险”管控进入全面提升阶段，应用 Bow-tie 模型开展安全风险分析，运用科学化手段制定防控措施 162 条，初步实现净化厂甲醇、凝析油泄露火灾爆炸重大风险降级；深入开展全员安全诊断，采纳建议 1 249 条，奖励金额 41.3 万元，2 条建议被评为集团公司优秀安全诊断；狠抓隐患排查治理，完成全部 84 项挂牌隐患整改。抓实承包商监管，有效发挥业务部门和监管部门“双监管”效能，强化源头把控，提高安全评分比例，从严审查队伍资质，促进甲乙方管理水平双提升；严格按照“一罚二停三清退”原则，实施承包商积分管理“黑名单”制，清退不合格承包商6家，紧盯直接作业现场，严格执行违规作业“八必停工、二十必罚”措施，停工12次，处罚58次，罚款93万元。不断巩固安全管理基础，以基层班组为主体，开展现场操作程序评估，共评估各类规程1 090项，新增规程225项，修订规程493项；依托现场检查，以《安全管理手册》为“蓝本”，以查促改修订制度80项，安全管理制度体系建设日趋完善。持续开展538个点位环境监测和64个点位地下水监测，分别收集样品数量9 108个和592个，为准确掌握油气田范围环境变化趋势、及时控制风险提供了支撑；进一步畅通含油污泥、焚烧残渣、不落地岩屑处置渠道，积极开展水土保持和植被恢复，绿色油气田建设扎实推进。逐步夯实职业健康工作基础，开展519处室外作业场所职业病危害因素监测，优化改善5处；持续推进沙蒿过敏防护，发放抗过敏药物206份，新风系统试验取得良好成效。

（龙利平　张新悦）

【科技支撑持续增强】 2017年，华北油气分公司进一步明确富集规律“断层、沉积相、超覆、构造、侧向封堵”5个要素和4个成藏区带、6种气藏类型，资源动用序列更加清晰，为下步战略选区和技术攻关指明了方向。低丰度致密低渗油气藏开发关键技术持续发展，杭锦旗流体检测及定量描述、复杂类型气藏钻完井及压裂、低压集气采输工艺等一批核心技术初步成型。大牛地老区综合治理技术研究取得阶段成果，致密油气藏注二氧化碳提高采收率选区评价方法有效建立。新工艺新技术试验及应用取得新成果，二级井身结构、理化耦合防漏抑塌、防漏固井、防碰绕障等技术应用52口井，平均钻井周期缩短7.7%，固井质量优良率提高28%。穿层压裂和混合水压裂试验均取得显著效果，穿层压裂试验16口井，平均无阻流量14.5万米^3/日，混合水压裂施工3口井，最高无阻流量25.1万米^3/日。大牛地气田首创老井“四线六区”动态分析法，初步形成气井分类采气工艺技术，治理448井次，累计增产5 500万立方米。东胜气田形成气井差异化井下节流排水采气关键技术，应用87口井，生产时率达99.2%；清洁生产一体化试验取得成功，9口井试验期间开井率100%，抑制剂用量大幅下降，防冻堵效果明显提高，全面推广应用122口井，有效保障冬季平稳生产。科技管理取得丰硕成果，申报集团公司企业标准4项，编制分公司企业标准15项；申请专利70件(发明专利40件)，获授权专利39件(发明专利11件)。加快推进“两化”深度融合，EPBP建设完成九大业务域流程手册、上线方案编制工作，各业务采集流程全部打通，按时按质上线运行。

（龙利平　张新悦）

【党的建设成效显著】 2017年，华北油气田深入学习贯彻党的十九大精神，密切结合企业发展形势，研究制订学习宣贯方案，着力搭建多形式、多渠道宣贯平台，推动学习宣贯工作全覆盖、入基层、切实际，切实用习近平新时代中国特色社会主义思想武装头脑，指导企业发展实践。全面加强领导班子建设。坚持党委中心组学习制度和民主集中制原则，着力提升班子成员“四个意识”，着力推进决策科学化、规范化，局、处两级班子整体效能充分发挥。

（龙利平　张新悦）

【干部队伍结构不断优化】 新提拔处级干部12人，重视后备干部培养，32名青年干部、骨干双向交流挂职锻炼，强化履职能力提升，开展105期干部培训，轮训5 165人次；统筹推进人才队伍建设，编制完成三支人才队伍通道建设方案及配套管理办法，人才成长通道不断拓宽。

全面推进基层党组织建设，着力推进党支部分类定级、全面实施支部书记持证上岗，首次开展机关支部书记述职评议，压实了工作责任，提升了履职意识。严格党内组织生活，落实“三会一课”制度，组织主题党日活动。注重发挥基层党支部在“三基”工作中的引领带动作用，制定党支部促“三基”工作10项措施，初步形成支部建设与“三基”工作相融互促的工作格局。推进“两学一做”学习教育常态化制度化，强化形势任务教育，广泛开展“转观念、勇担当、创效益、当先锋”大讨论和“亮比评促”活动，形成“比学赶帮超、奋力促扭亏”良好氛围。强化典型选树，树立21个先进典型人物，举办5场事迹巡回报告会，打造了“齐心战寒冬、合力谋发展”的良好精神状态。全面落实“两个责任”，贯彻监督执纪“四种形态”，加大问责力度，全年分层分级签订责任书383份，建立廉洁档案活页夹462份，开展效能监察22项，完成3家单位党委巡察、11家单位“八项规定”精神“回头看”、公款购买消费高档白酒专项整治，全年立案5件，党纪政纪处分26人次，不正之风和腐败现象得到有效遏制。

（龙利平　张新悦）

【三普获全国文明单位称号】 2017 年 11 月 18 日，中央文明网发布第 5 届全国文明单位名单，华北石油局三普榜上有名。近 3 年来，三普按照测评体系要求对创建工作进行分解落实，并在每年初排出各项工作任务的大表，按节点落实。三普党委按照测评要求扎实开展各项创建活动，针对大部分员工在野外工作、社区留守老人和儿童多等特点，形成“邻里守望”特色文化，全面落实机关办公楼人员及社区居民的行为规范，成立 2 支党员文明督导队，对社区及办公楼环境进行文明督导，收到很好效果，打造了“文明三普”的亮丽名片。

（苏延福　张新悦）

获奖后合影留念

表 1　　华北油气田主要技术经济指标　　亿元

指标名称 \ 年份	2017	2016	2015	2014	2013	2012
工业总产值	46.56	46.74	57.97	77.48	69.53	91.84
华北石油局	0.37	0.47	0.62	1.37	1.51	44.98
华北油气分公司	46.19	46.27	57.35	76.11	68.02	46.86
工业增加值	31.42	33.98	42.40	56.27	24.22	41.99
华北石油局	-0.34	0.30	0.48	0.97	1.18	12.80
华北油气分公司	31.76	33.68	41.92	55.30	23.14	29.19
资产总计	227.20	282.09	290.36	317.91	309.60	276.36
华北石油局	5.20	5.60	6.54	7.32	6.45	42.65
华北油气分公司	222.00	276.49	283.82	310.59	303.15	233.71
流动资产	11.78	5.99	7.67	15.60	16.75	39.74
华北石油局	2.54	2.59	3.21	3.92	3.83	17.83
华北油气分公司	9.24	3.40	4.46	11.68	12.92	21.91
固定资产原值	485.18	476.21	436.11	406.96	356.50	274.13
华北石油局	6.35	6.64	6.44	6.15	5.13	32.26
华北油气分公司	478.83	469.57	429.67	400.81	351.37	241.87
固定资产净值	157.10	171.40	204.05	225.98	220.15	179.92
华北石油局	2.55	2.93	3.01	3.03	2.28	19.68
华北油气分公司	154.55	168.47	201.04	222.95	217.87	160.24
销售收入	48.40	47.23	59.33	76.96	90.01	131.84

续表

年份 指标名称	2017	2016	2015	2014	2013	2012
华北石油局	2.13	0.51	0.69	1.32	4.73	60.39
华北油气分公司	46.27	46.72	58.64	75.64	85.28	71.45
实现利税	-8.21	-45.95	-18.72	0.26	-18.93	9.35
华北石油局	-0.42	-0.08	0.08	0.39	0.87	4.94
华北油气分公司	-7.79	-45.87	-18.80	-0.13	-19.80	4.41
税　金	2.57	2.55	3.14	6.62	7.55	8.72
华北石油局	0.13	0.19	0.23	0.69	0.82	4.74
华北油气分公司	2.44	2.36	2.91	5.93	6.73	3.98
综合能耗/吨标煤·万元$^{-1}$	0.493	0.33	0.32	0.36	0.29	0.38
华北石油局	0.245	0.21	0.20	0.31	0.20	0.43
华北油气分公司	0.493	0.44	0.43	0.41	0.38	0.39

表2　　华北油气分公司主要生产建设指标

年份 指标名称	2017	2016	2015	2014	2013	2012
油气产量/万吨	307.14	360.46	363.23	453.5	396.81	302.49
新增油气生产能力/万吨	60.92	63.72	60.13	105.49	46.86	147.46
新增油气探明储量地质储量/万吨	633.95	—	0	—	1 668.69	21 839.00
三维地震/平方千米	685.00	582.00	869.00	1 763.00	3 493.00	1 554.00
二维地震/千米	—	—	0	503.00	—	1 394.00
油气钻井/口	96	112	171	291	751	758
探　井	15	18	23	74	149	314
开发井	81	94	148	217	602	444
钻井进尺/万米	37.32	42.78	66.44	85.98	191.73	223.36
勘探投资/亿元	3.91	4.72	6.49	16.31	29.29	23.41
开发投资/亿元	13.75	25.26	27.91	44.20	106.44	99.74

华东油气田

【概况】 华东油气田是中国石化集团华东石油局（简称华东石油局）和中国石油化工股份有限公司华东油气分公司（简称华东油气分公司）的统称，是中国石化常规与非常规油气勘探开发的专业队伍。本部位于南京市建邺区江东中路315号中泰国际广场6号楼。华东石油局前身为1970年5月6日成立的江苏省石油勘探指挥所，隶属地质部石油海洋地质局管理。1997 年 1 月纳入中国新星石油公司管理。2000 年 4 月随中国新星石油公司整体并入集团公司。2003 年 5 月，华东石油局和华东油气分公司分别调整为集团公司和股份公司直接管理。2012 年 11 月 8 日，华东石油局石油工程专业队伍划出，成立中石化华东石油工程有限公司。2015 年 3 月 20 日，华东分公司开始运行油公司管理体制，更名为华东油气分公司。

截至 2017 年底，华东油气田共设有职能部门和党群工作部门 21 个（华东石油局 3 个、华东油气分公司 18 个），下属单位 11 个（华东石油局 4 个、华东油气分公司 7 个），用工总量 1 820 人，其中在职职工 1 769 人（华东石油局 400 人，不在岗 5 人；华东油气分公司 1 374 人，不在岗 46 人）；具有各类高级专业职称的 327 人、中级专业职称的 457 人。累计 2 人享受政府特殊津贴。

截至 2017 年底，华东油气分公司在苏北地区、下扬子新区和南华北盆地合肥南地区拥有油气勘探区块 12 个，总探矿权面积 1.45 万平方千米。其中，苏北油气勘查面积 1 336 平方千米，下扬子中古生界油气勘查面积 0.96 万平方千米，南华北合肥盆地 482.04 平方千米。登记拥有石油矿产开发权的区块 6 个，面积 354.97 平方千米；在山西、陕西、河南、安徽、宁夏、内蒙古、贵州等地拥有可进行非常规资源勘探的区块 10 个，其中煤层气勘探区块 3 个，总面积 957.58 平方千米，煤层气资源量 1 484 亿立方米；可进行煤层气勘探区块 5 个，总面积 1.18 万平方千米，含煤面积 6 395.78 平方千米，煤层气资源量 1 万亿立方米；页岩气勘探区块 2 个，总面积 8 440.99平方千米，预测页岩气地质资源量 2.19 万亿立方米。

华东油气田主要技术经济指标和主要生产建设指标分别见表 1 和表 2。

（刘　波）

【平桥南区页岩气产建平稳推进】 2016 年 4 月 11 日，平桥南区页岩气产能建设项目启动。2017 年 3 月 28 日，华东油气分公司召开会议，进一步优化项目方案，按照“整体部署、分步实施、先肥后瘦、动态调整”原则，优先实施埋深 3 800 米以浅的 26 口井，建产能 5.60 亿立方米，暂缓实施 3 800 米以深 4 口井及复杂断块的 3 口井。12 月 25 日，平桥南区焦页 205 井区产能建设方案通过华东油气分公司批复，部署 4 口井，建产能 0.90 亿立方米。全年共施工 10 个平台，开钻井 30 口，完钻井 18 口，压裂试气井 12 口，获单井日均 33.50 万立方米的商业气流。坚持降本增效，单井钻采工程投资从 7 721 万元下降至 6 008 万元，降幅 22.20%。通过反复优化开发井网，及时调整水平井轨迹，试气井单井日产气 18.40 万—89.50 万立方米。9 月 24 日，南川页岩气管输开通仪式在重庆南川区水江镇古城村东胜临时脱水站举行，通过引进重庆祥龙公司管网，完成产销一体化无缝衔接，实现南川页岩气外输试销售，全年自销增收 5 400万元。全年，页岩气平桥南区块探明储量 543 亿立方米，获股份公司规模储量商业发现特等奖；首次被股份公司授予优秀勘探管理单位称号。

（刘　波）

南川页岩气管道开通仪式　（沈志军　摄）

【焦页 200 - 1HF 井获 89.50 万立方米商业气流】 焦页 200 - 1HF 井为部署在平桥南区的页岩气开发水平井，水平段轨迹控制优异，气测显示好，完钻井深 5 012米。2017 年 8 月 20 日进行压裂施工，针对天然裂缝发育较好的井段，采用中途转胶液模式，实现暂堵转向，最大程度提高层段改造复杂度及改造体积。8 月 31 日完成全部 20 段压裂施工，累计用液 3.50 万立方米，累计加砂 1 457.10 立方米，实现平均单段用液 1 791.60 立方米，完成平均单段加砂 72.90 立方米，单段用液量创平桥南区新低，单段加砂量创平桥南区新高。10 月 12 日，该井采用直径为 14 毫米油嘴进行放喷测试，井口压力 31.60 兆帕，日产稳产气量 89.50 万立方米，创平桥区块页岩气井测试产量新高，有利于进一步推进平桥南东斜坡的开发进程。

（刘　波）

【东胜背斜页岩气勘探取得突破】 东胜背斜位于四川盆地川东高陡构造带。胜页 1HF 井是华东油气分公司为实现东胜背斜页岩气勘探突破，部署在南川区块东胜背斜核部的页岩气重点探井，主要探索五峰—龙马溪组优质页岩段页岩气产气潜力。该井钻探垂深3 528米，钻遇优质页岩30米，测井解释含气量4.01米^3/时，游离气占59%，具有改造层位埋深深、压裂施工高等特点。2017年2月11日，该井完成23段压裂施工，共用压裂液4.90万余立方米，加砂1 500余吨。10月6日，完成产能测试，应用140兆帕压裂井口，采用直径为12毫米油嘴测试，获稳定日产气量14.52万立方米。落实有利区面积32平方千米，页岩埋深3 400—3 800米，资源量351亿立方米，可建产能6亿立方米，为规模开发奠定基础。该项目获股份公司勘探发现二等奖。

（刘 波）

【煤层气上产和评价均获新进展】 2017年，华东油气分公司煤层气勘探开发集中在延川南煤层气田和贵州织金区块。在延川南基于地质条件细化开发单元划分，明确不同分区产能；开展措施增产攻关，优选10口井作为第1批氮气泡沫压裂增产措施井，采用泡沫解堵实现增产；持续抓好煤层气精细排采，根据不同类型开发特征，制定差异化排采制度及增产对策。全年延川南煤层气田开井数908口，其中产气井795口、千立方米井404口，气田日产气100.85万立方米，平均单井日产气1 269立方米，全年生产3.01亿立方米。煤层气SEC储量15.26亿立方米，新增经济可采储量7.09亿立方米，储量替代率233%。组织专班拓市扩销，积极开拓销售客户，销售煤层气2.43亿立方米，实现全产全销。严格落实冬季保供工作要求，强化内外沟通，合理调整输配关系，供暖期平均销售价格同比增长8%。在织金区块持续开展有利目标评价，落实岩脚向斜有利区面积1 123平方千米，资源量2 065亿立方米，评价认为珠藏—三塘次向斜为I类目标区，有利面积337平方千米，资源量566.30亿立方米。

（刘 波）

延川南煤层气田职工在保养设备 （吴海军 摄）

【原油储量和产量获双丰收】 2017年，华东油气分公司提交三级石油地质储量636.95万吨。其中，提交探明石油地质储量178.68万吨；提交控制石油地质储量211.21万吨，完成年度计划任务的106%；提交预测石油地质储量247.06万吨，完成年度计划任务的124%。提交商业开发储量167万吨，新增经济可采储量66万吨；常规油SEC储量212万吨，储量替代率183%。

年内，华东油气分公司优化部署，立足水驱，扩大气驱（吞吐），针对注水（气）油藏开发中存在的主要矛盾，多措并举，措施类型以补改层、堵水、调参及“2C”矿场试验为主，单井日产油由0.73吨上升到1.71吨，含水率由92.90%下降到79.40%，年增油1.89万吨；加强技术攻关，整治低效无效区块，日增油近30吨。通过控递减、推价格、降成本、提初产等措施，年末自然递减率9.90%，综合递减率2.11%；全年生产原油36.01万吨，创华东油气分公司原油年产量历史新高。

（刘 波）

【南华201井区产能建设项目获一等奖】 南华201井区是华东油气分公司2017年重点产能建设区块，随着滚评建一体化产能建设的实施，华东油气分公司对开发方案进行3次优化，最终由19口井优化到53口井，形成14注39采井网。面对钻机少的困局，在借鉴前期帅垛丛式井开发模式的基础上，进一步优化钻机运行，形成地下、井筒、地面一体化解决方案，部署1—2个平台实施骨架井先行滚动增储，同时在落实程度高的区域集中增加3—4个平台，平均每个平台部署3—8口井。产能建设揭示含油高度280米，新增含油面积5.76平方千米，新建原油生产能力7.02万吨/年；平均单井节约投资约69万元（其中搬迁安节约5万元、征地费用14万元、地面工程投资节约50万元），总计节约投资3 127万元。该项目获股份公司规模增加经济可采储量一等奖。

（刘 波）

【溱潼凹陷南华地区滩坝砂勘探取得重要发现】 2017年，溱潼凹陷勘探围绕西斜坡富集区，通过古地貌、沉积微相及成藏综合分析，建立溱潼西斜坡阜三段三角洲侧缘—滩坝的沉积—成藏模式，认识到南华—兴旺低凸起地区发育三角洲侧缘改造型滩坝，有利于形成滩坝上倾尖灭砂岩性油藏。在该模型指导下在南华地区部署南华4井、5井、6井。南华4井钻遇油层1.8米，常规试油12.78吨/日，投产6个月稳产在8.90吨/日；南华5井钻遇油层1.3

米，常规测试日产油 3.03 吨；南华 6 井钻遇油层 3.60 米/2 层，常规试油 11.10 吨/日。全年新增含油面积 8.28 平方千米，新增控制储量 211.21 万吨，预测储量 247.06 万吨。1 号、2 号、4 号、6 号块商业储量规模预计超过 600 万吨。南华—曹桥区带阜三段下砂组发现构造—岩性圈闭 11 个，总面积为 28.30 平方千米，资源量 1 400 万吨，展示了西斜坡阜三段岩性勘探潜力。南华—曹桥地区阜三段石油勘探获股份公司规模储量商业发现三等奖。

（刘　波）

【溱潼凹陷陈家舍阜三段上砂组岩性勘探获得新突破】 2017 年，华东油气分公司围绕重点区带，强化油气富集规律研究，展开岩性勘探。油源分析结果揭示溱潼外斜坡带分布着大量阜三段低熟油藏，是寻找效益勘探的主攻方向。通过地质统计学反演及 SMI 储层预测方法，落实北汉庄—陈家舍阜三段岩性油藏有利勘探目标区。随后部署的陈 8 井于阜三段上砂组钻遇油层 7.90 米/5 层，常规试获日产 5 吨工业油流。首次实现该区阜三段上砂组岩性油藏突破，预计新增含油面积 2.80 平方千米，地质储量 168 万吨，可提交预测储量 300 万吨。剩余阜三段上砂组岩性圈闭面积 13.50 平方千米，资源量 920 万吨，有望落实 1 个效益勘探新区块。

（刘　波）

【华港阜一段新层系勘探取得新进展】 2017 年，华东油气分公司深化成藏认识，围绕斜坡带阜一段优质储层发育区带，部署华港 4 井，于阜一段顶部(1 228—1 244 米)钻遇含油层 12 米/5 层，见低产油流。预计落实含油面积 1.03 平方千米，地质储量 46 万吨。溱潼阜一段发育浅水辫状河三角洲，西斜坡和北斜坡砂体发育，华港圈闭群埋藏浅(1 200—1 700 米)，储层物性好，处于优势运移方向，是有利的勘探目标。华港周边阜一段储备圈闭面积 8.76 平方千米/7 个，资源量 438 万吨。

（刘　波）

【溱潼凹陷吉沟阜三段勘探获优质储量新发现】 溱潼西斜坡南华—吉沟—陈家舍构造带具有良好的鼻状构造背景，同时位于阜三段上砂组砂体尖灭带，是形成构造—岩性复合油藏的有利区带。2017 年，华东油气分公司通过精细构造解释，发现由吉沟断层控制的一系列断块构造，落实吉沟构造—岩性复合圈闭。12 月部署吉 2 井，录井显示阜三段上砂组油斑—油浸 16.29 米/8 层(井深 1 506.56—1 583.01 米)，钻遇油层 6.70 米/3 层，试获日产油 9. 60 吨，预计可落实阜三段含油面积 1.35 平方千米，可动用储量 152.60 万吨。

（刘　波）

【优化页岩气压裂工艺工序实现降本增效】 2017 年，华东油气分公司推广应用电动压裂泵、乳液速溶减阻水、返排压裂液重复利用技术和可溶桥塞等工艺技术，页岩气井压裂施工工程费用成本降本增效明显。①引进电动压裂泵，在平桥南区共计参与 5 口井 106 段压裂施工，其中推广电泵压裂的焦页 194－1 HF等 4 口井累计节约 500 余万元。②推进乳液滑溜水现场应用，平桥南区压裂液体系采用“胶液＋减阻水”的组合，通过推进乳液滑溜水等压裂液体系的现场试验，促使乳液速溶减阻水单位体积压裂液价格降低 20 元。③回收利用压裂返排液，依托压裂供水管网实现返排液转运，最终采用沉降、絮凝、过滤工艺处理返排液，处理后的返排液按比例用于压裂液配制，实现再利用。在平桥南区压裂施工液入井量 53 万立方米中，减阻水 46.60 万立方米，重复利用液量占减阻水总量的 12.20%，节约资金约 300 万元。④试用可溶桥塞成功，在平桥南区共计 3 口井试验国内外 2 个厂家的 15 个可溶桥塞；通过经济评价，全井使用可溶桥塞工艺技术，单井综合成本节省约 101.50 万元。

（刘　波）

【优化油公司体制机制建设】 2017 年 4 月 28 日，华东油气分公司撤销泰州采油厂采油管理区，设置 14 个班(站)(其中 8 个采油班站、6 个专业班组)，实行厂直接管理到班(站)，管理层级由两级变一级，用工总量由年初的 528 人压减至 347 人，厂级盈亏平衡油价由每桶 57 美元降至每桶 45 美元。5 月 31 日，整合重组采油气工程服务中心，将江苏华石技工贸总公司整体并入，加挂“华扬石油天然气勘探开发总公司采油气工程服务中心”。推行转岗、轮岗、待岗、内退、提前退休、停薪留岗、辞退等举措，全年用工结构优化 407 人，占用工总量的 14.40%。外部上岗再就业 162 人。华东油气分公司人均劳动生产率 20.88 万元/人、同比上升 92.63%，华东石油局人均劳动生产率 42.37 万元/人、上升 1.87%。

（刘　波）

【安全环保平稳运行】 2017 年，华东油气分公司修订完善《强化现作业六条补充规定》《全员安全诊断管理办法》《承包商安全管理规定》等 30 项 HSE 规章制度。修订完善《生产安全环境事故应急预案》，包括综合预案和4个专项预案，取得江苏省安监局备案登记。开展防恐暨消防、环境污染、井控等Ⅰ级预案演练4次，不定期视频监控抓拍34起违章现象，处理58人，罚款12万元。开展集团公司级HSE(安全、环保、矿社区)量化检查、井控暨海水安全专项检查、安全环保巡视检查、安全环保大检查、作业现场交叉安全检查5次，油气田级综合检查2次，专业检查5次，季节性检查6次。提出安全环保各类问题2 426条，整改完成2 312条，整改合格率95.30%。累计下发隐患整改通知单181份，下发督察令3份、停工整改令和复工令各2份；下发罚款通知单15份，累计单位罚款26.89万元，个人罚款2.20万元。全年未发生油气田级安全环保事故。

（刘 波）

【开展“反腐倡廉教育月”活动】 2017年7月，华东石油局开展“反腐倡廉教育月”活动，制发《关于印发〈开展集团公司2017年反腐倡廉教育月活动的方案〉的通知》，编印发放《反腐倡廉教育月学习材料汇编》。开展“诵廉·思廉·为廉”中华廉洁诗词诵读会、书法比赛和竞赛答题活动，通过展板和微信平台展示优秀作品。组织收看《职工处分规定》微短片和《权》《何氏家范》《开弓没有回头箭》等反腐警示教育片，参观泰州市看守所和泰州市纪委明园警示教育基地。两级党委班子成员以“纪律、规矩、廉洁”等关键词为主题，在党支部和基层联系点讲廉洁党课40余场次。

（刘 波）

表1 **华东油气田主要技术经济指标** 亿元

指标名称 \ 年份	2017	2016	2015	2014	2013	2012
工业总产值	13.30	9.07	10.35	15.20	13.90	25.57
华东石油局	0.82	0.96	2.60	0.90	0.86	14.75
华东油气分公司	12.48	8.11	7.75	14.30	13.04	10.82
企业增加值	4.82	10.27	-1.94	7.72	4.90	2.50
华东石油局	1.91	1.64	1.82	1.73	1.59	10.36
华东油气分公司	2.91	-0.37	-3.76	5.99	3.31	-7.86
资产总计	90.28	94.36	96.44	93.06	71.38	66.66
华东石油局	13.56	13.27	16.00	14.09	11.13	27.52
华东油气分公司	76.72	81.09	80.44	78.97	60.25	39.14
流动资产	5.87	10.43	6.96	7.93	8.69	12.63
华东石油局	3.39	2.78	5.08	6.14	5.12	10.62
华东油气分公司	2.48	7.65	1.88	1.79	3.57	2.01
固定资产原值	113.45	93.43	80.23	72.61	61.63	64.67
华东石油局	6.61	6.64	6.63	6.68	6.17	20.77
华东油气分公司	106.84	86.79	73.60	65.93	55.46	43.90
固定资产净值	39.20	38.39	36.72	35.38	30.65	32.86
华东石油局	3.25	3.54	3.83	4.13	4.07	14.18

续表

年份 指标名称	2017	2016	2015	2014	2013	2012
华东油气分公司	35.95	34.85	32.89	31.25	26.58	18.68
销售收入	15.79	12.48	13.17	18.79	22.43	45.19
华东石油局	3.30	3.22	3.64	4.49	5.18	28.98
华东油气分公司	12.49	9.26	9.53	14.30	17.25	16.21
实现利税	-18.13	-13.70	-0.51	-1.04	-2.19	-1.65
华东石油局	0.15	0.13	0.60	-0.26	0.55	2.06
华东油气分公司	-18.28	-13.83	-1.11	-0.78	-2.74	-3.71
税　金	1.02	0.88	1.05	3.13	2.34	4.85
华东石油局	0.31	0.25	0.36	0.08	0.95	1.65
华东油气分公司	0.71	0.63	0.69	3.05	1.39	3.20
综合能耗/吨标煤·万元$^{-1}$	0.85	1.11	0.53	0.55	0.55	0.795
华东石油局	0.24	0.24	0.23	0.22	0.19	0.425
华东油气分公司	0.61	0.87	0.30	0.33	0.36	0.37

表 2　　华东油气田主要生产建设指标

年份 指标名称	2017	2016	2015	2014	2013	2012
原油产量/万吨	36.01	33.01	35.01	35.01	30.26	23.51
新增原油生产能力/万吨	4.44	0.69	6.39	10.08	8.31	6.77
新增探明石油地质储量/万吨	178.68	242.46	517.91	317.85	242.25	1 021.49
二维地震/千米	132.00	104.00	600.00	480.00	1 632.00	2 768.00
三维地震/平方千米	0	0	393.00	101.00	216.00	359.00
石油钻井/口	94	27	38	647	439	188
探　井	21	17	26	37	32	44
开发井	73	10	12	610	407	144
钻井进尺/万米	23.91	8.26	10.56	103.24	82.69	38.44
勘探投资/亿元	3.06	2.78	6.95	6.97	7.08	11.32
开发投资/亿元	17.68	3.86	7.19	22.00	20.45	11.02

勘探分公司

【概况】 中国石油化工股份有限公司勘探分公司(简称勘探分公司)是中国石化唯一的专业化勘探企业，肩负着中国石化"打造上游长板、建设世界一流"的资源战略重任，业务归口股份公司油田勘探开发事业部管理。勘探分公司位于成都市高新区吉泰路688号中国石化西南科研办公基地。

勘探分公司前身是南方海相油气勘探项目经理部，成立于1999年5月。2002年4月，中国石化整合南方海相油气勘探项目经理部和滇黔桂油田分公司，成立南方勘探开发分公司。2007年3月，原南方勘探开发分公司和原中南油气分公司勘探研究、勘探管理及部分相关业务人员整合重组成立勘探南方分公司，同年8月迁址成都。2014年7月，中国石化批复同意更名为中国石油化工股份有限公司勘探分公司。

截至2017年底，勘探分公司在岗合同制员工467人，管理与专业技术人员463人，具有中级及以上专业技术职务任职资格的员工共计364人。在岗员工平均年龄42.5岁。

根据中国石化的统一安排，勘探分公司主要负责所管理勘查区块内的风险勘探，同时开展国内重点含油气盆地分析、矿权登记、投入不足区块评价、风险井平行论证等工作。截至2017年底，归属勘探分公司管理的油气探矿权25个，面积9.43万平方千米，其中增列页岩气矿种5个、增列页岩气矿种面积1.95万平方千米。天然气总资源量12.35万亿立方米，石油总资源量11.3亿吨。

2017年，勘探分公司实现新增页岩气探明储量2 202.16亿立方米、天然气控制储量174.52亿立方米、天然气预测储量1 115.01亿立方米，合计新增三级地质储量3 491.69亿立方米，大幅超额完成年度储量任务。探井成功率100%。全年完成投资12.4亿元，控制在总部下达的年度投资计划以内；实现利润209万元，圆满完成年度利润预算指标，勘探分公司为上游板块4家盈利企业之一。

2017年，勘探分公司多项成果受到表彰嘉奖，第3次获国家科技进步一等奖，连续第12年被中国石化评为安全生产先进单位。"涪陵页岩气田江东—平桥勘探规模商业发现"获中国石化规模储量商业发现特等奖，"川东南海相白云岩新领域天然气勘探重要发现"获油气发现一等奖，"四川盆地海相领域重点突破方向与目标优选"获优秀研究项目奖，2项管理成果获中国石化企业管理现代化创新奖。

勘探分公司主要经济指标和主要生产建设指标分别见表1和表2。

(侯玉梅)

【召开中国共产党勘探分公司第一次代表大会】 2017年1月6日，勘探分公司召开中国共产党勘探分公司第一次代表大会。大会研究部署今后一个时期的党委工作，选举产生新一届党委和纪委。新当选的党委委员为：冯建辉、郭旭升、李真祥、胡东风、韩萍、毛怡。冯建辉当选为党委书记；郭旭升、韩萍当选为党委副书记。新当选的纪委委员为：韩萍、杨光玲、刘虎、罗建冬、陈忠才。韩萍当选为纪委书记；杨光玲当选为纪委副书记。

(侯玉梅)

【组织机构设置调整】 2017年12月21日，勘探分公司根据中国石化《关于勘探分公司中层机构和中层领导人员职数设置方案的批复》的要求，下发通知对组织机构设置进行相应调整：撤销川北项目部。新设纪检监察处(审计处)。整合青藏项目部(东北项目部)，更名为新区项目部。总经理办公室加挂党委办公室牌子，人力资源处加挂党委组织部牌子，党群工作处加挂党委宣传部、工会、团委牌子。安全督察大队不再按中层机构管理。调整后，勘探分公司设中层机构22个，其中机关管理部门11个、直属机构10个、二级单位1个。

(侯玉梅)

【油气勘探取得新成果】 2017年，勘探分公司大力推进高效勘探，取得1个商业发现、4个突破和1个好苗头的新成果。1个商业发现：涪陵页岩气甩开勘探取得商业发现。涪陵页岩气田江东、平桥区块新增探明储量2 202.16亿立方米，含气面积192.38平方千米，继焦石坝主体之后落实2块新的增储上产阵地，为涪陵第2个50亿立方米产能建设奠定了资源基础。4个突破：①川东南茅口组热液白云岩新领域勘探取得重大突破。泰来6井在茅口组三段钻遇白云岩储层，酸压测试获工业气流，初步建立茅口组热液白云岩两期发育模式。②丁山地区五峰—龙马溪组页岩气勘探取得新突破。丁页4井压裂测试获高产工业气流，取得埋深4 000米页岩气勘探重大突破。③涪陵茅一段灰泥灰岩新类型勘探取得新突破。④川东北通江新区带陆相须家河组致密砂岩勘探取得新突破。马3井在须家河组四段测试获工业气流，取得川东北通江新区带勘探新突破。1个好苗头：元坝茅三段缓坡颗粒滩勘探发现好苗头。

（侯玉梅）

【科研成果转化成效显著】 2017 年，勘探分公司在自行实施类和技术许可类的科技成果转化中取得良好效益。①在页岩气勘探领域取得突破性进展，重点研发的技术成果“南方海相页岩气富集机理、关键技术与涪陵气田的发现”通过中国石化技术成果鉴定，认定该成果具有较大的推广应用前景，成果达到整体国际领先的技术水平。该项技术成果在涪陵页岩气田平桥区块的勘探与开发中获得推广应用。经国土资源部油气储量评审办公室专家组审查，平桥区块新增页岩气探明含气面积 109.51 平方千米，地质地质储量 1 389.17 亿立方米，技术可采储量 277.83 亿立方米，具有很高的经济效益与社会效益。②“一种利用测井资料识别优质泥页岩的方法”“一种泥页岩总有机碳含量地震预测方法”“一种泥页岩脆性指数预测方法”3 件专利和“页岩气储层甜点预测技术”等 3 项专有技术的许可使用，使勘探分公司的知识产权首次得到市场认可。鉴于此，2017 年，勘探分公司获中国石化首次科技成果转化奖，奖励 334 万元。

（侯玉梅）

【安全环保持续保持平稳】 2017 年，勘探分公司始终将安全环保工作放在首要位置，坚持“不安全的进尺一米不打、不安全的工期一天不抢、不安全的效益一分不要”的安全文化，加强过程监管和基础管理，连续第 12 年被评为中国石化安全生产先进单位。①安全环保基础管理进一步加强。层层分解落实责任，修订完善 25 项管理制度，组织 237 人次参加“三证”取换证培训，31 人次安全资格培训，确保持证上岗率达 100%。深入开展“全员安全诊断”“百日井控安全无事故竞赛”和“安全生产月”等活动，营造人人讲安全、时刻抓安全的浓厚氛围。②过程安全监管进一步加强。对 17 个工程作业现场和 6 个单位（部门）进行安全督察 44 次，利用视频督察 88 次，组织开展各类安全环保专项检查，确保生产过程安全。③井控安全管理进一步加强。加强源头监管，从井位选址踏勘开始严格执行井控标准；地质、工程紧密结合，强化井控动态管理；关键井控工序或高井控风险作业前严格井控作业许可，确保井控安全。④承包商（分包商）管理进一步加强。严格安全资质审查和复审，严格属地管理主体责任，形成有效的属地安全责任网络。⑤环保管理工作进一步加强。实现施工现场无环境污染、无生态破坏，勘探工作依法合规。

（侯玉梅）

【5 件发明专利获授权】 2017 年，勘探分公司“一种计算三维大地电磁测深主阻抗的方法”“一种利用地震数据进行泥页岩含气量预测方法”“一种预测储层裂缝发育参数的方法”“一种简易井口装置及其使用方法”“一种面向叠前反演的道集振幅分频补偿方法”5 件发明专利获授权，7 件专利提交申请。6 月 27 日，“非线性地震高分辨率处理软件 V1.0”获国家版权局颁发的计算机软件著作权登记证书，是勘探分公司第 1 次获得计算机软件著作权。

（侯玉梅）

【丁页 4 井试获页岩气工业气流】 2017 年 8 月 15 日，勘探分公司重点探井丁页 4 井试获页岩气日产 20.56 万立方米，取得丁山构造页岩气勘探重大突破。丁页 4 井位于重庆市綦江区东溪镇，2016 年 5 月 4 日开钻，2017 年 3 月 3 日完钻，完钻井深 5 322 米，水平段长1 234米。该井页岩气层埋深超过4 000 米，属中深层页岩气。2017 年 6 月 30 日至 7 月 21 日，分 17 段顺利完成水平井压裂施工。

（侯玉梅）

丁页 4 井试获页岩气日产 20.56 万立方米

【降本增效取得实效】 2017 年，勘探分公司积极开展横向课题研究、盘活处置低效无效资产，超额完成年度利润指标。认真落实“四全、四硬、四严、四保”降本要求，全年实现降本减费 193 万元，办公费、会议费、业务招待费等公务性费用降幅为 11%，车辆费用较车改前下降 34.9%。取得税收优惠 625 万元，获总部资本金奖励 425 万元，税负同比下降 216 万元。

（侯玉梅）

【人才队伍建设】 2017年，勘探分公司调整充实勘探、科研、项目管理、综合管理等单位(部门)领导班子。修订《领导人员选拔任用实施细则》等5项干部管理制度，严格按要求提拔任用中层干部13人，岗位调整27人次。严格领导干部日常监管与考核，组织中层及以上领导干部认真填写个人有关事项报告，组织召开领导班子民主生活会，扎实整改问题。人才成长通道进一步畅通。完善管理和专业技术2个系列人才成长通道建设方案。专业技术系列设9个职级，形成横向贯通、纵向到底的人才成长通道。员工收入得到明显增长，薪酬调增向基层科研和前线人员倾斜；在科技成果转化奖励中，对在页岩气勘探工作中做出突出和重要贡献的9名员工进行重奖，进一步调动了员工的工作积极性。

(侯玉梅)

【认真学习宣传贯彻党的十九大精神】 2017年，勘探分公司党委组织全体干部员工集中收看聆听习近平总书记的报告，及时印发《学习宣传贯彻党的十九大精神工作方案》；党委中心组带头学习研讨，领导干部带头学、带头讲党课、带头抓落实；各级党组织大力推进、内部媒体大力宣传、干部员工积极参与，掀起学习宣传贯彻十九大精神热潮。举办第1期由63名领导干部参加的学习贯彻党的十九大精神培训班，64人次参加四川省委、集团公司党组和分公司党委组织的宣讲和培训，领导干部讲党课40多场次，内部媒体刊发相关宣传报道200余篇。

(侯玉梅)

【党的建设实现三个提升】 2017年，勘探分公司党委将“把方向、管大局、保落实”写入内控管理制度，明确党组织在公司治理中的地位和作用，修订《“三重一大”决策制度实施细则》。党委按要求研究决策重大事项34项，参与研究决策事项36项。党建工作实现“三化”，即“两学一做”学习教育常态化制度化、党建和党风廉洁建设责任表单化、党建考核规范化。实现党建规范化水平进一步提升，基层党支部建设水平进一步提升，党建融入科研生产能力进一步提升。

(侯玉梅)

【宣传舆论引导扎实有力】 2017年，勘探分公司党委明确各级党组织和领导干部对意识形态工作的领导责任和主管责任，充分利用内部七大媒体加强正面宣传和舆论引导，组织开展QQ群、微信群调查，对内部63个工作群明确谁建群谁担责。协调中央电视台开展“新春走基层”，配合宣传工作部策划涪陵页岩气田探明储量增加到6 000亿立方米宣传报道，中央新闻联播等300多家媒体深入报道页岩气勘探成果，中国石化媒体发稿100多篇。

(侯玉梅)

【建立“四个周五”的党建工作运行机制】 2017年，勘探分公司党委积极探索基层党建工作运行新机制，明确基层党组织“四个周五”的工作计划。每月的第1个周五为主题党日，第2个周五为信访接待日，第3个周五为中心组学习日，第4个周五为群团活动日。主题党日严肃党内组织生活，各基层支部开展“集中交党费、集中温誓言”“不忘初心跟党走、高效勘探建功有我”等系列活动，强化了党员党性意识和党性观念。信访接待日实施以来，共接待9次，接访5人次，解决疑难问题2项。中心组学习实现了时间固化，效果强化。群团活动时间有保障、活动实现经常化。中国石化党建检查组观摩物资供应中心党总支和机关、勘探研究院3个基层支部主题党日活动，认为基层支部主题党日活动规范。

(侯玉梅)

【李真祥入选享受国务院政府特殊津贴专家】 2017年3月，国家人力资源和社会保障部公布2016年享受政府特殊津贴人员名单，勘探分公司李真祥总工程师入选。截至2017年底，勘探分公司享受国务院政府特殊津贴专家为2人。

(侯玉梅)

【开展劳动竞赛提升素质】 2017年，勘探分公司通过组织以科研人员岗位练兵、技术比武为主的劳动竞赛，提升了员工素质。通过技术比武产生地质、钻井、地震资料解释和测井资料综合解释4个专业5个方向5名技术标兵和15名技术能手；组织“百日井控安全无事故竞赛”活动，促进了生产安全。在驾驶、绘图、公文处理等操作岗位开展技能竞赛，进一步提升了操作岗位的业务技能。

(侯玉梅)

表 1　　勘探分公司主要经济指标①　　亿元

指标名称＼年份	2017	2016	2015	2014	2013	2012
资产总计	14. 37	12. 99	13. 08	46. 80	39. 83	39. 04
流动资产	13. 42	12. 02	11. 97	45. 61	38. 72	37. 96
固定资产原值	3. 29	3. 15	3. 05	2. 95	2. 76	2. 52
固定资产净值	0. 82	0. 84	0. 99	0. 98	0. 94	0. 86
销售收入	12. 19	13. 22	16. 60	24. 31	26. 15	25. 92
实现利税	0. 12	0. 14	0. 39	0. 41	0. 80	0. 94

①经济指标不含开发

表 2　　勘探分公司主要生产建设指标①

指标名称＼年份	2017	2016	2015	2014	2013	2012
新增天然气探明地质储量/亿立方米	2 202. 16		2 738. 48	1 176. 40	—	602. 04
新增天然气控制地质储量/亿立方米	174. 52	1 443. 55	601. 11	1 202. 65	962. 24	1 042. 68
新增天然气预测地质储量/亿立方米	1 115. 01	2 435. 63	1 043. 07	888. 33	1 308. 14	1 169. 31
二维地震/千米	933. 19	616	439. 93	1 344. 05	2 670. 63	2 156. 61
三维地震/平方千米	873. 38	540. 28	990. 22	367. 76	1 005. 55	607. 29
新开钻井/口	2	7	6	13	16	22
完井/口	5	7	15	8	31	10
钻井进尺/万米	1. 36	3. 88	4. 33	5. 40	8. 26	8. 68
勘探投资/亿元	12. 17	13. 22	16. 55	24. 21	25. 62	25. 83

①生产指标含风险、非常规勘探

燕 山 石 化

【概况】 燕山石化位于北京市房山区，是集团公司旗下特大型石油化工联合企业，前身为 1970 年成立的北京石油化工总厂，曾更名为北京燕山石油化学总公司、中国石油化工总公司北京燕山石油化工公司、北京燕山石油化工集团有限公司。2017 年，燕山石化包括中国石油化工股份公司北京燕山分公司（简称燕山分公司）和中国石化集团北京燕山石油化工有限公司（简称燕化有限公司）。北京东方石油化工有限公司（简称东方石化）为燕化有限公司全资子公司，保定石油化工厂（简称保定石化）由集团公司划归燕化有限公司进行管理。

截至 2017 年底，燕山石化共有在岗职工 8 817 人（不含东方石化、保定石化）。本部拥有生产装置 62 套、辅助装置 68 套，具有 1 000 万吨/年炼油能力、80 万吨/年乙烯生产能力，可生产 94 个品种、431 个牌号的石油化工产品，是中国石化 12 个千万吨炼厂和 11 个大型乙烯装置之一，是中国重要的合成橡胶、合成树脂和高品质成品油生产基地。

截至 2017 年底，燕山石化累计加工原油 3. 30 亿吨，生产乙烯 2 183 万吨；累计实现销售收入 1. 23 万亿元，上缴利税 1 423 亿元。

燕山石化主要技术经济指标和主要产品产量分别见表 1 和表 2。

（吴明晓）

【领导班子调整】 2017年，集团公司党组共3次调整燕山石化领导班子。1月19日，发文解聘李刚燕山石化副总经理职务，免去其党委常委职务，调出另有任用。5月3日，发文解聘李清河燕山石化副总经理职务，免去其党委常委职务。8月31日，召开燕山石化干部大会宣布领导班子调整决定：提任镇海炼化副总工程师兼烯烃部主任汪剑波、集团公司炼油事业部技术处处长程嘉猷、燕山石化副总工程师兼生产管理部部长曲宏亮为燕山石化副总经理、董事会董事、党委常委；免去许光燕山石化党委副书记、党委常委、工会主席职务，解聘丛煜燕山石化副总经理职务，调出另有任用。

（吴明晓）

【经济效益强势反弹】 2017年，燕山石化加工原油892.07万吨，生产成品油618.42万吨、乙烯79.33万吨、合成树脂107.75万吨、合成橡胶13.83万吨、苯酚丙酮20.61万吨，实现营业收入553.13亿元，上缴利税136.59亿元，实现赢利29.5亿元，经济效益及各项指标强势反弹。

（吴明晓）

【深入学习贯彻十九大精神】 2017年，燕山石化开展多种形式的十九大精神学习贯彻活动：10月18日、10月25日会议开、闭幕之日，设立视频主会场和分会场组织全体干部职工观看实况直播；会议召开期间，领导班子成员分2次带头参加支部学习讨论；11月2日起，领导班子成员深入基层党建联系点宣讲大会精神，号召全体干部职工统一思想，用实际行动和优异业绩践行十九大精神；11月23日起，组织成立燕山石化学习贯彻党的十九大精神宣讲团，党政主要领导做公司级宣讲报告，宣讲团成员分区域、分批次、有步骤地深入各单位开展宣讲活动，确保党的十九大精神宣讲活动实现全覆盖。

（吴明晓）

【全力做好十九大保障服务工作】 2017年10月18—25日，中国共产党第十九次全国代表大会在北京召开。为保障十九大顺利召开，燕山石化及时响应，认真筹备，9月21日组织召开安保维稳工作誓师大会，并与地方政府、公安、武警开展联合演习；9月25日召开干部大会部署十九大保障方案；9月26—28日由公司领导带队进行安全环保检查；10月9日在全公司召开“护航十九大、再创新辉煌”誓师大会，全面启动保障工作；10月20日会议召开期间，公司领导带队以“四不两直”方式检查“平安十九大”服务保障工作落实情况，全力以赴确保十九大期间安全环保稳定和北京油品保供。

（吴明晓）

【稳妥推进东方石化调整转型】 2017年，燕山石化积极落实集团公司有关部署，稳妥推进东方石化调整转型：6月14日完成《东方石化调整转型总体方案》，经集团公司党组审议通过；7月21日召开东方石化职代会表决通过《人员分流安置方案》，8月26日实现在岗职工100%妥善安置；8月23日起，历时56天完成7万余吨主体装置拆除工作，11月6日企地双方进行土地交接；9月1日下属唯一正常生产的有机化工厂委托燕山石化本部管理，9月18日启动资产重组程序；留守机构正在进行轻资产化经营和日常管理工作，待条件具备时注销法人资质。

（吴明晓）

【京Ⅵ油品正式供应北京市场】 2017年1月1日起，北京市开始实施第6阶段车用汽柴油标准。燕山石化作为京Ⅵ油品指定资源配置单位，每月向北京市场供应25万吨高品质、低排放的京Ⅵ汽油，每年可提供300万吨，约占北京汽油使用量的75%。

（吴明晓）

【顺利完成普通柴油质量升级工作】 2017年9月1日，燕山石化完成普通柴油质量升级工作，所生产的普通柴油全部达到GB 252—2015标准要求，硫含量上限由50毫克/千克下降至10毫克/千克，达到国际先进水平。

（吴明晓）

【顺利取得石化行业排污许可证】 2017年10月27日，北京市环保局在燕山石化举办中国石油化工股份有限公司北京燕山石化公司石化企业排污许可证颁发仪式，燕山分公司、燕山橡塑、东方石化有机厂获批石化行业排污许可证，燕山石化成为全国首批、北京市首家获发石化行业排污许可证的企业。

（吴明晓）

【完成1#S-Zorb、二催化装置最大规模检修改造】 2017年8月2日，燕山石化同步进行1#S-Zorb、二催化2套装置投产以来最大规模检修改造，共计完成常规检修408项、技改技措25项、设备更新7项，并分别于11月1日下午、11月2日凌晨产出合格产品，2套装置检修改造顺利完成。检修改造后，1#S-Zorb首次全部使用平衡剂开工，可节约新鲜吸附剂费用 300 万元以上；二催化经 LTAG 技术改造可回炼 -10#柴油，催化汽油产率可提高至少 2 个百分点，柴油产率降低 3 个百分点，产品结构进一步优化。

（吴明晓）

【120 万吨/年柴油加氢装置增上循环氢脱硫系统】 该项目于 2017 年 6 月启动，能大幅降低高压分离器循环氢中的硫化氢浓度，从 2.5% 降至 0.5% 以下，在增产低凝柴油的同时提高氢气资源利用率、实现环保达标排放。12 月 7 日，项目完工，实现一次开车成功。

（吴明晓）

【牛口峪生态型工业污水综合净化一期工程竣工】 该项目于 2016 年 6 月启动，采用国际流行的“天然处理湿地”设计理念，以原牛口峪生态中心为基础，利用净化后的工业废水搭建人工湿地，通过自然生态修复系统实现工业废水的循环再利用，是北京市率先实践“达标排放的工业污水处理 + 湿地自然生态修复系统”的生态型工业污水综合净化方案。2017 年 10 月 31 日，燕山石化牛口峪实地公园一期工程竣工，11 月 1 日正式向社会公众开放。

（吴明晓）

牛口峪生态型工业污水综合净化一期工程 （刘建军 摄）

【企地合作更加紧密】 2017 年 9 月 27 日，为进一步加强企地间交流合作，实现地区和企业、职工和居民的“共建共享”，燕山石化与房山区燕山工委办事处签订战略合作框架协议，就城市规划、智慧城市建设、养老产业发展和石化新材料产业发展、环境综合治理以及便民措施建设等领域继续深化战略合作伙伴关系，进一步加强企地双方资源共享、责任共担、互利共赢，对于落实国有企业社会责任、提升燕山地区职工居民幸福度、打造京西南和谐共建示范区等具有重要意义。

（吴明晓）

【稳步推进“四供一业”分离移交】 2017 年，燕山石化积极落实集团公司相关政策，稳步推进“四供一业”分离移交工作：7 月 7 日与房山燃气集团签订供气、供热分离移交实施协议，全面完成供气、供热业务移交；8 月 22 日与国网北京市电力公司签订供电移交意向书，11 月 7 日与北京水务投资中心签订供水移交推进工作协议，供水、供电移交可研报告编制基本完成；物业服务按照“两步走”思路，已经完成公司化改造及市场化运作，正在与“彩生活”服务集团协商成立合资公司有关事宜。

（吴明晓）

【完成公司团委换届选举】 2017 年 11 月 10 日，中国共产主义青年团北京燕山石化公司第十一次代表大会组织召开，审议并通过中国共产主义青年团北京燕山石化公司第十届委员会工作报告，选举产生中国共产主义青年团北京燕山石化公司第十一届委员会。才学梅当选中国共产主义青年团北京燕山石化公司第十一届委员会书记。

（吴明晓）

【启动“专家大讲堂”系列讲座活动】 2017 年，为发挥公司专家团队作用，强化青年职工技术水平和实操能力，进一步加强专家队伍和后备干部建设，燕山石化举办“专家大讲堂”系列讲座活动，聘请公司不同领域专家与青年职工进行交流心得，介绍经验，开展专题讲座。活动自 7 月 7 日起至 2017 年底共举办课程 9 期，共有青年职工 1 000 余人次参加系列活动。

（吴明晓）

【张宝彤获选第 4 届“国企楷模 · 北京榜样”】 2017 年 12 月 27 日，北京市国资委举办第 4 届“国企楷模 · 北京榜样”颁奖，燕山石化化工一厂乙二醇装置内操职工张宝彤以其兢兢业业认真工作、精心照顾病退妻儿的感人事迹，获选 2017 年“国企楷模 · 北京榜样”十大人物。

（吴明晓）

【全国技能大赛斩获佳绩】 2017 年 11 月 8—10 日，2017 年中国技能大赛——第 9 届全国石油和化工行业职业技能竞赛决赛在江苏扬州举行。燕山石化代表队在仪器仪表维修工赛项中斩获团体一等奖，参赛选手陈思龙、李浩分别获得全国技术能手、全国石油和化工行业技术能手称号。

（吴明晓）

表1 **燕山石化主要技术经济指标** 亿元

指标名称＼年份	2017	2016	2015	2014	2013	2012
原油加工量/万吨	892.07	820.05	989.95	1 033.31	870.03	1 060.37
工业总产值	519.21	433.56	532.31	726.90	654.98	816.23
燕山分公司	490.56	402.41	493.16	677.57	602.10	743.39
燕化有限公司	28.65	31.15	39.15	49.33	52.88	72.84
资产总计	324.08	288.18	305.53	297.69	320.59	323.72
燕山分公司	188.98	180.37	204.96	187.61	213.04	219.28
燕化有限公司	135.10	107.81	100.57	110.08	107.55	104.44
营业收入	553.13	466.61	565.39	779.70	709.89	861.75
燕山分公司	499.92	414.18	509.62	715.11	643.52	773.57
燕化有限公司	53.21	52.43	55.77	64.59	66.37	88.18
实现利税	107.05	94.75	151.75	100.95	43.44	81.92
燕山分公司	131.66	101.83	154.50	106.05	53.25	89.39
燕化有限公司	-5.58	-7.08	-2.75	-5.10	-9.81	-7.47
实现利润	29.53	1.16	16.39	0.47	-31.41	-10.79
燕山分公司	36.52	10.07	21.27	6.93	-20.59	-1.48
燕化有限公司	-6.99	-8.90	-4.88	-6.46	-10.82	-9.31

表2 **燕山石化主要产品产量** 万吨

产品名称＼年份	2017	2016	2015	2014	2013	2012
燕山分公司						
汽　油	271.04	260.47	296.32	218.84	223.87	255.22
航　煤	190.77	149.79	160.00	152.31	99.38	132.92
柴　油	156.61	152.54	180.35	218.84	194.70	274.45
商品燃料油	3.62	0	1.37	4.69	16.94	18.44
裂解料	244	217.49	248.8	235.28	200.52	212.37
商品液化气	11.08	11.80	27.88	31.00	27.19	31.94
纯　苯	16.64	0	17.44	19.00	17.10	19.48
乙　烯	79.33	69.58	78.60	77.63	72.30	75.06
丙　烯	37.34	31.22	52.26	50.57	46.68	51.47
丁二烯	10.55	9.36	10.62	11.64	10.99	11.65
间二甲苯	6.15	6.26	5.62	5.18	4.95	4.91

续表

产品名称 \ 年份	2017	2016	2015	2014	2013	2012
苯乙烯	6. 98	6. 54	3. 79	3. 74	3. 10	0. 05
乙二醇	4. 79	4. 31	5. 71	5. 97	3. 71	5. 91
苯　酚	12. 85	12. 93	14. 91	18. 91	17. 66	20. 45
丙　酮	7. 76	7. 79	8. 99	11. 51	10. 79	12. 58
低密度聚乙烯	38. 02	32. 65	34. 70	28. 19	31. 94	29. 56
高密度聚乙烯	17. 51	15. 26	17. 42	17. 32	15. 55	18. 03
顺丁橡胶	10. 44	11. 60	13. 37	13. 22	13. 35	14. 46
SBS	2. 07	2. 57	2. 35	1. 50	2. 43	2. 06
丁基橡胶	0. 53	1. 18	1. 36	2. 17	2. 98	2. 93
间苯二甲酸	4. 34	4. 23	5. 00	4. 70	4. 61	4. 50
1 - 己烯	2. 22	1. 79	2. 17	2. 00	2. 25	1. 51
燕化有限公司						
发电量/万千瓦 · 时	25 628. 00	44 831. 00	59 278. 00	43 637. 00	38 219. 00	50 987. 00

齐 鲁 石 化

【概况】 中国石油化工股份有限公司齐鲁分公司（简称齐鲁分公司）、中国石化集团资产经营管理有限公司齐鲁石化分公司（简称齐鲁资产分公司）统称齐鲁石化，是集团公司直属的拥有石油化工、盐化工、煤化工、天然气化工等加工工艺最为齐全的炼化企业，位于山东省淄博市临淄区南部。其前身胜利炼油厂始建于1966年4月，1983年7月划归中国石油化工总公司。

截至2017年底，齐鲁石化拥有石油化工生产装置141套，炼油综合加工能力1 300万吨/年，乙烯产能80万吨/年，化工产品年生产能力为合成树脂110万吨、烧碱20万吨、橡胶30万吨、苯类45万吨、醇类43. 5万吨、丙烯腈21万吨、腈纶6. 5万吨，其中丁辛醇、丁苯橡胶、聚氯乙烯（乙烯法）产能位居国内前列，热电装机容量66万千瓦。主要生产汽油、航煤、柴油、沥青、聚乙烯、聚丙烯、聚氯乙烯、合成橡胶、合成纤维、丙烯腈、丁辛醇、烧碱、苯类等120余种石油化工产品，其中烧碱、聚氯乙烯产品被评为中国名牌。设有机关部门15个、直属单位24个、专业机构13个。用工总量21 102人，其中正式员工20 455人、劳务用工647人；经营管理人员1 420人、专业技术人员4 193人、技能操作人员12 651人；具有教授级职称的55人、高级职称的1 744人、中级职称的2 570人、初级职称的1 067人。

2017年，在大检修减利11亿元、消化职工基本医保移交支出8. 27亿元、计提减值和资产处置减利2. 78亿元的情况下，齐鲁石化实现账面利润31. 12亿元，位列建厂51年来第3名，炼油利润创历史最佳。齐鲁石化考核的33项主要技术经济指标中，14项创历史最好水平。

齐鲁石化主要技术经济指标和主要产品产量分别见表1和表2。

（刘志鹏　曹钰梅）

【优化增效成效显著】 2017年，齐鲁石化深化产销联动，9月成品油出厂创历史新高，化工产品山东市场占有率显著提高，累计增效1. 45亿元。发挥炼化一体化优势，162项生产经营优化措施增效6. 36亿元。狠抓降本提效，吨油、吨化工产品完全费用分别比集团公司下达指标低0. 57元、100. 26元。工程项目投资成本与维修费攻关成效显著，减少支出3. 44亿元。争取减免涉企收费和土地使用税费，增效9 000余万元。优化资金运作，财务费用同比减少5 900万元。原油采购价格比集团公司平均水平低0. 53美元/桶，降本1. 25亿元。提升物资供应水平，节约采购资金5. 74亿元，物资供应绩效考核在集团公司八大炼化企业排名第一。

（曹钰梅）

【通过国家安全生产标准化一级企业现场评审】 2017年，面对生产高负荷、运行长周期的严峻挑战，齐鲁石化强化安全管理、两级安全督察和安全网格化管理，杜绝上报集团公司级非计划停工，连续1 900余天实现安全环保无事故。针对检修任务最重、投入资金最大、参检人员最多、技术要求最高的“四年一修”，实现“环保停工、安全检修、一次开车成功”目标。通过国家安全生产标准化一级企业现场评审，是5年来山东省和集团公司唯一通过评审的企业。推进风险分级管控和隐患排查治理“双重预防体系”建设，被山东省选树为石油加工行业和职业卫生领域“双标杆”企业。开展液态烃装卸作业等17项专项检查，未遂事件同比减少751起、降幅76%。协助处置山东省临沂市金誉石化火灾爆炸等事故；获山东省首届危化品救援技术竞赛团体第2名。连续5年实现安全环保无事故，连续4年被评为集团公司安全生产先进单位。

（曹钰梅）

胜利炼油厂第二常减压装置检修
吊装现场 （王 杰 摄）

【加大环保工作力度】 2017年，齐鲁石化加强环保治理，国务院和山东省环保督察的29项问题全部整改到位。推进绿色低碳，全年累计节约标油3.02万吨。狠抓环保管理，污水废气稳定达标排放，COD、氨氮、二氧化硫和氮氧化物同比分别减排11%、3%、13%和11%。加快环保升级，热电燃煤锅炉超低排放、低氮燃烧器和高架源在线监测设施等改造项目成功投用，达到国家最新排放标准。顺丁橡胶、丁辛醇装置废气等12项VOC治理项目完成，区域环境质量明显改善。固体废弃物“三化”（资源化、无害化、减量化）处置1.9万吨、节约2 637万元。成功取得石化工业和电力企业排污许可证，是集团公司首批电力行业取证企业。

（曹钰梅）

热电厂2#脱硫塔第一节锥台吊装就位 （苏成武 摄）

【污水达标升级改造完成】 污水达标升级改造主要包括乙烯、橡胶、炼油污水处理场升级改造3个“碧水蓝天”项目，总投资5.27亿元，于2016年11月16日开工建设。2017年6月30日，工程一次开车成功，外排污水按最新国标运行，齐鲁石化全面完成污水达标升级改造。

（曹钰梅）

新建橡胶污水处理场 （李建强 摄）

【热电厂燃煤锅炉脱硫升级及脱硝改造完成】 齐鲁石化燃煤锅炉脱硫升级及脱硝技术改造主要是对热电厂8台410吨/时燃煤锅炉进行烟气脱硫、脱硝技术改造。2013年8月总部批复可行性研究报告，2014年12月批复基础设计，2016年3月批复增加脱硝、脱硫和除尘超低排放改造内容。总投资60 973万元。热电厂3#、4#锅炉脱硫和除尘超低排放改造于2017年4月11日开工，6月29日一次开车成功；1#、2#锅炉脱硫和除尘超低排放改造于7月1日开工，10月13日一次开车成功，标志着热电厂1#—8#锅炉烟气超低排放改造项目全部完成。改造后，二氧化硫和烟尘达到超低排放标准。

（曹钰梅）

【二化动力站 CFB 锅炉烟气超洁净排放改造项目建成投用】 齐鲁石化二化动力站3台CFB锅炉烟气超洁净排放技术改造项目包括3套(1#、2#、3#)CFB锅炉脱硫系统及COA脱硝系统，总投资1.688亿元。该项目2#锅炉改造于2016年7月20日开工建设，10月29日一次开车成功；1#锅炉改造于2017年3月1日开工建设，6月17日一次开车成功；3#锅炉改造于7月1日开工建设，10月10日一次开车成功。改造后，二氧化硫和烟尘达到超低排放标准。

（曹钰梅）

【顺丁橡胶废气达标排放改造项目建成投用】 2016年7月，齐鲁石化橡胶厂顺丁橡胶装置废气达标排放技术改造项目可行性研究报告获总部批复，总投资4 338.93万元。主要包括橡胶厂顺丁橡胶装置新增1套7万米^3/时尾气处理设施，改造后排放废气中非甲烷总烃去除效率达97%以上，排放浓度≤30毫克/米^3；拆除原锅炉厂房内2套60吨/时脱氧水装置，异地新建1套120吨/时脱氧水装置。2017年2月10日项目开工建设，6月28日装置中交，7月15日一次开车成功。

（曹钰梅）

【装置运行创历史最好水平】 2017年，齐鲁石化加强生产运行管理，深化"创完好"工作，装置运行水平持续提升，第二化肥厂煤气化装置连续运行777天，再次打破自己创造的世界纪录；橡胶厂丁苯橡胶装置连续运行1 363天，塑料厂1#高密度聚乙烯装置A线连续运行621天，均创历史最长纪录。

（曹钰梅）

【科技创新取得突破】 2017年，齐鲁石化加强新产品研发和生产，抗菌聚丙烯、汽车改性料等5种新产品试产成功，茂金属产品实现更新换代，顶替进口任务超额完成，产品持续迈向中高端，全年生产新产品及专用料42.97万吨，比例达70.37%，位居集团公司第3名。加强新技术研发应用，储运厂苯储罐呼吸气零排放技术成功应用，为国内首创。第二化肥厂酸性气引至CFB锅炉掺烧技改项目实施，消除环保隐患。浅冷油干气回收乙烯技术首次输出境外。全年申请专利150件，获省部级以上科技进步奖9项，技术许可和服务创收1 850万元。

（曹钰梅）

【深化应用创新创效成果显著】 2017年，齐鲁石化积极推进深化应用创新创效行动，创新成果在集团公司评比中名列前茅。10月31日，在总部深化应用创新创效行动计划经验交流会上，齐鲁石化的《融合生产经营找痛点，助力提质增效解难点，多方位推动深化应用出实效》报告受到总部领导好评，多项应用案例引领中国石化深化应用发展方向。全年形成深化应用创新创效成果31项，上报总部15项，经总部专家组评审，"加大运维创新深度，提高APC投用效果""MES与SPYRO数据融合应用，优化乙烯生产方案"等6项成果被选为推广案例，其中APC先进控制创新创效方面，16套先进控制系统年创效4 000余万元。

（曹钰梅）

【专业管理水平提升】 2017年，齐鲁石化强化全面预算管理，印刷费用管控细化到与价格相关的各个要素，费用同比降低22.45%。强化供应管理，实施"冬煤秋储"，成功开辟海外煤采购渠道，实现安全经济保供。与75家企业签订管廊租赁合同，进一步规范管廊使用。强化审计防风险作用，查出违规问题137个，提出审计建议137条，审计增效1.54亿元。围绕生产经营管理重点环节，开展效能监察202项，堵塞管理漏洞。

（曹钰梅）

【山东化工职业学院移交潍坊市】 2016年7月，齐鲁石化与山东省潍坊市滨海经济技术开发区签订《山东化工职业学院举办权转让移交协议》和《山东化工职业学院委托管理协议》；2017年2月，山东省教育厅批复职业学院变更举办者的请示，5月4日完成事业单位法人变更登记，标志着齐鲁石化向潍坊市政府正式移交山东化工职业学院学历资质，彻底退出学历教育。7月，齐鲁石化71名教师奔赴潍坊市滨海新校区承揽教学任务；9月12日，山东化工职业学院新校揭牌。

（曹钰梅）

【"四供一业"分离移交提速】 齐鲁石化积极推进"四供一业"改革和企业办社会职能移交，分离移交工作走在集团公司前列。2016年，供气业务完成退出。2017年，齐鲁石化与淄博市成立分离移交企地联合工作组，加强企地联动。供水方面，齐鲁石化临淄社区供水移交淄博天润供水有限公司，张店社区供水移交淄博市自来水公司；供电方面，齐鲁石化与国网山东省电力公司淄博供电公司签署分离移交框架协议；供暖方面，根据社区所处位置安排接收单位，齐鲁石化临淄7个社区供暖移交淄博民通热力有限公司，张店腈纶社区供暖移交淄博泰和热力有限公司，张店丙烯腈社区供暖移交淄博华星热力有限公司；物业移交与地方政府基本达成一致。中央财政通过预算安排补助资金，财政部共拨付齐鲁石化分离移交中央财政补助款2.22亿元。

（曹钰梅）

【老旧社区综合治理改造完成】 2014—2016年，齐鲁石化投资1.3亿元，分2批完成虎山、蜂山、汞山、象山、石槐、遄台、雪宫7个老旧社区的综合治理改造。2017年投资8 000余万元，对稷下、胜利、闻韶、勇士、康平、丙烯腈、腈纶、机械厂8个老旧社区进行综合治理改造，主要涉及房屋综合治理、道路停车位治理以及公共场地改造等，是齐鲁石化最大规模的社区系统改造。11月15日，第3批老旧社区综合治理改造项目实现中交，齐鲁石化老旧社区综合治理改造全部完成。

（曹钰梅）

【山东中豪能源有限公司挂牌】 2017年12月23日，由齐鲁石化参与的混合所有制企业——山东中豪能源有限公司挂牌运营。山东中豪能源有限公司由齐鲁石化、华能国际电力股份有限公司辛店电厂、淄博民通热力有限公司、淄博市临淄热电厂有限公司4家企业合作组建而成，主要经营电力的生产和销售、工业蒸汽的生产和销售、城市冷热联供、清洁能源的开发及利用。该公司为齐鲁石化、临淄区热电联供一体化项目，签约仪式于8月22日举行，4家企业代表共同签约。

（曹钰梅）

【“走出去”发展成果丰硕】 2017年3月，齐鲁石化储运厂派出54名员工赴天津LNG项目开展技术服务；10月，胜利炼油厂派出11名技术骨干赴台资化工企业福建福化古雷腾龙翔鹭开展项目施工修复工作。年内，财务共享公司淄博服务部完成青岛石化、石家庄炼化、济南分公司、青岛炼化、燕山石化、塔河炼化、沧州炼化、川维化工公司、天津石化、洛阳石化等16家企业财务共享服务工作，成为集团公司财务转型升级典范。截至12月底，齐鲁石化派出或外借1 055人，其中派出承揽业务416人、向合资公司派出293人、业务外包或社会职能移交派出309人、外部借调37人。

（曹钰梅）

【美好家园建设】 2017年，齐鲁石化开展“传承企业精神、共建美好家园”主题教育实践，凝聚干事创业的力量。时隔8年举办第17届职工运动会，组织毽球、羽毛球、乒乓球、跳绳、田径5个项目的比赛，有28个直属单位的2 000余人参加比赛，展现“团结勤奋、争创一流”的企业精神。组织“爱心善捐、共建家园”活动，17 602人参与爱心善捐，捐款112.06万元。健全工会工作机制，发放帮扶慰问金492万元。开展“走基层、访万家”活动，走访基层班组1 855个、员工家庭20 674户。

（曹钰梅）

表1 **齐鲁石化主要技术经济指标** 亿元

年份 指标名称	2017	2016	2015	2014	2013	2012
原油加工量/万吨	1 155.29	1 188.37	1 121.89	1 034.29	1 011.93	1 027.64
工业总产值	607.40	569.14	585.12	693.55	688.06	768.42
工业增加值	236.71	252.41	220.61	123.08	128.66	127.15
资产总计	239.40	223.86	217.03	219.43	219.31	213.54
流动资产	73.39	59.81	46.07	50.76	71.86	65.07
固定资产原值	457.12	444.32	434.01	391.29	399.89	394.52
固定资产净值	146.89	147.86	170.33	142.59	140.85	142.15
销售收入	650.51	593.01	591.77	698.44	709.72	780.62
实现利税	178.03	194.18	163.19	67.88	74.07	72.40
税　金	146.91	150.91	139.94	86.78	86.93	87.74

表 2 **齐鲁石化主要产品产量** 万吨

产品名称 \ 年份	2017	2016	2015	2014	2013	2012
汽　油	238.02	229.88	200.49	162.15	151.08	149.95
柴　油	314.30	319.29	322.82	337.40	356.68	378.34
煤　油	85.47	87.80	74.30	72.59	53.78	48.10
液化气	67.99	64.90	37.74	24.56	22.87	23.54
沥　青	90.99	105.22	80.67	67.79	66.57	62.41
合成橡胶	27.50	35.64	32.55	36.77	36.01	40.59
顺丁橡胶	6.52	7.47	7.23	7.00	5.60	6.48
烧　碱	18.33	20.04	18.14	16.75	23.90	45.42
乙　烯	71.59	87.09	86.19	80.07	72.30	80.07
化工丙烯	29.26	38.39	40.90	38.97	32.92	35.00
聚乙烯	53.13	67.14	67.34	62.44	47.27	42.34
高密度聚乙烯	30.13	36.16	36.36	32.82	24.54	16.91
聚氯乙烯	20.34	23.12	22.60	22.41	30.83	57.78
聚丙烯	7.93	9.58	9.60	9.17	7.62	5.99
苯乙烯	18.15	20.67	20.63	20.33	19.85	20.02
丙烯腈①	21.14	24.84	22.37	10.99	10.65	10.27
腈纶纤维	3.59	5.11	4.58	3.65	5.51	5.97
丁　醇	4.29	5.51	5.36	5.21	5.14	6.26
辛　醇	22.42	26.56	24.89	26.64	23.09	27.29
纯　苯	17.41	20.85	22.27	20.10	19.58	22.08
对二甲苯	5.50	4.90	7.21	8.24	8.33	9.71
邻二甲苯	3.71	4.78	4.44	4.05	4.19	4.49
甲　苯	4.97	6.06	5.61	3.56	0.06	0.02
苯　酐	0	0	0	1.79	2.27	3.61
甲基叔丁基醚	4.35	5.50	5.88	6.13	4.66	5.11
1－丁烯	1.95	2.37	2.42	2.18	1.88	1.86
发电/亿千瓦·时	36.01	39.78	38.65	37.48	37.22	45.40

①2015 年、2016 年、2017 年，丙烯腈产量分别含科鲁尔公司 11.84 万吨、14.81 万吨、15.68 万吨

茂名石化

【概况】 中国石化集团茂名石油化工有限公司（简称茂名石化公司）、中国石油化工股份有限公司茂名分公司（简称茂名分公司）统称茂名石化，位于广东省茂名市，东毗阳江，西临湛江，北连云浮和广西壮族自治区，南临南海。东北距广州 362 千米，西南距湛江 121 千米。茂名石化占地面积 1 617 万平方米，创建于 1955 年 5 月，是国有特大型综合石化企业，

1983年整体并入中国石油化工总公司。

茂名石化拥有70多套主要炼油、化工生产装置，1座热电动力装置，还有港口码头、铁路运输及完善的管道、原油和成品油储存、海上原油接卸等储运设施。原油一次加工能力2 350万吨/年，乙烯生产能力110万吨/年。主要生产汽油、煤油、柴油、润滑油、溶剂油、石脑油、沥青、乙烯、甲苯、聚丙烯、乙二醇、苯乙烯、丁苯橡胶、SBS等30多类石油化工产品。

截至2017年底，茂名石化共设30个中层机构单位，其中机关部室14个、直属基层6个、业务中心10个，另有合资合作单位6个。在岗正式职工总数8 151人，其中具有正高级职称的17人、副高级职称的509人、中级职称的1 275人。固定资产原值470.62亿元。

茂名石化主要技术经济指标和主要产品产量分别见表1和表2。

（韩泉梅）

【领导班子调整】 2017年2月15日，集团公司聘任杨文德为茂名分公司副总经理、李雪梅为茂名分公司总会计师、毛远洪为茂名分公司副总经理。4月27日，集团公司党组调整茂名石化领导班子，聘任尹兆林为茂名石化公司总经理、茂名分公司总经理、中共茂名石油化工公司委员会副书记、茂湛炼化一体化领导小组副组长。9月1日，集团公司党组决定，陆建明任茂名石化公司党委书记、副总经理，茂名分公司副总经理。

（韩泉梅）

【完成公司制改制】 2017年11月1日，茂名石化取得“中国石化集团茂名石油化工有限公司”营业执照，茂名石化统一公司制改制获得成功，改制后的中国石化集团茂名石油化工有限公司于2018年1月1日起正式并账运行。茂名石化的公司制改制只涉及存续部分，中国石化集团资产经营管理有限公司茂名石化分公司(简称茂名资产分公司)的所有资产和经营业务无偿划转茂名石化公司，统一改制为“中国石化集团茂名石油化工有限公司”，改制后按公司法规操作。尹兆林任该公司执行董事。

（韩泉梅）

【利润首超百亿元】 2017年，茂名石化盈利首次突破百亿元，达113.88亿元，同比增长23.55%，成为国内第2家利润过百亿元的炼化企业；利税首次突破400亿元，达417.92亿元，增加32.51亿元，再次成为广东省第一纳税大户。

（韩泉梅）

【原油加工量及成品油产量创新高】 2017年，茂名石化优化常减压加工模式，加工原油1 855.5万吨，同比多加工原油45万吨。提高一、二次装置加工负荷，做大产品产量，全年生产成品油1 147.7万吨，增加21.3万吨。原油加工量及成品油产量均创历史新高。

（韩泉梅）

【乙烯产量排名集团公司第一】 2017年，茂名石化通过加强生产运行管理、投用先进控制系统减少结焦损失、优化系统操作降低高附产品损失等措施，累计生产乙烯产量117.59万吨，同比提高4.55万吨，创历史新高，排名集团公司第一。

（韩泉梅）

【化工新产品产销量创历史最好水平】 2017年，茂名石化新产品开发以“人无我有、人有我优、领跑国内、打入国际”为目标，开发顶替进口新产品和高端新产品，努力形成品牌优势。首次工业化生产大型缠绕管材料、三元共聚聚丙烯CPP膜料等10个新产品，新产品产量28.9万吨，同比增加8.45万吨，为计划的2倍，总部级新产品产量达计划的150%。其中，4个新产品为总部2017年下达的顶替进口任务，分别替代韩国SK公司、艾克森美孚、新加坡TPC公司等名牌产品。23个产品牌号被化销华南公司列为18家合作客户重点标志性产品，万吨级新产品达8个，自销化工产品产量超过2万吨，均为历史最好水平。新产品和专用料产量排名系统第一，占比70.27%，增效1.43亿元。

（韩泉梅）

【环氧乙烷装置建成投产】 装置于2016年3月15日开工建设，总投资10.07亿元，是茂名石化重点调结构项目；采用中国石化自有环氧乙烷生产技术，装置设计规模21.6万吨/年当量环氧乙烷，年操作时数8 000小时。装置主要单元有环氧乙烷反应系统、精制系统、罐区及冷冻系统、配套公用工程等。2017年6月30日，装置建成中交，8月28日投料开车，8月30日产出合格产品。装置投用后，进一步提高茂名石化化工产品结构适应市场情况变化能力，消除乙烯上下游装置满负荷运行造成的安全隐患。

（韩泉梅）

【30 万吨级单点系泊输油终端海底管线安全隐患治理项目建成投产】 30 万吨级单点系泊输油终端海管线安全隐患治理项目于 2016 年 5 月 13 日开工，总投资 5.75 亿元，主要建设 1 条 15.6 千米、管径 1 219 毫米海底管线，设计使用寿命 30 年。同时升级改造漂浮软管及其他配套设施。2017 年 5 月 17 日，项目建成中交；5 月 19 日，新管线成功接卸投产后第 1 艘油轮“凯川”号。新海管投用后，油轮接卸效率综合提高 40%。

（韩泉梅）

【干气回收富乙烷气装置开工建设】 2017 年 2 月 15 日，茂名石化干气回收富乙烷气装置开工建设。项目总投资 4.19 亿元，主要建设内容为：①新建装置，包括生产装置和系统配套两大部分，其中生产装置包括浅冷吸收、PSA 制氢两部分，系统配套包括储运系统、配套循环水场、制冷单元、供配电、总图竖向 5 个部分。②采用中国石化自有浅冷油吸收工艺技术，建设 1 套规模 50 万吨/年干气回收乙烷装置，操作弹性 60%—110%，年开工时数 8 400 小时。③氢气回收部分包括新建 VPSA 单元，采用 10－2－7 变压吸附工艺，包括解吸气压缩及抽真空设备等。④辅助设施及公用工程配套改造主要包括新建 9 000 米^3/时的循环水场，配套工艺管线、仪表自控、变配电改造、给排水、消防、土建等。

（韩泉梅）

【Ⅲ＋润滑油基础油试产首次获得成功】 2017 年 12 月 14—18 日，茂名石化在润滑油加氢异构装置以石蜡基、沙轻和蜡下 3 种原油为原料进行Ⅲ＋类润滑油基础油攻关试验，并在 18 日产出合格的 HVI Ⅲ＋类润滑油基础油产品，实现总部“十条龙”科技攻关项目生产 HVIⅢ＋类润滑油基础油的目标，填补中国石化同类牌号润滑油基础油的生产空白。

（韩泉梅）

【一批成套技术成果进入工业化应用】 2017 年，茂名石化推进科研成果应用于装置优化生产和产品升级换代，获得一批自主研发成功的优秀技术成果，其中“极性干胶生产技术”“白土精制装置络合—吸附工艺”等成果进入转化阶段。乙烯四聚制 1－辛烯、mPAO 等项目上报总部，茂金属聚丙烯等项目进入中试放大阶段。全年共获 5 项省部级科技奖和 3 项市级科技奖，2 个项目通过省级专家组鉴定。申报专利 35 件，获得 6 件专利授权。

（韩泉梅）

【SBS 装置成功试产 2 个新产品】 2017 年 12 月 18—20 日，茂名石化 SBS 装置成功试产环保型黏合剂专用料 F518。该产品生产的黏合剂具有无溶剂、黏接强度大等优点，广泛用于汽车、航天航空等领域。20—23 日，装置成功试产极性干胶牌号产品 F701，该产品拥有自主知识产权，由茂名石化研究院自主开发，适用于道路沥青改性。与一般的 SBS 沥青改性材料相比，该产品因具有极性，能更好地与极性的基质沥青相容，提高改性沥青的贮存稳定性，减少制作工序及生产成本。

（韩泉梅）

【高流动抗冲聚丙烯 PPB－MN50－G 开发成功】 2017 年 6 月，茂名石化在 3# 聚丙烯装置成功生产高流动抗冲聚丙烯新产品 PPB－MN50－G，产量 528 吨。该牌号开发目标是替代埃克森美孚 7555，是总部下达的进口牌号替代项目之一。该新产品优势在于熔融指数高，冲击强度高的同时还能有很高的模量，可作为基础树脂广泛用于汽车改性领域。

（韩泉梅）

【高刚抗冲聚丙烯 PPB－MN10－S 顶替进口产品】 2017 年 6 月 30 日，茂名石化 1# 聚丙烯装置成功试产家电用高刚抗冲聚丙烯新产品 PPB－MN10－S 约 1 000吨。该牌号是茂名石化开发成功的首个中融指高刚抗冲聚丙烯新产品，具有高刚性、耐摔性强、抗老化、高光泽等优点，可直接用于家电领域或作为基础树脂广泛用于汽车改性领域，售价较高，市场需求广阔，可替代进口同类型产品。

（韩泉梅）

【首次开发成功三元共聚聚丙烯产品】 2017 年 7 月 31 日，茂名石化 3# 聚丙烯装置成功试产三元共聚聚丙烯 CPP 膜料新产品 F4008 约 420 吨。生产采用与北京化工研究院合作开发的技术，使用乙烯、丙烯、丁烯生产三元共聚产品，是茂名石化首次开发成功三元共聚聚丙烯产品，产品具有热封强度高、热封温度低、耐蒸煮性能和冲击性能良好等特点，可用于生产流延膜、热收缩膜、BOPP 膜等薄膜的热封层及医药类包装，广泛用于食物、文具、化妆品、衣服、香烟等优质包装领域。由于研发和生产难度大，国内多数产品需要进口。

（韩泉梅）

【采用国内首创技术产出异构烷烃溶剂样品】 2017 年 9 月，茂名石化使用与抚顺石油化工研究院合作开发的“异壬醇装置副产物制备异构烷烃溶剂”技术，在小试装置成功产出达到日本出光公司同类产品质量要求的 C_8、C_{12}、C_{16}、C_{20} 异构烷烃溶剂油样品，属国内首创技术。该项目成果工业化应用后，可改变高品质异构烷烃产品生产技术掌握在少数几家国际石油公司的现状，所生产的 C_8、C_{12}、C_{16}、C_{20} 异构烷烃产品将填补国内高端异构烷烃产品空白，摆脱国内市场对进口异构烷烃产品的依赖，同时可满足国内气雾剂、金属加工及涂料等产业对环保型异构烷烃产品日益增长的需求，具有较好的经济效益和社会效益。

（韩泉梅）

【首次获得外国专利授权】 2017 年 10 月，茂名石化研究院提交的“一种氮磷配位骨架的铬催化剂及其在催化乙烯齐聚中的应用”专利申请获得荷兰专利局正式授权，这是茂名石化首次获得外国专利授权。

（韩泉梅）

表 1 **茂名石化主要技术经济指标** 亿元

指标名称 \ 年份	2017	2016	2015	2014	2013	2012
原料油加工量/万吨						
茂名分公司	1 979.62	1 937.12	1 941.82	1 930.01	1 630.14	1 436.60
工业总产值						
茂名分公司	863.09	732.19	776.12	1 072.99	980.38	929.46
茂名石化公司	16.64	14.07	13.49	13.46	13.23	13.29
工业增加值						
茂名分公司	366.13	335.41	293.20	210.91	195.41	154.51
茂名石化公司	6.95	6.38	4.84	5.33	5.33	5.48
资产总计						
茂名分公司	311.87	265.87	235.10	267.38	298.63	247.29
茂名石化公司	47.89	50.03	48.47	46.55	44.33	45.99
流动资产						
茂名分公司	139.95	97.06	63.93	91.03	127.89	95.10
茂名石化公司	11.02	12.7	14.48	13.69	14.01	14.68
固定资产原值						
茂名分公司	391.08	382.44	368.46	353.34	316.41	274.02
茂名石化公司	79.54	72.35	71.40	69.28	67.33	67.13
固定资产净值						
茂名分公司	129.36	137.47	140.68	142.17	119.92	87.69
茂名石化公司	34.79	29.23	24.35	29.06	28.60	29.38
销售收入						
茂名分公司①	854.46	726.61	768.44	1 052.19	974.44	917.97
茂名石化公司	29.93	27.49	26.71	27.36	28.87	27.37
实现利税						
茂名分公司②	413.21	381.02	330.84	292.01	274.59	242.36
茂名石化公司	4.66	4.33	5.52	4.96	4.74	3.66

续表

年份 指标名称	2017	2016	2015	2014	2013	2012
税　金						
茂名分公司[②]	301.88	291.08	269.12	277.51	259.75	239.07
茂名石化公司	2.10	2.09	3.35	2.84	2.91	2.28
综合能耗/吨标煤 · 万元$^{-1}$						
茂名分公司	0.549	0.547	0.564	0.580	0.598	0.612
茂名石化公司	1.335	1.34	1.390	1.40	1.42	1.45

①茂名分公司销售收入不含炼化互供

②茂名分公司实现利税和税金的数据为当年税金实际缴纳数，并含进口原油增值税

表 2　　**茂名石化主要产品产量**　　万吨

年份 产品名称	2017	2016	2015	2014	2013	2012
乙　烯	117.59	113.03	105.39	114.12	112.55	110.14
丙　烯	66.30	64.92	60.51	64.44	62.02	53.18
混合芳烃	43.23	40.09	40.19	45.47	45.65	54.81
三苯(化工)	35.91	32.84	33.36	38.02	38.26	39.60
三苯(炼油)	4.10	4.31	3.67	3.83	3.23	3.45
聚丙烯	67.98	64.92	59.25	59.53	55.37	52.90
线型聚乙烯	19.72	19.83	19.46	20.56	20.30	16.25
高密度聚乙烯	35.00	36.03	32.53	36.42	37.16	38.48
高压聚乙烯	40.99	39.44	35.50	40.59	39.14	38.07
丁二烯	15.02	14.40	13.45	14.12	14.16	14.75
MTBE	16.00	13.98	13.64	9.82	8.39	9.04
1-丁烯	1.72	1.65	1.65	1.65	1.85	1.60
乙二醇	5.88	3.93	4.00	3.17	4.56	6.80
环氧乙烷	14.41	10.44	11.86	10.68	11.00	9.64
苯乙烯	13.11	11.37	12.81	12.30	11.34	12.22
SBS 橡胶	7.46	7.24	6.64	7.76	8.36	8.28
顺丁橡胶	9.70	8.46	6.35	6.72	4.69	
液化气	148.03	142.50	126.26	118.69	87.93	76.85
石脑油	186.96	193.75	186.17	212.61	180.17	173.04
汽　油	412.67	421.53	421.61	394.51	300.60	231.19
高标号汽油	143.65	274.19	325.51	281.31	288.63	224.90
煤　油	290.03	284.59	268.62	217.32	161.91	142.11

续表

年份 产品名称	2017	2016	2015	2014	2013	2012
柴　油	444.41	419.28	455.63	528.61	491.82	445.80
基础油	36.51	35.82	25.67	24.02	22.91	26.97
石　蜡	5.13	8.21	7.55	6.82	6.96	8.73
商品重油	14.12	15.84	19.73	22.39	21.33	0
沥　青	146.12	137.81	135.49	101.23	102.40	75.10
石油焦	77.59	70.46	66.49	77.02	58.22	62.32
硫　黄	20.45	19.52	20.04	20.80	18.72	14.97

镇海炼化

【概况】 中国石油化工股份有限公司镇海炼化分公司(简称镇海炼化)位于浙江省宁波市，拥有2 000万吨/年原油加工能力、100万吨/年乙烯生产能力、4 500万吨/年海运码头吞吐能力。炼油竞争力居亚太地区炼厂第1组群，乙烯装置位列全球乙烯装置(石脑油)第1组群。2017年，镇海炼化累计加工原油2 190.18万吨，连续8年突破2 000万吨；生产乙烯113.18万吨；实现营业收入1 031.77亿元、利税389.51亿元、利润154.32亿元，再创盈利新纪录。

2017年，镇海炼化新建300万吨/年柴油加氢精制装置、2.7万吨/年裂解汽油抽提等生产装置建成投入运行。与中国科学院宁波材料所、华东理工大学共建联合创新研究中心，深化在石化行业智能制造和高端工程塑料领域的创新合作。新增聚烯烃新产品牌号7个，全年新产品和专用料产销49.5万吨，增效超1.69亿元。参与开发的“烃类分子结构导向转化的化工原料高效生产技术”获国家技术发明二等奖。具有高级及以上职称职工人数达403人，其中享受国家政府特殊津贴25人。融入并带动地方经济发展，寻求与周边企业技术、管理和资源合作，与石化经济开发区企业互供各类物料。常态化举办“公众开放日”活动，邀请社会各界人士实地感受企业绿色、低碳发展，累计举办“公众开放日”活动186期。累计无偿支援火灾、危化品事故抢险370次。实施企地共建、结对帮扶等多种形式的社会公益捐赠超过330万元。

镇海炼化主要技术经济指标和主要产品产量分别见表1和表2。

(李勤勇)

【领导班子调整】 2017年8月24日下午，镇海炼化召开干部大会，集团公司党组成员、纪检组组长蒋亮平出席会议并讲话，集团公司人事部副主任周新民宣读集团公司党组和股份公司关于调整镇海炼化领导班子的决定：寿东华任镇海炼化党委书记、副总经理；顾跃光不再担任镇海炼化党委书记、委员、副总经理，另有任用。

(李勤勇)

【杭州石化完成职工分流安置】 2017年8月11日，杭州石化有限责任公司召开三届二次职代会，经无记名投票表决，以83.15%同意率通过《杭州石化职工分流安置实施细则》，并于9月20日全部完成杭州石化775名在职职工的安置渠道选择。

(李勤勇)

【装置运行创多项纪录】 2017年，镇海炼化乙烯装置综合能耗创历史新低，达507.66千克标油/吨；环氧乙烷乙二醇装置在使用M200催化剂的第2个生产周期里，环氧乙烷单品采出量达51.59万吨，创第9项世界纪录。聚乙烯装置连续运行765天，创造中国石化同类型装置长周期运行纪录。

(李勤勇)

【完成公司制改制任务】 2017年，镇海炼化管理的东海宾馆、莲花宾馆、宁波海利分别于8月16日、9月11日、10月17日取得新的营业执照，在中国石化系统内率先完成公司制改制任务。

(李勤勇)

【炼油老区结构调整提质升级六大项目群建设全速推进】 2017年，镇海炼化炼油老区结构调整提质升级六大项目群项目全速建设：国内首套沸腾床渣油加氢装置——260 万吨/年沸腾床渣油加氢装置、国内炼油厂单程处理量最大的 15 万吨/年硫黄回收装置、石化变 110 千伏变电所异地改造项目开始打桩建设；原 200 万吨/年柴油加氢装置改造为 230 万吨/年航煤加氢装置项目完工并投产；新建 300 万吨/年柴油加氢精制装置、新建 2.7 万吨/年裂解汽油抽提装置建成投产；4G 无线网络项目启动建设。

（李勤勇）

新建 2.7 万吨/年裂解汽油抽提装置现场
（万　里　摄）

【1－聚丁烯项目入选国家 2017 年绿色制造系统集成项目】 2017 年 6 月 6 日，工业和信息化部发布《2017 年绿色制造系统集成项目通知》，镇海炼化牵头的 1－聚丁烯项目入选国家 2017 年绿色制造系统集成项目。

（李勤勇）

【“东海牌”沥青正式铺上宁波梅山 F2 方程式国际赛车道】 2017 年 7 月 24 日起，500 吨镇海炼化生产的中国石化“东海牌”沥青正式铺上宁波梅山 F2 方程式国际赛车道。全年，镇海炼化共生产沥青 135.72 万吨，连续 8 年超过 100 万吨。

（李勤勇）

【自主研发生物航煤完成首次跨洋飞行】 2017 年 11 月 21 日，加注镇海炼化生产的中国石化 1# 生物航空煤油的海南航空 HU497 航班波音 787 型客机由北京首都国际机场起飞，跨越太平洋，并于北京时间 11 月 22 日、美国中部时间 11 月 21 日平稳降落在美国芝加哥奥黑尔国际机场，标志着中国自主研发生产的生物航煤首次跨洋商业载客飞行取得圆满成功。

（李勤勇）

【获首批全国质量管理体系认证升级版试点项目认证】 2017 年 11 月 23 日，国家认监委发布《关于质量管理体系认证升级版的实施意见》，镇海炼化作为全国首批 31 家企业之一获得质量管理体系认证升级版试点项目认证证书。

（李勤勇）

【聚烯烃产品出口海外】 2017 年，镇海炼化相继开发生产高熔抗冲聚丙烯 M50RH、高熔体强度聚丙烯 B00RS、透明料系列新产品 M19ET 和 M35ET、无塑化剂高性能聚丙烯 N40H 和流延膜新产品等 7 个新牌号聚烯烃新产品和专用料，其中高刚高韧聚丙烯 M30RHC、M60RHC 等系列产品完全实现替代进口；透明聚丙烯系列产品、纺丝专用料 Z30S、纤维料 H30S 远销日本、越南等海外市场。

（李勤勇）

【入选国家首批绿色制造示范工厂】 2017 年 9 月 1 日，在工业和信息化部发布的《关于发布 2017 年第一批绿色制造示范名单的通知》中，镇海炼化入选国家首批绿色制造示范工厂。

（李勤勇）

【国内首个安全环保型延迟焦化密闭除焦成套技术成功应用】 2017 年 12 月 25 日，镇海炼化“安全环保型延迟焦化密闭除焦、输送及存储成套技术”正式建成投用。该技术为国内首创，中国石化拥有多项自主知识产权，具有自动化、智能化和清洁生产等优势，整体技术达到世界领先水平。

（李勤勇）

延迟焦化密闭除焦设施　（钟卫新　摄）

【3项操作法被命名为首批省部属企事业先进职业操作法】 2017年12月7日，浙江省省部属企事业工会印发《关于命名第一批浙江省省部属企事业先进职业操作法的决定》，镇海炼化“炼油一部阿邱操作法”“炼油一部重整芳烃团队密闭卸尘操作法”“炼油三部孙兴新氢机一键开车操作法”被命名为首批省部属企事业先进职业操作法。

（李勤勇）

【获多项重要荣誉称号】 2017年，镇海炼化在2017中国石油和化工行业科普论坛上，获首批“中国石油和化工科普基地”授牌；在2017全国“两化”融合管理体系贯标工作推进大会上，被工业和信息化部确定为2017年“两化”融合管理体系贯标示范企业；在2017年石油和化工行业绿色发展大会上，被评为2017年石油和化工行业绿色工厂；在2016年度石油和化工行业能效“领跑者”发布暨节能技术交流与推广会上，获评2016年度能效“领跑者”标杆企业（乙烯），连续5年获评年度乙烯能效“领跑者”标杆企业；在水利部水资源司正式公布的2017年度重点用水企业水效“领跑者”企业名单中，成为全国第1批11家重点用水企业水效领跑企业，是乙烯行业唯一一家入选企业。还获2017年中国质量诚信企业、浙江省尘毒危害治理示范企业称号，并连续4年获评中国石油和化工行业最具社会责任企业。烯烃部王林芳被中华全国总工会授予全国五一巾帼标兵称号，炼油五部张江洪获浙江省五一劳动奖章，烯烃部苏鹤昉被命名为首批“浙江工匠”；炼油一部Ⅱ催化二班被授予全国工人先锋号称号，炼油五部对二甲苯装置青年文明号集体获2015—2016年度全国青年文明号称号，烯烃部乙烯裂解装置青年文明号集体获2015—2016年度中央企业青年文明号称号，化工部重油制氢装置青年安全生产示范岗获2015—2016年度全国青年安全生产示范岗称号；在第9届全国石油和化工行业职业技能竞赛中获仪器仪表维修、工业废水处理2项团体一等奖，4人获全国石油和化工行业技术能手称号。

（李勤勇）

【镇林气体注册成立】 2017年6月1日，由中国石化和林德气体（香港）有限公司共同投资设立的合资公司——宁波镇海炼化林德气体有限公司（简称镇林气体）注册成立，双方各出资50%，注册在镇海区。双方于6月19日举行公司启动仪式。

（李勤勇）

镇林气体项目启动仪式现场 （万 里 摄）

表1 **镇海炼化主要技术经济指标**[①] 亿元

指标名称 \ 年份	2017	2016	2015	2014	2013	2012
原油加工量/万吨	2 190.18	2 012.41	2 180.32	2 094.57	2 214.94	2 076.00
工业总产值	949.62	751.49	884.05	1 137.04	1 269.02	1 291.74
工业增加值	406.75	372.20	358.35	212.85	250.51	218.53
资产总计	456.63	398.08	320.34	350.87	385.40	404.02
流动资产	244.69	191.53	108.57	121.74	158.95	165.03
固定资产原值	401.27	394.26	386.04	382.99	367.25	363.53

续表

指标名称 \ 年份	2017	2016	2015	2014	2013	2012
固定资产净值	144.16	156.83	166.46	181.67	185.93	200.40
销售收入	1 031.77	816.69	944.80	1 202.18	1 358.72	1 355.04
实现利税	389.51	353.28	342.88	184.09	227.72	183.76
税　金	236.48	219.64	236.37	152.25	158.96	156.99
综合能耗/吨标煤·万元$^{-1}$	0.52	0.54	0.52	0.53	0.53	0.54

①含杭州石化数据

表 2　　镇海炼化主要产品产量[①]　　万吨

产品名称 \ 年份	2017	2016	2015	2014	2013	2012
汽　油	336.86	307.69	333.27	308.46	285.10	284.24
航空煤油	246.55	213.31	226.26	218.77	208.97	156.23
柴　油	613.82	567.62	628.86	625.41	692.26	703.09
石脑油	300.40	289.39	293.33	288.75	310.00	288.58
燃料油	29.18	24.41	33.54	38.81	32.79	34.74
液化气	115.36	99.99	105.52	97.22	107.57	101.03
白色油	—	—	—	2.70	4.28	6.51
溶剂油	0	0.24	1.21	1.64	2.18	2.58
沥　青	135.72	134.53	143.27	126.40	136.25	101.33
丙　烯	85.73	82.94	86.39	77.27	88.03	88.07
聚丙烯	56.55	53.05	54.62	49.41	56.64	55.18
苯	39.90	37.66	38.43	34.43	39.70	37.80
甲　苯	0	0.05	1.89	1.53	13.01	16.97
混合二甲苯	1.00	1.10	0.81	4.12	5.94	7.56
邻二甲苯	16.74	14.37	16.93	15.16	16.51	13.60
对二甲苯	61.59	55.25	63.01	54.64	65.11	47.74
硫　黄	24.41	21.49	22.53	22.29	21.99	21.09
石油焦	117.91	109.37	123.59	109.99	117.35	108.25
乙　烯	113.18	112.58	113.14	97.06	111.08	110.27
丁二烯	15.76	15.90	15.79	14.15	16.08	15.52
聚乙烯	49.50	49.87	48.44	41.57	48.80	47.99
环氧乙烷	16.72	16.81	15.58	12.37	10.66	11.88
乙二醇	43.79	46.17	51.89	45.06	52.45	54.57

①含杭州石化数据

天津石化

【概况】 中国石油化工股份有限公司天津分公司(简称天津分公司)和中国石化集团资产经营管理有限公司天津石化分公司(简称天津资产分公司)统称天津石化，位于天津市滨海新区(大港)，与天津市区和塘沽新港有铁路、公路相通，与天津港南疆石化码头有输油管线相连。其前身为中国石化天津石油化工公司(由天津市石油化学工业公司和天津市石油化纤总厂组成)，成立于1983年12月28日，2000年分设为中国石化集团天津石油化工公司和中国石油化工股份有限公司天津分公司；2005年，2个公司进行一体化重组整合，实现机构的统一管理；2007年5月22日，注册成立天津资产分公司，10月正式注销中国石化集团天津石油化工公司；2010年6月，2个公司实行一体化管理。

天津石化拥有炼油、化工生产装置52套，原油综合配套加工能力1 250万吨/年，乙烯生产能力120万吨/年(含合资公司)，化工产品年生产能力为对二甲苯38万吨、PTA 34万吨、聚酯20万吨、聚醚6万吨，热电装机容量40万千瓦，日供水能力10万吨，原油储存能力27万立方米。主要生产汽油、煤油、柴油、液化气、燃料油、苯类、乙烯、丙烯、环氧乙烷、乙二醇、聚乙烯树脂、聚丙烯树脂等石油化工产品，其中成品油全部达到国Ⅵ质量标准；涤纶短纤维、3#喷气燃料为国优产品；“天仙”牌涤纶短纤维，“津港”牌轻柴油、车用汽油、3#喷气燃料，“大港”牌工业用纯苯被评为天津市名牌产品，

截至2017年底，天津石化共设16个机关部室、6个生产作业部、10个直属专业服务单位，另有2家合资公司；正式职工总数为7 492人，共有专业技术人员1 969人，其中具有高级职称的396人、中级职称的732人。资产总额282.02亿元。

天津石化主要技术经济指标及主要产品产量分别见表1和表2。

(罗　威　李佳润)

【领导班子调整】 2017年1月3日，集团公司组织召开天津石化干部大会，宣布集团公司党组关于天津石化主要领导调整的决定：李永林任天津石化总经理、党委副书记，委派李永林为中沙石化董事会副董事长；朱建民不再担任天津石化总经理、党委副书记，中沙石化总裁，另有任用；提名禹小伟为中沙石化总裁人选。3月29日，集团公司党组下发关于天津石化领导班子调整的文件，任命柳荣和王百森为公司党委常委、副总经理，赵红为公司党委常委、总会计师。

(罗　威　李佳润)

【生产经营成效明显】 2017年，天津石化完成营业收入497.29亿元，利润首次突破50亿元大关、达51.59亿元。其中，上市部分盈利52.84亿元，同比增加82.10%；存续部分亏损1.25亿元，减亏25.50%。完成原油加工量1 202万吨，为3年来最好水平；生产汽油130万吨、航煤172万吨、乙烯135万吨(含合资公司)、对二甲苯32万吨、PTA 26万吨、聚酯22万吨，均刷新历史纪录。累计实施生产经营优化项目83项，增效超过14亿元。原油采购CIF价格和原油专业管理综合考核排名均为集团公司第一，降本增效2.36亿元；吨乙烯原料成本较平均水平低151元，排名集团公司第一；PX日产量首次超过890吨；“两聚”新品及专用料总量超年计划20%，聚酯差别化率58.35%，均为历史最好水平。全年吨油费用227元，下降21%，低于集团公司平均水平；吨化工产品费用1 870元，下降18%。

(罗　威　李佳润)

【完成国Ⅵ汽柴油质量升级】 2017年6月，天津石化首批符合国Ⅵ标准的车用汽柴油完成储运系统置换，顺利实现出厂，标志着油品质量升级进入过渡阶段，较《京津冀及周边地区2017年大气污染防治工作方案》要求时间节点提前3个月。

(罗　威　李佳润)

【成品油出口创历史新高】 2017年，天津石化成功打通柴油一般贸易出口流程，柴油产品首次打入欧洲市场，实现国内8万吨级以上大船出口。全年成品油出口总量187万吨，增长55%，其中柴油出口增长

柴油首次出口欧洲　(董　波　摄)

75%；航煤“以出顶进”70.8 万吨，创历史新高。

（罗　威　李佳润）

【安全生产基础不断夯实】 2017 年，天津石化持续强化安全管理体系建设，主体责任、属地责任、监管责任不断压实。坚持识别大风险、消除大隐患、杜绝大事故，深入开展 100% 不放心点排查治理，加大直接作业环节监督检查力度，实现现场作业“零险情”。变更风险的认知和管控力进一步增强，较高以上风险得到有效控制。抓实全员安全诊断，10 名及时发现隐患避免重大事故有功人员受到重奖。合法依规处置剧毒化学品、危化品废液，及时排查和消除长输管道隐患。全年保持重大事故为零，未发生安全生产和非计划停工上报事故，连续 17 年获全国“安康杯”竞赛优胜企业称号。

（罗　威　李佳润）

【环保工作水平持续提升】 2017 年，天津石化热电燃煤锅炉“超净排放”改造全面完成，实现达标排放；完成污水深度治理提标改造，外排污水 COD 小于 30 毫克/升，为石化行业最先进水平；LDAR 工作实现常态化；完成加热炉低氮燃烧器改造，氮氧化物排放浓度大幅低于国家标准；京津冀及周边地区大气污染防治方案、攻坚行动方案涉及的 28 个环保涉法项目全部达点投用，建设“无异味工厂”环保目标基本实现，首次获得全国绿色企业管理奖。

（罗　威　李佳润）

【科技创新成果丰硕】 2017 年，天津石化承担的集团公司重大项目子课题“聚乙烯功能膜专用料的开发及应用推广”“高性能聚乙烯树脂开发及应用(PE100－RC专用树脂)”实现装置规模化生产。开发低熔点高黏聚酯切片、高透明聚丙烯等 5 个牌号新产品，环保聚酯切片出口丹麦和泰国。申请专利 26 件，其中 4 件获得授权。完成智能工厂建设初步设计，组织实施能源管理、操作管理、智能管线管理等信息系统建设，获集团公司创新型企业和国家“两化”融合贯标示范企业称号。

（罗　威　李佳润）

【国内首套原油计量监督设施成功投运】 2017 年 6 月，国内首套集原油计量、含水分析、在线自动取样、原油排凝、流量计在线清洗于一体的原油进厂计量监督设施在天津石化投入运行，实现原油含水率在线动态监测，确保原料质量实时受控，为提高原油计量精准度、减少贸易纠纷，提升装置运行平稳率提供保障。

（罗　威　李佳润）

【项目建设取得新进展】 2017 年，天津石化炼油改造项目可研获批，总体设计完成批复。烷基化装置、聚醚异地改造(一期)项目开工建设，聚碳酸酯项目进入试桩详勘阶段，新建 CHPPO 和聚丙烯项目启动可研，中沙乙烯扩能改造、聚醚异地改造(二期)工程完成可研；天然气制氢项目可研完成上报。100 万吨/年芳烃联合装置被列入国家“十三五”石化产业规划布局储备项目，1 500 万吨/年炼油改造和新建 100 万吨/年乙烯项目方案研究稳步推进。

（罗　威　李佳润）

烷基化项目桩基工程开工(张训棣　摄)

【深入开展“转观念、勇担当、创效益”专题讨论】 2017 年 4 月，天津石化按照党中央、集团公司党组的具体部署和明确要求，在全体干部员工队伍中开展“转观念、勇担当、创效益”专题讨论，构建立体化讨论模式，全体中层分成 4 个小组，跨度 2 个月时间，围绕发展理念、市场观念、工作状态等方面问题，亮短板、找原因，定措施、抓整改，并结合研讨情况，分层级举办主题演讲活动 189 场，干部员工队伍观念和作风持续转变。

（罗　威　李佳润）

【全面学习宣传贯彻党的十九大精神】 2017 年，天津石化紧紧围绕迎接党的十九大胜利召开，精心部署安全环保、维护稳定和保障服务各项工作，圆满完成党的十九大期间“四个确保”硬任务。专门制订工作方案，第一时间通过党委会、中心组学习和干部大会，抓好传达学习和专题研讨；两级班子成员带头到分管单位、基层联系点进行宣讲；基层党支部通过“三会一课”、党员大会等形式，持续抓好学习贯彻；报纸、电视、新媒体等宣传阵地，集中开辟专题专栏进行全方位宣传，切实推动十九大精神入车间、进班组、到岗位；组织制订专题培训计划，完成对直属党组织书记的全覆盖培训，并启动基层及以上领导人员轮训工作，“上下联动、分层实施、全面覆盖”的宣讲培训格局基本形成。

（罗　威　李佳润）

【构建“两单三书”运行机制】 2017 年，天津石化修订完善《党建工作责任制运行管理办法(试行)》，构建以《天津石化党建工作责任清单》《党建重点任务提示单》《天津石化党建工作责任书》《协同落实党建工作责任通知书》《协同落实党建工作责任情况回报书》为主体的“两单三书”运行机制，形成“一岗双责”抓党建闭环管理。

（罗　威　李佳润）

【深化改革取得进展】 2017 年，天津石化“三定”方案获得集团公司批复，工会、团委机关部门完成整合；聚醚业务减亏明显，老区土地处置取得突破性进展，成功签署收储协议并获得首批土地补偿金，存续扭亏脱困取得阶段性成果；社区供暖、供电、市政管理职能移交完成框架协议签订。完成公务用车改革，核减车辆使用费 30%。强化激励约束，修订完善绩效考核办法，实现制度执行考核全覆盖，个性化、差异化业绩订单考核模式持续完善。“三基”工作持续加强，精简优化基层操作记录数量 50% 以上。

（罗　威　李佳润）

【维稳工作取得新成果】 2017 年，天津石化全力做好维护稳定工作，进一步稳定工作三级联防联动联控网络，全面落实“四位一体”责任包保机制，持续规范走访程序和信访秩序，积极引导员工群众依法维护自身合法权益，在党的十九大、全国“两会”“十三届全运会”等特殊敏感时期，始终保持总体稳定，首次实现全年“零进京越级访”。

（罗　威　李佳润）

【业务竞赛取得优异成绩】 2017 年，天津石化统筹推进三支人才队伍建设，持续畅通人才成长通道，员工培训覆盖率、技能操作培训率保持 100%，在国家、集团公司和地方各项业务竞赛中，取得个人 3 金、2 银、3 铜，团体 2 金、1 铜的优异成绩。

（罗　威　李佳润）

表 1　天津石化主要技术经济指标①　亿元

指标名称 \ 年份	2017	2016	2015	2014	2013	2012
原油加工量/万吨	1 202.23	943.16	1 157.61	1 208.26	1 294.09	1 085.39
工业总产值	471.08	322.11	442.90	710.59	835.56	728.27
工业增加值	152.49	128.86	128.55	76.40	110.83	54.84
资产总计	282.02	215.83	206.77	235.31	286.62	299.89
流动资产	108.20	54.38	53.81	84.06	143.98	148.97
固定资产原值	306.13	300.27	294.12	289.86	277.48	268.84
固定资产净值	116.91	99.03	101.53	107.72	108.85	108.86
销售收入	466.19	316.46	463.44	734.61	856.69	748.90
实现利税	131.12	99.98	108.99	53.81	84.06	29.90
税　金	78.28	70.96	90.93	69.35	83.09	52.41

①均为天津分公司数据，不含天津资产分公司数据

表 2　　天津石化主要产品产量　　万吨

产品名称＼年份	2017	2016	2015	2014	2013	2012
汽　油	130.37	102.07	121.62	106.20	93.49	75.26
煤　油	172.09	125.62	157.42	134.14	130.76	94.50
柴　油	281.41	226.41	294.53	370.52	417.07	368.67
化工轻油①	371.77	295.81	345.42	347.69	372.78	328.20
商品液化气	50.91	37.84	46.53	47.86	49.20	41.53
石油苯	41.84	35.12	39.55	41.19	44.00	37.85
对二甲苯	32.26	26.04	31.03	33.88	43.54	35.49
精对苯二甲酸	26.52	24.42	26.05	21.79	31.23	27.60
聚　酯	21.74	18.89	16.27	16.38	29.10	26.00
聚酯切片	12.60	10.10	6.02	5.34	17.58	15.60
涤纶短丝	8.99	8.66	10.20	10.88	11.53	10.31
聚醚多元醇	6.07	5.36	7.38	8.35	8.02	8.21
丙　烯	17.32	13.32	16.64	16.60	18.18	13.94
乙　烯	23.09	17.83	21.08	21.33	22.21	18.82
聚乙烯	12.98	10.64	12.25	11.70	13.01	11.75
聚丙烯	6.99	6.10	7.19	7.08	7.29	6.54
乙二醇	3.85	3.42	3.96	3.47	3.96	3.73
环氧乙烷	4.73	4.18	4.74	5.26	4.67	4.08

①化工轻油数据中含尾油产量

中沙石化

【概况】 中沙(天津)石化有限公司(简称中沙石化)是中国石化和沙特基础工业公司以50%∶50%的股比共同出资设立的大型石油化工企业，坐落于天津市滨海新区，成立于2009年10月20日，2010年5月11日正式投入商业运行，截至2017年底，投资总额294.07亿元。

中沙石化拥有主生产装置9套，包括100万吨/年乙烯装置、65万吨/年裂解汽油加氢装置、30万吨/年高密度聚乙烯装置、30万吨/年线型低密度聚乙烯装置、11/28万吨/年环氧乙烷/乙二醇装置、45万吨/年聚丙烯装置、35万吨/年苯酚丙酮装置、20/12万吨/年丁二烯抽提/MTBE联合装置、3.5万吨/年苯乙烯抽提装置，以及配套公用工程及辅助设施。中沙石化生产的产品包括气体、液体产品27种，聚合物产品3类34个牌号。

截至2017年12月31日，中沙石化共有员工1 319名。2017年生产主要化工产品453.16万吨，实现销售收入222.86亿元人民币。

中沙石化主要经济指标及主要产品产量分别见表1和表2。

（张作洋　黄　璐）

【领导班子调整】 中沙石化董事会决议，任命禹小伟担任中沙石化总裁，自2017年1月9日起履职；任命阿卜杜阿齐兹·阿尔法哈瑞担任中沙石化首席财务官，自2017年3月1日起履职；任命王立新担任中沙石化副总裁，自2017年6月12日起履职。

（张作洋　黄　璐）

【企业效益创历史新高】 2017年，中沙石化克服环保监督力度大、天津全运会限产限运、国家重大活动对安全环保要求升级等诸多困难，组织高负荷生产，努力做大产品总量；同时加强企业内部管理，理顺各项工作流程，优化运行，严控费用。累计完成主产品产量453.16万吨，实现销售收入222.86亿元，实现税前利润51.14亿元，同行业累计排名第三，创造成立以来最好成绩。

（张作洋　黄　璐）

【实现最佳安全环保工作业绩】 2017年，中沙石化以深入落实安全生产法为主线，持续实施SHEM体系和安全标准化体系，强化现场安全检查和隐患排查，保持安全生产稳定局面，全年A类事故为零，EHSS事故率为0.09，公司员工安全工时1 347万小时，承包商安全工时2 849万小时，实现新的安全里程碑；环保外排污水COD、大气污染物二氧化硫和氮氧化物排放量远低于国家和天津市排放标准；SHEMS体系内部审核等级达3.8，在沙方统计的企业中排名领先。

（黄　璐）

装置全景（薛桂臣　摄）

【乙烯产量刷新历史纪录】 2017年，中沙石化乙烯产量累计达111.6万吨，刷新投产以来的历史纪录；聚丙烯装置、低密度聚乙烯装置、乙二醇装置、丁二烯/MTBE装置、苯乙烯装置5套装置均创造产量历史最好水平。

（黄　璐）

【聚丙烯挤压造粒机组创造连续运行新纪录】 截至2017年5月19日，45万吨/年聚丙烯装置挤压造粒机连续安全运行231天，创造连续运转新纪录，其运行水平达到国内外同类机组连续运行先进水平，同时物耗指标在同行业气相法聚丙烯装置排名第一，装置在线率在专利商排名保持第一。

（黄　璐）

【PE100－RC超韧聚乙烯塑料管道专用料首次试用】 2017年4月，中沙石化研发的PE100－RC超韧聚乙烯塑料管道专用料，首次向下游客户推广试用。该产品经国家唯一建材测试权威机构——北京化工研究院8 760小时的专业测试，各项性能指标能与进口产品相媲美，填补国内高端压力管道市场的空白。

（黄　璐）

【26万吨/年聚碳酸酯项目基础设计获批】 2017年7月6日，中沙石化26万吨/年聚碳酸酯项目基础设计获得中国石化批复，批复投资101.83亿元。

（黄　璐）

【获危险化学品安全生产标准化工作创新奖】 2017年9月21日，中沙石化获中国化学品安全协会颁发的危险化学品安全生产标准化工作创新奖，以表彰企业在推进安全生产标准化建设方面所取得的成效。

（黄　璐）

表1　**中沙石化主要经济指标**　亿元

指标名称＼年份	2017	2016	2015	2014	2013	2012
工业总产值	221.33	161.51	186.23	257.24	265.34	236.06
工业增加值	77.29	53.97	47.99	24.44	14.25	12.68
销售收入	222.86	163.37	188.68	258.92	267.03	237.56
税前利润	51.14	31.87	27.19	6.13	1.83	－3.38

表 2　　中沙石化主要产品产量　　万吨

产品名称＼年份	2017	2016	2015	2014	2013	2012
乙　烯	111.62	96.60	108.81	107.71	108.64	94.34
丙　烯	56.82	48.90	56.27	56.60	55.03	48.26
丁二烯	21.41	17.16	20.21	20.27	20.26	17.61
甲基叔丁基醚	15.52	13.04	15.54	15.79	15.05	13.16
1－丁烯	7.21	4.65	6.01	5.86	5.08	4.39
线型低密度聚乙烯	32.88	28.58	34.53	31.25	34.49	28.30
高密度聚乙烯	30.20	27.20	32.44	27.87	27.22	24.69
聚丙烯	50.77	43.23	49.32	49.55	46.28	41.65
环氧乙烷	8.43	7.29	6.19	7.94	7.15	5.52
乙二醇	37.64	27.76	35.37	37.67	40.55	32.76
苯　酚	22.03	19.06	21.79	23.99	22.84	18.33
丙　酮	13.73	11.83	13.47	14.89	14.22	11.44
混合苯	42.22	41.01	46.36	46.56	48.30	40.77
苯乙烯	2.68	0.69	—	—	—	—

上 海 石 化

【概况】 中国石化上海石油化工股份有限公司(简称上海石化)位于上海市金山区，占地面积 9.4 平方千米，是集炼油、化工、塑料、化纤生产经营于一体，高度综合的现代化石油化工企业之一，也是中国第 1 家股票在上海、香港、纽约三地同时上市的股份制有限公司。上海石化前身为创建于 1972 年的上海石油化工总厂，1993 年 6 月改制为上海石油化工股份有限公司，2000 年 10 月更名为现名。

上海石化下设炼油部、烯烃部、芳烃部、化工部、腈纶部、涤纶部、塑料部、热电部、公用事业部、储运部、环保水务部、精细化工部、物资供应部和销售部及质量管理中心、统计中心、IT 服务中心、行政事务中心、培训与交流安置中心等单位，并由上海石化资本运营部管理对外投资企业。截至 2017 年底，上海石化总资产 396.10 亿元，在册员工总数 10 509 人，具有原油综合加工 1 600 万吨/年、乙烯 70 万吨/年、有机化学品 428 万吨/年、合成树脂 100 万吨/年、合纤原料 109 万吨/年、合成纤维聚合物 59 万吨/年、合成纤维 26 万吨/年生产能力。每年向社会提供成品油、有机化工品、合成树脂、合成纤维 4 类产品。2017 年，上海石化获全国用户满意企业和上海市用户满意企业称号，有 4 个产品同时获全国用户满意产品及上海市用户满意产品称号。

上海石化主要技术经济指标及主要产品产量分别见表 1 和表 2。

（陆建梅）

【完成 17 套主要生产装置设备大修】 2017 年，上海石化开展以 3# 常减压系列及乙烯老区大修改造为主的检修，为六期工程后首次炼油、化工及下游生产装置规模较大的集中检修改造。上海石化提前 1 年周密安排，克服安全环保压力大、检修量和检修难度大、物料平衡难度高等困难，加强过程管理，共完成 17 套主要生产装置停工大修，41 套装置消缺、换剂、陪停，实现装置正常开车及平稳运行。

（陆建梅）

【将党建工作写入《公司章程》】 为落实中共中央、国务院国资委及集团公司要求，上海石化在听取境内外投资者意见后，首次将党建工作总体要求写入《公司章程》，把加强党的领导和完善公司治理统一起来，实现党组织发挥作用制度化，为进一步加强党建工作，进一步规范化运作和改革发展奠定制度基础。其中，党组织发挥政治核心作用、公司党委在董事会重大决策中的前置审议权等内容被首次纳入《公司章程》和《董事会议事规则》。2017 年 6 月 15 日，上海石化召开 2016 年度股东周年大会，《公司章程》及其附件修正案以近 100% 比例高票通过，其中境外 H 股股东通过率达 99.9%。

（陆建梅）

【被评为“两化”融合管理体系贯标示范单位】 2017 年 8 月 26 日，国家工业和信息化部召开 2017 年中国“两化”融合大会，上海石化获评 2017 年“两化”融合管理体系贯标示范企业。“敏捷优质的产品供应服务能力”被评为供应链管控与服务示范方向。

（陆建梅）

【院士专家工作站揭牌】 2017 年 7 月 20 日，上海石化院士专家工作站揭牌，为上海市批准建立的第 4 批 7 个院士专家工作站之一。院士专家工作站的建立旨在通过用好科技创新平台，强化产学研用合作，有效解决产业核心关键技术难题，推动科研成果转化及产业化，为上海石化“智能建设”和产业转型升级注入动力。年内主要开展“炼化一体化企业的价值链网络的表征及优化”“乙烯装置高附加值产品收率和效益最大化优化运行技术”等合作项目。

（陆建梅）

【组建企业专职消防队】 2017 年 8 月 29 日，上海石化举行组建企业专职消防队启动会暨进驻仪式，12 月 18 日、20 日，金山消防支队纬九、纬三及水上中队相继移防并交接给上海石化专职消防队，改变上海石化建厂 45 年来消防救援完全依托金山消防支队的历史。

（陆建梅）

【推进环保提标治理】 2017 年，上海石化强化环保源头治理，试点开展含油污水源头治理工作，持续推进金山地区环境综合整治。重点开展酸性水汽提装置、污水处理设施、储罐区域及部分化工生产装置等 VOCs 深化治理，持续开展 LDAR 工作。污水预处理及污水车间区域异味环保隐患治理、污水预处理及污水处理车间区域恶臭环保隐患治理二期项目实现中交。全年，COD 排放下降 4.06%，氨氮排放下降 1.97%，二氧化硫排放下降 22.97%，氮氧化物排放下降 17.66%，VOCs 排放下降 16.87%。

（陆建梅）

【热伴沥青再生剂首批产品成功出厂】 为解决上海石化催化油浆平衡难题，上海石化对 2# 催化装置油浆深拔系统实施热拌沥青加工工艺改造，2017 年 8 月 24 日顺利投产，9 月 5 日产出首批 RA－25 型热伴沥青再生剂 2 071.5 吨，并成功出厂，标志着该装置生产热拌沥青再生剂技术改造项目取得成功。截至年底，RA－25 型热伴沥青再生剂累计出厂 3.15 万吨。

（陆建梅）

【完成停用长输管线无害化处理】 陈金 1 号线、2 号线首站位于平湖市乍浦镇的陈山油库，末站位于上海市金山区卫九路上海石化储运部六车间，长度均约 22 千米，横跨浙沪两地。其中，1 号线建于 1975 年 7 月，2012 年 4 月停用；2 号线建于 1990 年 8 月，2016 年 11 月停用。2017 年，作为中国石化管线隐患治理项目之一，上海石化—陈山成品油管线隐患治理工程完成，2 根停用管线——陈金 1 号线、2 号线实现无害化处理。经过分批检查，9 月 15 日验收合格。

（陆建梅）

【航煤和柴油海运出厂能力翻番】 2017 年 3 月，上海石化投用成品油海运出厂设施扩能项目，航煤海运出厂能力由 530 米^3/时增加至 1 400 米^3/时，柴油海运出厂能力由 520—760 米^3/时增加至 1 200 米^3/时，航煤和柴油的海运出厂能力实现翻番。项目主要是新增 6 座航煤储罐的进泵线，航煤装船机泵 2 台及输送系统；新增 3 座柴油储罐的进泵线，柴油装船机泵 2 台及输 送系统；新增化工码头柴油、航煤管道和装船设施及相应工艺管道、电气、仪表等设施。

（陆建梅）

【动力波脱硫技术首次在国内大型硫黄回收装置应用】 2017 年 6 月，上海石化为降低烟气排放中二氧化硫浓度，采用动力波—逆流对冲湿式洗涤脱硫技术，实施 16 万吨/年硫黄回收装置改造。该技术采用动力波洗涤，通过液柱与气流对冲形成高速湍流泡沫区，强化气液传热、传质过程，达到气相高效净化效果。装置运行后，排放烟气中二氧化硫质量浓度稳定在 20 毫克/米^3 以下，远低于石油炼制工业污染物排放标准。该技术通常用于硫酸生产、有色金属冶炼等行业，应用在国内大型硫黄回收装置尾气脱硫尚属首次。

（陆建梅）

【碳纤维实现大范围应用阶段性目标】 2017 年，上海石化碳纤维原丝生产基本达标，碳纤维片材实现在基础设施领域(立交桥加固工程)首次大面积应用。以碳纤维为原料生产的连续抽油杆在胜利油田下井 106 口，应用碳杆 12 万米，各项技术指标均达到国际先进水平，初步实现大范围应用阶段性目标。作为集团公司十条龙攻关项目——“PAN 基碳纤维成套技术开发”项目于 2017 年 12 月顺利“出龙”，有效推进碳纤维产业化发展。

(陆建梅)

【金甬公司处置工作取得突破性成果】 2017 年 6 月，上海石化正式启动金甬公司处置工作，12 月 17 日召开金甬公司二届十一次职工代表大会，职工代表参会率 100%，以 86.15% 高票通过《金甬公司员工安置工作方案》。12 月 21 日，启动金甬公司员工安置工作，办理协议解除劳动手续、员工再就业帮扶等，截至 2018 年 1 月 22 日，金甬公司办理协议解除劳动合同手续 488 人，办结率 100%，全面完成集团公司提出的员工安置阶段性目标。

(陆建梅)

【建成投用 39 个“职工小屋”】 2017 年，上海石化为更好服务公司职工群众，满足职工在工作、学习、休闲等方面需求，推进实施“职工小屋”实事项目 39 个。“职工小屋”分布在上海石化各单位，配备血压计、体温计、健身器材、书籍、洗衣机、电冰箱、微波炉等物品。

(陆建梅)

表 1 上海石化主要技术经济指标 亿元

指标名称＼年份	2017	2016	2015	2014	2013	2012
原油加工量/万吨	1 435.28	1 430.28	1 479.53	1 417.02	1 566.78	1 119.35
工业总产值	684.54	576.95	677.33	877.16	1 057.79	818.95
工业增加值	278.84	271.30	255.17	154.39	201.39	87.70
资产总计	396.10	341.24	280.22	311.46	369.16	368.06
流动资产	198.85	148.76	81.44	95.10	144.86	128.91
固定资产原值	480.08	472.04	467.61	464.55	461.64	454.39
固定资产净值	123.93	135.02	144.25	156.12	167.69	176.22
销售收入	920.14	778.94	808.03	1 021.83	1 155.40	930.72
利润总额	78.51	77.65	42.09	-9.14	23.93	-20.33
所得税	16.99	17.97	9.27	-2.14	3.79	-5.08

表 2 上海石化主要产品产量 万吨

产品名称＼年份	2017	2016	2015	2014	2013	2012
汽　油	316.61	287.87	309.76	287.05	287.15	102.03
航空煤油	157.41	159.83	161.30	148.85	126.99	83.06
柴　油	386.38	388.22	426.53	406.53	493.12	402.79
乙　烯	76.69	82.56	83.65	80.44	95.33	91.47
丙　烯	48.82	49.97	53.30	51.02	61.18	50.44
纯　苯	34.06	37.27	35.95	34.75	42.46	39.39
对二甲苯	63.29	67.06	65.97	68.06	93.92	86.62

续表

产品名称 \ 年份	2017	2016	2015	2014	2013	2012
乙二醇	41.11	36.14	42.15	24.80	39.05	46.89
聚乙烯	47.13	53.10	38.65	39.80	44.40	44.77
聚丙烯	48.18	49.23	45.29	45.09	47.11	44.56
PTA	32.90	31.02	29.54	31.27	35.81	40.35
合纤聚合物	42.45	43.51	41.66	41.70	52.35	63.61
聚乙烯醇	1.20	1.95	2.19	1.58	3.26	4.20
聚　酯	41.26	41.56	39.47	40.12	49.09	59.41
合成纤维	17.78	20.53	22.38	23.24	25.28	25.16
涤　纶	4.58	6.47	6.40	7.74	8.64	8.59
腈　纶	13.19	14.05	15.97	15.49	16.63	16.57

上海赛科公司

【概况】 上海赛科石油化工有限责任公司(简称上海赛科公司)成立于2001年10月29日，由中国石油化工股份有限公司、中国石化上海石油化工股份有限公司和英国石油公司(BP)华东投资有限公司分别按30%、20%、50%的比例出资组建，位于上海化学工业区内，占地约204万平方米。2017年10月26日，中国石化上海高桥石油化工有限公司完成收购BP公司全部上海赛科公司股权。截至2017年底，员工总数1 216人。设有生产部、商务部、财务部、人力资源部、HSSE&Q(健康/安全/保安/环境和质量)、综合管理部和党群工作部等职能部门。拥有生产能力109万吨/年乙烯装置、61.5万吨/年芳烃抽提装置、9万吨/年丁二烯抽提装置、9万吨/年丁二烯抽提-2装置、65万吨/年苯乙烯装置、30万吨/年聚苯乙烯装置、60万吨/年聚乙烯装置、25万吨/年聚丙烯装置、26万吨/年丙烯腈装置、26万吨/年丙烯腈-2装置、58.4万吨/年硫酸回收装置、3.5万吨/年苯乙烯抽提装置和5.5万米^3(标准)/时变压吸附氢提纯装置等18套装置，以及配套的动力中心、罐区、空压站、循环水场、污水处理站、变电站、地面火炬、聚合物仓库和行政管理区等公用工程辅助设施。以石脑油和液氨为原料，生产乙烯、丙烯、丙烯腈、聚苯乙烯等产品。

2017年，上海赛科公司整体装置总利用率为92.1%，其中乙烯装置利用率为96.1%。销售产品376.44万吨，同比增长2.67%，创历史最好成绩；销售收入289.96亿元，增长21.91%；平均占用资本回报率43.55%，年末资产负债率23.9%。

2017年，上海赛科公司高白度易重复利用高密度聚乙烯HD5401AA项目获2016年度上海市高新技术成果转化项目百佳称号，“高抗冲聚苯乙烯聚合过程相转变调控技术及应用”项目获中国石化科技进步二等奖。

上海赛科公司主要经济指标和主要产品产量分别见表1和表2。

(曹培利)

【乙烯装置1#裂解炉完成低氮燃烧器更换】 2017年4月，上海赛科公司乙烯装置实施1#裂解炉低氮燃烧器改造。项目内容包括将1#裂解炉原有底部燃烧器共30个、侧壁燃烧器共48个全部改造更换为低氮燃烧器。改造后，1#裂解炉烟气中氮氧化物含量由120毫克/米^3(标准)降低至80毫克/米^3(标准)，符合GB 31571—2015的排放指标要求。全年，可减少氮氧化物排放约68吨。

(顾　亮)

【丁二烯抽提-2装置首次大修】 2017年3月13日—4月13日，上海赛科公司丁二烯抽提-2装置实施投运以来首次大修。主要检修内容包括压力容器检测、换热器检查清理、塔和设备检查清理、溶剂循环换热器改造等。其中，设备项目80项，仪表项目94项，其余22项。同时，实施溶剂换热器改型、增加不合格碳四回炼管线、溶剂回收塔再沸器材质升级、工艺废水外送流程变更4项技术改造项目。大修后消除了设备缺陷，确保装置长期稳定运行。

（顾　亮）

【实施乙烯装置粗氢产品提纯工艺】 2017 年 11 月，上海赛科公司投用乙烯装置与变压吸附装置连通管线，将乙烯装置粗氢产品送变压吸附装置(PSA)进行提纯，生产为纯氢产品。管线投用后，可将每小时约 800 千克 95%（体积含量）粗氢产品提纯为 99.99%（体积含量）的纯氢产品外售。年可创效约 3 000 万元。

（顾　亮）

【丙烯腈装置废气焚烧炉(AOGI)脱硝项目投用】 项目于 2017 年 3 月 1 日开工，10 月 20 日完工并投用。项目主要目的是将烟气中氮氧化物含量由 400×10^{-6}/时均值降低至 100×10^{-6}/时均值。项目投用后，氮氧化物含量为 30×10^{-6}/时均值，标志着丙烯腈装置烟气治理全部满足 GB 31571—2015《石油化学工业污染物排放标准》的要求。

（许文昱）

【硫酸回收装置尾气脱硫脱硝项目投用】 2017 年，上海赛科公司硫酸回收装置实施脱硫脱硝项目。5 月 13 日，环评通过上海市环保局审批；11 月 7 日完工投用。项目采用有机催化烟气综合清洁技术，投用后，尾气中氮氧化物含量小于 10 毫克/米^3（标准），二氧化硫含量小于 4 毫克/米^3（标准），低于国家排放标准。

（沈　杨）

【投用物流车辆驾驶行为主动安全报警系统】 2017 年，上海赛科公司物流车队投用驾驶员行为主动安全报警系统。该系统运用图像识别技术，能够主动识别驾驶员疲劳驾驶、吸烟、驾驶时使用手机等不安全行为，并通过语音提醒及时预警和纠正。通过计算机自动统计分析驾驶员违规行为，对于严重违规及违规比率高的驾驶员，物流公司会及时跟进并进行详细调查，避免类似事件重复发生。该系统投用后，更加全面了解驾驶员驾驶行为，降低了安全风险，并根据违规比率对驾驶员进行分级管理，提高了管理效率。截至年底，关键违规率下降 90%，促进了驾驶员驾驶行为的提高。

（曲焕涛）

【高密度聚乙烯 HD5401AA 获退税 1 051.1 万元】 2017 年，上海赛科公司实施高白度易重复利用高密度聚乙烯 HD5401AA 项目，拓展高密度聚乙烯 HD5401AA 在危险化学品、小农药瓶、洗衣液瓶等领域的应用，全年销量 6.1 万吨。该项目连续 3 年获上海市高新技术成果转化项目百佳称号，自 2015 年起获政府鼓励成果转化产品退税。2015 年、2016 年累计退税 1 173 万元，2017 年退税 1 051.1 万元。

（申晓燕）

【变更管理电子系统软件(EMOC)上线运行】 上海赛科公司 EMOC 系统于 2016 年 11 月启动，2017 年 6 月 30 日完成并上线运行。系统包括变更管理(MOC)审批和管理流程电子化、自动生成台账清单、统计报表分析、总结和审计等管理功能。同时，具有风险管理、设计审查、资料控制、行动项跟踪和变更管理(MOC)进展状态监控等流程。

（刘百萍）

【微信平台上线】 2017 年 8 月 12 日，上海赛科公司微信平台上线运行。该平台主要提供上海赛科公司与客户、供应商、周边社区民众、政府单位沟通功能。平台上线后，搭建内外部用户沟通的桥梁，缩短对外沟通时间，由以前的电话沟通、邮件交流、传真合同转变为微信服务号与企业号自助式服务。同时，来访者可自行确定访客培训时间和到访时间。

（宋正宁）

【客户关系管理系统(CRM)上线运行】 2017 年 8 月 14 日，上海赛科公司客户关系管理系统(CRM)上线运行。系统主要包括客户管理、销售管理、服务管理和报表查询等功能。系统上线后，提升业务运营效率，提高工作效率，将业务信息、客户咨询及售后服务有机结合，开创客户互动界面，实现多系统信息同步，集中管理和共享客户信息。

（宋正宁）

【生产计划优化升级系统上线运行】 2017 年 7 月 1 日，上海赛科公司生产计划优化升级系统上线运行。该系统由线性升级到非线性，提高了原模型的精度，解决原模型在应用中存在的稳定性问题。具有全局优化功能，包括不同原料的质量敏感性分析和产品价格敏感性分析，优化裂解操作参数，指导生产操作，提供最佳的原料采购方案和更为准确的定价依据。系统升级后，提升应对市场变化和生产突发事件的快速决策能力。年内，首次完成裂解气全组分分析，实现国内首次用实测数据对裂解炉模型进行校正，修正操作参数偏差。

（宋正宁）

【完成《聚烯烃行业下游生产企业经营指数报告》并推出16期】 经过5年的研究，上海赛科公司从2017年5月开始推出《聚烯烃行业下游生产企业经营指数报告》。该报告为半月一期，以200家直分销客户数据为样本，收集整理客户原料库存、产品订单及工厂开工率等数据信息制作而成。主要内容包括行业开工率分析、大中小工厂开工率分析、工厂原料库存天数、工厂待交付订单情况等方面内容。报告推出后，与客户进行分享，实现双向互动，为客户提供市场信息方面的增值服务。

（张　宏）

【签署直供电购电合同】 2017年9月27日，上海赛科公司与申能集团外高桥第三发电有限责任公司举办上海电力市场交易签约仪式，签署直供电购电合同，合同交易量0.8亿千瓦·时。该交易为上海市电力交易市场化首次尝试，交易方式分为双边协商和集中竞价交易。合同签署后，确保用电安全，降低用电成本。

（陈西尧）

表1 **上海赛科公司主要经济指标** 亿元

指标名称＼年份	2017	2016	2015	2014	2013	2012
工业总产值	272.47	226.79	229.13	257.80	289.45	271.02
工业增加值	76.56	65.61	46.68	12.96	19.04	12.62
销售收入	289.96	237.84	236.82	259.78	293.70	269.90
利润总额	69.21	50.30	29.19	-4.44	2.30	-4.49

表2 **上海赛科公司主要产品产量** 万吨

产品名称＼年份	2017	2016	2015	2014	2013	2012
乙　烯	124.51	126.76	127.11	108.09	116.67	104.09
丙　烯	67.57	73.25	73.59	63.17	66.86	61.67
丙烯腈	53.10	52.28	45.62	25.72	28.76	28.98
苯乙烯	76.09	65.53	73.17	63.99	73.23	71.06
聚苯乙烯	33.40	30.28	32.10	27.47	30.54	30.48
聚乙烯	70.34	75.35	76.28	66.89	72.86	61.74
聚丙烯	27.15	28.03	27.89	25.90	27.43	24.37

高桥石化

【概况】 中国石化上海高桥石油化工有限公司(简称高桥石化)地处浦东新区，西临黄浦江，北近吴淞口，占地4.1平方千米。高桥石化前身创立于1981年11月，是中国第1个跨部门、跨行业的特大型石油化工联合企业，1983年7月划归中国石油化工总公司。2000年1月，按照集团公司重组改制的统一部署，上海高桥石油化工公司下属炼油厂、化工厂、供销公司的主业部分分离，成立中国石油化工股份有限公司上海高桥分公司。2003年10月，高桥石化根据扁平化改革的要求，撤销下属单位的工厂建制，实行事业部制管理模式。2007年4月，按照集团公司改革部署，上海高桥石油化工公司实施体制转换，工商注册成立中国石化集团资产经营管理有限公司上海高桥分公司。2010年8月，高桥石化改事业部制管理模式为作业部制管理模式。2016年2月，在上海自贸区金桥开发区注册成立中国石化上海高桥石油化工有限公司，中国石油化工股份有限公司上海高桥分公司、中国石化集团资产经营管理有限公司上海高桥分公司后续择机注销。

截至2017年底，高桥石化拥有年原油加工能力1 250万吨，年化工产品生产能力50万吨，自备电厂具有装机容量17.5万千瓦；共有50多套生产装置，可生产汽油、航空煤油、柴油、润滑油基础油、石蜡、合成橡胶、有机化工原料、合成塑料等产品。机关设16个处室，下辖15个生产作业部（业务中心）及7个职能中心；职工总数4 849人，其中专业技术及管理人员1 742人。

高桥石化主要技术经济指标和主要产品产量分别见表1和表2。

（陈建浩）

【领导班子调整】 2017年9月4日，高桥石化召开干部大会，宣布集团公司关于高桥石化领导班子调整的决定：张建平任高桥石化董事、总经理、党委副书记，侯晓明不再担任高桥石化董事、总经理、党委副书记、党委委员职务。

（陈建浩）

【完成BP所持上海赛科公司股权收购】 2016年11月7日，BP正式致函集团公司，拟将其所持有的上海赛科公司50%股份转让给第三方，转让价格为16.815亿美元，并询问中国石化是否行使优先购买权。2017年1月9日，集团公司决定同意行使优先购买权，收购BP所持上海赛科公司股权，并明确以控股子公司高桥石化为主体，实施股权收购。经前后6轮谈判，于2017年4月27日完成股权转让协议的签订。2017年10月26日完成上海赛科公司股权变更工商登记。完成股权收购后，高桥石化持有上海赛科公司50%股权，为最大股东。

（陈建浩）

上海赛科公司股权收购签约

【推进安全领域制度化建设】 2017年，根据中央和集团公司有关要求，高桥石化推进安全生产领域制度化建设，分别制订《高桥石化危险化学品安全综合治理实施方案》《高桥石化贯彻落实〈中国石化强化安全“三基”工作指导意见〉实施方案》和《高桥石化作业现场安全专项提升工作方案》等制度，完善安全管理体系，推动建立安全生产长效机制。

（陈建浩）

【制订绿色企业行动计划】 2017年12月，为建设生态文明，推进绿色发展，高桥石化对照国家环保法律法规标准和各级政府及集团公司对环境治理的工作要求，结合实际制订绿色企业行动计划。该计划以确保排放全面达标为核心，以推进绿色发展为统领，着力解决废气、废水、固体废弃物、环境监测及环境风险防控等方面存在的问题，实现企业环保水平的全面提升，力争到2020年全面完成新一轮环境治理任务，环保排放水平全部优于国家和地方政府排放标准。计划共涉及48个环境治理项目，预计总投资20.49亿元。

（陈建浩）

【制订环境信用体系建设工作方案】 2017年12月，为贯彻落实国家关于加强企业环境信用体系建设的工作要求，践行绿色低碳发展战略，加快建立“分工科学、责任清晰”的环境保护与环境信用建设责任体系，建立健全“守法激励、失信惩戒”的机制，促进环境友好型企业建设和环保管理水平提升，高桥石化制订环境信用体系建设工作方案。方案从建立环境保护与环境信用建设责任体系、加强环保装置（设施）的日常管理、开展绿色企业行动计划、建立完善环境信息系统和信息公开机制、加强与相关方的沟通、提升环保异常处置和应急响应能力6个方面制定具体措施，并落实责任部门。

（陈建浩）

【完善生产经营协调机制】 2017年9—12月，高桥石化学习集团公司系统内企业经验，完善生产经营协调机制，加强价值实现全过程的管控。优化产品结构，高价值汽油、柴油产量同比分别增加15%和12%；增产高附加值产品，沥青再生剂、加氢白油、5#工业白油等产品产销量均有较大幅度上升。利用石蜡资源，开发并生产首批出口46#精制石蜡、工业用碳十粗芳烃、3#粗白油等新产品。

（陈建浩）

【$46^{\#}$精制石蜡试产成功】 2017年12月1日，高桥石化首次试生产的$46^{\#}$精制石蜡开出产品质量合格证，标志着该产品试产成功。该产品主要用于出口。

（陈建浩）

【领取全国首张“一企一证”工业产品生产许可证】 高桥石化原有工业产品生产许可证为危险化学品石油、危险化学品无机产品和危险化学品有机产品3类共3张证书，证书每5年审核、复证1次。2017年3月，上海在全国率先试点“一企一证”工业产品生产许可证改革，将企业若干工业产品生产许可证归并纳入一张证书中。高桥石化于2017年1月开展生产许可证复证工作，又因注册在自贸区，被上海市选为试点单位。3月14日，在上海自贸区工业产品生产许可证制度改革工作会议上，高桥石化领取全国首张“一企一证”工业产品生产许可证。

（陈建浩）

【成立监督委员会】 2017年11月1日，高桥石化监督委员会正式成立运行。根据《中国石化监督体制机制改革方案》，高桥石化整合纪检监察、巡察、审计、监事会、组织人事等监督资源，成立高桥石化监督委员会，构建集中统一、权威高效的“大监督”工作格局，实现对董事会、经理层及其人员，以及所有行使经营管理职权的机构及其人员的监督全覆盖。监督委员会与纪委合署办公，办公室设在监察处，监督委员会主任由纪委书记兼任。

（陈建浩）

【远程视频门诊开业】 为缓解职工就诊难问题，高桥石化与瑞慈医疗建立新型医企合作关系，开启远程视频门诊就医模式，全体在职职工可通过远程医疗平台享受专科门诊、名医门诊等优质服务。服务内容包括体检报告解读、“高血压”管理计划、“糖尿病”管理计划等。2017年3月22日，高桥石化与瑞慈医疗集团举行战略合作签约暨远程视频门诊开业仪式。

（陈建浩）

表1 **高桥石化主要技术经济指标** 亿元

指标名称＼年份	2017	2016	2015	2014	2013	2012
原油加工量/万吨	1 054.22	1 040.48	1 042.30	822.35	1 042.39	1 088.33
工业总产值	450.98	406.06	447.80	512.21	662.55	745.21
炼　油	404.86	355.36	389.91	434.20	581.90	646.09
化　工	47.64	49.58	56.16	79.46	83.18	99.24
资产总计	254.34	177.93	149.29	181.69	189.54	199.73
流动资产	59.44	81.96	47.71	70.29	76.12	82.74
固定资产原值	172.45	184.17	197.29	194.35	192.26	186.52
固定资产净值	47.07	59.65	69.76	73.64	75.29	76.01
销售收入	450.80	416.27	450.77	510.54	661.89	746.35
实现利税	157.81	136.12	133.53	55.62	85.58	95.85
税　金	126.17	124.77	131.94	73.96	93.24	104.07

表2 **高桥石化主要产品产量** 万吨

产品名称＼年份	2017	2016	2015	2014	2013	2012
汽　油	253.39	248.25	227.56	184.54	212.09	203.01
煤　油	135.39	132.56	131.62	95.76	95.70	81.92

续表

年份 产品名称	2017	2016	2015	2014	2013	2012
柴　油	320.76	320.57	334.47	278.59	366.13	419.36
石油芳烃	6.97	6.75	6.42	6.24	7.39	6.53
润滑油基础油	28.30	25.04	26.47	15.59	30.56	34.25
商品原料油	26.36	19.57	23.77	20.61	18.80	13.35
石　蜡	12.81	15.13	8.86	6.08	14.32	14.11
石油焦	69.07	66.93	71.48	55.40	64.92	61.90
合成橡胶	5.24	9.53	12.95	15.19	16.37	15.73
顺丁橡胶	0	4.51	7.40	8.82	9.93	9.84
丁苯橡胶	5.24	5.02	5.54	6.37	6.44	5.89
丙　烯	9.08	8.38	8.18	5.21	7.21	8.65
苯　酚	13.44	11.70	15.43	20.06	19.22	20.88
丙　酮	8.37	7.31	9.58	12.57	12.07	13.01
ABS	17.97	16.64	16.58	10.75	12.09	14.23
发电量/亿千瓦·时	6.08	8.04	9.17	9.10	9.04	10.03
供热量/万吉焦	797.85	907.44	970.44	1 035.00	1 110.00	1 079.00
聚　醚	4.92	15.10	14.58	14.68	13.67	13.98
D.C.P	0.45	1.67	1.78	2.03	2.23	2.23

金陵石化

【概况】 中国石油化工股份有限公司金陵分公司(简称金陵分公司)和中国石化集团金陵石油化工有限责任公司(简称金陵石化有限公司)统称金陵石化，位于南京市东北郊，占地面积778.93万平方米。金陵石化成立于1982年1月，1983年7月划归中国石油化工总公司。

金陵石化主要从事石油炼制及石化产品的加工生产和销售，拥有炼油、芳烃、热电、烷基苯等大型生产装置70余套，原油加工能力1 800万吨/年，是中国石化第三大原油加工基地和亚洲最大的洗涤剂原料生产基地，在华东及沿江地区石化产业布局中占有重要位置。

金陵石化生产石油产品30余种，是华东及沿江地区汽油、航空煤油、柴油、溶剂油、液态烃、石油苯、烷基苯等产品的主要供应商之一，是南京及周边地区乙烯、聚丙烯、合成纤维生产的重要原料基地，是南京市首家销售收入突破千亿元的工业企业。产品除供应华东市场外，还远销全国各地，并出口至美国、加拿大及欧洲、东南亚、大洋洲、非洲等30多个国家和地区。

截至2017年底，金陵石化下设14个职能处室、7个专业化管理中心、9个生产运行部、2个工厂、1个辅助生产运行单位。在职职工总数6 808人，共有专业技术人员1 097人，具有高级职称的正高级(教授级)11人和副高级(高级)383人、中级职称的977人。资产总额250.16亿元。

金陵石化主要技术经济指标及主要产品产量分别见表1和表2。

(许鹏伟)

【加工总量和经济效益同创历史新高】 2017年，金陵石化加工原油1 771.56万吨，生产汽煤柴油合计1 090.85万吨，实现销售收入797.35亿元，实现税金198.69亿元，盈利58.0亿元，原油加工总量和经济效益同创历史新高。其中，金陵分公司盈利55.97亿元(炼油板块盈利52.63亿元，在集团公司排名第三；化工板块3.34亿元)；金陵石化有限公司盈利

2.11 亿元，在集团公司托管企业中排名第二。

（许鹏伟）

【市场开拓取得突破】 2017 年，金陵石化挖掘规模效益，完成综合商品量 1 962.98 万吨，同比增加 3.50%，汽油、航煤等 8 个高附加值产品总量增长 7.03%。持续优化产品结构，销售高标号汽油 145.34 万吨，高标号汽油销量增幅位列集团公司第一。推进差异化经营战略，销售变压器油、7#工业白油等自销产品 22.34 万吨，创效 2.29 亿元。加强国际市场开拓，首次打通柴油至菲律宾和沥青至美国市场，出口航煤 108.9 万吨、柴油 93.5 万吨、沥青 10.4 万吨，沥青出口刷新历史纪录。

（许鹏伟）

【环保节能稳步提升】 2017 年，金陵石化践行绿色发展，狠抓环保项目建设，硫黄提标改造、热电锅炉超洁净改造等 10 个环保项目建成运行，全面满足国家新标要求。扎实推进污染物减排，COD、氨氮、二氧化硫和氮氧化物排放量分别下降 10.4%、8.33%、34.88% 和 10.06%。强化节能降耗，节能总量达 5.82 万吨标煤，炼油综合能耗 51.23 千克标油/吨，位列集团公司先进水平。圆满完成江苏省碳盘查任务，为推进碳资产管理奠定基础。

（许鹏伟）

【科研攻关取得佳绩】 2017 年，金陵石化落实创新驱动，全面推进科研攻关，“提质增效加氢裂化催化剂级配技术开发与应用”获集团公司科技进步一等奖；“提高轻油收率的深度延迟焦化技术”获国家科技进步二等奖，应用工业装置 52 套，总加工量超过 5 500 万吨/年，接近全国延迟焦化总规模的 50%，其中 7 家应用企业近 3 年新增利润 20 多亿元。

（许鹏伟）

【《2016 年度社会责任报告》发布】 2017 年 6 月 8 日，金陵石化发布《2016 年度社会责任报告》，连续第 4 年发布社会责任报告。新华社、人民网、《新华日报》《南京日报》等 28 家媒体记者和 4 家高校代表参加发布仪式。

（许鹏伟）

【炼油污水处理场增加三级生化项目建成投产】 2017 年 6 月 15 日，金陵石化炼油污水处理场增加三级生化项目建成投用。该项目是中国石化“碧水蓝天”项目，投资 6 096 万元，采用“多介质过滤 + 臭氧催化氧化 + BAF”工艺，污水处理场出水 COD 稳定于 40 毫克/升以下，优于 50 毫克/升的国家最新标准。

（许鹏伟）

【60 万吨/年异丁烷项目建成投产】 项目于 2015 年 12 月 28 日开工建设，2017 年 5 月 11 日建成中交，可实现年产异丁烷 60 万吨、正丁烷 18 万吨、丁烯 16 万吨和丙烷 6 万吨，是国内首套采用混合碳四萃取精馏及加氢精制组合技术的异丁烷装置，也是国内最大规模的碳四烷烯萃取分离及液化气处理装置。2017 年 6 月 17 日，项目顺利产出合格产品。

（许鹏伟）

金陵石化新建 60 万吨/年异丁烷装置

（徐 捷 摄）

【金陵亨斯迈环氧丙烷项目建成投产】 2017 年 7 月 8 日，中国石化金陵亨斯迈新材料有限责任公司环氧丙烷（PO）/甲基叔丁基醚（MTBE）项目顺利产出合格产品。

（许鹏伟）

【5 万吨/年沸腾床渣油加氢工业示范项目通过鉴定】 2017 年 8 月 10 日，金陵石化 5 万吨/年沸腾床渣油加氢工业示范项目完成全部实验内容，顺利通过总部鉴定。该项目被列为中国石化“十条龙”攻关项目，是国内首套沸腾床渣油加氢试验装置。项目的顺利完成，标志着中国石化已经掌握相关设备制造和催化剂制备技术，打通了技术全流程，为推进中国石化沸腾床渣油加氢工业化应用奠定基础。

（许鹏伟）

【获全国文明单位称号】 金陵石化始终坚持加强精神文明建设，围绕精神文明建设 30 项奋斗目标，连续34年开展精神文明建设成果评比、连续32年开展大型志愿服务、连续22年开展全员汇智大讨论、连续5年开展“开门办工厂”和“道德讲堂”等主题活动，选树先进典型60余人，精神文明建设取得丰硕成果。2017年11月18日，在全国精神文明建设表彰大会上，金陵石化首次获全国文明单位称号。

（许鹏伟）

【第2轮油品质量升级改造完成】 2017年11月20日，金陵石化150万吨/年连续重整—芳烃抽提项目顺利投产，标志着投资约40亿元的第2轮油品质量升级项目全面完成。第2轮油品质量升级改造后，金陵石化清洁汽油和氢气产能分别跃升至460万吨/年和22.4万吨/年，炼油竞争能力实现质的提升。

（许鹏伟）

《南京日报》小记者参观金陵石化 （徐 捷 摄）

金陵石化150万吨/年连续重整—芳烃抽提项目全景 （徐 捷 摄）

表1 **金陵石化主要技术经济指标** 亿元

指标名称 \ 年份	2017	2016	2015	2014	2013	2012
原油加工量/万吨	1 771.56	1 712.67	1 750.49	1 697.13	1 713.25	1 370.86
工业总产值	758.95	596.64	729.75	972.83	1 073.04	904.89
炼 油	679.08	552.24	712.94	858.40	920.34	712.39
化 工	76.30	39.81	89.98	111.02	150.39	190.23
其 他	3.57	4.60	27.75	37.14	40.25	54.46
工业增加值	279.56	247.80	256.23	167.56	191.97	121.50
资产总计	250.16	233.91	226.90	220.08	276.16	251.68
流动资产	88.99	78.09	76.29	68.88	121.97	100.68
固定资产原值	283.95	253.92	247.63	240.20	233.02	195.37
固定资产净值	121.15	107.01	112.61	115.79	116.15	87.06
销售收入	797.35	638.09	735.18	979.81	1082.54	908.75
实现利税	256.69	278.66	272.38	231.24	267.33	180.19
税 金	198.69	228.35	253.58	226.56	239.63	175.64
综合能耗/吨标煤·万元$^{-1}$	0.27	0.27	0.29	0.29	0.30	0.32

表2 金陵石化主要产品产量 万吨

产品名称＼年份	2017	2016	2015	2014	2013	2012
汽　油	415.88	398.81	419.44	384.24	346.32	197.51
煤　油	237.35	251.51	242.17	218.61	199.97	196.53
柴　油	437.62	429.65	443.74	434.74	455.97	351.65
溶剂油	0.90	0.95	1.31	1.14	1.25	1.78
石脑油	176.31	197.87	155.0	151.60	168.55	179.17
商品燃料油	0.41	1.50	1.80	3.59	8.92	8.30
商品液化气	88.88	89.99	93.10	89.52	94.39	57.87
石油焦	87.26	100.36	96.73	108.29	100.25	97.46
沥　青	132.21	101.31	127.07	104.32	86.86	77.30
苯类合计	86.84	47.94	58.27	76.58	104.51	103.87
烷基苯	20.12	21.80	20.17	18.81	15.85	16.17
轻　蜡	25.14	28.49	26.33	27.24	24.97	26.61

扬子石化

【概况】 中国石化扬子石油化工有限公司(简称扬子石化公司)和中国石化集团资产经营管理有限公司扬子石化分公司(简称扬子资产分公司)统称扬子石化,占地面积12.43平方千米,位于江苏省南京市北郊,南临长江,北接京沪铁路,与国家级的南京化学工业园融为一体。其前身是成立于1983年9月的扬子石油化工公司。1998年,扬子石油化工公司实施资产重组,创立了以从事石油炼制及乙烯、芳烃等烃类及衍生物生产加工为主的扬子石油化工股份有限公司和以公用工程为主业的扬子石油化工有限责任公司。2007年,扬子石化公司吸收合并扬子石油化工股份有限公司,扬子石油化工有限责任公司改制为扬子资产分公司。2007年底,扬子石化公司收购淮安清江石油化工有限责任公司(清江石化)和泰州石油化工有限责任公司(泰州石化)。2012年,成立南京扬子石油化工有限责任公司(以原塑料厂资产在南京化工园注册设立)。2016年8月,全额收购江苏金浦集团持有的扬子金浦橡胶有限公司股份(简称扬金橡胶)。

截至2017年底,扬子石化职工总数为9 814人,其中在岗经营管理/专业技术人员2 790人,具有高级及以上职称的630人、中级职称的1 378人;下设15个职能部门、7个业务中心、8个生产单位;运营3个全资子公司、6个合资公司;总资产349.61亿元。扬子石化公司本部拥有1 250万吨/年炼油、80万吨/年乙烯、140万吨/年芳烃等58套大型石油化工装置,可生产合成树脂、合成纤维原料、基本有机化工原料、成品油、合成橡胶5类50多种产品,是国内主要的纯苯、对二甲苯、邻二甲苯、精对苯二甲酸(PTA)、乙二醇、丁二烯和环氧乙烷生产商;扬子资产分公司拥有与石油化工生产相配套的36万千瓦发电能力、66万吨/日供水及3 400米^3/时二级污水生化处理能力;清江石化拥有100万吨/年特油预处理、62万吨/年催化裂化等14套石油化工装置;泰州石化拥有60万吨/年常减压、14万吨/年酮苯等6套石油化工装置;扬金橡胶拥有10万吨/年丁苯橡胶和10万吨/年顺丁橡胶生产能力。

扬子石化主要技术经济指标和主要产品产量分别见表1和表2。

(朱军涛)

【领导班子调整】 2017年9月5日,经集团公司党组研究并征得中共江苏省委员会同意,决定:任命洪剑桥为扬子石化董事、总经理、党委副书记,张建平不再担任扬子石化董事、总经理、党委副书记,另有任用。

(朱军涛)

【营业收入持续增长】 2017年,面对复杂的经营发展环境和全面停车大修带来的压力和挑战，扬子石化坚决贯彻落实集团公司党组的各项决策部署，坚持稳中求进工作总基调和“五稳五进”工作总要求，迎难而上，统筹推进各项工作。在全面停车大修2个多月和资产减值5亿多元的情况下，全年扬子石化公司投入原料1 225万吨，销售商品1 110万吨。扬子石化实现全口径营业收入572.40亿元，利润32.01亿元，上交税费98.44亿元，其中扬子石化公司经济效益居中国石化炼化企业第14名；扬子资产分公司在资产公司所属企业中效益排名上升至第1位，实现营业收入持续增长。

（朱军涛）

【圆满完成史上最大规模装置大修】　2017年8月9日，最后1套芳烃厂1#连续重整装置结束大修，顺利一次开车成功，标志着扬子石化2017年装置大修全部结束。此次大检修涉及56套装置的5 649个检修项目，包括公司级关键项目50项、厂级关键项目118项；实施投资项目42项；参与检修承包商94家，高峰时现场作业人员12 033人，历时55天，是扬子石化成立后规模最大、范围最广、难度最大、投入最多的一次全面装置大修，也是自2010年后的一次全面大修，实现安全、环保、优质、准点、文明、节约的检修目标，为扬子石化未来3—5年的生产经营奠定基础。

（朱军涛）

【HSE工作扎实有效】　2017年，扬子石化HSE工作基础不断夯实，取得良好业绩。发布“十大安全理念”，扎实开展“安全生产月”“安全生产万里行”等活动，全年采纳管理改进建议5万余项、发放奖金(奖品)200多万元，细化责任清单，压实专业部门、属地单位和监管部门的安全责任，将主体责任分解到6 115个岗位；修订《安全培训管理规定》等27项制度；完善安全考核指标体系，全年扣奖超过40万元；开展安全管理人员专业培训和业务竞赛，全年培训达7 260人次；建立企地联动应急演练常态化机制，投入197万元充实应急物资，安全管理体系更加健全。完成17套生产装置HAZOP分析和6套装置SIL评估，对识别出的风险分别制定管控措施和整治方案；开展液化烃罐区及装卸设施等专项排查、危化品安全综合整治等工作，全年整改各类问题隐患4 500余项。狠抓作业许可人、监护人和督察人的责任落实，聘请专业监管队伍，对19项高风险大修项目分别制定安全管控方案，推行网格化监管，实现大修500万工时安全事故为零的目标。落实“绿色企业行动计划”要求，加强环保设施运行管理、异常排放预警、“三废”排放管控、环保督察和环境应急能力建设，实现达标排放；建成投用13个环保治理项目，污染物排放总量持续下降；建成投用10个“能效倍增”项目，更新445台明令淘汰电机，全年实现节能量3万吨标煤。

（朱军涛）

【生产运行保持平稳】　2017年，扬子石化树立“平稳运行是最大效益”的理念，认真执行现场管理10项制度，努力提高安稳生产水平。严格执行生产例会和生产系统重大事项报告制度，狠抓生产异常、非计划停车和交接班管理，推行“五位一体”不间断巡检，强化生产组织协调，全年扬子石化公司加工原油1 033万吨，超年度计划1.5个百分点；抓实装置大修停开车网络优化、方案审核和条件确认，实现停开车有序准点。推进工艺技术管理示范车间建设，加强工艺技术攻关和达标管理，全年解决技术难题29个，提出技术改进方案41个，促进优化运行水平的提高。完善全过程质量管理责任体系，推进质量风险识别防控和改进攻关，加强质量检验能力建设，质量损失率创历史最好水平。践行“管设备必须管设备运行”的理念，推进设备可靠性提升工作，完善专业管理制度，完善关键设备运行状态监测和易腐蚀部位监测系统，提升设备完好水平。推进物资供应招标采购、框架采购和集团化采购，加强采购质量管控，实现安全、及时、经济保供。充分认识装置全面大修的艰巨性和复杂性，集全公司之力，圆满完成58套生产装置和公用工程系统，共5 649个大修项目检修设备更新的艰巨任务，为今后一段时期安稳优化生产创造条件。

（朱军涛）

【首次产出长链二元酸精制产品】　清江石化1 000吨/年长链二元酸精制工业试验项目总投资3 997万元，于2016年7月22日开工，2017年5月31日中交。该项目为总部“精细化学品关键技术”重大推进项目，采用扬子石化、清江石化、上海工程公司、抚顺石油化工研究院共同开发的溶剂精制新工艺，南京工程公司安装建设，辽宁诚实工程监理有限公司工程承担监理。2017年7月27日，生产装置打通主流程，获首批精制产品。经检测分析，产品总酸、单酸、总氮、铁离子、水分含量指标达到攻关要求，实现清江石化二元酸千吨级装置全流程的稳定生产运行，为万吨级工业装置提供技术准备。

（朱军涛）

【首次产出国Ⅴ98#高标汽油】 2017年2月27日，扬子石化成功产出国Ⅴ98#汽油，成为国内又一家生产出并向周边市场提供顶级高效汽车燃料的炼化企业。10月17日，首船1 000吨国Ⅴ98#汽油顺利装船离港。11月中旬，首次管输玉带油库顺利完成，开辟管输出厂新通道，标志着公司国Ⅴ98#高标号汽油首次产出并成功供应市场，为公司高效利用资源、产品升级、增加产品经济附加值、走产品差异化道路开辟新途径。

（朱军涛）

国Ⅴ汽油吸附脱硫装置 （顾景阳 摄）

【投建环保设施】 2017年，扬子石化启动自建厂以来最大规模环保投资计划，包括进一步提升污水处理标准、建立企内固体废物处置设施等35个环保专项设施，总投资25亿元。其中，利用大修停车开展22台工业炉脱硝改造、污水压力管线升级改造等15个项目，投资11.6亿元；另有码头装船尾气回收等20个项目正开展前期工作，预计投资额超过10亿元。

（朱军涛）

【8个产品获江苏名牌称号】 扬子石化认真贯彻集团公司质量管理制度，践行“质量永远领先一步”的方针，以“质优量足，顾客满意”为导向，实施名牌战略，保证产品实物质量稳步提升和顾客满意。2017年，扬子石化生产的扬子牌聚乙烯树脂、工业用乙二醇、聚丙烯树脂、石油苯、工业用丁二烯、石油邻二甲苯、工业用精对苯二甲酸、工业用环氧乙烷8个产品被江苏省名牌战略推进委员会评为江苏名牌产品。

（朱军涛）

【开展大讲堂与主题党日活动】 2017年9月15日，扬子石化党委下发《关于开展干部周末大讲堂的通知》，利用每月第2周周六下午半天时间进行集体学习中央大政方针和党组重要部署、学企业管理知识和实践经验做法，累计900多人次接受系统的周末理论“充电”、思想“添能”；10月17日下发通知，组织全体党员利用每月第2周周六上午半天时间，以支部为单位开展主题党日活动。在第四季度的主题党日活动中，共596个次党支部组织7 675人次党员开展义务劳动、学习交流、结对共建、服务基层等丰富的活动，主题党日迅速成为员工认可、组织满意的活动品牌。

（朱军涛）

【获评江苏省质量信用等级AA级企业】 2017年3月，江苏省质监局和江苏省社会信用体系建设领导小组办公室联合发布2016年度江苏省质量信用等级企业评审结果，扬子石化公司以1 061分（满分1 099分）获得AA信用等级，并成为石化系统较早获评AA级质量信用等级的企业，评级结果在政府相关信用平台上公布，在国内外具有较大的影响力和公信力。

（朱军涛）

【基层党建工作经验在总部交流推广】 2017年6月27日，扬子石化抓基层党建工作经验——“念好‘选育管用’四字诀，打造过硬党支部书记队伍”，在集团公司基层党支部建设工作会议上做交流，得到集团公司党组领导的高度肯定。《探索实行思想政治工作巡检制》等2个案例入选《中国石化基层党建工作优秀案例选编》。

（朱军涛）

【获评江苏省节水型企业】 扬子石化优化取水计划安排，定期开展取水用量核对，组织完成炼油厂、芳烃厂、热电厂节水型企业复审工作，6家主要生产厂全部被列入江苏省省级节水载体目录。2017年3月，扬子石化获江苏省节水型企业称号。根据江苏省有关政策，扬子石化获核减水资源费274万元，取水降费取得明显成效。

（朱军涛）

表 1　　扬子石化主要技术经济指标　　亿元

指标名称＼年份	2017	2016	2015	2014	2013	2012
原油加工量[①]/万吨	1 143.70	1 334.97	1 037.90	949.70	884.04	1 022.58
工业总产值	618.29	612.05	645.60	715.98	707.37	599.02
扬子石化公司	597.68	591.24	624.20	693.55	685.19	576.03
扬子资产分公司	20.61	20.81	21.40	22.43	22.18	22.99
工业增加值	138.54	198.16	138.84	49.32	55.19	64.19
扬子石化公司	134.89	191.69	131.42	41.75	48.24	57.79
扬子资产分公司	3.65	6.47	7.42	7.57	6.95	6.40
资产总计	349.61	327.35	320.87	354.98	374.42	308.40
扬子石化公司	287.86	262.48	258.52	292.43	312.73	247.65
扬子资产分公司	61.75	64.87	62.35	62.55	61.69	60.75
流动资产	128.30	102.32	76.72	94.67	130.10	107.05
扬子石化公司	117.35	87.84	61.40	79.92	114.75	91.38
扬子资产分公司	10.95	14.48	15.32	14.75	15.35	15.67
固定资产原值	462.27	453.09	450.24	445.12	366.09	344.55
扬子石化公司	404.37	400.30	397.00	396.07	318.40	297.70
扬子资产分公司	57.90	52.79	53.24	49.05	47.69	46.85
固定资产净值	151.87	159.89	173.51	183.08	111.18	99.97
扬子石化公司	126.91	138.75	150.08	162.52	91.21	80.03
扬子资产分公司	24.96	21.14	23.43	20.56	19.97	19.94
营业收入	572.40	546.67	542.88	640.50	649.11	679.73
扬子石化公司	547.19	521.04	516.63	613.94	623.89	653.67
扬子资产分公司	25.21	25.63	26.25	26.56	25.22	26.06
利　税	130.45	189.36	123.94	33.88	40.82	53.87
扬子石化公司	126.70	184.16	119.35	28.71	36.58	49.70
扬子资产分公司	3.75	5.20	4.59	5.17	4.24	4.17
税　金	98.44	133.98	116.31	60.55	47.76	67.89
扬子石化公司	97.74	132.28	114.30	59.00	46.16	66.45
扬子资产分公司	0.70	1.70	2.01	1.55	1.60	1.44
综合能耗[②]/吨标煤·万元$^{-1}$						
扬子石化公司	0.86	0.86	0.91	1.08	1.13	1.12
扬子资产分公司	2.79	2.80	2.90	2.59	2.77	3.10

①原油加工量统计包含清江石化和泰州石化

②2011 年开始，综合能耗数据按 2010 年不变价计算

表 2　　**扬子石化主要产品产量**①　　万吨

产品名称＼年份	2017	2016	2015	2014	2013	2012
乙　烯	65.17	81.62	82.31	75.66	70.55	64.95
丙　烯	36.88	48.18	38.17	46.91	41.80	39.47
丁二烯	8.68	10.83	10.47	10.53	10.45	12.57
聚乙烯	40.64	55.78	54.59	45.19	46.03	44.81
聚丙烯	36.30	48.10	45.88	42.82	43.77	40.21
精对苯二甲酸	55.06	71.38	59.12	69.74	92.21	109.53
乙二醇	22.17	18.67	22.16	16.73	18.44	11.64
纯　苯	35.22	41.59	39.21	38.35	36.95	33.01
对二甲苯	83.54	90.87	73.98	88.17	85.52	93.78
邻二甲苯	14.87	15.85	16.42	13.93	19.72	23.67
环氧乙烷	12.64	14.69	15.07	21.36	17.62	9.74
柴　油	221.23	258.23	193.27	182.29	224.32	251.06
汽　油	239.98	276.88	188.82	155.18	84.94	98.15
丁苯橡胶	9.89	2.66	5.58	9.75	9.85	9.15
顺丁橡胶②	5.05	0	0	0.20	1.10	

①产品产量包含清江石化和泰州石化

②2013 年 6 月开始，顺丁橡胶产品投放市场，2014 年停产，2017 年恢复生产

扬 巴 公 司

【概况】 扬子石化—巴斯夫有限责任公司（简称扬巴公司）由中国石化和德国巴斯夫公司以 50%：50% 的股比共同投资设立，于 2000 年 12 月成立，累计总投资 52 亿美元，位于南京市六合区长江边，毗邻南京化学工业园区，占地 242 公顷。

扬巴公司拥有 74 万吨/年乙烯联合装置、38 万吨/年环氧乙烷/乙二醇装置、40 万吨/年低密度聚乙烯/醋酸乙烯共聚物装置、30.5 万吨/年羟基醇－碳四装置、19 万吨/年丙烯酸和 21.5 万吨/年丙烯酸酯装置、3.9 万吨/年丙酸装置、5 万吨/年甲酸装置、3.6 万吨/年甲胺装置、4 万吨/年二甲基甲酰胺装置、6 万吨/年非离子表面活性剂装置、13 万吨/年丁二烯抽提装置、8 万吨/年 2－丙基庚醇装置、20 万吨/年聚苯乙烯装置和 4 万吨/年新戊二醇装置等 32 套化工装置。主要产品有低密度聚乙烯、醋酸乙烯共聚物、乙二醇、丁醇、丙烯酸、丙烯酸甲酯及丁酯、甲酸、丙酸、甲胺、二甲基甲酰胺、苯、甲苯、混合二甲苯、聚苯乙烯、丁二烯、非离子表面活性剂、2－丙基庚醇、超吸水性树脂等，广泛应用于农业、食品、卫生、医药、电子、电器、纺织、洗涤、建筑、汽车、皮革处理等领域。所有装置均采用先进的“一体化”概念，以高效、环保的方式生产和利用产品、副产品及能源，支持公司可持续发展的目标。还拥有 1 个以天然气为主要原料的燃气—蒸汽轮机联合循环发电厂和数个国际码头，保证能源供应和物流运输。

2017 年，扬巴公司共销售 289 万吨化学品和聚合物，实现销售收入 210 亿元人民币。截至年底，共有员工 1 882 名。

（李时艳）

【丙酸扩建项目奠基】 2017 年 10 月 27 日，扬巴公司丙酸扩建项目奠基仪式在装置现场举行。扩建项目预计于 2019 年投产，届时丙酸年产能可达 6.9 万吨。

（李时艳）

【扩建新戊二醇装置】 2017 年 12 月 20 日，中国石化和德国巴斯夫 2 家母公司宣布扩建扬巴公司现有的新戊二醇装置，从现在的年产 4 万吨扩容至 8 万吨，扩建装置预计在 2020 年投产。

（李时艳）

【通过 OPCW 现场核查】 2017 年 6 月 19 日，国际禁止化学武器组织（OPCW）对扬巴公司三乙醇胺的生产设施进行现场核查。OPCW 视察组和国家代表、省市陪同人员一同听取扬巴公司情况介绍，并对企业生产、相关台账、原始报表记录等进行详细核实。22 日，OPCW 视察组长宣布扬巴公司的监控化学品数据、资料与现场完全一致，无违反《禁止化学武器公约》的行为。

（李时艳）

【获评江苏省依法管理诚信经营先进企业】 2017 年，扬巴公司被江苏省经济和信息化委员会、江苏省司法厅等部门授予江苏省依法管理诚信经营先进企业称号。该奖项旨在表扬先进、树立典型，充分发挥依法管理诚信经营先进企业的示范引领作用，推动全省企业法治工作更上新台阶。全省共有 102 家企业获此荣誉。

（李时艳）

【获海尔金魔方奖】 在 2017 年 3 月 9 日于上海举办的海尔全球供应商与用户零距离大会上，扬巴公司等 68 家供应商获海尔金魔方奖。该奖项是海尔公司对供应商的最高褒奖，旨在鼓励供应商与海尔一起持续创新、引领行业发展。

（李时艳）

【在中国石化技能竞赛中取得好成绩】 在 2017 年 10 月举行的首届中国石化丁二烯操作技能大比武中，扬巴公司卞朋建、曾强、金国斌以出色的操作技能赢得团体第 1 名，个人 2 金、1 银的优异成绩。

（李时艳）

【召开 2017 年度环境影响对话会】 2017 年 11 月 29 日，扬巴公司召开 2017 年度环境影响对话会，周边社区的居民代表、地方政府官员和环保专家应邀到会。扬巴公司相关人员向来宾详细介绍公司水资源保护和社会活动等方面的工作。与会代表对扬巴公司的各项措施、社会责任感和对地方发展的支持表示肯定，对进一步加强社企沟通与合作提出希望和建议。扬巴公司管理层对提出的问题做出积极回应，并表示将与周边社区保持更加密切的联系，接受社会监督，与社区共同发展。

（李时艳）

【120 余位社区居民参加扬巴公司开放日】 2017 年 10 月 22 日，扬巴公司举办主题为“爱 · 成长”的社区开放日活动，来自长芦街道和大厂街道的 60 户家庭约 120 余名社区居民参观公司的装置现场和应急响应中心等，并通过各类活动对化工行业增进了解，增长了知识，认识到化工产品与人们生活的密切联系，感受到石化企业对社会的贡献。

（李时艳）

【第 3 届绿色论坛于南京举办】 2017 年 12 月 7 日，扬巴公司和中国欧盟商会南京分会共同主办的第 3 届绿色论坛暨第 4 届企业社会责任奖颁奖典礼于南京举行。论坛的主题是“企业社会责任视野下的水环境保护”。超过 200 名来自国内外的利益相关者就如何应对全球范围水资源挑战与压力进行深入的探讨，旨在通过创新技术和方法，从公司和社会两个层面上寻求可持续水资源管理的思路和行动方案。会上，共有 9 家企业由于在 2017 年践行企业社会责任方面有突出表现而获奖。该奖项的设立旨在认可在企业社会责任方面成功树立典范的企业，提升公众对于可持续发展的意识，同时与中国更多的企业、机构与组织分享企业社会责任的经验。

（李时艳）

【举办“安全周”活动】 2017 年 4 月 5—7 日，扬巴公司举办第 5 次安全周活动，活动包含安全帽和安全鞋撞击体验、安全带使用体验、叉车比赛、火盆灭火体验及装置应急疏散演练等内容，通过讲座、问答、现场检查和讲解、技能展示、亲身体验等各种形式传递安全理念，吸引千余名公司员工和承包商员工踊跃参加。活动让所有人认识到劳动保护和安全技能的重要性，强化员工的安全意识；装置和相关人员更加重视工作许可和叉车安全，对工作许可的管理和叉车使用及维护承担起相应的责任，以整体提升扬巴公司的安全水平。

（李时艳）

【启动“员工帮助计划”】 2017 年 11 月 8 日起，扬巴公司工会与北京盛心阳光咨询有限公司开始合作实施为期 1 年的员工帮助计划（EAP）。员工帮助计划旨在解决咨询者在工作、生活中的种种困扰，帮助个人减轻精神压力、重获工作和生活的平衡。公司员工、配偶及18岁(含)以下的子女均可以获得免费咨询服务。

(李时艳)

福建炼化

【概况】 福建炼油化工有限公司(简称福建炼化)是由股份公司和福建省石油化学工业公司各出资50%合资建设的具有独立法人单位资格的大型炼油化工一体化企业,位于福建省泉州市泉港区,紧靠全国四大良港之一的湄洲湾。其前身福建炼油厂始建于1989年1月。福建炼化下设8个机关处室,有1家全资子公司(厦门金帝酒店)、5家合资公司。本部职工总数180人,其中本科及以上学历的146人。

福建联合石油化工有限公司(简称福建联合石化公司)是由福建炼化、埃克森美孚中国石油化工公司、沙特阿美亚洲有限公司按50%:25%:25%比例合资建设的大型石油化工企业,总投资319.85亿元,总占地面积478.70万平方米。于2007年6月成立,2009年11月投入商业运行,2013年底完成脱瓶颈改造,拥有1 400万吨/年炼油、110万吨/年乙烯裂解、90万吨/年聚乙烯、55万吨/年聚丙烯、77万吨/年芳烃、部分氧化/汽电联产装置(ICCC)等30套炼油及化工联合装置,主要加工沙特原油,生产汽油、柴油、聚乙烯、聚丙烯、对二甲苯、工业用纯苯、丁二烯等石化产品。

福建炼化林德气体有限责任公司(简称福林气体公司)由福建炼化与林德气体(香港)公司按50%:50%的比例合资建设,于2008年8月正式成立,2010年底正式投入商业运行,主要为福建联合石化公司和泉港石化园区提供专业气体产品。

福建省福橡化工有限责任公司(简称福橡化工公司)由福建炼化与福建省石油化学工业公司按49%:51%的比例合资建设,于2011年5月正式成立,主要生产顺丁橡胶和丁苯橡胶产品。

中国石化化工销售福建有限公司(简称化销福建公司)由福建炼化与化工销售公司按10%:90%的比例合资建设,于2012年4月正式挂牌成立。

福建古雷石化有限公司(简称古雷石化公司)由福建炼化与代表台方的旭腾投资公司按50%:50%的比例合资建设,于2016年11月完成工商注册并举行揭牌仪式,2017年12月正式开工建设。2017年7月16日,古雷石化公司与福建漳州港口有限公司按49%:51%的比例合资成立福建漳州古雷石化码头有限公司。

福建炼化主要技术经济指标和主要产品产量分别见表1和表2。

(李 晟)

【经营效益实现"四连涨"和"三年三跨越"】 2017年,福建炼化深入贯彻集团公司、福建省委省政府的决策部署和集团公司党组领导2016年调研期间的指示精神,坚持稳中求进,落实好"八坚持八推进"工作措施,积极转变经营思路,初步建立以市场为导向的生产经营管理机制,抓住机遇争创最大效益。全年,福建炼化本部和各合资公司共计实现税费113亿元;福建炼化合并报表实现利润27.73亿元,超额完成集团公司下达的任务目标,连续第4次刷新历史最好成绩,实现经营效益"四连涨";福建联合石化公司实现利润总额68亿元,在2015年实现年度扭亏、2016年总体实现历史扭亏的基础上,2017年首次向股东方分红,实现"三年三跨越"。

(李 晟)

【向股东方分红】 福建炼化筑好"合资管理平台",代表股份公司和福建省两方股东履行出资人的权利和义务,对各家合资公司发挥好"监督、协调、服务"职能,确保国有资产保值增值。2017年4月19日,化销福建公司分红1.55亿元,按照股比,福建炼化收到分红款1 550万元;10月10日,福林气体公司分红1亿元,按照股比,福建炼化收到分红款5 000万元;12月12日,福建联合石化公司向股东方分红25亿元,按照股比,福建炼化收到分红款12.5亿元。12月13日,福建炼化向股份公司和福建省石油化学工业公司两方股东各分红6.25亿元。

(李 晟)

【古雷炼化一体化项目开工建设】 2017年,古雷炼

古雷炼化一体化项目开工现场 (董 铭 摄)

化一体化项目建设顺利推进，12 月 26 日举行开工动员，年底实现开工建设。

（李　晟）

【福建联合石化公司举办 10 周年座谈会】 2007 年 3 月 30 日，福建联合石化公司在北京人民大会堂挂牌成立。2017 年 3 月 23 日，福建联合石化公司在泉州举办 10 周年座谈会。会上，回顾了福建联合石化公司从无到有、从小到大、由弱变强的发展历程，并重申企业未来发展的愿景；各股东方分别对福建联合石化公司表示肯定和祝福，并对企业发展提出新希望。截至 2017 年 2 月底，福建联合石化公司累计加工原油 8 634 万吨，生产乙烯 685 万吨，累计实现产值近 4 600 亿元，实现利税超 650 亿元。

（李　晟）

【乙烯年产量突破 120 万吨】 2017 年，为保持乙烯装置满负荷平稳运行，福建联合石化公司成立专项工作小组，持续对裂解炉运行、压缩机运行、高故障设备运行、原料优化配置等进行攻关，强化专业化管理和团队合作，在业务团队的流程改进、效率提升、业务绩效提升、外购原料加工等方面均取得明显成效。乙烯装置最大产能、收率等指标同比大幅提高，裂解炉非计划停炉次数显著下降，年产量达 120.07 万吨，在 2015 年突破 100 万吨、2016 年突破 110 万吨的基础上，实现“三年三突破”。

（李　晟）

【首次实现航煤一般贸易出口】 为积极融入“一带一路”倡仪和应对国内成品油市场挑战，2017 年 8 月 9 日，福建联合石化公司在成功打通内外各项流程后，首次实现航煤产品一般贸易出口，将 1.9 万吨航煤销往孟加拉国。通过出口，福建联合石化公司总结形成产品一般贸易出口管理办法，并实现常态化管理。9 月 28 日、11 月 14 日，福建联合石化公司再次组织 2 次航煤产品销往香港，共计 3.8 万吨。其间，福建联合石化公司通过合理组织、优化备货、拼船等方式，有效节省运输成本。

（李　晟）

【首次参加“海交会”】 2017 年 6 月 18 日，福建联合石化公司首次参加中国海峡项目成果交易会的重头戏——2017 年福建省工业博览会。参会期间，福建联合石化公司挑选具有代表性的聚烯烃、硫黄、沥青等 4 类 9 种新锐产品参加展览，展示在新产品开发、主流产品品质提升方面取得的进展，并就企业价值观、产品种类和结构及产品的质量、应用、销售等问题进行宣传。部分客户提出采购意向，部分老客户对部分产品的性能提供反馈信息，并对新产品开发提出期望。福建联合石化公司积极跟进，通过深入沟通，为客户提供了必要的采购通道和技术支持。

（李　晟）

【持续推进新产品开发】 2017 年，福建炼化、福建联合石化公司坚持围绕市场需求抓好新产品开发工作，持续推进新产品开发和专用料、差别化产品生产，巩固市场，提升产品竞争力。福建联合石化公司首次开发 4 个聚烯烃新牌号产品、二次改进优化 4 个牌号，提高使用性能，其中 3 个牌号已经成熟定型、稳定供应市场。全年专项走访客户 20 余次，积极了解客户需求，其中福建联合石化公司设置聚烯烃应用工程师岗位，为新产品开发提供技术支持，确定提升方向；同时，定点推进现有产品质量提升项目，并为客户提供聚烯烃产品应用解决方案和新产品使用指导。

（李　晟）

【安全生产综合督察】 2017 年 9 月 18 日，国务院安委会第六督察组到福建联合石化公司开展安全生产综合督察。督察组专家重点抽查安全责任落实、变更管理和应急预案等方面的资料，深入装置现场检查，还通过个别询问等方式进行督察。针对发现的问题，福建炼化、福建联合石化公司积极推动整改落实工作，取得较好效果。

（李　晟）

【完成适应性改造项目】 为满足国家环保新标准，自 2016 年起，福建联合石化公司启动催化裂化装置增设烟气净化设施与原料适应性改造项目。该项目包括增设烟气净化设施、催化裂化装置原料适应性改造等，总投资 1.97 亿元。2016 年 1 月 8 日、2016 年 3 月 9 日、2017 年 3 月 22 日，该项目分别完成安全、职业卫生、环境影响预评价。2017 年 8 月 10 日，该项目实现中交；8 月 23 日，实现一次投料开车成功。

（李　晟）

【安全管理呈现新亮点】 2017 年，福建炼化坚持绿色科学发展，认真落实安全生产责任制，实现“五个为零”、合法合规的目标。HSSE 督察大队组织 3 轮督察，落实好领导人员 HSSE 定点联系制度，帮助合资公司解决不安全事项198项，提出整改建议113项，分享好经验、好做法44项。福建联合石化公司开展LDAR修复检测和年度VOCs核算，梳理事故应急处置流程，实现现场视频监控画面实时传输，全面开展安全生产风险识别、评估，对93项二级以上高等级安全风险进行跟踪处理。福林气体公司狠抓应急救援预案和岗位应急处置方案演练，进一步完善应急救援物资储备体系，全年发现隐患244项、整改率100%。福橡化工公司通过清洁生产现场审核验收，在册隐患整改率达98.99%。

（李　晟）

【调整组织机构】 为推进"三项制度"改革，持续提高人工成本投入产出效率，按照上级要求，福建炼化于2017年9月11日上报"三定"工作方案，并于11月20日获得集团公司批复同意。11月29日，福建炼化董事会以书面决议的形式批复同意关于福建炼化组织机构调整的建议报告。12月底，福建炼化正式完成机构调整工作。

（李　晟）

【打造低成本竞争力】 大力推进ERP大集中，完成统一费用报销、财务共享等信息系统上线，会计核算进一步集中。强化现金流管理，资金管理水平不断提高，完成"十二五"资金计划编制，福建炼化本部1年以上的应收账款保持为零；福建联合石化公司提前偿还剩余美元贷款和部分长期贷款，消除汇率敞口风险，大幅减少利息支出；古雷石化公司盘活存款，增加了财务收益。2017年，福建炼化本部完全费用同比降低15.54%；福林气体公司通过优化1#、2#空分装置换热器循环水使用、推动3#空分装置落实直购电交易，节约成本超1 000万元；福橡化工公司严控费用支出，修理费、招待费、办公费比年度预算节约10.36%。

（李　晟）

【积极推进"四供一业"分离移交】 2017年，按照福建省和集团公司有关要求，福建炼化以"先移交、后改造"方式，积极推进"四供一业"分离移交，就供水、供电系统分离移交方式、维修改造标准、费用估算、施工组织等移交事项与泉港水务公司和国网泉州供电公司进行充分沟通和协商，达成一致意见。4月28日，福建炼化与泉港水务公司、国网泉州供电公司分别签订供水、供电分离移交协议(框架)；6月，设计单位完成供水、供电移交改造可研报告和实施方案，6月29日上报集团公司。9月27日、11月8日，供水、供电项目实施方案获得集团公司批复。12月5日，厦门永大会计师事务所受聘，同相关方一道进行资产清查。12月15日、12月22日，供水、供电分离移交实施协议相继签订。12月31日，供水、供电固定资产完成划转。

（李　晟）

【扎实推进压减法人户数工作】 2017年，福建炼化积极推进改革发展，努力"瘦身强体"、夯实主业。4月27日，完成厦门金帝酒店股东变更的工商登记，提前完成厦门金帝酒店的法人层级压减工作。10月23日，集团公司批复同意，以协议转让的方式，将石油化工工程质量监督总站福建炼化分站100%股权内部整合至石油化工工程质量监督总站；随后，福建炼化完成后续的税务注销和银行账户注销等工作。12月28日，福建炼化完成海峡石化公司股权转让，不再持有海峡石化公司股份。12月31日，福建炼化完成厦门金帝酒店管理层级上移和业务外包工作。

（李　晟）

【首次编制全面风险管理报告】 按照集团公司要求，2017年，福建炼化开展全面风险管理梳理工作。对企业所涉及的业务、内控管理情况、现有相关制度等进行全面梳理，识别出各项业务中可能面临的风险，建立风险树。通过问卷调查的方式，对企业管理层、专家及关键员工，以及所属合资企业福建炼化方委派人员进行调研，评估5类30项风险，初步识别出9项重大风险和5项重要风险。组织专业人员和关键岗位业务人员开展重大、重要风险分析及应对方案填报，并于9月11日首次完成福建炼化《2017年全面风险管理报告》。

（李　晟）

【认真学习宣传贯彻党的十九大精神】 坚持把学习宣传贯彻十九大精神作为当前和今后一个时期首要的政治任务，努力学懂弄通做实，以习近平新时代中国特色社会主义思想为指引，不忘初心、牢记使命，全力推动企业做强做优做大。制定下发《认真学习宣传贯彻党的十九大精神的通知》和《认真学习宣传贯彻十九大精神推进"两学一做"学习教育常态化制度化的通知》，对深入开展学习宣传贯彻十九大精神进行具体安排部署，并为全体党员配发各类学习材料。公司党委班子和各级党员干部坚持先学一步，以上率下，当好示范；公司党委8名成员分别到分管部门或党建责任区单位上专题党课11场次，及时向党员群众宣讲十九大精神；各基层党组织书记紧密结合思想和工作实际，举办学习十九大精神专题党课77次。利用中层干部集体学习会，组织2次学习十九大精神知识测试；19个基层党支部以“不忘初心、牢记使命”为主题，组织党员重温入党誓词，增强党员的责任感和使命感。

（李 晟）

【完成公司章程修订】 按照集团公司部署要求，福建炼化积极推进“党建入章”工作，通过修订企业章程明确3个问题：明确党委发挥政治核心作用，把方向、管大局、保落实，明确党组织的机构设置和基础保障；明确董事会决定公司重大问题应当事先听取公司党委的意见；明确党委设置及主要职责。2017年5月25日、8月30日，该项工作分别通过董事会和股东会审议。

（李 晟）

【首次开展基层党支部分类定级】 按照集团公司“1+7”党建工作制度要求，2017年5月，福建炼化在开展“两学一做”学习教育第3轮调研督导的基础上，组织开展党支部分类定级工作，对基层党支部工作情况进行考核评价和分类定级。同时，福建炼化党委根据分类定级结果持续加强基层党建工作，对评定为“优秀”的党支部，认真总结好经验好做法并进行推广，对评定为“一般”的党支部，制订党委委员对口帮扶方案。

（李 晟）

【继续保留全国文明单位称号】 2017年，经过复审考评、逐级推荐审核、媒体公示等评选程序，中央文明委正式下文确认，福建炼化继续保留全国文明单位称号，自2011年后，第3次获此项殊荣。

（李 晟）

【第5次参加福建省驻村扶贫工作】 为贯彻落实党的十九大精神，切实抓好脱贫攻坚工作，加大培养锻炼好干部力度，按照福建省委、省政府部署，福建炼化选派2名“80后”年轻党员干部开展驻村扶贫工作，并于2017年12月14日正式到福建省泉州市安溪县报到任职。自2004年开始，福建炼化连续10余年积极支持福建省驻村扶贫工作，至2017年已经是第5次参加福建省驻村扶贫工作。

（李 晟）

表1 **福建炼化主要技术经济指标**[①] 亿元

指标名称 \ 年份	2017	2016	2015	2014	2013	2012
原油加工量/万吨	911.05	933.31	1 076.80	1 130.60	944.90	1 102.72
资产总计	109.17	87.71	56.27	44.86	48.77	52.41
流动资产	9.92	9.26	1.40	4.36	2.81	10.69
固定资产原值	3.72	3.55	3.55	3.58	3.55	3.43
固定资产净值	2.10	2.03	2.14	2.30	2.37	2.35
销售收入	549.34	462.68	538.23	771.78	621.31	751.90
实现利税	28.01	25.43	14.83	-7.08	-6.82	-9.71
税 金	0.29	0.26	0.27	0.26	0.25	0.23
炼油综合能耗/千克标油·吨$^{-1}$	67.81	67.45	58.00	53.07	58.94	53.52

①资产总计、实现利税、税金为福建炼化本部数据，其余指标包含福建联合石化公司；分置运营后，福建炼化本部没有工业产品生产，无工业总产值，企业集团工业总产值未做统计

表2　　福建炼化主要产品产量　　万吨

产品名称＼年份	2017	2016	2015	2014	2013	2012
汽　油	152.48	176.42	162.70	183.82	149.45	161.22
柴　油	165.79	166.81	256.94	363.00	275.39	321.54
航空煤油	107.07	99.85	97.38	75.94	79.34	102.35
石脑油	273.90	284.55	296.66	309.52	259.54	299.40
液化气	23.68	24.84	22.78	18.37	20.38	25.76
燃料油	6.69	1.01	0.92	3.23	8.53	24.70
石油焦	0	6.49	5.65	14.76	12.84	14.65
硫　黄	16.69	16.67	17.91	20.13	17.46	19.45
液　氨	0.15	0.02	0.02	0.08	—	—
丙　烯	64.81	62.57	64.38	66.21	47.98	59.56
聚丙烯	61.88	58.47	58.55	60.69	42.63	52.88
乙　烯	120.07	110.01	106.64	102.11	71.41	85.15
聚乙烯	96.52	89.07	90.78	97.95	75.24	90.17
对二甲苯	77.89	72.18	79.04	77.35	55.66	69.38
苯	44.73	40.68	44.77	44.10	27.59	32.76
丁二烯	15.42	14.43	14.82	15.56	10.66	12.93
乙二醇①	45.32	43.64	31.73	—	—	—
环氧乙烷	4.07	0.71	—	—	—	—

①福建联合石化公司环氧乙烷/乙二醇装置于2015年3月30日投产

武汉石化

【概况】　中国石油化工股份有限公司武汉分公司（简称武汉分公司）和中国石化集团资产经营管理有限公司武汉分公司（简称武汉资产分公司）统称武汉石化，是集团公司直属大型工业企业和中部地区最大的炼油化工一体化企业。其前身始建于1971年，投产于1977年，1983年划归中国石油化工总公司。武汉石化炼油部分位于湖北省武汉市青山区，占地239公顷，北濒长江水道，水路交通便利。炼油综合配套能力800万吨/年，共有23套主要生产装置，可生产汽油、柴油、航煤、石脑油、聚丙烯、“三苯”、液化气、硫黄、石油焦等产品。武汉80万吨/年乙烯工程位于武汉市化工区，占地294.8公顷，与炼油厂直线距离9.8千米，包括11套主体装置及系统配套工程。2014年1月，股份公司与韩国SKGC公司合资成立的中韩（武汉）石油化工有限公司（简称中韩石化）开始独立商业运营，武汉分公司受股份公司委托行使股东权利。

武汉石化实行两级扁平化管理，共设13个职能部门、3个业务中心、13个生产单位。截至2017年底，共有在岗职工1 905人，具有高级职称的116人、中级职称的446人。

武汉石化主要技术经济指标和主要产品产量分别见表1和表2。

（任丽娜）

【领导班子调整】　2017年3月29日，股份公司发文，聘任刘百强、李炎生为武汉分公司副总经理，陈小青为武汉分公司总会计师。

（任丽娜）

【经济效益创历史最好水平】　2017年，武汉石化加工原料油870.96万吨，同比增长17.72%；实现销售收入370.57亿元，增长36.5%。实现利税110.4亿元，增长25.5%，创投产40年以来最好水平。

（任丽娜）

【实现连续安全生产 2 393 天】　2017 年，武汉石化引入推进实施化工过程安全管理，加强专业安全管理，全力构建安全风险分级管控和隐患排查治理双重预防机制。加强装置重要仪表风险识别，排查控制回路。创新巡检管理方式，试点推行“五位一体交叉巡检”。积极推行会前安全分享，范围由公司班子会扩大到大调度会和 HSE 委员会。创新安全学习模式，投用桌面培训演练系统。开展危化品装卸环节隐患排查与整改。全年未发生上报集团公司安全环保事故。

（任丽娜）

储运车间职工在罐区巡检

【实现环保数据公开展示】　2017 年，武汉石化致力“绿色工厂”建设，开展 2 轮 LDAR 检测和修复工作，VOC 泄漏量较首次检测时下降 10%。完成污水处理提标改造、新建汽油罐投用、加热炉改造，全面达到新的石油炼制工业污染物排放标准。主动接受社会监督，主要外排口环保数据通过省环保厅平台、公司西大门显示屏等实现信息公开。

（任丽娜）

【设备完整性课题成果获推广】　2017 年，武汉石化推行设备管理架构改革，全面实行“专业管理 + 区域协调”的矩阵式管理模式，设备技术支持中心五大片区团队全部成立，4 支工程师队伍组建完成。设备完整性管理平台上线运行，课题成果通过集团公司鉴定，并被列入 2018 年集团公司炼油板块推广应用。

（任丽娜）

【优化原料和产品结构】　2017 年，武汉石化积极做好国际原油市场跟踪分析和研判工作，把握采购节奏，降低原油采购成本。加大采购沿江企业优质石脑油、饱和液化气等原料，同时外购石脑油、蜡油，做大总量，降低乙烯原料成本。积极增产汽油、航煤，优化化工轻油，提高轻烃利用，推进产品结构优化，全年增加经济效益 1.54 亿元。

（任丽娜）

【开拓航煤保税油销售渠道】　2017 年，武汉石化根据市场情况，首次开通武汉天河机场航煤保税油销售流程，全年销售 4 800 吨，为进一步扩大航煤经营量创造条件。

（任丽娜）

【加强成本管控效果明显】　2017 年，武汉石化严格成本管控，推行炼油装置模拟利润考核，炼油吨油完全费用同比降幅超过 18%。持续提高资金运营效益，全年经营现金流增加 10 亿元，财务费用降低 1.7 亿元。积极落实各项财税政策，取得税收效益 1.9 亿元。积极争取价格优惠，全年节约电费3 011 万元。

（任丽娜）

【深化“5S”管理】　2017 年，武汉石化不断深化“整理、整顿、清扫、清洁、素养”（“5S”）管理工作，初步建成“5S”管理长效机制，发布 10 个类别、114 项的《“5S”目视化管理标准》。开展装置现场、“三室”、办公区域、公共区域的达标检查，达标率在 88% 以上。

（任丽娜）

【推进机构改革】　2017 年，武汉石化对标先进，研究制订“三定”方案并获得总部批复，完成炼油部分职能部门整合，职能部门从 18 个减为 13 个，业务中心调整为 3 个，生产单位调整为 13 个。

（任丽娜）

【推进“四供一业”分离移交工作】　2017 年，武汉石化编制完成社区“四供一业”（供水、供电、供气、供暖、物业）实施方案，与国网武汉供电公司签订供电业务移交框架协议，与武钢城市服务集团签订供水业务移交框架协议。

（任丽娜）

【完成天隆公司股权处置】　2017 年，武汉石化通过对全资子公司武汉天隆石化设备监测防护中心进行公司制改制并增资扩股，使武汉资产公司持股从 100% 压减到 49%，完成集团公司压减法人户数的要求。

（任丽娜）

【重点工程项目建设】 2017年，武汉石化积极推进炼油结构调整项目，新建30万吨/年烷基化装置完成可研批复，现场桩基施工完成；新建280万吨/年催化—70万吨/年气分联合装置完成可研并上报，“9+1”综合评审基本完成。

（任丽娜）

【加强信息化建设】 2017年，武汉石化进一步完善“两化”融合管理体系，通过工信部管理体系复核。制订公司“智能工厂”建设方案，逐步开展工作。完成华中区域网络中心统一互联网出口项目建设。

（任丽娜）

【夯实党建基础创品牌】 2017年，武汉石化深入学习贯彻党的十九大精神，开展“转观念、勇担当、创效益”大讨论。推进“两学一做”学习教育常态化制度化。党建项目化立项10项，党员攻关项目立项14项。“党员活动日”和“党支部分类定级”入选《中国石化基层党建工作优秀案例》，并在集团公司全面推广，党建工作品牌初步形成。

（任丽娜）

【“三个工厂”企业愿景】 2017年，武汉石化提出建设“绿色工厂、智能工厂、幸福工厂”的企业愿景，在干部职工中广泛开展大讨论，研究“三个工厂”建设初步方案。针对企业生产经营和改革发展面临的挑战和压力，进一步提出“四心”工作理念，即敬业担当的责任心、精益求精的工匠心、自律自警的敬畏心、拼搏赶超的事业心，不断强化干部员工使命担当意识，激发干事创业热情。

（任丽娜）

【推进幸福工厂建设】 2017年，武汉石化研究编制“幸福工厂”建设方案，努力营造和谐的人文环境。为家庭幸福与美好生活而安全工作的安全价值观逐步深入人心；传承企业文化，开展纪念公司投产40周年系列活动；广泛开展合理化建议、劳动竞赛等活动；深入开展“青春聚工程”品牌活动，全年志愿服务总计823人次；实施工装清洗、共享单车等惠民措施；积极创建文明企业，获湖北省文明单位称号；员工的归属感、参与感、获得感、自豪感逐步增强。

（任丽娜）

2017年3月11日，武汉石化48个党（总）支部的998名党员在“党员活动日”到厂区栽种“幸福林”，并签名认养

2017年12月16日，武汉石化举行投产40周年庆祝大会

表1　武汉石化主要技术经济指标[①]　　亿元

指标名称＼年份	2017	2016	2015	2014	2013	2012
原油加工量/万吨	797.72	676.41	770.24	788.28	641.48	432.71
工业总产值						
武汉分公司	365.84	265.87	325.11	450.72	375.18	261.88
武汉资产分公司	2.68	2.36	2.61	2.52	2.35	1.91

续表

指标名称 \ 年份	2017	2016	2015	2014	2013	2012
武汉乙烯	—	—	—	—	55.28	—
工业增加值						
武汉分公司	114.38	94.65	94.85	62.73	57.63	29.58
武汉资产分公司	1.22	0.80	1.02	0.99	0.88	0.43
资产总计						
武汉分公司	187.10	203.09	214.23	268.34	275.31	231.41
武汉资产分公司	5.74	5.80	5.58	6.30	5.10	5.26
流动资产						
武汉分公司	93.40	106.93	116.69	170.96	48.08	40.23
武汉资产分公司	1.91	1.98	1.88	2.94	1.82	2.10
固定资产原值						
武汉分公司	95.11	92.92	88.73	88.02	239.97	55.27
武汉资产分公司	8.32	7.86	8.00	7.70	7.61	7.70
固定资产净值						
武汉分公司	45.80	47.26	46.75	49.31	203.20	23.94
武汉资产分公司	3.50	3.15	3.23	2.93	3.06	3.15
销售收入						
武汉分公司	364.33	265.97	322.62	451.44	379.71	261.64
武汉资产分公司	6.24	5.50	6.05	6.00	5.19	3.67
实现利税						
武汉分公司	109.88	87.99	85.46	60.60	45.72	20.42
武汉资产分公司	0.51	-0.04	0.33	-0.31	-0.52	-0.74
税　金						
武汉分公司	95.72	79.31	86.63	49.62	47.00	36.46
武汉资产分公司	0.29	0.20	0.27	0.23	0.21	0.15
综合能耗/吨标煤·万元$^{-1}$						
武汉分公司	0.209	0.215	0.218	0.231	0.248	0.261
武汉资产分公司	1.328	1.540	0.990	1.012	1.979	2.757
武汉乙烯					2.396	—

①武汉分公司2013年资产总计、销售收入、实现利税、税金为炼油、乙烯合并数据；2014年中韩石化独立商业运营，武汉乙烯数据不再并入

表 2 **武汉石化主要产品产量** 万吨

产品名称＼年份	2017	2016	2015	2014	2013	2012
汽　油	176.31	139.24	146.22	128.94	129.70	109.13
柴　油	251.65	224.39	261.51	267.09	256.48	172.86
航　煤	89.19	68.95	79.71	57.74	38.22	22.00
化工轻油	197.36	171.30	181.80	192.92	84.79	18.57
燃料油	0	0.34	2.64	1.59	3.44	8.51
溶剂油	0	0	-0.04	0.06	0.20	2.22
液化气	24.44	24.39	26.34	28.05	24.89	22.21
聚丙烯	11.84	9.21	11.02	11.21	10.47	9.96
硫　黄	5.99	4.76	4.76	5.18	3.58	2.15
环烷酸	0	—	—	—	—	0.03
苯　类	0.89	0.56	1.63	3.04	4.02	2.48
焦　炭	58.87	48.92	57.19	61.67	49.23	34.09
MTBE	3.98	3.58	3.88	4.82	4.93	4.39
丙　烷	2.02	1.36	0.93	1.23	1.65	1.44

中韩石化

【概况】 中韩（武汉）石油化工有限公司（简称中韩石化）由中国石化和韩国爱思开综合化学株式会社（简称 SKGC）以 65%∶35% 的股比合资设立，2013 年 10 月 28 日工商注册，2014 年 1 月 1 日正式独立运营，投资总额 186.30 亿元，注册资本 62.70 亿元。武汉分公司受股份公司委托行使股东权利。

中韩石化位于武汉化工区，占地 291.01 公顷，拥有 80 万吨/年乙烯、55 万吨/年裂解汽油加氢、15 万吨/年碳五分离、13 万吨/年丁二烯抽提、35 万吨/年芳烃抽提、8/3 万吨/年 MTBE/1 - 丁烯、30 万吨/年高密度聚乙烯、30 万吨/年线型低密度聚乙烯、15/28 万吨/年 EO/EG、20 万吨/年 JPP 聚丙烯、20 万吨/年 ST 聚丙烯共 11 套生产装置，及相应配套的公用工程：循环水、变电站、热电联产、化学水处理、空压等装置。

截至 2017 年底，中韩石化共设有计划生产部、安全环保部、设备管理部、技术管理部、物资流通部、财务管理部、综合管理部、党群工作部 8 个职能部门，员工总数为 1 105 人，其中包含武汉石化委派 24 人、SKGC 委派 12 人。

2017 年，中韩石化共加工裂解原料 274.29 万吨，生产乙烯 86.7 万吨；生产各类商品总量 243.72 万吨，其中树脂产品 100.59 万吨，合成纤维原料 21.87 万吨，环氧乙烷、“三苯”、丁二烯等有机产品 121.26 万吨；实现销售收入 161.39 亿元，上缴税金 20.11 亿元，实现利润 36.43 亿元。

中韩石化主要技术经济指标和主要产品产量分别见表 1 和表 2。

（张玉婷）

【中国石化委派董事会董事、监事】 2017 年 2 月 26 日，集团公司董事长王玉普签发委派书。根据工作需要，经研究决定，委派刘家海、戴立起、徐跃华、管泽民、李炎生为中韩石化董事会董事，刘家海为中韩石化董事长；委派向浩萍为中韩石化监事。3 月 29 日，任命李炎生为中共中韩（武汉）石油化工有限公司委员会书记。4 月 28 日，任命李炎生为中韩石化工会第一届委员会主席。

（张玉婷）

【举办首届春节联欢会】 为深化“家文化”理念建设，2017 年 1 月 20 日，中韩文化举办首届公司“腾飞的烯望”春节联欢会，营造愉快、喜庆的节日氛围，增强了企业的凝聚力，展示出企业良好的精神面貌。

（段瑞科）

【竞争力强化项目获武汉市管理现代化创新成果二等奖】 2017 年，由中韩石化和 SKGC 公司共同合作成立的中韩石化竞争力强化项目（简称 TF 项目）持续进行。同时，确定自 2017 年开始 TF 项目转为由中韩石化主导，提出议题后 SKGC 针对相关需求提供技术支持。3 月，中韩石化将运行 3 年的 TF 项目整理形成管理现代化创新成果进行申报，获武汉市管理现代化创新成果二等奖。

（赵婷婷）

【全面开展“5S”管理工作】 2017 年 3 月 7 日，中韩石化召开 2017 年“5S”管理启动会，成立“5S”管理工作小组，制定年度“5S”管理方针、目标及年度实施计划，并为 12 个“5S”样板区授牌，标志着中韩石化“5S”管理工作全面铺开。同时，采取现场“5S”管理与设备管理专业检查相结合的办法，定期开展“5S”督察与设备专项检查工作，全年共查出问题 200 多项，已基本整改完成。

（王海洋　何　隽）

【中国石化公众开放日武汉石化站通过现场验收】 2017 年 3 月 27 日下午，作为中国石化公众开放日武汉石化站的承办单位，中韩石化顺利通过总部测试组的现场验收。4 月起，中韩石化作为中国石化公众开放日示范单位正式对社会公众开放，全年共连续举办 9 期，接待各界参观代表 400 余人次，有力推动公司形象和社会影响力的提升。

（付　松）

【取得全国工业产品生产许可证】 2017 年 7 月，按照危险化学品《全国工业产品生产许可证》名录要求，中韩石化取得乙烯、丙烯、环氧乙烷、丁二烯、1 – 丁烯、苯、甲苯和二甲苯 8 个产品的全国工业产品生产许可证。7 月 26 日，中韩石化获得由湖北省质量技术监督局颁发的涵盖乙烯、丙烯、环氧乙烷等 8 个产品的《危险化学品产品生产许可证》。

（周雪云）

【全面开展一体化管理体系建设工作】 2017 年 3 月 4 日下午，中韩石化召开一体化管理体系建设工作启动会，7 月发布一体化管理体系手册，年底完成试运行工作，一体化管理体系建设工作进展顺利。

（闫　寒）

【开发 PE100RC 管材】 2017 年 6 月，中韩石化进行 PE100RC 管材的首次试生产，8 月进行第 2 次试生产，并对产品进行挤管试验，对管样开展耐慢速裂纹开裂 8 760 小时的测试。

（周雪云）

【圆满完成首次碳排放权履约工作】 2017 年 8 月 3 日，中韩石化圆满完成首次碳排放权履约相关工作，履约量 301.9 万吨。剩余配额通过定向转让方式留存，用于今后的履约工作，为企业碳交易工作奠定良好基础。

（梁晓青）

【选举产生第一届中韩石化纪委委员】 2017 年 8 月 21 日，中国共产党中韩（武汉）石油化工有限公司代表大会顺利召开，会议选举产生第一届公司纪委委员。

（段瑞科）

【裂解炉低氮燃烧火嘴改造】 中韩石化积极响应国家环保标准提质增效要求，2017 年 4 月 29 日—10 月 12 日，历时 167 天，完成 1 932 个底部烧嘴、828 个侧壁烧嘴的更换任务，改造裂解炉低氮燃烧火嘴，并一次通过武汉市环保部门检测。

（张玉婷）

【乙烯脱瓶颈改造项目获可研批复】 2017 年 4 月，中韩石化组织各部门着力推进乙烯脱瓶颈改造项目的“9 + 1”论证工作，历时 4 个月左右的时间，于 8 月4 日完成技术论证、资源及市场论证、重大装备国产化、财务效益测算、环保论证、节能论证、安全与职业卫生论证、合法合规性、评估报告论证及综合论证等“9 + 1”论证工作，110 万吨/年乙烯脱瓶颈改造项目于 10 月 18 日可研报告获总部批准。

（钱　锟）

【2.7 万吨/年裂解汽油抽提装置基础设计获批复】 2017 年 6 月 6 日，中韩石化 2.7 万吨/年裂解汽油抽提装置基础设计完成。7 月 10 日，总部委托武汉分公司自行组织审查基础设计。7 月 18 日，召开基础设计审查会。9 月 12 日，该项目基础设计获总部批复。项目于 10 月 20 日开始桩基施工。

（钱　锟）

【应急备用取水口投用】 2017 年 2 月，中韩石化启动应急备用取水口项目施工。7 月开展“三查四定”

工作，10 月项目建设完成。11 月 18 日，应急备用取水口顺利投用。

（钱　锟　吕　津）

【启动一般管理和专业技术人员岗位胜任能力评价工作】 2017 年，中韩石化开展技术、一般管理人员岗位胜任能力评价工作。8 月底上报技术论文或工作总结，11 月初完成专业知识考试和通用知识考试，年底前顺利完成 201 名技术与一般管理人员岗位胜任能力评价工作，评价出优秀人员 20 名、不合格人员 20 名，其他人员全部合格。

（蔡　娟）

【顺利通过安全生产许可证复核】 2017 年 6 月，中韩石化委托第三方有资质的单位编制公司《安全现状评价报告》，经过专家组查勘现场、审查相关材料、充分讨论，顺利通过安全现状评价。12 月 11 日，湖北省安全生产监督管理局在充分审核和复查后，向中韩石化核发安全生产许可证。

（汪进祖）

【积极开展产销研合作】 2017 年 10 月，中韩石化与化销华中分公司、北京化工研究院、湖北大学分别签订战略合作协议，启动产销研深度合作，推进新产品开发进程。12 月 18 日，成立中韩石化树脂技术中心。

（周雪云）

树脂技术中心挂牌成立　（付　松　摄）

【顺利取得排污许可证】 按照国家环保部要求，中韩石化于 2017 年 6 月 26 日取得火电行业排污许可证，于 12 月 22 日取得排污许可证。

（汪进祖）

【完成 CFB 锅炉脱硫脱销改造项目竣工验收】 中韩石化 CFB 锅炉脱硫脱销改造项目于 2014 年 6 月批复可研，11 月批复基础工程设计，2014 年 9 月开工建设，2015 年 6 月建成中交并投入使用。该项目已通过生产考核，达到设计要求；项目的消防、防雷、环境保护、安全设施、职业病防护设施、档案和审计等各项专业验收已相继完成。按照《中国石化建设工程项目竣工验收管理规定》要求，中韩石化于 2017 年 12 月对项目自行组织竣工验收，并将验收结果报股份公司工程部备案。

（钱　锟　姜占荣）

【新产品专用料比例创新高】 2017 年，中韩石化开发聚丙烯防水卷材 NS06、蓄电池行业专用料 K8109、高熔指抗冲汽车改性专用料 K8740H、高密度钛系小中空专用料 HD5502T、PE80 级管材专用料 PN044、PE100 级 PRC 管材、PH－05、GA260、GA260R、KH39M、KH75M 共 10 余个新产品牌号，产品更具特性，能够满足更多客户定制化需求。全年共生产新产品、专用料 59. 23 万吨，超年度计划 18. 22%，占全年总产量的 59. 5%。

（周雪云）

【积极参与总部科技项目】 2017 年，中韩石化承担中国石化科技项目 8 项，其中“HDPE 装置铬系催化剂的国产化开发”和“Innovene S 工艺国产化催化剂工业应用试验”项目已申请总部鉴定，重点项目“BCL－100 催化剂在 INNOVENES 工艺开发小中空料试验”和“反应器制备超软聚丙烯技术开发”已完成试生产、用户试用数据收集、整理等工作，进入产品质量调整阶段，其余科技项目按进度积极开展。

（胡军武　周祚东）

表 1　　中韩石化主要技术经济指标　　亿元

指标名称＼年份	2017	2016	2015	2014
工业总产值	161.24	117.18	139.70	182.70
资产总值	152.34	161.75	170.72	187.13
资产负债率/%	26.09	46.50	57.47	70.20
销售收入	161.39	117.03	140.77	183.65
利　润	36.43	20.72	22.56	1.83
上缴税金	20.11	11.39	14.58	5.13
综合能耗/吨标煤·万元$^{-1}$	1.69	1.74	1.72	1.71

表 2　　中韩石化主要产品产量　　万吨

产品名称＼年份	2017	2016	2015	2014
环氧乙烷	15.32	12.14	13.68	13.79
乙　烯	86.70	72.89	85.34	83.09
丙　烯	45.65	37.78	43.05	43.33
1-丁烯	3.61	2.63	2.53	3.09
丁二烯	12.91	10.57	10.84	11.33
异戊二烯	1.56	1.31	1.45	1.17
间戊二烯	1.41	1.37	1.59	2.10
双环戊二烯	1.10	1.00	1.09	1.04
苯	16.49	14.08	18.07	17.56
甲　苯	8.43	6.49	8.18	8.38
二甲苯	6.28	5.61	6.10	6.26
甲基叔丁基醚	8.38	7.30	6.96	7.31
高密度聚乙烯	28.83	24.30	27.74	26.59
线型低密度聚乙烯	30.17	26.56	30.53	31.21
聚丙烯	41.47	34.41	40.84	41.08
乙二醇	21.87	18.70	22.66	23.33

巴陵石化

【概况】　中国石油化工股份有限公司巴陵分公司（简称巴陵分公司）和中国石化集团资产经营管理有限公司巴陵石化分公司（简称巴陵资产分公司）统称巴陵石化，位于湖南省岳阳市云溪区和岳阳楼区，紧邻京广铁路、京广高铁、107 国道、京珠高速和随岳高速，西靠洞庭，北倚长江，厂区总面积 9.45 平方千米，是一家大型石油化工、煤化工联合企业，是国内最大的锂系橡胶、己内酰胺生产企业和重要的环氧树脂生产基地。

巴陵石化下辖炼油部、橡胶部、树脂部、己内酰胺部、煤化工部等10个直属单位，另有岳阳中石化壳牌煤气化公司、浙江巴陵恒逸己内酰胺公司2家合资企业。固定资产原值171亿元，净值40亿元；现有业务在岗职工7 360人；共有主要生产、辅助装置62套，主要产品50多种170多个牌号，主要包括5条产品链：炼油产品链，包括年综合加工能力200万吨炼油（常压部分具备350万吨加工能力），年产12万吨苯乙烯、6万吨MTBE等装置；合成橡胶产品链，年总产能38万吨，包括32万吨锂系橡胶、6万吨顺丁橡胶等装置；己内酰胺产品链，主要包括年产50万吨己内酰胺及配套环己酮、双氧水等装置；环氧树脂产品链，包括年产12万吨环氧树脂、7万吨烧碱、5.2万吨氯丙烯等装置；煤化工产品链，主要包括日耗煤2 000吨煤气化、年产42万吨合成氨等装置。

截至2017年底，巴陵石化获国家科技进步一等奖、国家技术发明一等奖各1项，国家科技进步二等奖6项，累计获国家、省部级科技进步奖134项，拥有授权专利357件。SEBS成套技术开发等项目被列入“863”计划，SIS、SEBS被评为国家重点新产品，SBS、己内酰胺、环氧树脂等一批产品被评为国家级新产品。锂系橡胶综合技术进入世界先进水平，己内酰胺核心技术处于国际领先水平，特种环氧树脂、化工型炼油、煤化工生产技术居国内前列。

2017年，巴陵石化产品总量达412万吨；实现营业收入242亿元，同比增加38亿元；上缴税费23亿元。

巴陵石化主要技术经济指标和主要产品产量分别见表1和表2。

（贺致富　陈　搏）

【领导班子调整】 2017年4月，经集团公司党组研究并征得中共湖南省委同意，周立新、阳忠任公司党委委员、副总经理。12月，鉴于年龄原因，经集团公司党组研究并征得中共湖南省委同意，许世政不再担任公司党委委员、副总经理，任调研员。

（贺致富）

【比原计划提前1年扭亏为盈】 2017年，巴陵石化整体盈利3 659万元，同比增利4.72亿元，比总部下达的效益指标增利2.87亿元，比原计划提前1年扭亏为盈，实现7年来首次整体盈利。其中，未上市部分盈利2.16亿元、上市部分亏损1.79亿元，炼油板块盈利0.55亿元、化工板块亏损0.18亿元。

（陈　搏）

【运行基础有效夯实强化】 2017年，巴陵石化牢固树立安全发展理念，狠抓安全生产主体责任落实，严格现场安全监管，全年直属单位级、公司级事故为零，车间级事故减少40%，连续66个月未发生上报事故，安全业绩创历史最优，连续3年获评集团公司安全生产先进单位。依照国家新的环保标准，强化协同联动，从源头减排、过程控制、末端治理等多方同向发力，攻关解决城区片污水达标问题，按期实现“三废”达标排放。顺利完成公司史上规模最大、持续时间最长的大检修，为装置安稳运行打下良好基础。推行新一轮主要技术经济指标创行业标杆3年行动计划（2017—2019年），累计节能降耗提质创效3 900万元。

（贺致富）

【专业管理水平不断提升】 2017年，巴陵石化大力强“三基”，刻样板、树标杆等相关工作有效推进。实施一批持续改进项目，促进挖潜增效与管理提升。实施财务共享服务，实现“管算分离”，促进财务转型；强化资金统筹，严格费用管理，全口径费用总体受控。强化项目前期研究论证，强调投资回报，改进投资管理。加强信息化建设，投用集成共享平台，督办管理等8个信息系统上线运行。

（陈　搏）

【经营管理效果良好】 2017年，巴陵石化通过优化采购、强化产品标杆比价与结构调整、优化闲置资产利用等措施，累计降本节支增收超过2亿元。

（贺致富）

【科研工作成效明显】 2017年，巴陵石化持续强化科技创新，SEPS成套技术开发项目顺利“出龙”，医用SEBS实现工业化生产，浆态床蒽醌法制双氧水项目正在建设工业化装置，环保型环氧氯丙烷项目正在编制5万吨/年工艺包，钼系橡胶项目中试进展顺利，轻石脑油制苯项目正在建设模试装置；全年开发新产品、新牌号18个，获授权专利23件。

（贺致富）

【项目建设取得重大突破】 2017年，巴陵石化重点发展项目稳步推进，建成投用2万吨/年SEPS工业化装置，巴陵恒逸30万吨/年己内酰胺扩能改造等项目顺利投产，溶聚丁苯聚合单元改造、新“一炉一机”等在建项目进展基本顺利，完成投资10.7亿元。5万吨/年SEBS装置建设及相关环保项目可研报告获得总部批复；化工型炼油改造项目得到党组领导明确支持，改造方案通过总部组织的评审；结合岳阳城市规划，提出城区己内酰胺产业链整体搬迁新思路。

（陈　搏）

【内部改革积极稳妥推进】 2017 年，巴陵石化“3 个 1/3改革”于一季度末提前完成；电气、供应管理、公务用车等 7 项专业化重组顺利完成；组建分析检验中心、物资采购中心；整合 2 个电厂业务，组建热电部。扩大效益权重优化经济责任制，加大对装置运行情况的考核力度，较好地发挥绩效考核的导向作用；完善干部考评机制，每季度通报中层管理人员绩效订单完成情况，激发了工作积极性。完善隆兴环氧新材料中心、聚酰胺产品优化中心的运行，产销研用一体化成效逐步显现。积极推进 JV 公司股权受让工作，方案进入总部签批程序。

（贺致富　陈　搏）

【扎实推进“三供一业”分离移交】 2017 年，巴陵石化强化与地方政府和相关接收方的沟通协调，扎实推进“三供一业”及其他办社会职能分离移交，在系统内率先完成“三供”业务移交协议的签订，现场施工全面铺开，市政、社区管理等职能移交已签订框架协议。

（陈　搏）

【党的建设持续加强】 2017 年，巴陵石化深入贯彻落实习近平新时代中国特色社会主义思想和党的十九大精神，突出抓责任落实、抓基层组织建设、抓宣传思想工作、抓能力素质提升、抓党风廉洁建设，全面提高党建工作水平，党建工作连续 3 年在集团公司年度考核中进入 A 档序列，工会工作在集团公司年度考核中被评为 A 档；在集团公司基层党支部建设工作会议上，巴陵石化橡胶部 SBS 车间党支部做题为《合力破难题，同心促发展》的经验推介。

（贺致富）

【中央第六环境保护督察组到巴陵石化现场督察】 2017 年 4 月 24 日—5 月 24 日，中央第六环境保护督察组进驻湖南开展环境保护督察工作，其中于 5 月 9 日到巴陵石化进行现场督察，未查出问题项。督察组在湖南期间，巴陵石化累计收到督察组转办群众信访件 4 份，均依法依规进行沟通与回复，得到督察组的认可。

（陈　搏）

【国内首套 SEPS 装置一次开车成功】 2017 年 9 月 8 日，国内首套、世界第 3 套 SEPS 工业化装置在巴陵石化一次开车成功。该项目总投资 3.1 亿元。

（贺致富）

【顺利通过全国文明单位复查验收】 2017 年，巴陵石化顺利通过全国文明单位复查验收，继续保留全国文明单位荣誉称号。

（贺致富）

【解决“马路工厂”问题】 2017 年，巴陵石化加强与地方政府的沟通协调，推动云溪区人民政府对公司云溪片区环己酮装置厂区道路进行封闭化管理，解决自建厂以来困扰公司的“马路工厂”问题。

（陈　搏）

【获多项荣誉】 2017 年，巴陵石化公司纪委被评为集团公司纪检监察系统先进集体；公司被评为全国厂务公开民主管理示范单位、集团公司保密工作先进单位、第 4 届全国石油和化工行业新闻宣传先进单位、集团公司离退休宣传工作先进单位；公司团委被评为湖南省五四红旗团委；热电部被评为全国工会职工书屋示范点；公司总经理李大为继续担任湖南省新一届政协委员，并被评为湖南省优秀企业家；公司副总经理彭鸽威当选湖南省第十三届人大代表；橡胶部 SBS 车间党支部书记文平被评为中国石化优秀基层党支部书记；橡胶部杨政刚被评为中国石化企业文化建设先进个人；橡胶部鲁浩荣、己内酰胺部刘文宗、树脂部罗卫被评为中国石化第 2 届最美青工。

（贺致富　陈　搏）

【内部环境不断改善】 2017 年，巴陵石化坚持惠民利民，积极为职工群众办实事。实施薪酬结构调整，保障绝大部分职工收入与企业效益、劳动生产率同步增长；结合“三供一业”分离移交改善社区公用设施，争取到批复投资 3.61 亿元，完成投资 8 400 万元，投入 6 085 万元实施老旧小区综合治理和维修改造，并基本完成金盆四区棚户区改造，公司社区投资进入历史上规模最大的时期，社区面貌进一步改善；EAP 工作全面启动，“幸福巴陵、健康同行”健步走活动成效良好；“走基层、访万家”活动基本完成；抓好精准帮扶，共帮扶 719 户，总金额 282.7 万元；突出“事要解决”，抓好信访稳定工作，确保队伍稳定、企业稳定。

（陈　搏）

表1 巴陵石化主要技术经济指标[①] 亿元

年份 指标名称	2017	2016	2015	2014	2013	2012
原油加工量/万吨						
巴陵资产分公司	162.18	178.99	180.37	159.72	180.60	184.96
工业总产值						
巴陵分公司	38.94	29.98	31.11	46.47	54.17	50.80
巴陵资产分公司	142.98	125.07	129.00	152.41	173.46	190.50
炼　油						
巴陵资产分公司	75.49	71.31	70.10	82.75	86.41	107.00
化　工						
巴陵分公司	31.21	23.25	26.46	39.37	45.03	39.40
巴陵资产分公司	67.49	53.76	58.90	69.65	87.05	83.40
化　肥						
巴陵分公司	7.73	6.73	4.65	7.11	9.14	11.40
工业增加值						
巴陵分公司	-0.24	-1.08	-1.95	-1.61	-2.71	2.25
巴陵资产分公司	39.28	45.56	51.71	35.42	41.81	33.68
资产总计						
巴陵分公司	31.72	30.16	41.17	44.27	43.35	39.20
巴陵资产分公司	63.69	54.22	48.53	65.14	72.94	73.85
流动资产						
巴陵分公司	3.25	4.13	3.34	4.84	5.14	4.77
巴陵资产分公司	24.28	14.82	9.38	14.97	23.38	24.10
固定资产原值						
巴陵分公司	70.58	70.51	70.00	69.15	64.79	61.64
巴陵资产分公司	100.89	99.50	98.25	95.41	95.04	91.95
固定资产净值						
巴陵分公司	5.53	31.67	19.68	21.03	17.89	15.60
巴陵资产分公司	34.54	47.10	36.74	48.22	49.82	50.43
销售收入						
巴陵分公司	94.43	73.10	33.84	47.76	49.98	52.00
巴陵资产分公司	147.07	130.60	134.04	160.17	183.24	194.65
实现利税						
巴陵分公司	-1.22	-20.72	-7.53	-7.56	-6.91	-2.14
巴陵资产分公司	24.39	31.68	37.35	19.13	26.05	22.09

续表

指标名称 \ 年份	2017	2016	2015	2014	2013	2012
税　金						
巴陵分公司	0.56	0.57	0.16	0.17	0.16	2.50
巴陵资产分公司	22.93	28.11	34.24	25.90	30.68	30.76
能耗/吨标煤·万元$^{-1}$						
巴陵分公司	2.46	2.61	2.62	2.56	2.88	3.14
巴陵资产分公司	0.82	0.81	0.80	0.83	0.87	0.90

①数据不含混合所有制企业

表 2　**巴陵石化主要产品产量**　万吨

产品名称 \ 年份	2017	2016	2015	2014	2013	2012
巴陵资产分公司						
93#汽油	—	—	—	—	21.78	26.42
97#汽油	—	—	—	—	16.05	26.72
0#柴油	—	—	—	—	8.08	41.61
汽油组分油	37.57	43.38	42.71	29.74	—	—
柴油组分油	43.11	48.29	45.03	11.67	—	—
燃料油	2.56	3.01	12.66	50.15	—	—
石脑油	20.32	17.77	15.39	24.99	25.34	12.95
液化气	14.01	18.36	19.60	16.70	19.31	20.56
干　气	4.23	3.70	2.69	2.90	3.02	2.31
丙　烯	8.01	9.23	9.26	7.97	9.24	9.68
油　浆	—	—	—	—	3.53	3.76
溶剂油	0.51	1.60	3.33	3.27	3.63	4.90
合成橡胶	25.27	26.16	25.34	24.81	26.95	22.59
顺丁橡胶	—	—	—	—	3.35	3.46
SEBS 热塑弹性体	5.17	4.49	17.96	18.10	17.9	14.08
环氧树脂	9.21	7.94	6.50	5.85	6.00	4.74
环己酮	10.00	11.14	10.91	11.29	9.21	10.39
烧　碱	7.45	7.73	7.46	7.22	9.53	10.16
盐　酸	0.41	0.74	1.05	3.85	3.70	2.52
液　氯	6.45	6.48	6.19	11.47	7.61	0.39
聚丙烯	5.40	6.06	6.60	5.39	5.85	6.24
氯丙烯	3.55	3.62	3.03	3.47	4.58	0.28

续表

产品名称 \ 年份	2017	2016	2015	2014	2013	2012
环氧氯丙烷	2.22	1.81	2.31	1.22	2.33	1.48
巴陵分公司						
合成氨	28.70	35.02	35.99	35.78	47.86	8.26
尿　素	—	—	—	—	24.34	28.00
己内酰胺	23.49	24.76	22.87	27.09	22.34	15.40
尼龙6切片	4.93	4.60	3.98	4.69	4.83	5.23
硫酸铵	32.98	33.95	32.08	38.04	17.60	29.33
环己酮	8.54	8.41	7.38	8.23	8.55	—
双氧水	24.24	25.75	18.23	23.53	19.26	—

长岭炼化

【概况】 中国石油化工股份有限公司长岭分公司（简称长岭分公司）和中国石化集团资产经营管理有限公司长岭分公司（简称长岭资产分公司）统称长岭炼化，坐落在湖南岳阳风景秀丽的洞庭湖畔，北临长江，南靠京广铁路，与武广高速铁路、107国道、京珠高速公路相邻，水陆交通便利。

长岭炼化前身为长岭炼油厂，始建于1965年，1971年5月建成投产。2000年4月，按照集团公司整体重组改制的要求，炼油主业部分重组改制为长岭分公司，存续部分改制为中国石化集团长岭炼油化工有限责任公司（简称长岭炼化公司）。2007年5月，按照体制转换的要求，长岭炼化公司改制为长岭资产分公司。截至2017年底，长岭炼化有正式员工3 418人，其中长岭分公司有正式员工2 224人、长岭资产分公司有正式员工1 194人。

截至2017年底，长岭炼化拥有炼油化工生产装置33套，原油加工能力800万吨/年，拥有13万吨/年聚丙烯、20万吨/年改性沥青、10万吨/年乳化沥青、10万吨/年环氧丙烷生产能力，是中南地区重要的石油化工产业基地。主要生产汽油、柴油、航煤、石脑油、液化石油气、“三苯”、沥青、环氧丙烷、乙酸酯等60余种产品，有17种产品获省部级以上优质产品称号，其中出口轻柴油和6#抽提溶剂油获国家金质奖，石油甲苯、二甲苯和120#溶剂油等产品获国家银质奖。“东海牌”改性沥青铺上奥运会国家体育场鸟巢的主跑道；高铁专用乳化沥青成功应用于武广高铁建设，实现高铁专用乳化沥青的国产化，打破了日本、德国的垄断。10万吨/年双氧水法制环氧丙烷装置拥有完全自主知识产权，打破了国外技术垄断，填补国内空白。

2017年，长岭炼化完成全厂性停工大检修，100万吨/年催化柴油改质项目建成投产一次成功，提前完成国Ⅴ普通柴油质量升级任务，实现炼油专业技术达标，实现安稳生产、优化生产。

长岭分公司主要技术经济指标和主要产品产量分别见表1和表2。

（王毅平　肖　军）

【领导班子调整】 2017年1月25日，长岭炼化召开干部大会，集团公司人事部宣读党组关于长岭炼化领导干部任免文件：李华任长岭炼化董事长、党委书记；王妙云任副董事长、总经理、党委副书记；胡先红任党委副书记、纪委书记、监事会主席；免去文志成党委书记职务，另有任用。

（王毅平　肖　军）

【生产经营再创佳绩】 2017年，长岭炼化加工原料油711.93万吨，其中原油606万吨，实现销售收入332.72亿元，上缴税金84.6亿元，实现盈利11.75亿元。在全厂停工大检修情况下，全面完成总部下达的目标任务，实现利润连续2年突破10亿元大关，生产经营业绩持续稳定在历史高位水平。

（王毅平　肖　军）

【实现安全生产】 2017年，长岭炼化坚持问题导向、闭环管理，推行大修现场“网格化”管理，开展全要素量化评价，实施承包商积分制考核，加大日常检查监督力度，严肃事故追究处理，整改隐患问题725项，避免各类事故200起，没有发生上报集团公司事故，获湖南省安全生产工作先进单位称号和集团公司2017年度安全生产先进单位、环境保护先进单位称号。

（王毅平　肖　军）

【完成装置停工检修】 2017年4月11日—5月31日，长岭炼化精心组织，狠抓安全、质量、环保、进度，顺利完成全厂性停工大检修，为生产经营再创佳绩夯实基础。该次检修历时50天，检修范围包括32套炼油装置、3个公用工程系统及3套化工装置，其中大修项目1 965项、更新项目176项、资本性支出项目36个，总投资5.32亿元。

（王毅平　肖　军）

【FD2G装置建成投产】 2017年7月15日，长岭炼化100万吨/年FD2G装置投料开车一次成功，汽柴油等产品全面达到国Ⅴ质量标准。该项目是长岭炼化新一轮油品质量升级的关键项目之一，总投资6.9亿元，建成投产后可生产高辛烷值的汽油及低硫清洁柴油调和组分，可有效减少对大气的污染，具有较好的经济效益和社会效应。

（王毅平　肖　军）

【“处僵治困”成效初显】 2017年，长岭炼化建立“处僵治困”管理责任体系，成立10个专业工作组，抓好长岭资产公司“处僵治困”顶层方案设计，出台67条扭亏措施，通过完善业务外包管理模式，推进“三供一业”分离移交，清理规范存量资产，启动人员分流安置，加快推进“瘦身健体”，加强改制企业往来业务管理，全面完成总部限亏指标。全年，长岭资产公司实现营业收入4.29亿元，同比增加1 900万元；实现税金5 690万元，增加314万元；实际亏损5 874万元，比预算口径减亏426万元。

（王毅平　肖　军）

【分离移交稳步推进】 2017年，长岭炼化加快推进“三供一业”及其他企业办社会职能分离移交，取得阶段性成果。其中，岳阳小区供水、供电改造基本完成，长岭小区供气改造全面展开，物业分离移交前期准备基本完成，市政、社区管理职能分离移交与地方政府签订框架协议。

（王毅平　肖　军）

【获国家新版排污许可证】 2017年初，长岭炼化积极开展清洁生产活动，推动全面达标排放和区域环境质量改善，建设和升级改造硫黄回收、污水深度处理等多套环保装置，全流程梳理企业污染及治理情况，确保企业各项排放指标达到国家排污许可标准。6月，长岭炼化获得火电行业排污许可证；12月22日，获得石化行业排污许可证，有效期为3年。

（王毅平　肖　军）

【举办第7届科技论坛】 2017年10月26—27日，长岭炼化举办主题为“创新驱动与提质增效”第7届科技论坛，聚焦企业生产经营实际，剖析问题、提出优化路径、探寻创新思路，促进专业管理提质增效。论坛邀请多名国内石化行业知名专家、企业家参加。

（王毅平　肖　军）

【国务院消防工作考核组调研】 2017年4月26日，国务院消防工作考核组抵达长岭炼化调研督导消防及应急管理工作。考核组在消气防中心现场查看事故应急预案、消防检查台账等基础资料，气体检测仪等设备设施，详细询问危化品事故应急处置措施等问题，对公司消防设备设施齐整、消防系统管网完备、三级应急管理体系完善、应急预案详实予以肯定。

（王毅平　肖　军）

【通过全国文明单位复核】 2017年11月，中央精神文明建设指导委员会下发〔2017〕10号文件，长岭炼化经复查合格，继续保留全国文明单位称号。

（王毅平　肖　军）

【获评集团公司维护稳定工作先进单位】 2017年初，集团公司召开2017年度维护稳定工作会议，会议表彰了维护稳定工作先进单位、先进集体和先进个人。长岭炼化被评为2015—2016年度集团公司维护稳定工作先进单位，并在会上做书面交流发言。

（王毅平　肖　军）

表1　长岭分公司主要技术经济指标　亿元

指标名称＼年份	2017	2016	2015	2014	2013	2012
原油加工量/万吨	606.11	660.55	696.33	639.36	769.16	734.58
工业总产量	333.57	329.72	357.28	392.81	483.92	451.42
炼　油	327.45	316.29	348.14	382.82	470.42	438.51
化　工	6.12	8.79	9.15	9.99	13.50	12.91
工业增加值	117.05	142.75	123.17	69.20	93.43	71.56
资产总计	92.89	87.18	86.12	90.16	88.26	87.89
流动资金	25.56	18.45	16.09	18.52	23.38	23.90
固定资产原值	123.54	120.19	117.40	110.83	101.11	96.83
固定资产净值	58.55	60.05	62.99	61.35	56.11	55.63
销售收入	332.72	329.99	356.02	393.47	479.67	449.42
实现利税	95.32	112.27	94.63	54.16	80.66	63.99
税　金	84.56	99.83	97.52	66.01	77.64	73.41

表2　长岭分公司主要产品产量　万吨

产品名称＼年份	2017	2016	2015	2014	2013	2012
汽　油	220.76	239.73	228.33	199.02	203.49	201.70
柴　油	193.40	258.99	287.41	243.25	314.33	312.80
航　煤	64.36	63.35	51.69	38.98	35.22	34.89
商品液化气	56.40	60.35	54.03	41.51	50.10	48.29
重　油	1.05	0.78	1.69	1.85	6.05	7.53
石油焦	31.19	33.05	34.56	29.68	33.41	34.34
三　苯	20.88	20.86	22.35	14.31	25.57	19.67
溶剂油	0.08	1.19	2.73	2.28	7.05	7.81
聚丙烯	7.90	14.31	13.88	10.93	14.73	14.25
工业硫黄	4.73	5.08	4.48	4.49	4.68	4.19
沥　青	9.52	5.62	5.84	3.21	7.97	5.05

仪征化纤

【概况】　中国石化仪征化纤有限责任公司（简称仪化有限公司）和中国石化集团资产经营管理有限公司仪征分公司（简称仪征资产分公司）统称仪征化纤，位于江苏省仪征市，占地10平方千米。其前身为仪征化纤工业联合公司，1978年筹建，1981年设立，1993年进行股份制改组，分为上市部分（仪征化纤股份有限公司）和非上市部分（仪化集团公司）。1998年整体加入集团公司。2000年，仪征化纤股份有限公司更名为中国石化仪征化纤股份有限公司，成为股份公司的控股子公司。2006年，仪化集团公司进行体制转换，更名为中国石化集团资产经营管理有限公司仪征分公司。2014 年，中国石化仪征化纤股份有限公司进行重大资产重组，成为股份公司的全资子公司。2015 年 4 月，更名为中国石化仪征化纤有限责任公司。

仪化有限公司主要从事聚酯、涤纶纤维和特种纤维的生产及销售，并配套生产聚酯原料精对苯二甲酸（PTA）。拥有 2 套 PTA 装置，产能 100 万吨/年；17 条聚酯生产线、5 条瓶级切片生产线、36 条涤纶短纤维生产线，合计聚酯聚合产能 220 万吨/年；3 套高性能聚乙烯纤维干法纺丝装置，产能 2 300 吨/年；1 套对位芳纶试验装置，产能 100 吨/年；1 套 1，4－丁二醇（BDO）装置，产能 10 万吨/年。

仪征资产分公司下属 3 个生产单位和社区管理中心（离退休工作部）。PBT 生产中心主要产品为工程塑料（PBT），产能 9. 1 万吨/年；仪化东丽聚酯薄膜有限公司是原仪化集团公司与日本东丽公司各以 50% 股权合资设立，主要产品为聚酯薄膜，产能 4. 4 万吨/年；仪化博纳织物有限公司是原仪化集团公司与英国博纳公司以 40%∶60% 股权设立，主产品为聚丙烯织物和人造草坪纱，产能 8 500 万米^2/年。

仪征化纤实行一体化管理，下设 14 个二级单位、8 个直属机构、14 个机关职能部门。截至 2017 年底，有在岗正式职工 6 469 人。其中，管理技术人员 1 386 人，技能操作人员 5 083 人。

仪征化纤主要技术经济指标和主要产品产量分别见表 1 和表 2。

（韦　晨）

【领导班子调整】　2017 年 1 月 19 日，集团公司党组对仪征化纤领导班子进行调整：卢立勇任中共中国石化仪征化纤有限责任公司委员会书记；免去卢立勇的中国石化集团资产经营管理有限公司仪征分公司总经理职务；解聘卢立勇的仪征化纤有限责任公司总经理职务（仍任执行董事）。万涛任中共中国石化仪征化纤有限责任公司委员会副书记（兼）、中国石化集团资产经营管理有限公司仪征分公司总经理。聘任万涛为仪征化纤有限责任公司总经理。

（韦　晨）

【提前完成扭亏脱困目标】　2017 年，仪征化纤认真落实集团公司各项决策部署，聚焦提质增效升级，持续深化改革创新，全力以赴拓市扩销，千方百计挖潜增效，提前完成国务院国资委下达的扭亏脱困目标，被集团公司授予年度炼化企业创效进步优胜单位。全年，仪化有限公司实现营业收入 157. 6 亿元，盈利 564 万元，比总部下达的调整计划多盈利 2. 5 亿元。仪征资产分公司实现营业收入 9. 1 亿元，亏损 5 502 万元，比年度计划少亏 4 498 万元。

（韦　晨）

【生产运行进一步优化】　2017 年，仪征化纤坚持效益优先，主动应对市场变化，分品种动态测算效益，及时优化排产，全年增产增销有光短纤、涤纶中空等高附加值产品 3. 2 万吨，增效 2 294 万元。研判市场走势，优化调整 MAH、PTA 装置检修安排，增效 3 566 万元。发挥一体化优势，优化 PX、EG、正丁烷等供应渠道和结算方式，有效降低原料采购成本。

（韦　晨）

【市场开拓成效显著】　2017 年，仪征化纤深化 MPRC 机制，顶价推价，切片、短纤、中空等产品销量同比增加 1. 2 万吨，实现量价双提升。MAH、PBT、高纤等自销产品坚持以客户为中心，注重横向联合和上下游合作，掌握市场主动权，创效水平大幅提升。

（韦　晨）

【结构调整取得新成效】　2017 年，仪征化纤产品结构持续优化，不断完善。聚酯高附加值产品比例达 36. 98%，同比提高 4. 26 个百分点，多增效 3 930 万元。高纤冰凉丝、色丝、超细旦等差异化产品销售 796 吨，增效 432 万元，扩大了市场优势。PBT 改性、弹性体、高洁净等高端产品接近总销量的 60%，继续保持行业领先地位。万吨级聚酯和短纤研发线成功投产，成为创新“孵化器”。MAH 精制改造于 4 月投料开车，多创效益 3 800 多万元，当年收回投资。芳纶和八单元短纤项目进入安装阶段，第 3 套千吨高纤和 PBT 项目先后开工建设，20 万吨/年聚酯短纤项目上报可研，与绍兴华彬公司开展合资合作。年内，仪征化纤被集团公司授予年度三大合成材料产品结构调整优胜单位称号。

（韦　晨）

【科技创新取得新进展】　2017 年，仪征化纤细化研究院模拟市场化考核，加大科技成果转化及新产品开发激励力度，全年发放各类奖励 290 万元，进一步调动科研人员积极性。高附加值聚酯专用料开发项目进入集团公司首批科研试点计划。瓶片液相增黏产品得到用户认可，降低了生产成本和用户加工成本。千吨对位芳纶成套技术、绿色环保聚酯催化剂、直纺原液着色纤维等项目进展顺利，部分核心技术取得突破。全年开发低黏切片、黑色短纤、高速光缆料 PBT 等“研发一代”新产品 15 个，累计产量 9 155吨。生产环保型瓶片、阻燃短纤、发热中空等“储备一代”新产品 9 个，成功推向市场。

（韦　晨）

【“两化”融合积极推进】 2017 年，仪征化纤建立“两化”融合管理体系，管理更加规范。聚酯生产过程及质量可视化应用研究取得突破，原丝落桶定长控制技术应用成效显著。自动捆包封包技术逐步推广，有效降低职工劳动强度。成功开发数字调度管理分析、瓶片存货管理、督察督办等信息化系统，提升了管理效率。

（韦　晨）

【“三定”工作有序开展】 2017 年，仪征化纤对标先进，制订“三定”工作实施方案，明确“十三五”机构设置、定员目标和实施路径。完善离岗人员分流安置、用工总量同工资总额联动控制等政策，优化内部退养管理规定，实施公用工程重组，推进富余人员向主体单位流动，积极向系统内单位输送人员，进一步优化人力资源配置，提高了劳动生产率。

（韦　晨）

【“四供一业”移交稳步推进】 2017 年，仪征化纤供水、供电、供气项目移交上报实施方案。其他办社会职能与地方政府签订一揽子框架协议。医保移交签订正式协议。

（韦　晨）

【绿色发展有序推进】 2017 年，仪征化纤全面开展青山污泥堆场无害化处置，加快热电超低排放改造，启动 PTA 装置氧化尾气治理，实施 316 个清洁生产方案，污染物排放总量同比大幅下降。实施聚酯余热利用和沼气送烧等 18 项“能效倍增”计划，年节能 1.4 万吨标煤，万元产值综合能耗降低 6.8%。年内，仪征化纤获集团公司环保先进单位、江苏省水效领跑者企业称号。

（韦　晨）

【产品质量持续改进】 2017 年，仪征化纤为满足用户需求，把好原料入厂关，强化全流程质量管理，实施 71 个质量改进项目，提升质量水平，保持高端品牌形象。弘扬工匠精神，培育质量文化，广泛开展群众性质量活动，形成“质量第一”的价值导向。加大奖罚力度，减少“低、老、坏”等管理原因造成的质量投诉。

（韦　晨）

【挖潜增效成绩凸显】 2017 年，仪征化纤深化全员成本目标管理，制定 5 类 233 项降本增效措施，分解到人、落实责任，强化过程监控和专项激励，全年累计增效 8 600 万元，比年度目标多 1 000 万元。

（韦　晨）

【马来酸酐精制塔改造项目投产成功】 2017 年 3 月 16 日，仪征化纤马来酸酐精制塔改造项目成功建成投产，各项指标达到设计值。该项目依托现有公用工程及辅助设施，采用连续法精馏工艺技术，建设 12 万吨/年马来酸酐精制单元。项目总投资 2 800 万元。

（韦　晨）

【江苏省高性能纤维重点实验室通过验收】 2017 年 4 月 22 日，由仪征化纤承建的江苏省高性能纤维重点实验室，顺利通过江苏省科技厅组织的验收。项目建设对位芳纶实验室、超高分子量聚乙烯纤维实验室、高性能聚酯纤维实验室和测试分析实验室 4 个子平台，组建拥有博士 3 人、硕士 28 人、高级职称 45 人的专业研发团队，为增强公司自主研发水平提供坚实保障。全年，实验室承担省部级课题 5 项，重点开展对位芳纶、超高分子量聚乙烯、高性能聚酯纤维新技术和产品的研发，取得丰硕的科研成果，共申请发明专利 19 件，其中 10 件专利已获得授权；发表专业论文 10 篇；获得中国纺织工业联合会科技进步一等奖、中国石化科技进步一等奖等 3 项省部级奖励。

（韦　晨）

【万吨级聚酯研发装置项目投料开车】 项目投资 4 263万元，于 2016 年 2 月开工建设。该装置是 1 条科研开发中试线，通过特殊的流程设计和反应釜设计，能够进行多种功能性产品的开发生产，可以把研发的新品产业化，并能在短时间内以较小代价迅速摸索优化工艺，为大型聚酯装置生产功能性聚酯产品提供技术支撑和保障。同时，也可以根据市场需求进行特殊产品的生产，快速、灵活适应市场需求。2017 年 4 月 23 日，项目一次投料开车成功。

（韦　晨）

【涤纶短纤研发生产线搬迁改造项目开车成功】 项目总投资 6 391 万元，于 2015 年 12 月开工建设。该项目不仅盘活中国石化系统内天津石化和洛阳石化的闲置装置，而且完善了仪征化纤涤纶短纤新产品研发手段，增加 4 000 吨/年复合纺短纤研发线和 7 500 吨/年多功能柔性研发线的生产能力，增强研发能力，改善产品结构，提高多功能、复合型短纤产品的的比例，适应市场小批量、多品种、定制化的发展趋势，巩固行业的领先地位。2017 年 4 月 27 日，项目 39K—40K 开车成功。

（韦　晨）

【高纤尾气处理系统顺利投运】 该系统是高纤新建 1 000 吨/年高性能聚乙烯干法纺丝项目的配套设施。2017 年 6 月，系统正式投入生产运行，预期每年能回收十氢萘溶剂 7.9 吨，年经济效益约 39.3 万元。

（韦　晨）

【长江仪化港码头顺利关停】 为了保护地方饮水源安全，仪征化纤服从大局，全面落实国有企业政治责任、社会责任，于 2017 年 11 月 30 日起正式关停运行 34 年的长江仪化港码头，提前完成地方政府水源地保护要求。

（韦　晨）

【通过江苏省节水型企业认证】 2017 年 7 月 2 日，经江苏省水利厅、发改委发文公示，仪征化纤被评为江苏省 44 家节水型企业之一，可享受水资源费八折优惠。按全年 3 700 万吨取水量估算，可实现降本 150 万元左右。

（韦　晨）

【获行业荣誉】 2017 年 3 月 15—17 日，仪征化纤参加在上海举办的第 13 届中国国际纺织春季联展，获化纤行业科技领军企业称号。12 月 7 日，在北京召开的中国纺织创新年会上，仪征化纤被授予 2017 年度中国纺织工业联合会产品开发贡献奖。

（韦　晨）

【全面从严治党呈现新局面】 2017 年，仪征化纤坚持围绕中心抓党建，健全责任体系，强化“一岗双责”，推进党建考核全覆盖、重实效，党的建设更加有力。多层次、多形式、多方位组织宣传贯彻党的十九大精神，广大干部职工“四个意识”更加牢固，“四个自信”更加坚定，增强了以习近平新时代中国特色社会主义思想武装头脑、指导实践、推动工作的思想自觉和行动自觉。坚持“好干部”标准，选拔任用素质优良、业绩突出、群众公认的干部。完善三支人才成长通道建设方案，为加强人才队伍建设提供制度保障。扎实推进“两学一做”学习教育常态化制度化，广泛开展党员定责承诺、量化积分、民主评议等活动，强化党员党性意识。围绕落实党支部工作“五项任务”，紧扣生产实践，开展支部分类定级，创建基层党建示范点，严格“三会一课”制度，推行主题党日活动，深入开展“党员先锋工程”，激发基层党组织活力。推进纪检监察体制改革，成立公司监督委员会，制定巡察工作制度，构建“大监督”工作格局。开展领导人员住房、公务用车等专项检查，严格落实中央“八项规定”精神。用好监督执纪“四种形态”，建立中层管理人员廉洁“活页夹”，及时指出少数干部存在的苗头性问题，增强干部自我约束力。严肃查处 2 起违纪违法案件，保持反腐败高压态势。

（韦　晨）

【宣传思想文化工作成效突出】 以“改革创新争先锋、苦干实干当排头”主题教育为抓手，深入开展形势任务教育和安全事故反思大讨论，形成从严从实抓安全的共识，提振了干事创业的精气神。高度重视意识形态管理，大力弘扬石油石化优良传统，广泛宣传劳模先进事迹，弘扬正能量。坚持正面宣传，组织 18 场公众开放日活动，提升了公司形象。层层落实维稳工作责任制，畅通信访渠道，解决职工诉求 43 件，信访总量同比下降 38.8%。持续深化“劳模（技师）工作室”“双十百佳”“一团一品”等群众性创新活动，发挥了群团组织作用。精准开展帮困救助，全年帮扶 1 815 人次，发放资金 421.5 万元。“走基层、访万家”“第三点建设”等一批惠及广大职工的措施有效落实，进一步融洽干群关系，增强了企业凝聚力。

（韦　晨）

表 1 仪征化纤主要技术经济指标 亿元

指标名称 \ 年份	2017	2016	2015	2014	2013	2012
工业总产值						
仪化有限公司	152.77	125.61	122.26	153.48	176.86	166.78
仪征资产分公司	8.88	7.72	6.86	5.98	18.79	27.40
工业增加值						
仪化有限公司	19.30	14.98	11.00	6.05	5.67	11.24
仪征资产分公司	1.02	0.44	0.17	−0.21	0.59	0.49
资产总计						
仪化有限公司	83.03	82.73	79.50	91.87	104.71	108.89
仪征资产分公司	13.14	11.82	12.19	12.20	16.76	16.92
流动资产						
仪化有限公司	26.76	27.84	23.48	33.03	41.62	43.30
仪征资产分公司	3.28	1.91	2.26	2.63	5.23	5.05
固定资产原值						
仪化有限公司	151.68	151.05	153.99	151.62	140.45	133.82
仪征资产分公司	12.82	16.81	16.73	16.08	15.61	14.06
固定资产净值						
仪化有限公司	33.17	35.47	36.78	38.57	39.64	34.95
仪征资产分公司	8.23	9.98	9.97	9.59	9.54	8.56
销售收入						
仪化有限公司	157.57	130.17	123.17	154.87	176.77	169.88
仪征资产分公司	9.13	6.83	7.06	6.23	18.94	27.44
实现利税						
仪化有限公司	4.03	−2.31	−4.37	−20.31	−11.78	−3.18
仪征资产分公司	−0.87	−0.87	−1.22	−1.92	−1.62	−0.96
税　金						
仪化有限公司	3.97	3.55	2.83	1.93	0.38	0.43
仪征资产分公司	0.27	0.24	0.21	0.24	0.17	0.03
综合能耗/吨标煤·万元$^{-1}$						
仪化有限公司	0.92	0.98	0.94	0.97	1.03	1.11
仪征资产分公司	0.11	0.11	0.11	0.12	0.12	0.12

表2　仪征化纤主要产品产量[①]　万吨

产品名称＼年份	2017	2016	2015	2014	2013	2012
涤　纶	235.43	236.61	229.46	232.14	254.00	241.75
聚酯切片	125.80	126.78	118.47	116.66	118.43	108.10
瓶级切片	33.17	34.94	35.94	37.98	54.87	61.75
涤纶短纤维	68.93	74.89	75.05	75.09	70.73	58.29
中空纤维	7.52	7.14	6.78	7.34	7.12	5.70
涤纶长丝	—	—	—	1.39	6.59	10.03
加弹丝	—	—	—	1.02	3.38	3.58
高　纤	0.23	0.17	0.11	0.12	0.10	0.10
顺　酐	10.09	6.05				
PTA	94.31	102.48	94.00	101.51	105.82	104.42
PBT树脂	9.14	8.60	8.39	5.69	5.94	5.45
四氢呋喃	0.59	0.64	0.65	0.52	0.56	0.37

①2012—2013年海南盛之业公司数据计入

南化公司

【概况】 中国石化集团南京化学工业有限公司（简称南化公司）坐落于江苏省南京市六合区，占地面积3.79平方千米，是由原南化公司与南京化工厂于2005年5月重组成立。原南化公司前身是近代著名爱国实业家范旭东先生于1934年创办的永利化学工业公司铔厂。南京化工厂的前身是始建于1947年的国民政府资源委员会中央化工厂筹备处京厂。原南化公司、南京化工厂分别于1998年、1999年进入中国石化。2007年，原南京化工厂整体搬迁进入南化公司。

南化公司是国内无机化工、有机化工、精细化工的生产基地。主要产品有三大系列：一是以煤、盐、硫黄为原料的无机化工产品，年产量分别为合成氨30万吨、氢气9万吨、硫酸50万吨、稀硝酸37.5万吨、浓硝酸22万吨、烧碱10万吨；二是以苯为原料的有机化工产品，年产量为苯胺25万吨，硝基苯35万吨、环已酮16万吨、氯化苯12万吨、硝基氯苯15万吨、环已胺6 500吨、己内酰胺40万吨（合资）；三是以橡胶助剂为主体的精细化工产品，年产量为RT培司3万吨、防老剂TMQ 3万吨、防老剂6PPD/4010NA 3万吨、表面活性剂2 000吨。

南化公司还是国内石油化工、精细化工科研与设备制造基地。有以气体净化、铜系催化剂研发为主的化工研究院；有以石油化工压力容器制造为主，被集团公司定位为中国石化大型非标设备制造基地的化工机械厂。

南化公司化工主业实行公司—运行部二级管理，下设4个生产运行部（煤化工、苯化工、橡胶化学品、油田化学品）、3个辅助生产运行部（检验、检维修、动力）、2个业务中心（销售、物装）及1个业务运行部（储运）。非化工主业实行分、子公司管理，下设化工机械厂1个分公司和研究院1个子公司。合资企业有南京福邦特东方化工有限公司，生产己内酰胺，外方控股，南化公司持有股权36.09%。托管集体企业江苏永大实业公司。

截至2017年底，南化公司有资产总额59.20亿元；在职员工7 517人，其中在岗员工4 826人、不在岗员工2 691人；离退休人员17 670人；二级党委（直属党总支）18个，基层党支部175个；有党员总数5 486人，其中在职党员1 982人、离退休党员3 504人。2017年，生产总量278.42万吨，实现不变价工业总产值66.53亿元，销售收入58.43亿元，利润－8.89亿元。上缴税费1.84亿元。

南化公司主要技术经济指标和主要产品产量分别见表1和表2。

（陈继宁）

【深入学习贯彻党的十九大精神】 2017年，南化公司党委开展“五个一”“四个进”学习教育活动，推动学习贯彻十九大精神落到实处。组织领导干部、党员开展一次集中辅导、组织一次集中研讨、上一次党课、进行一次十九大报告和新党章的知识测试，其中组织“三会一课”321场、党课165场次，覆盖党员2 760人；职工宣讲163场次，2 173人次参加；两级班子34次集中研讨2018年工作；2 490人次参加十九大报告和新党章的知识测试。各基层党组织还利用微信、QQ群等平台和收看中央台《榜样》《厉害了新时代》等节目，创新教育方式，增强吸引力。确保学习宣传贯彻十九大精神进班子、进支部（装置、车间）、进党小组（班组）、进岗位（职工）。

（陈继宁）

【安全环保工作取得新突破】 2017年，南化公司落实全员安全生产责任制，全年未发生公司级及以上安全事故，环保稳定达标。在江苏省国控重点污染源企业环保信用等级评价中，公司被评为蓝色企业。国家环保部宣教中心分别于6月、9月组织举办“一带一路”沿线国家环境保护与管理研修班到公司综合污水处理装置进行参观学习，并得到环保部宣教中心和南京市环保局的表扬肯定。

（陈继宁）

【“三大改革”攻坚战加紧实施】 2017年，南化集团研究院更名为中石化南京化工研究院有限公司，其下属全资子公司南京科正化工产品质量检验中心更名为南京科正化工产品质量检验中心有限公司，完成国有企业公司制改制工作；根据中央和国务院有关精神，在集团公司党组的领导和地方政府的支持下，南化公司按计划推进“四供一业”分离移交工作，其中供电改造11 420户，保持稳定。

（陈继宁）

【开展全员“转观念、勇担当、创效益”专题讨论】 2017年，南化公司围绕“聚力扭亏脱困、聚焦转型发展，打赢‘三步走’发展战略第一步攻坚战”主线，深入开展“转观念、勇担当、创效益”主题讨论，共查摆出问题274个，分门别类制定措施进行整改。在大讨论的基础上，制定《“严起来、落实下去”六项规定》，发通报8期，问责19名处级干部。集团公司“转观念、勇担当、创效益”简报刊发公司相关报道3期，其中1期得到集团公司党组主要领导批示。

（陈继宁）

【部分关键装置运行水平创新高】 资源优化项目实施以来，助剂系列产品首次实现全面盈利。出口苯胺57 123吨，创历史最好水平。制氢装置创连续运行历史新纪录，截至2017年12月31日，制氢装置已连续稳定运行246天。

（陈继宁）

【扎实推进“三基”工作】 2017年，南化公司党政工同抓，整体推进、重点突破，扎实推进“三基”工作。持续开展季度岗检，共下发整改单356份，全部得到整改；举办3期班组长培训班，培训131人；推进“五型”班组建设，压减班组数10个；全年共开展小指标劳动竞赛89项，参与职工4 309人次；全年评选“五小”优秀项目70项；61个装置，237个岗位，2 230多名职工参加“岗位应急处置”等专项练兵竞赛活动；全年开展班组经济核算工作，形成人人讲成本、人人算成本、人人降成本的氛围。

（陈继宁）

【完成以合成氨系统为主的10套装置大修】 2017年10月26日，以合成氨系统为主的10套装置进入大修。此次大修改造检修项目共608项，完工率100%。此次大修，公司第一次邀请青岛安全工程研究院作为第三方进行现场安全指导和监督，实现安全环保检修63天。

（陈继宁）

【转型发展专项工作稳步推进】 2017年，南化公司结合地方产业规划和公司自身发展需求，不断完善，编制形成《南化公司公司扭亏脱困转型发展方案》（1+N）和《南化公司异地产业发展规划研究》，为公司下一步发展指明了方向。南京市和集团公司联合成立了以缪瑞林市长和戴厚良总经理为组长的南化转型发展领导小组，并于11月进行调整优化，领导小组下设“两办四组”，为公司转型发展提供了组织保障。按照转型发展方案要求，不断与地方政府沟通谈判，坚持日碰头、周总结、月汇报，梳理、研究转型发展工作推进过程中存在的困难和问题。项目实施、土地收储、人员安置及社会移交等各组工作正在有序推进，部分工作取得突破性进展。

（陈继宁）

【科研创新取得新成果】 2017年，南化公司研究院承担的19个科研项目通过科技部评议、鉴定；全年申请专利160件，获得专利授权56件，申请量名列炼化企业前茅；获得中国石化科技进步奖一等奖1

项、技术发明奖三等奖 1 项，第 19 届中国专利优秀奖 1 件；19 个科研项目通过评议和鉴定。

（陈继宁）

【一体化管理体系正式运行】 2017 年 8—9 月，南化公司“质量、职业健康安全、环境、能源、测量”一体化管理体系通过中国船级社质量认证公司、北京国标联合认证公司联合审核，获得认证证书，公司一体化管理体系正式运行。8 月 7—11 日，中国船级社质量认证公司、北京国标联合认证公司组成的第三方认证审核组对南化公司一体化管理体系进行为期 1 周的现场审核。认证审核采取面谈、对过程和活动进行观察、审查文件和记录等方式，通过适当的抽样来获取与审核目的、范围和准则相关的信息，重点对质量管理体系、环境管理体系、职业健康安全管理体系、中国石化 HSE 管理体系、能源管理体系以及测量管理体系进行了审核。认证审核组认为公司一体化管理体系符合标准要求，一体化管理体系运行基本有效，建议批准通过认证审核。

（陈继宁）

【纪念南京化工厂建厂 70 周年】 2017 年 3 月 1 日，南化公司召开纪念南京化工厂建厂 70 周年座谈会。江苏省原副省长戴顺智，曾担任过南京化工厂领导职务的代表，南京化工厂部分老领导、老同志代表等参加了座谈会。南化公司总经理王宏做题为《传承历史、再创辉煌，努力谱写精细化工发展新篇章》的讲话。

（陈继宁）

【多人次获得省市级荣誉】 2017 年，南化公司化机厂重装车间自动焊班获中国石化青年文明号称号。研究院陈海波获南京市“大众创业，万众创新”立功竞赛创新先进个人称号和南京市五一劳动奖章，江洋洋获南京市五一劳动奖章；储运部职工张国忠被南京市质量技术监督局、南京市总工会等单位授予南京市技术能手和南京市五一创新能手称号。

（陈继宁）

【检验部取得国家实验室能力认可证书】 2017 年，南化公司编写国家实验室能力认证体系质量手册、程序文件，同时对合规性、适用性进行修订并发布。经过外部评审，于 2017 年 4 月 5 日取得国家实验室能力认可证书。

（陈继宁）

表 1　　南化公司主要技术经济指标　　亿元

指标名称 ＼ 年份	2017	2016	2015	2014	2013	2012
工业总产值	56.15	41.57	70.17	87.42	84.78	91.24
工业增加值	8.73	6.19	6.74	12.26	13.27	14.77
资产总计	59.43	61.81	61.15	97.57	99.62	90.36
流动资产	14.91	12.71	13.45	18.75	21.29	22.78
固定资产原值	114.81	113.94	111.18	125.03	101.71	97.24
固定资产净值	61.55	64.47	65.01	68.98	51.93	53.11
销售收入	58.34	48.13	52.33	87.44	83.94	91.20
实现利税	-7.05	-5.67	-2.34	-6.34	-8.73	-6.13
税　金	1.84	1.80	2.51	2.64	1.47	2.53
综合能耗/吨标煤·万元$^{-1}$	2.10	2.17	2.01	2.12	2.094	1.991

表 2　南化公司主要产品产量　万吨

产品名称＼年份	2017	2016	2015	2014	2013	2012
硫　酸	40.65	40.60	43.89	41.80	37.12	47.76
浓硝酸	20.04	15.99	15.52	19.12	21.34	20.41
稀硝酸	58.84	57.72	60.01	72.87	89.19	87.93
盐　酸	10.17	10.91	11.96	16.29	17.68	21.98
磷　酸	关停	关停	关停	关停	关停	3.72
烧　碱	7.41	8.13	8.12	9.39	8.48	9.92
纯　碱	划转	划转	109.05	112.69	98.92	102.73
氢　气	7.57	8.38	7.16	5.85	2.92	2.86
合成氨	24.68	29.88	25.38	19.29	22.73	25.34
硝酸铵	关停	关停	3.16	8.75	13.07	13.02
NPK 复合肥	关停	租赁	租赁	8.67	17.71	21.75
氯化苯	9.10	10.18	10.08	11.69	10.63	12.67
环己酮	14.20	15.13	14.02	11.36	5.33	6.47
苯　胺	20.81	13.29	13.94	22.24	25.33	25.04
环己胺	0.59	0.49	0.48	0.53	0.42	0.46
硝基苯	31.14	20.26	21.07	32.30	37.04	35.70
对硝基氯化苯	6.54	7.06	6.84	8.68	7.75	9.35
邻硝基氯化苯	3.51	3.88	3.66	4.72	4.19	5.08
RT 培司	1.08	0.63	0.76	0.87	0.58	—
橡胶促进剂总量	关停	关停	关停	关停	关停	—
防老剂 TMQ	3.01	3.00	3.01	3.02	2.98	2.96
防老剂 6PPD	1.47	0.84	0.91	1.07	0.85	1.17
防老剂 4010NA	0.06	0.05	0.16	0.15	0.16	0.31
化工设备制造	1.15	0.92	1.74	1.52	1.82	1.96

广州石化

【概况】　中国石油化工股份有限公司广州分公司（简称广州分公司）和中国石化集团资产经营管理有限公司广州分公司（简称广州资产分公司）统称广州石化，位于广东省广州市黄埔区石化路，占地面积 445 万平方米，其前身为始建于 1973 年 6 月 18 日的广州石油化工总厂，1983 年 11 月划归中国石油化工总公司。

广州石化拥有炼油、化工生产主要装置 56 套，24.9 万千瓦装机容量的自备热电站及惠州大亚湾 15 万吨级和 30 万吨级深水泊位原油码头各 1 个、80 万立方米首站原油罐区及完善的长输管道。原油综合加工能力 1 275 万吨/年、乙烯生产能力 22 万吨/年，石油化工产品共 130 种产品牌号，石油产品主要有汽油、煤油、柴油、航空煤油等 60 种，化工产品有聚乙烯、聚丙烯、聚苯乙烯 3 类共 70 种（其中固体产品 52 种、气液体 18 种）。

截至 2017 年底，广州石化设有 14 个管理部门、5 个职能中心、3 个专业中心、8 个作业部及代管 1 家公司。共有在册职工 4 610 人，其中具有正高级职称的 15 人、副高级职称的 349 人、中级职称的 740 人，专业技术人员 1 136 人，技能操作人员2 912人。

广州资产分公司主要经济指标见表 1，广州分公司主要技术经济指标和主要产品产量分别见表 2 和表 3。

（王新忠　邓志伸）

【领导班子调整】　2017 年 9 月 1 日，集团公司党组在广州石化召开干部大会，对广州石化领导班子做出调整：丘仲宜任广州分公司党委书记、副总经理，广州资产分公司副总经理；李立宁任广州分公司党委副书记、纪委书记、工会主席人选；免去陆建明广州分公司党委书记、常委、委员职务，解聘其广州分公司副总经理、广州资产分公司副总经理职务，任茂名资产分公司党委书记、副总经理，茂名分公司副总经理。

（王新忠　邓志伸）

【创建厂 44 年以来最辉煌业绩】　2017 年，广州石化加工原油 1 173.81 万吨，同比减少 4.1%；生产汽煤柴三大类成品油 781.81 万吨，减少 4.5%，其中汽油 252.24 万吨、减少 3.1%；生产乙烯 22.61 万吨，增加 2.2%。实现工业总产值 486.5 亿元，增加 14.33%；实现营业收入 482.88 亿元，实现利税 219.69 亿元（含进口原油海关增值税），增加 6.61 亿元；税金 178.17 亿元，增加 0.42 亿元。广州分公司盈利 41.76 亿元，继 2015 年、2016 年后再创建厂 44 年以来最辉煌业绩。广州资产分公司亏损 2 428 万元，完成年度指标任务。

（王新忠　邓志伸）

【获多项集团公司 HSE 先进称号】　2017 年，广州石化按照“识别大风险、消除大隐患、杜绝大事故”的要求，强化隐患整治和风险管控。抓好“十大风险源”管理，完善预防和应急措施，总部下达的 29 项隐患治理项目按照进度推进。年内多次发生强降雨，均未发生重大水体污染和环境事件，实现污染物浓度和总量全面达标，全年二氧化硫、氮氧化物、COD 和氨氮 4 项主要污染物累计排放分别下降 28.62%、6.62%、7.70% 和 41.80%。全年，广州石化实现安全环保零事故、职业病零病例的“零”目标，在集团公司年度 HSE 大检查被评为 A 档，被评为 2017 年度集团公司安全生产先进单位、环境保护先进单位、职业健康先进集体。

（王新忠　邓志伸）

【实现党建工作与生产经营深度融合】　广州石化党委认真贯彻落实党的十九大精神，围绕“建设好发展好广州石化”目标，坚持全面从严加强党的建设，较好发挥党委“把方向、管大局、保落实”的核心作用。突出抓好企业政治建设、思想建设、组织建设、作风建设、制度建设和反腐倡廉建设，落实党组织书记述职评议，做到 100% 述职、100% 测评、100% 量化考核，推动党组织书记党建责任落实，深化“抓安全、守纪律、做表率”党建工作，实施“一个支部一个党建品牌”，聚焦安全环保、平稳生产、指标创优、“三基”工作、效益提升、稳定和谐等，持续深化创先争优，促进了党建工作与生产经营的深度融合。深化“转观念、勇担当、创效益”专题研讨，开展“决战四季度、喜迎十九大”等活动，领导带头深入基层，密切联系群众，开展形势任务宣讲，不断增强思想政治工作的前瞻性、针对性和实效性，凝聚各方力量。坚持把纪律和规矩挺在前面，切实落实“两个责任”，大力推进党风廉洁建设和反腐败工作，领导班子带头依法治企、廉洁自律，着力营造企业良好的政治生态和管理生态。在集团公司党建考核中，广州石化获评 A 档（优秀）。

（王新忠　邓志伸）

【完成炼油Ⅱ系列装置大修改造】　2017 年 6 月 30 日—8 月 26 日，广州石化实施炼油Ⅱ系列大修改造，共涉及 21 套生产装置和 1 套热动力系统、1 套火炬系统，检修项目 7 683 项，大修同步更新计划 137 项，同步实施项目 71 项。大修期间，广州石化加强宣传报道，全面营造“一切为了大修、一切服务大修、一切服从大修”的氛围。同时，提前向社区居民通报大修信息，邀请政府和周边社区居民召开座谈会，接受政府、媒体和公众监督。按照“气不上天、油不落地、水不超排、渣不乱丢、声不扰民”的要求，对停工过程的“三废”排放进行全面统筹处理，实现零事故、零污染、零排放、零投诉。大修改造和开工工作安全、环保、顺利完成，得到总部及地方政府的充分肯定。

（王新忠　邓志伸）

炼油Ⅱ系列大修改造　（廖思思　摄）

【优化创效3.25亿元】 2017年，广州石化通过周优化、旬分析、月总结，实现过程管控和过程纠偏，全力降本增效。全年实施优化项目152项，创效3.25亿元。落实各项平稳优化措施，大部分主要装置运行超过4年；通过拓市扩销、压减库存、加大重点领域管控等措施增创效益，高标号汽油、航煤等高附加值产品占比提升，尤其是聚丙烯三新产品开发和市场推广取得显著成效；根据煤、焦价格差异，合理安排相应锅炉运行、及时调整掺烧燃煤比例，提高运行负荷率，降低运行成本3 750多万元；积极推进大用户直购电业务，全年直购电1.2亿千瓦·时，节约购电成本879万元。

（王新忠 邓志伸）

【强化改革管理】 2017年，广州石化持续狠抓从严管理。抓牢抓实“三大纪律”，全年组织检查30次，查出问题290项并督促整改，职工遵章守纪的意识不断增强，违章违纪现象有效减少。严格考核和责任追究，把管理重点逐渐转向管理部门和领导干部，严格落实问责，全年有48名领导干部被问责。发挥考核激励导向作用，加强对管理部门服务基层和领导干部履职尽责的考核，有效增强领导的担当和责任意识。重点关注基层正向激励，鼓励基层单位为公司多创效益，有效调动职工积极性，全年共奖励1 012万元。深化内部改革，梳理广州资产分公司经营业务并制订扭亏方案，有效推动明珠宾馆减亏；完成公司“三定”方案编制工作并有序推进实施。严格依法治企，充分发挥财审法监立体监督职能，确保依法合规经营。

（王新忠 邓志伸）

【提升发展质量】 2017年，广州石化环保提标治理有序推进，重催烟气脱硝等项目完成，污水提标等项目有序实施。实施“能效倍增”改造，每月节能500吨标煤，成效显著。持续优化炼油工艺清洁化升级改造方案并稳步推进。新建45万吨/年异构化装置项目可研报告获得总部批复。集团公司科研开发任务顺利结题，一批科技开发项目通过集团公司验收。

（王新忠 邓志伸）

【多项发明获国家专利授权】 2017年，广州石化加强科研和新产品开发工作。科技开发项目“催化烟气轮机结垢原因研究及处理技术开发”通过总部验收，国产化项目“加氢裂化装置用高压轨道球阀研制与应用”通过技术鉴定；开发生产无塑化剂S963S产品，嵌段共聚料K7116、K7227和K8125产品；全年获得国家知识产权局授权专利8件，其中发明专利6件。姜立良、曾芳勇提出的“由炼厂粗丙烯制成聚合级丙烯的精制方法及精制系统”、黎德初等6名电气专业人员提出的“一种带出线电抗器的母联保护方法”、王龙、刘琤等提出的“一种干气凝液处理方法”等先后获得国家专利技术专利权。

（王新忠 邓志伸）

【新产品专用料开发生产创历史最好水平】 2017年，广州石化持续优化产品结构，加大新产品和专用料开发生产力度，积极开展产品推广，成功开发出500T、K7116、K7227、K8125、S1940等一系列新产品。全年共生产塑料新产品、专用料40.08万吨，完成年度计划的131.41%，创历史最高产量，创效约6 088万元；合成树脂新产品专用料率为67.33%，创历史最好水平，较上年上升24.57%。

（王新忠 邓志伸）

【信息化建设和应用水平不断提升】 2017年，广州石化“两化”融合管理体系有效运行，信息化创新创效助推专业管控水平提升。智能化管线管理系统投运，形成39条厂际管线数字化资产，通过与智能巡检有效结合，有效保障现场生产安全。持续完善安全生产过程风险分级预警平台，对工艺、环保、设备、质量5 000多个指标分级实时监控、及时预警，避免动设备停机16起，减少生产波动19起。产品出厂实现微信预约提货，有效缓解提货拥堵状况，提高了客户满意度。

（王新忠 邓志伸）

【完成马鞭洲航道疏浚】 马鞭洲航道2014年起发现回淤，严重影响大型油轮进港；因惠州市货港费问题，航道疏浚工程受阻。广州石化华德公司会同中国海油惠州石化多次与市政府协调，于2016年5月获得同意开展马鞭洲航道维护性疏浚工程。施工期间航道持续通航，“双边工程”风险极大，倾倒区许可期限迫近，工程时间紧、任务重。华德公司多次优化施工工艺，敦促加大设备投入，盯紧施工船舶，全程监控，做优航道使用方案，工程进度和质量良好受控。2017年3月底完成现场疏浚工程并如期投用，经多方协调，保障VLCC油轮直靠；4月下旬通过海事部门组织的通航核查并发布航行通告，恢复设计水深。VLCC油轮安全进港作业，保障了广州石化的原油进口和安全生产，2017年同比减少油轮滞期 1 404 小时，大幅降低广州石化原油成本。

（王新忠　邓志伸）

【**财务共享成功上线运行**】　2017 年 9 月 6 日，广州石化列入财务共享上线计划，11 月 7 日实现系统切换，仅用同类型炼化大型企业一半的时间实现上线，是同类型企业中业务对接差异数量最少、需总部协商事项最少、业务操作最规范的企业之一。12 月 2 日，完成财务共享上线后的首月月结和报表上报工作，其中广州分公司比总部规定时间提前 28 小时、广州资产分公司提前 13 小时完成报表上报，标志着广州石化财务共享服务上线成功。

（王新忠　邓志伸）

【**做好极端天气安全环保工作**】　2017 年 5 月 7 日凌晨开始，一场特大暴雨自北向南“横扫”广州各区。该次强降水时空分布高度集中，强降水持续时间长、累计雨量大，雨势之猛刷新历史极值，日雨量破广州历史纪录。广州石化迅速启动应急预案，积极应对。严格执行领导带班制度，公司领导全程现场指挥，做好暴雨期间的安全环保生产和清污分流等工作。生产调度、安全环保监督人员密切关注降雨量变化，指导装置操作人员做好清污分流措施，加强对污水系统的运行监控和全厂蒸汽、瓦斯等公用工程系统的平衡管理，防止系统波动对装置生产造成影响。各作业部在接到暴雨预警后，第一时间组织做好暴雨期间装置的安全和环保工作，及时处理暴雨引起的炼油瓦斯系统压力和蒸汽管网压力异常波动。处于水体防控系统下游的公用工程部，第一时间启动暴雨应急预案，按事故应急要求，分赴各排口进行现场应急处理，确保水体防控系统的安全平稳运行。暴雨期间各装置生产运行保持平稳，没有发生安全环保事故，各项环保外排指标正常，原油输送、产品出厂正常，暴雨未对公司的生产经营造成大的影响。

（王新忠　邓志伸）

【**做好特殊时期舆情及安全环保工作**】　全国“两会”“十九大”、广州“全球财富”论坛期间，广州石化认真落实广东省、集团公司工作要求和部署，严格落实责任，加强隐患排查、强化风险管控，完善应急预案，开展“羊城天盾－2017”防空演练，加强舆情监控和治安反恐，确保安全清洁平稳生产，确保市场稳定供应。期间职工队伍稳定，重点群体及敏感人员受控，网络舆情受控，实现“零进京”目标，确保特殊敏感时期企业安全稳定，得到地方政府和集团公司肯定。

（王新忠　邓志伸）

【**提升职工获得感幸福感安全感**】　2017 年，广州石化以“解决小诉求，凝聚大力量”“努力建设职工满意食堂”“讲好广州石化故事”等工作为突破口，着力提升职工获得感幸福感，积极构建企业与职工的利益、事业、命运共同体，共收到职工的小诉求 766 条，解决、解释率 88%。持续深化民主管理，审议通过涉及职工切身利益的重要事项 7 个。开通萝岗区域交通车，方便职工上下班。编印《职工薪酬福利手册》，发挥职代会各专门委员会职能，组织职工代表开展饭堂巡视检查、劳动保护巡视检查。奖励劳动竞赛优胜班组（装置）63 个和先进个人 58 名，推动班组和专业管理水平提升。发挥劳模技师作用，劳模技师创新创效工作室服务生产效果逐渐显现。持续开展“走基层，访万家”活动，走访职工家庭 4 837个、基层班组 394 个。做好困难职工帮扶救助，发放各类救助慰问金 203.98 万元，为重大疾病、住院职工理赔医疗保障金 82.4 万元，职工群众获得感、幸福感、安全感持续提升。

（王新忠　邓志伸）

【**深化企业文化建设**】　2017 年，广州石化践行以“三老四严”“苦干实干”为核心的石油精神，及“严、细、实”等理念，职工从严管理意识得到增强。常态化开展核心价值理念内外传播，着力抓安全、质量、法治、廉洁等专项文化建设，推进核心价值理念在各专业管理领域落地。认真落实中国石化品牌建设工作部署要求，积极推进Ⅵ规范管理。

（王新忠　邓志伸）

6月 16 日，广州石化举办“安全生产月”暨“安全生产万里行”开放日和进社区活动（黄敏清 摄）

【获多项荣誉】 2017年，广州石化被授予集团公司2017年度安全生产先进单位、环境保护先进单位、职业健康先进集体、经济效益优胜单位、炼油“比学赶帮超”优胜单位等称号。广州分公司获广州碳排放权交易所优秀会员称号。

（王新忠 邓志伸）

表1 广州资产分公司主要经济指标① 亿元

指标名称 \ 年份	2017	2016	2015	2014	2013	2012
企业总产值	4.97	4.55	5.07	6.10	5.04	2.45
企业增加值	0.11	0.88	0.95	1.00	1.00	0.31
资产总计	6.15	6.22	5.84	5.70	5.64	5.91
流动资产	1.09	1.10	0.85	0.70	0.60	0.77
固定资产原值	6.80	6.56	6.50	6.40	6.51	6.45
固定资产净值	4.76	4.65	4.54	4.60	4.70	4.77
主营业务收入	4.65	4.23	4.73	6.00	4.91	5.77
实现利税	0.07	-0.0024	0.07	0.10	0.06	0.10
税　金	0.31	0.29	0.33	0.40	0.35	0.35

①从2013年1月起，广州资产分公司名下的唯一装置采取租赁形式给广州分公司管理和使用，无工业总产值及工业增加值

表2 广州分公司主要技术经济指标 亿元

指标名称 \ 年份	2017	2016	2015	2014	2013	2012
原油加工量/万吨	1 173.81	1 223.64	1 210.00	1 261.20	1 171.60	1 242.76
工业总产值	486.50	425.54	470.12	653.00	656.52	703.37
工业增加值	207.15	197.86	191.42	121.00	122.94	102.61
资产总计	246.15	223.24	152.19	142.55	194.44	169.80
流动资产	171.13	145.01	69.58	54.55	102.46	78.49
固定资产原值	218.50	216.36	207.03	207.22	204.50	196.73
固定资产净值	61.69	69.35	66.61	74.08	77.18	77.95
主营业务收入	478.23	428.80	460.89	649.29	652.51	686.80
实现利税	219.62	213.08	207.31	183.96	187.77	183.50
税　金	177.86	177.46	184.99	186.66	180.48	192.56
综合能耗①/吨标煤·万元$^{-1}$	0.41	0.39	0.42	0.42	0.46	0.43

①综合能耗是指不变价的能耗

表 3　　广州分公司主要产品产量　　万吨

产品名称＼年份	2017	2016	2015	2014	2013	2012
汽　油	252.24	260.22	249.02	240.50	213.55	225.24
煤　油	176.81	179.85	177.65	167.57	128.55	128.68
柴　油	352.76	378.50	372.77	427.88	411.15	442.12
燃料油	0.07	0.10	0.07	-0.22①	8.58	16.62
液化气	49.47	49.88	53.00	51.51	51.03	54.62
沥　青	54.95	62.61	61.92	47.55	52.73	50.43
石油焦	86.05	92.20	89.85	97.90	87.23	89.43
乙　烯	22.61	22.13	20.16	22.21	22.50	22.40
聚乙烯	19.69	20.95	19.44	21.58	22.21	21.22
聚丙烯	33.37	21.44	20.05	21.56	22.19	21.16
聚苯乙烯	6.46	5.66	6.06	6.91	6.35	5.83

①2014 年燃料油退库比交库多

洛阳石化

【概况】　中国石油化工股份有限公司洛阳分公司（简称洛阳分公司）和中国石化集团资产经营管理有限公司洛阳石化分公司（简称洛阳资产分公司）统称洛阳石化，是中国石化直属的油、化、纤一体化石油化工企业。

洛阳石化是国家第 5 个“五年计划”期间批准建设的单系列 500 万吨/年燃料型炼油厂，1976 年开始筹建，1978 年动工建设，1984 年部分装置试生产，1993 年全面建成 500 万吨/年炼油工程，2000 年建成 20 万吨/年化纤工程，2010 年形成 800 万吨/年炼油能力。经过 30 多年的建设，依托炼油发展化工，逐步从单纯燃料型炼厂发展成为炼化一体化企业。

截至 2017 年底，洛阳分公司有合同制员工 3 453 人，其中原正式工 3 338 人（包括合资公司原正式工 91 人）、长期病伤假 8 人、离岗调研 64 人、借出到石化系统内单位 3 人；合资公司合同制员工 69 人。洛阳资产分公司有合同制员工 177 人，其中在岗职工 167 人、内部退养职工 10 人。在岗职工中具有高级及以上职称的 235 人、中级职称的 516 人，专家 6 人，主任师 11 名、副主任师 36 名、主任技师 8 名。按照总部“三定”工作部署，洛阳分公司完成机构优化调整，形成 13 个处室、6 个中心、9 个运行部的管理架构。洛阳资产分公司下辖集体企业惠康物业管理公司和控股子公司自来水公司。

洛阳分公司炼油板块有 800 万吨/年常减压、140 万吨/年重油催化裂化（2 套）、70 万吨/年连续催化重整、220 万吨/年蜡油加氢、140 万吨/年延迟焦化、80 万吨/年溶剂脱沥青、260 万吨/年柴油加氢、100 万吨/年催化柴油加氢、80 万吨/年航煤加氢、65 万吨/年气体分馏、150 万吨/年催化汽油吸附脱硫（S-Zorb）等生产装置及配套公用工程和环保设施。化工板块主要有 26 万吨/年芳烃抽提、24.5 万吨/年对二甲苯（PX）、32.5 万吨/年精对苯二甲酸（PTA）、20 万吨/年聚酯（PET）、10 万吨/年短纤维装置、14 万吨/年聚丙烯装置。主要产品有汽油、柴油、航空煤油、化工轻油、分子筛料、溶剂油、液化气、道路沥青、工业硫黄、石油焦、聚丙烯、对二甲苯、精对苯二甲酸、涤纶短纤维等。

洛阳石化主要技术经济指标和洛阳分公司主要产品产量分别见表 1 和表 2。

（于　玲）

【经济效益实现历史性突破】　2017 年，洛阳分公司累计加工原料油 670.69 万吨，其中原油 598 万吨、同比增长 5.96%；销售产品 593 万吨，计划完成率 100.91%；实现营业收入 301.4 亿元；实现利税 95.78 亿元，增加 20.09 亿元；实现利润 10.28 亿元，增长 12.09 亿元，在总部 37 家炼化企业中排名第 20

位、前进12名，获集团公司创效进步优胜单位称号。

（于 玲）

【降本减费成效显著】 2017年，洛阳分公司持续开展降损降耗工作，加工损失同比下降0.11%，炼油综合能耗完成总部指标，辅材化剂消耗比预算节约637万元。整合产氢资源，在汽柴油质量升级氢耗增加的情况下，外购氢气量降低30%。公用工程系统运行水平进一步提升，发电量、氮气产量创新高。加强物资采购管理，节约资金1.04亿元。加强资金占用管理，加大票据流转力度，全年获得总部利息奖励1 240万元，完成外部长期欠款清理。利用惠企政策增收节支5 264万元。全年炼油单位完全费用240元，化工吨产品完全费用1 112元，均低于年度预算指标。

（于 玲）

【炼油结构调整项目开工建设】 2017年7月14日，洛阳分公司炼油结构调整项目获得总部批复，进入建设实施阶段。7月22日举行开工仪式，9月20日成立项目管理部。按照2019年底建成、2020年上半年投产的总体进度，倒排工期，明确重要任务及时间节点。完成项目总体设计及渣油加氢反应器、连续重整反应器、一催化“两机”等设备订货，全面启动基础设计。稳步推进烷基化装置建设和柴油加氢改造、S-Zorb扩能改造等相关子项目。积极协调推进外部配套项目建设，其中日（照）—濮（阳）—洛（阳）原油管道完成基础设计，原油商储库项目开工建设，洛阳—郑州航煤管道项目前期工作有序推进。

（于 玲）

7月22日，洛阳分公司炼油结构调整项目建设启动会 （王东亮 摄）

【完成巴基斯坦项目开工任务】 2017年3月13日，洛阳分公司参与的巴基斯坦项目循环水装置正常投用；4月11日，酸性气火炬和轻烃火炬现场点火一次成功；6月4日，13 570米^3/时制氢装置生产出合格产品；6月19日，122万吨/年柴油加氢装置生产出合格欧Ⅳ产品；6月26日，58万吨/年石脑油分离及30万吨/年石脑油加氢装置开车成功；7月8日，38吨/日硫黄回收和造粒装置生产出合格产品；10月12日，28万吨/年异构化装置生产出高辛烷值汽油。10月25日，开车人员全部回国，标志着巴基斯坦项目开车任务全部完成。

（于 玲 李 炜）

巴基斯坦项目现场 （季 诚 摄）

【企业管理持续深化】 制订强化提升“三基”工作总体方案，试点开展“三标”班组建设。聚焦效益成本，建立工效挂钩绩效考核体系。提取20%的绩效奖金用于二次分配，调动干部职工创效热情。大力开展“全员素质提升”，举办3期领导干部培训班；举办催化裂化、重整、加氢、锅炉专题研修班，邀请石油化工科学研究院、抚顺石油化工研究院、洛阳工程公司等单位专家34人次到厂授课，培养学员140余名；组织开展“周末技术课堂”“技术分析进班组”活动，队伍素质得到提升。强化依法依规治企，加强审计监督、效能监察、内控检查、法律合规性审查和风险评估。持续完善市场化运作机制，与改制企业的业务往来更加规范。实施LIMS系统优化等信息化项目，ERP、APC等系统应用在总部排名持续提升。

（于 玲）

【改革攻坚迈出积极步伐】 2017年，洛阳石化按照总部“三定”工作部署，完成机构优化调整，形成13个处室、6个中心、9个运行部的管理架构。通过收回外包业务、“走出去”提供技术服务等措施，减少直接用工53人、盘活用工259人。稳步推进哈萨克斯坦石油深加工项目开工。完成质监分站法人压减工作。聚酯部独立经营取得一定成效。统筹推进“四供一业”移交，与吉利区签订框架协议和市政分离移交协议，供水供电移交改造施工有序推进。

（于　玲）

【盘活长丝装置9#生产线】 2017年，洛阳石化为盘活闲置的生产线和因长丝关停而产生的冗员，经过市场调研，11月8日与洛阳吉通化纤有限公司签订长丝装置9#生产线及相关仓储设施租赁合同。租赁期为5年，即自2017年11月1日至2022年10月31日止，租赁费标准为30万元/年（不含税）。通过租赁经营，实现人力资源、闲置资产的有效利用。

（于　玲）

【党建工作不断加强】 2017年，洛阳石化认真组织学习贯彻党的十九大精神和习近平新时代中国特色社会主义思想。坚持围绕“一个中心”、抓住“两条主线”，扎实推进党建工作与生产经营深度融合。开展“凝心聚力、扭亏脱困”大讨论活动，干部职工思想观念进一步转变。建立“543”（5项主要任务是抓班子、带队伍、强“三基”、保稳定、促发展，4看标准是看中心工作业绩、看班子团结协作、看职工队伍面貌、看党风廉洁建设，3项机制是建立基层党支部工作责任清单、推行“4+X主题党日活动、实施党支部书记素质提升工程”）党建工作思路推动全面从严治党要求向基层延伸，强化基层党组织建设，“两个作用”进一步凸显。紧盯“关键少数”，坚持“五看五不唯”，各级领导干部示范带动作用更加突出。认真落实“两个责任”，加强监督监察和执纪问责，营造风清气正的政治生态。加强对群众工作的领导，工会、共青团、离退休和文联、体协、关工委等群众组织作用进一步发挥。严格落实信访维稳工作责任，坚持抓早抓小抓苗头，保证队伍稳定、企业和谐。

（于　玲）

【党风廉洁建设扎实有效】 2017年，洛阳石化严格履行党委主体责任，组织召开专题会议，统筹部署全年工作。用好“两个责任”履职清单，18个方面79项措施逐项落实到班子成员和责任部门。深化廉洁教育，开展反腐倡廉教育月活动，13项具体措施落实到位。举办廉洁大讲堂2场、廉洁从业培训班1期。组织参观洛阳市国有企业反腐倡廉警示教育基地15场1 100多人次。强化执纪问责，全年追责3人，监督整改问题27项。严格信访调查和案件查办，信访举报及其他线索处置率均为100%。落实党组要求，建立123名处级领导干部廉洁情况“活页夹”，全力配合巡视工作。运用好“四种形态”特别是“第一种形态”，党委常委全年组织常规约谈、问题约谈、诫勉谈话共计99人次。加强纪检干部队伍建设，选优配强42名纪检监察员。强化管理监督，围绕挖潜增效、执行力建设开展履职尽责效能监察，全年立项17个，避免或挽回经济损失865万元。紧盯公务接待、职务消费、婚丧嫁娶等事项，加强廉洁提醒，坚持专项暗访，严防“四风”反弹。

（于　玲　刘　勇）

表1　**洛阳石化主要技术经济指标**　亿元

指标名称＼年份	2017	2016	2015	2014	2013	2012
原料油加工量/万吨	670.69	626.77	510.80	707.00	784.13	804.50
工业总产值	296.86	232.91	210.37	390.13	459.20	485.41
炼　油	267.11	209.56	191.43	353.79	408.73	436.97
化　工	29.75	23.35	18.94	36.34	50.47	48.44
工业增加值	105.29	88.68	60.23	53.31	72.58	62.35
资产总计	71.70	67.64	76.23	86.76	103.46	104.06

续表

指标名称＼年份	2017	2016	2015	2014	2013	2012
流动资产	29.40	22.68	25.35	33.56	50.28	49.80
固定资产原值	161.82	161.40	160.54	160.94	158.23	150.37
固定资产净值	37.29	40.63	45.30	48.37	50.11	46.52
销售收入①	301.40	236.52	289.53	477.60	549.85	573.20
实现利税	95.78	75.69	45.26	38.81	58.45	51.70
税　金	87.17	62.48	63.55	60.00	68.24	64.10
综合能耗②/吨标煤·万元$^{-1}$		0.53	0.55	0.51	0.47	0.44

①包括洛阳资产分公司

②从2011年起万元产值能耗改为2010年不变价格

表2　　洛阳分公司主要产品产量　　万吨

产品名称＼年份	2017	2016	2015	2014	2013	2012
92#汽油	108.32	29.44	—	—	—	—
93#汽油	—	64.85	65.34	95.21	123.53	134.45
95#汽油	58.82	23.23	—	—	—	—
97#汽油	—	46.98	50.99	64.35	50.72	40.89
98#汽油	12.79	9.70	11.59	12.88	12.02	8.13
3#喷气燃料	62.80	62.78	49.48	72.63	78.28	72.11
分子筛料	—	—	—	1.59	4.38	5.59
0#柴油	174.48	139.96	137.25	182.62	219.52	229.81
-10#柴油	1.95	3.84	1.18	8.66	10.23	17.96
-20#柴油	—	—	—	-0.06	1.45	1.91
2#燃料油	0.49	—	—	—	—	—
4#燃料油	1.60	—	—	—	—	0.79
化工石脑油	12.96	13.54	10.78	15.43	17.63	28.34
溶剂油	—	—	—	-0.04	—	—
工业白油	—	4.58	5.02	2.74	—	—
粗白油	5.08	2.71	—	—	—	—
工业己烷	—	1.09	0.97	10.62	11.07	9.47
石油醚	7.21	8.45	5.50	—	—	—
商品重油	0.58	0.11	1.04	0.75	0.69	1.30

续表

产品名称＼年份	2017	2016	2015	2014	2013	2012
沥　青	16.33	14.39	20.80	29.93	39.54	37.81
液化气	46.44	43.86	27.88	42.04	43.22	43.89
丙　烯	15.53	13.99	9.20	13.03	13.66	15.08
丙　烷	—	—	—	—	—	0.02
硫　黄	5.00	3.97	2.41	4.41	5.03	4.39
液　氨	0.32	0.26	0.24	0.33	0.37	0.31
聚丙烯	15.70	15.24	10.21	13.39	13.85	7.55
双向拉伸薄膜	—	—	—	—	0.62	1.00
纯　苯	8.53	7.34	6.89	8.96	10.46	10.33
对二甲苯	15.07	13.58	11.59	16.48	22.32	23.44
邻二甲苯	2.28	—	—	0.98	3.42	2.72
精对苯二甲酸	16.02	20.08	17.98	23.31	29.62	30.63
聚　酯	10.74	10.50	9.31	10.33	12.91	19.72
涤纶长丝	—	—	—	—	1.81	6.78
涤纶短纤维	10.58	10.36	9.13	10.19	9.99	10.34

安庆石化

【概况】 中国石油化工股份有限公司安庆分公司（简称安庆分公司）和中国石化集团资产经营管理有限公司安庆分公司（简称安庆资产分公司）统称安庆石化，始建于1974年7月，是安徽省最大的中央直属生产企业、最大的石化产品生产基地。

截至2017年12月底，安庆石化拥有综合加工能力800万吨/年的炼油装置，处理煤2 000吨/日的壳牌粉煤气化装置，以及33万吨/年合成氨、21万吨/年丙烯腈、7万吨/年腈纶、10万吨/年乙苯—苯乙烯等主要生产装置70余套。同时拥有20万千瓦发电机组、吞吐能力760万吨/年的油品码头、50万吨/年的固体产品装船码头、20万吨/年的液态烃码头、80万吨/年的卸煤码头和24万吨/日的供水系统，以及全长13千米的厂内铁路专用线。在册员工总数4 882人，固定资产原值210.16亿元、净值110.53亿元，累计上缴国家和地方税金超过730亿元。

安庆石化主要技术经济指标和主要产品产量分别见表1和表2。

（关广磊）

【生产经营业绩再创历史新高】 2017年，安庆石化精心组织生产，努力拓展创效空间，全力提升资产创效能力。全年累计加工原油750.58万吨、同比增加212.17万吨，原油加工量、汽油、航煤、丙烯、丙烯腈、苯乙烯等产量均创历史新高。在积极消化历史负担、主动计提减值的情况下，炼油业务利润总额、吨油利润双双实现沿江企业排头；化工业务剔除资产减值及处置损失，实际盈利1.39亿元，提前1年扭亏脱困；资产业务保持盈利局面。累计实现利润增加13亿元，创历史最好业绩。

（关广磊）

【优化调整取得新成效】 2017年，安庆石化积极落实总部调研帮扶措施，强力推进提质增效升级，45个扭亏脱困项目累计同比增效16.9亿元。着力优化产品结构，按期完成国Ⅳ、国Ⅴ普通柴油质量升级，打通烷基化油、MTBE管输进厂通道，航煤、高标号汽油、车用柴油产量全面提升，增效1.64亿元。强化攻关拓市力度，扁平纤维系列品种增加15个，产量超万吨。

（关广磊）

【转型发展迈出新步伐】 2017年，安庆石化统筹推进重点项目建设，完成投资超过15亿元；100万吨/年催化柴油加氢转化项目、污水提标改造项目建成投用，30万吨/年烷基化项目基础设计审查获得批复，原油提硫改造、针状焦项目可研报告编制完成。全力抓好隐患治理项目，列为安徽省“铸安行动”一号工程的危化品码头及油气输送管线迁建项目具备投用条件。

（关广磊）

【改革创新扎实开展】 2017年，安庆石化坚持绩效导向，按照“向一线、创新领域、重点装置和关键岗位倾斜”的总原则，持续改进绩效考核。扎实推进“三定”工作，先行整合机关职能部门，完成罐区、码头、港口业务集中，7个中层机构更名调整、9个中层机构撤销合并。

（关广磊）

【企业面貌呈现新气象】 2017年，安庆石化认真开展“转观念、勇担当、创效益”专题讨论，深化“安康杯”安全达标竞赛、争创“工人先锋号”班组劳动竞赛。围绕中心、服务大局、凝聚青年，共青团生力军和突击队作用有效发挥。办好关爱职工的好事，全年慰问困难职工739人次，组织疗休养545人次、员工体检4 687人次，发放慰问金及困难补助近200万元，“走基层、访万家”走访率100%，企业保持和谐稳定的良好局面。

（关广磊）

【航煤首次成功水路出厂】 2017年2月14日，安庆石化4 289吨航煤首次通过水路运往重庆，标志着安庆石化拓展航煤产品安徽省外市场取得成功。新增航煤水路出厂项目是安庆石化提质增效重点项目，对进一步优化产品出厂结构、提高航煤市场占有率意义重大。

（关广磊）

【腈纶产品首次实现出口】 2017年，安庆石化调整优化腈纶产品工艺参数，狠抓生产过程控制，加大技术攻关，克服低负荷生产带来的调整困难，积极扩宽销售渠道，开拓国外市场，不断增强腈纶产品的市场竞争力和企业的创效能力。12月28日，安庆石化实现首批60吨6D半消光腈纶纤维出口。

（关广磊）

【2项技术成果获授权中国发明专利】 2017年，安庆石化申请的“一种直接转化检测水溶液总氰与硫化物的方法”和“在线光解渗析/色谱分离安培检测废水总氰及硫化物装置与方法”2件发明专利获得国家知识产权局授权。

（关广磊）

【100万吨/年催化柴油加氢转化（RLG）项目开车成功】 安庆石化100万吨/年催化柴油加氢转化（RLG）项目总投资6.23亿元，于2016年6月6日开工建设，2017年12月4日汽油质量合格，实现装置一次开车成功。该装置的顺利投产，为安庆石化产品结构调整和效益提升创造良好条件。

（关广磊）

100万吨/年催化柴油加氢转化（RLG）装置全景

【顺利实现国Ⅳ普通柴油质量升级】 2017年，安庆石化通过更换催化柴油加氢装置主催化剂的方法完成国Ⅳ普通柴油质量升级工作。3月2日，安庆石化成功生产出硫含量45毫克/千克的精制柴油，比总部要求提前1个月实现国Ⅳ普通柴油质量升级。

（关广磊）

【完成防汛抗洪抢险任务】 2017 年汛期，长江安庆段最高水位达 17.03 米，超警戒水位 0.33 米。按照“保人身安全、保生产生活、防环境污染”的总体要求，安庆石化迅速采取应对措施，共出动900 余人次（含安庆石化改制单位）参与长江大堤巡查值守工作，无偿支援地方政府抗洪抢险救灾，全力打好防涝、防水体污染保卫战，履行了央企的政治责任和经济责任，圆满完成安庆市交办的护堤任务，确保长江大堤责任区段的安稳度汛。

（关广磊）

【首台消防机器人投入使用】 2017 年 10 月 20 日，安徽省安监局为安庆石化配备的 RXR－M40D－1 消防机器人投入使用。该消防机器人采取锂电池电源作为动力电源，使用无线遥控的方式远程操控，可以替代消防员在危化火场或浓烟火场灭火，帮助现场安监人员实地勘察、观测现场图像，进入易燃易爆、有毒有害、缺氧、浓烟等危险灾害事故现场进行数据采集、反馈等。消防机器人的配备，将进一步提高安庆石化消防灭火和抢险救援能力。

（关广磊）

【转型发展项目成功列入中国石化“十条龙”】 2017 年 12 月 14—15 日，在中国石化 2017 年度“十条龙”科技攻关工作会议上，安庆石化转型发展炼油项目“化工型炼厂关键技术及集成技术示范之一重质原料增产低碳烯烃和 BTX 关键技术”通过评审，成功列入中国石化“十条龙”科技攻关项目。该项目是探索中国石化炼油企业转型发展的重要路径，为传统燃料型炼厂向化工型炼厂转型提供有力的技术支撑，将加快推动炼油产品结构调整和化工产业链延伸项目的实施进程。

（关广磊）

【扎实推进“三供一业”分离移交】 2017 年，安庆石化成立分离移交工作领导小组，稳妥推进“三供一业”分离移交及其他办社会职能。3 月 27 日，安庆石化退休人员领取养老金资格认证工作正式移交协议顺利签订；4 月 27 日，供电业务分离移交框架协议顺利签订；12 月 15 日，供气业务、供水业务自动抄表系统分离移交协议顺利签订；12 月 20 日，完成生活区电能表更新工作。

（关广磊）

【党建工作持续加强】 抓好党的十九大精神学习贯彻，加强和规范党内政治生活，认真开展“讲政治、重规矩、做表率”专题教育，健全“一岗双责”运行和保障机制，强化党建工作考核，抓党建、强党建的氛围更加浓厚、成效不断显现。抓好党支部分类定级、党群工作管理系统运行 2 个集团公司试点项目，实施基层党组织标准化建设，党支部示范点建设初见成效。加强人才成长通道建设，健全三支人才队伍纵向晋升、横向贯通的机制，优化了队伍结构、增强了队伍活力。

（关广磊）

【劳模创新工作室硕果累累】 安庆石化以创建“价值驱动型”工作发展模式为主线，积极搭建平台，开展创新创效活动。截至 2017 年底，有 9 个工作室、50 名工作成员、86 项创新课题，其中 4 个工作室先后被命名为安庆市劳模创新工作室，1 个被命名为安徽省劳模创新工作室，先后涌现出集团公司技术能手、集团公司青年岗位能手、中国石化最美一线青工、全国石油石化系统创新先进个人、安徽省劳模等先进个人。

（关广磊）

【扎实推进扶贫工作】 2017 年，安庆石化承担潜山县水吼镇三里村、天柱村脱贫攻坚任务。公司选派驻村第一书记兼工作队队长 2 人（副处级）、工作队副队长 1 人（正科级）及扶贫专干 1 人，进村入户开展驻村帮扶工作，全年共计对口联系 5 个贫困村，结对帮扶贫困户 105 户，树立了中国石化“负责任、受尊敬”的企业形象。

（关广磊）

表 1　　安庆石化主要技术经济指标　　亿元

指标名称＼年份	2017	2016	2015	2014	2013	2012
原油加工量/万吨	750.58	538.41	689.31	748.00	550.78	420.43
工业总产值	400.90	254.90	345.12	473.94	358.51	277.27

续表

指标名称＼年份	2017	2016	2015	2014	2013	2012
炼　油	346.17	218.96	301.72	417.21	303.42	239.38
化　工	40.88	24.13	31.06	43.05	39.83	24.63
其　他	13.85	11.81	12.34	13.68	15.26	13.26
工业增加值	150.27	109.59	126.91	58.25	58.67	30.93
资产总计	142.49	134.98	132.96	144.68	151.04	124.78
流动资产	32.61	29.14	25.01	33.14	37.13	23.27
固定资产原值	210.16	206.41	200.64	195.29	189.61	119.70
固定资产净值	110.53	111.21	112.72	114.80	116.88	51.58
营业收入	411.76	261.71	355.70	485.10	365.39	287.64
实现利税	142.99	95.78	111.60	82.75	45.61	21.21
税　金	124.48	90.27	115.86	85.61	52.78	34.63

表 2　　安庆石化主要产品产量　　万吨

产品名称＼年份	2017	2016	2015	2014	2013	2012
汽　油	243.43	176.38	216.55	230.85	126.88	83.05
柴　油	251.65	197.19	280.02	302.43	224.15	180.01
航　煤	34.83	12.98	0.44	—	—	—
燃料油	0.34	0.97	1.74	4.27	4.41	6.02
原料油	36.34	20.48	18.82	10.90	40.53	38.41
液化气	67.64	48.23	58.34	60.81	43.83	31.54
石油焦	28.98	22.30	32.84	34.21	38.65	34.18
合成氨	28.85	25.19	20.82	25.50	25.86	21.43
丙烯腈	23.64	18.07	22.51	22.45	18.07	7.74
腈　纶	3.98	4.13	6.41	6.58	7.13	6.38
苯乙烯	10.52	7.28	9.63	9.50	8.69	6.22

海南炼化

【概况】 中国石化海南炼油化工有限公司（简称海南炼化）位于海南省西北部洋浦半岛的洋浦经济开发区，毗邻北部湾，位于新加坡—香港—上海—大阪海运主航线上，拥有天然的深水良港和避风港，地理和海运条件优越，同时享受保税港区、经济特区和开发区的全部优惠政策。海南炼化一期占地 2.5 平方千米，投资 116 亿元，成立于 2003 年 10 月 31 日，原名海南实华炼油化工有限公司。2004 年 4 月 26 日，海南炼油项目奠基开工。2006 年 2 月 28 日，名称注册变更为中国石化海南炼油化工有限公司。2006 年 9 月 28 日，全部装置和系统一次投料试车成功，打通全流程，投入商业运行。2008 年 7 月 1 日，海南炼化通过总部组织的项目竣工验收，正式投入商业运营。2011 年 12 月 22 日，开工建设中国第 1 套自主知识产权的芳烃联合装置，2013 年 12 月 27 日建成投用，标志着中国石化成为全球第 3 家拥有自主知识产权芳烃成套生产技术的企业。2016 年 9

月，海南炼化第 2 套芳烃项目获得批复，预计 2019 年建成投产。

海南炼化采用全加氢型加工流程工艺，主要加工中东和非洲的进口原油，生产和销售各种规格的汽油、柴油、煤油、石脑油、苯、液化气、燃料油、聚丙烯、对二甲苯、邻二甲苯、苯乙烯等石油化工产品。截至 2017 年底，海南炼化原油综合加工能力 920 万吨/年，拥有 26 套炼油化工生产装置及相应的油品储运设施、公用工程系统，自备的深水码头位于洋浦神头港区，共拥有包括 30 万吨级原油泊位、10 万吨级成品油泊位在内的泊位 8 座，年吞吐能力 3 030万吨。海南炼化还拥有总罐容 110 万立方米的原油和超过 100 万立方米成品、半成品储存能力及相应的输转设施。

海南炼化主要技术经济指标及主要产品产量分别见表 1 和表 2。

（郑立婕）

【领导班子调整】 2017 年 1 月 25 日，集团公司董事长、党组书记王玉普一行到海南炼化宣布集团公司党组关于卞凤鸣、蔡智、裴春旺、吴巍职务调整决定：卞凤鸣任海南炼化董事长、党委副书记（兼），建议为总经理人选；蔡智任海南炼化党委书记、副总经理；吴巍任海南炼化党委委员，建议为副总经理、总工程师人选。同时，免去裴春旺海南炼化党委书记、党委委员职务，另有其他安排。9 月 1 日，集团公司宣布海南炼化领导班子调整：谢洁芳任海南炼化党委副书记兼纪委书记，建议为工会主席人选；吴泊不再担任海南炼化党委委员、董事、总会计师职务，另有任用。

（郑立婕）

【第 2 套对二甲苯装置及配套工程项目建设全面展开】 2017 年 4 月 20 日，海南炼化 100 万吨/年第 2 套对二甲苯项目基础设计获得批复。项目于 8 月正式开工建设，10 月首次 IPMT 会议召开，标志着项目建设进入快车道。截至年底，完成投资 7.5 亿元。

（张九莎）

第 2 套对二甲苯装置及配套工程项目建设现场　（林鸿冠　摄）

【聚丙烯挤压造粒机创纪录】 截至 2017 年 4 月 27 日，海南炼化聚丙烯装置挤压造粒机组连续运行 209 天，创造系统内该机组连续运行时间最长纪录。

（郑立婕）

【洋浦—马村成品油长输管道正式投用】 2017 年 4 月 27 日，洋浦—马村成品油长输管线项目正式投用，完成首付 1.02 万吨 0#国Ⅴ柴油工作。洋浦—马村成品油管道是中国石化在海南规划建设的第 1 条成品油管道，建设总长为 111.78 千米，设计输量为 250 万吨/年。该管道的顺利投用将进一步拓宽海南炼化成品油出厂途径，有利于台风期间的库存弹性调控，同时将进一步降低环境污染，对于区域资源的调配和成品油市场的延伸意义重大。

（郑立婕）

洋浦—马村成品油长输管道正式投用　（林鸿冠　摄）

【国内首套卡琳娜技术低温发电项目成功应用】 2017 年 11 月 6 日，海南炼化卡琳娜低温热水发电机组顺利并网发电，标志着卡琳娜低温热水技术大型工业化在国内首次应用成功。该技术的应用能够有效利用芳烃装置在生产过程中产生的大量低温热水，对于石化领域节能降耗具有重要的战略意义。

（郑立婕）

【第三周期装置大修改造顺利完成】 2017 年 11 月 18 日，海南炼化第三周期装置大修改造拉开序幕，该次检修是 2006 年投产以来检修项目最多、检修范围最广、检修深度最大、改造任务最重的一次。2018 年 1 月 25 日，装置一次开车成功，顺利完成此次检修改造任务。

（郑立婕）

第三周期装置大修改造现场 （林鸿冠 摄）

【安全环保再创佳绩】 2017年，海南炼化不断强化本质安全，健全安环监管体系，装置安全环保平稳运行，全年无安全环保上报事故，连续第9年获评安全生产先进单位，实现第三周期炼油运行49个月、化工运行48个月后平稳停车交付检修。

（郑立婕）

【获得石化行业首张国家新版排污许可证】 2017年10月23日，海南炼化获得海南省生态环境保护厅发放的首批石化行业国家新版排污许可证，也是中国石化首张石化行业许可证，标志着石化行业的固定污染源环境监管开启“一证式”管理时代。

（郑立婕）

【获2017年度石油和化学行业绿色工厂称号】 2017年12月14日，为践行石油和化工行业绿色发展理念，发挥先进企业的示范引领作用，中国石油和化学工业联合会、中国化工环保协会授予海南炼化等43家单位（中国石化6家）2017年度石油和化学行业绿色工厂称号。

（郑立婕）

【组织开展“四比四创”主题活动】 2017年，海南炼化党委组织开展“比贡献，创效益；比业绩，创一流；比技能，创标杆；比作风，创和谐”“四比四创”主题活动，着力打造“四讲四有”党员队伍，促进党组织“六个阵地”建设，积极引导全体党员在全面打赢“效益提升、大修改造、芳烃建设”三大攻坚战中奋发有为、建功立业，活动取得良好效果。

（郑立婕）

【获得全国和海南省表彰】 2017年4月27日，庆祝五一国际劳动节暨全国五一劳动奖和全国工人先锋号表彰大会在人民大会堂举行。海南炼化副总工程师、机动部部长兼机动部党支部书记章文获得全国五一劳动奖章。5月4日，芳烃部二单元获海南省工人先锋号称号。12月26日，章文获得海南省敬业奉献道德模范称号。

（郑立婕）

【召开“8·27”廉洁警示日教育大会】 2017年9月7日，海南炼化组织召开廉洁警示日教育大会，进一步深刻反思“8·27”腐败案件教训，加强对干部员工的反腐倡廉教育，推动党风廉洁建设和反腐败斗争不断取得新的成效。

（郑立婕）

【全力打赢扶贫攻坚战】 2017年，海南炼化积极履行政治社会责任，全力做好精准扶贫。建立企地“互访机制”，实施金秋助学、发放反季节作物生产资料、修建雨水排水设施等一系列思想、产业、教育扶贫措施，得到省、县、镇三级政府和村民的高度评价，树立了中国石化良好的品牌形象。

（郑立婕）

【全方位开展十九大精神学习宣贯活动】 2017年10月18日，海南炼化组织领导班子成员、中层干部和党群人员集体收看党的十九大开幕会。采取“广泛开展宣传、领导带头领学、支部跟进学习”的方式，开展全覆盖宣讲活动，将学习宣贯十九大精神与公司“效益提升、大修改造、芳烃建设”三大攻坚战相结合，为顺利完成各项工作凝聚力量。

（郑立婕）

表1 **海南炼化主要技术经济指标** 亿元

指标名称 \ 年份	2017	2016	2015	2014	2013	2012
原油加工量/万吨	791.70	900.38	901.43	903.25	730.90	920.97
工业总产值	386.10	382.42	427.19	575.93	466.89	601.53
炼　油	328.68	376.82	424.32	570.58	449.84	580.17

续表

指标名称＼年份	2017	2016	2015	2014	2013	2012
化　工	58.42	380.14	65.64	112.45	17.05	21.36
工业增加值	96.20	101.03	89.48	63.42	25.35	32.76
资产总计	121.76	114.28	122.67	155.95	164.93	139.83
流动资产	41.92	34.45	30.86	54.56	64.05	67.08
固定资产原值	148.40	148.11	145.83	144.76	140.45	97.98
固定资产净值	61.65	71.47	79.21	87.98	93.25	57.43
销售收入	319.66	277.31	314.78	440.87	369.23	539.77
实现利税	107.69	110.22	95.46	46.59	72.92	105.23
税　金	85.27	86.22	90.51	57.62	64.91	94.21

表 2　　**海南炼化主要产品产量**　　万吨

产品名称＼年份	2017	2016	2015	2014	2013	2012
88#汽油	38.89	83.20	—	—	—	—
92#汽油	159.89	121.48	110.31	125.68	—	—
93#汽油①	25.63	28.26	41.10	77.70	222.90	267.52
97#汽油②	—	—	13.11	15.68	19.75	35.23
0#柴油	222.46	260.78	260.82	267.62	229.70	294.02
轻质船燃	—	—	—	—	5.31	5.10
发泡剂	2.97	6.49	4.22	7.79	1.37	1.80
石脑油	9.90	5.40	17.81	26.50	12.37	25.13
煤　油	133.09	151.19	150.21	138.64	90.57	78.03
苯	14.65	14.63	15.53	17.20	4.41	6.34
对二甲苯	59.94	66.48	67.54	75.68	—	—
邻二甲苯	7.37	7.77	6.20	10.50	—	—
航煤组分油	—	—	—	—	—	16.01
燃料油	14.75	17.06	17.52	20.64	20.50	24.89
硫　黄	5.43	6.80	6.56	6.59	4.81	6.13
液化气	54.69	57.96	68.07	62.31	41.07	58.73
其他白油原料	8.98	18.41	17.33	14.53	14.27	22.17
聚丙烯	19.72	20.90	22.09	21.84	17.70	23.85

①2013 年以前，93#汽油包括 92#、95#

②97#汽油包括 98#

青岛炼化

【概况】 中国石化青岛炼油化工有限责任公司（简称青岛炼化）成立于2004年，是中国石化、山东省、青岛市共同出资设立的特大型石油化工联合企业（出资比例为85%∶10%∶5%），位于青岛经济技术开发区重化工园区，毗邻青岛港，位置优越，配套完备，交通便捷。青岛炼化是中国石化系统内单套装置规模最大、体制机制最新、用工定员最少的炼化企业之一，1 000万吨/年大炼油项目是中国批准建设的第1个单系列千万吨级炼油项目，总投资125亿元，于2008年6月正式投产。青岛炼化采用较为先进的管理体制机制，组织机构扁平，采用两级管理组织架构，设8个机关职能部门、5个直属机构、7个二级单位；职工数量600余人。

青岛炼化工艺路线采用“焦化＋CFB锅炉＋催化”方案，主要加工进口高硫原油，截至2017年底，原油综合配套加工能力达1 200万吨/年，拥有22套生产装置和相应的公用工程及辅助设施，每年可生产汽煤柴成品油800多万吨，生产聚丙烯、苯乙烯、混苯、硫黄等各类石化产品300多万吨。车用汽柴油质量可全部达到国Ⅵ标准。

青岛炼化主要技术经济指标和主要产品产量分别见表1和表2。

（刘仕成　王鑫磊）

【领导班子调整】 2017年3月29日，集团公司党组和股份公司发文，决定：孟祥德任青岛炼化公司董事会董事长、党委副书记（兼）；王树德不再担任青岛炼化公司董事会董事长、董事、党委副书记（兼）、委员职务，办理退休手续；李振民不再担任青岛炼化公司党委委员职务。建议孟祥德为青岛炼化公司总经理人选；王树德不再担任青岛炼化公司总经理职务；李振民不再担任青岛炼化公司副总经理职务，另有任用。12月1日，集团公司党组和股份公司发文，决定：武斌任青岛炼化公司党委委员，建议武斌为青岛炼化公司总会计师人选。

（刘仕成　王鑫磊）

【生产经营业绩创历史新高】 2017年，青岛炼化加工原油1 172.16万吨，实现销售收入427.92亿元，实现利税183.24亿元，实现利润50.09亿元，原油加工量和利润双创历史新高；人均利润和吨油利润均在集团公司炼油板块保持领先。打通成品油一般贸易出口流程，全年出口成品油279万吨，创历史新高，在有效拉动原油加工总量的同时，为集团公司整体增效做出贡献。获中国石化安全生产先进单位、环境保护先进单位、经济效益优胜单位、人均劳效优胜单位、炼油“比学赶帮超”优胜单位等称号；位列青岛市2017年百强企业第5名。

（刘仕成　王鑫磊）

【召开首次党代会】 2017年8月18日，中国共产党中国石化青岛炼油化工有限责任公司第一次代表大会召开，会议审议通过公司党委工作报告、纪委工作报告，选举产生中共青岛炼化公司第一届委员会、中共青岛炼化公司第一届纪律检查委员会。赵培录当选中共青岛炼化公司第一届委员会书记，雷平当选中共青岛炼化公司第一届纪律检查委员会书记。

（刘仕成　王鑫磊）

首次党代会召开　（刘　煜　摄）

【“三定”工作平稳规范推进】 2017年12月，青岛炼化按照集团公司批复方案，稳步推进“三定”工作，完成组织机构和基层党支部优化调整。组织机构由原10个职能部门和9个生产单元调整为8个机关职能部门、5个直属机构、7个二级单位，单独设立党群工作处，19个具备条件的部门和单位均单独成立党支部。12月13日，青岛炼化召开干部大会，完成公司历史上涉及人数最多的一次干部调整，通过树立正确导向，严格执行程序，凝聚群众智慧，风清气正、干事创业的企业政治生态进一步形成。

（刘仕成　王鑫磊）

【企业发展呈现良好局面】 2017年，青岛炼化新一届领导班子将贯彻集团公司总体部署与承接地方发展战略相融合，秉承“实事求是，面向未来”原则主动谋求企业发展，得到集团公司和青岛市的大力支持。加快转方式调结构，确定以220万吨/年浆态床渣油加氢为主要内容的结构调整和环保提升方案。按照集团公司党组提出的“实施统筹发展，做大规模、做出特色，打造出口基地”的发展思路，编制多套炼化一体化整合发展方案，为公司进一步做强做优做大打下基础。

（刘仕成　王鑫磊）

【企业治理结构进一步完善】 2017 年，青岛炼化积极探索“加强党的领导”和“完善公司治理”有机统一的实现形式。在公司五届一次股东会上完成“党建入章”，成为中国石化首批落实到位的直属企业。完善党委参与企业重大决策的运行机制，“三重一大”决策制度流程更加科学规范。

（刘仕成　王鑫磊）

【安全环保持续巩固】 2017 年，青岛炼化积极开展狠反“低、老、坏”活动，加大力度抓好现场直接作业管理；全面深入开展风险分级管控和隐患排查治理，常态化开展“全员安全诊断”；2 次集中开展全员风险识别，形成公司和二级单位两级安全风险清单，落实相应管控措施，获评山东省首批双体系建设标杆企业；强化国家危化品应急救援基地建设，在全面提升应急水平的同时，增强企地联动能力，数次协助排除企外危化品险情，受到总部和驻地政府领导的表扬。实现环保装置稳定达标运行，积极推进各类环保提标项目实施，率先取得石化行业国家新版排污许可证。

（刘仕成　王鑫磊）

【节能降耗持续领跑】 2017 年，青岛炼化应用“渐进追赶”能源管理模式，对标先进全力抓促节能降耗。在中国石油和化学工业联合会组织的评比中连续第 5 年以原油加工组第 1 名的成绩获能效领跑者标杆企业称号，并在年内获评中国首批石油和化工行业绿色工厂，山东省节能先进企业、节水型企业等称号。

（刘仕成　王鑫磊）

【规范管理标准不断提升】 2017 年，青岛炼化全面推进依法治企，强化制度执行考核，坚持用制度管人、按程序办事，由人治向法治转变取得阶段性成效。开展“工作高标准，再上新台阶”活动，坚持问题导向、精准施策，以钉钉子精神抓促落实，不仅巩固了公司各方面的传统优势，合同管理、采购管理等相对落后的业务也取得长足进步。加强现场标准化管理，每周开展工艺、设备、安全等专业规范化联合检查，每季度公司领导带队开展综合大检查；继续开展“红旗”现场创建等系列活动，大力弘扬“严、细、实”作风，现场规范化管理水平进一步提升。

（刘仕成　王鑫磊）

【科研开发取得突破】 2017 年，青岛炼化开展科研项目 15 项，申报专利 9 件，向集团公司申报成果转化奖 5 项。作为主要成员参与集团公司“浆态床技术”专项攻关，实现首次承担总部重大科技项目的新突破。组织开发 5 种牌号聚丙烯专用料新产品，均通过食品药品监督管理局 FDA 检测，其中年内试生产的无纺布专用料（Y38Q）取得较好的市场反馈和效益。

（刘仕成　王鑫磊）

【“两化”融合不断推进】 2017 年，青岛炼化开展信息系统深化应用创新创效行动，通过落实 APC 模型运维 +“卡边优化”等措施全面助力效益提升；深挖 ERP、MES、EM 等系统应用潜力，系统数据集成、互通取得新进展；完善生产现场无线网覆盖，开发智能巡检应用，优化改进操作管理系统，为智能工厂建设奠定坚实基础。

（刘仕成　王鑫磊）

【大党建工作取得新成效】 2017 年，青岛炼化认真学习贯彻党的十九大等中央会议精神，贯彻落实集团公司党组从严治党工作部署，党建制度体系和责任清单更加健全完善。持续完善“党政融合、甲方乙方融合”模式，结合中心工作开展党支部示范点、党员责任区建设，深化与承包商基层党组织共建，在工作中有效发挥凝聚合力、相融互促的作用。深入开展“转观念、勇担当、创效益”专题讨论，推动全员转变观念，转变作风，广大员工精神面貌发生可喜变化。启动员工帮助计划（EAP），努力培养员工阳光、健康、平衡的心态。坚持从严管党治党，“大监督”体系作用有效发挥；加强党风廉洁教育，强化廉洁自律意识，落实中央“八项规定”精神的长效机制逐步建立。“职工之家”“青年之家”建设取得新进展；举办元宵联欢、健步行、青年联谊等文体活动，进一步增强了员工的归属感和队伍凝聚力，促进了公司的和谐稳定。

（刘仕成　王鑫磊）

表1　　青岛炼化主要技术经济指标　　亿元

指标名称＼年份	2017	2016	2015	2014	2013	2012
原油加工量/万吨	1 172. 16	1 131. 91	948. 69	1 127. 01	1 145. 01	1 059. 71
工业总产值	423. 95	324. 35	327. 81	546. 90	577. 82	612. 56
工业增加值	174. 05	166. 89	135. 47	100. 71	95. 05	98. 07
资产总计	185. 22	122. 66	120. 87	142. 56	160. 72	165. 59
流动资产	105. 74	34. 15	22. 59	37. 56	49. 78	43. 11
固定资产原值	155. 91	154. 53	150. 79	145. 73	142. 39	140. 49
固定资产净值	68. 24	77. 78	84. 45	89. 51	96. 16	104. 09
销售收入	427. 92	330. 79	331. 18	548. 73	571. 13	615. 62
实现利税	183. 24	171. 21	123. 93	87. 61	101. 67	89. 10
税　金	133. 14	131. 21	108. 92	89. 90	94. 50	94. 79
综合能耗/千克标油·吨$^{-1}$	55. 66	56. 19	57. 10	57. 20	57. 14	56. 72

表2　　青岛炼化主要产品产量　　万吨

产品名称＼年份	2017	2016	2015	2014	2013	2012
汽　油	336. 98	332. 14	276. 59	338. 71	299. 99	288. 13
柴　油	280. 28	274. 93	249. 27	313. 41	354. 16	353. 95
煤　油	186. 44	170. 07	126. 48	126. 94	109. 65	66. 77
液化气	81. 59	81. 30	69. 91	89. 24	84. 61	80. 46
石脑油	14. 99	11. 36	10. 35	13. 74	24. 44	11. 58
粗三甲苯	—	—	—	—	—	12. 70
$5^{\#}$白油油料	—	—	—	—	3. 48	1. 54
商品石油焦	67. 09	64. 00	52. 25	69. 35	69. 88	55. 09
发泡剂	11. 07	10. 94	10. 33	5. 89	11. 45	6. 73
纯　苯	0. 22	—	—	—	—	0. 26
混合二甲苯	31. 29	29. 55	26. 95	29. 32	33. 62	32. 03
MTBE	—	—	—	—	—	0. 26
硫　黄	20. 95	21. 05	17. 01	20. 84	21. 77	18. 41
聚丙烯	20. 59	19. 54	17. 80	19. 88	21. 44	23. 82

石家庄炼化

【概况】 中国石油化工股份有限公司石家庄炼化分公司（简称石家庄炼化分公司）和中国石化集团资产经营管理有限公司石家庄分公司（简称石家庄资产分公司）统称石家庄炼化，位于河北省省会石家庄市东南25千米处，其前身为石家庄炼油厂，始建于1978年，1983年建成投产，同年7月1日划归中国石油化工总公司。1997年采用局部改制方式募集发起设立石家庄炼油化工股份有限公司，上市筹集资金投入到当年河北省人民政府与中国石油化工总公司合资设立的石家庄化纤有限责任公司（简称石家庄化纤公司），共同建设石家庄5万吨/年己内酰胺工程。石家庄化纤公司股权几经变更，2009年3月转换成为股份公司的分公司。根据集团公司改革重组的统一部署，2006年注销石家庄炼油厂，注册成立石家庄资产分公司，2007年注册成立石家庄炼化分公司。2009年5月，根据“一企一制”的整体要求，石家庄化纤公司整体、石家庄资产分公司部分资产和人员被整合并入石家庄炼化分公司。

截至2017年底，石家庄炼化共设生产技术处、计划经营处、安全环保处、设备工程处等机关职能部门12个，行政事务中心、物资采购中心、质量管理中心等直属机构5个，炼油运行一部、化工运行部等二级单位10个；共有职工2 584人，其中具有高级职称的218人、中级职称的394人。

石家庄炼化分公司炼油部分主要包括500万吨/年和350万吨/年常减压装置各1套、220万吨/年和110万吨/年催化裂化装置各1套、180万吨/年蜡油加氢装置、150万吨/年渣油加氢装置、120万吨/年连续重整装置和260万吨/年柴油加氢装置等28套生产装置；化工部分经过己内酰胺“5改6.5”扩能改造、“6.5改16”和己内酰胺质量升级项目，己内酰胺生产规模达20万吨/年，聚合装置达2.5万吨/年。主要产品有汽油、柴油、航空煤油、聚丙烯、液化气、己内酰胺、聚酰胺切片等30多个品种、牌号。

石家庄炼化分公司主要技术经济指标和主要产品产量分别见表1和表2。

（张智玮）

【领导班子调整】 2017年1月23日，石家庄炼化召开干部大会，宣布领导班子调整的决定：孙明荣任中共石家庄炼化分公司委员会书记，兼任副总经理；叶晓东任石家庄炼化分公司、石家庄资产分公司总经理，兼任党委副书记；李江任石家庄炼化分公司副总经理、党委委员；张西义不再担任石家庄炼化分公司党委书记、副总经理。

（张智玮）

【企业保持稳中向好的发展态势】 2017年，在炼油装置停工检修3个月的情况下，石家庄炼化加工原油及原料油488.14万吨，实现利润9.68亿元。生产己内酰胺7.25万吨。自10月起实现连续2个月盈利，当年减亏1亿元。全年利润总额达8.25亿元，保持稳中向好的发展态势。

（张智玮）

【供给侧结构性改革扎实推进】 石家庄炼化坚持市场导向，着力优化产品结构，践行供给侧结构性改革。全年航煤收率达8.74%；车柴收率达16.13%，同比提高7.48个百分点；高附加值产品收率达88.30%，提高1.51个百分点；柴汽比降至0.90，降低0.03；液化气收率达8.93%，提高1.07个百分点。自销产品品种不断扩大，成功试产3#粗白油；新增戊烷发泡剂品种；开通105%酸、98%酸出厂渠道。聚丙烯差别化率稳步提升，成功试产Y24C、M12C、M12及MM60，聚丙烯差别化率达43.95%，提高19.79%；投用华北区域首套合成树脂散料装车系统。化工拓市创效稳步推进，销售医药级硫铵1.57万吨，顺利完成高速纺产品试用，试产结晶大颗粒硫酸铵并成功出口日本。

（张智玮）

【全流程优化得到持续推进】 石家庄炼化把握关键装置、重点环节，扎实推进全流程系统优化。提高加工负荷，外购重整料4.56万吨，重整负荷达78.14%，增效2 729万元；开通蜡渣油外采渠道，渣油加氢装置高残炭、高负荷运行，保证催化负荷。2#常减压深拔，降低焦化装置负荷。催化高反应温度、高催化剂活性运行，催化汽油收率提高2个单位，汽油辛烷值平均上升0.98个单位。充分利用重整氢，实行氢气梯级利用；优化制氢原料，最大限度使用PSA尾气、焦化干气，降低氢气生产成本。加强低压放空管网管理，重整塔顶气改进轻烃回收，部分装置增加防爆片，低压瓦斯量减少40.48%，氢气、碳三、氮气含量稳步下降至51.3%、18.83%和16.67%。

（张智玮）

【降本减费取得阶段性成果】 石家庄炼化以可控费

用降低20%为目标，持续强化全员全口径全过程成本管控，深挖降本减费潜力。强化原油一程船管理，滞期时间降低37.52%；原油降本成果显著，全年原油采购降本累计实现0.87亿元。冬季蒸汽消耗同比降低25.31吨/时，电力消耗降低7 156千瓦，加热炉效率达93.9%，炼油能耗降低2.56个单位。压减库存，回炼G110污油2.4万吨，蜡渣油、油浆降库0.77万吨，改代利用积压物资611万元。利用国家政策，财政拨付贴息4 895万元；办理税款缓交，节省利息1 398万元。

（张智玮）

【独具特色的安全文化逐步形成】 石家庄炼化持续推进安全文化建设，逐步形成以“大声喊、细致做、经常演、捡黄金”为主要内容的安全文化体系，浓厚了企业安全生产文化氛围。“大声喊”，在班组交接班前、重要会议前，手指口念中国石化安全理念。“细致做”，全年编制点检列表426项，有效规范现场作业。“经常演”，每月组织1次公司级演练，每周组织1次运行部（作业部）级演练，建立班组常态化演练计划；全年共组织公司级演练10次、运行部级220余次、班组级2.7万班次；开展全员消防技能竞赛。“捡黄金”，发动全体干部员工深入装置现场发现风险隐患，全年发现、整改隐患4.4万项，实施奖励95.4万余元。

（张智玮）

【改革发展事业持续深入】 石家庄炼化完成化工作业部、储运作业部改运行部，实现扁平化管理。顺利完成制度体系改造，管理制度由533项压减至357项，精简了业务流程。探索混合所有制改革，以闲置苯甲酸和苯甲醛装置为基础，全面启动与武汉有机公司的合资合作，采用混合所有制着力盘活闲置资产。

（张智玮）

【调整部分职能部门、业务中心机构】 石家庄炼化加快推进“瘦身健体”，按照总部批复的“三定”指导意见，调整部分职能部门及业务中心，进一步优化人力资源配置。经营计划处、财务处、机械动力处、物资供应中心分别更名为计划经营处、财务资产处、设备工程处、物资采购中心；人力资源处与组织部合并为人力资源处（组织部），群众工作部与宣传部合并为党群工作处，行政事务中心与离退休工作部（社区管理中心）合并为行政事务中心；调整电仪作业部、信息中心业务，成立信息计量中心，强化信息计量、电气仪表专业技术支撑。

（张智玮）

【顺利完成800万吨/年炼油项目投产后的首次停工检修】 2017年大检修是石家庄炼化800万吨/年油品质量升级及原油劣质化改造项目投产后的首次停工大修。检修集常规检修、设备更新、技改技措等于一体，共涉及29套装置。其中，常规检修2 972项、约2亿元，设备更新24项、约0.45亿元，技改技措项目138项、约3.5亿元，合计费用约6亿元。装置于7月1日全面停工，在克服高温酷暑等系列困难之后，经过92个日夜的奋力拼搏，9月30日顺利打通全流程，圆满完成装置检修任务，实现零伤害、零事故、一次开车成功。

（张智玮）

【独立自主完成排污许可证取证工作】 石家庄炼化在不借助外力、完全独立自主的情况下，经过近3个月的不懈努力，于12月顺利取得河北省石化行业首个排污许可证，化解了环保法律风险。

（张智玮）

【党建政治优势不断释放正能量】 认真贯彻落实十九大精神，学原文、悟原理，集中组织交流研讨，开展系列宣讲活动，结合工作实际抓落实。推进“两学一做”常态化，不断规范“三会一课”，实施支部党员活动日管理办法，利用周六、倒休时间统一开展党员活动；组织开展季度党建检查，建强基层支部。围绕中心强党建，大检修期间，成立承包商临时党支部，组建101支党员突击队；组织开展“劳模在行动”“工地之星”评选、青年“学技能、比贡献”团队学习等系列主题实践活动，浓厚了氛围、鼓舞了士气。挖掘员工群众智慧力量，开展“大干红五月”等系列劳动竞赛，创效1 905万元。建厂来首次获河北省文明单位称号。

（张智玮）

【思想和队伍建设】 石家庄炼化组织开展“为提质而奋进、为崛起而担当”大调研、大讨论，彻底改变“只求过得去”的“灰色”安逸形象；干部带头深入基层一线宣讲新形势、新任务，灌注“高严快”的理念，思想观念和精神面貌发生深刻转变。明确“对党忠诚+现场功夫+技术功底+市场意识+经营头脑”相融合的“五维”干部素质要求，对干部实施“绩效+组织”双重考核，推进领导干部基层蹲点和现场巡查，在实际工作中历练选用干部。优化基层干部结构，更加注重年轻干部培养，先后调整处级干部13名，组织选拔处级干部12名，其中40岁以下5名；选拔科级干部20名，其中“85后”7名、“90后”1名，一批年富力强的优秀年轻干部走上关键领导岗位。

（张智玮）

表1　石家庄炼化分公司主要技术经济指标　亿元

指标名称＼年份	2017	2016	2015	2014	2013	2012
原油加工量/万吨	476.31	600.10	578.28	292.20	291.40	417.69
工业总产值	236.13	247.64	255.61	154.86	191.83	272.87
工业增加值	96.35	111.69	83.05	13.94	25.18	30.80
资产总计	156.07	129.12	127.52	154.93	126.52	107.21
流动资产	60.94	33.94	25.57	47.52	34.35	49.54
固定资产原值	165.82	161.42	153.76	149.74	84.45	84.52
固定资产净值	78.97	81.52	88.70	86.04	23.56	25.78
销售收入	235.06	246.29	256.77	152.01	194.49	275.09
实现利税	82.85	95.16	66.72	3.03	16.69	23.09
税　金	74.60	91.46	85.46	23.03	24.80	36.63
综合能耗/吨标煤·万元$^{-1}$	0.33	0.33	0.38	0.45	0.43	0.38

表2　石家庄炼化分公司主要产品产量　万吨

产品名称＼年份	2017	2016	2015	2014	2013	2012
汽　油	149.97	188.67	173.40	68.05	58.02	89.99
煤　油	42.64	57.90	44.15	13.50	13.72	0.32
柴　油	135.28	174.59	194.16	108.87	123.10	196.21
燃料油	9.69	6.56	1.93	3.56	2.33	5.81
液化气	43.58	47.96	42.79	17.68	16.64	21.85
硫　黄	5.90	7.86	6.41	2.31	1.82	2.21
精丙烯	12.97	15.27	15.87	7.22	7.09	9.46
聚丙烯	13.49	16.17	15.19	2.86	3.41	4.95
石油焦	17.50	25.94	22.66	13.57	18.02	21.75
沥　青	0.38	5.04	0.49	0	0	0
己内酰胺	7.25	7.10	3.67	2.89	11.24	9.84
硫　铵	11.11	11.23	6.11	7.50	27.91	25.29
苯甲醛	0	0	0	0.15	0.58	0.53
切　片	1.53	1.43	0.85	0.67	2.20	1.96

荆门石化

【概况】 中国石油化工股份有限公司荆门分公司（简称荆门分公司）和中国石化集团资产经营管理有限公司荆门分公司（简称荆门资产分公司）统称荆门石化，位于湖北省荆门市掇刀区。荆门石化是国家“三线”建设时期的战备炼油厂，1970年正式动工建设，1983年由石油工业部划归中国石油化工总公司，1993年成为国家特大型企业，2000年企业重组改制为荆门分公司和中国石化集团荆门石油化工总厂。荆门石化是中国石化系统内加工手段最为齐全、生产灵活性较大的企业之一，是中部地区最大的润滑油基础油、特种产品生产基地。占地面积11.67平方千米（其中生产区4.61平方千米），社区总人口3万多人。

截至2017年底，荆门石化设有机关处室14个、业务中心6个、运行部8个，在岗员工4 469人，其中在岗经营管理人员345人、专业技术人员856人、技能操作人员3 268人。共有45套生产装置（其中燃料油系统27套、润滑油系统12套、综合利用4套、化工装置2套），主要加工南阳原油、江汉原油、仪长管输油，生产燃料油、润滑油基础油、石油蜡、聚丙烯等20多个品种、100多个牌号的产品，成品油主要供应湖北、湖南、河南、四川、重庆、贵州等地区。其中，聚丙烯树脂系列产品入选“湖北名牌”产品。

荆门石化主要技术经济指标及主要产品产量分别见表1和表2。

（孔峥臻）

【领导班子调整】 2017年2月3日，鉴于年龄原因，张江不再担任中共荆门石油化工总厂委员会书记、委员，荆门分公司副总经理职务，办理退休手续；杨勇刚主持荆门石化党政全面工作。4月14日，张培毅任中共荆门石油化工总厂委员会书记、委员，荆门分公司副总经理。6月14日，代长江任中共荆门石油化工总厂委员会委员，荆门石油化工总厂副厂长，荆门分公司副总经理。

（孔峥臻）

【加工量、利润、税费均创历史新高】 2017年，荆门石化加工原油及原料油533.90万吨，同比增长10.07%；实现销售收入271.05亿元，增长26.38%；实现利润8.78亿元（另计提减值准备1.46亿元），增长64.65%；实现税收82.63亿元，增长9.66%；超额完成增效益硬任务，利润总额创16年来新高，原油加工量和税收总额创历史最好水平。经济总量占荆门市GDP的16.09%、税收占荆门市工业税收的72.20%。

（孔峥臻）

【全力打赢转方式调结构攻坚战】 2017年，荆门石化坚持“稳中求进”总基调，深入开展“转观念、勇担当、创效益”专题讨论，努力推动企业实现更高质量、更有效益、更可持续发展。①主力创效装置实现满负荷运行。优化氢气系统运行，渣油加氢、重整等装置保持高负荷高效运行，有效降低制氢装置负荷及供氢成本；全年非计划停工同比下降67%。强化成本费用管理，炼油单位完全费用332.70元/吨、下降0.30元/吨；累计挖潜增效1.21亿元。②统筹资源创效，全年增加原油采购6.86万吨，外购石脑油11.78万吨，优化原油分输分储分炼，增加高附加值产品量。③调结构提质量，全面完成油品国Ⅴ质量升级；投用2#催化LTAG工艺，全年柴汽比降至0.87，汽油产量增长21.22%，车柴生产比例77.27%、提高1.82%。④拓市场做特色，克服运输紧张困难，超额完成原料进厂和产品出厂任务，98#汽油成功打入重庆市场，Y40聚丙烯新品市场反映好。开发凡士林、粉状专用脂、发泡剂等新产品，全年新特产品销量35万吨以上。

（孔峥臻）

【重点工程建设稳步推进】 2017年，荆门石化全面落实做精做优做大特色战略，一批重点工程建设项目稳步推进。①积极推进增产航煤、高端特种品升级改造，春风馏分油生产特种油可研获得批复，杭炼白油高压加氢装置搬迁改造有序推进，55万吨/年润滑油高压加氢装置恢复建设，特种品产能达90万吨/年。②按照“一次规划、滚动推进、优化调整”思路，油品质量升级及适应性改造工程全面展开，200万吨/年渣油加氢装置建成投产，280万吨/年重油催化裂化、20万吨/年烷基化及15万吨/年硫酸装置和荆襄成品油管线站库项目开工建设，完成1#蒸馏装置隐患治理及适应性改造可行性研究。烷基化项目合资合作获得批复，企地合资合作取得实质性突破。③启动特色发展和转型发展方案编制。

（孔峥臻）

【200万吨/年渣油加氢装置建成投产】 2017年7月14日，荆门石化200万吨/年渣油加氢装置完成流程的一次贯通，切入渣油转入正常生产。该装置是荆门石化投资最大、操作压力最高、仪表控制点最

多的装置。

（孔峥臻）

【获评集团公司安全生产先进单位】 2017年，荆门石化坚持"常、长"二字，盯着抓、反复抓，强化安全预防性管理。领导班子每月定期召开专题会，研究解决安全生产重点难点问题，全年修订完善14项HSE管理制度，切实提升领导班子的安全引领力。压实HSE委员会和各分委员会的主体责任，要求各专业管理HSE委员会对本专业的HSE工作实施情况进行检查、监督、考核和落实，实行体系审核、工作督办和约谈等制度，确保重大隐患受控、重大事项顺利推进。深入开展"十大风险"防控工作，按期完成罐区隐患治理任务。取得集团公司HSE大检查小组第一、炼化板块第8名的历史最好成绩，获评安全生产先进单位。

（孔峥臻）

【通过清洁生产审核】 2017年，荆门石化狠抓预防性管理，严格落实大气、水、土壤"十条"的治理部署，获得石油炼制行业排污许可证，为系统内最早取得排污许可证的企业之一。主要污染物均有所下降，COD提前实现提标达标排放（7月1日开始执行的《石油炼制工业污染物排放标准》），一直稳定在40毫克/升左右，优于国家和省、市标准；氨氮总量下降20%，二氧化硫总量下降30%，粉尘下降2%，VOCs下降13%。12月，荆门石化通过集团公司清洁生产审核。

（孔峥臻）

【深入学习贯彻党的十九大精神】 2017年10月18日，荆门石化集中收看党的十九大开幕会。11月10日，荆门石化党委下发《关于认真学习宣传贯彻党的十九大精神的通知》，成立宣讲团，公司领导和宣讲团成员深入基层、班组宣讲80余场，覆盖全体在职员工。11月16日，荆门石化党委召开两级中心组（扩大）学习会，专题学习十九大精神。12月1日，荆门石化学习贯彻党的十九大精神领导干部培训班开班，先后邀请湖北省委宣讲团成员及省委党校教授做辅导报告。

（孔峥臻）

【紧急调运油品支援抗震救灾】 2017年8月8日，四川省九寨沟县发生7.0级地震。作为中国石化距离灾区最近的炼化企业，荆门石化第一时间启动成品油应急供应保障预案，优化装置运行，加强安全平稳生产，加大产品结构调整力度，多产成品油。截至8月底，荆门石化安排发运进川的汽油、柴油、航煤946个车皮，共计49 647吨。

（孔峥臻）

【积极稳妥推进"三定"工作】 出台离岗分流安置办法6项具体措施，实施"四班两运转"、机电仪集中值守，促进劳动组织优化、劳动生产率提高。完成机关处室、管理中心的机构、职责和人员调整，各项工作实现平稳过渡。作为集团公司试点单位，开始向荆门盈德、鹤壁绿能等系统外单位进行成建制人力资源输出。

（孔峥臻）

【队伍建设不断加强】 2017年，荆门石化完善各级领导人员责任追究制和以绩效为核心的量化考核评价机制，建立领导干部业绩档案，制定实施《推进领导干部能上能下实施细则》，对少数不作为、慢作为、乱作为干部进行问责追责，同时制定区别对待的容错纠错机制，促进各级干部履职尽责。推荐选拔各级后备领导干部，结合"三定"工作配齐各级领导班子，考核选聘主任师、副主任师，推进人才通道建设。采取"加长板凳""低职高配"等措施，大力选拔"75后""80后"担任中层领导干部，改善中层领导班子的年龄、学历和专业结构。

（孔峥臻）

【开展"从严管理年"活动】 荆门石化坚持把"三基"工作作为企业夯实基础管理、提高经营绩效、提升队伍素质的"压舱石"，截至2017年底，已持续开展100次"三基"工作大检查。坚持问题导向，2017年制定79项强化提升"三基"工作具体措施，以及6个方面、205项从严管理具体措施；认真开展问题整改"回头看"，每月跟踪督办，促进闭环管理。加强绩效管理，创新考核方式方法，发挥绩效考核导向和"风向标"作用，激发全员的工作积极性，有效促进企业管理效率、工作业绩的提升。

（孔峥臻）

【连续重整装置在国内率先实现在线换剂】 2017年12月14—19日，荆门石化60万吨/年连续重整装置成功在线更换催化剂，在国内80多套连续重整装置中，首开在线换剂先河。通过在线换剂，装置在同等进料的情况下，可提高氢气产量10%以上，每小时可增加氢气3 000立方米以上。

（孔峥臻）

【积极推进"三供一业"移交】 2017年，按照

“业务要交、市场要留、人要安置、队伍要稳”的原则，荆门石化加强工作专班力量、实行集中办公，先后签订供水移交正式协议和供电、物业、社区、市政管理移交框架协议。

（孔峥臻）

表1 荆门石化主要技术经济指标 亿元

指标名称＼年份	2017	2016	2015	2014	2013	2012
原油加工量/万吨	533.90	485.04	494.93	472.36	510.72	478.80
工业总产值	253.27	195.43	216.26	271.33	305.17	290.89
工业增加值	98.15	89.08	84.10	50.90	59.25	46.03
资产总计	86.51	65.84	56.13	55.66	58.31	55.03
流动资产	35.99	17.51	12.99	15.75	17.73	17.40
固定资产原值	96.42	81.81	79.24	76.15	75.12	72.80
固定资产净值	40.91	30.57	30.27	30.40	31.72	31.60
销售收入	271.05	216.14	235.97	298.62	331.94	314.75
实现利税	88.59	79.06	75.69	43.70	50.67	39.50

表2 荆门石化主要产品产量 万吨

产品名称＼年份	2017	2016	2015	2014	2013	2012
汽　油	171.85	150.63	152.42	131.07	134.40	119.66
柴　油	148.72	146.01	157.10	153.58	177.09	163.53
煤　油	31.70	29.30	28.04	27.10	25.56	28.89
石　蜡	9.31	6.40	8.01	9.78	8.48	9.65
润滑油基础油	11.43	7.79	7.15	12.95	16.38	12.63
石油焦	30.72	29.31	28.58	31.06	34.25	34.66
聚丙烯	11.57	11.69	11.57	10.31	12.94	12.92

川维化工公司

【概况】 中国石化集团重庆川维化工有限公司（简称川维化工公司）成立于2017年11月，其前身是中国石化集团四川维尼纶厂，位于重庆市长寿经济技术开发区（国家级），1973年由国家计委下达项目计划，1974年破土动工，1979年投料试生产，1983年经国家验收委员会竣工验收投产，同年整体进入中国石化。

川维化工公司是国内最大的以天然气为主要原料，生产精细化工、特色化工及化纤产品的大型联合企业，是集团公司唯一的天然气化工企业，年可加工天然气15.5亿立方米，主要产品年产能为甲醇87万吨、醋酸乙烯（VAM）50万吨、聚乙烯醇（PVA）16万吨、醋酸乙烯—乙烯共聚乳液（VAE）6万吨、醋酸甲酯24万吨、液氨20万吨、维纶3.75万吨。截至2017年底，企业资产总额64.39亿元，拥有扬子乙酰化工有限公司、新疆维美化工有限公司、重庆川维林德气体有限责任公司3家合资企业，在岗合同制员工2 810人。

川维化工公司主要技术经济指标和主要产品产量指标分别见表1和表2。

（邵　鹏）

【领导班子调整】 2017年1月5日，集团公司党组对川维化工公司领导班子进行调整：赵寰任中共四川维尼纶厂委员会副书记兼纪律检查委员会书记，为四川维尼纶厂工会主席人选；袁代红任四川维尼纶厂副厂长，免去其中共四川维尼纶厂委员会副书记、纪律检查委员会书记职务（仍任党委委员），不再担任四川维尼纶厂工会主席职务；免去刘隆平中共四川维尼纶厂委员会委员职务、四川维尼纶厂副厂长职务，另有任用。2月6日，集团公司党组再次对企业领导班子进行调整：严红任中共四川维尼纶厂委员会书记；康太全任中共四川维尼纶厂委员会委员、四川维尼纶厂总会计师。11月16日，集团公司党组再次对企业领导班子进行调整：许毅任川维化工公司执行董事兼总经理，原四川维尼纶厂职务自然免除；严红任川维化工公司副总经理（兼），原四川维尼纶厂职务自然免除；袁代红任川维化工公司副总经理，原四川维尼纶厂职务自然免除；赵寰任川维化工公司监事，原四川维尼纶厂职务自然免除；康太全任川维化工公司总会计师，原四川维尼纶厂职务自然免除。

（邵　鹏）

【完成公司制改制】 根据国务院办公厅关于中央企业公司制改制工作相关要求，经集团公司批准，2017年11月10日，中国石化集团重庆川维化工有限公司完成工商注册登记，原中国石化集团四川维尼纶厂正式更名为中国石化集团重庆川维化工有限公司。11月16日，中国石化集团重庆川维化工有限公司在综合管理中心广场举行成立揭牌大会，公司正式成立。

（邵　鹏）

【部分机构适应性调整】 2017年4月27日，川维化工公司撤销纺丝车间，成立维纶运行部，为维纶产销研用一体化体制机制的建立奠定基础；7月27日，川维化工公司成立电气仪表中心，加强对电仪技术的专业管理，为公司“安稳长满优”生产提供坚实保障。

（邵　鹏）

【天然气加工量创新高】 2017年，川维化工公司加工天然气12.13亿立方米，合资企业加工天然气2.98亿立方米，全年总计加工15.11亿立方米、同比增长16.41%，创历史新高，装置实现“安、稳、长、满、优”稳定运行，连续第10年获评集团公司安全先进集体。

（邵　鹏）

【主要产品出口情况】 2017年，川维化工公司累计出口产品12.42万吨，创汇1.41亿美元。其中，醋酸乙烯出口5.74万吨，占国内出口份额的36.10%；聚乙烯醇出口6.00万吨，占国内出口份额的46.50%；维纶出口0.67吨，占国内出口份额的11.60%。

（邵　鹏）

【“三供一业”移交框架协议全部签订完毕】 2017年8月28，川维化工公司与重庆市长寿区人民政府正式签订《物业、市政设施及社区服务管理设施分离移交框架协议》，继2016年8月正式签订供水、供电、供气分离移交框架协议后，签订最后1个分离移交框架协议，标志着川维化工公司“三供一业”移交框架协议全部签订完毕。

（邵　鹏）

【获2016年度中国甲醇行业诚信企业奖】 2017年4月20日，百川咨询大宗商品信息交汇平台通过微信发起“2016年度中国甲醇行业诚信企业”投票活动，经过2个月微信投票，川维化工公司最终获得17.8万票，在46个投票单位中排名第二，获2016年度中国甲醇行业诚信企业奖。

（邵　鹏）

【融入中心抓党建】 2017年，川维化工公司把学习宣传贯彻党的十九大精神作为首要政治任务，坚持用习近平新时代中国特色社会主义思想武装头脑、指导实践、推动工作。公司胜利召开第五次党代会，有效发挥党委“把方向、管大局、保落实”的作用。推进“两学一做”学习教育常态化制度化，全面开展主题党日活动，“四个意识”显著增强。牢固树立大抓基层鲜明导向，严格落实“三会一课”制度，基层党组织书记述职评议全覆盖。落实意识形态工作责任制，建好、用好、管好意识形态阵地。加强反腐倡廉教育，突出抓好“第一种形态”的有效应用，对不担当、不作为的单位和个人进行问责，持续推动作风转变。建立后备干部梯队库，实施青年人才成长工程，开展“领导干部上讲台”“周四有约”等特色培训，干部人才队伍建设不断提速。深入开展“走访寻”活动，做好困难职工精准帮扶。企业总体保持和谐稳定。

（邵　鹏）

表1 川维化工公司主要技术经济指标[①] 亿元

指标名称＼年份	2017	2016	2015	2014	2013	2012
天然气加工量/亿立方米	12.13	10.37	10.13	9.92	7.86	9.90
工业总产值[②]	56.45	41.52	43.02	49.49	39.31	48.72
工业增加值	13.45	5.64	2.71	5.91	3.49	6.71
资产总计	64.39	69.11	71.31	90.24	88.49	89.23
流动资产	4.70	8.95	5.52	8.58	7.42	8.45
固定资产原值	110.03	107.83	106.31	101.47	96.48	91.22
固定资产净值	57.54	59.27	62.16	61.14	61.14	60.63
营业收入	60.17	45.63	49.22	53.70	43.43	53.74
实现利税	3.77	-5.65	-7.15	-5.10	-8.75	-3.97
税金及附加	3.10	1.85	2.04	1.72	0.75	0.32
综合能耗/吨标煤·万元$^{-1}$	2.84	3.05	3.03	3.21	3.34	3.42

①数据不含合资企业
②工业总产值数据以现价计算

表2 川维化工公司主要产品产量 万吨

产品名称＼年份	2017	2016	2015	2014	2013	2012
甲醇	87.39	68.84	69.10	68.43	53.22	64.90
醋酸乙烯	52.88	47.74	46.90	43.80	34.44	42.12
聚乙烯醇	15.75	14.13	12.37	12.79	13.36	14.32
醋酸甲酯	17.83	15.36	11.57	13.52	13.54	11.24
醋酸乙烯-乙烯共聚乳液	6.35	5.60	5.93	5.45	5.76	5.29
维纶纤维	2.05	1.83	1.34	1.62	1.79	1.42
液氨	13.86	11.58	6.67	0.38	1.48	14.28

九江石化

【概况】 中国石油化工股份有限公司九江分公司（简称九江分公司）和中国石化集团资产经营管理有限公司九江分公司（简称九江资产分公司）统称九江石化，地处江西省九江市东郊，占地面积4.08平方千米。其前身为九江炼油厂，1975年经国家批准筹建，1980年10月建成投产，1991年10月更名为中国石化九江石油化工总厂，1998年更名为中国石化集团九江石油化工总厂。2000年，根据中国石化整体重组改制部署，九江石油化工总厂主要经营性业务划入集团公司上市部分，组建九江分公司。2007年，非上市部分设立九江资产分公司。截至2017年底，共有在岗员工2 619人。

九江分公司主营业务有炼油、化工生产经营，现有原油一次加工能力1 000万吨/年、综合加工能力800万吨/年，主要生产装置有常减压、催化裂化、连续重整、延迟焦化、汽柴油加氢、吸附脱硫、渣油加氢、加氢裂化、煤制氢、聚丙烯、苯乙烯等；

主要产品有汽油、柴油、航煤、燃料油、沥青、液化气、“三苯”、石油焦、硫黄、聚丙烯、苯乙烯等。

九江资产分公司主要业务有供水、排水、社区服务（包括离退休管理、居委会）、教育培训、压力容器检测。

九江分公司主要技术经济指标和主要产品产量分别见表 1 和表 2。

（张　茜）

【领导班子调整】　2017 年 4 月 12 日，集团公司党组对九江石化领导班子进行调整：公司副总经理谢道雄全面主持行政工作，陈齐全任公司副总经理、总厂党委委员；覃伟中不再担任九江石化总厂厂长、公司总经理、总厂党委副书记。7 月 27 日，九江石化召开干部大会，经征得中共江西省委同意，集团公司党组决定：谢道雄任九江石化总厂厂长、公司总经理、党委副书记。

（张　茜）

【生产经营创佳绩】　2017 年，九江石化加工原（料）油 750.65 万吨，其中原油 698.72 万吨；原油日均加工负荷 2.20 万吨，创历史新高。连续重整装置、2 套催化装置运行负荷率实现新突破；炼油综合能耗 68.93 千克标油/吨，创 800 万吨/年工程投产以来最好水平；销售高标号汽油 53.40 万吨；销售车柴、军柴总计 235.41 万吨，占柴油销售总量的 81.6%，创历史新高；全年实现营业收入 354.4 亿元，利润 16.21 亿元，实现各类税费 115.05 亿元，连续第 2 年位居江西省首位。

（张　茜）

【连续第 8 年获评集团公司安全生产先进单位】　2017 年，九江石化以“识别大风险、消除大隐患、杜绝大事故”为主线，开展危化品安全综合治理、罐区隐患再排查等工作，推行安全十大风险排查公示和各层级领导风险承包；健全“五位一体”监管体系，强化安全监督和承包商管理，加强业务外包管理；强化安全信息化管理，被列为集团公司“可视化、自动化、智能化”试点企业。全年发现隐患 212 起，实现“三大事故”为零的目标。

（张　茜）

【入选绿色工厂示范企业】　2017 年，九江石化狠抓环保管理，全年外排废水废气达标率 100%，外排污染物远优于排放标准；深化环保域信息系统应用，建立环保监测大数据；推进 VOCs 综合治理“再梳理、再排查、再提升”专项活动；强化污染物源头削减、过程监管、末端治理，通过第 6 轮清洁生产评估；项目建设依法合规，“三同时”执行率 100%；强化应急预案演练，增强环境风险立体防控能力；依法公开环境信息，打造环保品牌，全年未发生环境污染和生态破坏事件，入选工信部 2017 年第 1 批绿色制造（绿色工厂）示范企业，获评 2017 年度石油和化工行业绿色工厂，连续第 3 年获评集团公司环境保护先进单位。

开展应急演练（汪光华　摄）

（张　茜）

【高标准完成检修改造】　2017 年 2 月 15 日开始，九江石化在集团公司炼化企业中首家实施大检修，4 月2 日全面恢复正常生产，比原计划提前3 天完成，实现“安全、绿色、优质、高效、准时”的检修改造目标。

（张　茜）

装置检修改造现场（汪光华　摄）

【发展建设稳步推进】　2017 年 4 月 25 日，九江石化 8 万吨/年苯乙烯装置实现一次开车成功，产出合格产品，公司“做强炼油、开拓化工”迈出关键一步；苯乙烯项目获评中国石化优质工程，项目部获评中国石化优秀项目管理团队。积极推进国Ⅵ油品质量升级，30万吨/年烷基化项目基础设计4月获得批复，6月开始项目拆还建工程新建聚丙烯包装厂房和仓库，12月主体装置开始施工。芳烃项目环评报告2月获得批复，6月项目列入国家石化产业规划（中国石化“十三五”建设项目），8月可研报告上报中国石化，年底完成项目专项评估工作。800万/年油品质量升级改造项目、120万吨/年催化汽油吸附脱硫和国Ⅴ柴油质量升级项目完成竣工验收。

（张　茜）

【海外开工服务项目取得重大进展】 2017年，九江石化策应“一带一路”倡议，发挥技术和人才优势，主动走出去，积极推进哈萨克斯坦阿特劳炼油厂石油深加工EPCC项目柴油加氢、石脑油加氢、苯加氢、醚化、异构化5套装置开工项目。10月，海外项目部近100人赴哈萨克斯坦执行装置开工任务，公司从“生产经营型”向“生产经营+生产服务型”转型迈出关键一步。

（张　茜）

【国Ⅴ普通柴油实现质量升级】 按照国家2017年11月1日起全面供应硫含量不大于10×10^{-6}普通柴油的要求，九江石化积极开展国Ⅴ普柴质量升级工作，8月20日生产出合格0#国Ⅴ普通柴油。

（张　茜）

【推进智能工厂升级版建设】 2017年，九江石化编制《九江石化“十三五”信息化规划暨智能工厂升级版方案》，智能工厂专项提升项目可研报告通过总部评审；有序推进五大业务域信息化项目建设，综合安防系统、IT运行管控平台、碳资产管理等项目上线运行；2套催化等20套装置APC系统实现上线运行；1#常减压装置试点应用国内首套基于分子炼油的RTO项目。获全国首批“两化”融合管理体系贯标示范企业称号。

（张　茜）

【计量集中管控系统上线运行】 2017年3月27日，九江石化进出厂计量集中管控系统上线运行。该系统通过信息化智能管控技术，对电子提货系统、流量计定量装车系统、衡器称重系统、计量管理系统等进行集中整合，将传统人工分散计量模式转变为进出厂业务流程的全过程自动操作和计量数据的集中管理，大幅提高进出厂计量速度和效率。

（张　茜）

【技术创新取得新成效】 2017年，九江石化坚持科技创新发展，RS－2200低成本柴油加氢催化剂长周期生产国Ⅴ柴油工业试验顺利“出龙”；业内首套高压比单螺杆单级工艺气压缩机组研究及工业应用成功。推进原油及油品核磁基地建设，全年快评物性建模191个，核磁技术开发及应用处于行业领先水平。4件国家发明专利获得授权，8件计算机软件取得国家版权局著作权登记证书，完成智能工厂知识产权策略研究。

（张　茜）

推动青年创新创效工作，建立三维数字化职工创新工作室（汪光华　摄）

【强化提升“三基”工作】 九江石化建立“三基”工作管理新机制，以制度为源头、以检查为手段、以考核为载体、以整改为目的，“四位一体”推进“三基”工作与专业管理高度融合，促进专业基础工作在现场有效落地。九江石化一体化管理、制度执行和绩效管理经验获得总部肯定，获评集团公司2016—2017年度“三基”工作先进组织单位。

（张　茜）

【畅通人才成长通道】 2017年，九江石化坚持以卓越为导向选人用人，加大干部交流和优秀年轻干部的选拔力度，调整领导人员176人次，占比67.3%；健全完善公司“1+5+N”干部管理制度，提升干部管理制度化水平。加强青年人才管理，健全“纵向能上能下、横向能进能出”的职位选聘机制，选聘专业技术和技能操作各层级人员58名。强化基本功训练，全年共举办各类培训班504期，培训员工2.6万余人次。选人用人总体满意度连续第4年保持100%。

（张　茜）

【积极推进“三定”工作】 2017年，按照集团公司“三项制度”改革部署，九江石化按照先进导向、总量控制的思路，推进“三定”工作，成立“三定”工作小组，编制完成《九江石化对标先进实施“三定”工作方案》和《“十三五”用工总量规划》；12月底，“三定”工作步入实施阶段，优化部分单位组织机构，将工会、团委整合为群众工作处。

（张　茜）

【打造“党建力量”核心优势】　落实全面从严治党的要求，推进党建工作与企业中心工作深度融合；深化基层党建“五化”工程，开展“不忘初心找差距、继续前进求突破”主题党日活动。实施党务政工干部成长工程，创新开展党务政工业务技术比武。成立13个党务互助攻关小组，创建96个公司级、48个基层级党员示范项目，推进党建示范向“党建+生产经营”双示范提升。在集团公司内率先构建“大监督”格局，出台《九江石化监督体制机制改革方案》，成立九江石化监督委员会。

（张　茜）

【深入学习贯彻党的十九大精神】　九江石化通过组织专家专题辅导、参加专题报告视频会、班子成员深入基层宣讲等形式掀起学习十九大精神热潮；“报网台微”各媒体联动，搭建党的十九大精神学习、宣传、交流平台；一线员工以中心组学习、班组政治学习为抓手，把十九大精神带到班组、带进装置。通过常态化、制度化开展“两学一做”学习教育，加强形势任务教育，开展“转观念、勇担当、创效益、争一流”专题讨论，引导全员以十九大精神为指引推动各项工作取得新成效。

（张　茜）

【“三供一业”分离移交稳步推进】　2017年，九江石化积极推进“三供一业”分离移交，完成年度目标任务，供水、供电可研报告和实施方案均获得总部批复；签订供电移交实施协议，完成供电移交改造详细设计；二五连接路、五路公交站、社区消防管理服务职能完成移交；签订社区管理职能分离移交协议和物业管理职能移交框架协议。

（张　茜）

【企业保持和谐稳定局面】　2017年，九江石化加强社区改造，完成三区综合治理改造，新建小型休闲公园，创建安全、文明、和谐、美丽社区。实施青年公寓维修改造，为青年员工创造良好的生活学习环境。健全和落实信访稳定责任体系，落实维稳责任，做到“三个避免”“四个坚决防止”。“面对面、心贴心、实打实”开展困难帮扶工作，累计为1 629人次发放困难补助135万元，为1 751人次提供补充、互助医疗补助402万元；持续开展“走基层、访万家”活动，建立走访长效机制。切实履行社会责任，做好修水县沙湾村定点帮扶、武宁县黄墩村文明帮建工作。加强企地共建，全面解决多年来的历史遗留问题，周边和谐稳定迈入最好时期。

（张　茜）

表1　**九江分公司主要技术经济指标**　亿元

指标名称＼年份	2017	2016	2015	2014	2013	2012
原油加工量/万吨	698.72	725.01	555.50	471.26	519.18	507.64
工业总产值	351.60	311.47	264.31	295.18	321.53	311.18
炼　油	333.46	295.78	250.70	281.65	304.64	301.88
化　工	18.14	15.69	13.61	13.53	16.99	9.30
工业增加值	139.98	149.30	95.99	56.50	63.76	46.47
资产总计	169.79	146.81	126.24	105.75	68.67	61.92
流动资产	66.33	41.77	19.32	25.43	20.79	18.53
固定资产原值	158.82	145.66	133.74	76.90	80.48	83.98
固定资产净值	98.99	93.50	88.18	32.21	34.87	31.09
销售收入	354.37	326.06	266.03	299.06	327.85	319.48
实现利税	131.06	137.38	88.46	48.80	56.53	40.59
税　金	114.86	118.23	86.80	45.08	56.35	51.34
综合能耗/吨标煤·万元$^{-1}$	0.36	0.35	0.34	0.31	0.31	0.28

表2 九江分公司主要产品产量 万吨

产品名称 \ 年份	2017	2016	2015	2014	2013	2012
98#汽油	0.95	2.32	—	—	—	—
97#汽油	—	57.55	66.76	58.07	48.28	21.70
95#汽油	50.81	18.40	—	—	—	—
93#汽油	—	104.84	125.78	103.95	111.05	108.90
92#汽油	152.14	34.88	—	—	—	—
柴　油	288.26	307.32	211.92	179.61	204.73	229.00
煤　油	57.47	54.95	34.17	24.35	21.93	3.24
燃料油	0.24	—	0.20	1.40	5.38	4.29
溶剂油	—	—	—	—	—	0.18
液化气	40.61	42.02	32.18	26.51	31.45	26.18
沥　青	6.65	4.49	8.35	12.10	14.28	18.44
聚丙烯	10.22	11.18	10.53	9.23	11.16	9.80
苯　类	14.30	20.51	13.65	5.96	7.99	4.03
硫　黄	5.69	5.75	3.21	2.67	2.67	2.21
石油焦	31.23	32.26	32.24	31.60	31.43	33.21
石脑油	24.16	25.41	2.23	0.29	—	14.17
戊烷发泡剂	13.58	13.66	7.13	5.15	0.96	—

湖北化肥

【概况】 中国石油化工股份有限公司湖北化肥分公司（简称湖北化肥分公司）暨中国石化集团资产经营管理有限公司宜昌分公司（简称宜昌资产分公司）统称湖北化肥，位于湖北省枝江市，紧邻沪渝高速和318国道，南距长江约1.5千米，铁路专用线由枝江车站接轨至厂卸煤线站台，交通优势十分明显。湖北化肥前身为湖北省化肥厂，1974年10月动工建设，1979年8月投产，1983年7月1日整体并入中国石油化工总公司。2000年和2006年分别实施燃料、原料路线“煤代油”改造。2014年3月，20万吨/年合成气制乙二醇示范装置投产后，退出化肥业务，实现由化肥向化工转型。2017年11月，合成气制乙二醇项目“出龙”，企业产品结构调整获得重大突破。

截至2017年底，湖北化肥拥有30万吨/年合成氨装置、52万吨/年尿素生产装置、日处理2 000吨煤的煤气化装置、20万吨/年乙二醇装置、2台240吨/时生产能力高压煤粉锅炉和1台220吨/时生产能力高压煤粉锅炉、2台2.5万（千瓦·时）/时的汽轮发电机组的公用工程和配套设施、1条23千米的自有专用铁路线和工业编组站。主要产品为乙二醇、合成氨，副产品二乙二醇、草酸二甲酯、粗乙醇、硝酸钠、氮气、氧气、氩气、硫黄等。

截至2017年底，湖北化肥设10个职能处室、4个中心、5个运行部共19个直属单位。有合同制员工1 095人，其中具有高级职称的53人、中级职称的237人，高级技师21人、技师93人。

湖北化肥主要技术经济指标和主要产品产量分别见表1和表2。

（张　英）

【20万吨/年合成气制乙二醇项目“出龙”】 2017年12月14日召开的集团公司“十条龙”攻关会上，攻关委员会审核批准湖北化肥20万吨/年合成气制乙二醇成套技术开发项目“出龙”。

（张　英）

【完成年度处僵治困任务】 编制上市、非上市扭亏脱困总体方案，制定形势任务教育、精益管理、结构性改革、技术改造、争取政策和一体化改革6个方面101条措施，全年见效1.58亿元；编制挖潜增效方案，制定优化运行、优化经营、技术改造、增收节支、盘活资产、优化检修6个方面61项措施，全年挖潜增效1.26亿元，较计划增效1 987万元。通过以上措施，湖北化肥非上市部分盈利1 125万元，完成消灭“僵尸企业”任务；上市部分较总部指标减亏843万元。整体同比减亏2.23亿元。

（张　英）

【装置运行负荷创历史新高】 通过乙二醇PSA、净化低温甲醇洗装置改造和空分装置检修，消除制约主要装置运行负荷的瓶颈，气化炉负荷达95%，空分、乙二醇装置首次达到设计负荷。

（张　英）

【创新大修战术取得成功】 改变传统的“集体卧倒，全体起立”打法，实行“错时检修、错时开车”，35天完成1 896项检修和23项技改，实现46天两头见氨。

（张　英）

【重奖避免重大安全事故人员】 2017年9月，湖北化肥对及时发现煤锅炉蒸汽主管道法兰焊缝裂纹隐患，避免一起重大安全事故的公用工程部主任技师王文给予1万元的重奖，倡导认真负责、一丝不苟的精益态度和工作作风。

（张　英）

【“精益管理年”活动初见成效】 开展“精益管理年”活动，以“抓思想、抓管理、抓执行、抓战略、抓形象”为抓手，编制活动方案，明确34项重点任务，每月召开专题会跟踪推进。通过“五抓”，员工思想观念有所转变，公司管理水平得到提升，精益管理成为全员共识，执行力得到增强。

（张　英）

【“瘦身健体”分离移交工作扎实开展】 按照业务驱动、精简高效和对标一流的原则，调整组织机构，二级机构由27个压减至19个，精简30%；完成供水、供电业务移交协议签订，“三供一业”分离移交工作走在前列，得到总部肯定。

（张　英）

【干部人事制度改革进一步深化】 出台干部能上能下制度，明确干部下的渠道和方式；规范中层、基层干部管理，进行中层、基层干部选聘，中层干部精简20%。

（张　英）

【连续5次被评为湖北省文明单位】 2017年12月20日，湖北省委、省政府联合发文，表彰湖北省文明单位，湖北化肥受到表彰，为连续第5次获此荣誉称号。

（张　英）

【召开首次党建思想政治工作会】 2017年3月7日，湖北化肥召开首次党建思想政治工作会，部署2018年度党建思想政治工作、党风廉洁建设工作和群团工作。

（张　英）

表1　　湖北化肥主要技术经济指标　　亿元

指标名称＼年份	2017	2016	2015	2014	2013	2012
工业总产值						
湖北化肥分公司	13.84	8.06	5.52	6.58	9.04	10.56
宜昌资产分公司	4.78	3.39	2.50	2.98	3.20	3.21
工业增加值						
湖北化肥分公司	-0.60	-1.58	-1.86	-1.91	-0.85	-1.01
宜昌资产分公司	0.97	0.30	0.18	0.24	0.29	0.65

续表

指标名称 \ 年份	2017	2016	2015	2014	2013	2012
资产总计						
湖北化肥分公司	21.97	25.20	25.78	25.67	25.42	9.24
宜昌资产分公司	6.05	5.70	5.58	5.97	5.43	5.44
流动资产						
湖北化肥分公司	3.78	2.89	3.06	1.78	3.29	2.49
宜昌资产分公司	0.68	0.53	0.06	0.21	0.44	0.55
固定资产原值						
湖北化肥分公司	53.00	52.39	51.35	50.54	31.64	31.31
宜昌资产分公司	10.18	10.14	10.18	8.90	8.65	8.21
固定资产净值						
湖北化肥分公司	13.02	18.99	19.52	20.14	2.00	1.87
宜昌资产分公司	4.23	4.70	5.30	4.55	4.72	4.74
销售收入						
湖北化肥分公司	17.23	10.49	6.98	8.82	10.40	10.47
宜昌资产分公司	6.81	4.64	3.64	4.15	3.70	3.39
实现利税						
湖北化肥分公司	-8.92	-5.22	-5.25	-4.61	-2.66	-2.53
宜昌资产分公司	0.11	-0.70	-0.72	-0.55	-0.65	-0.39
税　金						
湖北化肥分公司	0.06	0.04	0.05	0.05	0.06	0.05
宜昌资产分公司	0.10	0.09	0.04	0.06	0.06	0.07
综合能耗/吨标煤·万元$^{-1}$						
湖北化肥分公司	5.81	6.10	6.33	6.61	7.00	6.83
宜昌资产分公司	1.73	1.81	1.87	1.88	1.94	1.99

表2 **湖北化肥主要产品产量** 万吨

产品名称 \ 年份	2017	2016	2015	2014	2013	2012
湖北化肥分公司						
乙二醇	12.20	8.34	5.16	3.47	—	—
合成氨	14.03	13.28	7.98	14.55	28.44	28.68
尿　素	—	—	—	9.27	41.67	44.26
宜昌资产分公司						
蒸　汽	392.86	339.64	256.00	255.10	238.97	211.22
电/亿千瓦·时	1.53	1.65	1.16	0.62	1.31	1.27

济南炼化

【概况】 中国石油化工股份有限公司济南分公司（简称济南分公司）和中国石化集团资产经营管理有限公司济南分公司（简称济南资产分公司）统称济南炼化，始建于1971年，1975年投产，1983年划归中国石油化工总公司，1998年留转至集团公司，2000年根据重组改制方案，企业进行主辅分离，主业即进入股份公司，成为济南分公司；辅业部分于2006年11月经过体制转换，成为济南资产分公司。

济南炼化位于山东省济南市历下区，占地面积2.4平方千米，距市中心11千米，地处胜利、中原两大油田之间，自备铁路与胶济线相连，厂区南北有济王路、309国道和济青高速公路，距济南遥墙国际机场15千米，地理位置优越，交通运输四通八达。

截至2017年底，济南炼化固定资产原值80.07亿元，具备750万吨/年原油一次加工能力，拥有常减压、催化裂化、柴油加氢、蜡油加氢、润滑油加氢、S－Zorb、逆流连续重整、润滑油系列、聚丙烯等30余套主要生产装置，可生产汽油、柴油、液化气、航空煤油、石油焦、聚丙烯、硫黄、润滑油基础油等50余种产品，产品出厂合格率始终保持100%。济南分公司职工人数为1 779人，其中各类专业技术人员312人（高级职称81人、中级职称166人）；济南资产分公司职工人数为93人，其中各类专业技术人员16人（高级职称5人、中级职称4人）。

济南分公司主要技术经济指标和主要产品产量分别见表1和表2。

（邓顺平）

【领导班子调整】 2017年2月7日，济南炼化召开领导干部大会，宣布集团公司党组对济南炼化领导班子调整的决定：夏季祥任济南分公司、济南资产分公司总经理，盖金祥、温传忠任济南分公司副总经理；经征得中共济南市委同意，夏季祥任党委副书记，刘宏志任党委副书记、纪委书记并作为工会主席人选，盖金祥、温传忠任党委委员。

（邓顺平）

【首次“四年一修”顺利完成】 2017年2月18日—4月10日，济南炼化历时52天的全厂性大检修改造圆满完成。该次大修改造是继2013年大检修后的首次“四年一修”，检修任务涉及32套主要生产装置及公用工程、储运系统共计2 059项常规检修项目，同步实施安全隐患治理、环保提标改造、普通柴油质量升级、优化提升消缺、“能效倍增”计划等40余项技改技措项目和13项新项目甩头。整个检修开停工过程未放一次火炬、未发生一起事故、未收到一起环保投诉，实现“环保停工无异味，安全检修无违章，平稳开工无泄漏”目标，取得“一次停好、一次修好、一次开好”的全面胜利，为实现下个周期安稳优运行奠定坚实基础。

（邓顺平）

【炼油结构调整提质升级改造项目开工建设】 80万吨/年催化裂化装置改造项目是济南炼化实现提质增效升级发展的核心项目，也是打造“安全可靠、清洁环保”城市型炼厂的重要举措，对进一步提升企业盈利能力和清洁环保水平意义重大。项目批复投资7.9亿元，通过实施一催化、S－Zorb装置扩能及系统配套改造，提高催化二次加工比例，降低焦化加工规模，柴汽比可降至0.48。2017年上半年，完成EPC总承包合同和监理合同签订，同步进行基础设计、详细设计，提前开展长周期、次长周期设备订货；7月17日基础设计批复；7月底，原装置拆除、场平等现场前期准备完毕；7月29日，正式开工建设；11月底，基本完成土建和基础施工，关键设备安装加快推进。

（邓顺平）

【安全环保工作获得多项荣誉】 济南炼化把安全环保作为企业生存发展的“生命线”，全力打造“安全可靠、清洁环保”城市型炼厂，坚持“凡是环境保护需要投资的钱一分不少；凡是不符合环境保护的事一件不做；凡是污染和破坏环境的效益一分不要”，确保安全清洁生产、达标合格排放，做到“让政府放心，让周边群众满意”，实现经济效益、社会效益和环境效益相统一。2017年，先后获济南市安全生产工作先进单位、山东省安全生产工作先进企业、第4届低碳山东行业领军单位、集团公司安全生产先进单位、中国石化公众开放日示范单位等称号，入选国家工信部第2批“绿色工厂”示范企业。

（邓顺平）

【产品结构调整成效明显】 2017年，济南炼化聚焦效益目标，持续优化生产组织，针对原油资源变化、装置停工改造实际，深挖现有装置潜力，动态优化增产汽油、压减柴油加工方案，投用二催化 LTAG 流程，全力增产高价值产品，车用柴油收率同比提高 11.34 个百分点。航煤产品于 1 月成功投放市场，稳占济南机场市场份额。增产高黏度基础油、白油，环保型橡胶增塑剂装置稳定运行。成品油配置计划完成率 100%，自营产品均价位居总部主要炼化企业前列，环保型橡胶增塑剂销量翻倍。逐步打响济南炼化白油品牌，全年较标杆产品增效 6 300 万元。

（邓顺平）

表 1　　济南分公司主要技术经济指标　　亿元

指标名称 \ 年份	2017	2016	2015	2014	2013	2012
原油加工量/万吨	364.63	501.49	504.32	500.69	414.56	450.15
工业总产值	172.30	208.73	226.98	293.69	246.08	273.11
工业增加值	70.53	109.19	103.06	67.16	50.82	49.27
资产总计	51.91	45.39	44.44	49.93	48.49	46.91
流动资产	11.17	11.47	9.24	13.34	13.04	14.51
固定资产原值	75.33	73.91	72.54	68.59	66.48	59.51
固定资产净值	30.72	31.32	33.08	32.46	33.10	28.36
销售收入	172.63	208.70	225.30	292.77	243.95	272.04
实现利税	64.28	102.04	93.73	60.64	43.76	42.91
税　金	59.93	86.16	86.23	57.68	43.60	46.88

表 2　　济南分公司主要产品产量　　万吨

产品名称 \ 年份	2017	2016	2015	2014	2013	2012
汽　油	108.36	162.60	163.74	157.60	110.58	122.67
柴　油	129.54	174.39	190.61	197.03	166.57	187.62
沥青料	9.46	14.04	11.98	10.63	8.07	10.62
液化石油气	18.06	31.32	31.68	29.15	23.19	24.57
润滑油基础油	6.80	8.99	5.47	6.08	6.61	0.80
聚丙烯	7.54	12.11	12.01	11.63	9.40	11.14
化工轻油	5.37	7.09	7.10	8.63	19.80	21.79

中 原 石 化

【概况】　中国石化中原石油化工有限责任公司（简称中原石化）是股份公司控股的企业，位于河南省濮阳市，占地面积 173 万平方米。1987 年国家批准立项建设，1996 年建成投产，1998 年 4 月划归集团公司，2005 年 1 月进入股份公司。中原石化注册资本金 24 亿元，其中股份公司占 94.99%、河南省投资集团占 3.51%、中原银行占 1.50%。

截至 2017 年，中原石化有新、老 2 套生产系统，老系统为石油化工生产路线，主体装置于 1996 年建成投产，先后进行 2 次技术改造，有 10 套化工生产装置，乙烯装置设计规模为 18 万吨/年，经过技术改造和技术攻关，实际产能超过 21 万吨/年；聚乙烯装置设计能力为 26 万吨/年，聚丙烯装置设计能力为 6 万吨/年，另有汽油加氢、苯抽提、制氢、1-丁烯、催化裂解制烯烃（OCC）5 套副产品深加工装置。新系统为煤化工生产路线，包括 1 套 60 万吨/年甲醇制烯烃（S-MTO）装置和配套的 10 万吨/年聚丙烯装置，分别于 2011 年 10 月 10 日和 9 月 20 日投产。主要有聚乙烯、聚丙烯、苯、MTBE、氢气等产品。中原石化实行公司—车间两级管理模式，设 11 个机关部室、11 个车间和 3 个基层单位。用工总量

1 392 人。

中原石化主要经济指标和主要产品产量分别见表 1 和表 2。

（李继增）

【实现持续盈利】 2017 年，中原石化紧紧围绕转方式调结构、提质增效升级这个中心，积极应对严峻的市场挑战，扎实推进“两学一做”学习教育常态化、制度化，转变观念、改革创新，在安稳运行、优化经营、精细管理、结构调整、转型发展和从严治企上狠下功夫，各项工作取得新成绩。全年，实现利润 2.67 亿元，连续 4 年盈利。资产负债率从年初的 52.72% 下降到 35.74%，国有资产实现保值增值。

（李继增）

【生产经营持续优化】 2017 年，中原石化按照“宜油则油、宜醇则醇、宜烃则烃”的原则，持续优化装置结构、原料结构，及时调整乙烯装置、MTO 装置生产负荷，实现装置运行效益最大化。坚持开展日效益测算，及时发现、解决生产经营运行中的异常指标问题。紧紧抓住丁二烯、混合碳四等上游产品价格上涨的时机，及时调整装置结构，增效 907 万元。

（李继增）

【连续 17 年无上报安全事故】 中原石化牢固树立“一切事故都是可以避免的”“工作做在前，不当消防员”等理念，以“识别大风险、消除大隐患、杜绝大事故”为主线，强化安全生产责任落实，开展“讲政治、担责任、抓环保、促管理”大讨论、大培训，修订完善安全管理制度，狠抓承包商和承运商管理，规范现场作业安全管理。加强应急预案演练，企业连续 17 年无上报安全事故。

（李继增）

【坚持绿色发展理念】 中原石化认真落实“2＋26”城市大气污染治理要求，制订 2017 年大气污染防治工作方案，推进环保隐患治理项目建设，强化环保监测管理，完成排污许可证换证，建成投用全国第 1 套隔油池废气治理设施，确保“三废”处理达标率 100%。开展 11 次公众开放日活动，受到社会各界和公众媒体的好评。年内，中原石化获濮阳市环境信用“红榜”企业、河南省绿色制造体系建设示范企业、集团公司职业健康先进集体称号。

（李继增）

【“双烯”收率连续 6 年名列前茅】 2017 年，中原石化加强生产组织、现场监管，实施现场风险因素识别分析确认单制度，确保装置安全稳定运行。积极做好原料结构优化，每月对乙烯原料结构优化情况进行专题分析，开展降低吨乙烯原料成本专项竞赛活动，克服原料杂、质量参差不齐的困难，多采用优质原料，尽可能提高轻烃原料直供率，轻烃占原料比例最高达 35%，提高了资源利用效率。“双烯”收率连创新高，最高达 51.72%。

（李继增）

【强化“三基”管理】 2017 年，中原石化严抓“三基”工作，突出“效益导向”和“严、细、实”2 条主线，积极推进管理标准化，完成一体化管理体系认证，以质量、职业健康安全、能源、环境、党建 5 项认证为主要内容的一体化管理体系初步建立。组织“三标”班组建设和“五型”班组竞赛，108 名班组长脱产培训。深入开展技术比武，开展“画流程图、记工艺指标、背操作法”专项训练，保障企业安全稳定生产。

（李继增）

【乙烯单体外卖装置建成投产】 中原石化克服春节期间安全管理从严、民工返乡等困难，经过 8 个月的奋战，2017 年 2 月 16 日，乙烯单体外卖装置一次试车成功。全年，外售乙烯 5.17 万吨，增效 5 062 万元。

（李继增）

中原石化首批乙烯单体外卖

【创新发展取得新突破】 2017 年，中原石化积极开展产销研用协作，开发生产电容器膜用聚丙烯、新型聚丙烯管材料、高熔指无规共聚透明料等新产品，其中高熔指无规共聚透明料是国内最高的无规共聚透明料，填补国内空白。11 项产品通过欧盟 ROHS、美国 FDA 食品卫生认证及国内相关认证。聚丙烯专新料比例达 74%，专新料完成 14.2 万吨，累计增效 2 555 万元。加大 MTO 技术攻关力度，提升技术指标。“高效甲醇制烯烃全流程技术（S－MTO）”项目获 2017 年度国家科学技术进步一等奖。

（李继增）

【积极推进结构调整项目】 2017 年，中原石化积极落实集团公司转方式调结构、提质增效升级要求，推进“三个转型、四个调整”，抢抓发展机遇，根据中原油田炼厂停产的新情况，与中原油田、濮阳市委市政府紧密结合，积极推进中原石化结构调整项目方案论证、方案研究报告编制上报等工作。积极落实“十三五”规划项目，完成 10 万吨/年气液法聚乙烯项目可研报告编制。

（李继增）

【各项改革进展顺利】 中原石化积极推进人事、劳动、分配 3 项制度改革，稳妥实施“三定”工作，2017 年底完成机关“三定”改革工作，机构、人员实现优化。公务用车制度改革成效明显，压减公务用车 9 台，压减率 28%，每年可减少用车费用约 100 万元。建设完成财务共享系统，成功实现财务共享上线。“四供一业”分离移交工作取得突破性进展：供电项目可研报告已完成总部审查，待批复；供水项目可研报告已上报总部审查；供暖业务可研报告上报总部批复；供气项目积极推进。2017 年 12 月 28 日，与濮阳市政府签订办市政、社区和消防管理职能分离移交协议。

（李继增）

【学习宣贯党的十九大精神】 中原石化制订学习宣贯党的十九大精神方案，组建宣讲团，分层次抓好学习、宣讲和研讨，深刻领会习近平新时代中国特色社会主义思想，并以党的十九大精神为指导，牢固树立新发展理念，着力推进企业安全、绿色发展，着力深化改革，着力创新驱动，着力抓好“严、细、实”管理，着力全面从严治党，不断推动中原石化高质量发展。

（李继增）

【精准扶贫见成效】 中原石化认真履行社会责任，派驻“第一书记”，扎实推进台前县清水河乡丁李村的精准扶贫工作，投入 100 多万元，与扶贫村签订肉牛养殖项目协议，变“输血”为“造血”。2017 年 12 月 28 日，精准扶贫肉牛养殖项目进行首次分红。

（李继增）

【第 2 批工作室揭牌】 2017 年 12 月 27 日，中原石化举行第 2 批工作室揭牌仪式，“王震工匠工作室”“S－MTO 创新工作室”揭牌。

（李继增）

【关心关爱职工群众】 2017 年，中原石化开展领导班子联系点、机关服务基层活动，及时解决困难和问题 200 多项。深化“走基层、访万家”活动，职工家庭、基层班组走访实现 2 个 100%。持续实施帮扶救助工程，困难帮扶 16.45 万元。改善单身公寓居住条件，推行自助餐改革，整治提升生活区厂区环境，职工群众的幸福感、获得感、归属感不断增强。

（李继增）

【举办企业文化专题讲座】 为进一步提升广大干部职工的企业文化认知，增强企业文化意识，2017 年 5 月23 日，中原石化根据“企业文化年”活动安排，举办“中原石化企业文化专题讲座”。

（李继增）

【参观濮阳市廉政警示教育基地】 按照“加强纪律性、提高执行力”反腐倡廉教育月活动安排，2017 年 7 月 12 日，中原石化 140 余名中层干部和配偶、关键岗位人员，赴濮阳市廉政警示教育基地参加开展警示教育活动。

（李继增）

【开展“我家好家风”家训展览】 为大力弘扬中华传统美德，积极培育优良家风，2017 年 3 月 17 日，中原石化家风家教建设领导小组开展“我家好家风”家训展览活动。经过各单位、部门推荐，公司家风家教建设领导小组遴选出 236 篇具有典型性、生动性、教育性的家教家风家训及其背后的故事进行展览。

（李继增）

【开展首届“文明家庭”评选活动】 为推动家庭、家教、家风建设，用身边人、身边事教育人、引导人、激励人，2017 年 8 月 25 日，中原石化文明家庭评选委员会从 17 户中评选出 10 户事迹感人、影响广泛的文明家庭。

（李继增）

表1 **中原石化主要经济指标** 亿元

指标名称 \ 年份	2017	2016	2015	2014	2013	2012
工业总产值	45.26	37.10	34.62	45.19	48.30	41.06
工业增加值	7.25	8.86	6.63	5.15	2.60	-0.64
资产总计	19.46	20.51	20.64	21.63	23.88	25.52
流动资产	4.07	3.65	3.64	3.26	4.39	4.90
固定资产原值	70.06	69.54	69.48	69.69	69.08	69.48
固定资产净值	24.57	25.54	26.98	28.15	29.06	30.63
销售收入	45.38	36.80	34.69	44.87	48.43	40.60
实现利税	4.38	5.80	2.34	1.40	-0.66	-3.46
税　金	1.71	2.13	1.71	1.32	0.30	0.44

表2 **中原石化主要产品产量** 万吨

产品名称 \ 年份	2017	2016	2015	2014	2013	2012
聚乙烯	23.86	27.06	24.08	24.49	26.08	21.78
聚丙烯	19.11	18.22	16.93	16.51	17.08	13.27
乙　烯	29.73	27.11	23.46	23.58	24.86	20.89
丙　烯	18.84	17.52	16.73	16.39	17.10	13.42
$1^{\#}$苯	9.24	7.42	6.68	6.42	6.43	6.89
$2^{\#}$苯	6.78	5.55	4.64	4.68	5.96	5.17
碳　四	4.15	3.65	3.16	2.84	2.80	3.00
碳　五	1.79	1.52	1.66	1.51	1.61	1.57
碳　六	1.22	1.08	1.00	0.95	1.07	1.01
碳　九	0.68	0.57	0.51	0.60	0.49	0.41
裂解焦油	1.73	1.15	0.85	0.74	1.24	1.30
1-丁烯	1.11	1.57	1.28	1.17	1.35	0.44
2-丁烯	4.52	4.62	4.58	3.65	0.87	0.61
MTBE	0.88	1.24	1.14	0.97	0.99	1.26
纯　苯	3.29	2.63	2.07	2.13	2.58	2.35
$3^{\#}$苯	2.27	1.78	1.45	1.59	2.25	1.78

沧州炼化

【概况】 中国石油化工股份有限公司沧州分公司（简称沧州分公司）暨中国石化集团资产经营管理有限公司沧州分公司（简称沧州资产分公司）位于河北省沧州市，占地3 062亩（204.13万平方米），地处胜利、中原、大港、华北四大油田之间，东临黄骅港、曹妃甸港、天津港，紧依京沪高铁和京九、京沪、朔黄、邯黄5条铁路及大广、京福、津汕等7条高速公路，地理位置优越，交通便利。

沧州炼化始建于1971年，1975年10月建成投产，建厂初期生产规模50万吨/年。1984年1月1日，正式划归中国石油化工总公司。2000年1月，按照集团公司统一部署，企业资产重组为上市部分中国石油化工股份有限公司沧州分公司和存续部分中国石化集团沧州炼油厂（简称沧州炼油厂）。2007年8月，存续部分沧州炼油厂体制转换为沧州资产分公司。2009年7月，中国石化集团资产经营管理有限公司与日本东丽精细化工株式会社合资组建沧州东丽精细化工有限公司（简称TFCC）。

截至2017年底，沧州炼化拥有在职职工1 614人、离退休职工810人；有职能处室11个、业务中心4个、基层单位8个；有党支部24个、党员935名，其中在职党员630人。

截至2017年底，沧州炼化资产总额37.85亿元，原油一次加工能力350万吨/年。主体装置有：350万吨/年常减压、120万吨/年催化、(50+70)万吨/年焦化、160万吨/年和80万吨/年2套柴油加氢、15万吨/年重整、30万吨/年气体分馏、5万吨/年和2万吨/年2套MTBE装置、158万吨/年电化学精制、8 000米^3（标准）/时PSA、2万吨/年硫黄、2万米^3（标准）/时制氢、8万吨/年苯抽提、90万吨/年S-Zorb、12万吨/年干气脱硫、6万吨/年焦化液化气脱硫、36万吨/年液化气脱硫、200吨/时溶剂再生、60吨/时污水汽提、7万吨/年小本体聚丙烯。TFCC建有1万吨/年二甲基亚砜装置。

沧州炼化主要产品有汽油、柴油、液化石油气、聚丙烯、石油焦、硫黄、4#燃料油等。TFCC主要产品是电子级和医药级二甲基亚砜。

沧州炼化主要技术经济指标和主要产品产量分别见表1和表2。

（贲洋洋）

【扭亏脱困成果进一步巩固】 2017年，沧州炼化认真贯彻落实集团公司决策部署，落实“背水一战求生存，转变观念谋崛起”要求，积极践行“三勇”工作理念，坚持稳中求进，聚焦扭亏脱困，着力提效益、降成本、抓改革、严管理，扭亏脱困成果进一步巩固。全年加工原（料）油253万吨，实现主营业务收入114.06亿元，实现利润2.61亿元（其中上市部分盈利2.76亿元、存续部分亏损1 504万元），全面完成总部下达的效益目标。

（贲洋洋）

【降本减费成效显著】 2017年，沧州炼化提出成本费用在2016年压缩20%的基础上，再压10%的目标。全年单位完全费用288.55元/吨，较年初预算低65.35元/吨，折合降本减费1.56亿元，降幅19.16%。在总部“比学赶帮超”活动中获得18面单位完全费用红旗，费用降幅排名第一。

（贲洋洋）

【安全环保基础不断夯实】 层层压实安全生产责任，全面开展重大安全风险识别与防控，6项公司级重大较大风险、45项车间级风险实时受控。持续开展“低头捡黄金”活动，奖励发现问题7 797项。抓住大修时机治理一批安全隐患，罐区隐患治理项目提前1年完成攻坚战任务。开展现场安全管理挂牌评比，坚持每周集中一天动火，全面推广作业前现场唱票制度，落实施工作业视频监控要求，加强监护人员培训，编制标准化监护手册，保证直接作业环节安全。实施安全水平量化评估，初步建立一套科学、系统、全面的安全检查考评体系。认真落实绿色低碳发展要求，全年投资1.5亿元，实施污水提标改造、硫黄提标和液硫脱气改造、高架源在线监测等11个环保项目，提升了本质环保水平，各项环保指标全部满足《石油炼制工业污染物排放标准》特别排放限值要求，按时完成排污许可证取证。

（贲洋洋）

【装置“四年一修”大修改造完成】 2017年5月10日—6月30日，沧州炼化实施第1次全厂范围的“四年一修”。大修改造共投资6.06亿元，其中常规检修项目4 457项、1.09亿元；固定资产投资项目415项、4.97亿元。装置大修科学有序，实现“安全、环保、优质、高效、正点”的目标。

（贲洋洋）

常减压检修现场

【“三基”工作进一步加强】 以安全“三基”为突破口，狠抓基层建设、基础工作和基本功训练，推动“三基”上水平。以现场面貌整改和办公室规范管理为抓手，制定标准、全面整改、定期检查、严格考核，现场面貌焕然一新。

（贲洋洋）

【“三定”工作稳妥实施】 积极推进“三定”工作，深入调研制订实施方案，完成机关处室的“三定”工作，规范机构设置，形成11个职能处室、4个业务中心、8个基层单位的格局。机关人员由347人减至233人，其中64人随业务由机关转入基层，畅通出口分流安置富余人员238人。

（贲洋洋）

【“四供一业”分离移交稳步推进】 器材库生活区供热业务顺利完成移交，实现正常供暖。社区供水资产、大化生活区供热资产不再维修改造即可移交，移交协议已签订完成，节约资金近千万元。石化新村物业移交、供暖移交程序已经理清，签订正式协议。

（贲洋洋）

【项目建设实现新突破】 重整项目取得突破性进展，厂内建设方案获准实施。项目投资2.95亿元，建成后汽柴油产品可全部达到国Ⅵ标准，产品结构进一步优化，柴汽比进一步降低，高标号汽油比例增加，年增加效益2.5亿元。项目于2017年11月3日正式开工建设，预计2018年10月中交、11月投产。2017年，沧州炼化下达固定资产投资计划4.91亿元，完成投资4.60亿元，实施项目81项，其中材质升级、减压深拔、催化焦化原料优化等项目，为提质增效、供给侧结构性改革和生存崛起奠定坚实基础。

（贲洋洋）

【职工队伍保持良好风貌】 坚持正确的选人用人导向，选拔一批素质高、能力强、作风好、业绩突出、事业需要的干部。重视年轻干部的培养和选拔，进一步优化干部队伍的知识和年龄结构。提出“勇争第一、勇扛红旗、勇创一流”的工作理念，干部职工坚定打赢扭亏脱困攻坚战的信心，思想理念发生深刻转变，精神面貌焕然一新。

（贲洋洋）

【党建与中心工作深度融合】 充分发挥党委“把方向、管大局、保落实”作用，深入开展“转观念、勇担当、创效益”专题讨论，加强宣传思想工作，在扭亏脱困、深化改革、转型升级等关键问题上统一思想、形成共识。组织开展“低头捡黄金”、提合理化建议、群众性技术攻关等活动，助力装置安稳运行，促进生产经营各项目标实现；开展“亮身份、比贡献”活动，积极搭建党员发挥先锋模范作用的平台。完善党建工作责任制及“一岗双责”配套制度和运行机制，坚持抓党风廉洁建设和反腐败工作，弛而不息反“四风”，坚持抓班子、带队伍、扬正气、树新风，营造风清气正、干事创业的政治生态。

（贲洋洋）

【“走基层、访万家”活动持续深化】 深化“走基层、访万家”活动，以主题探访的形式“进班组”“进家庭”。真诚关爱困难职工，坚持开展走访慰问，送去组织的关怀和温暖。全年共走访员工1 564人次，慰问困难员工家庭141户，拨付专项资金40万元，发放“金秋助学”款5.12万元，资助困难人员75人，发放救助款21.47万元。提高后勤保障服务水平，增加倒班职工夜班津贴，提高职工收入水平。

（贲洋洋）

【企业保持和谐稳定】 针对2017年大事要事多的特点，认真分析维稳工作形势，加强稳定风险评估。在涉军维稳、深化改革等方面，未雨绸缪、多方施策，确保各项改革举措顺利实施。党的十九大期间制订专项方案，企业保持和谐稳定。

（贲洋洋）

表1　　沧州炼化主要技术经济指标　　亿元

指标名称 \ 年份	2017	2016	2015	2014	2013	2012
原油加工量/万吨	239.12	263.64	221.13	300.75	291.48	333.86
工业总产值	112.41	109.82	89.92	176.34	171.07	204.74

续表

年份 指标名称	2017	2016	2015	2014	2013	2012
沧州资产分公司	3.24	3.21	2.61	4.45	3.51	3.85
沧州分公司	109.17	106.61	87.31	171.89	167.56	200.89
工业增加值	39.36	51.38	28.52	27.83	25.18	45.05
沧州资产分公司	0.66	0.77	0.57	0.72	-0.28	0.85
沧州分公司	38.70	50.61	27.95	27.11	25.46	44.20
资产总计	37.85	37.10	33.92	43.77	45.31	37.16
沧州资产分公司	3.65	3.16	3.20	3.61	3.27	3.30
沧州分公司	34.20	33.94	30.72	40.16	42.05	33.86
流动资产	16.68	18.77	14.87	23.76	25.33	17.89
沧州资产分公司	0.59	0.65	0.56	0.70	0.47	0.49
沧州分公司	16.09	18.12	14.31	23.06	24.85	17.40
固定资产原值	42.58	43.69	43.38	41.75	40.39	39.21
沧州资产分公司	5.62	5.58	5.56	5.48	5.49	5.25
沧州分公司	36.97	38.11	37.82	36.27	34.91	33.96
固定资产净值	16.94	15.53	16.71	16.49	19.57	19.82
沧州资产分公司	2.35	2.40	2.35	2.26	2.42	2.41
沧州分公司	14.59	13.13	14.36	14.23	17.14	17.41
销售收入	114.06	110.14	92.38	177.69	172.53	204.75
沧州资产分公司	3.53	3.52	2.93	4.72	3.86	4.24
沧州分公司	110.53	106.62	89.45	172.97	168.66	200.51
实现利税	40.08	47.30	24.73	23.14	21.78	25.38
沧州资产分公司	-0.03	0.09	-0.13	-0.11	-0.27	0.01
沧州分公司	40.12	47.21	24.86	23.25	22.04	25.37
税　金	37.47	43.13	34.85	31.01	28.53	32.97
沧州资产分公司	0.12	0.33	0.32	0.33	0.21	0.21
沧州分公司	37.36	42.80	34.53	30.68	28.32	32.76

表2 **沧州炼化主要产品产量** 万吨

年份 产品名称	2017	2016	2015	2014	2013	2012
沧州资产分公司						
聚丙烯	2.95	3.17	2.38	3.39	2.69	3.05
氮　气	1.83	1.93	1.95	2.13	1.96	2.19

续表

产品名称＼年份	2017	2016	2015	2014	2013	2012
净化风/万立方米	10 608.00	7 311.00	3 945.00	4 700.00	4 287.00	4 577.00
非净化风/万立方米	—	2 571.00	5 419.00	6 050.00	4 943.00	5 186.00
沧州分公司						
汽　油	67.65	74.47	48.08	71.29	61.97	70.07
柴　油	79.79	100.61	90.74	127.80	125.44	151.57
石脑油	18.60	22.12	18.38	26.24	26.21	28.51
液化气	14.52	18.21	12.93	16.98	13.60	13.60
铝箔油料	—	1.80	6.57	3.23	8.09	11.14
石油焦	21.91	23.53	16.67	20.52	22.65	25.42
硫　黄	1.14	1.27	0.83	1.16	1.33	1.28
粗白油	7.74	4.66	4.66	—	—	—
4#燃料油	11.66	1.74	—	—	—	—
正己烷	0.14	0.04	—	—	—	—

润滑油公司

【概况】 中国石化润滑油有限公司（简称润滑油公司）是股份公司下属全资子公司，前身是中国石油化工股份有限公司润滑油分公司（简称润滑油分公司），是集研发、生产、销售和服务为一体的专业化润滑油公司。2002 年 5 月，股份公司按照“统一计划安排、统一资源配置、统一市场开拓、统一品牌形象、统一产品开发”的原则，对润滑油业务专业化重组，成立润滑油分公司。2014 年 3 月 4 日，在润滑油分公司基础上改制成立润滑油公司，总部位于北京市海淀区安宁庄西路 6 号。

2017 年，润滑油公司调和能力 169 万吨/年，包装油脂生产能力 137 万吨/年，生产和销售包括内燃机油、工业油、船用油、金属加工液、润滑脂和合成润滑油脂等 21 类、2 000 多个品种的长城润滑油脂产品。

截至 2017 年底，润滑油公司下设 12 个管理部门、12 家生产单位、5 家区域销售中心、7 个技术支持中心、5 家省级销售分公司、3 家合资公司和 1 家海外（新加坡）子公司、5 家研发机构。拥有在岗正式职工 3 879 人，专业技术人员 2 089 人，博士学历 20 人、硕士 312 人、本科 1 257 人，高级专业技术资格人员 329 人（其中正高 22 人）。

润滑油公司主要技术经济指标见表 1。

（韩新潮）

【领导班子成员调整】 2017 年 3 月 29 日，中国石化下发《关于赵安定同志任职的通知》和《关于赵安定职务聘任的通知》，决定赵安定任中共中国石化润滑油有限公司委员会委员，聘任赵安定为润滑油公司副总经理。

（韩新潮）

【获第 2 届北京市人民政府质量管理奖提名奖】 2017 年 12 月 6 日，润滑油公司获第 2 届北京市人民政府质量管理奖提名奖。该奖是北京市政府设立的最高质量奖项，设立质量奖 5 名、提名奖 5 名，润滑油公司为该届唯一获奖的制造业企业。

（韩新潮）

【荣膺润滑油行业“黄金品牌”】 2017 年 4 月 11 日，长城润滑油连续第 7 年获得工业和信息化部下属品牌评级机构“C – BPI 中国润滑油行业第一品牌”荣誉，并荣膺首次评选的“黄金品牌”称号。

（韩新潮）

【重庆搬迁扩能改造项目（一期）顺利通过验收】 2017 年 12 月 7 日，受集团公司工程质量监督总站委托，由润滑油公司和石油化工工程质量监督总站川维分站联合组成竣工验收组，对润滑油重庆搬迁扩能改造项目（一期）进行竣工验收。验收组通过听取验收情况汇报、现场查看和讨论审议一致认为，项目按照批准的设计条件完成各项建设任务，工程符合设计和使用要求，经过试生产，各项指标均达到设计要求，装置投用后运行情况平稳，同意重庆项目（一期）通过竣工验收，签署并颁发“竣工验收证书”。

（韩新潮）

【助力中国航天延伸公益服务】 2017年3月8日，润滑油公司收到长征五号运载火箭型号办公室感谢信，肯定润滑油公司“为长征五号火箭首飞圆满成功打下了坚实的基础，以实际行动践行了创新发展驱动战略和军民融合发展战略，为长征五号的顺利研制和成功首飞做出的重大贡献”。4月20日，润滑油公司再次顺利完成润滑油品配套服务，为中国首艘货运飞船“天舟一号”发射升空并成功与“天宫二号”交会对接提供润滑保障。7月17日，润滑油公司组织开展第10届中国航天员体验营，连续10年扮演“助梦者”的角色，为拥有航天梦的孩子搭建“逐梦”平台，鼓励下一代勇敢追梦、实现梦想。

（韩新潮）

第10届长城润滑油航天员体验营开营仪式（郑德辉 摄）

【携手高端装备制造商开展战略合作】 2017年，润滑油公司提出“迈向产业链中高端”发展目标，积极推进同国家大型装备制造商的战略合作。5月24日，中国石化与中国中车签订战略合作框架协议，双方明确将在润滑油和化工等产品等方面开展战略合作，联手推动中国高端装备制造业发展。8月9日，与洛阳LYC轴承有限公司签订战略合作协议，就润滑油脂国产化、轴承及装备润滑维护与服务等方面合作达成共识。截至2017年底，润滑油公司已同三一重工、奇瑞集团、中国重汽等一系列国内知名高端制造龙头企业建立战略合作关系，涵盖电力、煤炭、水泥、造纸、冶金、工程机械、铁路等行业。

（韩新潮）

【主导润滑油产品国家标准起草】 2017年3月9日，由润滑油公司主导并参与制定的风电用润滑油脂系列国家标准正式发布。该系列标准包括轴承润滑脂、开式齿轮润滑脂、变速箱齿轮油和液压油4项产品，充分考虑中国气候特点及综合使用性能等要求，具有良好的实用性和先进性。该系列标准于2017年10月1日起正式实施。3月22日，润滑油公司参与修订的《重负荷车辆齿轮油（GL-5）》国家标准，顺利通过石油燃料和润滑剂标准化技术委员会评审，颁布实施。

（韩新潮）

【海外市场形成新突破】 2017年5月5日，润滑油公司首次获得奔驰集团2018—2022年度印度、印度尼西亚2个市场的售后油独家供应商资格，长城润滑油首次进入国际一流车企海外售后油服务体系，标志着润滑油公司向产业链中高端发展和国际化运营迈出坚实的一步。

（韩新潮）

【纪念润滑油公司成立15周年】 2017年5月27日，润滑油公司召开主题为“创新、探索、发展”的座谈会，庆祝公司成立15周年。公司领导出席座谈会，与中层干部、先进员工代表等共同回顾15年来创新、探索、发展的历程和取得成绩，畅谈为未来发展的美好前景，进一步坚定自信，继续并肩作战、精诚团结、劈波斩浪，迎接未来新挑战，加快迈向产业链中高端的步伐，谋求更好更高质量的发展。

（韩新潮）

【产品获得多项高端认证突破】 2017年2月28日，长城空调两器用油（M0328B挥发性冲压油、M0432A铜弯管油）顺利通过欧盟REACH法规管控高度关注物质（SVHC）173项检测，获得进入欧盟市场资格。3月27日，润滑油公司“车用佳蓝尾气净化液（SINOPEC Galance）”及“船用佳蓝尾气净化液（SINOPEC Galance Marine）”产品获得美国石油协会（API）认证，成为全球第1家申请通过的

API 认证船用尾气净化液的公司。全年，润滑油公司共取得国际认证 39 项，申请发明专利 77 件，提升了相关产品市场竞争能力。

（韩新潮）

【发布多项高端新产品】 2017 年 3 月 10 日，润滑油公司在南京与苏宁易购、美国路博润公司，共同启动“2017 蓝天计划”，联合发布苏宁长城定制燃油添加剂系列产品。6 月 13 日，在北京举行“专利技术 多维保护”新品发布会，推出全新的“YC 型乘用车发动机冷却液”产品，继续引领和推动中国冷却液技术的进步，持续保持与世界发动机冷却液技术同步。6 月 16 日，在北京举行“2017 华北地区长城燃油宝产品推广会”，推出 4 款采用第 5 代添加剂的长城燃油宝产品，并率先在华北地区上市推广。6 月 23 日，在重庆举行“创新科技，安全护驾”新品发布会，宣布推出新一代产品“安诺 Class6 制动液”，满足 HZY6 机动车辆制动液国家标准的要求，成为继德国巴斯夫和克莱恩后，全球第 3 家生产该类产品的企业。

（韩新潮）

长城润滑油安诺 Class 6 制动液新品发布会（郑德辉 供图）

【开展年度“三比三创”劳动竞赛活动】 2017 年 9 月22 日，润滑油公司召开 2017 年度“三比三创”劳动竞赛总结大会，对为期 3 个月的“三比三创”竞赛活动进行全面总结。“三比三创”活动以“比行业推广会开展，争创优秀单位”“比规模客户开发，争创优秀个人”“比市场宣传推广，争创优秀项目”为主题，5 个区域销售中心、6 个专项产品销售单位、17 个销售代表处、44 个地市经营部和近 2 000 名销售人员全体动员，始终坚守市场开发一线，集中精力打了一场营销工作攻坚战，取得很好的成果，为进一步开发市场打下坚实基础。

（韩新潮）

表 1 **润滑油公司主要技术经济指标** 亿元

指标名称＼年份	2017	2016	2015	2014	2013	2012	2011
工业总产值	134.71	126.23	129.99	152.54	159.11	149.77	171.73
工业增加值	23.32	24.22	25.79	25.21	23.25	15.08	14.67
资产总计	85.52	84.04	78.10	83.21	74.57	77.67	65.07
流动资产	53.00	49.25	43.85	50.36	45.55	52.89	43.42
固定资产原值	40.97	46.65	40.36	38.83	34.90	30.63	28.93
固定资产净值	21.81	26.21	21.82	21.80	16.17	15.12	14.80
销售收入	164.81	155.21	160.52	199.59	207.29	175.73	194.20
实现利税	14.10	15.93	16.61	13.00	13.01	6.89	4.88
税 金	8.08	8.42	9.07	5.56	7.38	4.62	4.03
综合能耗/吨标煤 · 万元$^{-1}$	0.015	0.02	0.02	0.02	0.02	0.02	0.02

青岛石化

【概况】 中国石化青岛石油化工有限责任公司（简称青岛石化）位于青岛市李沧区，占地 0.94 平方千米，厂区临近黄岛油港，与黄岛油港、青岛港码头分别有输油管线相连，自备铁路专用线与胶济铁路相连，厂外公路与济青、青银高速公路相接。青岛石化前身为创建于 1962 年的青岛市手工业管理局炼油厂，1966 年 4 月改名为青岛石油化工厂。2000 年

12月，青岛石化整体划转集团公司，企业名称先后为中国石化集团青岛石油化工厂、中国石化集团青岛石油化工有限责任公司。2010年3月，青岛石化正式成为股份公司全资子公司，并更名为现名。

截至2017年底，青岛石化下设11个机关职能部门、4个直属机构和5个二级单位。资产总额为39.18亿元，在册职工总数为1 000人，其中在岗职工921人。原油加工能力为500万吨/年。生产装置主要包括500万吨/年常减压蒸馏、160万吨/年延迟焦化、140万吨/年重油催化裂化、100万吨/年汽柴油加氢精制、60万吨/年柴油加氢精制、60万吨/年催化汽油选择性加氢脱硫、25万吨/年催化重整、20万吨/年及15万吨/年气体分馏、7万吨/年聚丙烯等16套。产品主要有汽油、柴油、石脑油、石油焦、船用燃料油、石油液化气、车用液化气、丙烷、丙烯、聚丙烯、工业硫黄、纯苯、MTBE等近20个品种。

青岛石化主要技术经济指标和主要产品产量分别见表1和表2。

（周立川）

【领导班子调整】 2017年4月，集团公司党组和股份公司对青岛石化领导班子进行调整，决定李振民任青岛石化党委副书记、副总经理。

（周立川）

【生产经营保持平稳运行】 2017年，青岛石化紧盯全年效益目标，抓好平稳生产，努力实现经济效益最大化。在确保生产装置安全平稳运行的基础上，盯紧汽油调和，抓好汽油质量达标出厂。运用软件测算结果优化原油品种，全年采购原油品种同比减少4种。顺利完成柴油质量升级，确保4月1日起出厂柴油全部达到国Ⅳ标准。全年所有装置运行平稳，连续5年未发生非计划停工。全年加工量223.77万吨，实现营业收入98.53亿元，上缴各项税费34.49亿元，实现利润1.79亿元。

（周立川）

【优化增效成效显著】 青岛石化围绕全方位优化增效工作重点，抓好全面优化、提质增效、产品结构调整。建立和完善效益优化工作机制，每周研究效益优化方案，定期组织召开优化专题会议，及时进行优化测算和优化调整。通过优化原油采购、生产运行、产品结构等措施，努力增产95#汽油、车用柴油和丙烯、聚丙烯等高附加值产品。2017年高标号汽油占比同比增加3.63%；液化气和丙烯类产品总收率增加0.37%。优化原油加工品种，调整柴油生产流程，成功生产出口柴油、柴油组分和车用柴油等品种，改善了柴油产品结构。

（周立川）

【实现柴油出口】 青岛石化积极实施柴油出口，打通报关、报检及靠泊装船等流程，仅用3个月办理柴油出口全部手续，4月1日顺利完成首船柴油出口任务，成为中国石化13年来第1家打通一般贸易出口流程的企业。全年共出口柴油13.93万吨。

（周立川）

【降本减费措施到位】 2017年，青岛石化树立“一切成本皆可控”“管业务必须管成本”的理念，在支出行为和费用标准2个环节上实施双重控制，深化预算管理，全面推动成本费用的零基预算管理。严格控制原油库存，提高原油接卸效率，降低滞期费。通过争取境内外购汇优惠，降低原油采购成本1 009万元。紧盯货款回笼，压减“两金”占用。及时调整债务结构，积极落实减费措施，实现降本增效。严格落实中央“八项规定”精神，对8项可控费用指标加强管控。通过多措并举，实现降本减费目标，全年共节约财务费用2 888万元。

（周立川）

【实现全年安全环保无事故】 2017年，青岛石化始终将安全环保作为企业的头等大事，牢固树立安全是企业的生命、是不可逾越“红线”的理念。大力弘扬“严、细、实”作风，持之以恒抓好安全环保生产。①狠抓安全专业和专业安全责任落实。重新修订安全生产责任制，分解落实安全生产主体责任，公司安全生产委员会各专业分委会充分发挥专业优势，持续开展专业安全培训、专业安全风险评价识别和安全检查。开展“岗位安全我负责”安全主题年活动，推进安全文化建设。在2017年“安全生产月”活动期间，紧扣“全面落实企业安全生产主体责任”主题开展安全宣讲，组织职工观看事故警示教育片，参加安全生产知识答题，增强职工安全责任意识。全年未发生公司级及以上安全事故、事件。②加强安全风险识别管控。以识别大风险、消除大隐患、杜绝大事故为主线，开展风险识别与分析评价，按照集团公司风险分级管控和山东省“两个体系建设”的有关要求，对风险实行分级管理，建立专业分委会和各基层单位风险清单。组织开展罐区、装车场隐患排查整改，确保安全运行。安全督察实行日曝光、周通报、月分析，查隐患、抓整改，打牢本质安全基础。全年共开展公司级检查 5 次、各类专项检查 9 次、部门级检查 251 次。提出安全诊断建议 6 077 项，采纳并整改完成 5 165 项。③抓好环保治理。完成集团公司 2017 年环保责任书确定的工作任务，全年未发生任何环境事件，化学需氧量（COD）、氨氮、二氧化硫、氮氧化物排放量满足指标要求，废水、废气达标排放。建成并投用 4 项挥发性有机物（VOCs）整治等设施，实现在线监测平台与集团公司联网，完成泄漏检测与修复及排污许可证取证。

（徐彩滨）

【完成装置检修】 2017 年，青岛石化为适应环保排放新标准要求，从 9 月中旬开始，陆续组织实施装置检修质量升级和污水提标改造。为期 2 个多月的检修被集团公司列为 2017 年重点检修工程。青岛石化积极做好计划编制、方案制订、进度统筹等各方面工作，特别对检修安全工作严抓严管，采取有力措施。实施过程中严格遵守检修规程，科学规范施工，确保检修质量和进度受控。11 月 21 日，青岛石化所有生产装置实现开车一次成功，产品质量合格。

（徐彩滨）

【污水提标改造项目获总部批复并开工建设】 2017 年，青岛石化积极推进污水提标改造项目，3 月底完成项目可行性研究报告并上报股份公司，9 月中旬得到批复。10 月 12 日，股份公司对项目基础设计进行批复，同意该项目进行工程实施。随后，青岛石化成立污水提标改造项目部，该项目进入正式实施阶段。

（徐彩滨）

【强化企业内部管理】 2017 年，青岛石化将“严、细、实”要求融入企业管理每个环节，持续推进一体化管理体系建设和运行，推动管理创新，推进业务流程体系建设。按照 2016 版质量和环境管理体系国家标准的要求，完成对《管理手册》和 14 个程序文件的换版修订并按期发布，顺利通过外部审核。持续跟踪落实制度承接、修订、评审和发布计划的执行情况，全年共审核发布制度 158 项（新增 43 项、修订 115 项），废止 15 项，确认有效制度 434 项。制定完善绩效奖金考核管理办法，对 60 项重要指标按照确保、提升和奋斗设立三级指标，并在管理体系办公自动化系统中设置自动考核。着力加强对专业技术和拔尖技能人才的考核激励，修订完善全员绩效考核管理办法，对专家以上、主管技师以上职位人员按序列单独考核，考核结果作为激励性年金、业绩奖金、推优、续聘的重要依据。严格问题导向，对重要会议提出的重点问题跟踪督办，全年共督办重点工作 166 项，落实率 100%，并对其中 29 项进行考核，从严管理取得实效。按照管理制度化、制度流程化、流程信息化要求，将当前运行制度逐一制成专业检查表单，增强制度执行的可操作性，使制度便于落实、考核。成立 2 支岗检队伍，分别对机关职能部门、直属机构专业管理制度执行情况和二级单位“三基”工作开展情况组织专项检查。抓好问题整改，对未完成整改或整改不到位的部门进行考核，形成有检查、有反馈，有整改、有验证，有考核、有落实的闭环管理。

（徐彩滨）

【有序推进“三定”工作】 青岛石化按照集团公司“三定”工作指导意见，结合企业实际编制相关方案，稳步推进机构、岗位、人员优化调整，进一步理顺各层级管理关系，完善管理体系，使机构和岗位设置更加合理，提高了工作效率和执行力。2017 年 12 月，完成对组织机构和有关干部的调整工作。

（徐彩滨）

【积极推进三支人才队伍建设】 2017 年，青岛石化积极推进三支人才队伍建设。通过深化薪酬结构调整，按照效率优先、兼顾公平的原则，向一线倾斜，让广大干部职工共享企业发展成果。制订完善人才成长通道建设的实施方案及一系列配套制度，进一步推进“三支队伍”建设的规范完善。充分发挥专家、拔尖技能人才的“传帮带”作用，制订深化“师带徒”工作的实施方案，让专家、拔尖技能人才与发展潜力较大的青年技术、技能人员结成师徒对子，分层次制定培养目标、培养计划和培养措施。年内，17 名专家共带徒弟 22 名，13 名高技能人才与 13 名本科以上青年技能人才结成师徒对子，签订师带徒协议。

（徐彩滨）

【党建工作扎实有效】 2017 年，青岛石化认真落实管党治党职责，持续完善一级抓一级、层层抓落实的党建工作机制，确保党建工作扎实有效。认真贯彻党组决策部署和集团公司工作会议精神，确定“保安全、提效益、严管理、强党建、推改革、促发展”的年度工作方针，并把“抓出成效、干出未来”确定为全年党建和思想政治工作的主旋律，年内唱响主旋律、打好主动仗。按照《青岛石化公司党员领导干部履行“一岗双责”抓党建工作实施细则》《青岛石化公司领导干部基层联系点实施细则》要求，强化党建工作责任制落实，认真履行党建责任人职责。不断完善党建工作制度，推动党建制度化和规范化，形成权责明确、运转协调的党建管理体系。将党建与绩效考评挂钩，激发主动性、提高工作水平。把党建要点细化为执行类条款，定期组织检查，及时兑现考评结果。落实全面从严治党要求，深化党风廉洁“两个责任”落地，聚焦主业主责、严格执纪监督，以钉钉子精神落实中央“八项规定”精神与集团公司实施细则，党风廉洁建设工作扎实、成效明显。

（徐彩滨）

【学习贯彻党的十九大精神】 党的十九大召开后，青岛石化多措并举推进十九大精神学习贯彻和学用转化。制订学习计划，落实学习制度，坚持读报告、学原文、悟原理，深刻学习十九大报告中“八个明确”的主要内容和“十四个坚持”基本方略的重大创新思想观点。在系统学习的基础上，紧密联系工作实际，组织开展专题研讨。通过学习研讨，深刻体会到习近平新时代中国特色社会主义思想的历史地位和丰富内涵。领导班子到分管部门宣讲十九大精神，深入一线为工作联系点讲党课，把自身学习研讨成果分享给基层党员干部，并利用讲党课时机与一线党员干部交流思想、讨论工作。促进学用转化。通过认真学习，进一步深刻认识党的十九大报告和习近平新时代中国特色社会主义思想对深化国有企业改革发展的重大指导意义，能够把思想自觉统一到全面推进从严治党、不断强化国有企业党的建设上来，统一到贯彻落实新发展理念、把十九大决策部署转化为推动企业改革发展具体工作举措上来。根据炼油板块形势变化，深入研究策略，确定目标任务，明确工作重点，围绕提质增效、持续创效全力打造企业持续盈利的内生动力。

（徐彩滨）

【深入开展“转观念、勇担当、创效益”专题讨论】
2017 年，青岛石化根据集团公司统一部署，在全体职工中开展“转观念、勇担当、创效益”专题讨论。针对干部职工在观念、作风上存在的 4 个方面问题，围绕安全效益中心，以 6 个方面为讨论重点，推动专题讨论全面铺开。公司领导班子到基层联系点宣讲企业形势任务，广大干部职工深化认识，统一思想，立足本职，尽责担当。活动中，炼油二部着眼创新创效，抓住汽油、液化气产量 2 个关键效益点，积极开展成本核算和卡边操作竞赛，千方百计提高轻液收率。技术质量处在创新攻关上下功夫，加大工作力度，确保汽、柴油质量升级顺利完成。“转观念、勇担当、创效益”专题讨论的开展，对公司提质增效、降本压费、安全环保、优化创效、精细管控、装置检修等各方面工作起到积极促进作用。

（徐彩滨）

表 1　青岛石化主要技术经济指标　亿元

指标名称 \ 年份	2017	2016	2015	2014	2013	2012
原油加工量/万吨	223.77	265.64	212.73	308.56	329.94	309.74
工业总产值	99.21	109.36	89.91	172.25	187.71	175.75
工业增加值	44.54	55.69	34.54	33.61	39.46	17.84
资产总值	39.18	39.87	44.64	51.58	64.81	63.80
流动资产	18.60	17.45	19.90	25.48	37.76	34.89
固定资产原值	46.77	45.82	45.03	44.33	42.36	41.24
固定资产净值	16.51	18.23	20.06	22.12	22.82	24.32
销售收入	98.53	110.10	90.34	171.07	188.89	177.63
实现利税	36.28	47.67	31.34	28.95	33.18	19.11
税　金	34.49	43.01	37.57	34.97	35.43	29.41
综合能耗/吨标煤·万元$^{-1}$	0.270	0.277	0.306	0.282	0.304	0.274

表 2　　青岛石化主要产品产量　　万吨

产品名称＼年份	2017	2016	2015	2014	2013	2012
汽　油	77.06	90.79	59.91	84.70	79.52	66.69
柴　油	59.60	96.65	78.65	124.28	144.39	141.97
出口柴油	13.93	—	—	—	—	—
石脑油	1.45	2.28	4.20	4.57	4.42	5.42
溶剂油	—	0.06	0.25	1.49	0.76	-0.06
苯	0.68	0.89	0.56	1.08	1.09	0.58
燃料油	4.71	3.15	7.13	8.02	12.00	15.37
石油焦	23.74	25.67	21.94	34.99	35.48	36.82
硫　黄	0.96	1.17	0.94	1.47	1.79	1.53
液化气	14.68	16.34	12.01	16.19	28.43	24.39
车用液化气	4.11	4.59	3.39	4.72	4.63	2.22
丙　烯	1.09	1.10	1.70	2.32	2.32	1.51
聚丙烯	4.97	6.53	4.05	5.62	5.67	4.54

湛江东兴公司

【概况】 中国石化湛江东兴石油化工有限公司（简称湛江东兴公司）位于广东省湛江市，地处广东省西南部、雷州半岛北部，是中国石化在粤三大炼化企业之一，主营业务为石油提炼加工和石化产品销售。其前身为私营炼油企业，2002 年 3 月经国务院和原国家计委批准同意，被集团公司收购。2007 年 11 月 22 日，集团公司将其拥有的湛江东兴公司 75% 的合同权益转让给股份公司。2008 年，湛江东兴公司实施权益变更，完成工商变更登记。中外合作双方变更为股份公司和中国石化盛骏国际投资有限公司，合作权益比例变更为 75% 和 25%，同时名称由湛江东兴石油企业有限公司变更为现名。

截至 2017 年底，湛江东兴公司原油一次加工能力为 500 万吨/年，拥有 500 万吨/年常减压蒸馏、150 万吨/年重油催化裂化、50 万吨/年连续重整、200 万吨/年柴油加氢、14 万吨/年聚丙烯、6 万吨/年乙苯—苯乙烯等 20 余套生产装置，主要生产汽油、柴油、聚丙烯、石脑油、液化气、苯乙烯、硫黄等 9 类 50 多种产品，资产总计 79.74 亿元，下设 10 个机关处室和 12 个基层车间，在职员工总数为 749 人。

2017 年，湛江东兴公司累计加工原油 484.47 万吨，实现现价工业总产值 256.89 亿元，实现销售收入 256.31 亿元。

湛江东兴公司主要技术经济指标及主要产品产量分别见表 1 和表 2。

（林益涵）

【领导班子调整】 2017 年 4 月 11 日，集团公司党组决定：申涛任湛江东兴公司董事、副总经理、党委委员，蒋喜文任湛江东兴公司总会计师、党委委员，于春年不再担任湛江东兴公司董事、副总经理，任调研员；5 月 8 日，集团公司党组决定：湛江东兴公司董事长、总经理吴惜伟兼任中科（广东）炼化有限公司执行董事、总经理、党委副书记。

（林益涵）

【生产经营取得喜人业绩】 2017 年，湛江东兴公司着力强基础、抓改革、精管理、提效能和强党建，取得可喜成绩，效益再创新纪录，实现利润 25.52 亿元，全面完成各项技术经济指标。全年累计加工原油 484.47 万吨，实现销售收入 256.31 亿元，实现利税 122.86 亿元。可比综合商品率 93.49%，轻油收率 81.79%，高价值产品收率 90.84%，原油加工损失 0.43%，原油储运损失率 0.143%，吨油取水 0.468 吨，吨油排水 0.076 吨，炼油综合能耗 63.30 千克标油/吨，全年现金操作费用 130.58 元/吨，吨油完全加工费用 202.51 元，各项技术经济指标继续保持较好水平，在股份公司 32 家炼油企业 2017 年专业达标竞赛中排名第 10 位，在 13 家中型企业中排名第 2 位。

（林益涵）

【安全管理基础更加牢固】 2017年，湛江东兴公司坚持安全生产首要地位，以高标准、严要求、实措施大抓细抓安全工作，全员安全意识和技能稳步提升，安全生产责任落实更加到位，连续16年实现安稳生产，连续第10年被评为集团公司安全生产先进单位。着力抓安全培训和安全文化建设，大力抓安全制度完善及宣贯，推动全员安全理念入脑入心，把遵章守纪和执行制度内化于心、外化于行，全年修订完善安全等制度共66项。把别人的事故当作自己的事故对待，深刻吸取系统内外事故教训，在全厂开展变更管理、工艺操作纪律等专项检查50次，共查出问题2 458项，完成整改2 309项（整改率93.9%），有效消除装置长周期安全运行隐患。做实安全诊断工作，发动员工积极排查身边不安全因素，有效消除各类安全隐患，全年提出诊断共5 641项，其中重整C3202A后二级出口管线焊缝泄漏等10项优秀诊断受到公司级奖励。狠抓现场安全督察，严考核硬兑现，全年督察项目2 251项，查处承包商违章325项，处罚56.3万元，清退承包商3家，清除外来施工人员6名。

（林益涵）

【清洁生产再上水平】 2017年，湛江东兴公司积极践行“绿色低碳、清洁生产”“依法治企”的理念，狠抓“三废”排放管理和环境风险防控，实现稳定达标排放，获集团公司清洁生产企业称号。投资6 710万元，大力推进并如期完成全厂加热炉低氮火嘴改造、污水提标、碱渣处理和罐区VOC治理3类11个项目的实施，实现烟气排放氮氧化物不大于100毫克/米^{3}的要求，外排污水COD、BOD排放较上年分别下降25%和68%。扎实抓好泄漏检测与修复（LDAR）检测工作，全年开展6轮检测工作，共检测48.24万个密封点，发现泄漏点294个，修复282个。

（林益涵）

【效益指标再创新纪录】 2017年，湛江东兴公司全面落实价值引领战略，抓住原油价格低位运行的有利机遇，围绕效益目标，聚焦提质增效，深挖增效潜力，全力抓优化、降成本、拓销路、控风险，全年实现利润25.52亿元，吨油利润522元，在炼油板块排第1名。抓住国Ⅴ汽柴油在全国推开和国Ⅵ汽柴油在“2+26”区域推开的契机，充分利用碳五碳六异构化及120万吨/年S-Zorb装置，优化生产组织，最大限度增产国Ⅴ95#、92#汽油及国Ⅴ车柴等高价值产品，进一步压减柴油，降低柴汽比，全年汽油收率37.18%、同比提高2.49%，增产汽油12.2万吨；生产苯乙烯6.15万吨、聚丙烯13.47万吨、MTBE 7.6万吨，增效2.72亿元。

（林益涵）

【提质增效升级迈出新步伐】 2017年，湛江东兴公司坚持问题导向，加快产品质量升级，着力抓提质增效、生产瓶颈消除、安全环保提标等技术攻关，解决异构化料油品质不优、再生器烧焦能力不足、阴床出水二氧化硅高和锅炉烟气氮氧化物高等10余项生产难题，有效挖掘装置增效潜力。其中，影响2套气分装置满负荷运行的生产瓶颈难题得到有效攻克，保证2套气分装置在112%加工负荷下安全稳定运行，装置能耗持续下降、产品合格率大幅提升，在总部同类装置竞赛中列第1名、第2名。总投资2.13亿元的120万吨/年S-Zorb催化汽油吸附脱硫项目于11月29日一次开车成功并实现项目全过程安全建设，顺利产出合格产品，进一步提升高标号汽油产能。

（林益涵）

【生产运行优化再创新水平】 2017年，湛江东兴公司综合考虑原油降本和国Ⅵ油品质量升级的要求，紧紧抓住催化装置效益主线，强化生产全过程、全要素管理，落实“日一优化、旬一计划、月一测算和三月一滚动”的措施，有力保障全厂生产优化平衡，为全厂优化增效创造良好条件，全年综合商品率94.27%、同比提高1.53个百分点，轻油收率81.79%、提高1.56个百分点。大力推进2#催化装置降烯烃攻关，使汽油烯烃含量由39.2%降至31.4%，液化气收率上升2.51个百分点，柴油、油浆收率分别下降1.41个百分点和1.46个百分点。1#催化和2#催化装置汽油及液化气收率61.28%，提升0.59个百分点，增效8 064万元。强化常压装置深拔，常渣350℃馏分含量为4.5毫升、下降1毫升，装置深拔创历史最好水平，减少渣油2万多吨，增效约600万元。

（林益涵）

【降本增效抓出新水平】 2017年，湛江东兴公司坚持“事事精打细算、处处勤俭节约”的理念，狠抓全员全口径全过程成本管控。全年采购原油与总部原油平均价差由上年的4.82美元/桶降至2.58美元/桶，缩小2.24美元/桶，同比节约成本8 200万美元。强化资金管理，全年实现利息收入2 198万元。狠抓物资采购降本，实现新增积压物资为零，全年集中物资采购节本4 451万元。强化电力系统运行管理，全年功率因数调整节约电费 152 万元、线路负荷平衡调整节约电费 1 296 万元。经营状况持续改善，资产负债率由年初的 54.61% 降至 34.94%，总资产报酬率由 2016 年底的 26.67% 提高到 39.42%。

（林益涵）

【精准扶贫工作获得好评】 2017 年，湛江东兴公司坚持以精准扶贫为中心，以实施乡村振兴战略为抓手，全年共筹集扶贫资金近 900 万元，其中单位自筹资金 70 万元，实施道路建设、安全饮水、村巷排污、电网改造、危房改造、特色产业等 11 项扶贫工程，利用财政专款帮扶资金，帮助农户发展传统种植产业，通过精准帮扶、精准施策，帮扶的贤洋村贫困户实现脱贫奔小康，贫困户人均可支配收入从 2016 年底的 6 889 元提高到 7 930 元，增长 15.11%，村集体经济收入达 4.05 万元，实现 13 户贫困户 74 人稳定脱贫，两年来共脱贫 34 户 136 人，脱贫退出率达 86%，较好地履行社会责任，展示了央企形象。

（林益涵）

【学习贯彻落实党的十九大精神成效初显】 2017 年，湛江东兴公司坚持领导带头，以上率下，引导全体党员原原本本、逐字逐句、长期反复学习十九大精神，特别是习近平新时代中国特色社会主义思想，坚持理论联系实际，做到学以致用。广大党员和干部员工“四个意识”明显增强，主动担当、苦干实干的氛围更加浓厚。同时，按照形势任务教育、弘扬石油石化优良传统、对照先进找差距每季 1 个主题，全年开展“转观念、勇担当、创效益”专题学习讨论共 42 场次，广大干部员工更加主动聚焦提质增效升级，思想更加统一、信心更加坚定为推动公司持续健康发展尽心尽责。

（林益涵）

【党建工作再上新台阶】 2017 年，湛江东兴公司牢固树立“在经济领域为党工作”的理念，认真履行管党治党责任，大力加强和改进党的建设，持续推进政治优势转化，党建工作迈上新水平，在集团公司 2017 年度党建工作考核成绩 B 档。强化“一岗双责”的履行，完善班子成员的职责分工、权限和领导干部履行“一岗双责”实施办法；按照现代企业制度的管理要求，将党建工作总体要求写入公司章程，把党委权限嵌入内控权限和流程中，促进党建工作与中心工作深度融合。同时，按照党组要求，建立班子成员和处级干部廉洁情况“活页夹”，及时准确掌握领导干部廉洁从业“活情况”；深入开展季度廉洁教育课，开展湛江市公路局窝案等专题教育课，教育中层干部、关键岗位人员约 300 人次；提醒谈话 15 人次、诫勉谈话 1 人次，警醒干部勿踏红线。

（林益涵）

【和谐家园建设持续巩固】 2017 年，湛江东兴公司坚持真困难真帮助原则，最大程度为员工办实事、解难事，全年帮扶救助困难员工 39 人次，累计发放帮扶补助金 6.5 万元。积极推进易地调动职工住房补贴发放工作，有效解决易地调动职工住房货币化分配的难题，顺利完成企业住房货币化改革工作。开展合理化建议评比活动，员工积极参与企业管理迈向常态化、规范化。注重员工文体活动的开展，积极推进群团工作，努力做好人文关怀，开展“走访”活动和“走访寻”活动，实施 EAP 和“一团一品”活动，举办球类比赛、歌手大赛、“五四”和“三八”节等健康向上的文体活动，丰富员工业余文化生活，增强了企业凝聚力。

（林益涵）

表 1　湛江东兴公司主要技术经济指标　　亿元

指标名称＼年份	2017	2016	2015	2014	2013	2012
原油加工量/万吨	484.47	484.69	381.10	457.67	474.38	360.94
工业总产值①	256.89	224.06	190.02	290.60	306.53	233.08
工业增加值	127.58	117.31	82.80	60.41	56.91	34.68
资产总值	79.74	72.66	57.77	72.99	78.97	67.91

续表

指标名称 \ 年份	2017	2016	2015	2014	2013	2012
流动资产	51.61	44.07	23.83	36.36	41.23	31.39
固定资产原值	62.83	62.68	61.77	62.69	60.05	53.52
固定资产净值	23.23	24.96	26.87	28.95	29.99	26.75
销售收入②	256.31	223.81	191.34	290.23	305.73	233.53
实现利税③	122.86	112.59	77.98	53.30	54.41	28.51
税　金③	97.34	95.39	74.30	57.13	55.00	38.57
综合能耗/千克标油·吨$^{-1}$	63.30	62.74	66.04	64.22	63.10	66.40

①工业总产值按现价计算
②销售收入均不含海外销售部分
③2016 年数据有调整

表 2　湛江东兴公司主要产品产量　万吨

产品名称 \ 年份	2017	2016	2015	2014	2013	2012
汽　油	181.67	169.98	133.60	139.92	98.08	121.41
柴　油	209.68	219.47	171.54	217.83	161.08	253.21
化工轻油	7.30	3.48	4.51	10.58	14.77	13.87
苯乙烯	6.15	6.14	4.49	5.12	0.63	0
芳　烃	0	0	0	12.40	8.91	19.34
聚丙烯	13.39	14.02	11.07	12.21	9.85	12.40
液化石油气	30.26	29.22	23.58	26.48	18.13	25.38
燃料油	3.99	6.67	9.12	26.12	28.17	21.67

中科炼化

【概况】　中科（广东）炼化有限公司（简称中科炼化），位于中国第五大岛——湛江东海岛，建设占地面积600公顷，是中国石化、广东省的重点建设工程，一期投资385亿元。正在建设的一期工程主要内容为1 000万吨/年炼油和80万吨/年乙烯，以及储运、热电、污水处理、码头、铁路、成品油和天然气管道等公用工程及配套设施，另外以湛江东兴公司作为业主投资建设的18万米^3（标准）/时煤制氢装置也被纳入项目统一管理，计划2019年底全面建成投产，届时可生产国Ⅵ汽油、柴油、航空煤油等油品及聚乙烯、聚丙烯、环氧乙烷、乙二醇、EVA等化工产品。

2012年2月，中科（广东）炼化有限公司注册成立；中科合资广东炼化一体化项目管理部6月成立运作；项目修编可研报告10月获总部批复。2013年7月，总部批复项目调整版可研报告。总体设计文件2014年3月上报总部。2016年7月12日，集团公司党组决定成立茂湛炼化一体化领导小组，全面启动中科项目建设；11月23日，集团公司党组发文成立中科炼化一体化项目IPMT管理团队；11月29日—12月3日，中科炼化项目总体设计通过审查，并启动基础设计；12月20日，中科炼化项目召开全面开工动员大会。2017年2月14日，中科炼化公司领导班子搭建完成；4月5日，中科炼化项目总体设计获总部批复；7月17日，中科炼化桩基工程正式开工。根据实际情况，中科炼化分为负责公司管理和生产准备及负责项目实施的项目管理部 2 套组织架构运行，其中公司设置有办公室、生产准备部等 8 个职能部门、12 个作业部（中心）；项目管理部设置有综合管理部、控制管理部等 9 个职能部门及 17 个项目分部。截至 2017 年底，中科炼化在册员工 753 人。

（李宗烷　刘夏甜）

【领导班子调整】　2017 年，集团公司党组对中科炼化领导班子进行调整。2 月，聘任王光、郭新为中科炼化副总经理；聘任朱华周为中科炼化总会计师；决定王光、郭新、朱华周任中共中科（广东）炼化有限公司委员会委员。4 月，余夕志调离中科炼化，不再担任中科炼化执行董事、总经理、党委副书记；吴惜伟任中科炼化执行董事、总经理、党委副书记。调整后中科炼化领导班子由吴惜伟、陈晓文、曾松、王光、郭新、朱华周组成。

（刘夏甜）

【项目建设高效推进】　自 2016 年 12 月 20 日项目实质性动工至 2017 年底，项目设计、采购、施工等工作取得突破性进展。除办公楼和厂内铁路外，厂内所有主装置、系统及配套主项基础设计已全部获得批复，审查共查改问题 3 657 项，已批复的主项基础设计概算较总体设计减少 2 011 万元。项目 33 套工艺装置及 120 多项公用工程及配套项目共划分为 14 个标段，其中 5 个主要标段涉及系统内 4 家工程公司合同已落实，项目转入 EPC 施工阶段。460 台长周期设备已完成采购 444 台；92 个框架协议采购已有 44 个完成开标。全力推进项目国产化攻关，国产化率达 98.2%。项目全年完成投资 32.29 亿元，累计完成投资 69.90 亿元。

（李宗烷　刘夏甜）

离岸码头施工现场（聂冬生　摄）

【现场施工全面铺开】　2017 年，中科炼化制订总体统筹控制计划，明确各个关键控制点，每月将控制点完成情况纳入经济责任制考核。一级地管共计 146 千米已完成 135.7 千米，全厂排水系统已经形成；详勘完成 98%；施工用水、用电已引入，满足现场需要；厂内道路共 30 千米，路基水稳层完成 21 千米，路面硬化完成 41%；常减压、蒸汽裂解装置等桩基工程已完成打桩 5 336 根，占到图总量 6 416 根的 83%。海域围堰疏浚吹填、中护岸工程已进入收尾阶段；顺岸码头总体进度完成 34.6%，工作船泊位、重件泊位、滚装泊位、7 万吨煤码头的打桩等水下工作已完成；离岸码头总体进度完成 32.3%。

（刘夏甜）

桩基施工现场（聂冬生　摄）

【生产准备工作全面启动】　2017 年，中科炼化全面梳理全厂开工逻辑和物料平衡，完成开工统筹的编写工作；12 月底编制完成《生产准备纲要》，完成工艺基础知识、设备基础知识、安全环保基础知识等基础材料的编写。制订培训计划，设立员工培训基地，全面开展员工培训工作。

（刘夏甜）

【安全环保管理全面深化】　2017 年，中科炼化践行“以人为本、安全发展、绿色发展”“今天的质量就是明天的安全”的理念，组织开展“我为安全做诊断”等 7 项主题活动。狠抓制度的制定及落实，对 HSSE 委员会进行调整，设立 4 个专业安全分委员会，完成 311 个岗位安全生产责任制的修订，推广并落实作业前 JSA 分析工作监管流程。强化承包商管理工作，推行承包商累计积分考核机制，加强入厂施工人员的安全培训，对严重违章问题给予严肃处理。全年约谈 6 家承包商主管领导，1 家承包商、28 名严重违章作业人员列入黑名单并清除出厂；共培训施工人员 5 290 名，合格率达 86.8%；开展 HSE

联合检查36次，开展海域作业专项检查42次，共计查出问题611项。加强项目“三同时”工作，完成项目基础设计HSE专篇及消防专篇、安全设施、全厂性环保措施和职业病防护设施设计的审查。在集团公司重点工程项目安全质量大检查中，得到总部检查组的好评。

（刘夏甜）

【质量管理整体受控】 2017年，中科炼化重点在“抓源头、创样板、强管控”工作上下功夫，全面宣贯质量管理责任文化，实施首件质量样板、样板引路工程等措施，在前期地管、桩基等施工工作中，拍片一次合格率达98.6%。开展主题为“大力提升质量，建设质量强国”的“质量月”活动，提升参建人员质量意识。加强质量体系专项检查和日常检查，狠抓各参建单位的管理体系建设，组织开展质量体系综合大检查4次，共查出质量体系问题88项，下发整改通知单督促整改到位；组织对进场焊工资格审查、考核工作，从源头把好焊接质量风险关。

（刘夏甜）

【企业管理步入轨道】 2017年，中科炼化根据项目建设实际，结合集团公司最新要求，全面梳理规章制度，共制定（修订）制度59项，修订和发布24项项目管理程序文件。组织开展“最负责任员工”和“最负责任团队”评选活动，共55名员工受到表彰。强化“权力就是责任、责任就要担当”的意识，充分发挥督办信息平台、点赞台、曝光台、经济责任制考核的作用，加大对工作不落实、责任不到位的单位和个人的考核、追责及问责力度，全年共发起督办事项152项，对专业检查中发现的问题考核127项，促进工作落实和问题整改速度。全面推进依法依规从严治企，认真开展内控自查和专项审计督察，加强合同管理、招投标管理，规避运营风险，降低投资成本。全年共完成51项公开招投标，所有对外业务“应招必招、能招尽招”；整改合同签订方面的问题16项，考核14项。严格落实中央“八项规定”，制定出台会议、接待、出差等相关管理办法，严格控制费用，在项目建设高速推进、全年召开大型基础设计审查会12次的前提下，会议费控制在预算的82.66%，节约43万元；接待费控制在预算的46.66%，节约96万元。建立健全“三重一大”决策程序，完善领导班子会、党委会议事规则，确保重大决策的科学规范。

（李宗烷 刘夏甜）

【信息化建设取得突破】 2017年，中科炼化强化智能工厂顶层设计，不断优化智能工厂建设方案。投用OA和移动办公平台，整合费用报销、合同、督办等20项业务线上审批功能，完成移动办公系统升级和全面应用，基本实现无纸化办公，提高办公效率。开发工程项目管理系统，工程建设管理效率大幅提升。

（李宗烷 刘夏甜）

【加强队伍建设】 2017年，中科炼化落实新时期好干部标准，坚持正确选人用人导向，选优配强各级领导班子。规范选人用人决策程序，制定《中科炼化后备干部管理办法》。借鉴系统内外先进企业的管理理念，引入第三方咨询公司开展人力资源顶层设计。以开展“转观念，勇担当，争做最负责任员工和最负责任团队”活动为载体，以“进入中科门，就是中科人”等文化来凝聚所有中科人的价值取向，全面提升员工的工作积极性和主动性。举办中层管理干部培训班，培训干部46人次。组织开展技能鉴定工作，98人取得高级工职业资格，5人取得中级工职业资格。

（李宗烷 刘夏甜）

【党建工作扎实起步】 2017年，中科炼化以集团公司党建检查为契机，全面落实党建责任。健全“三会一课”机制，定期召开党群工作例会，推动管党治党责任层层落实，推进“两学一做”学习教育常态化制度化。不断强化“红线”意识，实现廉洁教育常态化。全年组织3次公司层面和30次基层层面的廉洁教育会；落实党风廉洁建设两个责任，构建“不想腐、不敢腐、不能腐”体制机制，全年未收到1封干部选拔任用方面的举报信件，全年人员违纪违法事件为零。组织召开建设承包单位廉洁共建座谈会，与12家工程承包商监理单位签订《廉洁从业责任书》；建立公司领导班子及中层领导干部廉洁“活页夹”，把握运用“四种形态”；组织对关键敏感岗位进行廉洁风险分析排查，从“不吃客户一顿饭、不拿客户一包烟”做起，落实各岗位管好自己“责任田”的措施。

（刘夏甜）

【和谐企业氛围更加浓厚】 2017年，中科炼化高度重视“以人为本”，多层次召开职工代表座谈会。切实做好关心员工的工作，解决好外来员工的吃住行和子女就学问题，全速推进员工生活区建设，不断提升后勤的保障服务质量。加大对困难和大病员工的帮扶救助力度，制订出台《公司在岗职工休假疗养工作方案》和《中科炼化帮扶金救助管理办法》，做到“雪中送炭的事一件不少”，员工的幸福感大幅提升。不断健全全公司的体育文化协会，切实丰富员工的业余文化生活。全年与地方政府召开企地联席会议 11 次，并签订共建石化工业园区的合作协议。主动参与广东省扶贫济困活动，会同湛江东兴公司共同捐赠 120 万元，直接用于湛江东兴公司对口贫困村。

（李宗烷　刘夏甜）

北海炼化

【概况】 中国石化北海炼化有限责任公司（简称北海炼化）地处广西北海市铁山港区临海工业区，距北海市区约 40 千米，南邻铁山港码头。北海炼化始建于 1989 年，原名北海石油化工厂，原油加工能力为 60 万吨/年。1998 年 5 月划归中国石化。2002 年 7 月，北海石油化工厂划入股份公司，成立中国石油化工股份有限公司北海分公司。2009 年 7 月，中国石化组建北海炼油异地改造项目筹备组，实施北海炼油异地改造石油化工（20 万吨/年聚丙烯）项目，项目于 2010 年 3 月土建开工，2011 年 9 月底建成中交，2012 年 1 月 1 日全面投产。2011 年 12 月 31 日，中国石化对北海炼油异地改造项目筹备组与北海分公司进行整合后，与北海市人民政府共同出资组建中国石化北海炼化有限责任公司。

截至 2017 年底，北海炼化共有正式职工 756 人，其中硕士及以上学历 9 人、本科学历 254 人、专科（高职）学历 221 人、中专及以下学历 272 人。设有 8 个职能部门、7 个运行部（基层单位）和 3 个附属单位。有常减压、催化裂化、延迟焦化、连续重整、柴油加氢、聚丙烯等 15 套生产装置和污水处理、余热回收等 44 套辅助系统。配套项目有 320 万立方米原油商业储备基地、设计年吞吐能力为 150 万吨的铁山港石化码头、北海—南宁成品油管道及湛江—北海原油管道。主要产品有成品油、石油焦、硫黄、聚丙烯、苯、液化石油气、石脑油、沥青等。

2016 年 1 月，北海炼化完成首次装置大检修及产品质量升级改造，原油加工能力由 500 万吨/年提升到 650 万吨/年，产品质量由国Ⅳ提升到国Ⅴ。

北海炼化主要技术经济指标及主要产品产量分别见表 1 和表 2。

（覃辉平）

【领导班子调整】 2017 年 12 月，集团公司党组对北海炼化领导班子进行调整：聘任韦巍为北海炼化总会计师、党委委员。调整后的北海炼化领导班子由陈尧焕、闫宏、张忠和、麦郁穗、姜红、韦巍组成。

（覃辉平）

【经营业绩实现新突破】 2017 年，北海炼化坚持稳中求进工作总基调，聚焦提质增效升级，贴近市场转方式调结构，全力以赴“拓市场、抓优化、强管理、降成本、控风险”，狠抓平稳生产，强化基础管理，全面从严 HSE 管理，精心优化原油采购，优化生产运行。坚持以市场需求和产品价格为导向，加大产品结构调整力度，努力增产汽油、航煤等高价值产品，努力压减柴油，全面实施“十大”降本减费增效措施，大力压减各项成本费用，取得建成投产以来最好生产经营业绩。全年完成原油加工量 650.03 万吨，为年度计划的 100%；炼油单位完全费用 133.32 元/吨，同比降低 49.08 元/吨；实现营业收入 325.80 亿元，增加 75.34 亿元；实现利润总额 31.26 亿元，增加 5.74 亿元；全年合计上缴国家税金 139.59 亿元。利润总额、吨油利润、单位完全费用、人均劳效在中国石化 25 家大中型炼厂分别排名第 7 位、第 3 位、第 2 位和第 2 位。全年实现炼油、化工专业保标。装置达标竞赛继续保持较好水平，全年累计专业达标竞赛在集团公司同类装置中排名前列。

（覃辉平）

【安全生产再创新佳绩】 2017 年，北海炼化牢固树立“发展决不以牺牲安全为代价”的红线意识，以加强安全“三基”为抓手，全面从严 HSE 管理，安全管理水平不断提升，安全生产形势总体平稳，连续 6 年实现 HSE“三零”目标，首次获集团公司安全生产先进单位称号。强化责任落实，全年处级以上领导干部参加基层安全活动、指导基层安全生产工作 258 人次。强化 HSE 委员会管理职能，增设社区交通分委会，安全管理监督职能进一步完善。注重发挥员工主观能动性，深入开展“我为安全做诊断”活动，全年共发现隐患 2 043 项，表彰奖励 2 043人次，其中对发现公司级安全隐患的 147 名员工给予重奖，累计发放奖金 30 万元，有效提升员工安全责任意识。强化应急管理，全年编制和修订消防应急预案 89 份，组织公司级应急演练 6 次、运行部级演练 58 次，与公安消防金港中队联演 8 次，全员安全技能和应急能力明显增强。强化安全监管，组建专业化、常态化的安全督察队伍，强化施工现场和直接作业环节安全监管，全年下发安全督察通报70期，查出违章行为和安全隐患793项，违章处罚344起，处罚金额14.84万元，违章现象明显减少。强化隐患治理。先后开展罐区隐患攻坚战、重大安全风险评估及隐患治理项目审定，全年排查出较大风险9项，完成公司级以上隐患项目治理15项，全面完成14套装置HAZOP分析。强化设备管控，全年公司在用设备完好率≥99.5%，仪表完好率99.61%，电气设备误操作事故为零。

（覃辉平）

【“碧水蓝天”环保专项行动取得新成效】 2017年，北海炼化严格执行新《石油炼制工业污染物排放标准》，扎实推进“碧水蓝天”环保专项行动。全力以赴抓好环保隐患整治，成立6个环保专项攻关组，加强做好动力锅炉提标改造、LADR实施、催化裂化烟气拖尾、历年积存危化品处置等问题整治，取得良好效果。全面解决硫黄尾气、加热炉氮氧化物、污水处理场冲击等前期困扰公司的环保新标准达标问题。硫黄尾气外排二氧化硫从460毫克/米^{3}降至200毫克/米^{3}左右。碱渣处理从年初月均处理不足70立方米提高到月均处理290立方米，彻底解决碱渣平衡问题。加强环保设施平稳运行，委托专业研究院制订LADR业务实施方案和计划，聘请系统内富余人员开展专业化服务，确保各项排放指标稳定达标。认真实施污污分治、清污分流，严格固废处置程序，有效加强“三废”源头控制。加强推进环保“三同时”工作，S－Zorb项目、石化码头新增货种变更顺利获地方环保部门的环评批复，产品质量升级环保竣工验收顺利通过广西环保厅现场审核，保证企业生产经营合法合规。全年废水、废气外排合格率100%，危废物妥善处置率100%，未发生节能减排环保违规和环境污染事件。

（覃辉平）

【创新发展取得新成果】 2017年，北海炼化坚持围绕生产经营难点和增效瓶颈，着力消除发展瓶颈，破解发展难题，企业内生增长动力进一步充分释放。加快推进重点项目，顺利完成炼油结构调整项目可行性研究报告和5万吨级石化码头及库区工程可研方案的编制；按统筹全面有序推进S－Zorb项目建设各项工作；密切沟通、积极协调推进铁路专用线项目；完成58项技改技措、隐患治理项目，工程项目管控水平进一步提升。全年共完成投资费用1.78亿元。持续推进科技攻关，科技创新资金预算总额660万元，科技投入291万元。总部立项的3项科研项目完成工业化试生产；自筹科研项目不断取得新成果，聚丙烯PPH－MN60高融指产品进入工业化生产，设备腐蚀检测与决策管理、高温定点测厚、物资采购辅助管理等系统顺利上线运行；“十大”技术攻关和6项环保攻关取得显著的经济效益和社会效益。深化推进内部改革，完成供水、供电分离移交实施方案编制并上报总部批复，与接收单位签订项目分离移交框架协议。优化人力资源配置，顺利完成“三定”改革方案的编制，修订完善人才成长通道建设方案。积极探索选人用人新路子，顺利完成机关部门6个专业技术岗位合同制员工公开招聘工作。

（覃辉平）

【经营管控水平实现新提升】 2017年，北海炼化以强化“三基”为抓手，狠抓“严、细、实”管理，推动企业健康发展。组织开展一体化管理体系转版换证工作，强化提升“三基”管理，全年修订规章制度113份、岗位说明书373个，完成制度符合性检查8 992条，业务流程进一步优化。持续加强员工队伍技能培训，全年外派参加总部各种高研班、培训班和交流会150人次，组织S－Zorb装置上岗资格培训22人、特种作业取证培训760人次，队伍整体素质进一步提升。规范合同管理，全年外包费用节约185万元，降幅为7.4%。持续开展效能监察和审计监督，完成泰和苑7 000万元配套设施竣工决算审计，节约987万元；完成填平补齐、产品质量升级项目结算审核，审减额3 464.72万元，审减率19.30%。强化物资采购管理，全年完成物资采购4.35亿元，节约采购资金3 013.13万元，资金节约率8.23%。强化财务管理，严格成本控制，全年炼油单位完全费用在总部排名第2位。

（覃辉平）

【党建工作迈上新台阶】 2017年，北海炼化党委坚持融入中心，服务大局，强化思想和组织保证，为企业创效发展凝心聚力。加强队伍思想建设，认真学习、宣传、贯彻党的十八届六中全会、十九大精神和习近平新时代中国特色社会主义思想，通过中心组学习、领导干部轮训、“三会一课”、专题研讨等方式，积极探索推进“三新重要阵地”建设，广大党员干部“四个意识”更加牢固，“四个自信”更加坚定。加强推进党建工作，全面推行党支部书记抓党建述职评议工作，“一岗双责”得到有效落实；深入推进“两学一做”学习教育常态化、制度化，先后开展装置消缺党员主题活动、“迎接十九大、奉献在岗位”等活动，党建工作和生产经营进一步融合。加强形势任务教育，组织开展“转观念、勇担当、创效益”专题讨论，广大员工忧患意识、危机意识和担当意识进一步增强。加强典型选树，评选优秀党员干部 21 名，引领示范作用进一步发挥。以“砥砺奋进的五年”为主题，总结宣传党的十八大以来公司取得的丰硕成果，坚定员工发展信心，激发员工岗位建功热情。传统媒体和“两微”同时发力，营造了企业生产发展的良好氛围。加强队伍建设，举办处（科）级干部学习贯彻党的十八届六中全会精神轮训班；坚持新时期好干部标准和正确选人用人导向，选拔任用 12 名优秀年轻干部，选优配齐基层领导班子；扎实推进高技能人才培训，技能操作人员岗位大练兵工作初见成效，29 人取得第 2 套装置的外操资格。加强党风廉政建设，成立监督委员会，建立中层干部廉洁情况“活页夹”，强化监督执纪问责；强化推进廉洁从业教育、业务公开网上巡视、效能监察、岗位廉洁风险排查，党员干部廉洁自律意识进一步增强。全年组织领导干部任前廉洁谈话 12 人，开展廉洁从业教育 13 次，组织党内法规知识考试 6 次，按规定处置信访件 15 起。扎实开展群团工作，坚持开展“当好主力军、奉献在岗位、建功‘十三五’”主题劳动竞赛活动，深入开展班组小指标劳动竞赛、“安康杯”安全竞赛、“青年文明号”创建、青年安全生产示范岗、“走基层访万家”等活动，有效发挥群团组织的桥梁纽带作用。

（覃辉平）

【和谐局面得到新巩固】 2017 年，北海炼化坚持以人为本，围绕民生工作求实效，着力打造和谐环境。职代会承诺为职工办实事全部落实到位，切实提升广大员工的获得感。坚持实施关心、关爱、帮扶救助等惠民利民举措，营造企业和谐发展的良好氛围。全年走访困难职工、离退休人员和患病职工 57 人，发放慰问金、慰问品 8.21 万元，为患重病困难职工捐款 11.5 万元；全年发放互助金 18.83 万元，为职工申请医疗互助保障住院补助金 5.03 万元。坚持开展业余文体活动，组织除夕包饺子、新春联欢晚会、新春社区游园、职工拔河比赛等活动，丰富广大员工的业余文化生活，增强队伍的凝聚力和向心力。坚持履行社会责任，加强企地和谐建设，开展“敬老帮困”“企校共建”“爱心助残”和“圆梦大学·爱心助学”等公益活动，全年对外捐赠 10.8 万元。

（覃辉平）

【石化码头北海港域危险货物事故应急演练】 2017 年 3 月 14 日，北海炼化石化码头开展北海港域危险货物事故应急演练。该次演练是由北部湾港口管理局主办，北海炼化、广西高通工程咨询有限公司承办。北海炼化消防队出动 4 台消防车 20 名指战员参加演练。北部湾港口管理局及各港口企业、北海市海事局、北海市安监局等 30 家单位负责人及 70 余人到现场观摩。演练旨在提高北部湾港口管理局港口企业应对突发事件风险意识，检验应急预案效果的可操作性，增强突发事件应急反应能力，同时也检验北海炼化处置石化码头紧急事件时与地方有关部门应急联动响应的能力。

（覃辉平）

石化码头北海港域危险货物事故应急演练现场

【赴北海监狱接受警示教育】 2017 年 6 月 28 日，北海炼化纪委开展“遵法规反违纪”主题廉洁警示教育活动，组织副科级（含副主任师）以上领导干部和关键岗位人员共计 80 人赴北海监狱参观学习，接受警示教育。

（覃辉平）

【举办领导干部学习十八届六中全会精神轮训班】 2017 年 5 月 18 日，北海炼化领导干部学习十八届六中全会精神轮训班开班，公司中层及以下领导干部共 80 人参加开班仪式。轮训时间近 2 个月，通过集中培训、辅导讲座、专题研讨、在线学习等形式，深入学习习近平总书记的重要讲话精神，深入学习《关于新形势下党内政治生活的若干准则》和《中国共产党党内监督条例》等内容。7 月 12 日，召开学习贯彻党的十八届六中全会精神、国企党建工作会精神及专题研讨成果交流会，标志着北海炼化领导干部学习党的十八届六中全会精神轮训班圆满结束，达到预期目的。

（覃辉平）

学习贯彻党的十八届六中全会精神培训班

【S-Zorb 催化汽油吸附脱硫装置项目正式开工】 2017 年 6 月 22 日，北海炼化 S-Zorb 催化汽油吸附脱硫装置项目正式开工。装置设计规模为 150 万吨/年，计划于 2018 年 6 月 5 日投料试车。

（覃辉平）

【物资供应辅助系统顺利上线】 2017 年 8 月 1 日，北海炼化物资供应辅助系统顺利上线。该系统所有数据取自总部 ERP 系统，每天数据自动更新，解决物资需求计划提报人员无法了解物资采购进度的问题，搭建了需求计划提报与专业采购无声的交流平台。

（覃辉平）

【公安部消防督察组到北海炼化督察指导消防工作】 2017 年 9 月 5 日，公安部消防督察组一行 9 人由钟慧斌大校率队到北海炼化进行消防工作督察指导。北海炼化公司副总经理张忠和、安全总监龙文红陪同检查，并向督察组汇报安全生产情况、消防组织机构、消防力量及落实消防安全责任和消防安全监管等工作。

（覃辉平）

【班组竞赛系统上线运行】 2017 年 9 月 18 日，北海炼化基于价值链的班组竞赛系统上线试运行。该系统主要由两大功能模块组成：面向基层操作人员的班组竞赛评比模块和面向公司经营管理层的驾驶舱和效益测算模块。借助信息化手段，北海炼化将公司基于价值为导向的管理模式搭建成模型和流程，通过操作竞赛、评比的方式，充分调动基层班组操作人员的主动性，进一步提高装置的精细化管理水平，以达到优化生产、节省成本，提升企业盈利能力的目标。

（覃辉平）

【集团公司党建考核组到北海炼化进行党建工作检查考核】 2017 年 12 月 8 日，集团公司党建考核第七组一行 7 人对北海炼化开展 2016 年党建考核。检查组对北海炼化 2016 年党建工作和选人用人工作情况进行现场测评打分。在讲评会上，检查组对北海炼化党建工作给予充分肯定，也指出工作存在的问题和不足。

（覃辉平）

【航空煤油产品正式投入市场】 2017 年 12 月 28 日，北海炼化在储运部装车台举行航煤的首发仪式，28 吨航空煤油的装车出厂，标志着北海炼化航空煤油产品正式的投入市场，同时也结束了中国石化在广西地区不能生产航空煤油的历史。

（覃辉平）

表 1　　北海炼化主要技术经济指标　　亿元

指标名称＼年份	2017	2016	2015	2014	2013	2012
原油加工量/万吨	650.03	583.88	476.57	521.20	508.29	464.07
工业总产值	322.83	251.81	216.41	303.86	304.89	281.52
工业增加值	184.21	135.90	117.84	105.20	102.43	78.38
资产总计	168.11	134.96	91.19	82.09	72.28	81.24
流动资产	124.02	88.27	42.97	37.33	26.79	32.46
固定资产原值	58.71	56.22	51.58	47.44	46.49	48.93
固定资产账面价值	38.32	39.78	38.84	38.08	40.09	42.89
销售收入	325.79	250.44	218.03	302.50	305.10	280.73
实现利税	144.86	122.38	94.38	56.12	51.82	34.36
税　金	113.60	96.95	84.70	56.09	50.17	40.08
综合能耗/吨标煤·万元$^{-1}$	0.20	0.196	0.20	0.21	0.22	0.24

表 2　　**北海炼化主要产品产量**　　万吨

产品名称 \ 年份	2017	2016	2015	2014	2013	2012
汽　油	223.72	190.41	143.27	153.30	141.07	96.78
98#车用汽油（V）	6.83	1.07				
98#车用汽油（Ⅳ）		3.51	2.95	4.15	3.30	0.19
97#汽油（Ⅲ）					10.67	4.08
97#汽油（Ⅳ）		17.24	19.12	15.06	3.93	
95#汽油（V）	53.13	4.68				
93#汽油（Ⅲ）					64.80	55.82
93#汽油（Ⅳ）		91.08	82.03	96.52	23.04	
93#乙醇汽油组分油（Ⅲ）					29.08	36.69
93#乙醇汽油组分油（Ⅳ）		29.05	39.16	37.57	6.25	
92#汽油（V）	133.68	35.02				
92#乙醇汽油（V）	30.08	8.75				
0#车用柴油	216.35	204.64	167.00	101.25	131.92	201.47
0#普通柴油	48.90	47.61	45.49	134.51	102.84	
化工轻油	6.37	6.91	3.20	8.43	8.94	19.94
4#轻燃料油						11.63
船用燃料油			0.10	0.89	4.11	
液化石油气	40.25	36.63	25.98	28.32	28.41	25.67
商品干气	1.40	1.33	1.42	0.67	0.30	0
混合芳烃						16.12
混合碳五						9.99
甲基叔丁基醚						3.79
聚丙烯	15.54	13.23	10.11	11.50	10.40	9.27
石油苯	3.12	2.66	3.00	2.53	2.31	2.20
石油焦	56.84	49.65	41.79	49.58	44.11	37.42
工业硫黄	6.99	6.33	3.14	5.81	5.60	4.44
沥　青	6.76	3.00	10.44	4.38	0	0

塔河炼化

【概况】　中国石化塔河炼化有限责任公司（简称塔河炼化）地处新疆库车县，是中国石化在新疆唯一的炼化企业。其前身是筹建于 1993 年的地方股份制企业——新疆塔里木油气化工有限公司，1998 年 11 月被西北石油局全资收购，2003 年 12 月整体划转股份公司，2004 年 4 月 30 日设立中国石油化工股份有限公司塔河分公司（简称塔河分公司）。2012 年 6 月 25 日，股份公司对塔河分公司进行改制，与新疆阿克苏地区共同出资组建塔河炼化。

截至 2017 年底，塔河炼化拥有炼油生产装置 17 套，原油加工能力 500 万吨/年，焦化处理能力 340 万吨/年，汽、柴油混合加氢精制能力 240 万吨/年，催化重整能力 75 万吨/年，A 级沥青生产能力 40 万吨/年，汽油异构化能力 37 万吨/年，航煤生产能力 30 万吨/年，硫黄生产能力 8 万吨/年。塔河炼化以加工塔河油田重质原油为主，可生产汽油、柴油、3# 喷气燃料、化工轻油、沥青、石油液化气、石油焦、硫黄、工业纯苯等 10 余种产品，产品通过企业铁路专用线销往全国各地。

截至 2017 年底，塔河炼化有领导班子成员 6 人，安全总监 1 人，副总会计师 1 人，副总工程师 2 人；下设 10 个机关处室、5 个中心（直属单位）、6 个车间。共有在册职工 1 026 人，其中教授级高级工程师 1 人，具有高级职称的 18 人、中级职称的 125 人、初级职称的 300 人；高级技师 6 人、技师 32 人，高级工 377 人、中级工 309 人、初级工 55 人。

塔河炼化主要技术经济指标和主要产品产量分别见表 1 和表 2。

（刘希军）

【领导班子调整】 经集团公司党组研究并征得中共新疆维吾尔自治区委员会同意，2017 年 5 月 27 日，决定：邵国刚任塔河炼化党委书记、副总经理（兼），代长江不再担任塔河炼化党委书记（副局级）、委员、副总经理职务，另有任用；8 月 18 日，决定：冯兵任塔河炼化党委委员、副总经理，韩国卿不再担任塔河炼化党委委员、副总经理职务，任调研员。塔河炼化新一届领导班子由赵亚新、邵国刚、闫希华、丁智刚、施利春、冯兵组成。

（刘希军）

【生产任务全面完成】 2017 年，塔河炼化层层分解指标任务，逐项落实措施方案，生产经营任务全面完成。全年加工原油 420.88 万吨，销售产品 405.25 万吨；实现营业收入 144.82 亿元，应缴税费 56.49 亿元，利润 8.53 亿元。关键技术经济指标全部达到股份公司考核目标，综合商品率 95.01%（指标 94.80%），加工损失率 0.41%（指标 0.41%），单因耗能 9.27 千克标油/吨（指标 9.52 千克标油/吨）、创塔河炼化历史最好水平。

（刘希军）

【扎实开展 HSSE 工作】 2017 年，塔河炼化以深入落实《安全生产法》《石油炼制工业污染物排放标准》和集团公司《安全管理手册》为主线，扎实开展 HSSE 管理工作。及时识别新版法律和规范，修订完善 HSSE 管理制度 38 项；开展安全风险评估和环境因素识别与评价，确立塔河炼化“十大安全风险”和 3 个重大环境风险源，采取措施有针对性地管控安全环保重大风险；持续开展“全员安全诊断”，参与诊断 929 人、参与率 99.68%，诊断隐患 5.58 万条、整改率 99.95%；特殊作业严格做到“五个必须”，全年完成特殊作业 7 699 项，JSA 分析执行率 100%；强化承包商安全管理，与 20 家承包商签订《安全管理协议》和《交叉施工（作业）安全协议》；注重提升应急处置和应急救援能力，分层级、分类别开展应急预案演练 126 次；完成 14 个安全隐患治理项目和 10 个环保治理项目；加强 HSSE 法律法规和管理制度宣贯，组织开展作业审批人培训 125 人次、监护人培训 700 余人次、承包商安全培训2 109人次，促进内外部员工安全意识和安全技能的提升。加大反恐防范投入力度，强化门禁管理，公司治安状况保持稳定。开展第 3 轮泄漏检测与修复（LDAR）工作，检测密封点 13.5 万个；全面实施重点区域异味治理，厂区周界环境质量持续改善；对照新颁《石油炼制工业污染物排放标准》，全面落实达标方案，按期实现达标目标。全年外排废水、废气长周期稳定达标排放，危险废弃物妥善处理率保持 100%，顺利通过集团公司、地方政府第 2 轮清洁生产验收。扎实开展职业卫生工作，从业人员职业健康体检率 100%。

（刘希军）

中国石化消防联防第九片区联合演练现场

（赵俊俊 摄）

【持续加强和改进生产运行管理】 2017 年，塔河炼化强化设备维修维护，持续优化生产方案，大力开展“双增双节”和技术攻关活动，生产运行总体保持平稳，挖潜创效能力进一步增强。全年组织召开生产优化会 24 次，测算生产方案 143 个；开展“双增双节”活动 32 项，增效 9 615 万元。推进设备可靠性提升工作，加大设备科技投入，增设泵群、机组、水气介质泄漏等状态监测系统，提升设备状态维修比例；强化设备维保管理，推进基于预知预防的设备维修维护，有效保障设备的安全运行，全面提升设备管理指标；梳理各装置自控回路，分类制定整改措施，仪表自控投用率提高 2.93 个百分点；开展设备技术攻关，解决硫黄回收装置尾气焚烧炉外壁长期超温隐患和焦炭密闭输送系统故障率高的问题。开展产品质量攻关，$-35^{\#}$车用柴油低温储存稳定性差、航煤电导率衰减快等问题取得关键性突破；利用春风塔河稠油资源调和生产的沥青新产品在高速公路试用，获得良好口碑。全年出厂产品合格率保持 100%，工业硫黄优等品率 100%，石脑油 A 级品率 100%。

（刘希军）

【技术创新成果丰硕】 2017 年，塔河炼化动员广大员工积极参与合理化建议、技术革新、技术攻关、“五微小”等技术创新活动，取得丰硕成果。丁智刚青年创新工作室取得中国石化创新成果奖 6 项、新疆维吾尔自治区科技论文成果奖 2 项，6 个案例获得股份公司炼油事业部通报表扬。“一种生产道路沥青原料的设备”发明专利获得国家授权。获批新疆维吾尔自治区级创新工作室 2 个，创建公司级劳模技师青年创新工作室 7 个。

（刘希军）

【航煤年销量突破 10 万吨】 2017 年，塔河炼化销售航煤 10.10 万吨，首次突破 10 万吨大关，实现航煤产品在新疆南疆机场的全覆盖。

（刘希军）

【成品油首次实现出口】 2017 年 7 月 13 日，塔河炼化生产的 2 120 吨国Ⅴ柴油出口蒙古国扎门乌德，为塔河炼化成品油首次实现出口，在新疆南疆地区也属首例。11 月 20 日，1 041 吨 $92^{\#}$汽油出口蒙古国。全年，塔河炼化累计出口国Ⅴ柴油 3 576 吨、$92^{\#}$汽油 1 041 吨。

（刘希军）

柴油首次出口蒙古国（雷从营　摄）

【建成 EAP 心理咨询室】 2017 年 10 月 23 日，塔河炼化 EAP 心理咨询室建成试用。建成的心理咨询室包括心理沙盘室、智能宣泄室、音乐放松系统、意念赛车、体感游戏放松机等硬件设施，可满足塔河炼化员工心理咨询和心理治疗的需要。

（刘希军）

【企业管理亮点纷呈】 2017 年，塔河炼化开展制度承接梳理自查工作，全年制定制度 74 项，修订 123 项，废止 120 项，做到集团公司制度在塔河炼化的全面承接。编制塔河炼化“十三五”期间“三基”工作规划，扎实推进夯“三基”工作，完成阶段性目标。完善考核指标体系、“比学赶帮超”评价体系，全面推行绩效管理；狠抓装置平稳率管理，在集团公司 37 套参赛装置平稳率竞赛中，塔河炼化 $1^{\#}$焦化装置位列第一，连续重整和 $2^{\#}$焦化装置分别获得银牌和铜牌。推行法律风险防控，规范合同和招投标管理，强化审计工作，规范经营管理行为，防范重大风险，提高了风险管控水平。加快完善公司治理结构，按要求推进“三重一大”“党建入章”和“三定”工作；财务管理日趋规范，完成财务共享建设，提前 3 个月成功上线；完成信息系统数据中心建设，更新通信系统设备，进一步提高信息化服务保障能力。

（刘希军）

【队伍建设扎实推进】 2017 年，塔河炼化强化干部管理监督，改进考核评价方式，加强对干部提醒、函询和诫勉的刚性约束。修订《领导人员选拔任用管理办法》，按照干部选拔任用程序，对一批处科级干部进行交流，对一批副科级干部全面考核，16 人得到重用；规范职务与职级不匹配情况，提升 4 名车间党政主要负责人相应职级。探索人才引进机制，中国石化系统内10名干部到塔河炼化挂职交流，发挥传经送宝的作用。加大各层次培训力度，选送39人参加中国石化系统内26个专业的培训；举办公司级培训59项，累计参加4 687人次。组织特种设备作业人员取证复审，237人取得特种设备作业证书，38人通过复审。开展职业技能鉴定，分别有27人、78人和39人取得高、中和初级技能等级；选派优秀技能操作人员参加集团公司技能提升及职业资格培训，3人取得技师职业资格，2人取得高级技师职业资格。

（刘希军）

【党建工作扎实有效】 2017年，塔河炼化扎实推进“两学一做”学习教育常态化制度化，举办党的十八届六中全会精神培训，贯彻《党章》《准则》《条例》；组建“十九大精神宣讲团”，深入基层宣讲11场，参学职工达633人次。聚焦效益目标，开展“转观念、勇担当、创效益”专题讨论73场次，参加讨论1 117人次，查摆问题124条，提出整改措施60项；举办“转变落后观念、发扬优良传统”主题征文和演讲比赛，举行“讲历史、讲经历、讲感受”专场报告会，增强员工的安全意识、危机意识和担当意识，促进公司效益指标的提升。开展党支部分类定级，建成“六有”党员活动室，授牌2个公司级“党支部示范点”。

（刘希军）

【党风廉洁建设】 2017年，塔河炼化完善监督体系机制，实践运用监督执纪“四种形态”，强化党风廉洁教育，着力营造廉洁从业的良好氛围。成立监督委员会，构建集中统一、权威高效的“大监督”工作格局，实现对公司所有行使经营管理职权的单位及其人员的监督全覆盖。建立风险事项事前预防和事后监督机制，规范工作流程，做到业务运作到哪里，监督工作就深入到哪里；完善公司各单位兼职纪检监察人员定期汇报工作制度，及时掌握各单位党风廉洁建设情况，全年听取汇报23次，梳理意见建议7条。强化对党员干部的日常教育、管理与监督，全年开展日常性谈话189人次，诫勉谈话2人次，真正让“红脸”“出汗”成为常态；定期在公司局域网发布政策解读、案例分析、家风家教等温馨提示，时刻提醒广大干部员工加固思想防线，上紧廉洁自律“发条”；向278名党员领导干部家属和318家客商寄发廉洁倡议书，将廉洁教育融入家庭生活，把廉洁风险防控在工作源头。

（刘希军）

【宣传思想文化工作】 2017年，塔河炼化注重教育引领，积极开展宣传思想文化工作，取得新成效。①形势教育引导人。以编印《小塔讲形势》口袋书、在公司局域网开设大讨论专栏、组织微信答题、开展“2017年我们怎么干”访谈等形式，开展形势任务教育，统一思想、提高认识，明确目标、落实责任。②文化建设熏陶人。将社会主义核心价值观与塔河炼化“奉献边疆、争创一流”的企业文化有机结合，宣传石油石化优良传统；出版优秀新闻作品集《岁月有痕》，建成企业文化长廊，积极培育塔河炼化各单位特色文化和子文化。③思想帮扶凝聚人。稳步推进员工帮助计划（EAP）项目，开展全员心理检测，建成心理工作室，10名EAP专员获得国家心理咨询师资格；定期分析员工思想动态，有针对性地开展“一人一事”的思想工作，营造了积极向上的企业氛围。

（刘希军）

【获得荣誉】 2017年，塔河炼化获新疆维吾尔自治区开发建设新疆奖状。硫黄回收车间获全国工人先锋号称号。储运车间获新疆维吾尔自治区工人先锋号称号，质量计量检验中心获新疆维吾尔自治区青年文明号称号，催化重整车间和储运车间轻油班组获新疆维吾尔自治区青年安全生产示范岗称号。生产技术处卢秋旭获新疆维吾尔自治区开发建设新疆奖章。

（刘希军）

【和谐企业建设】 2017年，塔河炼化落实提案征集和职工代表巡视工作制度，职代会征集提案54件，均逐一答复解释。开展“走基层、访万家”活动，走基层活动走访38个班组670人次，落实意见建议11条；访万家活动走访职工1 027人，解决职工困难问题62项，做到走访活动不断线、全覆盖。坚持开展“夏送清凉”“冬送温暖”“节日送慰问”活动，全年慰问在岗职工5 500余人次、劳动模范和困难职工16人次、穆斯林职工29人次。工会和文联体协组织开展长跑比赛、各类球赛、联欢晚会、游园、“三八”趣味活动和“激情夏日”系列主题活动等，极大丰富职工的业余文化生活。新建综合楼、扩建文体中心项目正式投用，增建职工公寓楼项目进入实施阶段；生活区新建烧烤冷饮遮阳棚，增配健身器材，绿化亮化休闲场所；开办职工子女暑假托管班，创办便民超市，公寓楼 24 小时供应热水，职工幸福感、获得感明显增强。

（刘希军）

【履行社会责任】 2017 年，塔河炼化响应新疆维吾尔自治区党委号召，积极承担援疆扶贫任务，坚持捐资助学、军企共建、警民共建和对口扶贫；抽派 18 名干部，组建 3 个“访民情、惠民生、聚民心”（简称“访惠聚”）驻村工作队，分别在库车县乌尊镇色根苏盖特一村、英吐尔二村和博斯坦村开展“访惠聚”具体工作；118 名副科级（含）以上干部与驻村村民结对认亲，每 2 个月走访 1 次结对亲戚，每次送去 200 元左右的慰问品。实实在在的行动，受到村民的普遍赞誉，融洽了企地关系，树立了公司形象。

（刘希军）

“情暖童心、爱心助学”公益活动（雷从营　摄）

表 1　塔河炼化主要技术经济指标　亿元

指标名称 \ 年份	2017	2016	2015	2014	2013	2012
原油加工量/万吨	420.88	429.59	411.02	425.69	410.06	410.39
工业总产值	145.36	124.33	134.14	188.08	187.88	191.88
工业增加值	71.83	76.56	81.70	39.74	36.54	34.90
资产总计	72.71	66.32	54.69	57.96	55.68	47.22
流动资产	30.30	21.13	7.91	9.27	12.71	9.92
固定资产原值	69.25	68.34	64.64	59.81	47.18	43.86
固定资产净值	38.20	41.39	42.01	40.28	31.05	30.29
销售收入	144.82	126.34	134.19	187.15	187.46	193.36
实现利税	65.02	70.22	77.72	34.54	32.94	30.12
税　金	56.49	59.94	58.93	33.55	29.92	30.70
综合能耗/千克标油 · 吨$^{-1}$	55.99	55.56	55.61	54.49	50.88	49.78

表 2　塔河炼化主要产品产量　万吨

产品名称 \ 年份	2017	2016	2015	2014	2013	2012
汽　油	47.80	49.75	42.00	31.00	17.15	16.03
3#喷气燃料	10.18	8.66	7.39	1.82	—	—
柴　油	197.33	209.81	202.13	219.45	202.40	198.50

续表

产品名称 \ 年份	2017	2016	2015	2014	2013	2012
石脑油	—	—	0.42	20.20	34.74	34.73
重整生成油	12.25	7.20	—	—	—	—
沥　青	28.01	23.04	21.29	17.31	31.15	30.17
重交沥青	—	—	—	2.78	15.08	14.28
石油焦	96.10	100.37	97.44	102.52	94.46	92.15
硫　黄	4.09	4.25	4.00	4.27	3.80	3.75
商品液化气	12.10	12.47	12.57	14.12	12.95	12.97
石油苯	—	—	—	0.15	0.18	0.20

炼油销售公司

【概况】 中国石化炼油销售有限公司（简称炼油销售公司）是中国石化下属专业化全资子公司，于2012年6月28日挂牌成立，注册地在上海市。本部设有17个职能部门，在全国设有3个区域性子公司、29个代表处，拥有职工389人。炼油销售公司集产品研发、运输、采购、销售、服务为一体，主要负责中国石化系统内液化气、石油焦、沥青、硫黄、异辛烷、石蜡等石油炼制产品的统一采购和供应。年销售量超3 600万吨、营业收入超700亿元，主要产品的市场占有率均居国内前列。

炼油销售公司拥有一支素质过硬，技术精湛的营销和科研团队，为企业和客户提供完整的产品开发、生产、应用、售后等整套营销解决方案；拥有国家级实验室和产品研发中心，产品多次获国家和地区科技进步奖；集成先进的信息资源，凭借优势物流网络，为企业和客户提供铁路、公路、船运等全方位运输和仓储支持；与中国铝业、中国交通集团等世界500强公司建立战略合作关系，并积极参与国际市场的竞争与合作，先后与多个国家和地区开展技术合作与交流，产品远销海内外。率先通过ISO 9001质量管理体系认证，并实施QHSE管理，是中国石化销售企业中率先通过并实施认证的企业之一。

2017年，炼油销售公司产品销售总量3 683.04万吨，营业收入724.85亿元，完成利税7.71亿元。

炼油销售公司主要生产经营指标见表1。

（杜益军）

【领导班子调整】 2017年3月29日，经研究决定，杨勇、邓铭波任中共中国石化炼油销售有限公司委员会委员；聘任杨勇、邓铭波为中国石化炼油销售有限公司副总经理。

（杜益军）

【生产经营】 2017年，炼油销售实现产品经营总量3 683.04万吨，经营总量创历史新高。其中，液化气产品销售1 015.67万吨，石油焦产品销售1 288.33万吨，沥青产品销售807.34万吨，硫黄产品销售506.41万吨，异辛烷产品销售44.05万吨，石蜡产品销售21.24万吨。自营业务首超400万吨。经营效益取得新提升，实现销售收入724亿元。全年，石油焦市场继续维持国内第一，其他产品市场占有率居国内第二。

（杜益军）

【异辛烷纳入统一销售】 为发挥异辛烷原料工业液化气统一销售的优势，优化物流运输，降低采购成本，稳定资源供应，2017年1月1日起，中国石化异辛烷由炼油销售公司统一采购和供应。自此，炼油销售公司统销中国石化产品品类由5个增至6个。

（杜益军）

【春风塔河稠油生产优质沥青及应用项目取得阶段性成果】 2017年8月3日，乌苏30万吨/年调和装置建成，一次性试车顺利产出春风塔河90A道路沥青产品，产品通过路用性能检测评价，顺利实现规模化生产及市场销售，使中国石化在新疆北部具备30万吨/年优质沥青加工生产能力，助力西部市场开拓，增加中国石化整体效益。

（杜益军）

【炼销产品电子提货系统在镇海炼化成功上线运行】 2017 年 11 月 1 日，炼油销售公司炼销产品电子提货系统在镇海炼化上线运行成功，客户在镇海炼化全程读取二维码信息装车发运并顺利出厂。该系统将销售单据信息、客户信息、车辆信息、司押人员信息、身份证信息、手机信息等有效整合，提货客户可以在线自助进行指派车辆人员、分配委托承运商等操作，并通过短信平台向委派司机发送短信。该系统优化了提货流程、减少了纸质单据流转、提高了客户满意度，实现炼销产品出厂管理信息化，提高了物流管理安全性。

（杜益军）

【“东海牌”沥青成功铺上宁波 F2 国际赛车道】 2017 年 7 月 20 日，中国石化“东海牌”沥青成功铺上宁波 F2 国际赛车道。宁波国际赛道项目对赛车场地的要求和赛事的规模仅次于上海 F1 赛道。宁波 F2 赛车道项目成功取得供货权是炼油销售公司取得上海 F1 国际赛车道沥青供货权后又一个具有里程碑意义的项目，同时标志着“东海牌”改性沥青在高端沥青市场越来越被认可和得到广泛应用。

（杜益军）

表 1　　炼油销售公司主要生产经营指标　　万吨

指标名称＼年份	2017	2016	2015	2014	2013	2012
经营总量	3 683. 04	3 395. 58	3 226. 55	3 154. 69	3 270. 81	2 154. 73
沥　青	807. 34	742. 04	749. 37	655. 59	714. 97	588. 85
石油焦	1 288. 33	1 253. 94	1 167. 46	1 155. 62	1 210. 76	1 115. 71
硫　黄	506. 41	432. 92	412. 43	463. 11	500. 27	418. 58
石　蜡	21. 24	23. 75	23. 87	27. 11	28. 73	31. 59
液化气	1 015. 67	942. 93	873. 42	853. 26	816. 08	
异辛烷	44. 05					
营业收入/亿元	724. 85	481. 41	602. 14	809. 97	874. 40	421. 43

北京石油分公司

【概况】 中国石化销售有限公司北京石油分公司（简称北京石油分公司）主营汽油、柴油、航煤、天然气、润滑油、燃料油、非油品及充电业务，是首都成品油市场供应主渠道。其前身是北京市属石油集团有限公司，成立于 1950 年 4 月。1998 年 9 月，成建制划转集团公司。2000 年 2 月，成立中国石油化工股份有限公司北京石油分公司。2006 年 12 月，非上市部分成立中国石化集团资产经营管理有限公司北京石油分公司，2009 年 7 月实行上市与非上市一体化管理。2014 年 12 月，名称变更为中国石化销售有限公司北京石油分公司。

截至 2017 年底，北京石油分公司资产总额 156 亿元，有员工 6 846 人；拥有在营油库 7 座、库容 35 万立方米，加油站 562 座，充电站 3 座，加气站 34 座，便利店 510 个；汽柴油长输管道 151 千米，航煤管线 98 千米。实现安全生产“十四连冠”，6 次获集团公司绩效考核 A 类，连续 3 次获集团公司党建考核 A 类。

2017 年，北京石油分公司积极破解经营困局，抓好网络发展，确保安全稳定，推动公司转型，努力开创各项工作新局面。完成油品经营量 513. 23 万吨，增长 1. 3%；零售量 322. 77 万吨、下降 3. 42%，市场份额 59. 5%、提高 0. 3 个百分点；非油品基础商品营业额 6. 36 亿元，增长 47. 9%；实现报表利润 10. 1 亿元，完成总部下达目标的 126%。

北京石油分公司主要经营指标见表 1。

（毛　琳）

【领导班子调整】 2017 年 4 月，集团公司党组对北京石油分公司领导班子做出调整：徐旭日任北京石油分公司党委书记、副总经理；陈立国不再担任北京石油分公司总经理、党委副书记。

（毛　琳）

【保障服务党的十九大顺利召开】 2017年，北京石油分公司研究制订党的十九大期间安全保障方案、维稳工作预案和保障服务方案，对安全环保稳定、保障服务等做出全面部署安排，确保会议期间未发生安全环保事故、油品脱销现象、越级上访事件和舆情事故。

（毛 琳）

【加油站网络发展总体平稳】 2017年，北京石油分公司超额完成总部下达的全年网络发展任务，其中完成加油站再发展4座、租赁转参股承包经营3座，长停站恢复营业2座，接到拆迁通知但免于拆除2座，完成5座新建站营业执照办理，完成106座加油站的贯标改造工程。

（毛 琳）

【转型发展】 2017年，北京石油分公司探索成立电商平台项目工作组，建成“易捷北京”电商平台并抓好对外上线测试；成立北京石油分公司转型领导小组及相应转型机构，实现油品和非油品、线上和线下营销资源的一体化整合。

（毛 琳）

【全面供应京Ⅵ标准油品】 2017年，北京石油分公司562座加油站全部完成油品升级置换工作，全面供应京Ⅵ标准油品。

（毛 琳）

【坚持安全管理先行】 2017年，北京石油分公司以岗位操作规程为基础，以培训练兵、监督检查、考核奖惩为闭环管理手段，初步构建形成覆盖基层、机关所有岗位的安全管理长效机制。实施加油站、油库、工程施工等一线直接作业岗位安全操作规程，完成各级管理人员监管规程初稿，探索建立安全管理相关业务职能经络图，理清横向协调、纵向监管关系。

（毛 琳）

【全力做大零售总量】 2017年，北京石油分公司建立零售中心、区域和加油站三级价格监控体系，动态监控市场变化；提升精准营销，利用注册绑卡、加油消费、加油卡充值、便利店购物作为门槛，开展“加油送易捷满减券购物省钱”和“购物送加油充值卡加油省钱”的“油非互促”营销，锁定进站、发卡、绑卡、充值、加油和兑券6个环节，有效整合线上、线下及交叉营销渠道资源，全年新增加油卡个人客户53万个，同比增加21.6%；扎实推进“爱跑98#汽油”品牌推广，全年新增“爱跑98#汽油”销售网点207座，占在营网点数的42%，日均销售量达144吨。深化跨界合作“交叉营销”，吸引金融、旅游、汽车后市场等行业第三方资源，用于加油卡优惠及客户资源共享，扩大客户群体，年内新发展会员52万名，增幅33.8%；积极推广柴油专用联名卡，在北京柴油市场局势整体不利的情况下，实现柴油联名卡累计发卡24 964张。

（毛 琳）

【非油品业务实现量效增长】 2017年，北京石油分公司加快推进非油品业务转型，增加商品采购力度，优化产品结构，通过节日营销、高标号汽油体验营销、出游季营销等特色营销活动，实现门店扩销增量创历史新高。积极拓展业务领域，增加加油机广告位年租金收入60万元、立柱广告收入200余万元。

（毛 琳）

【完善直批销售链条】 2017年，北京石油分公司实施差别化经营，不丢户不丢量，实现销售进度前移。加强终端和社会加油站客户的开发力度，全年共开发新客户427户，新增销量4.89万吨。做好撬装站开发维系工作，新开发撬装站客户5户，实现撬装站销量7.68万吨。

（毛 琳）

【开展轻资产合作模式】 2017年，北京石油分公司克服网络发展困难的不利条件，积极探索轻资产合作模式，即加油站权属不变，发挥品牌优势、IC卡系统优势和专业化管理优势，经营管理社会加油站，节省高昂的租赁、收购费用的同时，达到拓宽资源销售途经、扩大市场占有率的目的，实现低成本高质量发展。截至年底，已开发8座轻资产合作站，每月实现销量5 000吨以上。

（毛 琳）

【价值管理提升创效能力】 2017年，北京石油分公司引入价值管理理念，建立每月4次价值分析会制度，轮流召开经营价值分析会、党建价值分析会、资产价值分析会、价值风险分析会，透过数字看问题，进一步算出措施、算出效益。

零售、非油品、商客、发展、电商等业务建立日分析或周分析制度，强化关键经营数据、主要经营措施和落实效果的分析。认真梳理闲置资产，积极盘活有关土地。总部下达的公司制改制任务按期完成。

（毛　琳）

【构筑风险防控体系】　2017 年，北京石油分公司以加强风险防控为着力点，统筹推进制度、内控、全面风险、ERP 系统应用等工作，通过梳理《部门说明书》嵌入内控和风险条款、制（修）订《重大事项报告及应急处理管理办法》等 16 项重点制度、调整 ERP 系统中 26 类 181 个不相容用户等手段，将风险管理压力传递到岗，降低业务风险，提升执行力。

（毛　琳）

【加强人才队伍建设】　2017 年，北京石油分公司对助理级以上干部进行集中轮训，提出“行动学习”的理念，围绕企业价值链，注重理论与实践相结合，研究制定破题方法，探索推进企业商业模式、管理模式的转变。开展全员练兵、技能竞赛和技术比武工作，58 人通过技师及以上技能鉴定。在集团公司、销售公司 5 个线条技能竞赛和技术比武中，共获得 1 块团体金牌、3 块个人金牌、2 块银牌、1 块铜牌。赵连福创新工作室自主研发的“发油鹤管旋转限位器”试验成功并投入使用。

（毛　琳）

【拓展信息系统功能建设】　2017 年，北京石油分公司整合信息系统构架，完成会员营销平台功能和微商城第三方商户入驻及跨境电商功能的提升，助力多元化业务的发展。利用大数据分析技术，对客户数据进行研究挖掘，为 160 多万个活跃用户进行客户“画像”，并实现客户分群的业务功能，进行精准营销。

（毛　琳）

【党建工作不断加强】　2017 年，北京石油分公司认真学习贯彻党的十九大精神，领导干部带头到加油站、油库等基层一线现场宣讲，各级党组织通过“三会一课”认真组织全体党员学习。加强思想政治建设，从管理机制上统一干部员工的思想意志，从思想上凝聚对转型发展的共识。落实党建责任制，坚持把“三会一课”制度与实际工作相结合，促进党建工作向基层延伸。

（毛　琳）

【扎实开展群团活动】　2017 年，北京石油分公司开展“走基层、访万家”活动，解决班组（站）实际困难 244 个，解决员工困难 109 个，帮扶救助困难职工 47 人次；坚持“党建带团建”，打造北京石油分公司青年志愿服务品牌；不断改善员工伙食和生活条件，千方百计提高员工收入待遇，员工年收入水平平均增长 15% 以上。

（毛　琳）

表 1　　**北京石油分公司主要经营指标**

指标名称 \ 年份	2017	2016	2015	2014	2013	2012
成品油销售总量/万吨	513. 23	506. 70	604. 85	582. 90	550. 10	572. 75
零售量	322. 77	360. 10	306. 01	309. 60	303. 70	284. 76
销售收入/亿元	324. 00	311. 00	359. 00	466. 00	458. 00	476. 00
利润/亿元	10. 10	10. 90	6. 70	4. 20	10. 50	10. 10
吨油费用/元	436. 00	383. 00	279. 00	277. 00	265. 00	276. 00
资产总额/亿元	156. 00	143. 00	138. 79	129. 60	123. 35	118. 00
加油站总数/座	562	563	564	566	580	583
在营油库数量/座	7	8	9	9	10	10

天津石油分公司

【概况】　中国石化销售有限公司天津石油分公司（简称天津石油分公司）是股份公司所属销售企业，主要经营成品油、润滑油、燃料油的零售、直销、批发业务及其他非油品业务，是天津地区最大的成品油经营企业。其前身为天津石油集团有限公司，始建于1950年10月，1998年6月上划集团公司，2000年4月改制为中国石油化工股份有限公司天津石油分公司，2014年5月调整改制为中国石化销售有限公司天津石油分公司。截至2017年底，天津石油分公司拥有加油站525座、油库5座，设12个职能处室、3个专业中心，在岗员工4 500人，资产总额79亿元。

2017年，天津石油分公司抢抓机遇，采取革命性手段，坚持以价值引领为原则，在经营上始终坚持"价值引领、量效兼顾"，在营销上始终坚持"油非互促、精准营销"，在投资上始终坚持"立足长远、算赢再干"，在管理上始终坚持"强化执行、服务经营"，在党建上始终坚持"在经济领域为党工作"，扭转经营被动局面，保证企业提质增效可持续发展。全年实现成品油销售263.4万吨，完成销售公司下达任务的103.3%。其中，零售194.2万吨，完成任务的100.6%，同比增幅2.1%；直销批发69.2万吨，完成任务的111.6%。非油品业务实现总销售额5.55亿元，增加0.21亿元，增幅4%。天然气经营完成1 546万立方米，其中LNG 696万立方米，增加49万立方米、增幅7.6%。实现考核利润1.44亿元，完成任务的287%。全年实现销售收入163.6亿元。

天津石油分公司主要经营指标见表1。

（安　宁）

【开展"转观念、勇担当、创效益"专题讨论】 2017年，天津石油分公司组织开展"转观念、勇担当、创效益"专题讨论。累计3 399人参与员工满意度问卷调查，围绕经营、管理、党建等8个方面，提出存在问题76条，归纳汇总整改建议96条，推动专题讨论见行动有实效。

（安　宁）

【借力全运会促发展】 2017年，天津石油分公司借赞助全运会契机，解决加油站拆迁还建、土地权证补办及其他历史遗留问题，实现还建28座已拆除或待拆的站点；加油卡、高标号汽油、易捷卓玛泉、尾气处理液、喜乐爽玻璃水等各项重点商品销售实现快速增长；在全部加油站开展"提振员工士气，打造服务品牌"的服务提升活动，实现全运期间服务零投诉。

（安　宁）

【开展"打非"专项行动】 2017年，天津石油分公司加强与政府协调的力度，配合政府持续开展"打非"专项行动。全年打击非法加油累计750余起，罚没油品共计920吨，震慑了不法分子，净化了成品油市场环境。

（安　宁）

【首次获得微信新媒体大奖】 2017年，天津石油分公司立足微信平台，打造全环节会员回馈体系，实现企业与会员良性互动，天津石油分公司会员微信公众号先后获得由天津市网信办等单位颁发的2项新媒体大奖。全年会员微信平台注册会员突破155万，绑卡会员累计充值16.7亿元，电子券带动非油品零售额7 504万元、同比增幅159%，绑卡率达46%。

（安　宁）

【整合资源精准营销】 2017年，天津石油分公司以加油卡为载体，开展车主日、出租车专用卡、柴油联名卡等专项营销活动。加强跨界合作和资源整合，与4家保险公司、8家银行、4家商超及中国联通等深度合作，引入营销金额投入600余万元，带动充值额2亿元。全年加油卡充值额突破78亿元，增幅达11.4%。

（安　宁）

【推出加油站"三表四图"在线管理模式】 2017年，天津石油分公司统一编制下发《加油站工作指导手册》，推出"三表四图"在线管理模式，建立加油站管理模型和正负面清单。建设综合型样板站50座，对所有站点实施"7S"标准化打造，提升加油站软硬件条件和服务能力

（安　宁）

【非油品门店经营质量提升】 2017年，天津石油分公司大力打造综合服务驿站，燃油宝、尾气液、卓玛泉等重点商品实现大幅增长，非油品单店日均营业额由上年的765元增至1 338元，同比增幅75%；百万元门店由上年的46座增至87座，增幅89.13%。零售额增幅超过65%，百货、汽车用品增幅超过90%。

（安　宁）

【规范联营企业管理】 2017年，天津石油分公司陆续开展50项联营企业专项审计，涉及联营企业43家，覆盖12个片区的110座加油加气站。通过审计建立健全管理制度17项，收回利润分红5 400余万元。建立联营合作命运共同体，通过推行实施"五

个一体化”（经营上一体化统筹，管理上一体化推进，形象上一体化提升，服务上一体化保障，市场上一体化竞争），联营企业累计完成经营总量56万吨，其中成品油零售销量为26.7万吨；实现利润1.28亿元，与上年同期相比增幅14%。

（安　宁）

【构建“他有我营”朋友圈】　2017年，天津石油分公司通过“他有我营”朋友圈的构建，化对手为伙伴，稳定抢占终端市场，为扩量增效奠定基础。成功开发3座“他有我营”加油站，新增年销量1万多吨；另有7座社会站正在洽谈。

（安　宁）

【启动全员成本控制年活动】　2017年，天津石油分公司启动全员成本控制年主题活动，明确“七大领域”降本目标，着力解决费用结构性矛盾，制订管理创效方案，详细列出29条管理创效清单，实现管理创效1.32亿元。全年实现降本增效2 100万元，吨油费用同比下降23元、降幅达5%，费用结构持续改善。

（安　宁）

【整合综合可视化经营管理指挥平台】　2017年，天津石油分公司设计整合公司综合可视化经营管理指挥平台，初步搭建以综合指挥平台为核心，集合智慧油库、在线物流、加油站可视监控、油罐区智能报警等功能，贯穿油品销售整个业务链条的平台系统。

（安　宁）

【建立加油站施工实训基地】　2017年，天津石油分公司以“三基”工作为突破，狠抓安全环保和质量管理，进一步梳理安全生产责任制，汇编形成《天津石油分公司HSE管理制度汇编》（2017版），出台《低老坏问题积分考核办法》，细化完善督察评分办法。建立加油站施工实训基地，全年共举办实训58期，1 918人参加培训，实现施工现场持证上岗，把施工安全培训落到实处。

（安　宁）

【强化环境风险防控】　2017年，天津石油分公司制订下发环境风险评估工作实施方案，全面排查环境风险源，开展2次环保工作专项督察，召开2次油气回收理论及实操培训，现场宣贯环保工作要求、环保形势及相关法律法规知识，强化环境风险防控。

（安　宁）

【深化体制机制改革】　2017年，天津石油分公司按照“一体化统筹，专业化管理，市场化运作”的要求，将塘沽、汉沽、大港3个片区整合为滨海石油分公司，将环城四区合并为西南、东北2个分公司，将实物资产处、商业客户中心相关职能分别并入总经理办公室、财务资产处、经营管理处，实现职责相近职能部门合署办公、优化二级单位设置、压减中层干部职数，发挥各单位地方协调、属地协同的优势，促进精简机构、精干队伍，为提升管理效率和效能打下基础。

（安　宁）

【加强年轻干部培养选拔】　2017年，天津石油分公司出台《关于进一步加强和改进年轻干部培养选拔工作实施方案》，新提职干部中40岁以下人员占40%，其中“80后”3名、占20%。开展中层副职后备干部及优秀年轻干部推荐选拔工作，储备99名中层副职后备干部，平均年龄36.9岁，其中“80后”51人、占52%。

（安　宁）

【推进薪酬切块管理】　2017年，天津石油分公司加强绩效薪酬联动，推进薪酬切块管理，将二次分配落实到班组，考核排名靠前和排名靠后的片区，管理岗奖金基数累积差额达3 250元，充分体现以业绩决定收入。

（安　宁）

【有效控制用工总量】　2017年，天津石油分公司有效控制用工总量，优化用工结构，规范清理不在岗人员62人，其中解除劳动合同清退50人、重新上岗12人。用工总量较上年末净减少300人，人均劳效水平较上年显著提升。

（安　宁）

【机关服务基层有效落实】　2017年，天津石油分公司开展“机关服务基层”活动，公司领导班子、处室、中心领导每月到定点联系加油站查问题、解困难，为基层解决实际困难，促进机关与基层的交流沟通，增强机关服务基层的意识，全年累计下站加油3 700余人次，在一线加油超过8 000小时。

（安　宁）

表 1 天津石油分公司主要经营指标

指标名称＼年份	2017	2016	2015	2014	2013	2012
成品油销售总量/万吨	263.40	286.54	344.00	344.10	338.97	335.09
零售量	194.20	190.20	186.40	210.20	214.63	213.02
销售收入/亿元	163.60	161.00	195.00	254.70	275.00	289.49
利润①/亿元	1.44	2.01	1.54	0.86	3.00	4.35
吨油费用②/元	472.00	362.00	333.00	329.00	293.00	260.00
加油站总数/座	525	560	560	557	553	553
自营加油站数③	475	474	488	490	488	485

①考核利润
②考核口径吨油费用
③年末自有加油站保有量

河北石油分公司

【概况】 中国石化销售有限公司河北石油分公司（简称河北石油分公司）本部位于河北省石家庄市，其机构前身成立于1949年。1998年6月27日正式划归集团公司管理。2000年5月23日，按照集团公司企业重组改制精神，其主营业务重组成立河北石油分公司，其存续部分称中国石化集团河北石油有限责任公司。后者于2006年更名为中国石化集团资产经营管理有限公司河北石油分公司。2014年按照中国石化混合所有制改革部署，变更为中国石化销售有限公司河北石油分公司。

河北石油分公司是河北省成品油市场供应主渠道，主要经营汽油、柴油、润滑油、天然气和非油品业务，兼营汽服、餐饮等多种业务。

截至2017年底，河北石油分公司下设16个职能处室和3个专业中心，在全省11个省辖市设有分公司，拥有资产总额111.89亿元，15座自有油库遍布于全省各主要交通枢纽和城镇，总容量达63.5万立方米；建有14条铁路专用线共1.67万米；拥有加油站点1 796个，销售网络覆盖全省城乡各地。2017年销售成品油608.68万吨，其中零售482.17万吨。

河北石油分公司主要经营指标见表1。

（吴树彬）

【攻坚克难稳市拓量】 2017年，河北石油分公司面对聚焦集团公司提质增效决策部署，全力拓市创效、发展网络、严细管理，扎实做好安全、党建等工作，较好完成各项任务指标，全年销售汽柴油608.68万吨，同比增长4.9%。在异常艰难的市场条件下，完成总部限亏目标；销售天然气1 394.5万立方米，增长122%；非油品营业额23.1亿元，增长53%，毛利额增长37%。未发生上报集团公司等级事故；未发生损害企业形象的负面事件。

（吴树彬）

【市场控制力稳固提升】 2017年，河北石油分公司严格贯彻落实党组“守住市场底线”的指示要求，发挥亮剑精神，直面市场危机，全力扩销增效，经营规模有效扩大。全年汽柴油销量分别增长7.6%和1.9%。强化量化分析思维和资源顺推理念，提升算大账、算细账、算综合账的意识和能力，将零售、直分销与配置、外采两种资源联动算账，准确把握进销节奏，科学制定营销策略，实现量效同步增长。建立“日指导、周点评、月分析”机制，形成“比学赶超”氛围；调整考核办法，优化价格审批流程，为地市公司“敢竞争，能竞争”创造条件；组织开展“多卖一吨油”“大干一百天”竞赛活动，兑现奖励4 500万元。与主要同业经营单位、周边省份沟通协调，避免无谓效益流失；积极推动市场整顿，在全省开展打非治违专项行动，累计清除“三黑”网点4 751个，市场秩序有所好转。按照“面上要稳、点上要狠”原则精准实施零售策略，一方面采取“重拳出击”“轮番轰炸”等措施主动竞争，另一方面加强协商谈判，缓解恶性竞争局面，119个片区销量实现正增长，66个片区竞争回归理性。创新“盯、抢、防、变”调度机制，把市场变化、竞争对手、目标客户和营销政策精准结合，不断放大有效销量，全年销售 112.3 万吨，增长 19%，其中汽油 13.4 万吨，创历史新高，夺得总部 3 面先进红旗。

（吴树彬）

【经营创效能力显著增强】 2017 年，河北石油分公司围绕提质增效，突出内涵挖潜上发力，突出重要环节增效，突出经营形式创新，在配置资源成本高企情况下，实现经营毛利 26.3 亿元。向资源优化要效益，利用总部“多销多采”政策，全年外采汽柴油 146.7 万吨，差价收入 19.5 亿元，有力缓解了终端创效压力。向物流优化要效益，克服 5 座油库不能正常运营困难，科学摆布配置、外采、串换资源，实行就厂配送，最大限度降低不合理配送，全年增效 2 600 万元。向进货管理要效益，进货损耗率为 0.5‰，增效 406 万元。向库存周转要效益，油库年平均周转率 12.8 次、提高 0.33 次，创效 2 800 万元。向营销创新要效益，创新开展柴油“一惠两式”、汽油“一站三价”、直销限时抢单等 6 种营销活动，持卡消费比 45.4%、提高 5 个百分点，被总部评为联名卡推广先进单位。

（吴树彬）

【非油品业务实现新突破】 2017 年，河北石油分公司实现非油品基础品类营业额 16.2 亿元，增长 23%，获得总部 5 面月度红旗和 1 面年度红旗。创新门店运营，打造“三专”易捷特色店 760 家，累计销售8 023万元。单店日均营业额 2 051 元，全省百万级、五百万级、千万级便利店分别达 507 家、38 家和 5 家。坚持做大核心商品，通过加强调度、对标竞赛、考核激励，燃油宝、尾气处理液、赖茅、卓玛泉、鸥露纸、枸杞等核心商品销售 3 亿元，增长 76%，增幅位居销售系统前列。创新营销模式，借力“互联网＋”，开发易捷商城，实施线上线下油非互动、打造“非油互动”拳头产品，全年用券 3.8 亿元、带动销售 5.2 亿元。创新商业模式，围绕“人 · 车 · 生活”生态圈拓展加油站汽服、广告、快餐等服务功能，全年建成汽服店 45 家，其中 30 家达到综合服务站标准。保定徐水 4S 店销售 1.2 亿元，在销售公司开创了先河。

2017 年，河北石油分公司保定徐水 4S 店销售汽车 1 085 台，实现销售额 1.2 亿元

（吴树彬）

【网络控制力快速提升】 2017 年，河北石油分公司坚持内涵提质、外延转型发展思路，新发展加油站 147 座，投营加气站 3 座。抓好顶层设计，简化立项流程，全年创新发展“他有我管”“短租短付”轻资产站 133 座，贡献销量 10.9 万吨。坚决维护企业权益，稳固重点区域网络，通过收购、租赁、拆一补一、土地资产化等方式，常规发展加油站 14 座，成功续租 37 座，完成 3 宗新建站用地储备。持续打造美丽加油站，通过增加高标号站、配备多枪机、安装 LED 显示屏等措施，提升了服务保障能力，彰显了企业品牌形象。脱瓶颈工程进展顺利，完成邯郸、张家口、承德三岔口、保定、唐山坨子头油库改造，柴汽比由 1.69 降至 1.39，缓解了汽油包装容积不足问题。坚持绿色发展，全年完成 4 座油库、296 座站煤改电取暖和 144 座站双层罐改造。

（吴树彬）

【智能化管理明显提速】 2017 年，河北石油分公司加速打造互联网营销、管理运行、基础设施运维三大平台。完善 APP 平台功能，增加商品配送、电子券以及微信支付等功能，使线上下单、线下提货成为现实。全年 17.6 万名客户体验了充值电子券，拉动充值额 6 亿元。深化信息化管理应用，完成中控系统建设，实现与零管、液位仪及非油等系统的数据集成，推动了地罐交接工作开展，累计“油滴”营销等模块陆续上线。推行掌上办公，将施工风险、电子铅封、外部抽检、自检强检、卸油风险 5 个方面 10 个子系统植入移动办公软件，实现远程监控，提高了工作效率。加强基础设施建设维护，高质高效完成中心机房改造，以及加油站、片区和主干网带宽提升，为企业智能化管理提供了有力保障。

（吴树彬）

【“三基”工作进一步夯实】 2017 年，河北石油分公司深化“清单＋积分”工作法应用，清单工作法已覆盖 5 类 25 项重点工作，精细严谨作风融入各环节，推动了管理工作的全面提升。强化岗位责任制落实，编发《加油站作业指导书》，试点“7S”管理，以点带面推进安全标准化；坚持依法依规决策，实现标准合同文本全覆盖，综合运用审计、法律、监察等监管手段，企业风险防控能力明显增强。继续开展“两比两看两对应”“三比三看三提升”等竞赛活动，分级组织县区公司经理、油库负责人、站长等骨干人员竞赛比武，提高了队伍技能。全面挖潜增效，完善全员目标成本管理，制作创效清单，精细费用、资产、土地、库存、用工管理等，管理创效 4 546 万元。

（吴树彬）

河北石油分公司开展油库岗位练兵竞赛

【QHSE 管理持续完善】 2017 年，河北石油分公司重新修订 HSE 管理制度 18 项，明确管理标准，量化管理指标。层层签订 HSE 责任状、安全承诺书，落实安全主体责任；持续推进风险隐患排查治理，重大风险定点承包；采取“四不两直”、远程视频等方式，全年检查加油站、油库、中央仓、施工现场等 3 700 座次，对 17 起违章操作予以公开曝光，震慑作用明显。开展“平安企业”和“安全生产万里行”“3211 施工安全专项督察”等活动，重点抓实抓好“三商三场”管理，提高违章成本；加强隐患整改，投入3 778万元消除安全隐患 23 项；完善环评手续，升级环保管理；开展“全员安全诊断”、知识竞赛、技术比武、安全事故警示教育、应急演练等，将安全管理融入各环节，打造了鲜明的安全文化。公司连续 6 年被集团公司评为安全生产先进单位。

（吴树彬）

【改革工作顺利推进】 2017 年，河北石油分公司省市公司、部门之间协调联动，相互配合，累计变更规范土地 531 宗，规范率达 85%；全年变更、规范房产 331 项，规范率 46%。积极落实总部“瘦身健体”要求，稳妥推进“四供一业”移交工作，按照“必须交、交彻底”原则，加大协调力度，签订框架协议 54 项；顺利完成北戴河办事处法人销户工作。

（吴树彬）

【政治优势充分发挥】 2017 年，河北石油分公司以党的十九大精神为指导，以党要管党、从严治党为主线，聚焦提质增效，突出党政融合，为企业发展提供了坚强政治保证。组织近万名干部员工收听收看十九大开幕会；坚持送学到基层，把十九大精神传达到每位党员群众。通过党委务虚会研讨脱困创效路径，把解决生产经营中的突出问题、改革中的难点问题作为党建工作出发点和落脚点。组织开展“转观念、勇担当、做贡献”大讨论活动，强化 8 个意识，使“欲他救、先自救”成为企业上下共识，执行力、凝聚力和敬业精神得到新提升。加强基层党组织建设，优化调整党支部设置，规范主题党日活动，组织党务工作者培训，完善基层党支部考核办法。加强廉洁教育，落实“一岗双责”，签订廉洁责任书，将效能监察范围覆盖全部业务，促进“四种形态”的实践运用，信访件下降 42.4%。坚持正确选人用人育人导向，制定出台干部选拔任用、考核评议、后备干部管理等 8 项制度，规范三支人才队伍序列归类，构建起层中分级、层级有序、架构完整的人才建设通道体系，全年共调整 36 名中层干部。加强省市间轮岗交流，全年培训员工 9.1 万人次，实施技能鉴定 1 713 人。

（吴树彬）

【积极构建和谐企业】 2017 年，河北石油分公司大力推进基层“家文化”建设，组织开展“心系一线、情暖基层”活动，各级干部下基层、“五必谈五必访”“三个必须集体一起过”“走基层、访万家”累计 3 万人次。定期开展员工思想动态调研，及时回应员工关切和需求；加强 EAP 骨干队伍培训，打造“幸福快车”载体，深入开展一人一事思想工作，保证了员工队伍思想稳定。坚持真困难真帮助，发放帮扶救助金 1 980 万元，救助各类困难人员 4 632 人次，促进了和谐稳定。

（吴树彬）

表 1　　河北石油分公司主要经营指标

指标名称＼年份	2017	2016	2015	2014	2013	2012
成品油销售总量/万吨	608.68	608.10	649.10	650.90	654.00	634.42
零售量	482.17	503.00	506.80	529.30	547.00	534.30
销售收入/亿元	382.25	334.90	379.22	494.11	510.80	506.65
利润/亿元	-4.91	0.68	0.03	2.30	6.50	10.07
成品油吨油费用/元	427.00	367.00	368.00	358.40	373.00	338.00
加油站总数/座	1 796	1 796	1 796	1 825	1 825	2 034

山西石油分公司

【概况】　中国石化销售有限公司山西石油分公司（简称山西石油分公司）本部位于山西省太原市万柏林区大王路 8 号，前身为成立于 1951 年的中国石油公司太原支公司，1991 年改为山西省石油总公司，1998 年整体上划集团公司，2000 年 10 月重组改制为中国石油化工股份有限公司山西石油分公司，2014 年按照中国石化油品销售系统改革重组安排，更名为中国石化销售有限公司山西石油分公司。

山西石油分公司为中国石化在山西唯一的、也是全省最大的成品油销售企业，承担着成品油资源配置、供应的主要任务，主营汽油、柴油、煤油、润滑油、燃料油及非油品业务。

截至 2017 年底，山西石油分公司下辖 11 个市分公司、140 个县（区）公司。共有在岗员工 7 220 人，其中管理人员 666 人、专业技术人员 1 181 人、技能操作人员 5 373 人。拥有在用油库 13 座，总库容 64.29 万立方米，拥有加油站 1 365 座，占山西省加油站网点数的 40% 左右。拥有非油品便利店 1 010 座（含虚拟门店）。公司固定资产总额近 60 亿元。

山西石油分公司主要经营指标见表 1。

（赵晓蓉）

【领导班子调整】　2017 年 2 月 7 日，山西石油分公司召开干部大会，集团公司人事部副主任寿东华宣布对主要领导调整的决定：任命董光明为山西石油总经理、党委副书记，徐光为山西石油副总经理、党委委员。12 月 27—28 日，集团公司人事部副主任谢劼宣布：陈亚军调离山西石油分公司，另有任用；韩祥峰任山西石油分公司副总经理；董光明主持党政全面工作。

（赵晓蓉）

【经营业绩有所改善】　2017 年，山西石油分公司牢牢把握“抓经营提振士气，强管理固本强基，树正气干事创业，促和谐确保稳定”的工作方针，以破釜沉舟、背水一战的勇气，清理历史遗留，夯实内部基础，初步破解束缚企业健康发展的体制机制顽疾；凝心聚力，强势出击，全面夺取市场主导权，提升企业话语权，经营工作出现苗头性好转迹象。全年累计销售成品油 381.77 万吨，增幅 1.3%。其中，机出零售量 269.07 万吨，增幅 0.7%；直分销量 106.14 万吨，增幅 11.9%。天然气销售 1.05 万吨，较上年同期增加 7 297 吨，增幅 226%。成品油市场占有率 50.7%，提升 1.8 个百分点。实现非油品全口径营业额 16 亿元，同口径增幅 201.88%。其中，基础品类销售 7.1 亿元，增幅 59%；核心商品销售 1.3 亿元，增幅 237%。报表反映利润亏损 6.9 亿元，剔除消化历史遗留问题和库存成本盈亏变化等因素后，同口径减亏 5 032 万元。整体经营显现出直分销快速增长、天然气和非油品大幅增长、油品市场占有率首破 50% 的 3 个结构性特点，反映出市场主体地位有所提升和新型业务前景可期。

（武海涛）

【统筹能力明显提升】　2017 年，山西石油分公司实施资源、零售、直分销和非油品 4 项主营业务的集中指挥、统筹运作。围绕进销存滚动平衡，把握采调节奏，把控库存水平，开展资源创效，降低外采综合成本，实现外采资源创效 12 亿元；围绕拓市增量创效目标，综合运用价格竞争、加油卡营销、油非互促、微信营销等手段，占领高端市场，挖掘新的利润增长点，高标号汽油增幅达 16%；将“算大账、算综合账、算市场份额账”作为摆脱资源价格束缚、主导市场格局的重要手段，突出体现直分销业务对资源和市场价格的调控，以及对零售业务的支撑，增强企业市场竞争力；统筹店内销售，做实非油经营，一手抓核心商品销售，扩大“易捷”特色商品影响力；一手抓新业务拓展，拓展非油业务领域。核心商品和服务合作类项目经营实现质的飞跃。

（武海涛）

【内部治理扎实推进】 2017年，山西石油分公司抽调精干力量，对油库、加油站、非油仓库和门店商品进行地毯式盘点，逐家逐户核查账实，摸清家底，封堵企业出血点；开展基层用工、加油站委托、业务外包3个方面的“三项清理”活动，全面清理全省系统不在岗人员，重新测算制订加油站委托方案，清理规范业务外包工作；强化油库、加油站现场综合督察，经济处罚188人次，免职加油站站长22人，免职县公司经理1人，解除劳动合同72人；扎紧制度笼子，开展巡视问题整改“回头看”，落实信访举报26件，对2名处级干部和1名科级干部违规违纪问题实施立案审查，对6名科级干部进行违纪违法责任追究，“不敢腐”“不能腐”“不想腐”的长效机制逐步形成。

（武海涛）

【基础工作得到夯实】 2017年，山西石油分公司设立合资合作处，对长期投资、设施设备等历史遗留问题，分类制订解决方案，对闲置资产及在建工程，重新整理规划并积极盘活利用；设立加油站建设投营临时办公室，开展加油站建设历史遗留问题处理，推进停滞项目复建及歇业停业站复营，全年共复营加油站26座，新发展加油站7座，完成投资4.67亿元；改进油库汽、柴储油设施不合理布局，解决加油站硬件设施落伍，服务功能不全，单枪、双枪加油机比例过大，流转效率不高等问题，全年完成改造499座；集中力量解决对外纠纷，实施法律维权结案8件，通过司法程序追回损失1 650万元。

（武海涛）

【改革改制迈出步伐】 2017年，山西石油分公司成立专项改革工作组，瞄准困扰企业健康发展的顽疾和迫切需要调整的体制机制问题，寓规范整顿于变革创新，积极试点，迈出步伐。加快顶层设计，精心制订《山西分公司体制机制改革试点实施方案》等“1+5”系列总体改革方案，制订《市分公司薪酬考核总方案》等“1+6”全员绩效考核机制，为推进公司全面治理，深化改革奠定基础。优化设置省、市公司两级机关职能部门，将省公司机关职能处室由20个精简为18个，市分公司机关由12个精简为10个，将12个市片区整合为9个。制定涵盖省、市两级机关所有管理人员的分层考核制度，为员工薪酬分配、评先选优和干部使用提供参考和依据，为推进“三项制度”改革探索了路径。

（武海涛）

【党建工作有效开展】 2017年，山西石油分公司修订完善《山西石油“三重一大”决策制度实施细则》，明确党委对事关企业经营管理、改革发展和涉及员工切身利益等重大事项“源头参与、深度介入”和把关责任；落实“一岗双责”履职督导，细化党建责任归属，强化基层党组织建设，制定《党员领导干部党建工作“一岗双责”责任清单》和《加强基层党支部建设的指导意见》，构建独具特色的基层党支部考核体系；以“两学一做”专题教育为抓手，以集团公司“转观念、勇担当、创效益”研讨为切入点，深入开展“扭转被动局面”大讨论，运用“抓经营从思想入手，抓思想从经营出发”工作方法，强化思想政治和意识形态教育。

（武海涛）

【物流降费深度优化】 2017年，山西石油分公司物流口径运杂费总额1.44亿元，吨均37.8元，较年度预算节省0.07亿元，吨均节省1.1元。优化油库仓储布局，调整汽柴油库容结构。坚持推行跨区优化、多渠道优化。全年在6个市公司13个片区117座加油站推行优化配送，跨区优化提油10.3万吨，增长6%，节约运费350.2万元。做好库存管理和承运车队管理创效，对全环节密度数据实时掌控。

（赵晓蓉）

【安环工作稳步推进】 2017年，山西石油分公司坚决落实安全环保责任，加大安全生产责任制落实的监督检查力度，突出“四不两直”，严查“三违”现象，推进隐患治理，确保全年安全经营无事故；全力推进大气污染防治工作，对公司涉及的小型燃煤锅炉淘汰、国Ⅵ油品质量升级、油气回收改造、车用尿素销售工作逐一进行落实。截至2017年底，已完成防渗罐池改造及双层罐改造476座，完成燃煤锅炉更换改造530座；加大质检仪器配置力度，提高了质检室的检测能力。

（赵晓蓉）

【网点建设持续开展】 2017年，山西石油分公司抓好“十三五”发展规划的落实，重点布局中心城市、县级城区、重点乡镇、新开发区、新开城市外环线。对潜力租赁站点采取合资合作、择机收购的方式锁住网点。抓好“拆一还一”，维护网络完整，落实“一把手”工程。抓实内涵发展，改造升级油站，改善被小站化状况。提前做好租赁站的维稳工作，强调“契约精神”，在当前情况下更注重网络的完整性，采取转收购、合作合资或“他有我营”的方式稳定网络。

（赵晓蓉）

【积极履行社会责任】 2017 年，山西石油分公司积极响应中央号召，开展精准扶贫工作。全年省、市、县三级公司共承担 98 个村、3 959 人的精准帮扶脱贫任务，主动开展产业扶贫项目尝试，年投入资金 200 余万元。

（赵晓蓉）

【营业范围不断扩大】 2017 年 3 月 21 日，山西石油分公司营业执照增项取得重大突破，在保留原有经营范围的基础上，新增酒类批发、食品经营、保险代理等事项，为做大做优做强非油品经营创造了条件。

（赵晓蓉）

【获全国工人先锋号称号】 2017 年 4 月 28 日，山西石油分公司太原滨河加油站被授予全国工人先锋号称号。

（赵晓蓉）

【突发事件处置能力提升】 2017 年 7 月 12 日，华北区域联动反恐及环保应急演练在山西石油分公司太原皇后园油库举行。集中演练应急反应、指挥协同、快速组织、围追堵截、油品回收、设备抢修、危险废物处理等内容，集中展现了突发事件联动应急响应专业化能力。

（赵晓蓉）

【与 2 家公司签署战略合作协议】 2017 年 9 月 5 日，山西石油分公司与华电山西能源有限公司签署战略合作协议，本着“发挥优势、互利双赢、相互促进、长期合作”的原则，双方将在助燃油、天然气、非油品、售电业务等方面开展深入合作，实现互利共赢。11 月 30 日，山西石油公分司与中国邮政山西省分公司签署战略合作协议，双方本着“互利合作，共同发展”的原则，在市场拓展、金融服务、物流配送、邮政服务等方面开展深入合作。

（赵晓蓉）

【首家易捷选购中心开业】 2017 年 11 月 28 日，山西石油分公司首家易捷选购中心正式对外营业。该选购中心占地面积 200 余平方米，经营种类丰富，兼具非油品经销试点、商品优化甄选、营销专员培养等功能。该选购中心开业当天营业额达 1.5 万余元，其运营为非油品业务的发展开辟了新思路。

（赵晓蓉）

2017 年 11 月 28 日，山西石油分公司首家易捷选购中心开业（秦晓耕　摄）

表 1　山西石油分公司主要经营指标

指标名称＼年份	2017	2016	2015	2014	2013	2012
成品油销售总量/万吨	381.77	409.92	479.87	485.81	482.67	496.11
零售量	275.63	282.06	300.03	333.46	359.85	380.99
销售收入/亿元	230.74	224.11	269.33	359.24	374.00	399.37
利润/亿元	-6.90	-2.78	-3.53	0.63	5.10	8.64
吨油费用/元	491.10	417.00	331.00	356.00	388.00	341.00
在营加油站总数/座	1 211	1 373	1 380	1 369	1 347	1 426

上海石油分公司

【概况】 中国石化销售有限公司上海石油分公司（简称上海石油分公司）位于上海市黄浦区中山东一路24号甲。其前身是成立于1953年10月的中国石油公司上海分公司，1998年9月整体划转集团公司，2000年2月按照集团公司整体重组、主辅分离和改制上市的要求，组建成立上市分公司，2014年5月，中国石油化工股份有限公司上海石油分公司正式变更为中国石化销售有限公司上海石油分公司。

上海石油分公司是上海市成品油市场供应主渠道，主要从事汽油、柴油、天然气和液化气的零售、批发、直销配送、仓储业务以及非油品销售业务。

截至2017年底，上海石油分公司共设有15个综合管理部门、2个专业中心和6个分公司。拥有员工4 322人，其中合同制员工3 189人、其他用工1 133人。拥有在营油库4座，总库容64.41万立方米；在营加油站584座。

2017年，上海石油分公司完成经营总量531.32万吨，同比增长5.6%；销售成品油530.67万吨，增长5.6%。其中，零售435.68万吨，增长4.2%；直分销94.99万吨，增长12.2%。非油品业务实现营业额12.7亿元，增长16.8%，其中基础品类11.51亿元、增长52.7%。报表利润10.71亿元，吨油费用314元，多项经营指标创历史新高。在销售企业2017年度“比学赶帮超”工作中获得利润、零售量以及党建工作等8面年度红旗，公司蝉联“比学赶帮超”标杆企业称号。

上海石油分公司主要经营指标见表1。

（徐　珏）

【领导班子调整】 2017年5月，经集团公司党组研究并征得中共上海市委员会同意，批准王登梯辞去公司副总经理、总会计师职务，免去其中共上海石油有限责任公司委员会委员职务。调整后的上海石油分公司领导班子由左兴凯、聂时榜、张莺、夏凤梧、李瑛组成。12月，股份公司聘任李瑛为上海石油分公司总会计师（仍任副总经理）。

（徐　珏）

【深入推进作风建设】 2017年，上海石油分公司开展“不作为、慢作为、乱作为”专项整治，持续推进正风肃纪。积极营造上下同欲、实践锻造上海石油气质的良好氛围，把接地气、抓落实作为作风建设的重要内容，抓实领导班子成员与基层单位、机关党员干部与加油站结对服务联系“双结对双联系”制度，教育引导干部员工勇于担当推改革、放开手脚抓发展、主动作为创效益，实现了机关工作效率和基层整体工作水平同步提高的目标。

（徐　珏）

【体制机制改革稳步实施】 2017年，上海石油分公司完成总部混合所有制改革所涉及土地房产等相关工作；润滑油销售业务改由属地分公司承继；华荣达公司歇业清算稳步推进；注册完成上海恒科石油产品质量检测有限公司；压减法人和“四供一业”分离移交等三大改革攻坚战有序推进；深化委托管理，对加油站受托公司进行竞争性整合，受托公司由127家缩减为118家；辅助后勤业务实行外包；公务车按规定完成改革，公务车辆费用化管理进一步完善优化；调整完善部门、分公司绩效考核办法，提高了指标完成与薪酬挂钩的关联度及部门两次分配的有效性，员工收入稳步提高。

（徐　珏）

【积极推进生物柴油应用推广】 2017年，上海石油分公司积极推进上海市政府牵头的B5生物柴油的应用推广工作。10月底，中国石化加油站加注餐厨废弃油脂制生物柴油（B5）启动仪式在上海石油分公司奉贤区庄行加油站举行。截至12月底，公司B5车用柴油销售网点已达20座，累计销量达3 040吨。

（徐　珏）

【经营质量稳步提高】 2017年，上海石油分公司加强市场分析研判，提高统筹协调能力，创效水平稳步提升。通过采销联动，精准把控外采节奏，全年外采成品油149.75万吨、增长32.08%，外采比重达28.3%，累计降本增长26%。同时，进一步加强外采供应商的管理，合理安排资源，优化物流配送，确保成品油市场平稳运行。持续优化汽油竞争性营销，稳步推进加油站“一站一策”工作，结合油非、油卡等多种形式营销互动，带动汽油整体销量增幅3%；通过点对点让价、加油卡积分、柴油电子券等方式开展营销，着力净化市场环境，全年取缔非法加油点28座、流动加油车45辆，实现柴油销量增幅7.2%。

（徐　珏）

【98#汽油网点布局优化】 2017年，上海石油分公司陆续推出“加98#，礼上加礼”“加98#汽油，送健康好水”等专项营销，98#汽油网点扩大至142座，

占在营站的 24.32%，累计销量 15.34 万吨、增幅 155.24%，增效 7 500 万元。

（徐　珏）

【加油卡核心竞争力充分发挥】 2017 年，上海石油分公司加大个人卡营销推进力度，微信公众号新增关注人数 52.4 万个，新增绑卡会员 25 万个，网厅充值 41.36 亿元、增幅 17.83%。柴油联名卡实现柴油重点站、重点区域全覆盖。发行网点增至 171 座，累计发行联名卡 4.92 万张，充值金额 5.72 亿元。通过梯度优惠、加油金返利、缩短返利时间等方式吸引出租车司机办卡用卡，全年出租车专用卡累计充值 1.3 亿元，持卡消费 2 228 万升。全年各类交叉营销活动共带动个人卡充值 1.8 亿元。

（徐　珏）

【非油品商品销售创利显著】 2017 年，上海石油分公司优化商品结构，努力拓展基础品类销售，基础品类营业额达 11.51 亿元、增加 52.7%，增幅排名销售公司前列。燃油宝销售额 4 622 万元、增幅 51.6%。积极组织旗下易捷商品进社区、进企业、进机关、进学校、进展会“五进”活动达 120 余次。全年非油品销售额达 12.7 亿元、增长 16%。

（徐　珏）

举办“易捷进社区”活动

【企地合作力保网络稳定】 2017 年，上海石油分公司与金山、虹口等区政府以及世博、解放日报社、中国电信等企业签订战略合作框架协议，5 个项目取得实质性进展。全年实现 7 座新建加油站和 1 座加气站开业，取得 8 宗加油站出让用地。

（徐　珏）

【QHSSE 管理进一步强化】 2017 年，上海石油分公司明确责任主体、严格考核评价、修订应急预案、完善制度体系，强化本质安全，认真排查隐患，积极组织整改、落实防范措施、确保风险受控，全年未发生上报等级事故，在集团公司 HSE 大检查中，列销售企业第 4 名，并获年度 HSE 先进红旗。组织环保自评，形成工作规范，加油站油气回收检测合格率稳步提升，4 座油库已全部实现油气排放实时监测；所有加油站排定防渗和截污纳管三年改造计划；数质量全年抽检合格率为 100%，数质量等级事故零报告。首次参与国家重点科技项目申报——国家科技部油氢合建示范站建设项目。公司被评为集团公司安全生产先进单位，并连续 8 年获上海市安全生产工作优胜单位称号。

（徐　珏）

【以价值管理挖潜增效】 2017 年，上海石油分公司坚持以质量和效益为中心，积极推进公司价值管理活动，强化财务分析，加强成本费用和经营风险控制，推进财务职能转型。公司净资产收益率（ROE）、吨油费用等多项经济指标在销售板块排名靠前，连续 4 年获集团公司年度财务管理先进单位称号。

（徐　珏）

【防范风险能力有效提升】 2017 年，上海石油分公司建立“权力清单”和“负面清单”动态调整机制，各类内控测试、专项检查及年度评价的有效执行率达 99.8%。完善法律风险防范机制，增强纠纷诉讼应对能力，办结案件 20 起，避免或挽回损失 1 310 万元。修订《上海石油分公司招标管理办法》，全年完成招标项目 130 个，询比价项目 105 个，谈判项目 58 个。加强内部审计监督。完成安全隐患治理项目管理情况专项审计、2017 年投资后评价等 7 项审计项目，共发现问题金额 1.05 亿元，提出审计意见及建议 26 条，督促相关部门落实问题后续整改工作，有效发挥了内审“啄木鸟”的作用。

（徐　珏）

【信息系统安全运行】 2017 年，上海石油分公司主动贴近公司经营管理提升和新兴业务拓展，变被动运维为主动运维，推进 ERP、加油卡、便利店、液位仪、零售管理等重要系统深化应用，果断抗击新型蠕虫勒索病毒，确保所有信息系统正常运行。公司信息化安全水平实现突破，跻身石化企业“A”级行列。

（徐　珏）

【“三基”工作水平有效提升】 2017年，上海石油分公司以“三基”工作为基石，强基础，育队伍。坚持“以人为本”核心理念，以培育较高素质干部员工队伍为目标，制定完善干部管理和人才管理制度，打通管理、专业技术、技能操作“三支队伍”人才成长的纵向晋升通道；认真制定“三基”工作要点，对基层建设3项工作、7项基础管理、4项基本功训练进行整体部署。在集团公司组织的法律事务、智能化管道管理和直分销技能比武中，分获个人金、银、铜牌各1枚的良好成绩。公司被评为集团公司“三基”工作先进组织单位。

（徐 珏）

【基层党建不断夯实】 2017年，上海石油分公司建立公司党委和直属党组织抓党建工作主体责任清单，以及两级党组织班子成员“一岗双责”抓党建工作责任清单、任务清单，层层签订党建工作责任书。建立完善“1+18”“1+7”项党建工作制度。全面开展党支部主题党日活动，建立完善11项组织生活流程清单。开展支部党建特色品牌创建和薄弱环节立项整治，推行支部分类定级管理和示范点建设。推进党员责任区、示范岗创建，推行党员积分管理，大力开展党员“三亮三比三评”活动。

（徐 珏）

【领导班子和干部队伍建设不断加强】 2017年，上海石油分公司认真落实党委理论学习中心组学习、民主生活会制度，严格执行民主集中制和“三重一大”决策制度。坚持党管干部原则，修订完善11项干部管理和人才管理制度，建立公司两级后备干部人员库，突出抓好优秀年轻干部培养选拔。明确“三支队伍”人才成长的纵向晋升和横向互认贯通方式，建立健全人才成长通道。选送参加总部和上海市举办的各类重点和关键岗位人员培训共174期，累计培训1 477人次。松金石油分公司南锦加油站站长胡秀靖当选为上海市第十五届人大代表。

（徐 珏）

【党风廉洁建设成效明显】 2017年，上海石油分公司认真落实“两个责任”和班子成员“一岗双责”。扎实推动纪检监察部门“三转”，建立公司监督委员会，加强纪检监察“三支队伍”建设，监督执纪能力和业务水平持续提升。建立党委管理干部廉洁情况“活页夹”，突出抓好对成品油外采等4个重点领域，以及“三商”的监督。组织开展反腐倡廉教育月活动和“打铁必须自身硬”主题教育，不断加强党性党风和廉洁从业教育，大力推进“家庭助廉”，提升廉洁教育的针对性、实效性。

（徐 珏）

【意识形态和宣传思想文化取得新实效】 2017年，上海石油分公司坚持党管意识形态，制定意识形态工作责任制实施办法，印发新媒体运行管理办法。组织开展首届运动健康节等系列群众性文体活动。举办深化改革主题思辨会、践行上海石油气质暨知耻守礼等4个论坛。大力开展安全、廉洁专项文化建设。全面深入推进基层“家文化”建设，试点推进EAP帮扶计划。

（徐 珏）

【深入推进和谐企业建设】 2017年，上海石油分公司坚持党建带工建、团建，健全完善各级群团组织。工会召开第10次会员代表大会，选举产生新一届工会组织机构。积极开展“三标”班组建设。扎实开展“走基层、访万家”活动，基层班组和员工走访实现全覆盖。深入推进青字号创建，组织开展青年创效创优行动。积极开展离退休老同志畅谈“十八大以来变化，展望十九大胜利召开”等主题活动，离退休管理处先后被评为上海市退管工作先进集体和上海市老干部工作先进集体。牵头召开中国石化驻沪企业企地区域维稳协调工作启动会，共建企地区域维稳协调联动机制。

（徐 珏）

【践行央企社会责任】 2017年，上海石油分公司主动响应上海市政府推进餐厨废弃油脂资源化利用措施，积极配合销售B5生物柴油，无条件支持政府主导的健康餐桌行动。巴拿马籍油轮桑吉号爆燃引发近海灾难，公司迅速组织50吨消防泡沫液送到指定地点增援灭火。每月坚持举办“公众开放日”，持续开展关爱环卫工人“爱心加油站”志愿服务，通过中国石化—虎丘小区慈善基金会已连续多年为辖区内30余名身患重病的人员提供捐助。

（徐 珏）

表 1 上海石油分公司主要经营指标

指标名称＼年份	2017	2016	2015	2014	2013	2012
成品油销售总量/万吨	531. 32	503. 20	486. 21	459. 04	448. 18	451. 02
零售量	435. 68	418. 06	385. 54	361. 39	351. 92	349. 13
销售收入/亿元	345. 07	302. 40	300. 65	359. 64	364. 18	374. 01
利润/亿元	10. 71	12. 50	10. 59	7. 00	7. 30	10. 24
吨油费用/元	314. 00	312. 00	277. 00	286. 00	307. 00	270. 00
资产总额/亿元	143. 29	135. 73	124. 61	113. 34	103. 78	98. 06
在营加油站总数①/座	584	587	583	583	585	581
在营油库数量/座	4	4	4	5	5	5

①2012—2013 年数据有修正

江苏石油分公司

【概况】 中国石化销售有限公司江苏石油分公司（简称江苏石油分公司）位于江苏省南京市中山北路 395 号，主营油品销售。1953 年中国石油公司江苏分公司成立，1997 年加入中国东联集团有限公司，1998 年整体划转中国石油化工集团公司。

江苏石油分公司下设南京、无锡、徐州、常州、苏州、南通、连云港、淮安、宿迁、盐城、扬州、泰州、镇江、江阴 14 个区域分公司。2004 年，在江苏苏州与壳牌合资组建了中国第 1 家经国务院批准的从事成品油零售业务的中外合资公司——中石化壳牌（江苏）石油销售有限公司。

截至 2017 年底，江苏石油分公司拥有总资产 289 亿元，在营加油站 2 450 座，在营油库 22 座，成品油管线 1 070 千米；累计各类用工总数 19 443 人，其中在岗正式工 2 944 人；设立 16 个二级党委（含机关党委），党员总数 3 165 人。

江苏石油分公司主要经营指标见表 1。

（及 非）

【企业总体量效大幅增长】 2017 年，江苏石油分公司实现成品油销量 1 539. 6 万吨、同比增长 5. 5%，其中零售量 1 249. 9 万吨、增长 4. 4%，直分销量 289. 6 万吨、增长 10. 2%。非油品销售 84. 6 亿元、增长 73%。天然气销售 3. 1 亿立方米、增长 40%。吨油费用 260. 5 元。

（及 非）

【当期利润创造历史新高】 2017 年，江苏石油分公司在竞争空前激烈的情况下，发挥“市场雷达”功能，探测商情、预测行情，准确把握时间窗口，确保外采效益“应收尽收，颗粒归仓”，外采降本水平提升 9%。坚持“零售以稳为主、以竞促合，直批灵活切换、灵敏应对”，充分运用“汽油多销多采”政策，提升经营质量，全年报表利润 41. 5 亿元、增长 25. 2%。净资产收益率（ROE）达 32. 2%、增长 7. 1%。

（及 非）

【零售经营量效齐升】 2017 年，江苏石油分公司贯彻“精细、精准、灵活”原则，实施分区域、分品种、梯度定价等竞争战略，从整体上有效控制、主导区域零售市场，零售增幅高于主要竞争对手。狠抓“一站一策”，对 161 座加油站实施增量硬措施改造，日均零售量增长约 250 吨，相当于新增 9 座“万吨站”。按行政区域、市场走向，实施“苏南增量增效、苏中稳量稳效、苏北保量保效”差异化策略；较好发挥出竞争中“主导市场、强者恒强”的马太效应。全年零售毛利 60. 7 亿元，增长 15%。

（及 非）

【加油卡竞争力有效提升】 2017 年，江苏石油分公司将加油卡作为链接“实体网络、虚拟平台”第一载体，对“粉丝”客户，实现线上“绑卡五重礼”、客户连锁优惠、员工奖励创豆，促进“粉丝”绑卡，365 万名注册会员绑卡率超过 50%；对个人客户，实现现场“最惠服务周”，专区布置、梯度奖励、结合“五进”，促进现金转卡；对单位客户，“充值有赠券”，精准营销“车辆管理者”。全年发卡量 515 万张、充值额 689 亿元，均列销售板块第一。

（及 非）

【直分销客户群有效拓展】 2017 年，江苏石油分公司贯彻“拼、抢、活”原则，采取“中小客户要抢，招标客户要稳，分销市场要占，宏观运作要准，微观操作要活”的竞争策略，开发中小客户 2 072 个，中小客户毛利贡献率达 60%，找回流失客户 1 676 个，增加销量 21.7 万吨。

（及 非）

【非油品经营再度跨越】 2017 年，江苏石油分公司贯彻“做大、做强、做品牌、做服务”原则，围绕线上、线下，深化“一店一策”，实施大店培育及单品冠军计划，有效强化了重点商品、基础品类销售。全年销售燃油宝 2.3 亿元、尾气处理液 1.4 亿元、卓玛泉 0.92 亿元。销售基础品类 38.4 亿元，列板块第 1 位。微商城线上销售 4.5 亿元，增长 157%。开发 310 个汽服业务网点，对扩大零售、改善服务起到了良好的促进作用。

（及 非）

【天然气销售业务保持领先】 2017 年，江苏石油分公司天然气销售业务贯彻“批发、零售并举”原则，实施“一站一策、一户一策”策略，实现批发量 10 万吨，开发批发客户 50 个。全年天然气销量突破 3.1 亿立方米，增长 41%，规模列销售板块第一。93 座在营气站“LNG 成线、CNG 成片”， “气贯”江苏。

（及 非）

【网络发展多元并进】 2017 年，江苏石油分公司新增开业加油站 52 座、加气站 7 座，其中新建 40 座、新增租赁 12 座、联营新建 2 座、股权收购 5 座；新增储备项目 34 个，续租 51 座，拆迁保全 11 座。“解决历史遗留问题也是业绩”观念得到强化，消解历史遗留问题督办项目 22 个。

（及 非）

【出资方式科学调整】 2017 年，江苏石油分公司通过多年持续艰苦谈判，完成对壳牌合资公司出资方式的重大调整。双方正式签署《中石化壳牌（江苏）石油销售有限公司出资方式调整及油站租赁等有关事宜协议》以及《合资公司章程》修正案。中国石化出资方式由原加油站实物资产出资调整为现金出资。139 座原出资转让站资产权属已从合资公司退回中方，从根本上维护了中国石化在江苏境内成品油零售网络稳定。“党委职责任务、机构设置和人员配置”等事项，已明确写入合资公司章程，有效加强了合资企业党建工作。

（及 非）

【“三项制度”改革成效继续显现】 2017 年，江苏石油分公司聚焦劳动生产率提升，深化用工存量改革，向“动力变革”要效益，在经营规模大幅提升、业务形态不断丰富的情况下，改革 3 年来实质性减员 4 548 人，初步实现“增量、增效、增收、增活力”的良性循环。全年人均经营总量较改革前提升 44%、人均零售量提升 42%、人均利润提升 166%。

（及 非）

【连续 3 年蝉联板块标杆企业】 2017 年，江苏石油分公司将“比学赶帮超”与“三年奋斗目标”有机结合，瞄准第一、对标先进，建立省—地—片区—油站 4 级贯通，涵盖销量、费用、利润、发展、管理、党建 6 类 24 个单项的对标考核体系，夺得总部月度红旗 33 面、年度红旗 16 面，连续第 3 年获销售板块标杆企业称号，首次实现地市公司齐聚“两力排行榜”。

（及 非）

【安全生产总体平稳】 2017 年，江苏石油分公司落实严查、细查、重奖、重罚，建立健全安全责任体系和安委会、分委会履职工作机制。严格落实安全追责、提级处理规定，追责高危未遂事件 6 起，问责处级干部 8 名。修订、完善安全生产管理制度 13 项，完成罐区隐患攻坚战项目整治 29 个。全年 HSE 工作平稳，未发生上报集团公司等级责任事故，连续 2 年获评集团公司安全生产先进单位，重获集团公司环保先进单位称号，首获职业卫生先进单位称号。

（及 非）

【降本增效成效明显】 2017 年，江苏石油分公司落实全员成本目标，严控采购、运费、损溢、中间六大成本，挖潜增效至每一个运行环节。剔除外采创效因素，全年降本增效 2.1 亿元。运用业务公开网，降低 628 种商品进货价格，节约非油品采购成本 1 404万元。建立“落袋利润测算、油站经营绩效、投资项目对比”三大终端预算模型，动态测算量、价、效“黄金分割点”，严控竞争成本、投资成本。

（及 非）

【数质量管理持续加强】 2017 年，江苏石油分公司深化液位仪应用、落实地罐交接、电子铅封、油气回收等工作，油品综合损溢率下降 0.049%。汽油回收增加 826 吨，形成经济效益 4 833 万元。油品质量监督抽检合格率 100%。

（及　非）

【党建工作保障有力】 2017 年，江苏石油分公司进一步做实党员联系油站工作，发挥“党代表”作用，“网格化”的党建格局初步形成。地市公司党委组织开展“书记项目”“五带五联”等活动，推广“一线工作法”，党建围绕经营、服务经营、助推经营的意识进一步增强。年度党建考核列销售系统第 1 名，连续 3 年获集团公司党建考核 A 类企业。

（及　非）

表 1　　江苏石油分公司主要经营指标

指标名称＼年份	2017	2016	2015	2014	2013	2012
成品油销售总量/万吨	1 539.60	1 459.90	1 350.80	1 317.10	1 286.10	1 196.70
零售量	1 249.90	1 197.10	1 137.10	1 109.60	1 087.40	1 022.70
销售收入/亿元	1 008.80	861.00	837.00	1 014.00	1 019.13	958.89
利润/亿元	41.50	38.00	24.00	19.20	20.00	25.60
吨油费用/元	260.50	267.00	264.00	265.00	272.00	247.00
加油站总数/座	2 450	2 363	2 227	2 209	2 223	2 192

浙江石油分公司

【概况】 中国石化销售有限公司浙江石油分公司（简称浙江石油分公司）前身为建于 1950 年的中国石油公司杭州支公司。1985 年成立中国石油化工销售公司浙江省石油公司。1990 年更名为浙江省石油总公司。1998 年 8 月与省内各地（市）、县石油公司成建制划转集团公司。2000 年 4 月更名为中国石油化工股份有限公司浙江石油分公司。2014 年 5 月更名为现名。

浙江石油分公司主要经营成品油、天然气及其他化工产品，兼营加油站便利店非油品、洗车和餐饮等，是浙江省内最大的成品油销售企业。本部位于浙江省杭州市河坊街 58 号。截至 2017 年底，设立 15 个职能处室、4 个专业中心和 4 个直属单位，下辖 12 家分公司和 1 家合资公司，从业人员 21 876 人，其中委托经营公司员工 12 190 人。有定位油库 25 座，油罐容量 165 万立方米；铁路专用线 5 条，油库码头 16 座；各类加油（气）站等终端网点 2 080 座，在营率 96.43%，其中加气站 80 座，全部在营。资产总额 276.89 亿元。已建成运营镇海炼化经宁波至杭州（康桥油库）成品油输送管道 200 千米，上海石化经浙江嘉兴至湖州成品油输送管道 177 千米，宁波经绍兴、金华至衢州成品油输送管道 376 千米，龙游至常山成品油输送管道 110 米，绍兴至杭州成品油输送管道 93 千米，宁波经台州至温州成品油输送管道 413 千米。诸暨至桐庐成品油输送管道 60 千米已全线贯通。7 条成品油管道合计长度 1 429 千米。至此，浙江石油分公司已构建起覆盖浙江 9 个地市的“两纵两横三专线”的成品油管网，年累计输送成品油达 1 070 万吨，管输比例达 70%。

2017 年，浙江石油分公司累计营业收入 984.59 亿元，实现报表利润 34.06 亿元，位居中国石化销售系统第三。连续 20 年被评为集团公司安全生产先进单位，连续 8 年获销售系统标杆企业称号，在集团公司“大党建”考核中继续名列前茅。

浙江石油分公司主要经营指标见表 1。

（舒志国）

【较好完成全年经营目标】 2017 年，浙江石油分公司以“翻篇归零”的心态，攻坚克难，主动“亮剑”市场，扭转经营被动局面，较好地完成各项任务目标。全年共销售成品油 1 554.9 万吨，同比增长 3%。分结构看，零售 1 152.9 万吨、增长 0.1%，直分销 402 万吨、增长 12.4%；分品种看，汽油 873.7 万吨、增长 7.7%，柴油 543.1 万吨、减少 1.2%。实现非油品交易额 55.5 亿元，增长 106.5%。销售天然气 2.5 亿立方米，增长26.3%。实现报表利润总额34.1亿元。

（舒志国）

【差异化营销手段日益丰富】 2017年，浙江石油分公司紧贴客户需求，开展省级营销20余档、个性化营销700余站次，采取“一站一策”“一站多策”多种营销方案，营销工具向线上延伸，油非互促、微信“加油包”组合营销效果明显。充分发挥加油卡大数据“找回流失客户”的作用，通过“五进”，加油卡保有量突破1 500万张。直分销发挥专业团队优势，通过精准把握市场节奏、差异化销售策略，实现高基数上新突破。

（舒志国）

【物流精细化运作效果显现】 2017年，浙江石油分公司通过降移库、提管输、复测运距、打破区域优化配送、承运商招标、产业链协同，在提高保供效率的同时，降本增效超2.7亿元。

（舒志国）

【“打非治违”取得明显成效】 2017年，浙江石油分公司以浙江金华义乌、永康等为突破口，积极配合当地公安部门，做好线索举报、油品取样、送检和检测，查扣油罐车调度及油品处置等工作，全省各地“打非治违”成效明显，有效改善了市场经营环境和经营秩序。

（舒志国）

【样板片区建设取得阶段性成效】 2017年，浙江石油分公司把样板片区创建作为公司长远发展的生命工程来抓，提出“源于标准又高于标准”的指导思想，采取专项工作组、项目经理承包等非常规手段推进。通过形象提升、服务升级、内生机制建设，涌现出一批高质量的样板站，软硬件达到国内同行领先水平，总结提炼了一整套零售管理经验，为加油站服务、管理树立了新标准。

（舒志国）

【海上市场扭转被动局面】 2017年，浙江石油分公司开展海上市场专项调研和营销活动，组织适销油品，灵活作价，海上销售43.2万吨，增长4.8%，市场份额提升4个百分点。

（舒志国）

【稳妥推进加油站防渗改造】 2017年，浙江石油分公司把加油站防渗改造定位为“一把手”工程，集中基建、零售、安全环保等力量，成立专项工作组，统筹防渗改造与提量改造，兼顾改造进度、功能完善、消除隐患和零售销量提升，紧密衔接计划，加强现场管理，“一站一策”稳步推进，在确保安全、供应平稳前提下，全年完成改造221座，零售销量未受明显影响。

（舒志国）

【非油品核心商品销售和毛利双提升】 2017年，浙江石油分公司通过品牌化运作、精准营销、“五进”策略，实现核心商品销售5.71亿元，增长71%。易捷水、尾气处理液、鸥露纸等核心商品销售居系统首位，清净剂居第二。全年降低200余种商品的进货价格，淘汰低毛利滞销品500余种，积极做大高毛利品类份额，除烟草外商品毛利率达30.6%，提升2.8个百分点。

（舒志国）

【综合服务网络布局初显规模】 2017年，浙江石油分公司建成综合汽服站48座、自助洗车网点125座，形成全国领先的自助洗车网络。设立米其林轮胎销售网点750座、ETC服务网点309座、积分兑换网点1 181座、尾气液加注机网点24座。微信关注人数突破720万个，绑卡客户超过208万个，营销软文阅读量超过2 100万人次，围绕车主需求推出石化好车、车主金服、违章查询等功能，提升了客户黏性。

（舒志国）

【终端网络不断做强做优】 2017年，浙江石油分公司按照“改、迁、建、收、联、租、受托”顺序积极推进新项目发展，加大网点建设力度。全省共推出加油（气）站土地32宗，浙江石油分公司取得19宗，占59%。全年新发展网点项目45座，其中加气站6座；在营网点总数达2 080座，其中加气站80座。对全省高速公路出入口网点进行前瞻性布局排查，制订3—5年的完善规划。制订“一站一策”改造方案，全年改造扩容加油站219座、微改造669座，改造后增量明显。全年实施“小站换大站”8座，预计建成后总销量可增长6倍，发挥了低效资产创效作用。甬台温管道及诸桐管道全线贯通，配套桐庐油库建设稳步推进。

（舒志国）

【安全管理取得显著成效】 2017年，浙江石油分公司把安全环保当成头等大事来抓，严格落实领导干部“六必”责任，党政主要领导齐抓共管安全环保和项目建设，形成合力，取得显著成效。配强安全总监队伍、13 个督察队和 3 个分委会，完善责任体系。全年督察库站 3 000 余站次，加大问责处罚力度，提高违制成本；层层开展案例共享和安全承诺。坚持省、市公司安全例会制度，认真梳理“十大风险”，全面推行“一书两卡”，规范作业行为，加强风险管控。保持对承包商、承运商的强势管理，举办消防运动会，完善应急救援体系，丰富远程安全监管手段，实现了“二十连冠”的殊荣。

（舒志国）

【管理创效成果明显】 2017 年，浙江石油分公司建立质量警戒线指标体系，严把外采油品质量关，严控加油机计量风险和进货损耗，试点推进天然气质检，质量抽检全部合格，连续 7 年被评为集团公司质量管理先进单位，连续 6 年实现“零损耗”，降耗近 2 000 吨。推进“四位一体”对标体系，建立分公司零售量效考核通报机制，引入费用调节基金，实施弹性预算机制，吨油费用比调整后指标低 2. 6 元。财务管理综合创效 1. 63 亿元，通过吸收合并，节约土地房产过户税费超过 1 亿元。

（舒志国）

【初步构建“大监督”格局】 2017 年，浙江石油分公司着力发挥纪检、审计、法律、财务等各专业监督部门功能，深入重点领域和关键环节排查风险，定点定责抓整改，源头入手抓防范，推动全面风险防控体系的形成。

（舒志国）

【体制改革稳步推进】 2017 年，浙江石油分公司积极推进“三项制度”改革，制订《后备干部选拔培养方案》和《领导人员“能上能下”暂行办法》，严控职数、完善梯队，引导经营管理骨干投身基层培养锻炼。全面开展机关“三定”管理，努力实现人岗匹配。省、分两级公司平稳推进绩效考核，适度拉开差距，促进多劳多得、以贡献论英雄。将人事改革与分公司班子、省公司中层队伍建设紧密结合，优化调整分公司班子结构，全年共调整副处级以上干部 53 人次，推进了干部年轻化、专业化。精心组织副处级干部竞聘，跨岗位、跨年龄，优化干部队伍结构。完善区域经理、站长考核指导意见，突出量效挂钩，鼓励基层体制创新，加大联量计酬比例，调动员工销售积极性。

（舒志国）

【党建发挥核心作用明显】 2017 年，浙江石油分公司完善党委议事规则，加强中心组、处级干部和党支部书记的学习和轮训，学研结合，促进学习成果的转化。重点学习宣贯党的十九大精神，引导各级党员干部增强“四个意识”“四个自信”，在武装思想、破题发展上下功夫。以落实“一岗双责”和党建考核问题整改为抓手，推动管党治党责任层层落实，常态化制度化。“大党建”考核、“两学一做”学习教育与中心工作紧密结合，从严推进支部标准化建设，更加突出服务大局、党委站在前，服务基层、支部站在前，服务客户、党员站在前 3 个层面的作用发挥。自上而下开展形势任务教育，各级党政负责人带头上党课，走到前台“讲变化”，赶赴一线“找突破”。促进员工“知企情、达共识”，增强担当精神，讲求实干奉献。

（舒志国）

【强化党风廉洁建设工作】 2017 年，浙江石油分公司压实“两个责任”，用好监督执纪“四种形态”，规范建立领导人员廉洁情况“活页夹”，开展廉洁谈话 237 人次；组织反腐倡廉教育活动 255 次，受教育约 1 万人次；狠抓节日廉洁提醒和日常监督，开展住房、用车等专项监察，坚定不移地反“四风”、树清风。

（舒志国）

【强化宣传舆论】 2017 年，浙江石油分公司成立重点宣传报道组，围绕安全环保、管道建设、企业经营等方面开展重点宣传报道，取得较好效果。全省系统在《中国石化报》（含杂志）上发表稿件 1 000 余篇，石化新闻网 3 000 余篇，继续保持销售系统前列。全年微信订阅号编发 120 余期，累计阅读量 60 余万人次。结合消费者权益日、世界计量日、安全生产月进行专题策划。在安全生产月中，策划召开安全生产质量万里行新闻发布会，邀请国内 24 家主流媒体参加，展示和传播了企业形象。全年共在 11 个地市举办 14 场公众开放日活动，创新性引入网络直播模式，最大限度增强辐射面。

（舒志国）

【加强政务信息工作】 2017 年，浙江石油分公司强化调研职能，收集各类政务信息 321 条，发布《动态信息》42 期，累计向总部报送信息 70 篇，其中专报 6 篇，获党组领导批示 6 篇。采用率 75. 71%，为历史最高，也是中国石化系统最高。全年总分 967 分，再次夺得销售系统第一、全系统第二。完成对全省办公室线条调研报告的征集和评比工作。

（舒志国）

【积极推进“三基”管理工作】 2017 年，浙江石油分公司结合机关部门绩效考核年度目标与任务，要求落实部门“三基”相关工作内容，年终统一进行总结考评，实现了“三基”工作评价机制落地。开展分公司层面的制度梳理，是自 2011 年制度标准化工作后又一次完整的制度清理修订工作。全省共收到建议 1 881 条，受理 1 628 条，评出优秀建议 727 条，累计投入实施建议达 239 条，产生效益超过 150 万元。积极组织参加管理创新成果评审，其中《销售企业外采汽柴油质量风险管控体系的构建和实施》等 3 篇作品分别获一、二、三等奖。

（舒志国）

【加强职工教育培训】 2017 年，浙江石油分公司组织各类培训班 1 600 期，培训 3 万余人次。全省员工在中国石化远程培训系统中培训的总课时数达 25 万余学时，学习总人数达 3 700 人次。重点抓好经营管理骨干的轮训工作，逐步完成对全省科级干部和入职 3—5 年员工的轮训和处级干部十八届六中全会精神的轮训工作。职业技能鉴定获证通过率提高到 79%，各项获证比例均有较大提升。全年参加集团公司和销售公司组织的各类竞赛和比武活动，均获优秀组织奖。其中，油品直分销专业获得团体第 2 名，信息化创新平台应用获团体优胜奖，法律事务技术比武获优秀集体荣誉，个人获 1 金、3 银、2 铜的成绩。

（舒志国）

表 1　　浙江石油分公司主要经营指标

指标名称 \ 年份	2017	2016	2015	2014	2013	2012
成品油销售总量/万吨	1 554.90	1 509.50	1 491.60	1 483.00	1 415.00	1 321.30
零售量	1 152.90	1 151.80	1 172.00	1 164.00	1 109.00	1 019.60
报表利润/亿元	34.06	34.02	30.06	27.50	29.30	33.86
吨油费用/元	274.00	265.00	256.00	241.00	252.00	249.00
加油站总数/座	2 080	2 078	2 076	2 071	2 062	2 039

安徽石油分公司

【概况】 中国石化销售有限公司安徽石油分公司（简称安徽石油分公司）前身是中国石油公司安徽支公司，成立于 1952 年，1998 年 6 月成建制划转集团公司，2000 年改制重组为中国石油化工股份有限公司安徽石油分公司，2009 年升格为大 I 型（正局级）企业，2014 年重组为中国石化销售有限公司安徽石油分公司，本部位于安徽省合肥市。主营汽油、柴油、天然气和非油品业务，兼营油库及加油站的设计，以及经营润滑油、汽车清洗服务等多种业务，是安徽省内最大的成品油销售企业。

截至 2017 年底，安徽石油分公司下设 12 个管理部门、5 个专业中心，下辖 16 个市级分公司，有高速石化等合资公司；用工总量 6 540 人，其中合同制员工 4 794 人；总资产 114.06 亿元，资产负债率 43.39%；在营油库 18 座，库容总量 57.2 万立方米；铁路专用线 9 条，接卸油码头 4 座；在营加油站 1 391座；在营便利店 1 077 座。

2017 年，安徽石油分公司经营总量 620.61 万吨，其中成品油经营量 610.4 万吨、天然气经营量 1.01 亿立方米。成品油零售量 484.4 万吨，直销批发量 126 万吨。销售收入 397.86 亿元，吨油费用 311 元，报表利润 9.58 亿元。获集团公司安全生产先进单位称号，党建工作被集团公司评为 A 类企业，获集团公司审计工作先进集体称号，在销售企业“比学赶帮超”评比中获优秀组织奖，获“安徽省十大服务行业”居民满意度微信投票第 1 名和最满意供油企业称号。

安徽石油分公司主要经营指标见表 1。

（邢大金）

【油气规模稳步扩大】 2017 年，安徽石油分公司面对竞争日益激烈的市场形势，树立“市场就是战场”的意识，积极转变经营理念，充分发挥自身优势，敢于“亮剑”，善于竞争，精准营销，扩销增量，油气经营规模稳步扩大。全年实现成品油经营量 610.4

万吨，增长 3.1%；销售天然气 1.01 亿立方米，增长 22%。

（邢大全）

【零售销量逆势增长】 2017 年，安徽石油分公司有力推进零售竞争“三部曲”升级，开展“多卖一吨油”销售竞赛，落实“一站一策”，强化“点对点”竞争，围绕私家车开展充值返利、错峰优惠、高标号促销等营销活动，抢抓汽油市场增量，推广柴油联名卡，打造柴油增量领头站，遏制柴油销量下滑，零售量整体实现逆势增长。全年完成零售量 484.4 万吨、增长 2.5%，其中汽油零售 291.9 万吨、增长 8.2%。

（邢大全）

【非油品经营全面进步】 2017 年，安徽石油分公司深化易捷品牌理念，扩大易捷品牌在安徽的知名度和影响力，持续转变思想观念，大力开展“油非互动”，推动“互联网 +”，运用微信、APP 落实精准营销，非油品经营规模和质量实现双提升，主要指标由在销售系统跟跑为主转向更多指标并跑、部分指标领跑。全年实现非油品交易额 19.6 亿元、增长 66%，其中销售重点商品 4 亿元、增长 89%。销售卓玛泉 8 593 万元，增长 144%，吨油销售区内排第 1 名；销售泰国香米 1 620 万元，增长 207%，规模和增幅区内排第 1 名；销售散装尾气处理液 5 740 吨，规模区内排第 1 名。

（邢大全）

【综合服务平台建设取得初步成果】 2017 年，安徽石油分公司出台综合服务平台建设指导意见，按照“引凤—筑巢—引凤”的思维，推进品牌融合，实现合作共赢，加快了综合服务站建设。全年新建成合肥潜口路加油站、机场路加油站等综合服务站 8 座，引进餐饮、汽服、书店、旅游等合作商 50 家，投营汽服店 34 座。其中，六安加油东站平台实现交易额 3 800 万元，在销售系统处于领先位置。

合肥市潜口路加油站便利店

（邢大全）

【网络优势持续巩固】 2017 年，安徽石油分公司坚定发展理念，始终将销售网络建设视为企业生存发展的“生命工程”，立足当前谋长远，深挖存量潜力，外延转型发展，持续巩固和提升网络优势，市场控制力持续提升。全年新发展加油（气）站 83 座，获取土地 35 宗；新发展投营加油站 54 座、加气站 9 座，恢复营业 15 座。

（邢大全）

【县域销售网络建设取得阶段性进展】 2017 年，安徽石油分公司全面分析销售网络发展新形势，抓住扩权强县、小型城镇化、乡村振兴等战略实施的机遇，将县域网络建设作为公司发展的重点方向，超前谋划县域、乡镇销售网络布局，通过新建、收购、租赁、“他有我营”等方式加大县域销售网络发展，不断提高县域市场的竞争力和控制力。全年发展县域、乡镇加油站 41 座，获取土地 17 宗，可研零售量约 12.7 万吨。

（邢大全）

【公司改革深入推进】 2017 年，安徽石油分公司落实集团公司改革管理工作会议精神，推进省公司机关由管理服务向服务管理转变，坚定当好地市公司后盾，为地市经营创造更好条件。调整县公司管理体制，恢复经理负责制，增强县公司整体功能，建立县公司对标评价体系，激发县公司工作活力。

（邢大全）

【安全环保不断加强】 2017 年，安徽石油分公司贯彻落实集团公司 HSE 工作会议部署，增强全员安全意识，将“识别大风险、消除大隐患、杜绝大事故”贯穿到安全管理每一个环节，狠抓安全管理主体责任，加大问责力度，开展隐患排查治理，加强施工作业监督，推进职业健康，加大环保投入，强化环保监管，全年安全环保形势平稳，未发生安全环保上报等级事故。

（邢大全）

【财务管理更加突出】 2017 年，安徽石油分公司推进财务会计向管理会计、财务管理向价值管理转变，更加突出“事前算赢”，强化业财联动，加强财务分析，坚持算好资源账、效益账、综合账，为公司整体创效提供有力支撑。推进全员成本目标管理，落实中央“八项规定”精神和党组实施细则，加强全口径成本管控，统筹谋划税务，全年公务支出下降18%，创造税收优惠3 700万元。

（邢大金）

【风险防控全面深入】 2017年，安徽石油分公司持续推进ISO 9000质量管理体系，深化LIMS系统运用，严格把好外采油品质量关，确保每一笔销售油品质优量足。发挥业务公开、内控检查、风险提示、法律审核、审计检查、纪检监察等监管作用，强化发现问题整改，持续增强防范经营风险能力。实现互联网统一出口，初步建立信息安全防护体系，推进视频监控、液位仪、ETC等信息系统建设与应用，提升了信息化水平。

（邢大金）

【教育培训有效开展】 2017年，安徽石油分公司持续开展教育培训、竞赛比武、技能鉴定和职称评定工作，开展各类培训1.9万人次，新增高级工及技师以上人员88人，在总部竞赛比武中获5金、2银、2铜和3个团体铜牌、1个优秀组织奖的优异成绩。

（邢大金）

【党建工作持续强化】 2017年，安徽石油分公司认真学习宣传贯彻党的十九大精神，全面推进从严管党治党，落实党建工作责任，抓好“一岗双责”和“双向进入”，促进党建与经营管理深度融合。落实集团公司基层党支部建设工作会议精神，推动全面从严治党向基层延伸，开展基层党支部标准化建设，努力把基层党支部建成团结群众的核心、教育党员的学校和攻坚克难的堡垒。落实党风廉政建设“两个责任”，开展理想信念教育和廉洁从业教育，盯紧“关键少数”，强化重点领域和关键环节的执纪监督，严格问责追责，引导党员领导干部把纪律和规矩挺在前面。建立纠错容错机制，突出正向激励，为敢担当、善作为的干部撑腰鼓劲。

（邢大金）

【企业凝聚力持续提升】 2017年，安徽石油分公司大力宣树先进典型，“五一”评选表彰劳动模范10名、技术能手21名、学习标兵13名，“七一”评选表彰先进基层党组织16个、优秀共产党员41名、优秀党务工作者17名，营造了学先进、争先进的浓厚氛围。利用《安徽石油》杂志、官方微博、“皖石党韵”微信平台，围绕非油品经营、安全生产、优质服务、防汛抗雪等主题，发挥鼓与呼作用，树立好形象，传递正能量。落实真困难、真帮助，推进“家文化”建设，加大改善员工工作和生活条件，提高员工收入，增进了员工对企业的获得感和认同感。

（邢大金）

合肥市振东加油站员工在暴雪中为客户推车

【推动政府开展“打非治违”专项行动】 2017年，安徽石油分公司积极协调政府，推动政府开展为期3个月的整治非法成品油行为专项行动，省工商局、商务厅、公安厅、法制办等7个部门联合执法，共查封非法加油站点1 677座（个）、非法流动加油车辆189台，没收成品油502.02吨，罚没款154.87万元，极大地打击了成品油非法经营行为，有效净化了成品油市场，消除了非法经营成品油带来的安全风险，为党的十九大胜利召开营造了安全稳定的环境。

（邢大金）

【落实中央和地方脱贫攻坚工作部署】 2017年，安徽石油分公司落实中央和地方脱贫攻坚工作部署，全省系统派出专职扶贫干部15人，投入扶贫资金95万元，资助贫困地区产业16个，资助贫困学生41人，帮助250多名建档立卡贫困户脱贫。

（邢大金）

表 1　　安徽石油分公司主要经营指标

指标名称＼年份	2017	2016	2015	2014	2013	2012
成品油销售总量/万吨	610. 40	592. 59	587. 54	560. 03	534. 73	500. 64
零售量	484. 40	472. 72	459. 66	446. 33	411. 89	369. 55
销售收入/亿元	397. 86	337. 94	350. 00	422. 00	414. 00	392. 00
报表利润/亿元	9. 58	9. 39	6. 66	9. 66	8. 91	12. 02
吨油费用/元	311. 00	326. 00	294. 00	297. 00	314. 00	293. 00
加油站总数/座	1 598	1 566	1 512	1 511	1 796	1 760

福建石油分公司

【概况】　中国石化销售有限公司福建石油分公司（简称福建石油分公司）的前身为福建省石油总公司，成立于 1952 年 10 月 13 日，1998 年 7 月成建制划归集团公司。2000 年 3 月，重组为中国石油化工股份有限公司福建石油分公司。2007 年 7 月 24 日，成品油业务划入由中国石化和埃克森美孚、沙特阿美合资成立的中石化森美（福建）石油有限公司（简称中石化森美公司）。2014 年 6 月，中国石化销售业务重组，中国石油化工股份有限公司福建石油分公司更名为中国石化销售有限公司福建石油分公司。

截至 2017 年底，福建石油分公司设有 9 个职能处室、2 个专业中心和 2 个项目部，下辖 9 个市分公司及厦门市鹭甬石油化工有限公司。中石化森美公司设有 12 个职能处室、4 个专业中心及 9 个地市分公司。福建石油分公司和中石化森美公司（合称福建石油）各类用工总数 10 654 人；在营加油站 1 090 座，在营油库 14 座、库容 58. 3 万立方米，成品油管道 326 千米，资产总额 142. 3 亿元。

2017 年，福建石油超额完成全年经营目标，经营总量 537. 4 万吨，完成年度计划的 104. 5%，成品油销量增幅位列中国石化销售系统第一。实现利润 21. 6 亿元，完成年度计划的 135%，同比增长 30. 3%，利润绝对值居中国石化销售系统第四。全年，福建石油坚守安全、稳定、有进步、可持续的工作目标，在企业改革、发展、管理等方面取得长足进步，在中国石化销售系统区内地市公司“两力”排名中，3 家分公司进入发展进步能力前 10 名，3 家分公司进入综合竞争力前 50 名。在中国石化销售系统“比学赶帮超”活动中获优秀组织奖，连续 16 年获集团公司安全生产先进单位称号。

福建石油主要经营指标见表 1。

（林　茹）

【发挥一体化优势】　2017 年，福建石油着重加强产销协调，与中国石化在闽炼化企业共同发挥一体化优势，主动参与竞争，联手拓市增效。主动沟通炼化企业，及时反馈销售市场一手信息，引导炼化企业实时优化创效资源品种结构，促进产销链条协同增效。

（林　茹）

【做大直分销市场】　2017 年，福建石油活用内部联合营销平台，分段、分区、分站、分客户实施差异化营销。通过统一经营策略、实施归边管理、加强市场研判、把握市场节奏，主动面向市场、服务客户，以“顺势拓市、逆势稳市”的思路，加大社会加油站开发维护力度，逐步做强做大直分销市场。全年，福建石油直分销经营量 118 万吨，同比增长 65%，为超额完成全年经营目标做出贡献。

（林　茹）

【做活零售市场】　2017 年，福建石油从以竞促合着手，全力打开销售局面，提升零售市场份额。在精心研判市场的基础上，主动开展“零售竞争三部曲”、油非互促、“一站一策”、点对点竞争等策略，通过精准施策、打谈结合实现成品油零售量止跌回升、量增价稳。

（林　茹）

【加快非油品经营转型】　2017 年，福建石油以

“资源统一采购、统一结算、统一配送”为切入点，逐步解决非油品业务“小而散”、油非配合难的问题，加快福建石油经营转型发展步伐。全年，非油品业务全口径营业额13.9亿元，完成年度计划的113.4%，同比增长37.2%；基础品类（财务口径）销售额3.5亿元，增幅55.3%。

（林　茹）

【培育新业态新模式】 2017年，福建石油积极培育“互联网+商业”新模式，加快综合服务站的建设、投营。通过跨界合作，福建石油“车e族”电商平台吸引银联、金融机构第三方资源2 657万元；累计会员量突破230万个，会员月均消费金额达5亿元。全年，累计打造12座综合服务站，为客户提供更多专业化一体化服务。

（林　茹）

【净化成品油市场环境】 为营造公平有序的成品油市场环境，福建石油积极配合政府部门重拳打击福建地区违规违法经营成品油行为。2017年，共参与配打275起，接收罚没油6 838吨，实现收益146万元。

（林　茹　林鼎森）

【深化体制机制改革】 2017年，福建石油以问题为导向，以主营业务为准绳归边管理工作事项，权责更加明晰、管理更加科学。福建石油分公司通过优化管理体制，化繁为简提高工作运转效率；中石化森美公司通过优化业务流程，化简为专提升现代化管理水平。福建石油分公司提出班子、人员、工作合并的思路并进行试点改革；对领导班子建立并施行月度考核机制，通过设置不同权重进行考核排名、奖前罚后，形成重销售、拓市场、“比学赶超”的积极氛围。全年，在利润、零售可持续发展、直分销经营、成品油资源、优化运行等工作上共计取得22面“比学赶帮超”红旗，工作效率、创效能力大幅提升。福州、泉州、厦门石油分公司进入中国石化销售系统地市公司“综合竞争力”先进单位前五十，三明、莆田、南平石油分公司进入中国石化销售系统地市公司“发展进步能力”前十。

（林　茹）

【加速小站用工制度改革】 2017年，福建石油全面推进加油站联量计酬及小站用工制度改革，施行“小站减员保收入、大站提量增收入”。重点提高员工薪酬联量挂钩比例，实现多劳多得。全年，59座试点改革的小站减少用工144人，减幅达46%，且销量基本保持稳定，员工收入增长35%，每月可节约费用20余万元，实现企业与员工双受益。

（林鼎森）

【销售网络发展有力有效】 2017年，福建石油针对自身零售网络总量少、租赁站点多、发展推进难等问题，多措并举维系、发展销售网络。加强与福建省高速公司的沟通联系，确保高速加油站的稳定。主动向外方股东阐释企业长远战略目标，引导股东方科学投资，全年中石化森美公司通过“招拍挂”取得4宗加油站用地，为储备项目奠定基础。积极盘活存量资产，全年落实9宗加油站项目。因地制宜发展“他有我营”轻资产站点，全年签约“他有我营”站29座。

（林　茹）

【金砖会晤保供到位】 2017年，为保障金砖会晤期间安全、数质量、油品供应工作到点到位，福建石油提前部署、统筹规划、周密安排，确定以厦门为中心的三大安保区，并成立安保及保供工作小组，提前采购3 000吨98#汽油投放厦门市场，增配32辆油罐车保障厦门油品运力，提供4部配送车作为厦门市政府应急保障车辆。圆满完成集团公司、销售公司及当地政府交予的各项安保保供任务。

（林　茹）

【着力降本减费】 2017年，福建石油优化费用结构，推行以财务综合管理为主、部门归口管理为辅的费用专业化、分级化管理，实现成本费用支出行为和标准双管控。细致研究地方税收政策，加强与地方政府沟通联系，积极争取税费减免、返还奖励等政策支持，全年共减免、节约税费1 339万元。重点加强对金融风险的防控与应对，杜绝一切融资性贸易及“空转”“走单”等无实质性贸易业务的商业往来。

（林　茹）

【安全生产平稳运行】 2017年，福建石油实现安全生产工作同部署、共推进。通过建立并运用安全统一管理平台，全面压实省市两级领导的安全责任。严格防控各类经营管理风险，重点排查梳理企业安全、稳定、环保、数质量等关键环节风险。深入开展专项整治工作，加强承包商及重大施工现场管理力度，健全应急预案及管理制度。12 月初，成品油管道一期南线工程顺利通过竣工环境保护验收，管道一期全线摘掉“久试未验”的帽子。全年实现安全生产零事故，被福建省人民政府评为完成 2017 年度安全生产目标责任优秀单位。

（林　茹）

【党的建设和队伍建设更加有力】 2017 年，福建石油党委认真履行管党治党责任，聚焦改革发展、提质增效中心任务，从严从实加强党的建设，不断将政治优势转化为核心竞争力，为企业改革发展提供坚强保障。党的十九大召开后，各级党组织迅速掀起学习宣传贯彻党的十九大精神热潮。省市公司党委举办专题讲座、学习会、中心组扩大会 30 余场；党委委员到片区、站库、班组与基层员工面对面宣讲、座谈 60 余场次。通过抓重点、强弱项、补短板，全力转观念、拓市场、促改革、增效益、保安全，把党的十九大精神转化为完成全年各项目标任务的强大动力和生动实践。公司党委扎实推进“两学一做”学习教育常态化制度化，深入学习习近平新时代中国特色社会主义思想和党中央治国理政新理念新思想新战略，党员干部思想觉悟和理论水平不断提升；广泛开展“转观念、勇担当、创效益”专题讨论，组织员工联系企业和自身实际开展全员大讨论 300 余场、征集合理化建议 200 余条，为企业提质增效、改革发展凝聚智慧力量。严格按照国有企业领导人员“20 字”要求，抓好干部队伍建设。全年，共调整提拔中层干部 15 名；针对干部队伍年龄结构不合理问题，加大“75 后”“80 后”干部培养力度，选拔 20 名优秀青年干部分批次到基层挂职锻炼、交流轮岗，推动干部队伍整体素质提升。在基层党组织建设上，以“三地建设”为抓手，以“家文化”建设为纽带，从基层、基础、基本功抓起，深化党员责任区、党员示范岗、片区支部销量竞赛等活动，引导广大党员立足岗位做贡献，创先争优当先锋。

（林　茹）

【第一届党员代表大会召开】 2017 年 12 月 8 日，中共中国石油化工股份有限公司福建石油分公司第一次党员代表大会召开。大会审议并通过公司党委、纪委工作报告，选举产生公司第一届党委委员、纪委委员。

（林　茹　张若虞）

【廉洁建设不断加强】 2017 年，福建石油进一步巩固落实中央“八项规定”精神和党组实施细则成果，聚焦“四风”问题不放松，深挖细查隐形变异问题，持续加强作风建设。加强权力监督制约，积极构建“大监督”格局，建立完善成品油外部采购、工程建设项目等 7 项业务监督规程，认真开展效能监察、业务公开、廉洁风险防控工作，建立监督检查机制和责任追究制度，压实各级党组织和党员领导干部主体责任。深化党风廉洁教育，丰富反腐倡廉教育月内容，强化干部员工红线意识。

（林　茹）

表 1　　**福建石油主要经营指标**①

指标名称＼年份	2017	2016	2015	2014	2013	2012
成品油销售总量/万吨	537.42	512.36	598.05	599.67	585.21	577.87
零售量	389.71	394.10	461.61	463.43	455.95	438.00
销售收入/亿元	347.30	302.37	366.62	480.61	465.95	449.68
利润/亿元	21.57	16.54	10.28	16.40	15.85	15.57
费用总额/亿元	19.01	18.16	18.53	18.36	16.31	14.54
吨油费用/元	353.00	353.00	299.00	285.00	269.00	252.00
加油站总数/座	1 090	1 059	1 056	1 038	1 002	958

①合并后的数据去除中石化森美公司和福建石油分公司重复计算部分

江西石油分公司

【概况】 中国石化销售有限公司江西石油分公司（简称江西石油分公司）前身为江西省石油总公司，成立于1950年10月，是江西省专营成品油的国有大型企业，1998年10月成建制划转集团公司。非上市部分于2007年4月转制为中国石化集团资产经营管理有限公司江西石油分公司，由股份公司托管。2014年5月，按照改革重组步骤安排，中国石油化工股份有限公司江西石油分公司更名为中国石化销售有限公司江西石油分公司。

江西石油分公司主营成品油销售、储运及便利店等非油品业务，是江西省成品油供应主渠道。截至2017年底，下辖12个市级分公司、1个石油技校（销售公司培训基地）、2个全资子公司、99个县（区）分公司，实行省、市二级分公司管理。在营加油（气）站1 329座，在营油库14座，总库容量62万立方米。资产总额102.27亿元。在岗员工人数8 392人。

江西石油分公司主要经营指标见表1。

（刘 阳）

【获江西经济发展功勋企业称号】 2017年，江西石油分公司紧贴市场抓改革，巩固地位提质效，以“一降一控、两提高”为抓手，较好完成总部下达的各项任务，实现了确保增量、确保效益、确保员工薪酬的目标，取得“守住市场份额底线、销量效益薪酬齐增、销售网络更加稳固，特殊时期万无一失”的成果，获江西经济发展功勋企业称号。

（刘 阳）

【实现增量、增效、增薪】 2017年，江西石油分公司坚持以零售为核心，统一思想认识，转变经营理念，坚持量效综合平衡，果断理性参与竞争。全年实现经营总量591.7万吨，同比增长1.9%。零售量474万吨，零售比重80.1%，其中汽油机出零售增长9.1%，排名区内销售企业第二。直分销117.7万吨、增长13.9%，再创历史新高。非油品销售18.25亿元、增长58.2%，其中新业务比重首次突破10%。天然气经营量1 723万立方米，增长5.8%。全年实现报表利润5.05亿元，超额完成总部下达的效益目标。实现薪酬总额增长，基层一线员工平均收入增幅高于机关。

（刘 阳）

送油下乡服务“三秋”（易 亮 摄）

【连续2年获新业务拓展先进红旗】 2017年，江西石油分公司搭建“店内零售、店外团购、社会企业分销”的立体式销售模式，做好卓玛泉、尾气处理液、燃油宝、赖茅等核心商品销售，实现营业额1.6亿元，增长82%。利用实体网络平台优势，大力拓展汽服、整车销售、广告、餐饮、旅游产品、店中店、保险等新兴业务，实现营业额1.8亿元，毛利970万元。其中，广告收入排名区内销售企业第二，整车销售实现零突破。推广“江西石油”微信营销平台，注册会员约200万人，绑卡会员约50万人。优化物流配送，配送频次全面提升，库存商品周转天数下降11天。

（刘 阳）

【销售网络得到巩固】 2017年，江西石油分公司主动与地方各级政府和有关单位洽谈合资合作，继赣州后，与鹰潭签订战略合作协议。高速石化开始正常经营，江铜石化进入筹备阶段。全年共批复网点合资合作项目6个、非油品合作项目8个。取得加油（气）站建设用地16宗，其中通过盘活置换、定向挂牌方式落实土地10宗。新发展加油（气）站40座，投营32座。成功阻止挂牌10宗，促使流拍3宗。统筹推进加油站综合改造项目，全省424座站完成双层罐改造。优化调整油库库容结构，完成赣州龙南等5座油库脱瓶颈改造项目。强化工程预决算管理，审减金额8 501万元。

（刘 阳）

【持续保持安全生产和绿色低碳环保】 2017 年，江西石油分公司践行安全首位意识，抓好安全环保“六个必”责任落实。深入开展“强‘三基’、反‘三违’”竞赛活动，对“低、老、坏”行为“零容忍”。开展专项隐患排查工作，识别各类隐患 37 项，并下达治理计划。开展环保专项检查，发现问题 33 项，全部整改到位。制订优化三级应急预案，推广现场应急处置卡，落实基层现场应急演练。发挥督察队“千里眼、顺风耳”作用，督察大队共发现问题 1 743 条，整改率 98.7%。省市两级共经济处罚 546 人次，行政处罚 5 人次，解除劳动合同 6 人。加大对承运商和承包商的安全整治力度，处罚承包商 36 个，清退承包商 6 个。开展作业现场安全标准化（“7S”）推广工作，覆盖油库 14 座、加油站 46 座、数质量检测中心以及所有质检站。开展设备管理提升活动，修订设备管理制度 864 份、操作规程 1 125 份。

（刘　阳）

【推进“三项制度”改革】 2017 年，江西石油分公司共出台重大改革配套制度 12 项。着力推动省地两级机关机构瘦身健体，省公司层面，机关部门数量由 20 个减少到 17 个、减少 15%，机关员工减少 69 人、减少 30%；地市分公司层面，机关部门数量由 12 个减少到 9 个、减少 25%，机关员工减少 79 人；全省平均减少 15%。加大委托管理和业务外包工作力度，压缩机构、减员增效迈出实质步伐。优化地市公司班子结构，为各地市公司领导班子至少配备 1 名“75 后”年轻干部。通过民主测评、推荐及面试等程序，顺利完成省公司机关员工岗位晋升工作。启动机关和直属单位人员双向交流培养工作。全面革新考核机制，实行考核分级管理，建立“指标量化、联量联效、排名通报、多维评价”的全覆盖绩效考核体系，实现经营与管理指标的有效结合；革新地市分公司班子考核、省公司机关部门副职和地市分公司班子副职考核，实行指标量化的全方位排名考核；调整和细化机关员工日常考核内容，量化工作任务，明确关键绩效指标，每月考核结果排序，充分发挥业绩考核的激励导向作用。全省新增委托站 33 座，累计达 746 座，占比 56.8%，其中“家庭承包”站 411 座。

（刘　阳）

【开展“执行力提升年”主题活动】 2017 年，江西石油分公司建设覆盖省、市、县三级公司的督办系统，立项督办重大事项 65 项，办结率 100%。打造公文流转催办体系，文件平均办理期限降低到 5 天，文件办结率提高 84%。抓好两级机关作风建设。圆满完成公务用车改革，核减公务车 128 辆，车辆核减率 57%。

（刘　阳）

【推进全员成本目标管理】 2017 年，江西石油分公司开展全省经营纪律大检查，取得阶段性成果。全省公务性支出连续 5 年保持 10% 的比例下降。开展各类审计项目 198 个，促进增收节支 1 219 万元。加强油品进销存各环节数量管理，全省所有加油站实现地罐交接，零售综合损耗率下降 2 个万分点，全年降耗 2 546 吨。加快液位仪深化运用，862 座加油站实现强制取数。推广实施现场督察管理系统，实现督察时间、地点、内容、整改情况电子痕迹化管理。顺利完成樟树油库家属区“四供一业”分离移交工作。

（刘　阳）

【党建经营同频共振】 2017 年，江西石油分公司以收看收听、大会宣讲、基层宣讲、专题学习、在线答题等多种形式，迅速掀起学习宣传贯彻党的十九大精神热潮，引导广大党员干部自觉把思想和行动统一到十九大精神上来。广泛开展“转观念、勇担当、创效益”专题讨论，举办形势任务宣讲、员工座谈 93 场次，讲授专题党课 179 堂。开展庆祝建党 96 周年系列活动，启动“七一”主题党日。开展党员“双进”教育，推进“两学一做”学习教育常态化制度化。落实意识形态工作责任制，加大正面宣传力度，在系统内外媒体刊稿 5 052 篇。作为中国石化公众开放日示范单位，在南昌等 8 个地市举办 10 期“探秘智慧能源”公众开放日活动。以“1234”推广模式持续推进 EAP 工作，开展系统员工心理咨询 1 431 例。深入推进“走基层、访万家”活动，开展江西石油分公司首届“最美工匠”评选活动。为大病和困难员工实施帮扶救助 423 人次，送上帮扶救助金 82.5 万元。汇聚员工智慧、大力实施“科技兴企”战略，积极开展科技创新“五小”活动。深入开展创“五好”关工委活动，扎实抓好党史国史宣传教育，坚持开展对青年员工“传帮带”活动，首次承办销售企业关工委华中片区座谈会。圆满完成《江西石油志》（第二卷）编写工作。

（刘　阳）

【全面落实“两个责任”】 2017年，江西石油分公司认真贯彻落实集团公司党风廉洁和反腐败工作会议精神，推进全面从严治党、从严治企向纵深发展。分层级落实责任，签订党建工作责任书，落实党建和党风廉洁建设“一岗双责”责任清单。实践运用“四种形态”，立案7起，给予党政纪处分9人。问责约谈干部108人次，其中省公司点名通报14人次，涉及处级以上干部12人。关注低职级重要岗位人员微腐败问题，积极支持、配合经营部门查处套现等违纪违规行为为2 061人次，其中解除劳动合同481人。

（刘　阳）

青年志愿者与当地中国石化希望小学学生共度“六一”（廖瑜青　摄）

表1　江西石油分公司主要经营指标

指标名称＼年份	2017	2016	2015	2014	2013	2012
成品油销售总量/万吨	591.70	580.80	590.30	586.50	546.60	500.50
零售量	474.00	477.50	487.40	487.50	465.00	421.00
销售收入/亿元	372.00	333.00	400.40	445.00	428.00	400.00
利润/亿元	5.05	6.05	4.02	6.88	7.02	9.10
吨油费用/元	346.00	343.00	329.00	340.00	356.00	326.00
加油站总数/座	1 438	1 406	1 384	1 401	1 429	1 390

山东石油分公司

【概况】 中国石化销售有限公司山东石油分公司（简称山东石油分公司）始建于1953年，位于山东省济南市。截至2017年底，下属17个市公司、136个县区公司，用工总量15 427人。在营加油站2 417座、加气站78座，油库24座（库容量100万立方米）、加气母站2座。控股及参股合资公司31家。企业固定资产原值93.8亿元。

山东石油分公司经营范围包括汽油、柴油、煤油、天然气销售，润滑油、燃料油、沥青、石油添加剂、化肥等销售及仓储，非油品业务等。承担山东省成品油供应保障任务，是省内最大的成品油销售企业。经过多年的发展，山东石油分公司已形成布局合理、功能完备、流向通畅、保障有力的成品油营销网络。

2017年，山东石油分公司按照集团公司的决策部署，全力做好扩销增效、从严管理、深化改革、优化投资、安全稳定、党的建设等工作，企业总体平稳有序，实现经营总量同比不降，连续4年保持集团公司安全生产先进单位称号。全年销售成品油1 086.4万吨、天然气1.17亿立方米，实现营业收入648亿元，山东省内成品油市场占有率约为52.5%。

山东石油分公司主要经营指标见表1。

（宋　鹏）

【领导班子调整】 2017年2月，许卫华任山东石油总公司党委书记、副总经理，山东石油分公司副总经理。7月，任君不再任山东石油总公司党委委员、总会计师，山东石油分公司总会计师，任调研员。12月，杜宝伟任山东石油总公司党委委员、总会计师，山东石油分公司总会计师。

（宋　鹏）

【量效匹配拓展经营】 2017年，山东石油分公司将坚决完成配置资源销售任务、打赢市场攻坚战作为实现集团公司一体化、价值最大化的责任担当，销售配置资源 698.9 万吨，为稳定华北和其他区域市场、保证石化炼油企业正常生产发挥支撑作用，为维护网络稳定和低成本发展创造条件。坚持以市场为导向，以客户为中心，细分市场区域，逐月确定量利目标，落实零售竞争“三部曲”战略，实施“五不一坚决”的全面竞争、差异化营销策略，以预期可控的效益代价实现经营总量的持续稳定，落实集团公司党组“守住市场底线”的要求。多措并举增量增效。在努力消化配置资源的基础上，外采资源 358 万吨，实现创效 21 亿元；坚持成品油低库存运作，月均所有权库存同比减少 4.5 万吨；开展“油非互动”、微信营销等营销活动，做大零售规模的同时带动非油品销售 12 亿元；汽柴油持卡消费比例分别达 49.8%、81%，加油卡累计沉淀资金增加 5.63 亿元；高标号汽油占比 28.3%，提高 0.4 个百分点；微信平台累计关注人数 898 万人，注册会员 480 万人，开展 CRM 内部试运行，在中国石化微博微信影响力排行榜中名列前茅；做好直分销“五大目标市场”开发，高标号汽油增长 23.3%，建筑行业客户增长 31.5%，社会加油站建档 5 402 座。天然气保持较高增速，零售量 8 410 万立方米、增长 28%，单站销量增长 24.9%，母站开工率提升至 34.3%，投产 LNG 点供站 2 座。非油品实现量利双收，基础品类增长 32%，服务类及平台销售增长 125%，重点商品增长 57%，实现营业利润 1.2 亿元、增长 46%，各项经营指标超额完成年度计划，重要经营指标均处于销售企业领先位置，获非油品双提升先进省市公司称号。建成标准汽服项目 238 个、投营 147 个，简易自助洗车项目 230 个、投营 47 个。

（宋　鹏）

【精心精细规范管理】　2017 年，山东石油分公司顺利通过国家环保部督导检查 11 次，环保手续补办进度处于销售系统领先水平，实现了政府确定的双层油罐改造目标，为 551 座加油站安装 3 次油气回收设备，被山东省政府安委会评为安全工作先进单位和安全生产月优秀组织单位。狠抓数质量管理，在各项检查中均做到质量 100% 合格，油品管理溢余增长 70%，超额完成总部下达的碳减排任务，连续 2 年获评集团公司质量管理先进单位，3 项科技项目获总部立项。强化财务价值管理职能，加强全面预算管理，开展全员成本目标管理，以革命性举措实现管理创效 4.79 亿元。制定重点推进的“三基”工作任务清单 126 项，开展标准化县公司和样板站打造及“7S”管理提升工作。采用“两表一图”方式编制 20 项法律风险责任制成果示例并在销售系统推广应用，通过案件诉讼挽回损失 1 亿元，查控保理业务风险 7 笔。规范招投标管理，实现应招尽招全覆盖。组织开展专项审计 15 项，审计建设项目结算1 642项，促进增收节支 5 241 万元。开展效能监察 57 项，公开业务信息 17 万条。

（宋　鹏）

【深化改革增强活力】　2017 年，山东石油分公司加大激励性绩效考核力度，坚持绩效考核必须契合经营、服务经营，调整优化营销量利考核办法，发挥考核的指挥棒作用，市公司领导班子绩效奖金正职相差 14.7 万元。严格控制用工管理，稳步推进“三定”工作，制订实施方案，编写省市县三级岗位目录。规范推进加油站委托管理，确定实施“家庭承包”、一人公司“一托多”等管理模式，通过理顺管理流程，给予受托方更多的劳动用工、薪酬分配和经营管理自主权，调动了提质增效的积极性。大力推动“四供一业”分离移交工作，按时完成总部下达的 83 项框架协议签订。销售企业股改法律尽职调查一次性通过销售公司审核。纳入股改范围的1 287 宗土地已更名1 151 宗，1 535 处房产已规范1 247处，超过销售公司进度要求。注销 2 户法人企业税务、工商及产权登记，提前一个季度完成集团公司下达的压减法人单位目标任务。与胜利石油工程公司合作开设易捷便利店 10 家，实现销售 1 000 余万元，15 座油田加油站顺利划转，吸纳安置胜利石油工程公司等单位富余人员 120 余人。为石化驻鲁单位办卡 10 万余张、充值 1.6 亿元。

（宋　鹏）

【网络发展实现突破】　2017 年，山东石油分公司秉承“严谨高效规范操作，内涵外延并重发展，当期与长远统筹兼顾”的原则，创新发展模式，把握动态平衡，控制总量、调整结构，突破重点、完善布局，狠抓在营率和单站规模提升，发展加油站 50 座、加气站 9 座，新投营加油站 68 座、加气站 7 座，超额完成销售公司下达任务。积极参与“电动革命”，与国家电网山东省电力公司签署战略合作协议，4 座加油站增加充电功能，实现“零”的突破。积极开展“他有我营”工作，当年签约 44 座、累计投营 24 座。强化守土有责意识，2017 年到期的 23 个租赁站中续租 14 个，平均投资回报率在 39% 以上，政府拆除的 6 座站点全部落实“拆一补一”。加大存量站挖潜力度，积极改造有增量潜力的网点，实施规模以上改造站102座，挖潜增量在20%以上。完成德州油库改造、烟台八角港油库新建并顺利投营。

（宋　鹏）

【党政融合持续推动】 2017年，山东石油分公司贯彻落实党的十九大精神，党政主要领导深入基层宣讲，67名处级干部参加专题培训。认真履行党建工作责任制，公司领导基层调研84次，专题研究基层党建和企业发展工作，有效推动了责任层层落实。规范党内政治生活制度，班子整体功能得到有效增强。严格执行“三重一大”决策制度，省公司召开党委会17次、决策重大事项39项，办公会18次、决策重大事项241项。规范选人用人程序，修订领导人员选拔工作办法等制度15项，严格选人用人标准，把德才兼备的干部选出来、用起来，调整中层干部88人次，建立后备人才队伍97人，17市公司全部配齐“75后”年轻干部。将总部“转观念、勇担当、创效益”专题讨论具体化为“激活力、补短板、求突破”整改提升活动，开展深度务虚、专题研讨，查摆突出问题，制定整改措施。完善《落实党委主体责任、纪委监督责任清单》，成立省公司监督委员会。认真做好集团公司巡视、人事部班子运行考核、销售公司审计调研等反馈意见的整改落实。围绕“三重一大”决策、选人用人、工程建设和物资采购招投标等开展集中整治，风清气正、干事创业的政治生态加快形成。受理违反中央“八项规定”精神的问题6件，诫勉谈话2人，并通报曝光。有效运用“四种形态”，加大纪律审查力度，受理信访举报58件次，对56名市公司班子成员进行廉洁“画像”，建立处、科级人员廉洁“活页夹”689份。举办警示教育、上廉政党课等341场次、参与1.3万人次。抓好内外宣传，在主流媒体发稿923篇，处置预防舆情39起。帮扶困难员工1 700人次，开通“员工之家”微信公众号，设立青年创新创效小组569个，推进敬老文化建设。抓好新形势下的信访稳定工作，进京访人次下降51%。

（宋　鹏）

表1　　山东石油分公司主要经营指标

指标名称＼年份	2017	2016	2015	2014	2013	2012
成品油销售总量/万吨	1 086.40	1 084.29	1 066.40	1 252.05	1 179.90	1 120.60
零售量	802.80	826.57	822.00	867.90	846.20	800.40
销售收入/亿元	648.12	597.59	630.00	905.69	900.59	880.47
利润/亿元	-8.93	8.67	6.12	10.61	10.91	17.31
吨油费用/元	313.50	295.00	303.00	266.00	270.00	275.00
加油站总数/座	2 549	2 572	2 550	2 578	2 624	2 684
自营加油站数	2 417	2 440	2 431	2 459	2 505	2 553

河南石油分公司

【概况】 中国石化销售有限公司河南石油分公司（简称河南石油分公司）位于河南省郑州市，是中国石化在河南省的唯一成品油销售分支机构。其前身为1950年7月成立的中国石油贸易分公司郑州分公司，1998年划归集团公司，2000年5月31日，中国石油化工股份有限公司河南石油分公司在河南省工商行政管理局注册成立。2014年10月28日，公司名称变更为中国石化销售有限公司河南石油分公司。

截至2017年底，河南石油分公司共设19个日常管理部门，下辖19个市分公司和108个县分公司，共有合同制员工10 420人，拥有在营加油站（点）1 843座、加气站48座、加气母站1座、“易捷”便利店1 590座、在用油库23座、库容97.17万立方米；资产总额168.12亿元。

河南石油分公司经营管理范围为汽油、煤油、柴油的批发、零售，燃气经营及非油品产品经营等。

河南石油分公司主要经营指标见表1。

（韩　笑）

【领导班子调整】 2017年5月8日，河南石油分公司召开干部大会，宣布集团公司党组关于调整河南石油分公司领导班子的决定：徐旭日调北京石油分公司任党委书记、副总经理，不再担任河南石油分公司党委书记、副总经理职务。

（韩　笑）

【经营整体保持稳定】 2017年，河南石油分公司实现成品油经营量757万吨，同比增长2.4%。其中，零售622.5万吨，增长0.86%；直分销134.9万吨，增长10.2%。非油品营业额25亿元，增长40%。天然气经营量9 232.9万立方米，增长15.3%。实现销售收入485.48亿元，考核利润1.29亿元。吨油费用392元。夺得销售公司"比学赶帮超"红旗22面，在销售企业"两力"评价中，郑州公司排名综合竞争力第17位，郑州、驻马店、新乡、许昌等公司进入发展进步力前50强。

（韩　笑）

【完善考核评价体系】 2017年，河南石油分公司推进市、县公司分类管理，推动管理精细化。完善考评评价体系，坚持全方位考核，从考核指标、权重设置，突出对经营、效益指标倾斜，引导地市公司实现量效兼顾，把握量效平衡；注重过程激励，按照月度侧重经营、效益，季度侧重管理，年度侧重综合的考核设置，强化经营管理过程激励；建立全员绩效考核体系，积极推动各单位按照机关、油库、加油站、基层专业岗位分板块制定考核办法，突出关键指标，实行全员分类考核管理。

（车子明）

【推动依法合规经营】 2017年，河南石油分公司加强现有证照日常管理，重点加强证照名称变更工作，全省系统营业执照缺失数量由23个下降至0个、成品油经营许可证缺失数量由77个下降至36个、危险化学品经营许可证缺失数量由5个下降至0个，进一步规范证照管理，有效防范经营风险。

（车子明）

【销售网络建设实现新突破】 2017年，河南石油分公司网络发展工作坚持以"大投资"管理为手段，解放思想，创新思路，加快加油(气)站网络外延发展。全年发展自营加油站29座、加气站7座，新储备加油(气)站建设用地7宗。多措并举，借力优质社会资源，发展"他有我营"加油站68座，新组建成立合资公司6家。注重内涵挖潜，优化存量网络，巩固传统市场控制力，全年完成加油站综合改造竣工177座，规范土地6宗，投营建成未营站16座，关停站改造重启39座，新增汽服/洗车网点364个。续租加油站53座，协调避免拆除加油站15座。通过投资改造和市场维稳，进一步提升了存量网络的资产创效能力。

（陈大伟）

【强化零售扩量增效】 2017年，河南石油分公司以"体制机制、营销、管理、信息化、'家文化'和队伍培训"为抓手，做实加油站委托管理，激发经营活力；贯彻"全员围绕加油站转"工作思路，推动公司全部资源向加油站一线倾斜；实施差异化定价策略，开展菜单营销，建成306座加油免费洗车服务站点，在308座汽油大站推行卸油流程优化，实施边卸边加；优化37座加油站汽、柴油罐容，克服汽油罐容不足的瓶颈，提升现场服务效率，持续开展加油卡"五进"活动和微信营销活动；大力推广柴油联名卡，全年累计发卡10万张，获评销售公司年度柴油联名卡推广先进省级公司。构建现场督察、神秘顾客暗访、投诉举报、视频监控"四位一体"督察体系，形成高密度、广覆盖的督查体系，全年巡站3 471站次，处罚21.48万元；开展加油站站长技术比武，带动加油站站长"五项技能"提升，全省站长平均成绩提升6.8分。新建500台大自助发卡终端，全年实现零售量622.5万吨，机出增长2.47%，在销售系统区内排名第6位，获得销售系统年度进步红旗。

（琚自强）

【做大非油品规模增效益】 2017年，河南石油分公司统筹抓好店销和团购，基础品类实现销售额突破15亿元，增长49%，区内排名第4位，获销售公司月度先进红旗4面、年度进步红旗1面。开展品牌化营销和"非油双提升"竞赛活动，通过推送大面额电子券、专区爆款商品等形式，核心重点商品销售2.67亿元，增长147%，在销售公司非油品双提升销售竞赛评比中，被授予先进省市公司称号，4家地市被授予年度先进地市公司、382座门店被授予年度销售先进门店。完成赖茅酒社会渠道总代理签署，把握"中秋、国庆"商机，召开赖茅发布会14场，开发社会渠道代理商28家，带动赖茅酒销售4 603万元，销售规模全国排第2名，增幅排第1名。加快汽服项目建设，全年建成综合服务站41座，新增投营汽服网点330座，实现交易额2 435万余元。加大定制产品开发，新研发3款高中低档"易捷"系列定制烟，实现销售5 503万元，占全年烟草销售总量的6%，占烟草总毛利的34%；开发6款青花定制酒，单品平均毛利率达50%。推进易捷进上中游工作。全力开发系统内驻豫企业易捷业务合作，在洛阳工程公司、南阳油田建成4座易捷社区店，累计实现销售214万元，促成中原油田41座便利店发展规划落地。

（张雅儒）

【安全生产总体平稳】 2017年，河南石油分公司以贯彻《安全管理手册》为主线，落实年度"12345"工作总要求，构建1个责任体系，明晰HSE职责；加强2个现场管理，控制事故风险；强化3个管理环节，提升HSE管理基础；提升4个关键要素，建设本质安全型企业；抓好5个专项工作，补齐HSE短板，实现安全生产总体平稳态势。公司被集团公司评为安全管理B级单位，在销售企业年度HSE大检查考核排名中前进12个名次；连续2年被河南省人民政府安全生产委员会评为安全生产先进单位；连续2年被河南省大气污染防治攻坚办评为环保管理先进单位。

（张 鹏）

【严格数质量管理】 2017年，河南石油分公司修订完善《数质量科技节能考核管理办法》等8项数质量制度，利用液位仪系统、视频摄像系统、油罐车电子铅封等信息化手段，有效实施远程和现场检查，加大考核力度，全面加强管理，数质量形势总体平稳，有力保证了经营工作的开展。加强化验室标准化建设，中心化验室通过国家实验室认可复评审。严格油品入库质量检测，严把质量关。做到政府和总部质量抽检合格率100%，同时配合政府开展大气污染环境治理。二次运输全部实施电子铅封管理，油库、加油站全部实施油气回收改造，实现了降耗增效和环境保护的双丰收。

（王付木）

【全面推进信息项目建设】 2017年，河南石油分公司积极推进信息基础设施平台、经营管理平台和客户服务平台建设，完成省数据中心精密空调、配套环境监控系统、网络设备更新，有效保障信息系统稳定高效运行；实现ERP与合同管理、资金集中、HR、财务报销等系统集成联动，构建了集约化、一体化的经营管理新模式；整合延伸微信平台、APP、网上营业厅和电子券等前端营销载体，建立起集油品、非油品和直分销一体化的会员、营销及积分体系，有效拉动了油品和非油品经营。

（陈祝春）

【干部队伍建设取得长足发展】 2017年，河南石油分公司干部队伍建设取得长足发展，考核市分公司（机关处室）14家，提拔处级干部30人，其中18人来自业绩突出单位、16人具有经营部门或县公司任职经历、27人从任职单位成长。90%以上市公司领导班子满意率达100%，80%以上班子成员满意率达100%，后备干部推荐公认度平均在70%以上。优化干部考核流程，增设班子成员述职议程，完成省公司机关4个处级、15个助理岗位公开竞聘及9个部门52个岗位职级晋升和补员。组织十八届六中全会处级干部培训、基层党务干部全员轮训和骨干培训，推动领导干部"上讲台"。坚持"三逢必考"，利用分线条会议、培训、检查，以考促学。组织省市机关年轻干部下沉经营一线挂职锻炼，提升"三商"，干部队伍"两力一精神"显著增强。

（韩 笑）

【加强职工教育培训】 2017年，河南石油分公司共组织各类培训3 083期，培训学员76 115人次，增加8.6%。其中，培训中心举办培训76期，培训学员3 973人次，培训计划完成率达90.1%。加强与总部相关部门和各大培训中心的沟通协调，对企业急需的培训项目争取培训名额，共选派74人次参加总部重点人才培训，选派89人次参加总部岗位适应性培训。

（韩 笑）

【完善党建责任制工作体系】 2017年，河南石油分公司制定党员领导干部党建任务清单，签订党建责任书，印发处级干部"一岗双责"手册，实施党建目标管理、过程管理。公司领导班子成员在年中党委会上报告"一岗双责"履职情况，在年度民主生活会上对照履责情况开展批评与自我批评。督导推动党建责任制向市分公司和基层支部延伸，对履责不力党建考核排名靠后的单位党委书记进行集体约谈提醒，初步构建省市县三级党建工作责任体系。

（耿 艳）

【加强基层支部建设】 2017年，河南石油分公司先后制定加强基层党支部建设实施意见、支部分类定级、规范支部设置等7项制度，夯实基层支部建设制度基础。对257个基层支部设置进行优化，推动

7 家合资控股企业“党建入章”，开展“三型五好”示范支部创建和“十有硬件”党群活动室建设，支部组织建设持续加强。推行党员量化考核，将“四讲四有”“四个合格”从忠诚敬业、素质过硬、作风优良、廉洁从业、业绩突出 5 个维度细化为 14 条合格党员标准，支部按季度对党员考核排序，激励党员干在实处、走在前列。

（耿　艳）

【强化监督执纪问责】 2017 年，河南石油分公司紧紧围绕着党风廉洁建设“123456”工作体系，以打造风清气正干事创业的政治生态为目标，推动落实党委主体责任、行政主要领导责任和纪委监督责任落实。构建“大监督”格局推动监督向“五个延伸”落地。抓好每周一纪、党风廉洁建设学习资料编发和廉洁教育月主题活动，着力廉洁教育常态化运行。建立处级干部廉洁从业“活页夹”。开展对入股改制车队、从事油罐车经营、经营加油（气）站专项治理，强化对重点岗位和关键少数监督。统筹运用“四种形态”，注重在用好第一种形态上下功夫，实现执纪效果和政治、经济、社会效果的最佳结合，维护干部队伍健康发展。强化问题线索研判和处置，规范信访受理和信访处置程序，信访降幅 27%。

（李　娟）

【拓展提质增效空间】 2017 年，河南石油分公司着力价值引领和问题导向，以管理创效为抓手，以队伍转型为保障，着力推动破解制约效益的五大结构性矛盾，拓展提质增效空间。搭建业财联动平台，坚持日算账、周分析、月评价，探索完善资源顺推模型应用，算好量效平衡账，面对市场急剧变化，会同业务部门算总账、算活账，动态调整月度绩效考核政策，统筹各类营销资源，支持经营条线在油非互促、服务升级、经营模式创新等多方面综合发力；优化费用政策，以有效回报作为投入标准，算好投入产出账，通过完善量利费互动机制，统筹费用资源，支持加油站形象提升、“一站一策”改造、未营站启动改造治理等支出；协同推进管理创效，通过聚焦资产创效、经营运作、成本管控等创效主要矛盾，总经理与 8 个归口部门签订 6 类管理创效责任清单，明确责任和措施，建立业财联合创效工作机制；狠抓营改增政策红利和土地税、房产税优惠政策落地，全年抵扣增值税进项税节费 7 275 万元，实现土地使用税减免 1 894 万元。

（宋廷刚）

【有序推进“四供一业”分离移交】 2017 年，河南石油分公司按照集团公司整体工作部署，把推进分离移交作为重要政治任务来抓，把握政策机遇，倒排进度，细化节点，压实责任，强化督导，提前半年完成集团公司年度考核目标任务，完成全部 45 个项目移交框架协议签订，争取中央财政预拨补助资金 1 636万元，为 2018 年全面完成移交，彻底实现瘦身减负、精干主业打下了基础。

（韩　笑）

表 1　　**河南石油分公司主要经营指标**

指标名称 ＼ 年份	2017	2016	2015	2014	2013	2012
成品油销售总量/万吨	757.00	741.20	738.60	769.70	763.30	730.46
零售量	622.50	617.20	603.20	616.30	632.30	604.45
销售收入/亿元	485.48	418.70	437.10	575.19	590.69	575.25
利润/亿元	1.29	1.50	3.60	6.22	7.70	10.80
吨油费用/元	392.00	392.00	362.00	370.58	371.00	366.00
在营加油站（点）总数/座	1 843	2 582	2 835	2 928	3 186	3 691
在营加气站总数/座	48	45	42	36		

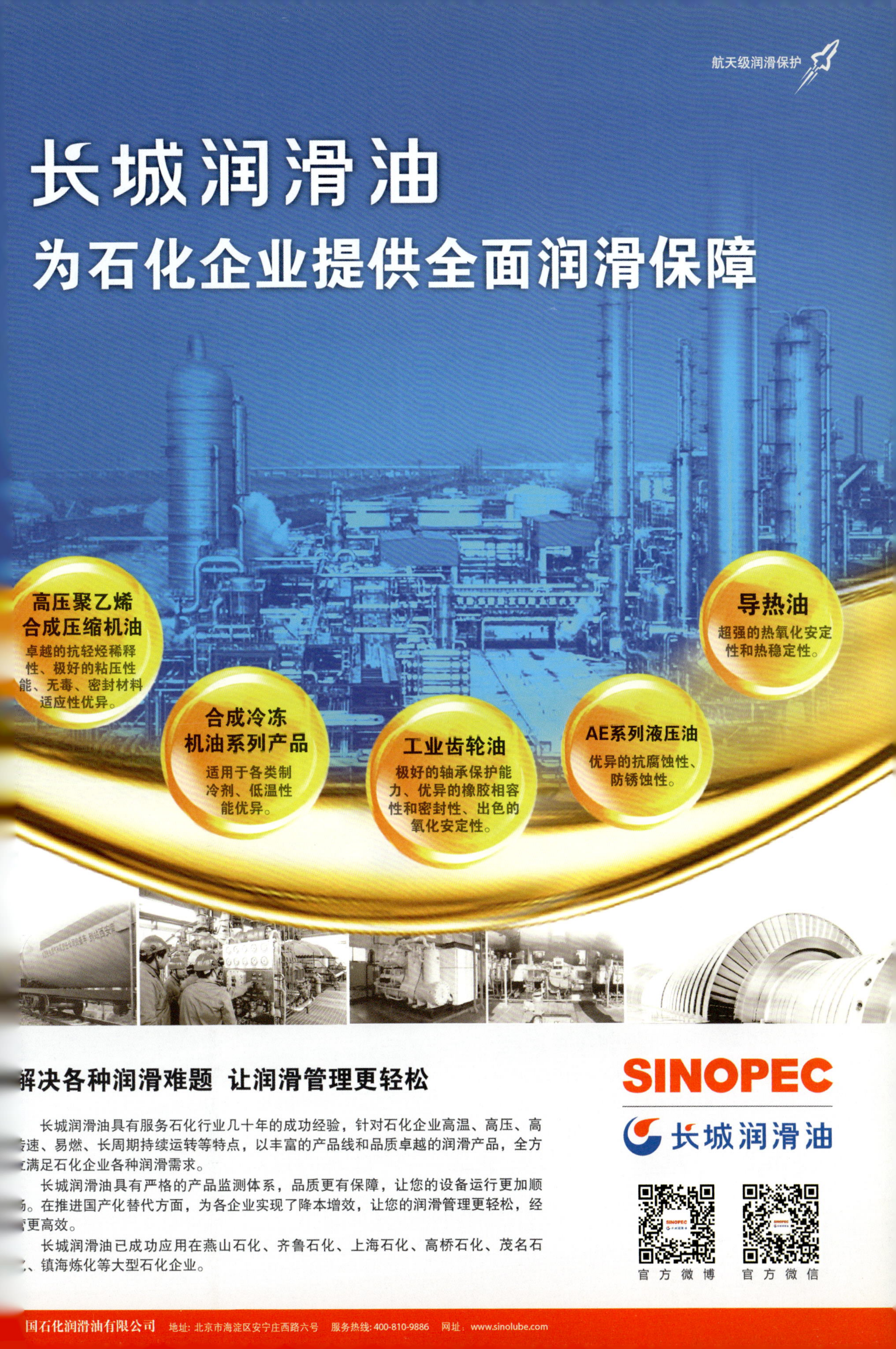
航天级润滑保护
长城润滑油
为石化企业提供全面润滑保障
高压聚乙烯
合成压缩机油
卓越的抗轻烃稀释性、极好的粘压性能、无毒、密封材料适应性优异。
合成冷冻
机油系列产品
适用于各类制冷剂、低温性能优异。
工业齿轮油
极好的轴承保护能力、优异的橡胶相容性和密封性、出色的氧化安定性。
AE系列液压油
优异的抗腐蚀性、防锈蚀性。
导热油
超强的热氧化安定性和热稳定性。
解决各种润滑难题 让润滑管理更轻松
长城润滑油具有服务石化行业几十年的成功经验，针对石化企业高温、高压、高速、易燃、长周期持续运转等特点，以丰富的产品线和品质卓越的润滑产品，全方满足石化企业各种润滑需求。
长城润滑油具有严格的产品监测体系，品质更有保障，让您的设备运行更加顺。在推进国产化替代方面，为各企业实现了降本增效，让您的润滑管理更轻松，经更高效。
长城润滑油已成功应用在燕山石化、齐鲁石化、上海石化、高桥石化、茂名石、镇海炼化等大型石化企业。
SINOPEC
长城润滑油
官方微博
官方微信
国石化润滑油有限公司 地址：北京市海淀区安宁庄西路六号 服务热线：400-810-9886 网址：www.sinolube.com

中国石化
SINOPEC

山东八面河油田

涪陵页岩气田白涛集输站

建成千万吨油气田

中国石化集团江汉石油管理局有限公司
中国石油化工股份有限公司江汉油田分公司

陕西坪北油田

涪陵页岩气田

江汉油田为中国石化集团江汉石油管理局有限公司和中国石油化工股份有限公司江汉油田分公司的统称，位于湖北省潜江市，主要从事油气勘探开发、盐卤化工、社区生产生活服务等业务，用工总量2万人，油田社区有人口14万人，所属单位主要分布在湖北潜江、武汉、天门、仙桃、荆州、洪湖、利川，山东寿光市、陕西安塞县和重庆涪陵、万州等县市，年产油气当量超过600万吨，先后获全国文明单位、全国五一劳动奖状、全国模范职工之家等称号。

经过50多年的开发建设，江汉油田已经发展成为我国南方重要的油气勘探开发基地，拥有国内探矿权区块8个，面积4.26万平方千米，发现和开发油气田31个，石油资源量10.48亿吨，常规天然气资源量4.61万亿立方米，页岩气资源量8.71万亿立方米。截至2017年，累计生产原油6417万吨、常规天然气29.52亿立方米、页岩气154.3亿立方米。

站在发展新的历史方位，江汉油田提出了“以气为主、油盐并举、多元发展”的产业格局，明确了“用‘两个三年’时间，建成千万吨油气田，打造上游一流企业，探索老油田全面可持续高质量发展之路；再用‘两个十年左右’时间，建设国内行业一流企业”的总体思路，确立了抓实“六大工程”，做好“六项重点工作”的部署安排，观大势、谋全局、干实事，推进油田全面可持续高质量发展。

打 造 行 业 一 流 企 业

TO BE THE PREFERRED LOCAL LEADER OF PETROCHEMICAL INDUSTRY IN CHINA AND ONE OF THE BEST IN THE WORLD

中沙（天津）石化有限公司（简称中沙石化），是中国石油化工股份有限公司和沙特基础工业投资公司以50%:50%的股比共同出资设立的大型石油化工企业，成立于2009年10月20日，坐落于天津市滨海新区，占地面积1.72平方千米，2010年5月11日正式投入商业运行。现拥有包括年产100万吨乙烯装置等9套先进工艺技术和世界级规模的主要生产装置及配套的厂内公用工程和辅助设施，生产的产品包括气体、液体产品27种、聚合物产品3类34个牌号。

借助股东双方强大的营销网络，供应国内各主要市场，是中国环渤海地区规模较大的一家乙烯合资企业。公司正在建设的二期项目——年产26万吨聚碳酸酯项目，预计2019年底建成。公司将始终秉承以人为本、诚实求信、员工与企业共成长核心价值观，立足现在、筹划未来，努力打造世界一流的国际化石油化工企业，并做到基业长青。

打 造 世 界 一 流 的 国

中沙（天津）石化有限公司

SINOPEC SABIC TIANJIN PETROCHEMICAL CO., LTD.

际 化 石 油 化 工 企 业

中国石化
SINOPEC

■ 11月30日起，《进入新时代，谱写新篇章——学习贯彻党的十九大精神专题图展》在上海石化展出，巡展为期一个月

■ 建党96周年来临之际，上海石化开展“石化党员进社区志愿服务”活动

■ 上海石化举办“公众开放日”活动

中国石化上海石油化工股份有限公司（简称上海石化）位于上海市金山区，占地面积9.40平方千米，是中国大型的炼油化工一体化综合性石油化工企业，是中国重要的成品油、中间石化产品、合成树脂和合成纤维的生产企业。

上海石化前身是创建于1972年的上海石油化工总厂。1993年作为中国第一批股份制改制试点企业之一，改制为上海石油化工股份有限公司，是中国第一家股票在上海、香港和纽约三地同时上市的股份制企业。2000年10月，更名为现名。

■ 密切关注设备运行状况确保平稳运行

■ 热电锅炉完成达标排放改造

截至2017年底，上海石化具有1600万吨/年综合加工原油能力和乙烯70万吨/年、塑料树脂100万吨/年、合纤原料109万吨/年、合纤聚合物59万吨/年、合成纤维26万吨/年的生产能力，并拥有独立的公用工程、环境保护系统，及海运、内河航运、铁路及公路运输配套设施。

上海石化一向重视树立良好的公司形象，积极履行社会责任，为振兴中国石化工业而不懈努力；一贯坚持规范化运作，致力于用良好的经营业绩回报股东；一直以为顾客提供优质的石化产品和良好服务为己任，多次获得社会各界的嘉奖。近年来，先后获得“全国文明单位”“全国绿化先进单位”“全国思想政治工作优秀企业”、全国“重合同、守信用”单位、“全国用户满意企业”“全国厂务公开先进单位”“全国爱国拥军模范单位”“中华环境友好企业”“全国模范劳动关系和谐企业”等一系列荣誉称号。

普光气田净化厂全景

内蒙古探区的抽油井

中原油田于1975年发现，1979年投入开发。主营石油天然气勘探开发、工程技术服务、油气化工、油气销售等业务，拥有东濮老区、普光气田和内蒙古探区三大勘探开发区域，本部位于河南省濮阳市。现有用工总量4.6万人，职工家属24万人，2011年中原油田跨入千万吨级油气田行列。40多年来，中原油田扎实履行政治、经济、社会“三大责任”，全力保障能源供给，累计生产原油1.44亿吨、天然气929.44亿立方米，上缴税费968亿元，先后获得全国“五一”劳动奖状、全国模范劳动关系和谐企业、全国先进基层党组织、中央企业先进基层党组织、中国石化集团公司先进党委等多项荣誉，连续五届被评为全国文明单位。

国家科学技术进步奖

证 书

为表彰国家科学技术进步奖获得者，特颁发此证书。

项目名称：特大型超深高含硫气田安全高效开发技术及工业化应用

奖励等级：特等奖

获 奖 者：中国石油化工股份有限公司中原油田分公司

证书号：2012-J-210-0-01-001

国家科技进步特等奖

中原油田总部全景图

建设绿色和谐卓越奋进新扬子

扬子石化

中国石化 SINOPEC 中国石化扬子石油化工有限公司 中国石化集团资产经营管理有限公司扬子石化分公司

中国石化扬子石油化工有限公司（简称扬子石化有限公司）和中国石化集团资产经营管理有限公司扬子石化分公司（简称资产公司扬子分公司）统称扬子石化，成立于1983年。其前身是成立于1983年9月的扬子石油化工公司（30万吨/年乙烯扩建工程），该工程是我国“六五”“七五”期间的重点项目，1984年开工，1989年全面建成，1990年全面投产，1991年通过国家竣工验收，占地面积12.43平方千米，位于江苏省南京市北郊，南临长江，北接京沪铁路，与南京化学工业园融为一体。1998年，扬子石油化工公司实施资产重组，创立了以从事石油炼制及乙烯、芳烃等烃类及衍生物生产加工为主的扬子石油化工股份有限公司和以公用工程为主业的扬子石油化工有限责任公司。2007年，扬子石化有限公司吸收合并扬子石油化工股份有限公司，扬子石油化工有限责任公司改制为资产公司扬子分公司。2007年底，扬子石化有限公司收购淮安清江石油化工有限责任公司（清江石化）和泰州石油化工有限责任公司（泰州石化），2012年，成立南京扬子石油化工有限责任公司(以原塑料厂资产在南京化工园注册设立)，2016年8月，全额收购江苏金浦集团持有的扬子金浦橡胶有限公司股份，并更名为南京扬子石化橡胶有限公司。

截至2017年底，扬子石化职工总数为9814人，其中在岗经营管理/专业技术人员2790人，具有高级及以上职称的630人、中级职称的1378人；下设15个职能部门、7个业务中心、8个生产单位；运营3个全资子公司、6个合资公司；总资产349.61亿元。扬子石化有限公司本部拥有1250万吨/年炼油、80万吨/年乙烯、140万吨/年芳烃等58套大型石油化工装置，可生产合成树脂、合成纤维原料、基本有机化工原料、成品油、合成橡胶等5类50多种产品，是国内主要的纯苯、对二甲苯、邻二甲苯、精对苯二甲酸（PTA）、乙二醇、丁二烯和环氧乙烷生产商；资产公司扬子分公司拥有与石油化工生产相配套的36万千瓦发电能力、66万吨/日供水及3400立方米/时二级污水生化处理能力；清江石化拥有100万吨/年特油预处理、62万吨/年催化裂化等14套石油化工装置；泰州石化拥有60万吨/年常减压、14万吨/年酮苯等6套石油化工装置；扬子橡胶公司拥有10万吨/年丁苯橡胶和10万吨/年顺丁橡胶生产能力。

2017年，扬子石化生产的扬子牌聚乙烯树脂、工业用乙二醇、聚丙烯树脂、石油苯、工业用丁二烯、石油邻二甲苯、工业用精对苯二甲酸、工业用环氧乙烷8个产品被江苏省名牌战略推进委员会授予“江苏名牌产品”。

“智慧能源至美生活”为主题的公众开放日

完善质量管理，为社会提供优质产品

建设绿色节能环保企业

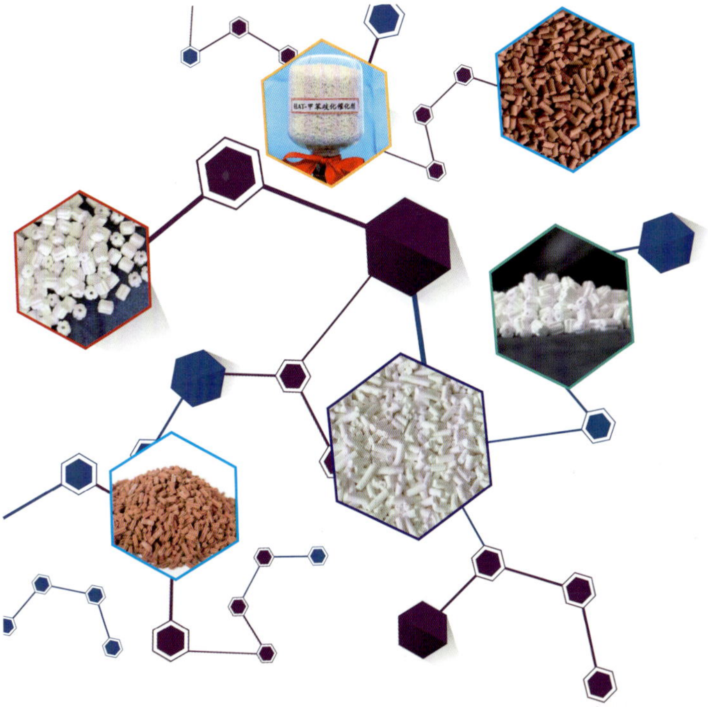

催化剂大连有限公司主装置区

催化剂齐鲁分公司联合装置外景图

第五建设公司承建茂名石化环氧乙烷装置

中国石化 SINOPEC

中石化第五建设有限公司

SINOPEC FIFTH CONSTRUCTION CO., LTD.

公司是我国较早从事石油化工建设的大型施工企业之一，于1953年成立，前身为大连工程公司。1955年迁址吉林省吉林市，1956年迁址甘肃省兰州市，参加中国石油兰州石化初期建厂，更名为化工部第五建设公司。1999年7月中国石化、中国石油两大集团实施重组,公司正式定名为中国石化集团第五建设公司。2010年12月18日根据集团公司战略部署，公司主体迁驻广州，2012年4月改名为中石化第五建设有限公司。2014年9月，经集团公司党组批复，调整为大一型企业（正局级）。

公司现具备50亿元/年以上的施工生产能力。在大型设备吊装、大型传动设备（机组）安装、大型贮罐安装、大型DCS自动化集散控制系统安装与调试和特种材料焊接等“四大一特”，以及大型锅炉、大型空分、炼油、聚烯烃、煤制氢、甲醇、煤化工、土壤修复、安全监管等方面，形成了独具特色的技术优势。

公司先后优质安全高标准建成国内外大型石化装置500余套，承建的兰州石化首套重油气化装置，为我国首个万吨级重油气化装置；承建的兰州石化首套丙烯腈装置，为国内首套万吨级丙烯腈装置。先后参与建设了天津石化、镇海炼化百万吨/年乙烯装置、广西LNG项目、沙特拉比格千万吨/年炼油装置、上海赛科26万吨/年丙烯腈装置、茂名石化20万标准立方米/时煤制氢装置，完成北京焦化厂等三个污染土修复项目。

公司先后获“全国用户满意安装企业”“全国优秀施工企业”、全国“重合同、守信用企业”“全国五一劳动奖状”和承建的工程获“中国建筑工程鲁班奖”“国家优质工程金奖”等国家和省部级各类荣誉300多项，为国家重点项目做出了应有的贡献。

第五建设公司承建的中天合创项目180万吨/年双系列甲醇合成装置

诚信 SINCERITY

务实 PRAGMATISM

创新 INNOVATE

携手中国石化十九载
共 创 美 好 新 未 来
19th
2000-2018
北京世纪天宇广告有限公司

湖北石油分公司

【概况】 中国石化销售有限公司湖北石油分公司(简称湖北石油分公司)位于湖北省武汉市，前身是成立于1953年的湖北省石油总公司。1998年7月整体划归集团公司管理，2000年4月按照中国石化整体重组上市要求，改制为中国石油化工股份有限公司湖北石油分公司；2008年原武汉石油集团股份有限公司(深交所上市公司)退市后并入湖北石油分公司；2015年1月按中国石化推进销售企业混合所有制改革要求，变更为中国石化销售有限公司湖北石油分公司。

湖北石油分公司是湖北省成品油销售的主渠道企业，主要经营成品油和天然气的销售、储运及便利店等非油品业务，经营服务网络覆盖湖北省所有地区，下辖武汉、宜昌、荆州等16家市州分公司和74个县级公司、25个零售管理片区，承担着湖北省成品油资源配置和市场供应的主渠道责任。截至2017年底，公司资产总额128.56亿元，资产负债率48.76%，用工总量8 819人。在营油库13座，库容40万立方米；在营加油站1 863座(其中加气站55座)，在营便利店1 811座。

2017年，湖北石油分公司成品油经营总量731.74万吨，非油品收入23.87亿元，实现报表利润3.1亿元。

湖北石油分公司主要经营指标见表1。

(张方涛)

【市场保卫战取得阶段性成果】 2017年，湖北石油分公司坚决贯彻集团公司、销售公司决策部署，全面开展市场份额保卫战，精准实施竞争性营销，稳固了市场主导地位。精细开展资源运作，拓展资源创效；优化物流配送，克服优化关停、改迁建、环保整改等困难，保障了竞争高压态势下的物流运行。强化经营统筹指导，深化应用资源顺推模型，精心组织“双高”营销、竞争性营销，大力开展“多卖一吨油”“奋战100天”销售竞赛，全力做好柴油联名卡推广，做实“走进油站、服务一线”。通过多种措施，汽油销量稳步回升，柴油大幅下滑的态势得到有效遏制，全年成品油经营量同比增长3.1%，实现集团公司提出的“同比不降”目标，其中零售增长0.7%。省市县公司层层发力，协调政府开展市场整治行动475次，市场清理整顿取得明显成效，取缔非法网点592座，拆除加油机504台，扣押非法流动车161辆，查封私设油罐335个，罚没油品934.58吨。按照市场导向调整各类考核激励，促进竞争合力的有效发挥。天然气多方筹措资源，努力协调价差，积极开拓直分销，全年实现销售1.07亿立方米，排名区内销售企业第5位。

(张方涛)

【易捷影响力稳步提升】 2017年，湖北石油分公司探索线上线下融合发展，扩大易捷品牌影响力，油非一体竞争新优势逐步显现。做实做精做优便利店，加快名优品牌和特色化商品引入，与地方政府、中国石化在鄂企业开展一系列战略合作，地方产品进易捷、易捷产品进社区的“双进”步伐加快，先后取得水杉盐、劲酒等代理经销权。狠抓核心商品销售，单独下达任务并专项考核，加大奖励实行梯度提成，大力开展“六进”活动，精心组织“易捷水世界”“决战金秋”“年购会”等各类主题营销，全年实现核心商品营业额2.14亿元、增加48%，其中枸杞干果营业额规模列全系统第1位。稳步推进爱义行汽服项目建设，建成投营14座标准汽服门店、2座钣喷中心；推动快餐业务落地，永和、五芳斋合作项目投营4座，优D妞妞投营5座；大力推动广告业务，签约广告站点902座、增加311座，微信广告顺利签约；恩施、荆州和咸宁等市州汽车销售实现零突破。利用微信电子券精细开展微信营销和油非互动，微信公众号关注人数超过220万人、注册会员138万人、绑卡会员46万人，完成宜昌和孝感微商城试点，为2018年全省推广奠定了基础。全年实现非油品营业额增长39%，其中新业务7.3亿元、占比达29.4%、增长41%，旅游销售规模列系统第1位。

(张方涛)

【均衡协调发展新格局初步形成】 2017年，湖北石油分公司努力开创均衡协调发展新格局。省公司着力强化对市州公司的分类指导，深入开展调研帮扶，找准经营管理发力方向。各市州公司纷纷“走出去”学习对标，找差距、补短板，全省系统拼业绩、争进位、比增收的氛围日渐浓厚，结合实际发动阵地战，综合应用挂牌降价、积分返利、油非互动等手段，积极开展点对点竞争，摸索出各具特色、针对性强的竞争策略，基层队伍参与竞争的意识和能力得到提升。

(张方涛)

【强化网建巩固发展基础】 2017年，湖北石油分公司新发展加油站77座、加气站4座；投营加油(气)站61座，其中加气站5座；续租加油站11座，“他有我营”投营 23 座，歇业站复营 19 座，获销售企业“比学赶帮超”网络发展季度先进红旗 2 面、加气站投营年度进步红旗 1 面，全面超额完成年度目标任务。余家湖油库建设正式开工，王家河、柳林洲、白浪等油库改扩迁建前期工作有序推进。实施加油站视频监控改造 1 439 座，地罐交接 1 792 座，在营站全部完成油气回收改造，县公司实现视频会议系统全覆盖。加强与所在地交投、城投合资合作，取得武汉四环线、荆门外环线等加油站的经营权。全年新取得 12 宗加油站建设用地，其中 9 宗是通过定向挂牌或协议出让方式获得。

（张方涛）

【夯实管理确保安稳运行】 2017 年，湖北石油分公司围绕“识别大风险、消除大隐患、杜绝大事故”，推进 HSSE 责任分解落实，做实安全分委会，加强应急预案演练，创新开展油库“三标五化”“四个一”施工安全等专项活动，确保库站安全运行，全年未发生上报等级安全事故。加强成本控制，深入推进全员成本目标管理，全方位节支降费；强化财务分析指导，激活财务价值管理功能，在各类外部谈判、合资合作等方面发挥重要作用；财务共享成功上线，为销售企业会计核算运营管理新模式做出有益探索。突出改革引领，推广油库大班制改革，持续提升人均劳效。“七位一体”的岗位责任制暨考核评价信息系统在省市公司开展试点应用。深化薪酬分配制度改革，搭建以量效为主要指标、分线条考核的薪酬分配体系，推行机关薪酬与一线联动，增强了队伍扩销创效合力。全年获销售公司网络发展、成品油资源、零售、直分销、非油品、利润、优化运行等“比学赶帮超”月度红旗 13 面，以及成品油资源、天然气投营、资金资产管理 3 面年度红旗。

（张方涛）

【国家质量提升示范企业创建工作取得新进展】 2017 年，湖北石油分公司在国内油品销售行业率先开展“国家质量提升示范企业”创建工作，首次在成品油销售企业提出打造商品质量保证、商品质量控制、服务质量管理“三大体系”，ISO 9001 质量管理体系通过国家授权机构审核并取得认证证书。突出整体联动，建立健全齐抓共管、协调联动、考核奖惩、全员参与等工作机制，完成“质量提升”研讨会、动员部署暨新闻发布会、加油站诚信计量公开承诺新闻发布会、质量管理体系建设等专项活动。强化“互联网 +”支撑，推进 1 792 座加油站液位仪地罐交接。黄冈金源油库质检室升级为准 A 级质检室，全省系统准 A 级外采油质检室达 4 家。完善质量全过程管理，全年入库检验 6 707 批次，质量抽检 3 534 批次，入库、出库检验项目和检验率达 100%，外部质量抽检 905 批次均合格。强化内外宣传，借助“科普展台”、手机报以及官方微信等宣传阵地，广泛开展质量宣传和“公众开放日”等活动，向媒体和社会诠释“每一滴油都是承诺”，邀请媒体、神秘顾客及第三方机构开展质量综合评价、体验式调查活动，在湖北、武汉电视台策划播放大型时政类电视节目《“质”存高远——与一滴油的对话》，获得广泛好评。获评集团公司质量管理先进单位。

（张方涛）

【党的建设进一步加强】 2017 年，湖北石油分公司深入学习贯彻习近平总书记系列重要讲话精神和党的十九大等中央系列重要会议精神，推进“两学一做”学习教育常态化制度化。着力强化党的建设，以各类巡视、审计、检查发现问题整改为抓手，加强党建基础工作。推动全面从严治党向基层党组织延伸，基本实现基层党组织的全覆盖。坚持压实党风廉洁建设的“两个责任”，签订《党风廉洁建设责任书》1 836 份，制定党风廉洁建设和反腐败工作任务清单，开展廉洁教育学习活动 968 次，领导班子成员上廉洁党课 73 次。调整配备一批基层领导班子和机关部门负责人，加快年轻干部培养，畅通“三支队伍”成长通道，完善员工退出机制，干部队伍结构持续优化。千方百计推进员工增资，全年一线加油员月均收入增长 14.2%，实现跑赢 CPI 目标。重视推进“走基层、访万家”活动，慰问帮扶员工 1 478 人次，帮扶金额 120 余万元。推广员工帮助计划（EAP），积极做好和谐稳定工作，加强纠纷排查，强化事前疏导，解决合理诉求，圆满完成十九大期间“四个确保”的要求，一部分历史积案得到化解，保持了企业整体和谐稳定。

（张方涛）

表1 湖北石油分公司主要经营指标

指标名称＼年份	2017	2016	2015	2014	2013	2012
成品油销售总量/万吨	731.74	709.42	699.24	666.80	637.72	600.08
零售量	594.95	590.60	591.64	564.58	539.50	514.31
利润/亿元	3.10	5.02	6.53	7.15	6.93	7.21
销售收入/亿元	468.38	404.32	430.26	531.41	513.78	481.11
吨油费用/元	340.00	337.00	324.00	326.00	317.00	313.00
加油站总数/座	2 197	2 144	2 113	2 176	2 205	2 166

湖南石油分公司

【概况】 中国石化销售有限公司湖南石油分公司(简称湖南石油分公司)位于湖南省长沙市湘春路113号。其前身为成立于1950年7月的中国石油公司长沙分公司。1998年7月整体划归集团公司，2000年2月分设为中国石油化工股份有限公司湖南石油分公司和中国石化集团湖南石油总公司。后者于2007年改组转制为中国石化集团资产经营管理有限公司湖南石油分公司(简称湖南石油资产分公司)，2009年7月，湖南石油资产分公司交由湖南石油分公司托管。2014年5月14日，中国石油化工股份有限公司湖南石油分公司更名为中国石化销售有限公司湖南石油分公司。

截至2017年底，湖南石油分公司下设15个地市级分公司，89个县级公司；省公司机关设立17个处室(中心)。用工总量10 722人，离退休人员3 377人；资产总额181亿元；在营加油站1 627座、油库19座、易捷便利店1 595座。拥有湖南省最为完善的成品油销售网络，是湖南省成品油经营主渠道企业。主要从事汽油、柴油、燃料油的销售，法律法规允许的石油制品、润滑油、化工产品的销售、储存；车用燃气经营；以及非油品销售业务。

2017年，湖南石油分公司共销售成品油743.1万吨、天然气815万立方米；非油品实现营业额25.1亿元；实现报表利润5亿元。

湖南石油分公司主要经营指标见表1。

(全青丰)

【领导班子调整】 2017年5月4日，集团公司党组对湖南石油分公司领导班子进行调整：提拔黄河担任湖南石油分公司总经理、党委副书记，调潘桂妹任集团公司党组巡视工作领导小组办公室主任。7月14日，提拔公司企业管理处处长张德均担任公司副总经理。调整后的湖南石油分公司领导班子由黄河、张毓勤、陈智勇、黎晓、曹小攀、吴世胜、张德均组成。

(全青丰)

【打赢成品油市场保卫战】 2017年，湖南境内成品油资源过剩局面加剧，市场再平衡和不公平竞争向纵深推进，价格竞争空前激烈，经营创效压力前所未有。面对严峻挑战和各种困难，湖南石油分公司坚守“市场份额打破脑袋都不能让”的底线，建立“价值引领、预算牵引”的经营引导机制，以及“日指导、周通报、月总结”的督导机制，制定新的外采管理办法，强化经营统筹指导，科学理性开展竞争，全力抓好成品油零售和直分销经营。全年实现成品油经营量743.1万吨，同比增长1.6%，完成目标任务的100.8%，其中零售593.6万吨(机出零售557万吨)、直分销149.5万吨。

(全青丰)

【多措并举稳定成品油零售规模】 2017年，湖南石油分公司在零售上大力践行竞争“三部曲”，抓实“一站一策”“一户一策”，精准实施“点对点”竞争，积极开展汽柴油专项营销，加大高标号汽油销售力度，大力推广加油IC卡，多措并举应对激烈竞争，全力以赴稳定零售规模。全年发展柴油专用卡客户6.85万户，新增汽油客户16万户，高标号汽油增幅达

17.8%；IC 卡客户增长 87.4 万户，沉淀资金增加 1.9 亿元。

（全青丰）

【非油品营业额突破 25 亿元】 2017 年，湖南石油分公司非油品经营坚持做强做大门店销售，发展高质量百万元门店 224 座；加强企地合作，推行“湘品出湘”，发掘推出 7 个湖南知名特色商品，与湖南邮政集团签署战略合作协议；加快汽服、广告、餐饮、旅游、保险等业务开发，全年拓展汽服门店 177 座，实现营业额 7 810 万元，排名全国第 1 位，开发广告站点 834 座，排名全国第 4 位；持续深化互联网营销，微信关注人数达 292 万人，注册用户 221 万人。全年非油品营业额突破 25 亿元大关，达 25.2 亿元，完成目标任务的 112%，增长 51%。

（全青丰）

【全面完成“三项制度”改革】 2017 年，湖南石油分公司面对用工总量偏大、机关管理人员和基层科级干部超编，人均劳效低、员工收入低、员工士气低等矛盾，稳步推进用人、用工和薪酬分配“三项制度”改革，制定干部任用、劳动用工、薪酬分配、绩效考核、县公司职能改革等 40 个改革指导意见和配套制度，构建起“干部能上能下、员工能进能出、收入能高能低”的用人、用工和分配新机制。全省系统平稳完成省市两级机关部门优化整合、人员精简，以及基层管理人员、加油站站长等岗位竞聘。通过改革，省公司职能部门由 21 个精简到 17 个；地市公司机关职能部门由 13 个精简到 9 个，地市公司整合本部片区成立市公司直属零售公司，负责地市本部和高速加油站经营管理；管理人员职数精简 140 人、库站管理人员减少 218 人、优化用工 692 人；一线员工平均薪酬提升 16%—29%，地市公司班子正职年度考核薪酬最高最低相差近 40%。

（全青丰）

【加油站网络发展攻坚克难实现新突破】 2017 年，湖南石油分公司面对加油站网络发展批文难、拿地难、拿地贵等困难，坚持守土尽责，多方协调沟通，创新方式方法，全力发展加油站网络。积极融入地方，推进政企合作，与长沙、娄底、郴州等 6 家地市政府所属企业成立联营公司，锁定 52 个城区网点；加大与省委、省政府和交通厅、高管局等各级政府部门汇报协调力度，解决湘潭、长沙城区历史遗留网点问题 28 个，争取到保持广通公司经营模式不变，政府还贷高速新增服务区加油站经营权 70% 继续交由公司。全年累计新建投营加油（加气）站 35 座（含他有我营），接收高速服务区 3 对。

（全青丰）

【安全环保工作扎实有效】 2017 年，湖南石油分公司持续加强 HSSE 管理，严格落实安全主体责任，大力排查整治风险隐患，狠抓承包商、承运商专项整治，推行作业现场安全标准化管理和库站环保备案管理，抓实防恐和职业卫生管理，有效应对特大洪灾，强化内保综治工作，确保全省系统安全环保形势平稳，连续 9 年被湖南省委省政府评为安全生产工作先进单位。

（全青丰）

【数质量工作获佳绩】 2017 年，湖南石油分公司狠抓油品数质量管理，政府职能部门和上级单位的质量抽检全部合格，是中国石化唯一一家获奖单位。被评为中国石油和化工行业质量标杆，获中国石化质量管理先进单位，被湖南省质量技术监督局授予产品质量监督抽查连续 5 年合格企业称号。

（全青丰）

【财务价值管理能力不断提升】 2017 年，湖南石油分公司创新价值管理方式，打造企业价值生成体系和机制，不断提升预算牵引力，形成“年度预算管总，月对接，周对标”以及阶段节点滚动预算新模式。持续推进全员成本目标管理，完成 27 项 1.76 亿元管理创效任务；抓实资产管理，实现外租收入 1 536万元，盘活土地 30 宗，获评集团公司土地管理先进单位。强化合资企业管理，实现投资收益 7 008 万元，增幅 53%；收回分红 5 632 万元，增长 164%。

（全青丰）

【依法依规治企有效防范风险】 2017 年，湖南石油分公司抓实制度建设，优化存量制度 400 余项，提高了制度“含金量”；坚持依法治企，率先创建法律中介机构资源库，加强打假维权，共发现并清理商标侵权单位 39 家，维护了企业利益；强化审计监督，开展经济责任、内控评价等各类审计项目 12 项，工程结算审计 459 项，促进增收节支 8 732 万元，强化审计成果利用，“防风险、强管理、促发展”作用显著增强。

（全青丰）

【开展“我为企业发展献计献策”和“转变观念，做实

做优”大讨论活动】 2017年5月，湖南石油分公司在全省系统开展“我为企业发展献计献策”活动，围绕公司经营管理、改革发展等工作，全体员工主动换位思考，分析市场，建言献策，提交38万字的意见建议，归纳整理形成358条有价值的工作措施。11月，在全省系统开展“转变观念、做实做优”大讨论活动，各单位、部门紧紧围绕“问题、观念、重心、经营、转型、机关”12个字和18个“为什么”，积极思考，踊跃发言，热烈讨论，全省系统各层级共举行讨论2 200多次，形成讨论成果88条。

（全青丰）

【人才队伍建设突出年轻化、专业化】 2017年，湖南石油分公司坚持加强领导班子和干部员工队伍建设，健全干部管理制度12项，严格规范选人用人程序，坚持正确用人导向，突出政治标准、能力业绩和多岗位历练，加强年轻干部培养使用。全年提拔干部12名，其中“70后”11名，“75后”10名。举办各类培训班242期，培训员工30 652人次，477名员工通过技能鉴定获资格证书，队伍素质进一步提升。

（全青丰）

【构建新型企业文化】 2017年，湖南石油分公司新一届领导班子按照集团公司企业文化纲要，结合公司实际，进一步整合、提炼、培育独具特色的企业文化和理念体系。公司使命为：为美好生活加油，促进企业和人全面发展；公司愿景为：建设“中而强”的一流现代综合服务商；公司理念为：用心用情，做实做优；公司精神为：务实创新、精细卓越；价值观：人为本、和为贵、效为先、精为魂；事业观为：只争朝夕、兴企有为；作风观为：勇于担当、真抓实干；群众观为：聚焦基层、服务一线；经营观为：资源最优化，效益最大化；管理观为：严细执行，协同高效。

（全青丰）

【全面从严治党进一步加强】 2017年，湖南石油分公司扎实开展“党建责任落实年”活动，推进“两学一做”学习教育常态化制度化，完成省公司党委、机关党委和15个分公司党委的换届工作，筹建全省系统团委，党建基础工作和基层组织建设进一步规范强化；扎实抓好十八届六中全会和党的十九大精神学习宣贯，深入开展“转观念、勇担当、创效益”活动，不断加强干部员工思想政治建设；压实“两个责任”，抓实监督教育，扎紧制度笼子，积极用好“四种形态”强化监督执纪问责，开展微腐败专项整治，持续深入整治“四风”，公司保持了风清气正的政治生态。党建工作获销售企业“比学赶帮超”先进红旗。

（全青丰）

表1　　湖南石油分公司主要经营指标

指标名称＼年份	2017	2016	2015	2014	2013	2012
成品油销售总量/万吨	743.20	733.00	710.40	687.40	653.00	608.00
零售量	593.60	603.50	595.20	566.00	553.00	516.00
销售收入/亿元	493.00	427.00	432.70	525.00	513.00	484.20
报表利润/亿元	5.00	7.51	7.50	7.35	7.20	9.30
吨油费用/元	350.00	351.00	346.00	348.00	342.00	335.00
在营加油站总数/座	1 627	1 577	1 567	1 564	1 545	1 530

广东石油分公司

【概况】 中国石化销售有限公司广东石油分公司（简称广东石油分公司）前身是成立于1950年6月的中国石油贸易公司广州分公司，1961年11月更名为广东省石油公司，1992年8月改组为广东省石油企业集团公司，1998年7月，广东省石油企业集团公司及其属下的 116 家市、县公司整体划归集团公司。2000 年 3 月，重组为中国石油化工股份有限公司广东石油分公司和广东省石油企业集团公司。2014 年 5 月，更名为中国石化销售有限公司广东石油分公司。

截至 2017 年底，广东石油分公司下设 15 个综合管理部门、3 个专业中心、21 家地市级分公司和 1 个仓储分公司。用工总量 19 258 人，在营加油站 2 247 座，易捷便利店 2 217 座，在营油库 29 座，资产总额 316.36 亿元。

2017 年，广东石油分公司实现油气总销 1 660.11万吨，非油品便利店营业额 104.36 亿元。实现销售收入 1 075.33 亿元；报表利润 35.02 亿元。

广东石油分公司主要经营指标见表 1。

（陶思学）

【领导班子调整】 2017 年 1 月 25 日，广东石油分公司召开省公司机关中层干部会议，受集团公司人事部委托，党委书记何敏君宣布刘俊峰任广东石油总公司副总经理、党委委员，广东石油分公司副总经理。广东石油分公司新一届领导班子由陈成敏、何敏君、韩超、李一庆、姜英会、张文胜、刘俊峰 7 人组成。

（陶思学）

【成品油经营总量再创历史新高】 2017 年，广东石油分公司主动引领市场，理性参与竞争，牢牢捍卫市场控制权，全力扩销增效。全年实现成品油经营总量 1 639.04 万吨，创历史新高。其中，零售 1 300.81万吨、同比增长 2.6%，直分销 338.23 万吨、增长 9.8%，经营规模、零售规模排名均居中国石化油品销售系统首位。

（陶思学）

【主动引领捍卫市场主导地位】 2017 年，广东石油分公司统一队伍思想，根据不同情况细化市场环境，绘制全省竞争态势图，通过大数据分析不断提高营销精准性。全年累计开展竞争 1 050 站次，实现增量 58 万吨，创效 5 亿元。重视客户维护，积极开展柴油联名卡、兴油卡营销推广工作，累计发行柴油联名卡 7.6 万张、兴油卡 70 万张，持卡消费 28 万吨。积极开拓市场客户，细化定价策略，主动抢夺市场份额，全年实现站外销售 449 万吨，同比增长 11%，其中汽油站外销售 161.3 万吨、增长 33%，柴油站外销售 238 万吨、增长 9%。

（陶思学）

【非油品业务规模质量显著提升】 2017 年，广东石油分公司围绕综合服务商平台打造，常态化开展油非互动营销，强化重点商品销售，不断开拓新兴业务。全年开展 4 期油非互动活动，带动非油品营业额 14.2 亿元，毛利额 4.9 亿元。实现尾气处理液销售 1.8 亿元、易捷水销售 8 844 万元，市场规模分列中国石化油品销售系统第 1 位和第 4 位。不断拓展汽服、广告、餐饮、保险、电信、粤通卡等新业务，全年打造综合服务站 121 座，建成汽服网点 192 座，实现汽服收入 3 280 万元；实现广告营业额 3 910 万元，毛利额 1 260 万元，广告业务规模继续排名中国石化油品销售系统第一。全年非油品营业额 104.36 亿元、同比增长 46.3%，毛利额 6.8 亿元、增长 45.3%，营业规模、毛利规模均居中国石化油品销售系统首位。

（陶思学）

【创新驱动提速转型发展】 2017 年，广东石油分公司坚持创新驱动，转型发展，不断丰富线上平台功能，构建全业务环节会员积分体系，强化跨界合作，整体统筹油非资源。截至年末，累计发展官方微信会员 718 万个，APP 下载注册用户 485 万个，“加油广东”APP 引入与车相关合作商近 70 家，平台 SKU 近 7 000 个，与平安集团、太平洋保险、太平保险、中国移动、中国电信等企业建立合作关系，全年引入合作资源 2.1 亿元。

（陶思学）

【外延内拓提升网络质量效益】 2017 年，广东石油分公司按照“突出质量效益”的发展要求，强化外延拓展和内涵挖潜，牢牢抓住“十三五”规划契机和城镇化发展机遇，通过企地合作、“他有我营”等低成本、轻资产方式，大力推动网点发展，全年发展油气网点 123 座，建成投营加油站 24 座，成功续租(续联营) 15 座，新增租赁站 26 座，“他有我营”站 52 座，有效稳定油站网络。滚动安排加油站综合改造，有序推进隐患治理项目，全年完成加油站改造 278 座，“碧水蓝天”项目 3 项、脱瓶颈改造项目 3 项、隐患治理 39 项。稳妥推进加气站及新能源业务，全年发展加气站 7 座，投营 5 座，发展煤改气工业 LNG 气化站项目 1 个。

（陶思学）

【持续强化“三基”工作】 2017 年，广东石油分公司以“三基”工作为抓手，实施清单式管理，明确提升目标 144 项、改进措施 236 项。全面开展制度梳理和盘点，查找16项核心问题，制定20项优化措施。强化管理创新及改善经营管理建议工作，年内获得中国石化管理创新成果奖3项，获得销售公司改善经营管理优秀成果奖9项。

（陶思学）

【内涵挖潜强化综合创效】 2017年，广东石油分公司以管理创效和全员成本目标管理为抓手，优化资源配置，确定定量清单、定性措施各57条，实现管理创效14.5亿元，排名中国石化油品销售系统首位。以“轻资产”为工作重点，落实闲置资产盘活管理工作，全年全省对外出租资产实现租金收入8 966.9万元，盘活土地24项，取得土地现金补偿3.1亿元。

（陶思学）

【落实责任严控企业风险】 2017年，广东石油分公司严格落实安全生产责任制，主动开展风险分析和隐患排查治理，积极督促整改情况落实。启动ISO 9000质量管理体系换版工作，梳理并确定33类145项质量管理体系流程，明确质量目标。落实集团公司压减法人工作，持续清理低效无效股权项目，完成法人压减项目10项。全年各项风险处于可控状态，油品、非油品未发生质量事故，安全环保形势总体平稳，被集团公司评为安全环保先进单位。

（陶思学）

【不断提升企业信息化水平】 2017年，广东石油分公司加强信息化建设与系统集成，实现“无缝”式应急发油、直分销预约提油、直分销客户电子档案采集、视频监控快速识别等关键业务应用，打造开放式广告、汽服、服务区合作平台，推动电子券互通互兑和资源共享。整合中控系统，开展“营改增”发票系统建设，有效提高工作效率，提升客户体验。

（陶思学）

【从严治党推进优势转化】 2017年，广东石油分公司深入学习宣传贯彻十九大精神，持续推进系统化管理和体系化运营，严肃党内政治生活，坚持不懈用习近平新时代中国特色社会主义思想武装头脑，增强领导干部“四个意识”。牢固树立“党的一切工作到支部”的鲜明导向，推进“两学一做”学习教育常态化、制度化，推动全面从严治党向基层延伸。选优配强党支部书记，强化提升履职能力，发挥党员先锋模范作用，着力打造56个示范党支部，示范引领建强支部堡垒。认真贯彻党风廉洁建设责任制，强化党纪党规意识，重点跟踪中央“八项规定”精神落实情况，营造风清气正的企业生态。

（陶思学）

【队伍建设持续加强】 2017年，广东石油分公司按照集团公司深化改革总体部署，全面推进人事、劳动、分配“三项制度”改革试点工作，推动人才强企战略及人才管理“7+1”项制度落地。进一步规范完善领导干部能上能下制度，构建更加科学合理的年轻干部培养选拔机制。强化专业技术人员任期目标责任制和聘期考核，推动三支人才队伍均衡发展，营造出人人都能成才的用人文化。建立分层分类绩效分配和多元福利体系，创造栓心留人环境，全年全省全口径在岗人员年收入平均增长10%。

（陶思学）

【企业品牌美誉度持续提升】 2017年，广东石油分公司重视企业内外宣传工作，强化新媒体创客队伍，主动做好正面宣传，连续第5年开展中国石化“情暖驿站·满爱回家”公益活动，全年开展“公众开放日”“智慧加油站”“易捷新服务”等主题活动12次，充分展示企业形象，获得社会广泛好评。高度重视扶贫“双到”工作，投入413万元帮扶对口扶贫村脱贫致富，被广东省扶贫开发办公室授予广东扶贫济困红棉杯铜杯，取得良好社会效应。深入开展青年文明号创建活动，共有15家单位被评为广东省青年文明号。

（陶思学）

表1　　广东石油分公司主要经营指标

指标名称＼年份	2017	2016	2015	2014	2013	2012
成品油销售总量/万吨	1 639.04	1 576.64	1 525.50	1 546.52	1 501.51	1 426.93
零售量	1 300.81	1 268.72	1 241.90	1 195.37	1 149.67	1 094.84

续表

指标名称 \ 年份	2017	2016	2015	2014	2013	2012
销售收入/亿元	1 075.33	941.58	963.34	1 225.76	1 209.99	1 168.47
报表利润/亿元	35.02	33.17	28.76	27.26	29.29	32.08
报表吨油费用/元	380.17	384.06	374.72	343.47	377.15	380.00
在营加油站总数/座	2 247	2 226	2 236	2 233	2 255	2 255
自营加油站数	2 175	2 162	2 174	2 169	2 174	2 176
联营加油站数	72	64	62	64	81	79

广西石油分公司

【概况】 中国石化销售有限公司广西石油分公司(简称广西石油分公司)位于广西壮族自治区首府南宁市，前身是成立于1952年的广西壮族自治区石油总公司，1998年划归集团公司，1999年按照集团公司重组改制、主辅分离的原则，组建广西石油分公司。2009年整合上市、非上市部门职能，推进了一体化管理改革。2014年根据集团公司油品销售业务重组工作部署，变更为中国石化销售有限公司广西石油分公司。

截至2017年底，广西石油分公司设13个职能处室和3个专业中心，下辖14个地级分公司和104个片区，组建联营公司18个。主要经营汽油、柴油、天然气、润滑油和燃料油的批发零售以及加油站便利店非油品业务等。共有在岗员工6 710人，拥有在营加油站1 251座、便利店1 140座，在用轻油油库13座、总库容53.34万立方米；资产总额142.12亿元，全年完成固定资产投资8.36亿元。

2017年，广西石油分公司销售成品油648.59万吨，其中零售502.35万吨、直分销146.24万吨；销售天然气4 116万立方米；非油品业务营业额21.96亿元。全年实现销售收入415.71亿元，报表利润9.20亿元。

广西石油分公司主要经营指标见表1。

（唐倩倩）

【领导班子调整】 2017年3月，集团公司党组决定李力波任中共广西石油总公司委员会副书记兼纪律检查委员会书记，为广西石油总公司工会主席人选。

（唐倩倩）

【成品油经营规模稳中有进】 2017年，广西石油分公司成品油销量648.59万吨、增长1.56%，市场占有率保持在65%以上，有力维护了市场主导地位优势不变。强化竞争意识，科学应对恶性竞争，做到点上狠、面上稳，坚决打赢市场攻坚战，促进零售“三部曲”加快实现，同时全面提升加油站服务质量和效率，用活“零售增量二十一条”营销工具箱，实现零售销量502.35万吨、增长2.20%。完善客户经理考核机制，加大客户开发力度，全年39个集团钻石客户稳定率达100%，分销市场占有率达58.2%、提高16个百分点，全年实现直分销146.2万吨。

（唐倩倩）

【高标号汽油销售大幅增长】 2017年，广西石油分公司完成高标号汽油销售88.6万吨、增长75%，增幅列区内销售企业第1位；销售比重达34.7%、提高13.5个百分点。通过优化罐容结构、增设油枪、调整加油机布局等措施，全年新增高标号汽油销售站点254座，达959座，扩大了高标号汽油增量基础。借助国Ⅴ升级换号契机，开展全方位、多维度的广告宣传，让“好车加好油、好油更省油”深入人心，同时开展对外促销和对内激励活动，调动员工及客户积极性。全新推出爱跑98#品牌汽油，引领客户消费升级，实现销量6.6万吨、增长55%。

（唐倩倩）

【非油品营业额突破20亿元】 2017年，广西石油分公司全口径非油品交易额21.96亿元、增长63.39%，增幅列区内销售企业第4位。深化油非互促，电子券营销覆盖95%以上门店，带动基础品类销售6.1亿元；强化基础管理，打造样板门店25座，示范效应显现，年销售额百万元以上的门店增加93

座，达414座。抓好核心商品销售，实现营业额1.94亿元、增长55%，特别是燃油宝销售额达8 183万元、增长19%，吨汽油燃油宝销售额33元，列区内销售企业第2位。推进易捷门店进驻中粮、北投等关联企业，站外店建设取得积极进展，同时开展微商城试点并初见成效。做优新业务，ETC业务规模扩大，完成充值额2.3亿元、增长152%；启动轮胎、汽车整车销售等业务，实现营业额1 735万元。发挥易捷品牌影响力，与本地粮油等知名企业进行品牌合作，销售额突破900万元。

（唐倩倩）

【尾气处理液灌装生产项目投产】 2017年，根据总部在汽车尾气处理液市场的战略布局，广西石油分公司与深圳誉通石化科技有限公司按照7∶3的比例共同出资3 000万元，在南宁成立广西超蓝环保科技有限公司，推进广西尾气处理液灌装生产项目并于年底投产。该项目是继浙江、湖北、重庆、河北之后的第5个区域性生产灌装基地，也是华南区域唯一的生产基地。项目投营将降低产品的运输距离与成本，增强华南区域尾气处理液产品的市场竞争力和保供能力。

（唐倩倩）

【天然气业务实现跨越式增长】 2017年，广西石油分公司多点着力发展天然气业务，实现天然气销售4 116万立方米、增长152.9%，增幅列区内销售企业第2位。大力发展点供项目，结合不同类型工业用户实际，创造出一揽子合作法、行业分类切入法、顺藤摸瓜法等市场开发模式，在5月建成销售企业第1个独立投资运营的点供项目，全年共建成点供项目5个，实现销量85万立方米，截至年底在建项目6个，形成合理的项目梯队，同时出台多项管理制度，填补了销售企业此项业务空白。努力扩大天然气零售量，锁定公交等行业客户需求，带动销售1 863万立方米、增长36.7%。抢抓机遇开展市场攻关，大力开发贸易客户，实现销量2 254万立方米、增长7.5倍，增幅列区内销售企业第1位。

（唐倩倩）

【销售网络发展优势巩固提升】 2017年，广西石油分公司充分发挥自身优势，通过拆迁回建、新征自建等方式，推进自主征地7宗、自建完工27座、自建投营26座；加快推进南宁屯里油库迁建，推动落实加油站置换地10宗。积极融入地方，借势发展，在崇左、梧州，通过组建合资企业抢在竞争对手之前锁定70座以上的网点发展计划；在贺州、桂林，通过联营合作获得高速6对服务区经营权；在桂林、百色，通过“他有我营”与社会油站合作经营4座。密切关注租期临近站点，提前做好沟通协调，成功续租3座。

（唐倩倩）

【提质增效升级成效明显】 2017年，广西石油分公司突出价值引领，提质增效升级成效明显，实现报表利润9.20亿元，当期利润连续7年保持在10亿元以上。加强应用成品油资源顺推法，统筹利用好配置和外采2种资源，科学运作好账面和实物2个库存，资源创效能力进一步提升，在配置资源达85%高位的情况下，低于调拨价外采92.4万吨，降低采购成本16亿元。通过调整油库库容、优化物流、资源互供串换等措施，实现物流降本3 929万元。运作切分贷款资源，节约加油站上门收款费用1 200万元；加强和人保、银联、中烟等企业的交叉营销，引入营销资源2.5亿元，创造效益3 160万元；推进土地使用税减免等政策落地，减少相关税费支出454万元。

（唐倩倩）

【“打非治违”工作取得实效】 2017年，广西石油分公司牵头向公安、商务、安监等部门反映成品油市场乱象，促成自治区8个部门开展联合调研，并推动自治区政府出台《全区成品油市场专项整治工作方案》。不断完善机制流程，特别是有针对性地理顺罚没油处置流程，解决行政执法的后顾之忧。借助媒体报道经验、曝光隐患，“打非治违”工作影响力越来越大，形成全面发力、多点突破、纵深推进的良性循环。全年开展打击行动224次，抓获非法嫌疑人266名，罚没油品2 582吨、增长23%。随着“打非治违”工作不断深入，油品市场经营秩序逐渐向好，促成客户回流超过2 000个、促进销量约7万吨。

（唐倩倩）

【安全数质量管理基础夯实】 2017年，广西石油分公司全面落实领导干部“六个必”要求，领导干部HSE引领力不断提升。组织开展全员考试和尖兵竞赛，共计5万多人次参加，安全发展理念深入人心。先后制定机械清罐、防渗改造、施工现场管理、库站“7S”管理等流程规范和操作指南，标准化管理水平明显提升。区地两级应急指挥中心正式投用并发挥作用，实现现场督察和远程监控有效结合，安全监管水平不断提升。严格管控各环节油品质量，全年油品质量 100% 合格；质量管理体系成熟，通过 ISO 9001 质量管理体系第三方审核认证。

（唐倩倩）

【人才队伍建设不断加强】 2017 年，广西石油分公司完善人才成长通道，拓展人才成长空间，加大年轻干部培养和使用力度，新提拔“75 后”干部 12 名，中层干部平均年龄下降 1.1 岁，干部队伍结构进一步优化。搭建专业线条专家库，加强专业人才队伍建设，1 056 人取得专业技术资格，其中初级 654 人、中级 365 人、副高级 36 人、正高级 1 人。引进高校师资力量组织培训，实施“师带徒”培养计划，举办“最强后备站长”竞赛，人才储备不断充实。

（唐倩倩）

【着力推进体制机制改革】 2017 年，广西石油分公司主动推进体制机制改革，在全区全面推行自营站全额联量计酬，鼓励多劳多得，激发经营活力；在柳州试点实施加油站大班制改革，改变传统排班模式，有效缓解加油高峰时段用工矛盾，促进服务提升、销量增长和员工增收；在柳州和贺州试点实施大零售体制、机关大部制、管理扁平化等工作有新进展。“四供一业”稳步有序推进，总部下达移交项目 59 个，实现签约率 100%，其中 39 个项目获中央财政批复拨款，各项指标在销售企业排名靠前。

（唐倩倩）

【积极履行社会责任】 2017 年，广西石油分公司连续 14 年组织开展“情暖驿站 · 满爱回家”春运专项服务工作，在 32 座加油站为 60 多万名摩骑返乡人员提供“1 + 10 + X”项免费服务，获得一致好评。中国石化“光明号”健康快车驶入桂林，广西石油分公司组织多名员工志愿者，协助医护人员提供护理服务，免费治疗当地 1 000 多名贫困的白内障患者。主动承担扶贫开发社会责任，全年投入 80 多万元帮助对口扶贫乡村 30 个，助力当地打赢扶贫攻坚战。

（唐倩倩）

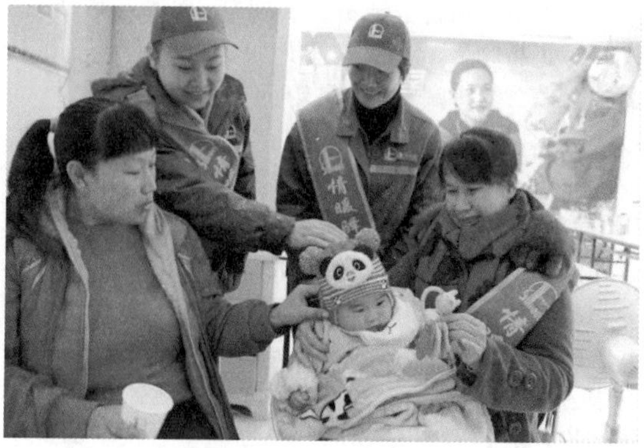

开展“情暖驿站 · 满爱回家”公益活动

【党建工作持续加强】 2017 年，广西石油分公司推进“两学一做”学习教育制度化常态化，深入学习贯彻党的十九大精神，引导党员干部用习近平新时代中国特色社会主义思想武装头脑、指导实践、推动工作。坚持大抓基层党建，通过增设党建工作红旗、提升党建考核权重等方式，加大对地市公司党建工作的考核力度，全区 170 个党支部达标率 100%，优秀党支部 34 个、增加 4 个。持之以恒推进全面从严治党，层层签订党风廉洁责任书 1 310 份，编制下发“两个责任”清单，建立领导干部廉洁情况“活页夹”、开展廉洁教育等一系列工作，逐步确立风清气正、干事创业的政治生态。

（唐倩倩）

表 1　　广西石油分公司主要经营指标

年份 指标名称	2017	2016	2015	2014	2013	2012
成品油经营量/万吨	648.59	638.61	590.24	585.74	572.64	533.41
零售量	502.35	491.35	486.50	482.76	463.77	432.44
销售收入/亿元	415.71	367.21	359.46	442.80	445.71	423.00
利润/亿元	9.20	10.11	10.00	11.82	11.09	13.37
吨油费用/元	311.54	314.74	320.58	330.83	315.41	315.39
加油站总数/座	1 251	1 233	1 213	1 172	1 166	1 132

海南石油分公司

【概况】 中国石化销售有限公司海南石油分公司(简称海南石油分公司)位于海口市滨海大道177号。其前身中国石油公司广东省海南公司创建于1953年,1998年9月划转集团公司。1999年7月,集团公司将海南省石油总公司和海南经济开发公司的部分资产重组。2000年实行主、辅分离,主业成立中国石油化工股份有限公司海南石油分公司,辅业为中国石化集团海南石油总公司。2006年,海南石油总公司整体转制为中国石化集团资产经营管理有限公司海南石油分公司(简称海南石油资产分公司)。2009年9月,海南石油资产分公司委托股份公司海南石油分公司管理。2014年6月,中国石化油品销售业务重组,股份公司海南石油分公司更为现名。

海南石油分公司主营石油、天然气、石油化工、化纤及其他化工产品的销售,日用百货便利店经营,汽车清洗服务,并经营食品、乳制品及卷烟、雪茄烟的零售,是海南省最大的成品油批发零售企业,负责海南全省的成品油供应,销售网络覆盖海南省陆、海两域。

截至2017年底,海南石油分公司资产总额30.58亿元,拥有油库4座,代管洋浦—马村成品油管道112.4千米,在营加油(气)站280座、液化气站23座;用工总量2 464人,其中拥有中级以上技术职称的118人;共设有13个职能处室,6个专业中心,15个市县公司。下辖海南经济开发有限公司。12月,海南石油分公司实施经营体制改革,撤销15个市县公司,成立4个区域公司。

海南石油分公司主要经营指标见表1。

(李春贻)

【主要经营指标再创历史新高】 2017年,海南石油分公司成品油经营量168.87万吨,完成年度计划的102.2%,增长6.2%。其中,零售量123.72万吨、增长3.5%,直分销44.8万吨、增长14.3%;液化气19.1万吨、增长10.9%,天然气1万吨、增长19.76%。4座油库吞吐量524万吨。全年营业收入122.47亿元,增长16.7%;实现报表利润5.07亿元,完成年度计划的144.7%,增长11.3%,各项指标再创历史新高。

(李春贻)

【非油品业务保持量效双增长】 2017年,海南石油分公司非油品业务坚持挖掘便利店创效潜力、推进“易捷”进企业、推介海南特色商品全国销售、开发新业务、微信营销、精心策划促销活动,实现非油品营业额5亿元、增长42.3%,营业利润2 513.5万元、增长52.7%。

(李春贻)

【油品数质量管理增强】 2017年,海南石油分公司进一步加强油品数质量管理,落实油品出入库检测和日常抽检,强化外采油、长输油检测,配合政府、集团公司抽检。全年入库检测533批次、出库检测546批次,月均自行抽样23个,政府、集团公司抽样116个,实现油品质量合格率100%。同时加强损溢管理,严控损耗考核指标,重新校准165座站点容积表,实施274座站点地罐交接,完成4座油库自动发油系统升级改造,实现自动发油系统与加油站液位仪平台及中控系统集成,油品损耗持续降低,零售环节综合损耗率为0.01%,下降0.14个百分点。

(李春贻)

2017年9月15日,海南石油分公司首次成功举办“奉献智慧能源·为美好生活加油”为主题的公众开放日活动

【“打非治违”出成果】 2017年,海南石油分公司加大力度“打非治违”,积极配合政府整治、净化市场环境,严厉打击黑窝点、流动加油罐车、私建油罐等非法经营主体,取得良好效果。全年共取缔非法经营点79个,罚没油品1 065吨,扣押油罐车37辆,罚款15万元。

(李春贻)

【海口龙桥高级旅游服务区试营业】 2017年9月29日,海口龙桥高级旅游服务区开始试营业。该服务区是海南规模最大、功能最全的综合服务区,集加油、加气、易捷商品销售、餐饮、特产超市、汽车服务、游客集散中心为一体,不仅引入了中式快餐

"三好食"和西式快餐"德克士"，还将"易捷·嘟嘟自驾"以"店中店"的形式，向车主提供旅游、自驾游、自助游等方面服务。

（李春贻）

【洋浦—马村成品油管道一次投油成功】 2017 年，海南石油分公司建成投用洋浦—马村成品油管道，该管道是海南省首条成品油长输管道。4 月 28 日，洋浦—马村成品油管道实现一次投油成功，从此确保了海南琼北地区和海口美兰机场成品油和航空煤油的稳定供应。

（李春贻）

【建立区域公司】 2017 年，海南石油分公司为增强区域市场核心竞争力，有效应对日益严峻的市场形势，进一步理顺经营管理体制机制，推行区域公司改革。12 月实施改革方案，撤销 15 个市县公司，整合成立 4 个区域公司，即琼北区域公司、琼南区域公司、琼东区域公司、琼西区域公司。区域公司的成立，为海南石油分公司下一步合力开拓市场、加快网点布局、提高区域管理水平、促进人才交流创造了条件。

（李春贻）

【进一步加强档案基础工作】 2017 年，海南石油分公司进一步加强档案基础工作，专门外聘档案公司专业工作人员，对公司历史遗留的散乱资料进行一次性整理归档，共收集和整理陈年档案基础资料 45 334件。

（李春贻）

【党建工作取得新成绩】 2017 年，海南石油分公司以全面从严治党为总要求，推动党建工作向基层延伸。公司领导班子成员深入基层宣贯十九大精神，各级中心组、基层党支部综合运用各类辅导教材，以宣传贯彻十九大精神为重点学习内容，以"三会一课""三基""三标""三亮"作为年度工作主线，建立基层党组织责任清单，规范党组织书记述职评议，扎实推进基层党组织建设。党员身份感、责任感明显增强，党支部战斗堡垒作用和党员先锋模范作用不断显现。多措并举开展干部考核评价，客观准确掌握干部履职情况、技能水平和业绩状况，不断营造良好的选人用人环境和竞争向上的创业氛围。开展加油卡进社区、柴油联名卡推广青年志愿活动 27 次。加强舆情管控，积极协助集团公司和兄弟企业成功处置 10 余起负面舆情。向定点扶贫单位乐东县卡法村投入资金 88.4 万元，安排专人驻点帮扶，树立了企业良好的政治形象与社会形象。公司党委被授予海南省国资系统先进基层党组织称号，被推荐为省国资委系统 2 家央企示范单位之一。

（李春贻）

【从严管理促进安全稳定】 2017 年，海南石油分公司加强安全环保管理，严格落实"六个必"要求，落实 HSE 责任制。持续推进风险承包管控、隐患治理、员工培训等工作落地，全年完成集团级隐患治理 8 项、完成率 100%。公司领导、各级干部人员开展定点联系点工作 966 次，举办危险化学品、特种设备、承包商等各类 HSE 培训 1 560 人次。加强设备设施保养、施工现场监管、作业环节管理等方面日常督察和液化烃、管输等专项排查，以检查考核促管理提升。开展环保工作，宣传环保知识，增强员工环保意识。规范油气回收、污水处理设施使用，推进站点水封井、集油沟隐患整治，合法依规落实危险废物转移处置。建立健全各类台账，不断打牢环保管理基础。开展"我的岗位我负责，我的岗位无违章"和安全诊断活动、举办首届消防运动会、推进标准化"7S"管理，提高操作技能，夯实"三基"工作，安全文化建设进一步增强，全员安全意识不断提高，确保了企业安全平稳运行。全年未发生上报集团公司等级事故，企业 HSE 综合管理能力评价保持为 B 级，被海南省政府评为安全先进单位。

（李春贻）

表 1　海南石油分公司主要经营指标

指标名称 \ 年份	2017	2016	2015	2014	2013	2012
成品油经营总量/万吨	168.87	158.76	144.89	138.73	130.86	120.58
零售量	123.72	119.56	115.72	114.55	109.32	100.68
销售收入/亿元	122.47	104.91	99.64	120.89	113.93	105.97

续表

指标名称＼年份	2017	2016	2015	2014	2013	2012
利润/亿元	5.07	4.55	3.54	3.45	3.07	3.74
吨油费用/元	331.00	325.00	338.00	342.00	325.00	341.00
加油站总数/座	303	307	300	291	303	300

贵州石油分公司

【概况】 中国石化销售有限公司贵州石油分公司(简称贵州石油分公司)位于贵阳市南明区解放路21号，是大Ⅰ型国有企业，承担着贵州省成品油市场供应的主要责任。贵州石油分公司共设有14个职能部门和4个专业中心，下属9个市(州)分公司，共有员工12 121人(含离退休员工)；在营成品油油库10座(其中管道下载油库6座)，总库容40.4万立方米；易捷便利店900余个；自营非油品物流配送中央仓1座。

(刘晓晖)

【经营服务】 2017年，贵州石油分公司紧紧围绕全年工作任务，以提质增效为目标，聚焦价值引领，深化问题导向，坚持量效综合平衡，理性参与竞争，主要经济指标实现预期目标。在零售市场开拓上，通过开展“强化县区公司管理年”主题活动，不断提升加油站软硬件水平，全年对219座加油站进行改造，通过优化加油枪摆布、更换大流量加油枪、重设引导标识等，为消费者提供更流畅的消费体验。在直分销市场控制上，分解落实全省重点工程项目，迅速掌握重点工程项目供油主动权；在稳定重点客户的同时，进一步开发县(区)、乡镇等新市场，拓展社会加油站客户群。在非油品发展上，围绕便利店、水产业、环保产品、保险与金融、汽车服务、广告和高速公路服务区等新方向，增加加油站服务项目和功能，大力发展非油品业务，为消费者提供更为完善和便捷的服务。在新能源布局上，紧抓时代发展趋势，加快拓展清洁能源、新能源的网点布局，已建成加气站22座，试点充电桩建设，着力将加油站转变为集加油、加气、充电为一体的车用能源加注站。在应急保供上，四季度，贵州省天然气和柴油资源供应紧张，采销价格倒挂，部分社会经营单位停止供应市场。贵州石油分公司承担保供压力和责任，强化资源、运力组织，积极协调省外天然气和柴油资源进入贵州，供应量较正常情况翻番，全力保障民生生产用气用油的正常需求。

(刘晓晖)

2017年12月，天然气价格进销倒挂，社会加气站暂停供应，贵州石油分公司仍坚持供应。图为遵义高庄西加油加气站站外排起的士“长龙”

【数质量管理】 2017年，贵州石油分公司在中国石化系统内率先试验成功油库油罐自动计量系统，油罐油品液位、温度、密度、数量4个关键参数的测量精度大幅提升。加油站液位仪安装实现全覆盖，为全面实现自动计量奠定硬件基础。持续推进加油机风险排查和计量准确性检查，确保加油机在强制检定周期内使用，保证油品数量100%合格；全部在营加油站安装除水滤芯，加强质量跟踪及各类抽检，保证油品质量100%合格。

(刘晓晖)

【安全环保】 ①大力实施安全环保隐患治理。按照“水十条”要求，全年共投入治理资金4 405万元，完成28座站的“防渗”治理；成功完成7座油库油罐的高低液位仪报警及自动联锁系统改造。②持续推动“3355”安全工作法实施。开展全员安全诊断，并邀请省安全专家授课，企业的风险评估及防范能力得

质监局工作人员对贵州石油分公司
加油站加油机进行抽检

到有效提升。③完善督察机制，促进问题整改落实。注重生产作业、工程施工“两个现场”及“三个工作日”的落实，围绕HSE管理能力测评标准，通过日微信、周小结、月分析、季通报方式对查出问题进行曝光和处罚。全年共督察库站2 594座次。开展HSE大检查、安全巡视、视频监控、督察问题整改“回头看”，强化通报问责，确保整改消项。

（刘晓晖）

【基础管理】 ①夯实制度治理，不断提升管理质量。开展ISO 9001质量管理体系建设，梳理制度框架清单，理顺业务流程，下发管理手册，顺利通过验收和第三方审核。进一步梳理和完善各项制度，全年修订、新制定制度28项，落实承接总部制度333项，确保总部的制度要求在企业落地生根。从经营、投资、管理、用工等方面，开展41个管理创新创效工作，实现增收创效2.7亿元，在销售公司区内企业排名前列。建立合资企业例会制度，强化监管，积极推进合资企业建章立制和规范管理。②强化风险防控，不断夯实管理基础。落实“应招尽招”的要求，严格执行招投标管理规定，从严控制招标权限，规范招标流程，定期开展专项检查，全年由省公司统一实施招标169项，商务谈判或询比价58场/次。强化合同合规审查，提高审批办理时效，合同风险管理水平和合同审批效率明显提升。

（刘晓晖）

【信息化建设】 2017年是贵州石油分公司信息化建设快速发展的一年，全年投资4 000余万元，新建信息项目13个，提升改造7个，为企业管理新模式搭建有效平台。启动电商APP、中控云平台、大客户经理、督察、党建、电子地图、视频监控掉线实时报警、油罐车电子铅封等项目建设，提升管理效率。其中，于8月8日上线电商APP，至年底注册用户达75万人；开通APP加油支付平台，累计支付金额突破2亿元。

（刘晓晖）

【党建和队伍建设工作】 ①认真学习宣传党的十九大精神。各级班子成员带头宣讲，举办宣讲会45场次。采取“每周一学”“每日十点”知识抢答、“新时代职工讲习所”等学习宣贯形式，取得良好效果。②落实管党治党责任。完善落实“一岗双责”工作规定，签订党建责任书。建立“党建工作责任清单”，明确9个责任主体、39项分类和76个责任事项，开展党组织书记述职测评。③加强党的组织建设。召开第一次党代会，完成党委、纪委换届选举；落实合资企业“党建入章”。④强化党风廉洁建设。统筹谋划党风廉洁建设，与中心工作同部署、同落实、同考核，层层签订党风廉洁建设责任书。全年共开展效能监察项目11个，提出效能监察建议22条，完善制度7项。避免经济损失122万元，节约资金4.8万元，挽回经济损失133.4万元，增加经济效益41.4万元。⑤创新各层级干部人才培养机制。调整优化班子结构，新提拔配备6名地市分公司领导班子副职人员，其中“75后”干部1人、“80后”干部3人。实施关键岗位人才培养计划。举办处级、处级后备干部北京轮训班2期，举办县区公司经理、地市分公司科级干部江西培训班3期，培训科级干部129人次。⑥搭建专业人才课题研究平台。组建专家团队，划分7个专业组，组织开展7个课题的研究，提供专家帮助50余人次，提供专家建议200多条。创建省地两级“青年创新工作室”，确定10个课题攻关项目。⑦开展“走基层、访万家”“夏季送清凉”“冬季送温暖”等关爱工程，全年共帮扶特困和困难人员169人次，帮扶资金86万元。

（刘晓晖）

【精准扶贫】 集团公司支持贵州省委、省政府精准扶贫工作，于2017年9月向黎平县上少寨捐赠180万元。贵州石油分公司积极落实，爱心援建具有83年历史的红军桥。全年，引进省内地方农特产品271个在易捷便利店网络销售，实现销售额2.1亿元，为推进全省扶贫工作做出应有贡献。

（刘晓晖）

云南石油分公司

【概况】 中国石化销售有限公司云南石油分公司(简称云南石油分公司)本部位于云南省昆明市国贸路865号。其前身云南省石油总公司建立于1952年7月，1998年6月整体划转集团公司，2000年2月按照主辅分离、改制上市的要求，主营业务部分组成中国石油化工股份有限公司云南石油分公司。2014年5月更为现名。

云南石油分公司是中国石化设在云南的直属销售企业，主营汽油、柴油和非油品的零售、直销配送、批发和仓储业务，是云南省内最具实力的成品油主渠道销售企业。公司下辖16个州市分公司和131个县分公司。截至2017年底，云南石油分公司用工总量11 849人，在营加油站1 194座，在营油库12座、总库容61.13万立方米，资产总额137.31亿元。

2017年，云南石油分公司实现成品油经营总量654.52万吨，其中零售510.23万吨、直销85.39万吨、分销58.89万吨。非油品营业额18.21亿元。实现销售收入433.78亿元，报表利润9.05亿元。

云南石油分公司主要经营指标见表1。

(徐长青)

【资源统筹物流优化效果彰显】 2017年，云南石油分公司以总价差收入最大化为目标，运用“资源顺推”模型，科学制定采销策略，统筹配置、互供、集采、纯外采资源，购进环节增加差价收入1.4亿元。充分利用百色—昆明成品油管道开通的有利时机，按照“管输全覆盖”思路，统筹物流优化，与销售事业部、销售华南分公司、相关省市公司紧密对接、精准运作，顺利实现每月汽柴油多品种、三批次顺序输送，外采油品实现按广东价格就地结算，彻底解决了多年来外采资源成本高、保障能力差的难题，全年综合节费8 807万元。同时积极协调将一次运杂费划转销售华南分公司，同比减少近1亿元。

(徐长青)

【坚决捍卫零售市场份额】 2017年，云南石油分公司多层次、全方位强调零售作为公司创效主体的重要性，由州市分公司经理直管零售，加大零售工作支持力度。积极协调地方政府开展“云油利剑”行动，配合打掉黑窝点77个、流动加油车223个，接收海关罚没走私油696吨，清理假冒侵权站25座。按照零售竞争“三部曲”和点上狠、面上稳的要求，自5月开始，及时调整竞争策略，加大“点对点”竞争，强力推出柴油联名卡，在438座加油站开通扫码支付业务，常态化开展电子券、电子赠券、充值优惠、IC卡积分优惠、油非互促等营销活动，全年营销支出6.3亿元，增加4亿元，将加油机销售降幅控制在3%以内。

(徐长青)

【加大市场开发力度】 2017年，云南石油分公司根据客户需求提供定制服务，开展“一户一策”差异化营销，实施直分销同标准考核，加大新开发客户奖励力度，强化市场开拓。以云南省“五网建设”“四个一百”重点工程为基础，逐户落实重点项目合作。加大重点客户维护，确保集团级、钻石级、黄金级以上客户的合作稳定。对竞争激烈地区和毗邻省区客户，贴近市场主动竞争。对分销市场进行全面市场调查，通过品牌支撑、政策引导、价格优势、优质服务等措施培养分销用户购买习惯。直销规模保持稳定，零售小额配送增长11.5%，分销增长94%。

(徐长青)

【新兴业务保持良好发展势头】 2017年，云南石油分公司把非油品门店经营和完善服务作为两大主业同步推进，全面做大做强非油品新兴业务。做大便利店销售，零售比重从45%提高到73%，基础品类营业额增长16%。扩大服务类经营规模，服务类营业额增长272%。加强自有品牌商品销售，营业额增长53%。与云南中烟公司合作开展烟草专销定制，专销烟销售2 322万元。深化油非互促，带动非油品销售1.97亿元。加大“云品出滇”力度，云南特色商品省外销售增长36%。微信关注人数突破145万个，发展会员98万个，绑卡客户20万个，为打造油品经营差异化竞争优势奠定坚实基础。

(徐长青)

【终端销售网络发展取得新突破】 2017年，云南石油分公司灵活运用长期保有和轻资产发展方式，稳存量、拓增量。加大与交投合资合作力度，稳固高速公路站点，纳入合资公司管理93座。加大与地方政府合资合作，与昆明、丽江、临沧等地方政府启动7个项目初步锁定132座站。加大与高速公路产权单位合资合作，争取到中交建3对6座加油站进场施工，通过公开招标取得晋红高速公路玉溪服务区双向加油站8年经营权。完成125座高速公路服务区提升整治、153座加油站油气回收改造，加快长坡油库、北闸油库扩建和蒙自油库扩容立项。全年投营加油站 47 座，投营“他有我管”站 39 座。

（徐长青）

【**体制机制改革稳步推进**】 2017 年，云南石油分公司稳步推进体制机制改革，效率活力进一步提高。积极稳妥推进物流体制改革，将物流中心定位为兼具调运仓储等管理职能的二级单位，宣威油库歇业关停，承运商市场化积极推进。理顺委托管理运行机制，代理手续费预算管控模式基本形成，按合同约定严考核硬兑现，契约化意识得到增强。完善目标管理激励机制，严考核硬兑现，增量考核、目标导向的激励机制基本形成。按照“三项制度”改革要求，完成人才成长通道建设实施方案、对标先进实施“三定”工作方案制订上报工作。加快推进三大改革攻坚战，稳步推进“四供一业”分离移交。

（徐长青）

【**企业安全平稳运行**】 2017 年，云南石油分公司认真贯彻落实国家、集团公司安全环保工作各项要求，强化措施，从严管理，严防各类安全环保事故。深化落实安全主体责任，完善安全管理制度体系，调整成立 7 个安全分委会，落实各自权责。开展风险识别、消除隐患、杜绝事故，摸排掌握全省环保设备设施现状并安排整改，739 座加油站、4 座油库取得职业卫生手续，167 座加油站、2 座油库取得环保手续。严格承包商安全管理和现场安全监管，综合督察工作格局初步形成。全年未发生上报安全环保事故，从业人员无死亡、重伤事故，无职业病及疑似职业病报告病例，为经营管理工作提供了有力保障。

（徐长青）

【**数质量管理持续加强**】 2017 年，云南石油分公司每月下达控耗指标，持续推进加油站地罐交接，强化电子铅封管理，严控油品损耗，进货运输损耗下降 0.03 个百分点、油库保管损耗下降 0.014 个百分点、加油站零售损耗率下降 0.055 个百分点。严把油品出入库检验质量关，加强库存油品质量监控，防范油品质量风险，筑牢质量防线，油品质量监督抽查合格率 100%。开展油品化验联合比对，提高质检室检测数据的准确性和可靠性。按期完成国Ⅳ、国Ⅴ普柴质量升级置换。

（徐长青）

【**构建财务价值管理体系**】 2017 年，云南石油分公司持续发挥财务价值引领作用，不断提高财务参与经营、服务经营的深度和广度，通过利润倒逼机制和预算分析，指导经营决策。加强资金、资产、税收管理，推进管理创效工作，核减土地租金 438 万元，降低公务性支出 209 万元，上门收款费用减少 123 万元，税收优惠减免 665 万元，超额完成年度管理创效目标。加大对重大项目跟踪审计力度，完成建设项目竣工结算审计 730 个，送审 3.7 亿元，审定 3.3 亿元，审减 0.4 亿元。

（徐长青）

【**推进信息系统深化应用**】 2017 年，云南石油分公司充分利用 ERP、加油卡、零售管理、非油品管理、微信、视频监控、合同管理等系统所涉及的系统功能和数据资源，结合企业实际，以提高工作效率为目标，深入开展系统优化、数据资源整合和提升系统功能等，提升企业信息系统整体应用水平。建立数据监控体系，完善提升 ERP 应急管理体系，建立视频监控管理平台、上线扫码付对账系统、短信电子券营销平台和电子洗车券系统，为新业务和经营管理方式变革创新提供信息化支撑。

（徐长青）

【**完善风险防控体系**】 2017 年，云南石油分公司以已售未提、信用销售、IC 卡管理、重大环境风险排查、委托站监管、“他有我管”、合资合作为重点，发挥审计督察、纪检监察、财务稽查作用，加大风险分析与提示，逐项制定落实管控措施，强化风险防控。梳理业务流程，新增、修订制度 73 项，夯实内控基础管理，公司内控管理控制总体有效。坚持依法决策与合规经营，规范重要项目尽职调查和风险评估，落实法律两级审查责任制，落实重大案件省公司综合诊断、报请总部专家诊断机制，生物柴油二审再审胜诉。

（徐长青）

【**党建工作持续强化**】 2017 年，云南石油分公司坚持“围绕经营抓党建，抓好党建促发展”，把方向、管大局、保落实，深入运用劳动竞赛、形势任务教育、“家文化”建设、“党员身边无事故”活动等方式方法，促进经营管理与党建工作深度融合。细化党建责任清单，落实党组织书记履行党建工作第一责任人职责、班子成员履行“一岗双责”职责，做到党建工作与经营管理“三同时”，积极推动全面从严治党向基层延伸。坚持党管意识形态，扎实开展“转观念、勇担当、创效益”专题讨论，制定云南石油 2017—2021 年发展规划纲要和企业文化建设目标，凝聚转型发展共识。坚持党管干部、党管人才，树立正确选人用人导向，完成2批次共18名中层管理人员的任职调整，加大年轻干部选拔使用力度。

（徐长青）

【推进党风廉政建设】 2017年，云南石油分公司深入落实党风廉洁建设“两个责任”，持之以恒落实“八项规定”精神，持续纠正“四风”问题，加强监督执纪问责。制定整理下发党风廉洁制度22项。紧盯重要节日及时发送廉洁提醒，未发生违反“八项规定”精神的问题。立项开展成品油外采合同管理、非油品经营管理、打击途中盗油和整顿加油站超损管理以及加油站管理效能监察工作。深化业务公开工作，共提报153个问题，采纳并调查完成67个，28个商品降低采购价格，1个商品停供。受理举报信14件，转办3件，办结10件，正在办理1件。实施教育提醒谈话6人次，诫勉谈话1人次，函询1人次。1人受到组织处理，1人受到党纪政纪处分。

（徐长青）

【做实做细员工关爱工作】 2017年，云南石油分公司继续大力推进“家文化”建设，保证广大员工在共建共享发展中有更多的获得感。坚持党建带工建带团建，密切党群干群关系，“走基层”覆盖基层班组1 265个，“访万家”覆盖全体员工，投入帮扶救助资金92万元、帮扶534人次，青工轮训有序开展。继续开展“我爱我家，为美好生活加油”主题活动，实现加油站、油库wifi全覆盖，建成小图书角864个。认真开展矛盾纠纷排查，做好信访维稳工作，企业保持和谐稳定。

（徐长青）

表1　云南石油分公司主要经营指标

指标名称＼年份	2017	2016	2015	2014	2013	2012
成品油销售总量/万吨	654.52	657.43	591.57	588.65	573.36	550.91
零售量	510.23	518.16	498.23	488.30	470.18	451.28
销售收入/亿元	433.78	391.20	379.82	457.91	449.93	440.40
报表利润/亿元	9.05	10.54	9.51	12.59	9.01	11.61
吨油费用/元	390.00	380.00	376.00	369.00	387.00	351.00
加油站总数/座	1 314	1 268	1 231	1 229	1 281	1 248

燃料油公司

【概况】 中国石化燃料油销售有限公司（简称燃料油公司）是集团公司于2010年5月27日注册成立的燃料油经营专业化公司，负责股份公司燃料油的集中销售。2014年4月1日，根据中国石化油品销售业务重组的总体部署，成为中国石化销售有限公司的全资子公司。本部位于北京。截至2017年底，燃料油公司设7个管理部门、3个业务中心，下辖辽宁、天津、山东、江苏、上海、浙江、福建、广东8个分公司和浙江舟山、新加坡2个全资子公司。截至2017年底，拥有用工总量670人；在营油库54座，库容总量198万立方米，在中国沿海80多个港口、海外40多个重点港口具备供油服务能力；总资产126亿元。全年经营总量2 199万吨，营业收入557亿元。

燃料油公司主要经营指标见表1。

（李登兴）

【内贸业务经营质量显著提高】 2017年，燃料油公司内贸业务经营量276万吨，盈利能力稳步提升，取得良好效益。公司推进内贸业务专业化经营管理，不断扩大石化资源经营规模，自主调和资源65万吨、创历史新高，船供油业务经营量120万吨、同比增长11%。拓展原油配售和产品回购经营模式，为系统内炼厂提供原料25万吨。成为沙特阿美LPG注册客户，为增加业务渠道打下基础。修订轻质燃料油中国石化企业标准、参与国家船供油行业规范制定，保持了行业技术领先优势。

（李登兴）

【保税业务量效规模大幅增长】 2017 年，燃料油公司保税油销量 403 万吨、增长 38%，在中国市场占有率达 33%、提高 2 个百分点。通过“产地多元化、调和常态化”，有效控制资源成本。加强客户开发维护，终端销售比例达 48%，资源贸易突破 50 万吨，吨油价差同比提高。持续优化物流，吨油费用实现“六连降”。坚持实货纸货联动，严格规避风险，经营质量显著提高，创效能力大幅提升。积极融入沿海自贸区建设，与舟山、大连等地方政府开展航运中心、大宗商品交易中心战略合作。为南极科考船“雪龙号”、中国最大型吊机运输船“振华 30”以及亚洲最大豪华邮轮“喜悦号”等供油，公司品牌影响力显著提升。全力推进低硫船用资源研究，“船用低硫燃料油”列入集团公司“十三五”规划、确定了试生产计划，参加上海国际海事展向市场发声，公司向清洁能源供应商转型迈出坚实一步。

（李登兴）

2017 年 7 月 15—16 日，燃料油公司首次在上海港为中国最大的极地科考船“雪龙号”供应 1 900 吨船用轻质燃料油

【国际化经营能力稳步提升】 2017 年，燃料油公司海外业务经营量 1 449 万吨，占经营总量的 66%，增加 25%。新加坡子公司经营量 700 万吨，增长 46%。紧抓新加坡当地推行质量流量计的市场变化，大力发展终端配送业务，终端业务规模进入新加坡市场前列。积极开展资源调和，拓展印尼、马来西亚、韩国等资源出口业务。BP - SINOPEC 合资公司实现经营量 749 万吨、增长 11%，开通 ARA(阿姆斯特丹—鹿特丹—安特卫普联营港)、巴拿马等重点港口业务，海外供油网点超过 40 个，全球供油服务能力进一步提升。

（李登兴）

【天然气业务实现快速发展】 2017 年，燃料油公司销售天然气 4 217 万立方米。公司将天然气业务作为转型发展“生命工程”，集中力量开拓“煤改气”市场。在京津冀、山东、浙江等地开发工业用户点供站 24 座，掌握了一批具有发展潜力的项目。依托与港口方面的长期合作关系，相继与广州港股份公司、大连港保税区、天津临港等单位开展绿色港口战略合作。公司首座油气站——盛港油气站在辽宁大连港保税区建成。与天然气分公司、新奥能源加强资源合作，保证冬季气源紧张时期点供站平稳运行，公司品牌影响力不断扩大。

（李登兴）

【业务渠道进一步拓宽】 2017 年，燃料油公司积极拓展业务渠道，电子商务平台应用进一步深化，“我要加油”平台累计上线站点 19 座，发展新用户近 2 000个，累计成交金额超过 1 亿元，内贸、保税 B2B 平台投入试运营。润滑油业务全年销量翻番，超过 5 000 吨，江苏滨江油库润滑油保税仓建设完成，与长城品牌开展内外贸代储代供合作，在大连港启动液袋分装业务。成立非油品业务项目部，完善相关经营资质，积极开展船用物资补给业务，大力推进易捷商品销售，小营、大连易捷体验店投入运营，发展东北三农产品、橡胶均匀剂、咖啡等自主商品取得积极成效。

（李登兴）

【储运设施建设及资产盘活取得成效】 2017 年，燃料油公司进一步加强储运设施建设，滨江油库二期及码头改扩建工程顺利投产，通过精细管理、有序组织分别节约投资 1 600 万元和 736 万元，油库建设运营两不误，全年吞吐量 234 万吨，创历史新高。广东马鞭洲油库正式启用，实现转关厦门、辐射香港业务。天津南疆油库恢复保税经营、启动内贸调和业务，山东威洋油库完成功能提升改造，广东碣石湾油库实现对外租赁。自有船舶“朝阳 902”投入港澳航线运输任务，“朝阳 101”调转上海盘活使用。

（李登兴）

【基础管理水平不断提高】 2017 年，燃料油公司构建“三基”工作协同推进机制，召开“三基”工作现场会，建立了大抓“三基”的工作格局。推进“比学赶帮超”工作，对 8 家经营主体和 8 个业务板块量效按月评比，及时优化考核指标，发挥了激励引导作用。制定完善各类制度 37 项，加大对 LNG、电子商务等新兴业务的管理覆盖，加强对公司商业秘密的管理，修订内控实施细则和权限指引，进一步强化了内控执行。

（李登兴）

【风险防控能力有效提升】 2017年，燃料油公司严格客户信用管理，防范大额赊销客户的资金风险，降低应收账款和付息债务规模。稳健开展资金运作，利用人民币内结外购、美元存贷差等操作积极防范汇率波动风险。加强业务风险识别和评估，严格合同审查，严禁融资性贸易，多起法律纠纷胜诉维护了公司权益。完善ERP系统功能，推进多系统组合功能提升，信息系统深化应用得到加强，综合应用评价在销售企业名列前茅。

（李登兴）

【QHSE管理进一步加强】 2017年，燃料油公司完善HSE责任体系，细化本部、分公司和基层库站三级岗位责任制，对8家分公司和所有自营库站HSE管理能力进行全覆盖检查，保持销售系统检查B级水平良好成绩。完成QHSE管理手册和程序文件升级换版并通过外审认证，开展2轮安全环保风险识别评估，实施7个隐患治理项目。严格外采入库、油品出库等各环节数质量管理，在集团公司质量抽检中连续6年100%合格。

（李登兴）

【党建工作快速取得进步】 2017年，燃料油公司推进"党建+"模式，建立"大党建"工作格局，促进党建工作"六个提升"。抓实理论中心组学习，全面开展十九大精神和党章的宣贯，坚持以习近平新时代中国特色社会主义思想武装头脑、指导实践。在"三重一大"决策中充分发挥党委"把方向、管大局、保落实"的核心作用。完善党建"1+7"制度体系，制定两级党建责任清单，开展全公司党建工作考核并纳入经营绩效，两级班子抓党建的责任意识明显增强。加强基层党支部建设，严抓支部"三会一课"制度落实，开展支部分类定级管理，推动全面从严治党向基层延伸。

（李登兴）

【干部队伍建设得到加强】 2017年，燃料油公司落实党管干部原则，干部人才管理制度化、规范化水平进一步提高。突出干事创业、有为才有位的用人导向，全年提拔交流中层干部15人，提拔中层助理19人，平级交流中层干部14人，充实了分公司领导班子和本部部门领导力量，加大了年轻干部培养力度。新业务实行"项目制"，通用型业务深化"团队制"，人力资源统筹使用得到加强。

（李登兴）

【党风廉洁建设进一步深化】 2017年，燃料油公司持续推进党风廉洁建设，单独设立纪检监察部，配齐配强党总支（支部）纪检委员，完善纪检监察制度体系。狠抓关键节点廉洁风险防控，加强对信访问题线索的核查，积极开展业务公开和网上巡视，建立处级领导干部廉洁情况"活页夹"，进一步加大了源头治理力度。通过反腐倡廉教育月、廉政警示教育等主题活动，不断提高干部员工廉洁从业意识。

（李登兴）

【企业文化建设取得积极成效】 2017年，燃料油公司通过内宣外宣平台及时报道公司"转型发展、提质增效"取得的突破，大力宣传公司"三创"精神和"家文化"建设。党建带工建、带团建作用进一步发挥，开展"当好主力军、奉献在岗位"劳动竞赛，13人在集团公司竞赛中获奖，其中在会计大赛中取得2枚金牌优异成绩，获销售企业竞赛比武优秀组织奖。开展"走基层、访万家"活动，落实困难帮扶计划39人次。加强团员青年思想引导，组织青工政治轮训，组建青年创新创效团队，带动团员青年积极投身公司转型发展。通过"沙漠绿化志愿者""马拉松运动"等活动平台，积极传递青春正能量。

（李登兴）

表1　　燃料油公司主要经营指标

指标名称＼年份	2017	2016	2015	2014	2013	2012
经营总量/万吨	2 199.00	1 909.00	1 881.00	2 032.00	2 027.00	2 014.00
保税油经营量/万吨	403.00	293.00	318.00	322.00	313.00	305.00
营业收入/亿元	557.00	384.00	458.00	856.00	921.00	958.00
报表利润/亿元	1.01	0.06	-3.00	0.16	1.52	2.01
资产总额/亿元	106.00	126.00	138.00	101.00	89.00	81.00

辽宁石油分公司

【概况】 中国石化销售有限公司辽宁石油分公司(简称辽宁石油分公司)成立于2009年12月18日，前身为成立于2002年的中国石化销售东北分公司，位于辽宁省沈阳市，对外注册有14家地市分公司，7个地市实行一托二管理模式，实际下属7家地市分公司，经营范围覆盖全省所有地市；设有辽宁中石化客运能源有限公司、大连中石化海港石油销售有限公司、辽宁中石化友好街加油站有限公司和辽宁省高速石化能源有限责任公司4家合资公司，设有辽宁福爱尔油气检验有限公司1家全资子公司。公司主要负责辽宁地区成品油零售、直销、批发以及车用天然气、润滑油、燃料油、非油品销售等业务，授权管理辽宁经济开发公司、销售实业东北分公司2家存续企业。

截至2017年底，辽宁石油分公司共有员工2 014人，公司党委下设7个党总支、27个党支部，党员总数346人，基层党组织覆盖率达100%；资产总额51.03亿元；自有在用成品油油库5座，总库容26.01万立方米；在建油库1座，库容4.3万立方米；新发展加油(气)站21座，加油(气)站总数达389座，在营站达353座。存续企业均实现盈利，完成利润264万元，同比增幅120%，创历史最好水平。

辽宁石油分公司主要经营指标见表1。

(任　飞)

【主要经营指标完成向好】 2017年，辽宁石油分公司经营总量完成192.35万吨，增幅5%。完成成品油经营量190.49万吨、增幅5%，零售完成128.81万吨、增幅2%，其中自营机出完成101.82万吨、增幅4%，直分销完成59.71万吨、增幅23%，完成天然气销量2 017万立方米、增幅12%。实现非油品交易额3.22亿元、增幅56%，吨油考核费用315元、下降74元，实现报表利润1 216万元，完成调整后年度计划的122%。

(任　飞)

【资源运作水平显著提升】 2017年，辽宁石油分公司优化资源结构，不断提高库存周转率，确保资源稳定供应，完成资源购进188.9万吨、增加6%，其中配置资源完成62.6万吨，外采资源完成126.3万吨。提前预判市场，精细算账，全年外采资源在直分销环节实现毛利1.2亿元。通过与中国石油互供，开展仙人岛、宝来地付合理优化物流，不断增加直接进站比例，节省一次物流费用577万元。

(任　飞)

【实现扩销增效】 2017年，辽宁石油分公司坚持以市场为导向，以客户为中心，新增加客户140家，销售增量11.23万吨。重点平衡量价关系，持续开展“每吨油多卖10元钱”活动，努力上推销售价格，累计多创效益312万元。积极开展社会加油站走访，加大空白区域市场开发力度。全年社会加油站客户增加274家，实现销量34.3万吨；空白区域开发客户85家，实现销量0.75万吨。扩充客户经理队伍，打造销售尖兵，全年销售成品油15.97万吨，完成辽宁石油分公司1/4的直分销任务。

(任　飞)

【多措并举提升零售销量】 2017年，辽宁石油分公司零售策略上扩销增量，进一步巩固市场份额。准确研判市场走势，及时调整经营策略，全面发力创效。全年深入开展交叉营销，直接拉升汽油增幅15%。积极优化挖潜现有网络，全年7座加油站“柴改汽”实现日均增量22吨。大力开辟拓市增量，全年站外营销累计售卡4.1万张，产生消费金额6 442万元。积极开展高标号汽油体验营销，增幅36%。通过开展“柴油专用卡”专项营销活动，精准锁定大货车客户，累计发卡7 788张。全年新增汽服网点8座，具有汽服功能的总站数达34座，带动汽油增量效果明显。

(任　飞)

【大力拓展重点商品销售】 2017年，辽宁石油分公司科学规划品类结构，消化积压商品库存，全面开展库存盘点。团购快速增长，有效拉动润滑油与核心商品的销售。非油合作取得突破，沈阳公司与大润发探索合作，提升现金销售额；大连公司率先在大连研究院低成本开设便利店。微信营销扎实推进，关注人数突破62万人，绑卡客户达32万个，线上业务交易额超过0.9亿元。

(任　飞)

【大力发展天然气点供业务】 2017年，辽宁石油分公司成立天然气办公室，努力做大天然气经营规模，打造新的竞争优势。通过广泛走访市场，大力开发天然气点供用户，葫芦岛、阜新、沈阳等公司点供业务获得实质性进展。增强与辽宁及周边区域燃气单位的沟通合作，着力降低天然气采购成本，形成科学规范的采购定价机制。提前预判，把握市场动态，在冬季天然气资源极度紧张的情况下，锁定进货渠道，稳步上推销售价格，取得了良好的经济效益和市场口碑。

（任 飞）

【实现合作共赢】 2017年，辽宁石油分公司面对省政府计划将高速加油站收回自营的严峻形势，先后展开多轮“拉锯战”式谈判，2017年2月9日与高速实业公司签订合作协议，锁定高速服务区70座加油站20年的经营权。在合资公司的交接工作中实现经营不断、管理不乱、人心不散、资金和安全不出问题的目标。与高速实业公司额外签署12座高速加油站的“他有我营”合作协议。截至2017年底，辽宁石油分公司实际控制的高速公路加油站达82座，占比超过62%。全年共发展“他有我营”加油站17座，已全部投营，为提升经营总量起到了积极作用。

（任 飞）

【完善绩效考核】 2017年，辽宁石油分公司印发省市两级公司的绩效考核办法。明确以效益为中心，依据运营基本要求和红线，设置否定指标，增强考核办法的指引性、激励性和约束力。通过“严考核、硬兑现”，引导全员关注经营结果和经济效益，确保重点工作有效推进，发挥了“指挥棒”的作用。狠抓省市两级机关职能定位，在两级机关不断树立“创大效益靠机关、造大环境靠机关”的意识。

（任 飞）

【全面推进管理创效】 2017年，辽宁石油分公司深化运用“资源顺推法”模型，以总价差收入最大化为目标，通过财务分析、量化分析，实现综合算账、事前算赢。加强全员目标成本管理，提升成本费用运营效率，利用与农行银团贷款，降低上门收款费用；压缩账户层级，确保资金回流效率。提高资金集中使用效率，增强资金调控能力，现金流明显改善。

（任 飞）

【强化队伍建设】 2017年，辽宁石油分公司坚持规范选人用人程序，从动议到任职，实现干部选任流程化、具体化、标准化。坚持政治、道德、能力、业绩并重的选人用人标准，严格控制中层机构及中层职数，实现双精简。完善干部考核评价体系，通过强化考核、落实责任切实推进干部能上能下。积极推进年轻干部培养使用工作，完善人才成长通道，推进挂职交流锻炼工作。

（任 飞）

【持续夯实基础管理】 2017年，辽宁石油分公司深化HSE分委会责任落实，职能进一步发挥，做到有岗必有责、上岗必担责。完善应急预案，扎实开展应急演练。8月30日，沈阳浑南东路加油站成功处置车辆自燃事件，避免损失和影响，维护了中国石化的品牌形象。大力推进库站环保手续办理和油气回收第三方验收工作，统筹开展埋地油罐防渗改造，保障合法依规经营。在集团公司安全大检查中取得销售企业总排名第10名、区外销售企业第1名的历史最好成绩。

（任 飞）

【不断提升数质量管理基础】 2017年，辽宁石油分公司利用ISO 9000体系换版契机，对数质量工作进行全面梳理改进，扎实开展油品损耗管理效能监察工作，油库保管损耗与加油站体积损耗同比均有所降低。严把外采、串换、变类油品质量关，提升质检整体水平，确保全年283批次外部抽检合格率100%。此外，辽宁福爱尔油气检验有限公司实现对外检测业绩零突破。扎实推进地罐交接工作，为149辆油罐车配备底部取样器，对加油站63座油罐容积表进行重新标定。

（任 飞）

【依法依规治企】 2017年，辽宁石油分公司在HSE、资金、工程、购销、人事等领域增补、修订制度36项，确保风险控制、操作规范在各相关制度间的无缝衔接。企管法律工作专业能力和保障功能得到有效发挥，制作重点业务法律风险防控的“两图一表”，对经营管理与发展项目发挥重要作用；在法律纠纷应对与处置、法律宣传与风险防范、项目谈判与合同管理等方面工作都取得良好成效，维护了企业利益。将审计关口前移，加强工程项目事前、事中审计，强化对审减原因的分析，扎实做好审计整改工作，促使审计整改进入制度化、规范化轨道。

（任 飞）

【深入学习贯彻党的十九大精神】 2017年，辽宁石油分公司通过中心组学习、专题讲座、专题会议、轮训班、制订方案等形式对十九大精神进行学习宣贯，对党的十九大提出的一系列重要思想、重要观点、重大判断、重大举措，切实做到学懂弄通做实，确保在政治立场、政治方向、政治原则、政治道路上同以习近平同志为核心的党中央保持高度一致。

（任　飞）

【落实全面从严治党责任】 2017 年，辽宁石油分公司针对党建考核反馈意见，制订整改方案，谋划全年党建计划。修订党委工作细则和“三重一大”决策实施细则，完善制度流程。抓实“一岗双责”，形成责任清单和报告单，组织制定并层层签订党建工作目标责任书和“一岗双责”责任书。建立适合企业自身特点的保障机制，切实推进 2 家具有实际控制力的合资公司党建入章工作。从严履行党风廉洁建设“两个责任”，坚持开展廉洁从业警示教育，保持纠正“四风”高压态势。

（任　飞）

【加强基层党组织及群团建设】 2017 年，辽宁石油分公司聚焦支部“三基”工作和“五项主要任务”落实，启动公司基层党支部建设年工作。推动支部工作与中心工作深度融合，抓好党员责任区工作，助力 24 座汽油降量站销量提升；大力开展党团员加油卡销售竞赛活动。推进“两学一做”学习教育常态化、制度化，制订工作方案和运行表，促进相关人员履职能力提升。选树宣传先进典型，深化企业文化建设，扎实开展“转观念、勇担当、创效益”大讨论，营造良好氛围。切实发挥群团作用。坚持党建带工建、带团建，坚持职代会制度，畅通员工诉求，注重 EAP 关怀，持续提升员工归属感。11 月，辽宁石油分公司工会发出倡议，两级机关员工为身患白血病的同事孩子踊跃捐款 30 余万元，并通过网络筹款的积极转发，仅仅 27 个小时就筹集善款 60 余万元。

（任　飞）

【精准扶贫打赢攻坚战】 2017 年，辽宁石油分公司按照十九大提出扶贫攻坚的新责任和新担当，连续第 3 年为建档立卡贫困户送去致富母牛，持续提升贫困户“造血”能力，力争通过养驴合作社的新路子实现扶贫攻坚的新突破；注重扶贫同扶志、扶智相结合，为村里考取大学的高考生发放助学金，为村部党建活动室配备必要的办公用具，为广大村民购置关于农村党建、农业养殖等方面的书籍，为后续思想脱贫和技能致富提供保障。

（任　飞）

表 1　　辽宁石油分公司主要经营指标

指标名称 \ 年份	2017	2016	2015	2014	2013	2012
经营总量/万吨	192.35	180.84	172.19	174.60	168.36	169.45
零售量	128.81	126.38	125.16	126.71	126.59	122.68
直销总量	59.71	54.46	22.49	34.74	27.65	28.70
吨油费用/元	315.00	389.00	410.00	418.00	404.00	452.00
报表利润/亿元	0.12	1.42	1.55	0.84	0.80	-0.77
加油(气)站总数/座	389	366	366	365	364	318

四川石油分公司

【概况】 中国石化销售有限公司四川石油分公司（简称四川石油分公司）于 2010 年 1 月 17 日正式揭牌成立，本部设在四川省成都市。其前身是 2002 年由原中国石化销售三川公司、新星公司重组成立的中国石化销售川渝分公司；2010 年，川渝分公司拆分为四川石油分公司和重庆石油分公司；2011 年，四川石油分公司升格为大 I 型企业。

四川石油分公司全权负责中国石化在四川省境内的成品油、车用天然气、润滑油、非油品（便利店、汽服、服务区）销售等经营业务及仓储、销售网点建设工作。截至 2017 年底，公司机关设 11 个处室、5 个直属机构，设立地市公司 21 家。拥有在营加油（气）站 499 座，油库 14 座、库容 30 万立方米，资产总额 97.36 亿元。

2017 年，四川石油分公司面对汽油增幅放缓、柴油需求下降、低价资源渗透、竞争异常激烈等不利局面，围绕“巩固提升年”的总体基调，按照落实“五项巩固”，实现“五个提升”的工作思路，坚决打赢市场保卫战，全年完成经营总量278万吨，同比增长3.73%，其中成品油销售263万吨、增长2.33%，天然气销售2.02亿立方米、增长61%，非油品营业额4.48亿元、增长36%。实现营业收入164亿元，报表利润2.3亿元。

四川石油分公司主要经营指标见表1。

（赵孟闪）

【四川省首座中国石化管道库顺利投营】 2017年5月26日，四川石油分公司简阳油库顺利投营，该库是四川省内首座中国石化管道库，有力保障了公司成品油资源供应。油库设计总容量20万立方米，一期建设投营12万立方米。

（赵孟闪）

【加快打造非油品经营平台】 2017年，四川石油分公司提升便利店专业化运营，积极拓展新兴业务，完成祥云公司经营资质扩项，调整高速服务区餐饮业务经营模式，取得中粮、红牛经销商身份，引入自助充值、水果销售、汽服、旅游、保险等新业态，增加易捷海购、易旅行、积分兑换等新服务。首家上线CRM系统，加大微信营销平台推广，关注人数达88万人，非油品经营平台打造初具成形。

（赵孟闪）

【销售网络发展实现优化提升】 2017年，四川石油分公司加快存量项目投营，坚定不移走好轻资产、平台化发展道路，灵活运用“他有我营”、合作经营等方式，新增投营加油（气）站25座，净增数连续2年排名区外第一，累计发展“他有我营”项目20座、合作经营项目36座，IC卡加油网点已达600座。

（赵孟闪）

【体制机制改革稳步推进】 2017年，四川石油分公司加大空白区域开发力度，设立阿坝、甘孜分公司，建立简阳、德阳、广元、宜宾综合营销部；完成机关公务用车改革；提级管理客服中心，实现内部独立运行；启动第2轮加油站委托管理，鼓励“N+1股权认购”模式，委托站比例达68%，改革活力初步释放。

（赵孟闪）

【三里半加油站妥善应对突发纵火事件】 2017年5月4日，一名成年男子驾驶摩托车，进入四川石油分公司三里半加油站，加完油后趁当班员工挂枪之际，用打火机点燃摩托车油箱并推到，外溢的汽油引燃加油机旁的非油品商品堆头，火势瞬间扩大。当班5位员工按照灭火预案相互配合，不到5分钟扑灭大火。其间，纵火男子跳入火堆自残，站长不顾个人安危及时将其从火中拉出。事件未造成大的人员伤害和财产损失，在公司内外赢得广泛赞誉，该站被集团公司党组授予“临危不惧、终于职守”先进集体称号，被四川省总工会授予工人先锋号称号。

（赵孟闪）

【对口扶贫作史村】 2017年10月起，四川石油分公司按照四川省委、省政府、省国资委部署定点联系四川省凉山州布拖县扶贫工作，对口帮扶布拖县拖觉镇和补洛乡作史村。公司党委专题研究帮扶措施和计划，主动与对口扶贫县、乡、村各级政府对接，共选派2名驻村干部，先期捐赠扶贫资金5万元，为作史村幼儿园发放慰问品22套，为贫困户发放过冬生活用品，切实履行企业政治责任和社会责任。

（赵孟闪）

表1　　四川石油分公司主要经营指标

指标名称＼年份	2017	2016	2015	2014	2013	2012
成品油销售总量/万吨	263.00	257.00	244.00	216.00	216.00	215.00
零售量	157.00	152.00	139.00	136.00	135.00	135.00
销售收入/亿元	164.27	142.30	144.10	164.23	165.50	166.07

续表

指标名称＼年份	2017	2016	2015	2014	2013	2012
利润/亿元	2.30	2.50	2.12	1.21	1.01	2.13
吨油费用/元	409.00	408.00	410.00	404.00	376.00	342.00
加油站总数/座	499	487	452	429	395	355

重庆石油分公司

【概况】 中国石化销售有限公司重庆石油分公司(简称重庆石油分公司)组建于 2009 年 12 月，本部设在重庆解放碑。重庆石油分公司集仓储、物流、销售、服务于一体，主要负责重庆地区成品油批发、零售、直销及车用天然气、液化天然气、非油品销售等业务。机关本部设 12 个处室、2 个经营中心；下设 7 个分公司、6 个独立运行的控股合资公司；拥有员工 2 764 人，其中党员 512 人；设党委 6 个、党总支 5 个、基层党支部 28 个。截至 2017 年底，资产总额 80.52 亿元，拥有加油(气)站 318 座，在营油库 6 座，油气市场份额 30%。

2017 年，重庆石油分公司经营总量达 237.59 万吨，其中成品油销量 221.70 万吨、同比增长 13%(其中机出量 119 万吨，增长 5%)；天然气销量 2.01 亿立方米，增长 33%。非油品营业额 3.63 亿元，增长 56%。实现报表利润 3.86 亿元，增长 17%。未发生安全环保数质量上报等级事故。

重庆石油分公司主要经营指标见表 1。

(郑怀录)

【立体式竞争效果明显】 2017 年，重庆石油分公司实现外采总量 57.79 万吨，按照资源顺推法测算，创效 2.68 亿元。有效直分销量 85.73 万吨，同比增长 22%。新增直分销客户 497 家，新增销量 18.63 万吨。

(郑怀录)

【油气经营实现量增质优】 2017 年，重庆石油分公司累计发卡 27.2 万张，汽油持卡消费比例由年初的 14% 提升至 22%，沉淀资金达 4.4 亿元、较年初增加 0.9 亿元。全面拓展天然气直销业务，为 LNG 工厂投营做好市场准备。全年实现天然气直销 8 000 万立方米，经营总量突破 2 亿立方米。

(郑怀录)

【销售网络支撑作用有效发挥】 2017 年，重庆石油分公司坚持以价值理念引领投资发展工作，突出效益质量，通过合资合作圈定加油加气站项目 15 座，新取得土地 4 宗，为服务经营创效奠定良好基础。在传统网点模式基础上，轻资产发展 LNG 供气点 2 座。全年建成加油(气)站 16 座，投营 13 座，对 60 座老站点分批开展防渗停业改造。涪陵 LNG 工厂已建成待投营。酉阳油库库区工程完成交工验收。双石油库取得用地计划指标批复。驸马油库进入施工准备阶段。

(郑怀录)

【内部管理水平有所提升】 2017 年，重庆石油分公司强化制度建设，建章立制 257 项。投入 4 000 余万元整改资金强化隐患治理，库站设施设备优于销售企业平均水平，油品质量合格率 100%。对成品油外采管理、非油品采购管理、防渗改造工程等 5 个项目开展效能监察。完成审计项目 110 个，结算审核实现经济效益 2 114 万元。

(郑怀录)

【加强队伍建设】 2017 年，重庆石油分公司中层干部选拔使用 8 人、轮岗交流 5 人，科级干部轮岗交流 23 人。1 人获得教授级、2 人获得高级、21 人获得中级专业技术职务任职资格，22 人获得技师以上资格，其中 5 人被集团公司评为高级技师，位列区外第 1 名。聘任专家 1 名、主任师 3 名、副主任师 1 名、主管技师 1 名、技师 2 名。全年实施专业培训项目 220 个，培训员工 5 800 余人次。

(郑怀录)

【管党治党能力水平切实增强】 2017 年，重庆石油分公司中心组围绕党的十九大精神、习近平新时代中国特色社会主义思想等内容开展理论学习 13 次。开展“转观念、勇担当、创效益”大讨论 100 余场次。4 家合资企业实现“党建入章”，8 个党支部调整完善，4 个党支部完成换届。严格落实意识形态责任制，加强精神文明建设。全年11个先进集体、23名个人获得集团公司、重庆市各类表彰，其中省部级劳动模范1名、集团公司优秀基层党支部书记1名。扎实解决30名员工实名诉求，对82名困难员工进行帮扶，员工满意度保持在91%以上。

（郑怀录）

【召开庆祝建党96周年暨党建工作会议】 2017年6月30日，重庆石油分公司召开庆祝建党96周年暨党建工作会议，公司领导班子成员、机关各部门负责人、支部委员，各分(子)公司党组织主要负责人、党群部门负责人参加会议。会议传达集团公司党支部建设工作会议精神，表彰3个基层党支部、10名优秀共产党员、6名优秀党务工作者，部分先进代表进行经验交流发言。

（郑怀录）

【“一滴燃油宝—强健全身车动脉”成果发布会召开】 2017年8月25日，由重庆石油分公司主办、天津悦泰石化科技有限公司承办的“一滴燃油宝—强健全身车动脉”成果发布会，在重庆南滨路万豪酒店隆重举行。“蓝天卫士”代表、部分车主代表及各大媒体代表参加发布会。

（郑怀录）

【参加HSE监管人员技能比武决赛取得好成绩】 2017年11月14日，中国石化销售企业2017年HSE监管人员技能比武决赛在重庆隆重开幕，共有36家销售企业的180名选手参加决赛。重庆石油分公司获得团体第1名，杨涵、王中杰获得个人金牌，李美杰获得个人银牌。

（郑怀录）

表1　　重庆石油分公司主要经营指标

指标名称＼年份	2017	2016	2015	2014	2013
成品油销量/万吨	221.70	198.06	185.00	179.38	178.84
零售量	135.97	127.83	125.16	119.99	119.82
销售收入/亿元	139.75	111.51	110.84	134.36	137.62
报表利润/亿元	3.86	3.31	2.40	2.00	1.70
报表吨油费用/元	334.00	356.00	337.00	354.00	321.00
在营加油(气)站数/座	297	290	301	276	276
油库座数/座	6	6	6	6	6

陕西石油分公司

【概况】 中国石化销售有限公司陕西石油分公司(简称陕西石油分公司)本部位于陕西省西安市，是2009年底以原销售西北分公司机关为班底和原销售西北陕西分公司重组而成，2010年1月15日正式揭牌成立，时称中国石油化工股份有限公司陕西石油分公司。2012年10月，中国石化党组研究并征得中共陕西省委员会同意，决定将陕西石油分公司管理规格调整为大Ⅰ型。2014年，按照中国石化混合所有制改革部署，更名为中国石化销售有限公司陕西石油分公司。

陕西石油分公司集仓储、物流、销售、服务为一体，全权负责中国石化在陕西省境内的成品油、天然气、非油品销售等经营业务和销售网络建设工作。截至2017年底，员工总数由成立之初的1 028人增加到3 033人；机关本部设有13个职能部门，下辖9个地市公司及36个县公司(片区)；在营加油(气)站总数从成立之初的77座增长到464座，非油品易捷便利店由21座增长到415座，年非油品销售额由430万元增长到3.2亿元；自有油库由1座增长到3座，总库容达13.8万立方米。2017年实现油气经营总量176.19万吨。

陕西石油分公司主要经营指标见表1。

（马保迁）

【基本完成各项目标任务】 2017 年，陕西石油分公司面对复杂严峻的市场形势，及时调整竞争策略，坚持量效综合平衡，积极理性参与竞争，全力扭转经营被动局面。全年实现成品油经营总量 169.42 万吨，直批量（不含燃料油）46.12 万吨，零售量 121.29 万吨，天然气经营量 6.77 万吨，非油品营业收入 3.2 亿元，未发生上报集团公司、销售公司级安全数质量和媒体负面舆情事故。

（马保迁）

2017 年 7 月 12 日，陕西石油分公司上豪加油站员工在超过 40℃的高温下为顾客服务（马保迁　摄）

【调整完善绩效考核政策】 2017 年，陕西石油分公司全面调整省市两级公司绩效考核办法体系，将经营指标、管理指标、劳效指标、专项指标和约束性指标相结合，对地市公司实行月度、年度千分制考核，月度增设在营站数量考核，季度管理考核排名通报，年度增设党建考核指标，同时对地市公司副职按照分工实行年度差异化考核。对省公司机关按照经营和管理处室特点差异化设置经营考核指标，月度增设 40% 权重的利润考核指标，季度增加地市公司对省公司机关、省公司经营处室对管理处室的考核指标并通报排名，年度增加内控考核、全员考核、ABC 类处室和员工的评选指标。

（马保迁）

【强化油气资源统筹运作】 2017 年，陕西石油分公司坚持“先算后干、算赢干赢”，以总价差收入最大化为目标，通过动态算账、量化分析等手段，推演不同资源进入不同销售环节盈亏情况，找准量效最佳平衡点，科学把握采销节奏，确保当期经营实现量效兼顾。配合政府部门专项整治黑窝点、流动加油车、私建油罐等非法经营主体，协调延长石油解决省内外价差过大、省外低价资源严重扰乱市场问题，协调中国石油加强在汉中地区的资源互供，为资源创效和经营稳量提供了有利条件。

（马保迁）

【统筹优化仓储物流运行】 2017 年，陕西石油分公司面对仓储矛盾加剧、运行成本较高的经营现状，先后租赁东大、商洛等一批代储库，重新摆布入库和配站梯级优化运行方案，全年库站合理配送比例达 98%，获销售公司“比学赶帮超”三季度物流优化运行进步红旗。

（马保迁）

2017 年 6 月 15 日，陕西石油分公司的易捷卓玛泉上架中国石油西安劳动南路加油站昆仑好客便利店销售（马保迁　摄）

【用价格策略稳量稳效】 2017 年，陕西石油分公司面对企业内、外部环境发生的变化，及时调整经营策略，实行“一站一策”的定价机制，三季度零售机出量同比增幅 13.5%，基本稳住了零售规模。四季度在确保零售机出同比增长的前提下，实现报表利润扭亏为盈。

（马保迁）

【零售客户开发增长迅速】 2017 年，陕西石油分公司以品牌宣传、延伸服务和开发新客户为目标，组建零售客户经理队伍，实现加油卡“五进”活动小型化、常态化，累计发卡 1.8 万张，充值金额 5 651 万元。建立客户流失预警、流失问责、流失找回机制，实行“一户一策、一户一价”，全年加油卡大客户增加 312 户，加油卡充值额增长 34%，陕西省内加油卡客户消费增长 29%。

（马保迁）

【高标号汽油推广成效显现】 2017年，陕西石油分公司利用自采汽油资源价差优势，积极扩大高标号汽油销售范围，新增95#汽油销售网点56座，13座城区加油站开始销售98#汽油，高标号汽油销售站点比例达92%，累计销售高标号汽油9.54万吨，实现毛利1.8亿元。

（马保迁）

【天然气业务实现突破】 2017年，陕西石油分公司持续推进积分营销，通过错峰加气、专人疏通、同步协作、优化车行线路等措施有效提高单站日销量，天然气经营量增长46%、零售量增长37%，年度计划完成率位居全国第2名、零售完成率位居全国第1名，获得总部“比学赶帮超”月度红旗3面。

（马保迁）

【不断优化销售网络结构】 2017年，陕西石油分公司严格履行网络建设“一把手”负责制，采取“新建、收购为主，建、收、租相结合”的发展方式，利用社会资源，抢占优质网络，确保网点规模不减少。针对“即将到期、有退租和拆迁风险、有价值、有潜力”的网点，提前介入主动跟进，完成续租项目10座，协调缓拆及“拆一补一”站点5座，稳定零售机出销量近5万吨。采取“自建、收购、租赁并举”“不发生资本支出锁定项目”“先短租后收购”“全资站增加加气功能”等方式，完成考察新项目46座，上会评审通过39座，上报总部22座，取得批复17座，完成发展项目12座。

（马保迁）

【积极推进网络项目投营】 2017年，陕西石油分公司全面落实“四定”责任制，明确责任目标，强化考核兑现，新增投营油气站19座，歇业复营项目2座，西宝高速服务区自有对站完成引道及站内建设并具备投营条件。榆林油库铁路专用线一次试车成功并正式投入运营，3座自有油库油气回收工程全部完成，汉中、榆林油库防腐工程相继完工，汉中油库自动化提升改造进入调试阶段。

（马保迁）

【安全数质量管理不断强化】 2017年，陕西石油分公司以深入贯彻落实《中国石化安全管理手册》为主线，深化责任制分解和安全主体责任落实，积极开展风险识别和隐患治理，加强环境保护和职业健康管理，推进全员为安全做诊断工作，强化成品油数质量管控，抓好现场检查与帮扶，确保安全环保数质量管理工作平稳运行。

（马保迁）

【考核激励措施不断完善】 2017年，陕西石油分公司以推进“三项制度”改革为主线，建立完善用人、用工、考核、分配制度体系，通过开展薪酬分配专项检查、动态调整绩效考核指标、科学调控年度用工总量等措施，薪酬体系日趋健全，用工结构逐步完善。

（马保迁）

【风险管控能力不断增强】 2017年，陕西石油分公司积极推进风险管控常态化，累计识别分析3级风险点244个，在线检查内控流程112个、控制点2 780个，有效提升内控执行力和风险防控能力。注重法律风险防控，妥善处理历史遗留案件，多年积案已结案2起，挽回经济损失1 715万元。

（马保迁）

【管理创效能力不断提升】 2017年，陕西石油分公司坚持财务价值引领，牢固树立服务意识，深度参与经营工作全过程，加大对市公司利润、差价的考核力度，用财务数据为经营决策提供有力支撑。加强对日常运营费用的管控，分线条制定管理创效、降本减费措施32条，全年公务性支出下降14.3%。严把完工项目结算审核关，累计审结工程项目107项，审减金额484.5万元，综合审减率8.2%。

（马保迁）

【信息化建设取得成效】 2017年，陕西石油分公司自主完成加油站微信寻址导航等12项新功能，自建微信营销系统关注人数达75万人。累计完成视频监控升级改造站点410座，基本实现高清视频监控全覆盖。

（马保迁）

【党建与经营工作深度融合】 2017年，陕西石油分公司组织干部职工深入学习宣传贯彻党的十九大精神，推进“两学一做”学习教育常态化制度化，完善党建责任体系，制定“一岗双责”实施办法及责任清单，把定性要求转换成量化措施。强化年度“评先选优”、月度“比学赶帮超”工作落实，建立党员积分考评管理制度，做实党员示范岗和党员责任区，有效促进了经营发展。

（马保迁）

【从严落实管党治党责任】　2017 年，陕西石油分公司明确党委 3 个方面 27 项和纪委 5 个方面 42 项具体责任，完善党委班子成员履行主体责任清单，把全面从严治党不断引向深入。对 9 家市公司领导班子以及 39 名党委班子成员党风廉政建设执行情况进行检查考核，考核结果纳入季度绩效兑现。效能监察立项 6 项，发现主要问题 55 个，提出监察建议 65 条。

（马保迁）

【强化领导班子和人才队伍建设】　2017 年，陕西石油分公司坚持“想干事、能干事、干成事、不出事、好共事”选人用人导向，严控干部职数，规范选拔程序和原则，针对干部队伍严重老化的突出矛盾，选拔培养 10 名中层干部，其中“75 后”“80 后”干部 7 名。组织各类培训班 144 期、培训 6 671人次。

（马保迁）

【宣传舆论和群团工作有声有色】　2017 年，陕西石油分公司围绕中心策划宣传主题，报道先进基层典型，内部媒体重点稿件增长 86%，石化及社会媒体增长 65%，未发生较大及以上负面舆情事件。继续开展“走基层、访万家”“真困难真帮助”活动，走访库站班组 1 640 余人次，投入慰问帮扶资金 120 万元。组织“五四”青年朗读比赛，为广大基层青工提供了展示平台。

（马保迁）

2017 年 4 月 18 日，陕西西安石油分公司加油站青年员工参加义务献血活动，践行基层石化人的社会责任（吴晓娜　摄）

表 1　　陕西石油分公司主要经营指标

指标名称 \ 年份	2017	2016	2015	2014	2013	2012
成品油销售总量/万吨	169.42	180.80	217.71	208.08	200.46	189.34
零售量	121.29	124.03	130.28	150.20	145.36	132.37
销售收入/亿元	98.28	93.09	116.70	149.98	147.78	144.00
利润/亿元	0.21	1.64	2.70	0.40	1.00	0.73
成品油吨油费用/元	488.00	475.00	375.00	394.00	368.00	357.00
加油（气）站总数/座	464	434	414	438	433	397

内蒙古石油分公司

【概况】　中国石化销售有限公司内蒙古石油分公司（简称内蒙古石油分公司）本部位于内蒙古自治区呼和浩特市成吉思汗大街 26 号。其前身是中国石化销售有限公司西北内蒙古分公司，2009 年 12 月调整为股份公司直属企业，更名为中国石油化工股份有限公司内蒙古石油分公司。2014 年 4 月更为现名。公司主要在内蒙古地区从事成品油零售、直销和批发以及润滑油、燃料油及非油品的销售等业务。

截至 2017 年底，内蒙古石油分公司本部设有 13 个职能处室，下设 12 个盟市分公司，拥有在营油库 9 座、加油站 368 座，其中加油（气）站 14 座，资产总额42.8亿元，职工总数2 343人(不包括委托站的762人)，其中合同制员工2 315人、劳务工28人。控股中石化集团内蒙古石油销售有限责任公司(简称内蒙有限公司)，内蒙有限公司本部设综合、财务、业务3个部门，下设赤峰分公司，参股包头有限公司，拥有在营油库2座、在营加油站7座、在册员工111人，资产总额1.12亿元。

内蒙古石油分公司主要经营指标见表1。

(邓轶涵)

【经营业绩逆势增长】 2017年，内蒙古石油分公司充分利用总部资源考核、自营机出奖励等政策支持，以市场为中心，着力解决提升市场竞争力、实现量效兼顾、激发内部活力3个核心问题。公司领导班子统一思想，分组实地调研，强化经营指导，不断统一认识、统一步调，实现了公司经营一盘棋，有效应对严峻的市场挑战，实现整体效益最大化；通过业务与财务部门统筹算账，按照“多销多采”优化资源摆布，不断优化经营策略，树立“大零售”理念，保证零售、直分销业务应对市场竞争、增量增效的物质基础；通过实施“八项改革方案”、优化内部经营管理机制，建立应对市场竞争快速反应机制，强化机关作风建设，提高了经营决策效率和质量；通过调整干部使用、改革绩效考核激励机制，极大调动干部员工积极性，增强了队伍稳定性，干部员工实现增量增收。经营总量完成192.2万吨，同比增长15.6%，年度任务完成率118.2%。获销售企业“比学赶帮超”工作优秀组织奖，获销售企业“比学赶帮超”工作利润年度先进红旗、零售量年度先进红旗、非油品经营年度进步红旗、成品油资源年度进步红旗。

(邓轶涵)

【紧贴市场力促量效齐升】 2017年，内蒙古石油分公司以5个支点撬动经营业绩。①重视“每一升汽油增量”，对150座汽油小站采取价格营销，全年实现日均增幅174%。加大高标号汽油销售力度，新增52座销售网点，高标号汽油实现增长51%。②坚持“柴油点灌”，贴近市场全面主动参与竞争，推广发放柴油联名卡1.48万张，消费2.81万吨。精选上量扩量重点站176座，集中优势，全力应对民营站低价倾销，把控竞争主动权。③坚持量效兼顾，业务与财务通力配合，精细测算找准量效平衡点，反复测试客户价格敏感度，价格措施坚持“下调一步到位，上调适时微升”，全年价格调整4 423站次，集中调价21批次，逐步达到量效最佳效果。④大力开展精准营销，开展择日营销站点68座，日均增幅34%；“卡非”互促着重在赠送商品上做文章，开展“加油卡五进”活动296次；加油卡沉淀资金实现最高突破，增长44%。⑤全面推进“一站一策”，完成提量措施13 434项，124座小站日均增量75.9吨。全年万吨站达17座。

(邓轶涵)

【全力发挥经营创效龙头作用】 2017年，内蒙古石油分公司突出源头创效，充分运用多销多采、资源考核等政策，灵活运用资源顺推法，算好量效总账，扎实做好配置与外采、零售与直分销联动平衡，持续拓宽外采渠道，努力扩大外采价差，合理安排进销节奏，坚持低库存运作，有效把握重要调价机遇。全年资源吨油价差明显提升，其中汽油价差达2 400元，每吨增长200元，增强了参与市场竞争的效益底气。积极配合大区公司开展一次物流优化，获得奖励592万元。重新核定运距，重新绑定合理油库，进一步优化了二次物流方案。

(邓轶涵)

【创新直分销管理机制】 2017年，内蒙古石油分公司积极创新直分销管理机制，以优势资源保证直分销市场竞争力，理顺定价机制，按吨油计提价差收入，打消了盟市公司多卖多亏的顾虑，调动了扩销上量积极性，全年盟市公司直分销量达40.7万吨，增长26.3%。乌海、通辽、赤峰、兴安公司直分销增长超过100%。着力开发旗县市场、重点项目、社会站等终端市场，全年走访1 100座社会站，成功打开汽油直批市场。着力优化客户结构，全年成交客户1 334个，增幅49%，1 000—10 000吨中型客销量占55%；销量50吨以上客户数增长47%，中小客户成为增量主力军，逐渐改变了“严重依赖大客户，一煤独大”的客户结构。

(邓轶涵)

【做大做优非油品业务】 2017年，内蒙古石油分公司正视复杂多变的市场形势，积极转型。大力推广门店专业化运营。深化与永盛成合作模式，建立门店陈列标准，重新核定商品单品目录，树立标杆店37座，合作便利店增至280座，现金销售增长46%，百万元便利店达54座。围绕门店零售，做大基础品类和重点商品销售规模，开展“易捷年货节”等主题营销活动，全年门店现金零售1.5亿元，增幅25%，重点商品营业额8 056万元，增幅56.4%。呼包鄂、巴彦淖尔、阿拉善等公司门店销量比重达70%以上。

与圣牧牛奶等厂家深度合作，按照“市场化”机制改革销售人员薪酬结构，内蒙古特色商品走进全国2万余座便利店，实际销售额达8 150万元，实现毛利650万元。精心选择商品，投入6 100万元开展油非互促。精心组织线上线下相融合，加大“吸粉固粉”力度，微信平台关注人数达14万人。加速拓展新业务开发，打造综合服务站4座，汽服项目25座，开展快餐、旅游、广告、彩票、保险、邮政缴费等新业务，开通缴费一站通业务105座，服务类营业额达1.1亿元，增幅45%；开展易捷进厂区、进社区活动，鄂尔多斯、巴彦淖尔、锡林郭勒4座站外店销售近900万元。非油品毛利额增长112%，库存周转率下降29天，降至60天。

（邓轶涵）

【全力优化加油站网络结构】 2017年，内蒙古石油分公司转变观念，创新模式，大力优化网络结构。强化“一把手工程”定位，以吨油计提方式、利润分红等轻资产模式，创造性地开展合作经营，加强与政府接触，通过棚户区拆迁改造、参与土地竞拍等途径发展站点。全年投营加油站18座。大力实施改造项目，全年完成双层罐改造项目41个、安全隐患项目23个、提量改造项目31个、便利店改造项目47个。

（邓轶涵）

【持续强化HSE管理】 2015年，内蒙古石油分公司加强企业安全文化建设，强化“谁主管，谁负责”“管业务必须管安全”的工作要求，完善HSE考核机制，健全制度12项，开展“安全诊断”提交建议1 103条，采纳947条。开展“安全隐患整改年”“隐患攻坚年”活动，建立和完善隐患排查、整治机制，对9座油库、367座站排查登记隐患91条，对42项重大风险警示跟踪，对17项隐患治理项目跟踪治理。规范直接作业管理，重点监控油气回收改造项目，对29家承包商进行HSE培训，对查出的78个问题制定规范手册，实现全年200余项施工项目的安全作业。将HSE工作检查与教育培训相结合，全年培训180余人，检查加油站70余座次，发现问题564条，并跟踪整改。

（邓轶涵）

【持续强化计质量管理】 2017年，内蒙古石油分公司强化安全主体责任的分解落实，设置6个专业分委会，强化责任制刚性考核落实，完善安全约谈机制，持续开展隐患风险排查整改工作，识别各类风险88项，全面开展“7S”专项工作。强化安全监管能力。整合HSE专职督查队职能，开展44次“四不两直”、远程视频督察，督察库站现场223次。严格开展数质量纵向考核，制定241项计质量风险防控措施，积极稳妥完成2次油品升级置换工作，利用LIMS系统跟踪外采油品质量。全年质量检测11 729批次，退货13批次共6 399吨，确保出入库检测100%合格。持续强化降耗增效，全面推进液位仪、自动计量及地罐交接。全年零售损耗率创历史最好水平。

（邓轶涵）

【推进从严治企和信息化建设】 2017年，内蒙古石油分公司外拓市场，内抓管理。强化“三基”管理工作，明确125个责任岗位的工作职责和工作标准，全面开展“强基础、防风险、促发展”自查自纠工作。进一步强化风险管理体系，内控专项检查整改问题231个，对397项存量制度开展梳理和评估工作。建立约谈机制强化证照督办力度。推动财务线条由核算会计向管理会计转型，深化财务分析服务经营决策，全面推进管理创效和全员成本目标管理，9项管理创效工作降费增效明显。按时保质完成总部下达的股改任务，强化会计基础、现金资产管理，节约利息支出243万元。强化审计监督，开展离任审计、内部控制、非油品经营管理专项审计，组织招标控制价编制、竣工结算和决算工作。大力推进信息化建设。持续完善加油卡系统建设，实现卡机联动100%覆盖；新增微信营销平台加油卡绑定功能，完成移动OA顺利上线；组织开展安全网关部署工作，成功防范“蠕虫”勒索病毒，确保全年无信息安全事故。

（邓轶涵）

【大力推进“八项改革方案”】 2017年，内蒙古石油分公司为破除制约提升市场竞争力的陈旧僵化机制，成立深化改革领导小组，设置6个改革工作组，分别研究制订干部人事、薪酬分配制度、绩效考核、加油站管理、油库管理、直分销管理体制、非油品经营管理、网络发展8项改革方案，加大人力物力政策支持，形成“改革方案+配套措施”系统改革方案。其中，薪酬、绩效、直分销等改革措施取得明显成效，为各项工作的全面提升起到关键作用。

（邓轶涵）

【充分发挥绩效考核指挥棒作用】 2017年，内蒙古石油分公司根据总部考核导向，优化两级公司绩效考核指标和权重，突出效益和销量指标，增设扩销增量专项奖励。实施全员绩效考核，将两级机关一般管理人员纳入绩效考核范围，完成全员薪酬结构调整，人均每月工资增加270元。深入开展“三定”工作，积极推进“三项制度”改革，人工费实施线条切块管理，赋予盟市公司二次分配权限，对所有站点分7类定岗定资，分类确定升油联量工资，将加油站联量绩效薪酬比例提高至70%。改革实施以来，一线员工年收入增长16%，极大调动了基层员工增量创效积极性。

（邓轶涵）

【围绕中心抓党建】 2017年，内蒙古石油分公司把学习宣传贯彻党的十九大精神作为公司首要政治任务，研究制订学习实施方案，持续掀起学习宣传贯彻热潮，用实实在在的经营业绩和管理成效，把学习成果转化为扎实的生动实践。推进党建与中心工作深度融合。以“争创一流、勇当第一”劳动竞赛为载体，创造性落实“转观念、勇担当、创效益”专题讨论，受到集团公司肯定。每月评比“销售明星加油站”“销售能手”，激发了广大干部员工积极性。抓好党委自身建设，提升政治引领能力。健全《党委工作规则》等制度体系，全年召开19次党委会、13次中心组学习、4次党建工作季度对接会，着力提升党建工作水平。成功召开第一次党代会，完成党委换届，基层党支部从7个增加到17个，占支部总数的41.5%。出台《加强和改进机关作风建设实施方案》，对机关处室工作作风考核评分，每季度评选“优质服务先进处室”，大力促进机关作风转变。坚持正确选人用人导向，强化干部员工队伍建设，充实非油品、直分销线条人员60余人，持续强化处级、科级干部教育培训，全年组织培训库站员工10 054人次。压实“两个责任”，成立监督委员会，落实监督体制改革方案，逐步构建“大监督”工作格局，修订完善《干部“六不准”规定》等5项制度，建立处级以上干部廉洁“活页夹”，有效运用“四种形态”加强监督执纪，开展住房专项巡察等工作。抓实群团维稳工作。成功召开工会第二次代表大会，完成工会换届。开展“寻找最美青工”、职工运动会等工团活动。基层员工涌现出勇救落水群众不留姓名、拾到30万元巨额现金主动归还失主、拒售散装汽油勇斗歹徒等先进事迹，树立了中国石化的良好形象。

（邓轶涵）

表1 **内蒙古石油分公司主要经营指标**①

指标名称＼年份	2017	2016	2015	2014	2013	2012
成品油销售总量/万吨	192.22	166.25	184.48	179.11	165.31	186.79
零售量	120.27	108.91	97.56	106.15	125.07	132.30
销售收入/亿元	106.31	81.85	96.89	125.09	122.17	141.08
利润/亿元	1.50	0.51	0.03	-0.11	1.20	1.00
吨油费用/元	348.00	378.00	346.00	345.07	344.82	303.20
加油站总数/座	368	360	372	372	367	339
油库数量/座	9	10	10	10	10	8
铁路专用线数/条	9	10	10	10	10	7

①以上指标均不含参股公司

新疆石油分公司

【概况】 中国石化销售有限公司新疆石油分公司（简称新疆石油分公司）是中国石化在新疆的唯一成品油销售企业，本部位于新疆乌鲁木齐市长春南路466号。新疆石油分公司主要负责中国石化在新疆地区的成品油销售与营销网络建设，主营汽油、柴油、润滑油、非油品和其他石化产品的零售、直销配送、批发、仓储业务。2010年1月，集团公司为加快在新疆地区的发展，与在疆的油田、炼厂发展相配套，确保开采的石油资源就地加工、就地销售，支持与服务于新疆的经济建设和社会发展，进行管理体制调整，新组建新疆石油分公司，隶属中国石化销售有限公司直接领导。2012 年 10 月升格为大Ⅰ型企业（正局级）。

截至 2017 年底，新疆石油分公司设有 12 个职能处室、3 个专业中心，下辖 9 个地市分公司、1 个全资子公司、10 个控股公司、1 个参股公司。有基层党委 10 个、基层党支部 72 个。拥有员工总数2 772 人，资产总额 58.12 亿元，加油加气站 392 座（其中加油站 357 座、加气站 35 座），易捷便利店 349 座，CNG 母站 1 座，油库 13 座、总库容 27.75 万立方米。

2017 年，新疆石油分公司完成经营总量 288.98 万吨，其中成品油经营总量为 283.66 万吨（零售 143.1 万吨、直分销 140.56 万吨）、同比增幅 10%；天然气销量 5 636 万立方米，增幅 7%；非油品营业额（含润滑油）2.41 亿元，增幅 38%；吨油费用 258 元、降低 8 元；实现累计报表利润 1.32 亿元，全面完成全年目标任务。

新疆石油分公司主要经营指标见表 1。

（李　飞）

【成品油经营量连续 2 年排名区外第一】 2017 年，新疆石油分公司牢固树立“上中下游一体化、效益最大化”和“算账式经营”理念，以“塔化资源全产全销”为己任，以“全员营销劳动竞赛”为抓手，坚持目标导向、问题导向、考核导向和底线思维，拿出 1 380 万元效益薪酬推动全员营销，与农业银行、邮储银行等单位推进交叉营销，一手抓资源优化增效，一手抓物流优化降本，综合运用油非互促、交叉营销、IC 卡固粉、商圈建设、周末（节日）钜惠、加油卡“五进”促销、做实撬装站销量等措施，实现油气量效稳步增长，高标号汽油销量增长 44%，发售柴油联名卡 6 420 张，全年开发新客户 547 家、增量 12.57 万吨，成品油经营总量 283.66 万吨、同比增幅 10%，成品油经营量连续 2 年排名区外第一。

（李　飞）

【非油品业务快速发展】 强化核心商品营销，加快推进新业务发展，开展微信支付及微信电子券业务，积极开展疆品外销，推进与新疆烟草的合作，组建新疆特色商品推广体系，为“惠及当地”做出新贡献。全年开展专项营销活动 25 次，打造广告业务站点 10 座、汽服站点 7 座、综合服务样板站 3 座，香烟销售额 6 000 余万元，与兵团果业合作实现销售 500 万元，微信关注人数超 22 万人、带动消费 453 万元。积极与中国人民解放军新疆哈密军分区开展“军企共建”，成立中国石化首座易捷—军营便利店。

（李　飞）

【销售网络发展再掀新高潮】 落实总部“经略南疆”战略首战告捷，发挥中国石化品牌优势，抓住机遇建设高速项目，推行轻资产发展，狠抓加气站投营，注册新成立伊犁、奎屯、哈密 3 个合资公司，全年获得轻资产新项目 26 座，批复 11 个；建成投营高速公路油气站 4 个，其中哈密大泉湾对站的建成投营，实现 G30 哈密段零的突破。在喀什落实 30 个项目的规划选址，全年新增加气站 9 座。

（李　飞）

【积极履行央企社会责任】 积极承担“访惠聚”驻村、扶贫“民族团结一家亲”3 项政治任务，在两级公司开展“发声亮剑誓师”活动，为实现新疆社会稳定和长治久安做出应有的贡献。先后派出工作队 11 批次、队员 47 人，得到自治区党委、政府的高度认可，被评为自治区优秀派出单位和“访惠聚”先进工作队称号。2017 年 5—7 月，中国石化光明号健康快车第 5 次赴新疆、第 2 次赴喀什开展扶贫救盲，新疆石油分公司负责具体承办，其间组成志愿者为患者提供指引、翻译等服务，共完成 1 100 例白内障治疗手术。积极响应绿色低碳发展理念和节能减排任务，推进油气回收改造和油罐、管线防渗改造。

（李　飞）

【企业管理再上新台阶】 扎实开展 QHSSE 工作，推行推进序时跟踪和全员成本目标管理，深化单站模拟核算，有效转化审计成果，以“三基”工作、视频监控、一站一策、达标创星为抓手，狠抓站前管理与服务，强化对站、库作业现场和施工现场的远程督察监管，完成 294 座加油站的地罐交接，国家、总部、自治区及各地州抽检的 187 个油样全部合格。全年投入安保费用 1.2 亿元，选拔调整 60 余名骨干人员。集团公司 HSE 综合能力评价成绩由 C 档晋升为 B 档。梳理制定“三基”工作任务 151 项，全年完善管理制度及内控办法 25 项，连续 8 年被评为自治区安全生产先进单位。

（李　飞）

【打造干事创业、风清气正的政治生态】 按照集团公司党组和销售公司党委部署，围绕新疆“社会稳定长治久安”总目标和新疆石油年度工作目标，抓规范促融合，建立健全党的组织体系，严格落实管党治党责任，推进全面从严治党向基层延伸，党建工作质量不断提升，政治生态明显好转，干部队伍精神面貌焕然一新。党支部总数由2016年的33个增加到71个，48个片区、油库已配备专职党支部书记、党建专岗29人；在公司层面设立党委办公室、党委宣传部、党委组织部等部门，在所属9个地市公司设置党群工作部和组织部门，配备专职党务人员41人；先后建立完善《党委工作规则》等17项党建制度；在营站实现"站站有党员"联系，员工满意度达97%。在2017年集团公司党建考核中晋级为A档，获2017年全国"安康杯"劳动竞赛优胜企业和新疆自治区开发建设新疆奖状称号。

（李　飞）

表1　　新疆石油分公司主要经营指标

指标名称＼年份	2017	2016	2015	2014	2013	2012
成品油销售总量/万吨	283.66	257.61	226.40	203.56	208.76	186.97
零售量	143.10	133.72	120.82	120.59	118.99	100.74
销售收入/亿元	160.35	128.88	121.77	141.15	149.69	138.25
利润/亿元	1.32	0.66	0.42	−1.37	1.11	0.60
吨油费用/元	258.00	266.00	290.00	309.00	242.37	243.00
在营加油(气)站总数/座	392	395	395	395	368	343

吉林石油分公司

【概况】 中国石化销售有限公司吉林石油分公司(简称吉林石油分公司)是中国石化在吉林省设立的全资子公司，是吉林省主要的成品油供应商之一，主营汽油、柴油、天然气的批发和零售，同时开展加油站便利店经营等业务。其前身是中国石化销售有限公司东北吉林省分公司。2009年11月，根据中国石化总部调整区外油品销售企业管理体制的重大决策，重组成立中国石油化工股份有限公司吉林石油分公司，下辖吉林市、白城、天然气3个区域分公司；2010年经总部批准，松原、四平、延边、通化4个分公司成立；2014年经总部批准，长春分公司成立。2014年5月，集团公司对油品销售板块业务实施重组要求，更名为中国石化销售有限公司吉林石油分公司。截至2017年底，吉林石油分公司共设8个分公司；拥有自有油库2座、天然气CNG母站2座。经营范围覆盖吉林省内7个地市，初步形成成品油与天然气并举、供销一体化的经营格局。

截至2017年底，吉林石油分公司下设11个处室，共有员工1 164人，其中合同制员工1 081人、劳务工83人；具有高级职称的4人、中级职称的31人；技能操作人员中，高级技师1人、技师11人，高级工134人、中级工139人。

2017年，吉林石油分公司经营总量达75.58万吨。销售成品油65.76万吨、天然气1.16亿立方米，非油品营业额1.03亿元；实现报表利润6 508万元；吨油费用592元。单站日均销量8.07吨，在营站165座，其中自营站40座(加油站25座、加油加气站15座)、小站改革委托经营站125座。安全HSE管理由C级跃升为B级，安全环保数质量工作运行平稳。

吉林石油分公司主要经营指标见表1。

（雷委山）

【成品油经营】 2017年，吉林石油分公司树立由油品供应商向综合服务商转变的理念，树立应对新市场新业态的新竞争策略理念，树立量效兼顾、以量为主、以量保效增效的理念，树立价值管理理念。建立"资源顺推量效分析模型"等7个模型。应用资源顺推法，统筹零售、直分销经营，发挥零售高创效能力和龙头效应，机出零售全力扩销；消化串换资源，引导更多外采资源进入零售，提升创效能力；同时给直分销腾出利用外资源的价格优势，直面参与市场竞争的空间统筹机出零售价格，油非互促、IC卡营销等综合机出零售价格资源，综合算账，寻找增量，量效兼顾、以量为主、以量保效增效的最佳平衡点，紧盯市场，主动作为，全力以赴，扩销增效，全年成品油直分销同比增幅40.7%、零售增幅16.5%，其中柴油增幅22.2%，区外企业排名第一。

（雷委山）

【做大做强天然气业务】 2017年，吉林石油分公司从资源入手，与东北油气田签订气价供应协议，为拓增新市场提供优势竞争资源，在长春市、吉林市等重点区域的CNG、LNG市场不断发力，市场份额由11%提升至23%，赢得市场话语权；通过强化竞争意识，抢夺黄金终端市场，探索有效的内部检维修模式，加强加气站设备管理，确保加气站安全稳定运行，保障设备开工率达100%。全年天然气零售同比增长31%。利用东北油气分公司在华润和乾源LNG工厂代加工的LNG资源，开展LNG直销业务，扩大直分销控制区域，成功开发多家LNG直销客户，全年天然气直分销增长157%。

（雷委山）

【推进非油品业务发展】 2017年，吉林石油分公司以燃油宝、尾气处理液联量计提到个人激励奖励政策为抓手，推进非油品业务发展，全年销售燃油宝同比增长181%，增幅55%，在中国石化区外企业排名第二。通过大力开展油非互促、加油有礼、名品进万家、开通微信支付，打造线上服务平台，积极探索非油品新商业模式。积极开拓汽服、保险、广告等新业务，实现多业态发展，打造新的效益增长点。截至年底，微信关注人数已达19.6万人。建成汽服店1座、广告营销牌50块。

（雷委山）

【管理创效初见成效】 2017年，吉林石油分公司在经营管理上坚持“事前算赢”，抓业务和财务融合优化，建立“周测算、月分析、适时优化、快速调整”的部门联动协同机制，紧贴资源政策和市场变化，及时调整优化外采结构、经营结构、价格策略，努力争取更大效益；通过与消防部门、地税部门沟通，实现2座油库减免土地税的政策，节约土地使用税；通过改变固有取款方式，与工商银行合作，大幅度缩减财务费用；通过抓考核优化，突出联量计酬，把效益指标、销量指标、非油品指标完成情况与市公司绩效薪酬全面关联，与省公司机关管理层月度考核评价50%—70%量化关联，与加油站一线员工、客户经理“吨油计提，非油计件”全额关联，多劳多得，增量增薪。考核调整直接提高一线员工的销售和服务热情，开口营销、进站加满率等软指标得到提高。

（雷委山）

【销售网络发展建设和信息化建设稳步推进】 2017年，吉林石油分公司加快推进项目建设投营，重点项目取得积极进展，与白山市天天物流有限公司“他有我营”加油站正式签约如期运营；与吉林华正农牧业股份有限公司签订天然气气化站合作协议，成功填补吉省林石油天然气气化站的空白。坚持拆一补一原则，与延边州政府签订延边公园路加油站拆一补一协议。坚持发展为经营服务，通过提质改造，扎实推进项目实施投营，积极服务经营创效。加快推进信息化建设，开发吉林石油综合业务管理平台，完成所有在营加油站和油库液位仪系统联网和全省网络改造升级和资金监管、普通发票、无纸化会议等系统上线运行，为加油站开通WiFi服务，将加油站、便利店、储运设施等实体网络与信息系统有机融合，不断提升信息化支撑水平。

（雷委山）

【企业安全平稳运行】 2017年，吉林石油分公司在安全管理上全面构建“党政同责、一岗双责、齐抓共管、尽职尽责、失职追责”全员抓安全的责任体系，强化提升安全管理水平，投入整改资金用于隐患治理，启动2库、19座加油站“7S”标准化建设，在2017年集团公司HSE安全评价考核中，跃升为B级企业。按照“谁主管、谁负责”和“管业务必须管安全”的原则，建立7个安全专业分委会，完善规章制度。组织“四不两直”日常督察和专项安全检查，开展消防应急预案比武、“全员安全诊断”和应急管理年活动，把安全生产融入企业生产经营全过程，从思想上彻底转变“安全只要不出事就行”的最低标准意识。加强承包商安全管理，制定《中国石化吉林石油承包商安全管理规定》，举办2期承包商现场负责人、安全管理人员培训，确保企业施工安全。贯彻落实“以保带修”的设备管理理念，将每周四作为设备维护保养日，每月18日作为安全演练日。严把各环节油品质量关，突出加强外采资源和委托站质量管理，确保销售油品100%合格，在国家、省内各级政府职能部门和集团公司组织的质量抽检中全部合格。加油站地罐交接工作有序推进，通过协议签订、地罐标定统计、系统安装调试、数据汇总统计、标定后的最终核验等流程，完成全部地罐核验工作。

（雷委山）

【企业管理持续加强】 2017年，吉林石油分公司扎实推进“三基”工作与专业管理有机结合，推广加油站《营销决策》《月度重点工作》等“三基”工作九指引（营销决策指引、年度重点工作指引、岗位工作流程指引、现场服务指引、安全工作重点时刻指引、站内“两会”指引、党建工作指引、队伍建设及晋升渠道指引、基本功训练培训指引），建立加油站“两会”长效机制，突出强调“事前算赢”的预算理念，建立月度营销调度会制度，深入推进全面预算管理，实现“以月保季、以季保年”的过程管控机制。通过抓住责任落实，理清职能职责，明确岗位责任制，审计、监察、法律等线条不断强化风险管控。通过“回头看”促进审计整改。改善经营管理建议工作成果卓越，是区外唯一同时获得销售公司改善经营管理建议进步单位、优秀组织部门及优秀地市分公司3个奖项的公司。

（雷委山）

【党建工作和队伍建设稳步开展】 2017年，吉林石油分公司在企业党建工作中制定《基层支部工作细则》，着力增强党支部建设在“三基”工作中的引领带动作用，推进基层建设、基础工作、基本功训练，实现基层党建与生产经营融合。推进“两学一做”学习教育常态化，成立党员服务队、突击队、示范队，党员先锋模范作用进一步加强。加强思想宣传工作，共在内外媒体发表文章1 251篇。结合“转观念、勇担当、创效益”专题讨论和学习贯彻十九大精神，重点宣传在企业经营、改革、发展中涌现出来的先进典型，尤其是对十九大代表、“大国工匠”金文玲的先进事迹进行广泛宣传。深化“家文化”建设，结合“走基层、访万家”活动和“7S”建设工作，为库站建设配置必要的文体设施，改善员工工作和生活条件。重点抓好“四风”问题整治回头看、违反“八项规定”进行职务消费、领导干部履行“一岗双责”等工作。建立领导干部廉洁“活页夹”，组织8个党总支、44名中层及以上干部签订廉洁建设责任书和承诺书，层层压实责任，强化“一岗双责”。强化干部队伍建设，开展中层领导人员公开述职和考核，进一步提升干部履职能力。加强干部管理与监督，实施领导干部个人有关重点事项报告工作，报告率实现100%。选人用人工作进一步规范，严格按照程序对党委管理干部进行调整，确保干部选拔任用工作的严肃性，提高选人用人的公信度。

（雷委山）

表1　　吉林石油分公司主要经营指标

指标名称＼年份	2017	2016	2015	2014	2013	2012
成品油销售总量/万吨	65.76	54.30	47.42	54.25	49.32	55.85
零售量	48.70	41.78	38.11	39.58	34.35	37.00
天然气销售量/亿立方米	1.16	0.65	0.78	0.93	0.98	0.80
非油品销售/亿元	1.03	0.62	0.49	0.38	0.24	0.28
销售收入/亿元	40.99	30.42	29.28	42.05	39.85	44.87
利润/万元	6 508.00	3 864.00	283.00	407.00	-2 148.00	2 003.00
吨油费用/元	592.00	648.00	675.00	535.00	492.00	422.00
加油站总数/座	165	162	152	148	147	140

黑龙江石油分公司

【概况】 中国石化销售有限公司黑龙江石油分公司（简称黑龙江石油分公司）位于黑龙江省哈尔滨市道里区通达街307号。其前身是中国石化销售有限公司东北黑龙江分公司，2010年1月1日调整为股份公司直属企业，更名为中国石油化工股份有限公司黑龙江石油分公司；2014年5月更名为中国石化销售有限公司黑龙江石油分公司。为国家大型二级企业，是中国石化在黑龙江省的唯一企业，主要从事汽油、柴油、煤油、润滑油等成品油批发零售、天然气业务、非油品业务。

黑龙江石油分公司集仓储、物流、销售、服务于一体，全权负责中国石化在黑龙江省境内的成品油、天然气、非油品销售等经营业务和销售网络建设工作。截至2017年底，员工总数由2010年的567人增加到1 531人；机关本部设有9个职能部门，下辖6个地市公司及2个控股子公司和1个参股公司；在营加油（气）站总数从2010年的75座增长到151座，非油品易捷便利店由18座增长到137座，年非油品销售额由824.7万元增长到1.72亿元；油库（含租赁、控股)由1座增长到5座，总库容达7.9万吨。2017年实现油气经营总量102.56万吨，其中成品油经营量99.74万吨。

黑龙江石油分公司主要经营指标见表1。

（王华峰）

【多项指标实现突破】 2017年，黑龙江石油分公司经营总量突破新高，同比和报表利润完成率排区外企业第1名，获销售公司“比学赶帮超”红旗14面。在销售公司2017年度地市公司“两力”评价中，哈尔滨石油分公司列区外地市公司综合竞争力第2名，大庆石油分公司列区外地市公司发展进步能力第1名，佳木斯石油分公司列区外地市公司发展进步能力第10名。实现了“区外争上游，五小争第一”的奋斗目标。全年未发生上报集团公司、销售公司级安全数质量和媒体负面舆情事故。

（王华峰）

【统筹资源创效空间】 2017年，黑龙江石油分公司活用资源顺推法，坚持“先算后干、算赢再干”，以总价差收入最大化为目标，通过动态算账、量化分析等手段，推演不同资源进入不同销售环节盈亏情况，找准量效最佳平衡点，科学把握采销节奏，确保当期经营实现量效兼顾。坚持以串换资源和外采资源为主、配置资源和集采资源为辅，协调开通中国石油齐齐哈尔市、鸡西市、绥化市油库直接进站业务，实现物流由保障型向经营型转变，全年串换油品累计32.5万吨，物流优化创效1 703万元；与黑龙江省中粮生化能源(肇东)有限公司合作，全年购进燃料乙醇3.83万吨，优化乙醇调和比例，间接创效113万元。配合政府部门专项整治黑窝点、流动加油车、私建油罐等非法经营主体，机出同比增幅较整治前增加10个百分点。多次与中国石油联合议价，解决低价资源严重扰乱市场问题，为资源创效和经营稳量提供了有利条件。

（王华峰）

【零售活力有效激发】 2017年，黑龙江石油分公司用好“三部曲”和“一站一策”竞争策略，全面参与市场竞争。哈尔滨光远加油站成为全省第1座破2万吨的加油站，绥化肇东二、三加油站与新增对手建立价格协商机制，首次实现双站破万。零售同比增幅，由一季度排名区外最后一名扭转为全年排名第二，市场份额提升4个百分点；全年机出万吨站14座，增加4座。坚持精准营销，开展汽柴油会员日时点降价和高标号、农用油客户满额送礼等营销活动，高标号汽油占比区外第二，增幅第三，农用油销售增幅18%。推进中交联名卡发行工作，持卡比例增加6.5个百分点，异地卡本省加油量增加28%，联名卡开展效果排名区外第四；积极开展跨界营销，利用建行、农行、邮储等银行营销资源434万元。

（王华峰）

【非油品特色增长显著】 2017年，黑龙江石油分公司非油品销售额同比增长30%，利润增长18%，在中国石化销售企业区外公司排第7名。根据季节特点，围绕重点商品实施“月月有营销、节节不空过”的营销策略，着力打造精品样板店，对全省7家便利店进行布局陈列、形象设计等升级改造。基础品类增幅32.4%，重点商品增幅59.9%；大力开展店外团购推销，参加第5届中俄贸易博览会，召开重点商品品鉴会，店外销售增幅104.5%；大力推广本土特色商品，龙江大米实现销售1.3亿元，省级名优特商品销售额在系统排名领先。

（王华峰）

【盘活存量用活增量】 2017年，黑龙江石油分公司盘活投营嫩江一二、龙新等6座加油站，租赁投营广信路加气站，开工建设异地迁建的卜奎站，完成哈尔滨鸿运、佳木斯同三加油站续租工作。采取“轻资产”发展模式，审批“他有我营”加油站17座，已签订合同12座，投营10座。

（王华峰）

【安全环保长效推进】 2017年，黑龙江石油分公司成立6个专业安全分委会，每季度召开分委会安全专题会议，3名领导班子成员承包3座自有油库，9个部门副处级以上领导干部承包分公司管理薄弱的加油站开展安全工作。全年组织安全培训6次，共计上线培训3 788人次；先后6次修订完善HSE责任制，逐级签订HSE责任书320份，全员签订HSE承诺书1 531份，签订率100%；加强安全检查、督察，安全督察队累计发现安全问题936项，整改完成897项，整改率达95.8%；严格运行质量体系，全年内部抽检、集团公司抽检、国家抽检合格率均为100%；完成110座加油站环保手续补办，环保“三同时”合规完成率72.8%；完成120座加油站油气回收改造、43座加油站双层罐更换和37座燃煤锅炉更换工作；进行“碧水蓝天”工程改造，依法依规处置危险废物26.34吨。

（王华峰）

【精益管理源头创效】 2017年，黑龙江石油分公司把财务工作重心由核算端向业务端延伸，采用全价值链管理模式，将效益指标分解落实到资源摆布、销售规模、库存运作、损溢管理等全价值链的各个环节，逐一比对落实，建立以资金管理为核心、以财务绩效指标体系为导向的全面预算管理体系，把全员成本目标管理融入到各项工作中，建立涉及经营、零售、发展、数质量、财务、人力资源、综合七大板块共27项成本管理指标，形成组织体系、制度体系、指标体系、责任体系、运行体系、考核体系六大体系，通过运行全年吨油费用降低87元。

（王华峰）

【人力资源持续优化】 2017年，黑龙江石油分公司实行岗位靠竞争、绩效靠贡献、队伍靠建设、干部靠培养策略。开展中层干部优化调整，10名年轻干部充实地市班子队伍；开展后备干部公开竞聘选拔，21名青年干部纳入后备干部人才库管理；开展省市两级机关全员竞聘，19人由地市选拔到省公司；开展新入职大学生"师带徒"培养计划。优化岗位设置，省市两级管理机关岗位由原来的196个岗位精简为174个岗位；优化定员设置，机关管理岗位对比销售公司定员标准优化节约用工34人；优化收入分配制度，联量计酬促进基层从"增量要人"向"优化节编"转变。

（王华峰）

【风险管控持续增强】 2017年，黑龙江石油分公司加强网络安全基础设施建设，增加主干网防火墙14台，部署网络准入系统，防护覆盖省、市、库、站所有电脑终端。勒索病毒爆发期间，进行安全预警并封堵445端口，未发生电脑病毒感染事件。全年审查合同1 026份，审批率达100%。通过诉讼代理赢得租赁站、办公楼和历史遗留撬装站3起重大合同纠纷胜诉，挽回直接经济损失430万元，规避风险资金1 500万元。编写业务管理和操作手册10册，规范业务流程312个，完善管理制度和办法60项，形成岗位操作说明书。

（王华峰）

【党建功能持续发挥】 2017年，黑龙江石油分公司将习近平新时代中国特色社会主义思想和党的十九大精神融入"两学一做"学习教育常态开展，省市领导班子讲授党课41次；严格落实党委会和班子会议事规则，全年召开党委会和班子会共44次；讨论议题86项，明确决策事项53个。落实两个责任，形成大监督格局，建立任前谈话和礼品礼金登记制度，完成领导人员廉洁情况"活页夹"，对非油品采购、安全隐患治理"碧水蓝天"环保专项行动、禁止领导人员亲属经商办企业与中国石化发生业务往来、"八项规定"精神、油品数质量等项目进行效能监察立项。开展"二次创业"专题讨论、"青春五四、为美好生活加油""魅力石化、快乐六一""夏送清凉、冬送温暖""喜迎十九大、魅力看石化"视觉作品大赛等主题活动，通过"走基层、访万家"活动走访加油站153座，在"寻找最美青工"活动中选树优秀青工12人，推荐上报青工委6人。在哈尔滨迎宾加油站开展"情暖驿站"活动，持续为环卫工人、交警、客户等群体提供服务。

（王华峰）

表1 黑龙江石油分公司主要经营指标

指标名称＼年份	2017	2016	2015	2014	2013	2012
成品油销售总量/万吨	102.56	74.03	64.25	96.34	88.67	77.50
零售量	61.86	52.45	51.37	59.45	84.08	57.00
销售收入/亿元	58.75	40.41	42.67	67.08	65.05	60.00
利润/亿元	1.20	1.10	0.25	0.09	0.32	0.28
吨油费用/元	379.00	466.00	443.00	356.00	352.00	350.00
加油(气)站总数/座	160	162	160	163	162	161
油库数量/座	5	6	6	5	5	4

青海石油分公司

【概况】 中国石化销售有限公司青海石油分公司(简称青海石油分公司)成立于2003年3月，主要承担中国石化在青海省境内成品油的销售、管理和调运任务，经营范围涉及汽油、柴油、润滑油及非油品销售等业务，是中国石化在青海地区唯一成品油销售企业。本部位于西宁市，省公司机关设有10个职能处室，下辖西宁、格尔木、海西、海东、海南5个地市级分公司。拥有加油(气)站169座，其中加气站3座；易捷便利店138座；油库4座，分别为西宁大通油库、格尔木油库、海西柯柯油库、湟源中心油库，总库容达13.5万立方米。网点遍布西宁市、格尔木市、海东市、海西州、海南州、海北州、黄南州及109、214、227、315国道沿线、京藏高速公路沿线和省道沿线，后续网点建设工作正在有条不紊进行中。

青海石油分公司主要经营指标见表1。

(王　瑜)

【经营总量实现进一步增长】 2017年，青海石油分公司紧紧围绕“一切为了经营、一切服务经营、一切服从经营、一切确保经营”的工作目标，采取“紧盯市场，决策经营”“确保资源，支撑经营”“紧贴市场，灵活经营”“差异营销，促进经营”的经营方针，在全年经营环境不利的条件下，资源策略与时俱进、依市调整，强化配置统筹，提升外采创效，强势面对市场竞争。全年直分销同比增加5个百分点，零售销售比重达82%，机出零售增加6个百分点，高标号汽油销量增加32个百分点。

(王　瑜)

【快速拓展终端市场】 2017年，青海石油分公司零售总量实现新突破。突出做大自营机出零售规模，出台零售“232”专项考核方案，强化市场细分、营销策划、考核引导、油非互动、现场管理等措施，进一步扩大零售规模。抓住旅游旺季汽油消费增长的机遇，以油非互促、加油卡营销、微信营销等为手段，全年机出零售总量近60万吨，增长6个百分点。以便利店为依托，有效扩大非油经营规模，为油品经营提供重要营销支撑。全年完成非油品营业额年度目标任务的1.23倍，增长58个百分点，提前2个月完成全年非油品年度任务目标。实现500万元门店1座，100万元门店39座。实现海东分公司4座高速公路服务区加油站精品便利店的营业，改变了青海省高管局不允许高速公路加油站经营便利店的历史，便利店日销售额达万元。格尔木分公司首座机场便利店顺利营业，实现了系统内首座机场便利店的突破。

(王　瑜)

【安全管理得到加强】 2017年，青海石油分公司强抓HSSE管理，提升本质安全环保水平。认真落实省公司安委会和两级安全分委会的岗位职责，修订《青海石油QHSE工作考评奖惩办法》，编制《建筑工程现场安全文明施工标准化手册》和《建筑工程施工质量标准化图册》。设立地市公司专兼职安全总监，成立两级专职督察队，立足“识别大风险、消除大隐患、杜绝大事故”，以“零容忍”的态度加大安全环保检查，全年共组织安全检查120余次，通过微信平台即时通报各类问题274条，即时通报各分公司重点问题89条，整改率87.64%，对5个隐患项目按照“五定”要求进行整改落实，实现全年无上报等级事故发生，确保了企业安全平稳运行。

(王　瑜)

【数质量总体受控】 2017年，青海石油分公司强化自采油品质量风险管理，有效保证油品质量“零缺陷”，从严管理油品损耗，加油站油品溢余增幅160%，油库溢余增幅88.3%。以“7S”标准化建设为抓手，积极落实“7S”管理各项措施，“7S”管理工作取得阶段性成效。全年未发生上报数质量事故及媒体曝光事件，有力维护了中国石化品牌形象。

(王　瑜)

【销售网络发展质量不断提高】 2017年，青海石油分公司在前期市场分析的基础上，积极谋划，先后成立黄南州、玉树州、果洛州办事处，安排专人跟进市场、实地调研，在黄南州取得1座加油站立项手续，在玉树州洽谈3家租赁站项目；打破主要竞争对手对高速路加油站的垄断，取得川大高速古鄯服务区等10座高速服务区加油站的建设经营权。加快网络建设步伐，新建加油站12座、加气站2座，提量改造加油站11座，歇业复营加油站2座，完成全省加油站液位仪安装、油气回收项目的改造，累计规范土地124宗、房产102宗。

(王　瑜)

【队伍素质得到提升】 2017年，青海石油分公司进一步深化内部激励机制改革，推动两级机关部门内部量化考核，突出基层员工自营机出零售、非油品重点商品销售等“以业绩论英雄”的考核导向，严考核、硬兑现；妥善处理效率与公平的关系，推动企业增效、员工增收，实现由压力传递向激励引导的转变。全省职工薪酬平均增幅16个百分点，加油站员工人均薪酬增幅21个百分点。立足本地化培养，大力开展学习型组织建设，通过岗位练兵、导师带徒、兼职讲师培养、强化技能鉴定等工作，实现全员技能素质的提高，拥有技师7名、高级工34名、中级工101名。

（王　瑜）

【党建工作扎实推进】 2017年，青海石油分公司以学习贯彻十九大精神为统领，扛起管党治党责任，提升改革发展的引领力。制定下发《加强基层党组织建设三年规划纲要》《基层党委加强基层党支部建设指导意见》等相关制度，完善“三重一大”决策制度和党建工作责任制，完善13项基层党支部工作制度，探索开展“党员代表制”，推动管党治党责任向基层延伸。进一步完善干部制度建设，优化干部队伍结构，省公司党委会专题研究干部队伍现状，统筹干部队伍建设，规范细化选人用人程序，突出政治标准和业绩导向，注重从基层一线选拔干部。向西藏石油分公司输送7名骨干管理人员，为5家地市分公司均配备1名“80后”年轻干部。制订《青海石油完善人才成长通道建设方案》及配套办法，加快高层级专业技术和技能操作人才队伍建设。全年共有16名员工取得专业技术职务任职资格，增幅达41%；4人通过技师鉴定，通过率达100%；技师总人数由3人增加至7人，油品储运调和操作工技师实现零突破。

（王　瑜）

表1　　青海石油分公司主要经营指标

指标名称＼年份	2017	2016	2015	2014	2013	2012
成品油销售总量/万吨	71.96	71.05	80.70	79.89	68.97	65.00
零售量	58.70	58.17	52.01	50.09	45.78	42.09
销售收入/亿元	44.62	39.66	42.34	54.71	50.12	47.36
利润/亿元	0.14	1.01	0.15	-0.55	0.21	0.02
吨油费用/元	442.00	439.00	399.00	366.00	365.00	343.02
加油站总数/座	169	156	151	149	138	119

甘肃石油分公司

【概况】 中国石化销售有限公司甘肃石油分公司（简称甘肃石油分公司）位于甘肃省兰州市，成立于2010年1月，前身为中国石化销售西北甘肃分公司，主要承担中国石化在甘肃境内成品油市场的销售、管理和调运任务以及甘肃可利用资源的开发协调，主要经营汽油、柴油、润滑油、车用天然气、燃料油以及非油品销售等业务。

截至2017年底，甘肃石油分公司设综合处、企管法律处、人力资源处、财务资产处、纪检监察处、安全数质量处、零售管理中心、发展基建处、经营管理处、商业客户中心10个职能处室，下辖酒泉、张掖、武威、白银、兰州、定西、天水、平凉、庆阳9家地市级分公司及1家合资公司。拥有在营加油站122座、在营加气站6座、自有油库2座、在建油库1座、铁路专用线2条（其中自有线1条），资产总额24.72亿元。现有合同制员工779人，委托站员工402人，其中党组管理干部3人、中层干部27人。大专以上文化程度505人，占合同制员工总数64.8%。公司下辖2个党委、7个党总支、22个党支部，共有党员231名，占员工总数29.7%。

甘肃石油分公司主要经营指标见表1。

（张　媛）

【努力实现经营创效】 2017年，甘肃石油分公司以自营库、租赁库布局及中国石油全省13座串换油库为依托，统筹平衡资源，持续优化配置，合理把控资源发运节奏，在极为困难的物流条件下基本满足油品经营需要，提高了资源的创效水平；通过灵活调整零售经营策略，坚持践行零售竞争“三部曲”，严格落实“点上竞争要狠、面上竞争要稳”的竞争思路，理性把握竞合关系，将全省所属站点依据地理位置划分区域，将减量明显的省域交界站点作为主力竞争站点，配套油非互动、持卡优惠等活动，全年经营总量50余万吨(含天然气)，零售量40余万吨，同比增长0.33%，实现非油品收入近6 000万元；坚决做好资源优化和区位资源精准摆布，确保市场资源供应和物流平稳运行，在外采资源组织上坚持“三不采”原则，充分考察外采供应商油品质量、价格等，全年根据时间节点自采低价资源创效近2 000万元；在全公司范围内开展“大干100天销售活动竞赛”“油非双增长”“周末降价”“点对点竞争”“高标号汽油”“柴油联名卡”等专项营销活动，将全省具备刷卡条件的106座在营加油站按照地理位置、竞争区域等因素综合制定差异化的阶梯定价措施。全年油非互动活动带动非油销售近3 000万元，加油卡发卡量超过10万张、增幅21.92%，充值额近10万元、增幅28.16%。

(张　媛)

“产业扶贫·助力甘肃”2017年中国石化
甘肃特色农牧产品订货会

【全面启动农牧品销售】 2017年，甘肃石油分公司农牧品销售工作全面启动，共向省外供货800余万元。通过订货会、宣传片和微信等多种方式，强力推介甘肃农牧品，在北京、江苏尝试开发直营店，在兰州公司首创省内地方特色农产品直营店销售，已投营天水、平凉、兰州3座地方特色农牧品销售直营店。细化梳理从供应商引进、农牧品新品引入、询比定价、发货验收、物流配送、内部结算、商品质量监控等流程。设立珠三角、长三角片区，并在此基础上细分食品、酒、饮料、生鲜等品类，将市场、客户、供应商予以细分管理。推动电子商务平台上线，“极臻甘肃”APP于12月全面试运营，与南京虎凤蝶电子商务公司达成2个100万元合作意向。开通特色农牧品微信公众号，并持续对易捷动态、公司动态、商情等推广宣传。先后与白银、张掖、天水、临夏、兰州新区5个地市政府签订战略合作协议，建立良好的企地合作关系，探索多渠道发展模式。集合优势资源与高速公路、南京虎凤蝶电子商务、兰州印象百合产业、天水长城果汁、甘肃中天羊业、北京尚博信6家公司筹备成立电子商务联盟。

(张　媛)

【持续抓紧网络建设】 2017年，甘肃石油分公司不断深化与地方政府及优势企业合资合作，积极沟通、衔接省市政府领导和发改部门，落实“十三五”规划站点。制定并实施《网络发展建设奖惩考核办法》，网络发展工作取得阶段性突破。全年新建(复营)项目开工加油站9座，投营加油(气)站7座，双层油罐及提升综合服务改造开工加油站10座。全年取得交通合资发展项目授权加油(气)站点6座，年内新开工建设2座。安全(环保)隐患改造开工竣工6项，完成土地证规范65宗、房产证规范50宗。中国石化销售西北安全仿真中心进入立项可研阶段，兰州油库项目迁建获总部和地方政府认可，平凉油库项目进入前期调研评估，正在积极协调跟进中。

(张　媛)

【调整改革管理机制】 2017年，甘肃石油分公司下发《甘肃石油2017年绩效考核实施方案》，在薪酬分配改革上打破平均主义，强化业绩贡献和效益导向，实现能高能低。考核总体考虑如何效益最大化、如何提高市场竞争控制力，初步形成横向到边、纵向到底的考核体系，发挥了考核指挥棒作用，较好挖掘了广大员工的内在活力与动力。对全省67座5 000吨以下委托加油站强化管理，部分自营加油站执行全额联量计酬，打破原有的分配考核制度，提高了基层员工销售积极性。按月给地市公司下达量、价、费、利月度计划，进行闭环考核，地市公司管理团队、员工与当月完成经营任务直接考核挂钩。组织各处室列出2017年度6条重点工作，共计80条纳入处室月度及年度考核。通过重点工作梳理和督办考核，促进机关各处室工作重点不丢，中心不偏，有力提升了工作成效，推动了工作进展，营造出良好的工作氛围。

(张　媛)

【全面夯实各级HSE责任】 2017年，甘肃石油分公司不断加强安全分委会建设，理清分委会有效工作机制，充分落实“谁的属地谁负责”“谁的业务谁负责”“谁的岗位谁负责”的责任体系。充分发挥安全督察队职能，全年共计检查库站160座次，查出问题1 743个，已整改1 531个，正在整改212条。在销售公司年度HSE综合能力测评中实现由C向B级的提升。

（张　媛）

【梳理完善13项数量深化应用】 2017年，甘肃石油分公司完成113座加油站液位仪安装，2座油库实现液位仪与中心平台关联，其中91座站实现联调、89座站实现卡机联动、123座站安装高清视频监控。完成监控平台建设工程工作，已接入监控平台86座。全年一次物流损耗下降0.03%，保管损耗基本持平，零售损耗下降0.04%。完成ISO 9000质量体系换版扩展，梳理公司业务流程110个、控制节点217个。油品出入库质量检测控制100%合格，外部质量抽检100%合格，日常质量检测控制有序。

（张　媛）

【推进财务价值管理】 2017年，甘肃石油分公司通过年度预算控制和月度经营策划，深化财务分析，强化费用归口管理和规范核算，积极挖掘营改增节费空间，从严从紧控制费用。全年节约费用减少3 200万元。

（张　媛）

【夯实“三基”工作】 2017年，甘肃石油分公司制订《强化提升“三基”工作方案》，梳理11个处室105项提升工作清单。开展“强三基”冬训工作，共编排课程21项，涉及发展、经营、企业管理、战略营销、安全环保数质量、石化优良传统及企业文化等方面，实现本岗位知识应知、应会，实现上标准岗、干标准活、成优秀事的目标。

（张　媛）

【强化法律风险防控和重大项目审核把关】 2017年，甘肃石油分公司严格合同管理，严肃法律意识，防控法律风险；梳理各项证照，推进补办力度。查找基础工作的漏洞，并进行整改落实。

（张　媛）

【筑牢风险防控体系】 2017年，甘肃石油分公司以“强基础，防风险，促发展”自查自纠工作为抓手，自上而下层层落实主体责任，建立健全工作机制，明确风险防范清单，加强现场管理督察，全面排查安全隐患，为企业保持竞争优势不断注入新动力。

（张　媛）

【落实全面从严治党】 2017年，甘肃石油分公司牢固树立“在经济领域为党工作”理念，抓紧强化各级党建工作责任意识。按照“融入经营抓党建、抓好党建促发展”，树立大抓基层的鲜明导向，持续推进领导班子从严从实、从细从真落实“一岗双责”，全方位提升干部员工队伍整体素质。坚持“忠诚、干净、担当”的选拔导向，坚决履行国有企业的三大责任，遵照集团公司党组要求，认真贯彻落实甘肃省委对扶贫工作的重大部署，紧紧围绕“产业扶贫，助力甘肃”目标，让帮扶村真正转变发展方式，增强“造血”功能，扶贫工作得到总部肯定。继续开展重点业务、重点领域、薄弱环节的效能监察工作。

（张　媛）

表1　　**甘肃石油分公司主要经营指标**

指标名称＼年份	2017	2016	2015	2014	2013	2012
成品油销售总量/万吨	50.45	55.57	54.69	58.06	53.54	34.32
零售量	41.32	41.36	41.19	32.29	32.56	24.21
销售收入/亿元	34.46	28.90	29.80	39.53	38.52	25.25
利润/亿元	0.70	1.24	0.20	－1.77	0.20	－0.60
吨油费用/元	469.00	497.00	545.00	446.00	430.00	492.00
加油（气）站总数/座	128（含气站6座）	120（含气站6座）	118（含气站6座）	102（含气站6座）	91（含气站5座）	73

宁夏石油分公司

【概况】 中国石化销售有限公司宁夏石油分公司(简称宁夏石油分公司)位于宁夏回族自治区银川市兴庆区，主营汽油、柴油、润滑油和其他石化产品的零售、直销配送、批发和仓储业务以及加油站便利店非油品业务。

截至2017年底，宁夏石油分公司本部设经理办公室、财务资产处、人力资源处、政工处、监察审计处、发展基建处、安全数质量处、经营管理处、零售中心、商客中心、非油品中心共11个职能处室；下设银川、石嘴山、吴忠、固原、中卫5个分公司；控股中石化宁夏易捷石化有限公司(简称易捷公司)、中石化石嘴山市常道石化有限公司(简称常道石化)2家合资公司。拥有加油(气)站137座，在营油库2座；资产总额25.29亿元，期末用工总量945人。

宁夏石油分公司主要经营指标见表1。

(张继强)

【经营指标全面提升】 2017年，宁夏石油分公司坚持“稳中求进”总基调，强化“2121”目标引领，深化推进“四个强企”，实现量效稳定增长、网建提质提速、管理逐步提升、党建凝心聚力，各项工作再上新台阶。全年实现销售收入34.07亿元。成品油经营总量58.29万吨，同比增幅10%，其中汽油14.14万吨、增幅37%，柴油43.44万吨、增幅3%。天然气销售总量5 181万立方米，增幅34%。新投营加油(气)站7座，加油(气)站总数达137座。非油品销售收入1.29亿元，增幅14%。实现报表利润234.77万元，实际利润2 906.27万元。累计费用总额2.71亿元，吨油费用436元。

(张继强)

【“品牌强企”实现量效齐增】 2017年，宁夏石油分公司深化实施“一站一策”精准营销，自营机出零售量40.27万吨、增幅13.9%，排名销售系统第4位。IC卡大客户增幅52.8%，销量增幅75.6%。坚持强化竞争增强刚性、优化结构提高韧性，实现直分销量17.21万吨，其中汽油4.52万吨、增幅37%。紧扣“做大店销”主题，累计实现店销1.01亿元、增幅45%。重点商品销售额达4 013万元，增幅50%。

(张继强)

【“网络强企”实现提质提速】 2017年，宁夏石油分公司深化落实“网络强企”战略，坚持“传统市场要抢、新兴市场要争”的指导思想，向销售公司上报项目20个，18个获批复，待上报项目3个；新投营加油(气)站7座、待投营3座；完成11个遗留问题处理；实现银川油库全面投营，年吞吐量达47万吨。积极筹备固原油库新建项目，已上报销售公司。按照股份制改革要求，完成不动产名称变更站103座，规范率83%，成品油零售经营批准证、危险化学品经营许可证规范率分别达97%、98%。完成油气回收、双层罐改造、形象改造等各类工程17项。

(张继强)

【“管理强企”实现创新创效】 2017年，宁夏石油分公司基层建设取得新成效，全面推进简政放权，累计下放24项权限，建立配套制度46项，梳理优化工作流程42条，完成5个市公司工商注册，做大做实分公司取得阶段性进展。基础工作进一步夯实，六盘山路加油气站获集团公司“三基”先进基层单位称号；先后开展审计项目14项，发现问题和提出整改建议68项，已整改53项；持续加强损耗管理，损耗率同比降低0.1%；坚守质量“生命线”，抽检和被抽检的2 252个油样合格率达100%。基本功训练稳步提升，189人通过职业技能鉴定考试，新增14人评定职称。全年组织各项培训84期，累计1 834人次参培，队伍素质进一步提升。

(张继强)

【“政治强企”实现深化融合】 2017年，宁夏石油分公司坚持党建工作与经营发展“六个同步”，将党建工作按照20%的权重纳入绩效考核，建立健全“一岗双责”配套制度和运行机制，下发年度党建工作要点、月度党建工作表单，督促工作落实。加强思想政治工作，先后举办党务干部培训班、十八届六中全会精神培训班、党的十九大精神宣讲会，组织中心组学习18次。深入开展党风廉洁建设和反腐败教育，开展“加强纪律性、践行廉洁从业”专题讲座，组织参观警示教育基地、宁夏女子监狱。举办宁夏石油分公司首届“公众开放日”活动，努力营造良好的外部舆论环境。精准开展帮扶救助，发放救助基金12万余元。组织开展职工智运会、爬山比赛等文体活动，增强了企业吸引力和凝聚力。

(张继强)

表1　　宁夏石油分公司主要经营指标

指标名称＼年份	2017	2016	2015	2014	2013	2012
成品油(天然气)销售总量/万吨	62.19	62.69	66.00	46.97	53.63	59.07
零售量	40.27	35.98	29.89	30.48	32.51	34.01
销售收入/亿元	34.07	30.03	38.85	38.82	39.45	44.10
利润/万元	2 906.27	7 025.44	2 021.00	-13 997.02	-8 683.00	-2 388.23
吨油费用/元	436.00	440.00	403.00	567.31	469.00	353.41
加油站总数/座	137	134	129	125	120	115

销售华北分公司

【概况】 中国石化销售有限公司华北分公司(简称销售华北分公司)是中国石化销售事业部的派出机构，是销售大区公司之一，为国有大Ⅰ型企业。其前身始建于1950年3月，1985年1月成建制划归中国石油化工总公司。主要履行资源组织、物流优化、储运管理、统一结算、市场监管的职责，负责华北地区6个省市(北京、天津、河北、河南、山西、山东)、东北地区3个省(黑龙江、吉林、辽宁)成品油资源运行组织协调，并对华北区内重要储运设施实行统一管理。本部位于天津新技术产业园区榕苑路11号。

截至2017年底，销售华北分公司设有职能处室12个、专业中心2个，下设12个二级单位，在区内12个炼化企业设立办事处。销售公司的计量管理站、质量管理站也委托销售华北分公司管理，负责整个销售系统的数质量管理工作。拥有大区储备库4座，总库容88万立方米，分别位于天津、石家庄、青岛、营口；管理的在运成品油管道全长2 934千米，覆盖河北、河南、山东、山西，辐射江苏、安徽等省市，采用国际先进的SCADA系统，由华北管网调度控制中心在天津集中远程控制。在建成品油津唐管道，全长174千米。公司资产规模153.39亿元；职工1 974人，党员517人。公司发展得到社会各界肯定，连年位列天津企业百强前茅。

销售华北分公司主要经营指标见表1。

(刘玉妹)

【成品油物流运行指标创历史最好水平】 2017年，销售华北分公司紧紧围绕“全力提质增效升级”中心任务，认真分析华北地区油品市场变化，密切产销联系，狠抓降本节费，各项经营指标再创佳绩。全年石化资源收购计划完成3 548.37万吨，兑现率99.71%；销售成品油3 884.5万吨，营业收入2 159.50亿元，实现利润25.14亿元；吨油费用50.08元；铁路罐车平均装载率94.53%。成品油物流运行指标创历史最好水平。

(刘玉妹)

【全力落实物流转型和优化节费任务】 2017年，销售华北分公司以“进一步增加管输量，持续降低铁路发运比例，提升资源属地化供应比例”为核心，不断优化运输结构和配送方案，全力推进物流转型和降本增效工作。严控远距离流向计划发运，消除水铁联运业务，全年吨油费用在200元以上的发运量同比减少98万吨；先后开通青岛—烟台、胜利—滨州、济炼—聊城、齐鲁—潍坊4条地付资源扩距通道，新增洛阳—晋城、聊城—濮阳2条跨省提油通道，首次开通榆次下载资源铁路中转内蒙古西部柴油通道，全年管输和地付比重增加3.49%，打破区域封闭壁垒，实现整体物流再优化，运杂费支出减少2.85亿元。

(刘玉妹)

【与中国石油大区公司实现资源串换】 2017年4月，销售华北分公司实现与中国石油大区公司资源串换，标志着“大资源”管理理念更加深化，区域资源主导能力进一步加强，为实现资源创效最大化打造了新途径。双方利用各自区域炼厂布局优势，优化实物流向，减少远距离的对流运输，全年累计完成1.24万吨资源串换，节费超过400万元，实现了互利共赢。

(刘玉妹)

【启动统采业务】 2017 年，销售华北分公司根据总部工作部署启动实施地炼成品油统采工作，发挥规模优势，降低集采成本。深入 17 家地炼企业现场调研，掌握地炼企业的运输协调、工作流程以及数质量监督管理等管理细节，制定统采工作流程、操作手册和外采资源集中采购业务实施细则等制度，对 3 394 条运费通道的费用进行分析核对，分运输方式制定统采运价表。4 月 1 日，正式启动统采工作。4—12 月，统采业务不断规范，统采规模持续扩大，累计发运统采资源 341.82 万吨，增加 127.61%。

（刘玉妹）

【管输量和管输占比实现双提高】 2017 年，销售华北分公司通过开展非管输入库考核、管输柴汽比与省市经营柴汽比对标、加大外采资源进管道组织力度、持续优化管输工艺等措施，管输结构不断优化，非管输入库资源减少 27.02 万吨，管输柴汽比降低 6%。同时，华北管网输油瓶颈改造工作取得阶段性进展，全年完成枣临支线增输改造、郑州站隔离阀门改造，完成潍坊、周村、许昌、漯河、驻马店、皇后园、邯郸等地 7 座油库汽油增容改造，为汽油增输创造了条件。华北管网全年累计输送成品油 1 464.62万吨，增加 57.82 万吨，管输方式占比提高 3.04%。

（刘玉妹）

【调整设置 8 个安全专业分委会】 2017 年，销售华北分公司调整设置涵盖公司生产、经营、管道油库、工程、设备、存续、后勤、信息等全部管理业态的 8 个分委会，定期召开工作例会，完善考核机制，修订管理制度，安全环保责任体系进一步完善，管理更加专业化、精细化。

（刘玉妹）

【全力推进安全隐患排查整治和安全检查工作】 2017 年，销售华北分公司全力抓好管道隐患整治和罐区隐患排查治理，攻坚战工作任务圆满完成，销项完成率达 100%。同时，以集团公司 HSSE 大检查问题整改为主线，发挥安全督察队作用，不定期开展专项检查、综合检查、区域互查，开展风险识别评估，强化承包商、承运商、供应商安全管理，开展消防运动会等安全活动和演练，全员安全生产行为进一步规范。

（刘玉妹）

开展消防运动会

【推行差异化管道巡护模式】 2017 年，销售华北分公司针对山区、城区、打孔盗油高发区和杂散电流干扰区等重点巡护管段，分别制订专项巡护方案，有效制止 417 起第三方施工、2 起打孔盗油未遂、19 起违章占压事件，差异化巡护模式取得较好成效。同时，持续加大反盗打和案件追踪力度，华北管网全年发生 2 起打孔盗油案件，降幅 50%。2 起案件年内成功告破，破案率达 100%，抓获 6 名犯罪嫌疑人。

（刘玉妹）

【试点管道巡线业务外包模式】 2017 年，销售华北分公司以河南输有管理处为试点，启动实施管道巡线业务外包工作。经过前期调研分析、制定方案、测算费用、宣传动员等工作，7 月实现河南输油管理处所辖管段巡线业务外包。由河南金盾保安服务有限公司、郑州远邦保安服务有限公司分段承包管道白天巡护任务，负责与巡线工签订用工合同，接受河南输油管理处监督考核。调整后的巡线队伍人员共 143 人，人均巡护管道 7 千米，巡护时长 7 个小时，巡护次数不少于 2 次。经过半年运行，巡线队伍稳定，巡线质量不断提升，巡线效果良好。

（刘玉妹）

【试点无人机管道巡护】 2017 年 6 月，销售华北分公司以历史打孔盗油高发的石邯成品油管道邯郸段 40 千米管线为试点，正式开展大型固定翼垂直起降无人机管道巡护。该类型无人机可根据预设飞行航线自主飞行，具有长航时、多频次巡护、实时传输等特点，可快速获取周边环境，甄别夜间管道周边隐蔽人员和车辆，并按指令对可疑目标进行锁定跟踪。同时，通过对无人机获取的影像信息的数据图像比对分析，与智能化管线管理系统、管道内检测技术紧密结合，可及时分析研判管道潜在风险，为管道完整性管理提供强有力的支持。

（刘玉姝）

【深化管道内检测结果应用】 2017年，销售华北分公司以排查管道内外腐蚀、变形等缺陷以及隐蔽盗油阀为重点，大力推进管道内检测技术结果的深化应用。多次开展管道内检测技术培训交流和成果应用研讨，制定管道内检测及缺陷修复工作流程和职责，强化通报考核，成功开发具有自主知识产权的金属损失缺陷实用性评价工具，为科学合理地制订缺陷点修复计划提供了技术支撑。截至年底，累计完成2 574千米管道的内检测，占华北管网总长度的89.47%。

（刘玉姝）

工作人员正在进行管道内检测

【津唐管道天津—武清支线全线贯通】 2017年6月，销售华北分公司津唐管道成品油项目建设取得突破性进展，实现南疆—武清支线全线贯通。经过各项投产手续办理和“三查四定”问题整改，通过投油条件确认检查，具备了投油条件。

（刘玉姝）

【督办管理系统上线运行】 2017年8月，销售华北分公司顺利承接集团公司督办管理系统，结合公司督办工作要求建立完善各类关键用户及信息，督办管理系统上线试运行，初步实现督办事项网上分送、部门及时反馈并留痕、系统自动提醒、统计分析等功能。利用督办系统，对督办事项实行周反馈和销项管理，并将督办事项未办结项编入司务会汇报材料，全年累计完成重点事项督办230余项，促进了工作作风转变，提高了工作效能。

（刘玉姝）

【档案管理系统上线运行】 2017年，销售华北分公司与石化盈科公司对接完成档案管理系统的数据批量导入，实现所有数字化工程项目档案（共12个项目12 091卷）与档案管理系统的挂接，并完成关键用户培训、权限采集设置、系统测试、模拟运行等工作。5月，档案管理系统正式上线运行，实现了室藏建设项目档案网上一站式查借阅。

（刘玉姝）

【强化油品数质量管理全过程管理】 2017年，销售华北分公司突出质量风险防控和质量全过程管理。在“2+26”地区油品升级、统采作业等工作中，强化监督抽检，严把油品质量关；坚持管输油品质量监控常态化，狠抓关键点混油外运和混油回炼工作，确保管输油品质量安全。继续坚持管网“两端”过程控制，设置领导干部数质量管理联系点，对管道、油库各计量环节进行严细管理，大力推进管道计量信息化建设和油库计量自动化建设，公司数质量管理水平实现整体提升。

（刘玉姝）

【技术竞赛比武取得好成绩】 2017年，销售华北分公司从推动企业持续健康发展的高度重视一线技能人才培养，制订职业技能鉴定工作方案，从人力、财力等方面给予充分保障。按照“全员参与、固本强基”要求，全面抓好各专业线条的职业技能竞赛和技术比武活动，严格内部初赛、复赛选拔工作，精心组织，封闭集训，不断完善内部选拔和考核激励机制。在集团公司智能化管线应用技术比武决赛中，取得团体赛前五、个人赛金奖的好成绩。

（刘玉姝）

【推进党建与生产经营深化融合】 2017年，销售华北分公司以抓好党的十九大精神、党章党规、习近平总书记系列重要讲话精神、集团公司党建工作会议精神学习为重点，不断提升全体干部员工的理论学习素养。开展“维护核心、铸就忠诚、担当作为、抓实支部”主题教育实践活动、“转观念、勇担当、创效益”专题大讨论活动，建立公司系统主题党日制度，深入推进“两学一做”学习教育常态化制度化。深入开展“走基层、访万家”和帮扶救助活动，帮扶员工100余名，解决问题163项。积极推进工会改革，开展各类文化活动，营造了温馨和谐的工作氛围，获天津市“安康杯”优秀单位等多项称号。

（刘玉姝）

表 1　　销售华北分公司主要经营指标

指标名称＼年份	2017	2016	2015	2014	2013	2012
成品油销售总量/万吨	3 885.00	3 818.00	3 863.00	4 189.00	4 172.00	4 484.00
销售收入/亿元	2 160.00	1 881.00	2 046.00	2 888.00	2 958.00	3 252.00
利润/亿元	25.14	3.55	32.00	30.00	27.00	39.00

销售华东分公司

【概况】 中国石化销售有限公司华东分公司(简称销售华东分公司)，系国有大Ⅰ型企业。办公地址为上海市长宁区愚园路 819 号，内部资本金 55.57 亿元。其前身为始建于 1949 年 8 月的中国石油运销公司。1950 年 10 月，改称中国石油公司华东区公司。1953 年 4 月，改组为中国石油公司上海批发站，为商业部直属企业。1985 年 1 月，划归中国石油化工总公司。1988 年 2 月，更名为中国石化销售公司华东公司。2002 年 10 月，更名为中国石化销售有限公司华东分公司。销售华东分公司资源管理辖区为江苏、浙江、福建和上海三省一市，主要履行资源组织、物流优化、储运管理、统一结算和市场监管等职能。

截至 2017 年底，销售华东分公司本部机关设总经理办公室、政工处(党委办公室)、财务资产处、经营管理处、管道油库处、安全数质量处、发展规划处、信息管理处、人力资源处、审计监察处 10 个职能处室和 1 个成品油调控中心、1 个抢维修中心。下设陈山油库、嘉兴输油处、南京输油处、扬州输油处 4 个二级单位，在华东区 7 家炼化企业设有办事处。在职职工 531 人，其中有高级职称的 35 人、中级职称的 105 人。拥有在营油库 3 座：陈山油库，位于浙江乍浦，主要承担华东区成品油储备和上岸油品的收储以及浙苏成品油管线首站等职能，总库容 43.5 万立方米；栖霞油库，位于江苏南京，主要承担苏南地区成品油储备和苏南管线首站等职能，首站库库容 10 万立方米；玉带油库，为苏北管道配套油库，库容 16 万立方米。在营直管成品油管道 3 条，为浙苏管线、苏南管线和苏北管线，总长 1 220 千米。

销售华东分公司主要经营指标见表 1。

(魏　铭)

【经营指标全面完成】 2017 年，销售华东分公司石化炼厂资源收购完成 3 719.09 万吨，完成率 100%。石化省市供应完成 3 163.74 万吨，完成率 100%。全年供省市长输管线管输量达 1 901.06 万吨，同比增加 90.4 万吨，完成销售公司下达的奋斗目标。

(魏　铭)

【物流指标再创新低】 2017 年，销售华东分公司吨油运杂费累计完成 11.37 亿元，实际吨油费用 38.26 元，减少 3.22 元，达到历史最低水平。全年成品油铁路装载率进一步提高，区内平均铁路装载率达 94.4%，提高 0.15%，继续保持销售公司 94% 的优秀指标。

(魏　铭)

【安全环保管理水平持续提升】 2017 年，销售华东分公司落实体系建设，完善管理体系，制订《华东分公司 HSSE 制度体系建设方案》，修订完善质量管理体系文件 45 项。全年实现安全培训教育全覆盖，对领导班子、中层干部培训 7 次，开设专题培训班 6 次，人均接受各种形式的安全培训 20 余次，并进一步规范承包商安全教育培训，共培训承包商2 493 人次。

(魏　铭)

【安全风险识别和管控持续强化】 2017 年，销售华东分公司开展全面危害识别和风险评估 2 次，实现从 29 个重大安全风险到 9 个较大安全风险、环保重大风险全降级的滚动管理。按期完成年度隐患攻坚战，完成管道攻坚隐患销项 116 项，清查罐区安全隐患 33 项，自行整治 17 项，上报立项 16 项。全年各级员工提报安全诊断 6 212 条，采纳率 90%，其中 3 条安全诊断获集团公司级优秀建议。增设综合管理专业安全分委会。完善网络信息安全基础，网络准入控制系统、中国石化桌面安全管理系统注册率在 90% 以上。从严现场管理，全年开展各级检查 1 500 次，查出问题 6 181 项，整改率 89%。安全督察 50

次，发现问题1 087项，整改率96%。

（魏 铭）

【承包(运)商管理持续加强】 2017年，销售华东分公司开展承包商积分评价工作，制定《承包商安全考核实施细则》，评价承包商15家，其中优秀级10家、良好级2家、一般级3家。坚持开展水路运输船舶准入检查，复查120艘。开展承运商安全演练475次，参与人员3 961人次，实战演练比例达72%；推行承运商“约谈”机制。

（魏 铭）

【职业健康和数质量持续可控】 2017年，销售华东分公司协调区内炼厂和省市石油公司修订签署数质量交接协议。强化油品出入库化验，共检验汽、柴油1 222批次，未发生1起质量事件。积极推行职业病防治，切实加强保护劳动者身体健康。职业健康年度体检率100%，危害告知率100%，现场检测合格率100%。

（魏 铭）

【储运设备管理工作稳步推进】 2017年，销售华东分公司以平安管道建设为目标，智能化管道系统为手段，通过量化外管道管理标准化、站场交接班标准化、现场“7S”管理标准化等措施，使管道生产作业标准化管理覆盖率达100%，管道网格化管理纳入政府考核的地区覆盖率提升至50%，保障了外线“安稳长满优”运行。

（魏 铭）

【管道完整性管理全面推进】 2017年，销售华东分公司确立“规程与制度结合，利用完整性管理体系规范日常管理”的建设理念，修订《管道检测管理实施细则》等制度，健全了管理体系。强化培训，全年开展4轮全覆盖式基层人员管理培训，完成62名管理人员的外部取证工作。采用定量风险评价办法进行风险评估，共识别管道高后果区446处。开展全线管道风险识别，共确定较大风险6处、一般风险204处、低风险792处。全面推进长输管道完整性评价，已取得合于使用评价报告管道里程387千米。

（魏 铭）

【管道科技创新工作大力推进】 2017年，销售华东分公司坚持探索研究，推进科技项目建设。“超低频防腐技术”和“站场区域阴极保护”2个科研项目获总部批准立项。申报的“管道阴极保护智能监控和交直流干扰消减技术”和“苏南成品油管道批次调度计划优化管理系统”2个科研项目通过总部验收，管道保护技术创新能力进一步提升。

（魏 铭）

【抢维修体系建设不断推进】 2017年，销售华东分公司突出问题导向，着力强化维修抢修体系建设。注重完善设备管理体系，发布制度24项、规程及技术规定9项，形成以设备管理和考核办法为中心，综合类和专业类细则为支撑，主要设备操作维护规程和技术规定为基础的三级管理制度体系。加速推进抢维修陈山基地建设。狠抓量化设备管控指标的有效执行，关键设备完好率保持在95.95%，整体设备月均完好率99.17%，静密封点泄漏率低于0.5‰，设备维护保养覆盖率及主要设备维护率保持均为100%。

（魏 铭）

【资源统筹优化工作更加精细】 2017年，销售华东分公司牢固树立效益意识，充分发挥大区公司作用，协同区内产销企业持续开展“资源优化”和“管输增效”工作，实现优化资源136万吨，物流优化创效7 619万元，吨油费用首次低于40元。

（魏 铭）

【物流创新创效工作更加显著】 2017年，销售华东分公司通过开展资源统筹串换，利用中国海油泰州炼厂的投油，新增江出海资源与浙江公司的递推串换，以及与华中的沿江流向串换通道，外采串换44.8万吨，实现创效2 574万元。通过创新工艺手段，开展浙赣管道江西段汽油与柴油的混输，联合产销企业，克服镇海炼厂首站罐容不足、江西段柴油铺底油量大等多重困难，顺利实现汽油的混输。江西外采汽油通过镇海炼厂上岸，混输进入浙赣管线江西段，实现92#汽油外采注入，实现创效1 582万元。合理开展仓储设施优化与规划，区内省市公司罐容柴汽比下降至1.1。开通清江炼厂公路地付设施，优化资源，全年创效53万元。注重对部分管道库一二三物流实施统筹优化，实现创效330万元。

（魏 铭）

【产销协同创效工作更加突出】 2017年，销售华东分公司深化运行方式创效，支持省市公司做大外采、降低外采移库物流成本，相继开通栖霞油库外采汽油注入苏南管道、江阴油库外采汽柴油注入苏南管线、江苏公司外采油在陈山油库上岸等新的业务流程，协调镇海炼化提升上岸浙江外采油能力，共实现华东区外采油注入管网 91 万吨，创效 2 800 万元。降低库存成本和物流成本，配合省市公司做大高标号产品销售，全年华东区省市公司 98#汽油销量完成 100 万吨，同比增幅达 50%。联手产销企业共同开拓市场，牵头镇海炼化与浙江石油分公司、金陵石化与江苏石油分公司签订价格补贴协议，全年生产企业通过公司转移支付相关省市公司推广费用 1.6 亿元。打破生产企业检修需要提前垫库存的传统思维，在上海石化检修期间，通过陈山油库上岸外采油 6.1 万吨，创效 280 万元。

（魏　铭）

【管理创效工作更加精细】　2017 年，销售华东分公司争取税务优惠创效，落实上年增值税返还 4 450 万元。精细数质量管理，严格抓好保管损耗，实现创效 3 458 万元。优化混油回掺，减少降级损失，在线回掺混油 2.1 万吨，完成创效 1 343 万元。开展班组经济核算，全年实现降本增效 158.02 万元。优化管输节能创效，通过优化工艺安排和物流配置，节约电费 100 万元。严控公务费用支出，全年 5 项公务性费用和车辆费支出分别下降 12% 和 22%。

（魏　铭）

【企业“三基”工作亮点纷呈】　2017 年，销售华东分公司制定年度《强化提升“三基”工作实施意见》，确定原则、工作目标以及具体要求，细化措施 152 项。开展调研，强化考核，坚持每季度召开 1 次“三基”工作现场推进会。选树宣传“三基”工作典型，及时提炼总结“三基”成果，南京输油处江阴站、扬州抢维修队队长高忠分别获集团公司“三基”工作先进基层组织和先进个人称号。

（魏　铭）

【改善经营管理建议喜报频传】　2017 年，销售华东分公司牢固树立“员工的每一条建议都是有价值的”理念，积极引导改善建议工作向重质量、强实施转变，共收到建议 338 条，受理建议 311 条，在线评选获奖建议 141 条，上报销售公司优秀建议 11 条，发放奖金 6.85 万元、增加 61.94%。改善经营管理建议工作获销售公司改善经营管理建议工作先进组织单位、南京输油处获最佳地市公司、总经理办公室获最佳组织部门、南京输油处冯一江获销售公司首届“卓越匠人”，各项表彰名列大区公司第一。

（魏　铭）

【“三项制度”改革有序推进】　2017 年，销售华东分公司成立公司深化“三项制度”改革领导小组，研究改革的重点和具体措施，并推动实施。深入基层进行调研，确立具体改革思路，印发公司《深化“三项制度”改革实施意见》，就人事制度改革、人才队伍建设、考核分配制度完善 3 个方面提出改革举措 16 项。

（魏　铭）

【依法依规治企意识进一步增强】　2017 年，销售华东分公司注重制度执行力，梳理和优化制度 348 项，并对 46 项制度执行情况进行检查和评估。强化合同管理，全年运行合同 345 份，累计金额 6 869.35 万元，标准文本使用率提高 27%。增强规范意识，推进风控内控融合，修订完善公司内控实施细则，制定印发《“强基础、防风险、促发展”自查自纠工作实施意见》，开展内控重点流程和关键业务检查。

（魏　铭）

【干部和人才队伍建设进一步强化】　2017 年，销售华东分公司健全完善《领导人员选拔任用管理细则》《推进领导人员能上能下管理细则》等制度，规范领导人员及相当者职数的管理，推进领导人员能上能下工作机制和后备干部选拔、培养机制，新提拔中层领导人员 6 名、基层领导人员 13 人；安排 3 名年轻中层干部到基层兼职、3 名下基层挂职锻炼、5 名基层员工到公司机关锻炼。积极完善人才成长通道建设机制，制订公司《完善人才成长通道建设实施方案》以及配套制度，进一步完善了三支人才队伍职位序列。

（魏　铭）

【党政融合工作体系进一步强化】　2017 年，销售华东分公司按照集团公司党组统一部署，进一步强化全面从严治党责任意识，坚持党委有效参与重大问题决策，修订完善《党委会议事规则》，坚持谋全局、议大事、抓重点，做到重大问题党委事前审议。按照党建工作实际，陈山油库配备专职书记，嘉兴输油处配备以党建工作为主的副书记，组织 8 名支部书记进行述职。健全完善党建制度体系，制(修)订公司《领导班子成员履行党建工作“一岗双责”责任制度》等 10 个党建工作制度。严格落实党建考核，修订完善《党建综合考核管理办法》，结合绩效考核，每季度对各支部的党建工作进行考评。

（魏　铭）

【党风廉洁建设进一步深化】　2017 年，销售华东分公司积极推动“两个责任”落实，党委与各二级单位、党组织负责人签订年度《党风廉政建设目标责任书》。深入开展反腐倡廉工作，下发党风廉洁建设“一岗双责”责任清单，建立中层领导人员廉洁情况“活页夹”。强化基层党风廉洁建设，在5个处室聘任党风廉洁监督员。对公司重点工程项目实施全过程审计，全年送审项目90个，送审金额2 996.74万元，核减金额264.81万元。

（魏　铭）

【企业文化建设成果进一步凸显】 2017年，销售华东分公司重视企业文化建设，积极有效开展创建文明单位等系列活动，通过国务院国资委组织的全国文明单位复查，连续6届获上海市文明单位称号。深入推进“家文化”建设和EAP工作，“走基层，访万家”活动完成率100%。

（魏　铭）

表1　　销售华东分公司主要经营指标

指标名称＼年份	2017	2016	2015	2014	2013	2012
成品油资源收购/万吨	3 719.09	3 624.50	3 897.55	3 670.57	3 857.88	3 448.39
省市供应/万吨	3 163.14	3 007.40	3 282.72	2 971.34	3 134.34	2 705.11
管输量/万吨(全口径)	1 901.06	2 221.15	2 151.79	1 887.16	1 776.40	1 488.43
销售收入/亿元	2 109.00	1 857.52	2 109.89	2 583.55	2 756.51	2 560.57
利润/亿元	43.34	53.42	37.04	45.62	41.96	46.05
油库/座	3	3	3	3	2	2
管道/条	3	3	3	3	2	2

销售华中分公司

【概况】 中国石化销售有限公司华中分公司(简称销售华中分公司)成立于1949年，当时名称为华中石油公司，坐落于湖北省武汉市。1985年1月1日划归中国石油化工总公司，改名为中国石化销售公司中南公司；1988年，中国石油化工集团公司成立后，更名为中国石化销售中南公司；1999年4月，与湖北省石油公司实行资产重组；2006年10月，进行区域调整，更名为中国石化销售有限公司华中分公司。

销售华中分公司是中国石化销售有限公司的派出机构和区域物流中心，主要担负产销衔接、资源平衡、运输协调、物流优化、沟通协调的职能，同时负责辖区内荆门、武汉、安庆、九江和长岭分公司的成品油收购，负责湖北、湖南、安徽、江西、四川、重庆的成品油供应，负责对华中、华东、华南、华北等地区的成品油跨区调拨，担负对部队、铁路、民航等专项用户的成品油供应工作。截至2017年底，公司共有8条成品油管道(含在建)、5座油库、30个输油站。公司机关设10个处室、1个区域调控中心、1个项目管理中心、1个区域抢维修中心、5个输油管理处(含在组建)、5个驻厂办事处，共有员工1 045人。公司党委下设党总支6个、党支部30个，其中机关党支部12个、基层支部18个。党员人数395人，其中在岗党员370名。

2017年，销售华中分公司安全数质量无上报等级事故，再次获集团公司安全生产先进单位称号，经营风险得到有效防控，另有多个集体和个人获得集团公司、销售公司和地方政府表彰50次，员工收入实现稳步增长，企业发展总体保持稳定。

销售华中分公司主要经营指标见表1。

（何　超）

【各项费用指标完成良好】 2017年，销售华中分公司各项费用均控制在总部下达的指标以内。其中，吨油运杂费69.09元，同比减少4.56元；吨油管输现金成本16.57元，降幅10%，满足总部降费5%的考核要求；外部债权赊销比75%，控制在总部下达的80%以内。

（何　超）

【成品油管网输量再创新高】 2017年，销售华中分公司强化安全管控、优化管输工艺、精心组织输油生产，严格执行管输计划，不断做大管输量。全年完成管输 1 192 万吨，增加 52.3 万吨；实现利润 19.25 亿元，上缴税费 9.21 亿元。

（何　超）

【生产经营安全平稳运行】 2017 年，销售华中分公司开展罐区隐患攻坚战与管道隐患歼灭战，排查问题 3 800 项，确定隐患 715 项，完成隐患整改 679 项，整改率达 95%。紧抓安全责任落实，发布《机关交叉管理工作 HSSE 责任清单》，调整成立 6 个专业分委会，开展高后果区风险承包管理 741 处，梳理修订安全制度 19 项；重视安全督察效果，全年督察库站 215 站次，发现问题 836 项，督促完成整改 790 项，安全工作得到有效落实。

（何　超）

使用骡马驼运管道隐患整治所需石材

【平安管道建设】 2017 年，销售华中分公司抓牢管道安全防控，强化管道巡线管理，推行情景构建巡护线模式，及时发现消除险情 19 起；规范第三方施工、改线及交叉管理，严格现场监管，全年未发生第三方施工破坏事件；开展管道内检测及缺陷修复工作，累计完成内检测 1 829 千米，完成修复需立即维修缺陷点 56 处；加强反打孔盗油管理，配合公安部门成功告破湖南汨罗系列盗油案件。

（何　超）

【自主维修能力新突破】 2017 年，销售华中分公司树立“自主维修，减少外委依赖”的维修观念，研究学习，提升维修技能，实现 3 次零的突破。8 月首次自主完成外管道缺陷修复；11 月首次完成进口鲁尔泵自主大修；11 月首次完成自主带压双侧双封堵换管，这也是中国石化销售企业中的首次。

（何　超）

【统筹资源创效益】 2017 年，销售华中分公司强化资源统筹，优化资源摆布，发挥外采资源传效能力，外采资源金鸡坡码头上岸量 38.3 万吨，服务创效 7.8 亿元；发挥库存作用，根据片区成品油市场情况淡储旺销，收储 7.6 万吨，创效 4 500 万元；开展资源串换互供业务，统筹配置与外采两种资源，外采资源串换 15.6 万吨，服务创效 3 489.3 万元，开展省内与非石化资源互供 27.5 万吨，服务创效 851.7 万元；优化三级物流通道，新增恩施巴东地区赴宜昌王家河油库提油、赣州龙南地区赴赣州和乐油库提油，优化运量 11.1 万吨，服务创效 1 243 万元。

（何　超）

【工程项目建设】 2017 年，销售华中分公司制定《销售华中分公司工程建设管理实施细则》等制度 12 项；谋划上报娄底—邵阳—永州、襄阳—十堰成品油管道、抢维修中心、抚州输油处 4 个项目建议书；推进大庄、武汉、九江、长岭油库 98# 汽油改造等 5 项工程实施；实现荆襄成品油管道工程和合六成品油管道工程开工建设，推进荆荆管道同心村隐患治理、长郴管道岳阳城区段隐患治理项目结算审计工作，完成湖南二期成品油管道项目工程转资和竣工验收。

（何　超）

【机制体制优化】 2017 年，销售华中分公司围绕“管理有序、运转高效、理念先进”的目标开展顶层设计，突出专业化管理，将招投标管理和物资采购职能纳入项目管理中心，设备管理职能纳入管道油库处；开展油库、办事处、输油站的业务整合，将“委派会计”模式调整为“输油处兼职会计”模式，前置财务稽核环节，完善公司机关—输油处—输油站三级管理。修订工作制度，精简冗余流程与台账，全年减少流程 95 项，精简账表册 126 张，工作效率明显提高。

（何　超）

【夯实“三基”管理】 2017 年，销售华中分公司推动各专业线条工作标准、操作规程的修订，完善各类制度 231 个，制度修订率为 56.3%；启动库站标准化管理，制定《油库及输油站标准化管理手册(试行)》，开展库站标准化建设，淮南站、娄底站已完成验收；规范资产管理，清理公司在用、备用和废旧实物资产，明确资产报废处理流程和固定资产财务核销管理流程，完成异地 5 处房产的划转处置、6 条改线管线的报废核销及 2 项资产的报废处置。

（何 超）

【科技创新上新台阶】 2017年，销售华中分公司大力推进科技创新工作，在油库公路发运环节引入“互联网+”概念，建设“e提油”信息服务平台，加强油库与提油车辆间的信息沟通；“长输管道带压封堵技术研究与开发”“成品油管道阀门内漏故障分析与研究”2个科技项目获立项批复，申报国家专利5件，获国家实用新型专利1件，发表科技论文5篇。

（何 超）

【三支人才队伍建设】 2017年，销售华中分公司注重引入新鲜血液，在系统内引进成熟人才20名，招录应届大学毕业生20名；重视人才评聘，全年专业技术序列评聘62人，技能操作序列评聘技师(高级技师)12名；与长江大学合作，加强员工培训，42名员工先后参加技能培训和学历提升。

（何 超）

【倾听员工心声】 2017年，销售华中分公司为了解基层员工心声，深入基层与员工座谈，公司辖内30座输油站、5个输油处、2个中心机构全部覆盖，召开座谈会35次，征集员工意见500条，先后召开3次党委会专题研究，逐一研究落实措施，帮助基层员工解决困难。

（何 超）

【技能比武硕果累累】 2017年，销售华中分公司参加6个专业线条技能比武，获团体奖3项，个人金牌2枚、个人银牌1枚、个人铜牌3枚。

（何 超）

表1　　销售华中分公司主要经营指标

指标名称＼年份	2017	2016	2015	2014	2013	2012
资产总额/亿元	118.98	110.65	100.62	91.23	80.54	78.21
成品油销售量/万吨	2 416.74	2 279.40	2 331.40	2 147.00	2 083.60	1 843.04
销售收入/亿元	1 376.00	1 141.00	1 245.01	1 519.00	1 490.00	1 502.00
利润/亿元	19.25	14.08	14.65	19.00	21.00	30.00
税金/亿元	9.21	11.21	7.28	10.17	11.67	15.92
吨油费用/元	69.09	73.65	86.00	88.74	89.99	78.90

销售华南分公司

【概况】 中国石化销售有限公司华南分公司(简称销售华南分公司)本部位于广东省广州市天河区体育西路191号，其前身是成立于2000年6月18日的中国石化销售有限公司西南分公司。2006年11月24日，经集团公司党组批准，在广州注册成立销售华南分公司，从2007年1月1日起正式运作，系国有大Ⅰ型企业。

销售华南分公司是中国石化销售有限公司下属的4个大区公司之一，是中国石化在华南地区跨省际、城际间的成品油区域物流中心，主要负责华南区域中国石化广州分公司、茂名分公司、湛江东兴公司、海南炼化和北海炼化5家炼化生产企业的成品油出厂和运输组织，以及广东、广西、贵州、云南、海南5个省区成品油资源供应，同时发挥地域优势，做好华中、川渝地区的资源补充；统一负责华南成品油管网(已建成运行的管道全长6 036千米、在建246千米)的运营管理和规划建设；承担成品油管道输送技术的应用研究和国产化装备研发职能。

销售华南分公司实行“公司—输油管理处—输油站”三级管理模式，在机关设10个职能处室和3个直属中心；在管道沿线设8个输油管理处和58座输油站；另根据管道建设需要，设若干个工程项目部；在上述炼厂设5个驻厂办事处，负责与炼厂的业务衔接。截至2017年底，公司拥有员工1 555人。

销售华南分公司主要经营指标见表1。

（薛玉才）

【主要荣誉】 2017年，销售华南分公司连续7年获集团公司安全生产先进单位称号；连续3年被评为销售板块 HSSE 综合管理能力测评 A 级企业；连续 3 年被评为集团公司物资供应管理先进单位；获集团公司全员成本目标管理工作进步奖；获集团公司管理现代化创新成果一等奖、二等奖各 1 项；获广东省企业管理现代化创新成果一等奖、二等奖各 1 项；被集团公司评选为创新型企业；被国家能源局列为全国管道完整性管理推先企业；"成品油长输管道智能管理"获批广东省智能制造试点示范项目；"高压成品油长输管线输油泵国产化研制""成品油管道完整性管理体系及关键技术"分别获集团公司科技进步二等奖和三等奖。

（薛玉才）

【各项生产经营指标完成良好】 2017 年，销售华南分公司管输成品油 2 200 万吨，比年度考核目标 2 080万吨多 120 万吨，同比增加 257 万吨，占销售板块增量 458 万吨的 56%；吨油运杂费 37.7 元、降低 10.3 元、降幅 21.4%，大区公司排名第一；管输创效 21 亿元，增加 1.8 亿元，增幅 9.4%；完成成本控费目标，实现销售收入 1 692.7 亿元，利税 41.1 亿元。

（薛玉才）

【物流优化取得新成效】 2017 年，销售华南分公司主动应对经营"新常态"，坚持全局优化和效益共享，牵头组织区内外炼厂、石油公司等 13 家单位召开研讨会，推进与中国石油、中国海油等单位的行业合作。统筹资源运作，妥善应对广州石化、海南炼化检修期间市场保供；与茂名石化推进罐区一体化改造，实现储运设施共享。开展资源串换和三级物流优化，制订优化方案，新增优化通道 22 条；扭转铁路装载率落后的不利局面，全年装载率 94.59%；吨油 250 元以上运量降低 119 万吨，降幅达 66%，运杂费节约 2.64 亿元。

（薛玉才）

【工程建设取得新突破】 2017 年 4 月 28 日、5 月 26 日，海南管道、川渝管道分别一次投油成功；8 月 10 日，湛北管道与天然气管道同沟铺设段正式开工建设；长坡站下载线改造、蒸馏装置扩容改造及曲靖站下载线改造等项目均提前完成，销售华南分公司 2 次在销售公司《脱瓶颈项目建设情况通报》中受到表扬。

（薛玉才）

【科技创新成绩突出】 2017 年 3 月 24 日，销售华南分公司组织召开第 2 届科技发展和管理创新工作会议，在原有 6 个研究所基础上新增党建、改革和物流 3 个研究所，推动科研工作从自然科学领域向社会科学领域进军。全年成功立项集团公司级科研项目 6 项，2 项软件著作权获授权，3 件发明专利正在申请；与中国航天联合完成 2.0 代智能泵控式电液执行器研制；与中信重工等企业联合开发输油站智能巡检机器人、水下智能监测机器人和管道专用巡线无人机，并在输油站进行测试和试用。完成智能化管道管理系统完整性模块开发，率先在集团公司实现系统 2.0 版本部署与应用；完成 6 036 千米管道勘测，3 842 千米管道数据以严于国标的验收标准成功录入数据库；高后果区识别率、三级高后果区"一区一案"覆盖率、风险评价率、风险消减措施覆盖率均达 100%，顺利通过国家能源局管道完整性管理推先企业第一阶段评审并获得充分肯定。

（薛玉才）

销售华南分公司召开第 2 届科技发展和管理创新工作会

【强化生产运行和外管道管理】 2017 年，销售华南分公司编制输油计划 415 份，管道启停输 830 次，完成 6 125 个混油界面跟踪，完成 1 218 个混油界面下载切割，完成 289 项检维修工况优化，在管道安全运行的同时超额完成管输任务。完成 88 项清管计划，发送 187 枚清管器，完成 5 885 千米管道清管；完成 1 800 千米管道几何变形检测和 2 110 千米管道漏磁检测，消除管道本体缺陷 234 处，提高了管输效率及安全性。

（薛玉才）

【开门办企业】 2017 年 6 月 29 日，销售华南分公司首次在广州举办"科技强安"主题开放日活动。来自广东省、广州市、荔湾区的公安、安监、发改委等部门的代表以及《人民日报》、中央人民广播电台、《中国青年报》、中新社《南方日报》《信息时报》等媒体记者共同走进销售华南分公司，了解公司先进的安全生产制度和技术。活动结束后，邀请的6家媒体在当天和第2天相继进行报道，进一步加深了公众对企业的了解。

（薛玉才）

销售华南分公司首次举办“科技强安”主题开放日活动

【抓好应急演练】 2017年9月27日，中国石化联合贵州省能源局、公安厅、质监局、安监局、消防总队及遵义市政府等，在遵义市乌江河畔举办西南成品油管道（遵义—乌江段）汽油泄漏综合应急演练活动。此次应急演练由中国石化销售公司主办，销售华南分公司、贵州石油分公司和遵义市人民政府共同承办，演练出动各类应急抢险车辆24辆、船只7艘，参与演练人员169人。贵州省和遵义市两级政府，中国石化总部及各省市公司、大区公司代表共140余人观摩了此次演练。

（薛玉才）

【加快干部队伍年轻化、知识化进程】 2017年，销售华南分公司坚持正确用人导向，不断优化队伍结构。通过组织选拔、公开竞聘等方式优化中层干部年龄结构，47名中层干部中，“75后”19人，占比40.4%；“80后”7人，占比14.4%；拥有大学本科以上学历37人，占比78.7%。202名基层干部中，“80后”占比61.4%，“90后”占比7.4%；拥有大学本科以上学历156人，占比77.2%。引进高校毕业生48人，其中硕士28人、博士2人，博硕研比例为历年最高，与中国石油大学（北京）、东北石油大学共建研究生联合培养基地，共同推进人才培养。

（薛玉才）

【认真学习宣传贯彻党的十九大精神】 2017年，销售华南分公司党委中心组带头坚持每周集中学习，认真学习贯彻党的十九大精神、新党章和习近平新时代中国特色社会主义思想，累计学习达34次。邀请十九大代表张恒珍就党的十九大精神授党课；公司班子成员每人自选课题，带头到基层一线进行党的十九大精神宣讲和调研，在学懂、弄通、做实上下功夫，牢固树立“四个意识”，坚定“四个自信”，做到“四个服从”。组织编印党的十九大精神及党建基础知识考题450道，对全体党员进行抽考，以考促学；组织机关党员干部到中共三大会址开展“不忘初心，牢记使命”主题党日活动，重温入党誓词，牢记“爱我中华、振兴石化”“为美好生活加油”的初心和使命，坚决维护习近平总书记在党中央和全党的核心地位、维护党中央权威和集中统一领导，自觉在思想上政治上行动上同以习近平同志为核心的党中央保持高度一致。

（薛玉才）

【大力推进“两学一做”学习教育常态化制度化】 2017年，销售华南分公司各级党组织认真落实《公司党委推进“两学一做”学习教育常态化制度化实施方案》，坚持不懈抓好理论学习和“三会一课”，在认真学好新党章、党的十九大精神和习近平新时代中国特色社会主义思想基础上，扎实开展“转观念、勇担当、创效益”专题讨论，累计讨论108次，牢固树立了“精细管理、确保安全”“服务基层、做好表率”观念。

（薛玉才）

【认真落实集团公司基层党支部建设工作会议精神】 2017年，销售华南分公司党委制定《基层党总支（支部）落实“五项主要任务”工作清单及考核标准》，推动全面从严治党向基层延伸，进一步促进党建工作制度化标准化建设。全面推行党总支（支部）年度分类定级，2个党总支和9个党支部被评为优秀，无不合格的党总支和党支部。认真落实人员和经费“两个1%”，公司现有专职党务政工人员41人，占员工总数的2.6%；全年党组织活动经费151万元，占年度工资总额的1%。

（薛玉才）

【层层压实党建工作责任】 2017年，销售华南分公司党委围绕“三张名片”和“保B争A”目标，制定下发计划任务分解表，首次推行党建季度检查考核和党支部年度分类定级，实行严考核、硬挂钩，使各项工作有目标、有计划、有检查、有考核、有落实，推动党建工作迈上新台阶。全年开展 3 次党建检查、2 次重点党建工作督导，查改问题 710 项，通过分组检查进行排名，严格兑现奖惩措施，其中因排名靠前或进步明显有 13 个部门获得绩效加分 25.5 分，因排名靠后有 9 个部门被扣罚绩效 14.5 分，共 41 人次被扣罚绩效奖金，8 人次在公司党建专题会上检讨、5 人次被党委书记约谈、公司领导班子成员有 5 人次在党委会上检讨。

（薛玉才）

【构建大监督格局成效初显】 2017 年，销售华南分公司根据集团公司统一部署，成立监督委员会，整合审计、组织、政工等监督资源，积极构建大监督格局。对机关 4 个部门开展作风督察，督察事项 240 项，督办“浮拖懒粗软”等 27 个问题，有效推动机关作风好转；开展住房专项延伸巡视、违规用公款购买消费高档白酒问题整治、违规为领导人员及其亲属报销医药费、餐费、服装费、休假费问题治理、领导人员亲属做中国石化生意问题整治等，铲除“四风”滋生的土壤；开展分（发）包管理、改线施工等专项检查，约谈 9 家承包商，停用 1 家，暂停合作 7 家，处罚履职不到位承包商共 215 万元；开展 399 项工程审计，审减 4 470 万元，审减率 24%；开展油品损耗、内审外查整改、隐患治理、经济责任等审计，抓问题整改落实，促进内控制度运行更加规范。

（薛玉才）

【积极选树先进典型】 2017 年，销售华南分公司积极开展年度先进评选，评比表彰先进集体 19 个、进步集体 1 个、先进职工 80 名、优秀班组长 50 名和“十佳站长”“十佳安全卫士”。开展“一先两优”评选，评比表彰先进基层党组织 12 个，优秀共产党员 54 名，优秀党务工作者 15 名。开展五一劳模评选，评比表彰劳模 3 名。评比表彰三八红旗手 12 名，优秀基层团支部 7 个、优秀团干部 19 名、优秀团员青年 19 名，青年文明号 9 个、青年岗位能手 11 名。评选表彰第 3 届“感动华南好青工”（含提名奖）10 名、“最美青工”11 名，其中 4 名青工获集团公司“最美青工”（含提名奖）。

（薛玉才）

【对外宣传工作取得新进步】 2017 年，销售华南分公司在系统内部媒体发稿 37 篇，在《人民日报》《中国青年报》《南方日报》等权威主流媒体刊稿 24 篇，对外宣传实现重大突破。全年累计在公司内网发稿 1 011篇，在微信公众平台发稿 74 篇，宣传工作综合排名在大区公司中列第 1 名。

（薛玉才）

【精准扶贫工作进展良好】 2017 年，销售华南分公司认真抓好广东省委省政府交给公司的对口扶贫工作，在扶贫村投资建设村民服务中心、5 千米灌溉水渠、2.3 千米水泥硬化村道，开展多项产业扶贫项目，工作进度和效果走在所在县扶贫工作前列。

（薛玉才）

【发挥好共青团生力军作用】 2017 年，销售华南分公司认真开展青年员工思想政治工作，组织开展团支部“一学一做”教育实践活动，分 3 期组织 71 名青工到延安市委党校开展政治轮训。扎实开展“师带徒”工作，签署“师带徒”协议，指定三级导师，主动服务青年成长成才；有序开展“一团一品”工作，实现了 59 个基层团支部全覆盖。

（薛玉才）

【发挥好工会桥梁纽带作用】 2017 年，销售华南分公司认真落实职代会制度，民主讨论和审议通过《公司劳动合同制员工内部退养管理实施办法》等 10 项制度。扎实开展“走基层、访万家”活动，基层班组走访率和员工走访率均实现 100%，解决员工群众实际困难 233 项。抓好劳动竞赛，组织开展 10 个工种的技能竞赛和技术比武，参赛人数达 600 人次；组织 5 个队伍参加总部举办的技术比武，取得较好成绩（在集团公司智能化管线管理系统应用比武中获1 金、1 银，在 4 个大区公司中纪检监察比武排第 1 名，投资和项目管理、HSE 监管比武排第 2 名）。抓好帮扶救助工作，全年帮扶 96 人次，发放救助金 20 余万元。积极组织员工文体活动，成功举办第 3 届“南国潜龙杯”乒乓球比赛、第 3 届消防运动会、第 3 届员工才艺汇演等系列活动。

（薛玉才）

表1 销售华南分公司主要经营指标

指标名称＼年份	2017	2016	2015	2014	2013	2012
成品油销售总量/万吨	2 952.00	2 941.00	2 913.00	2 997.00	2 968.00	2 832.00
管输量/万吨	2 200.00	1 943.00	1 756.00	1 676.00	1 626.00	1 594.00
销售收入/亿元	1 692.70	1 510.00	1 584.00	2 103.00	2 113.00	2 074.00
实现利税/亿元	41.10	35.42	28.71	44.90	45.60	39.70
利润/亿元	33.77	28.29	22.24	37.90	35.60	32.85

石油勘探开发研究院

【概况】 中国石油化工股份有限公司石油勘探开发研究院(简称石油勘探开发研究院)是中国石化直属上游综合研究机构，正式成立于2000年7月，其前身为原国家地质矿产部所属的7家油气普查勘探研究单位。总部设在北京，京外设有无锡石油地质研究所、合肥培训测试中心。

石油勘探开发研究院是中国石化上游发展战略及油气勘探开发参谋部、油气勘探开发技术支撑服务部、油气勘探开发技术研发和集成部、上游地质资料信息中心(三部一中心)。拥有页岩油气富集机理与有效开发、国家能源页岩油研发中心2个国家级重点实验室或研发中心，海相油气藏开发实验室、油气成藏实验室、多波地震技术实验室、页岩油气勘探开发实验室4个中国石化重点实验室，提高采收率实验室、储层改造与保护实验室、构造与沉积—储层实验室、无机地球化学4个院级实验室，拥有一批具有国际先进水平的实验仪器设备，是国家核心期刊《石油与天然气地质》及《石油实验地质》等科技期刊的编辑、出版单位。

截至2017年底，石油勘探开发研究院用工总量为1 152人，其中各层级专家96人，包括院士2人、国家“千人计划”2人、集团公司高级专家8人。拥有博士398人，占比36%；硕士383人，占比35%；本科及以下329人，占比29%。

2017年，石油勘探开发研究院共承担各类科研生产任务505项，新签合同316项。牵头的1个国家“973”项目、5个国家重大专项和34个课题进展顺利，成功争取到中国科学院A类先导项目——智能导钻项目。申报中国石化科技成果鉴定19项，其中3项国际领先。获国家科技进步一等奖1项、技术发明二等奖1项；省部级及重要行业科技一等奖3项、管理现代化创新成果一等奖2项。申请国家专利262件，获得授权50件，其中发明专利38件；认定专有技术13件；登记软件著作权38件。

石油勘探开发研究院2017年主要科研成果获奖情况及2012—2017年专利申请与授权情况分别见表1和表2。

(张爱国)

【领导班子调整】 2017年9月7日，石油勘探开发研究院召开干部大会，宣布领导班子调整决定：鉴于年龄原因，免去张鸣的中共石油勘探开发研究院委员会书记、委员职务，解聘张鸣的石油勘探开发研究院副院长、中国石化石油勘探开发研究院有限公司副总经理职务。

(张爱国)

【2项成果获得国家级科学技术奖励】 2017年，石油勘探开发研究院首次一年内获得2项国家级科技大奖，在院科技创新史上具有里程碑意义。其中，参与研究的“涪陵大型海相页岩气田高效勘探开发”项目获国家科技进步一等奖，牵头的“海相碳酸盐岩缝洞型油藏精细描述、数值模拟及高效注水开发技术”项目获得国家技术发明二等奖。

(张爱国)

【1人获国家有突出贡献的中青年专家称号】 2017年11月，刘全有获2017年国家百千万人才工程有突出贡献的中青年专家称号，全国入选名单共有411人。该奖项重点选拔培养瞄准世界科技前沿，能引领和支持国家重大科技、关键领域实现跨越式发展的高层次中青年领军人才，入选人员都是各专业领域的顶尖人才。

(张爱国)

【风险探井部署工作取得重大进展】 2017 年，石油勘探开发研究院将风险井部署作为支撑生产的一项重要任务，充分发挥区域研究优势，多学科联合攻关开展风险井论证，确定一批具有战略引领和科学探索意义的风险勘探领域，首次牵头提出旺深 1、丰深 1、回深 1、梨深 2－1 共 4 口风险井，其中旺深 1 井、梨深 2－1 井已通过总部审定，实现风险井论证新突破。

（张爱国）

【提交 4 项研究专报】 2017 年，石油勘探开发研究院提交《“稳产、增储、减值、降本”四轮驱动，实现原油“十三五”末扭亏为盈》报告，提出“十三五”后 3 年中国石化不同资产减值方式下的扭亏目标和路径，提出的建议被实施于国内上游生产经营部署当中。完成《国际油价预测机构优选与未来国际油价预测》专报，提出的预测油价被作为参考油价应用于中国石化 2018 年财务预算制定中。提出的《针对国家矿权新政的对策建议》，为降低矿权持有成本、保留潜力区块、确保到期区块正常延续发挥积极作用，总部正依据其中建议制定相应管理办法。针对苏北地区油田企业增储稳产压力大、周边化工企业二氧化碳减排压力大的现实，提出《关于建设苏北盆地 CO_2－EOR 工业化示范基地的建议》，总部正据此研究推进意见。

（张爱国）

【深入开展“转观念、勇担当、创效益”大讨论】 2017 年，石油勘探开发研究院针对低油价的严峻形势，根据集团公司部署安排，扎实开展“转观念、勇担当、创效益”专题讨论。围绕经济发展新常态、低油价、科技机制改革、“三能”人才机制等内容，开展多种形式的讨论活动，分析形势，统一思想，凝聚共识；开展全院职工思想动态调查和分析，围绕完善协调机制、推进 IPD 应用落地、优化薪酬分配机制、构建院企业文化体系、实现科研与党建融合等方面广泛征求意见，展开讨论。经过专题讨论，全院干部员工危机意识、实干意识、创新意识、市场意识、服务意识、“严、细、实”意识进一步增强。

（张爱国）

【支撑塔河油田提高采收率取得重大进展】 石油勘探开发研究院针对塔河油田提高采收率关键技术问题，以 S67 区块为示范单元，制订开发调整方案，实施效果明显，日产油由 126 吨上升到 200 吨，含水率由 58% 下降到 40%，为塔河油田老区稳产提供示范、树立信心。

（张爱国）

【稠油冷采降黏技术推广取得重要突破】 石油勘探开发研究院研发的 FMP 活性高分子降黏剂，将稠油“撕成片状”、大幅降黏、乳化采出。该项技术作为 2017 年中国石化低成本开采重点推广技术，在胜利、河南油田成功应用 9 口井，最高单井增油 8 倍，最长有效期 15 个月，实现特超稠油冷采效益开发。

（张爱国）

【IPD 科研流程体制改革试点在海外板块稳步实施】 2017 年 6—11 月，石油勘探开发研究院在海外中心开展 IPD 试点，取得积极成效。完善组织结构和运行机制，按“战建分离”的理念，设置勘探室和开发室，成立专家委员会和决策委员会，建立“两委一中心”的运行机制；开展玻璃房项目建设，优选 4 个典型项目在 IPD 平台试点运行，验证组织流程和平台的适应性；开展标准包开发与培训工作，初步完成基本覆盖勘探业务的 23 个标准包的开发，并进行针对性的培训。IPD 改革对于提高科研成果运行质量和效率，进一步加强科研首尾“两个一千米”的管控发挥重要作用。

（张爱国）

【集团公司上游勘探开发云管理平台正式上线】 2017 年 6 月 5 日，石油勘探开发研究院与石油物探技术研究院联合研发的勘探开发云管理平台（PetroC 1.0）正式上线运行，首批部署 15 个软件的临时许可和部分处理资源，正式为油田板块提供软件许可资源和处理资源共享服务，标志着油田板块专业软硬件资源的共享应用工作全面展开。

（张爱国）

【学习十九大】 2017 年，石油勘探开发研究院通过参加理论中心组学习、参加集团公司“党的十九大精神专题讲座”、深入基层宣讲十九大精神等形式，以上率下开展学习；各基层党组织认真组织、精心策划，结合实际，组织广大党员干部原原本本学习十九大报告，并开展“学习十九大精神、走英雄道路”主题党日活动、“不忘初心、继续前行”党课学习等多种形式的学习；院党委充分利用院网、院展板、院报《上游院》、官方微博、微信、“微党课”等各种媒体资源加强宣传党的十九大，基本做到各级党组织全覆盖、党员干部学习培训全覆盖、对十九大精神的学习宣传贯彻全体员工全覆盖。

（张爱国）

表1　　石油勘探开发研究院2017年主要科研成果获奖情况

序号	项目名称	奖项名称	获奖等级
1	涪陵大型海相页岩气田高效勘探开发	国家科技进步奖	一等奖
2	海相碳酸盐岩缝洞型油藏精细描述、数值模拟及高效注水开发技术	国家技术发明奖	二等奖
3	烃类的垂向微运移与近地表检测技术	集团公司技术发明奖	三等奖
4	海相碳酸盐岩超深层油气井井筒关键技术与工业化应用	集团公司科技进步奖	二等奖
5	油气钻探项目风险分析与资源价值评价技术方法研究	集团公司科技进步奖	二等奖
6	油田开发项目评价优化决策系统研究与应用	集团公司科技进步奖	二等奖
7	塔中、塔河奥陶系岩溶储层形成机理与分布	集团公司科技进步奖	三等奖
8	缝洞储集体测井响应模拟与评价方法研究	集团公司科技进步奖	三等奖
9	中国石化巴西区块盐下油气成藏条件与目标评价	集团公司科技进步奖	三等奖
10	抽油机井实时工况评价与平衡控制技术	集团公司科技进步奖	三等奖
11	缝洞型碳酸盐岩油藏控递减技术研究与应用	北京市科学技术奖	二等奖
12	1:500万国际亚洲地质图	国土资源部科学技术奖	一等奖
13	川东地区龙马溪组页岩气富集机理与勘探区带评价	中国石油和化工联合会科技进步奖	一等奖
14	碳酸盐岩油田开发关键技术	中国石油和化工联合会科技进步奖	一等奖
15	塔里木盆地复杂储层预测方法及应用	中国石油和化工联合会科技进步奖	三等奖
16	油气微生物勘探关键技术与工业化应用	中国石油和化工联合会技术发明奖	三等奖

表2　　石油勘探开发研究院2012—2017年专利申请与授权情况　　件

年份	国内专利		国外专利	
	申请数	授权数	申请数	授权数
2017	262	49	0	1
2016	245	45	1	0
2015	210	34	0	1
2014	131	29	0	0
2013	65	20	1	1
2012	41	14	1	1

石油工程技术研究院

【概况】 中国石化石油工程技术研究院(简称石油工程技术研究院)成立于2009年6月，是集团公司直属研究院，定位为集团公司石油工程业务发展的参谋部、石油工程高新技术研发中心和国内外石油工程技术支持中心。业务范围以井筒技术为主，从事石油钻井、完井、测井、录井、测试、储层改造及海洋石油工程等专业的发展规划研究、科研攻关、产品研发和推广应用。本部下辖6个职能部门、9个研究部门和3个技术支持中心；京外设有2个直属单位和2个分院。建有页岩油气富集机理与有效开发国家重点实验室、国家能源页岩油研发中心、固井与完井实验室和页岩油气钻完井及压裂实验室2个中国石化重点实验室、9个专业实验室和4个基础实验室。通过了健康/安全/环境管理体系认证、ISO 9001质量管理体系认证和API产品认证，创办有中文核心期刊《石油钻探技术》，是全国石油钻采设备和工具标准化技术委员会钻修井井下工具标准化工作部挂靠单位，实验室通过了CNAS国家实验室认可，直属单位大陆架公司为国家高新技术企业。

截至2017年底，石油工程技术研究院用工总量542人，其中北京院本部(股份院)386人，具有正高级职称的57人、高级及以上职称的占70%，博士、硕士占84%，在站博士后9人；德州所(集团院)用工总量156人。拥有国家级突出贡献专家2人，享受政府特殊津贴专家10人，国家千人计划专家1人，“百千万人才工程”人选2人，集团公司高级专家7人，集团公司突出贡献专家9人，集团公司学术技术带头人9人，获闵恩泽、孙越崎奖12人，中国石化优秀创新团队6个。

2017年，石油工程技术研究院共承担各类科研项目226项，申请专利291件(发明216件)、获授权77件(发明30件)，获国家科技进步奖1项、省部级奖13项。

石油工程技术研究院2017年主要科研成果获奖情况及2012—2017年专利申请与授权情况分别见表1和表2。

(朱　明)

【“涪陵大型海相页岩气田高效勘探开发”获国家科技进步一等奖】 石油工程技术研究院作为该项目的主要完成单位，是创新成果“页岩气水平井高效钻井及压裂关键工程技术”的主要贡献单位，承担了页岩气水平井钻井和压裂等关键技术的攻关。成果主要有：①提出大井距平行丛式渐增式五段制和鱼钩型三维井眼轨道设计方法；②揭示涪陵地区页岩地层井壁失稳机理，开发高强度弹韧性水泥浆和高效清洗液体系；③建立“井工厂”技术经济评价模型，创新应用钻井“学习曲线”指导现场施工；④开展水力压裂大型物模试验和数值模拟研究，揭示五峰组—龙马溪组不同层位裂缝起裂扩展机理，提出涪陵页岩复杂缝网改造思路；⑤承担焦页1HF井分段压裂设计，压裂后日产气20.3万立方米。项目获授权发明专利37件，软件著作权12项，发表论文121篇，制定各类标准107项，为中国石化涪陵气田百亿立方米产能建设以及中国页岩气工程技术进步做出突出贡献。项目获“WORLD SHALE OIL & GAS INTERNATIONAL PIONEER”(世界页岩油气国际先锋奖)，引领和推动了中国页岩气产业发展。

(朱　明)

【随钻近钻头伽马成像系统研制获得重要突破】 2017年，石油工程技术研究院研制出随钻近钻头伽马成像系统，成为国内首家、世界第2家掌握该技术的单位。该系统突破了高转速8/16扇区伽马成像、动态井斜测量、伽马成像数据压缩、无线短传、天线耐磨抗压抗振封装和高振动机械密封结构六大关键方法和技术难题。在胜利油田商55-斜20井和盘32-斜2井测试成功，实钻连续工作96小时、进尺1 200米，实现了离钻头0.5米处的伽马探测、离钻头0.9米处的井斜探测和8扇区伽马成像实时数据上传，系统稳定性、密封性和重复性表现优良。

(朱　明)

【深层页岩气多维度高导流体积压裂技术取得重大进展】 2017年，石油工程技术研究院研发的深层页岩气多维度高导流体积压裂技术攻克深层塑性大、水平大应力差等关键技术难题，优化了与不同缝宽相匹配的支撑剂粒径、加入量和加入时机；建立“预处理酸、前置胶液、高黏滑溜水、后置胶液”的压裂工艺模式；形成深层页岩高导流体积压裂方法及实施技术。在中国石化重点探井丁页4侧钻水平井成功应用并取得良好效果。对比邻井，单井滑溜水占比提高23%，单段砂量提高70%，单井综合砂液比提高58%，创造了中国石化4 000米以深页岩气井单段加砂量最多、平均单段加砂量最多、单段粗砂占比最高等新纪录，试气产量为20.56万米^3/日，为深层页岩气实现重大商业突破提供了技术保障。

(朱　明)

【华北 JPH－404 井一体化技术支持示范作用突出】 2017 年，石油工程技术研究院继续大力推广“产学研”一体化技术示范工程，针对华北油气分公司杭锦旗致密砂岩气开发区块面临的刘家沟地层恶性漏失、双石层垮塌及砂泥岩薄互层穿层压裂等工程技术难题和降本增效需求，承担完成 JPH－404 井地质工程一体化设计、钻完井一体化施工以及工程技术与生产组织一体化管理，形成华北区域施工模式、技术标准和作业规范。试验成功二级井身结构，创造同类型井钻井最短周期(54.5 天)、二开直井段最高平均机械钻速(43.38 米/时)、水平段最高平均机械钻速(10.64 米/时)3 项工区纪录，节约钻井费用 10%；水平段砂岩钻遇率 100%，产层井段泄流面积增加 50%，产量提高 30%。

（朱　明）

【“超深水平井钻完井技术”入选中国石油石化科技创新十大进展】 石油工程技术研究院自主承担的“超深水平井钻完井技术”项目，针对超深水平井钻完井关键技术难题，研发了超深水平井常规滑动导向钻井与井眼轨迹高精度控制技术、高温高密度低摩阻钻井液体系与材料、防腐防窜水泥浆体系及固井工具、钻井提速及安全控制方法，形成以工具、仪器、材料和技术方法为核心的超深水平井钻完井技术系列，实现应用常规技术完成高温高压高酸性超深水平井的安全高效作业，为元坝“三高”气田 34 亿立方米产能建设及塔河油田增储上产提供关键技术保障，创造直径为 120 毫米井眼超深水平井最深(8 049.5 米)、水平段最长(430.2 米)等多项世界新纪录，标志着中国超深井钻井技术跨入世界先进行列。2017 年，该技术被评为 2015—2016 年度中国石油石化科技创新十大进展之一。

（朱　明）

【“特深层油气勘探开发工程关键技术与装备”立项成功】 为解决塔里木盆地和四川盆地井深7 000—9 000 米特深层油气勘探开发重大工程技术难题，需要研发一系列耐高温(245℃)的钻完井工具、仪器、装备及流体体系等技术载体和特深层钻完井关键技术。2017 年，集团公司组织开展“特深层油气勘探开发工程关键技术与装备”项目论证。经过多轮竞争，石油工程技术研究院以第 1 名的成绩成功牵头承担该项目，成为中国石化直属研究院首个牵头承担重大项目的单位。

（朱　明）

【注氮泡沫固井关键装备换代升级】 2017 年，石油工程技术研究院实现液氮泡沫一体化固井撬装设备换代升级。液氮增压气化和水泥浆发泡达到集成化，实现数据实时采集，施工参数自动调整，地面水泥浆最低密度达 0.35 克/厘米^3。截至年底，已推广应用 18 口井，成功率 100%，预防页岩气井浅层气窜效果显著，环空带压比例小于 10%，页岩气区块应用评定为优秀。

（朱　明）

【西北油田钻井液技术支持一枝独秀】 截至 2017 年底，石油工程技术研究院针对西北油田亟需解决的工程技术难题，开展强抑制强封堵钻井液、不混油低摩阻钻井液、气滞塞和恶性漏失堵漏等技术支持 30 余项，承担各类攻关课题 15 项，完成重点成果转化和技术服务项目 12 项，推广核心钻井液处理剂 300 余吨，创产值近 4 000 万元。强抑制强封堵钻井液在夏河 1 井应用，机械钻速较邻井提高 76.8%，被西北石油局评定为双优工程。新型不混油低摩阻钻井液体系在 TP238CH 等 2 口井应用，摩阻系数降低 50% 以上，有效降低了环境污染。抗高温气滞塞技术在顺北评 1H 等 6 口井推广应用 20 余井次，有效解决了裂缝性高压气藏气窜难题，降低了井控风险。智能强滞留化学固结复合堵漏技术在 TP193 井实现 2 个缝洞恶性漏失段一次封堵。镶嵌成膜封堵井筒强化等系列技术在顺北鹰 1 井应用创出二开直径 444.5 毫米钻头钻深 5 395 米、直径 339.7 毫米套管下深 5 393 米的全国纪录，在顺北 4 井创出三开直径 333.38 毫米钻头钻深 6 431 米和直径 273.1 毫米套管直下下深 6 429.33 米的中国石化石油工程新纪录。钻井液技术支持为顺北及外围三超油气井提速增效、降本减费做出了重要贡献。

（朱　明）

【《大数据应用助力油公司降本增效和技术升级》专报得到集团公司党组领导高度重视】 2017 年，石油工程技术研究院政务信息报送工作再上新台阶，综合排名位于直属院前列，信息采编率位列榜首。提报的《大数据应用助力油公司降本增效和技术升级》《斯伦贝谢公司提前变革商业模式提高抗风险能力的启示》《中石油钻井市场分析及发展建议》3 项研究专报被集团公司办公厅采用。其中，《大数据应用助力油公司降本增效和技术升级》得到集团公司党组领导的高度重视。该专报为中国石化大数据应用和信息化建设发挥了参谋支持作用。

（朱　明）

【大陆架公司固井工具成功应用全球第一高海拔井】 羌参1井是中国地质调查总局成都地质调查中心在青藏高原那曲西北地区羌塘盆地部署的一口重点科研参数井。2017年，石油工程技术研究院德州所(大陆架公司)应用自主研发的固井工具在高海拔的“生命禁区”顺利完成2次固井作业。

(朱　明)

石油工程技术研究院德州所(大陆架公司)
技术人员在羌参1井施工现场

【页岩油气钻完井及压裂实验室获批中国石化重点实验室】 石油工程技术研究院高度重视页岩油气工程技术，经过多年的不懈攻关，已基本形成自主化的页岩油气工程技术链，基本建成具有国内领先水平的页岩油气钻完井及压裂实验室，在中国石化页岩油气勘探开发工作中发挥了重要作用。2017年5月25日，石油工程技术研究院页岩油气钻完井及压裂实验室获批为中国石化重点实验室，将全面推进页岩油气钻完井及压裂核心技术研究进程，进一步加快页岩油气钻完井及压裂实验室建设。

(朱　明)

【全方位学习宣传贯彻党的十九大精神】 石油工程技术研究院党委根据集团公司党组的安排部署，组织广大党员干部认真研读党的十九大报告和党章，学习习近平总书记在党的十九届一中全会上的重要讲话精神，着重把握《中共中央关于学习宣传贯彻党的十九大精神的决定》和集团公司党组通知要求的“十个深刻领会”，印发《关于学习宣传贯彻党的十九大精神的通知》。石油工程技术研究院本部和德州所各基层党支部均召开专题学习会议，组织党员群众学习十九大报告和相关辅导材料，开展十九大精神学习专题讨论。2017年10月23日，石油工程技术研究院党委中心组召开(扩大)学习会，中心组成员结合实际工作就深刻领会和贯彻落实党的十九大精神谈学习体会。2017年12月6日，集团公司党组成员、副总经理，股份公司高级副总裁、总地质师，中国工程院院士马永生亲临德州石油钻井研究所宣讲党的十九大精神。石油工程技术研究院领导班子成员也分别到分管部门或所在党支部宣讲党的十九大精神。

(朱　明)

【实验中心新址启用揭牌】 2017年5月26日，集团公司党组成员、副总经理，股份公司高级副总裁、中国工程院院士马永生一行到石油工程技术研究院调研指导工作并出席实验中心新址启用暨中国石化页岩油气钻完井及压裂重点实验室揭牌仪式。马永生为实验室新址启用揭牌、致辞并在调研汇报会上做重要讲话。

(朱　明)

马永生和路保平为石油工程技术研究院
实验室新址启用揭牌

【工会第2次代表大会胜利召开】 2017年4月12日，石油工程技术研究院工会第2次代表大会胜利召开。会议总结石油工程技术研究院第1届工会委员会成立以来的工作经验，安排部署今后一个时期的重点任务。大会选举产生新一届工会委员会、经费审查委员会和女职工委员会，并审议通过石油工程技术研究院工会第1届委员会工作报告和经费审查报告。会议期间召开第2届工会委员会第1次会议，选举产生贾士超为工会主席、王东延为工会副主席。

(朱　明)

表1　石油工程技术研究院2017年度主要科研成果获奖情况

序号	项目名称	奖项名称	获奖等级
1	涪陵大型海相页岩气田高效勘探开发	国务院科技进步奖	一等奖
2	海洋深水钻探关键技术创新及产业化	北京市科学技术奖	一等奖
3	海相碳酸盐岩超深层油气井井筒关键技术与工业化应用	中国石化集团科技进步奖	二等奖
4	精细控压钻井技术及应用	中国石化集团科技进步奖	二等奖
5	深井长封固段低密度水泥浆固井技术研究及工业化应用	中国石化集团科技进步奖	三等奖
6	非常规气井测试与产能评价技术及应用	中国石化集团科技进步奖	三等奖
7	涪陵区块页岩气层改造技术研究	中国石化集团科技进步奖	三等奖
8	一种超高密度钻井液用分散剂，制备方法及应用	国家知识产权局第十九届中国专利优秀奖	三等奖
9	内嵌卡瓦旋转尾管固井工具的研制及工业化	机械工业联合会中国机械工业科学技术奖	三等奖
10	遇液自适应膨胀封隔器的研制及应用技术	机械工业联合会中国机械工业科学技术奖	三等奖
11	非常规油气藏水平井易钻桥塞及簇射孔分段完井技术	石化联合会技术发明奖	三等奖
12	非常规气藏测试与产能评价技术及应用	石化联合会科技进步奖	三等奖
13	页岩气压裂返排液组分分析及回用技术研究与应用	石化联合会科技进步奖	三等奖
14	超深水平井钻完井技术	中国石油学会2015—2016年度中国石油石化科技创新十大进展	

表2　石油工程技术研究院2012—2017年专利申请与授权情况　件

年份	国内专利		国外专利	
	申请数	授权数	申请数	授权数
2017	291	77	0	2
2016	260	142	1	1
2015	227	65	0	0
2014	195	37	1	2
2013	136	52	1	0
2012	84	18	2	0

石油物探技术研究院

【概况】 中国石油化工股份有限公司石油物探技术研究院（简称石油物探技术研究院）是中国石化石油物探技术发展参谋部、物探高新技术和核心技术研发中心、物探专业软件研发及推广中心和重大物探工程技术支持中心，是中国石化唯一从事油气地球物理技术研发的直属专业研究机构。

石油物探技术研究院设院长办公室、党委办公室、人力资源部、计划财务部、科研生产部、技术推广部6个机关职能部门，下设物探战略规划研究所、地震采集技术研究所、地震成像技术研究所、油藏地球物理研究所、地球物理软件研究所、地球物理实验中心、地震处理解释中心、地球物理信息中心8个业务单位，及基地综合服务部1个直属单位，位于江苏省南京市江宁区。

石油物探技术研究院前身是1977年创建成立的国家地质总局石油物探研究大队，1983年更名为地质矿产部石油物探研究所，1977年建制更名为中国新星石油公司石油物探研究所，2000年建制更名为中国石化石油勘探开发研究院南京石油物探研究所，2009年11月28日组建成立石油物探技术研究院。

截至2017年底，石油物探技术研究院共有职工419名，其中享受政府特殊津贴4人、中国石化突出贡献专家6人，集团公司首席专家1人、高级专家1人，院首席专家7人、高级专家8人、专家19人，博士52人、硕士科技人才157人。主办出版国内第1份勘探地球物理专业科学学术期刊《石油物探》和国内第1份SCI检索的地球物理与工程专业英文科技期刊《Journal of Geophysics and Engineering》(JGE)。总资产16.33亿元，其中固定资产原值6.7亿元、净值2.45亿元。

2017年，石油物探技术研究院承担各类科研项目94项；获得国家科技进步一等奖、技术发明二等奖各1项，省部级科技奖励4项；申请专利152件，获专利授权85件；申报中国石化专有技术认定15项；登记软件著作权21件。获江苏省厂务公开民主管理示范单位称号。

石油物探技术研究院2017年主要科研成果获奖情况及2012—2017年专利申请与授权情况分别见表1和表2。

（贾春梅）

【创新平台建设取得新进展】 2017年，石油物探技术研究院完善物理模拟、岩石物理分析等设施，升级改造水力压裂模拟实验系统，解决了信号串频问题，完善了实验平台和开放共享机制，在院内和业界共享实验资源和成果。π平台建设方面，落实主体责任，建立新的运行管理机制，完成平台源代码等知识产权管理和系统运维管理的接管工作。云平台建设方面，完善多系统、多用户的作业调度及远程应用，参与搭建并上线中国石化勘探开发云管理平台，建立云计算平台规模化资源集中建设、远程共享应用的模式，为院内、油田企业、直属研究院和外部单位提供了应用支撑。

（贾春梅）

【特色技术攻关与软件研发取得新成果】 2017年，石油物探技术研究院新研发的TTI各向异性精细速度建模与成像技术，有效解决了页岩气复杂构造高精度成像难题。开发空间变网格、基于解析波场的RTM宽频成像技术，解决了海洋资料高陡成像和频宽不足的技术瓶颈。开发基于地质构造约束的Q值初始建模技术和二维黏声介质Q－RTM偏移成像技术，提高了成像分辨率与信噪比。开发针对常规采集和宽频采集的鬼波和多次波压制处理技术，通过模型和实际数据测试。完善iSeismountain软件三维正演模拟分析功能，推出逐点激发井深设计模块。完善初至自动拾取模块；实现自动化速度分析迭代处理流程，形成一套基于深度学习的速度迭代全局质控与建模技术。完成NEWS软件特色版功能的优化完善与新版本发布；攻克海量数据显示卡、慢、效果差等难题；攻克三维地震地质模型的动态实时VR建模和人机交互技术难关，为VR解释功能开发奠定了基础。

（贾春梅）

【成果转化与产品推广迈出新步伐】 2017年，石油物探技术研究院基于NEWS平台开发的页岩气地层压力预测软件达到行业领先水平。开发微地震远程实时展示功能，实时处理结果可在1分钟内及时传送到压裂指挥中心。完善3D全波形反演软件模块，提高了复杂构造速度建模精度。升级iSeismountain软件29套、SPStool软件73套；NEWS软件在8家单位进行推广应用，安装软件许可200个，完成31个勘探开发生产项目；地震采集设计、地震数据处理与成像、油气综合解释等5个软件产品入选总部集中采购计划。

（贾春梅）

【有效支撑重点探区和领域】 2017年，石油物探技术研究院完成三维地震资料处理解释1万余平方千米，提供建议井位46口。西北地区，消除由火成岩速度变化引起的假构造和假断裂，实现不同级次断裂和小尺度缝洞的精确成像，预测断溶体空间展布，研究成果为顺北3、顺北5等井位部署提供了依据。南方地区，开展叠前深度偏移处理和地质统计学反演，圈定有利目标区块，支撑了川西勘探开发；采用空变保幅去噪、串联炮域子波反褶积等技术，提高分辨率及成像品质，为深部地层综合解释提供了可靠资料。东北地区，开展精细速度建模、高精度成像处理和相干体技术优化攻关，提高断层成像精度，落实构造圈闭；开展火山机构地震识别技术攻关，形成识别与描述流程，大幅提高识别精度。海域地区，开展处理解释一体化深度域建模及成像处理攻关，大幅提升深度成像资料品质；首次中标中国海油"双方位成像技术"重点攻关项目。非常规领域，开展三维各向异性 RTM 目标处理，提高目的层成像精度，有效支撑了江汉、华东等油田的页岩气水平井轨迹调整；协助部署评价 JY194、SY1 等井组，成功中标国土资源部微震监测项目。

（贾春梅）

【参谋服务作用进一步发挥】 2017 年，石油物探技术研究院跟踪国际地球物理技术发展趋势与动态，向总部提交 69 条科技信息和 26 条技术发展与应用建议。主导制定的"微地震地面监测技术规程"行业标准正式发布。组织召开 SEG/SINOPEC 山前带勘探技术交流会和物探技术交流会。

（贾春梅）

【党建工作扎实开展】 2017 年，石油物探技术研究院深入学习党的十八届六中全会和十九大精神。扎实推进"两学一做"常态化制度化，落实党建工作责任制，出台《基层党组织设置及党务干部配备方案》，加强党建考核，对基层党组织进行分类定级。深入开展"转观念、勇担当、创效益"大讨论和"献身科技事业 引领物探发展 争创国际一流"主题教育提升年活动，加强意识形态阵地监管。开展"反腐倡廉教育月"等主题教育活动，修订《"三重一大"决策制度实施细则》，加强党风廉洁检查考核，开展效能监察工作，全年未发现违规违纪行为。

（贾春梅）

【推进科技机制改革】 2017 年，石油物探技术研究院编制科技体制改革方案，制定完善科技成果转化管理与创新激励等方面的 6 项科研管理制度，改进项目立项办法，实施重大高难项目招竞标机制，探索实行依托业务单位的矩阵式管理的新型项目长负责制。改进业务单位和专家目标责任书考核办法，加大对横向创收、里程碑成果和人均利润的量化考核兑现力度。

（贾春梅）

【推进人才成长通道建设】 2017 年，石油物探技术研究院制订完善人才成长通道建设方案，组织完成 307 人岗位竞选聘工作。编制"三定"方案，优化机构与岗位设置。制定干部选拔任用、优秀年轻干部培养选拔等选人用人制度，加强基本功训练和岗位练兵，开展多种形式的员工培训和技术比武，组织各类培训班 73 期次。

（贾春梅）

【实施全成本核算】 2017 年，石油物探技术研究院试行项目全成本核算机制，初步实现项目收入和成本按单位、部门、项目和项目成员 3 个维度的量化分解，为成本量化考核提供了基础数据。严格全口径预算的执行管控，注重投资回报评估，定期开展经营分析，圆满完成全面预算指标，实现了总利润大幅提升。完善合同管理、物资采购等标准规范，开展部门收支、重点费用跟踪和工程项目竣工决算等审计监督，加强了法律审核和保密管理。

（贾春梅）

【开展"创新创效"百日会战】 2017 年，石油物探技术研究院组织"双创"百日会战，实现基础研究与生产应用、方法研究与软件开发、方法软件与生产、软件研发与生产测试的"四个结合"，有效推进一体化创新，取得了创新创效双丰收。

（贾春梅）

【凝炼形成企业核心价值理念】 2017 年，石油物探技术研究院完成企业核心价值理念凝炼工作，其中企业使命：当好勘探尖兵；企业愿景：物探先锋，世界一流；企业价值观：创新、创先、创效、创造；企业作风：严谨、诚实、协作、执行。

（贾春梅）

【推进和谐企业建设】 2017 年，石油物探技术研究院完成"走基层、访万家"活动，组织学雷锋志愿服务，关心关爱离退休人员，开展劳动竞赛、青年"号手"评选等活动，举办院第 3 届职工运动会，完成江宁基地供电增容、足球场改造，协助地方政府完成职工家属区雨污分流工程。

（贾春梅）

【接受党组干部全面考察和巡视】 2017 年 8 月 4—5 日，集团公司人事部干部考察组对石油物探技术研究院开展干部考察工作。10 月 16—31 日，党组第五巡视组对石油物探技术研究院进行巡视，巡视期间召开动员会，发放民主测评表及调查问卷，开展个别谈话，听取专题汇报。

（贾春梅）

【获得荣誉】 2017 年，石油物探技术研究院党委书记、副院长李浩获江苏省五一劳动奖章；何兵红博士获集团公司优秀青年科技创新人才称号；地震物理模拟技术团队获中国石化优秀创新团队称号。

（贾春梅）

表 1　　石油物探技术研究院 2017 年主要科研成果获奖情况

序号	项目名称	奖项名称	获奖等级
1	涪陵大型海相页岩气田高效勘探开发	国家科学技术进步奖	一等奖
2	海相碳酸盐岩缝洞型油藏精细描述、数值模拟及高效注水开发技术	国家技术发明奖	二等奖
3	小尺度缝洞储集体地震响应特征基础研究	集团公司前瞻性基础性研究科学奖	一等奖
4	深度域地震成像一体化技术研发及应用	集团公司科技进步奖	一等奖
5	涪陵海相页岩气高效开发关键技术及工业化应用	集团公司科技进步奖	一等奖
6	TTI 各向异性介质深度域地震成像技术与应用	集团公司科技进步奖	一等奖
7	地震采集工程软件系统	集团公司科技进步奖	三等奖
8	东北龙凤山气田薄储层高效勘探开发地震精细预测技术	集团公司科技进步奖	三等奖
9	低信噪比地区高斯束叠前成像技术研发及应用	集团公司科技进步奖	三等奖
10	涪陵焦石坝一期页岩气“甜点”预测技术研究	集团公司科技进步奖	三等奖

表 2　　石油物探技术研究院 2012—2017 年专利申请与授权情况　　件

年份	国内专利		国外专利	
	申请数	授权数	申请数	授权数
2017	152	85	0	0
2016	142	37	2	0
2015	131	26	0	1
2014	120	15	0	1
2013	91	8	3	0
2012	65	6	5	3

石油化工科学研究院

【概况】 中国石油化工股份有限公司石油化工科学研究院（简称石油化工科学研究院）创建于 1956 年 7 月，是中国石化直属综合性科学技术研究开发机构，学科完整，技术优势突出，研发领域涵盖炼油工业技术全流程，并有重点地向石油化工和新能源领域延伸。

石油化工科学研究院下设 19 个研究室、14 个职能部门，职工总数为 1 168 人，各类技术人员 1 004 人。其中，中国科学院、中国工程院院士 4 人，教授级高级工程师及研究员 120 人，高级技术人员 511 人；博士 300 人，硕士 318 人。

石油化工科学研究院是全国石油产品标准化归口单位，挂靠国家石油产品质量监督检验中心、全国石油产品和润滑剂标准化技术委员会秘书处和中国石油学会石油炼制分会。拥有炼油工艺与催化剂国家工程研究中心、石油化工催化材料与反应工程国家重点实验室、国家能源石油炼制技术研发中心、石油产品质量控制和技术评价实验室等国家级研发机构中心 4 个，拥有中国石化重点实验室（中心）6 个，编辑出版《石油学报（石油加工）》《石油炼制与化工》和《China Petroleum Processing and Petrochemical Technology》3 个科技期刊。下设研究生部和博士后流动站，拥有化学工艺、应用化学专业博士学位，化学工艺、应用化学、工业催化和化学工程专业硕士学位的授予权。

截至 2017 年底，石油化工科学研究院共获得部级以上奖励的科技成果 934 项，国家级奖励 132 项。其中，国家最高科学技术奖 1 项、国家发明一等奖 2 项、国家科技进步特等奖 2 项、国家科技进步一等奖 8 项。累计申请国内专利 7 669 件，获授权 4 961 件；申请国外专利 1 091 件，获授权 729 件；7 件专利获中国国家知识产权局和世界知识产权组织联合颁发的中国专利金奖。

2017 年，石油化工科学研究院获得首届中国石油石化科技创新十大进展、第 19 届中国专利优秀奖、石化联合会专利金奖各 1 项，2017 年度中国石化科学技术奖励 7 项。通过技术鉴定评议 20 项，发表论文 416 篇。制（修）订国家和行业标准 43 项，发布实施 35 项；审查备案企业标准 218 项。申请中国专利 682 件，获授权 564 件；申请国外专利 30 件，获授权 75 件。

石油化工科学研究院 2017 年度主要科研成果获奖情况及 2012—2017 年专利申请与授权情况见表 1 和表 2。

（侯明铉）

【领导班子调整】 2017 年，集团公司党组和股份公司对石油化工科学研究院领导班子进行 3 次调整：3 月 29 日，侯栓弟任石油化工科学研究院副院长、党委委员。8 月 16 日，鉴于年龄原因，免去龙军石油化工科学研究院院长、党委副书记、党委委员职务，办理退休手续；达志坚主持石油化工科学研究院行政工作。10 月 17 日，达志坚任石油化工科学研究院院长、党委副书记，李明丰任石油化工科学研究院副院长、党委委员。

（侯明铉）

【LTAG 技术入选首届中国石油石化科技创新十大进展】 2017 年 5 月，中国石油学会公布“2015—2016 年度中国石油石化科技创新十大进展”，其中石油化工科学研究院研发的“LCO 选择性加氢—催化裂化生产高辛烷值汽油或芳烃料（LTAG）技术应用”作为炼化领域唯一入选成果，成功上榜。

（侯明铉）

【自主研发生物航煤首次跨洋飞行成功】 2017 年 11 月 21 日（美国中部时间），加注中国石化 1# 生物航空煤油的海南航空 HU497 航班波音 787 型客机，跨越太平洋，平稳降落在美国芝加哥奥黑尔国际机场，标志着中国自主研发生产的生物航煤首次跨洋商业载客飞行取得圆满成功。此为继 2013 年技术验证飞行、2015 年国内商业航班首次应用飞行之后的又一创举，表明石油化工科学研究院具有自主知识产权的生物航煤生产技术更加成熟，对中国生物质能源研发应用和绿色航空发展具有重大意义。

（侯明铉）

【为航空航天与国防提供润滑保障】 2017 年，石油化工科学研究院研制的特种润滑油品成功应用于朱日和阅兵、国产大飞机首批装机、风云 4 号卫星及国内最高分辨率遥感卫星平台，有力支撑国防及航空航天事业发展。

（侯明铉）

【降低催化裂化烟气氮氧化物助剂通过鉴定】 该助剂具有效果显著、运行稳定、投资和运行费用低等特点，可有效降低 FCC 装置再生烟气的氮氧化物排放和避免再生器稀相超温，显著缓解“尾燃”问题。在北海炼化工业应用结果表明，助剂加入量占新鲜剂补充量 1.5% 的情况下，相对使用原助燃剂时氮氧化物排放降低 70% 以上，再生烟气氮氧化物浓度基本稳定在 30—60 毫克/米^3 之间；再生器稀相温度可降低 5—10℃，显著缓解“尾燃”问题，社会效益显著。

（侯明铉）

【启动 3 项国家重点研发计划项目】 2017 年 11 月 6 日，石油化工科学研究院领衔，联合国内 28 家高校及研究、设计、生产单位，共同开展项目攻关的3项国家重点研发计划项目正式启动。其中，“适应国Ⅵ清洁汽油生产关键技术”项目以实现国Ⅵ汽油绿色、低成本质量升级为目标，着力突破高清洁汽油组分制备及分子水平生产过程的智能化管控等关键技术瓶颈；“适应国Ⅵ清洁柴油生产关键技术”项目围绕解决装置能耗、催化剂寿命等问题，将着力构建包括催化剂、工艺全方位的国Ⅵ柴油质量升级技术平台；“高性能植物基润滑油关键技术”项目围绕形成高品质植物基基础油的成套生产技术，有望填补中国植物基 GF－5 汽油机油和液压油的技术空白。

（侯明铉）

【首次与海外客户签订整体技术服务协议】 2017年3月22日，石油化工科学研究院与泰国 IRPC 公司在曼谷签订全厂整体技术服务协议。根据协议，合同期内，石油化工科学研究院将围绕 IRPC 公司经济效益最大化，提供包括原油选择、现有加工流程诊断、全厂工艺优化、产品质量提升等在内的一揽子整体技术解决方案。协议的签订是继炼油催化剂、骨干工艺、炼油厂成套技术先后“走出去”之后，又一具有里程碑意义的事件，标志着石油化工科学研究院石油炼制全流程技术平台开始在国际炼油技术高端市场崭露头角，得到客户的接受认可。

（侯明铉）

【首次设立石油化工科学研究院院长奖】 2017年，为落实尊重知识、尊重人才、尊重创造、尊重劳动的方针，石油化工科学研究院首次设立院长奖。年内，经评审，表彰奖励重大贡献团队10个、有突出贡献人才4名、优秀青年英才10名，激发全院职工立足岗位创佳绩、做贡献的工作热情。

（侯明铉）

【举办首届青年管理论坛】 2017年9月20日，石油化工科学研究院举办首届青年管理论坛，院领导、总师及相关单位负责人组成评委会，来自研究室、机关部门的22位选手分享自己在管理工作中的经历、工作体会和管理建议，围绕科研项目、涉外事务、党团组织及班组管理提出思路和建议，引起与会评委及观众的关注和讨论，促进青年职工管理技能的提升。

（侯明铉）

表1　石油化工科学研究院2017年度主要科研成果获奖情况

序号	项目名称	奖项名称	获奖等级
1	劣质油浆生产优质针状焦技术开发及工业应用	集团公司科技进步奖	一等奖
2	节能降耗的柴油灵活加氢改质 MHUG－Ⅱ技术开发和工业应用	集团公司科技进步奖	二等奖
3	直升机通用润滑脂的研制	集团公司科技进步奖	二等奖
4	渣油 MIP 装置高辛烷值桶汽油裂化催化剂开发与工业应用	集团公司科技进步奖	三等奖
5	《重质油裂解制轻烯烃》（第二完成单位）	集团公司科技进步奖	三等奖
6	氢气在汽柴油质量升级中的定向利用	集团公司前瞻性基础性研究科学奖	二等奖
7	SRCA－I 生物柴油工艺成套技术开发和工业应用	集团公司技术发明奖	二等奖

表 2　石油化工科学研究院 2012—2017 年专利申请与授权情况　件

年份	国内专利		国外专利	
	申请数	授权数	申请数	授权数
2017	682	564	30	75
2016	685	660	47	69
2015	666	652	88	47
2014	638	445	102	80
2013	616	318	88	58
2012	608	242	32	31

北京化工研究院

【概况】 中国石油化工股份有限公司北京化工研究院(简称北京化工研究院)成立于 1958 年 6 月，是中国最早从事石油化工综合性研究的科研机构，曾先后隶属化学工业部、燃料化学工业部及石油化学工业部，1998 年 9 月转制进入中国石油化工集团公司。2010 年，齐鲁分院、扬子分院和燕山树脂所成为北京化工研究院挂牌分院。

截至 2017 年底，北京化工研究院已经形成“一院三地”的发展格局。院本部位于朝阳区北三环内，占地面积 9.7 万平方米，建筑面积 6.8 万平方米，设有 12 个主要研究所、1 个二级单位、4 个保障部门、11 个机关职能部门。燕山分院位于房山区向阳街道，占地面积 30 万平方米，建筑面积 6 万平方米，设有 7 个专业研究室。科学试验基地位于通州区台湖镇，占地面积 23 万平方米，建筑面积 3.8 万平方米。员工总数 1 052 人，其中中国工程院院士 1 人、入选国家百千万人才工程 2 人、享受政府特殊津贴 9 人，集团公司突出贡献专家 19 人，博士 259 人、硕士 280 人。

北京化工研究院建设配备塑料技术中心(PTC)、橡胶技术中心(RTC)、高通量研发技术中心(HTC)、聚烯烃中试试验中心等学科平台，设立 10 个国家级和行业技术中心，承担 2 个秘书处和 5 个中国石化技术中心职能，拥有 2 个中国石化重点实验室，以及 7 个设计制造资质。编辑出版《石油化工》《化工环保》和《石油化工快报》3 个学术期刊和行业性杂志。

截至 2017 年底，北京化工研究院共获省部级以上科技奖励 378 项，其中国家技术发明奖 10 项，中国专利金奖 2 项，国家科技进步特等奖 1 项、一等奖 1 项、二等奖 9 项。累计申请国内发明专利 5 472 件，获准授权 2 701 件，申请国外专利 998 件，获准授权 519 件。

北京化工研究院 2017 年度主要科研成果获奖情况和 2012—2017 年专利申请与授权情况分别见表 1 和表 2。

(刘　旸)

【领导班子调整】 2017 年，集团公司党组对北京化工研究院领导班子进行调整。1 月 19 日，任命王岚为北京化工研究院党委书记、副院长，任命王国清为北京化工研究院副院长、党委委员。3 月 29 日，任命郭彦来为北京化工研究院党委副书记、纪委书记，工会主席人选；乔金樑因年龄原因不再担任北京化工研究院副院长、党委委员，任调研员。北京化工研究院领导班子成员如下：院长、党委副书记吴长江，党委书记、副院长王岚，副院长、党委委员梁爱民，副院长、党委委员高彦杰，副院长、党委委员王国清，党委副书记、纪委书记、工会主席郭彦来。

(刘　旸)

【聚丙烯 BCNX 催化剂首次跻身欧洲市场】 2017 年 1 月，由北京化工研究院自主研发的 BCNX 催化剂在卢克石油保加利亚公司装置成功投用，是中国石化聚烯烃催化剂在欧洲市场中标的第 1 单，也是国产聚丙烯催化剂首次进入欧洲市场。BCNX 催化剂具有活性高、粒形好、粒径可调等优点，在欧洲市场应用过程中，催化剂性能表现优良，装置运行平稳，树脂品质合格。

(郭正阳)

【高性能医卫用无纺布专用树脂开发项目通过鉴定】 2017 年 6 月 6 日，由北京化工研究院承担的“高性能医卫用无纺布专用树脂开发”项目通过中国石化组织的鉴定。该项目采用 HR 催化剂在 Spheripol 工艺上成功开发医卫用无纺布专用树脂 PPH - Y35X，是市场首个无塑化剂的无纺布牌号，并通过 RoHS 认证，可顶替进口产品。其无纺布制品通过 Oeko - Tex Standard 100 认证，并获得宝洁、金伯利和尤利佳等企业用户的准入认可。

（赵　瑾）

【双向拉伸聚乙烯薄膜及其专用料的开发研究项目通过鉴定】 2017 年 6 月 6 日，由北京化工研究院承担的“双向拉伸聚乙烯薄膜及其专用料的开发研究”项目通过中国石化组织的鉴定。该项目通过研究聚乙烯分子结构和聚集态结构对其拉伸成膜性能的影响机理，开发出世界首创的 ZN 催化剂 LLDPE 平膜法 BOPE 专用料。该技术达到国际领先水平，实现 7 000吨/年 BOPE 专用料的工业产能，以及 BOPE 薄膜连续稳定拉伸的工业化生产，在复合包装和农用膜等领域应用推广。

（高达利）

【城市二次供热保温塑料管道评价方法研究项目通过鉴定】 2017 年 6 月 6 日，由北京化工研究院承担的“城市二次供热保温塑料管道评价方法研究”项目通过中国石化组织的鉴定。该项目研究了保温管材的关键指标评价技术，建成国内唯一的全性能评价实验室，并取得国家授权与认证。建立国家标准《多层塑料复合管氧气渗透性测试方法》，编成《集中供热预制保温塑料管道工程设计与施工技术指导书》，推广中国石化保温管材用树脂约 20 万吨，推动保温管材的更新换代。

（胡　法　孙　晋）

【20 万吨/年气体裂解炉开发及工业化应用项目通过鉴定】 2017 年 6 月 20 日，由北京化工研究院承担的“20 万吨/年气体裂解炉开发及工业化应用”项目通过中国石化组织的鉴定。该项目开发的 20 万吨/年气体裂解炉是采用国产技术建设的最大产能裂解炉，且裂解产品收率高、运行周期长、热效率高、氮氧化物排放低，标志着中国石化的裂解炉技术达到国际先进水平。

（周　丛）

北京化工研究院参与设计建造的国内最大单体 20 万吨/年乙烯裂解炉

【环保型高刚高韧聚丙烯树脂开发项目通过鉴定】 2017 年 11 月 29 日，由北京化工研究院牵头承担的“环保型高刚高韧聚丙烯树脂开发”项目通过中国石化组织的鉴定。该项目解决了高流动抗冲聚丙烯气味大、VOC 含量高、刚韧平衡差等多项技术难题，与镇海炼化和茂名石化联合开发系列环保型高刚高韧聚丙烯树脂，国内首创 7 个新产品牌号，累计产销 4 万余吨。产品得到金发科技、上海普利特等用户企业好评，广泛用于汽车内饰、家用电器等领域。

（邹发生）

【万吨级氢化苯乙烯/异戊二烯共聚物成套技术开发及工业应用项目通过鉴定】 2017 年 12 月 5 日，由北京化工研究院承担的“万吨级氢化苯乙烯/异戊二烯共聚物（SEP/SEPS）成套技术开发及工业应用”项目通过中国石化组织的鉴定。该项目开发了 SEP/SEPS 加氢催化剂的制备技术，加氢胶液中金属离子脱除及含镍废水的环保技术，以及系列嵌段产品的脱挥技术。万吨级 SEP/SEPS 工业装置于 2017 年 8 月在巴陵石化建设完工，10 月一次试车成功，产品性能达到国际同类产品水平。

（罗继红）

【高温 BCM 系列催化剂工业化应用研究项目通过鉴定】 2017 年 12 月 20 日，由北京化工研究院牵头承担的“高温 BCM 系列催化剂工业化应用研究”项目通过中国石化组织的鉴定。该项目基于北京化工研究院自主研发的高温聚合用 BCM 催化剂，开发了高温气相聚合技术，同时提高聚合物的等规指数和熔体流动速率，获得兼具高刚性和高熔体流动性的聚丙烯产品。在扬子石化 Innovene 工艺装置上开发超柔纺丝料和高刚高流动聚丙烯专用料 3 500 吨。

（杨芝超）

【功能性高分子膜材料关键技术攻关项目被列入集团公司重大科技项目】 2017 年 8 月 18 日，由北京化工研究院牵头承担的“功能性高分子膜材料关键技术攻关”项目被列入集团公司重大科技项目，立项实施。

（刘　旸）

【聚乙烯淤浆聚合催化剂团队获集团公司优秀创新团队称号】 2017 年 3 月 21 日，聚乙烯淤浆聚合催化剂团队获集团公司优秀创新团队称号。该团队致力于乙烯淤浆聚合催化剂的研究，创新开发了用于三井 CX 工艺的 BCE 系列催化剂，用于巴塞尔 Hostalen 工艺的 BCE－H 催化剂，以及用于英力士 Innovene S 工艺的 BCL 催化剂，填补了多项国内技术空白，性能保持国际领先水平，产品出口美国、俄罗斯、中东和东南亚等国家和地区，形成良好品牌，创造产值超 6 亿元。该团队曾获中国石化技术发明二等奖 1 项，中国石化科技进步一等奖 1 项、二等奖 1 项、三等奖 1 项。

（刘　旸）

【乔金樑获中国石油和化学工业联合会赵永镐科技创新奖】 2017 年 12 月 11 日，中国石化首席专家乔金樑在中国石油和化学工业联合会科学技术授奖大会上被授予赵永镐科技创新奖。乔金樑从事高分子材料研发工作 30 余年，在聚烯烃新材料和辐射改性高分子材料领域取得优异成绩，开创了纳米尺度超细橡胶颗粒材料制备和应用的全新技术领域，大幅提升了中国聚烯烃材料的技术水平。乔金樑先后获国家技术发明二等奖 2 项、国家科技进步二等奖 1 项、中国专利金奖和优秀奖各 1 项、省部级以上科技成果 12 项，申请发明专利 360 余件，国内外分别获授权 82 件和 59 件。

（刘　旸）

【李金兵获中国化工学会第 9 届侯德榜化工科学技术创新奖】 2017 年 10 月 15 日，北京化工研究院燕山分院副院长李金兵在中国化工学会年会上被授予侯德榜化工科学技术创新奖。李金兵致力于银催化剂的性能研究与技术开发，成功研制高选择性银催化剂，填补了国内技术空白，使中国石化成为世界上掌握该技术的 4 家公司之一。李金兵先后获中国石化技术发明一等奖 1 项，中国石化科技进步二等奖 2 项、三等奖 1 项，中国石油和化学工业联合会科技进步一等奖 1 项，申请发明专利 130 件，国内外分别获授权 51 件和 10 件，公开发表论文 35 篇。

（刘　旸）

【杨化浩获中央企业青年岗位能手称号】 2017 年 7 月 19 日，北京化工研究院杨化浩被中央企业团工委授予中央企业青年岗位能手称号。杨化浩主要从事高分子材料性能评价工作，并担任标准研究所主任助理，先后承担中国石化项目 1 项、院项目 2 项，参与编制中国石化企业标准 2 项，协助申请中国石化第 1 个 ISO 国际秘书处并担任秘书助理。先后获中国石化科技进步二等奖 1 项、三等奖 1 项，申请国家发明专利 4 件，发表科技论文 3 篇，曾获中国石化青年岗位能手称号。

（刘　旸）

【实施中层机构改革】 2017 年 12 月 19 日，北京化工研究院实施中层机构改革，整合管理资源、明确职责分工，将 15 个机关职能部门缩减为 11 个，组建党群工作处，成立中试基地综合管理中心和离退休管理中心，并标准设置中层机构名称。

（刘　旸）

【召开第三次党代会】 2017 年 7 月 21 日，中共中国石化北京化工研究院第三次代表大会召开。大会部署未来 5 年党委、纪委工作的主要任务，明确深化“双融双促”工作总基调，坚持扎实实干干实之根，坚决为北京化工研究院科技创新和改革发展提供坚强有力保证。会议选举产生第 3 届党委委员和纪委委员。

（刘　旸）

表 1 北京化工研究院 2017 年度主要科研成果获奖情况

序号	项目名称	奖项名称	获奖等级
1	一种用于乙烯三聚的新型催化剂、其制备方法和应用	中国专利奖	优秀奖
2	新型抗静电材料结构调控原理与制备技术	集团公司前瞻性基础性研究科学奖	一等奖
3	ZN 催化剂分子结构功能化机制及其分析技术	集团公司前瞻性基础性研究科学奖	三等奖
4	合成树脂绿色环保性能评价技术	集团公司前瞻性基础性研究科学奖	三等奖
5	多级多效膜蒸馏深度处理高含盐污水关键材料与技术	集团公司技术发明奖	二等奖
6	BC－H－30B 碳三催化剂工业应用试验	集团公司技术发明奖	二等奖
7	具有高氢调敏感性和立构定向性的 HR 催化剂的开发及工业应用	集团公司科技进步奖	一等奖
8	节能环保型无胶复合膜专用聚丙烯树脂的开发	集团公司科技进步奖	一等奖
9	元坝天然气净化工程技术开发与工业试验	集团公司科技进步奖	一等奖
10	20 万吨/年气体裂解炉开发及工业化应用	集团公司科技进步奖	一等奖
11	高抗冲聚苯乙烯聚合过程相转变调控技术及应用	集团公司科技进步奖	二等奖
12	城市二次供热保温塑料管道关键技术开发	集团公司科技进步奖	三等奖
13	5 项制冷剂系列标准	中国石油和化学工业联合会科技进步奖	三等奖

表 2 北京化工研究院 2012—2017 年专利申请与授权情况 件

年份	国内专利		国外专利	
	申请数	授权数	申请数	授权数
2017	630	406	55	67
2016	623	566	146	78
2015	602	450	71	92
2014	601	370	98	72
2013	590	242	102	18
2012	572	127	118	49

大连（抚顺）石油化工研究院

【概况】 大连（抚顺）石油化工研究院是中国石油化工股份有限公司大连石油化工研究院和中国石油化工股份有限公司抚顺石油化工研究院的统称。其前身是创建于 1953 年 4 月的燃料工业部东北石油管理局抚顺研究所，是新中国最早建立的石油研究机构，1956 年成为石油部直属科研单位，1983 年 7 月划归新组建的中国石油化工总公司。建院初期位于辽宁省抚顺市望花区。2017 年 9 月，主要研发部分搬迁至辽宁省大连市旅顺口区，设立大连石油化工研究院；加氢中试装置留在抚顺，保留抚顺石油化工研究院。

经过60余年的发展，大连(抚顺)石油化工研究院已形成清洁炼油、新兴能源资源和炼化公用技术三大创新研发平台，下设12个研究部门以及评价中心；设有国家石油产品检验实验室、国家石蜡质量监督检验中心以及博士后工作站和硕士研究生工作站，是国家石油蜡类产品标准化归口单位，同时也是中国石化生物燃料及生物化工重点实验室、辽宁省精细石油化工重点实验室、石油和化工行业加氢技术工程研究中心、辽宁省沥青材料工程技术研究中心、辽宁省石油化工环境保护工程研究中心的依托单位。

截至2017年底，大连(抚顺)石油化工研究院正式职工总数695人，具有高级技术职称的各类专业技术人员309人。其中，中国工程院院士1人，国家“千人计划”专家1人，“百千万人才工程”国家级人选1人，享受国务院政府特殊津贴专家13人，集团公司高级技术专家6人、突出贡献专家18人。已取得科技成果300余项，获国家科技进步奖和技术发明奖23项，获中国发明专利金奖2项、优秀奖14项，累计申请中国专利6 275件，申请境外专利263件，获国内外专利授权4 135件。

大连(抚顺)石油化工研究院2017年度主要科研成果获奖情况和2012—2017年专利申请及授权情况分别见表1和表2。

(刘建宇)

【“烃类分子结构导向转化的化工原料高效生产技术”获国家技术发明二等奖】 由大连(抚顺)石油化工研究院牵头完成的“烃类分子结构导向转化的化工原料高效生产技术”项目首创分区强化分子选择性反应调控方法，创制了与之匹配的催化材料、催化剂体系，开发出“烃类分子结构导向转化的化工原料高效生产技术”，实现了分子结构层面的烃类强化转化，攻克了现有技术不能同时保质保量生产化工原料、生产过程能耗高的技术难题。2017年，该技术获国家技术发明二等奖。

(刘建宇)

【“富含介孔结构的高效BSSY分子筛创制及其应用”获集团公司技术发明一等奖】 大连(抚顺)石油化工研究院开发的富含介孔结构的BSSY分子筛，可同时满足加氢裂化催化剂对分子筛酸性质(酸量和酸类型)和孔道结构(介孔结构)的需求。使用该分子筛制备的加氢裂化催化剂，加氢活性和异构性能大幅度提高，可有效地提高加氢裂化尾油质量。2017年，“富含介孔结构的高效BSSY分子筛创制及其应用”获集团公司技术发明一等奖。

(刘建宇)

【“化工生产装置尾气综合治理技术”获集团公司科技进步一等奖】 大连(抚顺)石油化工研究院针对化工装置和罐区排放气的污染源多、组分复杂、浓度和气量波动大等特点，开发了化工生产装置尾气综合治理技术，包括含氮有机物废气集中催化氧化处理工艺、含氯有机物废气集中蓄热氧化—吸收—吸附处理工艺、硝酸尾气高压高温SCR脱硝工艺以及配套的催化剂和反应器内构件等。该技术在工业装置上实现了低能耗稳定运转，排放气远低于排放标准。2017年，该技术获集团公司科技进步一等奖。

(刘建宇)

【“STRONG沸腾床渣油加氢成套技术”通过技术鉴定】 2017年，由大连(抚顺)石油化工研究院等单位开发的“STRONG沸腾床渣油加氢成套技术”通过中国石化科技部组织的技术鉴定。该技术是一种高效的劣质渣油加氢技术，既可以在低转化率下脱除劣质渣油中的金属、硫、氮等杂质，也可以在高转化率下将渣油转化为馏分油。该技术已在5万吨/年工业示范装置累计运行8 000小时，取得转化率为50%—80%的实验数据，验证了技术的可靠性和生产方案的灵活性。

(刘建宇)

【城市达标污水利用技术工业应用成功】 2017年，大连(抚顺)石油化工研究院等单位在对水质情况长周期跟踪调查及水质剖析基础上，通过实验室小试和现场中试，形成了利用城市达标污水生产工业用除盐水装置补水成套技术。使用该技术建设的500吨/时中水回用工业化装置平稳运行超过2年，含盐污水经该技术处理后，产水达到除盐水装置补水指标要求，系统产水率在70%以上。工业应用的成功，实现了中水资源再利用，降低了企业用水成本，具有很好的示范意义。

(刘建宇)

【加氢裂化催化剂在俄罗斯成功应用】 2017年，在俄罗斯斯拉夫石油公司项目竞标中，抚顺石油化工研究院开发的加氢裂化催化剂中标，开启了国产加氢裂化催化剂走出国门之路。俄罗斯斯拉夫石油公司加氢裂化装置采用的催化剂包括系列加氢保护剂、加氢精制催化剂和加氢裂化催化剂，这些催化剂均为抚顺石油化工研究院开发、中国石化催化剂公司生产。装置开工后运行平稳、产品质量稳定，产品的各项指标均满足要求，催化剂效果得到俄方肯定，有效提高了中国炼油催化剂的国际竞争力和认可度。

（刘建宇）

【大连石油化工研究院投入运行】 为优化科技资源，保持清洁炼油技术开发优势，建设环保等公用工程技术平台，加强新兴能源技术开发，按照中国石化党组的部署，原抚顺石油化工研究院的研发部分搬迁至大连，组建大连石油化工研究院。2017 年 9 月，大连石油化工研究院的人员和设备到位，正式开展研究工作。至此，开启了以研发为主的大连石油化工研究院和以中试、孵化为主的抚顺石油化工研究院两院并行模式。

（刘建宇）

大连石油化工研究院（王晓峰　摄）

【国家实验室顺利通过实验室认可及资质认定复评审】 2017 年，大连石油化工研究院的国家石蜡质量监督检验中心、大连石油化工研究院石油产品检验实验室顺利通过中国合格评定国家认可委员会（CNAS）及中国国家认证认可监督委员会的检验检测机构实验室认可及资质认定扩项、变更及换证复评审。此次评审是该国家实验室自抚顺搬迁至大连后的首次复评审，涉及检测能力扩项以及地址变更等关键内容。

（刘建宇）

【郭蓉获中国石化科技创新功勋奖】 郭蓉是大连石油化工研究院加氢技术研发中心主任、教授级高级工程师。她长期从事馏分油加氢技术研发，在临氢催化专业领域坚持不懈地钻研，取得了突破，2 次获国家发明奖。在柴油质量升级过程中，她提出的烷基转移脱硫创新理念为汽柴油加氢催化剂开发和柴油质量升级做出了突出贡献，2017 年获中国石化科技创新功勋奖。

（刘建宇）

【炼油加氢技术交流会在沈阳召开】 2017 年 6 月 27 日，炼油加氢技术交流会在沈阳召开，会议由设在抚顺石油化工研究院的集团公司加氢科技情报站主办。来自中国石化、中国石油、中国海油的生产、科研、设计单位和部分地方企业、高校的 200 余名代表参加会议。大会设置 11 篇大会报告和 58 篇分组报告，介绍炼油加氢技术进展、交流加氢生产设计等方面的经验。炼油加氢技术交流会为各单位提供了一个多层次的交流平台，增进了炼油生产、科研、设计单位之间的沟通与合作，促进了炼油加氢技术的升级与应用。

（刘建宇）

【完成"四供一业"分离移交】 抚顺石油化工研究院采用"先移交、后改造"的方式，对职工住宅小区进行改造，修整了绿化带、拓宽了路面、完善了公共设施等。2017 年 8 月，签订《油研小区物业管理协议》，标志着"四供一业"分离移交的完成。

（刘建宇）

【举办"与美丽为伴 携健康同行"三八节活动】 2017 年 3 月 8 日，大连（抚顺）石油化工研究院为离退休女职工举办"与美丽为伴 携健康同行"三八节趣味活动。院领导为离退休女职工送上祝福，并回答她们关心的问题。趣味活动包括你来比划我来猜、筷子夹黄豆、一反常态、保龄球、盲人吃香蕉、盲人打鼓、套圈等。离退休女职工有说有笑，轻松愉快地参加项目，既锻炼了身体、又丰富了业余生活，更展现了离退休女职工积极向上的精神风貌。

（刘建宇）

【组织参观辽宁省反腐倡廉展览馆】 2017 年 7 月，大连（抚顺）石油化工研究院组织全院党员领导干部、部分关键岗位员工、部分党员领导干部家属参观辽宁省反腐倡廉展览馆。这次活动使党员干部受到一次心灵的洗礼和灵魂的净化，切身感受到腐败的危害性和廉洁从政的重要性，进一步强化党员干部的廉洁自律意识，切实把反腐倡廉工作落到实处。

（刘建宇）

表1　　大连（抚顺）石油化工研究院2017年度主要科研成果获奖情况

序号	项目名称	奖项名称	获奖等级
1	烃类分子结构导向转化的化工原料高效生产技术	国家技术发明奖	二等奖
2	一种低能耗多产优质化工原料的加氢裂化方法	中国专利奖	优秀奖
3	富含介孔结构的高效BSSY分子筛创制及其应用	集团公司技术发明奖	一等奖
4	连续化微球型大孔载体制备技术开发	集团公司技术发明奖	二等奖
5	化工装置尾气综合治理技术	集团公司科技进步奖	一等奖
6	城市达标污水利用成套技术开发及工业应用	集团公司科技进步奖	二等奖
7	低成本柴油加氢催化剂开发及长周期稳定生产国Ⅴ柴油工艺工程技术	集团公司科技进步奖	二等奖
8	加氢催化剂活性相重构技术（DMART）开发及应用	集团公司科技进步奖	二等奖
9	原油远洋运输智能优化技术	集团公司科技进步奖	三等奖
10	油田智能配电网技术开发与应用	集团公司科技进步奖	三等奖
11	高氮原料重整预加氢技术开发与工业应用	集团公司科技进步奖	三等奖
12	中国石化炼化企业VOCs综合治理技术指南	集团公司科技进步奖	三等奖
13	高纯蜡及两种火工用蜡的工程化关键技术开发	集团公司科技进步奖	三等奖
14	加氢催化活性氧化铝材料物性深度调控的关键技术	集团公司前瞻性基础性研究科学奖	三等奖
15	系统破解国Ⅴ柴油质量升级难题的高效低耗关键技术开发	辽宁省科技进步奖	一等奖
16	具有贯穿孔道利于大分子扩散的催化材料创制及应用	辽宁省技术发明奖	二等奖
17	高性价比加氢催化剂本质性清洁化生产关键技术开发	中国石油和化学工业联合会科技进步奖	二等奖

表2　　大连（抚顺）石油化工研究院2012—2017年专利申请及授权情况　　件

年份	国内专利		国外专利	
	申请数	授权数	申请数	授权数
2017	680	564	24	24
2016	655	609	28	11
2015	597	637	32	11
2014	572	440	22	14
2013	569	307	25	3
2012	561	230	18	2

上海石油化工研究院

【概况】 中国石油化工股份有限公司上海石油化工研究院(简称上海石油化工研究院)位于上海市浦东新区，是中国石化直属科研单位。创建于1960年6月(时称上海市石油化学研究所)，1984年划入中国石油化工总公司；2004年12月与上海石化科技开发公司完成科技资源整合；2010年4月挂牌运行上海石油化工研究院南化分院、仪征分院、天津分院、巴陵分院和川维分院。主要从事石油化工科技开发，涉及基本有机化工、新型煤化工、油田化学品、合成材料、精细化工等领域；下设19个研究部(室)，是基本有机原料催化剂国家工程研究中心、绿色化工与工业催化国家重点实验室、全国石油化学标准化委员会的依托单位；设有中国石化甲醇转化、三采用表面活性剂、芳烃技术(联合)、碳纤维及其复合材料(联合)重点实验室，中国石化有机原料情报中心站、上海市石油化工产品质量监督检验站、上海市催化剂行业测试中心等机构以及博士后工作站；与联合化学反应工程研究所合办《化学反应工程与工艺》(双月刊)，另有内刊《石油化工快报(有机原料)》(半月刊)。

截至2017年底，员工总数752人，其中具有高级职称以上人员316人，博士189人、硕士194人；中国工程院院士1人，国家级突出贡献专家3人，享受政府特殊津贴33人，国家级百千万人才工程入选3人，引进“千人计划”人才1人，国家第2批“万人计划”科技创新领军人才1人，上海市领军人才1人。累计获得国家级奖励49项，其中国家科技进步特等奖1项、国家科技进步一等奖2项、中国专利金奖5项、国家技术发明二等奖5项；累计获得省部级及以上奖励304项，其中中国石化科技进步特等奖2项，科技进步、技术发明及前瞻性基础性研究科学等一等奖35项。累计申请中国专利5 856件、获授权中国专利3 093件，在20多个国家和地区申请专利476件、获授权专利213件，其中2017年度申请中国专利588件、获授权中国专利378件，申请涉外专利42件、获授权涉外专利26件；获2017年中国专利优秀奖1项。

上海石油化工研究院2017年度主要科研成果获奖情况和2012—2017年专利申请与授权情况分别见表1和表2。

(潘　波)

【技术经营市场取得新突破】 2017年，上海石油化工研究院积极应对国内石油化工市场变化与竞争，实现成套技术与产品收入1.9亿元，同比增长47%；许可至催化剂公司的4类15个品种催化剂销售额首次突破10亿元；成套技术许可项目中，甲苯歧化工艺包技术许可江苏盛虹集团280万吨/年PX项目为世界单套最大装置；丁烯异构化制1-丁烯成套技术相继许可山西和青海大型煤化工企业，开拓了西北市场。

(潘　波)

【合成气制乙二醇成套技术顺利出龙】 2017年12月，作为“十条龙”科技攻关项目之一，由上海石油化工研究院、湖北化肥分公司、上海工程公司、工程建设公司等共同承担的20万吨/年合成气制乙二醇成套技术项目通过中国石化组织的技术鉴定，总体技术处于国际领先水平。自2007年以来，上海石油化工研究院先后研发创制双金属钯系CO偶联催化剂、草酸二甲酯加氢催化剂和硝酸转化催化剂；2013年完成1 000吨/年中试研究；开发了偶联、加氢、氧化酯化、乙二醇产品精制、能量集成优化、工艺安全控制及原料、中间产品和产品分析等多项技术，完成装置大型化工程研究，形成20万吨/年合成气制乙二醇(SCMEG)成套技术；2014年3月，在湖北化肥建成20万/吨年工业示范装置并开车成功，生产出合格乙二醇产品；2017年8月25—28日通过72小时满负荷技术标定，乙二醇产品质量达到国际优等品标准，完成攻关目标，顺利出龙。该项目已申请中国专利204件，获授权115件，具有创新性和自主知识产权，有力支撑了中国石化化工板块结构调整和生产企业扭亏脱困。

(潘　波)

【单线最大规模丁烯氧化脱氢制丁二烯装置投产】 2017年9月18日，采用中国石化技术建成的单线世界最大规模的10万吨/年丁烯氧化脱氢制丁二烯装置开车成功，生产出合格产品，实现稳定运行。与同类技术相比，该项目水烯比低，压降低，床层温度分布均匀，物耗、能耗降低，废水、废气排放达标。该技术由上海石油化工研究院与工程建设公司(SEI)共同开发，集成多项自主创新技术，包括ODE-1000型氧化脱氢催化剂、节能反应工艺、新型径向反应器、低温热综合利用技术、废水和废气预处理工艺和防堵、防聚工艺等核心技术；是径向床反应器技术首次应用于丁烯氧化脱氢制丁二烯生产。

(潘　波)

【高纯异丁烷催化剂首次工业试验】 2017年6月17日，由中国石化自主研发的异丁烯加氢制高纯异丁烷技术在金陵石化60万吨/年装置开车成功，产出合格产品，异丁烷纯度达99.89%，满足下游PO/MTBE装置的原料要求，其中碳四加氢精制单元加氢要求高且国内规模最大，由上海石油化工研究院研制的CHP－C_4高活性加氢精制催化剂首次在异丁烷装置进行工业试验，有效支撑了PO/MTBE项目顺利实施。

（潘　波）

【碳纤维成套技术开发项目通过鉴定】 2017年12月，作为中国石化“十条龙”科技攻关项目之一，由上海石油化工研究院与上海石化等单位共同承担的PAN基碳纤维成套技术开发项目通过中国石化组织的技术鉴定。专家认为，该项目包括千吨级规模12K通用级SCF35碳纤维的原丝和氧化炭化的成套技术工艺包，建成500吨/年碳纤维装置，突破了SCF55高性能12K碳纤维的小试和模试全流程制备技术中的瓶颈，在吨级模试装置上多批次稳定制得公斤级SCF55高性能12K碳纤维，拥有自主知识产权。

（潘　波）

【催化剂产品进入欧洲市场】 2017年，由上海石油化工研究院研制的乙苯/苯乙烯、甲苯歧化、二乙烯基苯等多个品种型号催化剂相继出口到台湾地区以及中东、北美市场。5月，新型苯乙烯催化剂再次获得海外订单，出口比利时，首次进入西欧市场。

（潘　波）

【合成纤维加工应用中心(FTC)开放实验室试运行】 2017年12月，中国石化合成纤维加工应用中心(FTC)开放实验室投入试运行，首批开放仪器设备27台(套)，服务合成纤维主营业务，打造科技资源共享平台。以该实验室为平台，为上海石化、仪征化纤、川维化工公司、安庆石化、华东销售等企业在腈纶、维纶、聚酯、通用型碳纤维等领域提供相应技术服务与技术报告。

（潘　波）

表1　　上海石油化工研究院2017年度主要科研成果获奖情况

序号	项目名称	奖项名称	获奖等级
1	高效甲醇制烯烃全流程技术	国家科技进步奖	一等奖
2	有机硅微孔沸石合成方法及其应用	中国专利奖	优秀奖
3	SEB－12低苯烯比稀乙烯制乙苯催化剂的研制及工业应用	集团公司科技进步奖	一等奖
4	基于扩散优势的高稳定性甲醇制丙烯催化新材料	集团公司前瞻性基础性研究科学奖	一等奖
5	耐温抗盐低张力聚合物微球调驱体系的研制	集团公司技术发明奖	二等奖
6	高性能SANC－08丙烯腈催化剂研制及工业应用	集团公司科技进步奖	二等奖
7	间苯二甲酸加氢精制催化剂及工艺技术的工业应用	集团公司科技进步奖	二等奖
8	高性能动力锂电池用碳酸乙烯酯合成新技术	集团公司前瞻性基础性研究科学奖	三等奖
9	高温高盐油藏用低浓度原位微乳液表面活性剂研制及应用	集团公司科技进步奖	三等奖

表 2　上海石油化工研究院 2012—2017 年专利申请与授权情况　件

年份	国内专利		国外专利	
	申请数	授权数	申请数	授权数
2017	588	378	42	26
2016	600	379	44	26
2015	588	438	41	30
2014	578	336	37	20
2013	558	314	45	9
2012	440	164	6	23

安全工程研究院

【概况】 中国石油化工股份有限公司青岛安全工程研究院（简称安全工程研究院）位于山东省青岛市，是中国石化直属的安全、环保和职业健康科研机构。安全工程研究院成立于 1979 年，1999 年 7 月整体进入集团公司。2004 年 4 月，国家安全生产监督管理总局依托安全工程研究院成立国家安全生产监督管理总局化学品登记中心，为中国危险化学品安全监管提供综合性技术支持。2007 年 7 月，国家科技部依托安全工程研究院设立化学品安全控制国家重点实验室，是首批企业国家重点实验室之一，2011 年 1 月18 日通过国家科技部验收。

截至 2017 年底，安全工程研究院下设 8 个职能管理部门、14 个研究所（室、中心）。职工总数 457 人，其中特聘院士 2 人、教授级高级工程师 33 人、高级工程师 169 人；引进国内外博士后 5 人、博士 55 人、硕士 210 人、博士后工作站在站博士后 4 人；享受政府特殊津贴 6 人，集团公司突出贡献专家 6 人，中国石化优秀学术技术带头人 9 人，获中国石化闵恩泽青年科技人才奖 14 人；各类国家级 HSE 领域专家 50 余人，具有注册安全工程师、安全评价师、职业危害评价师、环境影响评价师、注册计量师等执业资格的人员 280 余人。

安全工程研究院 2017 年度主要科研成果获奖情况及 2012—2017 年专利申请与授权情况分别见表 1 和表 2。

（王新军）

【领导班子调整】 2017 年 1 月 13 日，安全工程研究院召开干部大会，集团公司人事部宣布：鉴于年龄原因，免去李凯花安全工程研究院党委书记、委员职务，办理退休手续，院长孙万付主持安全工程研究院党政全面工作。

（王新军）

【安全工程研究院管理规格调整】 2017 年 6 月 24 日，集团公司下发中国石化企〔2017〕325 号文，将安全工程研究院管理规格调整为大 I 型企业（正局级）。

（王新军）

【涉外专利申请实现“零”的突破】 2017 年，安全工程研究院收到中国国家知识产权局受理局 6 月 23 日正式发出的发明名称为“碳基吸附材料及其制备方法和应用”的 PCT 国际申请号和国际申请日通知书，实现涉外专利申请“零”的突破。

（王新军）

【承办第 2 届中国石化安全科技成果交流展示会】 2017 年 6 月 21 日，由集团公司安全监管局和科技部主办、安全工程研究院承办的第 2 届中国石化安全科技成果交流展示会在青岛召开。展示会以“科技引领 安全同行”为主题，通过大会交流、专业介绍、近景展示和虚拟现实等方式，介绍了国内外安全科技的发展现状和趋势展望，旨在构建科技研发、成果转化、市场推广、企业应用等产学研用有机结合的工作机制，为进一步提升安全生产水平和重特大事故防范能力提供科技支撑。包括安全工程研究院在内的 28 家企业 200 余项安全技术及产品在本届安全科技成果交流展示会上做展示。

（王新军）

【齐鲁石化安全仿真实训基地投用】 2017 年 7 月，由安全工程研究院设计、青岛诺诚化学品安全科技有限公司承建的齐鲁石化安全仿真实训基地通过验收并投入使用。该基地位于齐鲁石化培训中心，是山东省境内首家集教育、仿真、实训于一体的大型、综合、专业化安全仿真实训基地，占地面积2 600平方米，包括安全文化展示、多功能教学、事故警示教育、个体防护及应急装备体验、虚拟仿真培训、高风险作业实操培训5个功能区域30余类培训内容。

（王新军）

【启动“三亮两带创一流”主题活动】 2017年3月，安全工程研究院党委全面启动“三亮两带创一流”主题活动，“三亮”即党员亮身份，工作亮标准，服务亮承诺；“两带”即支部带任务，党员带群众；“创一流”即创建世界一流HSE研究院。“三亮两带创一流”主题活动旨在激发基层党组织和党员的内在动力，及时展示支部共建共创特色活动和先进典型，促进了党建与科研经营更加紧密融合。

（王新军）

【获中国石化优秀创新团队称号】 2017年，安全工程研究院泄漏检测与防控技术创新团队获中国石化优秀创新团队称号。该团队近年来围绕泄漏检测技术和防控技术，先后成功申报“基于离子迁移谱仪和机载红外遥测的联合立体侦检系统”等国家科技计划课题3项，成功参与2项“十条龙”项目研发；2016年首次独立承担ASTM国际标准《Rapid Measurement of Hydrogen Sulfide in Workplace Air by Direct-Reading Electrochemical Detectors》的制定工作；基础研究方面，与北京化工大学合作研发“纳米复合材料基柔性传感薄膜及柔性氨气传感器”，与中国科学院青岛生物能源与过程研究所合作开展“沥青基多孔碳材料对易挥发烷烃、芳烃的吸附及其机理研究”等项目；近3年先后获中国石化科技进步一等奖、技术发明三等奖等省部级科技奖励8项，申请国家专利30余件。

（王新军）

【获多项荣誉】 2017年，安全工程研究院被评为集团公司安全生产先进单位、投资统计报表先进单位、保密工作先进单位，获青岛市工会规范化建设示范单位称号；发明专利“硫化氢气体泄漏清除剂”获第19届中国专利优秀奖，发明专利“一种用于油气回收的疏水性硅胶”获第1届石油和化工行业专利优秀奖；安全工程研究院副总工程师姜春明获第9届侯德榜化工科学技术奖成就奖，赵祥迪、孙冰获第9届侯德榜化工科学技术奖青年奖；张卫华获山东省优秀发明人称号；石宁获集团公司突出贡献专家称号；孙冰当选中国石化优秀青年科技创新人才；孙冰、王春获闵恩泽青年科技人才称号；于安峰获评中国石化第2届最美青工。

（王新军）

表1　　安全工程研究院2017年度主要科研成果获奖情况

序号	项目名称	奖项名称	获奖等级
1	高效抗复燃型石化专用泡沫灭火剂及灭火装置	集团公司技术发明奖	一等奖
2	硫化氢泄漏远程监测预警与自动捕消技术及装备	集团公司技术发明奖	三等奖
3	多分量实际雷电流模拟试验系统	集团公司技术发明奖	三等奖
4	安全高效环保火炬燃烧技术与装备	集团公司科技进步奖	一等奖
5	中国石化安全和环境重大风险识别与管控技术	集团公司科技进步奖	二等奖
6	石化火灾场景沉浸式应急训练关键技术及装备	集团公司科技进步奖	二等奖
7	煤气化装置职业病危害辨识及防控技术	集团公司科技进步奖	三等奖
8	基于大数据解析的石化过程异常监测预警方法研究	集团公司前瞻性基础性研究科学奖	三等奖
9	硫化氢泄漏捕消技术及装备开发	中国职业安全健康协会科技进步奖	二等奖
10	大型LNG接收站风险评估技术研究	中国职业安全健康协会科技进步奖	二等奖

续表

序号	项目名称	奖项名称	获奖等级
11	可靠性与维护策略优化技术在炼油化工装置的应用研究	中国职业安全健康协会科技进步奖	三等奖
12	炼化企业电力系统安全可靠性评估技术	中国职业安全健康协会科技进步奖	三等奖
13	炼化企业作业现场动态智能安全监管技术研究	中国石油和化工自动化行业协会科技进步奖	二等奖
14	浮顶储罐雷电风险防控技术研究	中国石油和化工自动化行业协会科技进步奖	三等奖
15	基于情景构建的石化事故应急决策关键技术	中国石油和化工自动化行业协会科技进步奖	三等奖
16	炼化企业机泵群状态监测与故障诊断技术及应用	中国石油和化工自动化行业协会科技进步奖	三等奖
17	石化企业泄漏检测与修复成套技术开发及应用	中国石油和化工自动化行业协会科技进步奖	三等奖
18	石油化工行业安全施工风险管控技术及应用	中国石油和化学工业联合会科技进步奖	二等奖
19	大型罐区雷电风险评估与控制技术	中国石油和化学工业联合会科技进步奖	三等奖
20	化工粉体静电燃爆防控成套技术及工业化应用	中国石油和化学工业联合会科技进步奖	三等奖
21	石化企业泄漏检测与修复成套技术开发及推广应用	中国石油和化学工业联合会科技进步奖	三等奖
22	油气回收用疏水硅胶吸附剂研制与工业应用	中国石油和化学工业联合会科技进步奖	三等奖

表 2　　安全工程研究院 2012—2017 年专利申请与授权情况　　件

年份	国内专利		国外专利	
	申请数	授权数	申请数	授权数
2017	286	129	1	0
2016	228	150	0	0
2015	218	98	0	0
2014	102	63	0	0
2013	79	50	0	0
2012	79	19	0	0

催化剂公司

【概况】 中国石化催化剂有限公司(简称催化剂公司)作为股份公司的全资子公司，是中国石化催化剂生产、销售和管理的责任主体，是中国石化旗下唯一生产催化剂的企业，成立于2013年5月28日，本部位于北京市朝阳区惠新东街甲6号。其前身是2004年12月29日在北京成立的中国石油化工股份有限公司催化剂分公司。

催化剂公司是国内最大的炼油化工催化剂生产商、供应商、服务商，产品涵盖炼油催化剂、聚烯烃催化剂、基本有机原料催化剂、煤化工催化剂、环保催化剂、其他催化剂6个大类，年生产能力合计超过20万吨。

截至2017年底，催化剂公司下设12个管理部门、12家分(子)公司。生产基地主要分布在北京、上海、湖南、山东、辽宁和江苏。用工总量3 847人，拥有各类经营管理及专业技术人员1 418人，其中教授级高级职称人员28人、高级职称人员367人；拥有博士19人、硕士228人，并建有博士后工作站。

催化剂公司主要生产经营指标见表1。

(胡东生)

【市场开拓稳中前行】 2017年，催化剂公司的催化剂产品市场占有率进一步提高，销量实现稳步提升。与科研、设计单位和用户建立起紧密协作、合作共赢的良好关系，努力为用户提供优质的产品和全流程服务。不断深化高层走访交流，加强战略合作，稳定大客户关系。与国外同行在全球开展加氢催化剂业务合作，为进入国际市场打开空间。借助中国石化整体平台，加强与国际事业公司和外事局等中国石化驻外单位的合作，提升海外市场知名度。聚烯烃催化剂、甲苯歧化催化剂、乙苯脱氢催化剂和银催化剂等产品在海外取得新市场。

(胡东生)

【降本优化取得实效】 2017年，催化剂公司进一步固本强基，持续推动降本增效和生产优化。精确找出降本着力点，制定涉及增产增收、优化资源、降本减费、节能降耗等7个方面共138项的降本增效措施，完成全年降本增效目标。强化现场作业精细化管理，多措并举，实现优化增效。深入推进生产优化项目，35个生产项目实现优化。深入推进主要原材料和设备材料的公开招标工作，招标采购率达75%，全年采购资金节约率为6.2%。加氢催化剂成本在连年下降的基础上，同比降低6.3%。全年累计单位产品能耗、万元产值能耗分别下降3.6%和8%。

(胡东生)

【改革攻坚奋力有为】 2017年，催化剂公司积极落实集团公司年度工作会议、企业改革管理大会精神，深入研究体制机制改革，积极采取措施，进一步理顺内部管理机制。完成对银岭公司的注销，压减法人层级，提升管理效率。有序推进催化剂齐鲁分公司“三供一业”移交，供水、供电、供暖及物业管理移交项目均已签署框架协议。积极开展资本运作，合理协调相关方利益，完成建长公司股权收购，进一步推进长岭区域一体化管理。

(胡东生)

【亚洲最大加氢催化剂生产基地建成中交】 2017年8月，亚洲最大的加氢催化剂生产基地——中国石化催化剂大连基地加氢催化剂生产及配套装置顺利建成中交。此项目位于大连旅顺口区三涧堡工业园，占地约330亩(22万平方米)，一期建设项目主要工程内容包括亚洲规模最大的加氢催化剂生产线以及配套的变电站、空压站、净水站、循环水场、污水处理场、固体原料库房、液体原料储存系统、成品库房、配件库等公用工程系统和生产管理中心等辅助设施。新建装置采取新工艺，自动化、连续化水平高，可满足用户大规模以及临时用催化剂的需求。

(胡东生)

【成立制备技术研究设计院】 2017年1月11日，催化剂公司在北京成立制备技术研究设计院，以加快建设科技型、生产服务型和先进绿色制造的世界一流催化剂公司的步伐。制备技术研究设计院成立的主要任务是研究催化剂的制备工程技术，重点解决生产装备技术的优化提升，生产工艺过程的技术优化、清洁生产技术和废剂处理技术及新技术产品工业放大转化。

(胡东生)

【专利申请与授权量再创纪录】 2017年，催化剂公司共申请专利74件，其中发明专利69件、实用新型专利5件，达到历史最好水平；获得授权31件，其中发明专利18件、实用新型专利13件；“一种5A分子筛吸附剂及其制备方法和应用”获美国专利授权。

(胡东生)

【高性能长寿命耐磨损雾化器研发项目通过技术鉴定】 该项目于 2013 年立项，由催化剂公司和华南理工大学共同承担，2017 年 5 月 11 日通过集团公司技术鉴定。新型雾化器的平均使用寿命达 720 小时以上，使用新型雾化器制备的裂化催化剂产品平均圆球度由 80% 提高至 84% 以上，粒度为 0—20 微米的细粉比率由原来的 1.66% 下降至 0.85% 以下，催化剂颗粒间粘连现象显著减少，产品质量稳定性明显改善。

（胡东生）

【乙苯脱氢催化剂新型高温焙烧炉技术开发项目通过技术鉴定】 该项目于 2012 年立项，由催化剂公司和天华化工机械及自动化研究设计院共同承担，2017 年 6 月 15 日通过集团公司鉴定。该项目设计开发了新型多通道高温焙烧炉设备，研究了高效的节能措施。应用结果表明：使用新型多通道高温焙烧炉生产出的不同型号乙苯脱氢催化剂，产品质量优于控制指标；装置物料装填系数提高，单台设备产能提高 2 倍；热效率由 40% 提高至 70%。

（胡东生）

【Ⅱ型压力式 LAY 分子筛焙烧炉开发项目通过技术鉴定】 该项目于 2011 年立项，由催化剂公司和天华化工机械及自动化研究设计院共同承担，2017 年 12 月 21 日通过集团公司鉴定。该项目设计能实现分子筛自动进出料以及内置螺旋结构和隔热构件的新型焙烧炉，提高焙烧均匀性和装置处理能力，降低能耗。工业应用结果表明：采用新型焙烧炉，使装置产能提高 2 倍以上，吨产品能耗降低 74%。

（胡东生）

【加氢催化剂载体制备连续化研究项目通过技术鉴定】 该项目于 2015 年立项，由催化剂公司和抚顺石油化工研究院共同承担，2017 年 12 月 21 日通过集团公司鉴定。该项目设计多种粉料和液体原料按比例连续自动计量加料、连续均匀混合捏合和连续出料工艺，集成多项先进设备、仪器，开发实现加氢催化剂载体生产的连续化、自动化和清洁化的成套装备技术。应用结果表明，物料混合均匀度可达 90% 以上，催化剂载体合格率 100%，收率达 98%。装置运行过程全封闭，自动化程度高，产品质量均一性和稳定性明显提高。

（胡东生）

【深入开展“转观念、勇担当、创效益”活动】 2017 年，催化剂公司深入开展“转观念、勇担当、创效益”专题讨论。公司机关认真查找各部门各领域在作风建设方面存在的问题，制定整改措施，组织 2 期公司处级干部学习贯彻十八届六中全会精神培训班。各分(子)公司通过形势任务宣讲、主题实践活动等，促进观念转变，加强作风建设。以集团公司党建考核问题及党组巡视问题整改为导向，以党建考核为抓手，全面加强公司党建工作。以先进人物选树为切入点，积极做好企业文化宣传工作，开展“奋斗的青春最美丽”系列活动，对中国石化第 3 届“感动石化”人物薛军进行重点宣传。

（胡东生）

【举办中国石化催化剂生产工职业技能竞赛】 2017 年 9 月 13—14 日，由催化剂公司主办的“中国石化 2017 年催化剂生产工职业技能竞赛”决赛在山东淄博举行。组委会首次开发并上线使用 2 套 DCS 仿真培训系统和 1 套理论考试系统，实现竞赛全程信息化管理。经过层层遴选，75 名催化剂生产工最终进入决赛。经过激烈角逐，催化剂齐鲁分公司、催化剂长岭分公司、催化剂北京奥达分公司获技能竞赛团体奖前 3 名。18 名选手凭借精湛技艺斩获个人金、银、铜奖。

（胡东生）

中国石化 2017 年催化剂生产工职业技能竞赛闭幕式

【获多项集团公司表彰】 2017 年，催化剂公司先后获集团公司物资供应管理先进单位、财务管理先进单位、全员成本目标管理先进单位、审计工作先进集体、“三基”工作先进基层单位和股份公司综合生产统计报表、投资统计报表先进单位等多项荣誉称号。

（胡东生）

【薛军被评为“感动石化”人物】 2017 年 3 月 17 日，“易捷杯”第 3 届“感动石化”人物评选结果在北京揭晓。催化剂公司东大区海外销售中心经理薛军从73名“感动石化”人物候选者中脱颖而出，成功入选中国石化十大“感动石化”人物。

（胡东生）

表1 催化剂公司主要生产经营指标

指标名称 \ 年份	2017	2016	2015	2014	2013	2012
生产各类催化剂/万吨	19.84	17.90	17.46	17.80	14.28	15.24
销售各类催化剂/万吨	18.45	16.10	17.83	17.72	17.26	16.29
销售收入/亿元	64.20	59.41	56.47	59.12	67.45	66.36
利润/亿元	7.54	5.77	5.57	5.53	5.82	6.01
发生费用总额①/亿元	13.42	12.95	11.36	11.97	12.52	10.77
资产总额/亿元	89.72	78.80	79.70	75.43	72.45	63.52
经济增加值(EVA)/亿元	4.24	4.12	4.08	3.04	3.00	3.02

①费用总额＝管理费用＋销售费用

国勘公司

【概况】 中国石化集团国际石油勘探开发有限公司（简称国勘公司，英文缩写SIPC）成立于2001年1月，本部设在北京。历经起步探索（2001—2008年）、快速发展(2009—2012年)、结构调整(2013年至今)3个发展阶段，油气资产初步形成油气并举、海陆兼顾、常规非常规多样化的特点。

国勘公司设董事会和监事会，实行董事会领导下的总经理负责制。实行两级管理模式，本部为投资、管理和生产经营决策中心，驻在国公司(或项目机构)为执行中心。截至2017年底，国勘公司共设14个机关职能部门、22个海外机构及1个共享服务中心。在26个国家执行50个项目，其中包括9个大项目公司：伊朗公司、安哥拉公司、巴西公司、加拿大公司、阿根廷公司、叙利亚公司、哈萨克斯坦公司、俄罗斯公司和埃及公司。中外员工总数达5 993人，其中中方员工1 047人、外籍员工4 946人。公司2P权益储量6.82亿吨油当量，其中石油4.48亿吨、天然气1 944.57亿立方米。2017年权益油气产量4 371.89万吨油当量。

国勘公司主要生产经营指标见表1。

（刘牧洋　于　伽）

【领导班子调整】 2017年，集团公司对国勘公司领导班子进行调整。3月29日，宫晓冬任国勘公司副总经理(挂职)。5月3日，薛巍松任国勘公司总会计师、党委委员。7月31日，李勇任国勘公司董事、副董事长、总经理、党委书记，冯志强任常务副总经理，朱平任副书记，王志刚不再兼任国勘公司董事会副董事长、职工董事职务。8月6日，因年龄原因，免去侯洪斌国勘公司党委委员、副总经理职务。12月28日，谈文芳任国勘公司党委常务副书记、副总经理，朱平不再担任国勘公司党务副书记、副总经理。

（刘牧洋　于　伽）

【狠抓投资优化】 2017年，国勘公司以改善年度现金流为主线，通过方案优化、合同价格谈判、投资节奏调整、投资风险规避等手段，大幅优化投资预算。通过月度运行会、季度分析会等形式，对投资项目进行过程跟踪，加大审查力度，挖掘现有资产价值，有效推动工程项目的实施。全年完成投资133.65亿元，有效缓解了公司现金流紧张的局面。

（刘牧洋　于　伽）

【努力实现勘探管理流程化、系统化、规范化】 2017年，国勘公司贯彻效益勘探理念，优化勘探部署，审慎投资决策，通过勘探管理体系(EMS)的编制与实施，初步实现勘探管理流程化、系统化、规范化。全年新增2P&2C油气当量851万吨，完成勘探投资约9.15亿元，储量及资源量发现综合成本为2.33美元/桶，保持了较低水平。完钻勘探井56口，39口井完成测试并获得商业油气流，勘探井成功率达76%。共获得2项勘探突破，包括加拿大Daylight项目Wapiti L4新层系和安第斯T区块西南新区；在埃及阿帕奇项目获得 13 项勘探发现，实现当年新建产能 38 万吨。积极推动勘探新项目机会研究，全年共筛选勘探新区块 173 个，中标和签署巴西、埃及、澳大利亚等一批有勘探潜力的区块。

（刘牧洋　于　伽）

【超额完成年度效益产量】 2017 年，国勘公司强化生产运行的计划管理和调整，把重点放在掌控能力强、产量高、效益影响大的项目上。强化储量资产价值管理，完善储量管理体系，实现公司储量管理流程化、规范化。严格按照开发管理体系（DMS）进行开发方案审查；结合生产实际，合理安排、调整检修维修计划，确保生产平稳运行。筛选 7 个油田作为全年老油田综合治理的重点项目，深挖老油田潜力。稳步推进产能建设，在优化投资、压减新井数量的情况下，新建（增）产能 460 万吨，完成计划的 102.2%。重点地面工程建设按计划实施，巴西 FPSO P－66 于 4 月建设完工；安哥拉 15/06 东区较计划提前 2 个月投产。全年完成权益油气产量 4 371.89万吨油当量，超计划 172 万吨。

（刘牧洋　于　伽）

【现有资产创效能力显著提升】 2017 年，国勘公司降本增效工作坚持以效定产、以工作量定成本、降本增效减费并重，实现产量超但成本不超、桶油成本处于历史最低。全年生产操作成本为 198.51 亿元，自 2014 年以来连续 4 年下降。桶油操作成本（销售口径）从 2014 年的 16.32 美元/桶下降至 11.83 美元/桶。安哥拉公司全力推动并把握谈判主动权，成功免除应缴纳的全部利润油，应上缴资源国的 2010—2016 年税款由 36.53 亿元降至 5.72 亿元。哈萨克斯坦公司克服油藏开发后期产量递减快、折旧折耗高、内销比例大等不利因素，保持了老油田桶油成本的不断下降，全年 FIOC 项目桶油操作成本 5.89 美元，CIR 项目桶油操作成本 4.94 美元，远低于国勘公司平均桶油操作成本。巴西公司有效利用财务杠杆、利用股息向股东回款等措施，全年 RSB 项目净回款 9.15 亿元，PB 项目合理避税 4.6 亿元（国勘公司权益减少税款 1.38 亿元）。结合"一项一策"分类管理，调整部分项目经营策略，果断暂停投资或减少投资，撤回中方人员，向资源国油公司和合作伙伴施加压力，促使对方修改合同或改善管理。进一步加大海外采办计划管控力度和合同谈判力度，累计减少作业者和控股联合作业项目采购支出约 1.94 亿元，压降库存约 2.9 亿元。通过全面梳理科研、信息、咨询等方面管理费用，首次开展信息化应用软件专项审计工作，加大了管理费用的管控力度。

（刘牧洋　于　伽）

【不断强化 HSSE 管理】 2017 年，国勘公司未发生重大公共安全事故或事件，HSE 事故发生率呈持续降低的趋势。继续狠抓 HSSE 责任基础，建立 HSE 月度例会制度和海外机构 HSE 总监述职机制。把 HSE 管理重心向过程安全管理转移，建立包含 44 项基础数据的过程安全指标体系，基本形成公司过程安全管理框架。强化生产安全风险管控，更新各海外项目"十大安全风险"清单。开展喀麦隆项目海上生产平台综合应急演练，进一步锻炼了突发事件的应对能力。持续推进 HSSE 审计督察；围绕"打造主动型 HSE 管理文化"的任务要求，全面开展 HSSE 文化建设与提升工作。

（刘牧洋　于　伽）

【海外风险防控能力得到加强】 2017 年，国勘公司系统查找和梳理财税、法律等重点领域的风险隐患，明确整改措施。整合内控、法律、审计、纪检等资源，强化海外审计监察，推进公司"大监督"格局逐步形成。加强债务风险管理，通过拓宽融资渠道、加大利率汇率风险管控、深化资金集中管理、促进资金回流、及时优化海外项目融资架构等，节约财务费用；优化境外税务架构，梳理、压减中间控股公司法人层级，不断完善公司税务管理体系，最大限度地降低税务风险。积极稳妥推进重大法律纠纷处置，完善法律风险管控体系，发布海外机构法律风险识别、评估和分级指引，不定期发布公司运营法律风险。综合运用经济责任审计、项目综合审计、效能监察、合规监察等手段发现问题，立行立改。

（刘牧洋　于　伽）

【政治保障呈现新气象】 2017 年，国勘公司各级党组织以学习宣传贯彻十九大精神为统领，认真学习、深刻领会习近平新时代中国特色社会主义思想和党的十九大精神，筑劳思想基础。强化"在经济领域为党工作"理念，班子成员对分管领域党建工作与生产经营同步部署、同步调研、同步督察，以上率下落实"一岗双责"；签订党建责任书，开展基层党组织书记述职。"两学一做"学习教育常态化制度化深入推进，认真组织中心组学习和"国勘大讲堂""国勘知行社"活动。决策保障基础渐趋完善。按时完成"党建入章"，界定好党委在法人治理结构中的法定地位，坚持民主集中制，落实“三重一大”决策制度。

（刘牧洋　于　伽）

国勘阿尔及利亚公司上海外党课

【组织建设迈上新台阶】 2017年，国勘公司基层党建工作规范提升，持续健全组织，选优配强书记、委员；落实“1+1+3”制度，开展基层党组织考评和分类定级，严考核硬兑现。选贤任能机制持续优化，制定“1+3+2”干部制度，调整8家海外机构班子，轮岗交流干部31人次，开展新一轮后备干部调整工作，分专业推荐13名中层正职补充班子后备梯队，优选14名“80后”干部赴海外实岗锻炼。优化机关部门职能调整和共享服务中心定位，确保人尽其才，才尽其用。参与集团“海外劳动用工和薪酬管理”专题研究，一类地区先行先试薪酬市场化和福利属地化改革。牵头开展“中国石化加强境外党建实践性研究”，创新工作方法，丰富活动载体。

（刘牧洋　于　伽）

【形势任务教育入脑入心】 2017年，国勘公司落实集团公司党组“转观念、勇担当、创效益”要求，开展“画好同心圆、共筑国勘梦”主题实践活动，组织“书记讲形势”“八讲八树”讨论，各级领导干部身体力行讲形势任务、改观念误区、聚信心合力。宣传舆论阵地积极有为，运用《国勘报》提升士气，配合中央媒体“一带一路走进中国石化”采访活动，在新华社等媒体刊发稿件18篇，内聚人心、外树形象。挖掘翁行芳、王长林等敬业奉献榜样，塑造尽职尽责的外籍员工典型，弘扬石油石化优良传统和“严细实”作风。群团桥梁纽带有效搭建，认真办理职代会提案，推动员工参与民主管理、民主监督；扎实开展“走基层、访万家、促发展”活动，实现走访全覆盖；完善帮扶救助机制、深化员工帮助计划。

（刘牧洋　于　伽）

表1　国勘公司主要生产经营指标

指标名称 \ 年份	2017	2016	2015	2014	2013	2012
勘探新增权益石油储量(2P+2C)/百万桶	37.99	36.69	73.12	226.55	259.21	186.88
勘探新增权益天然气储量(2P+2C)/亿立方米	85.38	44.77	75.99	171.74	308.64	363.48
权益油气产量/万吨	4 371.89	4 295.27	4 436.30	4 091.99	3 871.41	2 904.68

石油工程公司

【概况】 中石化石油工程技术服务股份有限公司（简称石油工程公司）是集团公司的控股子公司。

2012年6月28日，集团公司实施石油工程专业化整合重组，成立中石化石油工程技术服务有限公司。2014年，集团公司实施仪征化纤股份有限公司（*ST仪化600871，仪征化纤1033）重大资产重组，将石油工程资产置入仪征化纤，并将化纤业务置出，从而实现石油工程公司在上海、香港两地上市。

截至2017年底，石油工程公司设国际石油工程公司、地球物理公司及石油工程建设公司3家专业公司，胜利、中原、江汉、西南、华北、华东、海洋7家地区公司。用工总量8.46万人，其中合同制员工7.94万人（在岗合同制员工6.84万人）、劳务派遣工0.41万人、非全日制及其他用工0.11万人。在岗合同制员工平均42.6岁，具有大学本科及以上学历2.56万人，管理、专业技术、技能操作人员分别为0.82万人、2.72万人、3.30万人，具有高级及以上技术职称0.97万人、具有高级工及以上职业资格3.48万人。

石油工程公司所属企业有着超过 50 年的经营业绩，建立了完善的作业技术规范、质量保证体系、健康安全环境（HSE）和职业安全健康（OSH）管理体系。先后在中国 76 个盆地、560 多个勘探区块内开展油气工程作业，在大批油气田的发现和开发建设中发挥了重要作用，同时不断加快“走出去”步伐，大力开拓国内外部和国际石油工程市场，积累了丰富的经验和强大的项目执行能力。拥有覆盖整个油田服务行业链的服务能力，能够为油气田提供从勘探到开发和生产的全生命周期内的服务，拥有普光气田、涪陵页岩气、元坝气田、塔河油田等代表性项目。同时，海外的客户群也在不断发展壮大，业务规模不断提高，截至 2017 年底，在 38 个国家和地区执行项目 364 个。

（汪映春）

【领导班子调整】 2017 年，陈锡坤任石油工程公司常务副总经理、党委副书记；左尧久任石油工程公司副总经理、党委委员；李炜任石油工程公司监事会主席、纪委书记、工会主席；李天任石油工程公司总会计师，党委委员；刘汝山任石油工程公司党委副书记，不再担任副总经理；胡国强不再担任石油工程公司监事会主席、纪委书记、工会主席；王红晨不再担任石油工程公司总会计师、党委委员；黄松伟不再担任石油工程公司副总经理、党委委员。

（汪映春）

【财务资产】 2017 年，石油工程公司实现营业收入 484.64 亿元，利润总额 -103.08 亿元，净利润 -105.45亿元；收入利润率为 -21.3%，净资产收益率为 -330.44%。截至 2017 年底，石油工程公司资产总额 624.42 亿元，负债总额 645.01 亿元，所有者权益 -20.59 亿元，资产负债率为 103.3%。

（汪映春）

【市场开拓取得新业绩】 2017 年，石油工程公司完善市场开发体系，压实责任，加大激励，市场开发及项目管理奖励 2 516.55 万元，奖励市场开发项目 895 个、优秀管理项目 166 个；评选表彰优秀创效项目 40 个、优秀项目经理 40 名、先进个人 11 名，保持了拓市创效的强大攻势，形成了全员拓市的良好局面。全年累计新签合同额 532 亿元，同比增加 114 亿元、增幅 27.2%。高效完成鄂西地区页岩气地质勘查，形成 2 亿元市场规模。在东海油田开展船舶服务；拓展地方市政、油气管道、成品油库等地面 EPC 工程，中标日照—京博管道项目、国储库建设项目；在沙特新（续）签 19 部钻机；在科威特续签 26 部钻（修）井机；在厄瓜多尔市场续约 ITT 钻井大包项目，增加 35 口井工作量；突破尼日利亚市场，签约 2 个钻井平台日费项目；测井业务首次进入刚果（布）市场；中标阿尔及利亚 4 个物探项目；中标泰国 5 号长输管线一期项目。

（汪映春）

【深化改革取得阶段性成果】 2017 年，集团公司成立石油工程深化改革、扭亏脱困保市工作领导小组，确立目标方向，提供强力保障。石油工程公司以“去产能、调结构、激活力、创效益、谋发展”为主线，认真研究“三定”标准，完成本部和地区（专业）公司 2 个层面的深化改革扭亏脱困方案，层层压实责任，严密组织运行，主辅分离、富余人员显化安置见到阶段性成效。实行“大部制”管理、“小机关”运作，推进两级机关建设。多渠道归并整合，专业经营单位由重组初期的 97 家压减到 80 家。专业经营单位机关科室及直属机构由 996 个压减为 806 个，压减 190 个、减幅 19%。主要专业队伍从 2016 年底的1 978支压至 1 799 支，压减 179 支、减幅 9%。完成 17 家法人产权、管理层级压减工作，将法人产权层级控制在 4 级以内，法人管理层级控制在 3 级以内。井筒、物探等专业均已实现专业经营单位到基层队（项目部）的直接管理，完成中间管理层级的压减。全年累计压减辅助业务基层单位 63 家，48 家基层单位实施经营承包，落实了责任，激发了活力。

（汪映春）

【定向增发高效完成】 2017 年，石油工程公司全力推进定向增发工作，及时向国务院国资委、证监会汇报，积极与投资者协商，加强和中小股东沟通，发行程序高效推进，按计划节点获股东大会通过、国务院国资委批准、证监会批复。完成定向增发 76.6 亿元，公司资产负债率降低 12 个百分点；198 名管理人员认购公司股票 6 065 万元，传递了经营压力，强化了干部责任。

（汪映春）

【项目创效能力持续提升】 2017 年，石油工程公司印发加强项目管理工作的指导意见，制定落实石油工程投标项目决策办法、项目亏损责任追究办法，实行三级决策，优化管理流程，闭环核算分析，有效规避了项目风险、遏制了项目亏损。按照决策程序，15 个项目上了公司投标决策会议，投标金额 440 亿元，会议否决 2 个，中标 5 个、金额 55 亿元。当年亏损项目下降11%。

（汪映春）

【从严管理抓出新成效】 2017年，石油工程公司从严抓安全管理，深入开展“安全生产月”“安全生产万里行”活动，组织HSE大检查及“回头看”，开展安全生产“三项行动”，全面整治安全隐患；开展分包商专项整治，清退258家，列入“黑名单”14家；强化异体监督，视频监控系统在钻井、作业现场和重点部位实现全覆盖。从严抓风险防控，落实法律风险防控责任制，强化重大风险评估，开展境外法律风险排查；统一组织重点工区项目管理效能监察，落实整改措施79项，完善制度12项，对10家重点亏损专业经营单位开展专项审计，逐一解剖17个严重亏损项目，规范了经营行为。强化“三基”管理，坚持大抓基层建设、严抓基础工作、狠抓基本功训练，胜利工程测井涪陵项目部获评全国工人先锋号，加纳西部走廊天然气工程获中国建设工程鲁班奖（境外工程），塔河油田四号联合站及原油外输配套工程、埕岛中心三号平台、海上配套工程被评为国家级优质工程，2个小组被评为全国优秀质量管理小组，11项QC成果获国家级优秀成果奖。

（汪映春）

【科技创新取得新成果】 2017年，石油工程公司深入实施创新驱动战略，申请专利494件，获专利授权322件，16个项目获集团公司科技进步奖。参战涪陵大型海相页岩气田高效勘探开发，开创国内页岩气建设先河，获国家科技进步一等奖。国家“863”计划“雷达成像测井样机研制”顺利通过国家科技部验收。“防斜PDC钻头”获国家专利优秀奖。天然气水合物钻探取芯技术获重大突破，在南海完成全球首例24英寸隔水管开窗技术，达到世界领先水平。

（汪映春）

【党建工作取得新成绩】 2017年，石油工程公司完成“党建入章”工作，更好地嵌入了治理机制、融入了生产经营。认真落实“一岗双责”，压实管党治党责任，创新海外党建工作，配齐配强基层班子，强化党员队伍建设，发挥了党支部战斗堡垒、党员先锋模范作用。扎实开展党规党纪专题教育活动，增强了党员干部法纪意识、红线意识。建立领导班子成员、纪委委员联系单位制度，全年共联系所属单位36次。严格落实“八项规定”精神，防范“四风”问题发生，用好“四种形态”，树立了清风正气。扎实开展“转观念、勇担当、促改革、创效益”大讨论，领导干部层层开展宣讲100余场，引导员工彻底摒弃“三个幻想”“三个认识不到位”“三个习惯于”，坚定了扭亏脱困的信心和决心。开展劳动竞赛，举办演讲比赛，评选“最美铁军工匠”“铁军青年榜样”等，大力选树先进典型。用感人的事迹、榜样的力量，激励干部员工向亏损宣战、为发展出力，提振了越是困难越向前的铁军士气。健全职代会制度，落实职代会职权，涉及重大改革调整措施、职工切身利益的重大事项，均提请职代会或职代会联席会审议通过。积极推进员工帮助计划，深入开展“走基层、访万家”、冬送温暖、夏送清凉、金秋助学、助残济困、大病救助等民生工程，为8家单位争取集团帮扶救助资金。压实信访维稳责任，加大矛盾纠纷排查化解，确保了队伍稳定。

（汪映春）

国际石油工程公司

【概况】 中国石化集团国际石油工程有限公司（简称国际石油工程公司）由集团公司出资于2003年12月成立，注册地北京。2012年，集团公司石油工程专业化重组，国际石油工程公司出资人由集团公司变更为石油工程公司。主要负责统一管理协调中国石化石油工程海外业务，重点包括市场开发、项目管理、支撑服务、绩效考核、财税管理、队伍建设等，承揽项目并组织石油工程企业实施。业务范围包括地球物理勘探、钻修井、工程建设、油藏综合服务和物流贸易等。

国际石油工程公司下设8个机关职能部门、3个业务部门和沙特分公司、科威特分公司、尼日利亚子公司、阿尔及利亚子公司、厄瓜多尔子公司、墨西哥子公司、阿根廷子公司、玻利维亚子公司、哈萨克斯坦子公司等69个分（子）公司。

截至2017年底，石油工程海外员工总数12 544人，其中中方员工4 829人、外籍员工7 715人，外籍员工比例达62%。国际石油工程公司员工总数为631人，其中中方员工299人、外籍员工284人，境外自聘中国籍员工48人。

国际石油工程公司境外合同额见表1。

（牛玉达）

【领导班子调整】 2017年，集团公司宣布陈为龙任国际石油工程公司副总经理，党委委员；张继歌任国际石油工程公司党委副书记兼纪委书记、监事，为工会主席人选；雍自强不再担任党委书记（正局级）、副总经理；李在胜不再担任副总经理、党委委员，任调研员。

（牛玉达）

【海外业务稳中有进】 2017 年，国际石油工程公司面对国际油价持续低位震荡、全球油服市场竞争加剧等严峻形势，坚定海外业务发展信心，砥砺奋进，攻坚克难，海外业务实现稳中求进，经济效益进一步提升。全年新签合同额 19.0 亿美元，完成合同额 20.2 亿美元。截至年底，在 38 个国家执行项目 364 个，在建合同总额 156.2 亿美元，其中集团公司投资项下 58 个，合同额 7.8 亿美元，占总额的 5.0%。继续保持沙特、科威特、厄瓜多尔最大的陆上钻井承包商及阿尔及利亚最大的地球物理服务国际承包商地位。

（牛玉达）

项目现场中外员工共同协作

【重点市场业务逆势求进】 2017 年，国际石油工程公司积极应对市场低迷形势，努力破解生存发展困局，海外重点市场业务逆势求进。常规业务实现逆势突破：科威特市场续签钻修井机项目合同总额 2 亿美元。首次进入深井修井市场和综合录井市场，新签深井修井机项目、录井项目合同总额 8 577 万美元。沙特市场新签、续签钻机项目合同总额 4.7 亿美元。阿尔及利亚市场实现较好经济效益，新签物探项目合同总额 7 181 万美元。泰国市场新签长输管线项目，合同额 2 亿美元。尼日利亚市场新签 2 个海洋钻井平台服务项目，合同总额 1.5 亿美元。玻利维亚市场新签、续签钻机服务项目合同总额 1.1 亿美元，新签合同额同比增长 31%；新签物探项目合同总额 6 481 万美元。土耳其市场新签地热发电钻井项目，合同额 8 461 万美元。首次进入刚果（布）市场，签约测井射孔服务项目，合同额 1 574 万美元。高附加值和油田综合服务业务取得积极进展：厄瓜多尔市场续签 ITT 钻井总包项目，合同总额 1.5 亿美元，该项目一期工程顺利完工，取得较好经营业绩；厄瓜多尔油田综合服务项目扭亏为盈，实现较好经济效益。

（牛玉达）

【项目运行成效显著】 2017 年，国际石油工程公司面对油服行业持续低迷和石油工程公司“扭亏脱困保市”的艰巨任务，大力推进海外区域资源优化，灵活调整经营策略，积极推动项目提质增效，海外项目运行取得显著成效。科威特市场克服动迁期短、设备技术规格高、配套周期长等困难，精心组织新上项目启动工作，严格把控进度节点，确保项目按进度施工。26 支钻井队平均日费率 99.6%，提高 0.45%，其中有 12 支钻井队日费率达 100%；27 支修井队平均日费率 99.9%，提高 0.04%，其中有 19 支修井队日费率达 100%。沙特市场钻井项目平均日费率保持在 98.5%，各项主要考评指标位居沙特阿美公司（Saudi Aramco）钻井承包商前列；物探项目坚持 24 小时全天候施工，第 5 次获业主安全生产奖项，该项目获再次延期。厄瓜多尔市场 ITT 钻井总包项目优质高效运行，平均钻井周期 9.9 天，比计划节约 20%；平均完井周期 4.2 天，比计划节约 22%；日费率实现 100%。油田综合服务项目累计实现增产油 286 万桶，增加 158 万桶。墨西哥市场 Ebano 项目严抓管理和维护，全年累计生产原油 357 万桶，其中增产油 237 万桶，超出计划 9.7%；桶油操作费用降低 11%，项目保持平稳运行。阿尔及利亚、缅甸等市场项目科学组织，高效运行，创出了良好经济效益。

（牛玉达）

【统一管理扎实推进】 2017 年，国际石油工程公司全面贯彻落实石油工程公司推进海外业务统一管理工作总体部署，全力推进落实各项统一管理措施。计划建立完善 52 项“六统一”管理制度，已完成制定修订 47 项。开展境外机构制度建设标准化、规范化工作，制定下发《境外机构制度建设指导细则》。按照“统一旗帜、统一品牌”方针和“一个国家、一个窗口”原则，结合相关国家业务现状和市场前景，对现有境外机构进行规范整合。全面部署海外业务统一管理工作，在境外机构大力宣传和积极推广科威特和缅甸统一管理模式，按业务规模和人力资源情况分类实施，收到初步成效。通过全面推进海外业务统一管理，进一步优化资源配置，更大限度地实现资源共享，有效降低了管理成本，提升了经济效益。

（牛玉达）

钻机搬迁现场

【境外 HSSE 管理不断强化】 2017 年，国际石油工程公司严格执行各项 HSSE 管理制度，逐级落实各级主体责任，不断完善管理体系。组织制订 HSSE 年度工作计划，督促地区(专业)公司和境外机构落实责任、分解目标。开展境外风险识别，建立重大安全风险清单，及时发布安全预警。严把境外公共安全风险评估关，审核审批各类项目公共安全风险评估 169 个。开展"安全生产月"和"安全生产万里行"活动。加强员工健康管理，按照"一人一档"原则，建立境外员工健康档案，实行动态管理。组织员工健康体检、心理健康培训、突发疾病及常见传染病防治培训。组织境外机构开展 HSSE 自查自改，与地区(专业)公司组成专家组赴境外开展检查，实行年度 HSSE 管理量化考核。组织 QHSE 体系审核，顺利通过年审。

（牛玉达）

【支撑服务职能有效发挥】 2017 年，国际石油工程公司继续以"战寒冬、求生存、谋发展"为主线，充分发挥专业支撑保障作用，保持海外业务持续健康发展。编制完成海外业务三年滚动发展规划，分解下达海外业务年度计划指标。组织识别、分析、跟踪和管控海外重大风险。规范外事管理流程，推广实施外事管理系统。严把出国团组审核关，严格办理出国(境)任务初审、报批、工作签派遣函、外国人来华邀请函。分解落实各级利润指标，深入挖潜增效。统筹资金调剂，加大置换回流，全年置换资金 2 134 万美元、回流 5.8 亿美元，清收欠款 1.6 亿元。规范担保管理，跟踪协调境外机构税审事项，开展钻机保险试点。严格财经制度，年度审计、检查。定期组织开展境外法律风险识别排查处置工作。完善合同管理和法律事务管理信息系统管理平台，推进依法合规经营。指导处理海外重大、疑难、复杂法律问题。组织协调动迁设备物资，提供顶驱、防喷器服务项目，设备租赁实现收入 6 441 万元。积极开发沙特、科威特、阿根廷等国石油工程项下贸易业务，取得较好经济效益。

（牛玉达）

【队伍建设逐步深化】 2017 年，国际石油工程公司加大干部培养力度，首次开发并实施中层以下青年骨干人员综合素质提升培训项目。提升新入职员工培养质量，完善落实"师带徒"培养制度。首次开发实施急救基础取证培训项目。全年组织实施各类培训项目 49 个，培训员工 325 人次。完善人才成长通道建设先行先试实施方案，制定《高级主管及以下专业技术职位晋升管理办法》。不断强化企业文化建设，利用微信企业号等平台，加强沟通分享，传播正向能量。开展跨文化管理与融合工作研究与实践，总结提炼跨文化管理经验。组织实施"一分钟全球新春祝福视频"等活动，促进境内外跨文化融合。开展丰富多彩的文体活动，培养团队协作意识，促进队伍和谐稳定。开展"走基层、访万家"民情调查，帮助解决员工实际困难。积极推广使用 EAP 系统，进一步增强了员工归属感和凝聚力。

（牛玉达）

【党建工作不断加强】 2017 年，国际石油工程公司以学习宣传贯彻党的十九大精神为主线，紧密围绕石油工程境外业务发展与"扭亏脱困保市"艰巨任务，落实全面从严治党工作责任，制定《党建工作责任制实施办法》，推动党建工作与生产经营"同步研究谋划、同步部署安排、同步检查落实"，完成"党建入章"工作。加强海外党建和基层党支部建设，在科威特和厄瓜多尔试点设立党工委，构建驻在国各地区(专业)公司项目部党建统一管理平台。加强意识形态管理，持续深化队伍作风建设，组织开展"转观念、勇担当、强管理、创效益"专题讨论，切实增强党员队伍"四个意识"和"四个自信"。落实党风廉洁建设主体责任和监督责任，组织签订党风廉洁建设责任书和廉洁承诺书。积极开展党规党纪专题教育和警示教育，增强底线意识、红线意识。为境外业务健康持续发展进一步夯实了政治保证、思想保证和组织保证。

（牛玉达）

表 1 国际石油工程公司境外合同额 亿美元

指标名称＼年份	2017	2016	2015	2014	2013	2012
新签合同额	19.02	23.80	27.10	30.70	46.97	25.90
完成合同额	20.17	21.20	22.60	26.80	29.05	17.70

海洋石油工程公司

【概况】 中石化海洋石油工程有限公司(简称海洋石油工程公司)成立于2014年11月，位于上海市浦东新区，是集团公司从事海洋石油工程服务的专业队伍，其业务范围涉及海洋钻井、海洋物探、船舶运输、特殊作业、海洋石油工程技术研究等。

海洋石油工程公司的前身为地质矿产部上海海洋地质调查局，组建于1973年4月，1997年1月整体归入中国新星石油公司，2000年3月随中国新星石油公司整体并入集团公司，2002年7月直属集团公司管理。2014年，上海海洋石油局有关海洋石油工程业务整合成立海洋石油工程公司，随石油工程公司上市，直属石油工程公司管理。

截至2017年底，海洋石油工程公司下设15个机关综合管理部门、1个专业管理部门 、7个二级单位；拥有从业人员1 385人，在岗合同制员工998人，其中经营管理人员190人、专业技术人员623人、具有高级专业技术职称的103人。

截至2017年底，海洋石油工程公司大型装备主要有钻井平台5座，其中自升式平台3座、半潜式平台2座；地震物探船3艘，其中12缆物探船1艘；海洋工程地质调查船1艘；多用途工作船、平台供应船7艘，其中拥有DP2动力定位系统船舶4艘，测录固井装备14套。

2017年，海洋石油工程公司实现营业收入8.86亿元，利润总额 -3.15亿元。

海洋石油工程公司主要技术经济指标和主要生产建设指标分别见表1和表2。

(林雪梅)

【发现6号完成意大利ENI项目】 2017年5月，发现6号物探船完成意大利石油公司位于南海海域的ENI50 -34区块三维地震采集项目。该项目历时53天，完成满覆盖工作量909.92平方千米。项目组克服测线短、转向时间长、作业期间多次遭遇渔业干扰等诸多困难，始终坚持国际标准，在安全、质量、技术等方面一丝不苟，为后续国际项目施工积累了丰富经验。

(林雪梅)

【勘探三号平台完成首次超高温高压井测试】 2017年9月，勘探三号平台成功完成国内海域首次超高温高压井测试作业，在南海西部海域获油气发现，实现了高温高压井钻探技术的新突破。该井测试作业难度达到世界级，井深4 079米，井底温度近200℃，实钻泥浆密度高达2.30克/厘米^3，测试液密度达2.33克/厘米^3，井底压力达到家庭压力锅的500多倍。

(林雪梅)

【首次开展双船三震源作业】 2017年9月，发现6号和发现号2艘物探船以双船三震源作业方式，优质高效地完成东海秋月405平方千米三维地震采集任务。该项目是海洋石油工程公司首次在海上进行宽方位三维地震数据采集，发现6号承担震源和数据采集工作，发现号承担辅助震源工作，三震源数据采集较单震源能大幅提高数据采集密度，进一步提升了资料的整体质量。

(林雪梅)

【勘探七号平台打破东海进尺纪录】 2017年11月，勘探七号平台在东海冷泉亭2井17½英寸井段钻进作业中，平均机械钻速达124.16米/时，打破东海17½英寸井眼最快进尺纪录。该井设计井深4 490米，勘探七号平台首次使用油基泥浆进行闭路循环钻进，高效优质的服务赢得甲方肯定。

(林雪梅)

【科技研究成效显著】 2017年，海洋石油工程公司承担国家重大科技专项“深层高效钻井提速关键技术”等3个子项目，主要开展深部地层钻井工具技术调研与高效钻头评价论证、编制深部地层井身结构优化方案等。承担石油工程公司“涠西地区井壁稳定技术研究”项目，优选强抑制与强封堵加力学平衡钻井液的联合防塌方案，该研究成果在海5井、涠6井进行验证应用，均取得如期效果。专利工作取得新进展，“用于导管架平台频谱疲劳分析的基本波确定方法”等7件专利获授权，“一种海洋第四系地层钻井液”等4件专利获受理，“低孔渗测试压差计算软件”V1.0版版权获著作权登记证书。

（林雪梅）

【获国内、国际船舶安全符合证书】 2017年6月，海洋石油工程公司取得中国籍国际、国内船舶安全符合证书(5年)和巴拿马、巴哈马籍船舶安全符合证书(5年)，标志着海洋石油工程公司取得管理运营船舶的资质，验证了新版安全管理体系的运行达到有效性和适宜性，为全面贯彻落实“零事故、零污染、零伤害、零滞留”的量化目标奠定了坚实基础。

（林雪梅）

【勘探三号平台高效完成厂修任务】 2017年12月，勘探三号平台提前44天完成厂修任务，主要包括中间检验、1 200余项常规修理项目，以及设备设施更新改造和隐患治理项目(包括生活楼、左右舷吊机、钻井绞车等10余项重人设备更新改造)。平台修理项目组严把质量关，通过船厂一条线，船东一条线的“双线”保险模式，切实加强安全管理。平台和厂方相互协调配合，通过“网格化、区域化、定制化”的管理模式，真正实现了厂修零事故。

（林雪梅）

【市场开拓逆势前行】 2017年，海洋石油工程公司把市场当作生命工程，举全局之力闯市拓市。加强市场开发组织领导，成立国内和国外2个市场领导小组，明确主体、压实责任。班子成员承包二级单位市场工作，并与考核挂钩。完善市场激励机制，形成积极开拓市场的价值导向。瞄准重点，综合施策，国内市场稳中有进，东海合作区市场份额进一步扩大；中国海油工作量保持稳定；海洋物探中标中国地质调查局、中山大学物探项目。国外市场持续推进，先后中标巴拿马二维物探项目、俄罗斯喀拉海三维物探项目、西非ADDAX喀麦隆钻井项目。全年累计签订合同29个，合同额13.03亿元，完成合同额7.14亿元。

（林雪梅）

【勘探312轮搜救失事渔船】 2017年6月2日，勘探312轮(多用途工作船)在驶往海洋石油944平台作业途中，接到海南洋浦海事海上搜救中心紧急通知，在峨蔓海域有2名渔民驾驶人力划桨舢板船出海捕鱼，途中遭遇恶劣海况，舢板船任意漂流失去联系，请求勘探312轮立即前往协助救援。接到通知后，该轮立即调转航向驶往事发海域与其他搜救船舶一起展开平行搜救，并组织全体水手及非值班人员前往驾驶台、甲板加强瞭望。搜救工作一直持续到当晚8点15分，2名失联遇险渔民成功获救。

（林雪梅）

表1 **海洋石油工程公司主要技术经济指标** 亿元

指标名称 \ 年份	2017	2016	2015	2014
资产总计	53.94	57.81	62.84	46.16
流动资产	5.56	7.30	10.18	8.66
固定资产原值	75.59	75.55	58.06	54.82
固定资产净值	47.23	50.33	35.88	35.47
销售收入	8.86	9.98	16.00	17.48
实现利税	-3.07	-2.81	4.20	4.70
税　金	0.08	0.37	1.33	1.37
综合能耗/吨标煤·万元$^{-1}$	0.343	0.345	0.345	0.358

表2　　海洋石油工程公司主要生产建设指标

指标名称＼年份	2017	2016	2015	2014
钻井/口	9	16	35	31
钻井进尺/万米	2.61	5.00	10.42	8.72
测井监督/井次	7	24	15	23
录井/口	6	17	14	23
固井/口	3	7	25	19
试油井次/口	2	5	10	8
试油层数/层	6	7	10	9

石油工程建设公司

【概况】 中石化石油工程建设有限公司(简称石油工程建设公司)总部设在北京，于2012年12月28日正式挂牌成立，是石油工程公司的全资子公司。下辖石油工程设计公司、中原设计公司2家设计企业，胜利油建公司、中原油建公司、河南油建公司、江汉油建公司、江苏油建公司、胜利建工公司、中原建工公司7家施工企业，江苏监理公司1家监理企业，节能环保公司1家节能环保企业和管道技术公司1家管道技术服务企业。

截至2017年底，石油工程建设公司共有从业人员1.93万人，其中合同制员工1.52万人，平均年龄为44岁。设计板块人员2 562人、占员工总数的13.3%，油建板块人员12 055人、占62.4%，建工板块人员4 454人、占23.1%，监理板块人员52人、占0.3%。共有享受政府特殊津贴人员2人、集团公司突出贡献专家9人、集团公司三个层次学术技术带头人26人、闵恩泽青年科技人才奖21人，全国技术能手4人、集团公司(省部级)技术能手52人。

2017年，石油工程建设公司共实现收入121.17亿元。截至年底，资产总额149.34亿元，流动比率0.60，速动比率0.38。

石油工程建设公司主要经济指标和工作量完成情况分别见表1和表2。

(刘　芳)

【领导班子调整】 2017年6月16日，集团公司任命杜广义为石油工程建设公司执行董事兼总经理(试用期1年)；左尧久不再担任石油工程建设公司执行董事、总经理职务，另有任用。

(刘　芳)

【重点项目顺利推进】 2017年，石油工程建设公司以单项目为核心，强化全过程管控，奋力打好“项目管控攻坚战”，大力开展“出精品、创品牌、提高客户满意度”专项行动，重点项目实行两级领导干部挂牌督导，确保重点项目平稳运行、始终在控。国内市场，设计管径最大、单管最重的海底输油管线——茂名石化新金明公司30万吨级单点系泊输油终端海底管线工程克服技术要求高、施工难度大、环境恶劣等困难顺利投产，大大提高茂名石化单点系泊的终端卸泊能力，有效保障茂名石化对进口原油的需求，受到业主高度赞扬；中国石化大连石油化工研究院项目顺利建成并投入使用，实现按计划顺利入驻；中天合创全厂生活水处理项目按期实现中交目标，极大地改善了职工生活用水条件；涪陵页岩气治理EPC项目成功处置焦页29号平台污水池絮凝沉淀物，实现废弃物无害化治理和资源化再利用；新疆排612燃煤注汽站工程锅炉提前40天投产出汽，得到业主表扬和感谢；水平定向穿越长3 300米的飞云江定向钻工程成功完成导向孔穿越，创813毫米管径全国最长水平定向穿越纪录；文23储气库项目(一期工程)地面工程、潜江—韶关输气管道工程等大型项目顺利开工，为集团公司重点工程建设做出积极贡献。国外市场，加纳天然气项目正常运行，获中国建设工程(境外工程)鲁班奖；阿联酋罐群项目结束主合同质保期；沙特SWCC项目主线主站正常输水，附站附线进入收尾；沙特WASEA油汽回收系统(合同增补工作)预试运和尾项整改工作已竣工，沙特农业部水管线项目进入收尾销项；玻利维亚道桥项目运行困难，公司集中力量解决；新中标的泰国5号长输管线项目和肯尼亚五期地热管道项目规范启动。

（刘 芳）

【市场开拓取得新成果】 2017年，石油工程建设公司坚持效益优先、科学发展原则，更加突出质量和效益。更新开发理念，创新建立“三三制”开发体系，制定《国内市场开发奖惩办法》。建立“四项沟通机制”，积极落实党组领导提出的集团公司利益最大化，积极对接业主，及时掌握投资信息。完善投标前两级审核机制，根据权限，一般项目、重大项目和特大项目做到逐级把关、规范有序。集团内部市场在合作共赢中巩固扩大，对特大项目、重点项目，公司超前谋划，强化组织，取得项目投标主动权。EPC项目大幅增长，全年累计新签EPC项目41.11亿元、增加31.58亿元、增幅331%。节能环保业务成为公司发展新的经济增长点，新签合同额1.69亿元、增加0.42亿元、增幅33.3%。管道运维保业务持续增加，承揽川气东送、天津LNG、销售华南分公司等运维保业务，输出354人。中标广西石油分公司南宁屯里油库项目，实现公司近年来在销售系统承揽大型油库工程的新突破。国内外部市场在激烈竞争中积极拓展，公司印发《单项目投标、退出、终止分级决策管理办法（试行）》，加强项目投标管理，严格投标审核程序，明确了“五不干”，既积极拓展国内外部优良市场，又避免了外部市场的无序开发。石油工程设计中标日京管线EPC总承包项目26.3亿元，成为公司成立以来最大的系统外项目；中原建工积极探索，濮范高速互通式立交PPP项目进入实质性阶段，实现项目模式新突破。全年国内新签合同额161.4亿元，增加62.4亿元。其中，集团内部95.56亿元，国内外部65.84亿元，同比均有较大提升。海外市场，全年累计新签项目34个，新签合同额25.48亿元。对所有海外项目实行领导挂牌督导制度，一对一跟踪、监督和帮扶，强化各项工作落实，组织开展“五个攻坚战”“出精品、创品牌、提高客户满意度”等活动。2017年新开工的肯尼亚五期地热管道和泰国5号输气管线一期项目分别于8月28日、9月1日正式开工，实现高水平启动。全年完成合同额约21.22亿元。

（刘 芳）

【科技创新取得新进展】 2017年，石油工程建设公司开展各级科研项目200余项，承担“临海油气管道和陆上终端设施检验评价与安全保障技术”“高含硫气藏安全高效开发（三期）”“酸化压裂废液环境保护与综合利用工程示范”等国家级课题5项，“高硫容催化转化天然气脱硫技术研究及装备研制”等集团公司级科研项目13项，“油气田高盐废液正渗透处理技术”等石油工程公司级科技项目18项，公司内部各单位自主研发项目96项。先后承揽文23储气库、新气管道项目、日照港—京博输油管道等一批优质项目，中标潜江—韶关输气管道工程施工总承包第一、二、三、五、六标段619.6千米长输管道，合同总额达20.4亿元；日照港—京博输油管道工程设计、采购、与施工（EPC）总承包项目合同金额26.36亿元。截至年底，拥有施工工法141项，其中国家级12项、省（部）级129项。“隧道内双管线无轨道施工工法”等12项工法被评为集团公司级工法。

（刘 芳）

【获省部级以上奖励120余项】 2017年，石油工程建设公司获省部级以上奖励120余项。其中，加纳西部走廊天然气工程获鲁班奖，成为集团公司首个获此殊荣的境外工程，塔河油田四号联合站及原油外输配套工程、埕岛中心三号平台及海上配套工程获国家优质工程奖，获全国优秀焊接工程奖11项、集团公司优质工程奖10项、集团公司优秀工程勘察设计奖21项、山东省优秀工程勘察设计奖4项、国家级优秀QC成果奖项11项、省部级优秀QC成果奖项17项。节能环保公司桂召龙获评石油工程公司科技标兵。

（刘 芳）

【党建思想政治工作优势有效发挥】 2017年，石油工程建设公司党建思想政治工作以“深化全面从严治党、加快政治优势转化”为主线，牢牢把握“把方向、管大局、保落实”的功能定位，提高站位，强化担当，融入中心促发展，凝心聚力创效益，全力维护大局稳定，推动公司持续健康发展。坚持加强党的领导和完善企业治理相统一，公司及各所属单位将党建工作总体要求写入企业章程。完善党建制度，构建党建“1+9”制度体系，出台《党建工作责任制实施办法》等24项制度。大力加强基层党支部建设，出台《关于加强和改进基层党支部建设的“七条意见”》等制度办法，着力解决基层党组织建设难题。成功召开公司首届党代会，换届选举制度落到实处。聚焦项目管理，开展以“创优质工程、创安全工程、创廉洁工程、创效益工程，树品牌、树形象”为主要内容的“四创两树”主题活动，公司各级工会组织结合活动要求，广泛开展“四比四赛”劳动竞赛。开展两级效能监察21项，深化亏损项目治理，消除管理“阻滞点”和效益“出血点”。深入开展形势任务教育，层层传递压力和责任，建立“一报一刊两微一网”五位一体宣传构架，进一步提振“压力当头不弯腰、越是困难越向前”铁军精气神。大力开展公司首届“十佳党支部书记”“感动石工建”十大人物等评选活动。深入开展“走基层、访万家”活动，累计走访职工 18 777 人，发现职工困难 762 个，投入资金 156.2 万元，解决困难 713 个。坚持源头预防，落实重大决策稳定风险评估、矛盾纠纷排查、领导干部接访和包案等制度，及时发现苗头、及时化解问题，保持了和谐稳定良好局面。

（刘　芳）

【廉洁建设持续强化】 2017 年，石油工程建设公司建立健全制度体系，制定党风廉洁类、责任追究类、纪检监察类制度 13 项，进一步强化了对权力的监督和制约；创新教育形式，开通“石油铁军 廉洁微课堂”微信学习平台，全年推送学习内容 23 期；严查损害企业和职工利益的行为，妥善处理好历史遗留问题，基本肃清刘清涛案件恶劣影响，实践运用好“四种形态”，努力构建风清气正干事创业的良好政治生态和管理生态；强化监督制约，组织所属单位领导人员离任审计、财务收支审计、项目管理效益审计等内部审计项目 14 个，查出项目管理、财务管理等方面问题 198 个，提出整改建议 101 条，客观评价了经营成效；组织开展薪酬管理专项清查、领导人员履职待遇和业务支出管理专项检查；针对生产经营中的“短板”，公司与各所属单位围绕工程分包、物资采购、科研经费使用等，开展效能监察项目 21 项，查出问题 185 项，提出整改建议 221 条，进一步规范了管理行为。

（刘　芳）

【安全环保持续加强监管】 2017 年，石油工程建设公司以 HSSE 目标和问题为导向，全面分解落实安全主体责任，建立两级安全专业分委会的运行机制。系统梳理公司管理制度，新制定《海（水）上施工作业许可管理细则》等制度，使制度更加系统化、特色化、实用化。聚焦项目安全管理的关键点和薄弱环节，建立重大风险分级防控机制，从严直接作业环节管控。开展分包商和分包工程专项整治，进一步强化分包商管理。结合“出精品、创品牌、提高客户满意度”活动，全面推进现场标准建设工作，从安全管理、操作行为、设备设施和作业环境标准化等方面进行创建，现场标准化管理受到业主表扬和高度评价，充分展示了公司的良好形象。积极做好职业健康和公共安全管理工作，狠抓风险防范，公共安全管理工作不断加强，深入开展“境外员工身心健康管理提升年”活动，员工身心健康得到保障。分别获集团公司安全生产先进单位和石油工程公司安全生产先进单位称号。

（刘　芳）

【茂名石化海底管线项目竣工】 2017 年 5 月 19 日，随着 26 万吨“凯川轮”号油轮通过新建单点系泊系统及海底管道将原油源源不断地输送至茂名石化第三油罐区，标志着由石油工程建设公司石油工程设计 EPC 总承包、胜利油建承担施工的茂名石化新金明公司 30 万吨级单点系泊输油终端海底管线工程顺利投产。该项目管道直径 1 219 毫米，加配重层后单管重达 33 吨，是国内设计管径最大、单管最重的一条海底输油管线，路由长度 15.49 千米，设计寿命 30 年，设计原油输送量 1 500 万吨/年。项目的建成投产大大提高茂名石化单点系泊的终端卸泊能力，有效保障茂名石化对进口原油的需求，也在中国石化海洋工程建设领域里创出了新业绩。

（刘　芳）

茂名石化海底管线工程现场

【飞云江定向钻工程导向孔对接成功】 2017 年 10 月 31 日，由石油工程建设公司江汉油建施工，水平定向穿越长 3 300 米的甬台温天然气输气管道工程苍南支线飞云江定向钻导向孔精准对接，创 813 毫米管径全国最长水平定向穿越纪录，为全线按期贯通打下了坚实基础。飞云江特大定向钻穿越工程是甬台温天然气输气管道工程苍南支线的重要节点项目，苍南支线工程属于浙江省天然气输气干网的重要组成部分。

（刘　芳）

【节能环保公司成功处置钻井污水絮凝物】 2017 年，

石油工程建设公司节能环保公司涪陵页岩气治理EPC项目人员成功处置焦页29号平台污水池絮凝沉淀物，实现废弃物无害化治理和资源化再利用，标志着该公司新开拓的环保项目走向市场，为公司的发展创造了一个新的增长点。

（刘　芳）

【文23储气库(一期工程)地面工程(EPC)总承包项目开工】 2017年，由石油工程建设公司中原设计牵头、中原油建和中原建工共同组成的联合体承建的文23储气库(一期工程)地面工程(EPC)总承包项目开工。工程建设规模为新建注采站1座及站外集输管道系统、放空火炬区等配套设施，设计日注气能力1 800万立方米，日采气能力3 600万立方米。文23储气库由枯竭的文23气田主块建设而成，是集团公司重点建设项目，总设计库容为104.21亿立方米、工作气量44.68亿立方米。文仍储气库是华北地区调峰及应急储气库，是国家大型天然气储转中心和天然气管网连接枢纽，建成后能够很好地满足大华北地区及中南部市场季节调峰。项目将有助于中国石化上游企业均衡释放产能，提高天然气业务销售效益，满足天然气市场竞争和长远发展的需要。

（刘　芳）

【胜利油建公司再次中标13亿泰国项目】 2017年8月3日，石油工程建设公司胜利油建公司中标泰国5号天然气长输管线工程一期EPC项目，合同额1.96亿美元，约合人民币13.3亿元。这是该公司成功完成泰国PTP－NM天然气管线工程EPC项目之后，独立中标的泰国PTT公司又一EPC项目，该项目的成功中标对巩固泰国及东南亚高端油气工程建设市场意义重大。泰国5号输气管道项目是泰国国家石油公司(PTT)的重点工程，是一条从南部工业重镇罗勇府至曼谷西北暖武里府输气大动脉，用来保障沿途发电厂和用户的天然气供给。

（刘　芳）

【加纳西部走廊天然气工程项目获中国建设工程(境外工程)鲁班奖】 2017年11月6日，石油工程建设公司总承包的加纳西部走廊天然气工程在200余项工程入围榜单中脱颖而出，获中国建设工程(境外工程)鲁班奖。加纳西部走廊天然气工程位于“黄金海岸线”之称的加纳西部省，是2010年投入商业运营的西非最大海上油田——朱比利油田的配套设施，也是中国石化在加纳首个石油地面建设工程项目，同时还是加纳迄今为止单体最大的能源工程，肩负着朱比利伴生气体采集、处理和外输任务。该工程建成投产，将为沿线约500多万户居民提供清洁能源，每年为加纳节省能源外汇支出5亿多美元，创造了良好的社会和经济效益，树立了中加友谊的典范，同时也展现了公司良好的品牌形象。

（刘　芳）

表1　石油工程建设公司主要经济指标　亿元

指标名称＼年份	2017	2016	2015	2014	2013
总资产	149.34	184.57	209.79	215.05	225.26
固定资产净值	12.26	13.98	15.46	16.98	23.69
营业收入	121.17	132.63	157.87	205.67	236.05

表2　石油工程建设公司工作量完成情况　亿元

指标名称＼年份	2017	2016	2015	2014	2013
新签合同额	186.88	112.11	138.84	170.34	253.40
集团内上市	58.76	45.75	68.65	92.85	73.80
集团内非上市	36.80	13.72	27.08	23.27	18.51
国内集团外	65.84	39.52	21.26	33.40	41.71
国　外	25.48	13.12	21.85	20.72	119.38

续表

年份 指标名称	2017	2016	2015	2014	2013
完成合同额	118.90	130.4	149.34	203.21	245.42
集团内上市	45.77	56.87	69.10	70.32	68.02
集团内非上市	18.68	20.56	20.80	24.45	24.83
国内集团外	33.23	31.52	31.60	50.23	70.98
国　外	21.22	21.45	27.84	58.21	81.59

地球物理公司

【概况】 中石化石油工程地球物理有限公司(简称地球物理公司)由胜利、中原、河南、江汉、江苏油田及华北、华东、西南石油局8家非上市油田企业的10家物探公司(大队)和国际石油工程公司物探工程部整合重组成立，于2012年12月21日在北京注册，总部位于北京市朝阳区吉市口9号。

地球物理公司是石油工程公司的全资子公司，是集团公司从事物探业务的独立法人和利润中心，是集物探资料采集、处理、解释、技术研发于一体的专业技术服务公司，是为中国石化上游业务提供物探专业一体化服务的技术支撑中心，是集团公司参与国内外物探工程技术服务市场竞争的责任主体。主要职能是：负责研究集团公司物探业务发展战略，提出中长期规划和年度部署方案建议，执行石油工程公司战略和年度部署；负责统筹物探采集、处理、解释的一体化经营和QHSE管理，承担资产保值增值责任；负责国内外物探业务市场开发；负责物探技术、装备仪器、软件研发，为上游业务发展和石油工程公司参与国内外市场竞争提供技术支撑。

截至2017年底，地球物理公司下设总经理办公室(政策研究室)、党群工作处(党委办公室、纪检监察处、审计处、工会、团委、维稳办)、人力资源处(党委组织部)、财务计划处、经营管理处、市场开发运行处、安全环保处、科技信息处8个机关处室，国际业务发展中心、科技研发中心、装备管理中心、综合管理支持中心4个附属中心，胜利、华北、地理地质信息勘查、华东、南方5家分公司。共有队伍55支，其中地震队伍42支、VSP及井间队4支、非地震队9支；有甲级队伍41支，乙级队14支。从业人员7 460人，其中正式职工7 406人、其他用工54人。在职员工中，具有教授职称的24人、副高级职称的1 140人、中级职称的1 511人，具有中高级职称的占33.35%。拥有可控震源123台，数字地震仪主机67台(套)，接收道数33.23万道，单分量数字检波器1.89万个，VSP采集设备4套，运载设备1 478台。固定资产原值46.87亿元，净值14.99亿元，新度系数0.28。

地球物理公司主要生产经营指标见表1。

(李　佩)

【领导班子调整】 2017年6月16日，经集团公司党组研究决定，张电辉任地球物理公司党委副书记、纪委书记、监事，为工会主席人选。

(李　佩)

【扭亏脱困成效显著】 2017年，地球物理公司大力实施增量增效、存量增效、减量增效、流量增效、活力增效、稳健增效、优势增效七大增效工程以及“一个主题、一条主线、三大重点、五大支撑”的党建“1135”工程，有效应对了低油价对行业市场带来的严峻挑战，经营业绩大幅提升，同比减亏7.86亿元，经营性现金流创历史最好水平，付息债务较年初下降6.22亿元，全面完成集团公司提出的“经营大幅减亏、现金流为正、债务不发散”任务。

(李　佩)

【服务上游勘探开发作用突出】 2017年，地球物理公司切实增强以地震主动促进勘探主动的使命感，把产品、质量、攻关、找油找气、主人翁“五种意识”贯穿于项目生产全过程，加大资源统筹协调，精心安排施工计划，创新生产组织管理，推广应用新技术、新工艺、新装备，生产效率和资料质量持续提高，多个项目被评为优质工程，蒋家梁和顺中三维地震采集项目生产效率创本地区日效新纪录，可控震源高效采集技术推动了地震生产组织模式变革，高精度三维地震勘探技术促进了油田老区精细勘探，单点高密度采集技术拉开了东部老区三次三维采集的序幕，为上游高效勘探、效益开发提供了强有力的物探技术支撑。

（李 佩）

【市场开拓稳中有进】 2017年，地球物理公司坚持把市场作为生命工程来抓，树立“市场在创业者脑海里”的观念，以新理念、新技术、新业务、新模式拓展市场，扩大了生存空间，优化了发展布局。突出技术对市场的引领带动作用，深入对接油田企业的物探技术需求，积极推动物探投资管理模式变革，深化合作共赢关系，促进了集团内部市场稳中向好。探索与国际物探公司加强技术和装备合作，努力打造低成本竞争优势，精心组织项目投标，连续3年保持阿尔及利亚最大的国际地球物理承包商地位；孟加拉国市场实现由滩浅海向陆地的拓展，中标阿尔及利亚、巴基斯坦国家的多个地震数据处理项目，提升了国际市场的产业链和价值链。实施绑定大客户策略，中标中国地质调查局、中国地质科学院物探项目18个，市场占有率进一步提升。发挥采集处理解释一体化服务优势，大力开拓新客户，获得山东宝莫公司布尔津地区二维地震资料采集与处理项目、北京京能集团柯坪区块二维地震采集及处理解释一体化项目，囊括了新疆地区油气勘查开发新主体的全部常规油气勘探项目。

（李 佩）

【一体化管理深入推进】 2017年，地球物理公司充分发挥整体规模优势，深入推进一体化管理和要素整合优化。调整本部机关、直属单位的机构设置和职能定位，提高了管控水平和管理效能。实施可控震源、沙漠设备、推土机等特种装备的集中统一管理和专业化服务，促进国内外装备资源有效流通，有力保障了生产运行，降低了设备外租需求。按照物资采购供应、财务预决算、审计、安全督察“四位一体”的思路，以物流采办中心为基础组建综合管理支持中心，初步建立归口管理、集中采购、统一储备、统一结算的物资采购管理体系。组建科技研发中心，加强人才和软硬件资源的统一管理使用，增强了创新合力和实力。国际业务一体化管理在深度和广度上不断延伸，阿尔及利亚项目部实体化运行效果良好。

（李 佩）

【新兴业务快速发展】 2017年，地球物理公司全力推进转型发展，增办安防工程、无损检测等业务资质以及8类信用证书，申办14项新兴业务队伍资质，取得注册测绘师、无人机操控手等138个人员从业资质，形成无人机管线巡检、特殊地形地貌管线探测、管线防腐蚀检测等技术储备，提高了新兴业务的竞争力。坚持服务集团公司和开拓外部市场并重，抓住市场热点和业务切合点，获得成都市天府新区浅层地震剖面测量、淄博市地下非煤矿山采空区三维地震探测分析、高速铁路勘察和多个无人机巡检、航拍项目，推动了油气管线探测检测监测、土地确权、无人机服务等业务快速发展，开辟了城市地下管网探测、城市浅层地球物理探测、地质钻孔取芯测录、海洋测绘、变形与沉降监测等新领域，开发了一批新客户。新兴业务新签合同额增长31%，其中集团公司外部市场新签合同额增长424%。

（李 佩）

【信息化建设取得积极进展】 2017年，地球物理公司加快信息化建设，推进信息技术与业务深度融合，ERP系统正式上线运行，一体化信息管理系统功能不断丰富，海外信息平台投入使用，视频监控系统、卫星监控平台、海量数据实时监控系统、地震采集实时信息管理系统等信息化手段在生产、安全、质量管理中广泛应用，信息与业务的协同推动了生产运行和经营管理水平提升。

（李 佩）

【3项新技术开展现场试验】 2017年，地理物理公司积极抢占技术制高点，围绕勘探开发技术瓶颈，攻关高精度、高效率、低成本物探技术，并在新疆地区开展3项新技术的现场试验，取得了良好效果。在顺中工区开展可控震源高效采集技术试验，其中分布式自主扫描采集方法平均日效10 354炮/日、最高日效13 322炮/日、最高时效714炮/时，时变滑动扫描方法平均日效4 053炮/日、最高日效4 282炮/日、最高时效212炮/时。在托甫台工区开展国内首个压缩感知技术试验，该技术对实现高效勘探、降低勘探投入具有重要意义。在托甫台工区开展集团公司首个光纤VSP测井试验，通过0—5 000米的整井段观测，采集了完整、连续的井下地震波场。

（李 佩）

【取得3项重要技术创新成果】 2017年，地球物理公司面对地震采集向“宽频带、宽方位、单点高密度、超大道数”发展的趋势，形成基于单点接收的高密度地震采集技术，并在胜利油田罗家地区采集中成功应用，地震资料品质大幅提升，被业主誉为划时代、革命性的改变，为东部老区精细勘探和实施三次三维采集提供了技术利器。新型宽频加速度检波器历经 3 年多的攻关研究，完成检波器的样机研制、应用技术研究和对比试验，取得 5 项创新成果，形成 3 项突破性原始创新，填补了国际空白。浅海声学定位系统产品定型并逐步实现国产化，制造了 1 200只用于桩海项目浅海作业，打破了国外的技术垄断。

（李　佩）

【精细管理推动效益提升】 2017 年，地球物理公司坚持走内涵式发展道路，以精细化管理为手段，深入挖掘资源、资产、资金等要素潜力，实现了成本硬下降、效益大提升。持续加强单项目六大管控体系建设，精细项目预核算管理，国际国内项目全面覆盖、全部受控，国内完工项目直接操作成本同口径下降 1.26 个百分点，国际项目在中标价格大幅下降的条件下，创效水平保持平稳。深入推进全员、全方位、全过程降本，万元收入固定成本和变动成本分别降低 11.72% 和 20.93%。落实“管业务必须管资金，管项目必须管资金”的要求，推动资金管理向前端延伸，严格资金预算管理，加强“两金”清收清欠，现金流水平创新高，应收账款回收率提高 5.55 个百分点。

（李　佩）

【安全管理全面从严】 2017 年，地球物理公司牢固树立“发展决不能以牺牲安全为代价”的理念，坚持把安全工作摆在首位，深入查找管理短板，全面严抓严管，确保安全生产总体平稳。严格执行“六个必”要求，完善 HSSE 组织机构，建立 HSSE 月度例会制度，细化压实安全生产责任，组建安全督察大队，严格监督检查，严肃查处违章现象。按照“两年轮训一遍”的培训计划，通过集中培训、送教上门等方式，在公司层面开展安全培训 10 024 人次，干部员工安全意识、安全能力明显增强。启动安全整改提升活动，制定并落实 14 个整改措施，着力提升 8 个方面的管理水平，严格落实开工验收“七不准”和违规作业“十必停”要求，突出抓好值班带班、安全培训、风险识别、分包商管理、公共安全、民爆物品管理以及特殊地形和特殊时期的生产安全，从严问责追责，坚决向“不安全的人”“不安全的事”宣战，形成反对“低老坏”的压倒性态势，夯实了安全生产根基。

（李　佩）

【新闻宣传亮点纷呈】 2017 年，地球物理公司在《中国石化报》、新浪网、中国青年网、《齐鲁晚报》等媒体发表新闻报道 48 篇，公司微信公众号“物言探语”在集团公司排名进入第一方阵，《巴基斯坦籍测量员哈立德》入选中央对外联络部“一带一路”民心相通典型案例，电视新闻《跋涉滩涂》获国务院国资委第二届“传播国企正能量、推介国企好新闻”年度新闻作品三等奖。

（李　佩）

【党的建设不断加强】 2017 年，地球物理公司认真抓好党的十九大精神的学习宣贯，组织开展“新时代、新目标、新气象、新作为”大讨论，掀起了学习贯彻党的十九大精神的热潮。组织召开基层党建工作现场观摩会，进一步探索“动态建支部、全面管党员”新模式，优化机关党支部设置，探索创新境外党建工作方式方法，基层组织作用有效发挥。构筑党建工作责任体系，健全党建工作制度，落实党组织书记抓党建工作、班子成员履行“一岗双责”述职评议，顺利完成集团公司党组对公司的专项巡视，促进了管党治党责任的落地生效。深入开展“转观念、勇担当、创效益”大讨论，公司主要领导带头下基层，围绕“新一轮改革的战略与路径”开展形势任务教育巡回宣讲，为持续深化改革发挥了思想引领作用。

（李　佩）

【主要获奖情况】 2017 年，地球物理公司获多项奖励及荣誉。参与完成的“涪陵大型海相页岩气田高效勘探开发”项目获国家科技进步一等奖，“内蒙探区复杂地表地震勘探技术研究”获集团公司科技进步三等奖，“长输油气管线多源信息采集关键技术研究与应用”成果获中国地理信息产业协会科技进步一等奖，4 篇论文获中国石油学会物探技术研讨会特等奖。“SeisWay 可视化目标采集优化设计技术”“宽频加速度检波器研制”2 个项目经集团公司鉴定达到国际先进水平。公司被评为集团公司保密工作先进单位、全员目标成本先进管理单位、财务管理先进单位。

（李　佩）

表1　地球物理公司主要生产经营指标

指标名称＼年份	2017	2016	2015	2014	2013
国内二维地震/千米	3 775.52	4 431.26	6 720.33	7 607.67	15 009.70
国外二维地震/千米	9 803.20	10 127.38	5 658.65	6 333.56	6 955.45
国内三维地震/平方千米	4 837.16	4 105.54	5 837.48	5 863.32	9 880.16
国外三维地震/平方千米	4 709.65	6 581.16	3 821.75	5 979.73	6 508.65
收入/亿元	38.97	35.99	51.06	47.57	63.80

胜利石油工程公司

【**概况**】 中石化胜利石油工程有限公司(简称胜利石油工程公司)于2012年12月20日注册登记，2013年1月4日挂牌成立，是石油工程公司的全资子公司，位于山东省东营市东营区济南路125号，主要业务有钻井、修井、完井、测井、测试、录井、井下作业、资料处理解释、储层改造，以及井筒工程设计、施工、技术服务，井筒工程技术研究与试验，地质勘查技术服务等，并提供综合一体化解决方案。

截至2017年底，胜利石油工程公司机关设有11个职能部门、2个机关直属机构、二级(处级)单位14个、基层单位467个；用工总量23 395人，平均年龄44岁，其中合同制员工21 746人、派遣制员工811人、非全日制用工838人；有中国石化资质主要施工队伍472支，其中钻井队156支、测井队85支、录井队148支、井下作业队83支；固定资产原值146.67亿元，净值70.01亿元；主要专业设备2 999台(套)，新度系数0.41，设备综合完好率99.03%，其中钻井设备180台(陆地钻机170台、海洋钻井平台10座)、测井设备355套、录井设备199台(套)、特种作业设备455台(辆)。

截至2017年底，胜利石油工程公司共有11家二级单位的49个项目部或分公司、3 306人、197支施工队伍，征战在新疆、四川、重庆、贵州、江苏、海南、陕西、山西、吉林、河北、内蒙古等10多个省(市)和自治区，国外市场共有施工队伍99支，771名中方员工、811名外籍员工奋战沙特、科威特等11个国家，实现了从油气向非油气延伸，从常规向非常规拓展，从单一服务向综合服务转型。

胜利石油工程公司主要技术经济指标和主要生产建设指标分别见表1和表2。

(蒋晓波)

【**市场开拓多元并进**】 2017年，胜利石油工程公司发挥综合优势，巩固老市场、扩展新领域。胜利市场不断提升服务质量，优化资源配置，全方位、全过程提速提效，完成钻井进尺192万米，同比增长56%。同时，创新合作机制，积极推进难动用储量合作开发和长停井修复。国内外部市场在西南页岩气、贵州煤层气、河北地热等非油气市场实现新突破，凭借一体化服务实现延长市场接替，成功进入玛湖市场，新签合同额17.97亿元，增长24.27%。海外市场持续巩固沙特、科威特等规模化市场，新拓展沙特地面测试、科威特录井等业务，中标尼日利亚钻井、土耳其地热井等项目，新签合同额3.03亿美元。

(贾　敏　岳达明)

【**改革调整力度加大**】 2017年，胜利石油工程公司全面规范二级机关设置，全部撤销三级机构编制，机构总量减幅24.6%，岗位总数减幅20%，“三定”工作基本完成。整合研发资源组建随钻测控技术中心，整合固井业务成立固井技术服务中心，按业务推进辅业专业化整合，辅业基层单位由71个减至51个，专业化发展的体制架构基本形成。推进“六大制度体系”建设，制(修)订各类制度87项，成立综合一体化项目管理办公室，组建难动用储量合作开发项目部，整合延安、延长项目部，建立77人的项目经理人才库，项目管理不断完善。制定工效挂钩考核办法，强化效益、市场和“现金为王”考核导向，区分盈利与亏损、完成与未完成，单位间人均绩效兑现差距达5.7倍。

(刘　伟)

【**降本增效成效突出**】 2017年，胜利石油工程公司建立分类预算、分类施策、分类管控机制，加强全员目标成本管理，成立胜利市场提速提效、人力资源优化、应收应付管理等7个项目组，以效益倒逼落实降本减费硬目标硬措施，全年实现挖潜增效 4.45 亿元，万元产值变动成本低于预算 204 元。全面推进单井、单机、单项目考核，建立“不准亏”的决策机制、“不能亏”的管控机制、“不敢亏”的问责机制，项目毛利率提高 1.3 个百分点。在胜利市场加大关联交易结算力度，在外部市场实行专职清收，应收账款余额减少 3.23 亿元，减少财务费用 1 400 万元。

（张鲁东）

【资源优化有序推进】 2017 年，胜利石油工程公司出台资产调剂处置激励办法，全年处置低效无效资产原值 8.14 亿元、净值 2.05 亿元，实现收入 1 653 万元；调剂资产原值 2.81 亿元、净值 1.02 亿元。推进钻机自动化升级及老旧钻机、海洋钻井平台升级改造，优化各类型钻机配置标准，钻机搬迁运输车次平均减少 20%。推行“人机分离”模式，精简队伍 52 支，减幅 10%。成建制承揽业务、输出人员，共对外输出管理、技术、劳务人员 3 414 人，占在岗用工总量的 14.1%。推行项目当地化采购、易派客平台下单等模式，节约采购成本 1.1 亿元；分市场、分区域设立 8 个代储点，降低了资金占用，节约了物流费用。开发应用公务用车信息系统，统筹各单位车辆资源，车辆利用率提高 22.5%、费用压减 27.3%。

（张鲁东　陈　鹏　张　科）

2017 年 6 月 28 日，胜利石油工程公司举行随钻测控项目管理部揭牌仪式暨 SINOMACS 随钻测控产品发布和技术研讨会（朱克民　摄）

【创新创效能力显著增强】 2017 年，胜利石油工程公司实施科技项目 138 项，其中获奖 34 项，6 项成果获省部级以上奖励，申请专利 279 件、提高 85%。“海上大位移井钻完井关键技术开发”等 2 项“863”项目通过验收，填补了国内相关技术领域空白；在南海市场完成全球首例 24 英寸隔水管开窗作业项目，标志着钻井开窗技术站到了世界前列；可燃冰钻探取芯技术实现重大突破，为进军新的非油领域提供了技术支撑；形成以 SinoLOG900 网络成像测井系统、SinoWSL 综合录井仪、SinoMACS 地质导向系统等为代表的核心技术品牌。36 项技术成果落地实施，成果转化率达 86%，科技创效 2.8 亿元，其中带压作业技术在涪陵市场创收近 4 000 万元，低渗透油气藏分段压裂增产一体化技术在西南、威远页岩气市场增收 1 600 万元，钻井院自主研发的 PDC 钻头在鄂尔多斯等市场多次创下单只钻头进尺最高新纪录。

（宿振国）

【“严细实”管理水平持续提升】 2017 年，胜利石油工程公司开展“安全工作情系万家”等活动，发挥异体监督、视频监控作用，现场“低老坏”问题下降 52%，全年未发生安全上报事故。推广“模块化、标准化、小型化”钻井液随钻处理工艺，清洁生产水平稳步提升。推进技术分级管理，分区域、分市场、分地层细化落实提速措施，提质提速提效效果显著。制（修）订“两册”，探索新形势下“三基”创建模式，涌现出集团公司先进基层单位 2 个、石油工程公司金银牌队 70 个，创建数量、创建质量在全系统名列第一。加强招投标、合同过程管控，实现了招标覆盖面和招标质量双提升。完善内控制度，突出依法合规监督和领导干部履职监督，加强审计和效能监察，促进了经营管理规范化。

（陈　松　宋　华）

【政治优势保障有力】 2017 年，胜利石油工程公司加强观念引导和形势任务教育，全面开展“转观念、勇担当、创效益”大讨论，干部员工的市场意识、效益意识、改革意识不断增强，“昨天再好已经成为过去，明天再难也要坚定前行”已成为广泛的思想共识。加强和谐稳定建设，压实信访稳定责任，保持了队伍稳定、大局稳定。按照 20 字“好干部”标准，强化市场领军人才、专业技术带头人和年轻干部选拔培养，新提拔处级干部“70 后”占 62%、科级干部“80 后”占 45%。压紧压实“两个责任”，逐级签订责任书，开展责任约谈 3 100 余人次；持续深化作风建设，坚持挺纪在前，从严执纪问责，党纪处分 10 人，政纪处分 15 人次。发挥各级群团组织桥梁纽带作用，推进“走基层、访万家”活动，开展精准帮扶救助、走访慰问、志愿服务等送温暖工程，各级组织全年共走访慰问基层班组 1 509 个，走访外部市场职工家庭和困难职工家庭 3 176 人次，解决各类问题 764 个，发放款物合计 830 余万元。

（管京伟　陈　松）

【钻井院设计的国内首座海上移动式试采平台投产使用】 2017年4月26日，胜利钻井院设计的国内首座海上移动式试采平台“海洋石油162”抵达中国海油曹妃甸WHPD平台正式投产使用。该平台是一条四桩腿海上自升式平台，型长62米，型宽37米，作业水深40米，原油储存能力3 055立方米，修井机最大提升能力158吨，集试油、油气处理、舱室储油、原油外输、修井、井口支持、辅助热采等功能为一体，在边际油田开发方面具有独特优势，能够用于渤海湾75%油田的开发，是国内功能最完善、性价比最高的海上移动式试采平台。

（潘恩生）

【获集团公司创新型企业称号】 2017年3月21日，在集团公司召开的科技工作会议上，19家企业被命名为集团公司第2批创新型企业，胜利石油工程公司榜上有名。

（宿振国）

【在集团公司基层党支部建设工作会议上受到表彰】 2017年6月26—27日，集团公司召开基层党支部建设工作会议。会上，集团公司党组表彰了35名优秀基层党支部书记，胜利黄河钻井总公司井架安装四队党支部书记谢卫东受到表彰。20个党组织和基层党支部书记代表做大会发言，胜利石油工程公司党委做题为《创新海外党建，塑造堡垒先锋，让胜利铁军旗帜在异域他乡高高飘扬》的大会发言，谢卫东做题为《脱胎换骨转观念，转型路上再扛旗》的大会发言。会上还印发了涵盖油田、炼化、工程、科研等各板块53个经验做法的《中国石化基层党建工作优秀案例选编》，胜利石油工程公司党委《以点检巡察推进党支部分类定级》《探索实施海外“党建+”工作模式》2个案例被收录。

（管京伟）

【完成固井业务专业化整合】 2017年7月31日，“中石化胜利石油工程有限公司固井技术服务中心”正式完成工商注册，标志着公司完成固井业务专业化整合。新成立的固井技术服务中心，参照项目部模式，精减优化队伍配置，精干机关部门，机关人员控制在36人以内，采取固井中心—基层队两级管理架构，压减过剩产能。同时，精干主营业务，剥离固井单位车辆、公共事业、综合服务等辅助业务，分流“三定”产生的富余人员，整合后用工总量450人，减少用工258人。胜利石油工程公司通过做精做强固井业务，提升竞争能力和盈利水平，确保固井业务扭亏为盈，“十三五”末盈利5 000万元以上。

（曾兆红）

【新胜利五号钻井平台成功交付】 2017年9月20日，胜利石油工程公司首座桁架式钻井平台——新胜利五号钻井平台，在烟台中集来福士船厂成功交付，实现了钻井平台由50米水深向90米水深、由圆柱式桩腿结构向桁架式结构的“双突破”。该平台建造总投资8.19亿元，入级中国船级社(CCS)和美国船级社(ABS)，主体为箱形结构，平面形状接近三角形，桩腿采用三角桁架式，下端设有桩靴，总长130米，平台型长64.2米、型宽62米、型深8.0米，最大作业水深91.4米，最大钻井深度9 144米，一次就位后最多能打54口井，满足120人居住，可适合于7—91.4米水深海域的钻井作业。

（祁芸芸）

【首家易捷社区便利店落户】 2017年9月23日，胜利石油工程公司举行易捷胜利广场店开业典礼。与山东石油分公司共同开展易捷开发等合作项目，是落实中国石化全面推进易捷进企业进社区战略部署的具体举措。胜利黄河钻井总公司从与山东石油分公司签订合作协议，到黄河易捷胜利广场店试营业，仅用不到90天，成为山东省首家易捷进企业进社区的项目。该便利店安置员工10人，以此为基地，培训内部各营业网点实习人员100余人，将在东营中心城区形成布局20家易捷便利店、劳务输出200人的产业规模，打造辐射面广的消费商圈，为扭亏脱困寻找新的增长点。

（陈　松）

【获第19届国家专利优秀奖】 2017年，胜利石油工程公司申报的发明专利“一种扭转冲击钻井工具”获第19届国家专利优秀奖。为解决钻头卡滑难题、实现平稳提速，从2010年开始，胜利钻井工艺研究院专门开展立项攻关，自主研发该扭冲工具，一举打破国外技术垄断，整体技术到达国际领先水平。经过3年攻关，2013年开始现场推广，2014年、2015年分别获2件国家发明专利授权。已形成系列化扭冲工具设计与制造技术及企业标准、技术规范，并最终定型为适合6—17.5英寸井眼尺寸的SL系列扭冲工具。截至2017年底，该工具在东海、南海、四川页岩气、山西煤层气、新疆、胜利等油区成功应用191井次，创产值超3 000万元。

（潘恩生）

表 1　　胜利石油工程公司主要技术经济指标　　亿元

指标名称＼年份	2017	2016	2015	2014	2013	2012
工业总产值	94.21	76.61	117.23	175.66	190.65	236.88
工业增加值	29.74	15.64	70.53	84.12	78.74	66.67
资产总计	112.04	130.20	158.55	156.05	155.30	150.53
流动资产	32.26	44.72	66.81	59.03	55.77	65.75
固定资产原值	146.67	142.49	140.44	137.84	133.04	127.87
固定资产净值	70.01	69.96	72.11	74.87	71.54	71.60
销售收入	102.69	81.11	123.84	183.88	199.46	216.28
实现利税	−25.27	−36.59	9.90	31.58	16.43	26.97
税　金	1.83	1.55	12.81	18.45	17.93	18.13
综合能耗/吨标煤·万元$^{-1}$	0.224	0.229	0.225	0.23	0.23	

表 2　　胜利石油工程公司主要生产建设指标

指标名称＼年份	2017	2016	2015	2014	2013	2012
钻　井						
开钻/口	1 067	638	1 188	2 091	2 303	2 243
交井/口	1 063	715	1 153	2 083	2 354	2 221
钻井进尺/万米	248.43	166.51	265.64	480.19	537.00	535.22
测录井						
测井/井次	4 068	2 805	3 583	6 783	9 854	7 284
射孔作业/井次	3 306	2 195	3 314	4 774	4 977	4 680
录井/口	1 157	772	1 105	2 145	2 308	2 133
井　下						
维护作业(小修)/井次	1 329	691	755	476	324	853
措施作业						
压裂/井次	197	164	307	550	653	783
大修/井次	115	94	195	220	335	379
侧钻/口	53	35	54	57	173	51

中原石油工程公司

【概况】 中石化中原石油工程有限公司(简称中原石油工程公司)于2012年12月28日成立，是石油工程公司的全资子公司，本部位于河南省濮阳市。主要从事油气勘探开发工程施工、技术维护及相关产业服务，业务领域涉及钻井、测井、录井、固井、管具、井下特种作业、油藏综合服务和钻井工程研究等。国内市场主要分布在西南、西北、华北、东北4个地区；海外市场主要分布在中东、非洲、中亚、东南亚、南美12个国家。

截至2017年底，中原石油工程公司资产总额96.36亿元，主体装备5 119台(套)，新度系数0.31；下设机关处室11个，机关直属单位2个，直属单位15个；用工总量21 755人，其中合同制员工14 103人、派遣制员工1 244人、合资公司员工3 738人、海外当地雇员2 670人。

2017年，中原石油工程公司开钻井649口、交井638口、进尺190.92万米，测井2 454井次、录井98.55万米、固井1 374井次、作业793井次、压裂136井次509层/段。

中原石油工程公司主要技术经济指标和主要生产建设指标分别见表1和表2。

(冯文孝)

中原石油工程公司在国家重点项目文23储气库采用井工厂模式施工(曹庆开 摄)

【科技创新成果与荣誉】 2017年，中原石油工程公司承担国家重大专项专题1项、国家支撑计划课题1项、集团公司科研课题20项、石油工程公司科技课题30项；获国家科技进步一等奖1项、集团公司科技进步奖1项、河南省科技进步奖3项、集团公司QC成果一等奖1项；申报石油工程公司科技进步奖17项、专利奖28项，获授权专利51件；被石油工程公司评为科技工作先进单位、质量管理先进单位；创集团公司纪录3项、中原油田纪录13项、区域高指标45项；“大型机械能—电能转换回收利用关键技术”被列为中国2017年储能技术十大创新典范。4项成果获中国石化第26届管理创新成果奖项(一等奖1项、二等奖2项、三等奖1项)；4项成果获石油工程公司管理创新成果奖项(一等奖2项、三等奖2项)。在集团公司井下作业工具工业务竞赛中获三等奖1项。获全国厂务公开民主管理先进单位、河南省五一劳动奖状、集团公司企业文化建设先进单位、石油工程公司先进单位等称号。公司连续11年入选ENR全球最大250家国际承包商。

(冯文孝)

【员工队伍呈现新面貌】 2017年，中原石油工程公司聚焦创效盈利，坚持实事求是，强化责任担当，干部员工思想观念得到明显转变。深入开展“转观念、勇担当、促改革、创效益”专题讨论，深刻认识到“只有盈亏、没有限亏”，一切工作聚焦创收、聚焦盈利，凝聚了全员“不能亏、不敢亏、亏不起”的思想共识。开展生产经营“回头看”，引导各级干部做老实人、讲老实话、办老实事，逐步消灭只讲客观、忽略主观，只报喜、不报忧的现象。开展“机关人员如何在扭亏脱困保市中担当作为”大讨论，梳理查摆问题34个，制定整改措施81项，综合满意率达99.3%。继承石油石化优良传统，大力发扬铁的纪律、铁的作风、铁的意志、铁的素质“四铁精神”，所有下属单位均把2018年预算目标定在盈利标准之上，自我加压，承压奋进，树立了敢打必胜的信心决心，全体员工盼发展、思发展、谋发展的愿望更加迫切，中原“铁军”精气神重新回归。

(冯文孝)

【各项举措激发新活力】 2017年，中原石油工程公司完善顶层设计，用好用足政策，加快推动落实，多项改革取得积极进展。机制活力充分释放。深化“三项制度”改革，创新制定境外机构分类定级办法，形成境外干部能上能下、员工待遇能增能减、管理人员能进能出的机制；遵循“国有资产不流失、员工利益不受损”原则，成立生活后勤、机械修造等6个工作小组，制订承包方案，建立督导机制，6家单位签订承包合同，林泉花园宾馆经过试运营，实现企业利润、员工收入“双提升”。机构设置更加合理。主辅分离顺利完成，富余人员全部显化；严格“三定”管理，压减管理层级，缩短管理链条，压减各类机构140个、主要专业队伍45支，管理机构更加精干高效。资源配置持续优化。稳妥推进内部退养、离岗息工等政策，净减员880人，办理内部退养3 170人，安置辅业人员506人，劳务输出1 216人次，创效3 315万元，实现“员工有出路，保障有托底”；完善人力资源共享平台，从机关后勤和停等队伍向施工队伍调整3 039人次，人力资源进一步盘活。

(冯文孝)

【市场开发取得大进展】 2017年，中原石油工程公司坚持把市场当作生命工程抓，始终保持进攻姿态，千方百计拓市开源。国内市场，以服务勘探开发为己任，和油田同心联手抵御“寒冬”，施工东濮72口侧钻井，承钻的分3井助推普光主体外围取得商业发现；集结148支队伍、72台钻机，全力保障文23储气库、涪陵二期等重点项目，积极拓展西北油田、华北油气分公司等集团内市场，中标276口井、合同额31.9亿元。枫1井创井筒工程产值最高纪录；在西北油田夺旗总数位列工区第一，优质井占工区总数的48%。强力攻坚系统外市场，科学决策市场布局，完成新疆油田、西南等4个市场论证；发挥配套技术优势，重返浙江油田页岩气市场，成功进入四川页岩气、BP公司等市场，西南市场继续保持优势地位；15部钻机在塔里木和冀东油田实现满负荷运转。强化与中国地质调查局等地方机构及企业战略合作，市场认可度持续提高。国际市场，贯彻落实集团公司党组“四个必须”批示精神，拓市场、扩规模、提效益、控风险，新(续)签合同额6.31亿美元，在系统内排名第一。沙特市场13台钻机续签施工合同，持续深化与阿美、哈里伯顿、贝克休斯的战略合作；累计进尺名列阿美承包商前茅，15支钻井队进入优秀行列。科威特市场7台修井机合同延期，首次中标深井修井项目，与斯伦贝谢成功合作1台钻机大包项目，拓宽了市场领域。在哈萨克斯坦重返中国石油阿克纠宾市场，新开发北布扎奇市场，首次进入西方石油公司控股的OMV公司市场，新市场合同额占比达56.6%。非洲市场成功开辟乍得、刚果(布)，苏丹市场3台钻机顺利重启，1支队伍合同延期，实现恢复性增长。伊拉克市场完成考察和注册工作，开拓市场迈出第一步。强化合作拓宽技术服务领域，成功与中海油服达成共享旋转导向、测井仪器等高端工具仪器的战略合作协议；顺利通过阿美固井和钻井液技术服务资审，助推海外市场由工程服务向技术服务拓展，产业延伸迈出重要一步。

（冯文孝）

【生产保障高效运行】　2017年，中原石油工程公司完善落实生产运行保障机制，着力在技术、安全、装备、成本上下功夫，有效保障了生产组织高效运行。开展集智攻关和协同创新，承担国家级项目2项、集团公司科研课题20项。强化科研管理，科技成果转化率达81%，推广应用400余井次，创效3 155万元。围绕“一高一低”目标，实行区域技术一体化管理，集中力量开展科技攻关，推广新技术、新工艺，狠抓复杂故障预防，川西市场完成井机械钻速同比提高6.8%，冀东市场提高30%，国内主要区域完成井提高0.43米/时，生产时效上升0.74个百分点，故障复杂时效下降0.65个百分点，破中国石化纪录3项，创区域高指标45项，施工的顺北评2井再次刷新亚洲第一深井纪录。严格落实安全生产主体责任，修订829个岗位安全生产责任制，明确各岗位考核标准，实现安全职责可量化、可监测、可考核、全覆盖。扎实开展安全承包检查、HSE异体监督和安全环保督察，强化专项整治和境外项目重点监管，查改问题隐患1.6万个，问责972人次。利用安保基金和安全生产费用治理重大隐患6项，完成安全视频监控配备等项目313项，本质安全水平得到提升。深刻吸取事故教训，层层召开专题民主生活会，查摆9个方面问题，全面细化防范措施，扎实推进专项活动，被动局面得到扭转。强化装备管理，注重维护保养，开展钻机主辅刹车、电控、顶驱等关键设备专项巡检，提升设备本质安全。紧跟市场需求，强化配套论证，完成海外3套70D钻机配套及国内1套90D钻机安全改造，配套完成泥浆泵等生产应急装备57台(套)。合理优化装备资源，加大内部调剂力度，跨单位调剂设备24台(套)。沃尔沃定点维修中心正式挂牌，沙特设备修保站通过阿美公司资质认证，自我保障能力持续提升。扎实推进“六大制度体系”建设，查找项目管理漏洞，优化单井业务流程，国内完成井利润率提高4%。ERP系统成功上线，促进核心业务流程、制度、内控有机融合。完善各层级成本控制体系，加强重点成本费用管控，形成职能部门、二级单位、项目部齐抓共管格局，全年挖潜增效2.78亿元。严格“两金”占用考核，落实领导挂牌督办制度，应收账款余额降幅25.4%，存货降幅27.8%，创公司成立以来最低水平。创新物资管理模式，通过线上集中采购、压减供应环节，降低采购成本7 976万元。

（冯文孝）

【发展基础不断加强】　2017年，中原石油工程公司眼睛向内抓管理、挖潜力，苦练内功提素质、强本领，基层管理水平有效提升。积极开展示范基层队建设，选树5个示范点、21个金牌基层队，发挥示范带动和标杆引领作用，队自为战能力持续增强。以岗位责任制落实为中心，完成覆盖12个主要专业队种“两册”模板，基层管理更加规范高效。SINO－25队全年考评在99分以上，创沙特阿美历年来最高分。以提升基层管理检查效果为重点，建立完善定期检查、对标评价、问题整改和激励约束机制，累计检查项目部170个次、基层队485队次，奖励913万元、扣罚256万元，有效杜绝“三违”现象重复发生。推进基层“三标”建设，规范施工现场、作业环节和岗位操作，现场标准化水平持续提高。全面推行系统设计、模块培训、实战提高的培训模式，培训员工2.53万人次。打造移动在线培训平台，“铁军e学堂”手机APP成功上线。严格落实开工前考试制度，强化文23储气库等重点项目培训，推行培训合格与上岗晋级挂钩，考试实效性、学习自觉性显著增强。

（冯文孝）

【经营管理水平持续提升】 2017年，中原石油工程公司充分发挥考核激励约束作用，把员工利益和企业发展紧密联系，形成“创效有功、盈利有奖、亏损问责”的科学机制。完善以效益论英雄、以利润定成败的市场化分配机制，把创效作为评判所有生产经营行为的基本准绳，将项目创效与绩效工资挂钩联动，细化各层级岗位薪酬分配标准，绩效工资向生产一线、创效单位、关键岗位倾斜。生产一线与机关后勤绩效兑现差距1倍以上，直属单位经营者绩效兑现差距2倍以上。按照亏损必究和“四不放过”原则，完善责任追究机制，把亏损项目、亏损单井作为效能监察、审计的方向和重点，对造成亏损的失职人员严格问责，动真碰硬，开展现场核查分析15场次77口井，查找亏损原因，深挖问题根源，严格责任追究，通报批评2家单位、组织调整1人、诫勉谈话12人、经济处罚12人，营造了“亏不得、亏不起”的浓厚氛围。对各区域市场考核定额进行梳理、调整、纠偏，修订完善19个国内区域市场定额标准，统一计提方式，统一考核尺度，重奖能担当、能创效、能盈利的干部，惩戒不干活、不创效、不作为的干部，搭建起敢作为、能作为、善作为的干事创业平台，全体员工干事创业热情得到充分激发。

（冯文孝）

【和谐稳定开创新局面】 2017年，中原石油工程公司坚持把保障改革、推动发展、提高效益作为党建工作的出发点和落脚点，推动党建工作与生产经营深度融合、互促共进。深入宣贯党的十八届六中全会、十九大和集团公司党组有关会议精神，加大“寒冬里的暖阳”宣传报道，举办形势任务宣讲500余场次，形成理解改革、支持改革、众志成城的强大合力。深化“四好”领导班子创建，制定处、科级领导班子和领导干部管理办法等“1+6”制度。制定各级班子成员党建责任清单，举办基层党组织书记培训班，积极参与集团公司境外党建课题研究，建立可复制易推广的标杆党支部创建模板。严格落实“两个责任”，加大“四种形态”监督执纪力度，坚决惩治发生在员工身边的“微腐败”和庸懒散“软腐败”，营造了从严从实、风清气正的良好生态。开展“三比三赛”“奋战储气库、建功创一流”等主题竞赛，大力选树基层创效盈利先进典型。扎实开展效能监察5项，深化亏损项目治理，消除管理“阻滞点”和效益“出血点”。完善专家工作室配套制度，加快青年科研骨干人才培养，增强科技创新能力。深化“走基层、访万家”活动，推行“望问访帮”工作法，发放慰问款物589.1万元。加强稳定风险评估、矛盾纠纷排查化解等工作，员工队伍保持整体稳定。

（冯文孝）

中原石油工程公司铁军勇闯生命禁区（陈英杰 摄）

【中原铁军品牌建设取得新进展】 2017年，中原石油工程公司作为国内率先“走出去”的石油企业，深入实施品牌创优和“六个体系”建设，被集团公司党组树为“旗帜”和“标杆”，集团公司领导给予中原石油工程公司是中国石油工程第一品牌的高度评价。聚焦市场导向体系，把市场开发作为发展第一要务，持续提升市场竞争实力和整体创效水平，形成效益、规模、品牌同步提升的良好局面。通过开展“创名优工程，树中原品牌”等活动，树立为甲方负责一辈子的精神，展示“建精品工程、铸诚信品牌”的不懈追求。依靠多年攻关和集成，先后承钻大陆科探1井、普光1井、焦页1井等“1”字号重点井460余口，通过技术报告会、学术交流会、邀请媒体现场采访等多种形式，向目标客户群、潜在客户群和社会各界，集中展示科技进步成果。通过跟踪培养育典型、举办活动选典型、开设讲堂学典型、多种媒体赞典型等方式，对外宣传展示王中华、宋保健、桑峰军等品牌“代言人”。以铁的纪律、铁的作风、铁的意志和铁的素质为核心，着力培育学习型、创新型、知识型和全能型员工，打造一支技术精湛、作风优良、经营高效的“铁军”团队。扎实推进价值理念体系、制度文化体系、形象展示体系、视觉识别体系和社会责任体系建设，大力弘扬“特别能战斗、特别能担当、特别能超越”的“铁军”精神，为公司科学发展注入精神文化动力。

（张向东）

表 1　　中原石油工程公司主要技术经济指标　　亿元

指标名称＼年份	2017	2016	2015	2014	2013
工业总产值	76.07	69.12	91.52	106.81	121.35
工业增加值	13.92	8.39	51.82	60.66	58.14
资产总计	96.31	121.66	137.81	142.39	128.37
流动资产	48.09	69.03	80.77	82.19	71.67
固定资产原值	105.17	105.93	105.05	99.72	94.93
固定资产净值	39.71	42.74	46.61	47.95	47.97
销售收入	76.07	69.12	91.52	106.81	121.18
实现利税	-21.84	-31.70	4.43	14.94	11.41
税　金	4.64	3.24	6.19	10.81	7.83
综合能耗/吨标煤·万元$^{-1}$	0.388	0.395	0.392	0.408	0.42

表 2　　中原石油工程公司主要生产建设指标

指标名称＼年份	2017	2016	2015	2014	2013
钻　井					
开钻/口	649	509	598	813	923
交井/口	638	518	604	816	953
钻井进尺/万米	190.92	165.80	197.11	238.60	279.82
海外大修井/口					
开　工	240	220	232	267	246
完　工	237	216	233	266	240
测录固井					
测井/井次	2 454	1 763	1 992	4 528	4 722
射孔作业/井次	1 214	1 348	2 352	3 106	2 985
录井/口	297	169	280	465	419
固井/井次	1 374	1 062	1 892	2 005	
井　下					
维护作业(小修)/井次	674	686	539	480	744
措施作业					
压裂/井次	136	185	177	359	636
酸化/井次	41	31	55	84	123
大修/井次	49	2	29	139	278
侧钻/口	1	1	1	34	42

江汉石油工程公司

【概况】 中石化江汉石油工程有限公司(简称江汉石油工程公司)是石油工程公司的全资子公司，位于湖北省潜江市。业务涵盖钻完井、测录井、井下作业、环保工程、特种运输、国际贸易等领域，具备石油工程井筒业务设计施工一体化服务能力。

截至2017年底，江汉石油工程公司设9个职能部门、1个直属机构和7个二级单位，用工总量6 206人，工程施工和技术服务队伍227支，资产总额52.99亿元。拥有先进的70型系列步进式和轨道式钻机、750型系列修井机、3000型压裂车组、快速平台数控测井仪、高温高压井下测试工具等技术装备，以及自主研发的桥塞、封隔器、牵引器等特色石油工程工具系列。

2017年，江汉石油工程公司在市场竞争明显加剧、工程价格明显走低、安全稳定风险明显增加的情况下，全力拓市战“寒冬”、改革破危局、创效求生存、创新谋发展、严管上水平，全年实现营业收入34.46亿元，呈现出发展活力动力持续增强、经营质量效益持续提升、党建工作持续强化、安全和队伍持续稳定、员工总体收入持续增长的良好局面，谱写了江汉石油工程公司改革发展新篇章。

江汉石油工程公司主要经济指标和主要生产建设指标分别见表1和表2。

(徐　强)

涪陵国家级页岩气示范区钻井施工

【服务中国首个百亿立方米页岩气田建设成效显著】 2017年，江汉石油工程公司克服涪陵工区地质条件复杂、工程难度增加、产建方案动态调整等困难，全力打造创新、创优、创效示范工程，初步形成可复制推广的页岩气优快钻井和高效压裂模式、“双归零+异体监督”质量保障模式、“技术进步+管理创新”的降本创效模式。涪陵速度创出新指标，刷新工区施工纪录25项，钻井周期持续缩短，部分井实现水平段一趟钻；涪陵质量迈上新台阶，各专业施工成功率、可靠性、优质率持续提高；涪陵效益实现新进步，施工单耗、单井成本持续下降，消化井深增加、技术难度增大带来的成本上升因素，为高质高速高效建成中国首个百亿立方米页岩气田，充分发挥了主力军作用，为中国页岩气产业发展做出了重要贡献。

(徐　强)

【优质高效保障顺北油田规模建产和江汉老区勘探开发】 2017年，江汉石油工程公司牢固树立“降石油工程成本，促高效勘探开发”理念，持续提速提质降本增产，勘探开发服务保障质量和水平明显提升。全力保障顺北油田规模上产。集成攻关形成高温高压超深井优快安全钻完井技术系列，有效解决井壁失稳、提速困难等施工难题，创造了钻井工程零故障，固井、测井、录井优良率100%的施工业绩，得到业主高度赞誉和充分信任，保持和刷新顺北工区施工纪录35项，勇夺9面流动红旗，成为工区获流动红旗最多的单位。全力保障油田老区效益开发。积极履行地区公司核心职责，坚持把内部工区当做外部市场，通过提升服务标准，优化组织运行，推动技术进步，优化生产运行，为江汉老区增储稳产提供了有力支撑。

(徐　强)

【市场开发逆势上扬】 2017年，江汉石油工程公司调整市场开发策略，压实市场开发责任，组建市场开发中心，充实市场开发人员，设置1 000万元市场开发专项奖励，紧紧依靠出色业绩争市场，特色技术创市场，优质服务保市场，深度合作稳市场，全年新签合同额31.47亿元、增幅11%，江汉油田以外市场收入增长38%，收入占比升至48%、增加24个百分点。在西南市场，发挥全产业链优势，提供规模化、配套化施工和技术服务，各专业完成工作量在涪陵工区占比保持稳定，连续油管、牵引器、多级射孔等特色业务进入四川盆地周缘页岩气区块。在西北市场，进入顺北工区的专业队伍占比超过1/3，成为顺北油田建设主力军；发挥特色技术品牌优势，与塔里木油田共建高温高压完井测试实验室，井下测试市场份额稳中有升。海外业务坚持摸清家底、调整体制、降低债务、压减资产规模、抓实项目管理，一举扭转连续3年的亏损局面，增收44%、增利1.46亿元。发挥页岩气工程一体化服务优势，优质高效完成中国地质调查局多项一体化服务项目，助力鄂西地区寒武系、震旦系、志留系页岩气地质调查获历史性重大突破，社会页岩气市场收入首次突破 2 亿元。

（徐　强）

【深化改革全面突破】 2017 年，江汉石油工程公司积极稳妥推进“瘦身健体”、结构调整、主辅分离、承包经营等各项改革措施，体制改革任务基本完成，机制创新持续深入，企业经营活力和管理效率持续提升。推进“瘦身健体”，对两级机关进行标准化设置和扁平化管理，管理机构压减 32%，二级单位机关机构精简 27%，管理人员减少 41%，实现了标准化设置和扁平化管理。主辅业务实现分离，明确主营业务、辅助业务范围，将钻前施工、装备管理、专业培训、物资仓储、运输业务、后勤保障 6 类专业划分至辅助业务，按照“人随业务走”原则，实施主辅分离、核算分开。出台鼓励承包经营的系列配套政策，激励员工创业创新创效。持续调整业务、队伍和资产结构，实现向技术服务转、向海外业务转、向新型业务转，增加科技研发队伍、市场开发队伍、项目管理队伍，在岗用工减少 16%；压减资产规模，资产原值净值持续减少。组织开展“三定”工作，全面显现富余人员，通过盘活就业、清退减册、离岗长休、歇工短休等多种方式，实现富余人员妥善分流安置。

（徐　强）

【企业治理水平迈上新台阶】 2017 年，江汉石油工程公司围绕规范管理、提升履职能力和管控能力，开展制度建设年活动，制修订管理制度 187 项，进一步完善业务流程、岗位职责、规章制度“三位一体”的制度管理架构。围绕提升“三基”工作水平和创效能力，推广成熟管理经验，深化“百名机关干部下基层”活动，获集团公司“三基”工作先进组织单位称号。围绕改善公司财务状况、提升盈利能力，完善成本管控模式，推进预算、成本、资金一体化运行，财务费用和年度长摊资产大幅下降。围绕强化项目管理，完善“六大制度体系”，开展项目创效大排队大评比，挂牌督办亏损项目，探索低效项目盈利模式，各专业毛利率保持稳中有升。围绕降本减费，成立挖潜增效项目组，实现增效 1.21 亿元；压实“两金”责任，完善“两金”占用动态管理机制，百元收入变动成本下降 2.8%，生产运行成本下降 2.9%。围绕依法规范经营，把海外风险和项目风险放在首位，加强项目立项、过程管控、合同管理，强化内控制度执行，建立完善风险防控体系；强化纠纷管理，公司合法权益得到有效维护。

（徐　强）

【科技创新取得新进展】 2017 年，江汉石油工程公司大力实施创新驱动战略，技术创新取得显著业绩。中国石化连续油管、完井测试两大技术中心建设稳步推进，高温高压井下工具检测中心初步建成、检测标准达到国内最高等级，“湖北省页岩气开发工程技术研究中心”和“页岩气开发技术湖北省工程研究中心”2 个省级创新平台分别获湖北省发改委、科技厅资质认证。创新成果丰硕，一趟钻、地质导向等涪陵二期提速提效关键技术初步形成；顺北工区超深井优快安全钻井技术持续提升；常压页岩气形成 5 项技术创新，助力宜昌低勘探程度、复杂构造常压页岩气勘探技术取得重大突破。全年完成专利申报 65 件，获专利授权 17 件，申报量增长 71%，承揽集团公司、石油工程公司科研项目 32 项。加快科技成果转化，大功率牵引器、桥塞、连续油管等 8 个特色技术产业化项目全年创收 1.68 亿元。

（徐　强）

【党建优势充分发挥】 2017 年，江汉石油工程公司紧贴生产经营和改革发展，做实做好党建思想政治工作，推进全面从严治党向基层延伸。以思想引领为核心，广泛学习宣传贯彻党的十九大精神，紧贴改革发展细化形势教育，抓实“转观念、勇担当、促改革、创效益”专题讨论，干部员工思想观念发生明显转变，政治意识、改革意识、市场意识、效益意识显著增强，在市场极寒期保持了越是困难越向前的精气神和正能量。以提升能力素质为重点，加强领导班子和干部队伍建设，突出政治标准和正确用人导向，持续打造改革发展中坚力量；严格落实民主集中制和“三重一大”事项决策制度，坚持源头参与、深度介入，有效发挥了党委把方向、管大局、保落实作用。以“基层党建推进年”为载体，推进“两学一做”学习教育常态化制度化，抓实“三比三争”活动，基层党支部堡垒先锋作用充分发挥。以标本兼治为目标，压实“两个责任”，开展专项效能监察和纪律审查工作，营造了风清气正、干事创业的政治生态。坚持人文关怀，抓好员工服务中心建设、EAP 计划实施，为改革发展营造了和谐稳定环境。

（徐　强）

【获得荣誉】 2017 年，江汉石油工程公司获多项荣誉。参与完成的“涪陵大型海项页岩气田高效勘探开发”项目获国家科技进步一等奖；获中央企业五四红旗团委称号。集团公司党建工作考核晋升A档。连续3年获评集团公司财务管理和安全生产先进单位，获评集团公司第3批创新型企业、审计工作先进集体、质量管理先进单位、"三基"工作先进组织单位；获石油工程公司安全生产先进单位、环保先进单位、质量管理先进单位称号。

（徐 强）

表1 **江汉石油工程公司主要经济指标** 亿元

指标名称＼年份	2017	2016	2015	2014	2013
实收资本	2.50	2.50	2.50	2.50	2.50
资产总额	52.99	71.38	56.22	60.14	48.80
流动资产	30.28	44.24	26.54	31.53	17.97
固定资产净额	20.47	25.10	27.05	25.34	26.27
负债总额	43.35	57.35	39.56	48.60	36.18
营业收入	34.46	39.08	53.38	60.86	57.38
利润总额	0.06	0.01	5.42	1.19	-3.15

表2 **江汉石油工程公司主要生产建设指标**

指标名称＼年份	2017	2016	2015	2014	2013
钻 井					
开钻井/口	211	122	246	357	486
完成井/口	205	137	238	339	493
钻井进尺/万米	60.70	43.30	78.53	99.99	121.00
测录井					
测井/井次	827	638	1 086	1 163	1 710
录井/口	217	137	262	400	508
井下作业					
作业井/口	1 501	1 373	1 809	1 163	1 182
作业/井次	1 532	1 393	1 843	1 170	1 184
试油气/口	90	117	199	1 034	1 230
试油气层数/层	622	1 154	1 455	1 686	2 394

西南石油工程公司

【概况】 中石化西南石油工程有限公司（简称西南石油工程公司）隶属石油工程公司，于2012年12月21日由西南油气田石油工程板块整合重组而成。本部在四川省成都市，机关设10个处室和2个直属机构，下属10家单位和1家派驻机构。主营钻井、测井、录井、固井、井下作业、钻前、钻井液、井控、环保、热力供暖、特种汽车运输、油气田地面建设、管具加工等业务，具有油气工程技术服务完整的业务链，享有独立的对外经济贸易和承包工程经营权，是国内国外业务一体化的专业化公司。

截至2017年底，西南石油工程公司用工总量9 115人，其中合同制员工4 802人、劳务派遣工479人、海外外籍员工和自聘中方员工679人、合资公司用工3 155人；经营管理和专业技术人员2 739人，具有教授级职称的18人，高、中级技术职称的 1 579 人；各类技术与施工队伍 227 支，其中具有中国石化甲级队资质 92 支、乙级队资质 107 支，中国石化金牌标杆队 2 支、金牌队 13 支、银牌队 18 支；累计获实用新型和发明专利授权 266 件；总资产 58 亿元，其中固定资产净值 24.3 亿元；拥有各类钻机 75 台(套)、井下作业 2500 型压裂车等一系列先进装备 9 671 台(套)，能承担 9 000 米及以下钻井施工、井下作业等相关工程，具备年钻井 100 万米进尺作业能力。形成深层高酸性气藏、致密油气藏、页岩气 3 套勘探开发工程一体化服务集成技术，为普光气田产能建设、元坝气田 40 亿立方米酸性气投产、川西致密气 53 亿立方米产能建设、川西海相、威荣页岩气田发现以及胜利油田、西北油田分公司增储上产做出了重大贡献。

2017 年，西南石油工程公司认真学习贯彻党的十九大精神，以习近平新时代中国特色社会主义思想为引领，牢记“为美好生活加油”“勇当中国石化天然气大发展工程建设主力军”的使命，以服务增储上产为己任，以市场为龙头，以安全为前提，以效益为根本，攻坚克难战寒冬，经营质量明显提升，百亿立方米气田建设保障有力，国内外市场开发获新进展，深化改革打开新局面，强化管理迈上新台阶，工程技术创出新水平，三支人才队伍建设取得新成效，完成上级下达的扭亏脱困保市任务。全年完成钻井进尺 66.18 万米，同比增加 10.39 万米，其他专业工作量均有大幅增加；实现营业收入 36.88 亿元、正常经营下增加 7.52 亿元、增幅 25.6%，实现正常经营利润 5 268 万元、增利 4.51 亿元，上缴税金 0.49 亿元。

西南石油工程公司主要技术经济指标和主要生产建设指标分别见表 1 和表 2。

（丁勇兵　何　成）

【领导班子调整】　2017 年 4 月 13 日，集团公司在成都召开西南石油工程公司干部大会，宣布对西南石油工程公司领导班子的调整决定：张百灵任西南石油工程公司党委书记、纪委书记、监事，并作为工会主席人选。9 月 12 日，西南石油工程公司召开领导班子扩大会议，集团公司人事部有关领导宣读集团公司党组任命文件，张百灵任西南石油工程公司党委书记兼副总经理，曾德超任西南石油工程公司党委副书记、纪委书记、工会主席人选、监事。

（丁勇兵　何　成）

【天然气大发展工程建设主力军作用充分彰显】
2017 年，西南石油工程公司深入贯彻落实集团公司天然气大发展战略和各项部署，始终坚持服务大局，牢固树立“一盘棋”思想，坚持“一家人、一条心、一起干”，把优质服务西南油气田勘探开发作为生存发展根本，与西南油气分公司签署石油工程项目合作协议，成立联合领导小组，建立沟通协调机制，合作共赢进入新局面。切实加强钻前施工、搬迁安、钻井、完井、测试投产等全过程生产管理，实现各工序无缝衔接，建井周期大幅缩短，取得 15 天完钻 1 口川西蓬莱镇组水平井、30 天完钻 1 口川西沙溪庙组水平井、10 个月完钻 1 口元坝超深水平井、8 个月完钻 1 口川西海相超深井等多项工程新纪录突破，百亿立方米气田建设保障有力，天然气大发展工程建设主力军作用充分发挥，为西南油气田推进重点工程建设、完成增储任务、天然气产量突破 60 亿立方米、页岩气勘探重大发现等做出了重大贡献。钻井市场占有率达 83%，其他专业占有率 100%，稳固了公司生存发展根基。

（丁勇兵　何　成）

永页 2HF 井压裂施工现场

【国内市场开拓获新突破】　2017 年，西南石油工程公司认真落实“市场是根、服务是魂、效益为本、合作共赢”的发展理念，完善市场开发体系，坚持全员闯市场，强沟通、抓拓展，西南、西北、临盘三大传统市场进一步巩固，新区域、新领域业务进一步拓展，全年中标 223 个项目，累计新签合同额 37.83 亿元，完成合同额 35.62 亿元，获石油工程公司市场开发贡献奖 21 个、成果奖 7 个。在西北市场，所有专业均位列工区第一方阵，施工一批高含金量、高风险井，新增 1 支小修队进入塔河油田，1 台钻机进入顺北，使顺北工区钻机数达 5 台，井下事故打捞业务成功进入西北市场。在临盘市场，份额由 2016 年的 80% 上升到 85%，完成进尺 26.35 万米、增加

6.68 万米。外部市场亮点多，新星公司地热井项目顺利实施，中标山东、河北钻井框架合同和山东测井框架合同，全年完成进尺 2 万米；中标江汉工程公司全部空气钻年度框架施工任务；重新进入长庆油田试气压裂市场；中标长城钻探和川庆钻探在中国石油西南油气田页岩气区域的全部爆炸松扣业务；油田环保业务进入中国石油长庆油田；中国石油塔里木油田管具检维修和宝钢镍基合金套管检维修市场进一步扩大；以集团利益最大化为目标，与四川石油分公司签订了战略合作协议。

（丁勇兵　何　成）

【国外市场发展结硕果】 2017 年，西南石油工程公司坚持转观念、提效益，健全国外项目运行管理体系，充分发挥国外中心服务管理平台作用，细化市场竞争策略，强化传统优势钻修井项目，突破技术服务业务，延伸业务链扩大价值贡献，加强出国物流配套服务，进一步提升了国外市场管控和开拓能力。执行国外项目为厄瓜多尔综合服务项目、科威特钻修井、埃及合资合作项目，施工队伍 14 支，执行合同 10 个，年累计钻井进尺 10.4 万米，修井 271 口；新签合同额 2 746 万美元；实现经营收入 6.31 亿元，项目利润 6 692 万元。科威特市场新上 1 台深井修井机，共有 5 台钻机、9 台修井机规模，巩固重点优势市场；厄瓜多尔市场延伸了业务链，共有6 台钻机和录井队、套管队、固控队、钻完井液服务队各 1 队，提升了综合技术服务价值贡献；埃及市场持续加强技术服务合作；缅甸市场完成队伍调整，为下步实现项目新突破打下了基础。SP925 获业主 6 年半无 LTI 证书；SP926 获业主 4 年无 LTI 证书；SP909、SP910 获 2 年无 LTI 证书；SP283 被 KOC 作业二部评为最美井场；SP248 获厄瓜多尔国家环保部表彰；海外项目钻修井机平均日费率 99.5%，搬迁效率提高 17%，均排在工区前列；海外市场开拓贡献和成果位列石油工程公司第 2 位。

（丁勇兵　何　成）

【改革调整积极稳步推进】 2017 年，西南石油工程公司贯彻落实集团公司、石油工程公司深化改革总体部署，压实深化改革主体责任，细化完善改革方案，扎实推进专业单位整合重组、“三定”、主辅业务分离、压减过剩产能、人员分流安置、闲置资产减值处置等工作。顺利完成临盘钻井分公司与广西钻井分公司、油田工程服务分公司与管具分公司的整合重组工作，优化整合 4 家单位重复资源，专业竞争优势更加明显。机构精简、队伍压减成效明显，经营单位由 12 个减少至 10 个；各二级单位机关及直属机构从公司成立之初的 158 个压减至 98 个，减幅 38%；各类机构总量由 344 个减少至 247 个；压减管理人员 123 人，减幅 12.4%；共压减队伍 56 支，用工总量与专业化重组初期相比减少 25%，减少人工成本 2.33 亿元，减幅 18.5%。建立人力资源共享平台，筹建设备资源共享平台取得积极进展，打破单位间的壁垒，资源利用更加充分，内部统筹调剂 241 人次。全年内部调剂钻机 6 台，其他设备 66 台（套）；完成闲置资产报废，报废处置 2 256 项，原值 4.13 亿元，净值 0.52 亿元，处置收益 0.19 亿元；申报富余减值原值 5.86 亿元，净值 1.79 亿元。

（丁勇兵　何　成）

【安全环保工作扎实开展】 2017 年，西南石油工程公司始终坚持贯彻习近平总书记“发展绝不能以牺牲人的生命为代价”的安全发展理念，重点培养全员安全生产意识，以落实安全生产责任制为核心，以作业现场 HSE 管理为中心，深入开展全员安全诊断、安全生产月等活动，扎实开展安全生产“三项行动”，重视 HSSE 体系建设，成立规程规范巡查组，开展作业现场 JSA 风险识别，结合 HSE 督察大队和异体监督，扎实构建安全风险分级管控和隐患排查治理双重预防机制，井控和防硫化氢安全管理持续向好，持续深化清洁生产和职业健康管理、员工心理关怀，保持了平稳发展态势，全年未发生安全生产责任上报事故，获集团公司安全生产先进单位、环境保护先进单位、节能工作先进单位、降碳工作先进单位称号。

（丁勇兵　何　成）

【项目管理全面加强】 2017 年，西南石油工程公司坚持从严管理，抓规范，强创效，成立经营规范督导组，完善以项目管理为核心的管理模式，内部管理更加严格、规范、有序。建立健全单项目全生命周期的管理机制，编制涵盖 31 项内容的运行动态月报表，对项目运行进行全方位监管，确保单项目不亏损。凡 6 000 米以深的深井、超深井投标，对于设备、人员、资质进行充分论证，加大对重大风险的管控，确保项目创效。作为石油工程公司试点单位之一，成功上线 ERP 系统。全年 149 个新开井项目全井实现盈利；累计完成挖潜增效 4.49 亿元；百元收入变动成本 61.02 元，减少 4.25 元；边际贡献率 38.78%，上升 4.4%；获集团公司全员成本目标管理综合考评贡献奖二档。

（丁勇兵　何　成）

【工程技术创出新水平】 2017年，西南石油工程公司抓创新、强应用，以应用型工程技术开发与推广为导向，推动科技攻关，储备前沿技术、突破关键技术，发展形成深层高酸性气藏、致密油气藏、页岩气等多套勘探开发工程一体化服务集成技术。强化重点工程关键作业环节管理，落实"一井一策、一段一策、一序一策"，重点工程实行领导挂牌督办，故障复杂率有效控制，同比下降1.36个百分点。加强科技成果转化、运用，抓好成果转化"最后一千米"工作，突出科技成果应用效益，"川西复杂地层长水平段水平井钻井关键技术研究与应用""连续油管特殊处理技术推广应用"等3项科研成果取得应用推广，解决了勘探开发的技术瓶颈问题，获石油工程公司技术推广一等奖。紧盯热点难点攻关，为重点区块高效勘探开发提供工程保障，全年刷新70余项工程新纪录。各施工区块整体技术指标持续向好，临盘工区技术指标大幅度提升，新疆工区主体区块技术指标持续进步，海相、页岩气井钻井周期同比大幅度缩短。亚洲第一深井川深1井顺利突破8 000米并创多项工程纪录，主要目的层灯影组油气显示良好。发挥深层页岩气勘探开发工程一体化服务能力，先后优质高效完成永页1号井工厂平台等13口页岩气井，为威远、永川页岩气勘探突破做出重要贡献。

（丁勇兵　何　成）

【首个页岩气"井工厂"钻井喜获成功】 2017年9月25日，由西南石油工程公司重庆钻井分公司承钻的首个融合式"井工厂"永页1号钻井平台施工顺利完成，实现安全环保零事故。该项目实施管理团队、人力资源、生产组织、物资装备、党建工作5个深度融合，整合70138、50102共2支井队为永页1号钻井平台，配备1套领导班子，实现一体化平稳有序管理，实施错峰休假和补休制度，正常钻进实行班组内"小循环"轮休，与集团公司双机双队定员相比减少34人，减少了人工成本，同时创10余项探区纪录，安全顺利完成平台4口三维水平井施工任务，进尺2.3万米，下入各类尺寸套管近4万米，开创了布井、钻井新模式。由永页1号钻井平台探索的管理创新项目"融合共享式钻井平台管理体系的创建与实践"分获集团公司、石油工程公司管理创新成果二等奖和一等奖。

（丁勇兵　何　成）

【党建工作贡献新动能】 2017年，西南石油工程公司党委面对市场持续寒冬，深化改革、扭亏脱困攻坚异常艰巨等严峻形势，始终坚持"融入中心抓党建，创新载体抓落实，凝心聚力促发展"的党建工作

亚洲第一深井川深1井顺利突破8 000米

方针，认真贯彻落实党的十九大精神和全国国有企业党建工作会议精神、集团公司基层党支部建设工作会议精神，始终坚持党的领导，加强党的建设，深入推进"两学一做"学习教育常态化制度化，为公司深化改革扭亏脱困持续发挥坚强有力的保障和推动作用。党委把方向、管大局、保落实作用充分发挥，党建工作更加紧密融入生产经营中心工作，创新建立《党建工作指导手册》，开展常态化党建工作检查指导，在基层建立了静态支部、动态党员的党员教育管理工作机制，在公司层面重构党建考核体系，思想引领、促进生产、保障中心的作用发挥显著。把"两学一做"学习教育常态化制度化与"转观念、勇担当、促改革、创效益"专题讨论相结合，与党支部分类定级相结合，与党员民主评议相结合，不断强化党员党性意识，党员干部"四个意识""四个自信"进一步增强，形成了"不转变观念就没有出路，不勇闯市场就没有活路，不深化改革就没有退路，不勇于担当就没有作为，不创造效益就没有存在价值"的共识。压实党风廉洁建设"两个责任"，从严执纪监督问责，强化党风廉洁教育，不断扎紧制度笼子，不敢腐、不能腐、不想腐的风清气正干事创业环境进一步形成。

（丁勇兵　何　成）

【队伍建设取得新进步】 2017年，西南石油工程公司制定下发公司干部管理及干部监督"1+5"系列制度，创新编制《选人用人工作指导手册》，制订《完善人才通道建设方案》，进一步激发了人才创新创效活力。探索建立领导班子常态化考察机制，进一步强化了考核结果运用。持续强化理论素养和综合能力提升，对处级领导干部轮训做到全覆盖，举办管理人员综合能力提升培训2期共74人。持续夯实"三基"工作，创新提出"一套制度体系保障、两册编写

推动标准化建设、三项主题活动有机结合、四铁建设深入开展、五项训练强固基本功”的“12345”工作方针，动态修订“三基”管理办法，完成“两册”完整版编写，推进“四强”“四好”党支部建设，评选4个公司级示范基层党支部。开展“师带徒”活动，强化现场员工安全培训考核，扎实开展井控及硫化氢防护强化培训，开展职业技能鉴定与技能竞赛，启动管理人员能力提升轮训。多样化培训练兵的开展，强固了基本功，全面促进了各类人员的技能素质提升。共开展各类培训700余期，培训11 712人次，其中培训经营管理人员1 960人次；专业技术人员3 239人次；技能操作人员6 513人次。突出政治引领，开展“建功‘十三五’、当好主力军、奉献在岗位、打赢扭亏脱困保市攻坚战”“比学赶帮超”等劳动竞赛活动，评选并授予10人劳动模范称号，涌现出石油工程公司“最美铁军工匠”张志军、四川省“五一”劳动奖章获得者向伟、青年铁军榜样陶祖文等先进人物。临盘钻井分公司2名基层员工在寒冬下水勇救临邑县落水群众的事迹，在社会上引起强大反响，传递了正能量，极大彰显了国有企业的社会责任和石油钻井人的道义担当。

（丁勇兵　何　成）

表1　**西南石油工程公司主要技术经济指标**　亿元

指标名称＼年份	2017	2016	2015	2014	2013
工业总产值	36.88	30.92	38.00	53.77	61.45
工业增加值	11.54	6.05	14.44	21.33	17.87
资产总计	57.84	65.81	73.86	83.94	88.33
流动资产	28.66	34.77	41.34	52.39	54.97
固定资产原值	56.87	57.24	55.72	50.91	51.08
固定资产净值	25.07	27.32	28.57	27.30	28.56
销售收入	36.88	28.18	37.64	54.34	66.24
实现利税	-2.39	-6.25	4.08	10.09	11.68
税　金	0.49	0.41	2.86	5.54	9.13
综合能耗/吨标煤·万元$^{-1}$	0.248	0.248	0.240	0.250	0.262

表2　**西南石油工程公司主要生产建设指标**

指标名称＼年份	2017	2016	2015	2014	2013
钻　井					
开钻/口	221	183	239	334	379
交井/口	221	191	237	264	398
钻井进尺/万米	66.18	55.80	70.41	101.18	113.53
测录井					
测井/井次	735	528	688	1 147	1 373
射孔作业/井次	362	301	433	719	676
录井/口	192	150	216	351	445
井　下					
维护作业(小修)/井次	185	217	171	122	258
措施作业/井次					
压　裂	89	81	126	244	353
酸　化	19	12	24	45	59
大　修	77	31	156	173	164

华东石油工程公司

【概况】 中石化华东石油工程有限公司(简称华东石油工程公司)为石油工程公司的全资子公司，机关设在南京。

截至2017年底，华东石油工程公司有江苏钻井公司、六普钻井公司、测井公司、录井公司、工程技术公司、国际公司6个二级单位。设有总经理办公室、经营管理处、安全环保处等10个机关部门和物资管理中心1个机关直属机构。用工总量6 525人，其中合同制员工4 483人，派遣制员工16人、合资公司用工2 016人、非全日制9人。拥有各类石油工程专业队伍160余支，其中钻井队63支、测井队28支、录井队58支、固井队6支、井下作业7支。有金牌标杆基层队1支、金牌基层队10支、银牌基层队14支。资产27.12亿元，设备资产原值31.7亿元，设备资产净值12.96亿元，新度系数0.41。国内市场主要分布在江苏、安徽、新疆、重庆、海南、陕西、吉林、湖北等省市；国外市场主要分布在阿尔及利亚、厄瓜多尔、泰国、玻利维亚、科威特、加蓬等国家。

2017年，华东石油工程公司认真贯彻落实集团公司、石油工程公司工作会精神，紧紧围绕“2017年减亏，2018年扭亏为盈”目标，全力开拓市场，持续深化改革，聚焦降本减费，工作量、收入等主要指标同比明显增长。全年共完成钻井进尺73.95万米、增长59.05%，测井3 048.49万米、增长40.35%，录井进尺63.9万米、增长25.28%，固井884井次、增长65.85%，定向井233口、增长83.46%。累计实现收入20.85亿元、增长37%，利润-9.43亿元，完成考核指标。

华东石油工程公司主要经济指标和主要生产建设指标分别见表1和表2。

(杨天梁)

【领导班子调整】 2017年6月21日，华东石油工程公司召开干部大会，宣布领导班子调整决定：袁建强不再担任华东石油工程公司执行董事、总经理、党委副书记，调出另有任用；吴叶成主持华东石油工程公司行政工作。12月1日，集团公司决定袁静任华东石油工程公司总会计师、党委委员。

(杨天梁)

【内外市场齐头并进】 2017年，华东石油工程公司坚持以市场为龙头，全力进攻潜力市场，潜心坚守传统市场，主动退出低效无效市场，完善机制，优化布局，压实责任，打好市场开拓攻坚仗。①完善市场开发机制。强化沟通合作联系，推进共赢发展，加强与甲方实施全方位战略合作，与华东油气分公司签订平桥南产能建设工程大包框架协议，与东北油气分公司签署龙凤山区块工程服务总承包框架协议，形成低油价下工程大包和区块承包的新模式。深入推进以项目管理为核心的六大制度体系建设，修订完善市场开发配套制度，出台项目招标管理实施细则，形成统一的市场开发指导、监督、评价机制。②优化内外市场布局。内部市场持续优化整合钻井业务，优化调整江苏钻井公司、六普钻井公司相关区域市场业务。国内外部市场在巩固坚守传统的西北、东北、陕北和海南市场的基础上，进一步攻坚页岩气、煤层气、盐井、地热、储气库等新兴市场，全年实现收入3亿元，增加0.79亿元。其中，西北工区保持5支钻井队伍并获取连续工作量，测井、固井市场占有率达20%以上，录井市场占有率达13%。海外市场进一步向6个重点市场集聚，全年实现收入6.71亿元，增加2.54亿元。加大力度关撤吉尔吉斯斯坦、阿根廷等无效市场，减亏止亏成效明显，海外市场布局趋于合理。③激发市场开发活力。落实市场开发激励措施，拿出143万元总经理专项奖对公司2016年市场开发贡献及成果进行奖励，激发了全员拓市场的动力。海南市场依靠优质服务和技术优势保住市场份额，全年新签合同1.1亿元、增长33%，实现收入9 900万元，增长23 %；泰国市场取得积极进展，与易高公司续签150万美元的钻井服务合同、新签300万美元的钻井和泥浆服务合同，中标567万美元的延长石油公司YPT-8井钻固井服务项目。

(杨天梁)

【深化改革蹄疾步稳】 2017年，华东石油工程公司坚持依法合规、配套推进、积极稳妥原则，认真分析内外部各方面因素，细化完善公司深化改革扭亏脱困工作方案，推动各项扭亏措施执行落地。按照集团公司和石油工程公司关于“三定”、主辅分离和离岗人员分流安置的工作要求，抓实方案制订，突出配套推进，开展主辅业务梳理和划分，修订出台《离岗人员分流安置工作实施办法》《员工竞聘上岗工作指导意见》等配套政策，“三定”、主辅分离和离岗人员分流安置工作得到稳步开展。启动同质化业务整合，扎实推进通用车辆统一集中管理，制订《公司通用车辆统一集中管理实施方案》，成立通用车辆管理中心，对176辆通用车辆实施集中管理，撤销车管机构4个，减少管理人员21名，停用通用车50辆，全年减少费用支出600万元以上。在5家基层单位和低效亏损项目开展承包经营，取得较好成效。其中，测井公司陕北项目部在承包经营中充分释放人、财、物、事权，超额近40%完成兜底承包指标，止亏减亏取得突破。跟踪相关信息，加强沟通联系，继续做好西南石油工程公司、上海海洋石油局等单位的业务承揽工作，积极向江苏石油分公司输出员工，多渠道盘活人力资源，其中以钻机租赁、人员劳务输出的模式与西部钻探准东钻井公司达成合作，为3部钻机下一步开展大包服务奠定了基础。按照集团公司要求，协商接收压裂业务，形成了钻井、定向、泥浆、测录井、地质导向、固井、射孔、压裂、试气等井筒业务产业链条。

（杨天梁）

【安全环保扎实有效】 2017年，华东石油工程公司大力推进安全发展、绿色低碳，着力把“严细实”贯穿于安全环保工作的全过程，公司HSE形势保持总体稳定。下发《2017年HSE工作要点》，与6家二级单位和机关10个部门及物管中心签订《HSE目标责任书》，全员签订《安全承诺书》，重新修订393个岗位的HSE责任制及考核标准，明确了目标，细化了措施，落实了责任。夯实安全“三基”，编制完成《公司HSE管理手册》，优化整合HSE制度和规范34项；加强培训教育，全年先后组织HSE、硫化氢、井控等培训班165个班次，参训人员2 908人次；持续推进“我为安全做诊断”，全年收集安全诊断建议2 709条，对71条优秀建议给予奖励，奖励金额2.03万元；加强应急管理，组织开展公司井喷失控桌面推演，完成公司应急预案编制及处置方案卡片化工作。抓实HSE自查和井控等专项检查，全年公司HSE委员会成员开展承包点检查75人次，提出问题和建议217个，并及时进行整改反馈；扎实开展HSE现场督察，全年累计督察101次，下发隐患整改通知单166份，有效落实了监管责任。强化职业危害因素监测，对386个职业危害点进行检测和监测，严控员工职业危害接触风险。强化日常环保监管，环保专项督察发现问题22个，HSE日常督察发现环保问题39个，均下发整改通知单跟踪督促整改。

（杨天梁）

【提速提效成效明显】 2017年，华东石油工程公司在复杂井和高难度井增多、工作量同比上升的情况下，提速提效成效明显，机械钻速达10.02米/时，提高23.4%；钻机月速度2 078米/台，提高18.45%；故障复杂时效1.18%，下降28.05%；建井周期49.90天，缩短26.94%。①生产组织不断优化，启动“奋战南华、服务华东”专项劳动竞赛，在南华2-16等13口井达到“一个钻头、一根螺杆、一趟钻、一个星期”的“四个一”目标。强化项目运行，海外市场在提高日费率、缩短搬安周期、加快项目启动等方面取得显著成效，阿尔及利亚项目SINOPEC235队创造了108千米搬安用时仅10.90天的纪录。信息化保障作用不断加强，完成公司主干网络建设，核心机房竣工并投入使用，日报、周报和月报等生产信息报表定期、准确发布，实现了生产信息化的安全可靠实用。②新技术应用成效显著，加大旋转导向系统、水力震荡器、地质导向等技术应用研究，着力提高施工效率和质量，其中焦页195-1HF井创平桥南区钻井周期最短、平均机械钻速最快纪录，顺北4井、顺北蓬1井1周内连创多项固井施工新纪录。加强地质和工程结合，通过减少表套下深、套管头重复使用等8项技术降本措施，南华产建项目为甲方节约开发投资近1 500万元。③瞄准技术瓶颈和前沿技术，加大科研攻关力度，“苏北盆地长泥岩裸眼井段优快钻井技术应用”整体达到国际先进水平；“福山油田中深井钻井提速关键技术应用”在海南项目取得显著成效。2017年，公司承担集团公司项目3项、石油工程公司项目8项，公司立项13项；申请专利13件，获授权专利19件，其中发明专利8件。

（杨天梁）

施工的焦页195-1HF井创平桥南区钻井周期最短、平均机械钻速最快纪录

【强化管理取得实效】 2017年，华东石油工程公司坚持从严管理，苦练内功，最大限度挖掘和发

挥干部员工的潜在能力，推进管理增效。加强制度建设，开展公司现行制度评估优化及诊断，公司及所属单位500余项制度全部实现在线浏览下载。扎实做好规划计划工作，编制完成公司2017—2019年3年滚动发展计划；强化计划执行，合理安排资金，实施南川项目钻机平移装置、岩屑回注项目配套、公司核心机房配套等项目。持续强"三基"，下大力气对基层单位现有管理体系、岗位职责、制度流程、资料报表等进行精简规范统一，切实把公司"三基"工作强化提升方案落到实处。构建档案管理工作机制，严格落实保密规章制度，为公司各项工作的有序、规范运行奠定了基础。切实防控风险，狠抓"两金"清理，厘清"两金"清理责任主体，应收账款同比下降1.34亿元，降幅18%；建立健全法律纠纷风险预警机制，组织处理10起合同纠纷案件，涉案金额2 700余万元，有效维护公司合法权益；扎实开展效能监察，全年立项开展外包外协费用、域外项目油料管理、库存物资管理等效能监察项目8项，下达效能监察整改建议49条；坚持"依法依规和科学审计"理念，优质高效组织开展审计项目，全年实施内部审计项目5个，提出审计建议22条，逐项督促进行整改落实。持续完善绩效考核，根据总部绩效考核政策，结合公司实际，制定出台《公司2017年绩效考核管理办法》《公司工程故障管理办法》《公司"两金"占用管理办法》等，坚持月度考核、月度兑现，按时下发考核通报，着力激发绩效考核活力；全年公司单井考核兑现236口，兑现水平最高与最低相差1.82万元，调动了员工创效降本的积极性和主动性。实施"系统化"挖潜增效，严控材料费、租赁费、运输费、维修费、外包费等重点成本费用，加大"六小"费用控制，较好完成上级挖潜增效考核指标；加强资产管理，优化资产结构，报废、转让资产609台(套)，处置低效无效资产3 800多项，轻资产化工作成效明显。理顺优化物资管理，制定《物资供应管理办法》等14项制度，完成自采框架协议招标47个，签订框架合同97份，库存规模、积压物资、物资挖潜等指标全面完成。扎实做好统计报表编报分析，获集团公司财务会计报表先进单位、统计工作先进单位、涉外投资报表先进单位称号。积极开展管理创新，2项成果获集团公司三等奖，2项成果分获石油工程公司一、三等奖。

（杨天梁）

【党的建设不断加强】 2017年，华东石油工程公司以迎接党的十九大胜利召开和学习贯彻十九大精神为抓手，从严从实加强党建思想政治工作，充分展现新时代党建思想政治工作的新作为。认真学习贯彻十九大精神，通过党委中心组学习、三会一课、专题辅导等形式，掀起学习贯彻十九大精神的热潮；扎实推进"两学一做"学习教育常态化制度化，持续加强党务干部队伍建设，举办2期党支部书记培训班，近百名基层党支部书记参加培训。组织召开公司第1次政工会暨政研会第1次年会，涌现出一批优秀政研成果和优秀思想政治工作者。强化领导干部能力建设，分2批组织开展公司处级干部培训班，参学率达97.7%；组织举办新提拔处级干部培训班，19名新提拔处级干部参加培训。加强沟通汇报，摸清人才队伍现状，完善三支人才通道建设方案，形成充分体现公司三支人才队伍特点的职业化、差异化、梯次化成长通道体系；扎实开展各类人员培训，强化培训成果转化，公司全年举办各类培训班374个班次，累计培训人员1.02万人次。通过组织观看教育专题片、参观警示教育基地、发放警示录等形式，筑牢拒腐防变的思想防线；推进主体责任及"一岗双责"落实，建立出台《领导干部履行党建工作责任和运用"四种形态"情况工作手册》，实现了工作的规范化、留痕化管理。扎实开展"转观念、重经营、强管理、创效益"主题活动，深入开展形势任务教育和政策宣讲解读，强化典型选树培育，1名员工当选集团公司"最美青工"，2名员工当选石油工程公司"最美铁军工匠"，9名员工当选公司"最美铁军工匠"；坚持贴近群众，开展健步走、手机摄影培训、足球赛等文体活动，促进了员工身心健康。结合"三定"、主辅分离和离岗人员分流安置等重点工作，加强机关与基层、干部与员工的沟通交流，切实做好政策宣讲解读，着力释疑解惑，保持了队伍的总体稳定。

（杨天梁）

表1 **华东石油工程公司主要经济指标** 亿元

指标名称 \ 年份	2017	2016	2015	2014	2013
营业收入	20.84	15.26	9.48	14.28	15.81
利　润	-9.43	-9.88	-0.38	0.88	0.26
企业增加值	0.69	0.27	4.75	6.58	5.94
资产总额	27.12	32.14	13.79	15.61	17.09
利　税	-8.92	-9.38	0.48	2.30	1.95
海外市场收入	6.63	4.32	1.92	2.22	2.11

表2 **华东石油工程公司主要生产建设指标** 万米

指标名称 \ 年份	2017	2016	2015	2014	2013
钻井进尺	73.95	46.49	29.11	33.59	31.51
测　井	3 048.49	2 172.02	1 365.33	2 634.13	3 498.10
录　井	63.90	51.00	30.19	110.22	104.49

华北石油工程公司

【概况】 中石化华北石油工程有限公司(简称华北石油工程公司)是由原华北石油工程公司和原河南石油工程公司于2016年3月经过区域整合重组成立，是石油工程公司的全资子公司。本部位于河南省郑州市中原区。

截至2017年底，华北石油工程公司下设10个职能处室、1个附属机构，4个外派机构和8个二级单位。拥有各类施工队伍340支。内部市场231支，主要分布在河南油田分公司和华北油气分公司，西北、东北等市场；国内外部市场68支，分布在陕西、河南、山西、内蒙古、新疆等10个省(自治区、直辖市)；国外施工队伍共41支，分布在尼日利亚、沙特、科威特、印尼、哈萨克斯坦5个国家。具有集团公司甲级队伍资质86支、乙级队伍资质160支、达标队资质52支、国际队伍资质42支；拥有集团公司金牌标杆队1支、金牌队26支、银牌队35支。拥有主要专业设备1 545台(套)。设备资产原值30.48亿元，净值11.72亿元，新度系数0.39，设备综合完好率98.38%，综合利用率85.24%。

截至2017年底，华北石油工程公司用工总量为5 405人(合同制员工)。其中，具有高级及以上专业技术资格的682人，聘任公司级专家18人；具有技师及以上技能资格的406人；国际化经营人才331人；集团公司突出贡献专家2人、集团公司三个层次学术技术带头人1人、闵恩泽青年科技人才6人、集团公司(省部级)技术能手22人。

华北石油工程公司主要技术经济指标和主要生产建设指标分别见表1和表2。

(台献民)

【生产经营】 2017年，华北石油工程公司完成钻井进尺110万米，实现经营收入37.52亿元，分别同比增长30.95%、10.21%；亏损1.37亿元，减亏3.33亿元；经济增加值(EVA)提升3.54亿元，升幅43.1%。在石油工程公司系统综合考核中排名第二，获石油工程突出贡献企业称号。

(台献民)

【深化改革】 2017年，华北石油工程公司坚持以改革化解发展中的矛盾与问题，积极推动扭亏脱困保市专项治理工作。完成各层级工商变更，以及石油工程公司下达的法人压减任务。优化调整新疆和鄂尔多斯地区外派机构，持续整合同质业务、压减管理层级、优化二级单位机构设置，机构费用下降15.8%。以价值创造为导向，完善绩效考核办法，加大工效挂钩力度，严考核，硬兑现，单位间效益工资差距达40%，处级干部间差距达42%，有效提高了增收创效的自觉性与积极性。精心编制公司深化改革扭亏脱困实施方案，稳步推进“三定”、主辅分离、富余人员分流安置、去产能等工作，压减劳动用工定员 23%；减少队伍 28 支，压减率 8.2%；累计分流安置富余人员 1 612 人。公务用车改革完成，成立车辆管理服务中心，实施领导班子公务用车改革和公务用车集中管控，压减公务用车 63 台，占总量的 25.4%，降低相关费用 690 余万元、降低 35.2%。

（台献民）

【外拓市场】 2017 年，华北石油工程公司树立“市场决定生存”理念，把市场作为生命工程抓，累计跟踪项目 393 个，新签项目 258 个，新签合同额 41.26 亿元、增加 28.08 亿元，增长 213.05%。外部市场收入占比达 42.77%，市场结构进一步优化。实行“市场专员制”，研究制定《市场开发管理办法》等 18 项市场及生产运行管理制度。实施国内市场转移战略，2 部钻机重新进入长庆油田市场；凭借致密油气施工技术领先优势，在中国海油市场钻机数量由上年的 1 部增加至 6 部。新开辟舞阳盐井项目，地热市场由山西扩展到河北雄安新区及青海干热岩井，非油领域市场规模不断扩大，投入钻机数量由 5 台增加到 13 台。国际市场提升战略有效落地，重点推进中东市场质的提升、非洲市场量的扩张、中亚市场风险规避。全年海外市场利润增长 16.81%，14 支钻井队单队利润超千万元，其中有 8 支钻井队利润超过 2 000 万元。中东市场钻前、井筒清洁、连续油管、硫化氢检测服务等项目拓展扎实推进，服务链延伸取得积极进展。尼日利亚市场结束 3 年停待，3 部70D 钻机相继启动。

（台献民）

成功开拓拜城煤层气市场

【HSE 管理】 2017 年，华北石油工程公司树立“安全决定幸福”理念，创新 HSE 管理模式，压实 HSE 管理责任，狠抓问题整改，确保安全环保态势平稳。严格落实“党政同责、一岗双责”，层层签订 HSE 目标责任书，全面签订 HSE 责任合同，实现 HSE 责任的合同化。对公司 2 271 个岗位的 HSE 岗位职责进行梳理完善，切实做到全员覆盖。印发 HSE 制度汇编和 HSE 管理手册，建立基层队 HSE 管理规范，夯实 HSE 基础管理。加强 HSE 专家库建设，完成公司 11 个专业、74 名 HSE 专家的选聘。HSE 异体监督工作全面推进，认真履行各级领导干部重点要害部位、关键装置承包督导检查；强化 HSE、井控、承包商、境外 HSSE 等各类检查，对各类检查中发现的较大以上隐患违章进行扣罚，对 26 名 HSE 应知应会考核不合格员工进行扣款。环保管理开展“电代油”“气代油”工程建设，推广泥浆不落地装置，减少废弃物排放。

（台献民）

【科技创新】 2017 年，华北石油工程公司成立技术服务公司，统筹技术研发、技术支撑与服务，着力打造技术创新孵化器与推进器。配套科技管理制度，健全科技进步激励机制，强化科技人才培养。对外签订科技开发技术服务合同 32 项，实现科技创收 1 392.3 万元。通过石油工程公司科技项目立项论证 6 项；累计获授权专利 11 件、软件著作权 2 项。完成中国石化自主品牌测井资料处理解释系统 Logik 的升级和技术推广；国家“863”计划“雷达成像测井样机研制”通过国家科技部验收，申请专利 9 件；“一种连续油管欠平衡冲砂装置”发明填补了国内油气井冲砂作业领域的技术空白；“侧面操作的顶开装置及使用该顶开装置的止回阀”在 7 家单位实施 536 件，实现产值 107.2 万元。新技术应用创多项纪录。顺北 4 井、顺北 5 井、顺北 6 井创国内多项钻井纪录；顺北评 2H 井创造亚洲最深井、水平井垂深最深测井纪录，同时创中国石化钻具输送对接深度最深纪录。通过推广应用核磁共振、RMT 测井技术，以及元素分析、三维定量荧光录井等技术，魏 191 井、D16 井等一批重点复查井实现高产。

（台献民）

【基层管理】 2017 年，华北石油工程公司开展“基层建设年”活动，打造基层创效单元。制订《基层建设年活动方案》，明确 5 项任务，建立 9 个专业活动模块，细化保障措施，建立起分工明确、协同推进的活动管理体系。建立党群系统基层联系点制度。梳理上位制度152项，完善未承接制度25项。整理汇编145项专业标准，有效推进施工作业的标准化、规范化。完成《学习华北》软件开发，并在全体基层员工中推广应用；组织《学习地图》及海外双语视频教材编制。结合"比学赶帮超"活动评价体系，分专业、分工区，按季度对基层队进行考核排名，有针对性地对管理薄弱队伍进行帮扶。优先保障排名靠前队伍的工作量，确保创效高的队伍多干活，表现好的员工多上岗，使基层员工效率和效益意识不断强化，基层队管理水平得到提升。公司"基层建设年"活动作为典型经验在石油工程公司系统进行推广。

（台献民）

扎实推进"基层建设年"活动

【项目管理】 2017年，华北石油工程公司从项目决策到项目考核6个方面规范项目管理流程，从生产运行、技术保障等7个方面完善亏损项目责任追究办法，建立起"分级决策、事先算赢、过程严控和后期追责"的项目闭环管理模式。严肃项目决策，否决3项不符合事先算赢要求的投标申请，退出5个无效项目，使亏损面得到有效遏制。

（台献民）

【成本费用管理】 2017年，华北石油工程公司严控费用支出，管理和销售费用同比减少1 304万元，"六项"重点费用减少107万元；充分利用各工区内部维修资源，节约修理费用597万元；加大资源共享力度，盘活闲置资产，内部调剂设备49台(套)，节约租赁费用1 822万元；严格新上项目投资论证及审批程序，累计压减固定资产投资2 217万元；加强资金预算和筹划，保持零带息负债运营，减少借款利息支出2 334万元；加强税务筹划，用好用足各项税收优惠政策，节约税款441万元。加强物资采购招标管理，实现集中采购和线上运行全覆盖，节约物资采购成本2 169.2万元。

（台献民）

【人力资源管理】 2017年，华北石油工程公司将用工总量控制指标与单位创收创效情况挂钩，完善相关奖惩激励配套措施，加强用工情况监管，使用工总量得到有效控制，人事费用率下降2.5个百分点。强化用工统筹，建立公司用工调剂平台，公司层面统筹调配198人次，各单位内部统筹调剂1 900余人次，有效解决了生产高峰期一线严重缺员问题。多渠道开展劳务输出，累计输出项目42个，输出用工230人，创效1 210万元，完成下达指标的101.6%。

（台献民）

【党建工作】 2017年，华北石油工程公司领导干部带头宣讲十九大报告及会议精神，抓实基层党支部和广大党员、干部员工的学习宣贯，采取"三会一课"学、流动党员线上学、书记讲党课、上微型党课、党员岗位讲述和报纸电视、网页微信宣讲等有效方式。开展"转观念、勇担当、强基层、创效益"专题讨论，广泛组织现场宣讲会及大讨论活动，使员工受教育全覆盖，把政治优势转化为发展优势。扎实开展好主题党日活动和党支部分类定级，促进基层党建与生产经营深度融合，发挥党支部在"三基"工作中的引领带动作用。不断完善"三重一大"决策制度，规范决策程序。树立正确用人导向，研究制定领导人员选拔任用工作责任追究、监督检查及能上能下管理办法，完善人才成长通道建设，选好配强领导班子，加强领导班子考核及干部业绩考核，各级干部干事创业的能力普遍增强。修订完善《中层领导人员廉洁情况"活页夹"实施方案》等8项制度，党风廉洁建设制度体系不断完善。层层签订党风廉洁建设责任书，压紧压实责任。

（台献民）

表 1　　华北石油工程公司主要技术经济指标　　亿元

指标名称＼年份	2017	2016①	2015	2014	2013
工业总产值	37.68	34.89	29.63	35.37	45.93
工业增加值	11.93	7.73	11.21	11.88	12.99
资产总计	42.89	49.54	43.36	46.16	45.84
流动资产	21.12	22.99	28.16	29.23	26.91
固定资产原值	49.42	50.86	28.51	28.40	29.39
固定资产净值	19.00	23.39	14.12	15.35	17.14
营业收入	37.62	34.04	34.04	35.37	45.90
实现税费	1.26	1.22	4.23	4.84	4.05
税　金	1.23	1.10	2.03	3.47	3.21
综合能耗/吨标煤·万元$^{-1}$	0.336	0.352	0.43	0.42	0.43

①从 2016 年开始，指标数据为原华北石油工程公司与原河南石油工程公司重组后合并数据

表 2　　华北石油工程公司主要生产建设指标

指标名称＼年份	2017	2016①	2015	2014	2013
钻井/口					
开　钻	457	344	207	193	198
完　钻	449	353	199	183	219
钻井进尺/万米	109.70	84.00	63.49	67.54	76.29
测井、射孔/井次	1 562	1 468	1 164	1 616	1 708
测井/万标准米	2 938.00	3 376.00	4 249.00	4 551.00	6 367.00
录井/口	512	341	232	355	436
录井进尺/万米	134.04	105.99	102.69	110.34	132.07
井下作业/井次	726	497	424	609	614
试油、试气/口	203	74	83	63	68
压裂/口	156	202	160	215	273
压裂/层(段)	480	748	944	1 018	—

①从 2016 年开始，指标数据为原华北石油工程公司与原河南石油工程公司重组后合并数据

石化机械公司

【概况】　中石化石油机械股份有限公司(简称石化机械公司)是中国石化石油石化技术装备研发、制造、技术服务中心和首批创新型企业，于 2012 年底由中国石化机械制造业务专业化整合重组而成，2015 年 7 月实现整体上市(证券简称石化机械，股票代码 000852)，总股本 5.98 亿股，集团公司持股 58.74%。

石化机械公司下辖四机公司、江钻公司、钢管分公司、三机分公司、四机赛瓦公司(持股 65%)及

机械研究院6家单位，主要分布在湖北武汉、荆州、潜江等地。其中，四机公司始建于1941年，是国家重大技术装备国产化基地、中国石化固井压裂设备国产化基地，中国石油钻采设备制造专业“十强企业”。江钻公司始建于1973年，是国家重点高新技术企业，拥有全球第一的牙轮钻头生产能力，入选第1批国家制造业单项冠军示范企业。钢管分公司始建于1975年，是中国中南部最大的钢管制造企业，在西气东输、川气东送等众多重点管线项目中创造良好业绩。中美合资四机赛瓦公司成立于1992年，是跟踪国际前沿技术和管理理念的重要窗口，国内石油行业最成功的合资企业之一。三机分公司始建于1950年，主体技术自美国德莱赛兰公司引进，是中国石化压缩机国产化基地。机械研究院组建于2010年，主要从事科技发展规划研究、前瞻性产品和技术研究，承担公司科技、质量、信息化管理等职能。石化机械公司机关设办公室(董事会办公室)、党群工作处(党委办公室)、人力资源处(党委组织部)、财务计划处、经营管理处(法律事务处)、市场发展处(外事办公室)、安全环保处、纪检监察处(审计处、监事会办公室)8个职能处室，以及物资采办中心、国际业务中心2个直属机构。

截至2017年底，石化机械公司用工总量7 210人，资产总额70亿元，净资产19亿元。

2017年，石化机械公司实现营业收入40亿元、利润总额4 400万元。

石化机械公司主要经济指标和主要产品产量分别见表1和表2。

(田治明)

【市场开拓全线告捷】 2017年，石化机械公司牢固树立市场是根、客户至上的理念，落实市场开拓“一把手工程”，加强营销服务体系建设，强化考核激励，集团内部、国内外部和海外市场新签合同额全面增长。抢抓机遇、深化合作、提升能力，优质高效服务集团公司重点工程，在潜江—韶关输气管道、涪陵和顺北产能建设、文23储气库等重大项目中创出良好业绩，实现集团内部市场新签合同额21.2亿元、同比增长162.4%。以差异化产品、特色化服务应对白热化竞争，高端钻采设备、高效钻头钻具、钢管等产品在中国石油、中国海油和地方市场扩大应用，实现国内外部市场新签合同额17.4亿元、增长6%。拓宽营销渠道，强力开拓海外市场，俄罗斯、北美、中东市场规模分别达4.4亿元、2.4亿元、1.6亿元，7 000米电动钻机、钻头成功进入中东市场，海外市场新签合同额11.8亿元、增长245.4%。

(田治明)

“中国石化机械”品牌首次亮相CIPPE

【科技创新成果丰硕】 2017年，石化机械公司持续加强科技创新平台和项目攻关团队建设，大力推进科技成果转化，科技创新战略支撑作用充分彰显。加快攻关“十三五”国家科技重大专项、集团公司重大科技专项课题，突破关键技术，取得一批重大创新成果。50型电动压裂撬和140兆帕高压管汇撬工业试验获得成功。160吨带压作业设备成功应用，打破大吨位高端同类产品进口垄断，达到国际领先水平。45吨连续油管作业设备成为页岩气开发新利器。中国首台全自动电驱海洋固井设备完成模拟测试。9 000米电动钻机在西北超深井投入应用。个性化高效钻头钻具在涪陵、顺北、威远等难钻地层创160项施工新纪录，承担亚洲最深井川深1井90%的进尺。35兆帕高压注气采油压缩机投产运行。可溶桥塞、压裂封隔器管柱、水力振荡器等一批井下工具取得良好试用效果。无溶剂内减阻涂层等钢管制造新技术在重点管道建设项目成功应用。获授权专利101件、受理发明专利27件。

(田治明)

160吨带压作业装备

【转型发展积极推进】 2017 年，石化机械公司把加快发展服务制造作为转方式调结构的着力点，推进从产品制造向服务制造转型，提升服务能力，拓展增收创效途径。钻完井工具一体化服务在超深井钻井提速提效中再立新功，设备改造维修保运一体化服务有力延伸产品价值链，伴生气回收和钻井燃气动力服务进入西北油田市场，安全检测完成专业化整合、扩展新的服务项目，服务制造继续保持较快增长势头，实现新签服务合同额 13.9 亿元、同比增长 20.6%。以供给侧结构性改革为主线，发挥技术和制造优势，扩大开放合作，推进产业延伸，非油工程钻具及地铁预埋槽订货突破 1 亿元；压裂返排液处理设备、尾气处理液加注机研制取得重要进展；新能源业务、炼化装备的发展方向进一步明确。

（田治明）

【深化改革持续发力】 2017 年，石化机械公司致力增活力提效率，把深化改革作为促进企业发展的关键一招，改革调整取得积极进展。集团公司将石化机械公司纳入直管企业序列，对资源共享、市场协同、管理提效等起到有力的促进作用。专班推进、企地联动，圆满完成承德江钻法人注销、人员分流安置等“僵尸企业”治理任务，社区管理职能移交顺利推进，队伍和社区保持稳定。赋权配责、激发活力、包管并重，10 家内部承包经营单位合计完成收入 6.7 亿元、同比增长 46%，累计实现利润 6 692 万元、增利 1.6 亿元，4 家增利、2 家扭亏、4 家减亏，涌现出一批敢担当、有作为的经营管理人员，队伍精神面貌焕然一新。开展划小核算单元试点，取得阶段性成果，为建立完善市场倒逼机制奠定良好基础。改革考核制度，强化效益导向、突出上下联动、严考核硬兑现，绩效考核的指挥棒作用进一步彰显。压减法人层级，全面完成二级单位公司制改造，精简基层机构 9.7%，净减用工总量 509 人，“瘦身健体”继续向前推进。

（田治明）

【管理创效成绩显著】 2017 年，石化机械公司以增强价值创造为目标，一以贯之强化管理，向管理要效益。以深入反思整改上级监督检查发现的问题为契机，全面梳理、修订完善企业管理制度和内控手册，不断夯实“三基”工作，促进管理的规范化。集中力量完成 ERP 系统建设和 MES 系统上线运行，各分子公司的信息标准、应用系统和网络基础设施，跨入统一管理模式、统一集成应用和统一协同优化新阶段，信息化建设迈上新台阶。推进框架协议采购，推广易派客等平台采购，招标采购率同比提高 15.6 个百分点。导入精益成本管理模块，完善精益管理推进机制，狠抓降本增效，整体毛利率提升 16.2 个百分点。严控费用支出，在收入增长 16% 的情况下，管理和销售费用下降 4%。强化资金风险管理，综合运用催收、抵账、诉讼等方式清收，全年回收资金 44.5 亿元，资金净流入 1.9 亿元，冲回坏账准备 4 831 万元，付息债务较上年下降 6 345 万元。

（田治明）

【QHSE 工作扎实有效】 2017 年，石化机械公司牢固树立底线意识，始终把 HSE 和质量管理放在突出位置，持之以恒完善管理体系，不断提升体系运行的有效性，主要指标得到有效控制。对 12 个市场项目开展全方位质量策划和方针管理，实施 16 项质量问题“双归零”管理，推进质量风险防控与问题整改，提高产品和服务质量。积极开展群众性质量管理活动，2 个 QC 小组被授予全国优秀质量管理小组称号。认真组织计量器具检定、现场校准工作，在集团公司计量大检查中获板块第 2 名。主持及参与制（修）订国标 1 项、行业标准 8 项、中国石化企业标准 8 项，提高了行业影响力。强化安全管理责任落实与风险防控，加强直接作业环节管理，推行高风险行业标准化示范点建设，杜绝员工及承包商人员重伤及以上事故，损失工作日轻伤事故减至 3 起、同比下降 66%。对职业病危害因素实行动态监控，提高噪声超标场所防护等级，进一步规范职业健康管理。关停燃煤锅炉，采用地热技术提供清洁能源，解决锅炉“三废”污染问题；依法处置危险废弃物，获地方政府环保巡视组好评。

（田治明）

【党的建设更加有力】 2017 年，石化机械公司以迎接十九大召开、学习宣贯十九大精神为主线，认真落实国有企业党的建设工作会议部署，充分发挥政治优势，凝聚扭亏脱困强大合力。着力促进融合、服务大局，把党的建设融入公司治理，在集团内部上市企业中率先完成“党建入章”工作；深入开展“转观念、勇担当、抓改革、促扭亏、创效益”主题活动，推进党建思想政治工作与公司中心任务同频共振。着力抓班子、带队伍，加强两级班子建设，党员干部的政治意识、大局意识、担当意识和履职能力普遍增强，“火车头”作用有效发挥；认真落实党管干部、党管人才原则，调整提拔中层领导人员 28 人，建立中层后备干部库，充分发挥外籍专家、公司专家等高层次人才的作用，畅通专业人才成长通道，有效激发干事创业热情。着力聚人心、保稳定，用好网站、微信、内部刊物等媒体平台，传递公司好声音，树立身边好榜样，营造上下同心齐努力、承压奋进破危局的良好氛围；大力倡导家园文化，关注员工疾苦，化解各类矛盾纠纷112件，发放慰问金和物资200多万元，维护公司和谐稳定大局。着力树正气、转作风，坚决遏制“四风”，坚决反对歪风，坚决查处违规违纪问题，建立容错纠错机制，凝聚一心一意干事业的正能量；加强和改进督办工作，强化扭亏脱困重点工作落实，建立周例会、保收保效任务日报制度，促进执行力提升。成功召开公司第一次党代会，为今后5年的发展把关定向、谋篇布局，牢牢把握发展主动权。

（田治明）

【荣誉称号】 石化机械公司入选第2批国家制造业单项冠军示范企业。被评为集团公司质量管理先进单位。

（田治明）

表1　　石化机械公司主要经济指标　　亿元

指标名称＼年份	2017	2016	2015	2014	2013
总资产	70.00	65.20	73.78	78.36	85.51
净资产	19.00	18.36	25.42	25.36	24.98
固定资产	13.08	13.04	14.12	15.22	16.24
营业收入	40.00	34.44	50.96	77.48	83.82
利润总额	0.44	-7.83	0.41	2.48	1.50

表2　　石化机械公司主要产品产量

指标名称＼年份	2017	2016	2015	2014	2013
机械产品吨位/万吨	24.50	17.00	24.70	31.80	34.32
设　备	0.90	0.68	1.60	2.41	1.96
设备配件及工具	1.10	0.67	0.92	1.35	1.30
钢　管	22.50	15.65	22.18	28.04	31.06
机械产品产量					
钻修设备/台(套)	42	48	89	123	97
固压设备/台(套)	118	120	310	510	529
钻头/只	31 001	11 863	20 366	40 577	44 759
天然气压缩机/台(套)	21	10	27	38	27

炼化工程公司

【概况】 中石化炼化工程(集团)股份有限公司(简称炼化工程公司)于2012年8月28日在北京注册成立，9月3日举行揭牌仪式。2013年5月23日在香港联合交易所挂牌上市，在港交所股票简称：中石化炼化工程，股票代码为2386。

作为中国石化炼化工程领域的唯一运营主体，炼化工程公司具备包括工程设计综合甲级资质、全国行业化工石油一级施工总承包等优良、全面的业务资质。具备同时执行20个以上大型EPC总承包项目、年完成设计投资额1 000亿元的生产能力和经营规模，并拥有一批具有自主知识产权的炼油全系列技术和乙烯裂解炉、聚乙烯、聚丙烯、丁二烯等化工成套核心技术，以及较为完善的施工技术和工法体系，可自行设计、建设单系列的千万吨级炼油厂和百万吨乙烯工程。业务领域覆盖技术研发、技术咨询、工程设计、设备制造、工程施工、项目管理、EPC总承包、施工总承包、投料试车等；业务覆盖炼油、石油化工、煤化工和储运等多个领域。

炼化工程公司境内共有10家全资子公司及1家研发中心，分别为：工程建设公司、洛阳工程公司、上海工程公司、宁波工程公司、南京工程公司、第四建设公司、第五建设公司、第十建设公司、重型起重运输工程公司、中石化节能技术服务有限公司以及工程技术研发中心。

截至2017年底，炼化工程公司用工总量22 903名，其中包括1名中国科学院院士和2名中国工程院院士、7名国家级设计大师、43名享受政府特殊津贴专家、17名集团公司高级专家和3 000余名各专业注册类工程师。

2017年，美国《工程新闻记录》(ENR)国际250强工程承包商排名中，炼化工程公司名列第53位，比2016年上升22位，公司整体实力和品牌影响力持续提升。

（刘红叶）

【生产经营任务全面完成】 2017年，炼化工程公司面对复杂多变的国内外宏观经济形势以及极其严峻的炼油、化工工程市场环境，及早谋划，积极应对，夯实基础，深化改革，突出创新，取得较好的经营业绩。全年实现收入362.09亿元；资产负债率保持低位，现金流表现依旧强劲；新签合同量为390.63亿元，同比大幅增长41.7%。截至2017年底，未完成合同量为910.28亿元，增长3.2%。

（刘红叶）

【全力保障集团公司重点工程项目顺利实施】 2017年，炼化工程公司坚持安全生产常抓不懈，全面强化质量管理，参建的集团公司重点工程项目均顺利推进，累计实现197.64百万安全人工时，焊口合格率提高3.36%，公司安全质量总体受控。

（刘红叶）

【全面强化安全质量管理】 2017年，炼化工程公司落实集团公司质量安全工作部署和要求，持续推进体系建设，落实主体责任，强化风险防控，实施标准化管理，吸取事故教训，切实提高公司质量安全工作成效。全年成立专业安全分委会41个，修订完善岗位安全责任制6 812个，制定直接作业制度20项，开展工程设计本质安全科技项目研究10项。建立4个安全仿真实训基地，5 000余名项目一线人员接受实操培训。

（刘红叶）

【国际市场开拓卓有成效】 2017年，炼化工程公司紧紧抓住国家"一带一路"建设机遇，项目前期开发工作取得成效，业务领域从传统的设计、EPC、施工逐步扩展至前期咨询、项目策划、融资安排及为客户提供一站式整体解决方案的全方位工程服务。全年新签境外合同15.29亿美元，完成全年15亿美元目标，其中设计和EPC等业务占比达79.64%。联合意大利Technimont公司，中标俄罗斯阿穆尔天然气处理厂(AGPP)公用工程总承包项目；在市场变化较大的情况下沙特市场保持持续稳定，南京工程公司以优质服务赢得客户信任，中标沙特阿美Qatif泵站扩能及长输管线IK－EPC项目，实现在沙特阿美EPC总承包项目上的新进展。

（刘红叶）

【"十条龙"攻关全面完成任务】 2017年，炼化工程公司积极推进技术创新和技术资源共享协同。全年承担的23个"十条龙"攻关项目按时完成阶段任务，湖北化肥煤制乙二醇、金陵沸腾床渣油加氢等6个项目完成攻关任务出龙。20万吨/年固体酸烷基化、重质原料增产低碳烯烃和BTX、2 000吨级清洁高效粉煤气化、气相聚丙烯产品VOC脱除、大通量等离子体处理VOCs共5个项目加入"十条龙"攻关。茂名环氧乙烷、天津LNG、石家庄烷基化等5套装置实现一次开车成功或中交。镇海水煤浆气化、海南二代芳烃、能效提升等课题完成阶段攻关目标。

（刘红叶）

【标准化工作取得实质性进展】 2017年，炼化工程公司一体化的标准化工作取得重要进展。技术标准体系建设取得阶段性成果，全年发布38批各类技术标准146项、标准图10项；23个专业的施工技术标准498项，全面替代各单位施工技术标准；技术标准已基本统一，并在中安、中科等项目上应用。

（刘红叶）

【技术创新成果显著】 2017年，炼化工程公司突出专利战略和专利申请策略，加大新业务、核心技术专利组织和管理，专利质量持续提升。全年完成新专利申请466件(发明专利占52%)，获授权专利312件(发明专利占43%)。95项(次)成果获国家、集团公司各类科技进步表彰。参与的“煤制油品/烯烃大型现代煤化工成套技术”“高效甲醇制烯烃全流程技术”2个项目获国家科技进步一等奖，“提高轻油收率的深度延迟焦化技术”获国家科技进步二等奖，16个项目获中国石化科技进步奖，20个项目获年度优秀工程设计奖，11个项目获优质工程奖。5家工程公司均被命名为集团公司创新型企业。

(刘红叶)

【专业化重组稳步推进】 2017年，炼化工程公司按照“1+N”的形式，形成《关于深化改革、强化管理、创新发展的报告》，为公司下一步发布深化改革指导意见奠定基础。资本运作取得进展，成功收购中石化节能技术服务公司，是公司利用募集资金探索新业务、新模式，运用资本运营方式延伸业务领域的有益尝试。依托子公司已有成熟资源，构建统一、共享、高效的服务支持中心和专业发展中心，按照“成熟一家挂牌一家”原则，有序推进土壤治理中心、装备技术中心的组建；扎实开展压减法人户数工作，全年公司所属5家法人单位被列入集团公司压减工作计划，已完成江苏南华、珠海事必迪、洛阳龙浦的注销工作。专业化改革成效显现，起运公司大力开拓境内外市场，积极提升专业能力，打开了专业化运营的局面，为公司持续深化专业化改革积累了经验；研发中心与各单位协同创新的局面开始形成，与各单位协同研发项目65项，已完成24项。研发领域涉及炼油、化工、新型煤化工、生物能源、节能环保及施工相关技术，其中集团公司项目30项，逐步形成与石油化工科学研究院等院所的差异化特色。

(刘红叶)

【ERP国内业务全面上线】 2017年，炼化工程公司按照集团公司“抓好落实，率先上线”要求，于11月8日提前完成全部推广单位ERP及周边系统上线任务。完成381项业务流程、346项业务场景、45项专题方案、92项数据收集模板、379项单元测试脚本、12项集成测试脚本设计及561项模板开发，与13个周边系统部署集成接口145个，模板标准化率90%，创新点45项，填补了国内工程企业ERP系统全业务链应用空白。已培育70名优秀讲师，培养395名关键用户，培训2 503名最终用户。ERP的成功上线将推动公司流程标准化、管理规范化、业务信息化水平迈上新台阶。

(刘红叶)

【精细管理、降本增效成效突出】 2017年，炼化工程公司全面开展挖潜增效专项活动，实现挖潜增效5.97亿元，其中增收增效1.79亿元、优化增效0.92亿元、降本增效3.26亿元。管理费用、销售费用及“六小费”均同比下降。

(刘红叶)

【党建工作扎实推进】 2017年，炼化工程公司党委坚持不懈强化理论武装，深入学习党的十八届六中全会和十九大精神，学习习近平系列重要讲话精神，深入推进“两学一做”学习教育常态化制度化。落实“党建入章”工作，修订完善《党委会议事规则》。落实“一岗双责”，细化责任清单。以集团公司“7+1”制度为导向，制定完善公司境内外项目党建工作管理办法，进一步强化基层组织建设，提升服务发展的战斗力。层层落实责任，签订党风廉洁建设责任书1 300余份，“两个责任”和“一岗双责”进一步压紧压实。全年举办各类反腐倡廉教育活动989场次，廉洁文化建设不断推进。成立监督委员会，公司“大监督”格局基本形成。坚持问题导向，围绕重点领域、关键环节开展专项督察和治理，过程管控进一步加强。践行运用监督执纪“四种形态”，风清气正、干事创业的良好生态正在形成，党风廉洁建设和反腐败工作取得新成效。全力做好维稳工作，实现“特殊敏感时期零上访”的工作目标。加强对工会、共青团工作的领导，支持工团组织紧密围绕生产经营中心，充分发挥其桥梁纽带作用。深入开展宣传思想工作，组织“转观念、勇担当、创效益”专题讨论。积极融入“一带一路”建设，哈萨克斯坦阿特劳炼油厂多次被中央电视台、《中国日报》等权威媒体新闻报道。

(刘红叶)

工程建设公司

【概况】 中国石化工程建设有限公司(简称工程建设公司)的前身成立于1953年，是中国首家石油炼制与石油化工工程设计单位。位于北京市朝阳区，拥有职工2 200余人，其中中国工程院院士2名、全国工程勘察设计大师5名、行业设计大师10名、教授级职称100余人、高级职称近1 300人。

2017年，工程建设公司实现营业收入101.72亿元，实现利税13.17亿元，共完成设计项目355项、开车项目31项。共获国家和省部级科技奖励42项，其中国家科技进步一等奖2项、二等奖1项，省部级科技进步一等奖4项、发明二等奖1项，集团公司优秀工程设计一等奖3项，还获得首届中国节能环保创新应用大赛特等奖1项。全年获专利授权64件，其中发明专利36件。截至2017年底，拥有有效专利600余件、专有技术240余项。在国际权威的《工程新闻记录》(ENR)和《建筑时报》联合推出的中国工程设计企业60强排名中，工程建设公司再次高居榜首，实现四连冠，并蝉联最具国际拓展力工程设计企业第1名。

工程建设公司主要生产经营指标、开车项目及项目获奖情况分别见表1、表2和表3。

（门宽亮）

【领导班子调整】 2017年4月，集团公司党组决定：郑立军、张秀东任工程建设公司党委委员、副总经理。截至2017年底，公司领导班子成员包括：孙丽丽、王曰杰、李旭升、赵向东、李浩、王振国、郑立军、张秀东。

（门宽亮）

【中天合创MTO装置一次开车成功】 2017年8月16日，由工程建设公司总承包的中天合创鄂尔多斯煤炭深加工示范项目甲醇制烯烃(MTO)装置(I线)打通全流程，产出合格乙烯和丙烯产品，标志着中国石化具有完全自主知识产权的S-MTO技术日益成熟。

（崔丹玫）

【安庆石化RLG装置建成投产】 2017年12月4日，由工程建设公司总承包的中国石化安庆分公司100万吨/年催化柴油加氢转化(RLG)装置一次投料开车成功。RLG技术由工程建设公司与石油化工科学研究院联合开发，可将劣质催化柴油选择性加氢转化为高辛烷值汽油组分，既能大幅降低柴汽比，又可提升柴油品质，为推进中国油品结构优化提供了解决方案。

（崔丹玫）

【中海炼化惠州二期炼油装置一次开车成功】 2017年9月24—27日，由工程建设公司作为总体院和主要装置设计单位的中海炼化惠州炼油二期项目1 000万吨/年常减压装置、190万吨/年航煤加氢装置、400万吨/年渣油加氢装置、480万吨/年催化裂化装置、240万吨/年催化汽油吸附脱硫(S-Zorb)装置先后一次开车成功，并实现安全平稳运行。

（崔丹玫）

中海炼化惠州炼油二期项目部分装置

【境外业务勇创佳绩】 2017年，工程建设公司持续加大境外项目执行和管控力度，所有境外项目进展顺利，境外营业收入比重达46%，其中在马来西亚RAPID项目中，工程建设公司与众多世界著名工程公司同台竞技，成为首家施工进度超过90%的总承包商，同时安全人工时达1 320万个，实现了进度从跟跑到领跑的飞跃。

（门宽亮）

【泰国聚丙烯装置开车成功】 2017年8月8日，工程建设公司总承包的泰国石油精制石油化学企业(IRPC)38.5万吨/年聚丙烯(PPE)装置一次开车成功，10月10日，12万吨/年聚丙烯(PPC)装置一次开车成功。泰国聚丙烯项目是工程建设公司首次以EPCC模式建成的境外石油化工项目，该项目已通过性能考核，全面满足合同要求。

（崔丹玫）

泰国IRPC聚丙烯(PPC)装置

【工程咨询助力高质量发展】 2017年，工程建设公司继续发挥工程咨询推动高质量发展的作用，积极参与中国石化四大炼化基地建设方案的优化工作。先后为中国石化18家企业在区域优化、结构调整、原料优化、挖潜增效等方面提供咨询服务；开发新型千万吨级炼化一体化加工路线，大力推进燃料型炼厂向化工型炼厂转型；为中海油惠州、中化泉州、华锦、三江、南山等用户开展中长期规划和分步实施方案研究；为沙特、泰国、印尼、俄罗斯等“一带一路”沿线国家用户提供工程咨询服务。

（崔丹玫）

【数字化交付业务成为新的增长点】 2017年，工程建设公司作为主编单位承担的国家标准《石油化工工程数字化交付标准》完成报批，得到行业专家广泛认可，有效填补了国内空白。在此基础上，承担了以中科炼化一体化为代表的多个大型项目数字化交付拿总和科研攻关项目，不断扩大新的增值服务领域。

（门宽亮）

【4项“十条龙”项目顺利“出龙”】 2017年，工程建设公司先后有4项集团公司“十条龙”科技攻关项目顺利“出龙”，分别是LCO生产高辛烷值汽油或BTX原料加氢转化技术开发与应用（RLG）、高压XLPE绝缘料工业技术开发、20万吨/年合成气制乙二醇成套技术开发和沸腾床渣油加氢技术。

（崔丹玫）

【境内市场持续突破】 2017年，工程建设公司坚持“用有温度的服务把市场和效益带回家”理念，大力开拓境内外市场。在境内先后新签中化乙烯、中沙聚碳等总承包合同，古雷乙烯、镇海烷基化、克拉玛依润滑油加氢、宝来乙烯等工程设计合同，中科炼化一体化、中沙聚碳、古雷乙烯、烟台万华等数字化交付合同。全年共新签各类境内合同154个，合同额120.59亿元，同比增长106%。

（崔丹玫）

【获劳氏新版质量体系认证】 2017年，工程建设公司主动对接ISO组织发布的新版质量和环境体系标准，全方位梳理各项业务流程，编制末级作业流程图及配套风险清单668张，制（修）订运营管理和项目管理标准251项，高水平完成QHSE管理体系转版工作，以此推进各项管理工作由结果管理向过程管控、风险管控转变，成为国内首家获英国劳氏质量认证公司新版认证的工程公司。

（门宽亮）

【掀起学习党的十九大精神热潮】 2017年，工程建设公司掀起学习十九大精神和习近平新时代中国特色社会主义思想的热潮，公司党委结合员工思想和生产经营实际，制订实施方案，领导班子成员深入各部门、党支部和项目现场讲授专题党课。各党支部采取收听收看党的十九大开幕会、网上答题、观看“砥砺奋进的五年”大型成就展等多种形式，确保学深悟透、入脑入心，以十九大精神指引公司改革发展各项工作。

（门宽亮）

【圆满完成职代会和工代会换届】 2017年12月28日，工程建设公司召开第三次职工代表大会暨工会会员代表大会。大会听取和审议公司工会第二届委员会工作报告和工会经费审查报告，选举产生公司工会第三届委员会和经费审查委员会，审议通过公司工会第三届专门委员会成员名单。

（门宽亮）

【徐承恩院士当选“感动石化”人物】 2017年3月17日，第三届“感动石化”人物颁奖仪式在北京举行，中国工程院院士、工程建设公司专家委员会主任徐承恩当选为十大感动人物，以表彰他献身祖国炼化事业长达60余年的执着与坚守。

（门宽亮）

徐承恩院士当选“感动石化”人物

【吴雷获中国石化科技创新功勋奖】 2017年3月21日，集团公司高级专家、工程建设公司首席专家吴雷在集团公司科技进步工作会议上获中国石化科技创新功勋奖，成为年度该奖项唯一获得者，以表彰其在催化裂化、甲醇制烯烃（MTO）的开发和应用中做出的突出贡献。

（门宽亮）

表 1　　工程建设公司主要生产经营指标　　亿元

指标名称 \ 年份	2017	2016	2015	2014	2013	2012
资产总值	133.56	138.04	101.51	90.93	69.16	79.00
设计投资额	296.94	291.94	324.82	360.80	381.58	377.43
主营业务收入	101.72	111.65	94.76	119.95	101.17	93.49
利　税	13.17	16.43	16.93	18.14	19.02	20.51
承接合同数量/项	188	294	181	155	166	154
授权专利数量/件	64	63	154	87	52	72

表 2　　工程建设公司 2017 年开车项目

序号	项目名称	开车日期	备 注
1	中国海油东方石化产品质量升级改造项目二期工程 60 万吨/年柴油加氢装置	1 月 2 日	
2	泰国 IRPC 公司外取热器 tie-in 项目	3 月 8 日	
3	福建中江石化有限公司 35 万吨/年聚丙烯装置(ST)	4 月 8 日	
4	中国石化济南炼化 140 万吨/年催化装置大修改造项目	4 月 21 日	
5	中国石化齐鲁分公司烯烃厂乙烯装置 BA－102 裂解炉改造	5 月 2 日	
6	利华益 100 万吨/年连续重整装置	6 月 16 日	
7	中国石化金陵分公司 60 万吨/年异丁烷装置	6 月 17 日	
8	中国石油辽河石化公司 40 万吨/年柴油加氢装置适应性改造	7 月 1 日	
9	中海炼化惠州炼油二期 180 万吨/年连续重整装置	7 月 1 日	
10	中国石化沧州炼化劣质化原油加工和延迟焦化装置优化改造项目	7 月 2 日	
11	金陵亨斯迈有限责任公司 24 万吨/年环氧丙烷装置及配套工程	7 月 8 日	
12	中国石化荆门分公司 200 万吨/年渣油加氢装置及系统配套改造项目	7 月 14 日	
13	中国石化齐鲁石化芳烃装置吸附室国产化改造项目	7 月 26 日	
14	泰国石油精制石油化学企业(IRPC)38.5 万吨/年聚丙烯(PPE)装置改造项目	8 月 8 日	EPC＋C
15	中天合创鄂尔多斯煤炭深加工示范项目 2 套 180 万吨/年 S－MTO 装置(1 线)	8 月 16 日	EPC
16	重庆中石化通汇能源有限公司涪陵液化天然气(LNG)工厂	8 月 30 日	中交日期 EPC

续表

序号	项目名称	开车日期	备 注
17	中国石化安庆分公司污水处理场脱总氮及提标改造	9 月 5 日	
18	福建联合石化公司催化裂化装置烟气净化系统	9 月 13 日	
19	江苏斯尔邦醇基多联产项目 10 万吨/年丁烯氧化脱氢制丁二烯装置(BID)	9 月 18 日	
20	江苏斯尔邦醇基多联产项目 1 万吨/年 MTBE 装置	9 月 18 日	
21	中海炼化惠州炼油二期 1000 万吨/年常减压装置	9 月 24 日	
22	中海炼化惠州炼油二期 400 万吨/年渣油加氢装置	9 月 25 日	
23	中海炼化惠州炼油二期 190 万吨/年航煤加氢装置	9 月 25 日	
24	中海炼化惠州炼油二期 480 万吨/年催化裂化装置	9 月 27 日	
25	中海炼化惠州炼油二期 240 万吨/年催化汽油吸附脱硫 S – Zorb 装置	9 月 27 日	
26	泰国石油精制石油化学企业(IRPC)12 万吨/年聚丙烯(PPC)装置	10 月 10 日	EPC + C
27	中国石化镇海炼化 2.7 万吨/年裂解汽油抽提装置	10 月 16 日	
28	中国石化中原油田分公司普光天然气净化厂工艺流程改造及安全隐患治理工程	11 月 16 日	中交日期 EPC
29	中国石化湛江东兴公司新建 120 万吨/年催化汽油吸附脱硫 S – Zorb 装置	11 月 29 日	
30	中国石化安庆分公司 100 万吨/年催化柴油加氢转换(RLG)装置	12 月 4 日	EPC
31	清江石化催化烟气脱硫脱硝除尘项目	12 月 28 日	

表 3　　工程建设公司 2017 年项目获奖情况

序号	项目名称	获奖名称	获奖等级
1	高效甲醇制烯烃全流程技术	国家科技进步奖	一等奖
2	煤制油品/烯烃大型现代煤化工成套技术开发及应用	国家科技进步奖	一等奖
3	提高轻油收率的深度延迟焦化技术	国家科技进步奖	二等奖
4	元坝天然气净化工程技术开发与工业试验	集团公司科技进步奖	一等奖
5	劣质油浆生产优质针状焦技术开发及工业应用	集团公司科技进步奖	一等奖
6	20 万吨/年气体裂解炉开发及工业化应用	集团公司科技进步奖	一等奖
7	大型聚乙烯连续混炼挤压造粒机组国产化研究	集团公司科技进步奖	一等奖
8	乙烯急冷系统大型化关键技术与应用	天津市科技进步奖	一等奖
9	中化泉州石化有限公司 100 万吨/年乙烯及炼油改扩建项目申请报告	全国优秀工程咨询成果奖	一等奖
10	福建联合石化公司乙烯脱瓶颈改造项目 99 万吨/年乙烯裂解装置改造	集团公司优秀工程设计奖	一等奖
11	中国石化济南分公司 60 万吨/年逆流移动床重整装置改造	集团公司优秀工程设计奖	一等奖

续表

序号	项目名称	获奖名称	获奖等级
12	中国石化西南油气分公司元坝气田天然气净化厂	集团公司优秀工程设计奖	一等奖
13	S-Zorb 工艺和工程技术	首届中国节能环保创新应用大赛	特等奖
14	中国石化中原油田分公司普光天然气净化厂项目	优秀工程总承包奖	金钥匙奖
15	低成本柴油加氢催化剂开发及长周期稳定生产国Ⅴ柴油工艺工程技术	集团公司科技进步奖	二等奖
16	城市达标污水利用成套技术开发及工业应用	集团公司科技进步奖	二等奖
17	武汉分公司 80 万吨/年乙烯工程污水处理场	集团公司优秀工程设计奖	二等奖
18	中国石化齐鲁分公司第一催化隐患治理及节能改造 260 万吨/年催化裂化装置	集团公司优秀工程设计奖	二等奖
19	关键设备用 Cr－Mo 钢的研发及产业化	中国冶金科工集团有限公司科技进步奖	二等奖
20	中国石化武汉分公司 80 万吨/年乙烯工程	优秀工程总承包奖	银钥匙奖
21	大型特厚板焊加氢核心装备创新设计、关键材料、制造技术集成及产业化应用	中国石油和化学工业联合会科技进步奖	三等奖
22	《钢制球形储罐标准(GB 12337)》	中国机械工业联合会科技进步奖	三等奖
23	双相钢高压换热器和高压空冷器成套工程技术开发	集团公司科技进步奖	三等奖
24	《重质油裂解制轻烯烃》	集团公司科技进步奖	三等奖
25	石油化工工厂布置设计规范	集团公司科技进步奖	三等奖
26	《汽车加油加气站设计与施工规范》(GB 50156—2012)	集团公司科技进步奖	三等奖
27	兵器工业集团精细化工及原料工程项目可行性研究报告	工程咨询成果奖	三等奖
28	齐鲁分公司汽柴油国Ⅴ质量升级技术改造项目	集团公司优秀工程设计奖	
29	120 万吨/年 S－Zorb 催化汽油吸附脱硫装置	集团公司优秀工程设计奖	
30	南京金陵亨斯迈新材料有限公司环氧丙烷项目 PO/MTBE 装置	集团公司优秀工程设计奖	
31	聚丙烯技术创新团队	中国石化优秀创新团队	

洛阳工程公司

【概况】 中石化洛阳工程有限公司(简称洛阳工程公司)是炼化工程公司全资子公司。其前身是石油工业部抚顺设计院，成立于 1956 年 10 月，2012 年完成公司制改制，与中石化广州工程有限公司实行一体化管理。洛阳工程公司是国内能源化工领域集技术专利商与工程承包商为一体的高新技术企业，是国家级企业技术中心，拥有国家工程设计综合甲级资质，拥有工程总承包、工程设计、工程监理、工程咨询和环境影响评价等甲级资格证书。

截至 2017 年底，洛阳工程公司有在册职工 1 798 人，有中国炼油催化裂化工程技术的奠基人、中国科学院院士陈俊武和国家设计大师 4 名、石油化工行业设计大师 8 名，享受政府特殊津贴专家 23 人，教授级专业技术人员66人、高级专业技术人员993人、各类注册工程师530余人。公司广州基地人员规模已达1 294人，设计、总承包主营业务在广州运行；洛阳基地504人，由洛阳基地管委会强化运营管理，广州洛阳一体化管理顺畅平稳。

洛阳工程公司在石油炼制、石油化工、油气储运、煤化工、煤制油、新能源、液化天然气（LNG）等多个领域形成独具特色的工程技术优势和工程承包能力，先后承担并完成渣油加氢处理、低压组合床重整、灵活高效催化裂化（FDFCC）、甲醇制低碳烯烃（DMTO）等一批国家和集团公司的科技攻关课题。截至2017年底，累计获国家级科技进步奖和发明奖50项，省部级科技进步奖和技术发明奖324项；获国家级优秀设计奖25项，省部级优秀设计奖121项；获国家和省部级优质工程奖53项，获全国优秀总承包金、银钥匙奖9项，拥有国内外有效授权专利876件。

洛阳工程公司主要生产经营指标和2017年主要中交及投产工程项目分别见表1和表2。

（郭　晓）

【优化调整组织机构】 2017年11月22日，洛阳工程公司正式成立洛阳基地管理委员会及综合管理室、综合项目室、综合设计室3个部门，旨在盘活用好洛阳人力资源，确保洛阳基地员工队伍和离退休队伍的整体稳定。洛阳基地管委会由姚舜、郭彦民、李智高、裴炳安、杨杰、吴永祥6人组成，姚舜任洛阳基地管委会主任。优化调整后，洛阳工程公司部门数量由原来的30个增至33个。

（郭　晓）

【技术研发成果丰硕】 2017年，洛阳工程公司进一步强化技术合作开发，大力开拓新技术领域，创新能力显著提升，对公司业务链延伸及市场开拓的支撑作用日益显著。全年开展科技开发项目129项，集团公司"十条龙"科技攻关项目9项；完成科研开发项目15项，通过省部级及以上立项课题36项，通过省部级及以上技术鉴定（评议、验收）18项；完成专利申请99件，获国家授权专利92件，其中发明专利39件；完成国家标准阶段稿14项，行业标准阶段稿26项。

（郭　晓）

【市场品牌效应进一步显现】 2017年，洛阳工程公司坚持突出目标市场，加强战略合作，充分发挥广州、洛阳、北京、山东四地协同开发优势，建立多方位营销渠道，积极开拓国内外市场。全年签订境内合同147份，合同额131.4亿元，超额完成年度指标；签订境外合同6份，合同额3 800万美元。

（郭　晓）

【中标3项国家科学技术部"十三五"科技攻关项目】 2017年5月，由洛阳工程公司等单位联合申报的"废气处理等苛刻环境用超级奥氏体不锈钢研制及应用""超低温及严苛腐蚀条件下低成本容器用钢开发与应用""新一代压水堆核岛用钢及临氢化工大单重特厚板"3个项目成功中标国家科技部"十三五"科技攻关项目。

（郭　晓）

【2项成果喜获国家科技进步奖】 2017年，洛阳工程公司参与开发的"煤制油品/烯烃大型现代煤化工成套技术开发及应用"获国家科技进步一等奖，是继DMTO成套技术开发项目获得国家技术发明奖一等奖、国家科学技术进步奖特等奖后，在现代煤化工中领域获得的又一项国家级科技大奖；参与开发的"重型压力容器轻量化设计制造关键技术及工程应用"项目获国家科技进步二等奖。

（郭　晓）

【中标中科EPC总承包项目】 2017年12月30日，洛阳工程公司和中科炼化签署中科炼化EPC标段一、三总承包合同谈判会议纪要。洛阳工程公司中标的2个标段合同总额为106.41亿元，为建院以来承接规模最大的EPC总承包项目。

（郭　晓）

中科炼化EPC标段一、三总承包合同签字仪式

【签署俄罗斯马里埃尔炼油厂800万吨/年炼油扩建项目联合体框架协议】 2017年12月27日，洛阳工程公司与中信建设有限责任公司签订俄罗斯马里埃尔800万吨/年炼油扩建项目联合体框架协议，洛阳

工程公司在项目中占约 16 亿美元的份额，实现境外市场开拓新突破。

（郭　晓）

【金陵 5 万吨/年沸腾床渣油加氢示范装置工业试验成功】 2017 年 2 月 24 日，由洛阳工程公司参与工艺技术及工程开发并承担设计的金陵石化 5 万吨/年沸腾床渣油加氢工业示范装置实现全渣油进料工况下连续高负荷运行 100 天，装置运转期间稳定可控。沸腾床渣油加氢技术为中国石化"十条龙"攻关项目之一，该示范装置工业试验成功将为沸腾床渣油加氢装置大型化起到推动作用，同时形成一套拥有自主知识产权、技术领先的沸腾床渣油加氢技术，实现中国石化炼油技术的新突破。

（郭　晓）

【国产化首台卧式 BOG 压缩机工程投料试车成功】 2017 年 4 月 13 日，由洛阳工程公司参与联合研发的国产化首台卧式 BOG 压缩机成功投运，打破了极少数外国制造商的技术垄断。

（郭　晓）

【世界首套高海拔地区煤制烯烃装置投产成功】 2017 年 4 月 14 日，由洛阳工程公司 EPC 总承包建设的青海盐湖镁业有限公司 DMTO 联合装置及配套工程投产成功。该装置是青海盐湖资源综合利用金属镁一体化项目的核心装置，采用洛阳工程公司具有自主知识产权的甲醇制烯烃、烯烃分离工艺与工程技术，也是在世界海拔最高的青藏高原上建设的第 1 套现代煤化工项目。

（郭　晓）

【"四供一业"分离移交工作取得阶段性成果】 作为炼化工程公司"四供一业"改革试点单位，洛阳工程公司将"四供一业"分离移交工作列为公司年度四大重点任务之一，项目组群策群力，攻坚克难，仅用 6 个月时间完成各生活区供暖改造施工任务，于 2017 年 11 月 13 日实现与涧西区、高新区和新区集中供热中心主管网的无缝对接。11 月 15 日，洛阳工程公司生活区供暖设施顺利实现专业化、社会化管理，"四供一业"分离移交工作取得阶段性成果。

（郭　晓）

【哈萨克斯坦阿特劳炼油厂石油深加工项目催化裂化装置顺利投料】 2017 年 12 月 15 日，由洛阳工程公司 EPCC 总承包的哈萨克斯坦阿特劳炼油厂石油深加工联合装置"交钥匙"建设工程项目（FCC 项目）催化裂化装置顺利投料。该项目建成后将成为哈萨克斯坦最大、现代化程度最高的炼油装置，将进一步推动哈萨克斯坦石化行业产业升级。

（郭　晓）

【"一带一路"沿线国家采访团走进阿特劳、科威特项目现场】 2017 年 4 月，集团公司新闻发言人、宣传工作部（新闻办）主任吕大鹏率领由新华社、经济日报社、中央电视台、人民网、中国石化报社等多家国内知名媒体记者组成的"走进中国石化——'一带一路'沿线国家采访团"走进洛阳工程公司哈萨克斯坦阿特劳炼油厂石油深加工项目和科威特阿祖尔新建炼厂项目现场，采访中国石化"一带一路"沿线项目进展情况。

（郭　晓）

【开展"践行两学一做，转观念、勇担当、创效益"劳动竞赛】 2017 年，洛阳工程公司开展"践行两学一做，转观念、勇担当、创效益"全员劳动竞赛，洛阳工程公司上下真正做到一盘棋、一条心、一股劲，确保哈萨克斯坦、科威特、中科、"四供一业"分离移交等集团公司重点关注项目按预定时间节点稳步推进，项目整体可控，竞赛成果得到业主的认可与肯定。

（郭　晓）

"践行两学一做，转观念、勇担当、创效益"劳动竞赛动员大会

【全面从严抓党建，"三个融合"促进发展】 2017 年，洛阳工程公司以"责任落实深化年"为抓手，实现党建与公司治理有机统一，政治优势进一步转化为发展优势；认真落实两个责任，班子成员首次进行"画像"；持续抓好思想文化宣传，践行"一带一

路”等成果多次亮相中央媒体；推进全面从严治党向基层、境外及项目延伸，基层战斗堡垒作用显著增强；首次在广州举办职工运动会，“走基层、访万家”活动实现全覆盖，青年突击队服务生产经营勇当生力军；加大帮扶和精准扶贫力度，加强和谐企业建设，确保党的十九大和“四供一业”分离移交、薪酬结构调整等重要时间节点公司大局稳定。

（郭　晓）

【获多项荣誉表彰】 2017年，洛阳工程公司再次通过洛阳高新技术企业认定，获河南省创新龙头企业称号，位列年度最具效益承包商榜首；获国家优质工程奖1项，集团公司优质工程奖2项、优秀工程设计奖6项；获集团公司维护稳定工作先进单位、保密工作先进单位等称号。

（郭　晓）

表1　洛阳工程公司主要生产经营指标　亿元

指标名称＼年份	2017	2016	2015	2014	2013	2012
资产总值	99.21	94.44	105.54	86.31	79.99	67.10
建设投资	418.80	315.88	350.10	398.80	380.68	361.86
主营业务收入	76.74	65.22	95.24	110.63	84.17	69.29
实现利税	7.85	3.30	15.99	17.18	19.34	15.08
实现税金	4.62	2.22	3.46	1.83	4.02	4.03
授权专利数量/件	92	153	85	137	96	84

表2　洛阳工程公司2017年主要中交及投产工程项目

序号	项目名称	中交、投产日期
一	EPC项目	
1	石家庄炼化汽油质量升级20万吨/年烷基化装置工程项目	9月中交
2	贵州鑫醇科技发展有限公司新一代煤制乙二醇技术工业试验项目	9月中交
3	联泓新材料有限公司100万吨/年DMTO装置及系统配套技术改造工程项目	11月中交、11月投产
4	延安能源煤油气资源综合利用项目60万吨/年甲醇深加工装置和烯烃分离装置配套工程2个单元	12月中交
5	青海盐湖工业集团股份有限公司金属镁一体化项目甲醇制烯烃装置和烯烃分离装置及配套工程13个单元	4月投产
6	中国石油云南1 300万吨/年炼油项目210万吨/年蜡油加氢裂化装置	8月投产
7	广西液化天然气（LNG）项目接收站工程地衡等新增内容	12月中交
二	设计项目	
1	金陵石化5万吨/年沸腾床渣油加氢示范装置（工业试验）	2月投产
2	天然气分公司山东液化天然气（LNG）项目增加BOG压缩机工程	4月投产
3	镇海炼化300万吨/年柴油加氢装置	1月中交、4月投产
4	沧州炼化催化裂化装置改造	6月中交、7月投产

续表

序号	项目名称	中交、投产日期
5	长岭炼化 100 万吨/年催化柴油加氢转化装置	4 月中交、7 月投产
6	金陵石化 200 万吨/年渣油加氢装置	5 月中交、8 月投产
7	中国石油云南 1 300 万吨/年炼油项目	8 月投产
8	金陵石化 150 万吨/年连续重整—芳烃抽提装置	9 月中交、11 月投产
9	山东华星石油化工集团有限公司油品质量升级项目	9 月中交

上海工程公司

【概况】 中石化上海工程有限公司(简称上海工程公司)是炼化工程公司全资子公司，坐落于上海市浦东新区张杨路 769 号，位于中国(上海)自由贸易试验区内。上海工程公司前身是上海医药工业设计院，成立于 1953 年，是国内最早从事石油化工、医药、化工工程设计和工程总承包的大型综合性工程公司之一。曾先后归属轻工业部、化工部、国家医药管理总局领导，2000 年 12 月整体划归集团公司。2002 年 6 月，按照集团公司结构调整、专业化重组的部署，以上海医药工业设计院为核心，联合中石化上海金山工程公司和上海高桥石化设计院进行重组，并于 2003 年 4 月更名为中国石化集团上海工程有限公司。2012 年，按照集团公司炼化工程板块重组上市部署，更名为中石化上海工程有限公司。

截至 2017 年底，上海工程公司有在册员工 1 059 人，从事工程设计和服务的工程技术人员占 86%；拥有国家级设计大师 3 名、石油和化工行业工程勘察设计大师 9 名，高、中级职称人员 800 余人，各类执业资格人员 200 余人。

2017 年，上海工程公司坚持稳中求进工作总基调，加强市场开拓，强化科技创新，着力降本增效，重视质量安全，加强党的建设，推进廉洁从业，各项工作取得新成绩，完成集团公司和炼化工程公司下达的考核指标，为实现公司“十三五”发展蓝图打下了坚实基础。上海工程公司第 8 次连续 16 年蝉联上海市文明单位称号，被上海市总工会授予上海市五一劳动奖状，并被命名为中国石油化工集团公司创新型企业。

上海工程公司主要生产经营指标和 2017 年完成的主要项目分别见表 1 和表 2。

（魏永忠）

【3 人当选上海市新一届人大代表、政协委员】 2017 年 12 月，上海工程公司董事长、总经理吴德荣和 A 级项目经理周瑜当选上海市第十五届人民代表大会代表，副总工程师汪建羽当选中国人民政治协商会议上海市第十三届委员会委员。吴德荣、汪建羽是连续第 2 次当选上海市人大代表、政协委员。

（魏永忠）

【完成各类项目 327 项】 2017 年，上海工程公司总计完成各类项目 327 项，EPC 项目投料试车一次成功率达 100%。中天合创 25 万吨/年管式、12 万吨/年釜式 2 套高压聚乙烯装置顺利投产，为公司在高压聚乙烯工程建设上积累了宝贵经验；应用自有知识产权技术实施 EPC 的九江石化 8 万吨/年乙苯—苯乙烯、中天合创高含盐水浓缩及结晶装置一次开车成功；清江石化 1 000 吨/年长链二元酸精制工业试验项目顺利中交；马来西亚国家石油公司自动化立体仓库、扬子石化 10 万吨/年 EVA、中化泉州 40 万吨/年 HDPE、中安 35 万吨/年 LLDPE、青海大美 40 万吨/年 PP 装置和 PHU 仓库等项目按计划有序推进。工程项目质量、安全生产总体受控。

（魏永忠）

【组建成立 11 个工程技术中心】 2017 年 11 月，上海工程公司组建成立乙烯、苯乙烯、PTA、聚烯烃、苯酚丙酮、环氧化物、煤化工、生物化工及生物质能、粉粒料输送、LNG 及大型储运、环保节能 11 个工程技术中心，进一步强化核心技术的工程化研究与开发，加快科技成果转化，增强公司技术创新能力。

（魏永忠）

【技术创新取得新成果】 2017 年，上海工程公司持续深化产学研用，加强技术创新，推进技术成果应用。承担的 1 项国家级科技开发项目和 6 项中国石化

"十条龙"科技攻关项目取得重大进展。"20 万吨/年合成气制乙二醇工业示范装置成套技术""PAN 基碳纤维成套技术"成功"出龙"。中国石化"十条龙"攻关项目、大型煤化工"零排放"污水处理示范工程"中天合创高含盐水浓缩及结晶装置"成功开车，标志着上海工程公司在环保领域的技术攻关取得新成绩。全年完成集团公司科技开发项目 13 项，9 项通过集团公司技术鉴定。全年获国家专利授权 39 件，其中发明专利 28 件。截至 2017 年底，上海工程公司拥有有效专利 279 件，17 项技术获集团公司专有技术登记，7 项技术获集团公司专有技术认定，2 项技术获中国石油和化工勘察设计协会专有技术认定。

（魏永忠）

【获国家、省部级奖项 12 项】 2017 年，上海工程公司获国家、省部级优质工程、技术进步等奖项 12 项。黄岛国家石油储备地下水封洞库工程获国家优质工程金质奖，神华陕西甲醇下游加工项目获国家优质工程奖，苯乙烯生产过程节能降耗运行优化技术获上海市科技进步一等奖，大型 EO/EG 装置换热器工程技术研究获集团公司科技进步二等奖，常州市第四制药厂有限公司扩产搬迁一期项目获集团公司优秀工程设计一等奖，九江石化 8 万吨/年乙苯—苯乙烯装置、安庆曙光 25 万吨/年丁辛醇项目被评为集团公司优质工程。

（魏永忠）

【多项科技开发项目通过集团公司成果鉴定】 2017 年 6 月 9 日，上海工程公司自主立项的科技开发项目"合成气制乙二醇关键设备循环气压缩机超大直径干气密封国产化研制"通过集团公司组织的成果鉴定。11 月 28 日，上海工程公司承担的中国石化"十条龙"科技攻关项目"20 万吨/年合成气制乙二醇成套技术"通过集团公司组织的成果鉴定。11 月 9 日，上海工程公司与镇海炼化、洛阳涧光联合承担的中国石化科技开发项目"大型 EO 反应器下封头液压拆卸装置"通过集团公司组织的成果鉴定。

（魏永忠）

【为上海石化老装置提质增效贡献力量】 2017 年 8 月，上海工程公司与上海石化、浙江大学经多年产学研合作成功试生产的"高密度双峰聚乙烯（PE）管材料"通过国家级实验室 1 000 小时的燃气管道测试，标志着上海石化高附加值 PE 管材专用料已具备取代进口原料的能力。3 家单位经过多年的小试研究，以集团公司自主研发的催化剂为基础，针对上海石化双峰聚乙烯装置的特点，进行工程放大技术研究和装置技术改造，于 2017 年 4 月成功试生产获得高密度双峰聚乙烯管材料。这种性能良好的管材料在大口径给水管道、高端燃气管道等领域有着广泛应用，为上海石化引进的双峰聚乙烯装置提质增效贡献了力量。

（魏永忠）

【湖北化肥 20 万吨/年合成气制乙二醇装置实现满负荷稳定生产】 2017 年，上海工程公司承担的中国石化"十条龙"科技攻关项目"20 万吨/年合成气制乙二醇成套技术开发和工业应用"实现多个重要节点。7 月，湖北化肥分公司工业示范装置经过变压吸附单元开车、偶联反应器投运、加氢反应器投料后，装置产出优等品乙二醇。8 月 11 日，经优化后的装置整体实现满负荷稳定运行，草酸二甲酯产量达 54—55 吨/时，乙二醇产量达 25—26 吨/时。8 月 22 日，集团公司召开的 20 万吨/年合成气制乙二醇项目攻关协调会指出，该装置开车顺利、运行平稳，产品产量和质量达标，主要性能指标达到甚至超过攻关目标，攻关工作取得突破性进展。该项科技攻关项目于 11 月 28 日通过集团公司组织的成果鉴定，并于 12 月 14 日顺利"出龙"。

（魏永忠）

湖北化肥分公司 20 万吨/年合成气制乙二醇工业示范装置项目

【中天合创 25 万吨/年管式和 12 万吨/年釜式 2 套高压聚乙烯装置成功投产】 2017 年 4 月 27 日、8 月 6 日，上海工程公司总承包的中天合创鄂尔多斯煤炭深加工示范项目 25 万吨/年管式高压聚乙烯装置、12 万吨/年釜式高压聚乙烯装置先后一次投料开车成功，顺利产出粒料产品，迄今平稳运行。2 套高压聚乙烯装置采用 Exxon Mobil 高压釜式和高压管式法工艺技术，于 2013 年 11 月桩基开始施工，2014 年 5 月土建开工，历时 3 年建成投产。2 套装置从国外进口大型设备 74 台（套），设计和施工阶段难度非常大，项目参建人员克服重重困难，最终实现装置成功开车，为上海工程公司在高压聚乙烯装置建设上积累了宝贵经验。

（魏永忠）

【中天合创高含盐水浓缩及结晶装置成功开车】 2017年4月29日，上海工程公司承担EPC总承包、“十条龙”科技攻关双重任务的中国石化大型煤化工“零排放”污水处理项目“中天合创高含盐水浓缩及结晶装置”成功开车。装置是中天合创鄂尔多斯煤炭深加工示范项目的重要组成部分，主要接收并处理由废水处理及回用装置排放的高含盐废水，处理后送达循环水装置作为生产补充水，结晶盐脱水达含固率80%后外运填埋。装置不但实现了煤化工生产的污水近零排放，而且整个工艺采用能耗较低且非常便于维护的正渗透膜系统代替传统的蒸发系统，利用自然的扩散渗透压，大大节省了系统的电耗、蒸汽消耗等各种运行能耗，实现了环保与节能。

（魏永忠）

【九江石化8万吨/年乙苯—苯乙烯工程开车一次成功】 2017年4月25日，上海工程公司总承包的九江石化8万吨/年乙苯—苯乙烯装置及系统配套工程投料开车一次成功，产出一级苯乙烯产品，在苯乙烯这一优势领域再添一项成功业绩。项目采用上海工程公司自主专利技术，于2015年9月23日开工，项目组发扬“5+2，白+黑”的拼搏精神，精心策划，狠抓落实，历时14个月于2016年11月28日比合同约定提前2天实现中交。装置中交后，项目组密切配合业主，确保装置按时投料开车，为业主调整炼油产品结构、提质增效做出了积极贡献。项目建设期间，上海工程公司连续多次被业主评为优秀承包商。

（魏永忠）

九江石化8万吨/年乙苯—苯乙烯装置

【清江石化1 000吨/年长链二元酸精制工业试验项目顺利中交】 2017年5月31日，上海工程公司承担可研、基础设计和详细设计工作的清江石化1 000吨/年长链二元酸精制工业试验项目顺利实现中交。项目工艺包由上海工程公司和抚顺研究院、清江石化共同开发，在工程设计过程中又根据最新的小试实验进一步优化。项目被列为集团公司“精细化学品关键技术重大项目”课题之一。

（魏永忠）

【中化泉州40万吨/年高密度聚乙烯装置开工】 2017年，上海工程公司成功中标中化集团中化泉州石化公司100万吨/年乙烯及炼油改扩建项目40万吨/年HDPE装置基础设计+EPC总承包工程。项目采用美国雪佛龙菲利普斯化学公司淤浆双环管HDPE工艺技术，建设投资9.2亿元。项目于7月25日开工，按照合同约定，将于2020年5月建成中交。

（魏永忠）

【加强基层党支部建设】 2017年，上海工程公司党委发挥企业党组织的领导核心和政治核心作用，从严从实加强党的建设，把强“三基”作为党支部工作的一项重要内容，切实加强基层党支部建设。各党支部创新形式，召开民主生活会、组织生活会，开展主题党日、党建带团建、党建带工建等活动，结合“党员责任区”和“党员示范岗”创建活动，进一步增强团队精神，鼓励党员群众团结奋进，取得了良好成效。上海工程公司土建室党支部凸显“土文化”品牌效应，获上海市经信委百强党支部和炼化工程公司先进基层党组织2项荣誉。

（魏永忠）

【启动“公司大学”新一轮教学培训】 2017年6月，上海工程公司启动“公司大学”新一轮教学培训工作，设立“公司大学”教育委员会、专业教育委员会、综合管理委员会，成立10个专业教务组，抓好技术、质量、安全、党建等各方面的教育培训，力争将“公司大学”打造提升为“工程师交流经验的平台、员工提升技能的平台”。上海工程公司“公司大学”成立于2006年，11年来为企业人才培养和素质提升起到了积极作用。2017年，上海工程公司继续完善“公司大学”主体专业教材编制，受全国工程硕士教指委、上海市教委和华东理工大学委托编写的工程硕士实践教学用书《石油化工装置设备设计》《石油化工结构工程设计》相继出版。

（魏永忠）

【举办第5届文化艺术节】 2017年5月15日，上海工程公司举办的主题为“绽放风采 昂扬奋进 共铸美好家园”的第5届文化艺术节开幕。文化艺术节时间贯穿全年，活动丰富多彩，先后举办职工摄影及艺术作品展、萨克斯演奏和欣赏讲座、插花艺术讲座、"弘扬工匠精神"微电影创作比赛、手冲咖啡和茶文化讲座等一系列活动，极大丰富了职工的文化生活。

（魏永忠）

【获上海市静安区经济贡献200强企业荣誉】 2017年，上海工程公司以年度贡献第70名的成绩，获上海市静安区人民政府颁发的经济贡献200强企业荣誉奖杯。上海工程公司积极支持、参与、推动上海市静安区的经济社会发展，为地方经济健康发展增添动力，已连续10余年获静安区年度贡献百强企业表彰。

（魏永忠）

表1　上海工程公司主要生产经营指标

指标名称＼年份	2017	2016	2015	2014	2013	2012
主营业务收入/亿元	19.51	17.18	32.11	38.58	37.50	34.30
完成工程投资额/亿元	116.00	136.00	140.29	148.50	148.00	140.30
完成工程项目/项	327	250	165	130	135	201
授权专利/件	279	231	168	129	89	84

表2　上海工程公司2017年完成的主要项目

委托单位	项目名称	完成日期	行业
扬子石化	检安片区10万吨/年EVA、3.5万吨/年苯乙烯抽提、12万吨/年干气制苯乙烯3套装置公用工程、储运等相关配套总体设计编制	1月	石化
杭州统一企业有限公司	杭州统一饮料玻璃瓶生产线配套车间、仓库项目设计	1月	医院
淮安清江石油化工有限责任公司	1 000吨/年长链二元酸精制工业试验项目	1月	医药
宁海县公共建设管理中心	中科院上海药物所临床前研究中心一期工程	1月	医药
黄岛国家石油储备基地有限公司	黄岛国家石油储备基地安全整治改造工程	2月	石化
扬子石化	扬子石化储罐隐患排查	3月	石化
扬子石化—巴斯夫有限责任公司	储罐复核设计项目	3月	石化
股份公司	合成气制乙二醇副产硝酸转化新工艺中试研究	3月	石化
青岛正大海尔制药有限公司	正大海尔生物医药研发及生产项目	3月	医药
中信国健药业（苏州）有限公司	抗体药物产业化(一期)暨研发中心建设项目	3月	医药
巴斯夫新材料有限公司	BASF IE(Inverse Emulsion)项目	4月	医药

续表

委托单位	项目名称	完成日期	行业
中国石化科技部化工处	15 万吨/年后热二聚碳五分离工艺包开发	5 月	石化
巴陵石化	巴陵石化 12 万吨/年苯乙烯装置节能优化项目	5 月	石化
武汉石化	武汉乙烯环氧乙烷管输至化工区项目	5 月	石化
中天合创能源有限责任公司	鄂尔多斯煤炭深加工项目聚烯烃引进装置 EPC 总承包（PE）	6 月	石化
中天合创能源有限责任公司	中天合创鄂尔多斯煤炭深加工示范项目高含盐水浓缩及结晶装置 EPC 总承包	6 月	石化
镇海炼化	EOEG 装置 2018 年消缺完善	6 月	石化
浙江石油化工有限公司	4 000 万吨/年炼化一体化项目原油储运系统二期金塘油库—马目油库输油管线工程可行性研究报告	6 月	石化
上海赛科石油化工有限责任公司	OSBL 增加空压机项目	6 月	石化
江苏远大仙乐药业有限公司	综合车间 1、综合车间 2 建设项目	6 月	医药
海南炼化	编制洋浦开发区公共管廊工程（海南炼化）三期工程可行性研究报告	7 月	石化
平顶山神马工程塑料科技发展有限公司	年产 4 万吨连续聚合尼龙 6，6 切片项目	7 月	石化
泰州华信药业投资有限公司	中科院大连物化所—中国医药城生物医药创新研究院项目装修设计	7 月	医药
杭州中美华东制药有限公司	小分子药物中试平台建设项目	7 月	医药
扬子石化	扬子伊斯曼抽余碳四返烯烃厂大修甩头设计	8 月	石化
上海石化	烯烃部 2# 烯烃新区压缩机控制系统优化改造	8 月	石化
长岭分公司	环氧丙烷装置优化项目	8 月	石化
佛山市顺德区美龙环戊烷化工有限公司	裂解碳五、碳九综合利用项目	8 月	石化
扬子石化	扬子石化“十三五”规划火炬方案研究	8 月	石化
上海石化	上海石化芳联总降电气设备隐患治理工程	8 月	石化
上海金申德粉体工程有限公司	中安 35 万吨/年 LLDPE 项目风送系统料仓单体设备设计	8 月	石化
川维化工公司	川维爱思开希年产 1.8 万吨尖端 PVB 膜合资项目	10 月	石化
山西潞安恒融化学有限公司	2 万吨/年低黏度 PAO 项目	10 月	石化
复旦大学	张江平台金创大厦装修工程	10 月	医药
巴陵石化	炼油低碳烯烃产品化工综合应用规划方案	11 月	石化

续表

委托单位	项目名称	完成日期	行业
丽珠集团利民制药厂	袋装输液车间设计	11月	医药
股份公司	中国石化科技开发部材料处纤维素连续酶解与发酵技术研究	12月	医药
股份公司	中国石化科技开发部材料处纤维素乙醇燃料生命周期评价研究	12月	医药
股份公司	2013年工程建设行业标准制修订编制	12月	石化
股份公司	2014年工程建设行业标准制修订编制	12月	石化
股份公司	HPPO装置循环甲醇加氢脱杂技术工业侧线试	12月	石化
股份公司	合成气制乙二醇副产硝酸转化新工艺中试研究	12月	石化
股份公司科技部	合成气制乙二醇副产硝酸转化新工艺工业应用研究	12月	石化
股份公司科技部	12万吨/年丁烷氧化制顺酐工艺包开发	12月	石化
炼化工程公司	粉煤气化制乙二醇污水处理技术研究及工艺包开发	12月	医药
盘锦科楚化工有限公司	34万吨/年乙苯负压脱氢制苯乙烯成套技术工艺包许可项目	12月	石化
上海市检测中心	二期项目	12月	医药
上海赛科石油化工有限责任公司	低温火炬及排放系统改造项目方案研究以及工程设计	12月	石化

宁波工程公司

【概况】 中石化宁波工程有限公司(简称宁波工程公司)是炼化工程公司全资子公司，2003年经集团公司批准，由原中国石化集团兰州设计院和中国石化集团第三建设公司重组设立的国有独资公司，注册地为浙江省宁波市高新区。

截至2017年底，宁波工程公司设有6个专业设计室、3个专业公司、4个分公司、4个子公司、22个职能管理部门及18个EPC项目部(在建)。拥有在册职工2 400余人，其中行业设计大师6人，具有高级以上职称的536人、中级职称的895人、各类注册工程师430人、其他管理和技术人员700余人。拥有268件专利，190项专有技术，在石油化工、天然气化工、煤化工以及合成气化工等领域的设计处于全国领先地位，是中国石化大型非标设备制造基地。

宁波工程公司主要生产经营指标和2017年完成的主要工程项目分别见表1和表2。

(贺　颖)

【领导班子调整】 2017年，中国石化党组对宁波工程公司领导班子做出调整，许一君任宁波工程公司执行董事，周国任宁波工程公司总经理、党委副书记。

(贺　颖)

【全面完成生产经营任务】 2017年，宁波工程公司抓住工程建设市场回暖的机遇，持续致力于提高发展质量和效益，以实现安全有序、效益优先为目标，强化从严管理，外拓市场、内降成本，深化改革，做精项目，各项工作有序推进。全年实现利润3.03亿元，营业收入35.25亿元，累计实现安全生产1 760万人工时，工程质量验收合格率100%，EPC总承包项目一次投料试车(或投用)成功率100%。

(贺　颖)

【科技创新取得重要成果】 2017年，宁波工程公司参与的“2 000吨级清洁高效SE粉煤气化技术工业示范”成功“入龙”中国石化“十条龙”科技攻关项目；开发日处理煤4 000吨级SE粉煤气化和SE废锅流程粉煤气化2项工艺包，基本形成煤制合成气技术的体系化、规模化和成套化。

（贺　颖）

【境内外市场开发成效显著】 2017 年，宁波工程公司获中天合创甲醇精馏和罐区、中安联合储输煤、青海大美热电和循环水等 EPC 总承包项目；获中科炼化一体化、浙江石化炼化一体化两大主力项目份额，设计、施工业务新签合同额再创历史新高；境外市场开发获俄罗斯阿穆尔 AGPP 项目及俄气石油、尼日利亚等设备制造订单，实现了新的突破。

（贺　颖）

【成功签约浙江石化项目(一期)一标段安装工程施工合同】 2017 年，宁波工程公司签约浙江石化项目(一期)一标段安装工程施工合同。此项目是打造浙江舟山绿色石化基地的骨干项目，是国家规划建设的最大炼化一体化项目。

（贺　颖）

【远程管控所有承建工程项目】 2017 年，宁波工程公司利用信息通信技术，将高精度远程视屏监控系统 100% 覆盖到所有承建项目，可实时了解项目的建设进展，实现对所有承建项目安全、进度、质量等的远程有效管控。

（贺　颖）

【最大跨度管带机桁架完成海上吊装】 2017 年，宁波工程公司承担的中国海油惠州炼化二期项目最大跨度管带机桁架，完成长约 1 060 米的跨海输煤栈桥海上吊装作业。该桁架长 76 米、宽 3.9 米、高 5.1 米，重 156 吨，是项目中安装跨度最大、重量最大的桁架。

（贺　颖）

中国海油惠州项目最大跨度管带机桁架海上吊装

【多项装置顺利实现中交】 2017 年，宁波工程公司承担的基础设计、详细设计及采购服务的神华宁煤煤制油项目烯烃二期 45 万吨/年聚乙烯装置全流程打通；中海油惠州炼化二期项目原煤输送及备煤单元项目总承包工程实现中交；镇海炼化 300 万吨/年柴油加氢装置、2.7 万吨/年裂解汽油抽提装置相继实现中交。

（贺　颖）

【ERP 系统成功上线】 2017 年，宁波工程公司按照炼化工程公司统一部署，组织关键用户、最终用户参加 ERP 集中培训，完成需求对接、系统测试、数据梳理、模拟运行和上线准备，公司 ERP 系统于 5 月8 日正式上线运行。

（贺　颖）

【全面从严治党扎实有效】 2017 年，宁波工程公司全面宣传贯彻党的十九大精神；推进“两学一做”学习教育常态化制度化；启动公司党建信息化网络平台建设；开展“基层党组织建设提升年”活动；开展“转观念、勇担当、创效益”专题讨论活动；召开庆祝建党 96 周年暨党建和思想政治工作经验交流会，总结近年来党建工作取得的突出成绩；持续加强领导班子建设，强化党风廉洁建设，推动党建工作与生产经营深度融合，促进了公司的改革发展。

（贺　颖）

【冯为良事迹感动社会各界】 2017 年，宁波工程公司退休职工冯为良在弥留之际立下遗嘱，将毕生积蓄和房产捐献给慈善事业，宁波镇海区慈善总会设立以老人名字命名的“冯为良助学慈善基金”。这一事迹被《现代金报》《都市快报》《中国石化报》以及《人民日报》、“中国石化”微信公众号广泛报道，感动了社会各界。

（贺　颖）

【多项工程技术获奖】 2017 年，宁波工程公司承担的“武汉石化 80 万吨/年乙烯项目”获国家工程建设项目优秀设计成果一等奖；“海南原油商业储备基地工程”获国家优质工程奖；“神华宁煤 400 万吨/年煤炭间接液化项目空分及配套装置工程”获全国化学工业优质工程奖；“茂名石化煤(焦)制氢气项目”获集团公司优秀工程勘察设计一等奖；“晋煤集团江苏双多化工公司阜宁煤化工产业园项目可行性研究报告”获全国优秀工程咨询成果优秀奖；“一种氨法烟气脱硫方法及其设备技术”获中国循环经济专利二等奖；“催化裂化烟气脱硫废水处理工艺”获宁波市发明创新大赛金奖；“催化裂化烟气除尘脱硫脱硝成套技术”获国家环境保护科学技术二等奖。

（贺 颖）

【管理工作获多项荣誉】 2017 年，宁波工程公司再次被认定为国家高新技术企业，成为浙江省省级企业研究院、中国石化创新型企业；获中国石化安全生产、财务管理、物资供应管理、信息化管理、统计管理、“三基”工作等先进单位称号；连续 7 年被评为全国“安康杯”优胜单位；获浙江省信用管理示范企业、宁波市工资集体协商精细化示范企业、直属系统工会信息工作先进单位、宁波市综合百强企业、竞争力百强企业等。

（贺 颖）

表 1 **宁波工程公司主要生产经营指标**

指标名称 \ 年份	2017	2016	2015	2014	2013	2012
资产总值/亿元	61.52	59.97	76.59	59.33	48.07	42.13
设计投资额/亿元	111.81	70.17	93.84	152.44	167.32	116.04
主营业务收入/亿元	35.10	31.51	65.97	65.48	53.78	36.07
利税/亿元	5.09	1.66	5.24	7.27	5.78	5.59
承接工程数量/项	397	341	265	339	291	319
工程总承包	18	14	14	21	15	15
工程设计	103	75	70	88	35	58
工程咨询	113	111	75	75	58	32
工程建设及制造	163	141	106	155	183	214
授权专利数量/件	22	34	61	59	45	19

表 2 **宁波工程公司 2017 年完成的主要工程项目**

序号	项目名称	中交或完工日期
一	EPC 总承包项目	
1	南阳能源煤粉炉超低排放改造项目	9 月
2	燕山石化 220 吨/时锅炉环保完善改造项目	10 月
3	中国海油惠州炼化二期项目原煤输送及备煤单元工程	11 月
二	设计项目	
1	扬子石化煤制气装置二期项目	9 月
2	宁波四明化工高 COD 有机污水制水煤浆生产合成气、氢气示范技改项目	9 月
3	宁波中金石化芳烃项目合成气制氢项目	12 月
4	宁夏宁东基地鸳鸯湖污水处理厂项目	6 月
5	巴陵石化热电事业部一炉一机建设 11#炉及 9#机项目	6 月
6	镇海炼化新建空分装置	10 月

续表

序号	项目名称	中交或完工日期
7	镇海炼化制氢原料结构调整改造项目	11 月
8	中天合创 90 万吨/年甲醇精馏装置及配套储运系统项目	10 月
三	施工及制造项目	
1	镇海炼化 300 万吨/年柴油加氢装置及系统配套项目	1 月
2	镇海炼化 2.7 万吨/年裂解汽油抽提项目	3 月
3	上海石化 5#炼油装置抢修项目	4 月
4	上海石化 1#炼油装置检修改造项目	5 月
5	上海石化炼油部 4#硫黄装置尾气达标排放项目	5 月
6	上海石化 3#炼油装置及 2#制氢装置检修项目	6 月
7	俄气石油鄂木斯克炼油厂装置 4 台容器及 12 台塔	7 月
8	镇海炼化Ⅲ焦化装置优化完善项目	8 月
9	中天合创 90 万吨/年甲醇精馏装置配套及储运系统项目	8 月
10	嘉兴石化二期 PTA 项目 ISBL 区安装工程	9 月
11	宁波中金石化芳烃项目消缺改造三联合连续重整	9 月
12	宁波中金石化芳烃项目 2017 年停工检修Ⅲ标段	11 月
13	中安联合煤制甲醇及转化烯烃项目煤气化装置	11 月
14	镇海炼化制氢原料结构调整改造项目	12 月
15	浙江石化 4 000 万吨/年炼化一体化项目焦炭塔	12 月
16	中天合创 90 万吨/年甲醇精馏装置单元新增 22 台设备	12 月
17	恒河材料科技 11 台设备	12 月
18	青海大美甘河工业园区尾气综合利用制烯烃项目聚乙烯装置	12 月

南京工程公司

【概况】 中石化南京工程有限公司(简称南京工程公司)是炼化工程公司全资子公司，2009 年 6 月由中国石化集团第二建设公司和中国石化集团南京设计院重组成立，位于江苏省南京市江宁区，注册资本 5.56 亿元。

南京工程公司是以设计为先导，专利、专有技术、工艺包开发为核心，工程总承包和项目管理、专业施工为主体，面向国内外市场提供技术和管理服务的综合性、一体化的国际工程公司。在煤化工、天然气化工、环境工程、清洁能源、硫酸磷肥等无机化工、苯系化工、公用工程和工业民用建筑等设计业务方面优势明显；具有设计、采购、施工一体化独特优势和雄厚的国内外项目综合管理能力；具有以大型机组安装、大型储罐安装、大型 DCS/ESD 安装调试、特殊材质焊接等为核心的施工及施工管理能力。

截至 2017 年底，南京工程公司下设 18 个职能部门、7 个专业设计室、8 个国内分(子)公司、1 个海外分公司。在册职工总数 2 472 人，其中经营管理、专业技术和工程项目管理人员 1 999 人，各类技能操作人员 473 人，具有本科及以上学历的 1 552 人，拥有中、高级专业技术职称的 1 347 人。

2017 年，南京工程公司完成任务承揽总额 60.4 亿元，完成产值 43.10 亿元，实现财务收入 46.9 亿元，实现利润 3.01 亿元。

南京工程公司主要生产经营指标和 2017 年完成的主要工程项目分别见表 1 和表 2。

（毕　华）

【安全生产平稳可控】 2017年，南京工程公司以“岗位主体安全责任落实年”为主题，完善HSE管理体系建设，抓好责任落实，确保安全生产。持续优化安全分委会职责，扎实推进领导定点承包制落实，细化岗位安全责任和标准，强化责任考核，推动岗位主体责任、监管责任及管理责任的有效落地。签订HSE责任书56份，细化岗位职责365个，基本实现“一岗一责一标准”。全面推进“作业许可管理”，促进直接作业环节的有效管控。深入开展“全员安全诊断”活动，收到建议8 621条，有效提高全员安全防范意识。加大安全督察和审计力度，推进现场HSE标准化的实施，共发现并整改安全隐患558条。推动安全视频监控，在国内外项目设立监控点70个，促进安全信息化建设。做好应急预案编制和应急演练工作，有效提升现场应急处置能力。抓好安全教育培训，全年培训总学时64.5万小时。加大分包商审查力度，加强考核评价，把好“入口关”。全年实现3 382万安全人工时。

（毕　华）

【生产组织高效运行】 2017年，南京工程公司深化协同设计管理系统应用，强化设计本质安全管理，有效提高设计效率和设计品质。优化总承包项目管理运行机制，强化资源协调配置，发挥一体化优势。根据项目特点，优化项目管理模式，加强过程协调和资源保障，持续提升现场管理水平。规范分包招标管理，坚持入库标准，择优精选分包商队伍。完善分包考核机制和“黑名单”制度，坚决清退服务意识淡薄、履约能力和信誉差、队伍管理不稳定的单位。全年在建、新开项目156个，完成项目合同77个，包括设计项目36个、总承包项目5个、施工项目36个。工程质量主要指标平稳可控，工程合格率为100%，一次投料试车成功率100%。

（毕　华）

【技术质量管理有序】 2017年，南京工程公司坚持抓好设计优化，有效消除“过度设计”，扎实做好技术方案、施工组织设计和施工方案的审查，为生产经营提供技术支撑。全年完成技术开发课题30项，开展成熟工艺包整理3项，获得授权专利56件(其中发明专利17件)。获评集团公司级工法6项，推荐申报国家级工法1项。参编国家标准2项，主编行业标准4项、炼化工程公司标准2项，发布公司标准21项。截至年底，共持有有效专利226件，其中发明专利47件。

（毕　华）

【“瘦身健体”工作有效推进】 2017年，南京工程公司优化基层组织机构，启动区域分公司改革，撤销北京分公司，调整其他区域分公司职能，促进资源合理布局。注销江苏南华成套公司，及时压减法人单位。深化原完成室的业务改革，为市场化运作提供条件。完成公务用车改革，实现规范化管理和社会化服务。稳步推进社区“四供一业”分离移交，尧石二村社区物业率先移交地方物业公司管理，社区改造工程基本结束，受到社区居民一致赞誉。

（毕　华）

【薪酬分配制度改革有序推进】 2017年，南京工程公司积极探索薪酬分配和工资总量管理措施，突出薪酬分配向一线、向效益倾斜的导向，逐步形成“业绩升薪酬升，业绩降薪酬降”的市场化机制。调整优化绩效考核方案，突出经营激励性指标和安全、质量、廉洁、稳定的约束性指标，做到“真考核，硬兑现”。稳步实施项目超额贡献奖励，有效激发员工创效益的积极性。完善员工内退管理政策，适度提高内退人员生活费标准。通过不断改革释放红利，企业发展惠及全员，广大员工的获得感持续增强。

（毕　华）

【“三基”工作成效明显】 2017年，南京工程公司制定《进一步强化提升“三基”工作实施细则》，着力构建上下联动、齐抓共管的“三基”工作新格局。重点加强基层党组织建设，强化班组建设，抓好员工业务技能培训，完善制度流程和标准化建设，加快技术开发与应用，重视企业管理创新和实践，推进信息化建设等工作，编发“三基”工作简报30期。成功获得国家高新技术企业资质，顺利完成输变电、电力工程资质增项，以及压力容器安装改造维修资质换证。

（毕　华）

【制度体系逐步完善】 2017年，南京工程公司以“夯实基础”为落脚点，加快推进《业务流程汇编》和《项目管理手册》2项“基础工程”。集中精力梳理境内外业务流程237项，制(修)订管理制度92项，有效推动职能、制度与流程“三位一体”建设。汇聚力量编制完成《项目管理手册》，为项目规范化、标准化、程序化管理提供指南。

（毕　华）

【信息化建设实质提升】 2017年，南京工程公司完成ERP及周边系统上线工作，培养讲师9名、关键用户 50 名、最终用户 500 多名，900 多个项目成功上线，6 000 多份采购订单顺利交付，业务规范化、信息化水平迈上新台阶。深化 COMOS、SPPID、SPI、SP3D、SPM、博超等大型设计软件的开发与应用，编码工作平稳推进，设计协同管理系统不断完善，并在中安罐区项目试点运行，集成化设计和数字化交付能力取得实质提升。

（毕　华）

【市场优势持续扩大】 2017 年，南京工程公司坚持将市场开拓作为第一任务，通过优化跟踪策略，完善营销网络，落实责任分区，构建多品种、多专业、多区域的市场开发格局，保持市场竞争优势。中标沙特阿美卡吉弗泵站扩能及长输管线 IK－EPC 项目，海外小型 EPC 项目、长输管道和电仪等专业取得新的突破。对马来西亚氮磷钾项目、沙特图赖夫磷化工项目和巴林炼厂改造项目开展有效的跟踪投标，为任务承揽打下良好基础。

（毕　华）

【海外业务发展稳中有进】 2017 年，南京工程公司坚持推进国际化发展战略，始终保持海外发展优势。海外业务贡献占比 79.32%，同比增长 5 个百分点。海外共有 11 个项目同时执行，现场劳动力始终保持 3 000 人以上。各项目在安全、质量、进度上成绩显著，普遍获得业主和合作方的高度认可，为公司在沙特及周边国家和地区的后续市场赢得先机。重视成熟人才引进与培养，招聘各类紧缺技术型成熟人才 10 人，从印度、菲律宾、尼泊尔等国自主招聘培训各类员工 293 人次，雇用沙特籍员工 373 人次。保持与当地企业良好合作，使用各类劳务分包人员 1 904人次。国际化用工比例保持在 50% 以上，高峰期达 60%。全年办理长期外派出国（境）签证 573 人次、临时出国（境）团组 57 个，涉及伊拉克等 15 个国家或地区，办理境外人身保险 1 154 人次。总结推广出国（境）工作“十二不准”和境外公共安全管理“二十二不准”，完善应急预案，提高了事故预防和应急处置能力。坚持境外公共安全培训常态化，培训率达 100%。扎实开展“境外员工心理健康管理年”活动，促进海外员工身心健康和队伍稳定。沙特法迪里项目部设立“心理咨询室”，开通“书记工作站”和“书记信箱”，畅通员工诉求通道，关心和解决员工困难，获得境外员工点赞。

（毕　华）

南京工程公司沙特硫酸 A 线生产出产品

【多个工程项目获奖】 2017 年，南京工程公司承建的南京金陵亨斯迈项目、九江分公司苯乙烯装置获国家优质工程金奖，“南化公司水污染治理项目研究与开发”获集团公司科技进步一等奖。

（毕　华）

南京工程公司承建的金陵亨斯迈项目全貌

【获得荣誉】 2017 年，南京工程公司被评为中国工程建设诚信典型企业、全国优秀施工企业、省（市）守合同重信用企业等，获得集团公司“创新型企业”认定、江苏省五一劳动奖状。生产经营和党建工作综合考核位列炼化工程板块前列。获集团公司“三基”工作先进基层单位表彰 1 项，管理创新成果二等奖、三等奖各 1 项。

（毕　华）

表 1　　南京工程公司主要生产经营指标　　亿元

指标名称 \ 年份	2017	2016	2015	2014	2013	2012
资产总值	56.81	53.87	47.59	44.24	36.78	42.85
建设投资	93.89	90.00	90.00	120.84	104.00	125.00
主营业务收入	46.77	70.06	59.53	48.74	52.43	49.54

续表

指标名称 \ 年份	2017	2016	2015	2014	2013	2012
利　税	3.62	2.64	3.66	3.35	3.24	2.82
承接工程数量/项	170	162	182	226	212	182
授权专利数量/件	56	42	51	47	11	6

表2　　南京工程公司2017年完成的主要工程项目

序号	项目名称	中交或完工日期
一	EPC总承包项目	
1	中国石化长城能源化工(宁夏)有限公司废硫酸裂解再生项目	5月
2	中国人民武装警察部队江苏省消防总队模拟训练设施项目危险化学品仓储事故训练设施	5月
3	沙特硫酸项目	5月
4	沙特阿美油品储运工程项目	10月
5	中科合资广东炼化一体化项目临时办公区EPC总承包工程	11月
6	延安炼油气资源综合利用项目污水处理设施工程	12月
二	施工项目	
1	江苏斯尔邦EVA装置	3月
2	荆门200万吨/年渣油加氢装置	4月
3	金陵分公司液化气综合利用项目炼油区域球罐区改造工程	5月
4	中海石油惠州炼化二期项目	6月
5	安庆分公司100万吨/年催化柴油加氢转化(RLG)装置	6月
6	2017年度扬子石化检修工程项目	6月
7	沙特Ma'aden磷酸公用工程项目	7月
8	仪征原油商业储备基地工程	7月
9	2017年度扬子石化改造工程项目	8月
10	延安煤油气资源综合利用项目第三循环水场及净水场工程	9月
11	金陵150万吨/年连续重整及60万吨/年芳烃抽提装置土建安装工程	9月
12	沙特聚甲醛项目	12月
三	设计项目	
1	福建联合石化公司酸性气处理装置满足新标准改造项目	4月
2	巴陵分公司供排水事业部七里山生化车间BAF装置脱氨改造项目	4月
3	空气化工产品(西安)有限公司三星140K扩建项目	5月

续表

序号	项目名称	中交或完工日期
4	内蒙古鄂尔多斯8 000 吨太阳能级多晶硅改扩项目	7月
5	广州分公司硫黄回收系统环保治理项目	7月
6	海南炼化硫黄尾气达标排放治理项目	9月
7	中国石油巴陵分公司化肥污水总氮总磷达标治理项目	10月
8	催化剂公司南京分公司南京 S－Zorb 吸附剂装置废气新标达标改造项目	12月

第四建设公司

【概况】 中石化第四建设有限公司（简称第四建设公司）位于天津市滨海新区大港世纪大道 180 号，其前身成立于 1963 年 1 月，1966 年迁至湖南长岭参加“三线建设”，1974 年参加天津炼油厂建设，落户天津大港，2012 年 4 月 6 日改制为公司制企业，更名为中石化第四建设有限公司，成为炼化工程公司的全资子公司。

截至 2017 年底，第四建设公司机关设有 19 个职能部门，下设 3 个综合型工程公司、3 个专业工程公司，1 个以 PMC 业务为主的工程项目管理公司和1 个培训中心，在重点区域市场设有华南、华中和西北 3 个区域分公司。在建项目 55 个，其中国内 52 个（PMC 业务 7 个）、国外 3 个。拥有员工 3 765 人，其中合同制员工 2 720 人、业务（服务）外包人员1 045 人。员工中管理和技术人员 2 252 人，占比 59.8%，取得国家一级建造师和二级建造师执业资格 260 人。2017 年，第四建设公司使用社会资源 1.5 万余人，其中外籍员工 1 628 人。

截至 2017 年底，第四建设公司账面资产总额 42.86 亿元，负债 38.49 亿元，所有者权益 4.37 亿元，资产负债率为 89.80%。拥有设备 5 163 台，净值 6 761.30 万元；主要施工生产设备 1 842 台，总功率 1.92 万千瓦。

2017 年，第四建设公司以“强基固本年”为主题，完成主营业务收入 33.63 亿元，实现当期考核利润 1 001万元。完成 372 个主合同结算任务，结算额 45.87 亿元，完成年度计划的 113%。回收资金 38.2 亿元，其中完成老账清收 12.2 亿元，应收、存货较年初分别下降 3.08 亿元和 1.44 亿元。获得全国石油石化行业党建及思想政治工作先进单位、全国厂务公开民主管理先进单位、中国最具成长性企业等称号。

第四建设公司主要生产经营指标和 2017 年度完成的主要工程项目分别见表 1 和表 2。

（张文龙　李明亮）

【领导班子调整】 2017 年 4 月 27 日，第四建设公司召开干部大会，宣布集团公司党组关于调整公司领导班子的有关决定，周赢冠从南京工程公司调任第四建设有限公司执行董事、总经理、党委副书记，王国华任第四建设公司党委书记、副总经理，朱斐到炼化工程公司任职，王忍利交流到第五建设公司任职。8 月 30 日，第四建设公司领导班子调整扩大会议召开，按照集团公司党组的统一安排，对公司领导班子做出调整，于爱华由集团公司党组纪检组监察局北京分局调任第四建设公司党委副书记兼纪委书记，为公司工会主席人选，任公司监事。

（张文龙　李明亮）

【组织机构和运行机制进行调整】 2017 年，第四建设公司按照中国石化、炼化工程公司深化改革部署和“三定”工作要求，以公司“十三五”规划为指导，结合面临形势与任务，围绕主营业务定位和企业自身运行需要，聚焦项目，优化组织结构和运行机制，构建以战略为龙头、以市场为导向、以项目为中心、以创效为目标、以制度为保证、以发展为目的的企业运营管理体系，研究制订《以项目为中心 优化完善组织结构和运行机制总体方案》和 8 个配套方案及相关办法、细则，搭建起公司深化改革的“四梁八柱”。在保持业务相对连续的前提下，将公司原第一、第二、第三、第五、第六工程公司按照“专业配套、规模合理、具备独立组建中、小型项目管理和执行能力”的思路，优化整合为 3 个综合型工程公司，并明确电仪工程公司、储运工程公司、吊装运输公司专业化发展定位，为主营业务提供支撑和保障。

（张文龙　李明亮）

【市场开发取得突破】 2017年，第四建设公司投标报价490次，中标168个，投标估算额68亿元，承揽任务44.8亿元，同比增加10.91亿元，投标总量和中标数量位居炼化工程板块前列。先后承揽海南炼化、大连恒力石化、盘锦宝来乙烯、马来西亚RAPID项目国内预制合同及P12包自动化立体仓库项目等一批产值过亿元的大型项目。在PMC业务、培训业务、长输管道及加油加气场站、海洋工程等特色业务开发上也取得较好业绩，实现近三年来市场开发首次突破40亿元大关。

（张文龙　李明亮）

【生产组织平稳受控】 2017年，第四建设公司实施55个项目施工，承担222项工程施工任务，实现海南炼化工程、大连恒力工程、中安联合煤化工工程、宁夏睿源工程、大湘西管道工程、遂宁油库安装工程、(中海福陆)重工珠海KNPCZOR项目等工程项目的顺利开工。确保惠州乙烯工程、神华宁煤煤制烯烃二期一套五标段工程、湛江原油商业储备基地罐主体工程、长岭分公司催化柴油加氢转化工程、巴陵石化SEPS工业化装置、山东海化工程、山东广饶工程等35项工程中交；完成长岭炼化、巴陵石化、沧州炼化、石家庄炼化、广州石化、天津石化、中沙石化、塔河炼化等的9项检修改造任务。

（张文龙　李明亮）

【质量体系有效运行】 2017年，第四建设公司注重抓好质量体系保证，编制《质量人员岗位工作手册》《质量系统基础工作考核细则》(试行)，明确质量责任，强化过程管理考核。根据新版ISO 9000要求，公司将原有的质量管理程序进一步梳理，新增《质量诚信管理办法》等14项质量管理制度。全年获国家级优质工程1项、省部级优质工程9项、全国优秀焊接工程奖4项、国家级优秀QC成果2项，获专利授权16件。

（张文龙　李明亮）

【施工工艺持续改进】 2017年，第四建设公司完成由炼化工程公司委托的“不锈钢稳定化热处理再热裂纹敏感性研究”“施工技术交底可视化开发”“预制管段无焊接盲板试压技术开发”3项技术工艺的协同研发工作，完成《石油化工工程高处作业安全技术规范》报批稿的上报；完成《立式圆筒形料仓施工及验收规范》的报批稿编制，具备报批稿审查条件；完成《石油化工建设工程施工安全技术规范》的送审稿审查；参加国家标准《加油站在役油罐防渗漏改造工程技术标准》征求意见稿的编制；完成SHT 3545—2011《石油化工管道工程无损检测标准》修订立项计划申报工作。全年获3项集团公司级工法，其中“大型LNG储罐安装施工工法”推荐参加国家级工法评审。

（张文龙　李明亮）

第四建设公司承建海南炼化第2套PX工程开工建设

【深化改革稳步推进】 2017年，第四建设公司组织开展“转观念、勇担当、创效益”大讨论，共收集11类214条建议，历经半年多的调研论证、领导班子务虚研讨和集体决策、职代会分团长联席(扩大)会征集意见，报请炼化工程公司批准，形成并印发《中石化第四建设有限公司以项目为中心优化完善组织结构和运行机制总体方案》加8个配套方案，搭建了公司改革的“四梁八柱”，于12月25日正式启动实施。

（张文龙　李明亮）

【降本减费工作全面推动】 2017年，第四建设公司围绕市场目标、生产目标、效益目标、经营目标、资金目标、管理目标，依据生产经营计划及经济效益与风险预判，编制下达公司降本增效工作计划，累计实现降本增效约1 200万元，处室经费指标、各单位后线费用指标均控制在年度预算指标内。全年完成372个主合同结算任务，结算额45.87亿元，完成年度计划的113%。回收资金38.2亿元，其中完成老账清收12.2亿元，应收、存货较年初分别下降3.08亿元和1.44亿元。按照炼化工程公司下达的低效无效土地房产清理处置计划的通知精神和处置计划完成时间表要求，完成广州荔园小区11套房屋中的10套房屋的处置工作，正在办理过户手续。

（张文龙　李明亮）

【经营业绩企稳回升】 2017年，第四建设公司加大在建项目二次经营力度，针对惠州乙烯、天津LNG、沙特苯酚丙酮、吉赞常减压、山东海化、茂巴异壬醇等项目，通过有效的过程管理，扩大了二次经营成果。全年完成审计项目 9 项，对 3 个完工亏损项目进行专项审计，查出问题 72 个，提出审计建议 55 项，完成分包结算审计 157 份，审减总额为 501.44 万元。主动依法维权，实现结算额 4.64 亿元，受理各类诉讼仲裁案件 53 件，审结案件 34 件，避免或挽回损失 690.81 万元，通过法律手段完成大唐克旗、兰州蓝星、宁夏哈纳斯、河北鑫海化工等项目尾款清欠。

（张文龙　李明亮）

【强基固本持续夯实】 2017 年，第四建设公司以“强基固本年”为主题，持续开展 QHSSE 体系内审，推动员工技能培训和安全体验、安全实训基地建设；完善劳动用工、薪酬分配、人才成长通道建设和绩效考核机制；加强对分包商、供应商等资源管理，建立诚信体系，通过竞争、择优使用社会资源；全面推进 ERP 上线，通过业务人员全覆盖培训、数据整理导入、CRP 业务场景测试、预生产系统测试、正式系统上线等各环节的扎实工作，正点实现公司 ERP 系统上线运行并顺利完成系统月结、年结工作。

（张文龙　李明亮）

【凝心聚力工作常抓不懈】 2017 年，第四建设公司关心弱势群体，主动开展入户慰问和困难帮扶工作，累计入户慰问 287 户，开展职工大病救助 53 人次，实施金秋助学 22 人次，发放各类帮扶救助资金 126.81 万元，及时发放离退休人员生活补贴和协解人员生活资助金。坚持信访接待日制度，主动开门接访，针对重大诉求，公司领导主动下访，来信来访接访 148 件次，化解各类信访问题 144 件。

（张文龙　李明亮）

【群团党建工作发挥保障作用】 2017 年，第四建设公司坚持舆论宣传引领，传递正能量，弘扬主旋律，在省部级以上媒体刊发报道 200 余篇，微信微博发布消息 60 篇，政务信息报送 127 篇，微博最高点击量超过 3 万人次；发挥纪检监督、审计监督、内控监督、法律监督等多方位监督作用，建立完善“大监督”格局；应用监督执纪“四种形态”，加大问责追责力度，实施诫勉谈话 6 人次，通报批评 11 人次，免职 1 人，对 17 人分别给予警告、记过、记大过处分，持续强化干部队伍作风建设；充分发挥群团组织融入中心，服务大局功能，组织开展劳动竞赛、合理化建议、“三标班组”建设、“走基层、访万家”“一团一品”、青年文明号创建等系列活动，群团组织的桥梁和纽带作用进一步强化。

（张文龙　李明亮）

马来西亚项目干部员工收看党的十九大开幕

表 1　　第四建设公司主要生产经营指标

指标名称 \ 年份	2017	2016	2015	2014	2013	2012
资产总值①/亿元	42.86	48.33	43.98	41.30	36.56	32.44
主营业务收入①/亿元	33.63	37.51	42.42	43.78	38.73	36.18
利税①/亿元	-2.99	0.94	1.38	1.19	1.23	0.92
承接工程数量/项	168	95	117	110	101	76
授权专利数量/件	66	52	41	38	27	19

①由于统计口径原因，导致 2016 年数据出现差异

表 2　　第四建设公司 2017 年度完成的主要工程项目

序号	工程名称	交 工
一	新建装置	
1	华南管网 2015 年隐患项目	3 月
2	仪征化纤万吨级聚酯研发装置项目安装工程	3 月
3	塔河炼化有限责任公司 A 级沥青装置搬迁项目	3 月
4	甬沪宁管道苏州市吴江区震泽镇占压段改线工程线路工程	3 月
5	新疆东方希望新能源有限公司一期 1.5 万吨/年多晶硅工程	3 月
6	山东晋煤明水化工集团有限公司 2016 年工程	3 月
7	新疆希铝标准厂房 7—9 号中段及净化车间电气仪表安装调试工程	3 月
8	神华宁煤煤化工副产品深加工综合利用项目厂区公用管廊及火炬系统工程	4 月
9	长岭分公司 100 万吨/年催化柴油加氢转化项目	4 月
10	YAMAL 项目 246 - PAU - 001 346 - PAU - 001 两个模块多专业建造工程	5 月
11	湛江原油商业储备基地罐主体工程一标段	5 月
12	中国石化橡胶技术中心(巴陵石化部分)项目工程施工一标段	5 月
13	海南石油太平洋有限责任公司码头至油罐区更换及新增输油管线工程	5 月
14	神华宁煤煤制烯烃二期一套主要装置五标段建筑安装工程	5 月
15	中国石化天津液化天然气(LNG)工程	6 月
16	龙口京港油品储运及配套建设项目储罐制作安装工程第一标段	6 月
17	甬台温成品油管道项目宁海分输站场安装工程	7 月
18	中国石化销售新疆哈密 G30 高速大泉湾服务区南北侧加油加气站合建工程	8 月
19	YAMAL 项目 Train2&Train3 保温施工工作	8 月
20	神华宁煤 400 万吨/年煤炭间接液化项目污水深度处理装置安装工程	8 月
21	临镇—富县天然气管输项目施工框架协议(宝塔区)	9 月
22	中国海油惠州炼化二期一体化项目配套码头工程	9 月
23	石家庄炼化汽油质量升级烷基化装置	9 月
24	湖北襄阳魏荆线子陵镇、胡集镇占压段管道改线工程	9 月
25	正和 140 万吨/年柴油加氢改质装置安装工程	9 月
26	天津石油武清油库投油前整改项目	9 月
27	巴陵石化 2 万吨/年 SEPS 工业化装置工程施工一标段	10 月
28	青岛海工 Shell SDA 蒸汽伴热和热油伴热工程	10 月
29	重庆祥泰燃气南川水江工业园区输配气管道工程	10 月
30	华星 180 万吨/年柴油加氢改质装置安装工程	10 月
31	山东海化集团石化盐化一体化项目一期升级改造工程	10 月
32	中国航油集团贵州石油有限公司谷立油库增容工程收尾和储罐调平处理工程	11 月

续表

序号	工程名称	交 工
33	武汉分公司污水处理场提标改造工程	12 月
34	中海石油炼化有限责任公司惠州炼化分公司 100 万吨/年乙烯装置	12 月
35	中国海油炼化 35 万吨/年苯酚丙酮和 25 万吨/年丁辛醇装置	12 月
二	检修改造项目	
1	长岭分公司 2017 年检修改造工程	5 月
2	巴陵石化 2017 年炼油事业部装置停工检修第二标段	5 月
3	沧州炼油厂 2017 年检修改造工程	6 月
4	塔河炼化 1# 焦化装置抢修项目	7 月
5	广州分公司连续重整、重油催化裂化、催化汽油吸附脱硫装置静设备大修	8 月
6	石家庄炼化 2017 年检修、改造、技措工程	9 月
8	中沙石化乙烯装置 BA105、BA106 裂解炉炉管更新	9 月
9	天津石化炼油部 1# 硫黄回收装置、150 吨/时溶剂系统检修	10 月

第五建设公司

【概况】 中石化第五建设有限公司（简称第五建设公司）是炼化工程公司全资子公司。其前身成立于 1953 年，2010 年 12 月 18 日根据集团公司的战略部署，从甘肃省兰州市西固区迁址到广东省广州市荔湾区中山七路 81 号。2012 年 4 月，根据炼化工程板块实施重组上市要求，更名为中石化第五建设有限公司。

第五建设公司是中国最早从事石油化工建设的大型施工企业，也是集团公司直属大型综合性施工企业，具有化工石油工程施工总承包一级企业资质、国外工程承包资质、对外经济合作经营资格资质和建筑行业（建筑工程）乙级、石油化工医药行业（化工工程、石油及化工产品储运）专业乙级设计资质、环保工程专业承包一级资质等。

第五建设公司具备 50 亿元/年以上的施工生产能力；能独立承担炼油、化工、化肥、化纤、橡胶、电力、医药、冶金、军工等大中小型装置及配套工程建设任务；在大型传动设备（机组）安装、大型储罐安装、大型 DCS 自动化集散控制系统安装与调试和特种材料焊接，以及大型锅炉、大型空分、炼油、聚烯烃、甲醇、煤化工、环保节能、安全监管等方面，形成独具特色的技术优势；培养了一大批高级工程技术人员和各专业高级技师；在国家许多重大项目建设中，充分展现了在工程管理、机具装备、专业人才、新技术开发应用等方面的实力和优势。

截至 2017 年底，第五建设公司本部共设 16 个职能处室，下辖兰州基地等 14 个二级单位。有 49 个项目部，其中国内 45 个、国外 4 个，分布在全国各地炼化企业和海外。

截至 2017 年底，第五建设公司用工总量为 2 117 人，其中在岗合同制员工 1 868 人、短期阶段性合同工 5 人、不在岗 244 人（含离岗调研、内退、工伤）。取得各类专业技术职称人员 1 246 人，获国家一级、二级建造师 109 人。

第五建设公司主要生产经营指标和 2017 年完成的主要工程项目分别见表 1 和表 2。

（张　丽　王瑾瑾）

【领导班子调整】 2017 年 1 月 9 日，集团公司党组调整第五建设公司领导班子：由于年龄关系，田建军正式办理退休手续，由公司党委书记蒋德军暂时主持党政全面工作。5 月 9 日，集团公司党组再次调整第五建设公司领导班子：原第五建设公司党委副书记、纪委书记、工会主席衣浩转任副总经理，主持第五建设公司行政工作，仍任第五建设公司党委副书记。原第四建设公司党委副书记、纪委书记、工会主席王忍利交流到第五建设公司任纪委书记、工会主席。

（张　丽　王瑾瑾）

【获高新技术企业资质】 2017年2月22日，从国家科技部官网获悉，第五建设公司成功取得国家高新技术企业资质。未来3年内，企业所得税率将由原来的25%减为15%，减幅达40%。同时，将助推公司业务发展模式进一步多元化、高端化，实现由传统的工程总包、分包向集设计、采购、施工、试运等为一体的EPC模式转变。

（张 丽 王瑾瑾）

【党组织关系由甘肃省转入广东省】 2017年3月16日，广东省直机关工委接收中共兰州市委组织部开出的关于第五建设公司党员组织关系介绍信，标志着第五建设公司党组织关系正式转入广东省直机关工委管理。

（张 丽 王瑾瑾）

【海外项目减亏脱困初步告捷】 由于2016年各种不利因素的叠加，造成沙特JRTP项目严重亏损。2017年初，第五建设公司在强化海外项目管控的同时，由班子成员带队先后与总承包商西班牙TR公司进行多轮谈判，并在一季度成功改变JRTP项目合同的计价模式，从二季度开始，JRTP项目基本实现止损目标并在逐渐减亏。截至2017年底，海外4个项目（沙特JRTP项目、JIGCC项目，科威特IPIC项目，马来西亚RAPID施工管理项目）执行状况良好，全年共实现营业收入17.9亿元，占公司总收入的52.3%；如果不考虑消化沙特SADARA项目潜亏因素，境外项目实现利润1.8亿元。其中，科威特项目实现收入8 835万美元，实现利润1 641万美元，为公司全年目标任务的完成以及消化境外项目历史包袱做出了突出贡献。

（张 丽 王瑾瑾）

【获环保工程专业承包一级资质】 2017年5月2日，第五建设公司继年初取得广州市住房城乡建设委员会颁发的市政工程施工总承包三级资质之后，又取得由广东省住房和城乡建设厅颁发的环保工程专业承包一级资质。

（张 丽 王瑾瑾）

【开展首届“最美青工”评选活动】 2017年3月，第五建设公司评选出徐安均、张凯、许光明、马兵邦、刘会飞、彭林、高晶、赵红忠、麻维军、陈雄士共10名第五建设公司十大最美青工，王宁宁、张嫒嫒、夏金洋、卢禹冰、王瑾瑾、孙智军、唐文娟、李波、马靖、黄培颖、杨晓庆共11名员工获第五建设公司最美青工提名奖称号。

（张 丽 王瑾瑾）

【茂名石化20万吨/年环氧乙烷装置顺利实现中交】 2017年6月30日，第五建设公司承建的茂名石化20万吨/年环氧乙烷装置顺利实现中交。该项目于2016年1月11日开工，3月15日现场桩基工程开工，2017年6月30日实现中交，共历时536天。

（张 丽 王瑾瑾）

第五建设公司承建茂名石化环氧乙烷装置全景（周 菁 摄）

【“一种施工现场安全眼监管平台系统”获发明专利证书】 2017年，第五建设公司申请的“一种施工现场安全眼监管平台系统”发明专利，获国家知识产权局颁发的发明专利证书，填补了公司自主发明专利的空白。该项专利产品已应用在公司多个项目上，对提升项目HSE管理起到关键作用。

（张 丽 王瑾瑾）

【举办首届科级干部培训班】 2017年9月20—30日，第五建设公司举办首届科级干部培训班。来自公司各条战线的50名科级干部参加培训，培训班在兰州石化学院东区举办。

（张 丽 王瑾瑾）

【新疆宣力50万吨/年煤焦油加氢项目中交】 该工程合同金额1.67亿元，于2016年9月16日开工。2017年9月26日，新疆宣力50万吨/年煤焦油加氢项目中交。

（张 丽 王瑾瑾）

【一次党代会顺利召开】 2017年11月14日，第五建设公司一次党代会胜利闭幕，大会选举产生中共五建公司新一届“两委”，确定了公司党委和纪委今后 5 年工作目标任务。

（张　丽　王瑾瑾）

【运营系统优化调整】 2017 年，第五建设公司坚持稳中求进，从优化调整入手，不断推进运营系统优化。华中分公司成立并率先完成挂牌，华东、华南、西北、东南、华北等区域分公司机构已成立、职责已明确，正处于挂牌筹建阶段。机电仪公司的业务优化调整工作启动会议已召开，处于方案优化、完善阶段。

（张　丽　王瑾瑾）

【转型发展实质推进】 2017 年，第五建设公司积极争取政策支持，确定的环保节能、安全技术、项目管理、专业 EPC 四大转型发展业务开始起步并取得初步成效。全年获发明专利 1 件、实用新型专利 4 件、授权专利 15 件、信息化建设特级案例 1 项，完成技术开发和科研管理 7 项，《工程项目 HSE 标准化图集》获中国石油和化学工业优秀出版物图书奖一等奖。有 3 项工法获评集团公司级工法，有 1 项工法推荐申报国家级工法。

（张　丽　王瑾瑾）

【降本减费有成效】 2017 年，第五建设公司启动“加快结算进度、压降工程存货专项活动”和“精细管理、降本增效”劳动竞赛活动，加大分包结算的清查、梳理、审核和完工项目的关闭工作。不断完善企业内部定额体系，对《实物工程量单价》进行第 4 次修订，对不同区域、不同技术人员审核的工程量进行核对及总量复查，并由集团公司总部对总工程量、签证等加强二审，再由审计部对重点项目引进第三方审计，有效降低了分包工程成本。全年累计完成工程结算审计 934 份，审减额 2 506. 97 万元。

（张　丽　王瑾瑾）

【3 家单位在公司揭牌成立】 2017 年，第五建设公司顺利通过广州市企业研发机构认定，广东省工程技术研究中心、炼化工程公司土壤治理中心、华南理工大学全日制硕士研究生联合培养基地相继在公司揭牌。

（张　丽　王瑾瑾）

【“四供一业”移交工作达到预期】 2017 年，第五建设公司高度重视“四供一业”移交工作，成立“四供一业”移交管理部。按照“先移交、后改造”的原则，4 月 22 日，与兰州市国资委指定的接收单位签订水电气暖和物业等 5 项移交分框架协议。12 月 22 日，供水分离移交项目顺利通过炼化工程公司评审。

（张　丽　王瑾瑾）

【市场开发成效显著】 2017 年，第五建设公司在市场竞争日趋加剧的情况下，密切跟踪系统外市场，先后中标浙江石化 4 000 万吨/年炼化一体化项目(一期)4 套聚烯烃安装工程以及大连恒力石化 2 000 万吨/年炼化一体化项目聚丙烯装置安装工程、硫黄回收联合装置建安工程、储罐工程 3 个标段。全年累计签订合同 308 份，合同额 25. 37 亿元，完成全年目标的 101. 48%。

（张　丽　王瑾瑾）

【内部管理不断强化】 2017 年，第五建设公司紧紧围绕“海外工程减亏脱困、国内项目降本增效”这条主线，抓管理强基础，综合管理能力进一步提升。安全管理上，突出抓好领导定点安全承包，以及安全生产主体责任分解落实，不断强化现场监管、安全培训、承包商 HSE 管理、应急演练、HSE 标准化等工作，累计实现 4 402 万安全人工时，未发生上报集团公司级安全、环保事故事件。质量管理上，建立健全项目部质量管理体系，积极开展工程创优、QC 小组攻关、样板引路、质量标准化，持续开展质量通病治理、专项质量检查，组织各类培训 375 人次，焊缝无损检测拍片一次合格率 98. 2%。信息化应用上，完成财务 ERS 费用报销系统、法律部新版 CMIS 合同管理系统、人力资源部 HR 系统的上线工作，实现与 ERP 系统的无缝衔接。

（张　丽　王瑾瑾）

【党政融合扎实推进】 2017 年，第五建设公司牢固树立“在经济领域为党工作”宗旨，紧紧围绕企业生产经营、改革发展等中心任务，从严从实开展党建工作。专门成立党风廉洁巡察组，做到关口前移。加强宣传文化工作，积极开展“万里结对一家亲”等活动，为公司树立了良好形象；认真开展“送温暖”等活动，建立职工代表巡视制度，落实职工代表提案 8 件；办理职工互助保障计划 1 270 份。做好维护稳定工作，妥善应对、成功处置十九大前夕 3 起恶性突发事件(分包商人员进京闹访缠访、冒用五建名义非法招聘诈骗上百名受骗人员到公司聚集、改制企业部分人员聚集)，全年未发生重大稳定事故。

（张　丽　王瑾瑾）

【命名4个劳模工作室】 2017年12月27日，第五建设公司印发《五建公司“劳模创新工作室”创建实施方案》，命名杨继民劳模创新工作室、贺淑蓉劳模创新工作室、周修乐劳模创新工作室、黄会安劳模创新工作室共4个劳模创新工作室。

（张 丽 王瑾瑾）

【实行公务用车燃油费统一管理】 2017年5月5日，第五建设公司召开公务用车燃油集中管理启动会。会议决定，要按照“从严从紧、集中管控”原则，将公务用车燃油管理由原来的独立管理更改为由总经理办公室统一管理。

（张 丽 王瑾瑾）

【与抚顺石油化工研究院签订战略合作协议】 2017年5月18日，第五建设公司与抚顺石油化工研究院正式签订战略合作协议。双方将在科研、产品及服务、市场互补合作、人才培养等方面开展多层次合作，在石油化工、节能环保、污染场地调查、土壤地下水修复等领域建立更加稳定、牢固、长期的战略合作关系。

（张 丽 王瑾瑾）

【获多项荣誉】 2017年，第五建设公司先后获集团公司安全生产先进单位称号等37项各类荣誉，承建的神华陕西甲醇下游加工项目等9项工程获省部级以上荣誉。 （张 丽 王瑾瑾）

表1　　第五建设公司主要生产经营指标

指标名称＼年份	2017	2016	2015	2014	2013	2012
资产总值/亿元	40.30	42.47	37.10	32.90	28.56	25.18
主营业务收入/亿元	33.97	38.20	41.10	45.22	34.38	31.31
利税/亿元	-5.42	-3.92	1.72	1.50	1.33	1.19
承接工程数量/项	90	103	96	127	141	132

表2　　第五建设公司2017年完成的主要工程项目

序号	项目名称	竣工时间
1	镇海炼化中金石化氢气供镇海炼化流程完善	1月
2	镇海炼化2016年能源计量仪表整改项目	2月
3	福州中江石化35万吨/年聚丙烯装置	3月
4	九江石化检维修改造项目工程	3月
5	武汉石化中变气脱碳项目	3月
6	金陵亨斯迈环氧丙烷项目系统配套装置安装及土建工程	4月
7	镇海炼化仪表机柜间防腐蚀防尘整治	4月
8	金陵200万吨/年渣油加氢装置建筑安装工程	5月
9	长岭分公司2017年大检修	5月
10	长岭分公司硫黄回收装置尾气达标改造	5月
11	广州分公司电轻质油铁路装车系统隐患治理项目	5月

续表

序号	项目名称	竣工时间
12	涪陵液化天然气(LNG)工厂项目	5 月
13	易高工程 14 万吨/年甲醇制稳定轻烃装置改造建筑安装工程	6 月
14	沧州分公司检维修改造工程项目	6 月
15	扬子石化硫黄回收装置尾气提标改造项目	6 月
16	茂名石化南海精细化工有限公司 20 万吨/年环氧乙烷装置	6 月
17	西南成品油管道长坡站新建 6 万吨/年混油蒸馏装置项目	6 月
18	镇海炼化乙烯裂解装置增设脱丁烷塔阻聚剂注入包土建及安装	6 月
19	包头维保工程新增洗涤存储系统项目 PC 总承包	7 月
20	魏荆线东津镇占压段管道改线工程线路工程	8 月
21	镇海炼化制氢装置副产炭黑掺烧至 CFB 锅炉收集输送系统项目	8 月
22	武汉石化汽油铁路直接出厂	8 月
23	武汉石化航煤铁路出厂项目	8 月
24	上海联恒异氰酸酯有限公司 MDI 扩建项目	9 月
25	上海石化炼油装置硫黄尾气达标排放改造项目	9 月
26	石家庄 120 万吨/年连续重整装置 2017 年常规检修及技措项目	9 月
27	武汉石化汽油罐区异地改建	9 月
28	新疆宣力环保能源有限公司 50 万吨/年煤焦油加氢项目	9 月
29	扬子 70 万吨/年航煤加氢装置建筑安装工程	9 月
30	湛江东兴公司 120 万吨/年 S－Zorb 催化汽油吸附脱硫项目	10 月
31	武汉石化第二柴油罐区柴油加剂系统改造	10 月
32	魏荆线新甸镇占压段管道改线工程	12 月
33	陕西延安煤油气 60 万吨/年 MTO 装置工程	12 月

第十建设公司

【概况】 中石化第十建设有限公司(简称第十建设公司)是炼化工程公司全资子公司，前身为原化学工业部第二化工建设公司。1970 年 10 月从山西太原迁至山东淄博，成立山东省化学石油建设公司；1983 年并入原中国石化总公司，更名为中国石化第十建设公司；1998 年更名为中国石化集团第十建设公司；2012 年完成公司制改制并变更为现名；2014 年 8 月本部迁址山东青岛；2016 年 4 月第一安装分公司、第二安装分公司、储运工程分公司和仪表电气安装分公司4 个分公司也搬迁至青岛。

第十建设公司拥有石油化工工程施工总承包一级、对外承包工程等多项资质证书，建立了全方位、多层次、宽领域的人才架构，并在大型储罐安装、大型设备吊装、大型压缩机组安装调试、大型起运机械修造、特种材料焊接、长输管道 SCADA 系统及装置 DCS 和 SIS 系统安装与调试等方面，形成国内领先的核心技术优势。

截至 2017 年底，第十建设公司下设 15 个机关部室以及安装、仪电、储运、重机、建筑工程、齐安工程(管道结构工程)、项目管理等 14 个专业分公司，4 个子公司。在册员工 3 076 人，其中经营管理与专业技术人员2 020人、技能操作人员920人；拥有直属单位高级专家2人、专家24人，具有高级及以上职称的259人、中级职称的835人，技师及高级技师118人。

第十建设公司主要生产经营指标和2017年完成的主要工程项目分别见表1和表2。

（董砚宝）

【企业综合实力进一步增强】 2017年，第十建设公司确立“市场开发年”和“管理提升年”两大主题，抓创新，强管理，促改革，“提质增效”实现良好发展，新签合同额、总包产值、利润等主要指标在炼化工程公司施工板块内保持“标杆”水平；在“2017青岛企业100强”排行榜中，收入排名第39位，综合排名第49位；获全国优秀施工企业称号。

（董砚宝）

【“市场开发年”取得良好成效】 2017年，第十建设公司围绕“市场开发年”主题，聚焦集团公司系统内传统市场，围绕“七大石化基地”“六大煤化工基地”布局系统外大客户市场，中标境内合同额50.9亿元，其中中标浙江石化炼化一体化项目一期工程13.2亿元、恒力石化（大连）炼化一体化项目4.5亿元。聚焦中东、中亚、东南亚3条主线不动摇，稳步拓展境外市场，与派法特（Petrofac）、德希尼布、塞班、福陆等近30家国际知名工程公司建立常态化交流机制，保持科威特等传统市场的连续，全年新签境外合同额6 020万美元，境外市场保持递进上升发展的良好态势。

（董砚宝）

【转型发展持续推进】 2017年，第十建设公司以新业务为“切入点”推动转型发展，加快环保业务发展平台建设，充实工程设计团队，组建环保设计项目部，与青岛安全工程研究院联合EPC中标石油工程技术研究院助剂中试基地废气治理项目，并参与炼化工程公司首个合同能源管理项目——安庆石化低温余热发电项目，实现了新突破。

（董砚宝）

【改革不断深化】 2017年，第十建设公司全面把握深化改革的两个关键节点，即确保2018年完成“四供一业”分离移交和2020年完成离退休移交，统筹策划深化改革工作，召开“夯实基础、提升管理、创新发展”研讨会，探讨深化改革的切入点，形成“三项制度”改革试点建议方案。把握“四供一业”移交关键节点，分离移交“四供一业”、市政及社区管理职能取得阶段性重要进展。

（董砚宝）

【项目管理创新提上新高度】 2017年，第十建设公司聚焦“施工组织创新、技术装备提升创新”两条主线，大力推动施工管理创新，成立施工工效提升创新领导小组，下设施工组织模式创新工作组、施工技术装备创新工作组，在泰州乙烯、浙江石化项目召开项目管理创新研讨会和工效提升推进会，组织创新专题策划，重点围绕施工组织优化、专业化施工推广、“六化”（安装模块化、预制工厂化、焊接自动化、施工管理信息化、管道施工有序化、项目管理组织合理化）创新发展实施、项目激励措施研讨、分包模式优化等内容开展组织创新，推进新型高空作业车及盘扣式脚手架使用、仓储材料二维码管理等。

（董砚宝）

【技术质量创新步伐加快】 2017年，第十建设公司充分发挥国家高新技术企业、山东省级技术中心平台基础优势，施工技术创新迈出新步伐，开展技术开发项目37项，获国家授权专利10件，集团公司级工法6项。强化项目全过程质量控制，提升工序质量，参建的“黄岛国家石油储备地下水封洞库工程”获国家优质工程金奖；“神华陕西甲醇下游加工项目”“中国石油抚顺石化分公司扩建80万吨/年乙烯工程”获国家优质工程奖；全年获省部级优质工程奖10项、优秀焊接工程一等奖1项、优质监理工程奖1项。

（董砚宝）

【先进装备实力得到升级】 2017年，第十建设公司以“提升工效”为核心，推动先进装备升级，优先采购先进、高效工装，优化设备购置计划，采购了管道全位置自动焊、仪器仪表检测、新型脚手架、高空作业平台、便携式管道切割机等高效机具设备，合作开展设备研发制造，与南京奥特电气股份有限公司签订战略合作协议，联合研发中低压管道焊接单元模块、柔性机械臂全位置自动焊机等新课题，促进了焊接自动化水平的提高。

（董砚宝）

【承建哈萨克斯坦KFCC项目进入生产试运行阶段】 2017年6月6日，第十建设公司承建的哈萨克斯坦阿特劳炼油厂石油深加工联合装置“交钥匙”建设工程项目(KFCC)催化裂化装置主风机开车一次成功；12月15日，催化裂化装置顺利实现装置投料，标志着项目全面进入生产试运行阶段。

（董砚宝）

【承建中天合创鄂尔多斯煤炭深加工示范项目全面运行】 2017年8月6日，第十建设公司承建的中天合创鄂尔多斯煤炭深加工示范项目中的最后一套装置12万吨/年釜式高压聚乙烯装置，一次投料开车成功，顺利产出合格产品，标志着项目全部进入运行阶段。

（董砚宝）

第十建设公司承建的中天合创釜式高压聚乙烯装置

【承建神华宁煤项目建设创出新业绩】 2017年9月13日，第十建设公司承建的神华宁煤煤化工副产品深加工综合利用项目裂解装置投料，相继产出合格的聚丙烯、聚乙烯产品，装置一次投料开车成功，创造了24个月建成百万吨级聚烯烃项目的新速度。

（董砚宝）

【承建法液空项目创纪录】 2017年2月20日，第十建设公司承建的法国液空集团连江煤气化项目中的重要组成部分空分装置一次开车成功，项目进入试生产阶段；7月7日，整个煤气化项目顺利产出合格产品。该项目是法国液空集团2017年最大的投资项目，由第十建设公司于2016年3月开始施工建设，创造了国内外资项目1年建设期高标准建成大型煤气化项目的新纪录。

（董砚宝）

【党建工作全面提升】 2017年，第十建设公司党建工作紧紧围绕“提质增效”中心工作不动摇，坚持“把方向、管大局、保落实”，提炼明确引领公司业务发展的49条“导向”，保证公司各项工作重心不偏离，方向更清晰。落实集团公司基层党支部建设工作会议精神，在特大型项目和境外项目设置专职党支部书记，与业主开展党建工作共创共建，推进境外项目“四个一”（“一卡”即党员联系卡、“一厅”即多功能厅、“一网”即互联网、“一家”即员工之家）工程建设，夯实了基层党建工作。

（董砚宝）

【启动公司志编撰工作】 2017年9月18日，经第十建设公司领导班子会研究决定，成立“十建公司志”编撰工作领导小组，赵德源副总经理任组长，负责编撰工作的组织、指导和协调；下设编撰委员会，闫建义任主编，负责具体组织、策划和编撰工作。12月11日，第十建设公司召开“十建公司志”编撰启动会，正式启动公司志编撰工作，对1970—2020年发展历程进行梳理和总结，激励干部职工尤其是年轻一代的十建人，不忘初心，牢记使命，在新发展的起点上砥砺前行。

（董砚宝）

表1 **第十建设公司主要生产经营指标**

指标名称 \ 年份	2017	2016	2015	2014	2013	2012
资产总值/亿元	40.79	41.82	44.64	46.10	40.10	33.57
主营业务收入/亿元	36.67	51.11	55.65	60.59	59.52	56.27
利税/亿元	2.03	2.26	2.80	2.35	1.57	2.15
承建工程数量/项	62	48	52	47	58	55
授权专利数量/件	70	60	50	43	31	23

表 2　　第十建设公司 2017 年完成的主要工程项目

序号	项目名称	竣工时间
1	仪征至长岭原油管道小池改线工程	1 月
2	江苏海洋 S188 EXMAR - PM FSRU 项目结构施工工程	1 月
3	上海石化储运部成品油海运出厂设施扩能项目	1 月
4	天津液化天然气(LNG)项目接收站安装工程	2 月
5	济南炼油厂 2017 年检修项目	4 月
6	济炼 140 万吨/年催化裂化装置烟气脱硝项目	4 月
7	催化剂大连基地(一期)建设项目	5 月
8	川气东送管道黄金增压站(一标段)工程	5 月
9	鲁南空分循环水、气化及变换低洗技改扩能建筑安装工程	5 月
10	中煤陕西榆林能源化工公司烯烃中心与公用工程 2017 停车检修项目	5 月
11	北方华锦集团乙烯二分公司乙烯装置检修	5 月
12	岳阳长岭 2017 年大修工程	5 月
13	齐鲁分公司橡胶污水处理场达标升级技术改造项目	6 月
14	神华宁煤烯烃 2017 年大检修	6 月
15	液空福建煤气化项目(空分装置、气化装置、净化装置、氨合成装置)	7 月
16	中天合创 25 万吨/年管式高压聚乙烯装置(12 万吨/年釜式高压聚乙烯装置)	7 月
17	烟台八角港油库工程	7 月
18	青岛海洋亚马尔气田天然气液化生产设施	7 月
19	德州油库改扩建工程	7 月
20	内蒙伊泰 120 万吨/年精细化学品示范项目——联合试运转保镖服务工程	7 月
21	潍坊港联化董家口港—潍坊—鲁中—鲁北输油管道工程配套潍坊罐区罐组工程	8 月
22	石家庄炼化 100 万吨/年柴油加氢装置升级改造	8 月
23	茂名分公司炼油低浓度污水处理厂提标改造项目	9 月
24	山东东营华星 100 万吨/年连续重整装置安装工程	9 月
25	山东东营华星公用工程及配套罐区安装工程	9 月
26	山东东营华星 7 台炉现场加工安装工程	9 月
27	茂名石化 150 万吨/年连续重整装置	10 月
28	联泓新材料有限公司 DMTO 装置及系统配套技术改造工程	10 月
29	宁波中金石化 2017 年检修工程	10 月
30	抚顺石化公司乙烯化工厂乙烯装置裂解炉安全隐患治理工程	10 月
31	山东海化盐化一体化项目 C3 标段(老装置改造)及检修工程	11 月
32	青岛石化 2017 年检修	11 月
33	延安煤油气资源综合利用项目 45 万吨/年高密度聚乙烯(HDPE)项目	12 月

长城能化

【概况】 中国石化长城能源化工有限公司(简称长城能化)是2012年8月27日注册成立的煤化工专业公司，是股份公司的全资子公司，业务归口化工事业部管理与指导，是中国石化煤化工业务投资的平台，负责中国石化煤化工业务的投资和经营，组织协调煤化工项目建设，对煤化工企业进行专业化管理。

长城能化本部位于北京市朝阳区吉市口路9号，注册地为北京亦庄经济技术开发区，设有办公室(外事办公室)、规划计划处、财务处、人力资源处(党委办公室、党委组织部、党委宣传部、工会、团委)、企管法律处、监察审计处、安全环保处、设备工程处、煤炭处、化工处和煤矿安全管理处11个部门；下设中国石化新疆能源化工有限公司(简称新疆能化)、中国石化长城能源化工(宁夏)有限公司(简称宁夏能化)和中国石化长城能源化工(贵州)有限公司(简称贵州能化)3个控股公司，中天合创能源有限责任公司(简称中天合创)、中安联合煤化有限责任公司(简称中安联合)和毕节中城能源有限公司(简称中城能源)3个参股公司。截至2017年底，长城能化已在宁夏、内蒙古、安徽、贵州和新疆等地规划布局5个煤化工项目。其中，宁夏项目和内蒙古项目已建成投产，安徽项目处于工程建设阶段，贵州和新疆项目正在开展前期工作。长城能化本部机关、各控股公司和依托长城能化管理的中天合创及中安联合化工分公司用工总量为4 898人。

2017年，长城能化面对国际油价低位震荡、国内煤价涨幅较大的外部严峻挑战和宁夏能化扭亏脱困、中天合创全面投产的内部艰巨任务，聚焦提质增效升级，努力建好、开好和运营好煤化工项目，取得较好成效，顺利实现宁夏能化生产经营持续好转、中天合创项目全面投产、中安联合项目复工建设等主要工作目标。全年完成投资108.88亿元，其中中国石化股权投资54.6亿元，含资本金注入24.49亿元；自开工以来累计完成投资1 014.93亿元。年末合并口径公司总资产352.95亿元，总负债187.57亿元，负债率53.15%；权益口径总资产665.03亿元，总负债392.67亿元，负债率59.05%。

(从怀芳)

【中天合创项目全面建成投产】 2017年，长城能化加强统筹协调，在稳定和优化中天合创一线化工装置运行的同时，精心组织二线装置的工程收尾和投料开车，认真选派系统内技术专家加强试车过程中的指导和服务，集中攻关污废水装置运行瓶颈等问题，使中天合创项目于8月顺利实现全面投产，9月全面转入商业运营，12月实现全系列装置的高负荷运行，累计生产化工产品451.34万吨、原煤1 498.19万吨，实现销售收入35.92亿元，取得当年投产、当年见效的优异成绩。

(从怀芳)

中天合创生产装置现场

【宁夏能化生产经营形势明显好转】 2017年，长城能化面对宁夏能化连续亏损的生产经营困境，会同化工事业部、化工销售公司等成立宁夏能化扭亏脱困领导小组，打响宁夏能化扭亏脱困攻坚战，及时协调系统内资源深入开展扭亏脱困帮扶，指导帮助和检查推动宁夏能化装置达产达标、产品销售、煤矿核准、大修改造等重点难点工作，有力促进了宁夏能化生产经营情况的明显好转，宁夏能化各主要装置负荷大幅提升，累计生产化工产品140.18万吨，发电29.53亿千瓦·时，分别同比增加45%和23%；实现销售收入32.63亿元、增加82.4%，实现经营总量有效放大、经营净现金流由负转正、年度预算指标顺利完成等主要任务目标。

(从怀芳)

【项目实施有序扎实推进】 2017年，长城能化进一步加强项目统筹和投资控制，有序推进煤化工项目工程建设和前期工作。积极推进中安联合项目复工建设，与皖北煤电集团及淮南市政府对接落实煤矿超概资产回购、管控模式和复产方案以及项目优惠政策，协调推进项目融资安排和人员配置，完成项目管理组织机构调整、总体统筹控制计划报批等工作，顺利实现化工项目全面复工和煤矿复产，截至2017年底，化工项目76个主项全部开工，累计完成总体进度的58.01%。继续扎实推进贵州煤制烯烃和新疆煤制天然气项目前期工作。其中，贵州项目已取得包括环评在内的各项核准支持性文件，项目内部评估论证和煤矿融资及复建安排等工作稳步开展；新疆项目配套煤矿所在的将军庙矿区总规获得批复。协调推进宁夏能化配套煤矿核准报批和生产准备工作，落实产能置换方案，实现银星二号煤矿核准。

（从怀芳）

【企业管理进一步加强】 2017年，长城能化注重抓基层、打基础，加强“三基”管理，组织开展总部制度承接工作，完善公司制度建设方案，建立健全内控体系，督促制订和细化落实“三基”工作实施方案，突出抓好企业基层安全、财务等管理较为薄弱的环节，促进了基础管理水平不断提升。修订完善绩效考核体系，优化考核项目及考核指标，严肃考核兑现，有效发挥了绩效考核的导向作用。推进全面预算管理，深化ERP系统应用，优化资金筹措和使用，落实项目资本金注入和到期委托贷款置换，降低了资金成本。组织编制煤化工板块“三定”方案，并按照集团公司批复意见，完成公司机关“三定”调整工作。统筹优化人员配置，中天合创用工方式逐步规范，宁夏能化从系统内引进骨干人才29人，新疆能化平稳完成人员分流59人，中安联合顺利配置到约800人，满足了项目用工需求。加强员工队伍建设，编制人才成长通道建设方案，采取多种有效方式开展全员培训，提高了员工队伍综合素质。加强合资公司监督管理，及时召开“三会”审议把关重大事项决策，组织开展审计、监事会现场检查和效能监察，规范了合资公司运营。

（从怀芳）

【党建工作进一步深化】 2017年，长城能化紧紧围绕学懂、弄通、做实的要求，深入学习贯彻党的十九大精神，推动党的十九大精神在煤化工板块落地生根，促进党建工作与中心工作的深度融合。扎实推进全面从严治党，制定印发党建工作“1+5”制度和“两学一做”学习教育常态化制度化实施方案，落实“三会一课”制度，完成党委纪委换届选举和“党建入章”，推动党建工作的制度化和规范化。加强党风廉洁建设，认真落实“两个责任”，组建监督委员会，推进煤化工板块“大监督”格局建设。加强党建创新，建立党建工作“雷达图”对标体系，从党委、党支部、党员3个层面推进党建工作深入开展。加强基层党支部建设，配齐配强党务政工干部，举办党支部书记、党务政工干部等培训班，开展两级机关与基层党支部“结对子”活动，转变工作作风，帮助基层解决实际问题。加强宣传思想工作，充分发挥群团组织作用，探索建设以“和合”文化为核心的煤化工特色企业文化，深入开展“转观念、勇担当、创效益”和“新时代、新气象、新作为”专题讨论，以及“建功十三五、立业煤化工”主题劳动竞赛，营造了和谐稳定、团结拼搏的企业氛围。

（从怀芳）

化工销售公司

【概况】 中国石化化工销售有限公司（简称化工销售公司）作为中国石化的全资子公司，主要负责中国石化所属企业生产的石化产品的资源统筹、市场营销、产品销售、物流运作、客户服务及相关化工原料的采购和供应工作，年经营化工产品超过6 900万吨，是国内及亚洲最大的石化产品供应商。

化工销售公司拥有国内领先的商务、物流和经营管理信息化平台，以资源计划管理系统（ERP）为核心的信息化系统对业务运行和经营管理提供全方位支持。截至2017年底，公司正在开展化工产品电子商务平台升级建设。客户服务中心为客户提供一站式咨询和服务，借助先进的呼叫中心平台和客户关系管理系统，实现与客户的实时沟通交流。

（武　晶）

【加强市场研判】 瞄准区域市场结构和市场占有率，深化拉网式调研。立足国内外现状，着眼产业链长远发展，开展聚丙烯、顺丁橡胶、对二甲苯、涤纶短纤、甲醇等全产业链分析。建设化工产业链信息平台，整合现有资源，探索分析方法，开展模型设计，全产业链分析意识和能力进一步提升。运用市场调研和产业链研究成果，常态化开展市场预测；开发价格预测系统，预测结果纳入考核评价，准确性和专业性不断增强。建立季度交流机制，邀请外部专业力量，对标国际咨询机构，深入分析行业发展和经济走势，中长期市场研究机制初步建立。

（武　晶）

【加强经营优化】 履行销售职责，发挥统销优势，密切关注新装置动态，提前谋划市场，保障新装置后路畅通。统筹资源配置，多渠道保障资源供应，全力做好装置检修互供保供；采取代加工等措施，迅速响应国家环保督察和生产装置突发事件。加强跨区调拨管理，千方百计“就近销售”，促进资源优化。坚持以统销产品或自用原料为主的自营贸易，稳定供销渠道，满足内外需求。积极开拓国际市场，召开外贸工作会，制定问题清单，理顺出口流程。

（武　晶）

【**精细营销**】　以"一品一策"为抓手，精细化营销取得新突破。牢固树立市场意识，按"品"细分市场布局，细分营销策略。将合成树脂由7个产品类别细分为40多个产品牌号，依据"品"的计划执行、价格贡献等指标，细分客户级别，实行差异化营销，精细化水平进一步提升。开发"一品一策"信息系统，促进细分策略、跟踪实施、总结考核标准化、规范化。全方位分析渠道，强化渠道管理。加强行业协调，促进产业链健康发展。以"一户一案"为追求，牢固树立客户至上理念，为客户量身打造需求保障方案，"想客户之所想、急客户之所急"，客户黏性不断增强。

（武　晶）

【**QHSE 体系建设**】　全面启动 QHSE 管理体系建设，明确本部和区域公司及各部门的职责定位，全面梳理制度和流程。增设区域公司人力资源部和审计监察部，管理职能更加清晰。将党建工作纳入 QHSE 管理体系，实现质量、健康、安全、环境、党建有效整合，构建符合发展需要的企业管理体系。

（武　晶）

【**全面预算管理**】　以全面预算管理为龙头，提升从生产到销售的价值链管理水平。在仓储物流、产销经营、产品开发等各链条强化价值创造，共完成总部、本部、区域3个层面155项挖潜增效项目。各产品条线模拟公司化运行，做好营销与物流、收入与费用、条线预算与区域预算、预算安排与过程控制相结合。

（武　晶）

【**风险防控**】　统筹资金运作，进一步强化现金流管理。清理低效无效资产，进一步规范资产管理。全面实施仓储管理、制度与内控执行情况审计评价，提升货物、资金安全管理水平。开展自营贸易效能监察，识别、防控潜在风险。结合 QHSE 体系建设，识别内控、HSE、法律等风险点，嵌入制度和流程进行规避。不断增强网络安全意识。

（武　晶）

【**党政融合**】　组织全体干部职工认真学习贯彻党的十九大精神，力求真学真用，学深悟透做实。完成中层领导人员和党支部书记学习贯彻党的十八届六中全会精神轮训。严格落实班子成员"一岗双责"汇报机制。探索兼职支部书记、委员考核激励，推进支部分类定级和支部书记抓党建工作述职，组织中层干部和支部书记赴井冈山培训，充分发挥支部战斗堡垒和党员先锋模范作用。开展"两学一做"专题教育和"转观念、勇担当、创效益"主题讨论，组织"创一流、促增效、添光彩"主题活动。全面推广"三段式"微党课，开展主题微党课赛优。加大宣传工作力度，召开先进员工事迹报告会，广泛开展向董树明等先进个人学习活动。召开职工代表大会，组织劳动竞赛和"走基层、访万家"等活动。开展丰富多彩的文体活动和"一团一品"建设，为青年成长成才搭建平台。

（武　晶）

财务公司

【**概况**】　中国石化财务有限责任公司(简称财务公司)是由原中国石油化工总公司独家发起，经中国人民银行批准于1988年7月8日成立，以加强集团资金集中管理和提高集团资金使用效率为目的，为石化集团成员单位提供金融服务的非银行金融机构。财务公司注册资本180亿元(内含6 000万美元)，其中集团公司出资91.8亿元，占注册资本的51%；股份公司出资88.2亿元，占注册资本的49%。

财务公司股东会是公司的最高权力机构，实行董事会领导下的总经理负责制，董事长为法定代表人。财务公司位于北京市朝阳区朝阳门北大街22号，设办公室(党委办公室)、人力资源部(党委组织部)、党群企管部、稽核(纪检监察)部、风险控制(法律事务)部、财务会计部、资金计划部、信贷部、票据业务部、国际业务部、投资银行部、结算部、信息部、金融研究开发部14个总部部室；京外在上海、南京、广州、山东、郑州、武汉、成都、新疆、天津设立9家分公司。截至2017年底，财务公司干部职工共373人，其中总部108人、分公司265人。

2017年，财务公司实现营业收入25.30亿元，实现利润20.95亿元，年末资产总额1 789.62亿元，所有者权益247.47亿元。全年通过充分发挥金融专业优势，提供结算、贷款、委托贷款、直接购付汇、优惠贴现等各项服务，为集团公司协同创效超过35亿元。

财务公司资产负债损益情况见表1。

（张　贝）

【服务集团资金集中管理能力不断增强】 2017年，"资金池"保持安稳运行，全年累计完成内外部结算2 835万笔、41.49万亿元，连续9年保持安稳高效运行。"票据池"业务有效拓展，组建票据业务部，克服困难、主动服务，累计与150余家企业签订票据池业务服务合作协议，办理"票据池"业务合计33 715笔、332.33亿元。代表财务公司行业，促成人民银行解决财务公司票据内部交易规则等多项问题，为票交所的建设做出特殊贡献。集团公司电商平台支付服务平稳开局，有序完善系统功能，服务能力持续提升。

（张　贝）

【筹融资能力稳步提升】 2017年，财务公司主动适应货币市场变化，稳步推动实施差异化存款利率定价机制，加强内部沟通协调，公司日均存款规模达645.8亿元，同比增长94.29%。不断拓宽融资渠道，取得45家金融机构综合授信，交易对手增加到260家。充分利用银行间债券回购匿名交易平台，加强银行间、交易所和票据市场联动，择优融入资金，全年从外部融入资金2.51万亿元，保障集团公司和企业的融资和支付需求。

（张　贝）

【信贷服务积极推进】 2017年，财务公司积极配合集团公司推进三大改革攻坚战，持续以优惠信贷资金支持特困和困难企业扭亏脱困，累计提供自营贷款、办理票据贴现等各类信贷支持12 241笔、1 190亿元，日均规模达494亿元，日均增长19.38%。大力推广财务公司电子承兑汇票，累计办理11 946笔、135.63亿元，支持企业提升资金周转效率、降低成本费用。优质高效开展委存委贷业务，日均规模669.79亿元，帮助企业节约财务费用达8.2亿元。

（张　贝）

【结售汇服务优质高效】 2017年，财务公司充分发挥集团公司购付汇主渠道作用，保持与监管部门常态化沟通协调，认真研判、精心操作，累计办理结售汇504亿美元，有效满足集团公司国际化经营业务发展需求。发挥境内外市场联动优势，支持配合跨境人民币支付原油款，降低集团整体汇兑成本，累计为集团公司节约购汇成本约5亿元。利用跨境人民币双向资金池主办企业地位，与工行、中行和建行等签署经常项下人民币集中收付协议，打通人民币跨境支付流程，为成员企业增加跨境人民币支付通道。

（张　贝）

【证券投资业务稳妥开展】 2017年，财务公司审慎灵活应对分化严重的股市以及持续调整的债市行情，强化市场分析研判，积极应对资产管理业务面临的挑战，抓好存量产品的经营管理，积极围绕公司资金动态变化稳妥审慎开展理财业务。公司证券资产整体运营情况良好，投资综合收益率保持稳定。

（张　贝）

【产业链金融业务实现良好开局】 2017年，财务公司主动作为，广泛组织召开财企交流会，主动深入企业调研，大力宣传推介，在完善制度、防控风险的基础上，积极拓展业务，服务实体经济，累计开展产业链金融业务22.3亿元。成功打通产业链保理业务全流程，为12家系统外供应商办理业务2.09亿元；挖掘产业链客户需求，累计办理各类产业链票据贴现19.2亿元，为近300家产业链客户提供金融服务。

（张　贝）

【市场分析能力不断增强】 2017年，财务公司坚持每月对宏观经济、资本市场、货币市场、外汇市场全面分析，每周报送金融市场动态，对资金、投行、国际等业务实行每日晨会制度，及时掌握各类市场动态信息，展开市场专题研究，累计为集团公司和成员单位提供各类金融资讯信息服务140余期。发挥专业优势，重点针对企业集团产融结合实践经验，开展专题调研分析，为集团公司制订金融业务发展规划出谋划策。

（张　贝）

【市场化经营管理更加成熟】 2017年，财务公司密切关注市场变化，严格资金计划和头寸调度管理，资金计划准确率保持较高水平，流动性管理水平不断增强；建立并有效运用人民币汇率分析模型，进一步提升汇率预测的准确性，为外汇市场交易提供有效指导。完善利率市场化管理，优化FTP定价体系，调整模型参数，及时准确传导市场压力；优化PMS定价体系，提升定价系统功能，实现存贷款利率定价100%系统测算，为市场化定价提供有力参考，进一步提高了存贷款定价的科学性。

（张　贝）

【风险管控能力不断增强】 2017年，财务公司加强信贷日常审查力度和同业业务风险管理，强化对产业链金融等新业务的风险管控。对现行191项制度进行全面梳理，修订业务内部控制矩阵99个。开展

5 个审计项目的现场稽核，积极配合集团公司审计局开展经济责任审计。严格按照监管要求，开展信用风险专项排查、“三违反”“三套利”“四不当”、整治市场乱象、银行业风险防控 6 项专项治理自查工作，按时上报近千份各类监管报表，始终确保依法合规经营，全年未发生风险损失。

（张　贝）

【信息化水平稳步提升】 2017 年，财务公司全力做好信息化项目建设，顺利完成与票交所系统直联接口开发工作，成功实现电票系统接入点由人民银行切换到票交所系统，银行回单电子化、“营改增”系统功能优化、协同办公系统升级等 100 余项系统提升方案有序推进。持续加强系统运维管理，及时处理重要信息系统的重大警告监控事件，保障公司各信息系统始终安稳高效运行。

（张　贝）

【“三基”工作进一步夯实】 2017 年，财务公司完成新一届董事会监事会换届、公司章程修订、工商法人代表变更及各项登记备案工作，推进公司治理结构进一步完善。持续开展“强化管理严细实，创新服务增效益”主题活动，完善公司绩效考核指标体系，按季开展“扛红旗”评比，充分调动各单位创先争优的积极性。举办中国石化 2017 年产业链金融技术比武，促进员工素质水平不断提升。结合“三定”工作，进一步理顺总部管理架构，推动管理职能更加高效。成员企业满意度持续保持在 99.9% 以上的优良水平。

（张　贝）

9 月 19 日，财务公司在南京成功举办中国石化产业链金融技术比武

【全面从严治党迈上新台阶】 2017 年，财务公司顺利完成“党建入章”工作，进一步明确党组织在公司治理结构中的法定地位。修订“三重一大”决策制度具体措施，完善党办、党群、纪检稽核、组织人事“四位一体”的“大党建”组织架构，全面开展党建结对共建活动。围绕领导人员能上能下、优秀年轻干部培养选拔等制定 5 项制度，调整 8 名中层干部职务，提任 6 名中层副职干部，33 名员工通过公开竞聘走上主任师、主管或高级主管岗位。落实党风廉洁建设主体责任，分层级签署党风廉洁建设责任书 40 份，制定《构建“不能腐”体制机制具体办法》，初步构建“大监督”格局。建立处级领导干部廉洁情况“活页夹”，合理用好“四种形态”，持续加强对干部的教育监督管理。

（张　贝）

【文化建设和群团工作有声有色】 2017 年，财务公司大力宣贯新版《集团公司企业文化建设纲要》，制订《财务公司 2017—2019 年企业文化建设规划》。召开二届二次和二届三次职工代表大会，征集职工代表提案 12 件，提案建议落实率 100%。深入开展“转观念、勇担当、创效益”专题讨论，公司被评为集团公司“转观念、勇担当、创效益”活动先进集体。举办公司第 3 届员工风采大赛，广泛开展丰富多彩的群众文体活动，初步建立 EAP 骨干队伍，深化“走基层，访万家”活动，加强精准帮扶，保持积极向上、健康和谐的环境氛围。

（张　贝）

2017 年 5 月 13 日，财务公司“点石成金”代表队参加集团公司春季健步走比赛

【获得荣誉】 2017 年，财务公司连续 16 年获全国银行间本币市场交易百强，并获 2016 年度全国银行间本币市场最佳进步奖；获财务公司协会 2016 年度行业数据统计优秀单位、2016 年度行业课题研究突出贡献单位等多项表彰；获评集团公司 2016 年度财务管理先进单位；1 项管理创新成果获集团公司第 26 届管理现代化创新成果二等奖；获评北京市朝阳区群众性精神文明创建工作规范化建设文明单位。

（张　贝）

表1 **财务公司资产负债损益情况** 亿元

指标名称 \ 年份	2017	2016	2015	2014	2013	2012
流动资产	1 611.80	1 495.21	1 544.37	1 089.99	1 044.77	1 059.11
长期资产	177.82	166.02①	157.91	149.40	174.03	185.35
无形、递延资产	0.57	0.59	0.76	0.52	0.87	0.99
资产总计	1 789.62	1 661.23	1 703.05	1 239.90	1 219.67	1 245.44
自营资产总额	1 085.63	996.56	842.73	647.66	575.02	688.68
流动负债	1 542.09	1 424.50	1 479.52	1 052.90	1 051.10	1 052.90
长期负债	0.06	1.19	1.46	1.04	2.73	34.71
所有者权益	247.47	235.54	222.07	185.97	165.84	157.84
实收资本	180.00	100.00	100.00	100.00	100.00	100.00
资本公积	0.19	0.19	0.19	0.19	8.38	14.46
盈余公积	22.28	20.75	19.32	15.84	13.31	11.90
未分配利润	30.27	97.79	89.44	59.68	37.60	25.09
负债及所有者权益	1 789.62	1 661.23	1 703.05	1 239.90	1 219.67	1 245.44
营业收入	25.30	21.54	47.35	42.16	19.51	23.60
营业支出	4.36	2.50	1.69	8.15	1.50	5.34
营业税金及附加	0.26	0.55	1.53	2.43	1.62	1.80
利润总额	20.95	19.06	45.67	34.03	18.05	18.28
净利润	15.33	14.29	34.84	25.22	14.09	13.74

①数据有调整

百川公司(机关服务中心、机关服务局)

【概况】 百川公司(机关服务中心、机关服务局)主要负责为集团公司和股份公司总部机关及专业公司提供后勤服务保障，是集团公司直属专业公司、全资子公司，由原石化总公司机关事务部发展演变而来，企业性质为全民所有制。百川公司(机关服务中心、机关服务局)实行“一套机构，三块牌子”的管理机制。

百川经济贸易公司成立于1993年2月，注册资金3 000万元人民币，经营范围为住宿、餐饮、物业管理、办公用品、洗衣等服务。机关服务中心于1995年2月经原石化总公司正式批准成立，2002年11月经集团公司人事部、中央机构编制委员会办公室和国家事业单位登记管理局批准，成为事业单位法人。机关服务局于2008年9月经集团公司批准成立，是集团公司机关行政部门。2017年10月，按集团公司公司制改制工作部署，百川经济贸易公司改制为百川经济贸易有限公司(简称百川公司)，注册资本为 37.58 亿元，营业范围不变。

百川公司下设办公室、党群工作处(党委办公室、纪检监察处、党委宣传部、工会、团委)、人力资源处(党委组织部、外事办公室)、财务处、企业管理处、质量与技术管理处、房产管理处、基建工程处、安全保卫处、设备工程处、服务处、餐饮处、交通处、供应处、医务处、小营办公区管理处 16 个处室，实华饭店、国际旅行社、会议中心、和园景逸大酒店 4 个经营单位，北京中石化井田工程建设有限公司 1 个全资子公司，以及北京百川恒升物业管理有限公司 1 个合资企业。主要业务包括服务保障、职能管理、经营工作。其中，服务保障主要是为集团公司总部机关及专业公司提供餐饮、会议、安保、公务用车、医疗、设备维护维修等服务；职能管理主要是承担总部机关的 10 余项事务管理职能，包括负责总部机关办公、住宅和员工公寓的房产管理，基本建设管理等工作，履行总部机关住房制度改革领导小组办公室、绿化委员会办公室，总部机关消防安全委员会办公室、交通安全委员会办公室、医疗保险办公室、爱国卫生委员会办公室、人口与计划生育办公室、义务献血办公室等；经营工作主要是 4 个经营单位根据各自业务范围所开展的工作。截至 2017 年底，百川公司共有职工 240 人。

(郇　敬)

【服务保障】 百川公司坚持以服务为根本，围绕服务做文章，紧盯服务下功夫，努力打造服务“亮点”。以集团公司“转观念、勇担当、创效益”专题讨论为契机，深入开展“服务无小事、全员找差距、提升服务质量”活动，强化服务意识，查找问题差距，持续改进提升。强化质量监督，通过“四不两直”、明查暗访等方式，对服务工作开展不间断检查，确保服务质量。关注服务对象需求，定期走访服务部门和单位，征集意见和建议，专题研究改进。狠抓外委服务项目管理，严格标准，从严考核，努力降低外委费用。突出抓好餐饮、医疗等涉及员工切身利益的服务事项，进一步创新菜品，增加医保门诊天数，满足员工多样化需求。全年共完成餐饮服务 384 万人次，会议服务 5.4 万次，医疗服务 3 万多人次，安保前台接待访客 26 万多人次，设备及住宅维修服务 8.7 万次，交通安全行车 61 万千米，医保报销、票务、理发、健身、送水等服务 27.6 万次。经总部机关 44 个部门和单位服务满意度测评，总体满意率达 100%。

(郇　敬)

【职能管理】 百川公司坚决落实集团公司党组指示要求，主动作为、敢于碰硬、破解难题，大郊亭、沙河项目整体工作取得突破性进展，得到党组领导的肯定，蒋宅口办公楼维修项目、会议中心会议室改造项目开始实施，老旧职工住宅楼综合整治工程完成计划进度。各项目全年共完成固定资产投资 10.2 亿元。按照集团公司统一部署，稳妥推进自管家属楼“四供一业”分离移交。立足未来发展，大力推进差旅管理服务平台建设，已完成系统构架搭建、员工数据采集，实现与财务费用报销系统的集成，以及酒店、机票等产品的接入，开始在部分在京单位试点运行。

(郇　敬)

【经营工作】 百川公司坚持把提升经营效益和服务石化并重作为经营理念，积极转变观念，探索经营创新，开发出亲子度假、婚庆喜宴、职工疗休养等一批新的经营“效益点”和服务产品。强化服务总部机关意识，全力保障各项重大会议的顺利召开。充分发挥各经营单位特色，积极筹划，多层次开发旅游度假产品。在全力服务保障集团公司、国家部委等重要会议，接待总部机关职工休假的同时，圆满完成各项经营任务指标。

(郇　敬)

【基础工作】 百川公司坚持以强化基础管理为抓手，不断夯实发展根基。①狠抓安全管理。深入推进安全主体责任分解落实，修订《安全管理责任制》，成立设备、基建、餐饮、交通专业安全分委会，推进安全管理专业化。持续开展“我为安全做诊断”和“高风险评价”活动，提升安全管理水平。切实加强各类设备设施隐患排查，强化设备管理。大力开展各类安全专项培训，强化预案演练，提升员工应急处置能力。全年实现“六项事故”为零目标，受到集团公司 HSE 检查组的好评，连续 3 年获集团公司安全生产先进单位称号。②“三基”工作不断深化。制订《百川公司 2017 年强化提升“三基”工作实施方案》和年度重点工作安排，组织召开经验交流会、演讲比赛，组织管理人员赴镇海炼化学习精细化管理经验，促进“三基”工作水平整体提升。进一步完善各项工作制度，提高执行力。开展固定资产清查盘点和资产分类评价，提高资产效能。以上级检查和巡视为契机，坚持举一反三，加强问题整改，提升基础管理水平。以加强党支部建设为核心，基层建设进一步强化。大力开展不同层次的技能竞赛、专业培训、微信课堂、远程教育等，强化基本功训练，职工技能水平进一步提高。

（郇　敬）

【党团工作和队伍建设】 百川公司党委坚持把学习宣传贯彻党的十九大精神作为首要政治任务，多形式、多层次、多方位组织学习宣传贯彻。以党建考核问题整改为抓手，以修订、落实“三重一大”决策制度和党委、党支部《党建工作责任制实施办法》为依托，推动管党治党责任层层落实，促进“两学一做”学习教育常态化制度化。

突出加强干部和人才队伍建设，组织十八届六中全会精神和“强化理想信念、增强四个意识”等培训，强化教育引导。大力开展“转观念、勇担当、创效益”专题讨论，干部员工思想观念进一步转变。制（修）订《管理人员选拔任用工作责任追究实施办法》《加强和改进优秀年轻干部培养选拔工作实施办法》等系列制度，进一步完善选人用人制度和干部考核监督评价流程。优化人力资源配置，编制完成《百川公司“三定”工作方案》《百川公司完善人才成长通道建设实施方案》，为企业发展提供人才支撑和保证。

坚持抓基层、打基础，严格实施党支部书记述职评议和支部工作考核，推行党支部分类定级管理，党支部整体工作不平衡的问题逐步解决。强化党员作用发挥，深入开展“党员示范岗”和“党员责任区”创建活动。加强意识形态阵地建设和管理，落实责任、严格把控。坚持典型引路，组织“最美员工”事迹宣传会，开展“最美班组长”推荐评选活动，用榜样的故事教育人、感染人。

深入贯彻中央“八项规定”精神和党组实施细则，全面落实集团公司党风廉洁建设和反腐败工作部署，持之以恒正风肃纪。以强化廉洁风险防控为抓手，落实责任、层层把控。狠抓廉洁教育，认真组织反腐倡廉教育月活动。加强干部日常监督，建立处级干部廉洁情况“活页夹”。积极构建集中统一的“大监督”格局，成立公司监督委员会，落实工作责任。严格监督执纪问责，科学运用“四种形态”，特别是第一种形态，抓早抓小，对出现问题苗头的干部，及时提醒教育。认真做好重点工程建设项目效能监察，保证业务规范运作。建立纪委中心组学习制度，深入开展“打铁还需自身硬”主题教育活动，强化对纪检监察干部的教育、管理和监督，坚决防止“灯下黑”。

坚持围绕政治性、先进性、群众性做好群团工作。严格职工代表大会程序，保障员工民主权利。大力开展“流动红旗”班组劳动竞赛、“小创新小改进”等活动，促进管理和服务质量提升。多渠道关心关爱员工，举办丰富多彩的文体活动，做好帮扶慰问工作，广泛开展“走基层、访万家”活动。以基层一线为重点，广泛开展职工思想状况调研和谈心谈话活动，加强 EAP 宣传普及。推进“一团一品”和“师带徒”等工作，开展志愿服务活动，发挥了团员青年的生力军作用。

（郇　敬）

国际事业公司

【概况】 中国石化国际事业有限公司（简称国际事业公司）成立于 1984 年 6 月，2000 年 5 月成为股份公司的全资子公司，注册地点北京。国际事业公司主要承担除原油、成品油、化工原料以外的进口物资采购业务和设备、材料、炼化产品的出口业务。

截至 2017 年底，国际事业公司共有在岗员工 565 人，其中本科及以上学历占 93.3%。在境内拥有中石化南光（上海）实业有限公司 1 家参股公司，在北京（2 家）、上海（2 家）、天津、重庆、广东、南京、武汉、宁波等地设有 11 家子公司，设有北京招标中心、南京招标中心、华南招标中心 3 家分公司，其中北京招标中心下设 1 个招标分部（大连）、南京招标中心下设 2 个招标分部（宁波和上海）、华南招标中心下设 2 个招标分部（武汉和重庆）。在美国、日本、德国、俄罗斯、阿联酋等国家设有 5 家境外二级子公司，在委内瑞拉、新加坡、澳大利亚、沙特、巴西等国家设有 5 家境外三级子公司和 1 家办事处。

2017 年，国际事业公司实现经营规模 573.26 亿元人民币，同比增长 104%。国际贸易规模 27.22 亿美元，增长 77.68%。

国际事业公司主要生产经营指标见表 1。

（李　佳）

【提高业务运行质量】 ①全面梳理和界定各境内外公司主营业务，要求境内外公司进一步去枝强干、优化战线，大力培育核心主业和新的增长点。截至 2017 年底，境内外公司核心品种经营规模达 276.48 亿元，占总经营规模的 78.2%，同比增长 11.95 个百分点。②持续优化客户结构。在提升物资采购服务质量的同时，着力于优化客户结构，培育长期稳定客户群体，通过服务质量和客户质量双提高发挥“双优”组合的经营效益。全年，集团外重点客户数量达 437 家、交易规模达 321.92 亿元，战略合作伙伴 27 家、交易规模达 86.79 亿元，占公司总经营规模的 76.1%。③深入各境内公司开展调研，全面了解各单位国际贸易业务开展情况，协调解决存在的问题，研究各单位下一步发展方向，进一步优化业务运行模式和盈利模式。宁波公司、重庆公司等单位大力开展大全集团第三方采购服务业务，为大全集团采购设备、电缆合计约 3 亿元；南京公司、华东公司、宁波公司共同为神华宁煤采购物资 8 300 万元；重庆公司与天津公司共同协作推进和中国二重集团的全面合作；美国公司积极开拓木材业务，与欧洲公司、华南公司、重庆公司成立木材联合拓市小组。④推进以效益为中心、以绩效为导向，每月分析通报境内外公司签约合同利润情况和市场化业务盈利情况，推进提高盈利能力和盈利水平。对申请的赊销、存货经营等业务，重点关注贸易风险和毛利情况，强化成本意识和利润意识。截至年底，境内外公司总体合同利润率达 2.7%，市场化业务合同利润率达 2.6%。

（李　佳）

【全面推进拓市创效】 ①着力做强核心业务。加强与专业公司合作，共同开拓国际市场，推进长约销售，催化剂、石油焦、硫黄等产品经营取得质、量、效全面提升。成功取代美国 Johnson Matthey 公司中标台湾中油 FCC 和 RFCC 装置脱硫项目，实现中国石化硫转移催化剂首次出口；成功中标美国 GTC 公司重整催化剂项目，填补中国石化重整催化剂出口欧美市场的空白；推进与 CHEVRON、BP、TOTAL 等 33 家终端大客户合作，实现催化剂销售 10.5 亿元，同比增长 30%；沥青销售 6.4 亿元，增长 213%；石油焦销售 14.8 亿元，增长 6.7%，与印度最大水泥企业 UltraTech 达成石油焦销售长约，首次实现石油焦 CFR 长约销售；硫黄销售 6.4 亿元，增长 72%；基础油销售 10.4 亿元，增长 52.2%。②创新优化经营模式。依托易派客平台，以建立“大基地、大贸易、大物流”为目标，面向全球开拓市场，优化业务运行模式和主营业务结构，形成平台运营与拓市创效并驾齐驱的良好局面；挖掘优质客户潜力，与 27 家易派客战略合作企业实现交易 16.5 亿元。③持续加强风险防控。建立完善管控机制，实施风控、内控、制度一体化管控；全面防范业务风险，加强风险研判，严格规范预付款和赊销业务；全面防范财务风险，完善与银行共审机制，确保资金安全；全面防范法律风险，提升法律体系运行效果，严防经营风险；持续推进做实董事会工作，打造活力与规范兼得的市场化公司样板；全面加强安全管理，成立安全督察组和专业安全分委员会，定期开展安全大检查，落实安全措施，确保危化品经营安全、资产安全、公共安全、人身安全。

（李　佳）

【国际贸易】 2017 年，国际事业公司紧紧围绕集团公司生产建设主业，充分发挥各境内外公司的市场主体作用，进一步提高物资进口保供能力和产品出口保畅能力，全年实现石化产品、设备材料等国际贸易额 27.22 亿美元，同比增长 77.68%。

化工品国际贸易方面持续发展。①成功实现聚烯烃催化剂出口至俄罗斯 N－N 公司、西布尔和萨拉瓦特公司，俄罗斯市场实现催化剂销售规模 968 万美元，同比增幅 436%。②通过有效沟通，采用进料贵金属银出口催化剂流程降低客户采购成本，为催化剂生产企业减免增值税，提高客户满意度和中国石化催化剂竞争能力，成功减免 720 万元关税保证金垫付，节约资金成本近 10 万元，实现生产商、客户和国际事业公司多赢。③加强与炼油销售公司合作，在稳定市场的同时，实现石油焦、沥青、硫黄等炼油副产品国际贸易规模稳步增长。全年，沥青经营数量 43.6 万吨、金额 8.14 亿元，分别增长 117% 和 213%；石油焦经营规模 255 万吨、金额 17.5 亿元，分别增长 13% 和 13%；硫黄经营规模 38.9 万吨、金额 6.36 亿元，分别增长 25% 和 72%；基础油经营规模 15.8 万吨、金额 12.3 亿元，分别增长 25% 和 56.1%。④实现石蜡美洲市场新突破。成功开发美国 AM WAX（美国蜡业）和巴西 ISOGAMA 共 2 家石蜡终端客户，共销售石蜡近万吨，实现销售 8 900万美元。⑤重点开发俄罗斯、巴西和南非等金砖国家漂粉精市场。深挖老客户潜力，与客户讨论市场和资源，解决客户疑虑，年内 KINROSS 订单量达 7 280 吨，增长 82%；梳理潜在客户，加大市场开拓力度，成功开发新客户 PAVLIK，实现订单1 478 吨。⑥统筹协调，在保证生产安全的同时实现延布石油焦利润最大化。面对定价机制修改的不利因素，统筹组织相关单位，实行延布石油焦产品长约加现货竞价的销售策略，年内共完成延布石油焦销售 96.2 万吨，其中长约销售 30 万吨、现货销售 66.2 万吨，实现经济效益 1 711 万美元。⑦通过内外贸一体化与化销的合作，全年大宗化工品的进出口业务取得很好的业绩，有机化工原料进出口规模 4.7 亿美元，增长 134.6%。

设备材料国际贸易稳步向前。①以建立“大基地、大贸易、大物流”为目标，面向全球开拓市场。通过优化管理，整合业务，钢管及管坯的国际贸易出口取得很好的业绩，全年钢管及管坯的国际贸易数量达 1.7 万吨，金额 3 686 万美元，分别增长

1 942%和529%。②进一步做大煤炭进口业务。8月完成澳大利亚最大煤炭出口港纽卡斯尔港主要码头PWCS平台注册，正式成为纽卡斯尔港第6家具备掺混资质的非矿方动力煤出口商。全年，煤炭经营规模539万吨，金额3.9亿美元，分别增长86.8%和137%。③统筹资源、创新模式，发挥境内外公司业务优势，开拓俄罗斯制造炼化装备市场。全年，俄罗斯公司、宁波公司通力配合，组织宁波天翼等企业参与俄气石油DCC项目中换热器、塔器、反应器在内11个包设备的招标采购，中标1 500万美元共81台塔器、反应器、换热器等设备。实现"中国石化"品牌的炼化装备走入到走进俄罗斯炼化装备市场的转变。④统筹安排，成功打入澳洲油套管市场。澳洲公司成功中标APLNG项目，成为其未来4年的油套管供应商，总采购金额约为8 000万美金。通过该项目，澳洲公司占据澳大利亚油套管市场50%的份额，为下一步拓展其他项目市场奠定基础；将宝钢、天钢、衡钢和常宝等优质国产钢材推向澳洲市场，帮助国产钢材走向世界。

（李　佳）

【提升服务能力和水平】 ①组织各境外公司充分调研，并和国勘公司加强沟通协调，确立Addax公司采购服务、APLNG项目、美国sycrude、加拿大Daylights项目、FIOC哈萨克斯坦项目等为海外项目保供试点单位，为其提供物资供应一揽子解决方案和"一点一办"的贴身服务，助力推进海外物资采购平台建设，进一步提升海外项目物资保障能力。②加强与石油工程公司、炼化工程公司的沟通，推进合作参与俄罗斯阿穆尔天然气加工厂建设项目(AGPP)等海外工程项目投标，利用国际事业公司全球化采购平台及资源掌控能力，提高海外项目竞争能力及盈利能力，从源头介入物资采购服务，做大海外采购"总盘子"，不断提升海外物资采购能力。③加强沙特延布石油焦、硫黄经营团队力量，本着"资源保畅第一，效益最大化第二"的原则，强化终端市场开拓，全力推进延布石油焦、硫黄销售。④充分发挥专业化采购优势，圆满完成新疆大全、神华宁煤等第三方采购服务的约定业务指标，受到广大业主赞誉。

（李　佳）

【风险防控】 ①定期梳理业务运行情况，对风险不可控、毛利率较低的业务停止开展，坚决杜绝以完成营业收入为目的的"转票"业务，严禁开展融资性业务；通过系统共享台账，跟踪赊销、存货经营、主要经营品种等业务情况，及时发现风险、控制风险。②进一步强化业务审批，严格落实会审制度，对存货经营、经营类预付款、赊销等高风险业务需经领导班子会会审。③进一步完善采购合同示范文本，编发法律风险提示信息，严防合同和经营风险，及时处理商务纠纷，法律诉讼及国际仲裁胜诉率达100%。④探索做实下属境内外公司董事会，坚持依法治理，完善监管机制，突出绩效引导，强化风险管控，进一步提升市场竞争力和盈利能力。

（李　佳）

【电商运营成效显著】 ①全面推进国际平台建设。在易派客中文站基础上，创新建立易派客国际业务平台(英文站)，2017年4月18日正式上线，全力打造全球工业品展示推介平台、服务支持平台、贸易融通平台，助力中国制造走向国际，集聚世界精品进入中国，促进工业贸易互融互通。截至9月底，国际平台采购商会员发展到6 000家，上线供应商500家，上线商品3 000种，成交金额22亿美元。②全面推进服务指数评价。创新建立以法人信用认证、产品质量评价、履约动态考评、市场业绩表现为核心内容的易派客关联方服务指数评价体系，4月18日全面推出。截至12月底，平台在线商品156万种，同比增长184%；在线单品2 850万个，增长58%。全年平台上线商品128万种，增长121%。易派客平台累计上线200万种商品，全年平台上线单品2 482万个，增长210%。累计完成886家法人信用认证、74家次产品质量评价；发布法人信用认证、产品质量评价、易派客支付、关联方采购、关联方销售、关联方购销六大排行榜单。动态展示19 548家关联方履约动态考评和14 804家关联方市场业绩表现结果。通过建立关联方服务指数排行榜、市场业绩排行榜、贸易融通排行榜，树立起行业标杆、产品标准和市场标尺，引导企业重质量、重服务、重品牌、重口碑，彰显"良币"价值、消除"破窗"效应，全面营造诚实自律、守约互信商业新环境。③打造数据企业创造增值。建立易派客大数据分析体系，实现"一订单、一支付、一数据"，推进降本精准化、成本数据化、数据价值化。通过对企业采购行为的大数据分析，精准发现问题，有针对性地完善管理制度、规范采购操作，堵住物资采购"出血点"。通过对有代表性的物资进行大数据分析，验证采购降本增效是否落到实处，也为精准降本创造条件。④聚焦"六通"推广增值业务。聚焦产业链，为供应商搜寻供应商，为供应商找寻用户方，实现产业链贯通；聚焦供应链，集成共同需求，架起供应商与供应商之间高效、经济、便捷的桥梁，实现供应链融通；聚焦企业融资难的痛点，应用大数据，协助制造企业取得融资授信，实现资金链助通；聚焦服务链，开展监造、招标、集中储备等业务，全面服务企业，共享增值服务，提高效率，降低成本；聚焦制造链，为制造企业跨越产业边界、实现产品创新提供平台，助力制造企业转型升级；聚焦贸易链，全流程、全方位、全天候提供贸易服务，致力互融互通、合作共赢。

（李　佳）

表 1　　国际事业公司主要经营指标

指标名称＼年份	2017	2016	2015	2014	2013	2012
经营规模/亿元	537.26	263.80	321.30	456.60	503.60	497.30
国际贸易规模/亿美元	27.22	15.30	21.00	29.60	31.30	27.30
进　口	17.96	8.40	12.50	19.70	21.00	18.60
出　口	7.86	6.00	7.30	8.80	8.60	7.70
第三国贸易	1.40	0.90	1.20	1.10	1.70	1.60

联合石化公司

【概况】 中国国际石油化工联合有限责任公司(简称联合石化公司)成立于 1993 年，是股份公司的全资子公司，是世界最大的石油贸易公司之一。主营业务包括原油贸易、成品油贸易、LNG 贸易及仓储物流等。设有 11 个职能部门、5 个直属机构、6 个境外机构、3 个口岸分公司、1 个国内全资子公司及 1 个国内合资公司。其中，11 个职能部门包括办公室(外事办公室)、党群工作部(党委宣传部、企业文化部、党委办公室、工会、团委)、人力资源部(党委组织部)、财务部、审计部、纪检监察处、风险管理部、法律合同部、市场战略部、企业管理部和信息部；5 个直属机构包括原油资源配置中心、石油产品贸易中心、天然气贸易中心、期纸货贸易管理中心和物流优化管理中心；6 个境外机构分别为联合石化亚洲有限公司、联合石化英国有限公司、联合石化新加坡有限公司、联合石化美洲有限公司、中石化冠德控股有限公司(香港上市公司)及联合石化印度办事处；3 个口岸分公司为联合石化宁波分公司、联合石化青岛分公司及联合石化二连分公司；1 个全资子公司为中石化(上海)能源贸易有限责任公司；1 个合资公司为中海油中石化联合国际贸易有限责任公司(占股比 40%)。

联合石化公司把人才视为企业最重要的资源，坚持尊重和发挥个体的创造性，注重团队意识的培养，通过内部培养和积极引进，截至 2017 年底，已经拥有由从事原油贸易、成品油贸易、LNG 贸易、仓储物流、财务管理、HSSE 管理、人力资源管理及行政管理等各类人才组成的出色团队。

2017 年，面对严峻复杂的市场形势，联合石化公司在集团公司党组的正确领导下，迎难而上，奋力拼搏，进一步锻炼队伍，明确方向，做大经营规模，为推进企业健康可持续发展打下坚实基础。同时，按照“围绕中心、夯实基础、突出特色、注重实效”的理念，全面落实党要管党、从严治党责任，认真践行“一岗双责”和“两个责任”，党建工作再上新台阶。全年实现经营总量 3.9 亿吨，其中原油经营量 3.39 亿吨、成品油经营量 4 243 万吨、LNG 经营量 844 万吨。贸易额 1 389 亿美元。

（魏　亮）

天然气分公司

【概况】 中国石油化工股份有限公司天然气分公司(简称天然气分公司)成立于 2005 年 6 月，注册地在北京，负责中国石化天然气管道、LNG 接收站、储气库等天然气储运设施建设与运行管理，天然气市场开发和销售经营管理，油气田企业天然气销售业务管理，地方管网、终端销售合资合作管理。2009 年 7 月，股份公司设立天然气有限责任公司，与天然气分公司实行“一个机构，两块牌子”。天然气分公司下设 15 个机关部室、7 个直属单位和 14 个项目部(筹备组)，管理着 26 家合资公司(其中实际控股、管理 12 家)。

截至 2017 年底，天然气分公司按照“资源、管网、市场、效益”相统一的原则，加快储运设施建设，加大市场开发力度，加强生产经营管理，实现中国石化天然气业务的快速发展。先后建成并投产川气东送管道、榆济管道等输气干线，山东、广西LNG接收站，文96储气库、金坛储气库一期工程，国家大流量标定站武汉分站，以及山东、江苏等13个省级及区域管网；积极进行全国市场布局，构建三级市场体系，市场范围涉及20个省份，基本覆盖环渤海、长三角、珠三角等国内天然气需求旺盛的经济发达地区。

（林媛媛）

【产品经营】 2017年，天然气分公司销售天然气252.69亿立方米，同比增加68.51亿立方米，增幅37.2%，超出全国平均消费增幅20.3个百分点，连续3年领跑国内行业增幅。其中，川气东送市场销售136.37亿立方米，增长27.1%；华北市场销售100.04亿立方米(管道气83.77亿立方米、LNG液体111.61万吨、乙烷7.59万吨、LPG 6.94万吨)，增长49.1%；华南市场销售16.28亿立方米(管道气0.87亿立方米、LNG液体103.4万吨)，增加70.4%。

（林媛媛）

【市场开拓成效显著】 2017年初，在天然气市场低迷时，天然气分公司准确预判“2017年市场需求将会出现恢复性增长”的发展形势，积极进行准备，理顺营销思路，强化市场开拓，销量创年销售增长最高纪录。①注重市场调研，及时优化销售布局。建立市场前沿价格观测点，注重与专业机构合作，搜集实时信息，形成预判体系，及时调整营销策略；提前谋划市场布局，深入开展市场调研，锁定潜在客户。②突出因地制宜，持续抓好拓市扩量。在华北市场，采取宜气则气、宜液则液的方式，开展管道配套、保供方案等多项服务，优化巩固传统用户，开拓新生市场。在川气东送市场，划分川渝、华中、华东等不同区域，精准制定营销措施，注重合作共赢，经营效益明显提升。在华南市场，优化LNG销售流向，以有限资源撬动最大效益。③发挥自身优势，加快进入终端市场。同国内燃气企业就“煤改气”项目开展合作洽谈，与7家企业协商开展直供管道建设，23个天然气发电、分布式能源项目达成供气意向，完成35个终端LNG点供项目、3个区域城镇燃气项目的筛选工作。④采取多种措施，全力做好天然气市场保供。强化组织领导，及时启动三级应急预案，协调上游增产，加大进口力度，累计增加采暖期资源量超过2.6亿立方米；合理优化市场，稳定民生用气，基本满足所供区域的民生需求，得到地方政府和用户的肯定。

（林媛媛）

【企业管理取得全面进步】 坚持精细管理、科学管理，狠抓经营创效、制度落实、风险防控，基础管理水平得到大幅提升。①挖潜增效创造新业绩。深入研究资源配比，增加远端、高端用户供应量，提高营销收入；结合天然气价格改革政策，提前研究调整方案，最大限度提高销售利润；积极发挥储气库、LNG接收站的调节职能，提高调峰收益；合理安排进口LNG船期、转卖期及转卖量，尽量降低进口LNG采购成本，提高经营效益。认真做好固定资产投资项目论证和审核，优化设计方案，降低工程造价；合理规划压缩机等大型设备运行，降低动力费用；大力推行框架协议、标准化采购，降低采购资金；认真组织筹融资和现金流管理，降低财务费用。②基础管理呈现新面貌。完善“三基”实施方案，扎实推进基层管理，有效提升基层班组战斗力。开展第三届“我为发展显身手”业务竞赛，编制培训教材及培训计划，提升员工的技能水平。健全技术服务运行机制，畅通技能人才成长通道。规范投资决策程序，建立完整的投资管控制度体系。开展生产信息化管理等系统建设应用，发挥科技支撑和引领作用；首次发布天然气质量报告，推进质量管理体系不断深化。规范股权管理体系，抓好河北、广东、广西等合资项目股权重组，逐步提升经营创效能力。准确把握重点项目过程关键控制节点，强化计划准确率，保证物资安全、及时、经济供应。加大内部监督检查力度，有效控制经营风险。

（林媛媛）

【实现管网安全平稳运行】 加强管网运行状态监控分析，开展输气能力评估及工艺参数优化，提高运行效率。增强管道巡护预警力度，形成“四位一体”的群策群防体系。狠抓检查及问题整改，确保井控设施安全。不断完善计量标准体系建设，定期开展计量仪表校验，严格控制输差。认真组织生产准备，保证文23储气库先导工程等项目投产成功。全面分解落实安全责任，确保安全管理“全覆盖、无盲区”。强化“三同时”管理，保障建设项目依法合规。开展承包商专项整治，切实落实甲方主体责任。开展碳排查和污染源排查，提高环境风险评估和管控能力。建立地质灾害长期排查机制，形成“汛前治理、汛中检查、汛后排查”的滚动循环防治模式。加强联防体系建设，进一步完善应急处置方案，成功应对川气东送管道“10·11”滑坡险情等事件。

（林媛媛）

【工程项目建设扎实推进】 认真落实统筹计划，加强项目过程管控，积极开展组织协调，确保重点工程项目的稳步实施。天津LNG接收站达到接气投产条件，配套管道累计焊接567千米。广西LNG接收站码头工程验收完毕并实现口岸正式开放；配套管道形象进度98%，累计焊接715千米。文23储气库一期工程形象进度36.3%，先导工程建成投产。金坛储气库工程一阶段形象进度76.1%，累计造腔155万立方米。川气东送管道增压工程（一期）实现全面投产。山东LNG接收站新增BOG压缩机建成投用。川气东送管道、榆济管道、山东管道输气站场一期扩能改造全部完工。南川—涪陵管道、川气东送管道增压工程（二期）、茂名石化供气管道获得核准。新气管道湖广段、涪陵—王场管道增压扩能工程开工建设。温州LNG、山东LNG接收站二期、中科炼化一体化配套输气管道、濮阳—范县—台前管道项目正在组织专项论证。青宁管道等13个项目前期工作正在按计划有序推进。武汉大流量标定站等4个项目获集团公司年度优质工程奖。

（林媛媛）

天津LNG接收站

【党建思想政治工作持续深化】 认真学习贯彻党的十八届六中全会、十九大精神，增强以习近平新时代中国特色社会主义思想统领各项工作的思想自觉和行动自觉。切实抓好领导班子建设，坚决执行“三重一大”议事决策制度，不断提高班子整体履职能力。坚持“一岗双责”，健全落实“两个责任”机制，层层压实管党治党责任。加强党组织建设，重点抓好“五个融合”，夯实生产经营基础。试点推行“要进步下基层”“干行政先干党务”的培养方式，建设素质高、能力强、专业化的干部队伍。强化重点领域和关键环节监督，开展重点工程效能监察、招投标及合同管理专项检查，紧抓问题整改。严肃执纪问责，规范处置问题线索。推进纪检监察体制机制改革，成立监督委员会，设立2个纪检监察分部，增强监督监察力量。广泛开展走访活动，提高思想工作的针对性。抓好形势任务教育，弘扬“四种作风”，促使干部员工保持良好的精神状态。深入推进“家文化”建设，开展“EAP幸福使者进基层”活动，完善困难员工救助体系，增强员工的归属感。

（林媛媛）

新疆煤制气管道公司

【概况】 中国石化新疆煤制天然气外输管道有限责任公司（简称新疆煤制气管道公司）成立于2011年11月9日，与中国石化新疆煤制天然气外输管道工程项目经理部（简称项目部）同时成立，实行“一套班子、两块牌子”，主要承担中国石化新疆煤制气天然气外输管道工程建设和运营任务。2015年4月2日，经集团公司批准，召开新疆煤制气管道公司第1届股东会暨监事会、董事会，中国石油化工股份有限公司、新疆投资发展（集团）有限责任公司、浙江省能源集团有限公司成立合资公司，名称仍延用中国石化新疆煤制天然气外输管道有限责任公司，注册资本金12亿元，股比为90%∶5%∶5%。2017年12月，股东会通过浙江省能源集团有限公司将其全部股权无偿划转给其全资子公司浙江浙能燃气有限公司的决议并完成公司工商注册变更办理。

新疆煤制气管道公司注册地为新疆乌鲁木齐高新技术产业开发区，本部位于北京市朝阳区吉市口路9号，设有经理办公室、党群工作部、人力资源部（党委组织部）、财务资产部、纪检审计部、计划投资部、工程技术质量部、安全环保部、物资供应部、对外关系部、生产准备部11个部门；下设北京中心（与本部机关合署办公）、湖广分公司、长沙分部（与湖广分公司合署办公）、衡阳分部、韶关分部。

（罗鹏飞）

【项目建设稳步推进】 中国石化新疆煤制天然气外输管道工程建设主要包括1条干线、6条支干线，线路全长8 372千米。管道沿线途经新疆、甘肃、宁夏、陕西、河南、山东、湖北、湖南、江西、浙江、福建、广东、广西13个省（自治区）。其中，干线起自新疆昌吉木垒县，终于广东省韶关市，全长4 159千米，管径1 219毫米/1 016毫米，设计输量300亿米^3/年；6条支干线包括准东支干线（准东—木垒）、伊犁支干线（伊宁—木垒）、南疆支干线（库车—七角井）、豫鲁支干线（宜阳—濮阳、濮阳—临沂、濮阳—齐河）、赣闽浙支干线（株洲—江山、抚州—南平）、广西支干线（衡阳—桂林），合计4 213千米。

2015年9月30日，新疆煤制气外输管道工程项目获国家发展改革委核准，批复根据资源和市场落实进度分5个阶段分期建设、分期投产。第1段：主干线湖北潜江—广东韶关段(潜江—韶关输气管道工程)，全长856千米；第2段：主干线河南宜阳—湖北潜江段、豫鲁支干线河南宜阳—濮阳—山东齐河段(简称潜江—中原储气库群输气管道工程)，全长1 212千米；第3段：主干线宁夏中卫—河南宜阳段，全长977千米；第4段：主干线新疆木垒—宁夏中卫段、准东支干线、赣闽浙支干线，全长2 512千米；第5段:其他支干线，全长2 815千米。2017年9月26日，湖北潜江—广东韶关段开工建设，长江定向钻开始施工。项目起点为湖北潜江，经湖南岳阳、长沙、株洲、衡阳、郴州，终点为广东韶关。全线设站场9座、阀室39座，管径1 016毫米，设计压力10兆帕，设计输量60亿米^3/年、增压后最大输量168亿米^3/年。截至2017年底，已完成17个招标项目33个标段中的14个项目30个标段的开评标，完成总招标金额的97%。6个施工总承包标段12月全部开工，累计完成线路扫线16千米、组对焊接管道10千米。潜江—中原储气库群输气管道工程和广西支干线可行性研究工作已经启动。

(罗鹏飞)

潜江—韶关输气管道工程湖南段开工仪式

【政治建设不断强化】 2017年，新疆煤制气管道公司组织集中观看党的十九大开幕会，通过读原文、学原著、参加知识答题、撰写体会文章、集中学习研讨、到基层宣讲等，全面深入学习党的十九大精神，以习近平新时代中国特色社会主义思想为指导推动工程项目建设、公司经营管理和党建工作不断进步。完成“党建入章”，层层签订党建工作责任书，建立落实领导干部党建工作、党风廉洁建设责任区、基层联系点制度，落实党建工作调研报告、履职情况汇报、检查考核等制度，对基层党组织开展全覆盖、解剖式的党建工作调研，推进“两学一做”学习教育常态化制度化，严格进行“党性体检”，全面从严治党向基层延伸进一步落实。

(罗鹏飞)

【思想建设不断加强】 2017年，新疆煤制气管道公司各级组织有计划、有安排地开展政治理论学习成为常态，公司《政工简报》、微信公众号、官方微博、门户网站编发信息200余条，全面加强宣传教育。按照集团公司“转观念、勇担当、创效益”专题讨论工作部署组织开展“三讲三比三创”(讲大局、比奉献，创一流队伍；讲严实、比规范，创一流管理；讲担当、比作为，创一流业绩)主题活动，涌现出47个先进集体和个人，3人次被评为集团公司精神文明建设领域先进个人。培育形成公司“建设‘国内领先、世界一流’天然气长输管道”的目标愿景和“优质高效、安全环保、廉洁阳光、惠民福祉、数字智能”的工作理念。

(罗鹏飞)

【组织建设不断夯实】 2017年，新疆煤制气管道公司项目分部同步设置党委、纪委、工会工作筹备组和团支部，机关和基层调整设置党支部，组织机构健全完善，机关党支部增设副书记兼纪检委员，推动纪检工作在机关进一步落实。提拔中层干部6人，新招聘人员16人，引进高校毕业生10人，充实了干部人才队伍力量。以支部建设引领“三基”工作全面融入经营管理，基层党组织书记培训全覆盖，党员责任区、党员示范岗全面创建，12名党员和5个基层党支部受到集团公司直属党委表彰。

(罗鹏飞)

【作风建设不断深化】 2017年，新疆煤制气管道公司开展领导人员亲属经商办企业与中国石化业务往来效能监察，开展违规公款购买消费高档白酒问题集中排查整治，对项目前期投资使用情况进行审计，加强招投标现场监督，进一步规范履职用权行为，狠反“四风”。群团组织强“三性”、去“四化”，深化“走访”“走访寻”活动覆盖率达100%，规范落实员工疗休养政策和休假制度，开展帮扶救助和员工慰问，完善配套基层分部办公、生活场所设备设施营造良好环境，关心关怀职工，关心团员青年成长成才。密切联系群众，深入基层和群众排忧解难，做好风险防范。全年未发生不良事件，保持了和谐稳定态势。

(罗鹏飞)

【纪律建设不断深化】 2017年，新疆煤制气管道公司集中纪检、监察、审计、党群、组织、人事、法律、财务等职能部门监督合力，成立公司监督委员会，实行联席会议制度，构建起"大监督"格局。建立处级干部廉洁情况"活页夹"，深化干部监督。组织全员开展"六个一"(宣贯一次党内法规制度、讲一堂廉洁党课、执行一次督促检查任务、组织一次警示教育、参加一次党规党纪知识答题、发出一次家庭助廉倡议)活动，组织纪检干部开展打铁还需自身硬"四个一"(宣贯一次制度文件、开展一次警示教育、排查一次业务风险、召开一次专题组织生活会)活动，深化党风廉洁教育。开展"四问"(问制度"全不全"、制度执行"力不力"、运行效率"高不高"、制度改进"行不行")效能监察，发现整改问题20项，修订制度22项，进一步筑牢了防腐拒变的制度"笼子"。

(罗鹏飞)

新星公司

【概况】 中国石化集团新星石油有限责任公司(简称新星公司)是中国石化的全资子公司，本部位于北京市海淀区。设有国家地热能源开发利用研究及应用技术推广中心、能源行业地热能专业标准化技术委员会、中冰地热技术研发合作中心。新星公司以地热、余热、太阳能、天然气综合利用等清洁能源为主营业务，同时从事海外工程技术服务，致力于打造"地热+"多种清洁能源供应商，努力建设国际知名绿色能源公司。业务主要分布在陕西、河北、山东、山西、河南等省(区、市)；海外工程业务分布在埃及、尼日利亚、哈萨克斯坦、埃塞俄比亚、乍得、吉布提、新西兰等国家。先后获中国节能减排领军企业称号、多能源综合利用奖、创新火炬奖等。

新星公司前身为原地质矿产部石油地质海洋地质局。1996年12月7日，根据中央部署，以原地质矿产部石油地质海洋地质局及其所属石油系统的普查勘探、科研队伍为基础，成立中国新星石油有限责任公司。2000年2月29日，中国新星石油有限责任公司整体并入集团公司并进一步重组。2009年4月1日，新星公司正式划归集团公司上游板块，明确以海外工程服务、地热资源开发利用、盐卤及二氧化碳等矿产资源开发为主经营的发展格局。2012年6月，国家能源局以新星公司为主体成立国家地热能开发利用研究及应用技术推广中心。2015年1月，集团公司明确把新星公司定位为中国石化的新能源专业公司，代表中国石化投资建设运营新能源产业。2017年，集团公司进一步明确新星公司定位为集团公司以"地热+"为主营业务的绿色清洁能源公司。

截至2017年底，新星公司下设14个职能部门、2个直属机构、11个二级单位，以及1个海外机构。用工总量2 087人，其中合同制员工1 964人、劳务派遣工123人。海外临时用工11 881人。

新星公司主要经济指标见表1。

(徐　兵)

【全面完成生产经营任务】 2017年，新星公司实现收入65.2亿元、利润1.3亿元。新增供暖能力1 206万平方米、供暖面积940万平方米，新增太阳能光伏装机容量70兆瓦，建成余热利用能力12.4万吉焦/年。天然气综合利用1 815万立方米。地热井开钻142口、完钻138口，建成换热站92座。海外工程新签合同额14.5亿美元，对外贸易额375万美元。

(徐　兵)

【资源勘查有序推进】 2017年，新星公司实施探井12口，在雄安核心区实施首口地热探井，落实容城凸起资源埋藏范围，核心区资源勘探实现零的突破。探明新区周边6个岩溶型热储，霸州南孟探采1井水温100℃、水量119米^3/时。成功探明南华北盆地砂岩地热资源，开封东郊探采1井水温82℃、水量128米^3/时。

(徐　兵)

【地热市场有效拓展】 2017年，新星公司响应国家建设雄安新区号召，完成雄县10个自然村散煤替代改造项目。与唐山芦台经济开发区、清河、故城等签订特许经营和地热开发利用协议，新增供暖面积340万平方米。大名二期项目建成供暖面积167万平方米。山西曲沃"地热+余热"项目建成供暖面积40万平方米，太原经济技术开发区新增供暖面积90万平方米。签订兰考老旧小区供暖改造项目165万平方米，新增供暖面积42万平方米。清丰、南乐市场新增供暖能力40万平方米。签订邳州运河中学浅层地热项目，以及江汉油田530万平方米供暖热源改造项目。首次在重点省会城市西安签订临潼合作协议。

(徐　兵)

【余热利用与光伏发电业务渐次展开】 2017年，新星公司并网光伏发电项目29个、发电2 830万千瓦·时。

徐州利国余热发电项目正式投产，塔河油田发电三厂余热利用、东光工业余热二期供暖、清河采油厂余热利用等项目有序推进。

（徐　兵）

【改革调整不断深化】 2017 年，配合集团公司研究制订新星公司混改总体方案，积极做好顶层设计。抢抓国家设立雄安新区历史机遇，成立雄安新区项目部。通过增资扩股引进优势互补的北控集团，加快实施绿色清洁能源项目。综合资源条件、市场环境等因素，对地区公司有效整合，二级单位由 14 个减少到 11 个。结合公司发展实际，机关部门由 18 个减少到 14 个。按照集团公司压减法人工作要求，压减法人层级 26 户、法人户数 3 户，完成集团公司下达的年度“保六争七”治理亏损子企业目标。

（徐　兵）

【科技进步有效加强】 2017 年，新星公司承担课题 8 项，其中国家课题 1 项、中国石化课题 7 项。申报知识产权 14 件，获授权 4 件。

（徐　兵）

【持续开展 QHSE 监督检查】 2017 年，新星公司坚持开展安全环保质量各项监督检查，持续提高风险管控水平。累计开展各类安全督察检查 15 次，召开专题座谈会议 11 次，检查 12 家单位的 27 个施工现场。开展 HSE 大检查，共查出问题 80 个，其中即查即改 51 个、安全隐患问题 29 个。组织开展首次计量专项督导检查。

（徐　兵）

【深化新闻宣传】 2017 年，新星公司围绕喜迎十九大和“地热 + ”业务发展，组织策划“国际媒体看石化”“创新中国”专题摄制等采访报道活动走进地热项目现场，《人民日报》、新华社、中央电视台、路透社、法新社、《大公报》等媒体对新星公司推进“地热 + ”的成果进行广泛传播。突出做好中国石化支持雄安新区建设报道，《中国石化报》刊发 3 篇头版报道、1 篇新星公司主要领导署名文章和 2 个专版报道，社会媒体刊发相关信息 30 余条、转载 120 余次。

（徐　兵）

【党建思想政治工作扎实推进】 2017 年，新星公司围绕学习贯彻党的十九大和十八届六中全会和习近平总书记系列重要讲话精神，积极践行“四个意识”，牢固树立“四个自信”，党委中心组聚焦推进全面从严治党、加强党风廉洁建设、安全生产、推动绿色新能源产业发展等主题，共组织集体学习 16 次，编发《中心组学习参考》37 期，以“转观念、勇担当、创效益”专题讨论为统领，深入开展形势任务教育，编发《形势任务教育宣传提纲》7 期。积极推进“党建入章”工作，新星公司及所属 15 家二级单位按要求完成。组织开展首次党建全覆盖考核和直属党组织书记抓党建工作述职评议，完成 18 个直属党组织的分类定级。

（徐　兵）

【首个集中式光伏项目并网发电】 2017 年 6 月，新星公司陕西渭南白水 20 兆瓦农光互补光伏发电项目通过国家电网陕西省、渭南市两级公司验收，正式并网发电，日均发电 8.44 万千瓦·时。该项目是新星公司按照集团公司“地热 + ”多种清洁能源集成发展思路，着力打造的中国石化首个集中式光伏项目。该项目运行后，年可节约标煤约 7 700 吨、减排二氧化碳约 2.4 万吨。同时，基于“农光互补”技术，还可促进当地土壤改良和灌溉条件改善，提高土地利用率和经济附加值，带动周边地区贫困农户脱贫致富。

（徐　兵）

白水光伏项目

【余热发电项目正式投产】 2017 年 10 月，新星公司徐州利国钢厂余热发电项目经过 168 个小时的连续满负荷试运行，正式投产发电。该项目预计年可发电 1 亿千瓦·时，年可节约标煤约 4 万吨、减排二氧化碳约 9 万吨。

（徐　兵）

【首个集团公司地热技术标准通过审查】 2017 年 12 月，新星公司承担的《地热回灌工程技术规范》项目通过审查。该标准是集团公司首个地热技术标准，标准的出台将对集团公司地热产业发展起到规范和引领作用。

（徐　兵）

表 1　　新星公司主要经济指标　　亿元

指标名称＼年份	2017	2016	2015	2014	2013	2012
工业总产值	65.26	70.31	63.89	88.27	79.93	72.52
企业增加值	20.51	21.92	26.02	34.29	23.58	19.49
资产总计	142.32	132.29	140.13	121.88	109.25	90.86
流动资产	96.58	94.18	106.42	93.09	82.48	69.59
固定资产原值	51.66	43.16	53.29	47.49	43.23	38.34
固定资产净值	30.23	23.76	21.05	17.62	16.21	13.94
销售收入	65.26	70.31	63.89	88.27	79.93	72.52
实现利税	4.44	3.76	7.93	14.58	11.28	8.51
税　金	3.18	2.19	2.89	7.27	5.26	5.43

管道储运公司

【概况】 中国石化管道储运有限公司(简称管道储运公司)创建于 1975 年 2 月，基地位于江苏省徐州市，始称华东输油管理局，1998 年石油石化集团重组后改称中国石化集团管道储运公司。2000 年 3 月，中国石化集团管道储运公司分立重组，输油主业进入股份公司成立管道储运分公司。2014 年 4 月，为强化原油储运专业化管理，中国石化以管道储运分公司为主体，成立中国石化管道储运有限公司，主要负责原油管道储运业务。2017 年 11 月，非上市部分改制为管道储运资产管理有限公司，业务、资产委托管道储运公司实行一体化管理。

管道储运公司负责中国石化原油管道储运业务的归口管理，是中国石化原油管道储运业务投资的平台，负责中国石化原油管道储运业务投资和经营，组织协调中国石化原油管道储运项目建设。经营范围包括：原油批发；石油、天然气的储存、运输、销售，管道输送技术及信息的研究、开发、应用，管道检测、抢维修、管道及地面工程设计，通信信息化、管道输送技术培训服务等。

管道储运公司所辖 37 条输油管线，全长 7 193 千米，沿线共有 84 座输油站库，途经北京、天津、山东、江苏等 14 个省、自治区和直辖市。管理总罐容 4 594 万立方米。管理 7 个原油码头合资公司，分别位于曹妃甸、天津、青岛、日照、宁波、舟山和湛江。

截至 2017 年底，管道储运公司建成以油田和大型原油码头为接卸中心，以原油中转库为输转中心，形成东西衔接、南北贯通，覆盖华北、华中、华东和华南地区主要炼化企业，国内原油与进口原油可灵活调运的管道储运网络。担负着胜利油田、中原油田等 5 家油田及码头接卸进口原油输送任务，为燕山石化、齐鲁石化、扬子石化等 20 家炼化企业输送原油。合资原油码头年接卸能力达 2.5 亿吨，原油一次输送能力达 2.02 亿吨/年，连续 8 年输油超亿吨，保证原油资源的稳定供应。

管道储运公司主要经济指标和主要生产指标分别见表 1 和表 2。

（高浩亢）

【领导班子调整】 2017 年 5 月 27 日，根据工作需要，经集团公司党组研究并征得中共江苏省委员会同意，决定夏于飞不再担任管道储运公司执行董事职务，免去夏于飞中共中国石化管道储运有限公司委员会副书记、常委、委员职位，解聘其管道储运公司总经理职务，另有任用。7 月 14 日，根据工作需要，经集团公司党组研究并征得中共江苏省委员会同意，决定：任命张惠民任管道储运公司执行董事，解聘其管道储运公司副总经理职务；聘任王国涛为管道储运公司总经理，兼任中共中国石化管道储运有限公司委员会副书记；聘任司刚强为管道储运公司副总经理，任中共中国石化管道储运有限公司委员会常委。

（高浩亢）

【经济指标全面完成】 2017 年，管道储运公司不断优化全面预算管理，可控费用同比减少支出 1 700 万元；加强直购电和转供电管理，全年节约电费 1 100 万元；争取国家税收优惠政策，实现税收管理增效 1.64 亿元；加强管道第三方施工管理，争取补偿费 1.73 亿元。公司上市部分实现销售收入 1 304.83 亿元、利税 45.62 亿元、利润 36.4 亿元，上缴税费 20.47 亿元(其中直接地税 1.49 亿元)；存续部分实现销售收入 7.41 亿元、利税 1.19 亿元、利润总额 0.85 亿元，上缴税费 0.62 亿元(其中直接地税 0.18 亿元)。截至年底，拥有总资产 407.21 亿元，其中上市资产 387.52 亿元、负债率 44.15%，存续资产 19.69 亿元、负债率 24.69%。

(高浩亢)

【优化运行成效显著】 2017 年，管道储运公司持续优化生产运行，强化输差损耗管理，坚持常态化清管作业，全年进行清管作业 161 次，有效降低能耗和输差损耗。坚持运行方案动态优化，仪长双线实现输量同比上升 9.33%，电耗降低 26.13%；精细调控鲁宁线、魏荆线、临济线、仪金线等热输管线的运行方式，实现能耗可控，其中魏荆线输油单耗下降 15.74%。推进油轮滞期管控、码头一程接卸管理、区域性计量输差考核等工作，有效降低原油输转损耗。强化到港原油短量及明水管控，全年检出到港原油含明水 7.07 万吨，较装港时多检出 3.04 万吨，避免经济损失约 8 000 万元。顺利完成东临复线、岙册线、临濮线莘县—濮阳段、东黄复线寿光—东营段首次清管及内检测，有效降低管输摩阻、提高原油输转效率。全年累计接卸原油 1.9 亿吨；输油 1.38 亿吨，完成计划的 103.5%；输油损耗率为 0.18%，同比持平；综合单耗为 45.4 千克标油/(万吨·千米)，下降 9.63%，低于总部 52.5 千克标油/(万吨·千米)指标。

(高浩亢)

【管道完整性管理体系】 2017 年，管道储运公司正式发布运行涵盖管道全生命周期管理活动的完整性管理体系，完成全部 33 条在用管道的全面检验与评价工作，其中 19 条管道实施内检测、占在用管道总里程的 72.2%，14 条管道开展基于 ECDA 方法的外检测，累计检测出各类缺陷 20 余万处，并按轻重缓急开展整治工作，提升管道本质安全。

(高浩亢)

【建立健全管道保护长效机制】 2017 年，管道储运公司坚持因地制宜，努力提升管道巡护的有效性，基本形成具有中国石化原油管道特色的“徒步到位、监管有力、痕迹清晰”巡护线模式。累计打通巡护通道 2 498 千米，对管道周边 2 635 处出租房、闲置院落实施管控。全年安全监护第三方施工 82 处，制止第三方违规施工 956 次。形成企地警协同保护管道的常态机制，圆满完成党的十九大、“一带一路”峰会等敏感时期的安保防恐任务。全年新发打孔破坏案件 2 次，同比下降 94.1%，阻止、冲散 11 起打孔盗油事件，缴获盗油车辆 13 台。因打孔盗油造成的停输时间下降 88.1%。

(高浩亢)

打通巡护通道

【初步构建风险管控长效机制】 持续开展安全风险识别评估工作，发布 9 类 124 项安全风险清单，制定分级管控措施，并明确由主要领导直接承包本单位的重大风险。开展洪水和地质灾害、库区、外管道隐患排查“回头看”，加快推进管道缺陷和高风险管段整治，及时消除安全隐患、消减安全风险，特别是通过实施管道内检测及路由检测实现风险管控关口前移，及时发现册镇海底管道重大运行风险，整治工作正在紧张有序进行。2017 年，在上年全面完成隐患整治攻坚任务的基础上，持续做好管道风险削减和消除工作，对 378 项外管道风险管段开展整治工作，累计投入资金 3.3 亿元。810 项库区安全隐患已整治 733 项，完成率达 90.49%。

(高浩亢)

【持续加强应急能力建设】 修订完善公司级应急预案，2017 年开展各级演练 1 636 次，其中公司级演练 4 次、处级演练 141 次、站队级演练 1 491 次。全年启动公司级应急预案 5 起、处级应急预案 20 起，开展应急抢修 107 次，总体做到突发事件应急响应迅速、处置妥当，特别是妥善处置“12·3”仪长线大武支线管道断裂事件，得到集团公司领导充分肯定。另外，国家油气管道应急救援华东(徐州)基地建设的一期投资计划进入实施阶段。

(高浩亢)

【扎实推进环境保护工作】 京津冀及周边地区2017年大气污染防治工作方案落地实施，VOCs专项治理及LDAR检测工作取得阶段性成果，危废物处置依法合规。进一步落实"三同时"制度，加快协调解决环保验收历史遗留问题，并确保新建项目依法合规。针对集团公司下发的97项重大环境风险，逐项落实管控措施和责任人，并采取有效措施促进风险消减，同时编制完成绿色企业行动计划工作报告，得到上级部门充分肯定。

(高浩亢)

【加大HSE检查督察力度】 以问题为导向，持续开展HSE检查、督察，全年发现各类安全问题3 670项，已整改3 537项，剩余问题均按"五定"要求明确整改措施，并组织对问题整改情况"回头看"。同时开展交叉督察和驻点督察，建立网站"曝光台"，提高督察效果，累计督察发现问题816个，已整改770个。广泛开展安全宣传教育，极大提高干部员工安全生产责任意识，在"十大"优秀诊断建议评选工作中，天津输油处"发现天津站稳高压消防系统运行时间不符合规范要求"被评选为集团公司安全诊断优秀建议。

(高浩亢)

【重点工程建设】 按照"十三五"发展规划，2017年下达固定资产投资计划11.53亿元(其中上市部分11.23亿元、非上市部分2 951万元)。开展日照—濮阳—洛阳原油管道工程、董家口—东营原油管道工程、连云港30万吨级原油码头及其配套储运工程、连云港—仪征原油管道工程、连云港—淮安段，以及国家油气管道应急救援华东(徐州)基地工程(一期)、仪征原油优化调和等17个重点项目的前期工作，涉及投资约136.46亿元，已批复可研6项。顺利完成仪长复线仪九段、日仪增输改造、湛江商储和天津实华商储4个工程项目投产，以及仪征商储一、二罐组的投产条件确认。临济复线、洛阳商储、白沙湾商储(二期)均顺利开工建设。

(高浩亢)

【仪征—长岭原油管道复线工程仪征—九江段顺利投产】 管道起点为仪征首站，终点为九江末站，全长560千米，其中仪征—怀宁—黄梅干线长474千米、怀宁—安庆支线长32千米、黄梅—九江支线长54千米，管道基本沿现有仪长原油管道同路由敷设，设计输量2 000万吨/年，基础设计批复总投资33.16亿元。工程于2015年4月全面开工，2017年3月投产。

(高浩亢)

【临邑—济南原油管道复线工程开工建设】 项目建设起点临邑输油站，终点济南末站，管道全长80千米，管径355.6毫米，设计输量330万吨/年，共设临邑站、济南末站2座站场。基础设计批复总投资4.54亿元，其中管道储运公司4.5亿元、济南分公司463万元。工程于2017年4月开工。

(高浩亢)

【黄岛输油管道迁移工程完成竣工验收】 项目主要内容包括青岛市黄岛区秦皇岛路、刘公岛路及辽河路地下管段中所属管道储运公司、青岛石化、青岛炼化共计20条管道，移至辽河路、辽河二支路专用公共管廊通道，同时对青岛炼化厂区内相应管架设计进行改建，公共管廊架预留黄岛国储基地原油管道及地方4家管道改造上架位置。基础设计批复总投资5.21亿元，其中管道储运公司分摊投资3.8亿元、青岛炼化1.27亿元、青岛石化1 373万元。工程于2014年11月开工，2015年6月投产。该项目决算审计实际完成投资3.15亿元，累计下达计划3.15亿元，于2017年5月完成竣工验收。

(高浩亢)

【企业改革不断深化】 非上市部分改制更名为管道储运资产管理有限公司，已完成上市、非上市业务资产重组整合方案，并开展资产评估工作；61项"四供一业"分离移交计划项目取得积极进展，其中2016—2017年度的工作任务全面完成，总体进度排在集团公司前列；人事"三项制度"改革准备工作已经完成，2018年具备实施条件。

(高浩亢)

【加强科技攻关和成果转化应用】 "十条龙"科技攻关项目"大型原油罐区安全及VOCs减排技术开发与应用"按计划推进。"原油强制密封双关断旋塞阀研制项目"成功实现该类阀门的国产化，达到国际先进水平。"管道储运应急能力评估技术项目"取得阶段性成果，自主开发的高灵敏度油气探测器填补国内在该领域的空白。

(高浩亢)

表1　　管道储运公司主要经济指标　　亿元

指标名称＼年份	2017		2016		2015		2014		2013		2012	
	非上市公司	上市公司	非上市公司	上市公司	非上市公司	上市公司	非上市公司	上市公司	非上市公司	上市公司	非上市公司	上市公司
工业总产值	7.26	81.74	7.11	77.78	4.94	84.30	9.85	72.07	10.80	67.38	10.72	72.87
工业增加值	1.74	78.01	1.44	67.26	1.32	85.02	5.30	10.39	4.35	35.08	4.71	31.99
资产总计	19.68	387.52	18.79	365.80	19.36	356.44	20.30	469.48	18.60	599.32	19.09	555.59
流动资产	13.49	167.42	12.34	135.74	12.89	131.45	14.20	252.48	12.34	378.02	11.58	328.51
固定资产原值	13.17	392.68	12.31	350.13	12.25	340.22	12.04	324.60	12.04	332.24	12.97	310.24
固定资产净值	6.09	191.34	5.54	166.71	5.20	173.39	6.08	176.71	5.82	188.82	7.42	197.52
销售收入①	7.41	1 304.09	7.33	996.50	10.16	1 310.40	10.16	2 523.30	11.21	2 679.30	11.03	770.35
利润总额	0.85	36.43	0.54	29.30	0.75	34.47	4.03	70.05	0.34	4.68	0.25	2.71
税　金②	0.62	20.47	0.65	17.26	0.12	45.07	0.75	8.76	0.18	5.35	0.38	3.98

①2013 年管道储运公司成立原油销售分公司，财务报表中销售收入大幅提升

②2015 年由于公司利润增加及营业税改增值税等原因导致纳税增加

表2　　管道储运公司主要生产指标

指标名称＼年份	2017	2016	2015	2014	2013	2012
收油量/万吨	4 659.31	4 334.64	4 767.99	5 224.18	5 642.23	5 457.64
输油量/万吨	13 762.72	13 811.24	12 863.30	13 043.27	12 932.15	12 023.00
销油量/万吨	4 591.01	4 343.69	4 779.20	5 418.22	5 573.90	5 401.38
周转量/万吨·千米	6 718 834.00	6 405 410.00	6 232 509.00	6 163 339.00	6 192 504.00	5 767 946.00
原油总耗/万吨	0.88	0.98	1.35	1.77	2.47	2.62
电总耗/万千瓦·时	111 115.13	117 048.26	113 984.08	119 514.43	120 704.35	115 665.28
蒸汽总耗/万吨	11.02	16.55	18.55	18.56	18.08	20.08
天然气总耗/万立方米	2 516.87	2 382.10	1 757.29	1 715.26	1 813.24	2 000.06
综合单耗/千克标煤·(万吨·千米)$^{-1}$	28.75	32.12	32.27	34.64	36.45	39.19

共享服务公司

【概况】 中国石化集团共享服务有限公司(简称共享服务公司)于2017年5月20日设立，8月25日正式完成工商注册，是集团公司全资子公司。共享服务公司设置财务共享业务管理部、人力资源共享业务管理部、IT共享业务管理部、服务管理部、财务计划部、人力资源部、综合管理部(党群工作部)7个部门，设有东营、南京2个分公司，有财务、人力资源、IT专业人才2 300余人。2013年，中国石化率先开展财务共享服务试点，启动中国石化共享服务建设。2016年，在财务共享试点基础上，先后启动人力资源、IT共享服务试点建设。2017年，多功能一体化共享服务体系初步形成。共享服务公司致力于建设“国内领先、世界一流”的共享服务中心，坚持以市场化为导向，立足服务职能，通过建立高效运营、持续改

进、价值提升的管理机制，打造一体化、智能化的服务支持平台，为客户提供财务、人力资源、IT 等共享服务，以及大数据分析、专家咨询等专业支持服务。为集团公司境内油田、炼油、化工、销售、科研及专业公司提供服务。

（王晓光）

【共享服务推介会】 2017 年 11 月 8 日，中国石化在总部召开共享服务推介会，共享服务公司正式亮相。共享服务公司是中央企业成立的首家共享服务专业化公司。

（王晓光）

打通巡护通道

【财务共享服务】 财务共享完成 97 家企业上线，中海投海外共享成功试点，顺利完成 2017 年度财务决算工作。全年累计处理企业提交的服务申请 111.45 万笔、费用报销申请 215.5 万笔，扫描质检单据 1 579.16万张，制作凭证 1 724.04 万笔，出具报表 46 万张。业务处理质量和效率大幅提升，为集团公司财务工作转型提供有力支撑。

（王晓光）

【人力资源共享服务】 人力资源共享完成 25 家单位试点上线，服务员工 21.6 万人，完成一体化员工自助系统建设方案和 APP 功能优化设计。全年累计完成信息维护 5.3 万人次、员工岗位变动(调动)2.6 万人次、员工入离职 2 033 人次、薪酬主数据维护 273.6 万人次、各类人员薪资计发 160.4 万人次。业务处理准确率达 100%。通过共享业务专业化集中处理，促进各项业务工作效率提升。考勤电子化、业务提报标准化应用减轻企业工作量 50% 以上，规模效应明显。

（王晓光）

【IT 共享服务】 IT 共享加快推广应用支持、网络安全、技术与标准及信息化项目 4 类服务。为 110 家企业提供 ERP 应用情况分析和需求评估服务，为 53 家企业提供网络安全评价及促优帮扶服务。协助总部完善网络安全检查评价标准，形成 9 类检查项和 86 个检查点。

（王晓光）

【公司化体制机制建设】 按照集团公司关于组建一体化共享服务专业化公司的方案批复，加快共享服务公司组建，着手建立专业化、市场化的公司运营机制。①初步搭建人力资源管理体系。借鉴国内外先进管理模式，编制上报“三定”方案并获总部批准，为提高组织运行效率奠定基础。为了充分调动员工积极性，按照集团公司“三项制度”改革的要求，着手研究具有共享服务公司特色的市场化人力资源管理机制，初步建立适合于共享服务业务发展的岗位设置方案、薪酬方案、绩效考核方案和员工成长通道方案。②初步搭建财务管理体系。组织编制 2018 年财务预算方案，结合业务推广、人员到位和投资计划等情况，完成年度预算方案编制并进行指标分解。建立共享服务收费机制，2018 年财务预算和收费方案经总部财务部多次组织事业部、专业公司研究讨论，已确定收费的基础和原则，为市场化运营奠定基础。③初步搭建制度管控体系。加强管理，通过制度管事管人，逐步建立规范化、标准化的制度体系。围绕公司化运营，构建由 8 类共 69 项制度组成的管控架构，坚持顶层设计、急用先行，陆续完成业务实施、服务管理、人力资源、财务计划、综合管理等 34 项制度，夯实公司化运营的制度基础。

（王晓光）

【共享服务标准化体系】 共享服务建设坚持标准先行的原则，按照国家和集团公司政策要求、业务模式、用户需求变化，保持持续完善提升。2017 年重点跟进企业间业务流程标准化、管理工作规范水平参差不齐的问题，组织更新完善《财务共享服务业务操作规范》《会计业务模板》《人事业务操作手册》《薪酬业务操作手册》《网络安全评价服务操作规范》《ERP 综合应用评价指标检查方法》《信息化技术应用评价标准》等标准规范，形成统一的基于业务场景的共享服务业务流程操作标准体系，推动集团公司业务更标准、信息更透明，为管理提升、风险防范、决策支持提供支撑。

（王晓光）

【服务质量管理】 围绕服务质量，着手建立客户至上的服务管理体系。组织上线企业签订技术附件，明确服务内容、差异化业务处理方式等，建立契约化的甲乙方关系，为内部市场化运营奠定基础。在不断强化“六位一体”全过程质量管控体系的基础上，推进账表审查管理机制建设，核算质量稳步提高。组织开展“会计质量巩固年”活动，建立本人做、交叉审、专人核的三级稽核机制，确保业务处理及时准确。组织开展年度客户满意度调查，重点检查服务质量、客户关系、信息系统建设、上线实施情况4个方面内容，2017年共享服务整体满意度为87分，比上年提高3.5个百分点。制定客户沟通工作机制，缩短需求响应时间和反馈时间，提升客户体验，企业上线后第2个月即组织回访工作，加强与企业沟通交流，及时了解和分析企业需求和存在的问题，持续跟踪改进。

（王晓光）

【流程优化与系统提升】 通过持续提高业务运行效率，减轻员工工作量，不断提高企业满意度。①优化共享服务运营平台功能。统一服务入口和业务待办，扩展自助服务、移动APP等多种服务渠道，树立共享服务整体形象。完善提升服务申请提报、协同管理、电子考勤等系统功能，支撑共享服务的高效运营。②提升业务相关系统性能。通过优化系统底层架构、优化数据库和后台工作流访问机制、扩容硬件服务能力，大大提升系统整体性能，确保年结的平稳运行。③推进流程优化和自动化应用。不断完善会计工厂凭证模板、智能化账务处理、电子会计档案等功能，实现单据影像智能识别、增值税发票认证、会税精准对账、银行回单匹配等自动化应用，开发24项HR共享业务的批导模板自动写入程序，有效提升数据维护质量，提高共享服务自动化水平。④推动企业应用系统集成优化。推动ERP、资金集中、费用报销等系统的集成共享，试点合同履约集成优化方案，完成人力资源薪酬记大数过账等功能升级，深化系统应用水平，提高共享服务效率。

（王晓光）

【以党建促进业务】 共享服务公司将党建要求明确写入公司章程，建立“三重一大”决策制度，把党的领导融入公司治理各环节。2017年成立机关党支部，选举产生第一届支部委员会，支部党建活动开展得有声有色。以加强支部党建为抓手，积极组织开展党的十九大精神的宣传学习贯彻落实，建立涵盖党建文化、责任文化、精细文化、服务文化、创新文化、家文化的共享服务文化，增强队伍凝聚力。开展“金标尺”评选，组织“向榜样看齐、做合格党员”活动，积极引导员工见贤思齐、奋发有为，保持积极向上心态。

（王晓光）

【队伍建设与专项培训】 以提高队伍专业能力为着力点，加强员工业务技能培训，努力形成人尽其才的良好局面，人才队伍不断充实。按照业务推广进度，积极引进共享服务专业骨干，相继开展业务人员招聘工作，切实把好人员素质入口关，队伍规模、队伍结构逐步充实改善。推行“三证三环节”岗位素质考核办法，通过考业务、测实操、评业绩，引导员工取得红、绿、蓝3种能力等级证。以菜单式培训、现场小课堂、白板教学等多种形式，深化“导师带徒”培训机制。积极探索建立实习基地，通过与河海大学、南京师范大学等高校挂牌大学生实习基地，扩大共享服务的知名度，弥补结构性缺员，为实行市场化人才引进积累宝贵经验。

（王晓光）

【会计大赛取得佳绩】 选派30余名员工参加集团公司会计大赛，充分展现员工扎实的业务功底和良好的精神风貌，东营分公司、濮阳服务部获得会计大赛团体奖和优秀组织奖，1人获得个人赛金奖。

（王晓光）

【共享服务东营分公司】 中国石化集团共享服务有限公司东营分公司（简称共享服务东营分公司）位于山东省东营市，于2017年5月20日组建，10月13日完成工商注册登记。2014年5月，东营分公司作为中国石化财务共享服务中心的派出机构，业务运营和业绩考核由总部财务共享服务中心负责，党群关系及行政事务依托胜利油田管理，列为胜利油田分公司机关直属单位。2015年8月在齐鲁石化驻地成立淄博服务部，2016年11月在中原油田驻地成立濮阳服务部。共享服务东营分公司设有凭证档案、应付核算、应收核算、资产核算、资金结算、成本费用、总账报表、报销核算、综合管理9个部门；通过对业务分工及岗位职责梳理，下设63个运行组，设置应收业务岗、应付业务岗、资金核算岗、报销（对私）初审岗、档案管理岗等21类岗位。截至2017年底，在岗员工1 284人，其中东营本部703人、淄博服务部263人、濮阳服务部318人。员工队伍中高级以上职称占总人数的69.86%，本科以上学历占总人数的72%。截至年底，共享服务东营分公司服务企业57家，对私报销业务上线73家。全年处理共享自助系统申请 83.03 万笔、费用报销申请 188.4 万笔，扫描质检单据 1 183.66 万张，发票认证 37.28 万份，制作凭证 799.54 万笔，出具报表 35.09 万张。

（刘　鹏）

【共享服务南京分公司】 中国石化集团共享服务有限公司南京分公司（简称共享服务南京分公司）位于江苏省南京市，于2017 年5 月20 日组建，9 月18 日完成工商注册登记。2015 年6 月15 日依托金陵石化成立南京项目部，2017 年2 月10 日依托江苏油田设立扬州服务部，2017 年9 月7 日依托江汉油田设立武汉服务部。共享服务南京分公司现有员工 813 人，其中南京本部 414 人、扬州服务部 238 人、武汉服务部 161 人。员工队伍中本科及以上学历 484 人，具有高级职称的 84 人。服务范围辐射至中国石化境内所有区域和部分海外企业，涵盖公司上、中、下游，及科研、专业公司等各业务板块。截至 2017 年底，共享服务南京分公司服务企业 40 家，全年处理企业提交的服务申请 28.42 万笔、报销申请 27.1 万笔，扫描质检单据 395.5 万张，制作凭证 924.5 万笔，出具报表 10.91 万份。

（周岑茗）

经济技术研究院（咨询公司）

【概况】 中国石油化工集团公司经济技术研究院（简称经济技术研究院）成立于 1999 年，是集团公司直属的软科学研究机构，主要从事公司发展战略、宏观经济政策、公司管理及营销战略研究，并为重大项目决策提供支持。

1999 年 12 月底，集团公司为加强发展战略、宏观经济与政策及市场营销、科技信息的研究，并为决策层提供决策咨询，决定将原中国石化石油化工规划院和原中国石化信息中心的经济技术信息部分合并，设立中国石化经济技术研究院。后经中央机构编制委员会办公室批复同意，经济技术研究院仍为事业单位。2015 年，经济技术研究院获得全国博士后管委会批准设立博士后科研工作站。2017 年，经济技术研究院入选中国社会科学评价研究院《中国智库综合评价研究报告（2017）》核心智库榜单的企业智库，跻身十大国有企业智库。

中国石化咨询有限责任公司（简称咨询公司）的前身是成立于 1985 年的中国石化咨询公司，原与中国石化规划院、现与经济技术研究院合属办公，主要职责是对集团公司固定资产投资项目进行可行性研究的评估和后评价，是集团公司的直属专业公司。1994 年，咨询公司获中国首批甲级工程咨询资质，是中国工程咨询协会理事单位，2004 年获得首批承担国家发展和改革委员会投资咨询评估任务的咨询机构资格并始终保持。2017 年，按照中央企业公司制改制的总体部署，咨询公司完成公司制改制工作，正式更名为中国石化咨询有限责任公司。

截至 2017 年底，经济技术研究院（咨询公司）在职职工 188 人，其中 172 人具有专业技术职务任职资格，占全院职工总数的 92.0%。拥有博士研究生 23 人，硕士研究生 74 人；具有教授级高级技术职称的 11 人，高级技术职称的 94 人。

2017 年，经济技术研究院（咨询公司）认真贯彻新发展理念，紧紧围绕全力推动智库建设取得新突破的工作目标，聚焦集团公司提质增效升级各项工作部署，转变观念，提升业务，强化管理，深化改革，充实队伍，各项工作取得新佳绩。

（高敏惠）

【扎实开展业务研究工作】 2017 年，经济技术研究院（咨询公司）坚持问题导向，突出特色，聚焦重点，夯实基础，全年开展各类研究课题 260 余项，其中重大课题 2 项、重点课题 31 项。圆满完成 2017 年度绩效考核课题 20 项，并顺利通过验收。聚焦战略转型与新能源发展，能源中长期战略研究扎实开展；明确目标定位，金融证券业务研究成功起步；突出重点，解读要点，宏观经济与产业政策研究滚动开展；聚焦新常态下的企业管理，公司改革管理研究持续加强；聚焦趋势研判，稳市拓市扩销研究深入开展；聚焦企业提质增效，优化升级研究不断加强；聚焦项目竞争力评价，评估评价研究量质再升；聚焦信息化建设，基础建设进一步夯实；多措并举，行业影响力再获提升。

2017 年，经济技术研究院（咨询公司）完成的《中国能源展望 2030、2050》获国家能源局能源软科学研究优秀成果一等奖；“芳烃绩效评价分析模型系统开发及应用”和“原油远洋运输智能优化技术”获中国石化科技进步三等奖；“中国石化炼油考核‘十三五’达标考核体系研究与应用”获中国石化第 26 届管理现代化创新成果三等奖。

（高敏惠）

【从严管理又取新进展】 2017 年，经济技术研究院（咨询公司）进一步深化改革、强化管理，推动健康发展。进一步深化改革。①突出核心业务。增设金融证券研究所，重构部门业务，完善部门职责，完善构建起通过基础研究支撑战略研究的“五所、三中心”的业务架构，核心业务与优势进一步突出。②完善考核奖励制度，构建全方位、多层次的课题管理与奖励考核体系。③稳步推进经济技术研究院(咨询公司)改制工作，圆满完成咨询公司的公司制改制，顺利启动经济技术研究院独立事业单位改制工作。进一步强化管理。①狠抓年度重点任务分解，督察催办推动有力、落实有效。②制度体系进一步完善，着力形成以制度管权、靠制度管人、按制度办事的工作氛围。③内控制度执行力度进一步增强，风控、内控、制度一体化建设不断推进。④强“三基”，“严细实”作风进一步发扬。⑤财务精细化管理进一步加强，圆满完成年度考核任务。⑥期刊和学会管理水平进一步提升，全力打造期刊品牌，成功举办2017年中国石油炼制科技大会暨中国石油化工信息学会换届大会。⑦后勤服务保障能力进一步加强，确保安全有序运行，营造良好工作环境。

(高敏惠)

【队伍建设进一步加强】 ①加强人力资源顶层设计，科学编制“三定”实施方案、组织机构优化方案、岗位设置方案。②找准切入点，人才队伍建设成效显著，以构建符合经济技术研究院(咨询公司)发展需求的人才队伍成长通道体系为切入点，通过引进应届毕业研究生和成熟人才等措施，多渠道大力引进优秀人才，人才梯度逐步建立，人才结构逐步优化。③青年人才培养扎实有效，通过对新员工开展“师带徒”“一人一策”培养、现场实习等措施，着力构建更加有利于青年成长、满足事业需要、符合发展规律的人才培养体系和人才成长路径。④紧扣立足点，打造优秀干部队伍。以提高选人用人的准确性和公信度为立足点，不断改进完善干部选拔任用工作，着力实现干部人才结构优化、配置合理化、效能最大化，着力打造一支经得起变化历练、经得起压力考验、经得起创新挑战的优秀人才队伍，增强干部队伍的整体战斗力。

(高敏惠)

【党建工作】 2017年，经济技术研究院(咨询公司)认真贯彻落实集团公司党组整体部署，以推进“两学一做”学习教育常态化制度化、宣传贯彻习近平新时代中国特色社会主义思想和党的十九大为工作主线，切实发挥“把方向、管大局、保落实”作用，强化干部员工队伍建设，夯实基层党建工作，推动党建工作同智库建设深度融合，各项工作任务圆满完成。

坚持党的领导，落实全面从严治党责任。组织开展“学习十九大报告的思考与建议”专题研究，切实推动十九大精神在经济技术研究院落地生根，引导广大党员以强烈的担当精神，打造经济技术研究院担当的宽肩膀，提升担当的真本领。党委切实发挥政治核心和领导核心作用，加强对政治方向和重大决策的领导。以公司制改革为契机，把党建工作总体要求写入公司章程。严格执行“三重一大”决策制度，对经济技术研究院(咨询公司)重大问题充分研讨论证，把好政治关、政策关。

发挥党建工作优势，与中心工作深度融合。研究制定2017年党委工作要点任务分解，将党建工作和中心工作同分解、同部署、同执行、同落实。基层党组织工作和中心工作相融合，充分发挥基层党组织在党建工作和中心工作相融合中的主体作用。

落实“两个责任”，加强党风廉洁建设和反腐败工作。认真贯彻落实集团公司党风廉洁建设和反腐败工作会议精神，按照“一二三四五”总体思路，有效履行党委主体责任，切实加强对党风廉洁建设和反腐败工作的领导。严格落实纪委监督责任，积极运用监督执纪“四种形态”开展工作，加强事前提醒和监督，防病于未萌，治病于初起，努力营造风清气正、干事创业的良好政治生态。

筑牢“两个阵地”，抓好意识形态和思想政治工作。①筑牢意识形态阵地，内聚人心，外树形象。以中心组学习为龙头，深入学习习近平系列重要讲话精神，引导干部员工进一步增强“四个意识”。加强“两微一端”备案管理，切实坚守意识形态阵地。②筑牢思想政治阵地，统一共识，凝聚力量。以开展“转观念、勇担当、创效益”专题讨论为抓手，引导干部员工牢固树立智库意识、担当意识、创新意识，在求实、创新、建树、引领上多下功夫，提高研究成果的前瞻性、创新性和针对性，不断提升业务水平。

夯实基础工作，优化党总支设置和运行。①夯实组织基础。完成基层党组织换届工作。新一届总支委员精心谋划，党总支工作呈现一片生机活力。结合“两学一做”学习教育常态化制度化，提升组织生活质量。②夯实平台基础。以党群工作管理系统为依托，促进基层党建工作规范化、透明化。搭建活动平台，开展形式多样的主题党日活动，激发基层党组织活力，增强党组织凝聚力。

强化群团工作，发挥桥梁纽带作用。①做好服务群众工作，充分发挥工会作用。结合经济技术研究院(咨询公司)知识密集型的特点，务实开展工会活动，不断提升活动的文化内涵。组织开展“学制度用制度”主题劳动竞赛，促进全员学习制度、理解制度、践行制度。深入开展“走基层、访万家”活动，建立院领导同员工面对面的沟通机制，关注员工思想动态。依托幸福石化平台开展 EAP 咨询，聘请外部公司做好员工年度心检，关心员工生活。②引导开展青年活动，激发青年活力。完成团总支换届工作，组织开展第 2 届青年论文交流会等学术活动，努力打造院青年工作品牌。组织开展各种志愿活动，增强青年员工社会责任意识。组织开展“青年标兵”“最美青工”“优秀青年人才奖”等典型选树活动，用榜样的力量激励青年学习先进、崇尚先进、争当先进。

（高敏惠）

石化报社

【概况】 中国石化报社（简称石化报社）成立于 1988 年 7 月，是集团公司直属事业单位，主营业务是新闻报刊的出版与发行，注册资本 1 000 万元，社址位于北京市朝阳区吉市口路 9 号。

石化报社 1988 年成立时仅出版《中国石化报》，定位是集团公司党组机关报，也是石油石化行业经济报。1992 年，由总部企业管理部管理的《中国石化企业管理》杂志（《中国石化》杂志前身）划入石化报社。2000 年，原中国石化信息中心的声像业务整体划入石化报社。2016 年，集团公司网站、股份公司网站、中国石化网上博物馆的管理职能及总部办公门户要闻栏目更新维护工作移交给石化报社。

截至 2017 年底，石化报社主办的媒体有《中国石化报》《车友报》《中国石化》杂志、中国石化新闻联播（电视，含网络视频）、中国石化新闻网、《中国石化手机报》、中国石化新闻图片网、石化新闻客户端、中国石化新闻网微博（中国石化报社官方微博）、中国石化报微信公众号等。同时石化报社还负责管理维护中国石化 2 个官网、中国石化网上博物馆。石化报社有员工 148 人，其中具有本科学历的 94 人、硕士学历的 38 人，具有中级技术职称的 72 人、副高级和高级技术职称的 45 人。内设 14 个机构，其中机关职能部门 3 个、直属机构 11 个。设有驻省记者站 26 家。

石化报社主要报刊发行数量见表 1。

（庞 炜）

【高标准做好党的十九大精神的宣传】 2017 年，石化报社按照中央要求和党组部署，分时间节点稳步推进党的十九大的宣传报道。各媒体开设《砥砺奋进的五年》《十九大时光》《新时代新气象新作为》等专栏，全文刊登十九大报告、新修订的党章和中央关于认真学习宣传贯彻十九大精神的决定，及时报道戴厚良总经理传达宣讲党的十九大精神等重要内容，迅速掀起公司上下学习宣传贯彻十九大精神的热潮。石化报社对十九大精神的宣传，受到党组领导的多次肯定，也受到中国记协的通报表扬。

（庞 炜）

【做好“转观念、拓市场、抓改革、促管理、强党建”主题宣传】 2017 年，石化报社牢牢把握“推进供给侧结构性改革”这一主线，开设《转观念、拓市场、抓改革、促管理、强党建》《“转观念、勇担当、创效益”大讨论》等专栏，报道企业迎战低油价，坚持高效勘探、效益开发；加大调结构力度，推进油品质量升级；拓市攻坚，扩大产品市场份额和占有率；眼睛向内，挖潜增效、优化增效；科技创新，产销学研一体化；安全清洁生产，推进区域大气污染防治；深化改革，打好三大攻坚战；从严治党，加强基层组织建设、推进反腐倡廉建设以及从严管理、精细管理、依法治企、履行社会责任等方面的具体措施和最新进展，发出主流声音，彰显了良好的舆论引导力。

（庞 炜）

【举办第 3 届“感动石化”人物评选活动】 2017 年 3 月 17 日，由石化报社主办的“易捷杯”第 3 届“感动石化”人物评选结果揭晓，他们是：工程建设公司徐承恩、催化剂公司薛军、西北油田斯尔江·托合提木拉提、湖北石油分公司陈鹏龙、中原石油工程公司宋保健、天津石化赵燕、河南油田景天豪、广西石油分公司李金兰、武汉石化金宏伟、胜利油田薛梅，中央电视台著名主持人敬一丹主持颁奖仪式，集团公司党组领导王玉普、戴厚良、李云鹏、王志刚、蒋亮平、张海潮、马永生、赵东和中国记协书记处书记张百新、人民日报社副总编辑谢国明为“感动石化”人物颁奖。

（庞 炜）

【坚持开展记者走基层采访活动】 2017 年，石化报社坚持将“走基层、转作风、改文风”推向深处，派出记者深入江苏石油分公司、东北油气田、地球物理公司、胜利石油工程公司、天然气分公司、湖北石油分公司、安徽石油分公司、吉林石油分公司等单位，报道企业通过改革管理，激发活力，推动经营管理再上新水平；深入润滑油公司用户企业采访，做好润滑油产品迈向中高端、打造一流品牌的报道。

抓准天津全运会、内蒙古自治区成立70周年等时机，深入驻天津、内蒙古等地企业。特别是党的十九大会议闭幕不久，迅速组成综合采访组，社领导带队，深入川气东送管道沿线开展“川气东送——气化长江经济带”采访报道。集团公司党组副书记、副总经理李云鹏率党群工作部、宣传工作部处级以上领导专门听取采访组汇报，并对采访报道给予高度评价。

（庞 炜）

2017年11月1日，采访记者与工作人员在川气东送管道普光首站合影（胡庆明 摄）

【发挥言论评论思想引领作用】 2017年，《中国石化报》的《今日视点》《领导干部论坛》《经济走笔》《石化语丝》《朝阳门随想》等言论专栏共刊登各类言论600余篇，仅在要闻版就刊发评论96篇。特别是围绕戴厚良总经理“9·22”讲话精神刊发的《狠抓责任落实》《勇于担当作为》《抓好统筹协调》等5篇系列评论，围绕“转观念、勇担当、创效益”大讨论刊发的《坚守国企本色，对党绝对忠诚》《坚定不移做强做优中国石化》等12篇评论以及“11·22”前后刊发的5篇言论，受到党组领导的肯定。石化报社还邀请各企业负责人结合工作实践，发表真知灼见、交流经验体会，35位党组管理的领导干部为各媒体撰稿。

（庞 炜）

【调整内设机构】 2017年，按照《关于中国石化报社中层机构和中层领导人员职数设置方案的批复》要求，石化报社调整内设机构，撤销人事财务部，成立人事处、财务处。调整后，石化报社内设机构变成14个，其中机关职能部门3个，分别是综合办公室（党委办公室）、人事处、财务处；直属机构11个，分别是总编室（通联部）、要闻部、专刊部、周刊部、杂志编辑部、电视部、新媒体部、车友报、记者部、美术部、广告发行部（北京华夏实华文化发展有限公司）。机构调整后，石化报社部门职责更加明晰。

（庞 炜）

【持续推进传统媒体和新兴媒体融合】 2017年，石化报社加快推进新旧媒体融合，建立行业报首家融媒体实验室。融媒体实验室具有平台监控、技术测试、产品研发3个主要功能，2017年主要成果有2项：全媒体采编平台2.0版和石化新闻客户端3.0版。全媒体采编平台集策、采、编、发于一身，既是石化报社不可或缺的媒体生产平台，又是资源共享、监控管理的平台，在跨平台支持、跨浏览器使用、与大数据抓取计算技术紧密结合以及和微信、微博直接衔接等技术上有较大的进步，不但提升了媒体的发布效率，也促进了石化报社的管理创新。新版石化新闻客户端充分利用移动互联网、云计算、大数据等技术，构建以客户端产品为主体，兼顾为微信、微博、数字报等横向多产品提供全通路新媒体融合的技术展现方式。石化报社同时在新媒体部成立融媒体工作室，运用H5、视频手机直播等新技术，打造融合产品，制作发布《喜迎十九大·砥砺奋进的五年》《加油站的故事》《我的岗位与你不同》《援藏十五年》等原创新闻，有效扩大了媒体影响。2017年11月，近百位行业报领导到石化报社参观学习，石化报社媒体融合工作走在了行业报前列。中国石化新闻网和“两微一端”获国家网信办首批颁发的新版许可证书。

（庞 炜）

【全面加强党建工作】 2017年，石化报社坚持把学习宣传贯彻十九大精神作为首要政治任务，切实用习近平新时代中国特色社会主义思想武装头脑。坚持民主集中制和“三重一大”决策制度，认真落实“一岗双责”、意识形态工作责任，确保党管媒体全覆盖、舆论导向全受控。坚持强化党风廉洁建设“两个责任”落实，逐级签订《责任书》《承诺书》，开展反面警示教育，建立廉洁情况“活页夹”，突出“关键少数”，严格执行中央“八项规定”精神和党组实施细则，驰而不息反“四风”。坚持支部建在处室、处长担任支书，新成立车友报党支部，分5批对12名支部书记进行培训，开展支部书记述职，规范落实“三会一课”，组织支部分类定级等工作，支部建设上了新台阶。坚持问题导向，2016年党组巡视、党建考核反馈的43项问题已经整改42项，还有1项正在整改中。

（庞 炜）

表1 石化报社主要报刊发行数量[①] 万份

年份 报刊名称	2017	2016	2015	2014	2013	2012
《中国石化报》	12.60	12.30	12.30	13.20	13.24	13.21
《中国石化》杂志	2.75	2.73	2.72	2.63	2.57	2.71
《车友报》周三刊	41.37	41.37	41.37	41.57	63.27	72.46
《车友报》周五刊	38.85	38.85	38.84	38.75	19.33	11.23
《中国石化手机报》	1.82	1.89	1.87	1.84	1.71	1.62

①发行量为期均发行量

石化出版社(展览办公室)

【概况】 中国石化出版社有限公司(简称石化出版社)是集团公司主管和主办的中央级科技出版社。其前身为经文化部批准于1984年12月成立的烃加工出版社，先后与原中国石化情报所、中国石化信息所、中国石化信息中心合署办公，1992年更名为中国石化出版社，1999年3月与原中国石化信息中心分离单列，成为中国石化直属独立的事业法人。2010年12月根据中央文化体制改革有关要求转制为企业，设立中国石化出版社有限公司。中国石化展览办公室(简称展览办公室)经集团公司批准成立，负责中国石化境内外展览业务，与石化出版社合署办公。2015年8月，集团公司决定，为进一步提高集团公司出版传媒业务发展的质量和效益，将石化出版社、经济出版社进行整合，实行“一套班子，两块牌子”的管理体制。整合以后，保留2家出版社名称，对内称中国石化出版有限公司(简称石化出版公司)；对外根据业务开展和管理需要，分别对应使用石化出版社、经济出版社名称。

截至2017年底，石化出版社下设8个处(室)，有在岗员工84人，其中硕士研究生以上学历23人、本科学历52人；取得高级专业技术职称28人、中级专业技术职称19人，有47人取得编辑和发行职业资格证书。

石化出版社主要职责是出版石油勘探开发、石油炼制、石油化工、安全环保、企业文化与管理等方面的图书，以及相关的行业标准、辞典、手册工具书、石油及石化专业系统教材和职工培训教材及电子、音像制品；同出版范围相一致的互联网图书出版，设计、制作图书广告，利用出版的图书发布广告；图书、期刊、电子出版物、音像制品批发、零售、网上销售；负责集团公司年鉴、年报的编辑出版工作；负责承办集团公司暨股份公司在国内外举办的各种展览业务、会议服务，承办展览展示。石化出版社与多家国际知名的出版机构开展版权贸易和业务合作活动，引进国际石油化工、勘探开发等专业科技书籍版权并组织翻译出版；坚持以为石油石化工业科技进步服务为宗旨，逐步摸索出一套具有新闻出版行业特色、适合自身发展、规范稳健的管理模式。

2017年，由石化出版社承担的《原油地面工程设计》《钻井工程技术手册(第三版)》《延迟焦化工艺与工程(第二版)》《危险化学品安全技术大典》等重点出版项目全部顺利完成；《炼油装置技术手册丛书》被列入“十三五”国家重点图书、音像、电子出版物出版规划增补项目；积极推进中国石化“十三五”重点科技图书出版规划项目的实施工作，经党组领导批准，有18个项目被列入中国石化“十三五”时期重点科技图书出版规划增补项目。全年，图书出版成果显著，《重质油裂解制轻烯烃》和《碳酸盐岩缝洞型油藏开发理论与方法》2个项目通过集团公司科技鉴定并申报集团公司科技进步奖；《九江石化卓越实践案例》丛书等12部(套))图书被评为2017年度全国石油石化企业管理现代化创新优秀著作；《生物基燃料技术经济评估》等31种图书获得2017年度中国石油和化学工业优秀图书奖和优秀教材奖。

石化出版社2017年重点图书目录见表1。

(李德亮)

【展览工作】 2017年，展览业务成果丰硕，共完成10项中国石化大型展览项目，包括6月在北京举办的清洁能源创新技术展、在哈尔滨举办的第4届中俄博览会、在青海西宁举办的第18届青洽会、在重庆举办的第20届渝洽会，8月在上海举办的中国国际化工展览会，9月在新疆克拉玛依举办的石油石化技术装备展、在成都举办的中国西部国际博览会，

10月在浙江台州举办的中国塑料交易会，11月在浙江余姚举办的中国塑料博览会；以及第22届世界石油大会(土耳其)的展览工作。主办中国石化展览摄影培训班，协助总部有关部门完成"马永生星"命名仪式和国务院国资委央企创新展相关工作任务。多次获由展览组委会颁发的组织工作先进集体、展览展示先进集体、组织工作先进个人称号和优秀设计奖。

(王金祐)

【1个项目被列入"十三五"国家重点图书出版规划增补项目】 2017年8月9日，国家新闻出版广电总局下发《关于公布〈"十三五"国家重点图书、音像、电子出版物出版规划〉调整情况的通知》，石化出版社申报的《炼油装置技术手册丛书》(17个分册)，被列入"十三五"国家重点图书、音像、电子出版物出版规划增补项目。

(宋开利)

【中国石油和石化工程教材出版基金设立】 为了更好地适应高等院校教学改革需要，培养更多具有实践能力的石油石化应用型人才，提高高校教材的编写质量，促进更多精品教材的出版，推动高校教材出版工作繁荣发展，石化出版社与中国石油和石化工程研究会共同设立中国石油和石化工程教材出版基金(简称教材出版基金)。教材出版基金管理办公室设在石化出版社，用于资助在石化出版社立项的大中专院校及高职高专院校教材的出版，重点支持石油石化特色专业教材及基础学科教材、卓越工程师教材和应用型教材，支持多校联合编写的合编共用教材等。

(白　桦)

【12种图书获2017年度全国石油石化企业管理现代化创新优秀著作奖】 2017年10月，中国石油企业协会发布《关于发布2017年度全国石油石化企业管理现代化创新优秀成果、优秀论文、优秀著作奖的通知》，由石化出版公司组织申报的13种图书获得2017年度全国石油石化企业管理现代化创新优秀著作奖，其中石化出版社申报12种图书、1名编辑获优秀编辑奖。

(宋开利)

【31种图书和教材获2017年中国石油和化学工业优秀出版物奖】 2017年12月，中国石油和化学工业联合会发布《关于公布2017年中国石油和化学工业优秀出版物奖(图书奖、教材奖)评选结果的通知》，由石化出版公司组织申报的32种图书和教材获得2017年中国石油和化学工业优秀出版物奖，包括图书奖18种(一等奖6种、二等奖12种)、教材奖14种(一等奖6种、二等奖8种)。其中，石化出版社申报31种图书，包括图书奖17种(一等奖6种、二等奖11种)、教材奖14种(一等奖6种、二等奖8种)。

(宋开利)

【《石油化工设备维护检修规程(2018版)》修编工作启动】 为了进一步加强设备管理，减少故障发生，延长装置周期，提升企业效益，集团公司重新修订编制，为石化设备维护检修提供了技术指导，反映了中国石化多年的技术积累，也充分体现了中国石化的核心竞争力和软实力，成立由集团公司领导和相关部门及石化出版社有关负责人、石化企业的设备经理等组成的修编指导委员会；并于2017年8月17日下发《关于推动〈石油化工设备维护检修规程〉修编工作的通知》，分别于6月、8月、10月、12月召开4次修编工作会议，就编写模板、修编要求等事宜进行研讨。《石油化工设备维护检修规程(2018版)》计划于2018年底陆续出版。

(白　桦)

【中国化工学会石化设备检维修专业委员会成立】 2017年6月15日，中国化工学会石化设备检维修专业委员会(简称石化设备专委会)成立大会暨第一届委员会第一次工作会议在长沙召开。会议审议通过《中国化工学会石化设备检维修专业委员会工作条例》，选举产生石化设备专委会第一届委员会委员，87位委员来自中国石化、中国石油、中国海油、中国中化、神华集团、地方炼化企业、石油石化建安检维修协会等多家单位。会议选举产生石化设备专委会第一届委员会主任委员、副主任委员和秘书长。石化出版社社长王子康当选主任委员；副社长黄志华与中国石化、中国石油、中国海油、中国中化、神华集团的相关领导当选副主任委员；白桦任秘书长；专委会秘书处设在石化出版社。

(白　桦)

【第15届高等院校教材协作组年会召开】 第15届高等院校专业教材协作组年会于2017年8月3—5日在杭州召开，来自东北石油大学、广东石油化工学院、沈阳化工大学、晋中学院、中国石化销售有限公司等16家单位的代表参加会议。会上，石化出版社介绍出版社的改革发展及协作组的整体情况，总结过去一年教材协作组的工作情况，向与会代表报告一年度的工作计划；与会代表交流了高等院校教材建设、教学管理与改革等方面的经验，提出许多具体的意见和建议，为协作组今后的发展打下良好的基础。

（白　桦）

【第 1 届“石油和石化工程教材出版基金”评审结果公布】 根据《中国石油和石化工程教材出版基金管理及实施办法》，2017 年 8 月，石油和石化工程研究会、石化出版社组织专家对 2017 年度（第 1 届）“石油和石化工程教材出版基金”项目进行评审，评审结果经社会公示后公布。第 1 届教材出版基金从 22 个高等院校申报的 60 种教材中评审资助《海洋石油工程概论》《石油炼制工艺学》《石油化工装备制造与安装》《化工安全设计》等 26 个项目，编写单位涵盖中国石油大学、东北石油大学、西安石油大学、辽宁石油化工大学、广东石油化工学院、沈阳化工大学、常州大学等石油石化专业特色明显的高等院校。

（白　桦）

【第 8 届（2017）石油化工设备维护检修技术交流会召开】 为了加强企业设备管理工作，提高设备维护检修水平，确保炼油化工装置安全、稳定、长周期运行，促进石化行业、煤化工行业的技术交流，在中国石化、中国石油、中国海油、中国中化、神华集团公司设备管理部门和中国化工学会石化设备检维修专业委员会的大力支持下，2017 年 6 月 15—16 日，石化出版社主办的第 8 届（2017）石油化工设备维护检修技术交流会在长沙召开。来自上述集团总部和生产企业、检维修企业、设备供应商及高等院校的 200 多名代表参加技术交流会，23 位专家做精彩报告。会议围绕装置长周期运行主题，探讨检维修策略管理、检维修队伍管理、关键机组离线检测、机组安全平稳运行、设备润滑管理、腐蚀防护及风险控制、节能环保新技术、法兰紧固标准化、可靠密封垫片、污油淤泥自动清理设备、装备现场再制造等行业热点和技术人员普遍关心的问题。

（白　桦）

【第 8 届（2017）炼油与石化工业技术进展交流会召开】 2017 年 9 月 21—22 日，石化出版社主办的第 8 届（2017）炼油与石化工业技术进展交流会在厦门召开。来自国内三大石油公司、地方炼化企业及其所属企事业单位、科研机构、高等院校及行业协会的领导和专家，部分《炼油与石化工业技术进展》编委会成员，国内外众多知名技术、设备供应商等，共 120 余人参加会议。大会主题为“深化转型升级、持续技术创新”。会议共有 24 名专家、学者就炼油化工行业现状和最新技术进展做专题报告和主题发言，报告围绕炼化行业及相关能源产业发展趋势、炼油工业技术创新可持续、石化工业技术创新可持续、新形势下炼化企业的节能和环保技术进展 4 个板块进行，囊括炼油、化工的工艺优化与新技术开发进展、新能源发展趋势，安全环保领域的技术发展等多个热点、难点议题。与会代表就中国炼油化工企业如何应对发展形势、先进技术应用和发展趋势进行充分的技术交流和互动。

（刘跃文）

【《化工名词（一）》正式出版】 《化工名词（一）》（石油炼制 · 煤制油及天然气 · 生物质制油）的审定于 2013 年 7 月 11 日启动，由石化出版社具体组织编写审定工作。2015 年 11 月经全国科学技术名词审定委员会主任审核批准予以预公布 1 年，在全国科学技术名词审定委员会网站及有关媒体公示征求社会意见。根据预公布期间的反馈意见，石油炼制 · 煤制油及天然气 · 生物质制油名词审定分委员会再次修改和完善。2017 年 9 月，经全国科学技术名词审定委员会批准正式公布；10 月，由科学出版社正式出版。《化工名词（一）》（石油炼制 · 煤制油及天然气 · 生物质制油）共收词 1 784 条，均有定义或注释，内容包括总论、石油炼制、煤制油及天然气、生物质制油等领域。

（刘跃文）

【市场营销】 2017 年，大力开拓和扶持线上销售渠道，新增天猫合作客户 16 家。在当当、京东、卓越三大网站全年线上搭建专属销售专题 20 余次，争取重点书推荐页面、活动百余次，获得京东网授予的 2017 年度最具潜力合作伙伴称号。成功开辟中国石化团购网、危险化学品安全协会、中国石油系统等宣传销售渠道，进一步提升影响力。

（常大农）

【加强党建和思想政治工作】 2017 年，在集团公司党组的正确领导和直属党委指导下，认真学习十八届六中全会和十九大精神，学习习近平治国理政新理念新思想新战略，坚持原原本本学、全面系统学、结合实际学，进一步增强“四个自信”“四个意识”，把思想统一到中央和集团公司党组的决定上来；认真贯彻落实集团公司基层党支部建设工作会议精神，严格落实"三会一课"制度，做出17项具体安排，推进"两学一做"学习教育常态化制度化，推进全面从严治党向基层延伸。调整党支部设置，选优配强党支部书记，组织推荐支部书记参加总部机关脱产轮训，按照"三懂三会三过硬"的标准提升支部书记的履职能力。组织召开石化出版公司党风廉洁建设和反腐败工作会议，党政班子分工负责，与中层干部签订《党风廉洁建设责任书》，建立中层干部廉洁情况"活页夹"，加强对图书印制、纸张采购以及展览业务招标等重点领域的监督，建立业务领域招标管理体制机制。按照总部住房专项巡视工作要求，完成党组管理人员住房清理工作，组织完成全员住房情况申报、核查。

采取多种形式大力开展形势任务、理想信念、企业核心价值观等教育，着力构建和谐企业氛围。结合石化出版社自身特点和传统，进一步深化"规范、严谨、诚信"的经营理念，坚持依法合规、合作共赢，倡导做老实人、办老实事，引导全员树立中国石化核心价值观，进而转化为改革发展、从严管理的自觉行动，推动文化软实力和核心竞争力同步提升。通过一系列活动和举措，和谐企业的氛围日益浓厚，进一步增强员工的归属感、荣誉感和团队的凝聚力。

年内，销售中心党支部被评为集团公司先进基层党组织，白桦被评为集团公司优秀党务工作者；李德亮被评为中国石化优秀办公室工作先进个人、集团公司直属工会优秀工会干部和群众文化体育工作先进个人；许倩被评为中国石化安全生产先进个人；黄爱锋被评为中国石化第2届最美青工；王子康被评为集团公司直属工会优秀职工之友，综合工会小组被评为集团公司直属工会优秀工会小组，王建设、车平、王蕾、王瑾瑜被评为集团公司直属工会优秀工会积极分子。

（李德亮）

表1　　石化出版社2017年重点图书目录

序号	书名	著译者
1	石油工程专业英语	杨双春　潘　一
2	炼油厂机械设备设计	郑学鹏　白　岩　王自球
3	物理化学双语解题指导	周华锋　侯纯明　姚淑华
4	炼油厂总工艺流程设计	侯凯峰
5	塑料工程师手册	张丽珍　周殿明
6	电化学分析技术	郑晓明
7	加氢裂化工艺与工程(第二版)	方向晨
8	煤化工技术	中国石化员工培训教材编委会
9	中学化学实验教学论	范建凤　赵二劳
10	有机化学	张嘉杨　仲继燕
11	炼油催化反应器的建模与仿真	方向晨
12	化学和制造业多工厂安全管理	天津开发区(南港工业区)管委会
13	中国炼油技术新进展	王基铭
14	石油、天然气和化工厂污染控制	天津开发区(南港工业区)管委会
15	油气田产出水现场处理手册	卢雪梅　陶亮亮　白振瑞
16	钻井液处理剂实用手册	王中华
17	SQL Server 2008 数据库技术与应用教程	杨　永　田　枫
18	军用物资包装	王会云
19	军事仓储管理	王会云

续表

序号	书名	著译者
20	炼油厂化验室设计	吴向东
21	原油性质及产品质量	李家栋
22	炼油厂经济评价	赵文忠
23	2016 年天津市石油学会科技成果论文集	薛永安　吴永平
24	汽车异响的故障诊断与维修	李三雁
25	化工原理仿真与操作实训	王　宏　张　甲　唐　靖
26	新型碳材料的制备及应用	吴明铂　邱介山　何孝军
27	油气管道完整性评价技术	董绍华
28	石油石化新鲜水和生产过程用水节水减排技术	尹　刚
29	ASME 锅炉及压力容器规范：规范案例（锅炉及压力容器）（2015 版）	中石协 ASME 规范产品专业委员会（CACI）
30	化工企业生产装置设备动力故障及事故案例汇编	徐　钢
31	流程工业建筑物风险评估指南——外部爆炸、火灾及有毒物质泄漏（第二版）	袁小军　安佰芳　郭小娟　江琦良
32	企业能源计量常见难题解析与对策	中国石化化工事业部 中国计量协会能源计控工作委员会 肖素琴
33	电力电子变流技术	单海欧　刘晓琴
34	润滑油应用与采购指南（第三版）	关子杰
35	化工设备英汉图解手册	宋天民
36	材料成形设备	宋天民　刘丽喆
37	石油化工设备维护检修技术（2017 版）	胡安定
38	茂名石化年鉴 2016	《茂名石化年鉴》编纂委员会
39	齐鲁石化年鉴 2016	齐鲁石化史志编纂委员会
40	高含硫气田集输系统调试指南	张韶光
41	煤焦油加工	张　飚
42	用能系统的节能诊断技术	邓寿禄　王梓程　杨秀丽
43	硫酸生产操作安全技术	徐丙根　朱兆华
44	辽河坳陷西部凹陷变质岩潜山油气成藏特征	吴伟涛　高先志
45	中国油气产业发展分析与展望报告蓝皮书（2016—2017）	彭元正　董秀成
46	石化与安全	李　华
47	炼油装置工艺与工程	刘家明

续表

序号	书名	著译者
48	油气钻采实物仿真实践指南	王　璐　王卫强　黄东维　陈　宁　张秋实
49	钻井液及处理剂新论	王中华
50	中级有机化学——原理与反应	佟拉嘎
51	应急管理	中国石化销售有限公司
52	液化天然气加气站	中国石化销售有限公司
53	基础知识	中国石化销售有限公司
54	压缩天然气加气站	中国石化销售有限公司
55	油气储层的光学技术表征与评价	詹洪磊　赵　昆　韩革华
56	中国油气发展战略再研究	张　抗
57	石油炼制工艺基础数据与图表	刘家明
58	催化裂化装置技术手册	梁凤印
59	炼油厂装置平面布置及管道设计	张德姜
60	安全与职业病防护工程设计	余齐杰
61	润滑油脂装置技术手册	蒋蕴德
62	当今世界加油站行业发展现状(2017 版)	路宇歆　丁春生　尹　强
63	经济新常态下的中国炼油工业	瞿国华
64	走进石化	李　华
65	石化与健康	李　华
66	石化与节能	李　华
67	石化与环保	李　华
68	大学生职业生涯规划与学业指导	王金龙
69	有机合成路线设计基础	孔祥文
70	催化裂化装置操作指南(第二版)	张　韩　刘英聚
71	电路与电子基础实验教程	钱培怡　任　斌
72	化工产品分析与检验基础	刘红晶
73	常减压及延迟焦化技术论文集(2017)	张日勇
74	天然气管道输送技术(第二版)	黄春芳　等
75	ISO 14001&OHSAS 18001 环境和职业健康安全管理体系建立与实施(第二版)	刘　宏　郑敏学
76	移动式火场排烟	李思成　杨国宏
77	第四届北京二氧化碳捕集利用与封存技术国际论坛论文集	二氧化碳捕集利用与封存产业技术创新战略联盟
78	材料专业概论	李　霄　王世清
79	操作行为和操作纪律：改进工业过程安全	Center for Chemical Process Safety(CCPS)

续表

序号	书名	著译者
80	安全仪表系统工程设计与应用(第二版)	Paul Gruhn P. E. CFSE and Harry Cheddie P. Eng. CFSE
81	石油生产及钻采机械概论(第二版)	孙庆群
82	机械图样识图速成	张瑞琳
83	过程设备制造工艺学	樊玉光　袁淑霞
84	油气管道隐患排查与治理	石仁委
85	中国油气资源保护监管法律制度前瞻	蒋瑞雪　余秉森
86	油田常用举升采油装备使用手册	陈　军　常　峰　周宏斌
87	临时用电作业安全	中国石油化工集团公司安全监管局 中国石化青岛安全工程研究院 张丽萍
88	石油石化环保技术进展(2017)	中国石化能源管理与环境保护部
89	断路作业安全	赵英杰 中国石油化工集团公司安全监管局 中国石化青岛安全工程研究院
90	盲板抽堵作业安全	刘　洋 中国石油化工集团公司安全监管局 中国石化青岛安全工程研究院
91	动土作业安全	辛　平 中国石油化工集团公司安全监管局 中国石化青岛安全工程研究院
92	油气管道工程项目地震安全性评价	齐静静　等
93	江苏油田年鉴 2016	《江苏油田年鉴》编辑部
94	华东石油年鉴 2016	《华东石油年鉴》编纂委员会
95	中原油田年鉴 2016	中原油田史志编纂委员会
96	扬子石化年鉴 2016	扬子石化志鉴编纂委员会
97	广州石化年鉴 2016	《广州石化年鉴》编纂委员会
98	河北石油图志	《河北石油图志》编纂委员会
99	煤焦油评价内容与试验方法	张晓静
100	天然气水合物	于雯泉
101	多层复杂断块油藏描述实用技术与应用	王庆魁　张家良　季　岭　刘钰铭
102	油气地震勘探	胡伟光
103	甲醇合成	王　鹏
104	海相页岩气储层预测与勘探	胡伟光　倪　楷　范春华

续表

序号	书名	著译者
105	海上污水处理装置	黄　昊　吴长虎
106	低渗砂岩储层微观组构及其形成与演化	张　创
107	输气工技能操作标准化培训教程	张　云
108	采油工技能操作标准化培训教程	申连让　李红星
109	井下作业工技能操作标准化培训教程	胡渭清
110	硫黄储运系列岗位技能操作标准化培训教程	付　刚
111	普光气田油气田水处理工技能操作标准化培训教程	付　刚
112	硫黄储运及辅助操作岗位技能操作标准化培训教程	吕红波
113	储气库技能操作标准化培训教程	汪　海
114	普光气田高含硫化验分析工技能操作标准化培训教程	付　刚
115	采气工技能操作标准化培训教程	耿新中
116	压缩机工技能操作标准化培训教程	张　云
117	高压节流轻烃回收装置操作工技能操作标准化培训教程	赵发军
118	汽车刹车片知识问答	王春龙
119	天然气加气站运行与管理	江　宁
120	炼油厂供暖通风与空气调节设计	韩宇丽
121	工厂工程师和管理人员节能指南(第十版)[美]	Albert Thumann Scott C. Dunning
122	轻轻松松学驾驶	张鸿祯
123	汽柴油应用与质量管理	郭飞鸿 主编　王维民 副主编
124	汽柴油检验技术与实验室管理	郭飞鸿 主编　王维民 副主编
125	医药市场营销学	唐代芬　张嘉杨
126	药物学基础	王　博　张嘉杨
127	药物分析	张　姣　李　军　张嘉杨
128	药品管理综合基础知识	赵　杰　张　姣　李文丽
129	化学实验基础	张嘉杨　王春燕　鲁群岷
130	油品储运调和操作工职业技能鉴定习题选编	中国石化销售有限公司
131	加油站操作员职业技能鉴定习题选编	中国石化销售有限公司
132	过程和能源系统的建模、分析与优化	F. Carl Knopf
133	炼油油品化验分析技术	邵柯迪
134	化工热力学	班玉凤　朱海峰　刘红宇　沈国良

续表

序号	书名	著译者
135	供应链建模	姜大立　刘洪娟
136	高等数学实践教程	丁　平　刘　洋
137	石油炼制工艺学(第二版)	沈本贤
138	王基铭传	尚长文
139	天然橡胶加工机械	廖小雪　廖双泉　赵艳芳
140	全国第十九届润滑脂技术交流会论文集	润滑脂技术交流会论文集编委会
141	炼油与石化工业技术进展(2017)	本书编委会
142	化工实验综合教程	郭绪强
143	应用化学专业英语	李　杰　王　俊
144	润滑脂基础与应用	日本摩擦学会润滑脂研究会
145	滚动轴承的润滑脂润滑	Piet. M. Lugt
146	起重机驾驶员	中石化第四建设有限公司
147	中国石化高技能培训教材　安装电工	中石化第四建设有限公司
148	中国石化高技能培训教材　安装起重工	中石化第四建设有限公司
149	中国石化高技能培训教材　安装钳工	中石化第四建设有限公司
150	环境化学	张庆芳　贾小宁　谢　刚
151	油气储运安全技术	梁法春　陈　婧　寇　杰
152	危险化学品安全	蔡凤英　王志荣　李丽霞
153	油气处理工艺及计算(第二版)	李士富　高建保　夏　政
154	油气水多相混输与计量技术	薛敦松　李清平　李汗强　朱宏武
155	化工园区安全生产应急管理实务	陈国华
156	过程模拟实训——PRO/Ⅱ教程	孙兰义　王志刚　谢崇亮　邱若磐
157	炼油化工机泵设备维护检修案例	胡安定
158	纵向涡发生器强化传热性能研究及其优化	唐凌虹
159	中国石化高技能培训教材　管工	中石化第四建设有限公司
160	中国石化高技能培训教材　石油金属结构制作工	中石化第四建设有限公司
161	职业健康安全管理体系与安全标准化	郝永梅　林金水
162	油气管道维抢修技术	石仁委　常贵宁　檀秀平
163	基于 PROV 模型的数据溯源	倪　静
164	可燃和有毒气体检测报警器计量培训教材	崔广伟
165	Creo3.0 机械零件设计教程	魏晓波
166	过程安全管理体系审核指南(第二版)	王廷春　施红勋　于菲菲　高雪琦

续表

序号	书名	著译者
167	设备润滑诊断与管理	贺石中　冯　伟
168	固定式压力容器操作工教程	沈书乾
169	中国石化高技能培训教材　焊工	中石化第四建设有限公司
170	油气管道腐蚀控制工程	石仁委　卢明昌
171	2017 年度灭火与应急救援技术学术研讨会论文集	中国消防协会灭火救援技术专业委员会 灭火救援技术公安部重点实验室
172	第十九届环渤海浅(滩)海油气勘探开发技术论文集	薛永安　孟卫工　毕义泉
173	采气工(第二版)	中国石油化工集团公司人事部
174	钻井液工(第二版)	中国石油化工集团公司人事部
175	钻井柴油机工(第二版)	中国石油化工集团公司人事部
176	地层测试工(第二版)	中国石油化工集团公司人事部
177	采油测试工(第二版)	中国石油化工集团公司人事部
178	石家庄炼化志	《石家庄炼化志》编纂委员会
179	河南油田年鉴 2016	《河南油田年鉴》编纂委员会
180	第二届中国海油开发开采青年技术交流会论文集	景凤江
181	钻井工程技术手册(第三版)	张桂林
182	复杂难动用油气藏压裂技术及案例分析	蒋廷学
183	石油工业概论	詹　静
184	海洋采油工程	李占东
185	机械防砂完井筛管	董长银　刘永红
186	钻井液使用与维护	唐　丽
187	煤化工设备操作与维护	张国伟
188	钻井液使用与维护	唐　丽
189	Specialized English of Geochemistry(地球化学专业英语)	冯进来
190	雅克拉凝析气田高效开发技术与实践	石兴春　胡文革
191	CO_2 流体钻完井及压裂基础理论与应用技术	窦亮彬　毕　刚　方徐应
192	低维氮化镓纳米材料掺杂改性及磁性机理	陈国祥　王豆豆
193	催化裂化汽油硫醇醚化反应过程	申志兵
194	动画场景设计	吕　锋　葛文彬　吕　美
195	支持向量机算法及在大规模样本集的应用	梁锦锦

续表

序号	书名	著译者
196	石油石化企业班组长培训教程	刘　兴
197	钻井液技术员读本	王中华
198	天然气脱水现场手册[美]	Maurice Stewart Ken Arnold
199	石油和天然气工业对大气环境的影响	Eduardo P Olaguer
200	化工装置的本质安全——通过绿色化学减少事故发生和降低恐怖袭击的威胁	Paul Anastas　David G Hammond
201	聚烯烃技术与产品手册	陶　宏
202	关兴亚传	白尔铮
203	科技文献检索与科教论文写作	张虎芳
204	化工基础导学	杨春梅　张四方
205	海上稠油高效开发新技术(2016)	海洋石油高效开发国家重点实验室
206	分析化学实验	赖晓绮
207	蒸汽管道保温技术与管理指南	郜建松
208	王基铭传(精装)	尚长文
209	加油站操作员(上册)	中国石化销售有限公司
210	加油站操作员(下册)	中国石化销售有限公司
211	2017 年中国石油炼制科技大会论文集	中国石油化工信息学会 中国石油学会石油炼制分会
212	微波能在石油工业中的应用	蒋华义
213	金属支撑固体氧化物燃料电池	李　凯
214	MCS－51 单片机基础及其在材料加工中的应用	徐向前　周好斌
215	化工生产安全技术(第二版)	陈　群
216	气－固流态化过程 CFD 模拟	钟汉斌
217	焊接脆性与腐蚀和安全	束润涛
218	危险化学品安全技术大典(第Ⅴ卷)	孙万付
219	计算机博弈平台构建研究	张利群　曹　杨
220	过程设备失效分析	徐书根　宋明大
221	2017 年工程建设及工程技术成果论文集	曹新建
222	拓扑指数的应用	焦　龙
223	化工设备制造工艺学实践教程	康　勇
224	危险化学品储运安全	方文林
225	化工(危险化学品)企业主要负责人安全管理知识问答	国家安全生产监督管理总局监管三司 中国化学品安全协会

续表

序号	书名	著译者
226	文献检索与科技论文写作(第三版)	黄军左　丁书江
227	西南石油年鉴 2017	《西南石油年鉴》编纂委员会
228	中国石油化工集团公司年鉴 2017	《中国石油化工集团公司年鉴》编委会
229	销售华中分公司志	《销售华中分公司志》编纂委员会
230	南化年鉴 2017	《南化年鉴》编纂委员会
231	上海石化年鉴 2017	《上海石化年鉴》编纂委员会
232	塔里木盆地麦盖提斜坡典型含油气构造带成藏特征	斯尚华　陈红汉
233	原油地面工程设计	银永明　仝淑月　宋世昌
234	油气生产井瞬变电磁探测技术	宋汐瑾
235	油气井防砂技术(第二版)	董长银　李怀文
236	移动床气化及污染物控制技术	董卫果
237	飞秒强场下有机分子电离解离过程的实验与理论	吴　华　王　辉
238	海洋石油工程技术论文(第九集)	中国国石油学会石油工程专业委员会海洋工程工作部
239	海上油气田腐蚀失效分析	闫化云　樊荣兴　仲　华　胡徐彦　孟全意
240	中国石化上游“十二五”科技进展	《中国石化上游“十二五”科技进展》编委会
241	第九届渤海湾油气田勘探开发技术研讨会论文集	孔凡群

经济出版社

【概况】 中国经济出版社有限公司(简称经济出版社)由原国家经济委员会创办于1985年1月，先后隶属国家计划委员会、国家经济贸易委员会、国务院国有资产监督管理委员会。2013年1月9日，经财政部批准整体划转中国石油化工集团公司。经济出版社为中央一级出版社，注册资本2 500万元，位于北京市西城区百万庄北街3号。下设5家子公司：中国经济图书进出口公司，主营出版物进出口贸易、国际出版合作等业务；中国经济贸易年鉴社，主要依托国务院国资委，主营国务院国资委年鉴及公告、《中国经济贸易年鉴》及企业年鉴等的出版、发行业务；中国经济书店，主营书刊、音像制品、文化用品等的销售业务；《国资报告》杂志社，由经济出版社与国务院国资委新闻中心共同主办，出版《国资报告》杂志(月刊)；中经录音录像中心，主营音像制品的出版业务。

截至2017年底，经济出版社在岗合同制员工118人，其中博士5人、硕士29人、本科学历52人；具有高级技术职称的26人、中级技术职称的36人。

经济出版社2017年重点图书目录见表1。

(孟　鹏)

【企业效益】 2017年，经济出版社实现总收入6 622万元，其中图书销售收入5 822万元、退税收入177万元、5家子公司收入623万元，同比增长419万元，完成利润指标；全年图书出版码洋1.4亿元，发货码洋1.14亿元，期末资产总额6 696万元，净资产5 499万元。

(孟　鹏)

【搭建全面销售渠道】 大力开拓和扶持线上销售渠道，全年新增天猫合作客户 16 家。在当当、京东、卓越三大网站全年线上搭建专属销售专题 20 余次，争取重点书推荐页面、活动百余次，获得京东网授予的 2017 年度最具潜力合作伙伴称号。成功开辟中国石化团购网、危险化学品安全协会、国务院国资委系统、中国石油系统等宣传销售渠道，进一步提升出版社的影响力。

（孟 鹏）

【转企改制工作】 2017 年 11 月 13 日，经济出版社成功注册为“中国经济出版社有限公司”；12 月 21 日，所属 5 家子公司取得工商注册登记执照，完成国务院和集团公司下达的年内完成公司制改制的任务。

（孟 鹏）

【从严从细从实抓党建工作】 2017 年，经济出版社紧紧围绕集团公司指示，全面抓党建、促融合，认真贯彻落实党建入章要求，明确党组织在公司法人治理结构中的法定地位，明确党委参与重大问题决策的范围和权限。认真落实 2016 年党建考核反馈意见整改，制定 14 个方面、32 条改进措施；认真抓好党组巡视意见整改工作，针对巡视整改提出的 16 个具体问题，共提出整改措施 52 条，完成整改 45 条，正在整改 7 条。民主生活会后抓好整改方案的落实，落实 9 个方面、近 20 余条整改措施。完善领导班子分工，明确班子成员抓党建和党风廉洁建设方面的“一岗双责”，充分发挥班子整体合力。完善选人用人制度建设，落实整合和机构调整。

（孟 鹏）

【《互联网金融报告 2017》图书发布】 2017 年 3 月 23 日上午，在博鳌亚洲论坛 2017 年年会“博鳌亚洲论坛学术发布会”上，博鳌亚洲论坛发布由经济出版社出版的《互联网金融报告 2017》，也是博鳌亚洲论坛连续第 4 年发布年度互联网金融行业报告。

（孟 鹏）

【《说赢就赢——虚假诉讼案例指导》图书发布会举行】 2017 年 4 月 6 日下午，北京市京师律师事务所战略规划与案件指导部、虚假诉讼法律事务部主任王朝勇律师领衔编著，经济出版社出版的新书《说赢就赢——虚假诉讼案例指导》在北京举行隆重的发布会及现场签名赠书活动。新书联合主编孙铭、陆云英、刘志民，副主编刘宏辉、王发旭、毛伟、张军等律师以各自独特的法律视角，对相关专业法律问题进行主题演讲，并一同参与现场签名赠书活动。中国网等国家级媒体对活动进行全程报道。

（孟 鹏）

【“80 后”的养老事业与跨界融合创新论坛暨《80 后的养老事业》新书发布会在北京召开】 2017 年 4 月 8 日，“80 后”的养老事业与跨界融合创新论坛暨《80 后的养老事业》新书发布会在北京举办。多位行业代表及媒体出席。活动中，“80 后”养老事业联盟正式推出“‘80 后’养老事业系列丛书”的首部图书——《80 后的养老事业》。图书编委会聚集了来自不同养老领域的“80 后”代表，以“80 后”的视角看养老、做养老，书中呈现的故事真实感人，从创新、跨界、风控、旅游、金融等方面，思考“80 后”父母即将面临养老需求的解决方案和未来“80 后”自身养老的方式选择。

（孟 鹏）

【《中国上市公司并购重组案例精编》新书发布会在京召开】 2017 年 4 月 22 日，由蓝狮子企业研究院、经济出版社主办的中国上市公司并购重组案例研讨会暨《中国上市公司并购重组案例精编》新书发布会在北京中关村创业大街隆重举办。该书由蓝狮子策划组织、46 位专业人员历时 690 天创作，共 570 万字，收录 512 个经典并购案例。

（孟 鹏）

【2017 国有企业 IT 技术创新与应用研讨会在京举行】 2017 年 6 月 13 日，由《国资报告》杂志主办的 2017 国有企业 IT 技术创新与应用研讨会在北京举行。包括政府部门、重要企业、地方国企、专家学者在内的 180 余人参会，共同研讨新时期国有企业面临的信息化困境与对策，以促进国有企业进一步提升信息化水平，同时也起到杂志品牌的宣传作用。

（孟 鹏）

【张艺兴 2017 事业版图发布会在京举行】 2017 年 10 月 12 日，张艺兴 2017 事业版图发布会在北京“水立方”举行。由经济出版社出版发行的张艺兴 2017 年第 2 张个人专辑《SHEEP》，是经济出版社在“转观念、勇担当、创效益”的指导思想下进行的全新业务拓展尝试。经济出版社首次与京东音像部门合作，《SHEEP》专辑由京东音乐独家首发预售，截至 2017 年底，专辑销售数量近 22 万张，销售码洋 2 354 万元，并取得显著的品牌效应和经济效益。

（孟　鹏）

【《国务院国资委公告》2018 年度征订发行工作会议召开】 2017 年 11 月 10 日，《国务院国资委公告》2018 年征订发行工作会议在苏州召开。该刊公布国家有关国有资产监督管理政策法规、规章和规范性文件，刊登的规章文本为标准文本，具有法律效力，为各地国资委依法监管和中央企业依法经营提供重要政策与法律依据，为推进国有资产管理体制改革和国有企业改革发展提供重要参考。

（孟　鹏）

【《新时代国企改革策》出版座谈会召开】 2017 年 11 月 19 日，十九大精神国企改革趋势暨《新时代国企改革策》出版座谈会在北京远洋国际中心葛洲坝集团召开。会议由经济出版社、中国人民大学国企改革与发展研究中心共同主办，并得到国务院国资委新闻中心、有关中央企业宣传部门、高等院校专家学者以及部分新闻媒体的大力支持。李锦教授的最新力作《新时代国企改革策》由经济出版社出版发行，是党的十九大召开后第 1 本研究新时代国有企业改革与发展对策的论著。

（孟　鹏）

【《国企改革若干问题研究》与《国企改革探索与实践》图书发布会召开】 2017 年 12 月 7 日，国务院国资委推出的《国企改革若干问题研究》与《国企改革探索与实践》系列丛书在北京正式发布。该套系列丛书由经济出版社出版发行。总结改革经验、把握科学规律、掌握真理力量，增强开拓前进的信心和勇气，是编写这套系列丛书的初衷和意义。

（孟　鹏）

表 1　　经济出版社 2017 年重点图书目录

序号	书名	著译者
1	中国城市流通竞争力报告 2016—2017	中国国际电子商务中心内贸信息中心 首都经济贸易大学中国流通研究院
2	能源发展的新常态：分布式能源	李金铠
3	中国产业金融蓝皮书(2017)：中国产业金融发展指数报告	综合开发研究院(中国·深圳)
4	国家战略与政府治理现代化	章文光
5	手把手教你读财报 2	唐　朝
6	十年十倍：散户也可以学习的量化投资方法	金伟民
7	格雷厄姆之道：如何在中国实践价值投资	姜开舰
8	港股滚雪球	杨　饭
9	投资第一课	那一水的鱼
10	低风险投资之路(第 2 版)	徐大为　刘　颖
11	投资的本源：稳健均衡投资策略	宋　军
12	专注投资：迈向安心投资之路	西点老 A
13	中国经济新常态	关志雄
14	山东省政府系统优秀调研成果选编(2016)	山东省人民政府研究室
15	国家治理视域下的财政改革	蔡承彬
16	供给侧结构性改革促进经济增长的理论研究与实践探索	任保平

续表

序号	书名	著译者
17	陕西宏观经济发展报告(2017)：新常态、新格局	任保平
18	新常态下中国地方经济增长质量研究	任保平
19	新常态下的山东改革发展研究	刘险峰
20	“一带一路”战略下的区域经贸发展：海南岛、北部湾与环南海	李世杰
21	中国对外直接投资：战略、机制与挑战	综合开发研究院(中国·深圳)
22	全面深化改革中的土地政策创新研究	王宏新
23	“十三五”规划与中国经济长期发展	樊　纲　许永发
24	中国新一轮对外开放：机遇与挑战	樊　纲　马蔚华
25	中国少数民族地区扶贫进展报告(2017)	张丽君　等
26	中国少数民族地区精准扶贫案例集	张丽君　等
27	回族经济史	杨思远　著
28	俄罗斯经济	王玉芬　等
29	中国企业对外投资展望报告：区域与行业投资机遇	苗维胜　主编
30	中国融资租赁实务操作手册	吴军前
31	“一带一路”沿线国家主权信用风险展望(2017)	艾仁智　万华伟
32	深化经济体制改革重点领域一揽子方案建议	李　波
33	外资商业竞争行为研究	李　智
34	中国出口贸易壁垒监测与分析报告 2016	王亚星　主编
35	中国融资租赁行业 2016 年度报告	中国融资租赁三十人论坛 零壹融资租赁研究中心
36	推进供给侧结构性改革　振兴实体经济	叶连松
37	证券投资人工智能	张家林
38	相互保险：开启保险新方式	陈　辉
39	国企改革若干问题研究	国务院国资委改革办
40	探索与研究：国有资产监管和国有企业改革研究报告(2014—2015)	国务院国资委研究局
41	中国少数民族地区经济发展报告 2017	郑长德　主编
42	当代中国所有制发展规律研究	李长征　主编
43	中国创意产业发展报告(2017)	张京成　主编
44	2017 年中国信托公司经营蓝皮书	中国人民大学信托与基金研究所

续表

序号	书名	著译者
45	中国非寿险市场发展研究报告(2016)	中国人民保险集团股份有限公司
46	外国经济学说与中国研究报告(2017)	程恩富　刘义圣　主编
47	江苏产业发展报告(2016)	宣　烨　主编
48	中国上市公司并购重组案例精编(上、下卷)	蓝狮子　王　岩
49	新零售：零售行业的新变革与新机遇	王先庆
50	阿米巴组织划分	胡八一
51	中国企业信用发展报告 2016	中国合作贸易企业协会
52	80 后的养老事业	80 后养老事业联盟
53	2017 年度注册会计师全国统一考试历年真题 360°全解析　会计	注册会计师全国统一考试命题研究中心
54	2017 年度注册会计师全国统一考试历年真题 360°全解析　税法	注册会计师全国统一考试命题研究中心
55	分岗位企业会计实务	姚云霞　主编
56	好玩的酒厂光	孟　跃
57	魔法股市	陈　杰
58	手把手教你做众筹	常　桦　刘　辉　袁海涛　主编
59	DIY 美国大学留学申请表格填写指南	筱　然
60	最新关联申报和同期资料管理实用手册	彭启蕾　主编
61	分岗位企业会计实务习题册(第三版)	姚云霞　主编
62	美国经济指标图解	岳留昌
63	微商招商运营全案	文　乐
64	谁在拯救万科——影响世界的权利、资本、知识的角逐	韦桂华
65	约翰霍普金斯护理循证实践：实施与转化	史蒂芬妮·S. 珀尔(美)　凯瑟琳·M. 怀特(美)
66	引爆独角兽	袁国宝
67	重度垂直运营	肖　聪
68	微信小程序运营实战	袁国宝　等
69	引导孩子成为学习优秀生的父母之道	范树怀
70	好家风成就好孩子——普通家庭的孩子如何成才	许道成
71	癌病与持续性的痛——我的叙事疗愈行动	钟耀林
72	爆品运营	郭瑞强

续表

序号	书名	著译者
73	新零售	王先庆
74	企业利润改善	李善奎
75	好口才伴我成长	彭　博
76	配送主管实操范例	陈明星　主编
77	仓储主管实操范例	陈明星　主编
78	采购主管实操范例	陈明星　主编
79	2017 年初始条件注册会计师培训指定用书——税法	尚德机构狐逻财经学院
80	2017 年初始条件注册会计师培训指定用书——经济法	尚德机构狐逻财经学院
81	为什么？——在父母选择自杀后的日子里	(新加坡)尹　著　钟耀林　译
82	保险规章制度汇编(2015—2016)	中国保险监督管理委员会培训中心
83	圈层经济	罗小林
84	英国妈妈的积极心理课	娜奥米·斯塔德伦
85	从创意到创业——大众创业全流程思维、方法与案例	汤历漫
86	新一轮国企改革的思考与操作实务	施能自　主编
87	最美的四季宋词	李颜垒
88	最美的四季唐诗	李颜垒
89	融资路演，讲好故事	沈宇庭
90	内容营销：新媒体时代如何提升用户转化率	彭雪清
91	女生安全小百科	李澍晔　刘燕华　李美晔
92	男生安全小百科	李澍晔　刘燕华　李美晔
93	重构	周锦昌　许思涛
94	阿狸·2017 亲子日历	北京梦之城文化有限公司
95	财务分析指标案例精讲	于秉汝　索晓辉
96	企业领袖三合智慧	三合智慧研究院 三合智慧商学院

管理干部学院

【概况】 石油化工管理干部学院(简称管理干部学院)是集团公司高层次人才培训基地，集党校、网络学院、人才培训中心和信息技术培训中心于一体，2011 年被评为国家级专业技术人员继续教育基地。

管理干部学院于 1985 年筹建，1987 年正式成立，2004 年迁入现址(北京市朝阳区立水桥北甲 1 号)，占地面积 108 亩(7.2 万平方米)，建筑面积 5.17 万平方米。另在朝阳区安翔北里(健翔桥)设有分校区，建筑面积 1.6 万平方米。立水桥主校区和健翔桥分校区分别可容纳820人和230人。设有院长办公室(校长办公室、党群工作部、纪检监察部、党委宣传部)、人事处(党委组织部)、行政管理处、财务资产处、教务处(外事办公室)、科研管理处(院研究中心、中国石化人力资源研究北京中心)、管理培训部(党建培训部)、技术培训部、国际化经营培训部、远程培训技术部、信息资源中心、后勤服务中心12个部门。

管理干部学院主要承担4类培训任务:①高层经营管理及后备人才培训,重点培训总部职能部门和直属企事业单位的领导干部、中青年后备干部及部分中层干部;②高级专业技术人才培训,重点培训油气勘探开发、炼油化工、工程建设、科研、销售等领域的各类专家及青年骨干人才;③国际化经营人才培训,重点培训国际勘探开发、国际石油工程、国际炼化工程、国际贸易等领域的经营管理、专业技术人员和外籍员工;④培训者培训,重点培训各直属企业的培训管理人员和培训机构的专兼职骨干教师。

2017年,管理干部学院举办培训项目265期次,培训11 892标准人次(其中自主开发224期次、培训10 850标准人次),与上年培训量持平。培训党组管理领导人员1 590人次。

管理干部学院培训情况统计见图1。

(隆志强)

【努力提供优质的培训产品和服务】 管理干部学院按照中央及集团公司党组对全面从严治党和领导干部素质能力作风的要求,举办直属企业党委书记、行政正职学习贯彻习近平新时代中国特色社会主义思想和党的十九大精神研讨班,举办8期党组管理人员学习贯彻党的十八届六中全会精神轮训班,持续举办新任领导人员任职资格培训班、纪委书记培训班、中青年干部综合能力提升班、领导人员党校班、第64期和第65期处级人员党校班等多期重要项目。紧密结合集团公司生产经营实际和人才培养的需要,继续举办催化裂化等炼油核心装置工艺专家班,首次举办炼化企业设备管理复合型人才班并扩大到化工领域;举办上游及炼化领域领军专家班、领导人员创新发展班、科研攻关管理关键人才能力提升班、油气勘探开发专家班、油品质量专家班、生物精细化工专家班、污水处理提质提效专家班等重点项目。围绕集团公司拓展海外业务链条、人才国际化、用工当地化等需求,举办海外项目管理实务系列主题培训班、实务英语系列主题培训班,以及炼化工程板块海外项目经理能力提升培训班、关键岗位外籍员工培训班、综合商务领域高级专业人才培训班等多期项目;探索实施商务英语MOOC培训、员工线上英语培训,建立英语在线学习专区,开通SINOPEC英语学习加油站,为员工提供更多自主学习机会。

(隆志强)

【顺利完成远程培训中心转型建设】 管理干部学院远程培训系统三期建设基于集团最新云平台、采用领先的云架构技术重新优化开发,实现岗位培训、学习专区、门户等新的功能。同步改造原平台课件2 600多个,采购课件1 584个,VR/AR课件开发取得突破。系统从在线学习管理平台逐渐向人才发展综合性服务平台转型,为建设培训管理规范化、学习内容体系化、学习方式多样化、学习分析智能化的中国石化网络学院奠定基础。在胜利油田等10家单位开展3期系统应用试点工作,积累了良好经验,促进了系统完善。培训项目全部实现在线管理,提高了管理效率。

(隆志强)

【科研咨询工作取得新发展】 管理干部学院秉持"实践出题目、科研做文章、成果进课堂"的理念,充分利用多方资源,围绕培训、党建及相关领域开展研究。完成中组部委托的"推动全面从严治党向基层延伸强化国有企业党组织政治功能"课题和集团立项的"中国石化中高层人才行动学习培训模式"等课题共3项,新申请"中国石化高层次人才培训生态圈建设"等集团课题3项。"在国有企业改革中坚持党的领导加强党的建设若干重大问题研究"获国有企业党建研究专委会优秀课题研究成果一等奖,"中国石化培训课程开发模式与更新机制"课题成果获中国石化科技进步三等奖,3项管理研究成果获中国石化企业管理现代化创新成果奖。按照集团公司部署,完成依托设立中国石化人力资源研究北京中心工作,基本完成'中国石化员工绩效管理""中国石化高层次人才成长规律及培养措施建议"2项课题研究,在人力资源研究方面迈出坚实的一步。

(隆志强)

【积极推动2项安全隐患治理工程】 管理干部学院按照"安全工程、优质工程、廉洁工程"的要求,成立工程项目部,不断细化优化方案,把好安全控制关、质量控制关和成本控制关,有序推动教学楼和文体中心安全隐患治理工程,推动学院办学条件上新台阶。

(隆志强)

【切实筑牢管理、信息化、服务“三项支撑”】 管理干部学院从基础工作入手改进和强化管理，制订学院“三基”工作实施方案、学院“三定”方案，优化学院机构设置。加强全面预算管理，严格成本费用控制和资金管理，圆满完成全年财务考核指标。成立安全分委会，进一步健全组织机构，细化安全责任，推进责任落实。优化应急预案，并实行卡片化管理，提高实用性。紧盯施工现场、消防设施、食品采购、车辆行驶、安保值班等重要关键环节，全年无安全生产事故发生。优化两大工程改造中的弱电设计，抓好弱电项目立项与实施，完成融合视频服务平台建设，试运行一站式服务平台系统，推进统一身份认证，加强信息安全管理，为学院提供更好的信息化支持。以问题为导向加强服务外包管理，不断优化服务流程，提高工作水准，在工程改造、教学资源紧张的特殊情况下，全力保障培训运行。

（隆志强）

【党的建设取得新成绩】 管理干部学院党委认真贯彻落实党中央精神及集团公司党组部署，牢牢把握全面从严治党要求，结合特点、融入中心、发挥优势、下沉重心抓好党建各项工作，推动政治优势转化为发展优势。坚持把讲政治摆在首位，坚决维护以习近平同志为核心的党中央权威和集中统一领导，切实承担管党治党主体责任。加强领导班子自身建设，坚持理论学习，注重调查研究，严格按照组织程序和制度办事。完善干部选用培育制度，推行青年教师轮岗，推进专职教师培训体系建设，启动为期3年的青年教师特训营。强化基层党建管理，进一步严格“三会一课”“两会一评”等党内政治生活制度的落实。制订学习宣传贯彻党的十九大精神实施方案并认真落实，党委成员分别讲授十九大精神微党课。落实“三个从严”，持续对干部和学员落实“八项规定”精神、反“四风”情况开展督察，开展“查两堂纠两风”活动，与1.4万人次学员签订廉洁自律承诺书。成立学院监督委员会，初步构建“大监督”工作格局。完善群团组织建设，持续开展帮扶救助送温暖工作，举办丰富多彩的群团活动。加强对教职工、离退休老同志的人文关怀，营造干事创业的工作氛围和和谐向上的文化氛围。

（隆志强）

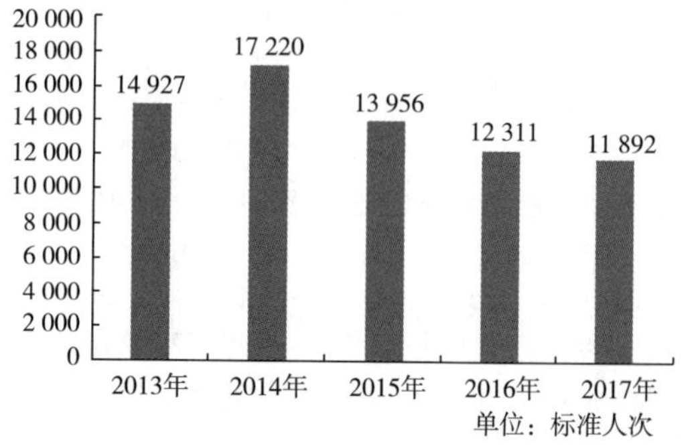

图1 管理干部学院培训情况统计①

①统计口径为标准人次，每人培训10天为1个标准人次

人　物

◇ 全国五一劳动奖章获得者

◇ 中国工程院院士

◇ 中国科学院院士

全国五一劳动奖章获得者

【唐守忠】 男，1970 年 6 月出生，中共党员，胜利油田分公司孤岛采油厂采油管理三区注采 301 站高级技师，油田采油工技能大师、山东省首席技师，曾获集团公司技术能手称号、山东省“富民兴鲁”劳动奖章、山东好人、十大齐鲁金牌职工等荣誉。参加工作以来，唐守忠始终以做一名知识型、技术型、创新型石油工人为目标，秉承弘扬“工匠精神”，岗位练绝活，革新创效益，以实干创新诠释着产业工人的“中国梦”。他先后撰写发表技术论文 62 篇，提出应用合理化建议 172 条，自主完成的 152 项创新成果获厂级以上奖励。其中，发明的“抽油泵连接分离器”和“梯形齿联带间歇式无游梁式抽油机”2 项成果获国家发明专利；研发的“多功能井口连接器”等 46 项成果获国家实用新型专利；研制应用的“缩短游梁式抽油机井作业开井时间”等 6 项成果获国家级奖励；研制应用的“新型减速箱盖板的研制与应用”等 10 项成果获省部级奖励；设计应用的“抽油井井口三通防偏装置”等 53 项成果获局级奖励；在油田与采油厂推广应用 100 余项，解决生产疑难问题 100 多个，累创经济效益 6 700 多万元。他的典型事迹多次被《胜利日报》、胜利电视台、胜利信息网、《中国石化报》《中华儿女 · 中华名人》及中华全国总工会《时代楷模》等媒体进行报道。

（公庆江）

【李红星】 男，1973 年 1 月出生，中共党员，中原油田分公司采油四厂培训考核站首席技师，曾获集团公司岗位练兵标兵称号、河南省五一劳动奖章、河南省十大能工巧匠等荣誉。从事工作 20 多年来，李红星凭借勤学苦练的干劲和勇于创新的激情，从一名普通采油工成长为石油石化行业技能人才的领军人物。他先后获国家实用新型专利 4 件、局级创新成果奖 15 项、厂级创新成果奖 36 项，主持和参与解决 40 余项影响生产的关键技术难题，创新操作法 3 项，创经济效益 1 600 多万元。其中，利用皮带夹角法确定皮带“四点一线”操作法为首创技术，解决了皮带轮边沿厚度不一致造成的皮带“四点一线”调整不到位、影响皮带使用寿命、降低开井时率的关键难题，创效 110 余万元。他致力于职工培训工作，提议在中原油田采油四厂成立油田首家技师工作站，并在全油田得到推广。技师工作站先后取得厂级以上科技创新成果 687 项，其中获油田级成果 46 项、省部级成果 18 项、国家级成果 6 项、获授权国家专利 90 件，先后获得国家级技能大师工作室、全国能源化学系统示范性劳模创新工作室、全国优秀质量管理小组等称号。他主持了《采油工实战型模块化教材》《注水泵工实战型模块化教材》《采油操作项目作业指导书》等教材的编写，完成 50 余万字；担任集团公司技师、高级技师、技能教练等培训班的兼职教师，累计培训学员 3 200 多人次，其中有 2 750 余人取得高一级职业资格，486 人获得技师、高级技师资格。

（公庆江）

【欧光文】 男，1967 年 7 月出生，中共党员，扬子石化芳烃厂重整车间班长，曾获集团公司技术能手、南京市劳动模范、江苏省劳动模范等称号。欧光文扎根生产一线 30 年，刻苦钻研技术，立足岗位成才，从一名普通操作工逐步成长为重整装置全能操作手，为公司安全生产、技术创新、效益发展做出突出贡献。他带领班员积极开展 QC 技术攻关，共完成成果近 20 项，其中“重整生成油脱戊烷塔 DA301 在线水洗优化”成果年创效达 300 多万元，获集团公司科技创新成果二等奖。他不断总结各类事故经验教训，先后发现和处理各类事故及安全隐患 600 多起，总结出化工装置事故发生的“三大规律”（时间规律、现象规律、介质规律）和避免事故的“三大法宝”（巡检、判断、排除），有效避免各类安全事故发生。2009 年成立的以其名字命名的劳模创新工作室，立足于生产优化运行攻关，提出合理化建议 168 条。“新增 DA307 脱氯塔技改项目”减缓了系统腐蚀，年创效 300 万元；“GB302A/B 循环氢压缩机组填料和填料函改型”解决了氢气、氮气窜入循环水的难题，每年节约检修费用 72 万元；“进料泵 GA301 双泵模式运行”为装置长周期稳定生产提供可靠保证。他积极参与国Ⅳ汽油生产和调和汽油改造，增效千万元。他最大限度地发挥班组每个成员的优点和长处，通过导师带徒、标准化操作、个性化培训、仿真操作等形式，培养出 16 名技术骨干。扬子石化举办专场“道德讲堂”，重点宣传他爱岗敬业、无私奉献、争创一流的先进事迹。

（公庆江）

【吕绍艳】 女，1976 年 3 月出生，中共党员，中沙石化丁二烯/MTBE 装置工艺专业工程师，曾获集团公司劳动模范、天津市劳动模范等称号。吕绍艳先后参与天津石化 20 万吨/年聚酯工程及配套项目、100 万吨/年乙烯项目的生产准备及开车工作。不断学习实践，成就了她过硬的操作技能，使她成为装置的工艺技术骨干。在100万吨/年乙烯项目开车准备阶段，她带领职工们实现新建装置一次开车成功。装置运行不到2年就创造20亿元的经济效益，同时也创造同类装置运行周期最长的纪录。为降低装置能耗、物耗，吕绍艳对装置正常和波动的运行历史数据进行反复研究对比，通过对萃取系统进行优化调整，并利用溶剂余热降低蒸汽消耗，减少现场凝液排放，使装置能耗、物耗指标明显降低，能耗指标名列国内前茅。她刻苦攻关，成功解决醚后碳四中甲醇含量超标的难题，使过程控制指标降到100×10^{-6}以下，得到业内专家高度评价。在装置操作过程中，她摸索出一套提负荷的标准作业法，作为经验向其他兄弟单位进行推广。每次装置检修，总会看到她忙碌的身影，从检修工作交底到施工方案的审查，从工艺处理到开具票据，从现场施工到质量验收，检修现场遍布她的足迹。正是这份对工作的认真与执着，使得她负责的检修项目都能高质高效完成，为装置开车一次成功做出突出贡献。

（公庆江）

【夏登刚】 男，1970年2月出生，中共党员，长岭分公司炼油第二作业部主任，曾获岳阳十大杰出青年、湖南省五四青年奖章标兵称号和共青团中央杰出青年创新创效奖。工作20多年来，夏登刚多次参加国家部委、中国石化重点项目的装置改造、技术试验及工业应用，始终锐意攻关、冲锋在前。中国第1套组合床重整装置在长岭分公司进行技术应用，是国家计委和集团公司"九五"十条龙攻关项目之一。夏登刚在国内外都没有现成经验可供参考的情况下，翻阅大量技术资料，结合装置改造情况和操作工人技术素质，编写了近50万字的《50万吨/年低压组合床重整装置试运操作手册》《50万吨/年低压组合床重整装置总体试运方案》等技术资料，解决重整进料泵流程设计失误、脱戊烷塔及脱重塔底油开工初期无出路等重大隐患，为装置开车一次成功立下汗马功劳，成功打破国外公司在连续重整技术上的封锁和垄断。他负责实施"SRH柴油液相循环加氢技术"科技攻关项目并取得实质性成功，被集团公司评为科技进步一等奖，为中国柴油质量升级推广开辟一条新航线。2009年，为保证湖南省重点工程长岭油品升级改造大项目顺利实施，夏登刚团结带领职工克服技术培训、生产准备和开工过程中的重重困难，在短时间内实现大项目南北区11套装置开车一次成功，创造业内开工时间最短、运行最为平稳的"长炼纪录"。他先后主持解决重大技术和管理难题100多项，在国内核心期刊发表论文8篇，获湖南省科技论坛二、三等奖，岳阳市第7届自然科学一、二等优秀学术论文，为企业改革发展做出重大贡献，成为长岭炼化响当当的技术和管理带头人。

（公庆江）

【唐玉刚】 男，1974年6月出生，仪征化纤PTA生产部PTA装置值班长，高级技师，曾获扬州市文明职工标兵、中央企业知识型先进职工、中国石化劳动模范等称号。唐玉刚参加工作20多年，扎根装置，勤学巧干，善于思考，勇于创新，练就了过硬的操作技能，成为一名优秀的"工人专家"，为装置安全稳定优产做出突出贡献。他负责编写的《化工厂PTA一号装置生产原理及操作》《PTA装置化工工艺培训教材》《PTA装置事故汇编》等书，成为公司的培训教材。他负责《PTA职工鉴定国家题库》的修编工作，将自己多年的PTA操作经验融于其中，受到大家一致好评。近年来，唐玉刚累计授课350学时，先后帮助新进职工20多人顺利上岗，帮助48人通过高级工技能等级升级鉴定，带出7名技师。他工作责任心强，坚持每天对装置认真巡检，曾发现优化反应器搅拌器油路不畅、氧化干燥机托轮异常、空压机静电接地故障、蒸汽透平冷凝器泄漏、氢气漏入蒸汽系统等重大隐患，避免装置非计划停车近10起。近4年，他带领唐玉刚技师创新工作室成员解决生产中难题近20项，完成创新攻关项目近30项，每年可减排污水近20万吨、COD减排近300吨，创经济效益约1 200万元。其中，"PTA装置二线气送改造""PTA装置一线常压吸收塔改造"获得仪征化纤科技进步二等奖；负责的新材料膜替代烧结金属过滤器在PTA装置首次使用成功，年创效益100万余元，并得到推广应用。

（公庆江）

【章　文】 男，1967年2月出生，中共党员，海南炼化副总工程师、机动部部长、党支部书记，中国石化炼化设备首席专家，曾获中国石化劳动模范称号、海南省五一劳动奖章、洋浦经济开发区五一劳动奖章等荣誉。章文参加工作30年来，一直从事设备管理工作。2006年9月海南炼化首次开工，他连续3个多月吃住在厂内，检查处理设备故障。在开工的最关键时期他更是72小时连轴转，确保装置安全顺利开工，荣立海南炼化一等功。2013年10月，全厂关键独苗设备催化烟机震动异常，严重威胁平稳运行，章文连续数日夜扎根现场，对大量数据进行比对排查，历时一个半月，发现问题症结，解决难题，为公司挽回损失1 000余万元。他组建设备联合管理团队，积极推行预防性管理，借助机泵状态监测、电动机监测和防腐监测等现代技术手段，不断提升管理水平，仅2016年就发现并消除隐患2 000余项，增效超亿元。他对主风机组、发电机组、余热锅炉等重点节能设备加强运行管理和节能改造，每年为公司降本减费超过4 000万元。他用心育人，定期举办“理论+实操”设备管理人员选拔考试，培养出一批批年轻的设备管理人才，公司11个单元（车间）设备主任中5个都是从机动部成长起来的。在他的不懈努力下，海南炼化连续4年获评中国石化设备管理先进单位，海南炼化机动部获评中国石化“三基”工作先进基层单位。

（公庆江）

【吕锦叶】 女，1972年9月出生，中共党员，北京石油分公司十里河加油站站长，曾获北京市劳动模范称号、首都劳动奖章、北京市国资委优秀党务工作者称号、中国石化销售企业优秀加油站站长等荣誉。多年来，吕锦叶兢兢业业、尽心尽责、勇挑重担，干一行爱一行专一行，默默无闻地奋战在加油一线，以高涨的工作热情、踏实的工作作风，在学习和实践中锻炼自己。她思路开阔、善于学习、勤于思考，认真学习钻研油品、营销学、心理学等方面的知识，不仅考取加油站操作员技师等级，还结合加油站的实际情况，总结出一套独具特色的管理经验，使自己从一个精通业务、深谙营销之道的油站通，成长为一位善于管理、深得职工之心的好站长。在实际工作中，吕锦叶对现场人员安排、车辆引导、停放等每个细节都仔细斟酌，力争发挥最大效果；深入调研，制定出符合实际情况的二次分配制度，提高职工工作效率；主动示范带动全站职工开口营销，带出多个销售能手；从软硬件着手，打造出客户休息区、职工宿舍、职工之家、党团活动室，改善职工就餐、住宿条件，配备整理箱、健身器材，添置床上用品、图书、电视等，并坚持开展“五必谈、五必访”，让职工充分感受到家的温暖和来自企业的关怀。每一项工作，她都力争做到最好，力求做的更好。在她的带领下，加油站的油品和非油品销售有了显著提升，连年保持增长态势。

（公庆江）

中国工程院院士

【戴厚良】 男，1963年8月出生，石油化工专家，曾任扬子石化董事长、总经理，股份公司副总裁、高级副总裁，集团公司党组成员，现任集团公司总经理、董事、党组副书记，股份公司副董事长、总裁，集团公司科学技术委员会主任。2017年当选中国工程院院士。

（邓　勇）

中国科学院院士

【谢在库】 男，1963年9月出生，石油化工专家，曾任上海石油化工研究院院长，现任集团公司科技部主任、科学技术委员会常务副主任。2017年当选中国科学院院士。

（邓　勇）

统计资料

表 1 集团公司主要经济指标 亿元

项目 \ 年份	2017	2016	2015	2014	2013	2012
工业总产值(现价)	15 038.03	12 569.98	14 112.26	19 266.79	19 642.70	19 531.81
实现利税总额	3 831.05	3 747.11	3 920.11	3 662.55	4 050.61	3 799.18
利　润	582.05	529.03	621.22	788.53	1 148.15	1 046.62
年末职工总数(合同制)/万人	64.72	66.33	56.58	57.75	59.79	61.55
从业人员劳动报酬	592.29	548.80	494.98	518.28	510.41	485.68
营业收入	24 003.18	19 692.20	20 472.72	28 899.34	29 450.75	28 306.09
资产总值	22 566.98	21 593.91	20 585.08	22 283.66	21 369.23	19 480.78
负债总值	11 781.32	10 864.91	10 055.29	12 777.07	12 340.72	11 564.86
流动负债	8 424.28	7 280.88	6 565.09	8 168.71	7 399.45	6 603.91
非流动负债	3 357.04	3 584.03	3 490.19	4 608.37	4 941.27	4 960.95

表 2 集团公司主要产品产量及全国占比（一） 万吨

项目 \ 年份	2017	2016[①]	2015	2014	2013	2012
原　油						
集团公司	3 505.36	3 565.51	4 173.74	4 378.47	4 378.01	4 318.25
全　国	19 150.60	19 942.40	21 455.60	21 142.90	20 991.90	20 748.00
占比/%	18.30	17.88	19.45	20.71	20.86	20.81
天然气/亿立方米						
集团公司	257.38	215.90	206.96	201.72	186.97	169.36
全　国	1 474.20	1 358.60	1 346.10	1 301.60	1 208.60	1 106.10
占比/%	17.46	15.89	15.38	15.50	15.47	15.31
原油加工量						
集团公司	24 012.24	23 732.03	23 828.84	23 697.71	23 369.76	22 309.29
全　国	56 777.30	54 078.60	52 634.80	50 278.58	47 769.53	46 328.75
占比/%	42.29	43.88	45.27	47.13	48.92	48.15
成品油总量						
集团公司	15 066.29	14 916.65	14 838.24	14 622.72	14 085.76	13 390.68
全　国	35 825.10	34 776.00	33 967.60	31 825.21	29 558.56	28 357.33
占比/%	42.06	42.89	43.68	45.47	47.11	46.67

续表

项目 \ 年份	2017	2016[①]	2015	2014	2013	2012
汽　油						
集团公司	5 702.59	5 636.00	5 398.22	5 122.12	4 594.11	4 108.52
全　国	13 276.20	12 895.60	12 157.00	11 066.62	9 824.40	8 980.18
占比/%	42.95	43.70	44.40	46.28	46.76	45.75
煤　油						
集团公司	2 688.09	2 546.57	2 435.17	2 074.51	1 743.37	1 501.17
全　国	4 230.90	3 983.80	3 658.60	3 001.09	2 513.83	2 156.01
占比/%	63.53	63.92	66.56	69.13	69.35	69.63
柴　油						
集团公司	6 675.61	6 734.09	7 004.86	7 426.08	7 748.29	7 780.99
全　国	18 318.00	17 896.60	18 152.00	17 757.51	17 220.33	17 221.14
占比/%	36.44	37.63	38.59	41.82	44.99	45.18
燃料油						
集团公司	154.17	156.91	228.51	359.48	424.42	322.22
全　国	2 693.40	2 711.70	2 506.20	2 479.11	2 583.80	2 361.22
占比/%	5.72	5.79	9.12	14.50	16.43	13.65

①2016 年全国数据有调整

表 3　　集团公司主要产品产量及全国占比（二）　　万吨

项目 \ 年份	2017	2016[①]	2015	2014	2013	2012
乙　烯						
集团公司	1 160.97	1 105.86	1 111.79	1 069.78	997.98	954.18
全　国	1 821.84	1 779.41	1 714.60	1 696.70	1 599.30	1 486.80
占比/%	63.73	62.15	64.84	63.05	62.40	64.18
纯　苯						
集团公司	415.55	400.08	402.81	399.54	374.53	351.72
全　国	833.47	803.85	785.47	734.35	716.71	700.12
占比/%	49.86	49.77	51.28	54.41	52.26	50.24
精甲醇						
集团公司	393.51	115.17	69.10	68.43	53.22	64.90

续表

年份 项目	2017	2016[①]	2015	2014	2013	2012
全　国	4 528.79	4 229.91	4 002.25	3 702.54	2 964.27	2 639.68
占比/%	8.69	2.72	1.73	1.85	1.80	2.46
醋　酸						
集团公司	27.34	14.75	3.60	7.50		
全　国	621.34	589.90	586.97	578.24	438.30	430.05
占比/%	4.40	2.50	0.61	1.30		
合成氨						
集团公司	110.12	114.95	96.90	95.50	115.94	126.43
全　国	4 785.77	5 190.82	5 854.65	5 690.17	5 806.57	5 543.16
占比/%	2.30	2.21	1.66	1.68	2.00	2.28
氮肥（折合氮100%）						
集团公司	18.32	18.14	16.14	30.71	68.71	66.34
全　国	3 834.88	4 012.94	4 838.80	4 650.88	4 816.09	4 654.03
占比/%	0.48	0.66	0.66	0.66	1.43	1.43
尿素（实物量）						
集团公司	—	—	—	9.27	91.78	105.23
全　国	5 716.00	6 298.33	7 453.46	6 965.85	7 207.64	6 578.72
占比/%	—	—	—	0.13	1.27	1.60

①2016年全国数据有调整

表4　　集团公司主要产品产量及全国占比（三）　　万吨

年份 项目	2017	2016[①]	2015	2014	2013	2012
合成纤维原料						
集团公司	654.90	647.71	634.80	572.46	626.33	606.25
全　国	4 272.80	3 889.36	3 572.44	2 219.05	2 152.91	2 201.01
占比/%	15.33	16.65	17.77	25.80	29.09	27.54
合成纤维聚合物						
集团公司	313.49	302.56	285.39	284.29	328.79	334.13

续表

项目＼年份	2017	2016[①]	2015	2014	2013	2012
全　国	1 764.65	1 596.33	1 647.74	1 662.59	1 709.76	1 621.93
占比/%	17.76	18.95	17.32	17.10	19.23	20.60
合成纤维						
集团公司	124.01	126.04	129.57	133.13	141.03	135.33
全　国	4 480.75	4 265.41	4 384.58	3 958.04	3 783.97	3 491.52
占比/%	2.77	2.95	2.96	3.36	3.73	3.88
锦　纶						
集团公司						
全　国	332.92	305.90	305.89	255.60	235.16	187.79
涤　纶						
集团公司	100.60	100.37	100.77	105.30	109.30	104.35
全　国	3 934.26	3 752.75	3 839.98	3 471.98	3 348.93	3 126.56
占比/%	2.56	2.67	2.62	3.03	3.26	3.34
腈　纶						
集团公司	20.77	23.29	26.95	25.73	29.27	28.92
全　国	71.91	71.99	72.53	67.56	69.43	69.14
占比/%	28.88	32.35	37.16	38.08	42.15	41.84
维　纶						
集团公司	2.05	1.83	1.34	1.62	1.79	1.42
全　国	8.40	8.72	7.15	11.07	10.09	6.03
占比/%	24.40	20.99	18.78	14.67	17.72	23.54
丙　纶						
集团公司	0.36	0.36	0.37	0.35	0.57	0.53
全　国	29.41	25.31	23.15	26.07	26.93	32.04
占比/%	1.22	1.43	1.60	1.36	2.11	1.66
其他(全国)	103.85	100.74	135.88	125.75	93.42	69.96

①2016 年全国数据有调整

表 5　　集团公司主要产品产量及全国占比（四）　　万吨

项目＼年份	2017	2016[①]	2015	2014	2013	2012
塑　料						
集团公司	1 621.49	1 546.45	1 547.79	1 505.96	1 412.93	1 376.64
全　国	8 377.81	8 018.16	7 718.20	6 959.49	6 303.53	5 257.00
占比/%	19.35	19.29	20.05	21.64	22.41	26.19
聚乙烯						
集团公司	748.63	727.15	733.33	711.13	659.66	620.23
全　国	1 472.35	1 435.53	1 385.52	1 336.60	1 173.99	1 030.00
占比/%	50.85	50.65	52.93	53.20	56.19	60.22
聚丙烯						
集团公司	716.31	658.11	651.74	629.96	581.84	555.10
全　国	1 900.46	1 810.63	1 686.42	1 378.94	1 246.54	1 121.48
占比/%	37.69	36.35	38.65	45.68	46.68	49.50
聚苯乙烯						
集团公司	62.94	58.76	58.46	64.87	66.54	67.16
全　国	217.15	195.81	305.32	208.66	210.37	216.27
占比/%	28.98	30.01	19.15	31.09	31.63	31.05
聚氯乙烯						
集团公司	20.34	23.12	22.60	22.41	30.83	57.78
全　国	1 790.24	1 689.95	1 619.01	1 636.76	1 529.80	1 341.63
占比/%	1.14	1.37	1.40	1.37	2.02	4.31
合成橡胶						
集团公司	110.10	111.85	115.05	124.01	129.23	124.15
全　国	578.67	556.57	501.10	534.48	483.82	384.68
占比/%	19.03	20.10	22.96	23.20	26.71	32.27

①2016 年全国数据有调整

表 6

中国石油与石油产品进口数量与金额

产品名称	2017 年		2016 年		2015 年		2014 年		2013 年		2012 年	
	数量/万吨	金额/百万美元	数量/万吨	金额/百万美元	数量/万吨	金额/百万美元	数量/万吨	金额/百万美元	数量/万吨	金额/百万美元	数量/万吨	金额/百万美元
原　油	41 996.65	160 750.93	38 103.78	115 308.30	33 549.13	134 152.00	30 835.68	228 138.44	28 214.40	219 548.64	27 109.08	220 398.61
成品油	1 569.03	9 544.66	1 572.63	8 097.77	1 407.98	9 004.73	1 178.12	12 071.98	1 322.14	13 898.67	1 258.94	13 717.82
车用、航空汽油	1.64	8.76	20.77	90.46	17.01	95.50	3.39	34.14	0.04	1.50	0.45	5.22
石脑油	666.76	3 290.12	669.92	2 721.62	664.76	3 568.07	369.77	3 299.56	354.18	3 351.32	309.02	2 999.92
橡胶等溶剂油	2.34	27.25	2.21	24.61	2.20	28.59	2.39	37.35	2.12	32.55	2.44	37.26
壬　烯	4.69	58.03	3.56	33.17	5.20	67.15	3.59	51.24	3.82	56.64	2.63	47.69
其他轻油及制品	124.39	757.70	110.81	590.39	35.08	247.83	29.84	332.57	0	0	0	0
航空煤油	371.44	1 945.69	349.45	1 495.11	346.11	1 933.24	391.44	3 700.64	532.93	5 266.90	526.46	5 392.23
灯用煤油	0	0.02	0	0.01	0	0	0	0	0	0	0	0.02
其他煤油馏分	4.30	39.92	2.72	25.01	2.36	25.69	25.29	288.29	135.93	1 480.45	94.27	1 049.61
柴　油	74.83	361.49	91.63	364.88	42.80	226.49	47.39	395.05	26.68	251.62	94.71	911.53
润滑油	34.41	820.47	34.57	797.12	32.61	811.99	31.77	869.49	29.79	782.91	30.32	785.14
润滑脂	2.57	122.06	2.30	112.90	2.25	114.32	2.26	125.52	2.16	113.64	2.01	105.91
润滑油基础油	281.66	2 113.15	284.69	1 842.49	257.60	1 885.85	270.99	2 938.12	234.48	2 561.14	196.63	2 383.29
燃料油	1 368.14	4 677.26	1 186.97	2 809.94	1 564.64	5 150.14	1 790.13	10 955.00	2 354.83	15 034.83	2 688.26	18 637.69
石　蜡	10.33	135.94	8.66	114.90	8.46	114.64	7.62	118.58	5.49	98.09	4.94	96.96
石油沥青	503.86	1 551.09	495.14	1 045.81	470.59	1 801.90	411.02	2 333.72	332.10	2 066.60	273.16	1 750.04
石油焦	742.61	974.21	431.63	367.49	588.66	586.12	534.97	648.04	935.33	1 146.08	701.04	960.79
液体石蜡	27.22	232.48	27.43	207.38	21.25	191.63	13.81	186.37	3.90	55.11	1.35	22.89
液化石油气	1 844.90	9 209.00	1 612.50	6 110.11	1 208.81	6 152.46	710.13	5 982.92	421.10	3 814.88	333.32	3 016.55

表 7

中国石油与石油产品出口数量与金额

产品名称	2017 年		2016 年		2015 年		2014 年		2013 年		2012 年	
	数量/万吨	金额/百万美元	数量/万吨	金额/百万美元	数量/万吨	金额/百万美元	数量/万吨	金额/百万美元	数量/万吨	金额/百万美元	数量/万吨	金额/百万美元
原　油	486. 34	1 822. 81	294. 06	943. 49	286. 56	1 545. 64	60. 02	490. 43	162. 03	1 462. 57	243. 49	2 226. 50
成品油	4 120. 99	21 774. 92	3 843. 75	17 025. 52	2 558. 67	15 306. 89	1 980. 67	19 583. 55	1 715. 89	17 254. 35	1 265. 51	13 326. 19
车用、航空汽油	1 055. 45	5 692. 06	969. 67	4 183. 02	589. 87	3 514. 88	498. 39	4 947. 31	468. 76	4 650. 88	292. 19	3 035. 24
石脑油	2. 58	9. 31	7. 45	30. 19	0	0	13. 11	126. 64	35. 41	353. 23	21. 55	208. 31
橡胶等溶剂油	0. 47	4. 85	0. 47	8. 39	0. 42	4. 29	0. 61	8. 02	0. 74	10. 18	0. 51	6. 32
壬　烯	0	0	0	0	0	0	0	0	0. 1	1. 61	0	0
其他轻油及制品	0. 91	7. 60	0. 05	0. 37	0	0. 04	0	0	0	0	0	0
航空煤油	1 318. 93	7 157. 06	1 310. 07	6 075. 78	1 235. 86	7 623. 31	1 051. 07	10 280. 27	917. 51	9 217. 61	745. 07	7 848. 90
其他煤油馏分	0. 01	0. 08	0. 02	0. 16	1. 59	12. 69	2. 81	30. 26	0. 02	0. 23	0. 02	0. 34
柴　油	1 725. 53	8 632. 38	1 540. 47	6 487. 09	716. 37	3 852. 90	399. 82	3 897. 00	278. 16	2 733. 47	186. 22	1 873. 48
润滑油	11. 47	211. 34	9. 98	190. 55	11. 88	265. 48	12. 57	258. 44	11. 53	233. 98	10. 82	218. 16
润滑脂	1. 30	26. 89	0. 88	17. 27	0. 81	16. 18	0. 77	16. 70	1. 10	22. 46	1. 16	22. 30
润滑油基础油	4. 34	33. 35	4. 69	32. 70	1. 87	17. 12	1. 52	18. 91	2. 55	30. 71	7. 97	113. 14
燃料油	1 112. 93	3 724. 07	987. 86	2 344. 87	1 054. 86	3 772. 92	940. 68	5 770. 28	1 135. 43	7 254. 41	1 164. 17	8 011. 00
石　蜡	53. 25	529. 28	64. 77	604. 02	62. 37	663. 32	48. 94	631. 19	50. 14	637. 29	46. 96	637. 16
石油沥青	38. 56	118. 74	20. 62	77. 35	28. 70	148. 37	20. 31	156. 93	16. 87	135. 43	9. 57	88. 12
石油焦	225. 36	628. 12	258. 42	506. 49	241. 92	604. 70	244. 24	612. 81	234. 03	675. 33	230. 71	713. 78
液体石蜡	0. 15	1. 32	0. 07	0. 48	0. 19	1. 37	0. 14	1. 84	0. 10	1. 24	0. 25	3. 47
液化石油气	132. 14	710. 57	132. 31	552. 15	144. 13	774. 55	143. 82	1 308. 61	125. 84	1 211. 90	127. 00	1 231. 98

表 8 中国主要石化产品进口数量与金额

产品名称	2017 年		2016 年		2015 年		2014 年		2013 年		2012 年	
	数量/万吨	金额/百万美元	数量/万吨	金额/百万美元	数量/万吨	金额/百万美元	数量/万吨	金额/百万美元	数量/万吨	金额/百万美元	数量/万吨	金额/百万美元
一、五大合成树脂	1 850.58	23 720.06	1 619.71	19 731.20	1 659.47	22 119.21	1 618.33	26 355.08	1 606.86	25 307.73	1 565.21	23 356.70
1. 聚乙烯	1 179.35	14 215.28	994.31	11 664.63	986.66	12 623.73	910.79	14 325.15	881.53	13 144.65	788.78	10 929.94
低密度聚乙烯	539.96	6 671.78	205.23	2 515.49	217.80	2 864.25	205.39	3 319.55	172.50	2 663.12	157.11	2 245.72
高密度聚乙烯	639.39	7 543.50	527.68	5 995.71	512.82	6 462.46	459.60	7 058.05	473.75	6 920.06	400.98	5 516.81
2. 聚丙烯	317.76	3 843.41	301.75	3 524.15	339.70	4 439.67	363.25	5 816.99	359.30	5 595.81	390.93	5 794.70
3. 聚苯乙烯	74.32	1 099.81	68.38	932.88	77.77	1 122.51	84.88	1 524.85	94.66	1 744.89	97.99	1 641.53
可发性聚苯乙烯	3.31	58.17	3.04	54.52	4.82	85.72	6.29	139.24	6.21	127.63	6.08	103.86
其他聚苯乙烯	71.01	1 041.64	65.34	878.36	72.95	1 036.79	78.60	1 385.61	88.45	1 617.26	91.91	1 537.67
4. ABS 共聚物	178.90	3 508.06	168.55	2 748.41	162.48	2 993.52	166.83	3 576.64	166.97	3 596.71	166.54	3 622.61
5. 聚氯乙烯	100.25	1 053.50	86.72	861.13	92.86	939.78	92.58	1 111.45	104.40	1 225.68	120.98	1 367.92
纯聚氯乙烯	90.56	867.86	77.22	680.55	82.53	754.30	80.79	895.25	91.46	996.41	105.96	1 101.28
未塑化聚氯乙烯	1.83	25.80	1.93	25.08	2.51	26.45	3.75	44.88	5.14	65.54	6.99	95.23
已塑化聚氯乙烯	7.86	159.84	7.57	155.50	7.81	159.03	8.05	171.33	7.80	163.72	8.02	171.41
二、合成橡胶及胶乳	433.23	8 405.50	328.83	5 313.08	196.56	3 857.77	148.46	3 986.11	152.79	4 429.39	143.71	5 092.85
1. 丁苯橡胶	23.33	489.14	23.49	442.48	26.12	498.78	27.21	603.11	26.97	620.31	29.74	812.23
丁苯胶乳	10.92	199.28	8.60	132.80	10.60	151.83	10.40	154.90	9.26	143.62	9.53	168.67
2. 顺丁橡胶	7.24	168.66	6.30	109.76	7.78	136.66	7.11	163.61	7.75	192.05	7.24	228.25
3. 丁基橡胶	2.42	60.76	2.25	55.71	2.32	76.90	2.91	118.10	3.06	134.12	3.16	157.27
4. 氯丁橡胶	2.26	89.28	1.87	65.23	1.66	60.30	1.97	75.96	1.85	78.15	1.78	81.42
5. 丁腈橡胶	9.22	159.58	7.32	109.45	7.79	128.43	8.04	149.86	7.19	146.61	6.14	157.89

续表

产品名称	2017 年		2016 年		2015 年		2014 年		2013 年		2012 年	
	数量/万吨	金额/百万美元	数量/万吨	金额/百万美元	数量/万吨	金额/百万美元	数量/万吨	金额/百万美元	数量/万吨	金额/百万美元	数量/万吨	金额/百万美元
6. 异戊二烯橡胶	0.41	13.97	0.59	17.06	0.46	16.80	0.46	20.82	0.51	22.45	0.48	22.36
7. 乙丙橡胶	8.43	166.63	7.49	145.37	5.54	138.17	8.20	215.78	9.13	276.53	8.34	332.34
8. 其他合成橡胶	379.93	7 257.49	279.52	4 368.02	144.89	2 801.70	92.56	2 638.88	96.32	2 959.16	86.83	3 301.10
其他胶乳	0.76	11.69	0.50	11.64	0.63	9.60	0.74	11.96	0.62	11.61	0.51	12.01
三、合成纤维	67.38	2 202.85	61.34	2 073.36	63.80	2 349.12	66.66	2 675.53	74.41	2 958.29	72.03	2 830.58
1. 锦　纶	13.94	705.12	13.54	665.44	14.04	698.51	16.49	850.44	18.45	912.79	18.63	903.08
长　丝	12.63	611.78	12.41	583.13	12.90	617.85	15.34	760.98	17.32	818.53	17.47	808.77
短纤维及纤维条	1.31	93.34	1.13	82.31	1.14	80.66	1.15	89.46	1.14	94.26	1.16	94.30
2. 涤　纶	29.52	589.68	24.81	489.06	23.76	491.53	24.46	576.46	24.48	616.63	23.83	568.26
长　丝	13.72	361.81	12.58	322.88	11.14	303.54	11.26	338.38	11.71	376.92	12.64	358.91
短纤维及纤维条	15.80	227.86	12.23	166.17	12.62	187.98	13.19	238.08	12.77	239.71	11.20	209.35
3. 腈纶短纤维及纤维条	14.74	343.84	13.82	300.12	15.86	425.83	15.86	520.18	21.22	667.90	18.66	592.72
4. 丙　纶	0.40	9.02	0.44	11.41	0.67	18.14	0.68	20.08	0.57	17.43	0.56	17.11
长　丝	0.10	3.09	0.17	5.64	0.21	7.64	0.24	8.72	0.17	6.55	0.18	6.52
短纤维及纤维条	0.30	5.94	0.27	5.77	0.46	10.50	0.45	11.35	0.40	10.88	0.39	10.59
5. 氨纶长丝	2.69	203.09	2.64	202.40	2.56	219.82	2.46	222.94	2.02	202.60	1.88	173.27
6. 其　他	6.07	352.10	6.08	404.94	6.90	495.29	6.71	485.44	7.66	540.93	8.47	576.14
长　丝	1.08	119.04	1.04	120.09	1.14	139.40	1.09	140.52	1.17	142.87	1.34	167.13
短纤维及纤维条	4.99	233.06	5.04	284.86	5.76	355.89	5.62	344.92	6.49	398.06	7.13	409.01

续表

产品名称	2017年		2016年		2015年		2014年		2013年		2012年	
	数量/万吨	金额/百万美元	数量/万吨	金额/百万美元	数量/万吨	金额/百万美元	数量/万吨	金额/百万美元	数量/万吨	金额/百万美元	数量/万吨	金额/百万美元
四、制成肥料	917.90	2 336.62	832.89	2 410.80	1 115.65	3 926.98	955.34	3 348.06	788.97	3 371.64	839.26	4 022.53
尿　素	11.47	29.89	6.58	15.95	0.76	3.69	0.59	3.05	3.04	10.90	17.10	71.44
五、有机化学品												
(一)乙烯、芳烃												
乙　烯	215.69	2 507.02	165.65	1 750.48	151.57	1 621.62	149.72	2 217.50	170.38	2 269.98	142.25	1 793.25
纯　苯	250.31	2 094.57	154.92	993.38	120.55	864.94	60.14	769.74	88.65	1 192.22	43.94	530.95
甲　苯	50.90	343.07	76.39	471.17	75.01	525.05	93.29	1 060.90	81.20	977.86	65.96	773.27
混合二甲苯	0.96	6.76	0.02	0.56	0.91	8.00	1.74	20.21	3.09	45.97	1.64	20.64
邻二甲苯	35.60	281.74	29.02	215.28	34.93	287.20	48.24	610.09	55.53	834.59	69.84	1 053.76
对二甲苯	1 443.82	12 133.16	1 236.14	9 668.04	1 164.89	9 793.85	997.27	12 552.63	905.29	13 764.11	628.58	9 521.15
苯乙烯	321.22	4 008.55	349.85	3 629.12	374.44	4 159.04	373.09	5 948.01	367.50	6 350.92	333.68	4 823.42
乙　苯	13.72	139.01	5.46	46.27	2.82	26.98	1.04	15.21	3.78	56.50	0.71	8.63
(二)主要有机原料												
甲　醇	814.48	2 640.36	880.28	2 096.97	553.86	1 562.15	433.23	1 613.18	485.85	1 875.41	500.11	1 887.30
丁　醇	34.08	280.27	42.67	254.56	37.89	286.45	33.08	370.66	63.82	820.35	70.80	901.47
辛　醇	16.26	190.19	21.03	195.96	22.84	260.33	20.09	304.30	28.72	441.38	37.31	607.10
醋　酸	1.58	6.09	8.69	25.34	5.31	18.41	1.74	9.61	1.68	7.65	2.14	9.59
苯　酚	36.55	328.45	24.83	206.57	17.29	159.87	21.72	317.32	36.51	545.34	59.40	837.81
丙　酮	49.46	359.69	47.55	265.19	43.66	267.13	47.63	528.83	48.87	532.95	69.02	673.59
丁　酮	0.15	2.07	0.13	1.50	0.18	2.63	0.20	3.20	0.26	3.90	0.63	7.87

续表

产品名称	2017年		2016年		2015年		2014年		2013年		2012年	
	数量/万吨	金额/百万美元	数量/万吨	金额/百万美元	数量/万吨	金额/百万美元	数量/万吨	金额/百万美元	数量/万吨	金额/百万美元	数量/万吨	金额/百万美元
(三)主要合成纤维原料及聚合物												
乙二醇	875.01	7 507.91	757.28	4 934.59	877.16	7 123.97	845.03	8 149.15	824.63	8 807.34	796.53	8 303.54
对苯二甲酸	54.38	353.02	50.22	302.30	75.19	478.80	116.37	1 072.93	274.31	2 990.29	537.03	5 867.65
尼龙66盐	0.22	3.78	0.26	3.61	0.71	13.32	0.84	18.28	0.96	20.91	0.99	24.98
丙烯腈	27.08	398.02	30.61	326.08	39.79	556.78	51.79	1 001.72	54.76	982.75	55.54	1 041.05
己内酰胺	23.74	429.60	22.09	277.85	22.36	362.20	22.33	504.20	45.29	1 076.18	70.66	1 813.72
聚酯切片	22.13	332.29	17.87	271.78	16.67	262.83	18.01	328.78	18.90	350.63	18.29	324.48

表 9 **中国主要石化产品出口数量与金额**

产品名称	2017 年		2016 年		2015 年		2014 年		2013 年		2012 年	
	数量/万吨	金额/百万美元	数量/万吨	金额/百万美元	数量/万吨	金额/百万美元	数量/万吨	金额/百万美元	数量/万吨	金额/百万美元	数量/万吨	金额/百万美元
一、五大合成树脂	201. 17	2 302. 36	205. 86	2 123. 87	166. 64	1 915. 55	192. 43	2 474. 27	144. 15	2 064. 63	126. 02	1 812. 60
1. 聚乙烯	24. 69	360. 81	29. 89	387. 62	26. 93	381. 08	24. 91	410. 37	20. 26	326. 44	28. 77	429. 89
低密度聚乙烯	9. 32	146. 29	7. 35	103. 67	5. 95	91. 37	4. 92	83. 35	4. 66	74. 45	6. 99	110. 56
高密度聚乙烯	15. 37	214. 52	16. 43	210. 14	15. 39	215. 26	15. 71	254. 56	11. 17	174. 92	13. 50	199. 69
2. 聚丙烯	29. 59	392. 32	23. 97	306. 25	16. 64	248. 01	12. 58	234. 85	14. 72	255. 70	14. 16	231. 41
3. 聚苯乙烯	33. 05	476. 14	31. 84	397. 47	32. 98	452. 29	32. 32	585. 83	32. 65	646. 43	33. 53	572. 19
可发性聚苯乙烯	27. 52	371. 83	25. 99	302. 59	28. 97	372. 47	27. 41	477. 23	29. 05	562. 21	29. 85	495. 75
其他聚苯乙烯	5. 53	104. 32	5. 84	94. 88	4. 02	79. 82	4. 91	108. 60	3. 60	84. 22	3. 68	76. 44
4. ABS 共聚物	3. 53	83. 12	2. 82	58. 37	2. 35	53. 30	3. 32	78. 86	3. 13	78. 98	4. 16	101. 80
5. 聚氯乙烯	110. 31	989. 97	117. 34	974. 16	87. 74	780. 87	119. 30	1 164. 36	73. 39	757. 09	45. 40	477. 31
纯聚氯乙烯	96. 92	801. 14	105. 01	792. 43	78. 23	627. 63	111. 07	1 028. 75	66. 22	634. 11	39. 46	379. 28
未塑化聚氯乙烯	4. 66	63. 29	3. 92	58. 74	2. 58	45. 51	1. 94	32. 37	1. 67	27. 39	1. 00	14. 66
已塑化聚氯乙烯	8. 73	125. 54	8. 41	123. 00	6. 94	107. 73	6. 29	103. 24	5. 50	95. 59	4. 95	83. 36
二、合成橡胶及胶乳	25. 92	601. 69	20. 76	427. 10	18. 84	419. 07	19. 43	506. 88	21. 19	555. 56	22. 03	719. 29
1. 丁苯橡胶	5. 10	100. 03	6. 08	116. 13	6. 50	128. 27	7. 31	174. 28	7. 16	182. 78	7. 53	234. 43
丁苯胶乳	1. 59	17. 65	1. 36	14. 35	1. 36	15. 12	0. 73	10. 69	0. 70	10. 51	0. 69	11. 81
2. 顺丁橡胶	2. 14	41. 47	1. 52	23. 63	1. 78	28. 01	1. 99	40. 39	1. 96	44. 14	2. 54	85. 46
3. 丁基橡胶	0. 13	3. 53	0. 03	0. 67	0. 02	1. 09	0. 03	1. 03	0. 09	3. 01	1. 18	39. 31
4. 氯丁橡胶	0. 44	17. 44	0. 18	6. 21	0. 18	6. 75	0. 29	11. 35	0. 34	14. 10	0. 57	25. 23
5. 丁腈橡胶	1. 43	29. 04	2. 03	26. 70	1. 43	22. 45	0. 95	21. 16	1. 30	21. 36	1. 40	26. 94

续表

产品名称	2017 年		2016 年		2015 年		2014 年		2013 年		2012 年	
	数量/万吨	金额/百万美元	数量/万吨	金额/百万美元	数量/万吨	金额/百万美元	数量/万吨	金额/百万美元	数量/万吨	金额/百万美元	数量/万吨	金额/百万美元
6. 异戊二烯橡胶	0. 09	2. 64	0. 09	1. 82	0. 02	0. 64	0. 02	1. 34	0. 03	1. 38	0. 02	1. 17
7. 乙丙橡胶	0. 42	9. 04	0. 46	15. 53	0. 21	6. 27	0. 18	6. 59	0. 11	3. 84	0. 21	5. 51
8. 其他合成橡胶	16. 16	398. 50	10. 39	236. 41	8. 71	225. 59	8. 66	250. 74	10. 20	284. 97	8. 59	301. 24
其他胶乳	0. 21	2. 51	0	0. 21	0. 01	0. 32	0	0. 09	0	0. 13	0. 01	0. 26
三、合成纤维	425. 19	8 035. 84	414. 93	7 200. 23	365. 76	7 190. 18	342. 71	7 770. 61	294. 85	7 266. 74	256. 27	6 866. 59
1. 锦　纶	24. 76	869. 95	23. 07	744. 36	19. 36	734. 32	18. 24	794. 20	16. 18	722. 92	15. 31	728. 48
长　丝	24. 32	836. 07	22. 66	712. 52	18. 96	699. 19	17. 87	759. 04	15. 85	687. 76	14. 90	686. 71
短纤维及纤维条	0. 44	33. 88	0. 41	31. 84	0. 40	35. 14	0. 36	35. 16	0. 34	35. 16	0. 41	41. 77
2. 涤　纶	308. 66	4 187. 75	302. 28	3 644. 76	266. 94	3 634. 37	248. 44	4 045. 06	204. 22	3 597. 32	176. 59	3 172. 92
长　丝	207. 70	3 145. 19	200. 94	2 690. 31	172. 03	2 632. 30	160. 43	2 925. 43	131. 66	2 593. 70	110. 91	2 220. 87
短纤维及纤维条	100. 96	1 042. 56	101. 34	954. 45	94. 91	1 002. 07	88. 01	1 119. 63	72. 56	1 003. 62	65. 68	952. 05
3. 腈纶短纤维及纤维条	4. 57	88. 82	3. 04	52. 58	1. 95	43. 24	1. 93	52. 49	0. 94	31. 35	0. 58	18. 55
4. 丙　纶	2. 93	96. 70	4. 03	113. 69	3. 44	99. 94	3. 00	90. 25	2. 78	73. 74	2. 58	72. 05
长　丝	1. 96	80. 85	3. 21	99. 72	2. 58	83. 69	2. 33	76. 11	2. 04	58. 11	1. 91	56. 70
短纤维及纤维条	0. 97	15. 84	0. 82	13. 98	0. 86	16. 26	0. 67	14. 15	0. 73	15. 63	0. 67	15. 35
5. 氨纶长丝	5. 77	303. 57	5. 87	307. 11	5. 22	324. 97	4. 55	317. 96	4. 68	330. 68	4. 41	295. 74
6. 其　他	78. 50	2 489. 06	76. 64	2 337. 72	68. 84	2 353. 34	66. 55	2 470. 66	66. 05	2 510. 73	56. 80	2 578. 86
长　丝	9. 92	483. 36	9. 02	418. 13	8. 07	407. 40	7. 45	385. 08	7. 10	365. 76	6. 66	327. 97
短纤维及纤维条	68. 57	2 005. 70	67. 63	1 919. 59	60. 77	1 945. 94	59. 10	2 085. 57	58. 95	2 144. 97	50. 14	2 250. 88

续表

产品名称	2017 年		2016 年		2015 年		2014 年		2013 年		2012 年	
	数量/万吨	金额/百万美元	数量/万吨	金额/百万美元	数量/万吨	金额/百万美元	数量/万吨	金额/百万美元	数量/万吨	金额/百万美元	数量/万吨	金额/百万美元
四、制成肥料	2 420.43	6 060.47	2 677.95	6 531.00	3 450.36	10 857.92	2 902.94	8 907.90	1 901.03	6 253.53	1 757.86	7 225.57
尿　素	465.64	1 143.73	887.07	1 975.50	1 374.80	3 938.15	1 361.55	4 007.88	826.53	2 604.65	694.79	2 638.63
五、有机化学品												
(一)乙烯、芳烃												
乙　烯	0.63	6.10	0.82	9.20	0	0.08	0.02	0.41	0	0.07	0	0.03
纯　苯	3.55	22.04	5.32	29.43	9.28	66.80	7.49	80.79	3.11	31.01	4.94	51.23
甲　苯	0.09	0.90	0.44	2.99	0.52	4.32	0.22	2.99	0.31	4.09	0.67	8.32
混合二甲苯	0.09	0.71	0.05	0.49	0.04	0.43	0.66	7.62	7.33	81.43	4.01	49.01
邻二甲苯	0	0	0.20	1.24	0.20	1.96	0	0.03	0	0.02	0	0.02
对二甲苯	3.50	29.70	5.66	41.24	12.01	100.76	10.35	128.07	18.11	275.18	19.22	283.94
苯乙烯	6.34	86.46	0.01	0.06	0.49	4.94	2.98	50.65	5.28	92.52	3.40	47.86
乙　苯	0.03	0.40	0.03	0.32	0.01	0.20	0.02	0.36	0.01	0.21	0	0.08
(二)主要有机原料												
甲　醇	12.67	47.45	3.35	9.80	16.29	49.89	74.93	342.44	77.28	307.98	6.73	26.47
丁　醇	3.95	35.32	1.68	12.59	2.01	19.45	0.80	13.13	0.66	11.86	0.64	11.03
辛　醇	3.18	32.81	0.71	6.76	1.45	17.12	5.44	76.92	0.84	12.98	0.71	11.65
醋　酸	45.74	185.34	24.03	67.09	39.31	150.56	18.11	86.88	17.92	78.17	33.08	147.91
苯　酚	5.72	58.24	5.67	50.23	1.79	17.68	3.95	59.62	0.60	13.08	2.39	38.38
丙　酮	2.25	17.20	0.82	5.33	0.31	2.60	0.05	1.19	0.06	1.17	0.07	1.32
丁　酮	11.51	115.73	9.31	67.79	9.09	95.91	9.28	132.14	6.41	79.83	10.23	134.70

续表

产品名称	2017年		2016年		2015年		2014年		2013年		2012年	
	数量/万吨	金额/百万美元	数量/万吨	金额/百万美元	数量/万吨	金额/百万美元	数量/万吨	金额/百万美元	数量/万吨	金额/百万美元	数量/万吨	金额/百万美元
（三）主要合成纤维原料及聚合物												
乙二醇	1.81	22.47	1.96	28.66	1.99	28.25	0.57	11.53	0.54	8.43	1.08	13.92
对苯二甲酸	52.36	334.64	69.53	418.80	62.25	421.62	46.27	419.46	12.63	135.40	0.91	9.54
尼龙66盐	0	0	0	0.02	0	0.11	0	0.02	0	0.04	0.09	3.48
丙烯腈	0.98	15.14	0.20	2.47	0	0	0.01	0.24	0	0	0	0
己内酰胺	0.50	9.69	0.02	0.32	0.21	3.68	0.01	0.24	0.11	2.77	0.64	17.42
聚酯切片	247.76	2 416.94	217.90	1 887.47	209.02	2 034.17	229.84	2 889.33	195.83	2 798.15	136.18	1 943.61

表10　中国石化在《财富》杂志世界500强企业中排名

年度	排名
1999	73
2000	58
2001	68
2002	86
2003	70
2004	54
2005	31
2006	23
2007	17
2008	16
2009	9
2010	7
2011	5
2012	5
2013	4
2014	3
2015	2
2016	4
2017	3

附 录

◇ 科技成果获奖名单

◇ 企事业单位名录

◇ 制度性文件名一览表

附录 1

科技成果获奖名单

表 1　　**国家科技进步奖**

一等奖
1. 涪陵大型海相页岩气田高效勘探开发
2. 高效甲醇制烯烃全流程技术
3. 煤制油品/烯烃大型现代煤化工成套技术开发及应用
二等奖
1. 提高轻油收率的深度延迟焦化技术

表 2　　**国家技术发明奖**

二等奖
1. 海相碳酸盐岩缝洞型油藏精细描述、数值模拟及高效注水开发技术
2. 烃类分子结构导向转化的化工原料高效生产技术

表 3　　**中国石化前瞻性基础性研究科学奖**

一等奖
1. 新型抗静电材料结构调控原理与制备技术
2. 基于扩散优势的高稳定性甲醇制丙烯催化新材料
二等奖
1. 天然气水合物钻探取样技术
2. 氢气在汽柴油质量升级中的定向利用
三等奖
1. 加氢催化活性氧化铝材料物性深度调控的关键技术
2. ZN 催化剂分子结构功能化机制及其分析技术
3. 高性能动力锂电池用碳酸乙烯酯合成新技术
4. 合成树脂绿色环保性能评价技术
5. 基于大数据解析的石化过程异常监测预警方法研究

表 4　　**中国石化技术发明奖**

一等奖
1. 井下全通径无级滑套系统研发及应用
2. 富含介孔结构的高效 BSSY 分子筛创制及其应用
3. 高效抗复燃型石化专用泡沫灭火剂及灭火装置

续表

二等奖
1. 连续化微球型大孔载体制备技术开发
2. SRCA－I 生物柴油工艺成套技术开发和工业应用
3. BC－H－30B 碳三催化剂工业应用试验
4. 耐温抗盐低张力聚合物微球调驱体系的研制
5. 多级多效膜蒸馏深度处理高含盐污水关键材料与技术
三等奖
1. 烃类的垂向微运移与近地表检测技术
2. 井下分层注采智能控制技术研究与应用
3. 基于功能性激活剂的内源微生物驱油技术
4. 硫化氢泄漏远程监测预警与自动捕消技术及装备
5. 多分量实际雷电流模拟试验系统

表 5　中国石化科技进步奖

一等奖
1. 沾化凹陷油气成藏再认识及勘探技术
2. TTI 各向异性介质深度域地震成像技术与应用
3. 抽油机井举升系统实时智能分析评价优化技术
4. 普光气田高产稳产技术
5. 中江气田沙溪庙组气藏高效勘探开发关键技术
6. 元坝天然气净化工程技术开发与工业试验
7. 劣质油浆生产优质针状焦技术开发及工业应用
8. 节能环保型无胶复合膜专用聚丙烯树脂的开发
9. 具有高氢调敏感性和立构定向性的 HR 催化剂的开发及工业应用
10. 20 万吨/年气体裂解炉开发及工业化应用
11. SEB－12 低苯烯比稀乙烯制乙苯催化剂的研制及工业应用
12. 化工装置尾气综合治理技术
13. 大型聚乙烯连续混炼挤压造粒机组国产化研制
14. 大型地下水封石洞油库建设关键技术集成创新
15. 安全高效环保火炬燃烧技术与装备
16. 中国石化信息安全管控平台(SMCC)

续表

二等奖
1. 海相碳酸盐岩超深层油气井井筒关键技术与工业化应用
2. 钻井液用高性能烷基糖苷衍生物的研制及工业化应用
3. 精细控压钻井技术及应用
4. 准北缘哈山构造带成藏主控因素研究
5. 勘探开发智能化关键技术研究
6. 油气钻探项目风险分析与资源价值评价技术方法研究
7. 二氧化碳驱油地震监测评价方法研究
8. 页岩气井连续管生产完井关键技术与应用
9. 高温高盐油藏 CO_2 驱分层注入与流度控制技术
10. 大扭矩螺杆钻具的研制及应用
11. 特高温油藏乳液表面活性剂提高采收率技术
12. 油田开发项目评价优化决策系统研究与应用
13. 低成本柴油加氢催化剂开发及长周期稳定生产国Ⅴ柴油工艺工程技术
14. 节能降耗的柴油灵活加氢改质 MHUG－Ⅱ技术开发和工业应用
15. 直升机通用润滑脂的研制
16. 加氢催化剂活性相重构技术(DMART)开发及应用
17. 低热封温度聚丙烯收缩膜专用料的开发
18. 高抗冲聚苯乙烯聚合过程相转变调控技术及应用
19. 高性能 SANC－08 丙烯腈催化剂研制及工业应用
20. 1 万吨/年邻甲酚醛环氧树脂新型成套技术开发
21. 间苯二甲酸加氢精制催化剂及工艺技术的工业应用
22. 石化火灾场景沉浸式应急训练关键技术及装备
23. 天然气长输管道内检测技术
24. LNG 储罐用国产 9% Ni 钢研制及工程技术应用
25. 油库自动化贸易计量技术
26. 高温高盐油藏二氧化碳驱防腐技术研究与应用
27. 城市达标污水利用成套技术开发及工业应用
28. 天然气高压大流量计量检定站系统技术
29. 中国石化安全和环境重大风险识别与管控技术
30. 中国石化质量管理(炼油化工)系统

续表

三等奖
1. 动态负压射孔技术
2. 黏声和 TI 介质的最小二乘成像方法研究
3. 地震分方位处理解释技术研究与应用
4. 深井长封固段低密度水泥浆固井技术研究及工业化应用
5. 内蒙探区复杂地表地震勘探技术研究
6. 重点地区致密储层特征与改造技术研究
7. 低信噪比地区高斯束叠前成像技术研发及应用
8. 塔中、塔河奥陶系岩溶储层形成机理与分布
9. 缝洞储集体测井响应模拟与评价方法研究
10. 江汉盆地再分析及新区新领域勘探潜力评价
11. 涪陵焦石坝一期页岩气“甜点”预测技术研究
12. 中石化巴西区块盐下油气成藏条件与目标评价
13. 苏北盆地复杂断裂带高精度地震成像与成藏
14. 渝东—黔南地区页岩气形成条件及有利目标优选
15. 涪陵区块页岩气层改造技术研究
16. 160 吨油气井带压作业装备研制
17. 塔河油田超深小井眼侧钻技术研究与应用
18. 低渗透油藏高效开发钻完井技术及工业化应用
19. 延川南煤层气田整体压裂与同步排采技术研究
20. 非常规气井测试与产能评价技术及应用
21. 全金属螺杆泵研究与应用
22. 油田水系统长效缓蚀及全程抑菌新技术
23. 抽油机井实时工况评价与平衡控制技术
24. 渣油 MIP 装置高辛烷值桶汽油裂化催化剂开发与工业应用
25. 高纯蜡及两种火工用蜡的工程化关键技术开发
26. 热处理油系列产品的研制及应用
27. LQSR 节能型硫黄回收尾气处理技术工业应用
28. 高氮原料重整预加氢技术开发与工业应用
29. 基于提高焦化气体利用价值系列关键技术开发及工业应用
30. 降低催化烟气 NO_x 排放助剂的工业应用

续表

三等奖
31. 城市二次供热保温塑料管道关键技术开发
32. 鞋用高耐磨高强度 SBS YH－185 新牌号开发
33. 干法纺丝用 UHMWPE 专用树脂的开发
34. 芳烃绩效评价分析模型系统开发及应用
35. 高弹性专用系列 PVC 树脂新产品的开发
36. 婴儿奶瓶/运动水瓶用透明聚丙烯专用料的开发
37. 增强型聚酯切片 FG720 工业化开发
38. 环保型干法腈纶油剂的开发应用
39. 含硫化氢废气湿法制酸成套技术开发
40. 高温高盐油藏用低浓度原位微乳液表面活性剂研制及应用
41. 原油远洋运输智能优化技术
42. 川气东送管道应急抢修技术及关键设备
43. 油田智能配电网技术开发与应用
44. 移动式油水井快速排液系统研究
45. 原油强制密封双关断旋塞阀研制
46. 管道阴极保护智能监控及交直流干扰消减技术
47. 多功能超细化污水处理装置研制
48. 板壳式折流板换热器的工程技术开发
49. 石化污水处理提标改造技术开发和工业应用
50. 煤气化装置职业病危害辨识及防控技术
51. 双相钢高压换热器和高压空冷器成套工程技术开发
52. 普光气田大型硫黄回收装置余热锅炉研制与应用
53. 中国石化成果管理系统集成与应用
54. 成品油交接计量管理规范编制
55. 中国石化炼化企业 VOCs 综合治理技术指南
56.《重质油裂解制轻烯烃》
57. 石化企业知识管理系统的研发与应用
58. 石油化工工厂布置设计规范
59. 中国石化审计智能预警系统
60.《汽车加油加气站设计与施工规范》(GB 50156—2012)

附录 2

企事业单位名录

序号	单位名称	地址	邮政编码	电话	传真	董事长/经理（厂长）
1	中国石化集团胜利石油管理局有限公司 中国石油化工股份有限公司胜利油田分公司	山东省东营市济南路 125 号	257001	（0546）8552074 （0546）8555313	（0546）8221719	孔凡群
2	中国石化集团中原石油勘探局有限公司 中国石油化工股份有限公司中原油田分公司	河南省濮阳市中原路 277 号	457001	（0393）4822151 （0393）4822172	（0393）4828300	王寿平
3	中国石化集团河南石油勘探局有限公司 中国石油化工股份有限公司河南油田分公司	河南省南阳市宛城区油田五一村	473132	（0377）63830011	（0377）63830027	陶光辉
4	中国石化集团江汉石油管理局 中国石油化工股份有限公司江汉油田分公司	湖北省潜江市广华寺江汉路 1 号	433124	（0728）6502051	（0728）6502784	孙　健
5	中国石化集团江苏石油勘探局有限公司 中国石油化工股份有限公司江苏油田分公司	江苏省扬州市文汇西路 1 号	225009	（0514）87761792	（0514）87761111	李东海
6	中国石化集团上海海洋石油局有限公司 中国石油化工股份有限公司上海海洋油气分公司	上海市浦东新区商城路 1225 号	200120	（021）20896811	（021）68769284	张　旭
7	中国石化集团西北石油局 中国石油化工股份有限公司西北油田分公司	新疆乌鲁木齐市长春南路 466 号中国石化西北石油科研生产园区	830011	（0991）3166567	（0991）6637597	胡广杰
8	中国石化集团西南石油局有限公司 中国石油化工股份有限公司西南油气分公司	四川省成都市高新区吉泰路 688 号中国石化西南科研办公基地	610041	（028）65285555	（028）65285666	甘振维
9	中国石化集团东北石油局有限公司 中国石油化工股份有限公司东北油气分公司	吉林省长春市绿园区西安大路 4936 号	130062	（0431）87958809	（0431）87974693 （0431）87973631	元　涛

续表

序号	单位名称	地址	邮政编码	电话	传真	董事长/经理（厂长）
10	中国石化集团华北石油局有限公司 中国石油化工股份有限公司华北油气分公司	河南省郑州市中原区陇海西路199号	450006	（0371）68629220	（0371）68612902	周荔青
11	中国石化集团华东石油局 中国石油化工股份有限公司华东油气分公司	江苏省南京市建邺区江东中路315号中泰国际广场6号楼	210019	（025）58777020	（025）58822349	方志雄
12	中国石油化工股份有限公司勘探分公司	四川省成都市高新区吉泰路688号中国石化西南科研办公基地	610041	（028）85164709	（028）85164600	郭旭升
13	中国石化集团北京燕山石油化工有限公司 中国石油化工股份有限公司北京燕山分公司	北京市房山区燕山岗南路1号	102500	（010）69346666	（010）69342736	李　刚
14	中国石化集团资产经营管理有限公司齐鲁石化分公司 中国石油化工股份有限公司齐鲁分公司	山东省淄博市临淄区桓公路15号	255400	（0533）7512777	（0533）7586888	韩　峰
15	中国石化集团茂名石油化工公司 中国石油化工股份有限公司茂名分公司	广东省茂名市双山四路9号大院	525000	（0668）2243941	（0668）2269317	尹兆林
16	中国石油化工股份有限公司镇海炼化分公司	浙江省宁波市镇海区蛟川街道俞范	315207	（0574）86444000	（0574）86270077	张玉明
17	中国石化集团资产经营管理有限公司天津石化分公司 中国石油化工股份有限公司天津分公司	天津市滨海新区（大港）北围堤路（西）160号	300270	（022）63805578	（022）25991000	李永林
18	中沙（天津）石化有限公司	天津市滨海新区（大港）北围堤路西235号	300271	（022）63809018	（022）63809000	禹小伟
19	中国石化上海石油化工股份有限公司	上海市金山区金一路48号	200540	（021）57941941	（021）57942267	王治卿
20	上海赛科石油化工有限责任公司	上海化学工业区南银河路557号	201507	（021）37990088	（021）67250866	吴海君/郝同乐
21	中国石化上海高桥石油化工有限公司	上海市利津路78号	200129	（021）58711001	（021）58712207	侯　勇/张建平

续表

序号	单位名称	地址	邮政编码	电话	传真	董事长/经理（厂长）
22	中国石化集团金陵石油化工有限责任公司 中国石油化工股份有限公司金陵分公司	江苏省南京市栖霞区甘家巷街388号	210033	(025)58989322	(025)85592004	戚建国/张春生
23	中国石化扬子石油化工有限公司	江苏省南京市沿江工业开发区(大厂)新华路777号	210048	(025)57782200	(025)57784389	李成峰
24	扬子石化—巴斯夫有限责任公司	江苏省南京市六合区新华东路8号	210048	(025)57770888		李成峰
25	福建炼油化工有限公司	福建省泉州市丰泽区安吉路福炼大厦	362011	(0595)27355053	(0595)27355000	顾越峰
26	中国石化集团资产经营管理有限公司武汉分公司 中国石油化工股份有限公司武汉分公司	湖北省武汉市青山区长青路特1号	430082	(027)86595156 (027)86595163	(027)86595188	刘家海
27	中韩(武汉)石油化工有限公司	湖北省武汉市化学工业区八吉府大街特1号	430082	(027)86630024	(027)86630049	刘家海/管泽民
28	中国石化集团资产经营管理有限公司巴陵石化分公司 中国石油化工股份有限公司巴陵分公司	湖南省岳阳市云溪区	414014	(0730)8492348	(0730)8481456	李大为
29	中国石化集团资产经营管理有限公司长岭分公司 中国石油化工股份有限公司长岭分公司	湖南省岳阳市云溪区	414012	(0730)8452003	(0730)8451824	王妙云
30	中国石化集团资产经营管理有限公司仪征分公司 中国石化仪征化纤有限责任公司	江苏省仪征市长江西路1号	211900	(0514)83232235	(0514)83233880	万　涛
31	中国石化集团南京化学工业有限公司	江苏省南京市六合区大厂葛关路268号	210048	(025)57765017	(025)57792812	王　宏
32	中国石化集团资产经营管理有限公司广州分公司 中国石油化工股份有限公司广州分公司	广东省广州市黄埔区石化路239号	510725	(020)62123888	(020)82396591	陈　坚
33	中国石化集团资产经营管理有限公司洛阳石化分公司 中国石油化工股份有限公司洛阳分公司	河南省洛阳市吉利区大庆路1号	471012	(0379)66992300	(0379)66991882	江寿林

续表

序号	单位名称	地址	邮政编码	电话	传真	董事长/经理（厂长）
34	中国石化集团资产经营管理有限公司安庆分公司 中国石油化工股份有限公司安庆分公司	安徽省安庆市石化四路20号	246002	（0556）5381717	（0556）5378299	吕亮功
35	中国石化海南炼油化工有限公司	海南省洋浦经济开发区	578101	（0898）28820068	（0898）28820099	卞凤鸣
36	中国石化青岛炼油化工有限责任公司	山东省青岛经济技术开发区千山南路827号	266500	（0532）86915983	（0532）86915988	孟祥德
37	中国石化集团资产经营管理有限公司石家庄分公司 中国石油化工股份有限公司石家庄炼化分公司	河北省石家庄市裕华区石炼路1号	050099	（0311）80861169	（0311）80861234	叶晓东
38	中国石化集团资产经营管理有限公司荆门分公司 中国石油化工股份有限公司荆门分公司	湖北省荆门市掇刀区白庙街办炼厂路9号	448039	（0724）2271917 （0724）2276857	（0724）2271667	杨勇刚
39	中国石化集团重庆川维化工有限公司	重庆市长寿区维江路36号	401254	（023）68976910	（023）68974009	许　毅
40	中国石油化工股份有限公司九江分公司	江西省九江市浔阳区滨江东路230号	332004	（0792）8492966 （0792）8493204	（0792）8617006	谢道雄
41	中国石化集团资产经营管理有限公司宜昌分公司 中国石油化工股份有限公司湖北化肥分公司	湖北省枝江市迎宾大道15号	443200	（0717）4232261	（0717）4212660	李德武
42	中国石化集团资产经营管理有限公司济南分公司 中国石油化工股份有限公司济南分公司	山东省济南市工业南路26号	250101	（0531）88832202	（0531）88983622	夏季祥
43	中国石化中原石油化工有限责任公司	河南省濮阳市胜利西路	457001	（0393）4471067	（0393）4416227	胡明生
44	中国石化集团资产经营管理有限公司沧州分公司 中国石油化工股份有限公司沧州分公司	河北省沧州市交通北大道50号	061000	（0317）3552247 （0317）3552095	（0317）3552688	周庆水
45	中国石化润滑油有限公司	北京市海淀区安宁庄西路6号	100085	（010）62949873	（010）62917732	宋云昌
46	中国石化青岛石油化工有限责任公司	山东省青岛市李沧区滨海路8号	266043	（0532）66762212	（0532）84816954	孟祥德
47	中国石化湛江东兴石油化工有限公司	广东省湛江市霞山区湖光路15号	524012	（0759）2606604	（0759）2606888	吴惜伟

续表

序号	单位名称	地址	邮政编码	电话	传真	董事长/经理（厂长）
48	中科（广东）炼化有限公司	广东省湛江市经济技术开发区东海岛东山镇中科炼化联合办公区	524076	（0759）8936038	（0759）8936000	吴惜伟
49	中国石化北海炼化有限责任公司	广西北海市铁山港区 4 号路	536016	（0779）8528881	（0779）8528888	陈尧焕
50	中国石化塔河炼化有限责任公司	新疆库车县天山东路 60 号	842000	（0997）7979067	（0997）7979016	丛　煜
51	中国石化炼油销售有限公司	上海市长宁区延安西路 728 号 22 层	200050	（021）60863300	（021）52381680	胡伟庆
52	中国石化销售有限公司北京石油分公司	北京市东城区广渠家园 6 号楼	100022	（010）67006700	（010）67006900	徐旭日
53	中国石化集团资产经营管理有限公司天津石油分公司 中国石化销售有限公司天津石油分公司	天津市南开区南京路 338 号	300100	（022）27201588	（022）27201555	王文联
54	中国石化销售有限公司河北石油分公司	河北省石家庄市槐安东路 6 号	050021	（0311）87182011	（0311）87182888	田凤林
55	中国石化销售有限公司山西石油分公司	山西省太原市万柏林区大王路 8 号	030024	（0351）6197650	（0351）6197567	董光明
56	中国石化销售有限公司上海石油分公司	上海市黄浦区中山东一路 24 号甲	200002	（021）63219490	（021）63210762	左兴凯
57	中国石化销售有限公司江苏石油分公司	江苏省南京市中山北路 395 号	210003	（025）58808888	（025）58803729	张有根
58	中国石化销售有限公司浙江石油分公司	浙江省杭州市河坊街 58 号	310009	（0571）87814551	（0571）87818822	岑利祥
59	中国石化销售有限公司安徽石油分公司	安徽省合肥市屯溪路 188 号	230009	（0551）62212843	（0551）62212900	柴志明
60	中国石化销售有限公司福建石油分公司	福建省福州市中山路 18 号	350003	（0591）87817322	（0591）87817322	丁春生
61	中国石化集团资产经营管理有限公司江西石油分公司 中国石化销售有限公司江西石油分公司	江西省南昌市经济技术开发区双港东大街 1460 支路 188 号	330000	（0791）88512247	（0791）88511107	毛陆军
62	中国石化集团资产经营管理有限公司山东石油分公司 中国石化销售有限公司山东石油分公司	山东省济南市经十路 13777 号 9 栋中国石化山东石油大厦	250014	（0531）85856666 （0531）85857777	（0531）85856789	左志民
63	中国石化销售有限公司河南石油分公司	河南省郑州市郑东新区正光路 16 号	450016	（0371）87520290	（0371）87520299	焦德才

续表

序号	单位名称	地址	邮政编码	电话	传真	董事长/经理（厂长）
64	中国石化销售有限公司湖北石油分公司	湖北省武汉市硚口区解放大道606号	430030	(027)68837000	(027)68837100	于海平
65	中国石化销售有限公司湖南石油分公司	湖南省长沙市湘春路113号	410008	(0731)84841848	(0731)84841801	黄　河
66	广东省石油企业集团公司 中国石化销售有限公司广东石油分公司	广东省广州市天河区体育西路191号中石化大厦A塔	510620	(020)38084610	(020)38081618	陈成敏
67	中国石化销售有限公司广西石油分公司	广西南宁市桃源路67号石油大厦	530021	(0771)6757886	(0771)6757889	李继从
68	中国石化销售有限公司海南石油分公司	海南省海口市滨海大道163号	570311	(0898)68680800	(0898)68680909	徐天民
69	中国石化集团资产经营管理有限公司贵州石油分公司 中国石化销售有限公司贵州石油分公司	贵州省贵阳市南明区解放路21号石化大厦	550002	(0851)85986622	(0851)85985810	张家顺
70	中国石化集团资产经营管理有限公司云南石油分公司 中国石化销售有限公司云南石油分公司	云南省昆明市国贸路865号	650029	(0871)63115215	(0871)63115210	张伟成
71	中国石化燃料油销售有限公司	北京市朝阳区惠新东街甲6号	100029	(010)69166666	(010)69168888	刘祖荣
72	中国石化销售有限公司辽宁石油分公司	辽宁省沈阳市皇姑区北陵大街21号沈阳天地B座	110032	(024)86859479	(024)86859479	周绍海
73	中国石化销售有限公司四川石油分公司	四川省成都市高新区天府大道中段吉泰路688号中石化西南科研基地1410	610041	(028)65286810	(028)65286822	杨军泽
74	中国石化销售有限公司重庆石油分公司	重庆市渝中区民族路188号环球金融中心48楼	400010	(023)63107555	(023)63106320	江建华
75	中国石化销售有限公司陕西石油分公司	陕西省西安市莲湖区北大街29号中天国际大厦10层	710003	(029)87255916	(029)87403810	杨其明
76	中国石化销售有限公司内蒙古石油分公司	内蒙古呼和浩特市新城区成吉思汗大街26号日新大厦A座	010051	(0471)5289806	(0471)5289808	王红兵

续表

序号	单位名称	地址	邮政编码	电话	传真	董事长/经理（厂长）
77	中国石化销售有限公司新疆石油分公司	新疆乌鲁木齐长春南路466号中国石化科研生产园区2楼B座	830011	（0991）3163087	（0991）3163086	邱发森
78	中国石化销售有限公司吉林石油分公司	吉林省长春市东北亚国际金融中心人民大街10606号3号楼	130022	（0431）81332986	（0431）81332986	仲　伟
79	中国石化销售有限公司黑龙江石油分公司	黑龙江省哈尔滨市道里区通达街307号	150000	（0451）51530815	（0451）51530991	丁建华
80	中国石化销售有限公司青海石油分公司	青海省西宁市城西区海湖路26号	810000	（0971）6304329	（0971）6317257	刘踊林
81	中国石化销售有限公司甘肃石油分公司	甘肃省兰州市城关区天水中路2号	730030	（0931）8520683	（0931）8833795	冯培育
82	中国石化销售有限公司宁夏石油分公司	宁夏银川市金凤区庆丰街396号鼎城商务中心	750000	（0951）6662930	（0951）5019813	于海平
83	中国石化销售有限公司西藏石油分公司	西藏拉萨市城关区娘热路13号	850000	（0891）6820269	（0891）6820269	伏　韬
84	中国石化销售有限公司华北分公司	天津市华苑产业园区榕苑路11号	300384	（022）23059524	（022）23059522	于金广
85	中国石化销售有限公司华东分公司	上海市长宁区愚园路819号	200050	（021）62119325	（021）62119327	杨　棣
86	中国石化销售有限公司华中分公司	湖北省武汉市江汉区常青路39号	430000	（027）65798026	（027）65798015	张洪奎
87	中国石化销售有限公司华南分公司	广东省广州市天河区体育西路191号中石化大厦	510620	（020）38083931	（020）38083909	田中山
88	中国石油化工股份有限公司石油勘探开发研究院	北京市海淀区学院路31号	100083	（010）82312737	（010）82312417	郑和荣
89	中国石化石油工程技术研究院	北京市朝阳区北辰东路8号北辰时代大厦10层	100101	（010）84988166	（010）84988966	路保平
90	中国石油化工股份有限公司石油物探技术研究院	江苏省南京市江宁区东山街道上高路219号	211103	（025）68109928	（025）68109900	曲寿利
91	中国石油化工股份有限公司石油化工科学研究院	北京市海淀区学院路18号	100083	（010）62310806	（010）62311290	达志坚

续表

序号	单位名称	地址	邮政编码	电话	传真	董事长/经理（厂长）
92	中国石油化工股份有限公司北京化工研究院	北京市朝阳区北三环东路 14 号	100013	(010)59202342	(010)64228661	吴长江
93	中国石油化工股份有限公司大连石油化工研究院 中国石油化工股份有限公司抚顺石油化工研究院	辽宁省大连市旅顺口区南开街 96 号 辽宁省抚顺市望花区丹东路东段 31 号	116045 113001	(0411)39699999 (024)56389234	(0411)39699000 (024)56429551	方向晨
94	中国石油化工股份有限公司上海石油化工研究院	上海市浦东新区浦东北路 1658 号	201208	(021)68462197	(021)68462283	杨为民
95	中国石油化工股份有限公司青岛安全工程研究院	山东省青岛市崂山区松岭路 339 号	266100	(0532)83786202	(0532)83861318	孙万付
96	中国石化催化剂有限公司	北京市朝阳区惠新东街甲 6 号	100029	(010)69166523	(010)69166878	顾松园
97	中国石化集团国际石油勘探开发有限公司 中国石化国际石油勘探开发有限公司	北京市海淀区北四环中路 263 号 北京市朝阳区惠新东街甲 6 号	100083 100029	(010)69165136	(010)69165140	王志刚/马正武
98	中石化石油工程技术服务有限公司	北京市朝阳区吉市口 9 号	100020	(010)59965998	(010)59965997	焦方正/孙清德
99	中国石化集团国际石油工程有限公司	北京市朝阳区吉市口 9 号	100020	(010)59965556	(010)59760955	张永杰
100	中石化海洋石油工程有限公司	上海市浦东新区商城路 1225 号	200120	(021)20896811	(021)68769284	邢景宝
101	中石化石油工程建设公司	北京市朝阳区吉市口 9 号	100020	(010)59965321	(010)59760975	左尧久
102	中石化石油工程地球物理有限公司	北京市朝阳区吉市口路 9 号	100020	(010)59965715	(010)59760901	周　松
103	中石化胜利石油工程有限公司	山东省东营市东营区济南路 125 号	257000	(0546)8555613 (0546)8710018	(0546)8555026	张　煜
104	中石化中原石油工程有限公司	河南省濮阳市中原路 277 号	457001	(0393)4824722	(0393)4816077	黄松伟
105	中石化江汉石油工程有限公司	湖北省潜江市广华江汉油田局机关	433124	(0728)6502636	(0728)6502632	杨国圣
106	中石化西南石油工程有限公司	四川省成都市高新区吉泰路 688 号中国石化西南科研办公基地	610041	(028)65285566	(028)65285577	徐　进

续表

序号	单位名称	地址	邮政编码	电话	传真	董事长/经理（厂长）
107	中石化华东石油工程有限公司	江苏省南京市建邺区江东中路315号中泰国际广场6号楼	210019	（025）58778911	（025）58778977	
108	中石化华北石油工程有限公司	河南省郑州市中原区淮河西路23号新蒲恒辉广场	450006	（0371）60197623	（0371）60197619	常兴浩
109	中石化石油机械股份有限公司	湖北省武汉市东湖新技术开发区光谷大道77号金融港A2座12层	430205	（027）52306800	（027）52306868	袁建强/谢永金
110	中石化炼化工程（集团）股份有限公司	北京市朝阳区胜古中路胜古家园8号	100029	（010）56730600	（010）56730500	向文武
111	中国石化工程建设有限公司	北京市朝阳区安慧北里安园21号	100101	（010）84875372	（010）64963395	孙丽丽
112	中石化洛阳工程有限公司	河南省洛阳市中州西路27号	471003	（0379）64887749	（0379）64887756	周成平
113	中石化上海工程有限公司	上海市浦东新区张杨路769号（银河大厦）	200120	（021）58354214	（021）58358142	吴德荣
114	中石化宁波工程有限公司	浙江省宁波市高新区院士路660号	315103	（0574）87975589	（0574）87975199	许一君
115	中石化南京工程有限公司	江苏省南京市江宁区科建路1189号	211100	（025）87117369	（025）85561051	徐德勤
116	中石化第四建设有限公司	天津市滨海新区大港世纪大道180号	300270	（022）63862213	（022）25990156	周赢冠
117	中石化第五建设有限公司	广东省广州市荔湾区中山七路81号	510145	（020）28348128	（020）28348169	蒋德军
118	中石化第十建设有限公司	山东省青岛市黄岛区漓江西路677号	266555	（0532）55681666	（0532）55681000	王存庭
119	中国石化长城能源化工有限公司	北京市朝阳区吉市口路9号	100020	（010）59965243	（010）59760059	杨　栋

续表

序号	单位名称	地址	邮政编码	电话	传真	董事长/经理（厂长）
120	中国石化化工销售有限公司	北京市朝阳区朝阳门北大街22号	100728	(010)59966916	(010)59760728	常振勇
121	中国石化财务有限责任公司	北京市朝阳区朝阳门北大街22号	100728	(010)59966700	(010)59760708	赵 东/张保龙
122	中石化百川经济贸易公司(中国石油化工集团公司机关服务中心、中国石油化工集团公司机关服务局)	北京市朝阳区朝阳门北大街22号	100728	(010)59960509	(010)59960901	杨 军
123	中国石化国际事业有限公司	北京市朝阳区朝阳门北大街22号	100728	(010)59966049	(010)59760629	王玉冰
124	中国国际石油化工联合有限责任公司	北京市朝阳区朝阳门北大街22号	100728	(010)59966528	(010)59966698	陈 波
125	中国石油化工股份有限公司天然气分公司	北京市朝阳区惠新东街甲6号	100029	(010)69166083	(010)69196617	高爱华
126	中国石化新疆煤制天然气外输管道有限责任公司	北京市朝阳区吉市口路9号	100020	(010)59965189	(010)59760084	高爱华/史殿义
127	中国石化集团新星石油有限责任公司	北京市海淀区北四环中路263号	100083	(010)82335150	(010)82335178	张召平
128	中国石化集团管道储运资产管理有限公司 中国石化管道储运有限公司	江苏省徐州市南郊翟山新村Ⅶ区	221008	(0516)83453552	(0516)83453386	张惠民
129	中国石化集团共享服务有限公司	北京市朝阳区吉市口路9号	100020	(010)59965596		刘利君
130	中国石油化工集团公司经济技术研究院(中国石化咨询公司)	北京市朝阳区安外小关街24号	100029	(010)52826100	(010)52826200	戴宝华
131	中国石化报社	北京市朝阳区吉市口路9号	100020	(010)59963283	(010)59762243	陈维松
132	中国石化出版社有限公司	北京市朝阳区吉市口路9号	100020	(010)59964558	(010)59762291	周志明/毛增余
133	中国经济出版社有限公司	北京市西城区百万庄北街3号	100037	(010)68319282	(010)68319282	周志明/毛增余
134	石油化工管理干部学院	北京市朝阳区立水桥北甲1号	100012	(010)52591895	(010)52591919	王子康

附录 3

制度性文件名一览表

序号	标题	文件号
1	中国石油化工集团公司“三重一大”决策制度实施办法	中国石化党组〔2017〕39 号
2	中国石油化工集团公司董事会议案管理工作规范（试行）	中国石化办〔2017〕393 号
3	中国石油化工集团公司董事会议事规则	中国石化办〔2017〕389 号
4	中国石油化工集团公司章程	中国石化办〔2017〕384 号
5	中国石化信访工作规定	中国石化办〔2017〕375 号
6	中国石化信访稳定工作责任制实施细则（试行）	中国石化办〔2017〕376 号
7	中国石化保密工作管理办法	中国石化办〔2017〕330 号
8	中国石化总部机关废旧文件资料销毁管理规定	中国石化办〔2017〕332 号
9	中国石化保密要害部门部位保密管理规定	中国石化办〔2017〕331 号
10	中国石化涉密人员管理规定	中国石化办〔2017〕88 号
11	中国石油化工集团公司董事长办公会制度	中国石化办〔2017〕73 号
12	中国石油化工集团公司总经理工作规则	中国石化办〔2017〕72 号
13	中国石油化工集团公司总经理办公会制度	中国石化办〔2017〕74 号
14	中国石油化工集团公司董事会授权管理办法	中国石化办〔2017〕71 号
15	党组织工作经费管理办法	中国石化党组〔2017〕318 号
16	中国石化境外油气投资项目后评价报告编制规定	中国石化计〔2017〕663 号
17	中国石化输油管道投资项目后评价报告编制规定	中国石化计〔2017〕457 号
18	中国石化财务金融股权投资决策程序及管理办法（试行）	中国石化计〔2017〕372 号
19	中国石化固定资产投资决策程序及管理办法	中国石化计〔2017〕371 号
20	中国石化资产调剂管理办法（试行）	中国石化财〔2017〕578 号
21	中国石化企业年金基金管理办法	中国石化财〔2017〕99 号
22	中国石化企业年金基金投资监督及绩效评价办法	中国石化财〔2017〕57 号
23	中国石化土地管理办法	中国石化财〔2017〕58 号
24	中国石化境外投资财务管理办法（试行）	中国石化财〔2017〕670 号
25	中国石化绩效考核管理办法	中国石化企〔2017〕508 号
26	中国石化制度管理办法	中国石化企〔2017〕302 号

续表

序号	标题	文件号
27	中国石化直属机构与法人单位设立变更撤销管理办法	中国石化企〔2017〕70 号
28	中国石化业务竞赛工作管理规定	中国石化人〔2017〕541 号
29	中国石化教授级(正高级)高级专业技术职务任职资格评审办法	中国石化人〔2017〕400 号
30	中国石化专业技术职务任职资格评审工作管理规定	中国石化人〔2017〕398 号
31	中国石化专业技术职务任职资格评审组织建设管理办法	中国石化人〔2017〕399 号
32	中国石化公派出国(境)访问学者选派管理办法	中国石化人〔2017〕333 号
33	中国石化人工成本管理办法	中国石化人〔2017〕171 号
34	中国石化博士后管理工作规定	中国石化人〔2017〕157 号
35	总部机关处级领导人员选拔任用实施办法	中国石化人机〔2017〕52 号
36	关于进一步明确总会计师工作职责的规定	中国石化人〔2017〕682 号
37	中国石化标准化管理制度	中国石化科〔2017〕519 号
38	中国石化知识产权服务机构管理实施细则(试行)	中国石化科〔2017〕438 号
39	中国石化科学技术奖励管理办法	中国石化科〔2017〕231 号
40	中国石化优秀青年创新基金课题管理办法	中国石化科〔2017〕191 号
41	中国石化“三剂”管理办法	中国石化科〔2017〕111 号
42	中国石化项目投资决策合法合规性论证管理办法	中国石化法〔2017〕522 号
43	中国石化标准合同示范文本管理规范	中国石化法〔2017〕511 号
44	中国石化危险化学品泄漏安全管理办法	中国石化安〔2017〕653 号
45	中国石化硫化氢防护安全管理办法	中国石化安〔2017〕644 号
46	中国石化承包商安全监督管理办法	中国石化安〔2017〕603 号
47	中国石化安全公示管理规定(试行)	中国石化安〔2017〕565 号
48	中国石化液化烃汽车罐车装卸作业安全管理办法	中国石化安〔2017〕470 号
49	中国石化变更安全管理规定	中国石化安〔2017〕48 号
50	中国石化 HSSE 事故(事件)统计管理办法	中国石化安〔2017〕661 号
51	中国石化安全生产专项奖奖励办法	中国石化安〔2017〕667 号
52	中国石化紧急采购管理办法	中国石化物〔2017〕656 号
53	中国石化物资供应管理绩效考核办法	中国石化物〔2017〕251 号
54	中国石化物资供应统计管理办法	中国石化物〔2017〕49 号
55	中国石化专家采购管理办法	中国石化物〔2017〕695 号

续表

序号	标题	文件号
56	中国石化集团外承包商物资采购监督管理办法	中国石化物〔2017〕697 号
57	中国石化开门采购管理办法	中国石化物〔2017〕696 号
58	中国石化移动平台及应用运行管理办法	中国石化信〔2017〕520 号
59	中国石化桌面计算机安全管理办法	中国石化信〔2017〕467 号
60	中国石化互联网出口管理办法	中国石化信〔2017〕459 号
61	中国石化电子邮件系统管理办法	中国石化信〔2017〕458 号
62	中国石化信息系统综合应用评价办法	中国石化信〔2017〕440 号
63	中国石化总部信息基础设施运维交接管理办法	中国石化信〔2017〕437 号
64	中国石化信息系统应用与运维管理办法	中国石化信〔2017〕383 号
65	中国石化信息系统应急管理规定	中国石化信〔2017〕436 号
66	中国石化视频会议系统管理办法	中国石化信〔2017〕673 号
67	中国石化总部应用系统数据备份管理办法	中国石化信〔2017〕674 号
68	中国石化网络安全和信息化考核细则	中国石化信〔2017〕646 号
69	中国石化境外陆上安保设施和安保力量配备规范	中国石化外〔2017〕120 号
70	中共中国石油化工集团公司直属纪律检查委员会工作规则	中国石化直纪〔2017〕5 号
71	中国石化纪检监察机构受理问题线索归口管理办法(试行)	中国石化党组〔2017〕168 号
72	中国石油化工集团公司直属单位纪委书记履职专项考核评价暂行办法	中国石化党组〔2017〕169 号
73	中国石油化工集团公司运用监督执纪“第一种形态”开展谈话工作实施办法	中国石化党组〔2017〕170 号
74	直属单位党委意识形态工作责任制实施细则	中国石化党组〔2017〕164 号
75	中国石化品牌架构管理办法	中国石化宣〔2017〕300 号
76	中国石化品牌视觉形象规范管理办法	中国石化宣〔2017〕299 号
77	中国石油化工集团公司直属单位党委理论学习中心组学习规则	中国石化党组〔2017〕127 号
78	中国石油化工集团公司新闻宣传考核办法(试行)	中国石化宣〔2017〕262 号
79	中国石化区域财税协调管理办法	中国石化财〔2017〕490 号
80	中国石油化工股份有限公司资产管理办法	石化股份财〔2017〕418 号
81	中国石油化工股份有限公司税务风险控制手册	石化股份财〔2017〕187 号
82	中国石化油田存续企业持续推进全员成本目标管理考评奖励细则(试行)	中国石化矿〔2017〕12 号
83	中国石化建设项目焊工入场考试管理规定	中国石化建〔2017〕468 号

续表

序号	标题	文件号
84	中国石化建设项目绩效考核管理办法(试行)	中国石化建〔2017〕298 号
85	石油工程预算价格管理规定	中国石化建〔2017〕100 号
86	炼化企业继电保护及安全自动装置管理规定(试行)	石化股份炼〔2017〕83 号
87	中国石化炼油企业质量管理办法	石化股份炼〔2017〕64 号
88	炼油板块持续推进全员成本目标管理考评奖励细则	石化股份炼〔2017〕54 号
89	中国石化销售有限公司科技项目管理办法(试行)	石化股份销质〔2017〕30 号
90	中国石化油品销售企业 HSE 管理能力综合评价考核办法	中国石化销安〔2017〕149 号
91	中国石化销售有限公司隐患治理管理规定	石化股份销安〔2017〕190 号
92	中国石化销售有限公司机关选商管理办法(试行)	石化股份销企〔2017〕205 号
93	销售大区、区外公司劳动合同制员工调动管理办法	石化股份销劳〔2017〕239 号
94	中国石化销售有限公司培训经费管理办法	石化股份销人〔2017〕264 号
95	中国石化销售有限公司员工培训管理规定	石化股份销人〔2017〕263 号
96	中国石化销售有限公司教育培训考核管理办法	石化股份销人〔2017〕267 号
97	中国石化销售有限公司培训教师管理办法	石化股份销人〔2017〕266 号
98	中国石化销售有限公司培训项目管理办法	石化股份销人〔2017〕265 号
99	中国石化销售有限公司成品油实物库存管理办法	石化股份销调〔2017〕305 号
100	中国石化销售有限公司技术培训中心培训、会议和业务接待管理办法	石化股份销办〔2017〕336 号
101	中国石化销售有限公司成品油外采资源管理办法	石化股份销业〔2017〕342 号
102	中国石化油品销售企业职业技能竞赛和技术比武决赛奖励办法	石化股份销劳〔2017〕335 号
103	中国石化销售有限公司天然气外采资源管理办法	石化股份销气〔2017〕346 号
104	中国石化油品销售企业长输成品油管道改线管理办法	石化股份销管〔2017〕282 号
105	中国石化销售有限公司天然气统计报表管理规定	石化股份销气〔2017〕343 号
106	中国石化销售有限公司系统运维管理办法	石化股份销信〔2017〕372 号
107	中国石化销售有限公司非油品商品采购管理办法(试行)	石化股份销非油〔2017〕361 号
108	中国石化销售有限公司非油品供应商、合作商管理办法(试行)	石化股份销非油〔2017〕360 号
109	中国石化销售有限公司非油品商品价格管理办法(试行)	石化股份销非油〔2017〕359 号
110	中国石化销售有限公司非油品商品营销管理办法(试行)	石化股份销非油〔2017〕358 号
111	中国石化销售有限公司成本费用管理办法	石化股份销财〔2017〕412 号
112	中国石化销售有限公司用火作业安全管理实施细则	石化股份销安〔2017〕405 号

续表

序号	标题	文件号
113	中国石化销售有限公司机关处级领导人员选拔任用暂行办法	石化股份销人〔2017〕432 号
114	中国石化销售有限公司投资项目后评价实施办法	石化股份销审〔2017〕452 号
115	中国石化销售有限公司工程建设项目审计管理办法(试行)	石化股份销审〔2017〕451 号
116	中国石化销售有限公司委托中介机构审核工程造价管理办法(试行)	石化股份销审〔2017〕453 号
117	中国石化销售有限公司 HSE 风险管理规定(试行)	石化股份销安〔2017〕470 号
118	中国石化销售有限公司投资及工程建设管理办法	石化股份销发〔2017〕597 号
119	中国石化销售有限公司长输成品油管道自控系统管理办法(试行)	石化股份销管〔2017〕653 号
120	中国石化销售有限公司成品油管道智能化管线管理系统管理办法(试行)	石化股份销管〔2017〕654 号
121	中国石化销售有限公司长输成品油管道安全保护工作管理办法	石化股份销管〔2017〕656 号
122	中国石化销售有限公司长输成品油管道运行管理办法	石化股份销管〔2017〕655 号
123	中国石化销售有限公司证照管理办法	石化股份销企〔2017〕676 号
124	中国石化销售有限公司成品油和天然气计量管理办法	石化股份销数〔2017〕742 号
125	中国石化销售有限公司成品油和天然气计量风险防控与计量突发事件应急预案	石化股份销质〔2017〕743 号
126	中国石化销售有限公司成品油和天然气计量事故责任追究管理规定	石化股份销质〔2017〕744 号
127	中国石化销售有限公司成品油和天然气质量管理办法	石化股份销质〔2017〕791 号
128	中国石化销售有限公司成品油和天然气质量事故责任追究规定	石化股份销质〔2017〕789 号
129	中国石化销售有限公司成品油和天然气质量事故应急预案	石化股份销质〔2017〕788 号
130	中国石化销售有限公司成品油和天然气质量风险管理规定	石化股份销质〔2017〕790 号
131	中国石化销售有限公司成品油和天然气质检室工作规范	石化股份销质〔2017〕792 号
132	中国石化销售有限公司成品油预售未提管理办法	石化股份销业〔2017〕820 号
133	中国石化销售有限公司信息安全管理办法(试行)	石化股份销信〔2017〕812 号
134	中国石化销售有限公司机关费用管理细则	石化股份销财〔2017〕830 号
135	中国石化销售有限公司发票管理办法	石化股份销办〔2017〕825 号
136	中国石化销售有限公司授权委托管理办法	石化股份销企〔2017〕809 号
137	中国石化销售有限公司合同管理办法	石化股份销企〔2017〕808 号
138	中国石化销售有限公司成品油统计报表管理规定	石化股份销业〔2017〕817 号
139	中国石化销售有限公司信息系统用户管理办法(试行)	石化股份销信〔2017〕835 号

索　引

◇ 企事业单位主题词索引

◇ 表题索引

企事业单位主题词索引
使 用 说 明

1. 本索引引用主题词分析索引法编制。

2. 本索引按汉语拼音音序排列。具体如下：以英文字母开头的，排在最前面；汉字标目则按首字的音序、音调依次排列，首字相同时，则以第二个字排序，并依次类推。

3. 在索引中，索引标目之后的数字表示主题内容所在年鉴正文的页码；英文字母 a、b 分别表示左、右两个栏目。

4. 为反映索引款目间的逻辑关系。对于二级目录，采取在上一级标目下缩两格的编排形式予以体现，之下的索引款目仍按上列排序方法依次排列。

A

D

F

G

H

K

L

M

N

Q

R

S

T

W

X

Z

表题索引

使用说明

1. 本索引采用表题索引法编制。年鉴中所有表题均在标引范围内。

2. 本索引基本上按汉语拼音音序排列。具体如下：以数字开头的，排在最前面；汉字标目则按首字的音序、音调依次排列，首字相同时，则以第二个字排序，并依次类推。

3. 在索引中，索引标目之后的数字表示主题内容所在年鉴正文的页码。

0～9

A

B

C

D

F

G

H

J

Z